STEPHANIE BODOFF
ERIC ARMSTRONG
JENNIFER BALL
DEBBIE BODE CARSON
IAN EVANS
DALE GREEN
KIM HAASE
ERIC JENDROCK

TUTORIAL DO J2EE

Tradução:
Cláudio Rodrigues Pistilli
TRADUTOR/PROGRAMADOR

Revisão técnica:
Kleber Rodrigo de Carvalho
GRADUADO EM CIÊNCIA DA COMPUTAÇÃO
ESPECIALISTA EM OBJETOS DISTRIBUÍDOS

Do original
The J2EE™ Tutorial, Second Edition
Authorized translation from the English language edition, entitled *The J2EE™ Tutorial, 2nd Edition* by Bodoff, Stephanie; Green, Dale; Haase, Kim; Jendrock, Eric, published by Pearson Education, Inc., publishing as Addison Wesley Professional, copyright© 2004 by Sun Microsystems.

Editor: Paulo André P. Marques
Supervisão Editorial: Carlos Augusto L. Almeida
Capa: Marcia Lips
Diagramação e Digitalização de Imagens: Érika Loroza
Tradução: Cláudio Rodrigues Pistilli
Revisão: Luiz Carlos de Paiva Josephson
Revisão técnica: Kleber Rodrigo de Carvalho
Assistente Editorial: Daniele M. Oliveira

FICHA CATALOGRÁFICA

Bodoff, Stephanie et al.
Tutorial do J2EE™
Rio de Janeiro: Editora Ciência Moderna Ltda., 2005.

Linguagem de programação; Java
I — Título

ISBN: 85-7393-383-6 CDD 001642

Editora Ciência Moderna Ltda.
Rua Alice Figueiredo, 46
CEP: 20950-150, Riachuelo – Rio de Janeiro – Brasil
Tel: (21) 2201-6662/2201-6492/2201-6511/2201-6998
Fax: (21) 2201-6896/2281-5778
E-mail: lcm@lcm.com.br
www.lcm.com.br

Sumário

PREFÁCIO

Quando a primeira edição de Tutorial do J2EETM foi lançada, a Plataforma Java™ 2, Enterprise Edition (J2EE) era a nova mania da cidade. Modelada depois de seu precursor, a Plataforma Java 2, Standard Edition (J2SETM), a plataforma J2EE trouxe as vantagens da compatibilidade da API "Escreva uma vez, rode em qualquer lugar™" para empreender servidores de aplicativos. Agora em sua versão 1.4 e com ampla compatibilidade no mercado de servidores de aplicativos, a plataforma J2EE estabeleceu firmemente a sua posição como padrão para servidores de aplicativos corporativos.

O *Tutorial do J2EE™*, aborda a plataforma J2EE 1.4 e muito mais. Se você usou a primeira edição deste livro (em inglês), deve ter notado que a segunda edição é o triplo do tamanho. Isto reflete uma maior expansão na plataforma J2EE e a disponibilidade das duas tecnologias ascendentes J2EE da Sun Java System Application Server Platform Edition 8, o software no qual o tutorial se fundamenta.

Um dos acréscimos mais importantes para a plataforma J2EE 1.4 é o suporte substancial para os serviços Web com a API do JAX-RPC 1.1, a qual habilita endpoints de serviço Web baseado em servlets e enterprise beans. A plataforma também contém APIs de suporte a serviços Web para manipular fluxos de dados XML diretamente (SAAJ) e para acessar registros de serviços Web (JAXR). Além disso, a plataforma J2EE 1.4 requer o WS-I Basic Profile 1.0. Isto significa que, além da independência de plataforma e suporte completo para os serviços Web, a plataforma J2EE 1.4 oferece interoperabilidade de serviços Web.

A plataforma J2EE 1.4 contém maiores enfoques para a servlet Java e as tecnologias JavaServer Pages (JSP) que são o alicerce da camada Web. O tutorial também exibe duas tecnologias novas e excitantes, não exigidas pela plataforma J2EE 1.4, que simplificam a tarefa de construir interfaces de usuário em aplicativos J2EE: a Biblioteca de Tags Padrões de JavaServer Pages(JSTL) e JavaServer Faces. Estas novas tecnologias estão disponíveis no Servidor de Aplicativo do Sistema Java da Sun. Breve elas serão apresentadas com novas ferramentas para o desenvolvedor e são fortes candidatas à inclusão na próxima versão da plataforma J2EE.

Leitores familiarizados com a tecnologia de enterprise bean da plataforma core J2EE notarão maiores atualizações com o acréscimo dos endpoints de serviço Web mencionados anteriormente, bem como um serviço temporizador, e melhorias para EJB QL e beans orientados por mensagens.

Com todos esses novos recursos, acredito que você vai achar bem aproveitado o seu tempo e energia para se dedicar à plataforma J2EE 1.4. Você pode aumentar o escopo dos aplicativos J2EE que desenvolver, e suas aplicações executarão numa gama mais ampla possível de produtos para servidor de aplicativo.

Para ajudar você a aprender tudo sobre a plataforma J2EE 1.4, o *Tutorial do J2EE™* segue o modelo familiar de tutorial da Série Java, com descrições concisas sobre os aspectos essenciais de cada tecnologia com exemplos de código que você pode distribuir e executar no Servidor de Aplicativo do Sistema Java da Sun. Leia este tutorial e você se tornará parte da próxima onda de desenvolvedores de aplicativos J2EE.

Jeff Jackson
Vice-presidente, Servidores de Aplicativos e Plataforma J2EE
Sun Microsystems
Santa Clara, CA
Quinta-Feira, 3 de Junho de 2004

Sobre este tutorial

O *Tutorial do J2EE™* é um guia para desenvolver aplicativos corporativos para a plataforma Java 2, Enterprise Edition (J2EE) versão 1.4. Aqui nós abordaremos tudo aquilo que você vai precisar saber para fazer o melhor uso deste tutorial

Quem deve usar este tutorial

Este tutorial foi projetado para programadores que estejam interessados em desenvolver e implementar aplicativos J2EE 1.4 da Sun Java System Application Server Platform Edition 8.

Pré-requisitos

Antes de prosseguir com este tutorial, você deverá ter um bom conhecimento da linguagem de programação Java. Um bom modo para chegar a esse ponto é trabalhar através de todo o básico e um pouco dos tópicos especializados de *The Java™ Tutorial*, de Mary Campione et al. (Addison-Wesley, 2000). Em particular, você deve estar familiarizado com bancos de dados relacionais e aspectos de segurança descritos nos itens listados na Tabela 1.

Tabela 1 Tópicos de pré-requisito em *The Java™ Tutorial*

Tópico	URL
JDBC	http://java.sun.com/docs/books/tutorial/jdbc
Security	http://java.sun.com/docs/books/tutorial/security1.2

Como ler este tutorial

A plataforma J2EE 1.4 é muito ampla e este tutorial reflete isto. Entretanto, você não deve digerir tudo nele de uma só vez. Este tutorial inicia com três capítulos de introdução, os quais você deveria ler antes de prosseguir para qualquer área de tecnologia específica. O Capítulo 1 aborda a arquitetura da plataforma J2EE 1.4 e APIs junto com a Sun Java System Application Server Platform Edition 8. Os Capítulos 2 e 3 abordam o básico sobre XML e dão início aos aplicativos Web.

Quando você já tiver digerido o básico, poderá mergulhar em uma ou mais das quatro principais áreas de tecnologia listadas a seguir. Como elas são dependências entre alguns dos capítulos, a Figura 1 contém um roteiro de navegação através deste tutorial.

- Os capítulos sobre XML Java abordam as tecnologias para desenvolver aplicativos que processam documentos XML e implementam componentes de serviços Web:
  - A API Java para Processamento de XML (JAXP)
  - A API Java para RPC (JAX-RPC) com base em XML.
  - SOAP com Anexos de API para Java (SAAJ)
  - A API Java para Registros XML (JAXR)
- Os capítulos da tecnologia de camada Web abordam os componentes usados no desenvolvimento da camada de apresentação de um aplicativo Web independente ou J2EE:
  - Java Servlet
  - JavaServer Pages (JSP)
  - Biblioteca de Tags Padrão JavaServer Pages (JSTL)
  - JavaServer Faces
  - Internacionalização e localização de um aplicativo Web
- Os capítulos sobre a tecnologia Enterprise JavaBeans (EJB) abordam os componentes usados no desenvolvimento da lógica de negócios de um aplicativo J2EE:
  - Beans de sessão
  - Beans de entidade
  - Beans Orientados para mensagem
  - Linguagem de Consulta Enterprise JavaBeans

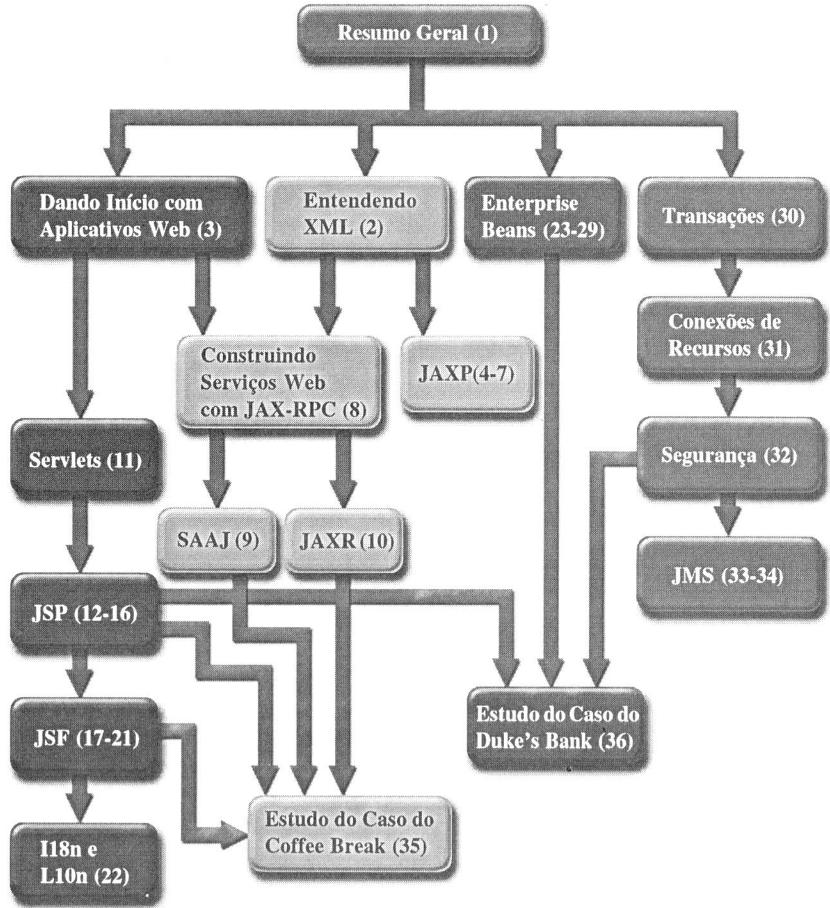

Figura 1 *Roteiro para este tutorial*

- Os capítulos sobre os serviços de plataforma abordam os serviços de sistema usados por todas as tecnologias de componentes J2EE:
  - Transações
  - Conexões de recursos
  - Segurança
  - Serviço de Mensagem Java

Depois de ter-se familiarizado com algumas das áreas de tecnologia, você estará pronto para explorar os estudos de caso, que vinculam várias das tecnologias discutidas no tutorial. O Aplicativo Coffe Break (Capítulo 35) descreve uma aplicação que usa o aplicativo Web e APIs de Serviços Web. O Aplicativo do Duke´s Bank (Capítulo 36) descreve um programa que emprega as tecnologias de um aplicativo Web e enterprise beans.

Finalmente, os apêndices contêm informações auxiliares úteis para o desenvolvedor de aplicativos J2EE junto com um breve resumo da arquitetura Conector J2EE:

- Esquemas de Codificação Java (Apêndice A)
- Padrões XML (Apêndice B)
- Resumo geral de HTTP (Apêndice C)
- Arquitetura Conector J2EE (Apêndice D)

Sobre os exemplos

Esta seção diz tudo o que você precisa saber para instalar, construir e executar os exemplos.

Software exigido

Pacote do tutorial

A fonte de exemplo do tutorial está contida no pacote do tutorial, que é fornecido no CD-ROM anexo.

Depois de ter instalado o pacote do tutorial, o código-fonte de exemplo está no diretório <INSTALL>/j2eetutorial14/examples/, com subdiretórios para cada uma das tecnologias discutidas no tutorial.

Servidor de aplicativo

A Sun Java System Application Server Platform Edition 8 foi designada como ambiente de construção e execução dos exemplos do tutorial. Para construir, implantar e executar os exemplos, você precisa de uma cópia do Servidor de Aplicativo e do Java 2 Software Development Kit, Standard Edition (J2SE SDK) 1.4.2_04 ou superior.

O Servidor de Aplicativo e o J2SE SDK estão contidos no J2EE 1.4 SDK, fornecido no CD-ROM que acompanha este tutorial.

Dicas de instalação do servidor de aplicativo

No painel de configuração de Admin do instalador do Servidor de Aplicativo:

- Selecione o Don't Prompt para o botão de rádio do Admin User Name. Isto salvará o nome do usuário e a senha de modo que você não precisará fornecê-los quando efetuar operações administrativas com asadmin e deploytool. Você terá ainda de fornecer o nome do usuário e a senha para registrar o seu acesso ao Admin Console.
- Observe a porta HTTP na qual o servidor está instalado. Este tutorial assume que você está aceitando a porta default de 8080. Se 8080 estiver em uso durante a instalação e o instalador selecionar uma outra porta, ou se você decidir alterá-la por si próprio, precisará atualizar o arquivo de propriedades de construção comuns (descrito na próxima seção) e os arquivos de configuração para alguns dos exemplos do tutorial refletirem a porta correta.

Na painel Installation Options (Opções de Instalação), marque a caixa de verificação Add Bin Directory to PATH de modo que os scripts do Servidor de Aplicativo (asadmin, asant, deploytool e wscompile) sobreponham outras instalações.

Servidor de registro

Você vai precisar de um servidor de registro para executar os exemplos discutidos nos Capítulos 10 e 35. Instruções para obter e configurar um servidor de registro serão fornecidos nesses capítulos.

Construção dos exemplos

A maior parte dos exemplos do tutorial são distribuídos com um arquivo de configuração para asant, uma ferramente de construção portátil contida no Servidor de Aplicativo. Essa ferramenta é uma extensão da ferramenta Ant desenvolvida pela Apache Software Foundation (http://ant.apache.org). O utilitário asant contém tarefas adicionais que chamam o asadmin, utilitário de administração do Servidor de Aplicativo. As instruções para construir os exemplos são fornecidas em cada capítulo.

Propriedades de construção e destinos comuns a todos os exemplos são especificados nos arquivos <INSTALL>/j2eetutorial14/examples/common/build.properties e <INSTALL>/j2eetutorial14/examples/common/targets.xml. Propriedades de construção e destinos comuns a uma tecnologia particular são especificados nos arquivos <INSTALL>/j2eetutorial14/examples/tech/common/build.properties e <INSTALL>/j2eetutorial14/examples/tech/common/targets.xml.

Para executar os scripts asant, você deve configurar as propriedades de construção comum como segue:

- ❑ Defina a propriedade j2ee.home do arquivo <INSTALL>/j2eetutorial14/examples/common/build.properties para a localização da sua instalação do Servidor de Aplicativo. O processo de construção usa a propriedade j2ee.home para incluir as bibliotecas no caminho de classe <J2EE_HOME>/lib/. Todos os exemplos que rodam sobre o Servidor de Aplicativo incluem o arquivo de biblioteca J2EE — <J2EE_HOME>/lib/j2ee.jar — no caminho de classe da construção. Alguns exemplos utilizam bibliotecas adicionais em <J2EE_HOME>/lib/ e <J2EE_HOME>/lib/endorsed/; as bibliotecas requeridas são enumeradas nos capítulo sobre tecnologias individuais. <J2EE_HOME> se refere ao diretório onde você instalou o Servidor de Aplicativo ou o J2EE 1.4 SDK.

Nota: Em Windows, você deve acrescentar a qualquer sinal de barra invertida na propriedade j2ee.home uma outra barra invertida ou usar a barra para a direita como separador do caminho. Portanto, se a instalação do seu Servidor de Aplicativo for C:\Sun\AppServer, você deve configurar j2ee.home como segue:

```
j2ee.home = C:\\Sun\\AppServer
```

ou

```
j2ee.home=C:/Sun/AppServer
```

- ❑ Se você não usou a porta 8080 quando instalou o Servidor de Aplicativo, configure o valor da propriedade domain.resources.port em <INSTALL>/j2eetutorial14/examples/common/build.properties para a porta correta.

Estrutura de diretórios do exemplo do tutorial

Para facilitar o desenvolvimento iterativo e manter a fonte do aplicativo separada dos arquivos compilados, o código-fonte para os exemplos do tutorial está armazenado na estrutura seguinte debaixo de cada diretório de aplicativo:

- ❑ build.xml: arquivo de construção asant
- ❑ src: fonte Java de servlets e componentes JavaBeans; bibliotecas de tag
- ❑ web: páginas JSP e páginas HTML, arquivos de tag e imagens

Os arquivos de construção asant (build.xml) distribuídos com os exemplos contêm destinos para criar um subdiretório de construção e copiar e compilar arquivos para aquele diretório.

Informações adicionais

Este tutorial inclui as informações básicas de que você precisa para implantar os aplicativos e administrar o Servidor de Aplicativo.

Para informações de referência sobre as ferramentas distribuídas com o Servidor de Aplicativo, consulte as páginas do manual no endereço http://docs.sun.com/db/doc/817-6092.

Consulte o *Guia do Desenvolvedor da Sun Java™ System Application Server Platform Edition 8* no endereço http://docs.sun.com/db/doc/817-6087 para obter informações sobre os recursos do desenvolvedor do Servidor de Aplicativo.

Consulte o *Guia de Administração da Sun Java™ System Application Server Platform Edition 8* no endereço http://docs.sun.com/db/doc/817-6088 para obter informações sobre administração do Servidor de Aplicativo.

Convenções tipográficas

A Tabela 2 lista as convenções tipográficas utilizadas neste tutorial.

Tabela 2 Convenções tipográficas

Estilo de fonte	Usos
itálico	Ênfases, títulos, primeira ocorrência de termos
`monoespaçamento`	URLs, exemplos de código, nomes de arquivos, nomes de caminhos, nomes de ferramentas, nomes de aplicativos, palavras-chaves de linguagem de programação, tags, interfaces, classes, métodos e nomes de campos; propriedades
`itálico monoespaçado`	Variáveis em código, caminhos de arquivos e URLs
<itálico monoespaçado >	Componentes de caminho do arquivo selecionados pelo usuário

Seleções de menu indicadas com o caractere de seta para direita →, por exemplo, Primeiro → Segundo, devem ser interpretadas como: selecione o menu Primeiro, depois selecione Segundo no submenu Primeiro.

Agradecimentos

A equipe do *Tutorial do J2EE* gostaria de agradecer aos líderes da especificação J2EE: Bill Shannon, Pierre Delisle, Mark Roth, Yutaka Yoshida, Farrukh Najmi, Phil Goodwin, Joseph Fialli, Kate Stout e Ron Monzillo e aos membros da equipe J2EE 1.4 SDK: Vivek Nagar, Tony Ng, Qingqing Ouyang, Ken Saks, Jean-François Arcand, Jan Luehe, Ryan Lubke, Kathy Walsh, Binod P G, Alejandro Murillo e Manveen Kaur.

Os capítulos sobre tags personalizadas e os aplicativos Coffee Break e do Duke's Bank usam uma biblioteca de tags de template que apareceu primeiro no *Designing Enterprise Applications with the J2EE™ Platform, Second Edition*, de Inderjeet Singh et al., (Addison-Wesley, 2002).

Os capítulos sobre a tecnologia JavaServer Faces e Documentos JSP beneficiaram-se grandemente das valiosas revisões de documentação e contribuições de código de exemplo destes engenheiros: Ed Burns, Justyna Horwat, Roger Kitain, Jan Luehe, Craig McClanahan, Raj Premkumar, Mark Roth e especialmente Jayashri Visvanathan.

O aplicativo de exemplo OrderApp descrito no capítulo de persistência gerenciada por contêiner foi codificado por Marina Vatkina com contribuições de Markus Fuchs, Rochelle Raccah e Deepa Singh. A equipe de JDO/CMP de Ms. Vatkina forneceu amplo feedback sobre a discussão de CMP do tutorial.

Os autores do capítulo de segurança devem a Raja Perumal, que foi o colaborador chave tanto do capítulo como dos exemplos.

Monica Pawlan e Beth Stearns redigiram o Resumo geral e os capítulos sobre o Conector J2EE da primeira edição do *Tutorial do J2EE* e muito daquele conteúdo foi aproveitado e trazido para a edição atual.

Somos extremamente agradecidos aos muitos revisores internos e externos que deram opiniões sobre o tutorial. O apoio deles ajudou a melhorar a precisão e a apresentação técnica dos capítulos, e a eliminar bugs dos exemplos.

Gostaria de agradecer ao nosso gerente, Alan Sommerer, por seu apoio e influência constantes.

Agradecemos também a Duarte Design, Inc. e a Zana Vartanian por desenvolver as ilustrações em tempo recorde. Os agradecimentos também são um tributo à nossa revisora de provas, Betsy Hardinger, por ajudar este projeto de múltiplos autores a atingir um estilo comum.

Finalmente, gostaríamos de expressar a nossa profunda consideração a Ann Sellers, a Elizabeth Ryan e à equipe de produção da Addison-Wesley por graciosamente concretizar a publicação deste original volumoso e complexo.

Contato

Para enviar comentários, relatórios de links interrompidos, erros, sugestões e perguntas à equipe do tutorial, use, por favor, o formulário de contato no endereço http://java.sun.com/j2ee/1.4/docs/tutorial/information/sendusmail.html.

1

Resumo geral

Atualmente, cresce cada vez mais o número de desenvolvedores que querem escrever aplicativos transacionais distribuídos para corporação e desse modo alavancar a velocidade, a segurança e a confiabilidade da tecnologia do lado do servidor. Se você já está trabalhando nesta área, você sabe que, no agitado e exigente mundo do comércio eletrônico e da tecnologia de informação, os aplicativos corporativos devem ser projetados, construídos e produzidos com menos dinheiro, com maior velocidade e menos recursos do que antes.

Para reduzir os custos e acelerar o projeto do aplicativo e do desenvolvimento, a Plataforma Java™2, Enterprise Edition (J2EE™ fornece uma metodologia baseada em componentes para o projeto, desenvolvimento, montagem e implantação dos aplicativos empresariais. A plataforma J2EE oferece um modelo de aplicativo distribuído multicamada, componentes reutilizáveis, um modelo de segurança unificado, controle flexível de transações e suporte de serviços Web através do intercâmbio de dados integrados em padrões abertos e protocolos com base na Linguagem de Marcação Extensível (XML).

Não apenas você poderá proporcionar soluções inovadoras de negócios para o mercado mais rápido do que nunca, mas também as soluções baseadas em componentes J2EE de plataforma independente não estarão vinculadas aos produtos e interfaces de programação do aplicativo (APIs) de nenhum fornecedor. Fornecedores e clientes adoram a liberdade de escolher produtos e componentes que melhor atendam às suas exigências de tecnologia e de negócios.

Este tutorial utiliza exemplos para descrever os aspectos e funcionalidades disponíveis na plataforma J2EE versão 1.4 para desenvolver aplicativos empresariais. Quer você seja um desenvolvedor novo ou experiente, você deverá achar os exemplos e o texto de acompanhamento uma base de conhecimento valiosa e acessível para criar suas próprias soluções.

Se você é novo para desenvolver aplicativos corporativos J2EE, este capítulo é um bom lugar para começar. Aqui você revisará desenvolvimentos básicos, aprenderá sobre a arquitetura J2EE e APIs, ficará ambientado com termos e conceitos importantes e descobrirá como abordar a programação, montagem e implantação de aplicativos J2EE.

Aplicativos multicamadas distribuídos

A plataforma J2EE usa um modelo de aplicativo multicamada distribuído para aplicativos empresariais. A lógica de aplicativo é dividida em componentes de acordo com as funções; e os vários componentes do aplicativo, que constituem um aplicativo J2EE, são instalados em máquinas diferentes dependendo da camada no ambiente multicamada ao qual o componente do aplicativo pertença. A Figura 1-1 mostra dois aplicativos J2EE multi-camadas descritos na listagem seguinte. As partes do aplicativo mostradas na Figura 1-1 são apresentadas em componentes J2EE.

- Componentes multicamadas rodam na máquina do cliente
- Componentes com camada Web rodam em servidor J2EE
- Componentes com camada de negócios rodam em servidor J2EE
- O software de camada EIS do sistema de informações corporativas rodam no servidor EIS

Embora um aplicativo J2EE possa ser constituído das três ou quatro camadas da Figura 1-1, aplicativos multicamadas J2EE geralmente são considerados aplicativos de três camadas porque eles são distribuídos sobre três localizações: a máquina do cliente, a máquina do servidor J2EE e o banco de dados ou máquina de legado no back-end. Os aplicativos com três camadas que rodam desta forma estendem o cliente-padrão com duas camadas e o modelo de servidor colocando um servidor de aplicativo multithreaded (com múltiplos fluxos de execução) entre o aplicativo do cliente e o armazenamento de back-end.

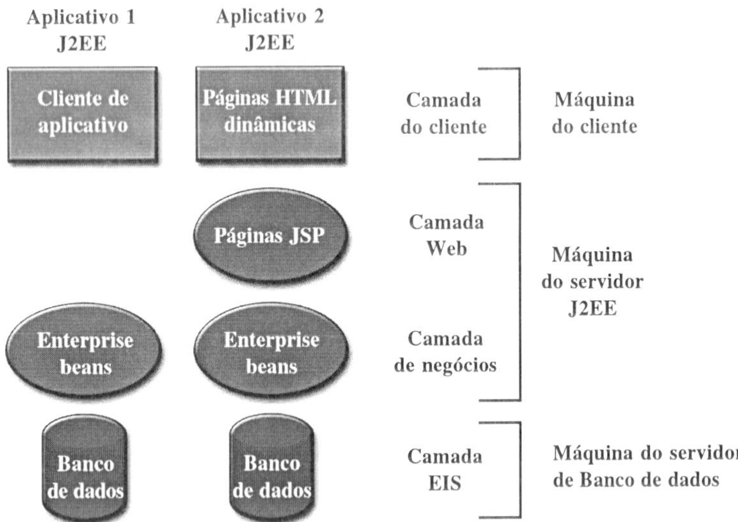

Figura 1-1 *Aplicativos multicamadas.*

Componentes J2EE

Os aplicativos J2EE são constituídos de componentes. Um componente J2EE é uma unidade de software funcional independente que é montada em um aplicativo J2EE com suas classes relacionadas e arquivos e que se comunica com outros componentes. A especificação J2EE define os seguintes componentes J2EE:

- Clientes de aplicativo e applets são componentes que rodam no cliente
- Componentes da tecnologia Java Servlet e JavaServer Pages™(JSP™ são componentes Web que rodam no servidor
- Componentes Enterprise JavaBeans™(EJB™ (enterprise beans) são negócios de componentes que rodam no servidor

Os componentes J2EE são escritos na linguagem de programação Java e compilados do mesmo modo que qualquer programa da linguagem. A diferença entre os componentes J2EE e as classes Java "padrão" é que os componentes J2EE sãomontados em um aplicativo J2EE, são verificados para serem bem construídos e compatíveis com a especificação J2EE, e são implantados para a produção, onde eles são executados e gerenciados por um servidor J2EE.

Clientes J2EE

Um cliente J2EE pode ser um cliente Web ou um cliente de aplicativo.

Clientes Web

Um cliente Web é constituído de duas partes: (1) páginas Web dinâmicas contendo vários tipos de linguagem de marcação (HTML, XML, e assim por diante), que são gerados por componentes Web que rodam na camada Web, e (2) um browser Web, que renderiza as páginas recebidas do servidor.

Um cliente Web é chamado algumas vezes de cliente magro. Clientes magros geralmente não consultam banco de dados, executam complexas regras de negócios, ou se conectam a aplicativos de legado. Quando você usa um cliente magro, essas operações peso-pesado são carregadas remotamente para enterprise beans que rodam no servidor J2EE, onde eles possam alavancar a segurança, a velocidade, os serviços e a confiabilidade das tecnologias do lado do servidor J2EE.

Applets

Uma página da Web recebida da camada da Web pode incluir uma applet incorporada. Uma applet é um pequeno aplicativo de cliente escrito na linguagem de programação Java que roda na máquina virtual instalada no browser Web. Todavia, sistemas de clientes provavelmente irão precisar do Java Plug-in e possivelmente um arquivo de política de segurança de modo que a applet seja executada com sucesso no browser Web.

Componentes Web são a API preferida para criar um programa com cliente Web porque nenhum plug-in ou arquivos de política de segurança são necessários nos sistemas de clientes. Também, componentes Web habilitam o projeto de aplicativo mais modular e mais limpo porque eles fornecem um modo de separar a programação de aplicativos dos projetos de páginas Web. Desse modo, a equipe envolvida no projeto de páginas Web não precisa entender a sintaxe da linguagem de programação Java para fazer seu trabalho.

Clientes de aplicativo

Um cliente de aplicativo roda em uma máquina de cliente e fornece um modo para os usuários manipularem as tarefas que requerem uma interface de usuário mais rica do que a que pode ser fornecida pela linguagem de marcação. Normalmente ela tem uma interface gráfica de usuário (GUI) criada a partir da Swing ou da API da Abstract Window Toolkit (AWT), mas uma interface de linha de comandos certamente é possível.

Clientes de aplicativos acessam diretamente enterprise beans que rodam na camada de negócios. Todavia, se as exigências do aplicativo dão essa garantia, um cliente de aplicativo pode abrir uma conexão HTTP para estabelecer comunicação com um servlet que rode na camada Web.

Arquitetura de componentes JavaBeans™

As camadas do servidor e do cliente podem também incluir componentes baseados na arquitetura de componentes JavaBeans (componentes JavaBeans) para gerenciar os fluxos de dados entre um cliente de aplicativo ou uma applet e os componentes que rodam no servidor J2EE, ou entre os componentes do servidor e um banco de dados. Componentes JavaBeans não são considerados componentes J2EE pela especificação J2EE.

Componentes JavaBeans têm propriedades e possuem os métodos get e set para acessar as propriedades. Componentes JavaBeans usados dessa forma são normalmente simples no projeto e na implementação, mas devem obedecer às convenções de projeto de atribuição de nomes definidos na arquitetura de componentes JavaBeans.

Comunicações do servidor J2EE

A Figura 1-2 mostra os vários elementos que podem constituir a camada do cliente. O cliente se comunica com a camada de negócios que roda no servidor J2EE tanto diretamente, ou, como no caso de um cliente que roda em um browser, através de páginas JSP ou servlets que rodam na camada Web.

O seu aplicativo J2EE usa um cliente magro baseado em browser ou um cliente de aplicativo grosso. Para decidir qual deles usar, você deve estar ciente das negociações externas entre manter a funcionalidade no cliente e fechar para o usuário (cliente grosso) ou transferir toda a funcionalidade possível para o servidor (cliente magro). Quanto mais funcionalidade você transferir para o servidor, tanto mais fácil será distribuir, implantar e gerenciar o aplicativo; entretanto, manter mais funcionalidade no cliente poderá resultar em uma experiência do usuário melhor compreendida.

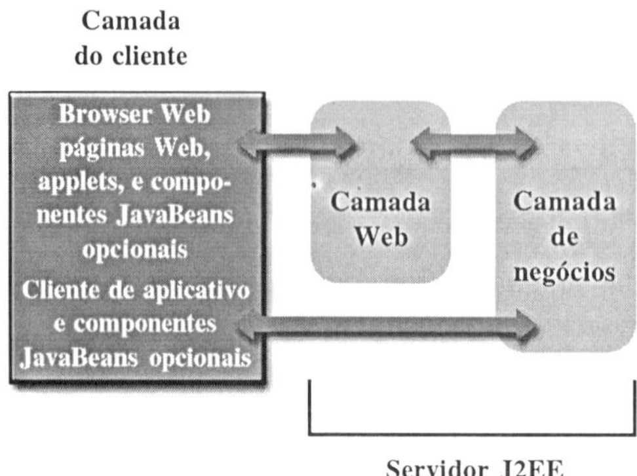

Figura 1-2 *Comunicações entre servidores.*

Componentes Web

Componentes Web J2EE são tanto servlets como páginas criadas usando tecnologia JSP (páginas JSP). Servlets são classeSde linguagem de programação Java que processam dinamicamente requisições e constroem respostas. Páginas JSP são documentos baseados em texto que rodam como servlets, mas permitem uma abordagem mais natural para criar um conteúdo estático.

Páginas estáticas HTML e applets estão empacotadas com componentes Web durante a montagem do aplicativo, mas não são consideradas componentes Web pela especificação J2EE. Classes de utilitário do lado do servidor podem também ser empacotadas com componentes Web e, como páginas HTML, não são consideradas componentes Web.

Como mostrado na Figura 1-3, a camada Web, como a camada do cliente, deve incluir um componente JavaBeans para gerenciar a entrada do usuário e enviar essa entrada para os enterprise beans que rodam na camada de negócios para processamento.

Componentes de negócios

Código de negócios é a lógica que resolve ou atende as necessidades de um domínio particular de negócios tais como atividades bancárias, de varejo, ou financeiras, é tratado por enterprise beans rodando na camada de negócios. A Figura 1-4 mostra como um enterprise bean recebe os dados de programas de clientes, faz o processamento (quando necessário), e o envia para a camada do sistema de informações empresariais para armazenamento. Um enterprise bean também recupera os dados de armazenamentos, processa-os (se necessário), e os devolve para o programa do cliente.

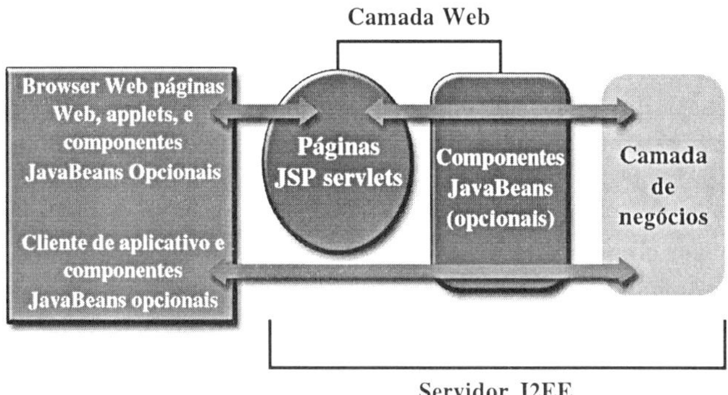

Figura 1-3 *A camada Web e os aplicativos J2EE.*

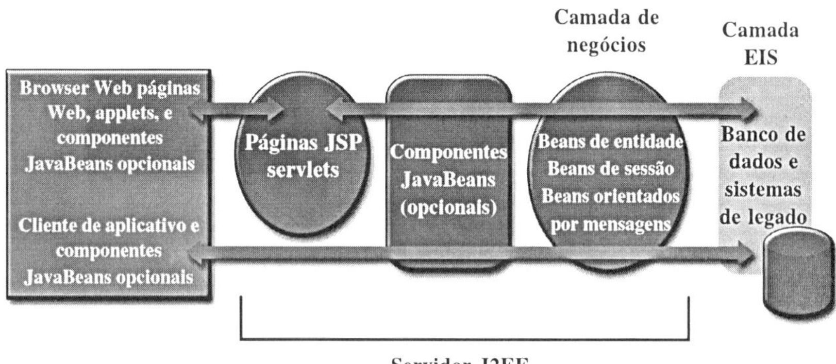

Figura 1-4 *Camadas de negócios e de EIS.*

Há três tipos de enterprise beans: beans de sessão, beans de entidade, beans orientados por mensagens. Um bean de sessão representa uma conversação passageira com um cliente. Quando o cliente finaliza uma execução, o bean de sessão e seus dados desaparecem. Por outro lado, um bean de entidade representa os dados persistentes armazenados em uma linha de uma tabela de banco de dados. Se o cliente termina ou se o servidor é derrubado, os serviços subjacentes garantem que os dados do bean de entidade sejam salvos. Um bean orientado por mensagens combina recursos de bean de sessão e um receptor de mensagens Java Message Service (JMS), permitindo que um componente de negócios receba mensagens JMS não sincronizadas.

Camada de sistema de informações corporativo (EIS)

A camada de sistema de informações corporativo manipula software EIS e inclui sistemas de infra-estrutura corporativa tais como planejamento de recursos empresariais (enterprise resource planning, ERP), processamento de transações de mainframe, sistemas de banco de dados, e outros sistemas de informações herdados. Por exemplo, os componentes do aplicativo J2EE podem precisar acessar os sistemas de informações corporativos para fazer conexão com o banco de dados.

Contêineres J2EE

Normalmente, os aplicativos multicamadas de cliente magro são difíceis de escrever porque envolvem muitas linhas de códigos intrincados para manipular transação e gerenciamento de estado, segmentação múltipla (multithreading), pool de recursos, e outros detalhes complexos de nível baixo. A arquitetura J2EE baseada em componentes e independente de plataforma torna os aplicativos J2EE fáceis de escrever porque a lógica de negócios está organizada em componentes reutilizáveis. Além disso, o servidor J2EE fornece serviços subjacentes na forma de um contêiner para cada tipo de componente. Como você não tem que desenvolver estes serviços você próprio, está livre para se concentrar na solução de problemas de negócios em mãos.

Serviços de contêiner

Contêineres são a interface entre um componente e a funcionalidade específica da plataforma de baixo nível que suporta o componente. Antes que um componente Web, enterprise bean, ou cliente do aplicativo, seja executado, ele deve ser montado em um módulo J2EE e implantando em seu contêiner. O processo de montagem envolve a especificação de configuração do contêiner para cada componente do aplicativo J2EE e para o próprio aplicativo J2EE. As configurações de contêineres personalizam o suporte subjacente fornecido pelo servidor J2EE, inclusive serviços como segurança, gerenciamento transacional, pesquisas da Interface de Atribuição de Nomes e de Diretórios Java (Java Naming e Directory Interface™, JNDI) e conectividade remota. Aqui estão alguns dos destaques:

- O modelo de segurança J2EE permite que você configure um componente Web ou enterprise bean de modo que os recursos do sistema sejam acessados somente por usuários autorizados
- O modelo de transação J2EE permite que você especifique relacionamentos entre métodos que constituem uma transação única de modo que todos os métodos de uma transação sejam tratados como uma unidade
- Os serviços de pesquisa JNDI fornecem uma interface unificada para os múltiplos serviços de diretórios e de atribuição de nomes na empresa de modo que os componentes do aplicativo possam acessar serviços de diretórios e de atribuição de nomes
- O modelo de conectividade remoto gerencia as comunicações de nível baixo entre clientes e enterprise beans. Depois que um enterprise bean é criado, um cliente invoca métodos nele como se ele estivesse na mesma máquina virtual

Como a arquitetura J2EE fornece serviços configuráveis, os componentes do aplicativo dentro da mesma aplicação J2EE podem comportar-se diferentemente dependendo de onde estejam implantados. Por exemplo, um enterprise bean pode ter configurações de segurança que permitam a ele um certo nível de acesso a dados no banco de dados em um ambiente de produção, e um outro nível de acesso ao banco de dados em outro ambiente de produção.

O contêiner também gerencia serviços não configuráveis tais como ciclos de vida de servlets e enterprise beans, pool de recursos de conexão a banco de dados, persistência de dados, e acesso as APIs da plataforma J2EE descritas na seção Plataformas de APIs do J2EE 1.4. Embora a persistência de dados seja um serviço não configurável, a arquitetura J2EE permite que você sobrescreva a persistência gerenciada por contêiner incluindo o código apropriado na implementação de seu enterprise bean quando quiser mais controle do que a persistência gerenciada por contêiner oferece. Por exemplo, você poderia usar persistência gerenciada por bean para implementar seus métodos de localização (finder) ou criar um cache de banco de dados personalizado.

Tipos de contêineres

O processo de implantação instala os componentes do aplicativo J2EE nos contêineres J2EE, ilustrados na Figura 1-5.

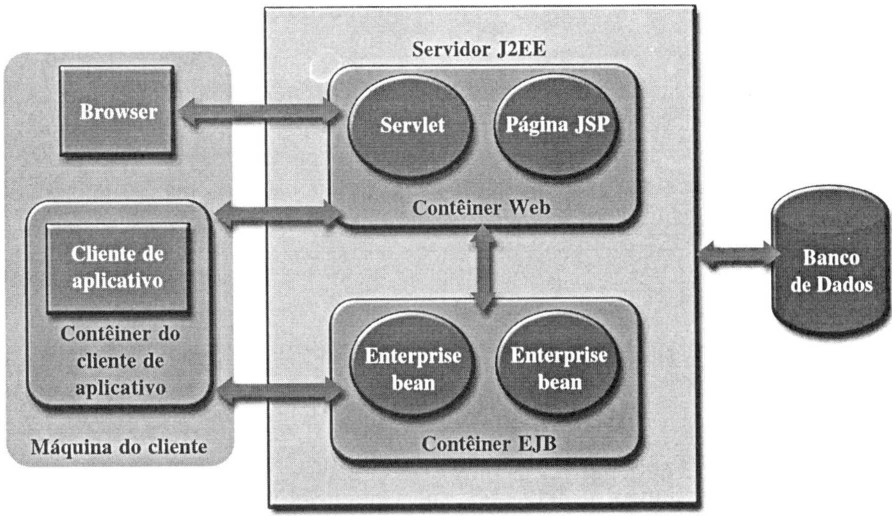

Figura 1-5 *Servidor e contêineres J2EE.*

Servidor J2EE

A porção runtime (tempo de execução) de um produto J2EE. Um servidor J2EE fornece contêineres EJB e Web.

Contêiner enterprise JavaBeans (EJB)

Gerencia a execução de enterprise beans para aplicativos J2EE. Enterprise beans e o contêiner deles rodam em um servidor J2EE.

Contêiner Web

Gerencia a execução de uma página JSP e de componentes servlet para aplicativos J2EE. Componentes Web e o contêiner deles rodam em servidor J2EE.

Contêiner do cliente do aplicativo

Gerencia a execução dos componentes do cliente de aplicativo. Clientes de aplicativo e seus contêineres rodam no cliente.

Contêiner Applet

Gerencia a execução de applets. Consiste em um navegador Web e um Java Plugin rodando juntos no cliente.

Suporte de serviços Web

Serviços Web são aplicativos empresariais de base Web que usam protocolos abertos de transporte e padrões baseados em XML para trocar dados com clientes invocadores. A plataforma J2EE fornece ferramentas e APIs XML que você precise para projetar, desenvolver, testar e implantar rapidamente serviços Web e clientes que interoperem totalmente com outros serviços Web, além de clientes que rodem em plataformas de base Java ou de base não Java.

Para escrever serviços Web e clientes com APIs XML J2EE, tudo o que você tem de fazer é passar dados do parâmetro para as chamadas do método e processar o dado retornado; ou para serviços Web orientados por documentos, enviar documentos contendo os dados de serviços para um lado e para outro. Nenhuma programação de nível baixo é necessária, porque as implementações API XML fazem o trabalho de tradução dos dados do aplicativo para e de um fluxo de dados de base XML enviado por meio dos protocolos de transporte padronizados de base XML. Estes protocolos e padrões de base XML são apresentados nas seções seguintes.

A tradução de dados para um fluxo de dados de base XML padronizado é o que faz com que os serviços Web e os clientes sejam escritos com as APIs XML J2EE totalmente interoperáveis. Isso não significa necessariamente que os dados que os dados transportados incluam tags XML, porque eles podem ser propriamente textos planos, dados XML, ou qualquer tipo de dados binários tais como áudio, vídeo, mapas, arquivos de programas, documento de projetos com auxílio do computador (CAD) e similares. A próxima seção introduz XML e explica como as partes que fazem negócios podem usar tags e esquemas XML para trocar dados de um processo significativo.

XML

XML é uma plataforma cruzada, extensível, de padrão baseado em textos para representar dados. Quando um dado XML é trocado entre parcerias, as partes são livres para criar suas próprias tags a fim de descrever os dados, configurar os esquemas para especificar quais tags podem ser usadas em um tipo particular de documento XML, e usar folhas de estilos XML para gerenciar a exibição e tratamento dos dados.

Por exemplo, um serviço Web pode usar XML e um esquema para produzir listas de preços, e companhias que recebem as listas de preços e esquema podem ter suas próprias folhas de estilos para tratar os dados na forma que melhor atenda suas necessidades. Aqui estão alguns exemplos:

- Uma companhia poderia colocar informações de preços em XML através de um programa que traduzisse XML para HTML de modo que ela possa disponibilizar as listas de preço para a sua intranet
- Uma companhia de parceria poderia colocar as informações de preços através de uma ferramenta para criar uma apresentação de marketing
- Uma outra companhia poderia ler as informações de preços em XML para processamento de um aplicativo

Protocolo de transporte SOAP

As requisições de clientes e as respostas de serviços Web são transmitidas como mensagens de Protocolo de Acesso de Objetos Simples (Simple Object Access Protocol, SOAP) via HTTP para habilitar um intercâmbio totalmente interoperável entre clientes e serviços Web, todos rodando em diferentes plataformas e em várias localizações na Internet. HTTP é um padrão familiar de requisição e resposta para enviar mensagens por meio da Internet, e SOAP é um protocolo com base XML que segue o modelo de requisição-resposta HTTP.

A porção SOAP de uma mensagem transportada trata o seguinte:

- Define um envelope com base XML para descrever o que é uma mensagem e como processar a mensagem
- Inclui regras de codificação com base XML para expressar instâncias de tipos de dados definidos pelo aplicativo dentro da mensagem
- Define uma convenção de base XML para representar a requisição para o serviço remoto e a resposta resultante

Formato de padrão WSDL

A Linguagem de Descrição de Serviços Web (Web Services Description Language, WSDL) é um formato padronizado XML para descrever os serviços de rede. A descrição inclui o nome do serviço, a localização do serviço, e os meios de comunicação com o serviço. As descrições de serviços WSDL podem ser armazenadas em registros UDDI ou publicadas na Web (ou ambos). A plataforma J2EE fornece uma ferramenta para gerar a especificação WSDL de um serviço Web que use as chamadas de procedimento remoto para se comunicar com os clientes.

Formatos de padrões UDDI e ebXML

Outros padrões de base XML, tais como Integração, Descoberta e Descrição Universal (Universal Description, Discovery and Integration, UDDI) e ebXML tornam possível para a área de negócios publicar informações na Internet sobre seus produtos e serviços Web, onde a informação pode ser acessada facilmente e globalmente por clientes que queiram fazer negócios.

Como empacotar aplicativos

Um aplicativo J2EE é distribuído como um arquivo Enterprise Archive (EAR), um arquivo- padrão Java Archive (JAR) com uma extensão .ear. Com módulos e arquivos EAR é possível montar uma série de diferentes aplicativos J2EE usando alguns dos mesmos componentes. Nenhuma codificação extra é necessária; é só uma questão de montar (ou empacotar) vários módulos J2EE em arquivos EAR J2EE.

Um arquivo EAR (veja Figura 1-6) contém módulos J2EE e descritores de implementação. Um descritor de implantação é um documeto XML com uma extensão .xml que descreve as configurações de implementação de um aplicativo, um módulo, ou um componente. Como a informação do descritor de implantação é declarativa, ela pode ser alterada sem precisar modificar o código-fonte. Em tempo de execução, o servidor J2EE lê o descritor de implantação e atua sobre o aplicativo, módulo ou componente, corretamente.

Há dois tipos de descritores de implementação: J2EE e runtime. Um descritor de implantação J2EE é definido por uma especificação J2EE e pode ser usado para configurar definições de implantação sobre qualquer implementação compatível com J2EE. Um descritor de implantação runtime é usado para configurar os parâmetros específicos de implementação J2EE. Por exemplo, a runtime da Sun Java System Application Server Platform Edition 8 contém informações tais como raiz do contexto de um aplicativo Web, o mapeamento de nomes portáveis dos recursos do aplicativo para os recursos do servidor, e os parâmetros específicos de

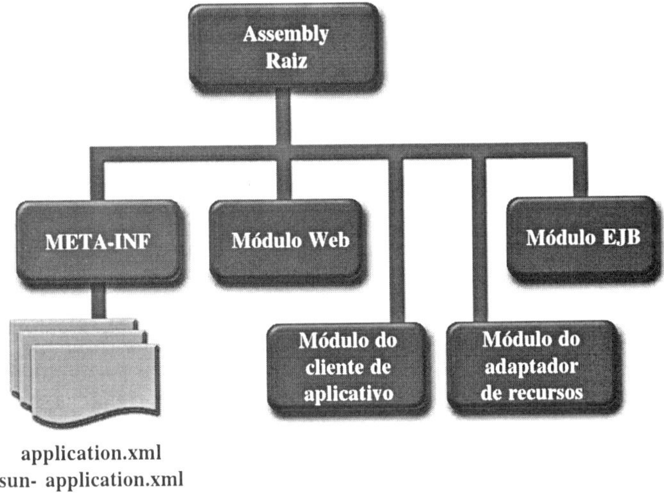

Figura 1-6 *Estrutura de arquivo EAR.*

implementação do Servidor de Aplicativo, tais como diretivas de cache. Os descritores de implantação runtime do Servidor de Aplicativo são chamados sun-moduleType.xml e estão localizados no mesmo diretório que o descritor de implantação J2EE.

Um módulo J2EE consiste em um ou mais componentes J2EE para o mesmo tipo de contêiner e um descritor de implantação do componente desse tipo. Um descritor de implantação do módulo de um enterprise bean, por exemplo, declara atributos de transação e autorizações de segurança para um enterprise bean. Um módulo J2EE sem um descritor de implantação de aplicativo pode ser implementado como um módulo independente. Os quatro tipos de módulos J2EE são:

- Módulos EJB, que contêm arquivos de classe para enterprise beans e descritor de implantação de EJB. Módulos EJB são empacotados como arquivos JAR com uma extensão .jar
- Módulos Web, que contêm arquivos de classe de servlet , arquivos JSP, arquivos de classe de suporte, arquivos GIF e HTML, e um descritor de implantação de aplicativo Web. Módulos Web são empacotados como arquivos JAR com um extensão .war (arquivo Web)
- Módulos do cliente de aplicativo, que contêm arquivos de classe e um descritor de implantação do cliente de aplicativo. Módulos do cliente de aplicativo são empacotados como arquivos JAR com uma extensão .jar
- Módulos do adaptador de recursos, que contêm todas as interfaces Java, classes, bibliotecas nativas e outras documentações, junto com o descritor de implantação do adaptador de recursos. Juntos, eles implementam a arquitetura Conector (veja Arquitetura Conector J2EE) para um EIS particular. Módulos do adaptador de recursos são empacotados como arquivos JAR com uma extensão .rar (arquivo do adaptador de recursos).

Papéis de desenvolvimento

Módulos reutilizáveis tornam possível dividir o desenvolvimento do aplicativo e o processo de implementação em papéis distintos de modo que pessoas ou companhias diversas possam efetuar partes diferentes do processo.

Os dois primeiros papéis envolvem a aquisição e a instalação do produto J2EE e das ferramentas. Depois que o software é adquirido e instalado, os componentes podem ser desenvolvidos por fornecedores de componentes do aplicativo, montados por montadores do aplicativo, e implantados por implantadores do aplicativo. Numa grande organização, cada um desses papéis poderia ser executado por equipes ou indivíduos diferentes. Esta divisão de tarefas laboriosas, por causa de cada um dos papéis anteriores, produz um arquivo portável que é a entrada para o papel subseqüente. Por exemplo, na fase de desenvolvimento do componente de aplicativo, um desenvolvedor de software de enterprise bean fornece arquivos JAR EJB. No papel de montagem do aplicativo, um outro desenvolvedor combina estes arquivos JAR EJB em um aplicativo J2EE e o salva no arquivo EAR. No papel de implantação do aplicativo, um administrador de sistemas no local do cliente usa um arquivo EAR para instalar o aplicativo J2EE em um servidor J2EE.

Os diferentes papéis não são sempre executados por pessoas diferentes. Se você trabalha para uma pequena companhia, por exemplo, ou se você está criando o protótipo de um aplicativo de amostra, você pode realizar as tarefas em todas as fases.

Provedor de produto J2EE

O provedor de produto J2EE é a companhia que projeta e torna disponíveis para compra as APIs da plataforma J2EE e outros recursos definidos na especificação J2EE. Provedores de produtos normalmente são sistema de operação, sistema de banco de dados, servidor de aplicativo, ou fornecedores de servidor Web que implementam a plataforma J2EE de acordo com a Java 2 Plataform, Enterprise Edition specification.

Provedor de ferramentas

O provedor de ferramentas é a companhia ou pessoa que cria as ferramentas de desenvolvimento, montagem e pacotes usados pelos provedores de componentes, montadores e implementadores.

Provedor de componentes do aplicativo

Um provedor de componentes do aplicativo é a companhia ou a pessoa que cria componentes Web, enterprise beans, applets, ou clientes de aplicativos para uso em aplicativos J2EE.

Desenvolvedor de enterprise bean

Um desenvolvedor de enterprise bean realiza as seguintes tarefas para fornecer o arquivo JAR EJB que contém o(s) bean(s) corporativo(s):

- Escreve e compila o código-fonte
- Especifica o descritor de implantação
- Empacota os arquivos .class e o descritor de implantação no arquivo JAR EJB

Desenvolvedor de componentes Web

Um desenvolvedor de componentes Web realiza as seguintes tarefas para fornecer o arquivo WAR que contém o(s) componente(s) Web:

- Escreve e compila o código-fonte do servlet
- Escreve arquivos JSP e HTML
- Especifica o descritor de implantação
- Empacota os arquivos .class, .jsp, e .html e o descritor de implantação no arquivo WAR

Desenvolvedor de cliente do aplicativo

Um desenvolvedor de cliente do aplicativo realiza as seguintes tarefas para fornecer um arquivo JAR contendo o cliente do aplicativo:

- Escreve e compila o código-fonte
- Especifica o descritor de implantação para o cliente
- Empacota os arquivos .class e o descritor de implantação no arquivo JAR

Montador do aplicativo

O montador do aplicativo é a companhia ou a pessoa que recebe os módulos do aplicativo de provedores de componentes e os monta em um arquivo EAR do aplicativo J2EE. O montador ou implementador pode editar o descritor de implantação diretamente ou pode usar ferramentas que adicionam corretamente tags XML de acordo com seleções interativas. Um desenvolvedor de software realiza as seguintes tarefas para criar um arquivo EAR contendo o aplicativo J2EE:

- Monta arquivos JAR EJB e WAR criados nas fases anteriores em um arquivo de aplicativo (EAR) J2EE
- Especifica o descritor de implantação para o aplicativo J2EE
- Verifica que o conteúdo do arquivo EAR seja bem formado e esteja de acordo com a especificação J2EE

Administrador e implantador do aplicativo

O administrador e implantador do aplicativo é a companhia ou a pessoa que configura e implanta o aplicativo J2EE, administra a infra-estrutura de computação e de gerenciamento de rede onde rodam os aplicativos J2EE, e supervisiona o ambiente de runtime. Seus deveres incluem atividades como configurar controles de transação e atributos de segurança e especificar conexões a banco de dados.

Durante a configuração, o implementador segue as instruções fornecidas pelo provedor de componentes do aplicativo para resolver dependências externas, especificar configurações de segurança e delegar atributos de transação. Durante a instalação, o implementador move os componentes do aplicativo para o servidor e gera as classes específicas do contêiner e interfaces.

Um implantador ou administrador do sistema realiza as seguintes tarefas para instalar e configurar um aplicativo J2EE:

- Adiciona arquivo (EAR) do aplicativo J2EE criado na fase precedente para o servidor J2EE
- Configura o aplicativo J2EE para o ambiente operacional modificando o descritor de implantação do aplicativo J2EE
- Verifica que o conteúdo do arquivo EAR seja bem formado e esteja de acordo com a especificação J2EE
- Implanta (instala) o arquivo EAR do aplicativo J2EE no servidor J2EE

APIs da plataforma J2EE 1.4

A Figura 1-7 ilustra a disponibilidade das APIs da plataforma J2EE 1.4 em cada tipo de contêiner J2EE. As seções seguintes dão um breve resumo das tecnologias requeridas pela plataforma J2EE e as APIs empresariais J2SE (jdbc E JNDI) que seriam usadas nos aplicativos J2EE.

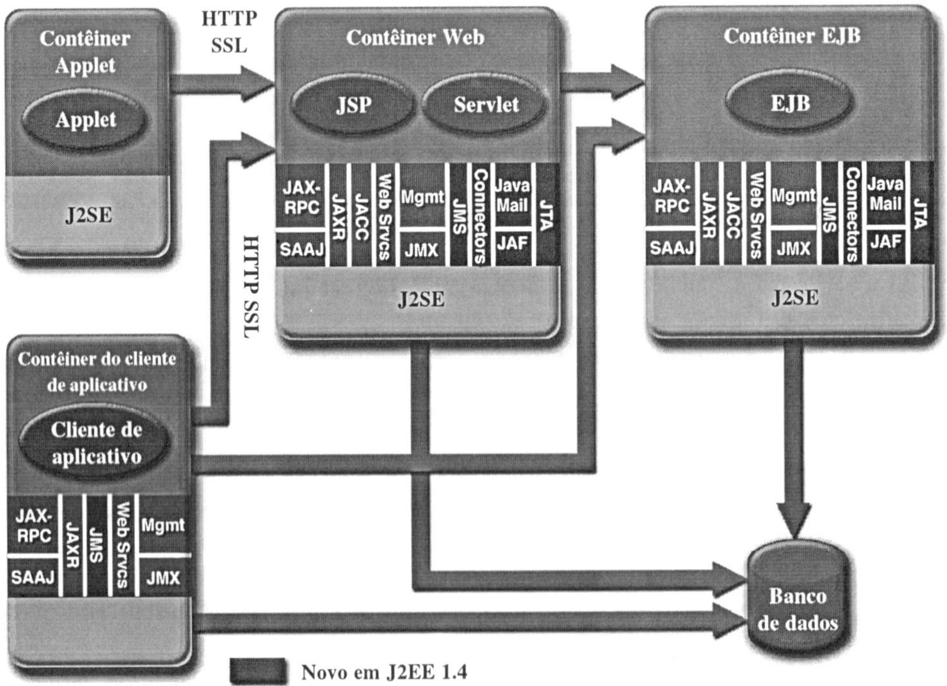

Figura 1-7 *APIs da plataforma J2EE.*

Tecnologia Enterprise JavaBeans

Um componente Enterprise JavaBeans™, ou um enterprise bean, é um corpo de código que possui campos e métodos para implementar módulos de lógica de negócios. Você pode pensar em um enterprise bean como um bloco de construção que possa ser usado sozinho ou com outros enterprise beans para executar a lógica de negócios no servidor J2EE.

Como mencionado anteriormente, há três tipos de enterprise beans: beans de sessão, beans de entidade, beans orientados por mensagens. Enterprise beans freqüentemente interagem com banco de dados. Uma das vantagens de beans de entidade é que você não tem de escrever qualquer código SQL ou usar API JDBC™ (veja API JDBC) diretamente para realizar as operações de acesso a banco de dados; o contêiner EJB trata disso para você. Todavia, se sobrescrever por qualquer razão a persistência gerenciada por contêiner, precisará usar a API JDBC. Também, se optar por ter um bean de sessão para acessar o banco de dados, deverá usar a API JDBC.

Tecnologia Servlet Java

A tecnologia Servlet Java permite que você defina a classe servlet específica para HTTP. Uma classe servlet estende as capacidades dos servidores que hospedam aplicativos acessados por meio de um modelo de programação requisição-resposta. Embora servlets possam responder a qualquer tipo de requisição, eles são comumente usados para estender os aplicativos hospedados por servidores Web.

Tecnologia JavaServer Pages

A tecnologia JavaServer Pages™ (JSP™) permite que você coloque snippets de códigos de servlet diretamente em um documento baseado em texto. Uma página JSP é um documento baseado em texto que contém dois tipos de textos: dados estáticos (que podem ser expressos por qualquer formato baseado em texto tais como HTML, WML e XML) e elementos JSP, que determinam como a página construirá conteúdo dinâmico.

API do Serviço de Mensagens Java

A API de Serviço de Mensagens Java (Java Message Service, JMS) é um padrão de transmissão de mensagens que permite que componentes de aplicativos J2EE criem, enviem, recebam e leiam mensagens. Ela habilita a comunicação distribuída que é livremente acoplada, confiável, e assíncrona.

API de Transação Java

A API de Transação Java (Java Transaction API, JTA) fornece uma interface-padrão para demarcar transações. A arquitetura J2EE fornece um autocommit default para tratar transações commits e rollbacks. Um autocommit significa que qualquer outro aplicativo que estiver visualizando os dados, verá os dados atualizados depois de cada operação de leitura ou escrita do banco de dados. Todavia, se o seu aplicativo realizar duas operações de acesso a banco de dados em separado que dependem uma da outra, você precisará usar a API JTA para demarcar onde, na transação inteira, inclusive em ambas as operações, comece, desfaça (rolls back) e efetue alterações.

API de JavaMail

Os aplicativos J2EE usam a API de JavaMail™ para enviar notificações de e-mail. A API de JavaMail tem duas partes: uma interface do nível de aplicativo usada pelos componentes do aplicativo para enviar correspondência e uma interface do provedor de serviços. A plataforma J2EE inclui o JavaMail com o provedor de serviços que permite aos componentes do aplicativo enviar correspondência pela Internet.

Framework de ativação de JavaBeans

A Estrutura de Ativação de JavaBeans (Java Activation Framework, JAF) está incluída porque o JavaMail faz uso dela. A JAF fornece serviços padronizados para determinar o tipo de uma peça arbitrária de dados, encapsula o acesso a ela, descobre as operações disponíveis nela, e cria o componente JavaBeans apropriado para realizar essas operações.

API de Java para Processamento de XML

A API de Java para Processamento de XML (Java API for XML Processing, JAXP) suporta o processamento de documentos XML utilizando o Modelo de Objetos de Documento (Document Object Model, DOM), a API Simples para XML (SAX), e as Transformações de Linguagem de Folhas de Estilos Extensíveis (Extensible Stylesheet Language Transformations, XSLT). JAXP permite que os aplicativos analisem e transformem documentos XML independentes de uma implementação particular de processamento de XML.

A JAXP também fornece suporte a namespace, o qual permite que você trabalhe com esquemas que pudessem de outra maneira ter conflitos de atribuição de nomes. Projetada para ser flexível, a JAXP permite que você use o analisador compatível com XML ou o processador XSL de dentro do seu aplicativo, e suporta o esquema do W3C. Você pode encontrar informações sobre o esquema do W3C neste URL: http://www.w3.org/XML/Schema.

API Java para RPC baseado em XML

A API Java para RPC baseado em XML (Java API for XML-based RPC, JAX-RPC) utiliza o padrão SOAP e HTTP, portanto, os programas do cliente podem fazer chamadas de procedimento remoto baseadas em XML (remote procedure calls, RPCs) por meio da Internet. JAX-RPC também suporta WSDL, de modo que você pode importar e exportar documentos WSDL. Com JAX-RPC e um WSDL, você facilmente pode interoperar com clientes e serviços rodando em plataformas de base Java ou de base não Java, como .NET. Por exemplo, baseado no documento WSDL, um cliente Visual Basic .NET pode ser configurado para usar um serviço Web implementado em tecnologia Java, ou um serviço Web pode ser configurado para reconhecer um cliente Visual Basic .NET.

JAX-RPC confia no protoclo de transporte HTTP. Tomando isso um passo adiante, JAX-RPC permite que você crie aplicativos de serviço que combinem HTTP com uma versão da tecnologia Java dos protocolos de Camada de Soquetes Seguros (Secure Socket Layer, SSL) e Segurança de Camada de Transporte (Transport Layer Security, (TLS) para estabelecer autenticação básica ou mútua. SSL e TLS garantem a integridade da mensagem fornecendo a criptografia de dados com capacidade para autenticação de servidor e cliente.

A autenticação é uma forma mensurada para verificar se uma parte é conveniente e apta a acessar certas informações como meio de proteger contra o uso fraudulento de um sistema ou uma transmissão fraudulenta de informações. As informações transportadas pela Internet são especialmente vulneráveis para serem interceptadas e abusadas, portanto é muito importante configurar um serviço Web JAX-RPC para proteger os dados em trânsito.

SOAP com Anexos API para Java

O SOAP com Anexos API para Java (SOAP with Attachments API for Java, SAAJ) é uma API de baixo nível da qual depende a JAX-RPC. SAAJ habilita a produção e consumo de mensagens que estão de acordo com a especificação API da SAAJ, em vez de usar a API JAX-RPC de maior nível.

API Java para Registros XML

A API Java para Registros XML (Java API for XML Registries, JAXR) permite a você acessar negócios e registros de propósitos gerais por meio da Web. JAXR suporta os Registro ebXML e o Repositório padronizados e as especificações emergentes UDDI. Usando JAXR, os desenvolvedores podem aprender um único API e ganhar acesso a estas duas importantes tecnologias de registro.

Além disso, os negócios podem submeter material para ser compartilhado e procurar por materiais que outros submeteram. Grupos de padrões desenvolveram esquemas para tipos particulares de documentos XML; dois negócios poderiam, por exemplo, concordar em usar o esquema para seus formulários padronizados de pedidos de compra da indústria. Como o esquema é armazenado em um registro-padrão de negócios, ambas as partes podem usar JAXR para acessá-lo.

Arquitetura Conector J2EE

A arquitetura Conector J2EE é usada por vendedores de ferramentas J2EE e integradores de sistemas para criar adaptadores de recursos que suportem acesso a sistemas de informações corporativos que possam ser plugados em qualquer produto J2EE. Um adaptador de recursos é um componente de software que permite a componentes de aplicativos J2EE acessar e interagir com o gerenciador de recursos subjacentes da EIS. Como um adaptador de recursos é específico para seu gerenciador de recursos, normalmente há um adaptador de recursos diferente para cada tipo de banco de dados ou sistema de informações empresariais.

A arquitetura Conector J2EE fornece também uma integração transacional orientada para performance, segura, escalável, e baseada em mensagens de serviços Web baseados em J2EE com EISs existentes que podem ser sincronizados ou assíncronos. Aplicativos existentes e EISs, integrados através da arquitetura Conector J2EE na plataforma J2EE, podem ser expostos como serviços Web baseados em XML usando modelos de componentes JAX-RPC e J2EE. Dessa forma JAX-RPC e a arquitetura Conector J2EE são tecnologias complementares para a integração de aplicativos corporativos (enterprise application integration, EAI) e a integração de negócios de ponta a ponta.

API JDBC

A API JDBC permite que você chame comandos SQL a partir de métodos da linguagem de programação Java. Você usa API JDBC em um enterprise bean quando você sobrescreve a persistência gerenciada por contêiner default ou tem um bean de sessão para acessar o banco de dados. Com a persistência gerenciada por contêiner, as operações de acesso a banco de dados são tratadas pelo contêiner, e a sua implementação do enterprise bean não contém códigos JDBC ou comandos SQL. Você também pode usar a API JDBC de um servlet ou uma página JSP para acessar o banco de dados diretamente sem passar por um enterprise bean.

A API JDBC se divide em duas partes: uma interface em nível de aplicativo usada pelos componentes do aplicativo para acessarem um banco de dados, e uma interface do provedor de serviços para anexar um driver JDBC para a plataforma J2EE.

Interface de Diretórios e de Atribuição de Nomes Java

A Interface de Atribuição de Nomes e de Diretórios Java (Java Naming and Directory Interface™ JNDI) fornece a funcionalidade de diretório e de nomeações. Ela fornece aplicativos com métodos para realizar operações de diretório-padrão, tais como associar atributos com objetos e procurar objetos usando seus atributos. Usando JNDI, um aplicativo J2EE pode armazenar e obter qualquer tipo de objeto Java nomeado.

Os serviços de atribuição de nomes J2EE fornecem clientes de aplicativo, enterprise beans, e componentes Web com acesso ao ambiente de nomeações JNDI. Um ambiente de nomeações permite que um componente seja customizado sem a necessidade de acessar ou alterar o código-fonte do componente. Um contêiner implementa o ambiente do componente e o fornece para o componente como um contexto de nomeação JNDI.

Um componente J2EE localiza seu contexto de nomeação de ambiente usando as interfaces da JNDI. Um componente cria um objeto javax.naming.InitialContext e procura o contexto de nomeação de ambiente no InitialContext sob a denominação java:comp/env. Um ambiente de denominação de componentes é armazenado diretamente no contexto de nomeação de ambiente ou em qualquer de seus subcontextos direto ou indireto.

Um componente J2EE pode acessar objetos nomeados fornecidos pelo sistema ou definidos pelo usuário. Os nomes de objetos fornecidos pelo sistema, como os objetos JTA UserTransaction, são armazenados no contexto de nomeação de ambiente, java:comp/env. A plataforma J2EE permite a um componente nomear objetos definidos pelo usuário, tais como enterprise beans, entradas de ambientes, objetos de DataSource JDBC e conexões de mensagens. Um objeto deveria ser nomeado dentro de um subcontexto do ambiente de nomeações de acordo com o tipo do objeto. Por exemplo, enterprise beans são nomeados dentro do subcontexto java:comp/env/ejb, e DataSource JDBC é referenciado no subcontexto java:comp/env/jdbc.

Como a JNDI é independente de qualquer implementação específica, os aplicativos podem usar a JNDI para acessar nomeações múltiplas e serviços de diretórios, inclusive nomeações e serviços de diretórios existentes, tais como LDAP, NDS, DNS e NIS. Isso permite aos aplicativos J2EE coexistirem com os aplicativos e sistemas herdados. Para maiores informações sobre JNDI, visite The JNDI Tutorial, no endereço

`http://java.sun.com/products/jndi/tutorial/index.html`

Serviço de Autorização e Autenticação Java

O Serviço de Autorização e Autenticação Java (Java Authentication and Authorization Service, JAAS) fornece um modo para um aplicativo J2EE autenticar e autorizar um usuário específico ou grupo de usuários para rodá-lo.

JAAS é uma versão da linguagem de programação Java de estrutura do Módulo de Autenticação Plugável padronizado (Pluggable Authentication Module, PAM), que estende a arquitetura de segurança da plataforma Java 2 para suportar autorização baseada no usuário.

Integração de sistemas simplificados

A plataforma J2EE é uma solução de integração de sistema completo e independente de plataforma que crie um mercado aberto no qual todo fornecedor possa vender para todos os

clientes. Semelhante mercado encoraja fornecedores a competir, não tentanto bloquear os clientes em suas tecnologias mas, ao contrário, tentando superar um ao outro fornecendo produtos e serviços que beneficiam os clientes, tais como melhor desempenho, melhores ferramentas, ou melhor suporte ao cliente.

As APIs J2EE possibilitam a integração de aplicativos e sistemas através do seguinte:

- Modelo de aplicativo unificado através de camadas com enterprise beans
- Mecanismo simplificado de requisição-resposta com páginas e servlets JSP
- Modelo de segurança confiável com JAAS
- Integração de intercâmbio de dados baseado em XML com JAXP, SAAJ e JAX-RPC
- Interoperabilidade simplificada com a arquitetura Conector J2EE
- Fácil conectividade a banco de dados com a API JDBC
- Integração de aplicativos corporativos com beans orientados por mensagens e JMS, JTA, e JNDI

Você pode aprender mais sobre como usar a plataforma J2EE para construir sistemas de negócios integrados lendo *J2EE Technology in Practice*, escrito por Rick Cattell e Jim Inscore (Addison-Wesley, 2001) no site:

`http://java.sun.com/j2ee/inpractice/aboutthebook.html`

Sun Java System Application Server Platform Edition 8

A Sun Java System Application Server Platform Edition 8 é uma implementação totalmente compatível da plataforma J2EE 1.4. Além de suportar todas as APIs descritas nas seções anteriores, o Servidor de Aplicativo inclui uma série de tecnologias J2EE e ferramentas que não fazem parte da plataforma J2EE 1.4 mas são fornecidas como uma facilidade para o desenvolvedor.

Esta seção resume sumariamente as tecnologias e ferramentas que constituem o Servidor de Aplicativo, e instruções para iniciar e parar o Servidor de Aplicativo, iniciando o Console Admin, iniciando o deploytool, e iniciando e parando o servidor de banco de dados PointBase. Outros capítulos explicam como usar as ferramentas remanescentes.

Tecnologias

O Servidor de Aplicativo inclui duas tecnologias de interface do usuário – As Bibliotecas-padrão de Tags JavaServer Pages e JavaServer™ Faces – sobre as quais são construídas e usadas em conjunção com as tecnologias da plataforma J2EE 1.4 Java servlet e JavaServer Pages.

Biblioteca-padrão de Tags JavaServer Pages

A Biblioteca-padrão de Tags JavaServer Pages (JavaServer Pages Standard Tag Library, JSTL) encapsula a funcionalidade core comum a muitos aplicativos JSP. Ao invés de mixar tags de inúmeros fornecedores em seus aplicativos JSP, você emprega um conjunto de tags único e padrão. Esta padronização permite que você implante seus aplicativos sobre qualquer contêiner JSP que suporte JSTL e torne mais provável que a implementação das tags seja otimizada.

JSTL tem um iterador e tags condicionais para tratar dos controles de fluxos, tags para manipulação de documentos XML, tags de internacionalização, tags para acessar bancos de dados usando SQL, e funções comumente usadas.

JavaServer Faces

A tecnologia JavaServer Faces é uma estrutura com interface de usuário para construir aplicativos Web. Os componentes principais da tecnologia JavaServer Faces são:

- Um estrutura com componente GUI
- Um modelo flexível para renderizar componentes de tipos diferentes de HTML ou de diferentes tecnologias e de linguagens de marcação. Um objeto Renderizador gera a marcação para renderizar o componente e converte os dados armazenados em um objeto de modelo para tipos que possam ser representados em uma visualização
- Um RenderKit padronizado para gerar marcação HTML/4.01

Os recursos seguintes suportam os componentes GUI:

- Validação de entrada
- Tratamento de eventos
- Conversão de dados entre os objetos de modelo e os componentes
- Criação de objeto de modelo gerenciado
- Configuração da navegação de página

Toda essa funcionalidade está disponível por meio das APIs Java e dos arquivos de configuração baseados em XML.

Ferramentas

O Servidor de Aplicativo contém as ferramentas listadas na Tabela 1-1. Informações de uso básico para muitas das ferramentas aparecem por todo o tutorial. Para informações detalhadas, procure ajuda on-line nas ferramentas GUI e páginas do manual no endereço http://docs.sun.com/db/doc/817-6092 para as feramentas de linhas de comandos.

Como iniciar e parar o Servidor de Aplicativo

Para iniciar e parar o Servidor de Aplicativo, você usa o utilitário asadmin. Para iniciar o Servidor de Aplicativo, abra uma janela de terminal ou um pronto de comando e execute o seguinte:

```
asadmin start-domain —verbose domain1
```

Um domínio é um conjunto de uma ou mais instâncias do Servidor de Aplicativo gerenciado por um servidor de administração. Associado ao domínio estão os seguintes:

- Número da porta do Servidor de Aplicativo. O default é 8080.
- Número da porta do servidor de administração. O default é 4848.
- Um nome e senha do usuário de administração.

Você especifica estes valores quando você instala o Servidor de Aplicativo. Os exemplos deste tutorial supõem que você escolheu as portas default.

Com a opção sem argumentos, o comando start-domain inicializa o domínio default, que é domain1. A flag —verbose faz com que todas as saídas de registro e depuração apareçam na janela do terminal ou no prompt de comando (ela também entrará no registro do servidor, que está localizado em <J2EE_HOME>/domains/domain1/logs/server.log).

Ou, em Windows, você pode selecionar:

Programs → Sun Microsystems → J2EE 1.4 SDK → Start Default Server

Tabela 1-1 Ferramentas do Servidor de Aplicativo

Componente	**Descrição**
Admin Console	Um utilitário administrativo do Servidor de Aplicativo com GUI de base Web. Usado para parar o Servidor de Aplicativo e gerenciar usuários, recursos e aplicativos.
Asadmin	Um utilitário administrativo do Servidor de Aplicativo de linhas de comandos. Usado para iniciar e parar o Servidor de Aplicativo e gerenciar usuários, recursos e aplicativos.
Asant	Uma ferramenta portável de construção de linhas de comandos que é uma extensão da ferramenta Ant desenvolvida pela Apache Software Foundation (veja http://ant.apache.org/). A asant contém tarefas adicionais que interagem com o utilitário administrativo do Servidor de Aplicativo.
Appclient	Uma ferramenta de linhas de comandos que lança o contêiner do cliente de aplicativo e chama o aplicativo do cliente empacotado no cliente de aplicativo.

Tabela 1-1 Ferramentas do Servidor de Aplicativo (continuação)

Componente	Descrição
Esquema de captura de arquivos JAR	Uma ferramenta de linhas de comandos para extrair informações de esquemas de um banco de dados, produzindo um arquivo de esquema que o Servidor de Aplicativo pode usar para a persistência gerenciada por contêiner.
Deploytool	Uma ferramenta GUI para empacotar aplicativos, gerar descritores de implementação, e implantar aplicativos no Servidor de Aplicativo.
Package-appclient	Uma ferramenta de linhas de comandos para empacotar as bibliotecas de containeres e arquivos JAR do cliente de aplicativo.
PointBase database	Uma cópia de avaliação do servidor de banco de dados PointBase.
Verifier	Uma ferramenta de linhas de comandos para validar descritores de implantação J2EE.
Wscompile	Uma ferramenta de linhas de comandos para gerar stubs, vínculos, serializadores, e arquivos WSDL usados em serviços e clientes JAX-RPC.
Wsdeploy	Uma ferramenta de linhas de comandos para gerar arquivos WAR específicos de implementação e prontos para implantar para aplicativos de serviços que utilizam JAX-RPC.

Depois que o servidor completou a sua seqüência de inicialização, você verá o seguinte resultado:

```
Domain domain1 started.
```

Para parar o Servidor de Aplicativo, abra uma janela de terminal ou comando de prompt e execute

```
asadmin stop-domain domain1
```

Ou, em Windows, selecione

Programs → Sun Microsystems → J2EE 1.4 SDK → Stop Default Server

Quando o servidor parar, você verá a seguinte saída:

```
Domain domain1 stopped.
```

Como iniciar o Admin Console

Para administrar o Servidor de Aplicativo e gerenciar usuários, recursos e aplicativos J2EE, você usa a ferramenta Admin Console. O Servidor de Aplicativo deve estar rodando antes de você chamar o Admin Console. Para iniciar o Admin Console, abra um browser no seguinte URL:

```
http://localhost:4848/asadmin/
```

Em Windows, no menu Start, selecione

Programs → Sun Microsystems → J2EE 1.4 SDK → Admin Console

Como iniciar o utilitário deploytool

Para empacotar os aplicativos J2EE, especificar elementos do descritor de implantação, e implantar aplicativos no Servidor de Aplicativo, você usa o utilitário deploytool. Para iniciar o deploytool, abra uma janela de terminal ou comando de prompt e execute

```
deploytool
```

Em Windows, do menu Start, selecione

Programs → Sun Microsystems → J2EE 1.4 SDK → Deploytool

Como iniciar e parar o servidor de banco de dados PointBase

Para iniciar o servidor de banco de dados PointBase, siga estas etapas:

1. Em uma janela de terminal, vá para <J2EE_HOME>/pointbase/tools/serveroption.
2. Execute o script startserver.

Em Windows, do menu Start, selecione

Programs → Sun Microsystems → J2EE 1.4 SDK → Start PointBase

Para parar o servidor PointBase, siga estas etapas.

1. Em uma janela de terminal, vá para <J2EE_HOME>/pointbase/tools/serveroption.
2. Execute o script stopserver.

Em Windows, a partir do menu Start, selecione

Programs → Sun Microsystems → J2EE 1.4 SDK → Stop PointBase

Como depurar os aplicativos J2EE

Esta seção descreve como determinar o que está causando um erro em seu implantador do aplicativo ou na execução.

Como usar o registro do servidor

Uma forma de depurar aplicativos é olhar para o registro do servidor em <J2EE_HOME>/domains/domain1/logs/server.log. O registro contém saídas do Servidor de Aplicativo e seus aplicativos. Você pode registrar mensagens de qualquer classe Java em seu aplicativo com System.out.println e as Java Logging APIs (documentadas no endereço http://java.sun.com/j2se/1.4.2/docs/guide/util/logging/index.html) e a partir de componentes Web com o método ServletContext.log.

Se você iniciar o Servidor de Aplicativo com a flag — verbose, todos as saídas de registro e depuração vão aparecer na janela de terminal ou no prompt de comando e no registro do servidor. Se você iniciar o Servidor de Aplicativo em segundo plano, as informações de depuração somente estarão disponíveis no registro. Você pode visualizar o registro do servidor com um editor de texto ou dentro do visualizador de registros do Admin Console. Para usar o visualizador de registros:

1. Selecione o nó do Servidor de Aplicativo.
2. Selecione a guia de Loggin.
3. Clique o botão Open Log Viewer. O visualizador de registros abrirá e exibirá as 40 últimas entradas.

Se você quiser exibir outras entradas:

1. Clique no botão Modify Search.
2. Especifique qualquer restrição de entrada que você quiser ver.
3. Clique o botão Search no final do visualizador de registros.

Como usar um depurador

O Servidor de Aplicativo suporta a Arquitetura do Depurador da Plataforma Java (Java Platform Debugger Architecture, JPDA). Com a JPDA, você pode configurar o Servidor de Aplicativo para comunicar informações de depuração por meio de um soquete. De modo a depurar um aplicativo usando um depurador:

1. Habilite a depuração no Servidor de Aplicativo usando o Admin Console como segue:
   - a. Selecione o nó do Servidor de Aplicativo.
   - b. Selecione a guia JVM Settings. As opções default de depuração estão configuradas para:

     ```
     -Xdebug -Xrunjdwp:transport=dt_socket,server=y,
       suspend=n,address=1044
     ```

     Como você pode ver, a porta do soquete do depurador default é 1044. Você pode alterá-la para uma porta não em uso pelo Servidor de Aplicativo ou de um outro serviço.
   - c. Cheque a caixa Enabled do campo Debug.
   - d. Clique o botão Save.
2. Pare o Servidor de Aplicativo e depois o reinicie.
3. Compile a sua fonte Java com a flag –g.
4. Empacote e distribua o seu aplicativo.
5. Inicie um depurador e conecte para o soquete do depurador na porta que você configurou quando você habilitou a depuração.

2

Como entender XML

Este capítulo descreve a Linguagem de Marcação Extensível (Extensible Markup Language, XML) e suas especificações relacionadas. Ele também vai lhe oferecer prática ao escrever dados em XML de modo que você possa ficar confortavelmente familiarizado com a sintaxe XML.

Nota: Os arquivos XML mencionados neste capítulo podem ser encontrados no diretório <INSTALL>/ j2eetutorial14/examples/xml/samples/.

Introdução à XML

Esta seção aborda o básico de XML. O objetivo é oferecer a você informações suficientes para dar um início de modo que você entenda sobre tudo o que há a respeito do XML. (Você aprenderá mais sobre XML nas seções seguintes do tutorial.) Destacamos então os melhores recursos que tornam XML excelente para armazenamento e intercâmbio de informações, e damos a você uma idéia geral de como XML pode ser usado.

O que é XML

XML é uma linguagem de marcação que rapidamente está se tornanado o padrão para intercâmbio na Web. Do mesmo modo que com HTML, você identifica os dados usando tags (identificadores anexados entre colchetes angulares: < ... >). Coletivamente, as tags são conhecidas como marcação.

Mas, ao contrário de HTML, as tags XML identificam os dados em vez de especificar como exibi-los. Todavia, uma tag HTML diz alguma coisa como: "Exiba estes dados em fonte de negrito" (<b>...</b>), uma tag XML age como um nome de campo em seu programa. Ela coloca um rótulo em um pedaço de dado que o identifica (por exemplo, <mensagem>...<mensagem>.

Nota: Como a identificação dos dados oferece a você algum sentido do que ele *significa* (como interpretá-lo, o que você deve fazer com ele), XML é algumas vezes descrita como um mecanismo para especificar a *semântica* (significado) dos dados.

Do mesmo modo que você define os nomes dos campos para uma estrutura de dados, você é livre para usar tags XML que dão sentido a um determinado aplicativo. Naturalmente, para inúmeros aplicativos usarem os mesmos dados XML, eles devem concordar com os nomes de tag que pretendem usar.

Aqui está um exemplo de alguns dados XML que você poderia usar para um aplicativo de mensagem:

```
<message>
  <to>you@yourAddress.com</to>
  <from>me@myAddress.com</from>
  <subject>XML Is Really Cool</subject>
  <text>
    How many ways is XML cool? Let me count the ways...
  </text>
</message>
```

Nota: Em todo este tutorial, nós usamos texto com face em negrito para destacar as coisas para as quais queremos chamar a sua atenção. XML não exige que nada seja em negrito!

As tags neste exemplo identificam as mensagens como um todo, o endereço do destinatário e do remetente, o assunto, e o texto da mensagem. Como em HTML, a tag <to> tem uma tag final correspondente: </to>. Os dados entre a tag e sua tag final correspondente definem um elemento dos dados XML. Note, também, que o conteúdo da tag <to> está contido inteiramente dentro do escopo da tag <mensagem>..<mensagem>. É esta habilidade de uma tag conter outras tags que permite que o XML represente estruturas de dados hierárquicas.

Novamente, do mesmo modo que em HTML, o espaço em branco é essencialmente irrelevante, de modo que você pode formatar os dados para legibilidade e, todavia, facilmente processá-los ainda com um programa. Ao contrário do HTML, contudo, em XML você pode procurar facilmente um dado colocado para mensagens contendo, por exemplo, "cool" no assunto, porque as tags XML identificam o conteúdo dos dados em vez de especificar a sua representação.

Tags e atributos

Tags podem também conter atributos – informações adicionais incluídas como parte da própria tag, dentro dos colchetes angulares (<>) da tag. O exemplo a seguir mostra uma estrutura de mensagem de e-mail que usa atributos para os campos to, from e assunto:

```
<message to="you@yourAddress.com" from="me@myAddress.com"
   subject="XML Is Really Cool">
  <text>
    How many ways is XML cool? Let me count the ways...
  </text>
</message>
```

Como em HTML, o nome do atributo é seguido por um sinal de igual, e o valor do atributo, e atributos múltiplos são separados por espaços. Ao contrário de HTML, todavia, em XML vírgulas entre atributos não são ignoradas; se presentes, elas geram um erro.

Como você pode projetar uma estrutura de dados tal como <mensagem> igualmente correta usando tanto atributos como tags, pode levar uma certa quantidade de imaginação para você decidir qual projeto é o melhor para os seus propósitos. Projetar uma estrutura de dados XML inclui idéias para ajudá-lo a decidir quando usar atributos e quando usar tags.

Tags vazias

Uma grande diferença entre XML e HTML é que um documento XML é sempre coagido a ser bem formado. Há diversas regras que determinam quando um documento é bem formado, mas uma das mais importantes é que toda tag tem uma tag de fechamento. Portanto, em XML, a tag </to> não é opcional. O elemento <to> nunca é terminado por qualquer outra tag diferente de </to>.

Nota: Um outro aspecto importante de um documento bem formado é que todas as tags estão completamente aninhadas. Portanto, você pode ter <message>..<to>..</to>..</message>, mas nunca <message>..<to>..</message>..</to>. Uma lista completa de exigências está contida na lista de perguntas feitas com freqüência sobre XML (frequently asked questions, FAQ) no endereço http://www.ucc.ie/xml/#FAQ-VALIDWF. (Este FAQ está na lista do W3C "Recommended Reading" no site http://www.w3.org/XML/.)

Algumas vezes, porém, faz sentido ter uma tag que suporte a si mesma. Por exemplo, você poderia querer adicionar uma tag que assinale a mensagem como importante: <flag/>.

Este tipo de tag não inclui nenhum conteúdo, portanto, ela é conhecida como tag vazia. Você cria uma tag vazia terminando-a com /> ao invés de >. Por exemplo, a mensagem seguinte contém uma tag flag vazia:

```
<message to="you@yourAddress.com" from="me@myAddress.com"
   subject="XML Is Really Cool">
  <flag/>
  <text>
   How many ways is XML cool? Let me count the ways...
  </text>
</message>
```

Nota: Usando a tag vazia, você não precisa codificar <flag></flag> para ter o documento bem formado. Você pode controlar quais tags serão vazias criando um esquema ou uma definição de tipo de documento, ou DTD. Se não houver nenhuma DTD ou esquema associado ao documento, então ela pode conter qualquer tipo de tag que você quiser, desde que o documento seja bem formado.

Comentários em arquivos XML

Os comentários em XML se parecem exatamente como os comentários em HTML:

```
<message to="you@yourAddress.com" from="me@myAddress.com"
   subject="XML Is Really Cool">
  <!-- This is a comment -->
  <text>
   How many ways is XML cool? Let me count the ways...
  </text>
</message>
```

Prólogo XML

Para completar esta introdução básica para XML, note que um arquivo XML sempre começa com um prólogo. O prólogo mínimo contém um declaração que identifica o documento como um documento XML:

```
<?xml version="1.0"?>
```

A declaração pode também conter informações adicionais:

```
<?xml version="1.0" encoding="ISO-8859-1" standalone="yes"?>
```

A declaração XML é essencialmente a mesma que o cabeçalho HTML, <html>, exceto se <?..?> for usado, e pode conter os seguintes atributos:

- version: Identifica a versão da linguagem de marcação XML usada nos dados. Este atributo é não opcional
- encoding: Identifica o conjunto de caracteres usado para codificar os dados. ISO-8859-1 é Latim-1, o conjunto de caracteres da Europa Ocidental e da língua inglesa (O default é Unicode 8 bit: UTF-8).
- standalone: Diz se este documento referencia ou não uma entidade externa ou uma especificação de tipo de dado externa. Se não houver referências externas, então "yes" é apropriado.

O prólogo também pode conter definições de entidades (ítens que não estão inseridos quando você os referencia de dentro do documento) e especificações que dizem quais tags são válidas no documento. Ambas declaradas em uma definição de tipo de documento (DTD) que pode ser definido diretametne dentro do prólogo, bem como com ponteiros para arquivos de especificações externas. Mas esses são assuntos dos tutoriais posteriores. Para maiores informações sobre estes e muitos outros aspectos de XML, veja a lista Recommended Reading na página do W3C XML do endereço http://www.w3.org/XML/.

Nota: A declaração normalmente é opcional, mas é uma boa idéia incluí-la sempre que você criar um arquivo XML. A declaração deve ter, no mínimo, o número da versão, e, idealmente, a codificação também. Esse padrão simplificará as coisas se o padrão XML for estendido no futuro e se for necessário localizar os dados em diferentes regiões geográficas.

Tudo que vem depois do prólogo XML constitui o conteúdo do documento.

Instruções de processamento

Um arquivo XML pode conter também instruções de processamento que fornecem comandos ou informações para um aplicativo que está processando os dados XML. As instruções de processamento tem o seguinte formato:

```
<?target instructions?>
```

Target é o nome do aplicativo que se espera faça o processamento, e instruções é uma string de caracteres que personifica as informações ou comandos para o aplicativo processar.

Como as instrução são específicas do aplicativo, um arquivo XML pode ter múltiplas instruções de processamento que dizem a aplicativos diferentes para fazerem coisas parecidas, embora de formas distintas. O arquivo XML para um show de slide, por exemplo, pode ter instruções de processamento que permitam ao apresentador especificar uma versão de nível técnico ou executivo da apresentação. Se os programas de apresentação múltiplos forem usados, o programa pode precisar de versões múltiplas das instruções de processamento (embora fosse melhor se tais aplicativos reconhecessem instruções padronizadas).

Nota: O nome target "xml" (em qualquer combinação de letras, maiúsculas ou minúsculas) é reservado para os padrões XML. Em um sentido, a declaração é uma instrução de processamento que ajusta esses padrões. (Todavia, quando você estiver trabalhando com o analisador, mais tarde, verá que o método para tratar as instruções de processamento nunca vê a declaração.)

Por que XML é importante?

Há uma série de razões para a aceitação repentina de XML. Esta seção lista algumas das mais proeminentes.

Texto plano

Como XML não tem um formato binário, você pode criar e editar arquivos que usem qualquer coisa, desde um editor-padrão de texto até um ambiente de desenvolvimento visual. Isso torna fácil depurar seus programas, e torna XML útil para armazenar pequenos volumes de dados. Por outro lado do espectro, um front end XML para um banco de dados torna possível armazenar eficientemente grandes quantidades de dados XML também. Portanto, XML fornece escalabilidade para qualquer coisa, desde pequenos arquivos de configuração até um amplo repositório de dados de uma empresa.

Identificação de dados

XML lhe diz que tipo de dados você tem, não como exibi-los. Como as tags de marcação identificam a informação e quebram os dados em pedaços, um programa de e-mail pode processá-lo, um programa de busca pode procurar mensagens enviadas para pessoas em particular, e um livro de endereços pode extrair as informações de endereço do resto da mensagem. Em resumo, como as diversas partes da informação foram identificadas, elas podem ser usadas de modos distintos por diferentes aplicativos.

Elegância de estilo

Quando exibir é importante, o padrão de folha de estilos, XSL, permite que você imponha como retratar os dados. Por exemplo, considere este XML:

```
<to>you@yourAddress.com</to>
```

A folha de estilos para estes dados pode dizer

1. Inicie uma nova linha.
2. Mostre "To:" em negrito, seguido por um espaço.
3. Mostre os dados de destino.

Este conjunto de instruções produz:

```
To: you@yourAddress
```

Naturalmente, você poderia ter feito a mesma coisa em HTML, mas não seria capaz de processar os dados com programas de busca e programas de extração de endereços e similares. O mais importante, como XML é inerentemente livre de estilos, você pode usar uma folha de estilos completamente diferente para produzir saídas em Postscript, TEX, PDF, ou em algum formato novo que nem mesmo foi inventado ainda. Essa flexibilidade resulta no que um autor descreveu como "experiência futura" de suas informações. Os documentos XML que você cria hoje podem ser usados nos futuros sistemas de entrega de documentos que nem sequer foram imaginados.

Reutilização in-line

Um dos aspectos mais interessantes dos documentos XML é que eles podem ser compostos de entidades separadas. Você pode fazer isso com HTML, mas apenas lincando a outros documentos. Ao contrário do HTML, as entidades XML podem ser incluídas em um documento "in-line". As seções incluídas parecem uma parte normal do documento: você pode procurar o documento todo de uma vez ou baixá-lo via download em uma única peça. Isso permite que você modularize seus documentos sem ter de recorrer a links. Você pode abrir uma seção de fonte única de modo que uma edição dele se reflita em todos os lugares em que a seção seja usada, e ainda um documento composto de tais peças olha para o mundo todo como um documento de uma peça só.

Capacidade de definição de links

Graças ao HTML, a habilidade de definir links entre documentos é agora considerada uma necessidade. O Apêndice B discute a iniciativa de especificação de links. Esta iniciativa permite que você defina links de dois modos, links com destinos múltiplos, expandir links (onde clicar um link faz com que a informação alvo apareça in-line), e links entre dois documentos existentes que são definidos em um terceiro.

Facilidade de processamento

Como mencionado anteriormente, uma notação regular e consistente facilita ainda muito mais a construção de programas para processar dados em XML. Por exemplo, em HTML, uma tag <dt> pode ser delimitada por </dt>, uma outra <dt>, <dd>, ou </dl>. Isso torna para alguns difícil de programar. Mas em XML, a tag <dt> deve sempre ter um terminador </dt>, ou ela deve ser uma tag vazia tal como </dt>. Essa limitação é uma parte crítica das restrições que torna um documento XML bem formado. (Caso contrário, o analisador XML não conseguiria ler os dados.) E como o XML é um padrão neutro de fornecedores, você pode escolher, entre os diversos analisadores XML, qualquer um que assuma o trabalho de processar os dados XML.

Hierarquia

Finalmente, documentos XML se beneficiam de sua estrutura hierárquica. As estruturas de documentação hierárquica, em geral, são mais rápidas de acessar porque você pode explorar até a parte de que precise, como se estivesse rastreando um índice. Elas também são mais fáceis de se rearranjarem, porque cada peça é delimitada. Em um documento, por exemplo, você poderia mover a parte superior para um novo local e arrastar tudo que estiver abaixo dele com o cabeçalho, ao invés de ter que descer a página para fazer uma seleção, cortar, e depois transferir a seleção para uma nova posição.

Como você pode usar XML?

Há várias maneiras básicas de usar XML:

- Processamento tradicional de dados, no qual XML codifica os dados para um programa processar
- Programação dirigida para documentos, onde documentos XML são contêineres que constroem interfaces e aplicativos de componentes existentes

- ❑ Arquivamento – a base para a programação dirigida para documentos – onde a versão personalizada de um componente é salva (arquivada) de modo que ela possa ser usada mais tarde
- ❑ Ligação, onde a DTD, ou esquema que define uma estrutura de dados XML, é usada para gerar automaticamente uma porção significativa do aplicativo que eventualmente processará os dados

Processamento de dados tradicional

XML está se tornando a representação de dados de preferência da Web. Ela é fantástica quando usada em conjunção com programas centrados na rede da plataforma Java que enviam e recuperam informações. Portanto, um aplicativo cliente-servidor, por exemplo, poderia transmitir dados codificados em XML de um lado para outro, entre o cliente e o servidor.

No futuro, XML é potencialmente a resposta para o intercâmbio de dados para todos os tipos de transações, desde que ambos os lados concordem com a marcação que vão utilizar. (Por exemplo, se um programa de e-mail esperasse ver tags chamadas <FIRST> e <LAST>, ou <FIRSTNAME> e <LASTNAME>?) A necessidade de padrões comuns vai gerar muitos esforços de padronização específicos para a indústria nos anos vindouros. Enquanto isso, mecanismos que permitam que você "traduza" as tags em um documento XML são importantes. Tais mecanismos incluem projetos como a iniciativa Estrutura para Descrição de Recursos (Resource Description Framework, RDF), a qual define metatags, e a especificação de Linguagem de Folha de Estilos Extensível (Extensible Stylesheet Language, XSL), que permite que você traduza tags XML em outras tags XML.

Programação orientada por documentos

A mais nova abordagem para usar XML é construir um documento que descreva o que uma página de aplicativo deveria parecer. O documento, em vez de simplesmente ser mostrado, é constituído de referências para componentes de interface de usuário e componentes para lógica de negócios que são "presos em conjunto" para criar um aplicativo dinamicamente.

Naturalmente, faz sentido usar a plataforma Java para tais componentes. Para construir tais componentes, você pode usar componentes JavaBeans para componentes de interfaces, e JavaBeans Enterprise voltados para a lógica de negócios. Embora nenhum dos esforços empreendidos até agora esteja pronto para uso comercial, muito trabalho preliminar tem sido feito.

Nota: A linguagem de programação Java é também excelente para escrever ferramentas de processamento XML portáveis como o XML. Vários editores visuais de XML têm sido escritos para a plataforma Java. Para uma listagem de editores, visite http://www.xml.com/pub/pt/3. Para ferramentas de processamento e outros recursos XML, visite Robin Cover's SGML/XML Web page no endereço http://xml.coverpages.org/software.html.

Ligação

Depois que você definiu a estrutura de dados XML usando tanto uma DTD como um dos padrões de esquema, uma parte volumosa do processamento que você precisa fazer já foi definida. Por exemplo, se o esquema diz que os dados do texto em um elemento <date> devem seguir um dos formatos reconhecidos de dados, então um aspecto dos critérios de validação para os dados já foi definido; falta apenas escrever o código. Embora uma especificação de DTD não possa passar pelo mesmo nível de detalhe, uma DTD (como um esquema) fornece uma gramática que diz quais dados de estrutura podem ocorrer e em que seqüências. Essa especificação lhe diz como escrever um código de alto nível que processe elementos de dados.

Mas, quando a estrutura de dados (e possivelmente o formato) é totalmente especificada, o código que você precisa processar pode ser facilmente gerado automaticamente. Esse processo é conhecido como binding – criando classes que reconheçam e processem elementos de dados diferentes processando a especificação que define esses elementos. À medida que o tempo passa, você deve achar que você está usando a especificação de dados para gerar blocos de código significativos, e você pode se focar na programação que é única para o seu aplicativo.

Arquivamento

O Santo Graal da programação é a construção de componentes modulares e reutilizáveis. Idealmente, você gostaria de tirá-los da estante, personalizá-los, e plugá-los juntos para construir um aplicativo, com um mínimo de esforço de código adicional e compilação adicional.

O mecanismo básico para salvar informações é chamado arquivamento. Você arquiva um componente escrevendo-o para um fluxo de saída de uma forma que possa reutilizá-lo mais tarde. Você pode então lê-lo e instanciá-lo usando seus parâmetros salvos. (Por exemplo, se você salvou um componente de tabela, seus parâmetros poderiam ser o número de linhas e colunas para exibição.) Os componentes arquivados também podem ser mixados pela Web e usados de vários modos.

Quando os componentes são arquivados de forma binária, entretanto, há algumas limitações sobre os tipos de alterações que você pode fazer para as classes subjacentes se quiser preservar a compatibilidade com versões salvas previamente. Se você pudesse modificar a versão arquivada para refletir a alteração, isso resolveria o problema. Mas isso é difícil de fazer com um objeto binário. Essas considerações fazem recordar uma série de investigações sobre o uso de XML para arquivamento. Mas se o estado de um objeto fosse arquivado em forma de texto usando XML, então qualquer coisa e tudo nele poderia ser alterado tão facilmente quanto dizer: "Procure e substitua".

O formato baseado em texto XML poderia também tornar mais fácil a transferência de objetos entre aplicativos escritos em linguagens diferentes. Por todas essas razões, há muito interesse em arquivamento com base em XML.

Sumário

XML é muito simples e flexível. Tem muitos usos ainda para serem explorados, e estamos apenas começando a arranhar a superfície de seu potencial. Ela é o alicerce para a grande maioria dos padrões que estão por vir, fornecendo uma linguagem comum que sistemas diferentes de computadores poderão usar para trocar dados uns com os outros. À medida que cada grupo industrial surgir com padrões para o que ele quer dizer, os computadores começarão a lincar uns com os outros de modos não imagináveis anteriormente.

Como gerar dados XML

Esta seção leva você passo a passo através do processo de construção de um documento XML. Ao longo do caminho, você ganhará experiência com os componentes XML que normalmente usará para criar as suas estruturas de dados.

Como escrever um arquivo XML simples

Você começará escrevendo o tipo de dados XML que você pode usar para uma slideshow. Para ficar à vontade com o formato básico de um arquivo XML, você usará o seu editor de textos para criar os dados. Você usará este arquivo e o estenderá nos exercícios posteriores.

Como criar o arquivo

Usando um editor-padrão de textos, crie um arquivo chamado slideSample.xml.

Nota: Aqui está uma versão dele que já existe: slideSample01.xml. (A versão navegável se chama slideSample01-xml.html.) Você pode usar esta versão para comparar o seu trabalho ou simplesmente revisá-lo à medida que lê este guia.

Como escrever a declaração

A seguir, escreva a declaração, que identifica o arquivo como um documento XML. A declaração começa com os caracteres <?, que é também o identificador-padrão XML para uma instrução de processamento. (Você verá as instruções de processamento mais tarde neste tutorial.)

```
<?xml version='1.0' encoding='utf-8'?>
```

Esta linha identifica o documento com um documento XML que está de acordo com a versão 1.0 da especificação XML e diz que ele usa o esquema de codificação de caracteres Unicode 8-bit. (Para informações sobre os esquemas de codificação, veja o Apêndice A.)

Como o documento não foi especificado como independente (standalone), o analisador presume que ele possa conter referências a outros documentos. Para ver como especificar um documento como independente, veja Prólogo de XML.

Como adicionar um comentário

Os comentários são ignorados pelos analisadores de XML. Um programa jamais os verá, exceto se você ativar configurações especiais no analisador. Para colocar um comentário no arquivo, adicione o texto destacado a seguir.

```
<?xml version='1.0' encoding='utf-8'?>

<!– A SAMPLE set of slides –>
```

Como definir o elemento raiz

Depois da declaração, todo arquivo XML define exatamente um elemento, conhecido como o elemento raiz. Qualquer outro elemento no arquivo está contido dentro desse elemento.

Entre o texto destacado a seguir para definir o elemento raiz para este arquivo, apresentação de slide:

```
<?xml version='1.0' encoding='utf-8'?>

<!– A SAMPLE set of slides –>

<slideshow>

</slideshow>
```

Nota: Os nomes dos elementos em XML são caso-sensitivos. A tag final deve corresponder exatamente à tag de início

---

Como adicionar atributos a um elemento

Uma apresentação de slide tem uma série de itens de dados associados, nenhum dos quais requer qualquer estrutura. Portanto é natural definir estes itens de dados como atributos do elemento slideshow. Adicione o seguinte texto para configurar alguns atributos:

```
...
  <slideshow
    title="Sample Slide Show"
    date="Date of publication"
    author="Yours Truly"
    >
  </slideshow>
```

Para criar um nome para uma tag ou para um atributo, você pode usar hífens (-), sublinhados (_), dois pontos (:) e períodos (.), além dos caracteres e números. Ao contrário de HTML, os valores para os atributos estão sempre entre aspas, e atributos múltiplos nunca são separados por vírgulas.

Nota: Dois pontos devem ser usados sempre com cuidado, ou evitados, porque eles são utilizados para definir a namespace para um elemento XML.

Adicionar elementos aninhados

XML é permitido para dados estruturados hierarquicamente, o que significa que um elemento pode conter outros elementos. Adicione o seguinte texto para definir um elemento slide e um elemento título contido dentro dele:

```
<slideshow
  ...
  >

    <!— TITLE SLIDE —>
  <slide type="all">
      <title>Wake up to WonderWidgets!</title>
  </slide>

</slideshow>
```

Aqui você tem adicionado também um atributo de tipo para o slide. A idéia deste atributo é que você possa selecionar slides para uma platéia técnica ou executiva usando type="tech" ou type="exec", ou identificá-las como apropriadas para ambas as platéias utilizando type="all".

O mais importante: este exemplo ilustra a diferença entre coisas que são definidas com mais propriedade como elementos (o elemento title), e coisas que são mais apropriadamente definidas como atributos (o atributo type). A visibilidade heurística está principalmente funcionando aqui. O título é algo que a platéia verá, então ele é um elemento. O tipo, por outro lado, é algo que nunca é apresentado, então ele é um atributo. Outro modo de pensar sobre essa distinção é que um elemento é um contêiner, como uma garrafa. O tipo é uma característica do contêiner (alto ou baixo, largo ou estreito). O título é uma característica do conteúdo (água, leite, ou chá). Estas não são regras invioláveis, naturalmente, mas elas podem ajudar quando você projetar as suas próprias estruturas.

Como adicionar texto de estilo HTML

Como XML permite que você defina qualquer tag que quiser, faz sentido definir um conjunto de tags que se pareçam com HTML. De fato, a XHTML padronizada faz exatamente isso. Você verá mais sobre isso no final do tutorial sobre SAX. Por enquanto, digite o seguinte texto para definir um slide com duas entradas de item de lista que usem uma tag de estilo HTML <em> para dar ênfase (geralmente renderizado como um texto em itálico):

```
  ...
  <!— TITLE SLIDE —>
  <slide type="all">
    <title>Wake up to WonderWidgets!</title>
  </slide>

  <!— OVERVIEW —>
  <slide type="all">
    <title>Overview</title>
    <item>Why <em>WonderWidgets</em> are great</item>
    <item>Who <em>buys</em> WonderWidgets</item>
  </slide>

</slideshow>
```

Note que definir um elemento title colide com o elemento XHTML que usa o mesmo nome. Mais tarde, neste tutorial, discutiremos o mecanismo que produz o conflito (a DTD), junto com as possíveis soluções.

Como adicionar um elemento vazio

A maior diferença entre HTML e XML é que todo XML deve ser bem formado, o que significa que toda tag deve ter uma tag de finalização ou é uma tag vazia. Por enquanto, você está começando a se familiarizar com tags de finalização. Adicione o seguinte texto para definir um elemento de item de lista vazio (sem conteúdo):

```
  ...
  <!— OVERVIEW —>
  <slide type="all">
    <title>Overview</title>
    <item>Why <em>WonderWidgets</em> are great</item>
    <item/>
    <item>Who <em>buys</em> WonderWidgets</item>
  </slide>
</slideshow>
```

Note que qualquer elemento pode ser um elemento vazio. Tudo que ele faz é finalizar a tag com /> em vez de >. Você poderia fazer a mesma coisa entrando <item></item>, o que é equivalente.

Nota: Um outro fator que torna um arquivo XML bem formado é um correto aninhamento. Portanto <b><i>algum_texto</i></b> está bem formada, porque a seqüência <i>...</i> está completamente aninhada dentro da tag <b>..</b>. Esta seqüência, por outro lado, não está bem formada: <b><i>algum_texto</b></i>.

Produto acabado

Aqui está a versão completa do arquivo XML:

```
<?xml version='1.0' encoding='utf-8'?>

<!— A SAMPLE set of slides —>

<slideshow
  title="Sample Slide Show"
  date="Date of publication"
  author="Yours Truly"
  >

  <!— TITLE SLIDE —>
  <slide type="all">
    <title>Wake up to WonderWidgets!</title>
  </slide>

  <!— OVERVIEW —>
  <slide type="all">
    <title>Overview</title>
    <item>Why <em>WonderWidgets</em> are great</item>
    <item/>
    <item>Who <em>buys</em> WonderWidgets</item>
  </slide
</slideshow>
```

Salve uma cópia deste arquivo como slideSample01.xml de modo que você possa usá-lo como a estrutura de dados inicial ao fazer experiências com operações de programação XML.

Como escrever instruções de processamento

Algumas vezes faz sentido codificar instruções de processamento específicas do aplicativo nos dados XML. Neste exercício, você vai adicionar uma instrução de processamento ao seu arquivo slideSample.xml.

Nota: O arquivo que você vai criar nesta seção é slideSample02.xml. (A versão navegável se chama slideSample02-xml.html.)

Como você viu nas Instruções de processamento, o formato para uma instrução de processamento é <?target data?>, na qual target é o aplicativo que se espera faça o processamento, e data é a instrução ou informação para ele processar. Adicione o texto em destaque, a seguir, para acrescentar uma instrução de processamento para um programa de apresentação de slide mítico que consultará o usuário para descobrir quais slides deve mostrar (técnico, nível de executivo, ou todos):

```
<slideshow
  ...
  >

  <!— PROCESSING INSTRUCTION —>
  <?my.presentation.Program QUERY="exec, tech, all"?>

  <!— TITLE SLIDE —>
```

Notas:

- A porção de dados da instrução de processamento pode conter espaços ou mesmo pode ser nulo. Mas não pode haver qualquer espaço entre o identificador inicial <? e o target
- Os dados começam depois do primeiro espaço
- Faz sentido qualificar totalmente o target com o prefixo completo do pacote exclusivo para Web, a fim de evitar qualquer conflito com outros programas que possam processar os mesmos dados
- Para melhor clareza, parece uma boa idéia incluir dois pontos (:) depois do nome do aplicativo:

  ```
  <?my.presentation.Program: QUERY="..."?>
  ```

  Os dois pontos tornam o nome do target uma espécie de "label" que identifica o recipiente pretendido da instrução. Todavia, mesmo que a especificação W3C permita dois pontos em um nome de target, algumas versões do Internet Explorer 5 (IE5) consideram isso um erro. Para este tutorial, então, nós evitamos usar dois pontos no nome do target.

Salve uma cópia deste arquivo como slideSample02.xml de modo que você possa usá-lo quando experimentar as instruções de processamento.

Como introduzir um erro

O analisador pode gerar três tipos de erros: um erro fatal, um erro e um alerta. Neste exercício, você fará uma modificação simples ao arquivo XML para introduzir um erro fatal. Depois, você verá como ele é tratado no aplicativo Echo.

Nota: A estrutura XML que você vai criar neste exercício está no arquivo slideSampleBad1.xml. (A versão navegável se chama slideSampleBad1-xml.html.)

Um jeito fácil de introduzir um erro fatal é remover a / final do elemento de item vazio para criar uma tag que não possua um tag final correspondente. Isso representa um erro fatal, porque todos os documentos XML devem, por definição, ser bem formados. Faça o seguinte:

1. Copie o arquivo slideSample02.xml para slideSampleBad1.xml.
2. Edite o arquivo slideSampleBad1.xml e remova o caractere mostrado aqui:

```
...
<!-- OVERVIEW -->
  <slide type="all">
  <title>Overview</title>
  <item>Why <em>WonderWidgets</em> are great</item>
  <item/>
  <item>Who <em>buys</em> WonderWidgets</item>
</slide>
...
```

Esta alteração produz o seguinte:

```
...
<item>Why <em>WonderWidgets</em> are great</item>
<item>
<item>Who <em>buys</em> WonderWidgets</item>
...
```

Agora você tem um arquivo que você pode usar para gerar um erro em qualquer analisador, a qualquer momento. (Os analisadores de XML são necessários para gerar um erro fatal para este arquivo, porque a falta de uma tag final para o elemento <item> significa que a estrutura não é mais bem formada.)

Como substituir e inserir texto

Nesta seção, você aprenderá sobre:

- ❑ Tratamento de caracteres especiais (<, &, e assim por diante)
- ❑ Tratamento de textos com sintaxe de estilo XML

Como tratar caracteres especiais

Em XML, uma entidade é uma estrutura XML (ou texto plano) que possui um nome. Referenciar a entidade pelo nome faz com que ela seja inserida no documento no lugar da entidade de referência. Para criar uma entidade de referência, o nome da entidade deverá ser envolvido por um ampersand e um ponto-e-vírgula, assim:

```
&nomeDaEntidade;
```

Depois, quando aprender a escrever uma DTD, você verá que pode definir suas próprias entidades de modo que &seuNomeDeEntidade; expanda para todo o texto que você definiu para aquela entidade. Por enquanto, todavia, nós focaremos as entidades predefinidas e referências de caracteres que não exigem qualquer definição especial.

Entidades predefinidas

Uma referência de entidade tal como & contém um nome (neste caso, amp) entre os delimitadores iniciais e finais. O texto a que ele se refere (&) é substituído pelo nome, como uma macro em linguagem de programação. A Tabela 2-1 mostra as entidades pre-definidas para os caracteres especiais:

Tabela 2-1 Entidades predefinidas

Caractere	Nome	Referência
&	ampersand	&
<	menor que	<
>	maior que	>
“	aspas	"
‘	apóstrofo	'

Referências de caracteres

Uma referência de caractere como “ contém um sinal de cerquilha (#) seguido por um número. O número é o valor de Unicode para um caractere único, tal como 65 para a letra A, 147 para aspa esquerda, ou 148 para aspa direita. Neste caso, o "nome" da entidade é o sinal de cerquilha seguido pelos dígitos que identificam o caractere.

Nota: XML espera que os valores sejam especificados em decimal. Entretanto, a tabela Unicode no endereço http://www.unicode.org/charts/ especifica os valores em decimal! Então você precisará fazer a conversão para obter o valor correto a fim de inserir o seu conjunto de dados XML.

Como usar uma referência de entidade em um documento XML

Suponha que você queira inserir uma linha como esta em seu documento XML:

```
Market Size < predicted
```

O problema em colocar essa linha em um arquivo XML diretamente é que, quando o analisador encontrar o sinal de menor que (<), ele começará a procurar um nome de tag, jogando fora a análise. Para contornar esse problema, você coloca < no arquivo no lugar de <.

Nota: Os resultados das próximas modificações estão contidas no slideSample03.xml.

Adicione o seguinte texto ao seu arquivo slideSample.xml, e salve uma cópia dele para uso futuro como slideSample03.xml:

```
  <!— OVERVIEW —>
  <slide type="all">
    <title>Overview</title>
    ...
  </slide>

  <slide type="exec">
    <title>Financial Forecast</title>
    <item>Market Size &lt; predicted</item>
    <item>Anticipated Penetration</item>
    <item>Expected Revenues</item>
    <item>Profit Margin</item>
  </slide>

</slideshow>
```

Quando você usar um analisador XML para refletir este dado, você verá a saída desejada:

```
Market Size < predicted
```

Você vê um colchete angular (<) ondecodificou <, porque o analisador XML converte a referência na entidade que ele representa e passa essa entidade para o aplicativo.

Como tratar texto com sintaxe de estilo XML

Quando você está tratando grandes blocos de XML ou HTML que incluem muitos caracteres especiais, é inconveniente substituir cada um deles com a referência de entidade apropriada. Para essas situações, você pode usar a seção CDATA.

Nota: Os resultados das próximas modificações estão contidos no arquivo slideSample04.xml.

A seção CDATA trabalha como <pre>...</pre> em HTML, portanto um pouco mais: todo espaço em branco em uma seção CDATA é significativo, e os caracteres nela não são interpretados com XML. Uma seção CDATA começa com <![CDATA[e termina com]]>.

Adicione o texto em destaque ao seu arquivo slideSample.xml para definir uma seção CDATA para um fictício slide técnico, e salve uma cópia do arquivo como slideSample04.xml:

```
...
<slide type="tech">
  <title>How it Works</title>
  <item>First we fozzle the frobmorten</item>
  <item>Then we framboze the staten</item>
  <item>Finally, we frenzle the fuznaten</item>
  <item><![CDATA[Diagram:
    frobmorten <--------------- fuznaten
      |         <3>            ^
      | <1>                    | <1> = fozzle
      V                        | <2> = framboze
    staten---------------------+ <3> = frenzle
           <2>
  ]]></item>
</slide>
</slideshow>
```

Quando você reflete este arquivo com um analisador XML, você vê a seguinte saída:

```
Diagram:
frobmorten <-------------- fuznaten
  |         <3>            ^
  | <1>                    | <1> = fozzle
  V                        | <2> = framboze
staten---------------------+ <3> = frenzle
<2>
```

O detalhe aqui é que o texto na seção CDATA chega à medida que é escrito. Como o analisador não trata os colchetes angulares como XML, eles não geram erros fatais que causariam em outra situação. (Se os colchetes angulares não estivessem na seção CDATA, o documento não seria bem formado.)

Como criar uma definição de tipo de documento

Depois da declaração XML, o prólogo do documento pode incluir uma DTD, que lhe permite especificar os tipos de tags que possa incluir em seu documento XML. Além de dizer a um analisador de validação quais tags são válidas e em quais arranjos, uma DTD diz tanto a analisadores de validação como de não validação onde o texto é esperado, o que permite que o analisador determine se o espaço em branco que ele vê é significativo ou ignorável.

Definições DTD básicas

Para começar a aprender sobre definições de DTD, vamos começar dizendo ao analisador onde o texto é esperado e onde qualquer texto (diferente de espaço branco) seria um erro. (Espaços em branco nessas localizações são ignoráveis.)

Nota: A DTD definida nesta seção está contida no slideshow1a.dtd. (A versão navegável se chama slideshow1a-dtd.html.)

Inicie criando um arquivo denominado slideshow.dtd. Insira uma declaração XML e um comentário para identificar o arquivo:

```
<?xml version='1.0' encoding='utf-8'?>

<!—
  DTD for a simple "slide show"
—>
```

A seguir, adicione o seguinte texto para especificar que um elemento slideshow contém o elementos slide e nada mais:

```
<!— DTD for a simple "slide show" —>

<!ELEMENT slideshow (slide+)>
```

Como você pode ver, a tag DTD começa com <! seguida pelo nome da tag (ELEMENT). Depois do nome da tag, vem o nome do elemento que está sendo definido (slideshow) e, em parênteses, um ou mais itens que indicam os conteúdos válidos para esse elemento. Neste caso, a notação diz que um slideshow consiste em um ou mais elementos de slide.

Sem o sinal de mais, a definição seria dizer que um slideshow consiste em um elemento de slide. Os qualificadores que você pode adicionar a uma definição de elemento estão listados na Tabela 2-2.

Você pode incluir múltiplos elementos dentro do parênteses em uma lista separada por vírgulas e usar um qualificador em cada elemento para indicar quantas instâncias desse elemento podem ocorrer. A lista separada por vírgulas diz quais elementos são válidos e a ordem em que eles podem ocorrer.

Você também pode aninhar parênteses para agrupar itens múltiplos. Por exemplo, depois de definir um elemento de imagem (discutido resumidamente), você pode especificar ((image, title)+) para declarar que todo elemento de imagem em um slide deve estar emparelhado com um elemento de título. Aqui, o sinal de mais se aplica ao par imagem/título para indicar que um ou mais pares dos itens podem ocorrer.

Tabela 2-2 Qualificadores do elemento DTD

Qualificador	Nome	Significado
?	Ponto de interrogação	Opcional (zero ou um)
*	Asterisco	Zero ou mais
+	Sinal de mais	Um ou mais

Como definir textos e elementos aninhados

Agora que você disse ao analisador algo sobre onde não esperar o texto, vamos ver como dizer a ele onde os textos podem ocorrer. Adicione o seguinte texto para definir o slide, título, item, e elementos da lista:

```
<!ELEMENT slideshow (slide+)>
<!ELEMENT slide (title, item*)>
<!ELEMENT title (#PCDATA)>
<!ELEMENT item (#PCDATA | item)* >
```

A primeira linha que você adicionou diz que um slide consiste em um título seguido de zero ou mais elementos de item. Nada de novo aqui. A próxima linha diz que um título consiste inteiramente em dados de caracteres analisados (PCDATA). Isso é conhecido como "texto" na maioria dos lugares, mas no modo de falar XML isso se chama "parsed character data" (dado de caractere analisado). (O que o distingue das seções CDATA, que contêm dados de caracteres que não são analisados.) A cerquilha (#) que precede PCDATA indica que o que se segue é uma palavra especial em vez de um nome de elemento.

A última linha introduz a barra vertical (|), que indica uma condição or (ou). Neste caso, tanto PCDATA como um *item* podem ocorrer. O asterisco no final diz que o elemento pode ocorrer tanto zero como mais vezes na sucessão. O resultado desta especificação é conhecido como um modelo de conteúdo misto, porque qualquer número dos elementos de item pode ser entremeado com o texto. Tais modelos devem sempre ser definidos com #PCDATA especificado primeiro, seguido por algum número de itens alternados, divididos por barras verticais (|), e um asterisco (*) no final.

Salve uma cópia desta DTD como slideSample1a.dtd para usar quando fizer experimentos com o processamento da DTD básico.

Limitações de DTDs

Seria bom se pudéssemos especificar que um *item* contém tanto texto, ou texto seguido por um ou mais itens de lista. Mas esse tipo de especificação se torna difícil de conseguir em uma DTD. Por exemplo, você poderia ser tentado a definir um item desta maneira:

```
<!ELEMENT item (#PCDATA | (#PCDATA, item+)) >
```

Isso certamente seria correto, mas assim que o analisador encontrar #PCDATA e a barra vertical, isso exigirá que a definição remanescente esteja de acordo com o modelo de conteúdo misto. Esta especificação não está de acordo, portanto você pode obter um erro que diz modelo de conteúdo misto ilegal para 'item' Encontrado (..., onde o caractere hexadecimal 28 é o colchete angular que finaliza a definição.

Tentar definir duplamente o elemento *item* também não funciona. Suponha que você tente uma especificação como esta:

```
<!ELEMENT item (#PCDATA) >
<!ELEMENT item (#PCDATA, item+) >
```

Esta seqüência produz um alerta de "definição duplicada" quando roda o analisador de validação. A segunda definição é, de fato, ignorada. Então parece que definir um modelo de conteúdo misto (o qual permite que os elementos *item* estejam entremeados com textos) é o melhor que podemos fazer.

Além das limitações do modelo de conteúdo misto mencionadas, não há nenhum modo de qualificar posteriormente o tipo de texto que possa ter ocorrido onde PCDATA foi especificado. Ele deveria conter apenas números? Ele deveria ser em formato data, ou possivelmente em formato monetário? Não há nenhum modo de especificar essas coisas em uma DTD.

Finalmente, note que a DTD não oferece nenhuma orientação de hierarquia. A definição do elemento de título se aplica igualmente para um título de slide e para um título *item*. Quando nós expandimos a DTD para permitir marcação de estilo HTML como acréscimo ao texto plano, teria sentido, por exemplo, restringir o tamanho de um título *item* comparado com o de um título de slide. Mas o único jeito de fazer isso seria dar a um deles um nome diferente, tal como *item-title*. A linha de fundo é que a falta de hierarquia em uma DTD força você a introduzir uma "hierarquia de hifenação" (ou seu equivalente) em seu namespace. Todas essas limitações são motivações fundamentais atrás do desenvolvimento de padrões de especificação de esquemas.

Valores de elementos especiais na DTD

Em vez de especificar uma lista de elementos entre parênteses, a definição de elemento pode usar um dos dois valores especiais: ANY ou EMPTY. A especificação ANY diz que o elemento pode conter qualquer outro elemento definido, ou PCDATA. Tal especificação normalmente é usada para o elemento raiz de um documento XML para propósitos gerais tal como você poderia criar com um processador de texto. Elementos textuais podem ocorrer em qualquer ordem nesse documento, portanto especificar ANY faz sentido.

A especificação EMPTY diz que o elemento não contém nenhum conteúdo. Portanto, a DTD para mensagens de e-mail, que permite a você sinalizar a mensagem com <flag/>, poderia ter uma linha como esta na DTD:

```
<!ELEMENT flag EMPTY>
```

Como referenciar a DTD

Neste caso, a definição da DTD está em um arquivo separado do documento XML. Com esta disposição, você referencia a DTD do documento XML, e o que torna o arquivo da DTD parte do subconjunto externo da definição completa de tipo do documento para o arquivo XML. Como você verá mais tarde, você também pode incluir partes da DTD dentro do documento. Tais definições constituem o subconjunto local da DTD.

Nota: O XML escrito nesta seção está contido no arquivo slideSample05.xml. (A versão navegável se chama slideSample05-xml.html.)

Para referenciar o arquivo da DTD que você acabou de criar, adicione o seguinte texto ao seu arquivo slideSample.xml, e salve uma cópia do arquivo como slideSample05.xml:

```
<!– A SAMPLE set of slides –>

<!DOCTYPE slideshow SYSTEM "slideshow.dtd">

<slideshow
```

Novamente, a tag da DTD começa com <!. Neste caso, o nome da tag, DOCTYPE, diz que o documento é um slideshow, o que significa que o documento consiste no elemento slideshow e tudo dentro dele:

```
<slideshow>
...
</slideshow>
```

Esta tag define o elemento slideshow como o elemento raiz para o documento. Um documento XML deve ter exatamente um elemento raiz. É onde esse elemento é especificado. Em outras palavras, esta tag identifica o conteúdo do documento com um slideshow.

A tag DOCTYPE ocorre depois da declaração XML e antes do elemento raiz. O identificador SYSTEM especifica a localização do arquivo de DTD. Como ele não começa com um prefixo tal como http:/ ou arquivo:/ , o caminho é relativo à localização do documento XML. Lembra-se do método setDocumentLocator? O analisador está usando essa informação para encontrar um arquivo relativo ao documento XML. Um identificador PUBLIC também pode ser usado para especificar o arquivo de DTD usando um nome exclusivo, mas o analisador teria que ser capaz de resolver isso.

A especificação DOCTYPE também pode conter definições de DTD dentro do documento XML, em vez de se referir ao arquivo externo de DTD. Estas definições estão contidas nos colchetes:

```
<!DOCTYPE slideshow SYSTEM "slideshow1.dtd" [
  ...local subset definitions here...
]>
```

Você constatará vantagem dessa facilidade no momento em que precisar definir algumas entidades que podem ser usadas no documento.

Documentos e dados

Anteriormente você aprendeu que uma razão para que tenha ouvido falar de documentos XML, por um lado, e dados XML, por outro, é que XML trata ambos confortavelmente, dependendo se o texto é permitido ou não dentre os elementos da estrutura.

No arquivo de amosta que você está trabalhando, o elemento slideshow é um exemplo de um elemento de dado: ele contém apenas subelementos sem intervir no texto. O elemento *item*, por outro lado, poderia ter designado um elemento de documento, porque ele é definido para incluir tanto texto como subelementos.

À medida que trabalhe com este tutorial, você verá como expandir a definição do elemento *title* para incluir a marcação de estilo HTML, que se transforma em um elemento de documento também.

Como definir atributos e entidades na DTD

A DTD que você definiu até agora está boa para uso sem um analisador de não validação. Ele diz onde o texto é esperado e onde não é, e isso é tudo que o analisador de não validação deve prestar atenção. Mas, para usar com o analisador de validação, a DDT deve especificar os atributos de validação para os diferenças elementos. Você fará isso nesta seção, e depois você definirá uma entidade interna e um entidade externa que você possa referenciar em seu arquivo XML.

Como definir atributos na DTD

Vamos começar definindo os atributos para os elementos na apresentação de slide.

Nota: O XML escrito nesta seção está contido no slideshow1b.dtd. (A versão navegável se chama slideshow1b-dtd.html.)

Adicione o texto em destaque para definir os atributos para o elemento slideshow:

```
<!ELEMENT slideshow (slide+)>
<!ATTLIST slideshow
  title    CDATA #REQUIRED
  date     CDATA #IMPLIED
  author   CDATA "unknown"
>
<!ELEMENT slide (title, item*)>
```

A tag DTD ATTLIST começa a série de definições de atributos. O nome que segue ATTLIST especifica o elemento para o qual os atributos estão sendo definidos. Neste caso, o elemento é o elemento slideshow. (Note novamente a falta de hierarquia nas especificações em DTD.)

Cada atributo é definido por uma série de três valores separados por espaços. Vírgulas e outros separadores não são permitidos, portanto, formatar as definições como mostrado aqui é proveitoso para a clareza. O primeiro elemento de cada linha é o nome do atributo: título, data, ou autor, neste caso. O elemento seguinte indica o tipo do dado: CDATA é dado caractere – dado não analisado, novamente, no qual um sinal de menor que (<) nunca será interpretado como parte de uma tag XML. A Tabela 2-3 apresenta as escolhas válidas para o tipo de atributo.

Quando o tipo de atributo consiste em uma lista de escolhas entre parênteses separada por barras verticais, o atributo deve usar um dos valores especificados. Por exemplo, adicione o seguinte texto em destaque para a DTD:

```
<!ELEMENT slide (title, item*)>
<!ATTLIST slide
  type (tech | exec | all) #IMPLIED
>
<!ELEMENT title (#PCDATA)>
<!ELEMENT item (#PCDATA | item)* >
```

Esta especificação diz que o atributo do tipo de elemento slide deve ser dado como type="tech", type="exec", ou type="all". Nenhum outro valor é aceitável. (Editores de XML cientes da DTD podem usar tais especificações para apresentar uma lista pop-up de escolhas.)

Tabela 2-3 Tipos de atributos

Tipo de atributo	Especifica ...
(value1 | value2 | ...)	Uma lista de valores separada por barras verticais
CDATA	Dado de caractere não analisado sintaticamente (uma string de texto)
ID	Um nome que não é compartilhado por nenhum outro atributo ID
IDREF	Uma referência para um ID definido em qualquer outro lugar no documento
IDREFS	Uma lista separada por espaços contendo uma ou mais referências ID
ENTITY	O nome de uma entidade definida na DTD
ENTITIES	Uma lista de entidades separada por espaços
NMTOKEN	Um nome XML válido, composto de letras, números, hífens, sublinhados e dois pontos.
NMTOKENS	Uma lista de nomes separada por espaços
NOTATION	O nome de uma notação especificada pela DTD, o qual descreve um formato de dado não XML, tais como aqueles usados por arquivos de imagens. (Esta é uma especificação que está se tornando obsoleta rapidamente e que será discutida com mais detalhes no final desta seção

A última entrada na especificação de atributo determina o valor do atributo default, se houver algum, e diz se o atributo é exigido ou não. A Tabela 2-4 mostra as escolhas possíveis:

Tabela 2-4 Parâmetros de especificação de atributos

Especificação	Especifica ...
#REQUIRED	O valor de atributo deve ser especificado no documento.
#IMPLIED	O valor não precisa ser especificado no documento. Se não for, o aplicativo terá o valor default que ele utiliza
"defaultValue"	O valor default para usar se um valor não for especificado no documento
#FIXED "fixedValue"	O valor para usar. Se o documento especifica qualquer valor em absoluto, ele deve ser o mesmo

Finalmente, salve uma cópia da DTD como slideshow1b.dtd para usar quando você fizer experimentos com definições de atributos.

Como definir entidades na DTD

Até aqui, você viu entidades predefinidas como &, por exemplo; e você viu que um atributo pode referenciar uma entidade. Agora é hora de você aprender como definir entidades por conta própria.

Notação: O XML que você criou aqui está contido no arquivo slideSample06.xml. (A versão navegável se chama slideSample06-xml.html.)

Adicione o seguinte texto à tag DOCTYPE em seu arquivo XML:

```
<!DOCTYPE slideshow SYSTEM "slideshow.dtd" [
  <!ENTITY product "WonderWidget">
  <!ENTITY products "WonderWidgets">
]>
```

O nome da tag ENTITY diz que você está definindo uma entidade. A seguir vem o nome da entidade e de sua definição. Neste caso, você está definindo um produto chamado entidade que tomará o lugar do nome do produto. Depois quando o nome do produto mudar (como certamente acontecerá), você precisará apenas alterar o nome em um lugar, e todos os seus slides refletirão o novo valor.

A última parte é a string de substituição que restitui o nome de entidade sempre que ela é referenciada no documento XML. A string de substituição é definida entre aspas, que não estão incluídas quando o texto é inserido no documento.

Simplesmente para uma boa medida, nós definimos duas versões – uma singular e uma plural – de modo que, quando os peritos em mercado aparecerem com "Wally" para um nome de produto, você esteja preparado para entrar o plural "Wallies" e feito a substituição corretamente.

Nota: Verdade seja dita, este é o tipo de coisa que realmente pertence a uma DTD externa de modo que todos os seus documentos possam referenciar o novo nome quando ele mudar. Mas, cuidado, isso é apenas um exemplo.

Agora que você definiu as entidades, o próximo passo é referenciá-las na apresentação de slide. Faça as seguintes alterações em destaque:

```
<slideshow
  title="WonderWidget&product; Slide Show"
  ...

  <!— TITLE SLIDE —>
  <slide type="all">
    <title>Wake up to WonderWidgets&products;!</title>
  </slide>

    <!— OVERVIEW —>
  <slide type="all">
    <title>Overview</title>
    <item>Why <em>WonderWidgets&products;</em> are great</item>
    <item/>
    <item>Who <em>buys</em> WonderWidgets&products;</item>
  </slide>
```

Note dois aspectos: As entidades que você define estão referenciadas com a mesma sintaxe (&entityName;) que você usa para entidades predefinidas, e a entidade pode ser referenciada em um valor de atributo, bem como em um conteúdo do elemento.

Quando você reflete esta versão do arquivo com um analisador XML, aqui está o tipo de coisa que você verá:

```
Wake up to WonderWidgets!
```

Note que o nome de produto foi substituído pela referência da entidade.

Para terminar, salve uma cópia do arquivo como slideSample06.xml.

Entidades úteis adicionais

Aqui estão diversos outros exemplos para definições de entidades que você poderia achar útil ao escrever um documento XML:

```
<!ENTITY ldquo "&#147;"> <!— Left Double Quote —>
<!ENTITY rdquo "&#148;"> <!— Right Double Quote —>
<!ENTITY trade "&#153;"> <!— Trademark Symbol (TM) —>
<!ENTITY rtrade"&#174;"> <!— Registered Trademark (R) —>
<!ENTITY copyr "&#169;"> <!— Copyright Symbol —>
```

Como referenciar entidades externas

Você também pode usar o identificador SYSTEM ou PUBLIC para atribuir nomes a uma entidade que está definida em um arquivo externo. Você fará isso agora:

Nota: O XML aqui definido está contido no arquivo slideSample07.xml e no arquivo copyright.xml. (As versões navegáveis se chamam slideSample07-xml.html e copyright-xml.html.)

Para referenciar uma entidade externa, adicione o seguinte texto para a declaração DOCTYPE em seu arquivo XML:

```
<!DOCTYPE slideshow SYSTEM "slideshow.dtd" [
  <!ENTITY product "WonderWidget">
  <!ENTITY products "WonderWidgets">
  <!ENTITY copyright SYSTEM "copyright.xml">
]>
```

Esta definição referencia uma mensagem de direitos autorais em um arquivo chamado copyright.xml. Crie esse arquivo e coloque algum texto interessante nele, talvez alguma coisa assim:

```
  <!— A SAMPLE copyright —>

This is the standard copyright message that our lawyers
make us put everywhere so we don't have to shell out a
million bucks every time someone spills hot coffee in their
lap...
```

Finalmente, adicione o próximo texto em destaque ao seu arquivo slideSample.xml para referenciar uma entidade externa, e salvar uma cópia do arquivo com slideSample07.html:

```
<!— TITLE SLIDE —>
  ...
</slide>

<!— COPYRIGHT SLIDE —>
<slide type="all">
  <item>&copyright;</item>
</slide>
```

Você poderia também usar uma declaração de entidade externa para acessar um servlet que produza a data corrente usando uma definição mais ou menos assim:

```
<!ENTITY currentDate SYSTEM
  "http://www.example.com/servlet/Today?fmt=dd-MMM-yyyy">
```

Você referenciaria então essa entidade da mesma forma como qualquer outra entidade:

```
Today's date is &currentDate;.
```

Quando você reflete na última versão da apresentação de slide com um analisador de XML, aqui está o que você verá:

```
...
<slide type="all">
  <item>
This is the standard copyright message that our lawyers
make us put everywhere so we don't have to shell out a
million bucks every time someone spills hot coffee in their
lap...
  </item>
</slide>
...
```

Você notará que a nova linha que segue o comentário no arquivo é refletida com um caractere, mas que o comentário propriamente dito é ignorado. A nova linha é a razão pela qual a mensagem de direitos autorais aparece para começar na próxima linha depois do elemento <item> em vez de na mesma linha: o primeiro caractere refletido é realmente a nova linha que segue o comentário.

Como sumariar entidades

Uma entidade que é referenciada em um conteúdo de documento, quer interno, quer externo, é traduzida como uma entidade geral (general entity). Uma entidade que contenha especificações de DTD referenciadas de dentro da DTD é chamada de entidade de parâmetro (parameter entity). (Falaremos mais sobre isso mais tarde.)

Uma entidade que contém XML (texto e marcação), e é portanto analisada sintaticamente, é conhecida com uma entidade analisada (parsed entity). Uma entidade que contém dados binários (tais como imagens) é conhecida com uma entidade não analisada (unparsed entity). (Por sua natureza, ela deve ser externa.) Na próxima seção, discutiremos referências a entidades não analisadas.

Como referenciar entidades binárias

Esta seção discute as opções para referenciar arquivos binários, como arquivos de imagens e arquivos de dados multimedia.

Como usar um tipo de dado MIME

Há duas maneiras de se referenciar uma entidade não analisada como arquivo de imagem binária. Uma delas é usar o mecanismo de especificação de NOTAÇÃO da DTD. Todavia, esse mecanismo é um controle complexo e não intuitivo que existe principalmente para compatibilidade com documentos SGML.

Nota: SGML significa Linguagem de Marcação Generalizada Padrão (Standard Generalized Markup Language). Ela foi extremamente poderosa, mas tão genérica que um programa tinha de ler o começo de um documento somente para descobrir como analisar o restante dele. Alguns sistemas de gerenciamento de documentos muito grandes foram construídos para usá-la, mas ela era tão extensa e complexa que apenas as maiores organizações conseguiram lidar com ela. XML, por outro lado, escolheu permanecer pequena e simples – mais parecida com HTML do que SGML – e, como resultado, ela está fruindo de uma implantação rápida e abrangente.

Nós teremos oportunidade de discutir a matéria com um pouco mais de profundidade quando olharmos para a API de DTDHandler, mas basta no momento dizer os namespaces de padrão XML, em conjunção com os tipos de dados MIME definidos para anexações de mensagens eletrônicas, fornecem um mecanismo muito mais útil, compreensível, e extensível para referenciar entidades externas não analisadas sintaticamente.

Nota: O XML descrito aqui está no arquivo slideshow1b.dtd. (A versão navegável se chama slideshow1b-dtd.html.) Ele mostra como as referências binárias podem ser feitas, assumindo que o aplicativo que processará os dados XML sabe como tratar essas referências.

Para configurar a apresentação de slide para usar arquivos de imagens, adicione o texto em destaque ao seu arquivo slideshow1b.dtd:

```
<!ELEMENT slide (image?, title, item*)>
<!ATTLIST slide
  type (tech | exec | all) #IMPLIED
>
<!ELEMENT title (#PCDATA)>
<!ELEMENT item (#PCDATA | item)* >
<!ELEMENT image EMPTY>
<!ATTLIST image
  alt    CDATA  #IMPLIED
  src    CDATA  #REQUIRED
  type   CDATA  "image/gif"
>
```

Essas modificações declaram a imagem como um elemento opcional em um slide – o que o define como um elemento vazio – e definem os atributos que ele requer. A tag image é padronizada segundo a tag img HTML 4.0, com a adição de um especificador de tipo de imagem, type. (A tag img é definida de acordo com a especificação HTML 4.0.)

Os atributos de tag image são definidos pelo verbete ATTLIST. O atributo alt, que define para exibir um texto alternativo no caso da imagem não ser encontrada, aceita dados de caractere (CDATA). Ele tem um um valor implícito, indicando que ele é opcional e que o programa, que está processando os dados, sabe o bastante para substituir alguma coisa tal como "Imagem não encontrada". Por outro lado, o atributo src, cujos nomes a imagem exibe, é exigido.

O atributo type foi criado para a especificação de um tipo de dado MIME, como definido no endereço http://www.iana.org/assignments/media-types/. Ele tem um valor default: image/gif.

Nota: Entenda-se aqui que um dado de caractere (CDATA) usado para o atributo de tipo será um dos tipos de dados MIME. Os dois formatos mais comuns são image/gif e image/jpeg. Conhecido esse fato, seria bom especificar uma lista de atributos aqui, usando algo como

```
type ("image/gif", "image/jpeg")
```

Isso não vai funcionar, todavia, porque as listas de atributo são restritas para atribuir nomes a tokens. A barra para a direita (/) não faz parte do conjunto de caracteres válido de name-token, portanto esta declaração é falha. Também, criar uma lista de atributos na DTD limitaria os tipos de MIME válidos para aqueles hoje definidos. Deixe-o assim como o CDATA deixa as coisas mais finalizadas para a abertura, de modo que a declaração continuará a ser válida à medida que tipos adicionais são definidos.

No documento, uma referência a uma imagem chamada "intro-pic" poderia parecer algo assim:

```
<image src="image/intro-pic.gif", alt="Intro Pic", type="image/gif" />
```

Alternativa: usar referências de entidade

Usar um tipo de dado MIME como um atributo de um elemento é um mecanismo flexível e expansível. Para criar uma referência de ENTIDADE externa usando o mecanismo de notação, você vai precisar de elementos de DTD NOTATION para dados JPEG e GIF. Esses podem, naturalmente, ser obtidos de um repositório central. Mas então você precisa definir um elemento de ENTIDADE diferente para cada imagem que pretenda referenciar! Em outras palavras, adicionar uma nova imagem ao seu documento sempre requer tanto uma nova definição de entidade na DTD como uma referência a ela no documento. Fornecida a ubiqüidade antecipada da especificação HTML 4.0, o padrão mais novo é usar os tipos de dados MIME e uma declaração tal como uma imagem, que assume que o aplicativo sabe como processar esses elementos.

Como definir entidades de parâmetros e seções condicionais

Assim como uma entidade geral permite que você reutilize os dados XML em múltiplos lugares, uma entidade de parâmetro permite que você reutilize parte de uma DTD em múltiplos lugares. Nesta seção você verá como definir e usar entidades de parâmetro. Você também verá como usar entidades de parâmetro com seções condicionais em uma DTD.

Como criar e referenciar uma entidade de parâmetro

Lembre-se de que a versão existente da apresentação de slide não pode ser validada porque o documento usa tags <em>, e elas não fazem parte da DTD. Em geral, gostaríamos de usar uma variedade de tags de estilo HTML no texto de um slide, e não apenas um ou dois, portanto, usar uma DTD existente para XHTML faz mais sentido do que definirmos nós mesmos essas tags. Uma entidade de parâmetro é criada para exatamente esse tipo de propósito.

Nota: As especificações de DTD mostradas aqui estão contidas nos arquivos slideshow2.dtd e xhtml.dtd. O arquivo XML, que as referencia, se chama slideSample08.xml. (As versões navegáveis se chamam slideshow2-dtd.html, xhtml-dtd.html, e slideSample08-xml.html.)

Abra seu arquivo DTD para a apresentação de slide e adicione o seguinte texto para definir uma entidade de parâmetro que referencia um arquivo DTD externo:

```
<!ELEMENT slide (image?, title?, item*)>
<!ATTLIST slide
  ...
>

<!ENTITY % xhtml SYSTEM "xhtml.dtd">
%xhtml;

<!ELEMENT title ...
```

Aqui, você utiliza uma tag <!ENTITY> para definir uma entidade de parâmetro, assim como para uma entidade geral, mas você usa uma sintaxe ligeiramente diferente. Você inclui um sinal de percentil (%) antes do nome da entidade ao definir a entidade, e você usa o sinal de percentil em vez de um ampersand para referenciá-la.

Também, note que há sempre duas etapas para usar uma entidade de parâmetro. A primeira é definir o nome da entidade. A segunda é referenciar o nome da entidade, o qual realmente faz o trabalho de inclusão de definições externas na DTD corrente. Como o identificador de recursos uniforme (URI) para uma entidade externa poderia conter barras para a direita (/) ou outros caracteres que não são válidos em um nome XML, a etapa da definição permite um nome XML válido para ser associado ao documento atual. (Esta mesma técnica é usada na definição de namespaces e em qualquer outro lugar que construções XML precisem referenciar documentos externos.)

Notas:

- O arquivo de DTD referenciado por esta definição é xhtml.dtd. (A versão navegável se chama xhtml-dtd.html.) Você pode tanto copiar esse arquivo para o seu sistema como modificar o identificador SYSTEM na tag <!ENTITY> para apontar para o URL correto.
- Este arquivo é um pequeno subconjunto da especificação XHTML, livremente modelado segundo o projeto XHTML Modularizado, o qual visa estilhaçar a DTD para XHTML em blocos do tamanho de bites, que podem então ser combinados para criar subconjuntos de XHTML para fins diversos. Quando o trabalho com o projeto XHTML modularizado estiver terminado, esta versão da DTD deverá ser substituída por algo melhor. Por enquanto, esta versão bastará para nossos propósitos.

No caso de usar uma DTD com base XHTML, isso é para ganhar acesso a uma entidade definida por ela que aborde tags de estilo HTML como <em> e <b>. Olhar através do arquivo xhtml.dtd revela a seguinte entidade, que faz exatamente o que nós queremos:

```
<!ENTITY % inline "#PCDATA|em|b|a|img|br">
```

Esta entidade é uma versão mais simples daquelas definidas no projeto XHTML modularizado. Ela define as tags de estilo HTML que provavelmente queremos usar – ênfase, negrito e interrupção – mais um par de outras para imagens e âncoras que nós podemos ou não usar na apresentação de slide. Para usar a entidade in-line, faça as seguintes alterações em seu arquivo DTD:

```
<!ELEMENT title (#PCDATA %inline;)*>
<!ELEMENT item (#PCDATA %inline; | item)* >
```

Estas alterações substituem o item simples #PCDATA com a entidade in-line. É importante notar que #PCDATA está em primeiro na entidade in-line e que in-line está em primeiro sempre que nós a utilizarmos. Essa seqüência é exigida pela definição XML de um modelo de conteúdo misto. Para estar de acordo com esse modelo, você deve também adicionar um asterisco no final da definição do título.

Salve o arquivo de DTD como slideshow2.dtd para usar quando você fizer experimentos com entidades de parâmetro.

Nota: A DTD da XHTML modularizada define tanto entidades in-line como In-line, e faz isso um pouco diferentemente. Em vez de especificar #PCDATA|em|b|a|img|br, as definições são mais como (#PCDATA|em|b|a|img|br)*. Usar uma dessa definições, portanto, se parece mais como isto:

```
<!ELEMENT title %Inline; >
```

Seções condicionais

Antes de prosseguirmos com o próximo exercício do programa, vale a pena mencionar o uso de entidades de parâmetro para controlar as seções condicionais. Embora você não possa condicionalizar o conteúdo de um documento XML, você pode definir seções condicionais em uma DTD que se torne parte da DTD apenas se você especificar *include*. Se você especificar *ignore*, por outro lado, então a seção condicional não será inclusa.

Suponha, por exemplo, que você quisesse usar versões ligeiramente diferentes de uma DTD, dependendo se estivesse tratando o documento como um documento XML ou um documento SGML. Você pode fazer isso com definições como a seguinte:

```
someExternal.dtd:
  <![ INCLUDE [
...  XML-only definitions
```

```
]]>
<![ IGNORE [
...  SGML-only definitions
]]>
...  common definitions
```

As seções de condicional são introduzidas por <![, seguida pela palavra chave INCLUDE ou IGNORE e um outro [. Depois disso vem o conteúdo da seção de condicional, seguido pelo terminador:]]>. Neste caso, as definições estão incluídas, e as definições SGML estão excluídas. Isto é bom para documentos XML, mas você não pode usar a DTD para documentos SGML. Você poderia alterar as palavras-chave, naturalmente, mas isso apenas reverteria o problema.

A solução é usar referências para entidades de parâmetro no lugar das palavras-chave INCLUDE e IGNORE:

```
someExternal.dtd:
  <![ %XML; [
    ... XML-only definitions
  ]]>
  <![ %SGML; [
    ... SGML-only definitions
  ]]>
  ... common definitions
```

Então, cada documento que use a DTD poderá configurar as definições de entidade apropriadas:

```
<!DOCTYPE foo SYSTEM "someExternal.dtd" [
  <!ENTITY % XML "INCLUDE" >
  <!ENTITY % SGML "IGNORE" >
]>
<foo>
  ...
</foo>
```

Este procedimento põe todo documento sob controle da DTD. Ele também substitui as palavras-chave INCLUE e IGNORE com nomes de variáveis que mais precisamente refletem o propósito da seção condicional, produzindo uma versão da DTD mais clara e autodocumentável.

Como resolver um conflito de atribuição de nome

As estruturas XML criadas por você até agora realmente encontraram um pequeno conflito de nomeação. Parece que esse xhtml.dtd define um elemento *title* inteiramente diferente do elemento *title* definido na apresentação de slide da DTD. Como não existe hierarquia na DTD, estas duas definições entram em conflito.

Nota: A DTD da XHTML modularizada também define um elemento *title* que pretende ser o título do documento, portanto, não podemos evitar o conflito alterando xhtml.dtd. O problema apenas voltaria para nos assustar mais tarde.

Você pode usar namespaces XML para resolver o conflito. Você dará uma olhada na abordagem da próxima seção. Alternativamente, você pode usar uma das propostas de esquema mais hierárquica descrita na Padrões de schema. O jeito mais simples de resolver o problema por enquanto é renomear o elemento *title* em slideshow.dtd.

Nota: O XML mostrado aqui está contido no slideshow3.dtd e slideSample09.xml, que referenciam copyright.xml e xhtml.dtd. (As versões navegáveis se chamam slideshow3-dtd.html, slideSample09-xml.html, copyright-xml.html, e xhtml-dtd.html.)

Para manter separados os dois elementos de título, você criará uma hierarquia de hifenação. Faça as seguintes alterações para modificar o nome do elemento de título no arquivo slideshow.dtd para slide-title:

```
<!ELEMENT slide (image?, slide-title?, item*)>
<!ATTLIST slide
  type (tech | exec | all) #IMPLIED
>

<!— Defines the %inline; declaration —>
<!ENTITY % xhtml SYSTEM "xhtml.dtd">
%xhtml;

<!ELEMENT slide-title (%inline;)*>
```

Salve este DTD como slideshow3.dtd.

O próximo passo é modificar o arquivo XML para usar o novo nome de elemento. Para fazer isso, faça as seguintes alterações destacadas:

```
...
<slide type="all">
<slide-title>Wake up to ...  </slide-title>
</slide>

...

<!— OVERVIEW —>
<slide type="all">
<slide-title>Overview</slide-title>
<item>...
```

Salve uma cópia deste arquivo como slideSample09.xml.

Como usar namespaces

Como você viu anteriormente, de um modo ou de outro, é necessário resolver o conflito entre o elemento de título definido no slideshow.dtd e aquele definido no xhtml.dtd quando o mesmo nome é usado para diferentes propósitos. No exercício precedente, você hifenizou o nome de modo a colocá-lo em uma namespace diferente. Nesta seção, você verá como usar o namespace padronizado para fazer a mesma coisa sem renomear o elemento.

O objetivo principal da especificação de namespace é permitir ao autor do documento dizer ao analisador de sintaxe qual DTD ou esquema usar ao analisar um determinado elemento. O analisador então pode consultar a DTD apropriada ou o esquema para uma definição do elemento. Naturalmente, é importante também impedir que o analisador aborte quando uma definição "duplicada" for encontrada e no entanto gerar ainda um erro se o documento referenciar um elemento tal como um título sem qualificá-lo (identificando a DTD ou esquema para usar para a definição).

Nota: Namespaces se aplicam a atributos bem como a elementos. Nesta seção, nós consideramos apenas elementos. Para maiores informações sobre atributos, consulte a especificação namespace no endereço http://www.w3.org/TR/REC-xml-names/.

Como definir um namespace em uma DTD

Em uma DTD, você define um namespace ao qual um elemento pertence adicionando um atributo à definição do elemento, onde o nome do elemento é xmlns ("namespace xml"). Por exemplo, você pode fazer isso em slideshow.dtd adicionando uma entrada tal como na definição de lista de atributos do elemento *title*:

```
<!ELEMENT title (%inline;)*>
<!ATTLIST title
  xmlns CDATA #FIXED "http://www.example.com/slideshow"
>
```

Declarar o atributo com FIXED tem várias características importantes:

- Impede que o documento especifique qualquer valor não correspondente para o atributo xmlns
- O elemento definido nesta DTD se torna exclusivo (porque o analisador entende o atributo xmlns), portanto, ele não entra em conflito com um elemento que tem o mesmo nome em outra DTD. Isso permite que DTDs múltiplas usem o mesmo nome de elemento sem gerar um erro do analisador
- Quando um documento especifica o atributo xmlns para uma tag, o documento seleciona a definição de elemento que tem um atributo correspondente

Para ser mais completo, todo nome de elemento em sua DTD obteria exatamente o mesmo atributo, com o mesmo valor. (Aqui, todavia, estamos preocupados apenas com o elemento do título.) Note, também, que você está usando uma string CDATA para fornecer o URI. Neste caso, nós especificamos um URL. Mas você também poderia especificar um nome de recurso universal (URN), possivelmente especificando um prefixo tal como urn: ao invés de http:. (URNs estão sendo pesquisados atualmente. Eles não estão vendo muita ação no momento, mas isso pode mudar no futuro.)

Como referenciar um namespace

Quando um documento usa um nome de elemento que existe em apenas um das DTDs ou esquemas que ele referencia, o nome não precisa ser qualificado. Mas quando um nome de elemento que tem múltiplas definições for usado, algum tipo de qualificação será necessária.

Nota: De fato, um nome de elemento é sempre qualificado pelo seu *namespace default*, como definido pelo nome do arquivo DTD onde ele reside. Enquanto houver apenas uma definição para o nome, a qualificação estará implícita.

Você qualifica uma referência para um nome de elemento especificando o atributo xmlns, como mostrado aqui:

```
<title xmlns="http://www.example.com/slideshow">
  Overview
</title>
```

O namespace especificado se aplica a esse elemento e a qualquer elemento contido dentro dele.

Como definir um prefixo de namespace

Quando você precisa de apenas uma referência de namespace, não é um grande negócio. Mas quando você precisa fazer a mesma referência diversas vezes, adicionar atributos xmlns se torna inconveniente. Também seria mais difícil alterar o nome do namespace mais tarde. A alternativa seria definir um prefixo de namespace, o que é tão simples quanto especificar xmlns, dois pontos (:) e o nome de prefixo antes do valor de atributo:

```
<SL:slideshow xmlns:SL='http:/www.example.com/slideshow'
  ...>
  ...
</SL:slideshow>
```

Esta definição configura SL com um prefixo que pode ser usado para qualificar o elemento corrente e qualquer elemento dentro dele. Como o prefixo pode ser usado em qualquer dos elementos contidos, faz mais sentido defini-lo no elemento raiz do documento XML, como mostrado aqui.

Nota: O URI de namespace pode conter caracteres que não sejam válidos em um nome XML, portanto, ele não poderia ser usado diretamente como um prefixo. A definição de prefixo associa um nome de XML com o URI, o que permite que o nome do prefixo seja usado em seu lugar. Também fica mais fácil modificar referências ao URI no futuro.

Quando o prefixo é usado para qualificar um nome de elemento, a tag final também inclui o prefixo, como destacado aqui:

```
<SL:slideshow xmlns:SL='http:/www.example.com/slideshow'
   ...>
  ...
  <slide>
    <SL:title>Overview</SL:title>
  </slide>
  ...
</SL:slideshow>
```

Finalmente, note que prefixos múltiplos podem ser definidos no mesmo elemento:

```
<SL:slideshow xmlns:SL='http:/www.example.com/slideshow'
   xmlns:xhtml='urn:...'>
  ...
</SL:slideshow>
```

Com este tipo de organização, todas as definições ficam juntas em um lugar, e você pode usá-las em qualquer lugar onde elas sejam necessárias no documento. Este exemplo também sugere o uso de um URN em vez de um URL para definir o prefixo xhtml. Essa definição conceptivelmente permite ao aplicativo referenciar uma cópia local da DTD XHTML ou alguma versão espelhada, com impacto potencialmente benéfico sobre o desempenho.

Como projetar uma estrutura de dados XML

Esta seção aborda um pouco da heurística que você pode usar ao tomar decisões de projeto XML.

Como poupar a você mesmo algum trabalho

Sempre que possível use uma definição de esquema existente. Geralmente é um pouco mais fácil ignorar as coisas de que você não precisa do que projetar os rascunhos de moto próprio. Além disso, usar uma DTD padronizada torna possível o intercâmbio de dados, e pode tornar possível o uso de ferramentas com consciência de dados desenvolvida por outros.

Portanto, se existe um padrão industrial, considere referenciar essa DTD usando uma entidade de parâmetro externo. Um lugar para procurar DTDs de padrão industrial fica no site Web criado pela Organização para o Avanço de Padrões de Informações Estruturadas (OASIS, Organization for the Advancement of Structured Information Standards). Você pode encontrar uma lista de comitês técnicos no endereço http://www.oasis-open.org/ ou verificar seu repositório de padrões XML no endereço http://www.XML.org.

Nota: Muitas mais boas idéias sobre o projeto das estruturas de XML estão na página da OASIS http://www.oasis-open.org/cover/elementsAndAttrs.html.

Atributos e elementos

Uma das questões que você vai encontrar freqüentemente ao projetar uma estrutura em XML é como modelar um determinado item de dado como um subelemento ou como um atributo de um elemento existente. Por exemplo, você pode modelar o título de um slide deste jeito:

```
<slide>
  <title>This is the title</title>
</slide>
```

Ou pode fazê-lo assim:

```
<slide title="This is the title">...</slide>
```

Em alguns casos, as diferentes características de atributos e elementos facilitam a escolha. Vamos considerar esses casos primeiro e depois mudarmos para os casos em que a escolha seja mais ambígua.

Escolhas forçadas

Algumas vezes, a escolha entre um atributo e um elemento é forçada pela natureza dos atributos e elementos. Vamos olhar algumas destas considerações:

- O dado contém subestruturas. Neste caso, o item dado deve ser modelado como um elemento. Ele não pode ser modelado como um atributo, porque os atributos aceitam apenas strings simples. Portanto, se o título pode conter texto enfatizado (The <em>Best</em> Choice), então o título deve ser um elemento
- O dado contém linhas múltiplas. Aqui, também, faz sentido usar um elemento. Os atributos precisam ser strings curtas e simples, caso contrário se tornam ilegíveis, se não inutilizáveis
- Ocorrências múltiplas são possíveis. Sempre que um item puder ocorrer inúmeras vezes, tal como um parágrafo de um artigo, ele deve ser modelado como um elemento. O elemento que o contém pode ter apenas um atributo de um tipo particular, mas ele pode ter muitos subelementos do mesmo tipo
- Os dados mudam freqüentemente: Quando o dado é modificado com muita freqüência por um editor, faz sentido modelá-lo como um elemento. Muitos editores com consciência de XML tornam fácil a modificação de dados de elemento, entretanto os atributos podem ser um pouco mais difícil de conseguir

- O dado é uma string pequena e simples que raramente, se alguma vez, se altera. Este é um dado que pode ser modelado como um atributo. Todavia, apenas porque você *pode* não significa que você deve. Cheque as Escolhas de estilo na próxima seção, para ter certeza
- O dado está restrito a um pequeno número de escolhas fixas. Se você estiver usando uma DTD, realmente faz sentido usar um atributo. Uma DTD pode impedir um atributo de aceitar qualquer valor que não esteja na lista pré-aprovada, mas ele não pode de modo semelhante restringir um elemento. (Com um esquema, por outro lado, ambos, atributos e elementos, podem ser restritos, portanto você poderia usar tanto um elemento como um atributo.)

Opções de estilo

Não tão freqüentes como deveriam, as opções não são de improviso como aquelas que acabamos de mostrar. Quando a opção não é forçada, você precisa de um sentido de "estilo" para dirigir o seu pensamento. A pergunta para responder, então, é o que torna bom o estilo XML, e por quê?

Definir um sentido de estilo para XML é, infelizmente, um negócio tão nebuloso como definir estilo no que se refere a arte ou a música. Há, todavia, alguns modos de abordar isso. O objetivo desta seção é dar a você alguns conceitos úteis sobre o assunto estilo de XML.

Uma forma heurística de pensar sobre elementos e atributos XML usa o conceito de visibilidade. Se o dado é criado para ser exibido – para ser mostrado para um usuário final – então ele deve ser modelado como um elemento. Por outro lado, se a informação dirige processamento XML, mas nunca é vista por um usuário, então é melhor modelá-la como um atributo. Por exemplo, em dados para entrada de pedidos para sapatos, o tamanho do sapato definitivamente será um elemento. Por outro lado, o número do código do fabricante seria racionalmente modelado como um atributo.

Outra forma de pensar sobre a visibilidade heurística é perguntar: quem é o consumidor e o fornecedor da informação? O tamanho do sapato é introduzido por um vendedor humano, portanto ele é um elemento. O número do código do fabricante para um determinado modelo de sapato, por outro lado, pode ser transmitido via cabo para o aplicativo ou armazenado em um banco de dados, então seria um atributo. (Se ele fosse introduzido pelo vendedor, no entanto, talvez fosse um elemento.)

Talvez a melhor maneira de pensar sobre os elementos e os atributos seja pensar em um elemento como um contêiner. Raciocinando por analogia, o conteúdo do contêiner (água ou leite) corresponde a dados XML modelados como elementos. Esses dados são essencialmente variáveis. Por outro lado, as características do contêiner (se for uma bilha azul ou branca) podem ser modeladas como atributos. Esse tipo de informação tende a ser imutável. Um bom estilo XML separa cada conteúdo do contêiner desde as suas características de modo consistente.

Para mostrar esta heurística funcionando, em nosso exemplo de apresentação de slide, o tipo do slide (executivo ou técnico) fica melhor modelado como um atributo. É uma característica do slide que permite que ele seja selecionado ou rejeitado por uma platéia particular. O título do slide, por outro lado, faz parte do seu conteúdo. A visibilidade heurística é também satisfeita aqui. Quando o slide é mostrado, o consumidor da informação do título é a apresentação da platéia, todavia o consumidor da informação de tipo é o programa de apresentação.

Como normalizar dados

Em Como poupar você mesmo algum trabalho, você viu que é uma boa idéia definir uma entidade externa que você possa referenciar em um documento XML. Essa entidade tem todas as vantagens de uma rotina modularizada – alterar essa cópia afeta todos os documentos que a referenciam. O processo de eliminar redundâncias é conhecido como normalização, e definir entidades é uma boa maneira de normalizar os seus dados.

Em um arquivo HTML, o único modo de conseguir esse tipo de modularidade é usar links HTML, mas então o documento é fragmentado ao invés do todo. As entidades XML, por outro lado, não sofrem tal fragmentação.

A referência de entidade atua como uma macro: o conteúdo da entidade é expandido no lugar, produzindo um documento integral ao invés de um fragmentado. E quando a entidade é definida em um arquivo externo, inúmeros documentos podem referenciá-la.

As considerações para definir uma referência de entidade, então, são exatamente as mesmas que se aplicariam a um código de programa modularizado:

- Sempre que você estiver escrevendo as mesmas coisas mais de uma vez, pense entidade. Isso permite que você a escreva em um lugar e a referencie em múltiplos lugares
- Se a informação provavelmente vai se modificar, especialmente se ela for usada em mais de um lugar, definitivamente pense em termos de definir uma entidade. Um exemplo é definir productName como uma entidade de modo que você possa facilmente alterar os documentos quando o nome do produto se alterar
- Se a entidade jamais for referenciada em qualquer parte, exceto no arquivo corrente, defina-a no subconjunto local da DTD do documento, assim como você definiria um método ou uma classe interna em um programa
- Se a entidade for referenciada a partir de documentos múltiplos, defina-a como uma entidade externa, da mesma forma que você definiria qualquer classe de uso geral como uma classe externa

Entidades externas produzem XML modular que é menor, mais fácil de atualizar, e mais fácil de oferecer manutenção. Elas também podem tornar o documento resultante um pouco mais difícil de visualizar, da mesma forma que um bom projeto orientado para objeto pode ser fácil de alterar, depois que você o compreender, mas mais difícil de embrulhar a sua cabeça a princípio.

Você pode também exagerar com entidades. Num ato extremo, você poderia criar uma referência de entidade para a palavra *the*. Não teria muito sentido, mas você poderia fazê-lo.

Nota: Quanto maior for uma entidade, mais provável é que alterá-la terá o efeito esperado. Por exemplo, quando você define uma entidade externa que cobre toda uma seção de um documento, assim como instruções de instalação, então qualquer alteração que você faça provavelmente vai funcionar bem onde quer que essa seção seja usada. Mas pequenas substituições in-line podem ser mais problemáticas. Por exemplo, se productName for definido como uma entidade e se o nome mudar para uma parte diferente do discurso, os resultados poderão ser infelizes. Suponha que o nome do produto seja algo como HtmlEdit. É um verbo. Então você escreve uma sentença como "You can HtmlEdit your file...", usando a entidade productName. Essa sentença funciona, porque um verbo se encaixa nesse contexto. Mas se o nome for eventualmente alterado para "HtmlEditor", a sentença se tornará "You can HtmlEditor your file...", o que claramente não funciona. Tem mais, mesmo que substituições simples possam colocar você em dificuldades, elas também têm o potencial de poupar muito tempo. (Uma forma de evitar o problema seria configurar entidades chamadas productNoun, productVerb, productAdj e productAdverb.)

Como normalizar DTDs

Assim como você pode normalizar seu documento XML, você também pode normalizar as suas declarações DTD produzindo peças comuns e as referenciando com uma entidade de parâmetro. A fabricação de DTDs (também conhecida como modularização) proporciona as mesmas vantagens e desvantagens do XML normalizado – fáceis de alterar, um pouco mais difíceis de seguir.

Você pode também configurar DTDs condicionalizadas. Se o número e o tamanho das seções condicionais tem pouca relação com o tamanho da DTD como um todo, a condicionalização pode permitir que você torne de fonte única a mesma DTD para múltiplos fins. Se o número de seções condicionais crescer, todavia, o resultado poderá ser um documento complexo difícil de editar.

Sumário

Parabéns! Você acabou de criar uma série de arquivos XML que poderá usar para fins de testes. A Tabela 2-5 descreve os arquivos que você construiu.

Tabela 2-5 Lista de amostra dos arquivos XML

Arquivo	**Conteúdo**
slideSample01.xml	Um arquivo básico contendo alguns elementos e atributos bem como comentários
slideSample02.xml	Inclui uma instrução de processamento
slideSampleBad1.xml	Um arquivo que *não* é bem formado
slideSample03.xml	Inclui uma referência de entidade simples (<)
slideSample04.xml	Contém uma seção CDATA
slideSample05.xml	Referencia tanto uma DTD externa simples para elementos (slideshow1a.dtd) para uso com um analisador de não validação, ou ao contrário uma DTD que define atributos (slideshow1b.dtd) para uso com um analisador de validação
slideSample06.xml	Define duas entidades localmente (product e products) e referencia slideshow 1b.dtd
slideSample07.xml	Referencia uma entidade externa definida localmente (copyright.xml) e referencia slideshow1b.dtd
slideSample08.xml	Referencia xhtml.dtd usando uma entidade de parâmetro no slideshow2.dtd, produzindo um conflito de atribuição de nomes porque title é declarado em ambos
slideSample09.xml	Altera o elemento title para slide-title de modo que ele possa referenciar xhtml.dtd usando uma entidade de parâmetro em slideshow3.dtd sem conflito

3

Como iniciar com aplicativos Web

Um aplicativo Web é uma extensão dinâmica de um servidor de aplicativo ou de um servidor Web. Há dois tipos de aplicativos Web:

- Orientado para apresentação: um aplicativo Web orientado para apresentação gera páginas interativas da Web contendo vários tipos de linguagem de marcação (HTML, XML, e assim por diante) e conteúdo dinâmico em resposta a requisições. Os Capítulos 11 a 22 abordam como desenvolver aplicativos Web orientados para apresentação.
- Orientado para serviço: um aplicativo Web orientado para serviço implementa o endpoint de um serviço Web. Os aplicativos orientados para serviço geralmente são clientes de aplicativos Web orientados para serviço. Os Capítulos 8 e 9 discutem como desenvolver aplicativos Web orientados para serviço.

Na plataforma Java 2, componentes Web fornecem as capacidades de extensão dinâmica para um servidor Web. Os componentes Web são tanto servlets Java, páginas JSP, ou endpoints de serviço Web. A interação entre um cliente Web e um aplicativo Web é ilustrada na Figura 3-1. O cliente envia uma requisição HTTP para o servidor Web. Um servidor Web, que implementa a tecnologia Java Servlet e JavaServer Pages, converte a requisição em um objeto HTTPServletRequest. Este objeto é entregue a um componente Web, que pode interagir com componentes JavaBeans ou com um banco de dados para gerar conteúdo dinâmico. O componente Web pode então gerar um HTTPServletResponse ou ele pode passar a requisição para um outro componente Web. Eventualmente, um componente Web gera um objeto HTTPServletResponse.

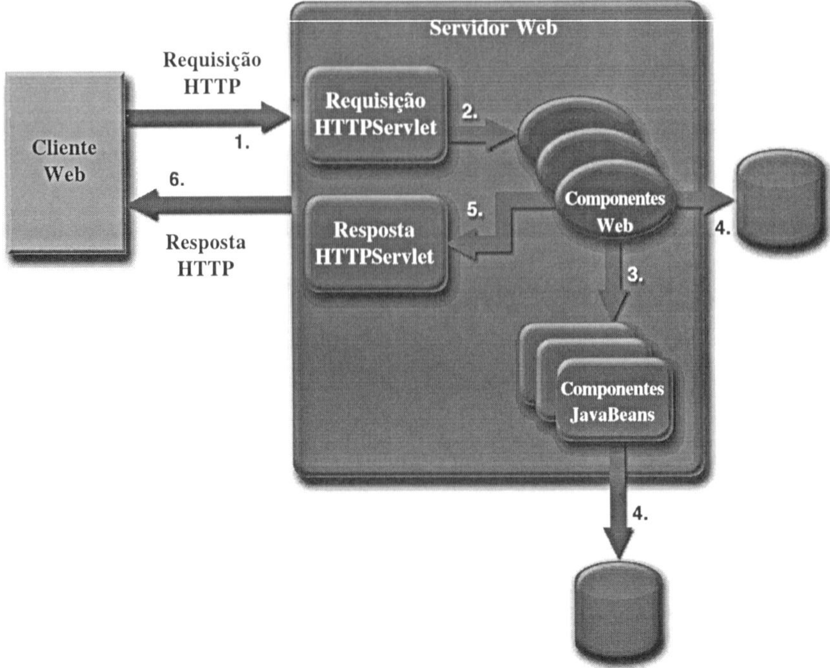

Figura 3-1 Tratamento de requisição de um aplicativo Web Java.

Servlets são classes de linguagem de programação Java que processam dinamicamente requisições e constroem respostas. Páginas JSP são documentos baseados em texto que rodam como servlets, mas permitem uma abordagem mais natural para criar conteúdo estático. Emboras servlets e páginas JSP possam ser usados intercambialmente, cada um tem sua própria força. Servlets são mais adequados para aplicativos orientados para serviço (endpoints de serviço Web são implementados como servlets) e para as funções de controle de um aplicativo orientado para apresentação, tal como despachar requisições e tratar dados não textuais. As páginas JSP são mais apropriadas para gerar marcação baseada em texto, tais como HTML, Gráficos de Vetor Escalável (Scalable Vector Graphics, SVG), Linguagem de Marcação Remota (Wireless Markup Language, WML) e XML.

Figura 3-2 Tecnologias de aplicativo Web Java.

Desde a introdução de Servlet Java e da tecnologia JSP, as tecnologias Java adicionais e frameworks para construir aplicativos Web interativos têm sido desenvolvidas. Estas tecnologias e seus relacionamentos são ilustradas na Figura 3-2.

Note que a tecnologia Java Servlet é o alicerce de todas as tecnologias de aplicativo Web, portanto, você deve se familiarizar com o material no Capítulo 11 mesmo que você não pretenda escrever servlets. Cada tecnologia adiciona um nível de abstração que torna a criação de protótipos de aplicativo Web e o desenvolvimento mais rápidos e os próprios aplicativos Web mais sustentáveis, escaláveis e robustos.

Os componentes Web são suportados pelos serviços de uma plataforma runtime chamada de contêiner Web. Um contêiner Web fornece serviços como despachos de requisição, segurança, concorrência, e gerenciamento de ciclo de vida. Ele também fornece componentes Web para acessar APIs tais como atribuições de nomes, transações e e-mail.

Certos aspectos de comportamento de um aplicativo Web podem ser configurados quando o aplicativo é instalado, ou implantado, para o contêiner Web. A informação de configuração é guardada em um arquivo-texto em formato XML chamado descritor de implantação do aplicativo Web (deployment descriptor, DD). Um DD deve estar de acordo com o esquema descrito na Especificação Servlet Java.

A maioria dos aplicativos Web usa protocolo HTTP, e suporte para HTTP é o principal aspecto dos componentes Web. Para um rápido resumo dos recursos de um protocolo HTTP, veja o Apêndice C.

Este capítulo oferece uma breve e geral visualização das atividades envolvidas em um desenvolvimento de aplicativos Web. Primeiro, nós sumariamos o ciclo de vida de um aplicativo Web. Depois, descrevemos como empacotar e implantar aplicativos Web muito simples na Sun Java System Application Server Platform Edition 8. Continuamos a movimentação para configurar os aplicativos Web, e discutiremos como especificar os parâmetros de configuração mais comumente usados. Introduzimos então um exemplo – Duke´s Bookstore – que utilizaremos para ilustrar todas as tecnologias de camada Web J2EE e descreveremos como configurar os componentes compartilhados deste exemplo. Finalmente, discutiremos como acessar o banco de dados de aplicativos Web e a configurar os recursos de banco de dados para rodar a Duke´s Bookstore.

Ciclo de vida de um aplicativo Web

Um aplicativo Web consiste em componentes Web, arquivos de recursos estáticos tais como imagens, e classes auxiliares e bibliotecas. O contêiner Web fornece muitos serviços de suporte que melhoram as capacidades dos componentes Web e os tornam mais fáceis de desenvolver. Entretanto, como um aplicativo Web deve levar em conta esses serviços, o processo de criar e executar um aplicativo Web é diferente daquele de classes Java independentes e tradicionais. O processo de criação, implantação e execução de um aplicativo Web pode ser resumido assim:

1. Desenvolver o código do componente Web.
2. Desenvolver o descritor de implantação do aplicativo Web.
3. Compilar os componentes do aplicativo Web e classes auxiliares referenciados pelos componentes.
4. Empacotar opcionalmente o aplicativo em uma unidade implementável.
5. Implantar o aplicativo em um contêiner Web.
6. Acessar um URL que referencie o aplicativo Web.

Desenvolver código de componente Web é abordado nos capítulos posteriores. As etapas 2 a 4 estão expandidas nas seções seguintes e ilustradas com um Hello, um aplicativo orientado para apresentação de estilo mundial. Este aplicativo permite ao usuário introduzir um nome em um formulário HTML (Figura 3-3) e então exibir uma saudação depois que o nome for submetido (Figura 3-4).

O aplicativo Hello contém dois componentes Web que geram a saudação e a resposta. Este capítulo discute duas versões do aplicativo: uma versão JSP chamada hello1, na qual os componentes são implementados por duas páginas JSP (index.jsp e response.jsp) e uma versão do servlet chamada hello2, na qual os componentes são implementados por duas classes servlet (GreetingServlet.java e ResponseServlet.java). As duas versões são usadas para ilustrar tarefas envolvidas no pacote, implantação, configuração e execução de um aplicativo que contenha componentes Web. A seção Sobre os exemplos explica como conseguir os códigos para esses exemplos. Depois que você instalar o pacote de tutorial, o código-fonte para os exemplos está em <INSTALL>/j2eetutorial14/examples/web/hello1/ e <INSTALL>/j2eetutorial14/examples/web/hello2/.

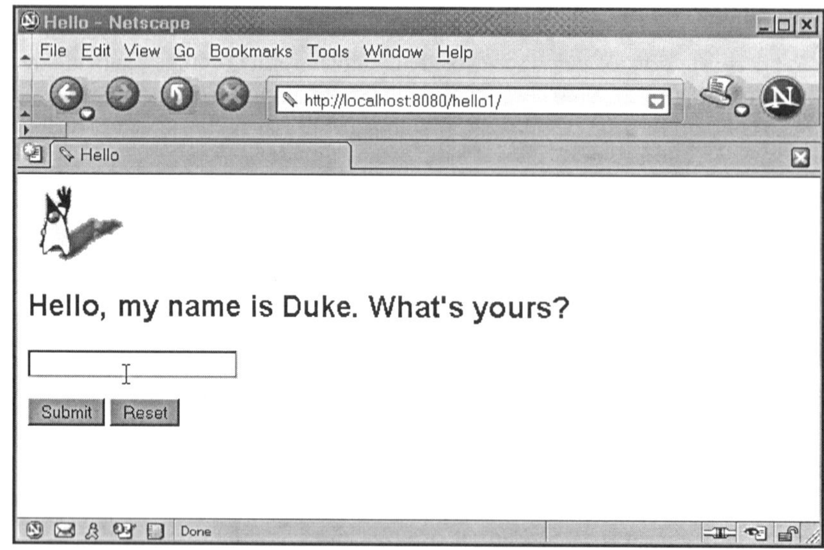

Figura 3-3 *Formulário de saudação.*

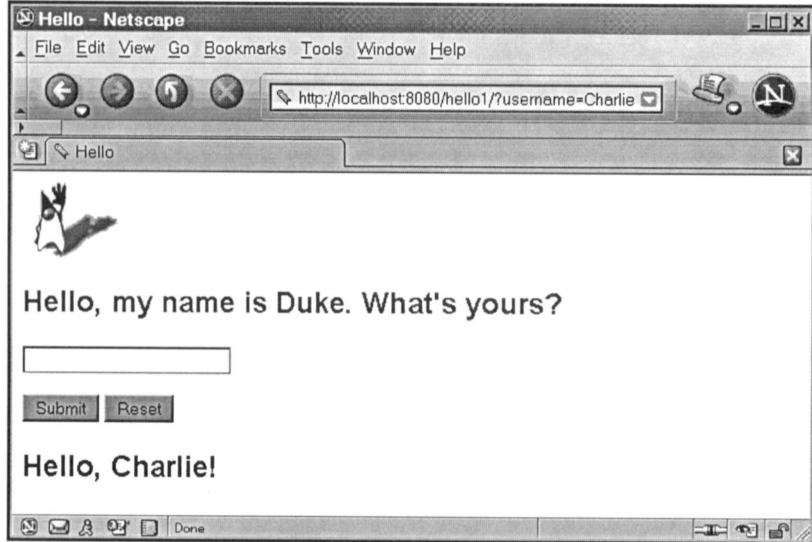

Figura 3-4 *Resposta.*

Módulos Web

Na arquitetura J2EE, componentes Web e arquivos de conteúdo Web estáticos como imagens, por exemplo, são chamados de recursos Web. Um módulo Web é a menor unidade distribuível e usável dos recursos Web. Um módulo Web J2EE corresponde a um aplicativo Web como definido na especificação Servlet Java.

Além dos componentes Web e dos recursos Web, um módulo Web pode conter outros arquivos:

- ❑ Classes de utilitários ao lado do servidor (beans de banco de dados, carrinhos de compras, e assim por diante). Freqüentemente essas classes estão de acordo com a arquitetura de componentes JavaBeans.
- ❑ Classes ao lado do cliente (applets e classes utilitárias).

Um módulo Web tem uma estrutura específica. O diretório de nível mais alto de um módulo Web é a raiz de documento do aplicativo. A raiz de documento é onde as páginas JSP, classes e repositórios ao lado do cliente, e recursos Web estáticos, tais como imagens, são armazenados.

A raiz de documento contém um subdiretório chamado /WEB-INF/, que contém os seguintes arquivos e diretórios:

- web.xml: o descritor de implantação do aplicativo Web
- Arquivos descritores de bibliotecas de tags: (veja Descritores de bibliotecas de tags)
- classes: um diretório que contém classes ao lado do servidor: servlets, classes utilitárias, e componentes JavaBeans
- tags: um diretório que contém arquivos de tags, os quais são implementações de bibliotecas de tags (veja Localização de arquivo de tag)
- lib: um diretório que contém repositórios JAR de bibliotecas chamado pelas classes ao lado do servidor

Você também pode criar subdiretórios específicos do aplicativo (isto é, diretórios de empacotamento) tanto na raiz do documento como no diretório /WEB-INF/classes.

Um módulo Web pode ser distribuído como uma estrutura de arquivo não empacotada ou pode ser empacotado em um arquivo JAR conhecido como arquivo do repositório Web (WAR). Como o conteúdo e o uso dos arquivos WAR diferem daqueles dos arquivos JAR, os nomes dos arquivos WAR usam uma extensão .war. O módulo Web que acabamos de descrever é portável: você pode implantá-lo em um contêiner Web que está de acordo com a especificação Servlet Java.

Para implantar um WAR no Servidor de Aplicativo, o arquivo deve também conter um descritor de implantação runtime. O descritor de implantação runtime é um arquivo XML que contém informações como a raiz de contexto do aplicativo Web e o mapeamento dos nomes portáveis dos recursos de um aplicativo para os recursos do Servidor de Aplicativo. O DD runtime do aplicativo Web do Servidor de Aplicativo se chama sun-web.xml e está localizado no /WEB-INF/ junto com o DD do aplicativo Web. A estrutura de um módulo Web, que pode ser implantada no Servidor de Aplicativo, é mostrada na Figura 3-5.

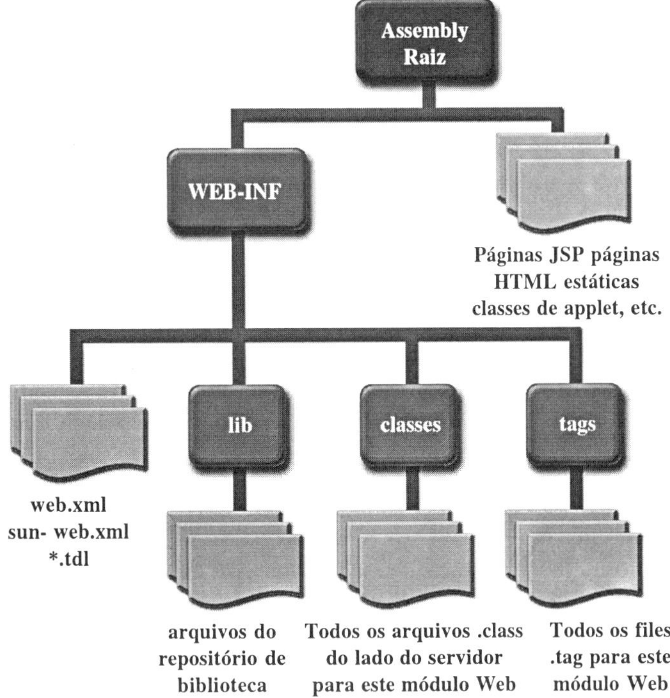

Figura 3-5 *Estrutura de módulo Web.*

Como empacotar módulos Web

Um módulo Web deve ser empacotado em um WAR em certos cenários de implantação e sempre que você quiser distribuir o módulo Web. Você empacota um módulo Web em um WAR usando o utilitário deploytool do Servidor de Aplicativo, executando o comando jar em um diretório exposto no formato de um módulo Web, ou usando o utilitário asant. Para construir o aplicativo hello1, siga essas etapas:

1. Em uma janela de terminal, vá para <INSTALL>/j2eetutorial14/examples/web/hello1/.
2. Execute asant build. Este target gerará qualquer compilação necessária e copiará os arquivos para o diretório <INSTALL>/j2eetutorial14/examples/web/hello1/build/.
3. Inicie deploytool.
4. Crie um aplicativo Web chamado hello1 executando o assistente New Web Component. Selecione File → New → Web Component.
5. No assistente New Web Component:
   a. Selecione o botão de rádio Create New Stand-Alone WAR Module.
   b. No campo WAR Location, entre <INSTALL>/j2eetutorial14/examples/web/hello1/hello1.war.
   c. No campo WAR Name, entre hello1.
   d. Clique Edit Contents para adicionar os arquivos de conteúdo.
   e. Na caixa de diálogo Edit Contents, navegue para <INSTALL>/j2eetutorial14/examples/web/hello1/build/. Selecione duke.waving.gif, index.jsp, e response.jsp e clique Add. Clique OK.
   f. Clique Next.
   g. Selecione o botão de rádio No Component.
   h. Clique Next.
   i. Clique Finish.
6. Selecione Arquivo → Save.

Uma amostra de hello1.war é fornecida em <INSTALL>/j2eetutorial14/examples/web/provided-wars/. Para abrir este WAR com o deploytool, siga estas etapas:

1. Selecione File → Open.
2. Navegue para o diretório provided-wars.
3. Selecione o WAR.
4. Clique Open Module.

Como distribuir módulos Web

Você pode distribuir um módulo Web para o Servidor de Aplicativo de vários modos:

- Apontando o Servidor de Aplicativo para uma estrutura de diretório do módulo Web não empacotada usando asadmin ou Admin Console
- Empacotando o módulo Web e
  - Copiando o WAR para o diretório <J2EE_HOME>/domains/domain1/autodeploy/
  - Usando o Admin Console, asadmin, asant, ou deploytool para distribuir o WAR

Todos esses métodos são descritos resumidamente neste capítulo; todavia, por todo o tutorial, nós utilizaremos deploytool e asant para empacotar e distribuir.

Como configurar a raiz de contexto

Uma raiz de contexto identifica um aplicativo Web em um servidor J2EE. Você especifica a raiz de contexto quando você distribui um módulo Web. Uma raiz de contexto deve começar com uma barra para a direita (/) e terminar com uma string.

Em um módulo Web empacotado para implantação no Servidor de Aplicativo, a raiz de contexto é armazenada em sun-web.xml. Se você empacota o aplicativo Web com o deploytool, então sun-web.xml é criado automaticamente.

Como implantar um módulo Web não empacotado

É possível distribuir um módulo Web sem empacotá-lo em um WAR. A vantagem desta abordagem é que você não precisa reconstruir o pacote toda vez que atualiza um arquivo contido no módulo Web. Além disso, o Servidor de Aplicativo automaticamente detecta atualizações para páginas JSP, portanto, você nem sequer precisa redistribuir o módulo Web quando elas sofrerem modificações.

Todavia, para distribuir um módulo Web não empacotado, você deverá criar a estrutura de diretório do módulo Web e fornecer o descritor de implantação do aplicativo Web web.xml. Como este tutorial usa deploytool para gerar descritores de implantação, ele não documenta como desenvolver descritores desde o esboço. Você pode visualizar a estrutura dos descritores de implantação de duas maneiras:

- Em deploytool, selecione Tools → Descriptor Viewer → Descriptor Viewer para visualizar web.xml e Tools → Descriptor Viewer → Application Server Descriptor para visualizar sun-web.xml.
- Desempacote um dos WARs em <INSTALL>/j2eetutorial14/examples/web/provided-wars/ e extraia os descritores.

Desde que você especifique explicitamente a raiz de contexto, quando você distribui um módulo Web não empacotado, geralmente ele não é necessário para fornecer sun-web.xml.

Como implantar com o Admin Console

1. Expanda o nó dos aplicativos.
2. Selecione o nó dos aplicativos Web.
3. Clique o botão Deploy.
4. Selecione o botão de rádio No perto de Upload File.
5. Digite o caminho completo para o diretório de módulo Web no campo File ou Directory. Embora a GUI dê a escolha de navegar até o diretório, esta opção se aplica apenas na implantação de um WAR empacotado.
6. Clique Next.
7. Digite o nome do aplicativo.
8. Digite a raiz de contexto.
9. Selecione a caixa Enabled.
10. Clique o botão Ok.

Como implantar com asadmin

Para distribuir um módulo Web não empacotado com asadmin, abra uma janela de terminal ou um prompt de comando e execute:

```
asadmin deploydir full-path-to-web-module-directory (caminho completo para o diretório
do módulo Web)
```

A tarefa build para o aplicativo hello1 cria um diretório build (incluindo web.xml) na estrutura de um módulo Web. Para distribuir hello1 usando asadmin deploydir, execute:

```
asadmin deploydir –contextroot /hello1
  <INSTALL>/j2eetutorial14/examples/web/hello1/build
```

Depois que distribuir o aplicativo hello1, você poderá rodar o aplicativo Web apontando um browser para

```
http://localhost:8080/hello1
```

Você deve ver o formulário de saudação exibido anteriormente na Figura 3-3.

Um módulo Web é executado quando um browser Web referencia uma URL que contenha a raiz de contexto do módulo Web. Como no componente Web aparece http://localhost:8080/hello1, o contêiner Web executa o componente default, index.jsp. A seção Como mapear URLs para componentes Web descreve como especificar componentes Web em um URL.

Como implantar um módulo Web empacotado

Se você distribuiu o aplicativo hello1, antes de prosseguir com esta esta seção, desfaça a implantação do aplicativo seguindo um dos procedimentos descritos em Como desfazer a implantação de módulos Web.

Como implantar com deploytool

Para distribuir o módulo Web de hello1 com deploytool:

1. Selecione o WAR hello1 que você criou em Como empacotar módulos Web.
2. Selecione a guia General.
3. Digite /hello1 no campo Context Root.
4. Selecione File → Save.
5. Selecione Tools → Deploy.
6. Clique Ok.

Você pode usar um dos seguintes métodos para implantar o WAR que você empacotou com deploytool, ou um dos WARs contidos no <INSTALL>/j2eetutorial14/examples/web/provided-wars/.

Como implantar com o Admin Console

1. Expanda o nó de Applications.
2. Selecione o nó dos Applications Web.
3. Clique o botão Deploy.
4. Selecione o botão de rádio No próximo de Upload File.
5. Digite o caminho completo para o arquivo WAR (ou clique no Browse para encontrá-lo), e depois clique o botão Ok.
6. Clique Next.
7. Digite o nome do aplicativo.
8. Digite a raiz de contexto.

9. Selecione a caixa Enabled.
10. Clique o botão Ok.

Como implantar com asadmin

Para distribuir um WAR com asadmin, abra uma janela de terminal ou prompt de comando e execute

```
asadmin deploy full-path-to-war-file (caminho completo para o arquivo war)
```

Como listar módulos Web distribuídos

O Servidor de Aplicativo fornece três maneiras de visualizar os módulos Web distribuídos:

- ❑ deploytool
  - **a.** Selecione localhost:4848 a partir da lista Servers.
  - **b.** Visualize a lista de Deployed Objects na guia General.
- ❑ Admin Console
  - **a.** Abra o URL http://localhost:4848/adadmin em um browser.
  - **b.** Expanda os nós Applications → Applications Web.
- ❑ asadmin
  - **a.** Execute

    asadmin list-components

Como atualizar módulos Web

Um ciclo de desenvolvimento iterativo típico envolve a distribuição de um módulo Web e depois faz alterações nos componentes de aplicativos. Para atualizar um módulo Web distribuído, você deve fazer o seguinte:

1. Recompile qualquer classe modificada.
2. Se você distribuiu um módulo Web empacotado, atualize quaisquer componentes modificados no WAR.
3. Redistribua o módulo.
4. Recarregue o URL no cliente.

Como atualizar um módulo Web não empacotado

Para atualizar um módulo Web não empacotado usando qualquer um dos métodos discutidos em Como distribuir um módulo Web não empacotado, reexecute a operação deploydir. Se você alterou apenas páginas JSP no diretório do módulo Web, você não tem que redistribuir; simplesmente recarregue o URL no cliente.

Como atualizar um módulo Web empacotado

Esta seção descreve como atualizar o módulo Web hello1 que você empacotou com deploytool.

Primeiro, mude a saudação no arquivo <INSTALL>/j2eetutorial14/examples/web/hello1/web/index.jsp para

```
<h2>Hi, my name is Duke.  What's yours?</h2>
```

Execute asand build para copiar a página JSP modificada para o diretório build. Para atualizar o módulo Web, usando deploytool, siga estas etapas:

1. Selecione o WAR hello1.
2. Selecione Tools → Update Module Files. Uma caixa de diálogo pop-up exibirá o arquivo modificado. Clique OK.
3. Selecione Tools → Deploy. Uma caixa de diálogo pop-up perguntará se você deseja redistribuir. Clique Yes.
4. Clique OK

Para visualizar o módulo modificado, recarregue o URL no browser.

Você deverá ver a tela da Figura 3-6 no browser.

Recarregamento dinâmico

Se o recarregamento dinâmico estiver habilitado, você não tem que reimplantar um aplicativo ou módulo quando alterar seu código ou os descritores de implantação. Tudo o que você tem de fazer é copiar o JSP alterado ou os arquivos de classe para dentro do diretório de implantação para o aplicativo ou módulo. O diretório de implantação para um módulo Web chamado context_root é <J2EE_HOME>/domains/domain1/applications/j2ee-modules/context_root. O servidor checa as alterações periodicamente e redistribui o aplicativo, automatica e dinamicamente, com as alterações.

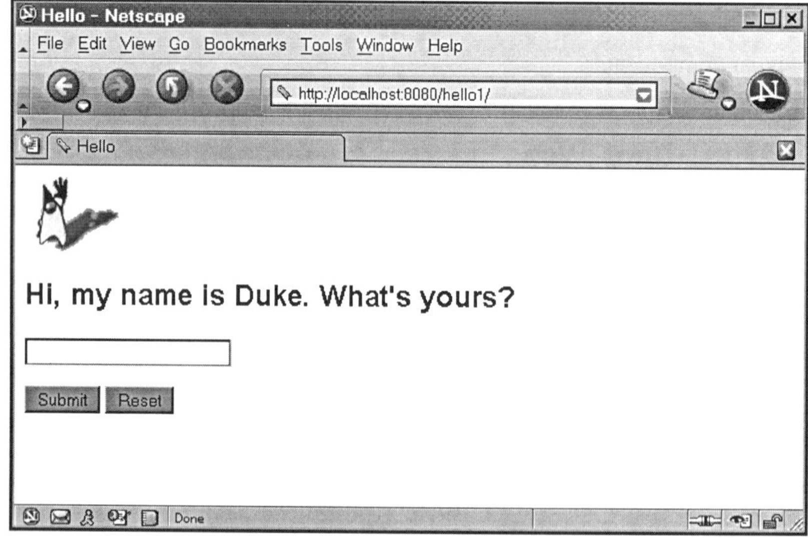

Figura 3-6 *Nova saudação.*

Esta capacidade é útil em um ambiente de desenvolvimento, porque permite alterar o código para ser testado rapidamente. O recarregamento dinâmico, porém, não é recomendado para um ambiente de produção, porque ele pode degradar a performance. Além disso, sempre que é feito um recarregamento, as sessões nesse momento se tornam inválidas e o cliente deve reiniciar a sessão.

Para habilitar o recarregamento dinâmico, use o Admin Console:

1. Selecione o nó Applications.
2. Cheque a caixa Reload Enabled para habilitar o recarregamento dinâmico.

3. Entre um número de segundos no campo Reload Poll Interval para definir o intervalo no qual os aplicativos e módulos são checados para alterações de código e recarregamento automático.
4. Clique o botão Save.

Além disso, para carregar novos arquivos de servlet ou recarregar as alterações do descritor de implantação, você deve fazer o seguinte:

1. Crie um arquivo vazio chamado .reload na raiz do módulo: <J2EE_HOME>/domains/domain1/ applications/j2ee-modules/ context_root/.reload
2. Atualize explicitamente a marca de tempo do arquivo .reload cada vez que você fizer estas alterações. Em Unix, execute

```
touch .reload
```

Para páginas jsp, as alterações são recarregadas automaticamente em freqüência definida no Reload Poll Interval. Para desabilitar o recarregamento dinâmico de páginas JSP, configure a propriedade do intervalo de recarregamento para –1.

Como desfazer a implantação de módulos Web

Você pode desfazer a implantação de módulos Web de três maneiras:

- ❑ deploytool
  - **a.** Selecione localhost:4848 a partir da lista Servers.
  - **b.** Selecione o módulo Web na lista Deployed Objects da guia General.
  - **c.** Clique o botão Undeploy.
- ❑ Admin Console
  - **a.** Abra o URL http://localhost:4848/asadmin em um browser.
  - **b.** Expanda o nó Applications.
  - **c.** Selecione Web Applications.
  - **d.** Clique a caixa de texto próxima do módulo em que você deseja desfazer a implantação.
  - **e.** Clique o botão Undeploy.
- ❑ asadmin
  - **a.** Execute

    asadmin undeploy context_root

Como configurar aplicativos Web

Os aplicativos Web são configurados por meio de elementos contidos no descritor de implantação do aplicativo Web. O utilitário deploytool gera o descritor quando você cria um WAR e adiciona elementos quando você cria componentes Web e classes associadas. Você pode modificar os elementos através dos inspetores associados com o WAR.

As sessões seguintes fornecem uma breve introdução aos recursos do aplicativo Web que você geralmente quer configurar. Uma série de parâmetros de segurança podem ser especificados. Eles são abordados na Segurança de camada Web.

Nas seções seguintes, os exemplos demonstram procedimentos para configurar o Hello, World, o aplicativo. Se Hello, World não usa um recurso de configuração específico, a seção fornece referências para outros exemplos que ilustram como especificar o elemento descritor de implantação e descreve procedimentos genéricos para especificar o recurso usando deploytool. Exemplos estendidos que demonstram como usar deploytool aparecem mais tarde nos capítulos do tutorial.

Como mapear URLs para componentes Web

Quando uma requisição é recebida pelo contêiner Web, ele deve determinar qual componente Web deve tratar a requisição. Ele faz isso mapeando o caminho de URL contido na requisição de um aplicativo Web e um componente Web. Um caminho de URL contém a raiz de contexto e um alias:

```
http://host:port/context_root/alias
```

Como definir o alias do componente

O alias identifica o componente Web que deve tratar a requisição. O caminho do alias deve começar com uma barra para a direita (/) e terminar com uma string ou uma expressão de curinga com uma extensão (por exemplo, *.jsp). Desde que contêineres Web mapeiem automaticamente um alias que termina com *.jsp, você não tem que especificar um alias para uma página JSP exceto se você desejar se referir à página por um nome diferente de seu nome de arquivo. Para configurar os mapeamentos para a versão de servlet do aplicativo hello com o deploytool, primeiro empacote-o:

1. Em uma janela de terminal, vá para <INSTALL>/j2eetutorial14/examples/web/hello2/.
2. Rode asant build. Este target compilará os servlets para o diretório <INSTALL>/j2eetutorial14/examples/web/hello2/build/.
3. Inicie deploytool.
4. Crie um aplicativo Web chamado hello2 executando o assistente New Web Component. Selecione File → New → Web Component.
5. No assistente New Web Component:
   a. Selecione o botão de rádio Create New Stand-Alone WAR Module.
   b. No campo WAR Location, entre <INSTALL>/j2eetutorial14/examples/web/hello2/hello2.war.
   c. No campo WAR Name, entre hello2.
   d. No campo Context Root, entre /hello2.
   e. Clique Edit Contents para adicionar os arquivos de conteúdo.
   f. Na caixa de diálogo Edit Contents, navegue para <INSTALL>/j2eetutorial14/examples/web/hello2/build/. Selecione duke.waving.gif e o pacote de servlets e clique Add. Clique OK.
   g. Clique Next.
   h. Selecione o botão de rádio Servlet.
   i. Clique Next.
   j. Selecione GreetingServlet a partir da caixa de combinação Servlet Class.
   k. Clique Finish.
6. Selecione Arquivo → New → Web Component.
   a. Clique o botão de rádio Add to Existing WAR Module e selecione hello2 na caixa combo. Como o WAR contém todas as classes de servlet, você não tem que adicionar mais nenhum conteúdo.
   b. Clique Next.
   c. Selecione o botão de rádio Servlet.
   d. Clique Next.

e. Selecione ResponseServlet a partir da caixa combo.

f. Clique Finish.

Depois, para definir o alias, siga estas etapas:

1. Selecione o componente Web GreetingServlet.
2. Selecione a guia Aliases.
3. Clique Add para adicionar um novo mapeamento.
4. Digite /greeting na lista de aliases.
5. Selecione o componente ResponseServlet.
6. Clique Add.
7. Digite /response na lista de aliases.
8. Selecione File → Save.

Para rodar o aplicativo, primeiro distribua o módulo e, depois, abra o URL http://localhost:8080/hello2/greeting em um browser.

Como declarar arquivos de saudações

O mecanismo de arquivos de saudações permite que você especifique uma lista de arquivos que o contêiner Web usará para a anexação de uma requisição para um URL (chamada requisição parcial válida) que não esteja mapeada para um componente Web.

Por exemplo, suponha que você defina um arquivo de saudações welcome.html. Quando um cliente requisita um URL tal como host:port/webapp/directory, onde *directory* não esteja mapeado para um servlet ou uma página JSP, o arquivo host:port/webapp/directory/welcome.html é devolvido para o cliente.

Se um contêiner Web recebe uma requisição parcial válida, o contêiner Web examina a lista de arquivos de saudações e anexa para a requisição parcial cada arquivo de saudações na ordem especificada e checa se um recurso estático ou um servlet no WAR está mapeado para aquela requisição de URL. O contêiner Web então envia a requisição para o primeiro recurso do WAR correspondente.

Se nenhum arquivo de saudações for especificado, o Servidor de Aplicativo usará um arquivo chamado index.XXX, onde XXX pode ser html ou jsp, como arquivo de saudações default. Se não houver arquivo de saudações e nenhum arquivo chamado index.XXX, o Servidor de Aplicativo retornará uma listagem de diretório.

Para especificar arquivos de saudações com deploytool, sigas estas etapas:

1. Selecione WAR.
2. Selecione a guia File Ref's no inspetor de WAR.
3. Clique Add File na painel Welcome Files.
4. Selecione o arquivo de saudações da caixa de lista suspensa (drop-down).

O exemplo discutido em Como encapsular conteúdo reutilizável com arquivos de tags tem um arquivo de saudações.

Como definir parâmetros de inicialização

Os componentes Web em um módulo Web compartilham um objeto que representa o contexto de aplicativo deles (veja Como acessar o contexto Web. Você pode passar parâmetros de inicialização para o contexto ou para um componente Web.

Para adicionar um parâmetro de contexto com deploytool, siga estas etapas:

1. Selecione o WAR.
2. Selecione a guia Context no inspetor de WAR.
3. Clique Add.

Para um parâmetro de contexto de amostra, veja o exemplo discutido em Páginas JSP de exemplo.

Para adicionar um parâmetro de inicialização de um componente Web com deploytool, siga estas etapas:

1. Selecione o componente Web.
2. Selecione o Init. A guia Parameters no inspetor do componente Web.
3. Clique Add.

Como mapear erros para telas de erros

Quando ocorre um erro durante a execução de um aplicativo Web, você pode fazer com que o aplicativo exiba uma tela de erro específico de acordo com o tipo de erro. Em particular, você pode especificar um mapeamento entre o código de status retornado em uma resposta HTTP ou uma exceção da linguagem de programação Java retornada por qualquer componente Web (veja Como tratar erros, e qualquer tipo de tela de erro. Para configurar mapeamentos de erro com deploytool:

1. Selecione o WAR.
2. Selecione a guia File Ref´s no inspetor de WAR.
3. Clique Add Error no painel Error Mapping.
4. Entre o código de status HTTP (veja Respostas HTTP) ou o nome de classe totalmente qualificado de uma exceção no campo Error/Exception.
5. Entre o nome de um recurso Web para ser chamado quando o código de status ou exceção for retornado. O nome deve ter primeiro uma barra para a direita (/).

Nota: Você pode também definir telas de erros para uma página JSP contida em um WAR. Se as telas de erros forem definidas tanto para WAR como para uma página JSP, o erro de página de uma página JSP tem prioridade. Veja Como tratar erros.

Para uma amostra de mapeamento de página de erro, veja o exemplo discutido em Exemplo de servlets.

Como declarar referências de recursos

Se o seu componente Web usar objetos como banco de dados e enterprise beans, você deverá declarar as referências no descritor de implantação do aplicativo Web. Para uma amostra de referência de recursos, veja Como especificar uma referência de recursos do aplicativo Web. Para uma amostra de referência de enterprise bean, veja Como especificar a referência de um enterprise bean de um cliente Web.

Exemplos da Duke´s Bookstore

Nos Capítulos 11 a 22 um exemplo simples – Duke´s Bookstore – é usado para ilustrar os elementos da tecnologia Java Servlet, a tecnologia JavaServer Pages, a Biblioteca-padrão de tags JSP e a tecnologia JavaServer Faces. O exemplo simula um aplicativo de compras simples on-line. Ele fornece um catálogo de livros do qual os usuários podem selecionar livros e adicioná-los ao carrinho de compras. Os usuários podem visualizar e modificar o carrinho de compras. Quando os usuários terminam de escolher, eles podem comprar os livros do carrinho.

Os exemplos da Duke´s Bookstore compartilham classes comuns e um esquema de banco de dados. Estes arquivos estão localizados no diretório <INSTALL>/j2eetutorial14/examples/web/bookstore/. As classes comuns estão empacotadas em um JAR. Para criar a livraria bookstore JAR, siga estas etapas:

1. Em uma janela de terminal, vá para <INSTALL>/j2eetutorial14/examples/web/bookstore/.
2. Rode asant build para compilar os arquivos de bookstore.
3. Execute asant package-bookstore para criar uma livraria chamada bookstore.jar em <INSTALL>/j2eetutorial14/examples/bookstore/dist/.

A próxima seção descreve como criar as tabelas do banco de dados de bookstore e os recursos exigidos para executar os exemplos.

Como acessar banco de dados a partir de aplicativos Web

Os dados são compartilhados entre componentes Web, e é persistente entre chamadas de um aplicativo Web que usualmente seja mantido em um banco de dados. Os aplicativos Web utilizam a API JDBC para acessar o banco de dados relacionais. Para informações sobre esta API, consulte

```
http://java.sun.com/docs/books/tutorial/jdbc
```

Na API JDBC, os banco de dados são acessados pelos objetos DataSource. Um DataSource tem um conjunto de propriedades que identificam as fontes de dados do mundo real que ele representa. Estas propriedades incluem informações tais como a localização de um servidor de banco de dados, o nome do banco de dados, o protocolo da rede de uso para comunicação com o servidor, e assim por diante.

Os aplicativos Web acessam uma fonte de dados usando uma conexão, e um objeto DataSource pode ser imaginado como uma fábrica de conexões para a fonte de dados particular que a instância DataSource representa. Em uma implementação DataSource básica, uma chamada para o método getConnection retorna um objeto de conexão que é uma conexão física para a fonte de dados. No Servidor de Aplicativo, uma fonte de dados é referenciada como um recurso JDBC. Veja Objetos DataSource e Pools de conexão para informações adicionais sobre fontes de dados no Servidor de Aplicativo.

Se um objeto DataSource é registrado como um serviço de denominação JNDI, um aplicativo pode usar a API JDBC para acessar o objeto DataSource, que pode então ser usado para se conectar com a fonte de dados que ele representa.

Para manter o catálogo de livros, os exemplos da Duke´s Bookstore descritos nos Capítulos 11 a 22 utilizam o banco de dados de avaliação PointBase incluso com o Servidor de Aplicativo. Veja o site de suporte para PointBase no endereço

```
http://docs.sun.com/db/doc/817-6092.
```

Esta seção descreve como:

- ❑ Preencher o banco de dados com dados da livraria.
- ❑ Criar uma fonte de dados no Servidor de Aplicativo.
- ❑ Especificar uma referência de recursos de um aplicativo Web.
- ❑ Mapear a referência de recursos para a fonte de dados definida no Servidor de Aplicativo.

Como preencher o banco de dados de exemplo

Para preencher o banco de dados para os exemplos da Duke´s Bookstore, siga estas etapas:

1. Em uma janela de terminal, vá para <INSTALL>/j2eetutorial14/examples/web/bookstore/.
2. Execute asant create-db_common. Esta tarefa roda um comando da ferramenta de comando de PointBase para ler o arquivo books.sql e executar comandos contidos no arquivo. A tabela chamada books foi criada para o usuário pbpublic no banco de dados PointBase sun-appserv-samples.
3. Ao final do processamento, você deve ver a seguinte saída:

```
...
[java] SQL> INSERT INTO books VALUES('207', 'Thrilled', 'Ben',
[java] 'The Green Project: Programming for Consumer Devices',
[java] 30.00, false, 1998, 'What a cool book', 20);

[java] 1 row(s) affected
[java] SQL> INSERT INTO books VALUES('208', 'Tru', 'Itzal',
[java] 'Duke: A Biography of the Java Evangelist',
[java] 45.00, true, 2001, 'What a cool book.', 20);
[java] 1 row(s) affected
```

Você pode verificar se a tabela existe com a ferramenta do console PointBase como segue:

1. Em uma janela de terminal, vá para <J2EE_HOME>/pointbase/tools/serveroption/.
2. Execute startconsole.
3. Na caixa de diálogo Connect to Database:
   a. Entre jdbc:pointbase:server://localhost/sun-appserv-samples no campo URL.
   b. Entre PBPUBLIC no campo password.
4. Clique OK.
5. Expanda os nós SCHEMAS → PBPUBLIC → TABLES. Note que existe uma tabela chamada BOOKS.
6. Veja o conteúdo da tabela Books.
   a. Na área de texto de Enter SQL commands, entre select * from books;
   b. Clique o botão Execute.

Como criar uma fonte de dados no Servidor de Aplicativo

Fontes de dados no Servidor de Aplicativo implementam o pool de conexão. Para definir a fonte de dados da Duke´s Bookstore, você usa o pool de conexão PointBase instalado, chamado PointBasePool.

Você cria a fonte de dados usando o Application Server Admin Console, seguindo este procedimento:

1. Expanda o nó JDBC.
2. Selecione o nó JDBC Resources.
3. Clique o botão New...
4. Digite jdbc/BookDB no campo JNDI Name.
5. Selecione PointBasePool para o Pool Name.
6. Clique OK.

Especificação de uma referência de recursos de aplicativo Web

Para acessar um banco de dados de um aplicativo Web, você deve declarar um referência de recurso no descritor de implantação do aplicativo Web do aplicativo (veja Como declarar referência de recurso). A referência de recursos especifica um nome JNDI, o tipo de recurso de dados, e o tipo de autenticação usado quando o recurso é acessado. Para especificar uma referência de recurso para um exemplo da Duke´s Bookstore usando o deploytool, siga estas etapas:

1. Selecione o WAR (criado nos Capítulos 11 a 22).
2. Selecione a guia Resource Ref´s.
3. Clique Add.
4. Digite jdbc/BookDB no campo Coded Name.
5. Aceite o tipo default javax.sql.DataSource.
6. Aceite o Container de autorização default.
7. Aceite o default Sharable selecionado.

Para criar a conexão ao banco de dados, o objeto de acesso de dados database.BookDBAO procura o nome JNDI do objeto de fonte de dados da livraria:

```
public BookDBAO () throws Exception {
  try {
    Context initCtx = new InitialContext();
    Context envCtx = (Context)
      initCtx.lookup("java:comp/env");
    DataSource ds = (DataSource) envCtx.lookup("jdbc/BookDB");
    con = ds.getConnection();
    System.out.println("Created connection to database.");
  } catch (Exception ex) {
  System.out.println("Couldn't create connection." +
    ex.getMessage());
  throw new
    Exception("Couldn't open connection to database: "
    + ex.getMessage());
}
```

Como mapear a referência de recursos para uma fonte de dados

Tanto a referência de recursos de um aplicativo Web como a fonte de dados definida no Servidor de Aplicativo têm nomes JNDI. Veja Como atribuir nomes JNDI para uma discussão das vantagens do uso de denominações JNDI para os recursos.

Para conectar a referência de recursos à fonte de dados, você deve mapear o nome JNDI do anterior até o último. Este mapeamento é armazendo no descritor de implantação runtime do aplicativo Web. Para criar este mapeamento usando deploytool, siga estas etapas:

1. Selecione localhost:4848 na lista de Servlets para obter as fontes de dados definidas no Servidor de Aplicativo.
2. Selecione o WAR na lista Web WARs.
3. Selecione a guia Resource Ref´s.
4. Selecione o Resource Reference Name, jdbc/BookDB, definido na seção anterior.
5. Na moldura Sun-specific Settings, selecione jdbc/BookDB na lista suspensa JNDI Name.

Informações adicionais

Para maiores informações sobre os aplicativos Web, consulte:

- Especificação Java Servlet:

  http://java.sun.com/products/servlet/download.html#specs
- O site Web Servlet Java:

  http://java.sun.com/products/servlet

4

API JAVA PARA PROCESSAMENTO XML

A API Java para processamento XML (Java API for XML Processing, JAXP) é para processar os dados XML usando aplicativos escritos na linguagem de programação Java. A JAXP alavanca os analisadores-padrão API simples para Análise de sintaxe XML (Simple API for XML, SAX) e o Modelo de Objetos de Documento (Document Object Model, DOM) de modo que você possa optar entre analisar os seus dados como fluxos de eventos ou construir um representação do seu objeto. A JAXP também suporta as Transformações de Linguagem de Folha de Estilos (Extensible Stylesheet Language Transformation, XSLT) padronizadas, transferindo a você o controle sobre a apresentação dos dados e habilitando-o a converter os dados para outros documentos XML ou para outros formatos, como por exemplo, HTML. A JAXP também fornece suporte a namespace, permitindo que você trabalhe com DTDs que poderiam por outro lado ter conflitos de nomeações.

Projetado para ser flexível, a JAXP permite que você use qualquer analisador compatível com XML de dentro de seu aplicativo. Ela faz isso com aquilo que chamamos de *camada de plugabilidade*, que permite que você conecte com uma implementação da SAX ou da API do DOM. A camada de plugabilidade também permite que você se conecte a um processador XSL, deixando que você controle como seus dados XML são exibidos.

APIs JAXP

As APIs principais de JAXP são definidas no pacote javax.xml.parsers. Esse pacote contém classes de fábrica neutras com relação ao fornecedor, – SAXParserFactory, DocumentBuilderFactory, e TransformerFactory – os quais fornecem um SAXParser, um DocumentBuilder e um transformador de XSLT, respectivamente. DocumentBuilder, por sua vez, cria um objeto Document compatível com DOM.

As APIs de fábrica permitem que você plugue uma implementação XML oferecida por um outro fornecedor sem alterar o seu código-fonte. A implementação que você consegue depende da configuração das propriedades do sistema javax.xml.parsers.SAXParserFactory, javax.xml.parsers.DocumentBuilderFactory, e javax.xml.transform.TransformerFactory, usando System.setProperties() no código, <sysproperty key="..." value="..."/> em um script Ant build, ou -DpropertyName="..." no comando de linha. Os valores default (exceto se sobrescritos em tempo de execução na linha de comando ou no código) apontam para uma implementação da Sun.

Nota: Quando você estiver usando a plataforma J2SE versão 1.4, é também necessário usar o mecanismo de padrões endorsed (endossados), em vez do caminho de classe, a fim de criar as classes de implementação disponíveis para o aplicativo. Este procedimento é descrito em detalhes em Como compilar e executar o programa.

Agora, vamos ver como as diversas APIs JAXP funcionam quando você escreve um aplicativo.

Resumo geral dos pacotes

As APIs SAX e DOM são definidas pelo grupo XML-DEV e pelo W3C, respectivamente. As bibliotecas que definem essas APIs são as seguintes:

- javax.xml.parsers: as APIs JAXP, que fornecem uma interface comum para diferentes fornecedores de analisadores SAX e DOM.
- org.w3c.dom: define a classe Document (um DOM) bem como as classes para todos os componentes de um DOM.
- org.xml.saxDefine as APIs SAX básicas.
- javax.xml.transform: Define as APIs XSLT que permitem a você transformar XML em outros formatos.

A API simples para XML (SAX) é o mecanismo dirigido por eventos e de acesso serial que faz o processamento elemento por elemento. A API para este nível lê e escreve XML para um repositório de dados ou para a Web. Para aplicativos ao lado do servidor e de alto desempenho, você vai querer entender completamente este nível. Mas para muitos aplicativos, um mínimo de entendimento bastará.

A API do DOM geralmente é uma API mais fácil de usar. Ela fornece uma estrutura familiar de árvores de objetos. Você pode usar a API do DOM para manipular a hierarquia de objetos do aplicativo que ela encapsula. A API do DOM é ideal para aplicativos interativos porque o modelo de objeto inteiro está presente na memória, onde ela pode ser acessada e manipulada pelo usuário.

Por outro lado, construir o DOM exige ler toda estrutura XML e manter a árvore de objetos na memória, portanto, ela exige muito mais CPU e memória. Por essa razão, a API SAX tende a ser a preferida para aplicativos ao lado do servidor e filtros de dados não exijam uma representação de dados em memória.

Finalmente, as APIs XSLT definidas em javax.xml.transform permitem que você escreva dados XML para um arquivo ou o converta para outros formatos. E, como você verá na seção XSLT deste tutorial, você poderá até mesmo usá-las em conjunção com as APIs SAX para converter dados legados para XML.

API simples para APIs XML

O esboço básico da SAX analisando APIs é mostrado na Figura 4-1. Para começar o processo, uma instância da classe SAXParserFactory é usada para gerar uma instância do analisador.

O analisador empacota o objeto SAXReader. Quando o método parse() do analisador é chamado, o leitor (reader) chama um dos vários métodos de callback implementados no aplicativo. Esses métodos são definidos pelas interfaces ContentHandler, ErrorHandler, DTDHandler, e EntityResolver.

Eis aqui um resumo das APIs SAX:

SAXParserFactory

> Um objeto SAXParserFactory cria uma instância do analisador determinado pela propriedade do sistema, javax.xml.parsers.SAXParserFactory.

SAXParser

A interface SAXParser define vários tipos de métodos parse(). Em geral, você passa uma fonte de dados e um objeto DefaultHandler para o analisador, que processa a XML e chama os métodos apropriados do objeto manipulador.

SAXReader

A SAXParser empacota uma SAXReader. Normalmente, você não se preocupa com isso, mas pelo menos uma vez, em algum momento, você precisará tê-la usando o getXMLReader() da SAXReader, de modo que possa configurá-la. É a SAXReader que efetua a conversação com os tratadores de eventos SAX que você define.

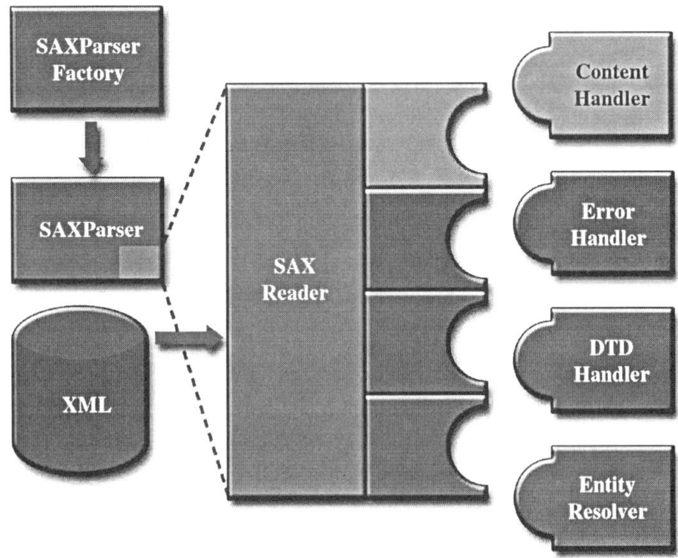

***Figura 4-1** APIs SAX.*

DefaultHandler

Não apresentado no diagrama, uma DefaultHandler implementa as interfaces ContentHandler, ErrorHandler, DTDHandler, e a EntityResolver (com métodos nulos), portanto, você pode sobrescrever apenas aquelas nas quais você estiver interessado.

ContentHandler

Métodos como startDocument, endDocument, startElement, e endElement são chamados quando uma tag XML é reconhecida. Esta interface também define os métodos *characters* e *processingInstruction*, que são chamados quando o analisador encontra o texto em um elemento XML ou em uma instrução de processamento in-line, respectivamente.

ErrorHandler

Os métodos error, fatalError e warning são chamdos em resposta a vários erros de análise. O tratador de erros default lança uma exceção para erros fatais e ignora outros erros (inclusive erros de validação). Essa é uma razão pela qual você precisa saber um pouco sobre o analisador SAX, mesmo que você esteja usando o DOM. Algumas vezes, o aplicativo pode ser capaz de se recuperar de um erro de validação. Outras vezes, o aplicativo pode gerar uma exceção. Para assegurar o tratamento correto, você vai precisar fornecer seu próprio tratador de erro para o analisador.

DTDHandler

Define métodos que geralmente você nunca será chamado para usar. É utilizado para processar uma DTD a fim de reconhecer e atuar sobre declarações para uma entidade não analisada.

EntityResolver

O método resolveEntity é chamado quando o analisador deve identificar dados identificados por um URI. Na maioria dos casos, um URI é simplesmente um URL, o qual especifica a localização de um documento, mas, em alguns casos, o documento pode ser identificado por um URN – um identificador público, ou nome, que é único no espaço Web. O identificador público pode ser especificado em acréscimo para o URL. O EntityResolver pode então usar o identificador público ao invés do URL para encontar o documento – por exemplo, para acessar uma cópia local do documento se houver algum.

Uma aplicação típica implementa a maioria dos métodos de ContentHandler, no mínimo. Como as implementações default das interfaces ignoram todas as entradas exceto para erros fatais, uma implementação robusta pode também precisar implementar os métodos ErrorHandler.

Pacotes SAX

O analisador SAX é definido nos pacotes listados na Tabela 4-1.

Tabela 4-1 Pacotes SAX

Pacote	Descrição
org.xml.sax	Define as interfaces SAX. O nome org.xml é o prefixo do pacote que foi estabelecido pelo grupo que definiu a API SAX
org.xml.sax.ext	Define extensões SAX que são usadas para fazer processamento SAX mais sofisticados, por exemplo, processar uma definição de tipo de documento (DTD) ou ver a sintaxe detalhada para um arquivo
org.xml.sax.helpers	Contém classes auxiliares que tornam mais fácil o uso da SAX, por exemplo, para definir um tratador default que tenha métodos nulos para todas as interfaces de modo que você precise apenas sobrescrever aqueles que normalmente queira implementar
javax.xml.parsers	Define a classe SAXParserFactory, que retorna o SAXParser. Também define classes de exceção para relatar erros

APIs do modelo de objetos de documento

A Figura 4-2 mostra as APIs do DOM em ação.

Você utiliza a classe javax.xml.parsers.DocumentBuilderFactory para obter uma instância DocumentBuilder, e você usa essa instância para produzir um objeto Document que obedece à especificação do DOM. O construtor que você obtém, de fato, é determinado pela propriedade do sistema javax.xml.parsers.DocumentBuilderFactory, a qual seleciona a implementação de fábrica que é usada para produzir o construtor. (O valor default da plataforma pode ser sobrescrito a partir da linha de comando.)

Você também pode usar o método DocumentBuilder newDocument() para criar um Document vazio que implemente a interface org.w3c.dom.Document. Alternativamente, você pode usar um dos métodos parse do construtor para criar um Document de dados XML existentes. O resultado é uma árvore do DOM como aquela mostrada na Figura 4-2.

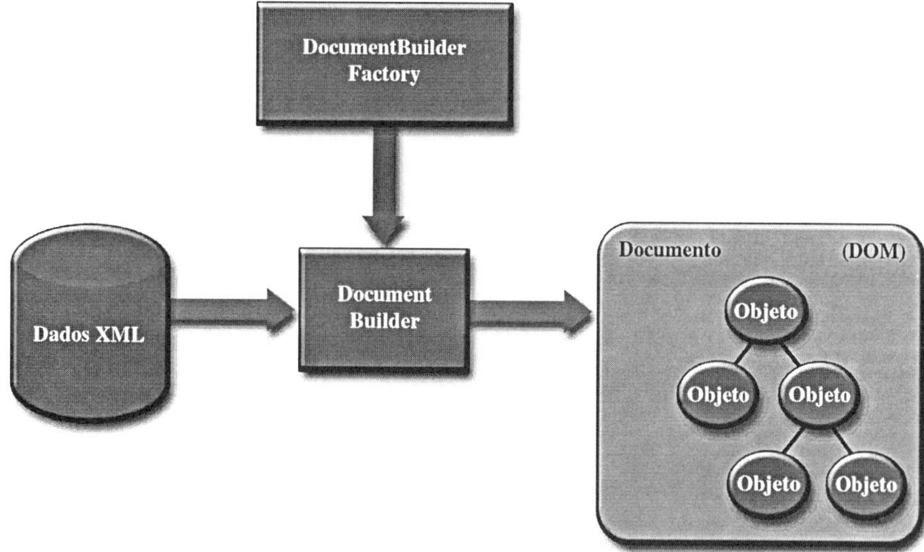

Figura 4-2 *APIs do DOM.*

Nota: Embora sejam chamadas de objetos, as entradas na árvore do DOM são realmente estruturas de dados completamente de baixo nível. Por exemplo, considere esta estrutura: <color>blue</color>. Existe um nó de elemento para a tag color, e, debaixo disso, há um nó de texto que contém os dados, blue! Essa questão será explorada em detalhes na seção DOM do tutorial, mas os desenvolvedores, que estão esperando objetos, geralmente ficam surpresos em achar que, chamando getNodeValue() no nó do elemento, não retorna nada! Para uma árvore realmente orientada para objeto, veja a API JDOM no endereço http://www.jdom.org.

Pacotes do DOM

A implementação do Modelo de Objetos de Documento é definida nos pacotes listados na Tabela 4-2.

Tabela 4-2 Pacotes do DOM

Pacote	Descrição
org.w3c.dom	Define as interfaces de programação do DOM para documentos XML (e, opcionalmente, HTML), como especificado pelo W3C.
javax.xml.parsers	Define a classe DocumentBuilderFactory e a classe DocumentBuilder, as quais retornam um objeto que implementa a interface W3C Document. A fábrica, usada para criar o construtor, é determinada pela propriedade de sistema javax.xml.parsers, que pode ser definida a partir da linha de comando ou sobrescrita ao chamar o método new Instance. Este pacote também define a classe ParserConfigurationException para relatórios de erros.

APIs de transformações da linguagem de folha de estilos extensíveis

A Figura 4-3 mostra as APIs XSLT em ação.

Um objeto TransformerFactory é instanciado e usado para criar um transformador. O objeto de origem é a entrada para o processo da transformação. Um objeto de origem pode ser criado a partir de um leitor SAX, de um DOM, ou de um fluxo de entrada.

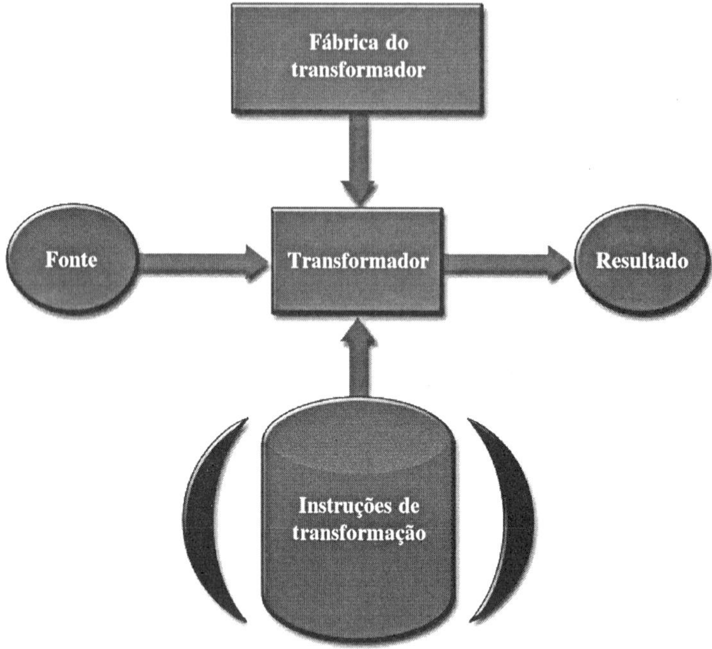

Figura 4-3 *APIs XSLT.*

De modo similar, o objeto resultante é o resultado do processo da transformação. Esse objeto pode ser um tratador de eventos SAX, um DOM, ou um fluxo de saída.

Quando o transformador é criado, ele pode ser criado de um conjunto de instruções de transformação, em cujo caso as transformações sejam realizadas. Se ela for criada sem qualquer instrução específica, então o objeto transformador simplesmente copia a fonte do resultado.

Pacotes XSLT

As APIs XSLT são definidas nos pacotes apresentados na Tabela 4-3.

Tabela 4-3 Pacotes XSLT

Pacote	Descrição
javax.xml.transform	Define as classes TransformerFactory e Transformer, que você usa para obter um objeto capaz de fazer transformações. Depois de criar um objeto transformador, você chama o seu método transform(), fornecendo a ele uma entrada (fonte) e uma saída (resultado)

Tabela 4-3 Pacotes XSLT (continuação)

Pacote	Descrição
javax.xml.transform.dom	Classes para criar objetos de entrada (fonte) e saída (resultado) a partir de um DOM
javax.xml.transform.sax	Classes para criar objetos de entrada (fonte) a partir de um analisador SAX e saída (resultado) a partir de um tratador de eventos SAX
javax.xml.transform.stream	Classes para criar objetos de entrada (fonte) e saída (resultado) a partir de um fluxo I/O

Como usar as bibliotecas JAXP

No Servidor de Aplicativo, as bibliotecas JAXP estão distribuídas no diretório <*J2EE_HOME*>/lib/endorsed. Para executar os programas de amostra, você usa o mecanismo de padrões *endorsed* da plataforma Java 2 para acessar essas bibliotecas. Para detalhes, veja Como compilar e rodar o programa.

Aonde você vai a partir daqui?

Neste momento, você tem informações suficientes para começar a tomar o seu melhor caminho através das bibliotecas JAXP. O seu próximo passo depende do que quiser realizar. Você poderia querer ir para qualquer um destes capítulos:

Capítulo 5

Se as estruturas de dados já foram determinadas, e você está escrevendo um aplicativo de servidor ou um filtro XML que necessita fazer um processamento rápido.

Capítulo 6

Se você precisa construir uma árvore de objeto a partir de dados XML de modo que você possa manipulá-la em um aplicativo, ou converter uma árvore de objetos em memória para XML.

Capítulo 7

Se você precisa transformar tags XML em algum outro formato, se você quiser gerar saídas XML, ou (em combinação com a API SAX) se você quiser converter estruturas de dados legados para XML.

5

API Simples para XML

Neste capítulo focamos a API Simples para XML (SAX), um mecanismo dirigido a eventos e de acesso serial para acessar documentos XML. Este protocolo é freqüentemente usado por servlets e programas orientados para rede que precisem transmitir e receber documentos XML, porque é o mecanismo mais rápido e com menor intensividade de memória que atualmente está disponível para lidar com documentos XML, diferentes de StAX.

Nota: Em uma nutshell, a SAX está orientada com relação ao processamento independente de estados, quando o tratamento de um elemento não depende dos que vieram antes. StAX, por outro lado, está orientada com relação ao processamento de dependência de estados. Para uma comparação mais detalhada, veja SAX e StAX em Padrões básicos e Quando usar SAX.

Configurar um programa para usar SAX requer um pouco mais de trabalho do que a configuração para usar Modelo de Objetos de Documento (DOM), SAX é um modelo dirigido a eventos (você fornece os métodos callback, e o analisador os chama à medida que lê os dados XML), e isso o torna mais difícil de visualizar. Finalmente, você não pode fazer uma cópia de segurança de uma parte anterior do documento, ou redimensioná-lo, nada mais além do que poder fazer cópia de segurança de um fluxo de dados seriais ou redimensionar os caracteres que você leu desse fluxo.

Por essas razões, os desenvolvedores, que estão escrevendo um aplicativo orientado para usuário, que mostra um documento XML e possivelmente o modifique, vão querer usar o mecanismo do DOM descrito no Capítulo 6.

Entretanto, mesmo que você planeje construir aplicativos DOM exclusivamente, existem várias razões importantes para você se familiarizar com o modelo SAX:

- Mesmos tratamentos de erros: os mesmos tipos de exceções são gerados pelas APIs de SAX e do DOM, portanto, o código de tratamento de erro é virtualmente idêntico.
- Tratar os erros de validação: por default, as especificações exigem que os erros de validação (você vai aprender mais sobre eles nesta parte do tutorial) sejam ignorados. Se você quiser lançar uma exceção no evento de um erro de validação (e você provavelmente o fará), então, você precisará entender como o tratamento de erro SAX funciona.

- Converter dados existentes: como verá no Capítulo 6, há um mecanismo que você pode usar para converter um dado existente definido para XML. Todavia, tirar vantagem desse mecanismo exige entendimento do modelo SAX.

Nota: Os arquivos XML usados neste capítulo podem ser encontrados em <INSTALL>/j2eetutorial14/examples/xml/samples/.

Os programas e listagem de resultados podem ser encontrados em <INSTALL>/j2eetutorial14/examples/jaxp/sax/samples/.

Quando usar SAX

É proveitoso entender o modelo de eventos SAX quando você quer converter os dados existentes para XML. Como você verá em Como gerar XML a partir de uma estrutura de dados arbitrária, a chave para o processo de conversão é modificar um aplicativo existente para fornecer eventos SAX à medida que ele leia os dados.

SAX é rápido e eficiente, mas seu modelo de eventos o torna mais útil por causa da filtragem de independência de estados. Por exemplo, um analisador SAX chama um método em seu aplicativo quando uma tag de elemento é encontrada e chama um método diferente quando o texto é encontrado. Se o processamento que você está fazendo é independente de estados (significando que ele não depende dos elementos que vieram antes), então SAX funciona bem.

Por outro lado, para processamento com dependência de estado, quando o programa precisa fazer alguma coisa com os dados sob o comando do elemento A, mas alguma coisa diferente com os dados sob a direção do elemento B, então um pull parser (analisador de arranque) tal como a Streaming API para XML (StAX) seria a melhor escolha. Com um pull parser, você obtém o próximo nó, qualquer que seja ele, em qualquer ponto do código que você solicite por ele. Então é fácil variar a maneira como você processa o texto (por exemplo), porque você pode processá-lo em muitos lugares no programa. (Para maiores detalhes, veja Informações adicionais.)

A SAX requer muito menos memória do que DOM, porque SAX não constrói uma representação interna (estrutura de árvore) dos dados XML, como um DOM faz. Em vez disso, a SAX simplesmente envia dados para o aplicativo à medida que ele é lido; o seu aplicativo pode então fazer o que ele quiser com os dados que vê.

Os analisadores de arranque e a API SAX, ambos atuam como um fluxo serial de I/O. Você vê os dados na medida em que eles fluem internamente, mas você não consegue voltar a uma posição anterior ou saltar adiante para uma posição diferente. Em geral, tais analisadores trabalham bem quando você simplesmente quer ler os dados e fazer o aplicativo atuar sobre eles.

Mas quando você precisa alterar uma estrutura XML – especialmente quando você precisa modificá-la interativamente – uma estrutura in-memory faz mais sentido. DOM é um desses modelos. Entretanto, embora DOM forneça muitos recursos poderosos para documentos em larga escala (como livros e artigos), ele também requer uma grande quantidade de codificação complexa. Os detalhes desse processo estão em destaque em Quando usar DOM.

Para aplicativos mais simples, essa complexidade pode bem ser desnecessária. Para desenvolvimento mais veloz e aplicativos mais simples, um dos padrões de programação XML orientada para objetos, tal como JDOM e dom4j, pode fazer mais sentido.

Como refletir um arquivo XML com o analisador SAX

Na vida real, você terá pouca necessidade de refletir um arquivo XML com um analisador SAX. Geralmente, você vai querer processar o dado de alguma forma de modo a fazer alguma coisa útil com ele. (Se você quiser refleti-lo, é mais fácil construir uma árvore do DOM e usar isso para a saída.) Mas refletir uma estrutura XML é uma grande maneira de ver o analisador SAX em ação, e isso pode ser útil na depuração.

Neste exercício, você refletirá eventos do analisador SAX para System.out. Considere a versão "Hello World" de um programa de processamento XML. Vai mostrar a você como usar o analisador SAX para chegar ao dado e depois o refletir para mostrar o que você tem.

Nota: O código discutido nesta seção está em Echo01.Java. O arquivo que ele opera é slideSample01.xml, como descrito em Como escrever um arquivo simples XML. (A versão navegável se chama slideSample01-xml.html.)

Como criar o esqueleto

Comece criando um arquivo chamado Echo.java e entre com o esqueleto para o aplicativo:

```
public class Echo
{
  public static void main(String argv[])
  {

  }

}
```

Como você vai rodá-lo independente, você precisa de um método principal. E você precisa de argumentos de linha de comandos de modo que você possa dizer ao aplicativo qual arquivo refletir.

Classes de importação

Em seguida, adicione as declarações de importação para as classes que o aplicativo vai usar:

```
import java.io.*;
import org.xml.sax.*;
import org.xml.sax.helpers.DefaultHandler;
import javax.xml.parsers.SAXParserFactory;
import javax.xml.parsers.ParserConfigurationException;
import javax.xml.parsers.SAXParser;

public class Echo
{
  ...
```

As classes em java.io, naturalmente, são necessárias para produzir a saída. O pacote org.xml.sax define todas as interfaces que utilizamos para o analisador SAX. A classe SAXParserFactory cria a instância que vamos usar. Ela lança uma ParserConfigurationException se ela não conseguir produzir um analisador que atenda a configuração de opções especificada. (Mais tarde, você verá mais sobre as opções de configuração.) O SAXParser é o que a fábrica retorna para análise, e o DefaultHandler define a classe que tratará os eventos SAX que o analisador gera.

Como configurar para I/O

A primeira ordem do negócio é processar o argumento de linha de comandos, obter o nome do arquivo para refletir, e configurar o fluxo de saída. Adicione o texto em destaque para cuidar dessas tarefas e faça um pouco de manutenção doméstica adicional:

```
public static void main(String argv[])

{
  if (argv.length != 1) {
    System.err.println("Usage: cmd filename");
    System.exit(1);
  }
  try {
    // Set up output stream
    out = new OutputStreamWriter(System.out, "UTF8");
  }
  catch (Throwable t) {
      t.printStackTrace();
  }
  System.exit(0);
}

static private Writer out;
```

Quando criamos o escritor de fluxo de saída, estamos selecionando a codificação de caractere UTF-8. Poderíamos também ter escolhido US-ASCII ou UTF-16, que a plataforma Java também suporta. Para maiores informações sobre estes conjuntos de caracteres, veja Esquemas de codificação Java.

Como implementar a interface ContentHandler

A interface mais importante para os nossos propósitos correntes é ContentHandler. Esta interface requer uma série de métodos que o analisador SAX chama em resposta a vários eventos de análise. Os principais métodos de tratamento de eventos são: startDocument, endDocument, startElement, endElement e characters.

O modo mais fácil de implementar esta interface é estender a classe DefaultHandler, definida no pacote org.xml.sax.helpers. Essa classe fornece métodos que não fazem nada (do-nothing) para todos os eventos de ContentHandler. Introduza o seguinte código para estender essa classe:

```
public class Echo extends DefaultHandler
{
  ...
}
```

Nota: DefaultHandler também define métodos que não fazem nada para os outros eventos principais, definidos nas interfaces DTDHandler, EntityResolver e ErrorHandler. Você aprenderá mais sobre esses métodos à medida que caminharmos.

Cada um desses métodos é requerido pela interface para lançar uma exceção SAXException. Um exceção lançada aqui é enviada de volta para o analisador, que a envia para o código que chamou o analisador. No programa corrente, esta seqüência significa que ele retorna para o tratador de exceções Throwable no fundo do método principal.

Quando uma tag inicial ou uma tag final são encontradas, o nome da tag é passado como uma string para o método startElement ou endElement, como apropriado. Quando uma tag inicial é encontrada, qualquer atributo definido por ela também é passado para uma lista de atributos. Caracteres encontrados dentro do elemento são passados com um array de caracteres, junto com a série de caracteres (length) e um offset para o array que aponta para o primeiro caractere.

Como configurar o analisador

Agora (finalmente) você está pronto para configurar o analisador. Adicione o seguinte código em para configurá-lo e dar partida nele:

```
public static void main(String argv[])
{
  if (argv.length != 1) {
    System.err.println("Usage: cmd filename");
    System.exit(1);
  }

  // Use an instance of ourselves as the SAX event handler
  DefaultHandler handler = new Echo();

  // Use the default (non-validating) parser
  SAXParserFactory factory = SAXParserFactory.newInstance();
  try {
    // Set up output stream
    out = new OutputStreamWriter(System.out, "UTF8");

    // Parse the input
    SAXParser saxParser = factory.newSAXParser();
    saxParser.parse( new File(argv[0]), handler );

  } catch (Throwable t) {
    t.printStackTrace();
  }
  System.exit(0);
}
```

Com estas linhas de código, você cria uma instância de SAXParserFactory, como determinada pela definição da propriedade do sistema javax.xml.parsers.SAXParserFactory. Você então obtém um analisador da fábrica e fornece ao analisador uma instância desta classe para tratar os eventos de análise, dizendo a ele qual arquivo de entrada processar.

Nota: A classe javax.xml.parsers.SAXParser é um wrapper que define uma série de métodos de conveniência. Ela empacota o objeto (um pouco menos amigável) org.xml.sax.Parser. Se necessário, você pode obter esse analisador usando o método getParser() de SaxParser.

Por enquanto, você está simplesmente pegando alguma exceção que o analisador deve lançar. Você aprenderá mais sobre processamentos de erro em uma seção posterior deste capítulo, Como manipular erros com o analisador de não validação.

Como escrever a saída

O método ContentHandler lança exceções SAXExceptions, mas não IOExceptions, o que pode ocorrer ao se escrever. A SAXException pode empacotar uma outra exceção, portanto, faz sentido fazer a saída em um método que cuide dos detalhes dos tratamentos de exceção. Adicione o código em destaque para definir um método emit que faz isso:

```
static private Writer out;

private void emit(String s)
throws SAXException
{
  try {
    out.write(s);
    out.flush();
  } catch (IOException e) {
    throw new SAXException("I/O error", e);
  }
}
...
```

Quando emit é chamado, qualquer erro de I/O é empacotado em uma exceção SAXException junto com uma mensagem que o identifica. Essa exceção é então lançada de volta para o analisador SAX. Você aprenderá mais sobre exceções mais tarde. Por enquanto, tenha em mente que emit é um pequeno método que trata a saída de string. (Você verá que ela será chamada com freqüência no código posterior.)

Como espaçar a saída

Aqui está uma outra porção da infra-estrutura que nós precisamos antes de fazer um processamento real. Adicione o seguinte código para definir o método nl() que escreve o tipo de caractere de finalização de linha usado pelo sistema corrente:

```
private void emit(String s)
  ...
}

private void nl()
throws SAXException
{
  String lineEnd = System.getProperty("line.separator");
  try {
    out.write(lineEnd);
  } catch (IOException e) {
    throw new SAXException("I/O error", e);
  }
}
```

Nota: Embora pareça um pouco incômodo, você estará chamando nl() muitas vezes no código posterior. Defini-lo agora simplificará o código mais tarde. Ele também fornece um lugar para indentar a saída quando chegarmos àquela seção do tutorial.

Como tratar eventos de conteúdo

Finalmente, vamos escrever algum código que realmente processe os eventos de ContentHandler.

Eventos de documento

Adicione o seguinte código para tratar os eventos start-document e end-document.

```
static private Writer out;

public void startDocument()
throws SAXException
{
  emit("<?xml version='1.0' encoding='UTF-8'?>");
  nl();
}

public void endDocument()
throws SAXException
{
  try {
    nl();
    out.flush();
  } catch (IOException e) {
    throw new SAXException("I/O error", e);
  }
}

private void echoText()
...
```

Aqui, você está refletindo uma declaração XML quando o analisador encontra o início do documento. Como configurou OutputStreamWriter usando codificação UTF-8, você inclui essa especificação como parte da declaração.

Nota: Entretanto, as classes IO não entendem os nomes codificados com hifenação, portanto você especificou UTF8 para o OutputStreamWriter em vez de UTF-8.

No final do documento, você simplesmente remove a nova linha final e descarrega o fluxo de saída. Não está acontecendo muita coisa lá.

Eventos de elemento

Agora, vamos ao que interessa. Adicione o código seguinte para processar os eventos start-element e end-element.

```
public void startElement(String namespaceURI,
        String sName, // simple name
        String qName, // qualified name
        Attributes attrs)
throws SAXException
{
  String eName = sName; // element name
  if ("".equals(eName)) eName = qName; // not namespace-aware
  emit("<"+eName);
  if (attrs != null) {
    for (int i = 0; i < attrs.getLength(); i++) {
      String aName = attrs.getLocalName(i); // Attr name
      if ("".equals(aName)) aName = attrs.getQName(i);
      emit(" ");
```

```
      emit(aName+"=\""+attrs.getValue(i)+"\"");
    }
  }
  emit(">");
}

public void endElement(String namespaceURI,
        String sName, // simple name
        String qName // qualified name
        )
throws SAXException
{
  String eName = sName; // element name
  if ("".equals(eName)) eName = qName; // not namespace-aware
  emit("</"+eName+">");
}

private void emit(String s)
...
```

Com este código, você reflete as tags de elemento, incluindo alguns atributos definidos na tag inicial. Note que, quando o método startElement() for chamado, se o processamento de namespace não estiver habilitado, então o nome simples (nome local) para elementos e atributos poderá se transformar em string vazia. O código trata esse caso usando o nome qualificado sempre que o nome simples for a string vazia.

Eventos de caractere

Para finalizar o tratamento de eventos de conteúdo, você precisa tratar os caracteres que o analisador fornece para o seu aplicativo.

Analisadores não são requeridos para retornar qualquer número particular de caracteres de uma vez. Um analisador pode retornar qualquer coisa desde um único caractere por vez até vários milhares e ainda ser uma implementação de conformidade padronizada. Então se o seu aplicativo precisa processar os caracteres que ele vê, seria criterioso acumular os caracteres em um buffer e operar sobre eles apenas quando você tiver certeza que todos eles foram encontrados.

Adicione a seguinte linha para definir o buffer do texto:

```
public class Echo01 extends DefaultHandler
{
  StringBuffer textBuffer;

  public static void main(String argv[])
  {

...
```

Depois adicione o próximo código para acumular os caracteres que o analisador envia para o buffer:

```
public void endElement(...)
throws SAXException
{
  ...
}

public void characters(char buf[], int offset, int len)
throws SAXException
{
  String s = new String(buf, offset, len);
```

```
  if (textBuffer == null) {
    textBuffer = new StringBuffer(s);
 } else {
    textBuffer.append(s);
  }
}

private void emit(String s)
...
```

Em seguida, adicione o método em destaque para enviar o conteúdo do buffer para o fluxo de saída.

```
public void characters(char buf[], int offset, int len)
throws SAXException
{
  ...
}

private void echoText()
throws SAXException
{
  if (textBuffer == null) return;
  String s = ""+textBuffer;
  emit(s);
  textBuffer = null;
}

private void emit(String s)
...
```

Quando este método for chamado duas vezes em uma linha (o que acontecerá às vezes, como você verá em seguida), o buffer será nulo. Nesse caso, o método simplesmente retornará. Quando o buffer não for nulo, todavia, seu conteúdo será enviado para o fluxo de saída.

Finalmente, adicione o seguinte código para refletir o conteúdo do buffer sempre que um elemento iniciar ou terminar:

```
public void startElement(...)
throws SAXException
{
  echoText();
  String eName = sName; // element name
  ...
}
public void endElement(...)
throws SAXException
{
  echoText();
  String eName = sName; // element name
  ...
}
```

Você acumula texto quando um elemento termina, naturalmente. Portanto, você o reflete nesse ponto, e essa ação limpa o buffer antes que o próximo elemento comece.

Mas se você também quiser refletir o texto acumulado quando um elemento iniciar! Isso é necessário para os dados com estilo de documento, que pode conter elementos XML misturados com o texto. Por exemplo, considere este fragmento de documento:

```
<para>This paragraph contains <bold>important</bold> ideas.</para>
```

O texto inicial, This paragraph contains, termina com o início do elemento <bold>. O texto important termina pela tag final, </bold>, e o texto final, ideas., termina pela tag final </para>.

Nota: Na maior parte do tempo, todavia, o texto acumulado será refletido quando ocorrer um evento endElement(). Quando um evento startElement() ocorrer depois disso, o buffer ficará vazio. A primeira linha do método echoText() checa esse caso e, simplesmente, retorna.

Parabéns! Neste momento você escreveu um aplicativo completo com analisador SAX. A próxima etapa é compilá-lo e executá-lo.

Nota: Para ser estritamente preciso, o manipulador de caractere deveria varrer o buffer em busca de caracteres ampersand (&); e caracteres colchetes angulares esquerdos (<) e substituí-los pelas strings & ou <, como apropriado. Você descobrirá mais sobre esse tipo de processamento quando discutirmos referências de entidade em Como exibir caracteres especiais e CDATA.

Como compilar e executar o programa

No Servidor de Aplicativo, as bibliotecas JAXP estão no diretório <*J2EE_HOME*>/lib/endorsed. Essas são versões mais novas das bibliotecas-padrão JAXP do que aquelas que fazem parte da plataforma Java 2.

O Servidor de Aplicativo automaticamente usa as bibliotecas mais novas quando um programa roda. Portanto, você não deve ficar preocupado com onde elas residem ao distribuir um aplicativo. E como as APIs JAXP são idênticas em ambas as versões, você não precisa se preocupar com o tempo de compilação também. Portanto, compilar o programa que você criou é tão simples quanto lançar este comando:

```
javac Echo.Java
```

Mas para rodar o programa fora do contêiner do servidor, você deve assegurar-se de que o java runtime encontre as novas versões das bibliotecas JAXP. Essa situação pode ocorrer, por exemplo, quando você estiver testando as peças de teste de unidade de seu aplicativo fora do servidor, bem como aqui, quando você está rodando os exemplos do tutorial XML.

Há duas maneira de ter certeza de que o programa usa a última versão das bibliotecas JAXP:

- Copie o diretório <*J2EE_HOME*>/lib/endorsed para <*J2EE_HOME*>/jdk/jre/lib/endorsed. Você pode rodar o programa com este comando: <*J2EE_HOME*>/jdk/bin/java Echo slideSample.xml

  As bibliotecas serão então encontradas no diretório de padrões endossados <*J2EE_HOME*>/jdk/jre/lib/endorsed
- Use as propriedades de sistema dos diretórios endossados para especificar a localização das bibliotecas, especificando esta opção na linha de comando java:

  -D"java.endorsed.dirs=<*J2EE_HOME*>/lib/endorsed"

Nota: Como as APIs JAXP já estão construídas na plataforma Java 2, Standard Edition, elas não precisam ser especificadas em tempo de compilação. (De fato, a opção –D não é sequer permitida em tempo de compilação, os padrões endossados são exigidos para manter a consistência das APIs.) Entretanto, as fábricas de JAXP instanciam uma implementação, o mecanismo de diretórios endossados é utilizado para assegurar que a implementação desejada seja instanciada.

Como verificar a saída

Aqui está a parte de saída do programa, mostrando um pouco do seu espaçamento misterioso:

```
...
<slideshow title="Sample Slide Show" date="Date of publication"
author="Yours Truly">

  <slide type="all">
    <title>Wake up to WonderWidgets!</title>
  </slide>
  ...
```

Nota: A saída de programa está contida no arquivo Echo01-01.txt. (A versão navegável se chama Echo01-01.html.)

Quando olhamos para esta saída, surge uma série de perguntas. De onde vem o excesso de espaços brancos verticais? E por que os elementos estão indentados adequadamente, quando o código não está fazendo isso? Responderemos essas questões em um instante. Antes disso, há alguns aspectos a observar sobre a saída:

- O comentário definido no topo do arquivo

  ```
  <!— A SAMPLE set of slides —>
  ```

  não aparece na listagem. Os comentários são ignorados a não ser que você implemente um LexicalHandler. Você saberá mais sobre esse assunto posteriormente neste tutorial.
- Os atributos de elemento estão listados todos juntos em uma linha única. Se a sua janela não for realmente grande, você não os verá de modo algum
- O elemento vazio de tag única definido por você (<item/>) é tratado exatamente da mesma maneira que o elemento vazio de duas tags (<item></item>). Ele é idêntico para todos os planos e objetivos. (É tão mais fácil de digitar e consome menos espaço.)

Como identificar os eventos

Esta versão do programa de reflexão (echo program) poderia ser útil para exibir um arquivo xml, mas não diz muito a você sobre o que está acontecendo no analisador. O próximo passo será modificar o programa de modo que você veja de onde estão vindo os espaços e linhas verticais.

Nota: O código discutido nestas seções está no arquivo Echo02.java. A saída que ele produz é apresentada em Echo02-01.txt. (A versão navegável se chama Echo02-01.html.)

Faça as seguintes alterações em destaque para identificar os eventos à medida que eles ocorrem:

```
public void startDocument()
throws SAXException
{
  nl();
  nl();
  emit("START DOCUMENT");
```

```
  nl();
  emit("<?xml version='1.0' encoding='UTF-8'?>");
  nl();
}

public void endDocument()
throws SAXException
{
  nl();
  emit("END DOCUMENT");
  try {
  ...
}

public void startElement(...)
throws SAXException
{
  echoText();
  nl();
  emit("ELEMENT: ");
  String eName = sName; // element name
  if ("".equals(eName)) eName = qName; // not namespac-aware
  emit("<"+eName);
  if (attrs != null) {
    for (int i = 0; i < attrs.getLength(); i++) {
      String aName = attrs.getLocalName(i); // Attr name
      if ("".equals(aName)) aName = attrs.getQName(i);
      e mit(" ");
      emit(aName+"=\""+attrs.getValue(i)+"\"");
      nl();
      emit(" ATTR: ");
      emit(aName);
      emit("\t\"");
      emit(attrs.getValue(i));
      emit("\"");
    }
  }
  if (attrs.getLength() > 0) nl();
  emit(">");
}

public void endElement(...)
throws SAXException
{
  echoText();
  nl();
  emit("END_ELM: ");
  String eName = sName; // element name
  if ("".equals(eName)) eName = qName; // not namespace-aware
  emit("<"+eName+">");
}

...

private void echoText()
throws SAXException
{
  if (textBuffer == null) return;
  nl();
  emit("CHARS: |");
  String s = ""+textBuffer;
  emit(s);
  emit("|");
  textBuffer = null;
}
```

Compile e rode esta versão do programa para produzir uma listagem de saída mais informativa. Os atributos são agora mostrados um por linha, e isso é bom. Mas, o mais importante, as linhas de saída tais como as seguintes mostram que tanto os espaços de indentação, como as novas linhas que separam os atributos, vêm dos dados que o analisador passa para o método characters().

```
  CHARS: |

|
```

Nota: A especificação XML exige que todos os separadores de linha de entrada sejam normalizados para uma única nova linha. O caractere nova linha é especificado como nos sistemas Java, C, e UNIX, mas passa pelo alias "linefeed" nos sistemas Windows.

Como comprimir a saída

Para tornar a saída mais legível, modifique o programa de modo que ele exiba apenas caracteres cujos valores sejam um pouco diferentes dos espaços em branco.

Nota: O código discutido nesta seção está em Echo03.java.

Faça as seguintes alterações para suprimir a saída de caracteres que são todos os espaços em branco:

```
public void echoText()
throws SAXException
{
  nl();
  emit("CHARS:  |");
  emit("CHARS: ");
  String s = ""+textBuffer;
  if (!s.trim().equals("")) emit(s);
  emit("|");
}
```

Em seguida, adicione o seguinte código para refletir cada conjunto de caracteres fornecido pelo analisador:

```
public void characters(char buf[], int offset, int len)
throws SAXException
{
  if (textBuffer != null) {
    echoText();
    textBuffer = null;
  }
  String s = new String(buf, offset, len);
  ...
}
```

Se você rodar o programa agora, verá que eliminou também a indentação, porque o espaço de indentação faz parte dos espaços em branco que precedem o início de um elemento. Adicione o seguinte código para gerenciar a indentação:

```
static private Writer out;

private String indentString = "  "; // Amount to indent
private int indentLevel = 0;

...
public void startElement(...)
throws SAXException
{
  indentLevel++;
  nl();
  emit("ELEMENT: ");
  ...
}

public void endElement(...)
throws SAXException
{
  nl();
  emit("END_ELM: ");
  emit("</"+sName+">");
  indentLevel–;
}
...
private void nl()
throws SAXException
{
  ...
  try {
    out.write(lineEnd);
    for (int i=0; i < indentLevel; i++)
      out.write(indentString);
  } catch (IOException e) {
  ...
}
```

Este código configura uma string de indentação, mantém o rastreamento do nível de indentação corrente, e exibe a string de indentação sempre que o método nl é chamado. Se você definir a string de indentação para "", a saída não será indentada. (Tente isso. Você verá por que vale a pena o trabalho de adicionar a indentação.)

Você ficará feliz em saber que você atingiu o final do código "mecânico" do programa Echo. Deste ponto em diante, você estará fazendo coisas que lhe darão maior entendimento a respeito de como funciona o analisador. As etapas que você seguiu até agora, entretanto, forneceram-lhe muito entendimento sobre como o analisador vê os dados XML que ele processa. Você também ganhou uma ferramenta de depuração utilíssima que pode usar para entender o que o analisador vê.

Como inspecionar a saída

Aqui está a parte da saída desta versão do programa:

```
ELEMENT: <slideshow
..
>
CHARS:
CHARS:
  ELEMENT: <slide
  ...
  END_ELM: </slide>
CHARS:
CHARS:
```

Note: A saída completa está em Echo03-01.txt. (A versão navegável se chama Echo03-01.html.)

Note que o método characters é chamado duas vezes em uma linha. Inspecionar o arquivo- fonte slideSample01.xml mostra que há um comentário antes do primeiro slide. A primeira chamada para characters vem antes desse comentário. A segunda chamada vem depois. (Mais tarde, você verá como ser notificado quando o analisador encontrar um comentário, embora na maioria dos casos você não precise dessas notificações.)

Note, também, que o método characters é chamado depois do primeiro elemento slide, assim como antes. Quando você pensa em termos de dados estruturados hierarquicamente, isso parece estranho. Afinal de contas, você pretendia que o elemento slideshow contivesse elementos de slide e não de texto. Mais tarde, você verá como restringir o elemento slideshow usando uma DTD. Quando você fizer isso, o método characters não será mais chamado.

Na ausência de uma DTD, todavia, o analisador deve assumir que qualquer elemento visto por ele contém um texto tal como aquele do primeiro item do resumo geral de slide:

```
<item>Why <em>WonderWidgets</em> are great</item>
```

Aqui, a estrutura hierárquica se parece como isto:

```
ELEMENT: <item>
CHARS: Why
  ELEMENT: <em>
  CHARS: WonderWidgets
  END_ELM: </em>
CHARS: are great
END_ELM: </item>
```

Documentos e dados

Neste exemplo, fica claro que existem caracteres misturados com a estrutura hierárquica dos elementos. O fato de que textos possam rodar os elementos (ou serem impedidos de fazer isso com uma DTD ou um esquema) ajuda a explicar por que você, algumas vezes, ouve falar de "dados XML" e, outras vezes, de "documentos XML." XML trata comodamente tanto dados estruturados, como documentos textos que incluam marcação. A única diferença entre os dois é se o texto é, ou não, permitido entre os elementos.

Nota: Em seção posterior deste tutorial, você trabalhará com o método ignorable-Whitespace da interface ContentHandler. Este método pode ser chamado apenas quando uma DTD estiver presente. Se uma DTD especifica que o slideshow não contém texto, então todos os espaços em brancos que envolvem os elementos de slide são, por definição, ignoráveis. Por outro lado, se o slideshow contiver texto (o que deve ser assumido para ser verdadeiro na ausência de uma DTD), então o analisador deverá assumir que espaços e linhas que ele vê entre os elementos de slide são partes significativas do documento.

Como adicionar tratadores de eventos adicionais

Além do ignorableWhitespace, há dois outros métodos de ContentHandler que podem encontrar utilidade mesmo em aplicativos simples: setDocumentLocator e processingInstruction. Nesta seção, você vai implementar esses dois tratadores de eventos.

Como identificar a localização do documento

Um *locator* é um objeto que contém as informações necessárias para encontrar um documento. A classe Locator encapsula um sistema ID (URL), ou um identificador público (URN), ou ambos. Você precisaria dessa informação se você quisesse encontrar alguma coisa relacionada com o documento corrente – da mesma forma, por exemplo, que um browser HTML processa um atributo href="anotherFile".

Você poderia também usar o locator para imprimir mensagens de diagnósticos. Além da localização de documento e do identificador público, o locator contém métodos que fornecem o número da linha e da coluna dos eventos processados mais recentemente. O método setDocumentLocator, todavia, é chamado apenas uma vez: no início da análise sintática. Para obter o número da linha e da coluna correntes, você salvaria o locator quando setDocumentLocator fosse chamado e depois o usaria em outros métodos de tratamento de eventos.

Nota: O código discutido nesta seção está em Echo04.Java. A sua saída está no arquivo Echo0401.txt. (A versão navegável se chama Echo04-01.html.)

Comece removendo o código extra de reflexão de caracteres que você adicionou para o último exemplo:

```
public void characters(char buf[], int offset, int len)
throws SAXException
{
  if (textBuffer != null) {
    echoText();
    textBuffer = null;
  }
  String s = new String(buf, offset, len);
  ...
}
```

Em seguida, adicione o método em destaque para o programa Echo a fim de obter o locator do documento e usá-lo para refletir o ID de sistema do documento.

```
...
private String indentString = "  "; // Amount to indent
private int indentLevel = 0;

public void setDocumentLocator(Locator l)
{
  try {
    out.write("LOCATOR");
    out.write("SYS ID: " + l.getSystemId() );
    out.flush();
  } catch (IOException e) {
    // Ignore errors
  }
}

public void startDocument()
...
```

Notas:

- Este método, em contraste com todos os outros métodos de ContentHandler, não retorna uma exceção SAXException. Portanto, em vez de usar emit para saída, este código escreve diretamente para System.out. (O que geralmente se espera deste método é que ele apenas salve o Locator para usar mais tarde em vez de fazer o tipo de processamento que gere uma exceção, como aqui.)
- A grafia destes métodos é Id, e não ID. Portanto, você tem getSystemId e getPublicId.

Quando você compila e roda o programa em slideSample01.xml, aqui está a parte significativa da saída:

```
LOCATOR
SYS ID: file:<path>/../samples/slideSample01.xml

START DOCUMENT
<?xml version='1.0' encoding='UTF-8'?>
...
```

Aqui, é evidente que setDocumentLocator é chamado antes de startDocument. Isso pode fazer a diferença se você fizer qualquer inicialização no código de tratamento de eventos.

Como tratar instruções de processamento

Algumas vezes faz sentido codificar as instruções de processamento específicas do aplicativo nos dados XML. Neste exercício, você modificará o programa Echo para exibir uma instrução de processamento contida em slideSample02.xml.

Nota: O código discutido nesta seção está em Echo05.java. O arquivo no qual ele opera é slideSample02.xml, como descrito em Como escrever instruções de processamento. A saída está em Echo05-02.txt. (As versões navegáveis se chamam slideSample02-xml.html e Echo05-02.html.)

Como você viu em como escrever instruções de processamento, o formato para uma instrução de processamento é <?*target data*?>, onde *target* é o aplicativo que se espera fazer o processamento, e *data* é a instrução ou informação para ele processar. O arquivo de amostra slideSample02.xml contém uma instrução de processamento para um programa de apresentação de slide mítico que consulta o usuário para descobrir quais slides mostrar (technical, executive-level, ou all):

```
<slideshow
  ...
  >

  <!-- PROCESSING INSTRUCTION -->
  <?my.presentation.Program QUERY="exec, tech, all"?>

  <!-- TITLE SLIDE -->
```

Para mostrar essa instrução de processamento, adicione o próximo código para o aplicativo Echo:

```
public void characters(char buf[], int offset, int len)
...
}
public void processingInstruction(String target, String data)
```

```
throws SAXException
{
  nl();
  emit("PROCESS: ");
  emit("<?"+target+" "+data+"?>");
}

private void echoText()
...
```

Quando as suas edições estiverem completas, compile e rode o programa. A parte relevante da saída se parece como isto:

```
ELEMENT: <slideshow
  ...
>
PROCESS: <?my.presentation.Program QUERY="exec, tech, all"?>
CHARS:
...
```

Sumário

Com uma pequena exceção de ignorableWhitespace, você usou a maior parte dos métodos ContentHandler de que precisa para tratar os eventos SAX normalmente mais úteis. Você verá ignorableWhitespace um pouco mais tarde. A seguir, entretanto, você terá uma compreensão mais profunda em como tratar erros no processo de análise de sintaxe SAX.

Como tratar erros com o analisador de não-validação

O analisador pode gerar três tipos de erros: um erro fatal, um erro, e um alerta. Neste exercício, você verá como o analisador trata um erro fatal.

Esta versão do programa Echo utiliza um analisador de não-validação. Portanto, ele não pode dizer se o documento XML contém as tags corretas ou se essas tags estão na seqüência certa. Em outras palavras, ele não pode lhe dizer se o documento é válido. Ele pode, todavia, dizer se o documento é bem formado ou não.

Nesta seção, você modificará o programa de apresentação de slide para gerar vários tipos de erros e verá como o analisador trata deles. Você também descobrirá quais condições de erros são ignoradas por padrão, e você verá como tratá-las.

Nota: O arquivo XML usado é o slideSampleBad1.xml, como descrito em Como introduzir um erro. A saída está em Echo05-Bad1.txt. (As versões navegáveis se chamam slideSampleBad1-xml.html e Echo05-Bad1.html.)

Quando você criou slideSampleBad1.xml, você deliberadamente criou um arquivo XML que não era bem formado. Rode o program Echo sobre aquele arquivo já. A saída agora dá uma mensagem de erro que se parece como isto (depois da formatação para clareza):

```
org.xml.sax.SAXParseException:
  The element type "item" must be terminated by the
  matching end-tag "</item>".
...
```

```
at org.apache.xerces.parsers.AbstractSAXParser...
...
at Echo.main(...)
```

Nota: A mensagem precedente foi gerada pelas bibliotecas de implementação JAXP 1.2. Se você estiver usando um analisador diferente, a mensagem de erro provavelmente vai ser um pouco diferente.

Quando ocorre um erro fatal, o analisador não pode continuar. Portanto, se o aplicativo não gera uma exceção (a qual você verá como fazer em algum momento), então o tratador de eventos de erros default gera um. O rastreamento de pilha é gerado pelo tratador de exceção Throwable em seu método principal:

```
  ...
} catch (Throwable t) {
  t.printStackTrace();
}
```

Esse rastreamento de pilha não é muito útil. Em seguida, você verá como gerar melhor diagnósticos quando ocorrer um erro.

Como tratar uma SAXParseException

Quando o erro foi encontrado, o analisador gerou uma SAXParseException – uma subclasse de SAXException que identifica o arquivo e a localização da ocorrência do erro.

Nota: O código que você criou neste exercício está em Echo06.java. A saída está em Echo06-Bad1.txt. (A versão navegável se chama Echo06-Bad1.html.)

Adicione o próximo código para gerar uma melhor mensagem de diagnóstico quando ocorrer uma exceção:

```
...
} catch (SAXParseException spe) {
  // Error generated by the parser
  System.out.println("\n** Parsing error"
    + ", line " + spe.getLineNumber()
    + ", uri " + spe.getSystemId());
  System.out.println(" " + spe.getMessage() );

} catch (Throwable t) {
  t.printStackTrace();
}
```

Rodar está versão do programa, que está em slideSampleBad.xml, gera uma mensagem de erro que é um pouco mais proveitosa:

```
** Parsing error, line 22, uri file:<path>/slideSampleBad1.xml
  The element type "item" must be ...
```

Nota: O texto da mensagem de erro depende do analisador usado. Esta mensagem foi gerada usando JAXP 1.2.

Nota: Agarrar todas as exceções throwables geralmente não é uma grande idéia na produção de aplicativos. Nós estamos fazendo isso agora de modo que possamos gradualmente construir tratamentos de erros, profundamente, passo a passo. Além disso, ele atua como um agarra-tudo para exceções de apontador nulo que podem ser lançadas quando ao analisador for passado um valor nulo.

Como tratar uma SAXException

Uma instância SAXException mais geral pode algumas vezes ser gerada pelo analisador, mas isso ocorre mais freqüentemente quando um erro se origina de um dos métodos de tratamento de eventos do aplicativo. Por exemplo, a assinatura do método startDocument, na interface ContentHandler, é definida como retornando uma SAXException.

```
public void startDocument() throws SAXException
```

Todos os métodos ContentHandler (exceto para setDocumentLocator) possuem essa declaração de assinatura.

Uma exceção SAXException pode ser construída usando uma mensagem, uma outra exceção, ou ambas. Portanto, por exemplo, quando Echo.startDocument produz uma string usando o método emit, qualquer exceção I/O, que ocorra, é empacotada na SAXException e enviada de volta para o analisador:

```
private void emit(String s)
throws SAXException
{
  try {
    out.write(s);
    out.flush();
  } catch (IOException e) {
    throw new SAXException("I/O error", e);
  }
}
```

Nota: Se você salvou o objeto Locator quando setDocumentLocator foi chamado, você poderia usá-lo para gerar uma SAXParseException, identificando o documento e a localização, em vez de gerar uma SAXException.

Quando o analisador fornece a exceção de volta para o código que chamou o analisador, faz sentido usar a exceção original para gerar o rastreamento de pilha. Adicione o seguinte código para fazer isso:

```
    ...
} catch (SAXParseException err) {
  System.out.println("\n** Parsing error"
    + ", line " + err.getLineNumber()
    + ", uri " + err.getSystemId());
  System.out.println("  " + err.getMessage());
```

```
} catch (SAXException sxe) {
  // Error generated by this application
  // (or a parser-initialization error)
  Exception x = sxe;
  if (sxe.getException() != null)
    x = sxe.getException();
  x.printStackTrace();

} catch (Throwable t) {
  t.printStackTrace();
}
```

Este código testa para ver se a SAXException está empacotando uma outra exceção. Se estiver, ele gerará um rastreamento de pilha originando onde ocorreu a exceção para tornar mais fácil descrever com precisão o código responsável. Se a exceção contiver apenas uma mensagem, o código imprimirá o rastreamento de pilha da localização onde a exceção foi gerada.

Como melhorar o tratador de exceção SAXParseException

Como o SAXParseException pode também empacotar uma outra exceção, adicione o próximo código para usar a exceção contida para o rastreamento de pilha:

```
    ...
} catch (SAXParseException err) {
  System.out.println("\n** Parsing error"
    + ", line " + err.getLineNumber()
    + ", uri " + err.getSystemId());
  System.out.println(" " + err.getMessage());

  // Use the contained exception, if any
  Exception x = spe;
  if (spe.getException() != null)
    x = spe.getException();
  x.printStackTrace();

} catch (SAXException sxe) {
  // Error generated by this application
  // (or a parser-initialization error)
  Exceptionx = sxe;
  if (sxe.getException() != null)
    x = sxe.getException();
  x.printStackTrace();

} catch (Throwable t) {
  t.printStackTrace();
}
```

O programa agora está pronto para tratar as exceções de análises SAX que vê. Você viu que o analisador gera exceções para erros fatais. Mas para erros e alertas não fatais, as exceções nunca são geradas pelo tratador de erro default, e nenhuma mensagem é mostrada. Daqui a pouco, você aprenderá mais sobre erros e alertas e descobrirá como fornecer um tratador de erros para processá-los.

Como tratar uma exceção ParserConfigurationException

Lembre-se de que a classe SAXParserFactory pode lançar uma exceção se não puder criar um analisador. Tal erro poderá ocorrer se a fábrica não puder encontrar a classe necessária para criar o analisador (erro de classe não encontrado), não for permitido acessá-la (exceção de acesso ilegal), ou não puder instanciá-la (erro de instanciação).

Adicione este código para tratar esses erros:

```
} catch (SAXException sxe) {
  Exceptionx = sxe;
  if (sxe.getException() != null)
    x = sxe.getException();
  x.printStackTrace();

} catch (ParserConfigurationException pce) {
  // Parser with specified options can't be built
  pce.printStackTrace();

} catch (Throwable t) {
  t.printStackTrace();
```

Reconhecidamente, há muitos tratadores de erros aqui. Mas pelo menos agora você sabe os tipos de exceções que podem ocorrer.

Nota: Um javax.xml.parsers.FactoryConfigurationError poderá também ser lançado se a classe da fábrica, especificada pela propriedade do sistema, não puder ser encontrada ou instanciada. Esse não é um erro detectável, porque não se espera que o programa seja capaz de recuperá-lo.

Como tratar uma exceção IOException

Já que estamos falando disso, vamos adicionar um tratador para IOException:

```
} catch (ParserConfigurationException pce) {
  // Parser with specified options can't be built
  pce.printStackTrace();

} catch (IOException ioe) {
  // I/O error
  ioe.printStackTrace();
  }

} catch (Throwable t) {
  ...
```

Vamos deixar o tratador de exceções Throwables agarrar erros de ponteiro nulo, mas note que, neste momento, ele está fazendo a mesma coisa como o tratador de exceção IOException. Aqui, nós estamos simplesmente ilustrando os tipos de exceções que podem ocorrer, em caso de haver alguns dos quais o seu aplicativo pudesse obter.

Como tratar erros não fatais

Um erro não fatal ocorre quando um documento XML perde uma restrição de validade. Se o analisador achar que o documento não é válido, então um evento de erro será gerado. Esses erros são gerados por um analisador de validação, dados uma DTD ou esquema, quando um documento tiver uma tag inválida, quando a tag for encontrada onde ela não seja permitida, ou (no caso de um esquema) quando o elemento contiver o dado inválido.

Você não vai lidar com emissões de validação até mais tarde neste tutorial. Mas como o nosso assunto é tratar de erros, você vai escrever o código de tratamento de erros agora.

O princípio mais importante para entender sobre erros não fatais é que eles são ignorados por default. Mas, se um erro de validação ocorrer em um documento, você provavelmente não vai querer processá-lo. Você provavelmente quer tratar tais erros como fatais. No código, que você vai escrever a seguir, você configurará o tratador de erros para fazer exatamente isso.

Nota: O código para o programa que você vai criar neste exercício está em Echo07.java.

Para dominar bem o tratamento de erros, você sobrescreve os métodos de DefaultHandler que tratam erros fatais, erros não fatais e alertas como partes da interface ErrorHandler. O analisador SAX fornece uma SAXParseException para cada um desses métodos, portanto, gerar uma exceção, quando ocorre um erro, é tão simples como lançá-la de volta.

Adicione o seguinte código para sobrescrever o tratador de erros:

```
public void processingInstruction(String target, String data)
throws SAXException
{
  ...
}
// treat validation errors as fatal
public void error(SAXParseException e)
throws SAXParseException
{
  throw e;
}
```

Nota: Pode ser instrutivo examinar os métodos de tratamento de erros definidos em org.xml.sax.helpers.DefaultHandler. Você verá que os métodos error() e warning() não fazem nada, ao passo que fatalError() lança uma exceção. Naturalmente, você poderia sempre sobrescrever o método fatalError() para lançar uma exceção diferente. Mas, se o seu código não lançar uma exceção quando um erro fatal ocorrer, então o analisador SAX o fará. A especificação XML exige isso.

Como tratar alertas

Alertas, também, são ignorados por default. Alertas são informativos e podem apenas ser gerados na presença de uma DTD ou de um esquema. Por exemplo, se um elemento é definido duas vezes em uma DTD, um alerta é gerado. Ele não é ilegal, e não causa problemas, mas é algo que você poderia gostar de saber a respeito, porque ele pode não ter sido intencional.

Adicione o próximo código para gerar uma mensagem quando ocorrer um alerta:

```
// treat validation errors as fatal
public void error(SAXParseException e)
throws SAXParseException
{
  throw e;
}

// dump warnings too
public void warning(SAXParseException err)
throws SAXParseException
```

```
{
  System.out.println("** Warning"
    + ", line " + err.getLineNumber()
    + ", uri " + err.getSystemId());
  System.out.println(" " + err.getMessage());
}
```

Como não existe uma boa maneira de gerar um alerta sem uma DTD ou um esquema, você simplesmente não estará vendo nenhum ainda. Mas, quando realmente ocorrer um, você estará pronto!

Como exibir caracteres especiais e CDATA

A próxima coisa que nós faremos com o analisador é personalizá-lo um pouco de modo que você possa ver como obter informações que ele normalmente ignora. Nesta seção, você aprenderá como o analisador trata:

- ❑ Caracteres especiais (<, &, e assim por diante)
- ❑ extos com sintaxe de estilo XML

Como tratar caracteres especiais

Em XML, uma entidade é uma estrutura XML (ou texto plano) que possui um nome. Referenciar uma entidade pelo nome faz com ela seja inserida no documento no lugar da referência de entidade. Para criar uma referência de entidade, você envolve o nome de entidade com um ampersand e um ponto-e-vírgula:

```
&nomeDaEntidade;
```

Anteriormente, você colocou um referência de entidade em seu documento XML codificando

```
Market Size &lt; predicted
```

Nota: O arquivo que contém este XML é slideSample03.xml, como descrito em Como usar uma referência de entidade em um documento XML. Os resultados de processá-lo são mostrados em Echo07-03.txt. (As versões navegáveis são slideSample03-xml.html e Echo07-03.html.)

Quando você executa o program Echo em slideSample03.xml, você vê a seguinte saída:

```
ELEMENT: <item>
CHARS:   Market Size < predicted
END_ELM: </item>
```

O analisador converteu a referência na entidade que ele representa e passou a entidade para o aplicativo.

Como tratar texto com sintaxe de estilo XML

Quando você está tratando grandes blocos de XML ou HTML que incluem muitos caracteres especiais, você usa uma seção CDATA.

Nota: O arquivo XML usado neste exemplo é slideSample04.xml. Os resultados de processá-lo são mostrados em Echo07-04.txt. (As versões navegáveis são slideSample04-xml.html e Echo07-04.html.)

Uma seção CDATA funciona como <pre>...</pre> em HTML, apenas mais assim: todos os espaços em branco em uma seção CDATA são significativos, e caracteres dentro dela não são interpretados como XML. Uma seção CDATA começa com <![CDATA[e termina com]]>. O arquivo slideSample04.xml contém esta seção CDATA para um slide técnico fictício:

```
  ...
  <slide type="tech">
    <title>How it Works</title>
    <item>First we fozzle the frobmorten</item>
    <item>Then we framboze the staten</item>
    <item>Finally, we frenzle the fuznaten</item>
    <item><![CDATA[Diagram:
      frobmorten <------------------ fuznaten
        |              <3>               ^
        | <1>                            |    <1> = fozzle
        V                                |    <2> = framboze
      staten-----------------------------+    <3> = frenzle
                <2>
    ]]></item>
  </slide>
</slideshow>
```

Quando você roda o programa Echo sobre o novo arquivo, você vê a seguinte saída:

```
  ELEMENT: <item>
  CHARS: Diagram:
frobmorten <--------------------- fuznaten
  |              <3>                    ^
  | <1>                                 |    <1> = fozzle
  V                                     |    <2> = framboze
staten----------------------------------+    <3> = frenzle
          <2>
END_ELM: </item>
```

Você pode ver aqui que o texto, na seção CDATA, chegou como foi escrito. Como o analisador não tratou os colchetes angulares como XML, eles não geraram os erros fatais que causariam em situação adversa. (Se os colchetes angulares não estivessem em uma seção CDATA, o documento não seria bem formado.)

Como tratar CDATA e outros caracteres

A existência de CDATA torna a própria reflexão de XML um pouco imprevisível. Se o texto a ser produzido não estiver em uma seção CDATA, então qualquer colchete angular, ampersands e outros caracteres especiais no texto deveriam ser substituídos pela referência de entidade apropriada. (Substituir colchetes angulares esquerdos e ampersands é muito importante, outros caracteres serão interpretados convenientemente sem corromper o analisador.)

Mas se o texto de saída estiver em uma seção CDATA, então as substituições não deverão ocorrer, resultando em um texto como aquele do exemplo anterior. Em um programa simples, como o nosso aplicativo Echo, isso não é um grande negócio. Mas muitos aplicativos de filtragem XML vão querer fazer o rastreamento se o texto aparecer em uma seção CDATA, de modo que eles possam tratar caracteres especiais adequadamente. (Mais tarde, você verá como usar um LexicalHandler para descobrir se você está, ou não, processando uma seção CDATA.)

Uma outra área que merece a nossa atenção são os atributos. O texto de um valor de atributo pode também conter colchetes angulares e ponto-e-vírgulas que precisem ser substituídos por referências de entidade. (Os textos de atributos nunca podem estar em uma seção CDATA, portanto nunca vai haver condição de se fazer essa substituição.)

Como analisar a sintaxe com uma DTD

Depois da declaração XML, o prólogo do documento pode incluir uma DTD, referenciar uma DTD externa, ou ambos. Nesta seção, você verá o efeito da DTD sobre os dados que o analisador fornece para o seu aplicativo.

Efeitos da DTD sobre o analisador de não-validação

Nesta seção, você usará o programa Echo para ver como os dados aparecem para o analisador SAX quando o arquivo de dados referencia uma DTD.

Nota: O arquivo XML usado nesta seção é slideSample05.xml, que referencia slideshow1a.dtd. A saída é mostrada em Echo07-05.txt. (As versões navegáveis são slideshow1a-dtd.html, slideSample05-xml.html, e Echo07-05.html.)

Rodar o programa Echo em sua sua última versão de slideSample.xml mostra que muitas da chamadas supérfluas para o método de caracteres agora desapareceram.

Antes,você via isto:

```
  ...
>
PROCESS: ...
CHARS:
  ELEMENT: <slide
    ATTR: ...
  >
      ELEMENT: <title>
      CHARS: Wake up to ...
      END_ELM: </title>
  END_ELM: </slide>
CHARS:
  ELEMENT: <slide
    ATTR: ...
  >
  ...
```

Agora você vê isto:

```
  ...
>
PROCESS: ...
  ELEMENT: <slide
    ATTR: ...
  >
      ELEMENT: <title>
      CHARS: Wake up to ...
      END_ELM: </title>
  END_ELM: </slide>
  ELEMENT: <slide
```

```
  ATTR: ...
 >
 ...
```

É evidente que os caracteres em branco que foram sendo refletidos anteriormente em torno dos elementos *slide* não estão mais sendo fornecidos pelo analisador, porque a DTD declara que o slideshow é constituído somente de elementos *slide*:

```
<!ELEMENT slideshow (slide+)>
```

Como rastrear espaços em branco ignoráveis

Agora que a DTD está presente, o analisador não está mais chamando o método de caracteres com espaços em branco que ele sabe que são irrelevantes. Do ponto de vista de um aplicativo que está interessado apenas no processamento de dados XML, isso é ótimo. O aplicativo nunca será incomodado por espaços em branco que existem puramente para tornar arquivos XML mais legíveis.

Por outro lado, se você estiver escrevendo um aplicativo que esteja filtrando um arquivo XML e queira criar uma versão igualmente legível do arquivo, então os espaços em branco não serão mais irrelevantes, porém, essenciais. Para obter esses caracteres, você adiciona o método ignorableWhitespace ao seu aplicativo. Você fará isso a seguir.

Nota: O código escrito nesta seção está contido em Echo08.java. A saída está em Echo08-05.txt. (A versão navegável se chama Echo08-05.html.)

Para processar o espaço em branco (geralmente) ignorável que o analisador está vendo, adicione o código em destaque para implementar o tratador de eventos ignorableWhitespace em sua versão do programa Echo.

```
public void characters (char buf[], int offset, int len)
...
}

public void ignorableWhitespace (char buf[], int offset, int Len)
throws SAXException
{
  nl();
  emit("IGNORABLE");
}

public void processingInstruction(String target, String data)
...
```

Este código simplesmente gera uma mensagem para permitir que você saiba que espaços em branco ignoráveis foram vistos.

Nota: Novamente, nem todos os analisadores foram criados iguais. A especificação SAX não requer que este método seja chamado. A implementação XML faz isso sempre que a DTD torna isso possível.

Quando você rodar o aplicativo Echo desta vez, a sua saída será assim:

```
ELEMENT: <slideshow
  ATTR: ...
>
IGNORABLE
IGNORABLE
PROCESS: ...
IGNORABLE
IGNORABLE
  ELEMENT: <slide
    ATTR: ...
  >
  IGNORABLE
    ELEMENT: <title>
    CHARS: Wake up to ...
    END_ELM: </title>
  IGNORABLE
  END_ELM: </slide>
IGNORABLE
IGNORABLE
  ELEMENT: <slide
    ATTR: ...
  >
  ...
```

Aqui, é evidente que o ignorableWhitespace está sendo chamado antes e depois dos comentários e elementos slide, enquanto que os caracteres estavam sendo chamados antes que houvesse uma DTD.

Arrumação geral

Agora que você viu espaços em branco ignoráveis refletidos, remova o código de sua versão do programa Echo. Você não vai precisar dele nunca mais nos exercícios seguintes.

Nota: Essa alteração foi feita em Echo09.java.

Elementos vazios revisitados

Agora que você entende como certas instâncias de espaços em branco podem ser ignoráveis, é hora de revisar a definição de um elemento vazio. A definição pode agora ser expandida para incluir

```
<foo> </foo>
```

onde existe espaço em branco entre as tags, e a DTD diz que espaço em branco é ignorável.

Como refletir referências de entidade

Quando você escreveu slideSample06.xml, você definiu entidades para as versões singular e plural do nome do produto na DTD:

```
<!ENTITY product "WonderWidget">
<!ENTITY products "WonderWidgets">
```

Você os referenciou no XML deste jeito:

```
<title>Wake up to &products;!</title>
```

Agora, é hora de ver como eles são refletidos ao processá-los com o analisador SAX.

Nota: O XML usado aqui está contido em slideSample06.xml, que referencia slideshow1b.dtd, como descrito em Como definir atributos e entidades na DTD. A saída é mostrada em Echo09-06.txt. (As versões navegáveis são slideSample06-xml.html, slideshow1b-dtd.html, e Echo09-06.html.)

Quando você roda o programa Echo em slideSample06.xml, aqui está o tipo de coisa que você vê:

```
ELEMENT: <title>
CHARS:   Wake up to WonderWidgets!
END_ELM: </title>
```

Note que o nome do produto foi substituído pelo de referência de entidade.

Como refletir a entidade externa

No arquivo slideSample07.xml, você definiu uma entidade externa para referenciar um arquivo de direito autoral.

Nota: O XML usado aqui está contido no arquivo slideSample07.xml e em copyright.xml. A saída é mostrada em Echo09-07.txt. (As versões navegáveis são slideSample07-xml.html, copyright-xml.html, e Echo09-07.html.).

Quando você roda o programa Echo sobre essa versão da apresentação de slide, aqui está o que você vê:

```
...
END_ELM: </slide>
ELEMENT: <slide
  ATTR: type "all"
>
  ELEMENT: <item>
  CHARS:
This is the standard copyright message that our lawyers
make us put everywhere so we don't have to shell out a
million bucks every time someone spills hot coffee in their
lap...
  END_ELM: </item>
END_ELM: </slide>
...
```

Note que a linha seguinte ao comentário no arquivo é refletida como um caractere, mas o comentário propriamente dito é ignorado. Eis por que a mensagem de direito autoral aparece para começar na próxima linha depois do label CHARS, ao invés de imediatamente depois do label, o primeiro caractere refletido é realmente a nova linha que segue o comentário.

Como sumariar entidades

Uma entidade referenciada no conteúdo do documento, tanto interno como externo, é denominada: entidade geral. Uma entidade que contenha as especificações de DTD referenciadas de dentro da DTD é denominada: entidade de parâmetro. (Mais sobre esse assunto mais tarde.)

Uma entidade que contenha XML (texto e marcação) e seja, portanto, analisada, é conhecida como entidade analisada. Uma entidade que contenha dados binários (tal como imagens) é conhecida como entidade não analisada. (Por sua natureza, ela deve ser externa.) Discutiremos as referências para as entidades não analisadas mais tarde, em Como usar o DTDHandler e o EntityResolver.

Como selecionar a sua implementação de analisador

Se nenhuma outra classe de fábrica for especificada, a classe default SAXParserFactory será utilizada. Para usar um analisador de um fabricante diferente, você pode modificar o valor da variável de ambiente que aponte para ele. Você pode fazer isso a partir da linha de comando:

```
java -Djavax.xml.parsers.SAXParserFactory=yourFactoryHere ...
```

O nome de fábrica que você especifica deve ser um nome de classe totalmente qualificado (inclusos todos os prefixos do pacote). Para maiores informações, veja a documentação na instância newInstance() da classe SAXParserFactory.

Como usar o analisador de validação

Por enquanto, você fez uma porção de experimentos com o analisador de não validação. Agora é hora de dar uma olhada no analisador de validação para descobrir o que acontece quando você o utiliza para analisar a apresentação de amostra.

Você precisa entender duas coisas sobre o analisador de validação desde o início:

- Um esquema ou uma definição de tipo de documento (DTD) é exigido
- Como o esquema ou a DTD está presente, o método ignorableWhitespace é chamado sempre que possível

Como configurar a fábrica

O primeiro passo é modificar o programa Echo de modo que ele utilize o analisador de validação ao invés do analisador de não validação.

Nota: O código desta seção está contido no Echo10.java.

Para usar o analisador de validação, faça as seguintes alterações em destaque:

```
public static void main(String argv[])
{
  if (argv.length != 1) {
    ...
  }
```

```
// Use the default (non-validating) parser
// Use the validating parser
SAXParserFactory factory = SAXParserFactory.newInstance();
factory.setValidating(true);
try {
  ...
```

Aqui, você configura a fábrica de modo que ela produza um analisador de validação quando newSAXParser for chamado. Para configurá-la para retornar um analisador de consciência de namespace, você pode também usar setNamespaceAware(true). A implementação da Sun suporta qualquer combinação de opções de configuração. (Se uma configuração não for suportada por uma implementação particular, ela será solicitada para gerar um erro de configuração de fábrica.)

Como validar com Esquema XML

Embora um tratamento completo do Esquema XML esteja além do escopo deste tutorial, esta seção mostra a você as etapas que você toma para validar um documento XML usando um esquema existente escrito na linguagem Esquema XML. (Para aprender mais sobre Esquema XML, você pode fazer uma revisão do tutorial on-line, *XML Schema Part 0: Primer*, no endereço http://www.w3.org/TR/xmlschema-0/. Você também pode examinar os programas de amostra que fazem parte do download da JAXP. Eles utilizam uma definição simples de Esquema XML para validar dados armazenados de uma equipe em um arquivo XML.)

Nota: Há inúmeras linguagens de definição de esquema, inclusive RELAX NG, Schematron, e o W3C "XML Schema" padrão. (Mesmo uma DTD se qualifique como um "esquema," embora ela seja a única que não usa sintaxe XML para descrever restrições de esquema.) Todavia, um "Esquema XML" se apresenta a nós com um desafio de terminologia. Embora a frase "esquema de Esquema XML" fosse correta, utilizaremos a expressão "definição de Esquema XML" para evitar o aparecimento da redundância.

Para ser notificado sobre erros de validação em um documento XML, a fábrica do analisador deve ser configurada para criar um analisador de validação, como mostrado na seção precedente. Além disso, o que se segue deve ser verdadeiro:

- ❑ As propriedades apropriadas devem ser configuradas no analisador SAX
- ❑ O tratador de erros apropriado deve ser definido
- ❑ O documento deve estar associado a um esquema

Como definir as propriedades do analisador SAX

Seria útil iniciar definindo as constantes que você usará ao definir as propriedades:

```
static final String JAXP_SCHEMA_LANGUAGE =
  "http://java.sun.com/xml/jaxp/properties/schemaLanguage";

static final String W3C_XML_SCHEMA =
  "http://www.w3.org/2001/XMLSchema";
```

Em seguida, você configura o analisador de fábrica para gerar um analisador consciente de namespace, bem como da validação:

```
...
  SAXParserFactory factory = SAXParserFactory.newInstance();
  factory.setNamespaceAware(true);
  factory.setValidating(true);
```

Você aprenderá mais sobre namespaces em Como validar com Esquema XML. Por enquanto, entenda que validação de esquema é um processo orientado para namespace. Como analisadores compatíveis com JAXP não são conscientes de namespace por padrão, é necessário definir a propriedade para que a validação de esquema funcione.

A última etapa é configurar o analisador para dizer a ele qual linguagem de esquema utilizar. Aqui, você usa as constantes que você definiu anteriormente para especificar a linguagem de Esquema XML do W3C:

```
saxParser.setProperty(JAXP_SCHEMA_LANGUAGE, W3C_XML_SCHEMA);
```

Todavia, no processo, existe um erro extra a tratar. Você dará uma olhada no erro a seguir.

Como configurar o tratamento de erro apropriado

Além de tratar erros como você já aprendeu a respeito, há um erro que pode ocorrer quando você estiver configurando o analisador para validação baseada em esquema. Se o analisador não for compatível com 1.2 e, portanto, não suportar o Esquema XML, ele pode lançar uma exceção SAXNotRecognizedException.

Para tratar desse caso, você empacota a declaração setProperty() em um bloco try/catch, como mostrado no código em destaque aqui:

```
...
SAXParser saxParser = factory.newSAXParser();
try {
  saxParser.setProperty(JAXP_SCHEMA_LANGUAGE, W3C_XML_SCHEMA);
}
catch (SAXNotRecognizedException x) {
  // Happens if the parser does not support JAXP 1.2
  ...
}
...
```

Como associar um documento com um esquema

Agora que o programa está pronto para validar os dados usando uma definição de Esquema XML, é apenas necessário assegurar que o documento XML seja associado a um esquema. Há duas maneiras de fazer isso:

- Incluindo uma declaração de esquema no documento XML
- Especificando o esquema para usar no aplicativo

Nota: Quando o aplicativo especifica o esquema que vai usar, ele sobrescreve qualquer declaração de esquema no documento:

Para especificar a definição de esquema no documento, você cria um XML como este:

```
<documentRoot
  xmlns:xsi="http://www.w3.org/2001/XMLSchema-instance"
  xsi:noNamespaceSchemaLocation='YourSchemaDefinition.xsd'
>
  ...
```

O primeiro atributo define o prefixo de namespace XML (xmlns), xsi, o que representa a instância de Esquema XML. A segunda linha especifica o esquema para usar os elementos no documento que não tem um prefixo de namespace – isto é, para os elementos que você normalmente define em qualquer documento XML simples e descomplicado.

Nota: Você aprenderá sobre namespaces em Como validar com Esquema XML. Por enquanto, pense nesses atributos como um "encantamento mágico" que você use para validar um arquivo XML simples que não os utiliza. Depois de ter aprendido mais sobre namespaces, você verá como utilizar Esquema XML para validar documentos complexos que as utilizam. Essas idéias são discutidas em Como validar com múltiplos namespaces.

Você também pode especificar o arquivo de esquema no aplicativo:

```
static final String JAXP_SCHEMA_SOURCE =
  "http://java.sun.com/xml/jaxp/properties/schemaSource";

...
SAXParser saxParser = spf.newSAXParser();
...
saxParser.setProperty(JAXP_SCHEMA_SOURCE,
  new File(schemaSource));
```

Agora que você sabe como usar uma definição de Esquema XML, voltaremos para os tipos de erros que você pode ver quando o aplicativo está validando seus dados de chegada. Para fazer isso, você usará uma definição de tipo de documento (DTD) como você experimentou com validação.

Como experimentar com erros de validação

Para ver o que acontece quando o documento XML não especifica uma DTD, remova a declaração DOCTYPE do arquivo XML e rode o programa Echo sobre ele.

Nota: A saída mostrada aqui está contida em Echo10-01.txt. (A versão navegável é Echo10-01.html.)

O resultado que você vê se parece como isto:

```
<?xml version='1.0' encoding='UTF-8'?>
** Parsing error, line 9, uri .../slideSample01.xml
  Document root element "slideshow", must match DOCTYPE root
"null"
```

Nota: Esta mensagem foi gerada pelas bibliotecas JAXP 1.2. Se você estiver usando um analisador diferente, a mensagem de erro provavelmente será um pouco diferente.

Esta mensagem diz que o elemento raiz do documento deve corresponder ao elemento especificado na declaração DOCTYPE. Essa declaração especifica a DTD do documento. Como você ainda não tem uma, o seu valor é nulo. Em outras palavras, a mensagem está dizendo que você está tentando validar o documento, mas nenhuma DTD foi declarada, porque nenhuma declaração de DOCTYPE está presente.

Portanto, agora você sabe que uma DTD é uma exigência para um documento válido. Isso faz sentido. O que acontece quando você roda o analisador em sua versão corrente da apresentação de slide, com o DTD especificado?

Nota: A saída mostrada aqui é produzida usando slideSample07.xml, como descrita em Como referenciar entidades binárias. A saída está contida em Echo10-07.txt. (A versão navegável se chama Echo10-07.html.)

Desta vez, o analisador dá uma mensagem de erro diferente:

```
** Parsing error, line 29, uri file:...
The content of element type "slide" must match
"(image?,title,item*)
```

Esta mensagem diz que o elemento encontrado na linha 29 (<item>) não corresponde à definição do elemento <slide> na DTD. O erro ocorre porque a definição diz que o elemento slide requer um título. O elemento não é opcional, e o slide de direito autoral não tem um. Para consertar o problema, adicione um ponto de interrogação para tornar o título um elemento opcional:

```
<!ELEMENT slide (image?, title?, item*)>
```

Agora, o que acontece quando você roda o programa?

Nota: Você poderia também remover o slide de direito autoral, produzindo o mesmo resultado mostrado a seguir, como refletido em Echo10-06.txt. (A versão navegável é Echo10-06.html.)

A resposta é que tudo roda bem até que o analisador rode dentro da tag <em> contida no slide do resumo geral. Como a tag não é definida na DTD, a tentativa de validar o documento falha. A saída se parece como isto:

```
...
ELEMENT: <title>
CHARS: Overview
END_ELM: </title>
ELEMENT: <item>
CHARS: Why ** Parsing error, line 28, uri: ...
Element "em" must be declared.
org.xml.sax.SAXParseException: ...
...
```

A mensagem de erro identifica a parte da DTD que fez a validação falhar. Neste caso é a linha que define um elemento *item* como (#PCDATA | item).

Como exercício, faça uma cópia do arquivo e remova todas as ocorrências de <em> dele. O arquivo consegue ser validado agora? (Na próxima seção, você aprenderá como definir as entradas de parâmetros de modo que possamos utilizar XHTML nos elementos que estamos definindo como parte da apresentação de slide.)

Como tratar de erros no analisador de validação

É importante admitir que a única razão pela qual uma exceção é lançada quando falha a validação do arquivo é como um resultado do código de tratamento de erros que você entrou nos estágios anteriores deste tutorial. Este código é reproduzido aqui:

```
public void error(SAXParseException e)
throws SAXParseException
{
  throw e;
}
```

Se essa exceção não for lançada, os erros de validação simplesmente serão ignorados. Tente comentar a linha que lança a exceção. O que acontece quando você roda o analisador agora?

Em geral, um erro de análise sintática SAX é um erro de validação, embora você tenha visto que ele pode também ser gerado se o arquivo especificar uma versão de XML que o analisador não esteja preparado para tratar. Lembre-se de que o seu aplicativo não gerará uma exceção de validação, exceto se você fornecer um tratador de erros como este aqui.

Como analisar uma DTD parametrizada

Esta seção utiliza o programa Echo para ver o que acontece quando você referencia xhtml.dtd em slideshow2.dtd. Ele também aborda os tipos de alertas que são gerados pelo analisador SAX quando uma DTD está presente.

Nota: O arquivo XML usado aqui é o slideSample08.xml, que referencia slideshow2.dtd. A saída está contida em Echo10-08.txt. (As versões navegáveis são slideSample08-xml.html, slideshow2-dtd.html e Echo10-08.html.)

Quando tentar refletir a apresentação de slide, você vai achar que ele contém agora um novo erro. A parte relevante da saída é mostrada aqui (formatada para clareza):

```
<?xml version='1.0' encoding='UTF-8'?>
** Parsing error, line 22, uri: .../slideshow.dtd
Element type "title" must not be declared more than once.
```

Nota: A mensagem precedente foi gerada pelas bibliotecas JAXP 1.2. Se você estiver usando um analisador diferente, a mensagem de erro provavelmente será um pouco diferente.

O problema é que xhtml.dtd define um elemento *title* que é inteiramente diferente do elemento title definido na DTD da apresentação de slide. Como não existe hierarquia na DTD, estas duas definições conflitam.

A versão slideSample09.xml resolve o problema modificando o nome do título do slide. Rode o programa Echo sobre essa versão da apresentação de slide. Ele deveria rodar até o final e exibir uma saída como aquela mostrada em Echo10-09.

Parabéns! Agora você acaba de ler um documento XML validado totalmente. A alteração nessa versão do arquivo tem o efeito de colocar o elemento title da DTD em um "namespace" da apresentação de slide que você artificialmente construiu com a hifenação do nome, portanto, o elemento título no "namespace da apresentação de slide" (título do slide, na verdade) não está mais em conflito com o elemento title em xhtml.dtd.

Nota: Como mencionado em Como usar namespaces, namespaces permitem que você atinja o mesmo objetivo sem ter de renomear qualquer elemento.

A seguir, vamos dar uma olhada nos tipos de alertas que o analisador de validação pode produzir ao processar a DTD.

Alertas da DTD

Como mencionado anteriormente, os alertas são gerados apenas quando o analisador SAX está processando uma DTD. Alguns alertas são gerados apenas pelo analisador de validação. O principal objetivo do analisador de não validação é operar tão rapidamente quanto possível, mas ele também gera alguns alertas. (As explicações que se seguem dizem: quem faz o quê.)

As especificações XML sugerem que os alertas devam ser gerados como resultado do seguinte:

- Fornecer declarações adicionais para entidades, atributos, ou notações. (Tais declarações são ignoradas. Apenas a primeira é usada. Também, note que as definições duplicadas de elementos sempre produzem um erro fatal durante a validação, como você viu anteriormente.)
- Referenciar um tipo de elemento não declarado. (Um erro de validação ocorre se o tipo não declarado é realmente usado no documento XML. Um alerta resulta quando o elemento não declarado é referenciado na DTD.)
- Declarar atributos para tipos de elementos não declarados

O analisador SAX XML Java também emite alertas em outros casos:

- Nenhuma <!DOCTYPE ...> ao validar
- Referencia uma entidade de parâmetro não definida ao não validar. (Ao validar, resulta em um erro. Embora analisadores de não validação não sejam requeridos para ler entidades de parâmetros, o analisador XML Java o faz. Como isso não é uma exigência, o analisador XML Java gera um alerta, em vez de um erro.)
- Certos casos onde a declaração de codificação de caracteres não parecer correta

A esta altura, você assimilou muitos conceitos XML, inclusive DTDs e entidades externas. Você também aprendeu o seu caminho para o analisador SAX. O restante deste capítulo aborda tópicos avançados que você vai precisar para entender somente se você estiver escrevendo aplicativos baseados em SAX. Se a sua meta primária for escrever aplicativos baseados em DOM, você pode pular adiante para o Capítulo 6, Modelo de objeto de documento.

Como tratar eventos lexicais

Você viu anteriormente que se você estiver usando textos como XML, você precisa saber se você está em uma seção CDATA. Se estiver, então os colchetes angulares (<) e ampersands (&) devem ser criados sem alteração. Mas se você não estiver em uma seção CDATA, eles devem ser substituídos pelas entidades predefinidas < e &. Mas como saber se você está em uma seção CDATA?

Então novamente, se está filtrando XML de algum modo, você quer passar comentários também. Normalmente o analisador ignora os comentários. Como obter comentários de modo que você possa refleti-los?

Finalmente, existem as definições de entidades analisadas. Se um aplicativo com filtragem XML vê &minhaEntidade; ele precisa refletir a mesma string, e não o texto que está inserido em seu espaço. Como você consegue fazer isso?

Esta seção responde essas perguntas. Ela mostra como usar org.xml.sax.ext.LexicalHandler para identificar comentários, seções CDATA, e referências a entidades analisadas.

Comentários, tags CDATA, e referências a entidades analisadas constituem a informação lexical – isto é, a informação que se preocupa com o texto do XML propriamente dito, ao invés do conteúdo da informação XML. A maioria dos aplicativos, naturalmente, estão preocupados apenas com o conteúdo de um documento XML. Tais aplicativos não usarão a API LexicalEventListener. Mas os aplicativos que criam textos XML a acharão imprescindível.

Nota: O tratamento de eventos lexicais não é um recurso opcional do analisador. As implementações do analisador não são requeridas para suportá-lo. (A implementação de referência faz isso.) Esta discussão assume que o seu analisador o faça.

Como funciona o LexicalHandler

Para ser informado quando o analisador SAX enxerga uma informação lexical, você configura o XmlReader que está subordinado ao analisador por um LexicalHandler. A interface LexicalHandler define estes métodos de tratamento de eventos:

```
comment(String comment)
```

Passa os comentários para o aplicativo

```
startCDATA(), endCDATA()
```

Diz quando uma seção CDATA está começando e terminando, que diz ao seu aplicativo que tipos de caracteres esperar da próxima vez que characters() for chamado

```
startEntity(String name), endEntity(String name)
```

Fornece o nome da entidade analisada

```
startDTD(String name, String publicId, String systemId), endDTD()
```

Diz quando uma DTD está sendo processada e a identifica

Como trabalhar com LexicalHandler

No restante desta seção, você vai converter o aplicativo Echo em um tratador lexical e brincar com os seus recursos.

Nota: O código mostrado nesta seção está em Echo11.java. O resultado é apresentado em Echo11-09.txt. (A versão navegável se chama Echo11-09.html.)

Para iniciar, adicione o código em destaque para implementar a interface LexicalHandler e acrescente os métodos apropriados.

```
import org.xml.sax.*;
import org.xml.sax.helpers.DefaultHandler;
import org.xml.sax.ext.LexicalHandler;
...
public class Echo extends HandlerBase
  implements LexicalHandler
{
  public static void main(String argv[])
    {
      ...
      // Use an instance of ourselves as the SAX event handler
      DefaultHandler handler = new Echo();
      Echo handler = new Echo();
      ...
```

A esta altura, a classe Echo estende uma classe e implementa uma interface adicional. Você alterou a classe da variável do tratador corretamente, portanto, você pode usar a mesma instância como também uma DefaultHandler ou uma LexicalHandler, como apropriado.

A seguir, adicione o seguinte código em destaque para obter o XMLReader para o qual o analisador delega, e a configure para enviar eventos lexicais ao seu tratador lexical:

```
public static void main(String argv[])
{
  ...
  try {
    ...
    // Parse the input
    SAXParser saxParser = factory.newSAXParser();
    XMLReader xmlReader = saxParser.getXMLReader();
    xmlReader.setProperty(
      "http://xml.org/sax/properties/lexical-handler",
      handler
      );
    saxParser.parse( new File(argv[0]), handler);
} catch (SAXParseException spe) {
  ...
```

Aqui, você configura o XMLReader usando o método setProperty() definido na classe de XMLReader. O nome da propriedade, definida como parte do padrão SAX, é o URN, http://xml.org/sax/properties/lexical-handler.

Finalmente, adicione o próximo código para definir os métodos apropriados que implementam a interface.

```
public void warning(SAXParseException err)
  ...
}

public void comment(char[] ch, int start, int length)
throws SAXException
{
}
```

```
public void startCDATA()
throws SAXException
{
}

pubic void endCDATA()
throws SAXException
{
}

public void startEntity(String name)
throws SAXException
{
}

public void endEntity(String name)
throws SAXException
{
}

public void startDTD(
  String name, String publicId, String systemId)
throws SAXException
{
}

public void endDTD()
throws SAXException
{
}

private void echoText()
  ...
```

Você agora transformou a classe Echo em um tratador lexical. Na próxima seção, começará a fazer experimentos com eventos lexicais.

Como refletir comentários

O próximo passo é fazer algo com um dos novos métodos. Adicione o seguinte código para refletir comentários no arquivo XML:

```
public void comment(char[] ch, int start, int length)
  throws SAXException
{
  String text = new String(ch, start, length);
  nl();
  emit("COMMENT: "+text);
}
```

Quando você compila o programa Echo e o roda em seu arquivo XML, o resultado parece com isto:

```
COMMENT: A SAMPLE set of slides
COMMENT: FOR WALLY / WALLIES
COMMENT:
  DTD for a simple "slide show".

COMMENT: Defines the %inline; declaration
COMMENT: ...
```

As linhas finalizadoras nos comentários são passadas como parte da string de comentário, novamente normalizadas para novas linhas. Você também pode ver que os comentários na DTD são refletidos junto com os comentários do arquivo. (Isso pode apresentar problema quando você quiser refletir somente comentários que estejam no arquivo de dados.) Para contornar esse problema, você pode utilizar os métodos startDTD e endDTD.

Como refletir outras informações lexicais

Para terminar de aprender sobre eventos lexicais, você vai exercitar os métodos LexicalHandler que faltam.

Nota: O código apresentado nesta seção está em Echo12.java. O arquivo em que ele opera é slideSample09.xml. Os resultados do processamento estão em Echo12-09.txt. (As versões navegáveis são slideSample09-xml.html e Echo12-09.html.)

Faça as seguintes alterações para remover a reflexão de comentário (você não precisa mais disso) e reflexione os outros eventos, junto com qualquer caractere que foi acumulado ao ocorrer um evento:

```
public void comment(char[] ch, int start, int length)
throws SAXException
{
  String text = new String(ch, start, length);
  nl();
  emit("COMMENT: "+text);
}

public void startCDATA()
throws SAXException
{
  echoText();
  nl();
  emit("START CDATA SECTION");
}

public void endCDATA()
throws SAXException
{
  echoText();
  nl();
  emit("END CDATA SECTION");
}

public void startEntity(String name)
throws SAXException
{
  echoText();
  nl();
  emit("START ENTITY: "+name);
}

public void endEntity(String name)
throws SAXException
{
  echoText();
  nl();
  emit("END ENTITY: "+name);
}
```

```
public void startDTD(String name, String publicId, String
systemId)
throws SAXException
{
  nl();
  emit("START DTD: "+name
    +" publicId=" + publicId
    +" systemId=" + systemId);
}

public void endDTD()
throws SAXException
{
  nl();
  emit("END DTD");
}
```

Aqui está o que você vê quando a DTD é processada:

```
START DTD: slideshow
   publicId=null
   systemId=slideshow3.dtd
START ENTITY: ...
...
END DTD
```

Nota: Para enxergar os eventos que ocorrem enquanto a DTD está sendo processada, use org.xml.sax.ext.DeclHandler.

Aqui está o que você vê da saída adicional quando a entidade products definida internamente é processada com a última versão do programa:

```
START ENTITY: products
CHARS: WonderWidgets
END ENTITY: products
```

E aqui está a saída adicional que você vê como resultado do processamento da entidade copyright externa.

```
  START ENTITY: copyright
  CHARS:
This is the standard copyright message that our lawyers
make us put everywhere so we don't have to shell out a
million bucks every time someone spills hot coffee in their
lap...

  END ENTITY: copyright
```

Finalmente, você obtém a saída que mostra quando a seção CDATA foi processada:

```
  START CDATA SECTION
  CHARS: Diagram:

frobmorten <------------------fuznaten
```

```
   |            <3>              ^
   | <1>                         |      <1> = fozzle
   V                             |      <2> = framboze
 staten--------------------------+      <3> = frenzle
          <2>
 END CDATA SECTION
```

Resumindo, o LexicalHander lhe fornece as notificações de eventos de que precisa para produzir um reflexão precisa do texto XML original.

Nota: Para refletir a entrada com precisão, você deveria modificar o método characters() para refletir o texto que ele vê no modo apropriado, dependendo se o programa estava no modo CDATA ou não.

Como usar o DTDHandler e o EntityResolver

Nesta seção, discutimos os dois tratadores de eventos SAX que faltam: DTDHandler e EntityResolver. O DTDHandler é chamado quando a DTD encontra uma entidade não analisada ou uma declaração de notação. O EntityResolver entra em jogo quando um URN (ID público) deve ser resolvido para um URL (ID de sistema).

API DTDHandler

Em Como escolher a sua implementação de analisador, você viu um método para referenciar um arquivo que contém dados binários, usando tipos de dados MIME. Esse é o mecanismo mais simples e mais extensível. Para compatibilidade com dados de estilo SGML mais antigos, entretanto, é possível definir uma entidade não analisada.

A palavra chave NDATA define uma entidade não analisada:

```
<!ENTITY myEntity SYSTEM "..URL.." NDATA gif>
```

A palavra chave NDATA diz que o dado nesta entidade não é dado XML analisável, mas, ao contrário, é dado que usa alguma outra notação. Neste caso, a notação é chamada gif. A DTD deve então incluir uma declaração para essa notificação, que se pareceria com isto:

```
<!NOTATION gif SYSTEM "..URL..">
```

Quando o analisador vê uma entidade não analisada ou um declaração de notação, ele não faz nada com a informação exceto passá-la junto com o aplicativo usando a interface DTDHandler. Essa interface define dois métodos:

```
notationDecl(String name, String publicId, String systemId)

unparsedEntityDecl(String name, String publicId,
  String systemId, String notationName)
```

Ao método notationDecl é passado o nome da notação e também o identificador público como o de sistema, ou ambos, dependendo de qual seja declarado na DTD. Ao método unparsedEntityDecl é passado o nome da entidade, os identificadores apropriados, e o nome da notação que ele usa.

Nota: A interface DTDHandler é implementada pela classe DefaultHandler.

Notações também podem ser utilizadas em declarações de atributos. Por exemplo, a seguinte declaração exige notações para os formatos de arquivos de imagens GIF e PNG:

```
<!ENTITY image EMPTY>
<!ATTLIST image
    ...
    type NOTATION (gif | png) "gif"
>
```

Aqui, o tipo é declarado como sendo tanto gif, como png. O padrão, se nenhum for especificado, é gif.

Se a referência de notação for usada para descrever uma entidade não analisada, ou um atributo, cabe ao aplicativo fazer o processamento adequado. O analisador não sabe nada em absoluto sobre a semântica das notações. Ele apenas passa para a frente as declarações.

API EntityResolver

Uma API EntityResolver permite que você converta um ID público (URN) em um ID de sistema (URL). O seu aplicativo pode precisar fazer isso, por exemplo, para converter algo como href="urn:/someName" para "http://someURL".

A interface EntityResolver define um método único:

```
resolveEntity(String publicId, String systemId)
```

Este método retorna um objeto InputSource, que pode ser usado para acessar o conteúdo da entidade. Converter um URL em um InputSource é muito fácil. Mas o URL que é passado como ID de sistema será a localização do documento original que está, como provavelmente não está, em algum lugar da Web. Para acessar uma cópia local, se houver uma, você deve manter um catálogo em algum lugar do sistema que mapeia nomes (IDs públicos) para URLs locais.

Informações adicionais

Para informações adicionais sobre o padrão SAX, visite:

- The SAX standard page: http://www.saxproject.org/

Para maiores informações sobre o analisador de arranque StAX, visite:

- Página Java Community Process:
  http://jcp.org/en/jsr/detail?id=173.
- Introdução de Elliot Rusty Harold no endereço
  http://www.xml.com/pub/a/2003/09/17/stax.html.

Para maiores informações sobre os mecanismos de validação baseados em esquema, veja:

- Mecanismo-padrão de validação W3C, Schema XML:
  http://www.w3c.org/XML/Schema

- Mecanismo-padrão de validação baseado em expressão regular RELAX NG: http://www.oasis-open.org/committees/relax-ng/
- Mecanismo-padrão de validação baseado em asserção da Schematron: http://www.ascc.net/xml/resource/schematron/schematron.html

6

Modelo de Objeto de Documento

No Capítulo 5, você escreveu um arquivo XML que contém slides para uma apresentação. Você depois usou a API SAX a fim de refletir o XML para a sua exibição.

Neste capítulo, você usará o Modelo de Objeto de Documento (DOM) para construir um pequeno aplicativo chamado SlideShow. Você começará construindo e inspecionando um DOM. Depois veja como escrever um DOM como uma estrutura XML, exibi-lo em uma GUI, e manipular a estrutura de árvores.

Um DOM é uma estrutura de árvores com a variedade de um jardim, onde cada nó contém um dos componentes de uma estrutura XML. Usar as funções do DOM permite que você crie nós, remova nós, altere seu conteúdo, e percorra a hierarquia de nós.

Neste capítulo, você vai analisar um arquivo XML existente para construir um DOM, exibir e inspecionar a hierarquia DOM, converter o DOM em uma JTree amigável do display, e explorar a sintaxe de namespaces. Você também criará um DOM a partir de um esboço e verá como usar alguns dos recursos específicos de implementação na implementação JAXP da Sun a fim de converter um dado existente definido para XML.

Portanto, primeiro vamos ter a certeza que DOM seja a escolha mais apropriada para o seu aplicativo.

Nota: Os exemplos deste capítulo podem ser encontrados em <*INSTALL*>/j2eetutorial14/examples/jaxp/dom/samples/.

Quando usar DOM

O Modelo de Objeto de Documento padronizado é, acima de tudo, projetado para documentos (por exemplo, artigos e livros). Além disso, a implementação JAXP 1.2 suporta Esquema XML, algo que pode ser uma consideração importante para um determinado aplicativo.

Por outro lado, se você estiver lidando com estruturas de dados simples e se o Esquema XML não for uma parte importante dos seus planos, então você poderá achar que um dos padrões mais orientado para objeto, tal como JDOM e dom4j, é mais apropriado para o seu propósito.

Desde ó começo, DOM foi criado para ser neutro em termos de linguagem. Como ele foi projetado para lidar com linguagens tais como C e Perl, DOM não leva a vantagem dos recursos orientados para objeto de Java. Esse fato, além da distinção entre os documentos e os dados, também ajuda a contar os meios nos quais processar um DOM difere de processar uma estrutura JDOM ou dom4j.

Nesta seção, examinaremos as diferenças entre os modelos subordinados a esses padrões para ajudar você a escolher aquele que for mais apropriado para a sua aplicação.

Documentos *versus* dados

O maior ponto de partida entre o modelo de documento usado em DOM e o modelo de dados usado em JDOM ou dom4j está em

- ❑ O tipo de nó que existe na hierarquia
- ❑ A capacidade para conteúdo misto

É a diferença que constitui um "nó" na hierarquia de dados que primeiramente conta para as diferenças em programar com estes dois modelos. Todavia, a capacidade para conteúdo misto, mais que qualquer outra coisa, conta para a diferença em como os padrões definem um nó. Portanto começaremos examinando o modelo de conteúdo misto do DOM.

Modelo de conteúdo misto

Lembre-se da discussão de Documentos e dados em que textos e elementos podem ser misturados livremente em uma hierarquia DOM. Esse tipo de estrutura é cognominada conteúdo misto no modelo DOM.

Conteúdo misto ocorre freqüentemente nos documentos. Por exemplo, suponha que você quisesse representar esta estrutura:

```
<sentence>This is an <bold>important</bold> idea.</sentence>
```

A hierarquia dos nós do DOM se parece isto, onde cada linha representa um nó:

```
ELEMENT: sentence
  + TEXT: This is an
  + ELEMENT: bold
    + TEXT: important
  + TEXT: idea.
```

Note que o elemento da sentença contém texto, seguido por um subelemento, seguido pelo texto adicional. É a mistura de texto e elementos que define o modelo de conteúdo misto.

Tipos de nós

Para fornecer a capacidade para conteúdo misto, os nós do DOM são inerentemente muito simples. No exemplo precedente, o "conteúdo" do primeiro elemento (seu valor) simplesmente identifica o tipo de nó que ele é.

Usuários de primeira viagem do DOM usualmente são derrubados por este fato. Depois de navegar para o nó <sentence>, eles perguntam pelo "conteúdo" do nó, e esperam obter algo útil. Em vez disso, tudo o que podem encontrar é o nome do elemento: sentence.

Nota: A API de nós do DOM define os métodos nodeValue(), nodeType() e nodeName(). Para o primeiro nó do elemento, nodeName() retorna sentence, enquanto nodeValue() retorna nulo. Pois o primeiro nó de texto, nodeName() retorna #text, e nodeValue() retorna This is an . O ponto importante é que o valor de um elemento não é o mesmo que seu conteúdo.

Em vez disso, obter o conteúdo com o qual você se preocupa ao processar um DOM significa inspecionar a lista de subelementos que o nó contém, ignorando aqueles nos quais você não esteja interessado e processando aqueles com os quais você se preocupa.

Em nosso exemplo, o que significa se você perguntar pelo "texto" da sentença? Qualquer um dos seguintes seria razoável, dependendo do seu aplicativo:

- Esta é uma
- Esta é uma idéia
- Esta é uma idéia importante
- Esta é uma idéia <bold>importante</bold>

Modelo mais simples

Com DOM, você está livre para criar a semântica de que precise. Entretanto, isso exige que você faça o processamento necessário para implementar essa semântica. Padrões como JDOM e dom4j, por outro lado, tornam mais fácil fazer coisas simples, porque cada nó na hierarquia é um objeto.

Embora JDOM e dom4j dêem permissões para os elementos terem conteúdo misto, eles não foram projetados principalmente para essas situações. Ao contrário, eles são destinados para aplicativos nos quais a estrutura XML contenha dados.

Como descritos em Documentos e dados, os elementos em uma estrutura de dados normalmente contêm tanto texto como outros elementos, mas não ambos. Por exemplo, aqui está um XML que representa um simples livro de endereços:

```
<addressbook>
  <entry>
    <name>Fred</name>
    <email>fred@home</email>
  </entry>
    ...
</addressbook>
```

Nota: Para estruturas de dados XML muito simples como essa, você poderia usar o pacote de expressão regular (java.util.regex) construído para a versão 1.4 da plataforma Java.

Em JDOM e dom4j, depois de você navegar para um elemento que contenha texto, você chamará o método como, por exemplo, text(), para obter seu conteúdo. Ao processar um DOM, todavia, você deve inspecionar a lista de subelementos para "colocar juntos" o texto do nó, como você viu anteriormente – mesmo que essa lista contenha apenas um item (um nó de TEXTO).

Portanto, para estruturas de dados simples como o livro de endereços, você pode poupar a você mesmo um pouco de trabalho usando JDOM ou dom4j. Pode ter sentido usar um dos modelos mesmo quando os dados estão tecnicamente "misturados", mas há sempre um (e apenas um) segmento de texto para um determinado nó.

Aqui está um exemplo desse tipo de estrutura, que seria facilmente processada em JDOM ou dom4j:

```
<addressbook>
  <entry>Fred
    <email>fred@home</email>
  </entry>
    ...
</addressbook>
```

Aqui, cada entrada tem um pouco do texto de identificação, seguido por outros elementos. Com esta estrutura, o programa poderia navegar para uma entrada, chamar text() para descobrir a quem ele pertence, e processar o subelemento <email> se ele estiver no nó correto.

Complexidade aumenta

Mas para você obter um completo entendimento do tipo de processamento que você precisa fazer ao procurar ou manipular um DOM, é importante saber os tipos de nós que um DOM possa conter conceptivelmente.

Aqui está um exemplo que tenta trazer o ponto para casa. Ele é uma representação destes dados:

```
<sentence>
  The &projectName; <![CDATA[<i>project</i>]]> is
  <?editor: red><bold>important</bold><?editor: normal>.
</sentence>
```

Esta sentença contém uma entidade de referência – um ponteiro para uma entidade que é definida em qualquer lugar. Neste caso, a entidade contém o nome do projeto. O exemplo também contém uma seção CDATA (dados não interpretados, como dados <pre> em HTML), bem como instruções de processamento (<?...?>), que, neste caso, dizem ao editor qual cor usar ao renderizar o texto.

Aqui está a estrutura DOM para esses dados. Ela é bem representativa do tipo de estrutura que um aplicativo robusto deve estar preparado para tratar:

```
+ ELEMENT: sentence
  + TEXT: The
  + ENTITY REF: projectName
    + COMMENT: The latest name we're using
    + TEXT: Eagle
  + CDATA: <i>project</i>
  + TEXT: is
  + PI: editor: red
  + ELEMENT: bold
    + TEXT: important
  + PI: editor: normal
```

Este exemplo descreve os tipos de nós que podem ocorrer em um DOM. Embora seu aplicativo possa ser capaz de ignorar a maioria deles a maior parte do tempo, uma implementação verdadeiramente robusta precisa reconhecer e lidar com cada um deles.

De modo similar, o processo de navegar para um nó envolve processar os subelementos – ignorando aqueles com os quais você não se preocupa e inspecionando aqueles com os quais se preocupa – até você encontrar o nó no qual você está interessado.

Um programa, que funciona com dados fixos e gerados internamente, pode ter recursos para ter pretensões que simplificam: que processar instruções, comentários, nós de CDATA, e referências de entidade não existirão na estrutura de dados. Mas, na verdade, aplicativos robustos que trabalham com uma variedade de dados –

especialmente dados vindos do mundo exterior – devem estar preparados para lidar com todas as entidades XML possíveis.

(Um aplicativo "simples" funcionará apenas enquanto os dados de entrada contiverem as estruturas XML simplificadas que ele espera. Mas não existem mecanismos de validação para assegurar que estruturas mais complexas não existirão. Afinal de contas, XML foi especificamente projetado para permiti-las.)

Para ser mais robusto, um aplicativo do DOM deve fazer estas coisas:

1. Ao procurar um elemento:
   a. Ignorar comentários, atributos e instruções de processamento.
   b. Permitir a possibilidade de que subelementos não ocorram na ordem esperada.
   c. Pular sobre os nós de TEXTO que contenham espaços em branco ignoráveis, se não estiver validando.
2. Aos extrair texto para um nó:
   a. Extrair texto de nós de CDATA bem como nós de texto.
   b. Ignorar comentários, atributos e instruções de processamento ao agrupar o texto.
   c. Se um nó de referência de entidade (ou outro nó de elemento) for encontrado, seja recursivo (isto é, aplique o procedimento de extração de texto para todos os subnós).

Nota: O analisador JAXP 1.2 não insere nós de referência de entidade no DOM. No lugar disso, ele insere um nó de texto contendo o conteúdo de referência. O analisador JAXP 1.1 que foi construído na plataforma 1.4, por outro lado, insere nós de referência de entidade. Portanto, uma implementação robusta independente de analisador precisa estar preparada para tratar nós de referência de entidade.

Naturalmente, muitos aplicativos não terão de se preocupar com essas coisas, porque o tipo de dados que eles vêem será estritamente controlado. Mas se os dados podem vir de uma variedade de fontes externas, então o aplicativo provavelmente precisará levar essas possibilidades em conta.

O código que você precisa para efetuar essas funções será dado, no final do tutorial do DOM, em Como procurar nós e Como obter conteúdo de nó. Agora, o objetivo é simplesmente determinar se o DOM é apropriado para o seu aplicativo.

Como escolher seu modelo

Como você pode ver, quando você estiver usando DOM, mesmo uma operação simples como obter o texto de um nó poderá levar um pouco de programação. Portanto, se os seus programas tratam estruturas de dados simples, então JDOM, dom4j, ou mesmo o pacote de expressão regular (java.util.regex) podem ser mais apropriados para as suas necessidades.

Para documentos completamente emplumados e aplicativos complexos, por outro lado, DOM oferece a você um pouco de flexibilidade. E se você precisar usar Esquema XML, então DOM será o caminho a trilhar – por enquanto, pelo menos.

Se você processa tanto documentos como dados nos aplicativos que desenvolve, então DOM pode ainda ser a sua melhor escolha. Afinal de contas, depois que você escreveu o código para examinar e processar uma estrutura DOM, será bastante fácil personalizá-lo para um fim específico. Portanto, escolher fazer tudo em DOM significa que você terá apenas de lidar com um conjunto de APIs, ao invés de dois.

Além disso, o padrão DOM é um padrão codificado para um modelo de documento em memória. Ele é poderoso, robusto, e possui muitas implementações. Esse é um fator decididamente significativo para muitas grandes instalações, particularmente para aplicativos em larga escala que precisam minimizar os custos resultantes das trocas de APIs.

Finalmente, ainda que o texto do livro de endereços possa não permitir negrito, itálico, cores, e tamanhos de fontes hoje, algum dia você poderá querer trabalhar estes recursos. Como o DOM tratará virtualmente qualquer coisa que você lançar para ele, escolher DOM tornará mais fácil no futuro provar o seu aplicativo.

Como ler dados XML em DOM

Nesta seção, você vai construir um Modelo de Objeto de Documento lendo um arquivo XML existente. Nas seções seguintes, você verá como exibir o XML em uma árvore de componentes Swing e fazer práticas de manipulação do DOM.

Nota: No Capítulo 7, você verá como criar um DOM como um arquivo XML. (Você também verá como converter um arquivo de dados existente em XML com relativa facilidade.)

Como criar programa

O Modelo de Objeto de Documento fornece APIs que permitem a você criar, modificar, deletar e rearranjar nós. Portanto, é relativamente fácil criar um DOM, como você verá mais tarde em Como criar e manipular um DOM.

Antes de você tentar criar um DOM, entretanto, seria proveitoso entender como um DOM está estruturado. Esta série de exercícios torna a intimidade do DOM visível ao exibi-la em uma Jtree Swing.

Crie o esqueleto

Agora vamos construir um programa simples para ler um documento XML em um DOM e depois escrevê-lo de volta novamente.

Nota: O código discutido nesta seção está em DomEcho01.java. O arquivo no qual ele opera se chama slideSample01.xml. (A versão navegável é slideSample01xml.html.)

Comece com a lógica básica normal para um aplicativo e cheque para ter certeza que um argumento foi fornecido no comando de linha:

```
public class DomEcho {
  public static void main(String argv[])
  {
    if (argv.length != 1) {
      System.err.println(
        "Usage: java DomEcho filename");
      System.exit(1);
    }
  }// main
}// DomEcho
```

Importe as classes exigidas

Nesta seção, todas as classes são chamadas individualmente de modo que você possa ver de onde vem cada classe quando você quiser referenciar a documentação da API. Em seus próprios aplicativos, você pode bem querer substituir as declarações de importação mostradas aqui na forma mais reduzida, tal como javax.xml.parsers.*

Adicione estas linhas para importar as APIs JAXP que vai usar:

```
import javax.xml.parsers.DocumentBuilder;
import javax.xml.parsers.DocumentBuilderFactory;
import javax.xml.parsers.FactoryConfigurationError;
import javax.xml.parsers.ParserConfigurationException;
```

Adicione estas linhas para as exceções que podem ser lançadas quando o documento XML for analisado:

```
import org.xml.sax.SAXException;
import org.xml.sax.SAXParseException;
```

Adicione estas linhas para ler a amostra de arquivo XML e identificar erros:

```
import java.io.File;
import java.io.IOException;
```

Finalmente, importe a definição W3C para um DOM e as exceções do DOM:

```
import org.w3c.dom.Document;
import org.w3c.dom.DOMException;
```

Nota: Uma exceção DOMException é lançada somente quando um DOM é percorrido ou manipulado. Erros que ocorrem durante uma análise são reportados usando um mecanismo diferente que será abordado mais tarde.

Declare o DOM

A classe org.w3c.dom.Document é o nome W3C para um DOM. Quer você analise um documento XML ou crie um, uma instância de Document resultará. Você vai referenciar esse objeto de um outro método mais tarde, portanto, defina-o como um objeto global aqui:

```
public class DomEcho
{
  static Document document;

  public static void main(String argv[])
  {
```

Ele precisa ser estático porque você gerará seu conteúdo a partir do método principal em alguns minutos.

Trate os erros

Em seguida, adicione a lógica de tratamento de erros. Esta lógica é basicamente a mesma que o código que você viu em Como manipular erros com o analisador de não validação no Capítulo 5, portanto, não vamos entrar aqui em seus detalhes. O mais importante é que um construtor de documento compatível com JAXP será necessário para reportar as exceções SAX quando tiver problemas ao analisar o documento XML. O analisador do DOM não tem realmente que usar um analisador SAX internamente, mas como o padrão SAX já está lá, faz sentido usá-lo para relatar os erros. Como resultado, o código de tratamento de erros para aplicativos DOM é muito similar àquele para aplicativos SAX:

```
public static void main(String argv[])
{
  if (argv.length != 1) {
    ...
  }
  try {

  } catch (SAXParseException spe) {
  // Error generated by the parser
  System.out.println("\n** Parsing error"
    + ", line " + spe.getLineNumber()
    + ", uri " + spe.getSystemId());
  System.out.println("   " + spe.getMessage() );

  // Use the contained exception, if any
  Exception x = spe;
  if (spe.getException() != null)
    x = spe.getException();
  x.printStackTrace();

} catch (SAXException sxe) {
  // Error generated during parsing
  Exception x = sxe;
  if (sxe.getException() != null)
    x = sxe.getException();
  x.printStackTrace();

  } catch (ParserConfigurationException pce) {
    // Parser with specified options can't be built
    pce.printStackTrace();

  } catch (IOException ioe) {
    // I/O error
    ioe.printStackTrace();
  }

}// main
```

Instancie a fábrica

Em seguida, adicione o código em destaque para obter uma instância de uma fábrica que possa nos dar um construtor de documento:

```
public static void main(String argv[])
{
  if (argv.length != 1) {
    ...
  }
  DocumentBuilderFactory factory =
    DocumentBuilderFactory.newInstance();
  try {
```

Obtenha um analisador e analise o arquivo

Agora, adicione o seguinte código para obter uma instância de um construtor, e o use para analisar o arquivo especificado:

```
try {
  DocumentBuilder builder = factory.newDocumentBuilder();
  document = builder.parse( new File(argv[0]) );
} catch (SAXParseException spe) {
```

Nota: Por enquanto, você deve estar entendendo a idéia de que cada aplicativo JAXP começa praticamente do mesmo modo. Você está certo! Salve esta versão do arquivo como um template (gabarito). Você o utilizará mais tarde como base para o aplicativo de Transformação XSLT.

Rode o programa

Durante a maior parte do tutorial do DOM, você vai usar o slide de amostra que mostra o que você viu no Capítulo 5. Em particular, você usará slideSample01.xml, um arquivo XML simples com não muita coisa dentro dele, e slideSample10.xml, um exemplo mais complexo que inclui uma DTD, as instruções de processamento, as referências de entidade, e uma seção CDATA.

Para instruções sobre como compilar e rodar seu programa, veja Como compilar e rodar o programa do Capítulo 5. Substitua DomEcho por Echo como o nome do programa, e você estará pronto para rolar.

Por enquanto, simplesmente rode o programa sobre slideSample01.xml. Se ele rodar sem erros, você fez uma análise de erros bem sucedida do documento XML e construiu um DOM. Parabéns!.

Nota: Você terá de confiar na minha palavra para isso, neste instante, porque a esta altura você não tem nenhum modo de mostrar os resultados. Mas esse recurso está quase chegando...

Informações adicionais

Agora que você fez uma leitura bem sucedida de um DOM, há uma ou duas coisas que você precisa saber para usar eficientemente o DocumentBuilder. Você precisar saber sobre:

- ❑ Configuração da fábrica
- ❑ Tratamento de erros de validação

Configuração da fábrica

Por default, a fábrica retorna um analisador de não validação que não sabe nada sobre namespaces. Para obter um analisador de validação, ou um que entenda namespaces (ou ambos), você configurará a fábrica a fim de definir uma ou ambas dessas opções usando os seguintes comandos:

```
public static void main(String argv[])
{
  if (argv.length != 1) {
    ...
  }
  DocumentBuilderFactory factory =
    DocumentBuilderFactory.newInstance();
```

```
factory.setValidating(true);
factory.setNamespaceAware(true);
try {
  ...
```

Nota: Analisadores compatíveis com JAXP não são requeridos para suportar todas as combinações dessas opções, ainda que o analisador de referência o faça. Se você especificar uma combinação inválida de opções, a fábrica gerará uma exceção ParserConfigurationException quando você tentar obter uma instância do analisador.

Você aprenderá mais sobre como usar namespaces em Como validar com Esquema XML. Para completar esta seção, portanto, você vai precisar aprender alguma coisa sobre o tratamento de erros de validação.

Como tratar erros de validação

Lembra-se de quando você estava passeando pelo tutorial de SAX no Capítulo 5, e tudo que você queria fazer realmente era construir um DOM? Bem, agora essa informação começa a ser quitada.

Lembre-se de que a resposta default para um erro de validação, como estabelecido pelo padrão SAX, é não fazer nada. O padrão JAXP requer lançamento de exceções SAX, portanto, você utiliza exatamente os mesmos mecanismos de tratamento de erros que usa para um aplicativo SAX. Em particular, você utiliza o método setErrorHandler do DocumentBuilder para fornecê-lo com um objeto que implemente a interface ErrorHandler de SAX.

Nota: DocumentBuilder também tem um método setEntityResolver que você pode usar.

O código seguinte usa uma classe interna anônima para definir esse ErrorHandler.

Ele assegura que os erros de validação geram um exceção.

```
builder.setErrorHandler(
  new org.xml.sax.ErrorHandler() {
    // ignore fatal errors (an exception is guaranteed)
    public void fatalError(SAXParseException exception)
    throws SAXException {
    }
    // treat validation errors as fatal
    public void error(SAXParseException e)
    throws SAXParseException
    {
      throw e;
    }

      // dump warnings too
    public void warning(SAXParseException err)
    throws SAXParseException
    {
      System.out.println("** Warning"
        + ", line " + err.getLineNumber()
        + ", uri " + err.getSystemId());
      System.out.println("   " + err.getMessage());
    }
  }
);
```

Este código usa uma classe interna anônima para gerar uma instância de um objeto que implemente a interface ErrorHandler. Ela é "anônima" porque não tem nome de classe. Você pode pensar nela como uma instância de "ErrorHandler", embora tecnicamente ela seja uma instância sem nome que implementa a interface especificada. O código é substancialmente o mesmo que o descrito em Como manipular erros com o analisador de não validação. Para um suporte mais completo sobre emissões de validação, consulte Como usar o analisador de validação.

Como olhar para a frente

Nesta seção, você vai mostrar a estrutura do DOM em uma JTree e começar a explorar a sua estrutura. Por exemplo, você verá que referências de entidade e seções CDATA se parecem no DOM. E talvez o mais importante, você verá como os nós de texto (os quais contêm os dados de verdade) residem sob os nós do elemento em um DOM.

Como exibir uma hierarquia do DOM

Para criar ou manipular um DOM, ajuda ter uma nítida idéia de como os nós em um DOM estão estruturados. Nesta seção do tutorial, você vai expor a estrutura interna de um DOM.

A esta altura você precisa de uma maneira para expor os nós de um DOM de modo que possa ver o que ele contém. Para fazer isso, você converterá um DOM em uma JTreeModel e mostrará um DOM completo em uma JTree. Dá um pouco de trabalho, mas o resultado final será uma ferramenta de diagnóstico que você poderá usar no futuro, bem como algo que você pode usar para aprender sobre a estrutura do DOM, agora.

Nota: Nesta seção, nós construímos uma GUI Swing que pode mostrar um DOM. O código está em DomEcho02.java. Se você não tem interesse em detalhes de Swing, pode pular para Como examinar a estrutura de um DOM e copiar DomEcho02.Java para prosseguir a partir de lá. (Mas não deixe de olhar a Tabela 6-1, Tipos de nós).

Converta DomEcho para aplicativo GUI

Como o DOM é uma árvore e como o componente JTree Swing é todo para exibir as árvores, faz sentido transformar o DOM em uma JTree de modo que você possa olhar para ele. O primeiro passo é seccionar o programa DomECho de modo que ele se torne um aplicativo GUI.

Adicione declarações de importação

Comece importanto os componentes GUI que você vai precisar para configurar o aplicativo e exibir uma JTree:

```
// GUI components and layouts
import javax.swing.JFrame;
import javax.swing.JPanel;
import javax.swing.JScrollPane;
import javax.swing.JTree;
```

Mais tarde, você vai confeccionar a exibição do DOM a fim de gerar uma versão amigável para o usuário da exibição de JTree. Quando o usuário selecionar um elemento nessa árvore, você exibirá subelementos em um painel de editor adjacente. Portanto, enquanto você estiver fazendo o trabalho de configuração aqui, importe os componentes de que precisa para configurar uma visualização dividida (JsplitPane) e mostrar o texto dos sub-elementos (JEditorPane):

```
import javax.swing.JSplitPane;
import javax.swing.JEditorPane;
```

Em seguida, adicione algumas classes de suporte de que vai precisar para tirar esta coisa do chão:

```
// GUI support classes
import java.awt.BorderLayout;
import java.awt.Dimension;
import java.awt.Toolkit;
import java.awt.event.WindowEvent;
import java.awt.event.WindowAdapter;
```

E, importe algumas classe para criar uma borda criativa:

```
// For creating borders
import javax.swing.border.EmptyBorder;
import javax.swing.border.BevelBorder;
import javax.swing.border.CompoundBorder;
```

(Isso é opcional. Você pode pular essas classes e o código que depender delas, se quiser simplificar as coisas.)

Crie a estrutura GUI

O próxima passo é converter o aplicativo em um aplicativo GUI. Para fazer isso, você faz o método principal estático criar uma instância da classe, que terá se tornado um painel GUI.

Comece convertendo a classe em um painel GUI estendendo a classe JPanel Swing:

```
public class DomEcho02 extends JPanel
{
  // Global value so it can be ref'd by the tree adapter
  static Document document;
  ...
```

Enquanto você estiver lá, defina algumas constantes que vai usar para controlar as dimensões da janela:

```
public class DomEcho02 extends JPanel
{
  // Global value so it can be ref'd by the tree adapter
  static Document document;
  static final int windowHeight = 460;
  static final int leftWidth = 300;
  static final int rightWidth = 340;
  static final int windowWidth = leftWidth + rightWidth;
```

Agora, no método principal, chame o método que vai criar a moldura externa onde o painel GUI vai ser fixado:

```
public static void main(String argv[])
{
  ...
  DocumentBuilderFactory factory ...
```

```
  try {
    DocumentBuilder builder = factory.newDocumentBuilder();
    document = builder.parse( new File(argv[0]) );
    makeFrame();

  } catch (SAXParseException spe) {
  ...
```

Depois, você vai definir o método makeFrame propriamente dito. Ele contém o código- padrão para criar uma moldura, tratar a condição de saída graciosamente, fornecer a ele uma instância do painel principal, dimensioná-lo, posicioná-lo na tela, e torná-lo visível:

```
    ...
} // main

public static void makeFrame()
{
  // Set up a GUI framework
  JFrame frame = new JFrame("DOM Echo");
  frame.addWindowListener(new WindowAdapter() {
    public void windowClosing(WindowEvent e)
      {System.exit(0);}
  });

  // Set up the tree, the views, and display it all
  final DomEcho02 echoPanel = new DomEcho02();
  frame.getContentPane().add("Center", echoPanel );
  frame.pack();
  Dimension screenSize =
    Toolkit.getDefaultToolkit().getScreenSize();
  int w = windowWidth + 10;
  int h = windowHeight + 10;
  frame.setLocation(screenSize.width/3 - w/2,
      screenSize.height/2 - h/2);
  frame.setSize(w, h);
  frame.setVisible(true)
} // makeFrame
```

Adicione os componentes de exibição

A única coisa que falta no esforço para converter o programa para um aplicativo GUI é criar o construtor da classe e fazê-lo criar o conteúdo do painel. Aqui está o construtor:

```
public class DomEcho02 extends JPanel
{
  ...
  static final int windowWidth = leftWidth + rightWidth;

  public DomEcho02()
  {
  } // Constructor
```

Aqui você usa as classes de bordas que você importou anteriormente para fazer uma borda magnífica (opcional):

```
public DomEcho02()
{
  // Make a nice border
  EmptyBorder eb = new EmptyBorder(5,5,5,5);
  BevelBorder bb = new BevelBorder(BevelBorder.LOWERED);
```

```
  CompoundBorder cb = new CompoundBorder(eb,bb);
  this.setBorder(new CompoundBorder(cb,eb));

} // Constructor
```

Em seguida, crie uma árvore vazia e a coloque dentro do JScrollPane de modo que os usuários vejam o seu conteúdo à medida que ela cresce de tamanho:

```
public DomEcho02(
{
  ...

  // Set up the tree
  JTree tree = new JTree();

  // Build left-side view
  JScrollPane treeView = new JScrollPane(tree);
  treeView.setPreferredSize(
    new Dimension( leftWidth, windowHeight ));

} // Constructor
```

Agora crie um JEditPane não editável que eventualmente vai conter o conteúdo apontado para os nós selecionados de JTree:

```
public DomEcho02(
{
  ....

  // Build right-side view
  JEditorPane htmlPane = new JEditorPane("text/html","");
  htmlPane.setEditable(false);
  JScrollPane htmlView = new JScrollPane(htmlPane);
  htmlView.setPreferredSize(
    new Dimension( rightWidth, windowHeight ));

} // Constructor
```

Com as JTree do lado esquerdo e o JEditorPane do lado direito construídos, crie uma JSplitPane para contê-los:

```
public DomEcho02()
{
  ....

  // Build split-pane view
  JSplitPane splitPane =
    new JSplitPane(JSplitPane.HORIZONTAL_SPLIT,
          treeView, htmlView );
  splitPane.setContinuousLayout( true );
  splitPane.setDividerLocation( leftWidth );
  splitPane.setPreferredSize(
    new Dimension( windowWidth + 10, windowHeight+10 ));

} // Constructor
```

Com este código, você configura a JSplitPane com uma divisória vertical. Isso produz um corte horizontal entre a árvore e o painel do editor. (É realmente mais um layout horizontal.) Você também define a localização da divisória de modo que a árvore obtenha a largura que ela preferir, com o restante da largura da janela alocado para o painel do editor.

Finalmente, especifique o layout para o painel e adicione o painel de divisão:

```
public DomEcho02()
{
  ...
  // Add GUI components
  this.setLayout(new BorderLayout());
  this.add("Center", splitPane );

} // Constructor
```

Parabéns! O programa é agora um aplicativo GUI. Você pode rodá-lo já para ver como o layout geral aparecerá na tela. Para referência, aqui está o construtor completo:

```
public DomEcho02()
{
  // Make a nice border
  EmptyBorder eb = new EmptyBorder(5,5,5,5);
  BevelBorder bb = new BevelBorder(BevelBorder.LOWERED);
  CompoundBorder CB = new CompoundBorder(eb,bb);
  this.setBorder(new CompoundBorder(CB,eb));
  // Set up the tree
  JTree tree = new JTree();

  // Build left-side view
  JScrollPane treeView = new JScrollPane(tree);
  treeView.setPreferredSize(
    new Dimension( leftWidth, windowHeight ));

  // Build right-side view
  JEditorPane htmlPane = new JEditorPane("text/html","");
  htmlPane.setEditable(false);
  JScrollPane htmlView = new JScrollPane(htmlPane);
  htmlView.setPreferredSize(
    new Dimension( rightWidth, windowHeight ));

  // Build split-pane view
  JSplitPane splitPane =
    new JSplitPane(JSplitPane.HORIZONTAL_SPLIT,
          treeView, htmlView )
  splitPane.setContinuousLayout( true );
  splitPane.setDividerLocation( leftWidth );
  splitPane.setPreferredSize(
    new Dimension( windowWidth + 10, windowHeight+10 ));
  // Add GUI components
  this.setLayout(new BorderLayout());
  this.add("Center", splitPane );

} // Constructor
```

Crie adaptadores para exibir o DOM em uma JTree

Agora que você tem uma estrutura GUI para mostrar uma JTree dentro dela, o próximo passo é fazer a JTree mostrar o DOM. Mas uma JTree quer exibir um TreeModel. Um DOM é uma árvore, mas não é um TreeModel. Portanto, você criará uma classe de adaptador que faça o DOM parecer um TreeModel para uma JTree.

Agora, quando o TreeModel passa os nós para a JTree, a JTree usa a função toString daqueles nós para obter o texto a exibir na árvore. O valor retornado pela função-padrão toString não é muito bonito, portanto, você empacotará os nós do DOM em um AdapterNode que retorna o texto que queremos. O que o TreeModel dá para a JTree, então, será de fato objetos AdapterNode que empacotam nós do DOM.

Nota: As classes que se seguem são definidas como classes internas. Se você estiver codificando para a plataforma 1.1, você precisará definir estas classes como classes externas.

Defina a Classe AdapterNode

Comece importando a árvore, eventos, e classes de utilitários de que precisará para fazer isto funcionar:

```
// For creating a TreeModel
import javax.swing.tree.*;
import javax.swing.event.*;
import java.util.*;

public class DomEcho extends JPanel
{
```

Movendo-se de volta para baixo ao final do programa, defina um conjunto de strings para os tipos de elementos de nó:

```
    ...
} // makeFrame

// An array of names for DOM node types
// (Array indexes = nodeType() values.)
static final String[] typeName = {
  "none",
  "Element",
  "Attr",
  "Text",
  "CDATA",
  "EntityRef",
  "Entity",
  "ProcInstr",
  "Comment",
  "Document",
  "DocType",
  "DocFragment",
  "Notation",
};

} // DomEcho
```

Estas são as strings que serão exibidas na JTree. A especificação destes tipos de nós podem ser encontradas no DOM Level 2 Core Specification no endereço http://www.w3.org/TR/2000/REC-DOM-Level-2-Core-20001113, sob a especificação para o nó. A Tabela 6-1 é adaptada daquela especificação:

Tabela 6-1 Tipos de nós

Nó	NodeName()	nodeValue()	Atributos	nodeType()
Attr	Nome do atributo	Valor do atributo	null	2
CDATASection	#cdata-section	Conteúdo da seção CDATA	null	4
Comment	#comment	Conteúdo do comentário	null	8

Tabela 6-1 Tipos de nós (continuação)

Nó	NodeName()	nodeValue()	Atributos	nodeType()
Document	#document	Null	null	9
DocumentFragment	#document-fragment	Null	null	11
DocumentType documento	Nome do tipo de	Null	null	10
Element	Nome da Tag	Null	Named-NodeMap	1
Entity	Nome da entidade	Null	null	6
EntityReference	Name of entity referenced	null	null	5
Notation	Notation name	null	null	12
ProcessingInstruction	Target	Entire content excluding the target	null	7
Text	#text	Content of the text node	null	3

Nota: Imprima esta tabela e a mantenha à mão! Você vai precisar dela ao trabalhar com o DOM, porque todos esses tipos estão misturados em uma árvore do DOM. Portanto, o seu código estará sempre perguntando: "É este o tipo de nó que me interessa?"

Em seguida, defina o empacotador AdapterNode para os nós do DOM como uma classe interna:

```
static final String[] typeName = {
  ...
};

public class AdapterNode
{
  org.w3c.dom.Node domNode;

  // Construct an Adapter node from a DOM node
  public AdapterNode(org.w3c.dom.Node node) {
    domNode = node;
  }

  // Return a string that identifies this node
  //     in the tree
  public String toString() {
    String s = typeName[domNode.getNodeType()];
    String nodeName = domNode.getNodeName();
      if (! nodeName.startsWith("#")) {
        s += ": " + nodeName;
      }
      if (domNode.getNodeValue() != null) {
        if (s.startsWith("ProcInstr"))
          s += ", ";
```

```
      else
        s += ": ";

      // Trim the value to get rid of NL's
      //    at the front
      String t = domNode.getNodeValue().trim();
      int x = t.indexOf("\n");
      if (x >= 0) t = t.substring(0, x);
      s += t;
    }
    return s;
  }

} // AdapterNode

} // DomEcho
```

Esta classe declara uma variável para conter o nó do DOM e a requer para ser especificada como argumento do construtor. Depois ela define a operação toString, que retorna o tipo de nó da array de String, e então adiciona mais informações do nó para identificá-lo posteriormente.

Como você pode ver na Tabela 6-1, todo nó tem um tipo, um nome, e um valor, que pode, ou não, ser vazio. Onde o nome do nó começa com #, esse campo duplica o tipo de nó, portanto, não há interesse em incluí-lo. Isso explica as linhas que lêem:

```
if (! nodeName.startsWith("#")) {
  s += ": " + nodeName;
}
```

O restante do método toString merece algumas notas. Por exemplo, essas linhas simplesmente fornecem um pouco de açúcar sintático:

```
if (s.startsWith("ProcInstr"))
  s += ", ";
else
  s += ": ";
```

O campo de tipo para processar as instruções termina com dois pontos (:) de qualquer modo, portanto essas linhas livram o código de duplicar os dois pontos.

As outras linhas interessantes são:

```
String t = domNode.getNodeValue().trim();
int x = t.indexOf("\n");
if (x >= 0) t = t.substring(0, x);
s += t;
```

Estas linhas preparam o campo de valores para o primeiro caractere da nova linha (linha de alimentação) no campo. Se você omitir estas linhas, verá alguns caracteres estranhos (caixas quadradas, normalmente) na JTree.

Nota: Lembre-se de que o XML estipula que todas as terminações de linha estejam normalizadas para novas linhas, independentemente do sistema de onde vêm os dados. Isso torna a programação muito mais simples.

Empacotar um DomNode e retornar a string desejada são as maiores funções do AdapterNode. Mas, como o adaptador do TreeModel, deve responder a perguntas como, por exemplo, "Quantos filhos este nó possui?" e deve satisfazer comandos como "Forneça-me este enésimo filho do nó", será proveitoso definir alguns métodos de utilitários adicionais. (O adaptador pode sempre acessar o nó do DOM e conseguir essa informação para si mesmo, mas deste modo as coisas são mais encapsuladas.)

Em seguida, adicione o código em destaque para retornar o índice de um filho especificado, o filho que corresponde a um determinado índice, e a contagem de nós-filho:

```
public class AdapterNode
{
  ...
  public String toString() {
    ...
  }

  public int index(AdapterNode child) {
    //System.err.println("Looking for index of " + child);
    int count = childCount();
    for (int i=0; i<count; i++) {
      AdapterNode n = this.child(i);
      if (child == n) return i;
    }
    return -1; // Should never get here.
  }
  public AdapterNode child(int searchIndex) {
    //Note: JTree index is zero-based.
    org.w3c.dom.Node node =
      domNode.getChildNodes().item(searchIndex);
    return new AdapterNode(node);
  }

  public int childCount() {
    return domNode.getChildNodes().getLength();
  }

} // AdapterNode

} // DomEcho
```

Nota: Durante o desenvolvimento, foi apenas depois que comecei a escrever o adaptador de TreeModel que percebi que eles eram necessários e voltei para adicioná-los. Dentro de instantes, você vai ver por quê.

Defina o adaptador de TreeModel

Agora, finalmente, você está pronto para escrever o adaptador de TreeModel. Uma das coisas mais interessantes sobre o modelo JTree é a facilidade com a qual você pode converter uma árvore existente para exibição. Uma razão para isso é a nítida separação entre o visual que pode ser mostrado, o qual utiliza JTree, e o visual modificável, que é usado pelo aplicativo. Para mais informações sobre essa separação, visite "Understanding the TreeModel" no endereço http://java.sun.com/products/jfc/tsc/articles/jtree/index.html. Por enquanto, o detalhe importante é que, para satisfazer a interface de TreeModel, precisamos apenas (a) fornecer os métodos para acessar e reportar sobre os filhos e (b) registrar o receptor JTree apropriado de modo que ele saiba atualizar a sua visualização quando o modelo subjacente for alterado.

Adicione o seguinte código para criar o adaptador de TreeModel e especificar os métodos de processamentos de filhos:

```
    ...
} // AdapterNode
// This adapter converts the current Document (a DOM) into
// a JTree model.
public class DomToTreeModelAdapter implements
javax.swing.tree.TreeModel
{
  // Basic TreeModel operations
  public Object  getRoot() {
    //System.err.println("Returning root: " +document);
    return new AdapterNode(document);
  }

  public boolean isLeaf(Object aNode) {
    // Determines whether the icon shows up to the left.
    // Return true for any node with no children
    AdapterNode node = (AdapterNode) aNode;
    if (node.childCount() > 0) return false;
    return true;
  }

  public int     getChildCount(Object parent)
    AdapterNode node = (AdapterNode) parent;
    return node.childCount();
  }

  public Object  getChild(Object parent, int index) {
    AdapterNode node = (AdapterNode) parent;
    return node.child(index);
  }

  public int     getIndexOfChild(Object parent, Object child) {
    AdapterNode node = (AdapterNode) parent;
    return node.index((AdapterNode) child);
  }

  public void valueForPathChanged(
          TreePath path, Object newValue)
  {
    // Null. We won't be making changes in the GUI
    // If we did, we would ensure the new value was
    // really new and then fire a TreeNodesChanged event.
  }

} // DomToTreeModelAdapter

} // DomEcho
```

Neste código, o método getRoot retorna o nó da raiz do DOM, empacotado como um objeto do AdapterNode. Deste ponto em diante, todos os nós retornados pelo adaptador serão AdapterNodes que empacotam nós do DOM. Pelo mesmo sinal, sempre que a JTree pergunta pelo filho de um determinado pai, o número de filhos que o pai tem, e assim por diante, a JTree nos passará um AdapterNode. Nós sabemos isso, porque controlamos todo nó que a JTree vê, começando pelo nó da raiz.

JTree usa o método isLeaf para determinar se exibir ou não um ícone de expansão/contração clicável à esquerda do nó, de modo que o método retorne true apenas se o nó tiver filhos. Neste método, vemos a lista dos objetos genéricos que JTree nos envia para o objeto AdapterNode que sabemos existir. Nós sabemos que ele está nos enviando um objeto do adaptador, mas a interface, para ser geral, define objetos, portanto, nós é que devemos fazer as conversões.

Os próximos três métodos retornam o número de filhos para um determinado nó, o filho que vive em um determinado índice, e o índice de um determinado filho, respectivamente. Isso é tudo que vem pela frente.

O último método é chamado quando o usuário modifica um valor armazenado na JTree. Neste aplicativo, nós não suportamos isso. Mas se o fizermos, o aplicativo terá de fazer a modificação para o modelo subjacente e depois informar a alguns receptores que ocorreu uma modificação. (A JTree poderia não ser o único receptor. Em muitos aplicativos, ela não é.)

Para informar aos receptores que ocorreu uma alteração, você vai precisar da habilidade de registrá-los. Isso nos leva para os dois últimos métodos requeridos para implementar a interface TreeModel. Adicione o código em destaque para defini-los:

```
public class DomToTreeModelAdapter ...
{
  ...
  public void valueForPathChanged(
    TreePath path, Object newValue)
  {
    ...
  }
  private Vector listenerList = new Vector();
  public void addTreeModelListener(
    TreeModelListener listener ) {
    if ( listener != null
    && ! listenerList.contains(listener) ) {
      listenerList.addElement( listener );
    }
  }

  public void removeTreeModelListener(
    TreeModelListener listener )
  {
    if ( listener != null ) {
      listenerList.removeElement( listener );
    }
  }

} // DomToTreeModelAdapter
```

Como este aplicativo não estará fazendo modificações para a árvore, estes métodos continuarão sem uso por enquanto. Todavia, eles estarão lá no futuro quando você precisar deles.

Nota: Este exemplo usa Vector de modo que ele funcionará com aplicativos 1.1. Se a codificação para 1.2 ou superior, todavia, eu usaria a excelente estrutura de coleção no lugar: private LinkedList listenerList = new LinkedList()

As operações da Lista são, portanto, adicionar e remover. Para iterar sobre a lista, como nas operações seguintes, você usa:

```
Iterator it = listenerList.iterator();
while ( it.hasNext() ) {
  TreeModelListener listener = (TreeModelListener) it.next();
    ...
}
```

Aqui, também, estão alguns métodos opcionais que você não vai usar neste aplicativo. A esta altura, entretanto, você construiu um gabarito razoável para um adaptador de TreeModel. Para ser mais completo, você pode adicionar o código em destaque. Você pode então chamar os métodos sempre que você precisar notificar os receptores de JTree sobre uma alteração:

```
public void removeTreeModelListener(
  TreeModelListener listener)
{
  ...
}

public void fireTreeNodesChanged( TreeModelEvent e ) {
  Enumeration listeners = listenerList.elements();
  while ( listeners.hasMoreElements() ) {
    TreeModelListener listener =
      (TreeModelListener) listeners.nextElement();
    listener.treeNodesChanged( e );
  }
}

public void fireTreeNodesInserted( TreeModelEvent e ) {
  Enumeration listeners = listenerList.elements();
  while ( listeners.hasMoreElements() ) {
    TreeModelListener listener =
      (TreeModelListener)  listeners.nextElement();
    listener.treeNodesInserted( e );
  }
}

public void fireTreeNodesRemoved( TreeModelEvent e ) {
  Enumeration listeners = listenerList.elements();
  while ( listeners.hasMoreElements() ) {
    TreeModelListener listener =
      (TreeModelListener) listeners.nextElement();
    listener.treeNodesRemoved( e );
  }
}

public void fireTreeStructureChanged( TreeModelEvent e ) {
  Enumeration listeners = listenerList.elements();
  while ( listeners.hasMoreElements() ) {
    TreeModelListener listener =
      (TreeModelListener) listeners.nextElement();
    listener.treeStructureChanged( e );
  }
}

} // DomToTreeModelAdapter
```

Nota: Estes métodos foram tirados da classe TreeModelSupport descrita em Como entender o TreeModel. Essa arquitetura foi produzida por Tom Santos e Steve Wilson e é um pouco mais elegante do que o pontapé que estamos dando aqui. Pareceu-me válido colocá-los aqui, de modo que estivessem imediatamente disponíveis quando se fizessem necessários.

Conclusão

A esta altura, você basicamente acabou de construir a GUI. Tudo o que você precisa fazer é pular de volta para o construtor e adicionar o código a fim de construir um adaptador e fornecê-lo para o JTree como o TreeMOdel:

```
// Set up the tree
JTree tree = new JTree(new DomToTreeModelAdapter());
```

Você pode agora compilar e rodar o código sobre um arquivo XML. Na próxima seção você fará isso, bem como explorará as estruturas do DOM que resultantes.

Como examinar a estrutura de um DOM

Nesta seção, você usará o aplicativo DomEcho adaptado para GUI, criado na seção precedente para examinar visualmente um DOM. Você verá quais nós constituem o DOM e como eles estão distribuídos. Com o conhecimento que adquirir, você estará preparado para construir e modificar as estruturas do Modelo de Objetos de Documento no futuro.

Como exibir uma árvore simples

Começaremos exibindo um arquivo simples de modo que você tenha uma idéia da estrutura básica do DOM. Depois olharemos para a estrutura que resulta quando você inclui alguns elementos XML avançados.

Nota: O código usado para criar as figuras nesta seção está em DomEcho02.java. O arquivo mostrado está em slideSample01.xml. (A versão navegável é slideSample01-xml.html.)

A Figura 6-1 mostra a árvore que você vê quando roda o programa DomEcho no primeiro arquivo XML que criou, slideSample01.xml.

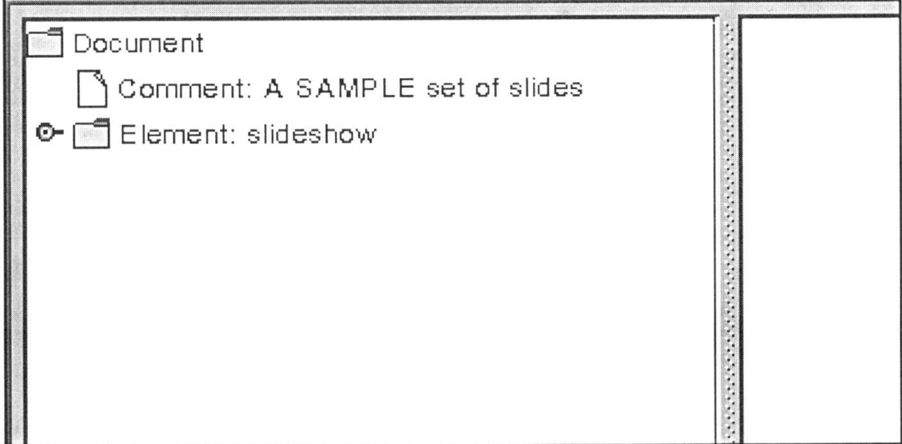

Figura 6-1 *Nós de documento, de comentário e de elemento exibidos.*

Lembre-se de que o primeiro bit de texto exibido para cada nó é o tipo de elemento. Depois disso vem o nome de elemento, se houver algum, e depois o valor de elemento. Esta visualização mostra três tipos de elemento: Document, Comment e Element. Existe apenas um nó de tipo de Document para toda a árvore: o nó-raiz. O nó Comment exibe o atributo de valor, e o nó Element mostra o nome do elemento: slideshow.

Compare a Figura 6-1 com o código no método toString do AdapterNode para ver se o nome ou o valor está sendo mostrado para um nó particular. Se você precisar torná-lo mais claro, modifique o programa para indicar qual propriedade está sendo exibida (por exemplo, com N: name, V: value).

Expandir o elemento slideshow traz o display mostrado na Figura 6-2.

Aqui, você pode ver os nós de Texto e os nós Comment, que são intercalados entre os elementos de slide. Os nós de Texto vazios existem porque não existe nenhuma DTD para dizer ao analisador que não existe nenhum texto. (Geralmente, a vasta maioria de nós em uma árvore do DOM serão nós de Elemento e de Texto.)

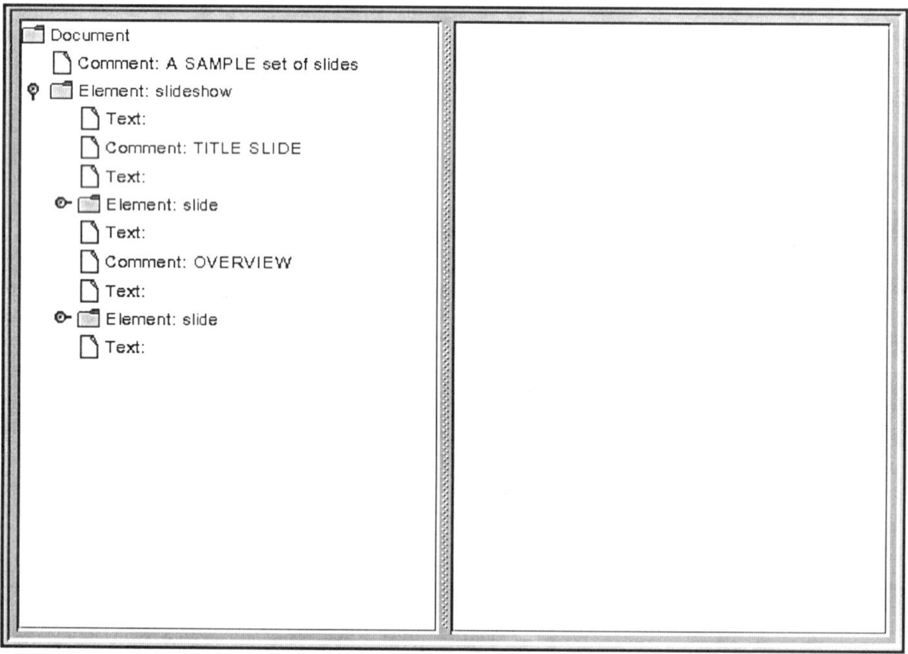

Figura 6-2 *Nó de elemento expandido, como exibir nós sem atributos.*

Nota: Importante! Nós de texto existem sob nós de elemento em um DOM, e os dados são sempre armazenados em nós de texto. Talvez o erro mais comum no processamento do DOM seja navegar para um nó de elemento e esperar que ele contenha o dado que está armazenado nesse elemento. Não é bem assim! Mesmo o nó de elemento mais simples tem um nó de texto debaixo dele que contém os dados. Por exemplo, dado <size>12</size>, há um nó de elemento (size), e um nó de texto sob ele que contém o dado real (12).

Notavelmente ausente deste quadro são os nós de Atributo. Uma inspeção da tabela em org.w3c.dom.Node mostra que existe de verdade um tipo de nó de atributo. Mas os nós de atributo não estão inclusos como filhos na hierarquia do DOM. Eles são obtidos por meio do método getAttributes da interface Node.

Nota: O display dos nós de texto é a razão para incluir as seguintes linhas no método toSTring do AdapterNode. Se você removê-los, você verá caracteres estranhos (normalmente blocos quadrados) que são gerados pelos caracteres de nova linha que estão no texto.

```
String t = domNode.getNodeValue().trim();
int x = t.indexOf("\n");
if (x >= 0) t = t.substring(0, x);
s += t;
```

Como exibir uma árvore mais complexa

Aqui, você exibirá o exemplo do arquivo XML que você criou no final do Capítulo 5 para ver quais referências de entidade, instruções de processamento e seções CDATA aparecem no DOM.

Nota: O arquivo apresentado nesta seção é o slideSample10.xml. O arquivo slideSample10.xml referencia o slideshow3.dtd, que, por sua vez, referencia copyright.xml e um xhtml.dtd (muito simplista). (As versões navegáveis são: slideSample10-xml.html, slideshow3-dtd.html, copyright-xml.html e xhtml-dtd.html.)

A Figura 6-3 mostra o resultado da execução do aplicativo DomEcho no slideSample10.xml, o que inclui uma entrada DOCTYPE que identifica a DTD do documento.

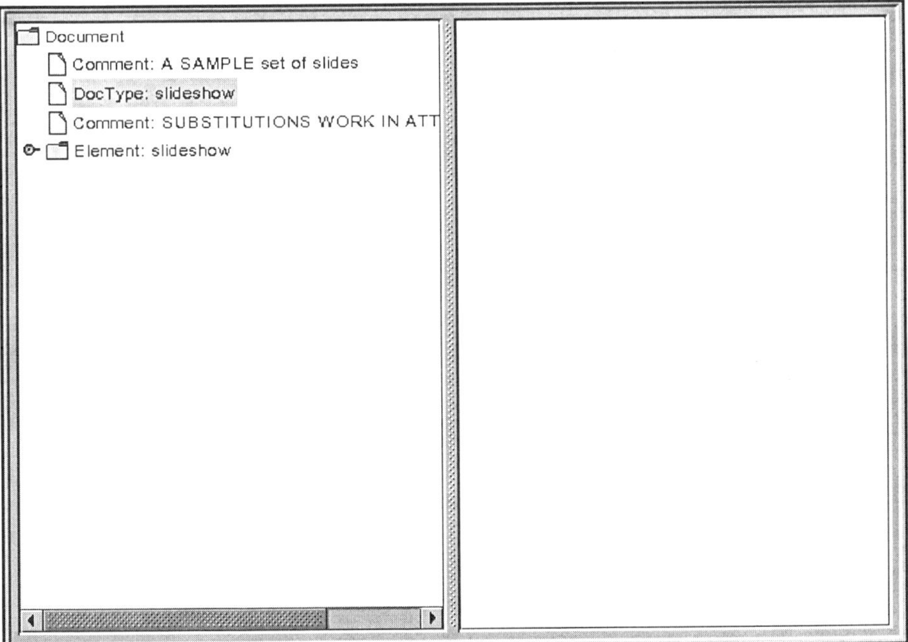

***Figura 6-3** Nó DocType mostrado.*

A interface DocType é na verdade uma extensão de w3c.org.dom.Node. Ela define um método getEntities, que você utiliza para obter os nós Entity – nós que definem entidades tais como entidade do produto, o qual tem o valor WonderWidgets. Como nós de Atributo, nós de Entity não aparecem como filhos de nós do DOM.

Quando você expande o nó de slideshow, você obtém a visualização mostrada na Figura 6-4.

Aqui, o nó de instrução de processamento está destacado, mostrando que esses nós realmente aparecem na árvore. A propriedade name contém a especificação de target, que identifica o aplicativo para o qual a instrução está direcionada. A propriedade de valor contém o texto da instrução.

Note que os nós de texto vazios também são mostrados aqui, ainda que a DTD especifique que um slideshow possa conter somente elementos de slide, nunca de texto. Logicamente, então, você poderia pensar que esses nós não apareceriam. (Quando este arquivo foi rodado através do analisador SAX, esses elementos geraram eventos ignorableWhitespace em vez de eventos de caracteres.)

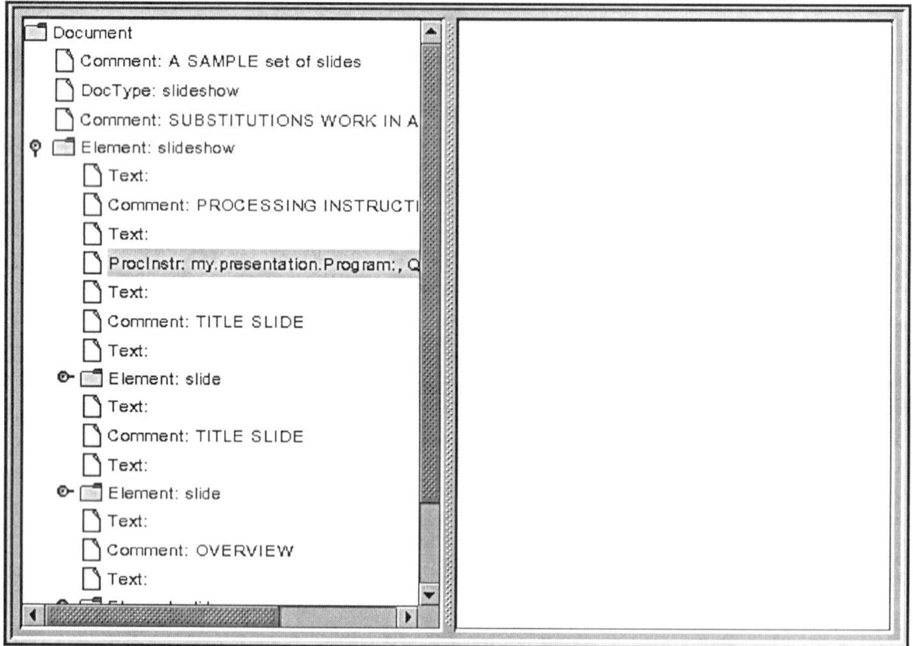

Figura 6-4 *Nó de instrução de processamento mostrado.*

A operações de descer para o segundo elemento de slide e abrir o elemento *item* debaixo dele trazem o display apresentado na Figura 6-5.

Aqui, você pode ver que um nó de texto contendo o texto de direito autoral (em vez da referência de entidade que aponta para ele) foi inserido no DOM.

Para a maioria dos aplicativos, a inserção do texto é exatamente o que você quer. Dessa maneira, quando você estiver olhando para o texto debaixo de um nó, não tem que se preocupar com qualquer referência de entidade que ele possa conter. Para outros aplicativos, todavia, você pode precisar de habilidade para reconstruir o XML original. Por exemplo, um aplicativo de editor precisaria salvar o resultado de modificações do usuário sem jogar fora as referências de entidade no processo.

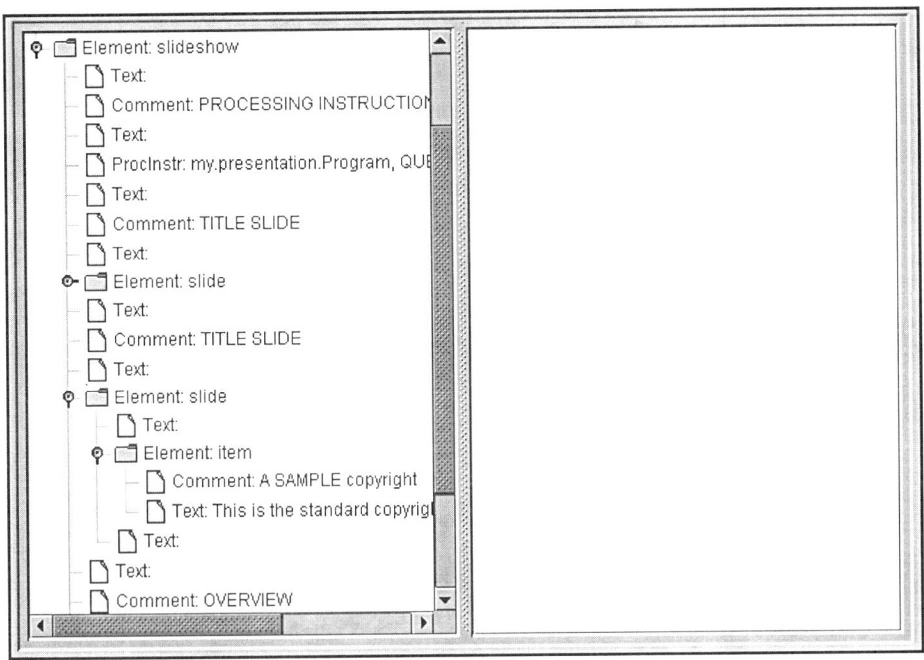

***Figura 6-5** DOM da JAXP 1.2: Texto de item retornado de uma referência de entidade.*

Várias APIs DocumentBuilderFactory dão a você o controle sobre o tipo de estrutura do DOM que é criado. Por exemplo, adicione as seguintes linhas para produzir a estrutura do DOM mostrada na Figura 6-6.

```
public static void main(String argv[])
{
  ...
  DocumentBuilderFactory factory =
  DocumentBuilderFactory.newInstance();
  factory.setExpandEntityReferences(false);
  ...
```

Aqui, o nó de referência de entidade está destacado. Note que a referência de entidade contém nós múltiplos debaixo dela. Este exemplo mostra apenas nós de texto e de comentário, mas a entidade poderia conceptivelmente conter outros nós de elemento.

Descer para o último elemento *item* debaixo do último slide cria o display apresentado na Figura 6-7.

Aqui, o nó CDATA está destacado. Note que não existem nós debaixo dele. Como uma seção CDATA está inteiramente fora de interpretação, todo seu conteúdo está contido na propriedade de valor do nó.

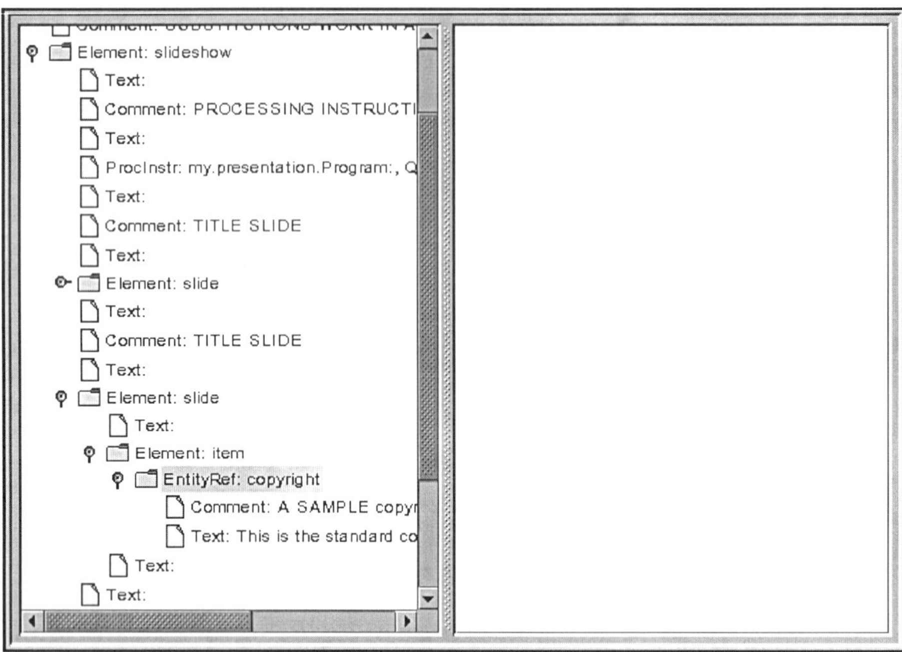

Figura 6-6 *JAXP 1.1 na plataforma 1.4: nó de referência de entidade mostrado.*

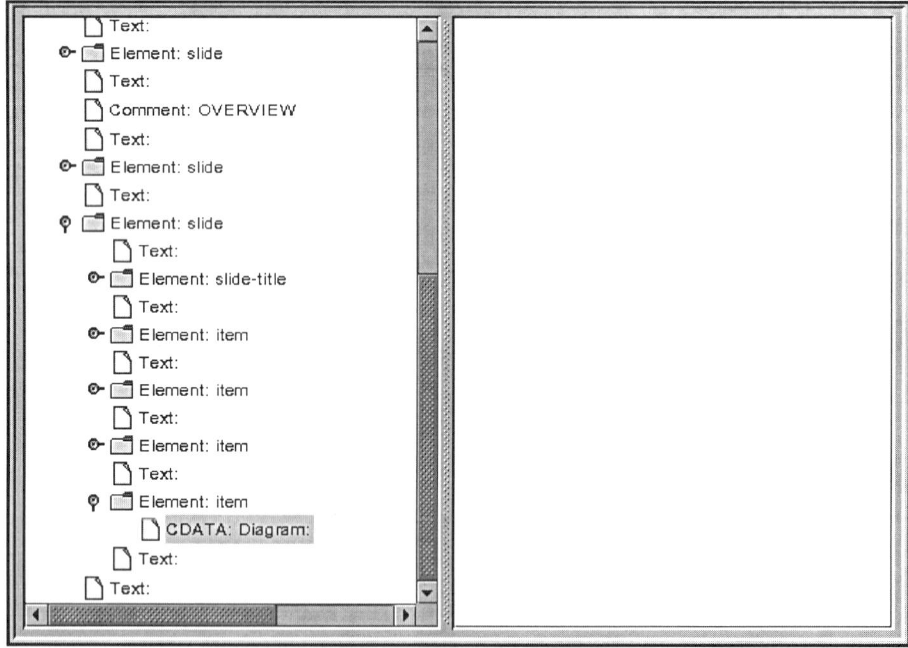

Figura 6-7 *Nó de CDATA mostrado.*

Sumário de controles lexicais

Informação lexical é a informação de que você precisa para reconstruir a sintaxe original de um documento XML. Como discutido anteriormente, preservar a informação lexical é importante na edição de aplicativos, quando você quer salvar um documento que é uma reflexão apurada do original – completa, com comentários, referências de entidade, e todas as seções CDATA que ele possa ter incluído no início.

A maioria dos aplicativos, entretanto, está preocupada apenas com o conteúdo das estruturas XML. Eles podem dar-se ao luxo de ignorar comentários, e eles não se preocupam se os dados foram codificados em uma seção CDATA ou como texto plano, ou se ele incluiu uma referência de entidade. Para tais aplicativos, um mínimo de informação lexical é desejável, porque ela simplifica o número e o tipo de nós do DOM que o aplicativo deve estar preparado para examinar.

Os seguintes métodos DocumentBuilderFactory dão a você o controle sobre a informação lexical que você vê no DOM:

- setCoalescing(): Para converter nós de CDATA para nós de texto e anexar a um nó de texto adjacente (se houver algum)
- setExpandEntityReferences(): Para expandir nós de referência de entidade
- setIgnoringComments(): Para ignorar comentários
- setIgnoringElementContentWhitespace(): Para ignorar espaço em branco que não for parte significativa de conteúdo do elemento

Os valores default para todas essas propriedades é falso, o que preserva todas as informações lexicais para reconstruir o documento de entrada em sua forma original. Defini-los como true permite que você construa o DOM mais simples possível de modo que o aplicativo possa se focar sobre o conteúdo da semântica dos dados sem ter de se preocupar com detalhes da sintaxe lexical. A Tabela 6-2 resume os efeitos das configurações.

Tabela 6-2 DocumentBuilderFactory

API	Preservação da informação Lexical	Foco no conteúdo
SetCoalescing()	Falso	verdadeiro
SetExpandEntityReferences()	Falso	verdadeiro
setIgnoringComments()	Falso	verdadeiro
setIgnoringElementContentWhitespace()	Falso	verdadeiro

Conclusão

Neste momento, você viu a maioria dos nós que você um dia encontrará em uma árvore do DOM. Existem uma ou duas mais que nós mencionaremos na próxima seção, mas você agora sabe o que precisa saber para criar ou modificar uma estrutura do DOM.

Como construir uma JTree amigável do usuário de um DOM

Agora que você sabe como um DOM se parece internamente, está melhor preparado para modificar um DOM ou construir um novo. Antes de continuarmos esse assunto, no entanto, esta seção apresentará algumas modificações para o JTreeModel que lhe permitem produzir uma versão mais amigável de usuário da JTree apropriada para uso em uma GUI.

Nota: Nesta seção, modificamos a GUI Swing para melhorar a exibição, atingindo o ponto máximo em DomEcho04.java. Se não tiver interesse nos detalhes de Swing, pode pular para Como criar e manipular um DOM e usar DomEcho04.java para prosseguir a partir daí.

Como comprimir a visualização da árvore

Exibir o DOM na forma de árvore funciona muito bem para experimentos e para aprendizagem de como um DOM funciona. Mas não é o tipo de exibição amigável que a maioria dos usuários querem ver em uma JTree. Todavia, ocorre que muito poucas modificações são necessárias para transformar o adaptador TreeModel em algo que apresente um exibição amigável do usuário. Nesta seção, você fará essas modificações.

Nota: O código discutido nesta seção está em DomEcho03.java. O arquivo no qual o programa opera se chama slideSample01.xml. (A versão navegável é slideSample01-xml.html.)

Torne a operação selecionável

Quando modifica o adaptador, você vai comprimir a visualização do DOM, eliminando tudo, exceto os nós que você realmente quer exibir. Comece definindo uma variável boolean que controla se você quer a visualização comprimida ou descomprimida do DOM:

```
public class DomEcho extends JPanel
{
  static Document document;
   boolean compress = true;
   static final int windowHeight = 460;
   ...
```

Identifique os nós da árvore

O próximo passo é identificar os nós que você quer mostrar na árvore. Para fazer isso, adicione o seguinte código:

```
...
import org.w3c.dom.Document;
import org.w3c.dom.DOMException;
import org.w3c.dom.Node;

public class DomEcho extends JPanel
{
  ...

  public static void makeFrame() {
   ...
  }

  // An array of names for DOM node type
  static final String[] typeName = {
   ...
  };

  static final int ELEMENT_TYPE = Node.ELEMENT_NODE;

  // The list of elements to display in the tree
  static String[] treeElementNames = {
   "slideshow",
   "slide",
   "title",         // For slide show #1
   "slide-title",   // For slide show #10
   "item",
  };
```

```
boolean treeElement(String elementName) {
  for (int i=0; i<treeElementNames.length; i++) {
    if ( elementName.equals(treeElementNames[i]) )
      return true;
  }
  return false;
}
```

Este código configura uma constante que você pode usar para identificar o tipo de nó de ELEMENTO, declara os nomes dos elementos que você quer na árvore, e cria um método que diz se um determinado nome de elemento é ou não um elemento de árvore. Como slideSample01.xml tem elementos *title*, e como slideSample10.xml tem elementos *slide-title*, você configura o conteúdo deste array de modo que ele funcione também com arquivo de dados.

Nota: O mecanismo que você está criando aqui depende do fato que nós de estrutura como slideshow e slide nunca contêm texto, ao passo que um texto usualmente aparece em nós de conteúdo como *item*. Embora esses nós de "conteúdo" possam conter subelementos em slideShow10.xml, a DTD restringe esses subelementos a serem nós de XHTML. Como eles são nós de XHTML (uma versão de HTML que é coagida a ser bem formada), toda subestrutura debaixo de um nó de item pode ser combinada em uma única string e exibida na htmlPane que faz parte da outra metade da janela do aplicativo. Na segunda parte desta seção, você fará essa concatenação, exibindo o texto e XHTML como conteúdo na htmlPane.

Embora você pudesse simplesmente referenciar os tipos de nós definidos na classe org.w3c.dom.Node, definir a constante ELEMENT_TYPE mantém o código um pouco mais legível. Cada nó no DOM tem um nome, um tipo e (potencialmente) uma lista de subnós. As funções que retornam estes valores são getNodeName(), getNodeType e getChildNodes(). Definir as nossas próprias constantes permite-nos escrever um código como este:

```
Node node = nodeList.item(i);
int type = node.getNodeType();
if (type == ELEMENT_TYPE) {
....
```

Como uma questão de estilística, as constantes extras nos ajudam a manter o leitor (e nós mesmos!) informado daquilo que estamos fazendo. Aqui, fica bastante claro quando estamos lidando com um objeto de nó, e quando estamos lidando com uma constante de tipo. Caso contrário, seria tentador codificar alguma coisa como if (node == ELEMENT_NODE), o que naturalmente não funcionaria de modo algum.

Controle da visibilidade do nó

O próximo passo é modificar, a função childCount do AdapterNode de modo que ela conte apenas com três nós de elemento – nós que são assinalados como exibíveis na JTree. Execute as seguintes modificações para fazer isso:

```
public class DomEcho extends JPanel
{
  ...
  public class AdapterNode
  {
    ...
    public AdapterNode child(int searchIndex) {
      ...
```

```
    }
    public int childCount() {
      if (!compress) {
        // Indent this
        return domNode.getChildNodes().getLength();
      }
      int count = 0;
      for (int i=0;
        i<domNode.getChildNodes().getLength(); i++)
      {
        org.w3c.dom.Node node =
          domNode.getChildNodes().item(i);
        if (node.getNodeType() == ELEMENT_TYPE
        &&  treeElement( node.getNodeName() ))
        {
          ++count;
        }
      }
      return count;
    }
  } // AdapterNode
```

A única parte complicada a respeito de código é checar para se assegurar de que o nó é um nó de elemento antes de comparar o nó. O nó de DocType torna isso necessário, porque ele tem o mesmo nome (slideshow) que o elemento de slideshow.

Controle de acesso do filho

Finalmente, você precisa modificar a função *child* do AdapterNode para retornar o enésimo item da lista de nós exibíveis, ao invés do item enésimo de todos os nós na lista. Adicione o seguinte código para fazer isso:

```
public class DomEcho extends JPanel
{
  ...
  public class AdapterNode
  {
    ...
    public int index(AdapterNode child) {
      ...
    }
    public AdapterNode child(int searchIndex) {
    //Note: JTree index is zero-based.
    org.w3c.dom.Node node =
      domNode.getChildNodes()Item(searchIndex);
    if (compress) {
      // Return Nth displayable node
      int elementNodeIndex = 0;
      for (int i=0;
        i<domNode.getChildNodes().getLength(); i++)
      {
        node = domNode.getChildNodes()Item(i);
        if (node.getNodeType() == ELEMENT_TYPE
        && treeElement( node.getNodeName() )
        && elementNodeIndex++ == searchIndex) {
          break;
        }
      }
    }
    return new AdapterNode(node);
  } // child
}  // AdapterNode
```

Não há nada de especial acontecendo aqui. É uma versão ligeiramente modificada da mesma lógica que você usou ao retornar a contagem do filho.

Cheque os resultados

Quando você compila e roda esta versão do aplicativo no slideSample01.xml e depois expande os nós na árvore, você vê os resultados mostrados na Figura 6-8. Os únicos nós que restam na árvore são os nós de "estrutura" de alto nível.

Crédito adicional

A maneira como o aplicativo se apresenta agora, a informação que diz ao aplicativo como comprimir a árvore para exibição é codificada. Aqui estão algumas maneiras que você pode considerar ao estender o aplicativo:

- *Use um argumento de linha de comando*: Se você comprime ou não comprime uma árvore pode ser determinado por um argumento de linha de comando em vez de ser uma variável boolean codificada. Por outro lado, a lista de elementos que vão dentro de uma árvore é ainda codificada, portanto, essa opção não faz muito sentido, a menos que você ...
- *Leia a lista de treeElement de um arquivo*: Se você ler a lista de elementos para incluir na árvore a partir de um arquivo externo, isso tornaria todo o aplicativo dirigido por comando. Isso seria bom. Mas não seria realmente legal derivar essa informação da DTD ou esquema em vez disso? Portanto, você poderia querer considerar...

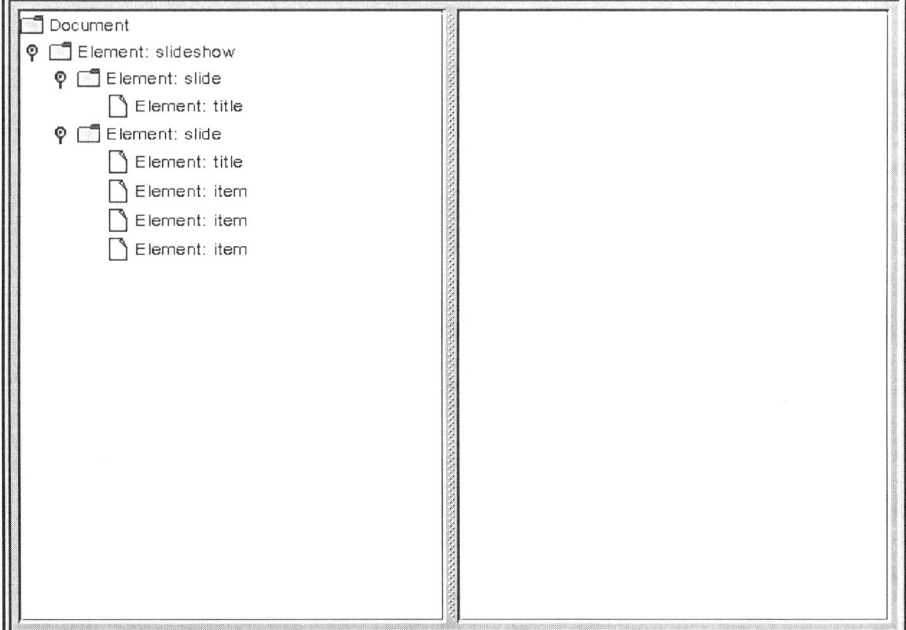

Figura 6-8 *Visualização da árvore com uma hierarquia em colapso.*

- *Construir automaticamente a lista*: Cuidado, então! Do jeito que as coisas estão agora, não há analisadores-padrão DTD! Se você usar uma DTD, então precisará escrever o seu analisador para fazer sentido a sua sintaxe um tanto misteriosa. Você provavelmente terá melhor sorte se usar um esquema no lugar de uma DTD. A coisa interessante sobre esquemas é que eles usam sintaxe XML, de modo que você pode usar um analisador XML para ler o esquema do mesmo modo que você o usa para ler qualquer outro arquivo XML.

À medida que você analisa o esquema, note que os nós da estrutura mostrados na JTree são aqueles que não têm texto, ao passo que os nós de conteúdo podem conter texto e, opcionalmente, subnós XHTML. Essa distinção funciona para este exemplo e provavelmente funcionará para um corpo imenso de aplicativos do mundo real. É fácil construir casos que criarão um problema, portanto, você terá de estar alerta com as especificações para esquema/DTD que incorporem elementos não XHTML em nós com capacidade de texto, e tomam a ação apropriada.

Como atuar em seleções de árvore

Agora que a árvore está sendo exibida apropriadamente, o próximo passo é concatenar as subárvores debaixo de nós selecionados para exibi-las no htmlPane. Enquanto você estiver ocupado com isso, use o texto concatenado para colocar a informação de identificação de nó de volta na JTree.

Nota: O código discutido nesta seção está em DomEcho04.java.

Identifique os tipos de nós

Quando você concatena os sub-nós sob um elemento, o processamento que faz depende do tipo do nó. Portanto, a primeira coisa a fazer é definir constantes para os tipos de nós que restam. Adicione o seguinte código:

```
public class DomEcho extends JPanel
{
  ...
  // An array of names for DOM node types
  static final String[] typeName = {
    ...
  };
  static final int ELEMENT_TYPE =   1;
  static final int ATTR_TYPE = Node.ATTRIBUTE_NODE;
  static final int TEXT_TYPE = Node.TEXT_NODE;
  static final int CDATA_TYPE = Node.CDATA_SECTION_NODE;
  static final int ENTITYREF_TYPE =
                Node.ENTITY_REFERENCE_NODE;
  static final int ENTITY_TYPE = Node.ENTITY_NODE;
  static final int PROCINSTR_TYPE =
                Node.PROCESSING_INSTRUCTION_NODE;
  static final int COMMENT_TYPE = Node.COMMENT_NODE;
  static final int DOCUMENT_TYPE = Node.DOCUMENT_NODE;
  static final int DOCTYPE_TYPE = Node.DOCUMENT_TYPE_NODE;
  static final int DOCFRAG_TYPE = Node.DOCUMENT_FRAGMENT_NODE;
  static final int NOTATION_TYPE = Node.NOTATION_NODE;
```

Concatene subnós para definir o conteúdo do elemento

Em seguida, você define o método que concatena o texto e os subnós para um elemento e o retorna como o conteúdo do elemento. Para definir o método do conteúdo, você adicionará o seguinte bloco grande de código destacado, mas este é o último bloco grande de código no tutorial do DOM.

```
public class DomEcho extends JPanel
{
  ...
  public class AdapterNode
  {
    ...
```

```
    public String toString() {
    ...
    }
    public String content() {
      String s = "";
      org.w3c.dom.NodeList nodeList =
        domNode.getChildNodes();
      for (int i=0; i<nodeList.getLength(); i++) {
        org.w3c.dom.Node node = nodeList.item(i);
        int type = node.getNodeType();
        AdapterNode adpNode = new AdapterNode(node);
        if (type == ELEMENT_TYPE) {
          if ( treeElement(node.getNodeName()) )
            continue;
          s += "<" + node.getNodeName() + ">";
          s += adpNode.content();
          s += "</" + node.getNodeName() + ">";
          } else if (type == TEXT_TYPE) {
            s += node.getNodeValue();
          } else if (type == ENTITYREF_TYPE) {
            // The content is in the TEXT node under it
            s += adpNode.content();
          } else if (type == CDATA_TYPE) {
            StringBuffer sb = new StringBuffer(
              node.getNodeValue() );
            for (int j=0; j<sb.length(); j++) {
              if (sb.charAt(j) == '<') {
                sb.setCharAt(j, '&');
                sb.insert(j+1, "lt;");
                j += 3;
              } else if (sb.charAt(j) == '&') {
                sb.setCharAt(j, '&');
                sb.insert(j+1, "amp;");
                j += 4;
              }
            }
            s += "<pre>" + sb + "</pre>";
          }
        }
        return s;
      }
      ...
} // AdapterNode
```

Nota: Este código derruba os nós EntityRef, como inseridos pelo analisador JAXP 1.1 que está incluído na plataforma Java 1.4. Com JAXP 1.2, essa porção do código não é necessária porque as referências de entidade são convertidas para nós de texto pelo analisador. Outros analisadores podem inserir esses nós, portanto incluir este código põe à prova o seu aplicativo, se você usar um analisador diferente no futuro.

Embora este código não seja o mais eficiente que alguém já tenha escrito, ele funciona e servirá bem para os nossos propósitos. Neste código, você está reconhecendo e lidando com os seguintes tipos de dados:

Elemento

Para elementos com nomes assim como o nó *em* XHTML, você retorna o conteúdo do nó à maneira de um sanduíche entre as tags apropriadas <em> e </em>. Todavia, ao processar o conteúdo para o elemento slideshow, por exemplo, você não inclui tags para os elementos de slide contidos, portanto, ao retornar um conteúdo de nó, você pula quaisquer sub-elementos que se exibem, eles próprios, na árvore.

Texto

Nenhuma surpresa aqui. Para um nó de texto, você simplesmente retorna o valor do nó.

Referência de entidade

Ao contrário de nós de CDATA, referências de entidade podem conter múltiplos sub-elementos. Portanto, a estratégia aqui é retornar a concatenação desses subelementos.

CDATA

Assim como um nó de texto, você retorna o valor do nó. Entretanto, como o texto neste caso pode conter colchetes angulares e ampersands, você precisa convertê-los para um formato que exiba adequadamente em um painel HTML. Ao contrário da tag CDATA XML, a tag <pre> HTML não impede a análise das tags de formatação de caractere, tags de interrupção, e similares. Portanto, você deve converter colchetes angulares esquerdos (<) e ampersands (&) para conseguir que sejam exibidos adequadamente.

Por outro lado, há muitos tipos de nós que você não está processando com o código precedente. Vale a pena examiná-los por um instante e entender por quê.

Atributo

Estes nós não aparecem no DOM mas são obtidos chamando getAttributes sobre nós de elemento.

Entidade

Estes nós também não aparecem no DOM. Eles são obtidos chamando getEntities sobre nós de DocType.

Instruções de processamentos

Estes nós não contêm dados exibíveis.

Comentário

Idem. Nada que você queira mostrar aqui.

Documento

Este é o nó-raiz para o DOM. Não há dados para mostrar isso.

DocType

O nó de DocType contém a especificação da DTD, com ou sem ponteiros externos. Ele aparece apenas abaixo do nó-raíz e não tem dados para exibir na árvore.

Fragmento de documento

Este nó é equivalente a um nó de documento. É um nó-raiz que a especificação do DOM pretende para manter resultados intermediários durante operações como corte e cole, por exemplo. Como acontece com um nó de documento, não há dados para mostrar.

Notação

Estamos simplesmente ignorando isso. Estes nós são usados para incluir dados binários no DOM. Como discutidos anteriormente em Como escolher a sua implementação de analisador e Como usar o DTDHandler e o EntityResolver, os tipos de MIME (em conjunção com namespaces) criam um mecanismo melhor para isso.

Exiba o conteúdo na JTree

Com a concatenação de conteúdo fora do caminho, restam apenas alguns pequenos passos de programação. O primeiro é modificar toString de modo que ela use a primeira linha do conteúdo do nó para identificar informações. Adicione o seguinte código:

```
public class DomEcho extends JPanel
{
  ...
  public class AdapterNode
  {
    ...
    public String toString() {
      ...
      if (! nodeName.startsWith("#")) {
        s += ": " + nodeName;
      }
      if (compress) {
        String t = content().trim();
        int x = t.indexOf("\n");
        if (x >= 0) t = t.substring(0, x);
        s += " " + t;
        return s;
      }
      if (domNode.getNodeValue() != null) {
        ...
      }
      return s;
    }
```

Conectar a JTree ao JEditorPane

Retornando agora ao construtor do aplicativo, crie um receptor de seleção de árvore e o use para conectar a JTree ao JeditorPane:

```
public class DomEcho extends JPanel
{
  ...
  public DomEcho()
  {
    ...
    // Build right-side view
    JEditorPane htmlPane = new JEditorPane("text/html","");
    htmlPane.setEditable(false);
    JScrollPane htmlView = new JScrollPane(htmlPane);
    htmlView.setPreferredSize(
      new Dimension( rightWidth, windowHeight ));

      tree.addTreeSelectionListener(
        new TreeSelectionListener() {
          public void valueChanged(TreeSelectionEvent e)
          {
            TreePath p = e.getNewLeadSelectionPath();
            if (p != null) {
              AdapterNode adpNode =
                (AdapterNode)
                  p.getLastPathComponent();
              htmlPane.setText(adpNode.content());
            }
          }
        }
      );
```

Agora, quando um nó de JTree for selecionado, o seu conteúdo será fornecido ao htmlPane.

Nota: O TreeSelectionListener, neste exemplo, é criado com o uso de um adaptador de classe interna anônimo. Se você estiver programando para a versão 1.1 da plataforma, precisará definir uma classe externa para este propósito.

Se você compilar esta versão do aplicativo, descobrirá imediatamente que o hmtlPane precisa ser especificado como final para ser referenciado como uma classe interna, portanto, adicione a seguinte palavra-chave em destaque:

```
public DomEcho04()
{
  ...
  // Build right-side view
  final JEditorPane htmlPane = new
    JEditorPane("text/html","");
  htmlPane.setEditable(false);
  JScrollPane htmlView = new JScrollPane(htmlPane);
  htmlView.setPreferredSize(
    new Dimension( rightWidth, windowHeight ));
```

Rode o aplicativo

Quando você compilar o aplicativo e rodá-lo no slideSample10.xml (a versão navegável é slideSample10-xml.html), obterá uma exibição como a mostrada na Figura 6-9. Expandir a hierarquia mostrará que a JTree incluirá a identificação de texto para um nó sempre que possível.

Selecionar um item que inclui subelementos produz uma exibição como a apresentada na Figura 6-10:

Selecionar um nó que contém uma referência de entidade faz com que o texto de entidade seja inluído, como mostrado na Figura 6-11.

Finalmente, selecionar um nó que inclui uma seção CDATA produz resultados como aqueles mostrados na Figura 6-12.

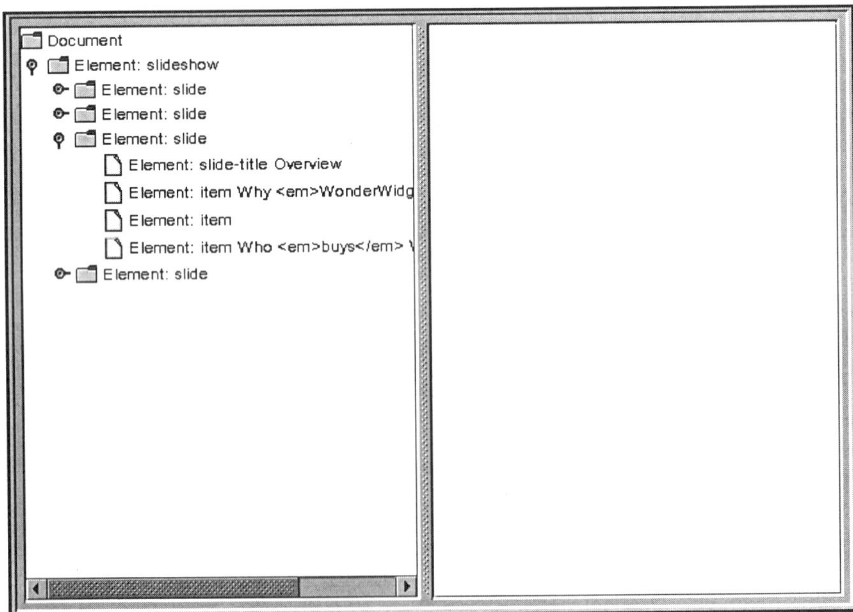

Figura 6-9 *Hierarquia em colapso mostrando texto em nós.*

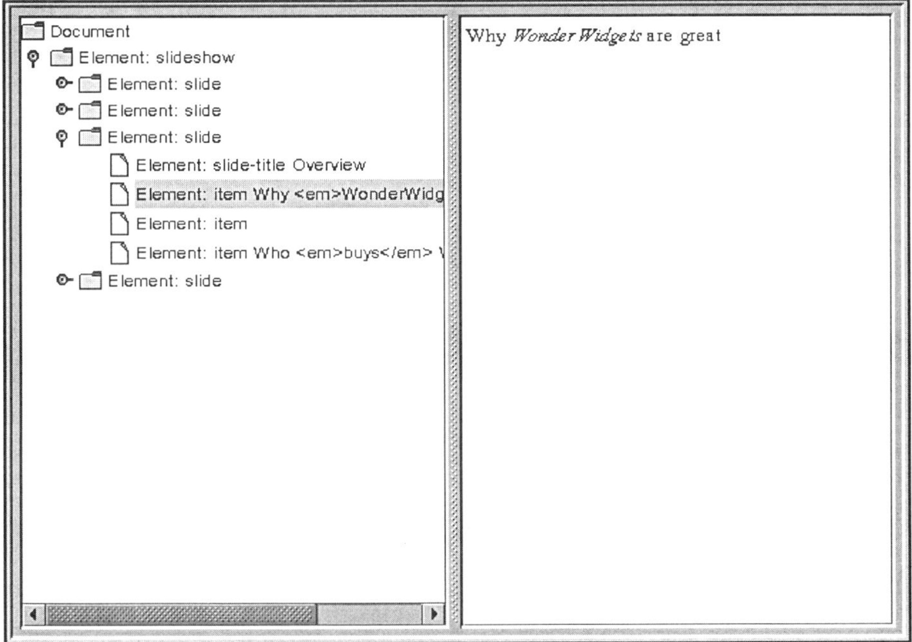

Figura 6-10 *Nó com Tag <em> selecionado.*

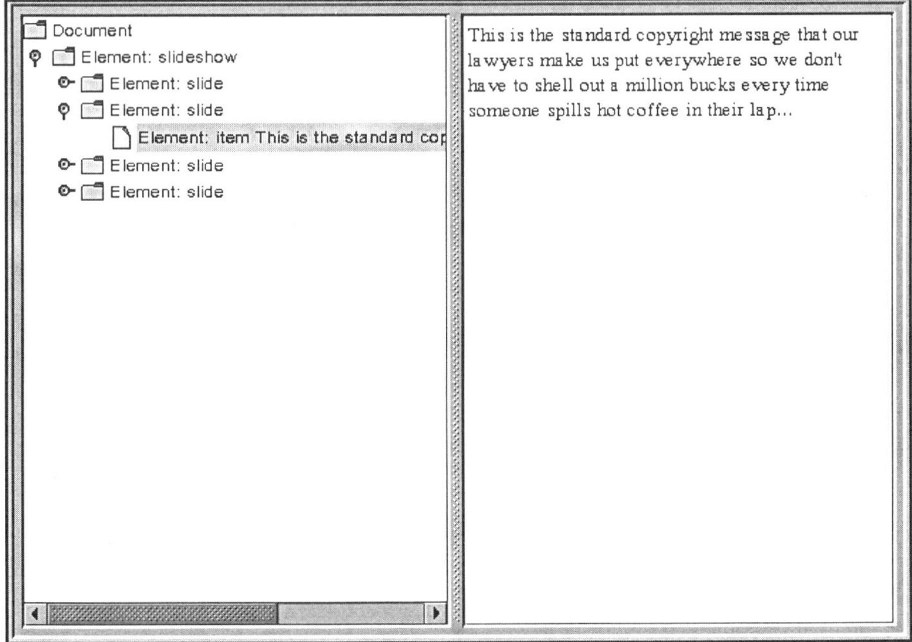

Figura 6-11 *Nó com referência de entidade selecionado.*

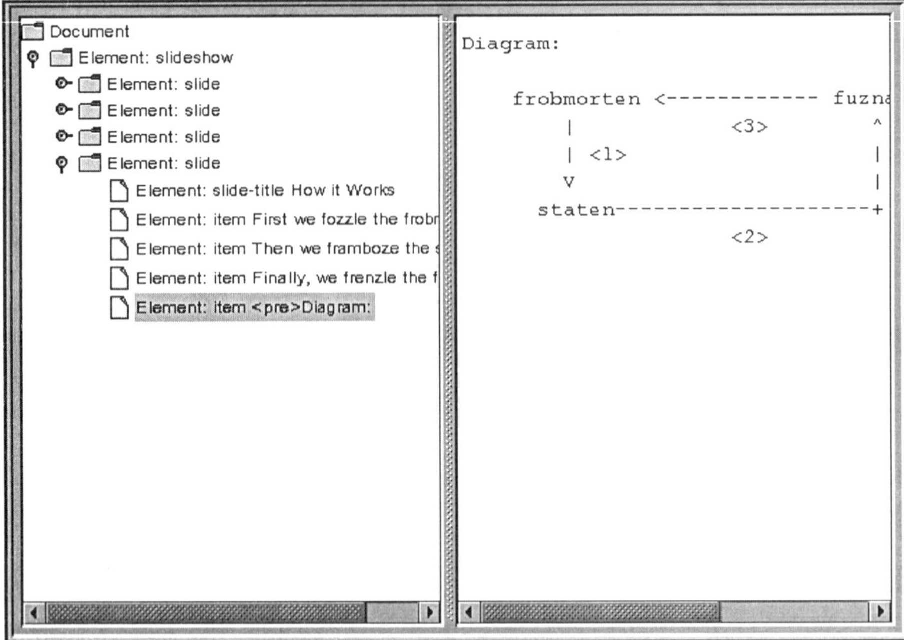

Figura 6-12 *Nó com componente CDATA selecionado.*

Crédito adicional

Agora que você está com o aplicativo funcionando, aqui estão algumas maneiras que você pode considerar a fim de estendê-lo no futuro:

- *Use texto de título para identificar slides:* Caso especial do elemento *slide* de modo que o conteúdo do nó *title* seja usado como texto de identificação. Quando selecionado, converta o conteúdo do nó de título para uma tag centrada H1, e ignore o elemento *title* ao construir a árvore.
- *Converta elementos de item para listas*: Remova os elementos *item* de uma JTree e os converta para listas HTML usando tags <ul>, <li>, e </ul>, incluindo-as no conteúdo de slide quando o slide for selecionado.

Como tratar modificações

Uma discussão completa dos mecanismos para modificar o modelo de dados subjacentes de JTree está além do escopo deste tutorial. Todavia, algumas palavras sobre o assunto estão na ordem.

O mais importante: note que se você permite que o usuário modifique a estrutura manipulando a JTree, você deve levar em conta a compressão quando tiver de imaginar onde aplicar a modificação. Por exemplo, se você estiver mostrando texto na árvore e o usuário modifica isso, as alterações devem ser aplicadas aos subelementos do texto e, talvez, exijam um rearranjo da subárvore XHTML.

Quando você fizer essas alterações, precisará entender mais sobre as interações entre uma JTree, o seu TreeModel e um modelo de dados subjacente. Esse assunto está abordado com profundidade no artigo da Swing Connection, "Entendendo o TreeModel" no endereço http://java.sun.com/products/jfc/tsc/articles/jtree/index.html.

Conclusão

Você agora entende o que é preciso saber sobre a estrutura de um DOM, e você sabe como adaptar um DOM para criar uma exibição amigável para o usuário em uma JTree. Tivemos um bocado de codificação, mas com retorno você conseguiu ferramentas valiosas para expor uma estrutura do DOM e um gabarito para aplicativos GUI. Na próxima seção, você fará algumas modificações menores para o código que transforma o aplicativo em um veículo para experimentações, e depois você fará experimentos ao construir e manipular um DOM.

Como criar e manipular um DOM

Por enquanto, você compreende a estrutura dos nós que fazem parte de um DOM. Criar um DOM é fácil. Esta seção do tutorial do DOM vai dar muito menos trabalho do que qualquer coisa que você tenha visto até agora. Todo o trabalho que passou, todavia, gerou o entendimento básico que torna está seção muito fácil.

Como obter um DOM da fábrica

Nesta versão do aplicativo, você ainda criará uma fábrica de construtor de documento, mas desta vez você dirá a ela para criar um novo DOM ao invés de analisar um documento XML existente. Você manterá intacta toda funcionalidade existente, e adicionará uma nova funcionalidade de tal forma que poderá bater com uma varinha para voltar o comportamento do analisador.

Nota: O código discutido nesta seção está em DomEcho05.Java.

Modifique o código

Comece desativando o recurso de compressão. Como você trabalha com o DOM nesta seção, você vai querer ver todos os nós:

```
public class DomEcho05 extends JPanel
{
  ...
  boolean compress = true;
  boolean compress = false;
```

A seguir, você cria um método buildDom que cria o objeto *document.* O jeito mais fácil é criar o método e depois copiar a seção de construção do DOM a partir do método principal para criar o buildDom. As modificações exibidas a seguir mostram a você as alterações necessárias para tornar esse código adequado para o método buildDom.

```
public class DomEcho05  extends JPanel
{
  ...
  public static void makeFrame() {
    ...
  }
  public static void buildDom()
  {
    DocumentBuilderFactory factory =
      DocumentBuilderFactory.newInstance();
    try {
      DocumentBuilder builder =
        factory.newDocumentBuilder();
      document = builder.parse( new File(argv[0]) );
      document = builder.newDocument();
    } catch (SAXException sxe) {
      ...
```

```
  } catch (ParserConfigurationException pce) {
    // Parser with specified options can't be built
    pce.printStackTrace();
    } catch (IOException ioe) {
      ...
    }
  }
```

Neste código, você substitui a linha que faz a análise pela que cria um DOM. Depois, como o código não está mais mais analisando um arquivo existente, você remove as exceções que não mais serão lançadas: SAXException e IOException.

E como você vai estar trabalhando com objetos Element, adicione a declaração para importar essa classe no topo do programa.

```
import org.w3c.dom.Document;
import org.w3c.dom.DOMException;
import org.w3c.dom.Element;
```

Crie nós de elemento e de texto

Agora, para seu primeiro experimento, adicione as operações de Document para criar um nó-raiz e vários filhos:

```
public class DomEcho05  extends JPanel
{
  ...
  public static void buildDom()
  {
    DocumentBuilderFactory factory =
      DocumentBuilderFactory.newInstance();
    try {
      DocumentBuilder builder =
        factory.newDocumentBuilder();
      document = builder.newDocument();
      // Create from whole cloth
      Element root =
        (Element)
          document.createElement("rootElement");
      document.appendChild(root);
      root.appendChild(
        document.createTextNode("Some") );
      root.appendChild(
        document.createTextNode(" ")    );
      root.appendChild(
        document.createTextNode("text") );
    } catch (ParserConfigurationException pce) {
      // Parser with specified options can't be built
      pce.printStackTrace();
    }
  }
```

Finalmente, modifique o código de checagem da lista de argumentos no topo do método principal de modo que você chame buildDom e makeFrame ao invés de gerar um erro:

```
public class DomEcho05  extends JPanel
{
  ...
  public static void main(String argv[])
  {
```

```
if (argv.length != 1) {
  System.err.println("...");
  System.exit(1);
  buildDom();
  makeFrame();
  return;
}
```

Isso é tudo que há para ele! Agora se você fornecer um argumento o arquivo especificado será analisado, e se você não fornecer, o código experimental que constrói um DOM será executado.

Rode o aplicativo

Compile e rode o programa sem os argumentos, produzindo o resultado mostrado na Figura 6-13.

Como normalizar o DOM

Neste experimento, você vai manipular o DOM que criou normalizando-o depois que ele foi construído.

Nota: O código discutido nesta seção está em DomEcho06.java.

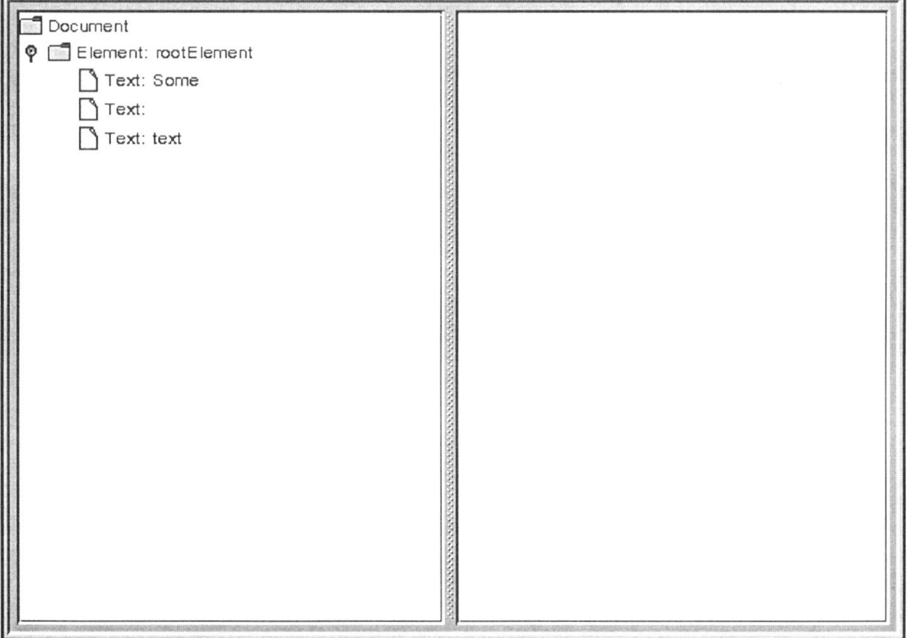

Figura 6-13 *Nó de elemento e nós de texto criados.*

Adicione o seguinte código para normalizar o DOM:

```
public static void buildDom()
{
  DocumentBuilderFactory factory =
    DocumentBuilderFactory.newInstance();
```

```
try {
  ...
  root.appendChild( document.createTextNode("Some") );
  root.appendChild( document.createTextNode(" ") );
  root.appendChild( document.createTextNode("text") );
  document.getDocumentElement().normalize();

} catch (ParserConfigurationException pce) {
    ...
```

Neste código, getDocumentElement retorna o nó-raiz do documento, e a operação de normalização manipula a árvore debaixo dela.

Quando você compila e roda o aplicativo agora, o resultado se parece com o que a Figura 6-14 mostra.

Aqui, você pode ver que os nós de textos adjacentes foram combinados em um único nó. A operação de normalização é aquela que você normalmente usa depois de fazer modificações para um DOM, para assegurar que o DOM resultante seja tão compacto quanto possível.

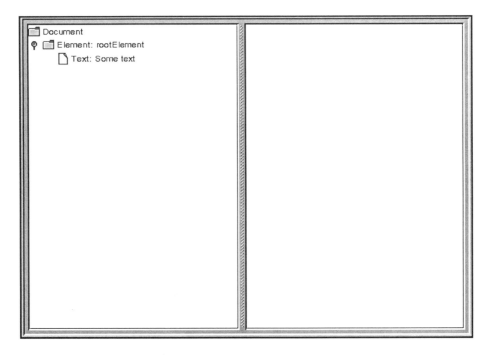

Figura 6-14 *Nós de texto mesclados depois da normalização*

Nota: Agora que você tem este programa para fazer experimentos, veja o que acontece com outras combinações de CDATA, referências de entidade, e nós de texto, quando você normaliza a árvore.

Outras operações

Para completar esta seção, daremos uma olhada rápida em algumas das outras operações que você pode aplicar a um DOM:

- ❑ Percorrer nós
- ❑ Procurar nós
- ❑ Obter o conteúdo do nó

- ❑ Criar atributos
- ❑ Remover e alterar nós
- ❑ Inserir nós

Percorrer nós

A interface org.w3c.dom.Node define um número de métodos que você pode usar para percorrer nós, incluindo getFirstChild, getLastChild, getNextSibling, getPreviousSibling e getParentNode. Essas operações são suficientes para chegar de qualquer lugar na árvore para qualquer outra localização da árvore.

Procurar nós

Quando você está procurando um nó com um nome particular, há um pouco mais para levar em consideração. Embora esteja tentando obter o primeiro filho e inspecioná-lo para ver se é o correto, a procura deve levar em conta o fato que o primeiro filho na sublista pode ser um comentário ou uma instrução de processamento. Se o dado XML não foi validado, ele pode ser até mesmo um nó de texto contendo espaços em branco ignoráveis.

Em essência, você precisa olhar através da lista dos nós de filhos, ignorando aqueles que não dizem respeito e examinar aqueles com os quais você se preocupa. Aqui está um exemplo do tipo de rotina de que você precisa para escrever ao procurar nós em uma hierarquia do DOM. Ele é apresentado em sua plenitude (completo com comentários) de modo que você possa usá-lo como gabarito em seus aplicativos.

```
/**
  * Encontre o subnó nomeado eum uma lista de nós.
  * <li>Ignora comentários e instruções de processamento.
  * <li>Ignora nós de TEXTO (provavelmente por existir e conter
  *   espaço em branco ignorável, se não estiver validando.
  * <li>Ignora nós de CDATA e nós de EntityRef.
  * <li>Examina nós de elemento para encontrar um com
  *   o nome especificado.
  * </ul>
  * @param name  o nome da tag para o elemento encontrar
  * @param node  o nó de elemento a partir do qual inicia a procura
  * @return o Nó encontrado
  */
public Node findSubNode(String name, Node node) {
  if (node.getNodeType() != Node.ELEMENT_NODE) {
    System.err.println(
        "Error: Search node not of element type");
    System.exit(22);
  }

  if (! node.hasChildNodes()) return null;

  NodeList list = node.getChildNodes();
  for (int i=0; i < list.getLength(); i++) {
    Node subnode = list.item(i);
    if (subnode.getNodeType() == Node.ELEMENT_NODE) {
      if (subnode.getNodeName().equals(name)) return subnode;
    }
  }
  return null;
}
```

Para uma explanação mais profunda deste código, veja Complexidade aumenta e Quando usar DOM.

Note, também, que você pode usar APIs descritas no Sumário de controles lexicais para modificar o tipo do DOM que o analisador constrói. O interessante deste código, no entanto, é que ele funciona para quase qualquer DOM.

Como obter o conteúdo do nó

Quando você quiser obter o texto contido em um nó, novamente precisará olhar através da lista de nós-filho, ignorando entradas que não são preocupantes e acumular o texto que você encontra nos nós de TEXTO, nós de CDATA, e nós de EntityRef.

Aqui está um exemplo desse tipo de rotina que você pode usar para esse processo:

```
/**
  * Return the text that a node contains.  This routine:<ul>
  * <li>Ignores comments and processing instructions.
  * <li>Concatenates TEXT nodes, CDATA nodes, and the results of
  *   recursively processing EntityRef nodes.
  * <li>Ignores any element nodes in the sublist.
  * (Other possible options are to recurse into element
  *   sublists or throw an exception.)
  * </ul>
  * @param node a DOM node
  * @return a String representing its contents
  */
public String getText(Node node) {
  StringBuffer result = new StringBuffer();
  if (! node.hasChildNodes()) return "";

  NodeList list = node.getChildNodes();
  for (int i=0; i < list.getLength(); i++) {
    Node subnode = list.item(i);
    if (subnode.getNodeType() == Node.TEXT_NODE) {
      result.append(subnode.getNodeValue());
    }
    else if (subnode.getNodeType() ==
        Node.CDATA_SECTION_NODE)
    {
      result.append(subnode.getNodeValue());
    }
    else if (subnode.getNodeType() ==
        Node.ENTITY_REFERENCE_NODE)
    {
      // Recurse into the subtree for text
      // (and ignore comments)
      result.append(getText(subnode));
    }
  }
  return result.toString();
}
```

Para uma explanação mais profunda deste código, veja Complexidade aumenta e Quando usar DOM.

Novamente, você pode simplificar este código usando as APIs descritas no Sumário de controles lexicais para modificar o tipo do DOM que o analisador constrói. O interessante deste código, no entanto, é que ele funciona para quase qualquer DOM.

Como criar atributos

A interface org.w3c.dom.Element, que estende Node, define uma operação setAttribute, a qual adiciona um atributo para esse nó. (Um nome melhor do ponto de vista da plataforma Java teria sido addAttribute. O atributo não é uma propriedade da classe, e um novo objeto é criado.)

Você também pode usar a operação createAttribute de Document para criar uma instância de Attribute e depois usar o método setAttributeNode para adicioná-lo.

Como remover e modificar nós

Para remover um nó, você usa seu método removeChild do nó-pai. Para modificá-lo, pode usar tanto o método replaceChild do nó-pai, como a operação setNodValue do nó.

Como inserir nós

A coisa importante para lembrar ao criar novos nós é que, quando você cria um nó de elemento, o único dado que você especifica é um nome. Com efeito, o nó fornece a você um gancho para pendurar as coisas. Você pendura um item no gancho adicionando-o a sua lista de nós-filho. Por exemplo, você poderia adicionar um nó de texto, um nó de CDATA, ou um nó de atributo. Quando você constrói, tenha em mente a estrutura que você examinou nos exercícios que viu neste tutorial. Lembre: cada nó na hierarquia é extremamente simples, contendo apenas um elemento de dado.

Conclusão

Parabéns! Você aprendeu como um DOM está estruturado e como manipulá-lo. E você tem agora um aplicativo DomEcho que pode usar para mostrar uma estrutura do DOM, condensá-lo para dimensões compatíveis da GUI, e fazer experimentos para ver como várias operações afetam a estrutura. Divirta-se com ele!

Como validar com Esquema XML

Agora você está pronto para dar uma olhada mais profunda no processo de validação do Esquema XML. Embora um tratamento completo de Esquema XML esteja além do escopo deste tutorial, esta seção vai mostrar a você os passos a seguir para validar um documento XML usando uma definição de Esquema XML. (Para aprender mais sobre Esquema XML, você pode visitar o tutorial on-line, *XML Schema Part 0: Primer*, no endereço http://www.w3.org/TR/xmlschema-0/. Você também pode examinar os programas de amostra que fazem parte do download JAXP. Eles utilizam uma definição de Esquema XML para validar dados do pessoal armazenados em um arquivo XML.

No final desta seção, você também aprenderá como usar uma definição de Esquema XML para validar um documento que contenha elementos de múltiplos namespaces.

Resumo geral do processo de validação

Para ser notificado dos erros de validação em um documento XML, as seguintes afirmações deve ser verdadeiras:

- ❑ A fábrica deve estar configurada, e o tratador de erros apropriado definido.
- ❑ O documento deve estar associado a pelo menos um esquema, e possivelmente mais.

Como configurar a fábrica DocumentBuilder

É proveitoso começar a definir as constantes que você usará ao configurar a fábrica. (Estas são as mesmas constantes que você define ao utilizar Esquema XML para análise SAX.)

```
static final String JAXP_SCHEMA_LANGUAGE =
  "http://java.sun.com/xml/jaxp/properties/schemaLanguage";
static final String W3C_XML_SCHEMA =
  "http://www.w3.org/2001/XMLSchema";
```

Em seguida, você configura DocumentBuilderFactory para gerar um analisador de validação consciente de namespace que utiliza Esquema XML:

```
...
  DocumentBuilderFactory factory =
       DocumentBuilderFactory.newInstance()
  factory.setNamespaceAware(true);
  factory.setValidating(true);
try {
  factory.setAttribute(JAXP_SCHEMA_LANGUAGE, W3C_XML_SCHEMA);
}
catch (IllegalArgumentException x) {
  // Happens if the parser does not support JAXP 1.2
  ...
}
```

Como analisadores compatíveis com JAXP não são conscientes de namespace por default, é necessário definir a propriedade para a validação do esquema funcionar. Você também define um atributo de fábrica para especificar a linguagem do analisador a usar. (Para análise de SAX, por outro lado, você define a propriedade no analisador gerado pela fábrica.)

Como associar um documento a um esquema

Agora que o programa está pronto para validar com uma definição de Esquema XML, é necessário apenas assegurar que o documento XML esteja associado a (pelo menos) um esquema. Há duas maneiras de fazer isso:

- Com uma declaração de esquema no documento XML.
- Especificando o(s) esquema(s) a usar no aplicativo

Nota: Quando o aplicativo especifica o(s) esquema(s) para usar, ele sobrescreve quaisquer declarações de esquema do documento.

Para especificar a definição de esquema no documento, você cria um XML como este:

```
<documentRoot
  xmlns:xsi="http://www.w3.org/2001/XMLSchema-instance"
  xsi:noNamespaceSchemaLocation='YourSchemaDefinition.xsd'
>
  ...
```

O primeiro atributo define o prefixo do namespace XML (xmlns), xsi, que representa a "instância de Esquema XML". A segunda linha especifica o esquema a usar para os elementos do documento que não possuem um prefixo de namespace – isto é, para os elementos que você normalmente define em qualquer documento simples e descomplicado. (Você verá como lidar com namespaces múltiplos na próxima seção.)

Você também pode especificar o arquivo de esquema no aplicativo:

```
static final String schemaSource = "YourSchemaDefinition.xsd";
static final String JAXP_SCHEMA_SOURCE =
    "http://java.sun.com/xml/jaxp/properties/schemaSource";
...
DocumentBuilderFactory factory =
    DocumentBuilderFactory.newInstance()
...
factory.setAttribute(JAXP_SCHEMA_SOURCE,
    new File(schemaSource));
```

Aqui, também, há mecanismos à sua disposição que permitirão que você especifique múltiplos esquemas. Daremos uma olhada neles em seguida.

Como validar com múltiplos namespaces

Namespaces permitem que você combine elementos que servem a diferentes propósitos no mesmo documento sem ter de se preocupar com a sobreposição de nomes.

Nota: O material discutido nesta seção também se aplica à validação ao usar o analisador SAX. Você o está vendo aqui, porque, neste ponto, você já aprendeu o bastante sobre namespaces para que a discussão tenha sentido.

Para inventar um exemplo, considere um conjunto de dados XML que faça o rastreamento dos dados do pessoal. O conjunto de dados poderá as incluir informações do formulário de tributos W2 bem como as informações do formulário de contratações de empregados, com ambos os elementos chamados <form> em seus respectivos esquemas.

Se um prefixo for definido pelo namespace tax, e um outro prefixo para o namespace hiring (de contratação), então os dados do pessoal poderão incluir segmentos como este:

```
<employee id="...">
  <name>....</name>
  <tax:form>
    ...w2 tax form data...
  </tax:form>
  <hiring:form>
    ...employment history, etc....
  </hiring:form>
</employee>
```

O conteúdo do elemento tax:form obviamente seria diferente do conteúdo do hiring:form e teria de ser validado diferentemente.

Note também que, neste exemplo, existe um namespace default ao qual pertencem os nomes não qualificados dos elementos employee e name. Para o documento ser validado adequadamente, o esquema para esse namespace deve ser declarado, bem como os esquemas para os namespaces de tributo e de contratação.

Nota: O namespace "default" é realmente um namespace específico. Ele é definido como o "namespace que não tem nome." Portanto, você não pode simplesmente usar um namespace como seu default esta semana, e um outro namespace como default depois. Este "namespace sem nome" (ou "namespace nulo") é como o número zero. Ele não tem qualquer valor para ser chamado (nenhum nome), mas ele ainda está corretamente definido. Portanto, um namespace que não tem um nome nunca pode ser usado como namespace default.

Quando analisado, cada elemento no conjunto de dados será validado contra o esquema apropriado, enquanto esses esquemas tiverem sido declarados. De novo, os esquemas podem ser declarados tanto como parte do conjunto de dados XML como no programa. (É também possível mixar as declarações. Em geral, todavia, é uma boa idéia manter todas as declarações juntas em um só lugar.)

Como declarar os esquemas no conjunto de dados XML

Para declarar os esquemas para usar no exemplo precedente do conjunto de dados, o código XML seria como este:

```
<documentRoot
  xmlns:xsi="http://www.w3.org/2001/XMLSchema-instance"
  xsi:noNamespaceSchemaLocation="employeeDatabase.xsd"
  xsi:schemaLocation=
    "http://www.irs.gov/ fullpath/w2TaxForm.xsd
    http://www.ourcompany.com/ relpath/hiringForm.xsd"
  xmlns:tax="http://www.irs.gov/"
  xmlns:hiring="http://www.ourcompany.com/"
>
  ...
```

A declaração noNamespaceSchemaLocation é alguma coisa que você já viu antes, como são as duas últimas entradas, que definem os prefixos de namespace tax e hiring. O que há de novo é a entrada no meio, que define as localizações dos esquemas para usar cada namespace referenciado no documento.

A declaração xsi:schemaLocation consiste em pares de entradas, onde a primeira entrada em cada par é um URI totalmente qualificado que especifica o namespace, e a segunda entrada contém um caminho completo ou um caminho relativo para uma definição de esquema. (Em geral, caminhos totalmente qualificados são recomendados. Dessa maneira, apenas uma cópia do esquema tenderá a existir.)

Note que você não pode usar os prefixos de namespace ao definir as localizações de esquema. A declaração xsi:schemaLocation entende somente nomes de namespaces e não prefixos.

Como declarar os esquemas no aplicativo

Para declarar os esquemas equivalentes no aplicativo, o código seria alguma coisa como isto:

```
static final String employeeSchema = "employeeDatabase.xsd";
static final String taxSchema = "w2TaxForm.xsd";
static final String hiringSchema = "hiringForm.xsd";

static final String[] schemas = {
  employeeSchema,
  taxSchema,
  hiringSchema,
  };
```

```
static final String JAXP_SCHEMA_SOURCE =
  "http://java.sun.com/xml/jaxp/properties/schemaSource";

...
DocumentBuilderFactory factory =
  DocumentBuilderFactory.newInstance()

...
factory.setAttribute(JAXP_SCHEMA_SOURCE, schemas);
```

Aqui, o array de strings, que aponta para as definições de esquema (arquivos .xsd), é passado como argumento para o método factory.setAttribute. Note as diferenças quando você estava declarando os esquemas para usar como parte do conjunto de dados XML:

- Não existe declaração especial para o esquema default (sem nome)
- Você não especifica o nome do namespace. Em vez disso, você apenas fornece ponteiros para os arquivos .xsd

Para fazer atribuições de namespace, o analisador lê os arquivos .xsd, e encontra neles o nome do *namespace-destino* para eles aplicarem. Como os arquivos estão especificados com os URIs, o analisador pode usar um EntityResolver (se um foi definido) para encontrar uma cópia local do esquema.

Se a definição de esquema não define um namespace-destino, então ela se aplica ao namespace default (sem nome ou nulo). Portanto, em nosso exemplo, você esperaria ver essas declarações de namespace-destino nos esquemas:

- employeeDatabase.xsd: nenhum
- w2TaxForm.xsd: http://www.irs.gov/
- hiringForm.xsd: http://www.ourcompany.com

Neste momento, você viu dois valores possíveis para a propriedade de origem do esquema ao chamar o método factory.setAttribute(): um objeto File em factory.setAttribute(JAXP_SCHEMA_SOURCE, new File(schemaSource)) e um array de strings em factory.setAttribute(JAXP_SCHEMA_SOURCE, schemas). Aqui está uma lista completa dos valores possíveis para esse argumento:

- Uma string que aponta para o URI do esquema
- Um InputStream com o conteúdo do esquema
- Um InputSource Sax
- Um File
- Um array de Objetos, cada um dos quais é um dos tipos definidos aqui

---

Nota: Um array de Objetos pode ser usado somente quando a linguagem de esquema (como http://java.sun.com/xml/jaxp/properties/schemaLanguage) tem a habilidade de montar um esquema em tempo de execução. Também, quando um array de Objetos é passado, é ilegal ter dois esquemas que compartilhem o mesmo namespace.

Informações adicionais

Para informações adicionais sobre o TreeModel, consulte

- "Understanding the TreeModel":

  http://java.sun.com/products/jfc/tsc/articles/jtree/index.html

Para informações adicionais sobre o Objeto de Modelo de Documento W3C (DOM), consulte

- The DOM standard page: http://www.w3.org/DOM/

Para maiores informações sobre os mecanismos de validações baseados em esquemas, consulte

- O mecanismo de validação-padrão W3C, XML Schema:

  http://www.w3.org/XML/Schema
- Mecanismo de validação-padrão baseado em expressão regular da RELAX NG:

  http://www.oasis-open.org/committees/relax-ng/
- O mecanismo de validação baseado em asserção da Schematron: http://www.ascc.net/xml/resource/schematron/schematron.html

7

Transformações de Linguagem de Folhas de Estilos Extensíveis

A Linguagem de Folhas de Estilos Extensíveis (Extensible Stylesheet Language Transformations, XSLT) de padrão define mecanismos para endereçamentos de dados XML (XPath) e para especificar transformações nos dados de modo a convertê-los em outros formatos. JAXP inclui uma implementação de interpretação de XSLT chamada Xalan ("Zay-lahn").

Nota: O termo Xalan não parece ser padrão para nada. Dizem que é o nome de um instrumento musical raro, mas o único instrumento que se aproxima é o Xalam (zah-LAHM", um remoto precursor do banjo.

Neste capítulo, você aprenderá como usar Xalan. Você criará um Modelo de Objeto de Documento como um arquivo XML e verá como gerar um DOM a partir de um arquivo de dados arbitrário de modo a convertê-lo para XML. Finalmente, você converterá dados XML em uma forma diferente, desvendando os mistérios do mecanismo de endereçamentos XPath ao longo do caminho.

Nota: Os exemplos deste capítulo podem ser encontrados em *<INSTALL>*/j2eetutorial14/examples/jaxp/xslt/samples/.

Como introduzir XSL, XSLT e XPath

A Linguagem de Folhas de Estilos Extensíveis (XSL) tem três subcomponentes principais:

XSL-FO

O padrão de Objetos de Formatação. De longe o maior subcomponente, esse padrão fornece mecanismos para descrever tamanhos de fontes, layouts de páginas e outros aspectos de renderização de objetos. Este subcomponente não é abordado pela JAXP, nem está incluso neste tutorial.

XSLT

Esta é uma linguagem de transformação, que permite a você definir uma transformação de XML em um outro formato. Por exemplo, você poderia usar XSLT para produzir HTML, ou uma estrutura diferente de XML. Você poderia até mesmo usá-la para produzir textos planos ou colocar a informação em algum outro formato de documento. (E como você verá em Como gerar XML a partir de uma estrutura de dados arbitrária, um aplicativo inteligente pode pressioná-la para o serviço de manipulação de dados não XML também.)

XPath

No fundo, XSLT é uma linguagem que permite a você especificar o tipo de coisas a fazer quando um elemento particular for encontrado. Mas, para escrever um programa para partes diferentes de uma estrutura de dados XML, você precisará especificar a parte da estrutura sobre a qual você está falando em um determinado momento. XPath é essa linguagem de especificação. Ela é um mecanismo de endereçamentos que permite a você especificar um caminho para um elemento, de modo que, por exemplo, <article><title> possam ser distinguidos de <person><title>. Dessa maneira, você pode descrever tipos diferentes de traduções para os diferentes elementos <title>.

O restante desta seção descreve os pacotes que constituem as APIs de Transformação JAXP.

Pacotes de Transformação JAXP

Aqui está uma descrição dos pacotes que fazem parte das APIs de Transformação JAXP:

javax.xml.transform

Este pacote define a classe de fábricas que você utiliza para obter um objeto Transformer. Você então configura o transformador com objetos de input (origem) e saída (resultado), e chama seu método transform() para fazer a transformação acontecer. Os objetos de origem e resultado são criados usando classes de um dos outros três pacotes.

javax.xml.transform.dom

Define as classes DOMSource e DOMResult, que permitem a você utilizar um DOM como uma entrada para ou saída de uma transformação.

javax.xml.transform.sax

Define as classes SAXSource e SAXResult, que permitem a você utilizar um gerador de eventos como entrada para uma transformação, ou forneça eventos SAX como saída para um processador de eventos SAX.

javax.xml.transform.stream

Define as classes StreamSource e StreamResult, que permitem a você utilizar um fluxo de I/O como entrada para ou saída de uma transformação.

Como XPath funciona

A especificação XPath é a base para uma variedade de especificações, incluindo XSLT e as especificações de endereçamentos de links tal como XPointer. Portanto, uma compreensão de XPath é fundamental para utilizar XML um pouco mais avançado. Esta seção fornece uma introdução completa de XPath no contexto de XSLT de modo que você possa recorrer a ela quando precisar.

Nota: Neste tutorial, você não vai usar Xpath, realmente, até mais tarde, na seção Como transformar dados XML com XSLT. Portanto, se preferir, você pode pular esta seção e ir para a próxima, Como escrever um DOM como um arquivo XML. (Quando você chegar ao final daquela seção, haverá uma nota que o encaminhará de volta para cá para que você não esqueça!)

Expressões XPath

Em geral, uma expressão XPath especifica um padrão que seleciona um conjunto de nós de XML. Os templates XSLT então utilizam esses padrões ao aplicar transformações. (XPointer, por outro lado, adiciona mecanismos para definir um ponto ou uma faixa para que as expressões XPath possam ser usadas para endereçamento.)

Os nós em uma expressão XPath se referem a mais que simplesmente elementos. Eles também se referem a textos e atributos, entre outras coisas. De fato, a especificação de XPath define um modelo de documento abstrato que define sete tipos de nós:

- ❑ Raiz
- ❑ Elemento
- ❑ Texto
- ❑ Atributo
- ❑ Comentário
- ❑ Instrução de processamento
- ❑ Namespace

Nota: O elemento raiz do dado XML é modelado por um nó *element*. O nó-raiz de XPath contém o elemento raiz do documento bem como outras informações relacionadas com o documento.

Modelo de dados XSLT/XPath

Como o Modelo de Objeto do Documento, o modelo de dados XSLT/XPath consiste em uma árvore contendo uma variedade de nós. Sob determinado nó de elemento, há nós de texto, nós de atributo, nós de comentários, nós de elemento e nós de instrução de processamento.

Neste modelo abstrato, as distinções sintáticas desaparecem, e você é deixado com uma visualização normalizada dos dados. Em um nó de texto, por exemplo, não faz diferença se o texto estava definido na seção CDATA ou se ele incluía referências de entidade. O nó de texto consistirá em dados normalizados, como existe depois que toda análise termine. Portanto, o texto conterá um caractere <, quer uma referência de entidade tal como < ou uma seção CDATA, tenha sido usada para incluí-lo ou não. (Igualmente, o texto conterá um caractere &, se ele foi fornecido usando & ou se ele estava em uma seção CDATA.)

Nesta seção, vamos lidar principalmente com os nós de elemento e os nós de texto. Para os outros mecanismos de endereçamento, consulte a especificação XPath.

Templates e contextos

Um template (gabarito) XSLT é um conjunto de instruções de formatação que se aplicam aos nós selecionados por uma expressão XPath. Em uma folha de estilos, um template XSLT pareceria com isto:

```
<xsl:template match="//LIST">
  ...
</xsl:template>
```

A expressão //LIST seleciona uma conjunto de nós de LIST do fluxo de entrada. As instruções adicionais dentro do template dizem ao sistema o que fazer com eles.

O conjunto de nós selecionados por tal expressão define o contexto no qual outras expressões do template são avaliadas. Esse contexto pode ser considerado como o conjunto total – por exemplo, ao determinar o número de nós que contém.

O contexto também pode ser considerado um membro único do conjunto, à medida que cada membro seja processado um a um. Por exemplo, dentro do template de processamento de LIST, a expressão @type se refere ao atributo de tipo do nó corrente de LIST. (Da mesma maneira, a expressão @* se refere a todos os atributos para o elemento corrente de LIST.)

Endereçamento básico XPath

Um documento XML é uma coleção (hierárquica) de nós estruturada por árvores. Assim como em uma estrutura de diretório hierárquica, é útil especificar um caminho que aponte para um nó particular na hierarquia (daí o nome da especificação: XPath). De fato, muito da notação de caminhos de diretórios permanece intacta:

- A barra para a direita (/) é usada como um separador de caminho
- Um caminho absoluto da raiz do documento começa com uma /
- Um caminho relativo de uma determinada localização começa com qualquer coisa
- Um período duplo (..) indica o pai do nó corrente
- Um perído simples (.) indica o nó corrente

Por exemplo, em um documento HTML Extensível (XHTML) (um documento XML que se parece como HTML, mas é bem formado de acordo com as regras XML), o caminho /h1/h2/ indicaria um elemento h2 debaixo de um h1. (Lembre-se de que, em XML, os nomes de elementos são caso-sensitivos, portanto, este tipo de especificação funciona muito melhor em XHTML do que fucionaria em HTML plano, porque HTML não é caso-sensitivo.)

Em uma especificação com correspondência de padrão como XPath, por exemplo, a especificação /h1/h2/ seleciona todos os elementos h2 que estão debaixo de um elemento h1. Para selecionar um elemento específico h2, você utiliza colchetes [ ] para indexação (como aqueles usados por arrays). Portanto, o caminho /h1[4]/h2[5] selecionaria o quinto elemento h2 debaixo do quarto elemento h1.

Nota: Em XHTML, todos os nomes de elementos estão em letras minúsculas. Essa é uma convenção bastante comum para documentos XML. Todavia, nomes em letras maiúsculas são mais fáceis de ler em um tutorial como este. Portanto, para o restante do tutorial XSLT, todos os nomes de elementos XML serão em letras maiúsculas. (Nomes de atributos, por outro lado, permanecerão em letras minúsculas.)

Um nome especificado em uma expressão XPath se refere a um elemento. Por exemplo, h1 em /h1/h2 se refere a um elemento h1. Para se referir a um atributo, você prefixa o nome de atributo com um sinal @. Por exemplo, @type se refere ao atributo de tipo de um elemento. Supondo que você tenha um documento XML com elementos de LIST, por exemplo, a expressão LIST/@type selecionará o atributo de tipo do elemento de LIST.

Nota: Como as expressões não começam com /, a referência especifica um nó de lista relativo ao contexto corrente – qualquer que seja a posição em que o documento possa estar.

Expressões básicas XPath

A completa variedade de expressões XPath leva vantagem com os curingas, operadores, e funções que XPath define. Você aprenderá mais sobre isso brevemente. Aqui, veremos dois aspectos das expressões XPath mais comuns, simplesmente para apresentar as expressões.

A expressão @type="unordered" especifica um atributo chamado type cujo valor seja unordered. Como você sabe, uma expressão tal como LIST/@type especifica o atributo de tipo de um elemento de LIST.

Você pode combinar estas duas notações para obter algo interessante! Em XPath, a notação entre colchetes ([ ]) normalmente associada com indexação é estendida para especificar critérios de seleção. Portanto, a expressão LIST[@type="unordered"] seleciona todos os elementos de LIST cujo valor de tipo seja unordered (não solicitado).

Expressões semelhantes existem para elementos. Cada elemento tem um stringvalue associado, o qual é formado pela concatenação de todos os segmentos de texto que estão debaixo do elemento. (Uma explanação detalhada de como esse processo funciona é o próximo assunto em Valor de string de um elemento.)

Suponhamos que você modele o que está acontecendo em sua empresa usando uma estrutura XML que consiste em elementos de PROJECT e elementos de ACTIVITY que tenham uma string de texto com o nome do projeto, múltiplos elementos de PERSON para listar as pessoas envolvidas e, opcionalmente, um elemento de STATUS que registre o status do projeto. Aqui estão outros exemplos que utilizam a notação estendida entre colchetes:

- /PROJECT[.="MyProject"]: Seleciona um PROJETO chamado "MyProject"
- /PROJECT[STATUS]: Seleciona todos os projetos que têm um elemento-filho de STATUS
- /PROJECT[STATUS="Critical"]: Seleciona todos os projetos que têm um elemento-filho de STATUS com o valor de string Critical

Como combinar endereçamentos de índice

A especificação XPath define muitos mecanismos de endereçamentos, e eles podem ser combinados de muitos modos diferentes. Como resultado, XPath fornece um pouco do poder expressivo para uma especificação relativamente simples. Esta seção ilustra outras combinações interessantes:

- LIST[@type="ordered"][3]: Seleciona todos os elementos de List de tipo solicitados, e retorna o terceiro
- LIST[3][@type="ordered"]: Seleciona o terceiro elemento de LIST, mas apenas se for de tipo solicitado

---

Nota: Muitas combinações mais de operadores de endereços estão listadas na seção 2.5 da especificação XPath. Esta é indiscutivelmente a seção mais útil das especificações para definir uma transformação XSLT.

Curingas

Por definição, uma expressão XPath não qualificada seleciona um conjunto de nós XML que corresponde a esse padrão especificado. Por exemplo, /HEAD corresponde a todas as entradas HEAD de alto nível, embora /HEAD[1] corresponda somente à primeira. A Tabela 7-1 lista curingas que podem ser usados em expressões XPath para ampliar o escopo da correspondência de padrão.

Tabela 7-1 Curingas XPath

Curinga	Significado
*	Corresponde a qualquer nó de elemento (não de atributos ou de texto)
node()	Corresponde a qualquer nó de qualquer tipo: nó de elemento, nó de texto, nó de atributo, nó de instrução de processamento, nó de namespace, ou nó de comentário
@*	Corresponde a qualquer atributo de nó

Endereçamento de caminho estendido

Até aqui, todos os padrões vistos especificaram um número exato de níveis na hierarquia. Por exemplo, /HEAD especifica qualquer elemento de HEAD no primeiro nível da hierarquia, ao passo que /*/* especifica qualquer elemento no segundo nível da hierarquia. Para especificar um nível indeterminado na hierarquia, use barra dupla para a direita (//). Por exemplo, a expressão XPath //PARA seleciona todos os elementos de parágrafo em um documento, onde quer que eles possam ser encontrados.

O modelo // também pode ser usado dentro de um caminho. Portanto, a expressão /HEAD/LIST//PARA indica todos os elementos de parágrafo em uma subárvore que começa a partir de /HEAD/LIST.

Tipos de dados e operadores XPath

Expressões XPath produzem tanto um conjunto de nós, uma string, um boolean (um valor verdadeiro/falso), ou um número. A Tabela 7-2 lista os operadores que podem ser usados em uma expressão XPath.

Expressões podem ser agrupadas em parênteses, portanto, você não tem que se preocupar com a prioridade do operador.

Nota: Prioridade do operador é um termo que responde esta questão, "Se você especificar a + b * c, isso significa (a + b) * c ou a + (b * c)?" (A prioridade do operador é aproximadamente a mesma que a apresentada na tabela.)

Tabela 7-2 Operadores XPath

Operador	Significado
|	Alternativo. Por exemplo, PARA | LIST seleciona todos os elementos PARA e LIST
or, and	Retorna o or/and de dois valores boolean
=, !=	Igual ou não igual, para booleans, strings e números
<, >, <=, >=	Menor que, maior que, menor que ou igual a, maior que ou igual a, para números
+, -, *, div, mod	Operações de adição, subtração, multiplicação, divisor de ponto flutuante, e módulo (resto) (por exemplo, 6 mod 4 = 2)

Valor de string de um elemento

O valor de string de um elemento é a concatenação de todos os nós de texto descendentes, não importa a distância. Considere este dado XML de conteúdo misto:

```
<PARA>This paragraph contains a <B>bold</B> word</PARA>
```

O valor de string do elemento <PARA> é This paragraph contains a bold word. Em particular, note que <B> é filho de <PARA> e que o texto bold é um filho de <B>. O interessante é que todo o texto em todos os filhos de um nó se juntam na concatenação para formar o valor de string.

Também, vale a pena entender que o texto no modelo de dados abstrato definido por XPath é totalmente normalizado. Portanto, quer a estrutura XML contenha a referência de entidade < como < em uma seção CDATA, o valor de string do elemento conterá o caractere <. Portanto, ao gerar HTML ou XML com uma folha de estilos XSLT, você deve converter ocorrências de < para < ou anexá-las em uma seção CDATA. Do mesmo modo, ocorrências de & devem ser convertidas para &.

Funções XPath

Esta seção termina com uma revisão geral das funções XPath. Você pode usar as funções XPath para selecionar uma coleção de nós do mesmo modo que você usaria uma especificação de elemento tal como aquelas que você já viu. Outras funções retornam uma string, um número, ou um valor boolean. Por exemplo, as expressão /PROJECT/text() obtém o valor de string de nós de PROJECT.

Muitas funções dependem do contexto corrente. No exemplo precedente, o contexto para cada chamada da função text() é o nó de PROJECT que está selecionado correntemente.

Há muitas funções XPath – demais para descrever com detalhes aqui. Esta seção fornece uma curta listagem que mostra as funções XPath disponíveis, junto com um resumo do que elas fazem.

Nota: Dê uma olhada na lista de funções para ter uma idéia do que há ali. Para maiores informações, veja a seção 4 da especificação XPath.

Funções Node-Set

Muitas expressões XPath selecionam um conjunto de nós. Em essência, eles retornam um node-set. Uma função faz isso, também.

- id(...): Retorna o nó com um ID especificado

(Elementos têm um ID apenas quando o documento tem uma DTD, que especifica quais atributos têm o tipo ID.)

Funções de posição

Estas funções retornam valores numéricos baseados posicionalmente.

- last(): Retorna o índice do último elemento. Por exemplo, /HEAD[last()] seleciona o último elemento HEAD.
- position():Retorna o índice de posição. Por exemplo, /HEAD[position() <= 5] seleciona os primeiros cinco elementos HEAD.
- count(...): Retorna a contagem de elementos. Por exemplo, /HEAD[count(HEAD)=0] seleciona todos os elementos HEAD que não possuem subheads.

Funções de string

Estas funções operam sobre ou retornam strings.

- concat(*string*, *string*, ...): Concatena os valores de string
- starts-with(*string1*, *string2*): Retorna true se *string1* começa com *string2*
- contains(*string1*, *string2*): Retorna true se *string1* contém *string2*
- substring-before(*string1*, *string2*): Retorna o começo de *string1* antes que *string2* ocorra nela
- substring-after(*string1*, *string2*): Retorna o restante de *string1* depois que *string2* ocorra nela
- substring(*string*, *idx*): Retorna a substring da posição do índice até o final, onde o índice do primeiro caractere = 1
- substring(*string*, *idx*, *len*): Retorna a substring de comprimento especificado a partir da posição do índice
- string-length(): Retorna o tamanho do valor de string do nó de contexto; o nó de contexto é correntemente o nó selecionado – o nó que foi selecionado por uma expressão XPath na qual uma função tal como string-length() seja aplicada
- string-length(*string*): Retorna o tamanho da string especificada
- normalize-space(): Retorna o valor de string normalizado do nó corrente (sem espaços em branco no começo ou no final, e seqüências de caracteres de espaços em branco convertidos para um único espaço)
- normalize-space(*string*): Retorna o valor de string normalizado da string especificada
- translate(*string1*, *string2*, *string3*): Converte *string1*, substituindo ocorrências de caracteres em *string2* com o caractere correspondente de *string3*

Nota: XPath define três maneiras de obter o texto de um elemento: text(), string(object) e o valor de string deduzido por um nome de elemento em uma expressão como esta: PROJECT[PERSON="Fred"].

Funções boolean

Essas funções operam sobre ou retornam valores boolean.

- not(...): Nega o valor especificado boolean
- true(): Retorna true
- false(): Retorna false
- lang(*string*): Retorna true se a linguagem do nó de contexto (especificado por xml:Lang attributes) for o mesmo como a (ou uma sublinguagem da) linguagem especificada; por exemplo, Lang("en") é true para <PARA_xml:Lang="en">...</PARA>.

Funções numéricas

Estas funções operam sobre ou retornam valores numéricos.

- sum(...): Retorna a soma do valor numérico de cada nó no node-set especificado
- floor(*N*): Retorna o maior inteiro que não seja maior que *N*
- ceiling(*N*): Retorna o menor inteiro que não seja menor que *N*
- round(*N*): Retorna o inteiro que é o mais próximo de *N*

Funções de conversão

Estas funções convertem um tipo de dado para um outro.

- string(...): Retorna o valor de string de um número, boolean, ou node-set
- boolean(...): Retorna um valor boolean para um número, string, ou node-set (um número diferente de zero, node-set não vazio, string não vazia são todos true)
- number(...): Retorna o valor numérico de um boolean, string, ou node-set (true é 1, false é 0, uma string contendo um número se torna esse número, o valor de string de um node-set é convertido para um número)

Funções de namespace

Estas funções permitem que você determine o namespace característico de um nó.

- local-name(): Retorna o nome do nó corrente, menos o prefixo de namespace
- local-name(...): Retorna o nome do primeiro nó do conjunto de nó especificado, menos o prefixo de namespace
- namespace-uri(): Retorna o URI de namespace do nó corrente
- namespace-uri(...): Retorna o URI de namespace do primeiro nó do conjunto de nós especificado
- name(): Retorna o nome expandido (URI mais o nome de local) do nó corrente
- name(...): Retorna o nome expandido (URI mais o nome de local) do primeiro nó do conjunto de nós especificado

Resumo

Os operadores, funções, curingas e mecanismos de endereçamentos de nó XPath podem ser combinados em uma ampla variedade de maneiras. A introdução que você teve até agora pode dar uma boa idéia inicial à especificação de padrão de que você precisa para algum uso particular.

Como escrever um DOM como um arquivo XML

Depois que construiu um DOM – tanto analisando um arquivo XML como construindo-o programaticamente – você freqüentemente vai querer salvá-lo como um XML. Esta seção mostra a você como fazer isso usando o pacote de transformação Xalan.

Usando esse pacote, você criará um objeto transformador para ligar um DOMSource a um StreamResult. Você então chamará o método transform() do transformador para escrever o DOM como dados XML.

Como ler o XML

O primeiro passo é criar um DOM na memória analisando um arquivo XML. Por enquanto, você deve se sentir à vontade com o processo.

Nota: O código discutido nesta seção está em TransformationApp01.java.

O código seguinte fornece um gabarito básico para começar. (Ele deve ser familiar. É basicamente o mesmo código que você escreveu no começo do Capítulo 6. Se você o salvou, então, essa versão deve ser essencialmente equivalente ao que você viu aqui.)

```
import javax.xml.parsers.DocumentBuilder;
import javax.xml.parsers.DocumentBuilderFactory;
import javax.xml.parsers.FactoryConfigurationError;
import javax.xml.parsers.ParserConfigurationException;

import org.xml.sax.SAXException;
import org.xml.sax.SAXParseException;
import org.w3c.dom.Document;
import org.w3c.dom.DOMException;

import java.io.*;
public class TransformationApp
{
  static Document document;

  public static void main(String argv[])
  {
    if (argv.length != 1) {
      System.err.println (
        "Usage: java TransformationApp filename");
      System.exit (1);
    }

    DocumentBuilderFactory factory =
      DocumentBuilderFactory.newInstance();
    //factory.setNamespaceAware(true);
    //factory.setValidating(true);

    try {
      File f = new File(argv[0]);
      DocumentBuilder builder =
        factory.newDocumentBuilder();
      document = builder.parse(f);

    } catch (SAXParseException spe) {
      // Error generated by the parser
      System.out.println("\n** Parsing error"
        + ", line " + spe.getLineNumber()
        + ", uri " + spe.getSystemId());
      System.out.println("  " + spe.getMessage() );

      // Use the contained exception, if any
      Exception x = spe;
      if (spe.getException() != null)
        x = spe.getException();
      x.printStackTrace();

    } catch (SAXException sxe) {
      // Error generated by this application
      // (or a parser-initialization error)
      Exception x = sxe;
      if (sxe.getException() != null)
        x = sxe.getException();
      x.printStackTrace();

    } catch (ParserConfigurationException pce) {
      // Parser with specified options can't be built
      pce.printStackTrace();

    } catch (IOException ioe) {
      // I/O error
      ioe.printStackTrace();
    }
  } // main
}
```

Como criar um transformador

O próxima passo é criar um transformador que você possa utilizar para transmitir o XML para o System.out..

Nota: O código discutido nesta seção está em TransformationApp02.java. O arquivo sobre o qual ele roda se chama slideSample01.xml. A saída está em TransformationLog02.txt. (As versões navegáveis são slideSample01-xml.html e TransformationLog02.html.)

Comece adicionando as declarações de importação em destaque:

```
import javax.xml.transform.Transformer;
import javax.xml.transform.TransformerFactory;
import javax.xml.transform.TransformerException;
import javax.xml.transform.TransformerConfigurationException;

import javax.xml.transform.dom.DOMSource;

import javax.xml.transform.stream.StreamResult;

import java.io.*;
```

Aqui, você adiciona uma série de classes que deveriam agora estar formando um pattern-padrão: uma entidade (Transformer), a fábrica para criá-lo (TransformerFactory), e as exceções que possam ser geradas por cada um. Como uma transformação sempre tem um *source* e um *result*, você então importa as classes necessárias para usar um DOM como origem (DOMSource) e um fluxo de saída para o resultado (StreamResult).

A seguir, adicione o código para efetuar a transformação:

```
try {
  File f = new File(argv[0]);
  DocumentBuilder builder = factory.newDocumentBuilder();
  document = builder.parse(f);

    // Use a Transformer for output
  TransformerFactory tFactory =
    TransformerFactory.newInstance();
  Transformer transformer = tFactory.newTransformer();

  DOMSource source = new DOMSource(document);
  StreamResult result = new StreamResult(System.out);
  transformer.transform(source, result);
```

Aqui, você cria um objeto transformador, use o DOM para construir um objeto de origem, e use Sytem.out para construir um objeto de resultado. Você então diz ao transformador para operar sobre o objeto de origem e fazer a saída para o objeto de resultado.

Neste caso, o "transformer" não está mudando nada de verdade. Na terminologia XSLT, você está usando a *transformação de identidade*, o que significa que a "transformação" gera uma cópia da origem, sem alterações.

Nota: Você pode especificar uma variedade de propriedades de saída para os objetos de transformação, como definidos na especificação W3C no endereço http://www.w3.org/TR/xslt#output. Por exemplo, para obter uma saída com indentação, você pode chamar transformer.setOutputProperty(OutputKeys.INDENT, "yes").

Finalmente, adicione o seguinte código para agarrar os novos erros que possam ser gerados:

```
} catch (TransformerConfigurationException tce) {
  // Error generated by the parser
  System.out.println ("* Transformer Factory error");
  System.out.println(" " + tce.getMessage() );

  // Use the contained exception, if any
  Throwable x = tce;
  if (tce.getException() != null)
    x = tce.getException();
  x.printStackTrace();

} catch (TransformerException te) {
  // Error generated by the parser
  System.out.println ("* Transformation error");
  System.out.println(" " + te.getMessage() );

  // Use the contained exception, if any
  Throwable x = te;
  if (te.getException() != null)
    x = te.getException();
  x.printStackTrace();

} catch (SAXParseException spe) {
  ...
```

Notas:

- As exceções TransformerExceptions são lançadas pelo objeto transformer
- As exceções TransformerConfigurationExceptions são lançadas pela fábrica
- Para preservar a configuração DOCTYPE do documento XML, também é necessário adicionar o seguinte código:

```
import javax.xml.transform.OutputKeys;
...
if (document.getDoctype() != null){
  String systemValue = (new
    File(document.getDoctype().getSystemId())).getName();
  transformer.setOutputProperty(
    OutputKeys.DOCTYPE_SYSTEM, systemValue
  );
}
```

Como escrever o XML

Para instruções sobre como compilar e rodar o programa, veja Como compilar e rodar o programa no tutorial de SAX, Capítulo 5. (Se você estiver trabalhando em conjunto, substitua TransformationApp por Echo como o nome do programa. Se você estiver compilando o código de amostra, use TransformationApp02.) Quando você rodar o programa sobre slideSample01.xml, esta é a saída que você vê:

```
<?xml version="1.0" encoding="UTF-8"?>
<!— A SAMPLE set of slides —>
<slideshow author="Yours Truly" date="Date of publication"
title="Sample Slide Show">

  <!— TITLE SLIDE —>
  <slide type="all">
```

```
    <title>Wake up to WonderWidgets!</title>
  </slide>

  <!— OVERVIEW —>
  <slide type="all">
    <title>Overview</title>
    <item>Why <em>WonderWidgets</em> are great</item>
    <item/>
    <item>Who <em>buys</em> WonderWidgets</item>
  </slide>

</slideshow>
```

Nota: A ordem dos atributos pode variar, dependendo de qual analisador você estiver usando.

Para descobrir mais sobre configuração de fábricas e tratamento de erros de validação, consulte Como ler dados XML em um DOM, e Informações adicionais

Como criar uma subárvore do DOM

É também possível operar sobre uma subárvore de um DOM. Nesta seção, você vai fazer experimentos com essa opção.

Nota: O código discutido nesta seção está em TransformationApp03.java. A saída está em TransformationLog03.txt. (A versão navegável se chama TransformationLog03.html.)

A única diferença no processo é que agora você vai criar um DOMSource usando um nó no DOM, ao invés do DOM inteiro. O primeiro passo é importar as classes de que você precisa para obter o nó que você quer. Adicione o seguinte código para fazer isso:

```
import org.w3c.dom.Document;
import org.w3c.dom.DOMException;
import org.w3c.dom.Node;
import org.w3c.dom.NodeList;
```

O próximo passo é encontrar um nó para o experimento. Adicione o código a seguir para selecionar o primeiro elemento <slide>.

```
try {
  File f = new File(argv[0]);
  DocumentBuilder builder = factory.newDocumentBuilder();
  document = builder.parse(f);

  // Get the first <slide> element in the DOM
  NodeList list = document.getElementsByTagName("slide");
  Node node = list.item(0);
```

Depois faça as seguintes alterações para construir um objeto de origem que consiste em uma subárvore presa pela raiz ao nó:

```
DOMSource source = new DOMSource(document);
DOMSource source = new DOMSource(node);
StreamResult result = new StreamResult(System.out);
transformer.transform(source, result);
```

Agora, rode o aplicativo. A sua saída deve se parecer como isto:

```
<?xml version="1.0" encoding="UTF-8"?>
<slide type="all">
   <title>Wake up to WonderWidgets!</title>
  </slide>
```

Como fazer a limpeza

Como será o jeito mais fácil de fazer agora, efetue as seguintes alterações para voltar às adições que você fez nesta seção. (TransformationApp04.java contém essas alterações.)

```
Import org.w3c.dom.DOMException;
import org.w3c.dom.Node;
import org.w3c.dom.NodeList;
...
  try {
    ...
    // Get the first <slide> element in the DOM
    NodeList list = document.getElementsByTagName("slide");
    Node node = list.item(0);
    ...
    DOMSource source = new DOMSource(node);
    StreamResult result = new StreamResult(System.out);
    transformer.transform(source, result);
```

Resumo

Até aqui, você viu como usar um transformador para criar um DOM e como usar uma sub-árvore de um DOM como objeto de origem em uma transformação. Na próxima seção, você verá como usar um transformador para criar XML de qualquer estrutura de dados que você for capaz de analisar.

Como gerar XML a partir de uma estrutura de dados arbitrária

Nesta seção, você usará XSLT para converter uma estrutura de dados arbitrária em XML.

Aqui está o esboço do processo:

1. Você modificará um programa existente que lê os dados, para fazê-los gerar eventos SAX. (Quer esse programa seja um analisador real ou simplesmente um filtro de dados de algum tipo é irrelevante no momento.)
2. Você então usará o "analisador" SAX para construir um SAXSource para a transformação.
3. Você usará o mesmo objeto StreamResult que você criou no último exercício de modo que possa ver os resultados. (Mas note que você simplesmente poderia facilmente criar um objeto DOMResult a fim de criar um DOM na memória.)
4. Você ligará essa origem ao resultado usando o objeto transformador para fazer a conversão.

Para iniciantes, vocês precisam de um conjunto de dados que vocês queiram converter e um programa capaz de ler os dados. Nas duas próximas seções, vocês criarão um arquivo de dados simples e um programa que o lê.

Como criar um arquivo simples

Vamos começar criando um conjunto de dados para um livro de endereços. Você pode duplicar o processo, se você quiser, ou simplesmente usar os dados armazenados no PersonalAddressBook.ldif.

O arquivo mostrado aqui foi produzido criando um novo livro de endereços no Netscape Messenger, dando a ele algum dado temporário (um cartão de endereço), e depois exportando-o no formato LDIF.

Nota: LDIF significa LDAP Data Interchange Format (Formato de Intercâmbio de Dados LDAP). LDAP, por sua vez, significa Lightweight Directory Access Protocol (Protocolo de Acesso a Diretórios a Peso de Luz - superleve). Eu prefiro pensar em LDIF como o "Formato de Intercâmbio Delimitado por Linhas", porque é quase isso o que ele é.

A Figura 7-1 mostra a entrada do livro de endereços que foi criada.

Exportar o livro de endereços produz um arquivo como o que será apresentado a seguir. As partes do arquivo que nós nos preocupamos são mostradas em negrito.

```
dn: cn=Fred Flintstone,mail=fred@barneys.house
modifytimestamp: 20010409210816Z
cn: Fred Flintstone
xmozillanickname: Fred
mail: Fred@barneys.house
```

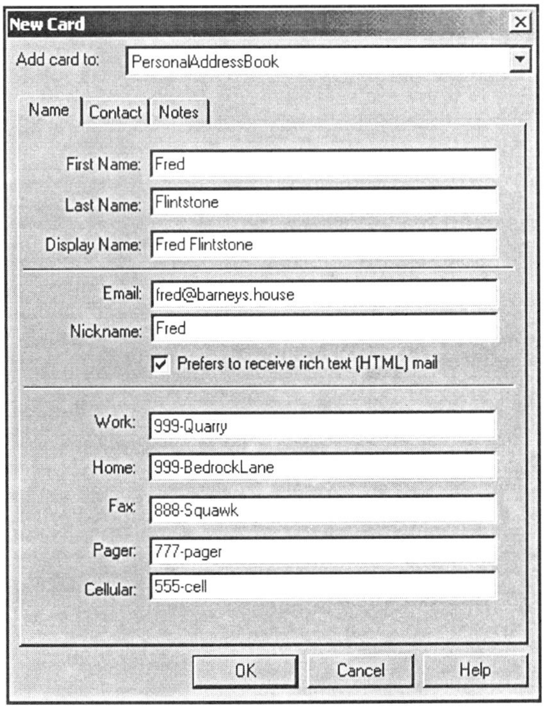

***Figura 7-1** Entrada do livro de endereços.*

```
xmozillausehtmlmail: TRUE
givenname: Fred
sn: Flintstone
telephonenumber: 999-Quarry
homephone: 999-BedrockLane
facsimiletelephonenumber: 888-Squawk
pagerphone: 777-pager
cellphone: 555-cell
xmozillaanyphone: 999-Quarry
objectclass: top
objectclass: person
```

Note que cada linha do arquivo contém um nome de variável, dois pontos, e um espaço seguido por um valor para a variável. A variável sn contém o sobrenome da pessoa (último nome) e a variável cn contém o campo DisplayName da entrada do livro de endereços.

Como criar um analisador simples

O próximo passo é criar um programa que analise os dados.

> **Nota:** O código discutido nesta seção está em AddressBookReader01.java. A saída está em AddressBookReaderLog01.txt.

O texto para o programa é mostrado a seguir. É um programa extremamente simples que nem sequer faz loop para as entradas múltiplas porque, afinal de contas, ele é apenas um demonstrativo!

```
import java.io.*;

public class AddressBookReader
{

  public static void main(String argv[])
  {
    // Check the arguments
    if (argv.length != 1) {
      System.err.println (
        "Usage: java AddressBookReader filename");
      System.exit (1);
    }
    String filename = argv[0];
    File f = new File(filename);
    AddressBookReader01 reader = new AddressBookReader01();
    reader.parse(f);
  }

  /** Parse the input */
  public void parse(File f)
  {
    try {
      // Get an efficient reader for the file
      FileReader r = new FileReader(f);
      BufferedReader br = new BufferedReader(r);

      // Read the file and display its contents.
      String line = br.readLine();
      while (null != (line = br.readLine())) {
```

```
        if (line.startsWith("xmozillanickname: "))
          break;
      }
      output("nickname", "xmozillanickname", line);
      line = br.readLine();
      output("email",    "mail",             line);
      line = br.readLine();
      output("html",     "xmozillausehtmlmail", line);
      line = br.readLine();
      output("firstname","givenname",        line);
      line = br.readLine();
      output("lastname", "sn",               line);
      line = br.readLine();
      output("work",     "telephonenumber",  line);
      line = br.readLine();
      output("home",     "homephone",        line);
      line = br.readLine();
      output("fax",      "facsimiletelephonenumber",
          line);
      line = br.readLine();
      output("pager",    "pagerphone",       line);
      line = br.readLine();
      output("cell",     "cellphone",        line);

    }
    catch (Exception e) {
      e.printStackTrace();
    }
  }

  void output(String name, String prefix, String line)
  {
    int startIndex = prefix.length() + 2;
      // 2=length of ": "
    String text = line.substring(startIndex);
    System.out.println(name + ": " + text);
  }
}
```

Este programa contém três métodos:

main

O método principal obtém o nome do arquivo a partir da linha de comando, cria uma instância do analisador, e o define para trabalhar na análise do arquivo. Este método terá desaparecido quando convertermos o programo em um analisador SAX. (Essa é a razão para colocar o código de análise em um método separado.)

parse

Este método opera sobre o objeto File enviado para ele através da rotina principal. Como você pode ver, ele é tão simples quanto pode ser. O único empecilho para a sua eficiência é o uso de um BufferedReader, que pode se tornar importante quando você inicializar a operação em cima de arquivos grandes.

output

O método de saída contém a lógica para a estrutura de uma linha. Ele aceita três argumentos. O primeiro dá ao método um nome para mostrar, portanto, nós podemos criar html como um nome de variável, em vez de xmozillausehtmlmail. O segundo argumento fornece um nome de variável armazenado no arquivo (xmozillausehtmlmail). O terceiro fornece a linha contendo o dado. A rotina então remove o nome da variável do começo da linha e exibe o nome desejado, mais o dado.

Rodar este programa sobre PersonalAddressBook.ldif produz esta saída:

```
nickname: Fred
email: Fred@barneys.house
html: TRUE
firstname: Fred
lastname: Flintstone
work: 999-Quarry
home: 999-BedrockLane
fax: 888-Squawk
pager: 777-pager
cell: 555-cell
```

Acho que todos podemos concordar que isso é um pouco mais claro.

Como modificar o analisador para gerar eventos SAX

O próximo passo é modificar o analisador para gerar eventos SAX de modo que você possa usá-lo como base para o objeto SAXSource em uma transformação XSLT.

Nota: O código discutido nesta seção está em AddressBookReader02.java.

Comece importanto as classes adicionais de que vai precisar:

```
import java.io.*;

import org.xml.sax.*;
import org.xml.sax.helpers.AttributesImpl;
```

Em seguida, modifique o aplicativo de modo que ele estenda XmlReader. Essa modificação converte o aplicativo em um analisador que gera os eventos SAX apropriados.

```
public class AddressBookReader
  implements XMLReader
{
```

Agora remova o método principal. Você não vai precisar mais dele.

```
public static void main(String argv[])
{
  // Check the arguments
  if (argv.length != 1) {
    System.err.println ("Usage: Java AddressBookReader
filename");
    System.exit (1);
  }
  String filename = argv[0];
  File f = new File(filename);
  AddressBookReader02 reader = new AddressBookReader02();
  reader.parse(f);
}
```

Adicione algumas variáveis globais que vão entrar em ação em alguns minutos:

```
public class AddressBookReader
  implements XMLReader
{
  ContentHandler handler;

  // We're not doing namespaces, and we have no
  // attributes on our elements.
  String nsu = ""; // NamespaceURI
  Attributes atts = new AttributesImpl();
  String rootElement = "addressbook";

  String indent = "\n "; // for readability!
```

O ContentHandler SAX é o objeto que obterá os eventos SAX gerados pelo analisador. Para transformar o aplicativo em um XmlReader, você definirá um método setContentHandler. A variável handler conterá uma referência para o objeto que é enviado quando o setContentHandler é chamado.

E quando o analisador gerar eventos de elemento SAX, ele precisará fornecer informações de namespace e atributo. Como este é um aplicativo simples, você está definindo valores nulos para os dois.

Você também está definindo um elemento raiz para a estrutura de dados (addressbook) e configurando uma string de indentação para melhorar a legibilidade da saída.

Em seguida, modifique o método parse de modo que ele aceite um InputSource (no lugar de um File) como argumento e preste contas das exceções que ele possa gerar:

```
public void parse(File f)InputSource input)
throws IOException, SAXException
```

Agora realize as seguintes alterações para fazer com que o reader seja encapsulado pelo objeto InputSource.

```
try {
  // Get an efficient reader for the file
  FileReader r = new FileReader(f);
  java.io.Reader r = input.getCharacterStream();
  BufferedReader Br = new BufferedReader(r);
```

Nota: Na próxima seção, você criará um objeto de origem de entrada, e o que você colocar nele será, de fato, um reader com buffer. Mas o AddressBookReader poderia ser usado por alguma outra pessoa, em algum lugar abaixo da linha. Esta etapa assegura que o processamento será eficiente, independentemente do reader que lhe foi fornecido.

A próxima etapa é modificar o método parse para gerar eventos SAX para o início do documento e do elemento raiz. Adicione o seguinte código para fazer isso:

```
/** Parse the input */
public void parse(InputSource input)
...
{
  try {
    ...
    // Read the file and display its contents.
```

```
    String line = br.readLine();
    while (null != (line = br.readLine())) {
      if (line.startsWith("xmozillanickname: ")) break;
    }

    if (handler==null) {
      throw new SAXException("No content handler");
    }

    handler.startDocument();
    handler.startElement(nsu, rootElement,
      rootElement, atts);

    output("nickname", "xmozillanickname", line);
    ...
    output("cell",     "cellphone",        line);

    handler.ignorableWhitespace("\n".toCharArray(),
              0, // start index
              1  // length
              );
    handler.endElement(nsu, rootElement, rootElement);
    handler.endDocument();
  }
  catch (Exception e) {
  ...
```

Aqui, você checa para se certificar de que o analisador está configurado adequadamente com um ContentHandler. (Para este aplicativo, nós não nos preocupamos com qualquer outra coisa.) Você então gera os eventos para o início do documento e do elemento raiz, e acaba enviando o evento final para o elemento raiz e para o documento.

Alguns itens merecem ser observados neste momento:

- Não nos incomodamos em enviar o evento setDocumentLocator, porque isso é opcional. Se ele fosse importante, esse evento seria enviado imediatamente antes do evento startDocument
- Nós geramos um evento ignorableWhitespace antes do final do elemento raiz. Isso, também, é opcional, mas melhora drasticamente a legibilidade da saída, como você verá em alguns momentos. (Neste caso, o espaço em branco consiste em uma única nova linha, a que é enviada do mesmo modo que os caracteres são enviados para o método characters: como um array de caractere, um índice de partida, e um comprimento.)

Agora que os eventos SAX estão sendo gerados para o documento e para o elemento raiz, o próximo passo é modificar o método output para gerar os eventos de elemento apropriados para cada item. Faça as seguintes alterações para efetuar isso:

```
void output(String name, String prefix, String line)
throws SAXException
{
  int startIndex = prefix.length() + 2; // 2=length of ": "
  String text = line.substring(startIndex);
  System.out.println(name + ": " + text);

  int textLength = line.length() - startIndex;
  handler.ignorableWhitespace(indent.toCharArray(),
            0, // start index
            indent.length()
            );
  handler.startElement(nsu, name, name /*"qName"*/, atts);
  handler.characters(line.toCharArray(),
```

```
        startIndex,
        textLength);
  handler.endElement(nsu, name, name);
}
```

Como os métodos de ContentHandler podem enviar exceções SAXExceptions de volta para o analisador, o analisador deve estar preparado para lidar com elas. Neste caso, não esperamos nenhuma, portanto, nós simplesmente permitiremos que o aplicativo falhe se ocorrer alguma.

Você então calcula o comprimento dos dados, gerando novamente alguns espaços em branco ignoráveis para clareza. Neste caso, existe apenas um nível de dados, portanto, nós podemos utilizar uma string com indentação fixa. (Se os dados fossem mais estruturados, teríamos de calcular quantos espaços a indentar, dependendo do aninhamento dos dados.)

Nota: A string de indentação não faz diferença para o dado, mas tornará a saída um pouco mais fácil de ler. Quando tudo estiver funcionando, tente gerar o resultado sem essa string! Todos os elementos acabam concatenados ponta a ponta: <addressbook><nickname>Fred</nickname><email>...

Em seguida, adicione o método que configura o analisador com o ContentHandler que está para receber os eventos que ele gera.

```
void output(String name, String prefix, String line)
  throws SAXException
{
  ...
}

/** Allow an application to register a content event handler.  */
public void setContentHandler(ContentHandler handler) {
  this.handler = handler;
}

/** Return the current content handler.  */
public ContentHandler getContentHandler() {
  return this.handler;
}
```

Vários outros métodos devem ser implementados de modo a satisfazer a interface XmlReader. Para o objetivo deste exercício, você gerará métodos nulos para todos eles. Para um aplicativo de produção, todavia, você pode considerar a implementação dos métodos de tratamento de erro para produzir um aplicativo mais robusto. Por enquanto, adicione o código em destaque para gerar métodos nulos para eles:

```
/** Allow an application to register an error event handler.  */
public void setErrorHandler(ErrorHandler handler)
{ }

/** Return the current error handler.  */
public ErrorHandler getErrorHandler()
{ return null; }
```

Depois adicione o próximo código em destaque a fim de gerar métodos nulos para o restante da interface XmlReader. (A maioria deles são valiosos para um analisador SAX verdadeiro mas tem pouca relação com um aplicativo de conversão de dados como este.)

```
/** Parse an XML document from a system identifier (URI).  */
public void parse(String systemId)
throws IOException, SAXException
{ }

/** Return the current DTD handler.  */
public DTDHandler getDTDHandler()
{ return null; }

/** Return the current entity resolver.  */
public EntityResolver getEntityResolver()
{ return null; }

/** Allow an application to register an entity resolver.  */
public void setEntityResolver(EntityResolver resolver)
{ }

/** Allow an application to register a DTD event handler.  */
public void setDTDHandler(DTDHandler handler)
{ }

/** Look up the value of a property.  */
public Object getProperty(String name)
{ return null; }

/** Set the value of a property.  */
public void setProperty(String name, Object value)
{ }

/** Set the state of a feature.  */
public void setFeature(String name, boolean value)
{ }

/** Look up the value of a feature.  */
public boolean getFeature(String name)
{ return false; }
```

Parabéns! Você tem agora um analisador que você pode usar para gerar eventos SAX. Na próxima seção, você o utilizará para construir um objeto SAX de origem que permitirá a você transformar os dados em XML.

Como usar o analisador como um SAXSource

Dado um analisador SAX para usar como uma fonte de eventos, você pode (facilmente!) construir um transformador para produzir um resultado. Nesta seção, você modificará o TransformerApp com o qual está trabalhando para produzir um resultado de saída de fluxo, embora você pudesse tão simplesmente produzir um resultado do DOM.

Nota: O código discutido nesta seção está em TransformationApp04.java. Os resultados de rodá-lo estão em TransformationLog04.txt.

Certifique-se de ter colocado o AddressBookReader de lado e abra o TransformationApp. O trabalho que você faz nesta seção afeta o TransformationApp! (Eles parecem semelhantes, portanto é fácil começar trabalhando com o errado.)

Comece fazendo as seguintes alterações para importar as classes que você precisará para construir o objeto SAXSource. (Você não vai precisar das classes DOM neste momento, portanto elas estão descartadas aqui, embora deixá-las dentro não fará nenhum mal.)

```
import org.xml.sax.SAXException;
import org.xml.sax.SAXParseException;
import org.xml.sax.ContentHandler;
import org.xml.sax.InputSource;
import org.w3c.dom.Document;
import org.w3c.dom.DOMException;
...
import javax.xml.transform.dom.DOMSource;
import javax.xml.transform.sax.SAXSource;
import javax.xml.transform.stream.StreamResult;
```

Em seguida, remova algumas outras sobras de nossos dias de processamento do DOM e adicione o código para criar uma instância do AddressBookReader:

```
public class TransformationApp
{
  // Global value so it can be ref'd by the tree-adapter
  static Document document;

    public static void main(String argv[])
  {
    ...
    DocumentBuilderFactory factory =
      DocumentBuilderFactory.newInstance();
    //factory.setNamespaceAware(true);
    //factory.setValidating(true);

    // Create the sax "parser".
    AddressBookReader saxReader = new AddressBookReader();

    try {
      File f = new File(argv[0]);
      DocumentBuilder builder =
        factory.newDocumentBuilder();
      document = builder.parse(f);
```

Adivinhou – você está quase acabando! Falta apenas passar algumas etapas. Adicione o seguinte código para construir um objeto SAXSource:

```
// Use a Transformer for output
...
Transformer transformer = tFactory.newTransformer();

// Use the parser as a SAX source for input
FileReader fr = new FileReader(f);
BufferedReader br = new BufferedReader(fr);
InputSource inputSource = new InputSource(br);
SAXSource source = new SAXSource(saxReader, inputSource);

StreamResult result = new StreamResult(System.out);
transformer.transform(source, result);
```

Aqui, você constrói um reader com buffer (como mencionado anteriormente) e o encapsula em um objeto de origem de entrada. Depois você cria um objeto SAXSource, passando para ele o reader e o objeto InputSource, e passa tudo para o transformador.

Quando o aplicativo rodar, o transformador configura a si próprio como o ContentHandler para o analisador SAX (o AddressBookReader) e diz ao analisador para operar sobre o objeto inputSource. Eventos gerados pelo analisador então vão para o transformador, que faz o trabalho apropriado e passa os dados adiante para o objeto result.

Finalmente, remova as exceções com as quais você não precisa mais se preocupar, porque o TransformationApp não vai mais gerá-las:

```
catch (SAXParseException spe) {
  // Error generated by the parser
  System.out.println("\n** Parsing error"
    + ", line " + spe.getLineNumber()
    + ", uri " + spe.getSystemId());
  System.out.println(" " + spe.getMessage() );

  // Use the contained exception, if any
  Exception x = spe;
  if (spe.getException() != null)
    x = spe.getException();
  x.printStackTrace();

} catch (SAXException sxe) {
  // Error generated by this application
  // (or a parser-initialization error)
  Exception x = sxe;
  if (sxe.getException() != null)
    x = sxe.getException();
  x.printStackTrace();

} catch (ParserConfigurationException pce) {
  // Parser with specified options can't be built
  pce.printStackTrace();

} catch (IOException ioe) {
  ...
```

Você acabou! Você agora criou um transformador que utiliza um SAXSource como entrada e produz um StreamResult como saída.

Como fazer a conversão

Agora rode o aplicativo sobre o arquivo do livro de endereços. A sua saída deve se parecer com isto:

```
<?xml version="1.0" encoding-"UTF-8"?>
<addressbook>
  <nickname>Fred</nickname>
  <email>fred@barneys.house</email>
  <html>TRUE</html>
  <firstname>Fred</firstname>
  <lastname>Flintstone</lastname>
  <work>999-Quarry</work>
  <home>999-BedrockLane</home>
  <fax>888-Squawk</fax>
  <pager>777-pager</pager>
  <cell>555-cell</cell>
</addressbook>
```

Você conseguiu converter com sucesso uma estrutura de dados existente para XML. E não foi muito difícil. Parabéns!

Como transformar dados XML com XSLT

As APIs das Transformações de Linguagem de Folhas de Estilos Extensível (XSLT) podem ser utilizadas para muitos propósitos. Por exemplo, com uma folha de estilos suficientemente inteligente, você pode gerar saída de PDF ou PostScript a partir dos dados XML. Mas, geralmente, XSLT é usada para gerar a saída HTML formatada, ou criar uma representação XML alternativa dos dados.

Nesta seção, você usará um transform XSLT para traduzir o dado de entrada XML para a saída HTML.

Nota: A especificação XSLT é grande e complexa, portanto este tutorial pode apenas traçar algumas noções. Ele lhe dará subsídio suficiente para dar o início de modo que você possa empreender tarefas simples de processamento XSLT. Ele deve também lhe dar um ponto de partida para suas pesquisas XSLT futuras. Para um embasamento mais completo, consulte um bom manual de referência, tal como Michael Kay's XSLT: Programmer's Reference (Wrox, 2001).

Como definir um tipo de documento <article> simples

Começaremos definindo um tipo de documento muito simples que pode ser usado para escrever artigos. Nossos documentos <article> conterão estas tags de estrutura:

- <TITLE>: O título do artigo
- <SECT>: Uma seção, constituída de um cabeçalho e um corpo
- <PARA>: Um parágrafo
- <LIST>: Uma lista
- <ITEM>: Uma entrada da lista
- <NOTE>: Um aparte, que é um deslocamento do texto principal

O aspecto ligeiramente incomum desta estrutura é que não vamos criar uma tag de elemento separada para um cabeçalho de seção. Tais elementos são normalmente criados para distinguir o texto de cabeçalho (e quaisquer tags que ele contenha) do corpo da seção (isto é, quaisquer elementos de estrutura debaixo do cabeçalho.)

No lugar disso, permitiremos que o cabeçalho se misture inteirinho no corpo da seção. Essa redisposição adiciona um pouco de complexidade para a folha de estilos, mas ela nos dará uma chance de explorar os mecanismos de seleção de template da XSLT. Ela também atende nossas intuitivas expectativas a respeito de estrutura de documento, onde o texto de um cabeçalho é seguido diretamente por elementos de estrutura, uma disposição que pode simplificar a edição orientada para esboço.

Nota: Este tipo de estrutura não é facilmente validado, porque o modelo de conteúdo misto XML permite texto em qualquer parte da seção, ao passo que queremos restringir o texto e elementos in-line de modo que eles apareçam apenas antes do primeiro elemento de estrutura do corpo da seção. O validador com base em asserção (Schematron) pode fazer isso, a maioria de outros mecanismos de esquema não consegue. Portanto, vamos dispensar a definição de uma DTD para o tipo de documento.

Nesta estrutura, as seções podem ser aninhadas. A profundidade do aninhamento determinará que tipo de formatação HTML usar para o cabeçalho de seção (por exemplo, h1 ou h2). Usar uma tag SECT plana (em vez de seções numeradas) também é útil com edição orientada para esboço, porque ela permite que você mova as seções ao redor à vontade sem ter de se preocupar com alterações de numeração para qualquer uma das seções afetadas.

Para listas, usaremos um atributo *type* para especificar se as entradas da lista estão fora de ordem (com bullet), alpha (especificadas com letras minúsculas), ALPHA (especificadas com letras maiúsculas), ou numeradas.

Também permitiremos algumas tags in-line que mudam a aparência do texto:

- <B>: Negrito
- <I>: Itálico
- <U>: Sublinhado
- <DEF>: Definição
- <LINK>: Link para um URL

Nota: Uma tag in-line não gera uma quebra de linha, portanto uma alteração de estilo causada por uma tag in-line não afeta o fluxo do texto da página (embora afete a aparência do texto). Uma tag de estrutura, por outro lado, demarca um novo segmento de texto, digamos, ao mínimo, ela sempre gera uma quebra de linha, além de outras alterações de formato.

A tag <DEF> será usada para termos definidos no texto. Esses termos serão exibidos em itálico, o modo que normalmente eles aparecem em um documento. Mas utilizar uma tag especial no XML permitirá que um programa de índice encontre tais definições e as adicione a um índice, junto com palavras-chave nos cabeçalhos. Na nota precedente, por exemplo, as definições das tags in-line e tags de estrutura poderiam ter sido marcadas com tags <DEF> para futura indexação.

Finalmente, a tag LINK atende dois propósitos. Primeiro, ela nos deixa criar um link para um URL sem ter de inserir duas vezes o URL, de modo que nós possamos codificar <link>http//...</link> em vez de <a ref="http//...">http//...</a>. Naturalmente, nós também vamos permitir uma forma que se pareça com <link target="...">...name...</link>. Isso leva a uma segunda razão para a tag <link>. Ela nos dará uma oportunidade para brincar com expressões condicionais em XSLT.

Nota: Embora a estrutura de artigo seja extremamente simples (constituída de apenas 11 tags), ela cria bastante problemas interessantes por nos oferecer uma boa visualização das capacidades básicas de XSLT. Mas deixaremos ainda grandes áreas da especificação não tocadas. Em o Que mais XSLT pode fazer?, destacaremos os maiores recursos que pulamos.

Como criar um documento de teste

Aqui, você criará um simples documento de teste usando elementos aninhados <SECT>, alguns elementos <PARA>, um elemento <NOTE>, um <LINK> e um <LIST type="unordered">. A idéia é criar um documento com um pouco de tudo de modo que possamos explorar os mecanismos mais interessantes de tradução.

Nota: Os dados de amostragem descritos aqui estão no arquivo article1.xml. (A versão navegável é article1-xml.html.)

Para fazer o documento de teste, crie um arquivo chamado article.xml e introduza os seguintes dados XML.

```
<?xml version="1.0"?>
<ARTICLE>
  <TITLE>A Sample Article</TITLE>
  <SECT>The First Major Section
    <PARA>This section will introduce a subsection.</PARA>
    <SECT>The Subsection Heading
      <PARA>This is the text of the subsection.
      </PARA>
    </SECT>
  </SECT>
</ARTICLE>
```

Note que, no arquivo XML, a subseção está totalmente contida dentro da seção maior. (Em HTML, por outro lado, os cabeçalhos não contêm o corpo da seção.) O resultado é uma estrutura de esboço que é mais difícil de editar em um formulário de texto plano como este, mas é muito mais fácil de editar com um editor orientado para esboço.

Algum dia, dado um editor XML orientado por árvore que entenda tags in-line tais como <B> e <I>, será possível editar um artigo deste tipo em um formulário de esboço, sem exigir uma folha de estilos complicada. (Esse editor permitiria que o escritor se focasse na estrutura do artigo, abandonando o layout para muito mais tarde no processo.) Nesse editor, o fragmento de artigo se pareceria com isto:

```
<ARTICLE>
  <TITLE>A Sample Article
  <SECT>The First Major Section
    <PARA>This section will introduce a subsection.
    <SECT>The Subheading
      <PARA>This is the text of the subsection. Note that ...
```

Nota: Neste momento, editores estruturados para árvore existem, mas eles tratam tags in-line, como <B> e <I>, da mesma maneira que tratam tags de estrutura, e isso pode tornar o "esboço" difícil de ler.

Como escrever um transform XSLT

Agora é hora de começar a escrever um transform XSLT que converterá o artigo XML e o renderizará em HTML.

Nota: O transform descrito nesta seção está contido em article1a.xsl. (A versão navegável é article1a-xsl.html.)

Comece criando um documento XML normal:

```
<?xml version="1.0" encoding="ISO-8859-1"?>
```

Depois, adicione as seguintes linhas para criar uma folha de estilos XSL:

```
<?xml version="1.0" encoding="ISO-8859-1"?>
<xsl:stylesheet
  xmlns:xsl="http://www.w3.org/1999/XSL/Transform"
  version="1.0"
  >

</xsl:stylesheet>
```

Agora configure-a para produzir um saída compatível com HTML:

```
<xsl:stylesheet
  ...
  >
  <xsl:output method="html"/>

    ...
</xsl:stylesheet>
```

Discutiremos detalhadamente as razões para essa entrada mais tarde, nesta seção. Por enquanto, note que, se você quiser criar produzir qualquer coisa diferente de XML bem formado, você precisará de uma tag <xsl:output> como aquela mostrada, especificando tanto texto como HTML. (O valor default é xml.)

Nota: Quando especifica uma saída XML, você pode adicionar o atributo de indentação para produzir saída XML indentada. A especificação se parece com isto: <xsl:output method="xml" indent="yes"/>.

Como processar os elementos de estrutura básica

Você vai começar preenchendo a folha de estilos processando os elementos que entram na criação de um índice: o elemento raiz, o elemento de título e os cabeçalhos. Você também processará o elemento PARA definido no documento de teste.

Nota: Se, na primeira leitura, você pulou a seção que discute os mecanismos de endereçamento XPath, Como XPath funciona, agora é uma boa hora de voltar e rever essa seção.

Comece adicionando a instrução principal que processa o elemento raiz:

```
  <xsl:template match="/">
    <html><body>
      <xsl:apply-templates/>
    </body></html>
  </xsl:template>
</xsl:stylesheet
```

Os novos comandos XSL são mostrados em negrito. (Note que ele estão definidos no namespace xsl.) A instrução <xsl:apply-templates> processa os filhos do nó corrente. Neste caso, o nó corrente é o nó da raiz.

Apesar de sua simplicidade, este exemplo ilustra uma série de idéias importantes, vale a pena, portanto, entendê-lo completamente. O primeiro conceito é que uma folha de estilos contém uma série de templates, definidos com a tag <xsl:template> tag. Cada template contém um atributo match, que usa os mecanismos de endereçamento XPath descritos em Como XPath funciona a fim de selecionar os elementos para os quais o template será aplicado.

Dentro do template, tags que não começam com o prefixo xsl: namespace são simplesmente copiadas. As novas linhas e os espaços em branco que as acompanham também são copiados, e isso ajuda a tornar a saída resultante legível.

Nota: Quando uma nova linha não estiver presente, o espaço em branco geralmente é ignorado. Para incluir o espaço em branco em tais casos, ou para incluir outro texto, você pode usar a tag <xsl:text>. Basicamente, uma folha de estilos XSLT espera processar tags. Portanto, tudo que ela vê precisa ser tanto uma tag <xsl:..>, alguma outra tag, ou um espaço em branco.

Neste caso, as tags não XSL são tags HTML. Portanto, quando a tag root é correspondida, XSLT cria as tags iniciais HTML, processa quaisquer templates que se apliquem aos filhos da raiz e, depois, cria as tags finais HTML.

Processe o elemento <TITLE>

Em seguida, adicione um template para processar o título do artigo:

```
<xsl:template match="/ARTICLE/TITLE">
  <h1 align="center"> <xsl:apply-templates/> </h1>
</xsl:template>

</xsl:stylesheet>
```

Neste caso, você especifica um caminho completo para o elemento TITLE e cria algum HTML para fazer o texto do título em um cabeçalho centralizado e grande. Neste caso, a tag de aplicação de templates assegura que, se o título contiver quaisquer tags in-line, tais como itálico, links, ou sublinhado, elas também serão processadas.

O mais importante, a instrução de aplicação de templates faz com que o texto do título seja processado. Como o modelo de dados do DOM, o modelo de dados XSLT é baseado no conceito de nós de texto contidos em nós de elementos (os quais, por sua vez, podem ser contidos em outros nós de elementos, e assim por diante.) Essa estrutura hierárquica constitui a árvore de origem. Existe também a árvore de resultado, que contém a saída.

XSLT trabalha transformando a árvore de origem na árvore de resultado. Para visualizar o resultado de operações XSLT, é útil entender a estrutura dessas árvores, e seus conteúdos. (Para mais informação sobre este assunto, veja Modelo de dados XSLT/XPath).

Processe cabeçalhos

Para continuar processando os elementos de estrutura básica, adicione um template para processar os cabeçalhos de nível de topo:

```
<xsl:template match="/ARTICLE/SECT">
  <h2> <xsl:apply-templates
    select="text()|B|I|U|DEF|LINK"/> </h2>
  <xsl:apply-templates select="SECT|PARA|LIST|NOTE"/>
</xsl:template>

</xsl:stylesheet>
```

Aqui, você especifica o caminho para os elementos SECT mais ao topo. Mas desta vez, você aplica templates em dois estágios usando o atributo *select*. Para o primeiro estágio, você seleciona nós de texto, bem como tags in-line tais como negrito e itálico, usando a função XPath text(). (Um pipe vertical (|) é usado para corresponder itens múltiplos: texto ou uma tag negrito ou uma tag itálico, etc.) No segundo estágio, você seleciona os outros elementos de estrutura contidos no arquivo, para seções, parágrafos, listas, e notas.

Usar o atributo *select* permite que você coloque o texto e os elementos in-line entre as tags <h2>...</h2>, enquanto garante que todas as tags de estrutura na seção sejam processadas em seguida. Em outras palavras, você garante que o aninhamento dos cabeçalhos no documento XML não seja refletido na formatação HTML, uma distinção que é importante para a saída HTML.

Em geral, usar a cláusula select permite que você aplique todos os templates em um subconjunto da informação disponível no contexto corrente. Como o outro exemplo, este template seleciona todos os atributos do nó corrente:

```
<xsl:apply-templates select="@*"/></attributes>
```

Em seguida, adicione o template virtualmente idêntico para processar os subcabeçalhos que estejam aninhados em um nível mais profundo:

```
<xsl:template match="/ARTICLE/SECT/SECT">
  <h3> <xsl:apply-templates
    select="text()|B|I|U|DEF|LINK"/> </h3>
  <xsl:apply-templates select="SECT|PARA|LIST|NOTE"/>
</xsl:template>

</xsl:stylesheet>
```

Gere uma mensagem Runtime

Você poderia adicionar templates a cabeçalhos mais profundos, também, mas em algum ponto você deve parar, se apenas o HTML descer somente cinco níveis. Para este exemplo, você vai parar a dois níveis de cabeçalhos de seção. Mas se acontecer de a entrada XML conter um terceiro nível, você vai fornecer uma mensagem de erro para o usuário. Esta seção mostra como fazer isso.

Nota: Nós poderíamos continuar processando os elementos SECT que estão mais abaixo, selecionando-os com a expressão /SECT/SECT//SECT. As // selecionam quaisquer elementos SECT, em qualquer profundidade, como definido pelo mecanismo de endereçamento XPath. Mas, no lugar disso, aproveitaremos a oportunidade para brincar com a mensagem.

Adicione o seguinte template para gerar um erro quando uma seção encontrada estiver aninhada profundamente demais:

```
<xsl:template match="/ARTICLE/SECT/SECT/SECT">
  <xsl:message terminate="yes">
    Error: Sections can only be nested 2 deep.
  </xsl:message>
</xsl:template>

</xsl:stylesheet>
```

A cláusula terminate="yes" faz o processo de transformação parar depois que a mensagem é gerada. Sem ela, o processamento poderia ainda continuar, com tudo nessa seção sendo ignorado.

Como exercício adicional, você poderia expandir a folha de estilos para tratar as seções aninhadas até quatro seções de profundidade, gerando tags <h2>...<h5>. Gere um erro sobre cada seção aninhada com cinco níveis de profundidade.

Finalmente, termine a folha de estilos adicionando um template para processar a tag PARA:

```
  <xsl:template match="PARA">
    <p><xsl:apply-templates/></p>
  </xsl:template>

</xsl:stylesheet>
```

Como escrever o programa básico

Agora, você modificará o programa que utiliza XSLT para refletir um arquivo XML não alterado, modificando-o de modo que ele use a sua folha de estilos.

Nota: O código mostrado a seguir, nesta seção, está contido em Stylizer.java. O resultado está em stylizer1a.html. (A versão navegável da fonte HTML se chama stylizer1a-src.html.)

Comece copiando TransformationApp02, que analisa um arquivo XML e escreve para System.out. Salve-o como Stylizer.java.

Em seguida, modifique as ocorrências do nome de classe e a seção de uso do programa:

```
public class TransformationAppStylizer
{
  if (argv.length != 1 2) {
    System.err.println (
      "Usage: java TransformationApp filename");
      "Usage: java Stylizer stylesheet xmlfile");
    System.exit (1);
  }
  ...
```

Depois modifique o programa para usar a folha de estilos ao criar o objeto Transformer.

```
...
import javax.xml.transform.dom.DOMSource;
import javax.xml.transform.stream.StreamSource;
import javax.xml.transform.stream.StreamResult;
...

public class Stylizer
{
  ...
  public static void main (String argv[])
  {
    ...
    try {
      File f = new File(argv[0]);
      File stylesheet = new File(argv[0]);
      File datafile = new File(argv[1]);
      DocumentBuilder builder =
        factory.newDocumentBuilder();
      document = builder.parse(f datafile);
      ...
      StreamSource stylesource =
        new StreamSource(stylesheet);
```

```
Transformer transformer =
  Factory.newTransformer(stylesource);
...
```

Este código utliza o arquivo para criar um objeto StreamSource e depois passa o objeto de origem para a classe da fábrica a fim de obter o transformador.

Nota: Você pode simplificar o código um pouco eliminando a classe DOMSource. Em vez de criar um objeto DOMSource para o arquivo XML, crie um objeto StreamSource para ele, bem como para a folha de estilos.

Agora, compile e rode o programa usando article.xsl para transformar em article1.xml. Os resultados devem parecer com isto:

```
<html>
<body>

<h1 align="center">A Sample Article</h1>

<h2>The First Major Section

  </h2>
<p>This section will introduce a subsection.</p>
<h3>The Subsection Heading

    </h3>
<p>This is the text of the subsection.

      </p>

</body>
</html>
```

Neste momento, há um excesso exagerado de espaços em branco na saída. Na próxima seção, você verá como eliminar a maioria deles.

Como eliminar os espaços em branco

Lembre-se de que quando você olha para a estrutura de um DOM, existem muitos nós de texto que contêm nada além de espaços em branco ignoráveis. A maioria dos espaços em branco na saída vem desses nós. Felizmente, XSL lhe oferece uma maneira de eliminá-los. (Para saber mais sobre a estrutura de nós, veja Modelo de dados XSLT/XPath).

Nota: A folha de estilos descrita aqui está em article1b.xsl. O resultado está em stylizer1b.html. (As versões exibíveis do browser são article1b-xsl.html e stylizer1brc.html.)

Para remover um pouco do excesso de espaços em branco, adicione o seguinte código à folha de estilos.

```
<xsl:stylesheet ...
  >
  <xsl:output method="html"/>
  <xsl:strip-space elements="SECT"/>
  ...
```

Esta instrução diz à XSL para remover quaisquer nós de texto debaixo do elemento SECT que não contenham nada, exceto espaços em branco. Nós que contêm textos diferentes de espaços em branco não serão afetados, nem os outros tipos de nós.

Agora, quando você roda o programa, o resultado aparece assim:

```
<html>
<body>

<h1 align="center">A Sample Article</h1>

<h2>The First Major Section
  </h2>
<p>This section will introduce a subsection.</p>
<h3>The Subsection Heading
    </h3>
<p>This is the text of the subsection.
    </p>

</body>
</html>
```

Esta é uma melhora bem grande. Há ainda caracteres de nova linha e espaços em branco depois dos cabeçalhos, mas eles vêm da maneira como XML é escrita:

```
<SECT>The First Major Section
____<PARA>This section will introduce a subsection.</PARA>
^^^^
```

Aqui, você pode ver que o cabeçalho da seção termina com uma nova linha e espaço de indentação, antes que a entrada PARA comece. Essa não é uma grande preocupação, porque os browsers, que processarão o HTML, comprimem e ignoram o excesso de espaços rotineiramente. Mas existe ainda uma ferramente da formatação à nossa disposição.

Nota: A folha de estilos descrita aqui se chama article1c.xsl. O resultado está em stylizer1c.html. (As versões navegáveis são article1c-xsl.html e stylizer1c-src.html.)

Para se livrar desses últimos espaços em branco que restam, adicione este template à folha de estilos:

```
  <xsl:template match="text()">
    <xsl:value-of select="normalize-space()"/>
  </xsl:template>

</xsl:stylesheet>
```

A saída se parece com isto:

```
<html>
<body>
<h1 align="center">A Sample Article</h1>
<h2>The First Major Section</h2>
<p>This section will introduce a subsection.</p>
<h3>The Subsection Heading</h3>
<p>This is the text of the subsection.</p>
</body>
</html>
```

Assim está realmente muito melhor. Naturalmente, seria mais interessante se houvesse indentação, mas isso seria um pouco mais difícil do que se poderia esperar. Aqui estão algumas avenidas de ataque possíveis, junto com as dificuldades:

Opção de indentação

Infelizmente, a opção indent="yes", que pode ser aplicada à saída XML, não está disponível para a saída HTML. Mesmo que essa opção estivesse disponível, isso não ajudaria, porque os elementos HTML raramente estão aninhados! Embora a fonte HTML freqüentemente seja indentada para mostrar a estrutura deduzida, as tags HTML, propriamente ditas, não estão aninhadas de maneira a criar uma estrutura real.

Variáveis de indentação

A função <xsl:text> permite que você adicione o texto que quiser, inclusive um espaço em branco. Então ela pode conceptivelmente ser usada para produzir espaços de indentação. O problema é variar a quantidade de espaços de indentação. Variáveis XSLT parecem uma boa idéia, mas elas não funcionam aqui. A razão é que, quando você atribui um valor para uma variável em um template, o valor é conhecido apenas dentro desse template (estatisticamente, em tempo de compilação). Mesmo que a variável seja definida de modo global, o valor atribuído não será armazenado de modo que permita ser conhecido dinamicamente por outros templates em tempo de execução. Quando <apply-templates> chama outros templates, esses templates são inconscientes de quaisquer definições de variáveis feitas em qualquer lugar.

Templates parametrizados

Usar um template parametrizado é uma outra maneira de modificar um comportamento de template. Mas determinar a quantidade de espaços de indentação para passar como parâmetro permanece o ponto mais importante do problema.

No momento, então, parece não haver qualquer boa idéia para controlar a indentação de uma saída de formato HTML. Isso seria inconveniente se você precisasse mostrar ou editar o HTML como texto plano. Mas isso não será um problema se você fizer suas edições em um formulário XML, usando a versão HTML apenas para exibir em um browser. (Quando você visualizar stylizer1c.html, por exemplo, você verá os resultados esperados.)

Como processar os elementos de estrutura restantes

Nesta seção, você processará os elementos LIST e NOTE, que adicionam mais estrutura a um artigo.

Nota: O documento de amostra descrito nesta seção está em article2.xml, e a folha de estilos usada para manipulá-lo está em article2.xsl. O resultado está em stylizer2.html. (As versões exibíveis no browser são article2-xml.html, article2-xsl.html, e stylizer2-src.html.)

Comece adicionando um pouco de dados de teste para o documento de amostra:

```
<?xml version="1.0"?>
<ARTICLE>
  <TITLE>A Sample Article</TITLE>
  <SECT>The First Major Section
    ...
  </SECT>
  <SECT>The Second Major Section
    <PARA>This section adds a LIST and a NOTE.
    <PARA>Here is the LIST:
      <LIST type="ordered">
        <ITEM>Pears</ITEM>
        <ITEM>Grapes</ITEM>
      </LIST>
    </PARA>
    <PARA>And here is the NOTE:
      <NOTE>Don't forget to go to the hardware store
        on your way to the grocery!
      </NOTE>
    </PARA>
  </SECT>
</ARTICLE>
```

Nota: Embora a lista e a nota do arquivo XML estejam contidos em seus respectivos parágrafos, realmente não faz diferença nenhuma se eles estão contidos ou não; o HTML gerado será o mesmo de qualquer forma. Mas tê-los contidos tornará mais fácil lidar com eles em um editor orientado para esboço.

Modifique o tratamento de <PARA>

Em seguida, modifique o template PARA para levar em consideração o fato de que nós estamos agora permitindo que alguns elementos de estrutura sejam incorporados a um parágrafo:

```
<xsl:template match="PARA">
  <p><xsl:apply-templates/></p>
  <p> <xsl:apply-templates select="text()|B|I|U|DEF|LINK"/>
    </p>
  <xsl:apply-templates select="PARA|LIST|NOTE"/>
</xsl:template>
```

Esta modificação usa a mesma técnica que você utilizou nos cabeçalhos de seção. A única diferença é que os elementos SECT não são esperados com um parágrafo. (Todavia, um parágrafo poderia facilmente existir dentro de outro parágrafo – por exemplo, como material citado.)

Processe elementos <LIST> e <ITEM>

Agora, você está pronto para adicionar um template para processar os elementos de LIST:

```
  <xsl:template match="LIST">
    <xsl:if test="@type='ordered'">
      <ol>
      <xsl:apply-templates/>
      </ol>
    </xsl:if>
```

```
    <xsl:if test="@type='unordered'">
      <ul>
      <xsl:apply-templates/>
      </ul>
    </xsl:if>
  </xsl:template>

</xsl:stylesheet>
```

A tag <xsl:if> usa o atributo test="" para especificar uma condição boolean. Neste caso, o valor do atributo *type* é testado, e a lista gerada se altera dependendo se o valor é *ordered* ou *unordered*.

Note duas coisas importantes neste exemplo:

- Não existe nenhuma outra cláusula, nem existe uma declaração de retorno ou de saída, portanto são necessárias duas tags <xsl:if> para cobrir as duas opções (Ou a tag <xsl:choose> poderia ter sido usada, que fornece a funcionalidade de declaração de caso.)
- Aspas simples são necessárias para os valores de atributos. Caso contrário, o processador XSLT tenta interpretar a palavra solicitada como uma função XPath em vez de interpretar como uma string.

Agora, termine o processamento de LIST tratando os elementos ITEM.

```
  <xsl:template match="ITEM">
    <li><xsl:apply-templates/>
    </li>
  </xsl:template>

</xsl:stylesheet>
```

Como solicitar templates em uma folha de estilos

Por enquanto, você deve ter a idéia de que templates são independentes uns do outros, geralmente não importa, portanto, onde eles ocorram em um arquivo. Por isso, deste ponto em diante, mostraremos apenas o template que você precisa adicionar. (Por causa da comparação, eles são sempre adicionados no final da folha de estilos de exemplo.)

A solicitação faz a diferença quando dois templates podem se aplicar ao mesmo nó. Nesse caso, aquele que é definido por último é aquele que é encontrado e processado. Por exemplo, para alterar a solicitação de uma lista indentada para usar letras minúsculas, você pode especificar um template pattern (gabarito-padrão) que se parece com este: //LIST//LIST. Nesse template, você pode usar a opção HTML para gerar uma enumeração alfabética ao invés de numérica.

Mas tal elemento também poderia ser identificado pelo padrão //LIST. Para assegurar que o processamento adequado foi feito, o template, que especifica //LIST, teria de aparecer antes do template que especifica //LIST//LIST.

Processe elementos <NOTE>

O último elemento de estrutura que resta é o elemento NOTE. Adicione o seguinte template para tratar disso.

```
  <xsl:template match="NOTE">
      <blockquote><b>Note:</b><br/>
    <xsl:apply-templates/>
    </p></blockquote>
  </xsl:template>

</xsl:stylesheet>
```

Este código traz à tona uma questão interessante que resulta da inclusão da tag <br/>. Para que o arquivo XML seja bem formado, a tag deve ser especificada na folha de estilos como <br/>, mas essa tag não é reconhecida por muitos browsers. E, embora a maioria dos browsers reconheça a seqüência
</br>, todos eles a tratam como uma quebra de parágrafo em vez de uma única quebra de linha.

Em outras palavras, a transformação deve gerar uma tag <br>, mas a folha de estilos deve especificar </br>. Isso nos leva com maior razão para essa tag de saída especial que nós adicionamos anteriormente na folha de estilos:

```
<xsl:stylesheet ... >
  <xsl:output method="html"/>
  ...
</xsl:stylesheet>
```

Essa especificação de saída converte tags vazias, como, por exemplo, <br/>, para o formulário HTML delas, na saída. Essa conversão é importante, porque a maioria dos browsers não reconhece as tags vazias. Aqui está uma lista de tags afetadas:

```
area      frame   isindex
base      hr      link
basefont  img     meta
br        input   param
col
```

Para resumir, por default xslt produz XML bem formado na saída. E como uma folha de estilos XSL é um XML bem formado para começar, você não consegue facilmente colocar uma tag tal como <br> no meio dela. A tag <xsl:output method="html"/> soluciona o problema de modo que você pode codificar <br/> na folha de estilos, mas obter <br> na saída.

Uma outra grande razão para especificar <xsl:output method="html"/> é que, como acontece com a especificação <xsl:output method="text"/>, o texto gerado não tem escape. Por exemplo, se a folha de estilos incluir a referência de entidade <, ela não aparecerá como o caractere < no texto gerado. Se o XML fosse gerado, por outro lado, a referência de entidade < na folha de estilos permaneceria imutável, portanto, ela apareceria como < no texto gerado.Rode o programa

---

Nota: Se você realmente quiser que < seja gerado como parte da saída HTML, precisarão codificá-lo como <. Essa seqüência torna-se < na saída, pois apenas o & é convertido para um caractere &.

Execute o programa

Aqui está o HTML que foi gerado para a segunda seção quando você roda o programa agora:

```
...
<h2>The Second Major Section</h2>
<p>This section adds a LIST and a NOTE.</p>
<p>Here is the LIST:</p>
<ol>
<li>Pears</li>
<li>Grapes</li>
</ol>
```

```
<p>And here is the NOTE:</p>
<blockquote>
<b>Note:</b>
<br>Don't forget to go to the hardware store on your way to the grocery!
</blockquote>
```

Processe elementos (de conteúdo) in-line

As únicas tags restantes no tipo ARTICLE são as tags in-line – aquelas que não criam uma quebra de linha na saída, mas em vez disso, são integradas com o fluxo de texto do qual fazem parte.

Os elementos in-line são diferentes dos elementos de estrutura em que os elementos in-line são parte constituinte de uma tag. Se você pensar em um elemento como um nó em uma árvore de documento, então cada nó tem tanto conteúdo como estrutura. O conteúdo é composto pelo texto e pelas tags in-line que ele contém. A estrutura consiste em outros elementos (elementos de estrutura) debaixo da tag.

Nota: O documento de amostra descrito nesta seção é o article3.XML, e a folha de estilos usada para manipulá-lo é o article3.xsl. O resultado está em stylizer3.html. (As versões exibíveis pelo browser estão em article3-xml.html, article3-xsl.html, e stylizer3-src.html.)

Inicie adicionando um pouco mais de dados de teste para o documento de amostra:

```
<?xml version="1.0"?>
<ARTICLE>
  <TITLE>A Sample Article</TITLE>
  <SECT>The First Major Section
    ...
  </SECT>
  <SECT>The Second Major Section
    ...
  </SECT>
  <SECT>The <I>Third</I> Major Section
    <PARA>In addition to the inline tag in the heading,
      this section defines the term <DEF>inline</DEF>,
      which literally means "no line break". It also
      adds a simple link to the main page for the Java
      platform (<LINK>http://java.sun.com</LINK>),
      as well as a link to the
      <LINK target="http://java.sun.com/xml">XML</LINK>
      page.
    </PARA>
  </SECT>
</ARTICLE>
```

Agora processe os elementos <DEF> in-line nos parágrafos, renomeando-os para as tags HTML em itálico:

```
<xsl:template match="DEF">
  <i> <xsl:apply-templates/> </i>
</xsl:template
```

Em seguida, comente a normalização de nó de texto. Ela tem atendido a seu objetivo, e agora você está no ponto onde você precisa preservar espaços importantes:

```
<!--
  <xsl:template match="text()">
    <xsl:value-of select="normalize-space()"/>
  </xsl:template>
-->
```

Esta modificação nos poupa a perda de espaços antes de tags como <I> e <DEF>, por exemplo. (Tente o programa sem esta modificação para ver o resultado.)

Agora processe os elementos básicos HTML in-line tais como <B>, <I>, e <U>, para negrito, itálico e sublinhado.

```
<xsl:template match="B|I|U">
  <xsl:element name="{name()}">
    <xsl:apply-templates/>
  </xsl:element>
</xsl:template>
```

A tag <xsl:element> permite que você compute o elemento que queira gerar. Aqui, você gera a tag in-line apropriada usando o nome do elemento corrente. Em particular, note o uso de chaves ({}) na expressão name="..". Essas chaves fazem com que o texto entre aspas seja processado como uma expressão XPath em vez de ser interpretado como uma string literal. Aqui, elas fazem a função name() XPath retornar o nome do nó corrente.

As chaves são reconhecidas em qualquer lugar onde um template com valor de atributo possa ocorrer. (Templates com valor de atributo são definidos na seção 7.6.2 da especificação XSLT, e eles aparecem em vários lugares nas definições de template.) Em tais expressões, as chaves podem também ser usadas para referenciar o valor de um atributo, {@foo}, ou o conteúdo de um elemento {foo}.

Nota: Você também pode gerar atributos usando <xsl:attribute>. Para maiores informações, veja a seção 7.1.3 da especificação XSLT.

O último elemento restante é a tag LINK. O modo mais fácil de processar essa tag será configurar um template nomeado que podemos controlar com um parâmetro:

```
<xsl:template name="htmLink">
  <xsl:param name="dest" select="UNDEFINED"/>
  <xsl:element name="a">
    <xsl:attribute name="href">
      <xsl:value-of select="$dest"/>
    </xsl:attribute>
    <xsl:apply-templates/>
  </xsl:element>
</xsl:template>
```

A grande diferença neste template é que, em vez de especificar uma cláusula *match*, você fornece ao template um nome usando a cláusula name="". Portanto, este template será executado somente quando você chamá-lo.

Dentro do template, você também especifica um parâmetro chamado *dest* usando a tag <xsl:param>. Para pouco erro de verificação, você usa a cláusula *select* para fornecer a esse parâmetro um valor default de UNDEFINED. Para referenciar o valor na tag <xsl:value-of>, você especifica $dest.

Nota: Lembre-se de que uma entrada entre aspas é interpretada como uma expressão, exceto se ela for anexada, depois, com aspas simples. Eis por que as aspas simples foram necessárias anteriormente em "@type='ordered'" – para assegurar que ordered fosse interpretado como uma string.

A tag <xsl:element> gera um elemento. Anteriormente, você foi capaz de simplesmente especificar o elemento que queremos codificar – algo como <html>. Mas aqui você está gerando dinamicamente o conteúdo da âncora HTML (<a>) no corpo da tag <xsl:element>. E você está gerando dinamicamente o atributo href da âncora usando a tag <xsl:attribute>.

A última parte importante do template é a tag <apply-templates>, que insere o texto a partir do nó de texto debaixo do elemento LINK. Sem ele, não haveria texto no link HTML gerado.

Em seguida, adicione o template para a tag LINK e chame o template nomeado de dentro dele:

```
<xsl:template match="LINK">
  <xsl:if test="@target">
    <!—Target attribute specified.—>
    <xsl:call-template name="htmLink">
      <xsl:with-param name="dest" select="@target"/>
    </xsl:call-template>
  </xsl:if>
</xsl:template>

<xsl:template name="htmLink">
  ...
```

A cláusula test="@target" retornará true se o atributo de destino existir na tag LINK. Portanto, esta tag <xsl-if> gera links HTML quando o texto do link e o target definido para ele forem diferentes.

A tag <xsl:call-template> chama o template nomeado, ao passo que <xsl:with-param> especifica um parâmetro usando o nome da cláusula e especifica seu valor usando a cláusula select.

Como realmente última etapa no processo de construção de folha de estilos, adicione a tag <xsl-if> para processar as tags LINK que não tenham um atributo *target*.

```
<xsl:template match="LINK">
  <xsl:if test="@target">
    ...
  </xsl:if>

  <xsl:if test="not(@target)">
    <xsl:call-template name="htmLink">
      <xsl:with-param name="dest">
        <xsl:apply-templates/>
      </xsl:with-param>
    </xsl:call-template>
  </xsl:if>
</xsl:template>
```

A clause not(...) inverte o teste anterior (lembre: não existe cláusula *else*). Portanto, esta parte do template é interpretada quando o atributo *target* não é especificado. Desta vez, o valor de parâmetro não vem de uma cláusula select, mas do conteúdo do elemento <xsl:with-param>.

Nota: Só para ficar mais claro: parâmetros e variáveis (as quais serão discutidas rapidamente em O que mais XSLT pode fazer?) podem ter seus valores especificados tanto por uma cláusula select, que permite usar expressões XPath, como pelo conteúdo do elemento, que permite que você utilize tags XSLT.

Neste caso, o conteúdo do parâmetro é gerado pela tag <xsl:apply-templates/>, que insere o conteúdo do nó de texto debaixo do elemento LINK.

Rode o programa

Quando você rodar o programa, agora, os resultados vão parecer algo com isto:

```
...
<h2>The <I>Third</I> Major Section
   </h2>
<p>In addition to the inline tag in the heading, this section
   defines the term <i>inline</i>, which literally means
   "no line break". It also adds a simple link to the
   main page for the Java platform (<a href="http://java.
   sun.com">http://java.sun.com</a>),
   as well as a link to the
   <a href="http://java.sun.com/xml">XML</a> page.
 </p>
```

Bom trabalho! Você agora converteu um arquivo XML com certa complexidade. (Tão simples quanto possa ter parecido no começo, ele fornece certamente muita oportunidade para explorações.)

Como imprimir o HTML

Agora você converteu um arquivo XML para HTML. Um dia, alguém produzirá um mecanismo de impressão consciente de HTML que você será capaz de encontrar e usar em toda a API de Serviços de Impressão Java. Nesse ponto, você terá habilidade para imprimir um arquivo XML para gerar HTML. Tudo o que você tem de fazer é configurar uma folha de estilos e usar o seu browser.

O que mais XSLT pode fazer?

Apesar de tão longa, esta seção apenas delineou os primeiros contornos das capacidades de XSLT. Muitas possibilidades adicionais esperam por você na especificação XSLT. Aqui estão algumas coisas para procurar:

import (Section 2.6.2) e include (section 2.6.1)

Use essas declarações para modularizar e combinar as folhas de estilos XSLT. A declaração include simplesmente insere quaisquer definições a partir do arquivo incluído. A declaração import permite que você cancele definições no arquivo importado com definições de sua própria folha de estilos.

loops for-each (seção 8)

Faça loops sobre uma coleção de itens e processe cada um por vez.

choose (declaração de caso) para processamento condicional (seção 9.2)

Ramifique para um dos caminhos de processamento múltiplos dependendo de um valor de entrada.

Como gerar números (seção 7.7)

Gere dinamicamente seções numeradas, elementos numerados, e literais numéricos. XSLT fornece três modos de numeração:

- *Single:* Numera itens sob um cabeçalho único, como uma lista solicitada em HTML
- *Multiple:* Produz numeração de vários níveis tais como "A.1.3"
- *Any:* Numera consecutivamente itens sempre que aparecerem, como rodapés em um capítulo

Como formatar números (seção 12.3)

Controla formatação de enumeração, de modo que você obtém números (format="1"), letras maiúsculas (format="A"), letras minúsculas (format="a"), ou números de composição, como "A.1," bem como valores de números e moedas que resultem adequados para uma locale internacional específica.

Classificação de saída (seção 10)

Produz uma saída na ordem de classificação desejada.

Templates baseados em modo (seção 5.7)

Processa um elemento inúmeras vezes, cada vez de um "modo" diferente. Você adiciona um atributo de modo para templates e, depois, especifica <apply-templates mode="..."> para aplicar apenas os templates com um modo de correspondência. Combina com o atributo <apply-templates select="..."> para aplicar processamento baseado em modo para um subconjunto dos dados de entrada.

Variáveis (seção 11)

Variáveis são algo como parâmetros do método, que permitem que você controle o comportamento do template. Mas eles não são tão valiosos como você possa imaginar. O valor de uma variável é conhecido somente dentro do escopo do template corrente ou da tag <xsl:if> (por exemplo) na qual é definida. Você não pode passar um valor de um template para outro, ou mesmo de uma parte anexa de um template para uma outra parte do mesmo template.

Estas declarações são verdadeiras mesmo para uma variável "global". Você pode alterar seu valor em um template, mas a alteração se aplica somente àquele template. E quando a expressão usada para definir a variável global for avaliada, essa avaliação se efetuará no contexto do nó-raiz da estrutura. Essas constantes podem ser úteis para alterar o comportamento de um template, especialmente quando acopladas com declarações de inclusão e de importação. Mas as variáveis não são um mecanismo de gerenciamento de dados para propósitos gerais.

Problema com variáveis

É tentador criar um único template e definir uma variável para o destino do link, ao invés de ir até o problema de configurar um template parametrizado e chamá-lo de duas maneiras diferentes. A idéia é definir a variável para um valor default (digamos, o texto da tag LINK) e depois, se existir o atributo *target*, definir a variável de destino para o valor do atributo *target*.

Essa seria uma boa idéia – se funcionasse. Mas, novamente, a questão é que as variáveis somente são conhecidas no escopo dentro do qual elas foram definidas. Portanto, quando você codifica uma tag <xsl:if> para alterar o valor da variável, o valor é conhecido somente dentro do contexto da tag <xsl:if>. Uma vez que </xsl:if> seja encontrada, qualquer alteração para definição da variável será perdida.

Uma idéia igualmente tentadora é a possibilidade de substituir a especificação text()|B|I|U|DEF|LINK por uma variável ($inline). Mas como o valor da variável é determinado por onde ela é definida, o valor de uma variável in-line global é constituída de nós de texto, <B>, e assim por diante, que fazem existir a nível de raiz. Em outras palavras, o valor desta variável, neste caso, é nulo.

Como transformar a partir da linha de comando com Xalan

Para rodar uma transformação a partir da linha de comando, você inicia uma classe de processamento Xalan usando o seguinte comando:

```
java org.apache.xalan.xslt.Process
  -IN article3.xml -XSL article3.xsl
```

Nota: Lembre-se de usar o mecanismo de diretórios endorsed para acessar as bibliotecas Xalan, como foi descrito em Como compilar e rodar o programa.

Com este comando, a saída vai para System.out. A opção –OUT também pode ser usada para produzir um arquivo.

O comando Process também dá permissão para uma variedade de outras opções. Para detalhes, consulte http://xml.apache.org/xalan-j/commandline.html.

Como concatenar transformações com uma cadeia de filtros

Algumas vezes é útil criar uma *cadeia de filtros*: uma concatenação de transformações XSLT na qual o produto da transformação se torna a entrada da próxima. Esta seção mostra a você como fazer isso.

Como escrever o programa

Comece escrevendo um programa para fazer a filtragem. Este exemplo mostra o código- fonte completo, mas, para tornar as coisas mais fáceis, você pode usar um dos programas sobre o qual estava trabalhando como base.

Nota: O código descrito aqui está contido em FilterChain.java.

O programa de amostra inclui as declarações de importação que identificam as localizações de embalagem para cada classe:

```
import javax.xml.parsers.FactoryConfigurationError;
import javax.xml.parsers.ParserConfigurationException;
import javax.xml.parsers.SAXParser;
import javax.xml.parsers.SAXParserFactory;

import org.xml.sax.SAXException;
import org.xml.sax.SAXParseException;
import org.xml.sax.InputSource;
import org.xml.sax.XMLReader;
import org.xml.sax.XMLFilter;

import javax.xml.transform.Transformer;
import javax.xml.transform.TransformerException;
import javax.xml.transform.TransformerFactory;
import javax.xml.transform.TransformerConfigurationException;
```

```
import javax.xml.transform.sax.SAXTransformerFactory;
import javax.xml.transform.sax.SAXSource;
import javax.xml.transform.sax.SAXResult;

import javax.xml.transform.stream.StreamSource;
import javax.xml.transform.stream.StreamResult;

import java.io.*;
```

O programa também inclui os tratadores de erros-padrão aos quais você está habituado. Eles estão listados aqui, todos juntos em um mesmo lugar:

```
}
catch (TransformerConfigurationException tce) {
  // Error generated by the parser
  System.out.println ("* Transformer Factory error");
  System.out.println("   " + tce.getMessage() );

  // Use the contained exception, if any
  Throwable x = tce;
  if (tce.getException() != null)
    x = tce.getException();
  x.printStackTrace();
}
catch (TransformerException te) {
  // Error generated by the parser
  System.out.println ("* Transformation error");
  System.out.println("   " + te.getMessage() );
  // Use the contained exception, if any
  Throwable x = te;
  if (te.getException() != null)
    x = te.getException();
  x.printStackTrace();
}
catch (SAXException sxe) {
  // Error generated by this application
  // (or a parser-initialization error)
  Exception  x = sxe;
  if (sxe.getException() != null)
    x = sxe.getException();
  x.printStackTrace();
}
catch (ParserConfigurationException pce) {
  // Parser with specified options can't be built
  pce.printStackTrace();
}
catch (IOException ioe) {
  // I/O error
  ioe.printStackTrace();
}
```

Entre as declarações de importação e o tratamento de erros, o núcleo do programa consiste no seguinte código:

```
public static void main (String argv[])
{
  if (argv.length != 3) {
    System.err.println (
      "Usage: java FilterChain style1 style2 xmlfile");
    System.exit (1);
  }
```

```
try {
  // Read the arguments
  File stylesheet1 = new File(argv[0]);
  File stylesheet2 = new File(argv[1]);
  File datafile = new File(argv[2]);

    // Set up the input stream
  BufferedInputStream bis = new
    BufferedInputStream(newFileInputStream(datafile));
  InputSource input = new InputSource(bis);

    // Set up to read the input file (see Note #1)
  SAXParserFactory spf = SAXParserFactory.newInstance();
  spf.setNamespaceAware(true);
  SAXParser parser = spf.newSAXParser();
  XMLReader reader = parser.getXMLReader();

    // Create the filters (see Note #2)
  SAXTransformerFactory stf =
    (SAXTransformerFactory)
      TransformerFactory.newInstance();
  XMLFilter filter1 = stf.newXMLFilter(
    new StreamSource(stylesheet1));
  XMLFilter filter2 = stf.newXMLFilter(
    new StreamSource(stylesheet2));

  // Wire the output of the reader to filter1 (see Note #3)
  // and the output of filter1 to filter2
  filter1.setParent(reader);
  filter2.setParent(filter1);

  // Set up the output stream
  StreamResult result = new StreamResult(System.out);

  // Set up the transformer to process the SAX events generated
  // by the last filter in the chain
  Transformer transformer = stf.newTransformer();
  SAXSource transformSource = new SAXSource(
    filter2, input);
  transformer.transform(transformSource, result);
} catch (...) {
  ...
```

Notas:

1. O mecanismo de transformação Xalan correntemente requer um analisador SAX com consciência de namespace.
2. Este misterioso bloco de código é explicado pelo fato de que SAXTransformerFactory estende TransformerFactory, adicionando métodos para obter objetos de filtro. O método newInstance() é um método estático (definido em TransformerFactory), que (naturalmente suficiente) retorna um objeto de TransformerFactory. Na realidade, todavia, ele retorna uma SAXTransformerFactory. Portanto, para chegar aos métodos extras definidos pela SAXTransformerFactory, o valor de retorno deve ser traduzido para o tipo real.
3. Um objeto XMLFilter é tanto um SAX reader como um SAX content handler. Como SAX reader, ele consome eventos SAX gerados por seu objeto-pai – que é, por necessidade, um SAX reader também. (Chamar o gerador de eventos de "pai" deve fazer sentido ao olharmos para a arquitetura interna. A partir de uma perspectiva externa, o nome não parece ser particularmente adequado.) O fato é que os filtros tanto geram como consomem eventos SAX o que permite que sejam encadeados juntos.

Como entender o funcionamento da cadeia de filtros

O código listado anteriormente mostra a você como configurar a transformação. A Figura 7-2 deve ajudá-lo a entender o que está acontecendo quando ele é executado.

Quando você cria o transformador, você passa para ele um objeto SAXSource, o qual encapsula um reader (neste caso, fitler2) e um fluxo de entrada. Você também passa para ele um ponteiro para o fluxo de resultado, onde ele direciona a sua saída. A Figura 7-2 mostra o que acontece quando você chama transform() no transformador. Aqui está uma explanação das etapas:

1. transformador configura um objeto interno como o content handler para o filter2 e diz a ele para analisar a fonte de entrada.
2. filter2, por sua vez, configura a si mesmo como o content handler para filter1 e diz a ele para analisar a fonte de entrada.

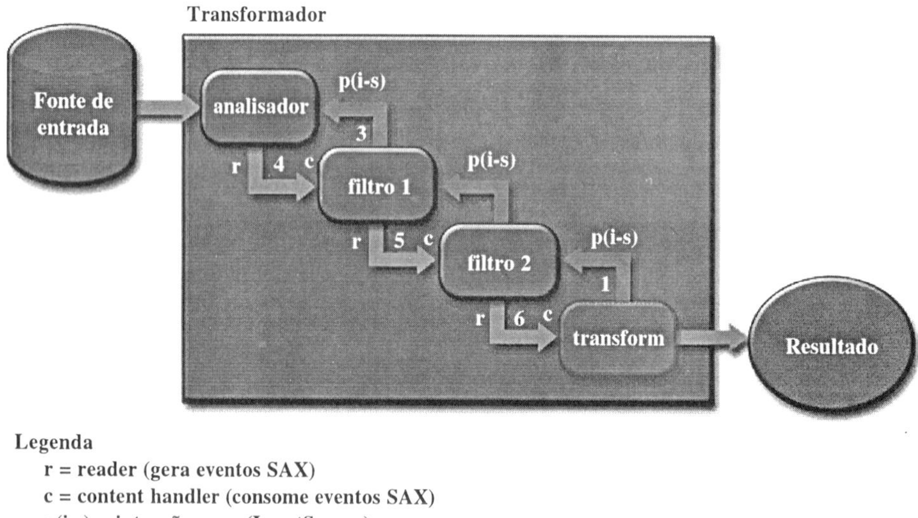

Figura 7-2 Operação com filtros encadeados.

3. filter1, por sua vez, diz ao objeto do analisador para analisar a fonte de entrada.
4. analisador faz isso, gerando eventos SAX, que ele passa para filter1.
5. filter1, atuando em sua capacidade como um content handler, processa os eventos e faz suas transformações. Depois, atuando em sua capacidade como um SAX reader (XMLReader), ele envia eventos para o filter2.
6. filter2 faz o mesmo, enviando seus eventos para o content handler do transformador, que gera o fluxo de saída.

Como testar o programa

Para experimentar o programa, você criará um arquivo XML baseado em uma minúscula fração do formato DocBook XML, e o converterá para o formato de ARTICLE definido aqui. Depois você aplicará a folha de estilos de ARTICLE para gerar uma versão HTML. (A especificação DocBook é grande e complexa. Para outros formatos simplificados, veja Informações adicionais.)

Nota: Este exemplo processa small-docbook-article.XML usando docbookToArticle.xsl e article1c.xsl. O resultado está em filterout.html. (As versões exibíveis pelo navegador são small-docbook-article-xml.html, docbookToArticle-xsl.html, article1c-xsl.html, e filterout-src.html.)

Comece criando um pequeno artigo que utilize um minúsculo subconjunto do formato DocBook XML:

```
<?xml version="1.0"?>
<Article>
  <ArtHeader>
    <Title>Title of my (Docbook) article</Title>
  </ArtHeader>
  <Sect1>
    <Title>Title of Section 1.</Title>
    <Para>This is a paragraph.</Para>
  </Sect1>
</Article>
```

Em seguida, crie uma folha de estilos para convertê-lo no formato ARTICLE:

```
<xsl:stylesheet
  xmlns:xsl="http://www.w3.org/1999/XSL/Transform"
  version="1.0"
  >
  <xsl:output method="xml"/> (veja Nota 1)

    <xsl:template match="/">
      <ARTICLE>
        <xsl:apply-templates/>
      </ARTICLE>
  </xsl:template>

  <!-- Lower level titles strip element tag --> (veja Nota 2)

  <!-- Top-level title -->
  <xsl:template match="/Article/ArtHeader/Title"> (veja Nota 3)
    <TITLE> <xsl:apply-templates/> </TITLE>
  </xsl:template>

    <xsl:template match="//Sect1"> (veja Nota 4)
      <SECT><xsl:apply-templates/></SECT>
  </xsl:template>

    <xsl:template match="Para">
      <PARA><xsl:apply-templates/></PARA> (veja Nota 5)
  </xsl:template>

</xsl:stylesheet>
```

Notas:

1. Desta vez, a folha de estilos está gerando saída XML.
2. Template a seguir (para o elemento de título de nível de topo) corresponde apenas ao título principal. Para os títulos de seção, a tag TITLE é removida. (Como nenhuma conversão de template governa esses elementos de título, eles são ignorados. Os nós de texto que eles contêm, todavia, ainda são refletidos como resultado das regras de template internas XSLT – portanto, somente a tag é ignorada, não o texto.)
3. O título de cabeçalho do artigo DocBook se torna o título ARTICLE.

4. Tags com seções numeradas são convertidas para tags SECT planas.
5. Este template realiza uma conversão de caso, portanto para torna-se PARA.

Embora não tenha sido mencionado explicitamente, XSLT define uma série de regras de template (default) internas. O conjunto completo está listado na seção 5.8 da especificação. Principalmente, estas regras fornecem condições para a cópia automática de nós de textos e de atributos e para pular comentários e processar instruções. Elas também decretam os elementos internos que são processados, mesmo quando suas tags de contenção não possuem templates. Eis por que o nó de texto no título de seção é processado, mesmo que o título de seção não seja coberto por nenhum template.

Agora rode o programa FilterChain, passando a ele a folha de estilos (docbookToArticle.xsl), a folha de estilos ARTICLE (article1c.xsl), e o pequeno arquivo DocBook (small-docbook-article.xml), nessa ordem. O resultado é:

```
<html>
<body>
<h1 align="center">Title of my (Docbook) article</h1>
<h2>Title of Section 1.</h2>
<p>This is a paragraph.</p>
</body>
</html>
```

Nota: Esta saída foi gerada usando JAXP 1.0. Todavia, com algumas versões posteriores de JAXP, o primeiro filtro da cadeia não traduz qualquer uma das tags no arquivo de entrada. Se você tiver uma dessas versões, a saída que você verá consistirá em um texto plano concatenado na saída HTML, como isto: "Title of my (Docbook) article Title of Section 1. This is a paragraph.".

Informações adicionais

Para maiores informações sobre folhas de estilos XSL, XSLT e mecanismos de transformação, consulte

- Uma ótima introdução para XSLT que começa com uma página simples HTML e utiliza XSLT para personalizá-la, uma etapa de cada vez: http://www.xfront.com/rescuing-xslt.html
- Extensible Stylesheet Language (XSL): http://www.w3.org/Style/XSL/
- A Linguagem de Caminho XML: http://www.w3.org/TR/xpath
- O Mecanismo de Transformação Xalan: http://xml.apache.org/xalan-j/
- Propriedades de saída que podem ser especificadas por programação sobre objetos transformer: http://www.w3.org/TR/xslt#output.
- DocBookLite, uma versão menor e mais leve de DocBook usada para os livros de O'Reilly e suportada por diversos editores: http://www.docbook.org/wiki/moin.cgi/DocBookLite.
- DocBook Simplificado, projetado para artigos:

  http://www.docbook.org/specs/wd-docbook-simple-1.1b1.html
- Usando Xalan a partir da linha de comando: http://xml.apache.org/xalanj/commandline.html

8

Como construir Web com JAX-RPC

JAX-RPC significa API Java para RPC baseado em XML. JAX-RPC é uma tecnologia para construir serviços e clientes Web que utilizam chamadas de procedimento remoto (remote procedure calls, RPC) e XML. Freqüentemente usadas em um modelo cliente-servidor distribuído, um mecanismo RPC habilita os clientes a executar procedimentos em outros sistemas.

Em JAX-RPC, uma chamada de procedimento remoto é representada por um protocolo baseado em XML, tal como SOAP. A especificação SOAP define a estrutura de envelope, regras de codificação e convenções para representar chamadas e respostas de procedimento remoto. Essas chamadas e respostas são transmitidas como mensagens SOAP (arquivos XML) sobre HTTP.

Embora as mensagens SOAP sejam complexas, a API JAX-RPC oculta esta complexidade do desenvolvedor de aplicativo. No lado do servidor, o desenvolvedor especifica os procedimentos remotos definindo métodos em uma interface escrita na linguagem de programação Java. O desenvolvedor também codifica uma ou mais classes que implementam esses métodos. Os programas de clientes também são fáceis de codificar. Um cliente cria um proxy (um objeto local que representa o serviço) e depois simplesmente chama os método no proxy. Com JAX-RPC, o desenvolvedor não gera ou analisa mensagens SOAP. É o sistema runtime JAX-RPC que converte as chamadas e respostas da API para e de mensagens SOAP.

Com JAX-RPC, clientes e serviços Web têm uma grande vantagem: a independência de plataforma da linguagem de programação Java. Além disso, JAX-RPC não é restritivo: um cliente JAX-RPC pode acessar um serviço Web que não esteja rodando na plataforma Java, e vice-versa. Esta flexibilidade é possível porque JAX-RPC utiliza tecnologias definidas pela World Wide Web Consortium (W3C): HTTP, SOAP e a Web Service Description Language (WSDL). WSDL especifica um formato XML para descrever um serviço como um conjunto de endpoints operando sobre mensagens.

Como definir a porta

Vários arquivos nos exemplos da JAX-RPC dependem da porta que você especificou ao instalar o Sun Java System Application Server Platform Edition 8. Os exemplos do tutorial assumem que o servidor roda sobre a porta default, 8080. Se você alterou a porta, você deve atualizar o número da porta nos seguintes arquivos antes de construir e rodar os exemplos JAX-RPC:

- *<INSTALL>*/j2eetutorial14/examples/jaxrpc/staticstub/config-wsdl.xml
- *<INSTALL>*/j2eetutorial14/examples/jaxrpc/dynamicproxy/config-wsdl.xml

- <*INSTALL*>/j2eetutorial14/examples/jaxrpc/appclient/config-wsdl.xml
- <*INSTALL*>/j2eetutorial14/examples/jaxrpc/webclient/config-wsdl.xml
- <*INSTALL*>/j2eetutorial14/examples/jaxrpc/webclient/web/response.jsp
- <*INSTALL*>/j2eetutorial14/examples/security/basicauthclient/SecureHello.wsdl
- <*INSTALL*>/j2eetutorial14/examples/security/mútuaauthclient/SecureHello.wsdl

Como criar um cliente e um serviço Web simples com JAX-RPC

Esta seção mostra como construir e implantar um serviço e cliente Web. Uma seção posterior, Clientes de serviço Web, fornece exemplos de clientes adicionais JAX-RPC que acessam o serviço. O código-fonte para o serviço está em *INSTALL*>/j2eetutorial14/examples/jaxrpc/helloservice/ e o cliente está em <*INSTALL*>/ j2eetutorial14/examples/jaxrpc/staticstub/.

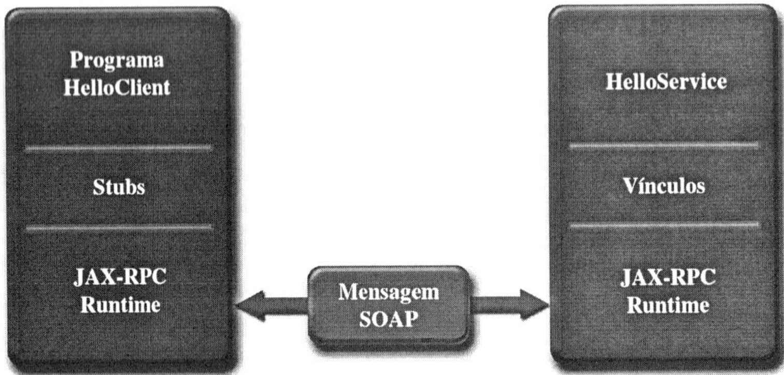

Figura 8-1 *Comunicação entre um serviço Web JAX-RPC e um cliente.*

A Figura 8-1 ilustra como a tecnologia JAX-RPC gerencia a comunicação entre um serviço Web e um cliente.

O ponto de partida para o desenvolvimento de um serviço Web é a interface endpoint de serviço. Uma interface endpoint de serviço (*service endpoint interface,* SEI) é uma interface Java que declara os métodos que um cliente pode chamar no serviço.

Você usa a SEI, a ferramenta wscompile, e dois arquivos de configuração para gerar a especificação WSDL do serviço Web e os stubs que conectam um cliente de serviço Web à JAX-RPC runtime. Para documento de referência sobre wscompile, consulte as páginas do manual do Servidor de Aplicativo no endereço http:// docs.sun.com/db/doc/817-6092.

Juntos, a ferramente wscompile, o utilitário deploytool e o Servidor de Aplicativo fornecem a implementação do Servidor de Aplicativo de JAX-RPC.

Estas são as etapas básicas para criar o serviço e o cliente Web:

1. Codifique a SEI e a classe de implementação e o arquivo de configuração da interface.
2. Compile a SEI e a classe de implementação.
3. Use wscompile para gerar os arquivos requeridos para implantar o serviço.
4. Use deploytool para empacotar os arquivos em um arquivo WAR.
5. Implante o arquivo WAR. As classes de vínculo (que são usadas para a comunicação com os clientes) são geradas pelo Servidor de Aplicativo durante a implantação.

6. Codifique a classe do cliente e o arquivo de configuração WSDL.
7. Use wscompile para gerar e compilar os arquivos stub.
8. Compile a classe do client.
9. Rode o cliente.

As seções que seguem abordam estas etapas com mais detalhes.

Como codificar a interface endpoint de serviço e a classe de implementação

Neste exemplo, a interface endpoint de serviço declara um único método chamado sayHello. Este método retorna uma string que é a concatenação da string Hello com o parâmetro do método.

Uma interface endpoint de serviço deve obedecer às seguintes regras:

- Ela estende a interface java.rmi.Remote
- Ela não deve conter declarações de constantes, tal como public final static
- Os métodos devem lançar uma exceção java.rmi.RemoteException ou uma de suas subclasses (Os métodos devem também lançar exceções específicas de serviço.)
- Os parâmetros de método e tipos de retorno devem ser tipos suportados por JAX-RPC (veja Tipos suportados por JAX-RPC.

Neste exemplo, a interface endpoint de serviço se chama HelloIf:

```
package helloservice;

import java.rmi.Remote;
import java.rmi.RemoteException;

public interface HelloIF extends Remote {
  public String sayHello(String s) throws RemoteException;
}
```

Além da interface, você vai precisar da classe que implementa a interface. Neste exemplo, a classe de implementação se chama HelloImpl:

```
package helloservice;

public class HelloImpl implements HelloIF {

  public String message ="Hello";

  public String sayHello(String s) {
    return message + s;
  }
}
```

Como construir o serviço

Para construir MyHelloService, em uma janela de terminal, vá para o diretório <*INSTALL*>/j2eetutorial14/examples/jaxrpc/helloservice/ e digite o seguinte:

```
asant build
```

O comando de tarefa build executa estas subtarefas asant:

- compile-service
- enerate-wsdl

Tarefa compile-service

Esta tarefa asant compila HelloIf.java e HelloImpl.java, escrevendo os arquivos de classe para o subdiretório build.

Tarefa generate-wsdl

A tarefa generate-wsdl roda wscompile, o qual cria os arquivos WSDL e os arquivos de mapeamentos. O arquivo WSDL descreve o serviço Web e é usado para gerar stubs de cliente em Cliente stub estático. O arquivo de mapeamento contém informação que correlaciona o mapeamento entre as interfaces Java e a definição WSDL. Isso foi feito para tornar portável de modo que qualquer ferramenta de implantação compatível com J2EE possa utilizar essa informação, junto com o arquivo WSDL e as interfaces Java, a fim de gerar stubs e vínculos para os serviços Web implementados.

Os arquivos criados neste exemplo são MyHelloService.wsdl e mapping.xml. A tarefa generate-wsdl roda wscompile com os seguintes argumentos:

```
wscompile -define -mapping build/mapping.xml -d build -nd build
-classpath build config-interface.xml
```

A flag –classpath instrui wscompile a ler a SEI no diretório build, e a flag – define e instrui wscompile para criar WSDL e mapear arquivos. A flag –mapping especifica o nome do arquivo de mapeamento. As flags –d e –nd dizem para a ferramenta escrever uma classe e arquivos WSDL para o subdiretório build.

A ferramenta wscompile lê um arquivo de configuração de interface que especifica as informações sobre a SEI. Neste exemplo, o arquivo de configuração se chama config-interface.xml e contém o seguinte:

```
<?xml version="1.0" encoding="UTF-8"?>
<configuration
  xmlns="http://java.sun.com/xml/ns/jax-rpc/ri/config">
  <service
    name="MyHelloService"
    targetNamespace="urn:Foo"
    typeNamespace="urn:Foo"
    packageName="helloservice">
    <interface name="helloservice.HelloIF"/>
  </service>
</configuration>
```

Este arquivo de configuração diz a wscompile para criar um arquivo WSDL chamado MyHelloService.wsdl com as seguintes informações:

- O nome de serviço é MyHelloService.
- O namespace de tipo e o WSDL target é urn:Foo. A escolha para qual usar os namespaces cabe a você. O papel dos namespaces é parecido com o uso de nomes de pacotes Java – para distinguir nomes que podem conflitar de outro modo. Por exemplo, uma companhia pode decidir que todo o seu código Java deve estar no pacote com.wombat.*. Do mesmo modo, ela também pode resolver usar o namespace http://wombat.com.
- A SEI é helloservice.HelloIF.

O atributo packageName instrui wscompile a colocar as classes de serviço no pacote helloservice.

Como empacotar o serviço

Nos bastidores, um serviço Web JAX-RPC é implementado como um servlet. Como um servlet é um componente Web, você roda o assistente New Web Component do utilitário deploytool para empacotar o serviço. Durante este processo o assistente realiza as seguintes tarefas:

- ❑ Cria o descritor de implantação do aplicativo Web
- ❑ Cria um arquivo WAR
- ❑ Adiciona o arquivo descritor de implantação e de serviço para o arquivo WAR

Para iniciar o New Web Component, selecione File'!New'!Web Component. O assistente exibe as seguintes caixas de diálogo.

1. Caixa de diálogo Introduction.
   - **a.** Leia o texto explicativo para um resumo dos recursos do assistente.
   - **b.** Clique Next.
2. Caixa de diálogo WAR arquivo
   - **a.** Selecione o botão rotulado New Stand-Alone WAR Module.
   - **b.** No campo War Location, clique Browse e navegue para <*INSTALL*>/j2eetutorial14/examples/jaxrpc/helloservice/.
   - **c.** No campo File Name, entre MyHelloService.
   - **d.** Clique Create Module File.
   - **e.** Clique Edit Contents.
   - **f.** Na árvore sob Available Files, localize o diretório <*INSTALL*>/j2eetutorial14/examples/jaxrpc/helloservice/.
   - **g.** Selecione o subdiretório build.
   - **h.** Clique Add.
   - **i.** Clique OK.
   - **j.** Clique Next.
3. Selecione a caixa de diálogo Component Type.
   - **a.** Selecione o botão Web Services Endpoint.
   - **b.** Clique Next.
4. Selecione a caixa de diálogo Service.
   - **a.** Na caixa combo WSDL File, selecione WEB-INF/wsdl/MyHelloService.wsdl.
   - **b.** Na caixa combo Mapping Arquivo, selecione build/mapping.xml.
   - **c.** Clique Next.
5. Caixa de diálogo Component General Properties.
   - **a.** Na caixa combo Service Endpoint Implementation, selecione helloservice.HelloImpl.
   - **b.** Clique Next.
6. Caixa de diálogo Web Service Endpoint.
   - **a.** Na caixa combo Service Endpoint Interface, selecione helloservice.HelloIF.
   - **b.** Na caixa combo Namespace, selecione urn:Foo.
   - **c.** Na caixa combo Local Part, selecione HelloIfPort.
   - **d.** O utilitário deploytool fará entrar um default Endpoint Address URI HelloImpl neste diálogo. Este endereço de endpoint *deve* ser atualizado na próxima seção.

e. Clique Next.

f. Clique Finish.

Como especificar o endereço de endpoint

Para acessar MyHelloService, os clientes do tutorial especificarão este endereço de URI de endpoint de serviço:

```
http://localhost:8080/hello-jaxrpc/hello
```

A string /hello-jaxrpc é a raiz de contexto do servlet que implementa MyHelloService. A string /hello é o alias do servlet. Para especificar o endereço de endpoint, você define a raiz de contexto e alias como a seguir:

1. Em deploytool, selecione MyHelloService na árvore.
2. Selecione a guia General.
3. No campo Context Root, entre /hello-jaxrpc.
4. Na árvore, selecione HelloImpl.
5. Selecione a guia Aliases.
6. Na tabela Component Aliases, adicione add/hello.
7. Na guia Endpoint, selecione hello para o endereço Endpoint Address da moldura Sun-specific Settings.
8. Selecione File → Save.

Como implantar o serviço

Em deploytool, efetue estas etapas:

1. Na árvore, selecione MyHelloService.
2. Selecione Tools → Deploy.

Você pode visualizar o arquivo WSDL do serviço implantado requisitanto o URL http://localhost:8080/hello-jaxrpc/hello?WSDL em um browser Web. Agora, você está pronto para criar um cliente que acesse este serviço.

Cliente stub estático

HelloClient é um programa isolado que chama o método sayHello do MyHelloService. Ele faz esta chamada através de um *Stub* um objeto local que atua como um proxy para o serviço remoto. Como o stub é criado por wscompile no momento do desenvolvimento (em oposição ao momento de execução), é geralmente denominado *stub estático*.

Código do cliente stub estático

Antes de poder chamar os métodos remotos no stub, o cliente efetua estas etapas:

1. Cria um objeto Stub:

   ```
   (Stub)(new MyHelloService_Impl().getHelloIFPort())
   ```

   O código deste método é específico de implementação porque ele confia em um objeto MyHelloService_Impl, que não está definido nas especificações.

   A classe MyHelloService_Impl será gerada por wscompile na próxima seção.

2. Define o endereço de endpoint que o stub utiliza para acessar o serviço:

   ```
   stub._setProperty (javax.xml.rpc.Stub.ENDPOINT_ADDRESS_PROPERTY, args[0]);
   ```

   Em tempo de execução, o endereço do endpoint é passado para o HelloClient em args[0] como parâmetro de linha de comando, que asant obtém da propriedade endpoint.address do arquivo build.properties. Este endereço deve corresponder àquele que você definiu em Como especificar o endereço do endpoint.

3. Converte stub para a interface endpoint de serviço HelloIF:

   ```
   HelloIF hello = (HelloIF)stub;
   ```

Aqui está a listagem do código-fonte completo para o arquivo HelloClient.java file, que está localizado no diretório <*INSTALL*>/j2eetutorial14/examples/jaxrpc/staticstub/src/:

```
package staticstub;

import javax.xml.rpc.Stub;

public class HelloClient {

  private String endpointAddress;

  public static void main(String[] args) {

    System.out.println("Endpoint address = " + args[0]);
    try {
      Stub stub = createProxy();
      stub._setProperty
        (javax.xml.rpc.Stub.ENDPOINT_ADDRESS_PROPERTY,
        args[0]);
      HelloIF hello = (HelloIF)stub;
      System.out.println(hello.sayHello("Duke!"));
    } catch (Exception ex) {
      ex.printStackTrace();
    }
  }

  private static Stub createProxy() {
    // Note: MyHelloService_Impl is implementation-specific.
      return
      (Stub) (new MyHelloService_Impl().getHelloIFPort());
  }
}
```

Como construir e rodar o cliente stub estático

Para construir e empacotar o cliente, vá para o diretório <*INSTALL*>/j2eetutorial14/examples/jaxrpc/staticstub/ e digite o seguinte:

```
asant build
```

O build task chama três subtarefas de asant:

- generate-stubs
- compile-client
- package-client

A tarefa generate-stubs roda a ferramenta wscompile com os seguintes argumentos:

```
wscompile -gen:client -d build -classpath build config-wsdl.xml
```

Este comando wscompile lê o arquivo MyHelloService.wsdl que foi gerado em Como construir o serviço. O comando gera arquivos baseados nas informações do arquivo WSDL e nas flags de linha de comando.

A flag -gen:client instrui wscompile a gerar os stubs, outros arquivos runtime tais como serializadores, e tipos de valores. A flag –d diz à ferramenta para escrever a saída gerada para o subdiretório build/staticstub.

A ferramenta wscompile lê um arquivo de configuração WSDL que especifica a localização do arquivo WSDL. Neste exemplo, o arquivo de configuração é chamado config-wsdl.xml, e ele contém o seguinte:

```
<configuration
  xmlns="http://java.sun.com/xml/ns/jax-rpc/ri/config">
  <wsdl location="http://localhost:8080/hellojaxrpc/
hello?WSDL" packageName="staticstub"/>
</configuration>
```

O atributo packageName especifica o pacote Java para os stubs gerados. Note que a localização do arquivo WSDL está especificada como um URL. Isto faz o comando de wscompile requisitar o arquivo WSDL do serviço Web, o que significa que o serviço Web deve ser corretamente implantado e rodar em ordem para que o comando seja bem sucedido. Se o serviço Web não estiver rodando ou se a porta na qual o serviço estiver implantado for diferente da porta no arquivo de configuração, o comando falhará.

A tarefa compile-client compila src/HelloClient.Java e escreve o arquivo de classe para o subdiretório build.

A tarefa package-client empacota os arquivos criados pelas tarefas generate-stubs e compile-client para o arquivo dist/client.jar. Com exceção da classe HelloClient, todos os arquivos dentro de client.jar foram criados por wscompile. Note que wscompile gerou o HelloIf.class baseado na informação de que ele lê do arquivo MyHelloService.wsdl.

Para rodar o cliente, digite o seguinte:

```
asant run
```

Esta tarefa chama o cliente de serviço Web, passando a string Duke para o parâmetro do método do serviço Web. Quando você rodar esta tarefa, você deverá obter a seguinte saída:

```
Hello Duke!
```

Tipos suportados por JAX-RPC

Nos bastidores, JAX-RPC mapeia os tipos da linguagem de programação Java para definições XML/WSDL. Por exemplo, JAX-RPC mapeia a classe java.lang.String para o tipo de dado XML xsd:string. Desenvolvedores de aplicativos não precisam saber os detalhes destes mapeamentos, mas deveriam estar conscientes de que nem toda classe da plataforma Java 2, Standard Edition (J2SE), pode ser usada como parâmetro de método ou tipo de retorno em JAX-RPC.

Classes SDK J2SE

JAX-RPC suporta as seguintes classes SDK J2SE:

```
java.lang.Boolean
java.lang.Byte
java.lang.Double
java.lang.Float
java.lang.Integer
java.lang.Long
java.lang.Short
java.lang.String

java.math.BigDecimal
java.math.BigInteger

java.net.URI

java.util.Calendar
java.util.Date
```

Primitivos

JAX-RPC suporta os seguintes tipos primitivos da linguagem de programação Java:

```
boolean
byte
double
float
int
long
short
```

Arrays

JAX-RPC também suporta arrays que possuam membros de tipos suportados por JAX-RPC. Exemplos de arrays suportados são int[] e String[]. Arrays multidimensionais, tais como BigDecimal [ ][ ], também são suportados.

Tipos de valores

Um value type é uma classe cujo estado pode ser passado entre um cliente e um serviço remoto como parâmetro de método ou valor de retorno. Por exemplo, em um aplicativo para uma biblioteca da universidade, um cliente poderia chamar um procedimento remoto com um parâmetro de tipo de valor chamado Book, uma classe que contém os campos Title, Author, e Publisher.

Para ser suportada pela JAX-RPC, um tipo de valor deve obedecer às seguintes regras:

- ❑ Ele deve possuir um construtor default public.
- ❑ Ele não deve implementar (tanto diretamente como indiretamente) a interface java.rmi.Remote.
- ❑ Seus campos devem ser tipos JAX-RPC suportados.

O tipo de valor pode conter campos públicos, privados, ou protegidos. O campo de um tipo de valor deve atender a essas exigências:

- ❑ Um campo público não pode ser final ou transient.
- ❑ Um campo não público deve possuir os métodos correspondentes getter e setter.

Componentes JavaBeans

JAX-RPC também suporta componentes JavaBeans, que devem obedecer ao mesmo conjunto de regras, como as classes de aplicativo. Além disso, um componente JavaBeans dever possuir um método getter e um setter para cada propriedade de bean. O tipo do de propriedade do bean deve ser um tipo JAX-RPC suportado. Por exemplo do uso de um componente JavaBeans em um serviço Web, veja Serviço de abastecimento de café JAX-RPC.

Clientes de serviço Web

Esta seção mostra como criar e rodar estes tipos de clientes:

- Dynamic proxy
- Dynamic invocation interface (DII)
- Cliente de aplicativo

Quando você roda estes exemplos de clientes, eles acessarão o MyHelloService que você implantou em Como criar um cliente e um serviço Web simples com JAX-RPC.

Cliente com roxy dinâmico

Este exemplo reside no diretório <*INSTALL*>/j2eetutorial14/examples/jaxrpc/dynamicproxy/.

O cliente da seção precedente utiliza um stub estático para o proxy. Em contraste, o exemplo de cliente nesta seção chama um procedimento remoto através de um proxy dinâmico, uma classe que é criada durante o tempo de execução. Embora o código-fonte para o client de stub estático confie em uma classe específica de implementação, o código para o cliente com proxy dinâmico não possui esta limitação.

Como codificar o cliente com proxy dinâmico

O programa DynamicProxyHello constrói o proxy dinâmico assim:

1. Cria um objeto Service chamado helloService:

   ```
   Service helloService =
     serviceFactory.createService(helloWsdlUrl,
     new QName(nameSpaceUri, serviceName));
   ```

   Um objeto Service é uma fábrica de proxies. Para criar o objeto Service (helloService), o programa chama o método createService em outro tipo de fábrica, um objeto ServiceFactory.

   O método createService tem dois parâmetros: o URL do arquivo WSDL e um objeto Qname. Em tempo de execução, o cliente obtém a informação sobre o serviço procurando o seu WSDL. Neste exemplo, o URL do arquivo WSDL aponta para o WSDL que foi implantado com MyHelloService:

   ```
   http://localhost:8080/hello-jaxrpc/hello?WSDL
   ```

   Um objeto Qname é uma tupla que representa um nome XML qualificado. A tupla é composta por um URI de namespace e a parte local do nome qualificado. No parâmetro QName do invocação createService, a parte local é o nome do serviço, MyHelloService.

2. O programa cria uma proxy (myProxy) com um tipo da interface endpoint de serviço (HelloIF):

   ```
   dynamicproxy.HelloIF myProxy =
     (dynamicproxy.HelloIF)helloService.getPort(
     new QName(nameSpaceUri, portName),
     dynamicproxy.HelloIF.class);
   ```

O objeto helloService é uma fábrica para proxies dinâmicas. Para criar myProxy, o programa chama o método getPort de helloService. Este método tem dois parâmetros: um objeto Qname, que especifica o nome da porta, e um objeto java.lang.Class para a interface endpoint de serviço (HelloIF). A classe HelloIF é gerada por wscompile. O nome da porta (HelloIFPort) está especificado pelo arquivo WSDL.

Aqui está a listagem para o arquivo HelloClient.java, localizado no diretório <*INSTALL*>/j2eetutorial14/ examples/jaxrpc/dynamicproxy/src/:

```
package dynamicproxy;

import java.net.URL;
import javax.xml.rpc.Service;
import javax.xml.rpc.JAXRPCException;
import javax.xml.namespace.QName;
import javax.xml.rpc.ServiceFactory;
import dynamicproxy.HelloIF;

public class HelloClient {

  public static void main(String[] args) {
    try {

      String UrlString = args[0] + "?WSDL";
      String nameSpaceUri = "urn:Foo";
      String serviceName = "MyHelloService";
      String portName = "HelloIFPort";

      System.out.println("UrlString = " + UrlString);
      URL helloWsdlUrl = new URL(UrlString);

      ServiceFactory serviceFactory =
        ServiceFactory.newInstance();

      Service helloService =
        serviceFactory.createService(helloWsdlUrl,
        new QName(nameSpaceUri, serviceName));

      dynamicproxy.HelloIF myProxy =
        (dynamicproxy.HelloIF)
        helloService.getPort(
        new QName(nameSpaceUri, portName),
        dynamicproxy.HelloIF.class);

      System.out.println(myProxy.sayHello("Buzz"));

    } catch (Exception ex) {
      ex.printStackTrace();
    }
  }
}
```

Como construir e rodar o cliente com proxy dinâmico

Antes de realizar as etapas desta seção, você deve primeiro criar e implantar MyHelloService como descrito em Como criar um cliente e um serviço Web simples com JAX-RPC.

Para construir e empacotar o cliente, vá para o diretório <*INSTALL*>/j2eetutorial14/examples/jaxrpc/ dynamicproxy/ e digite o seguinte:

```
asant build
```

O comando precedente roda estas tarefas:

- ❑ generate-interface
- ❑ compile-client
- ❑ package-dynamic

A tarefa generate-interface (gerar interface) roda em wscompile com uma opção –import. O comando de wscompile lê o arquivo MyHelloService.wsdl e gera a classe de interface endpoint de serviço (HelloIF.class). Embora este chamada de wscompile também crie stubs, o cliente com proxy dinâmico não utiliza esses stubs, que são requeridos apenas por clientes com stubs estáticos.

A tarefa compile-client (compilar cliente) compila o arquivo src/HelloClient.java.

A tarefa package-dynamic cria o arquivo dist/client.jar, que contém HelloIF.class e HelloClient.class.

Para rodar o cliente, digite o seguinte:

```
asant run
```

O cliente deverá exibir a seguinte linha:

```
Hello Buzz
```

Cliente com interface de chamada dinâmica

Este exemplo reside no diretório <*INSTALL*>/j2eetutorial14/examples/jaxrpc/dii/.

Com a interface de invocação dinâmica (DII), um cliente chama um procedimento remoto mesmo que a assinatura do procedimento remoto ou o nome do serviço sejam desconhecidos até o tempo de execução. Em contraste com um stub estático ou um cliente com proxy dinâmico, um cliente DII não requer classes em tempo de execução geradas por wscompile. Entretanto, como você verá na seção seguinte, o código-fonte para um cliente DII é mais complicado do que o código para os outros dois tipos de clientes.

Este exemplo é para usuários avançados que estão familiarizados com documentos WSDL. (Veja Informações adicionais)

Como codificar o cliente DII

O programa DIIHello efetua estas etapas:

1. Cria um objeto Service:

   ```
   Service service =
     factory.createService(new QName(qnameService));
   ```

   Para obter um objeto Service, o programa chama o método createService de um objeto ServiceFactory. O parâmetro do método createService é um objeto QName que representa o nome do serviço, MyHelloService. O arquivo WSDL especifica este nome assim:

   ```
   <service name="MyHelloService">
   ```

2. A partir do objeto Service, cria um objeto Call:

   ```
   QName port = new QName(qnamePort);
   Call call = service.createCall(port);
   ```

   Um objeto Call suporta a invocação dinâmica dos procedimentos remotos de um serviço. Para obter um objeto Call, o programa invoca o método createCall do objeto Service. O parâmetro de createCall é um objeto QName que representa a interface endpoint de serviço, MyHelloServiceRPC. No arquivo WSDL, o nome desta interface é projetado pelo elemento portType:

```
<portType name="HelloIF">
```

3. Define o endereço de endpoint de serviço no objeto Call:

```
call.setTargetEndpointAddress(endpoint);
```

No arquivo WSDL, este endereço é especificado pelo elemento <soap:address>.

4. Define estas propriedades no objeto Call:

```
SOAPACTION_USE_PROPERTY
SOAPACTION_URI_PROPERTY
ENCODING_STYLE_PROPERTY
```

Para aprender mais sobre estas propriedades, consulte os documentos SOAP e WSDL listados em Informações adicionais.

5. Especifica o tipo de retorno do método, nome e parâmetro:

```
QName QNAME_TYPE_STRING = new QName(NS_XSD, "string");
call.setReturnType(QNAME_TYPE_STRING);

call.setOperationName(new QName(BODY_NAMESPACE_VALUE,
  "sayHello"));

call.addParameter("String_1", QNAME_TYPE_STRING,
  ParameterMode.IN);
```

Para especificar o tipo de retorno, o programa chama o método setReturnType do objeto Call. O parâmetro de setReturnType é um objeto QName que representa um tipo string XML.

Para indicar o parâmetro de método, o programa chama o método addParameter do objeto Call. O método addParameter tem três argumentos: uma string para o nome de parâmetro (String_1), um objeto QName para o tipo XML, e um objeto ParameterMode para indicar o mode de passagem do parâmetro (IN).

6. Chama o método remoto do objeto Call:

```
String[] params = { "Murphy" };
String result = (String)call.invoke(params);
```

O programa atribui um valor de parâmetro (Murphy) para um array String (params) e depois executa o método invoke com a array String como argumento:

Aqui está a listagem para o arquivo HelloClient.java, localizado no diretório <*INSTALL*>/j2eetutorial14/ examples/jaxrpc/dii/src/:

```
package dii;

import javax.xml.rpc.Call;
import javax.xml.rpc.Service;
import javax.xml.rpc.JAXRPCException;
import javax.xml.namespace.QName;
import javax.xml.rpc.ServiceFactory;
import javax.xml.rpc.ParameterMode;

public class HelloClient {

  private static String qnameService = "MyHelloService";
  private static String qnamePort = "HelloIF";

  private static String BODY_NAMESPACE_VALUE =
    "urn:Foo";
```

```
  private static String ENCODING_STYLE_PROPERTY =
    "javax.xml.rpc.encodingstyle.namespace.uri";
  private static String NS_XSD =
    "http://www.w3.org/2001/XMLSchema";
  private static String URI_ENCODING =
    "http://schemas.xmlsoap.org/soap/encoding/";

  public static void main(String[] args) {

    System.out.println("Endpoint address = " + args[0]);

    try {
      ServiceFactory factory =
        ServiceFactory.newInstance();
      Service service =
        factory.createService(
        new QName(qnameService));

      QName port = new QName(qnamePort);

      Call call = service.createCall(port);
      call.setTargetEndpointAddress(args[0]);

      call.setProperty(Call.SOAPACTION_USE_PROPERTY,
        new Boolean(true));
      call.setProperty(Call.SOAPACTION_URI_PROPERTY
        "");
      call.setProperty(ENCODING_STYLE_PROPERTY,
        URI_ENCODING);
      QName QNAME_TYPE_STRING =
          new QName(NS_XSD, "string");
      call.setReturnType(QNAME_TYPE_STRING);

      call.setOperationName(
        new QName(BODY_NAMESPACE_VALUE,"sayHello"));
      call.addParameter("String_1", QNAME_TYPE_STRING,
        ParameterMode.IN);
      String[] params = { "Murph!" };

      String result = (String)call.invoke(params);
      System.out.println(result);

    } catch (Exception ex) {
      ex.printStackTrace();
    }
  }
}
```

Como construir e rodar o cliente DII

Antes de realizar as etapas nestas seção, você deve primeiro criar e implantar MyHelloService como descrito em Como criar um cliente e um serviço Web simples com JAX-RPC.

Para construir e empacotar o cliente, vá para o diretório *<INSTALL>*/j2eetutorial14/examples/jaxrpc/dii/ e digite o seguinte:

```
asant build
```

Esta tarefa build compila HelloClient e o empacota no arquivo dist/client.jar. Ao contrário dos exemplos de clientes anteriores, o cliente DII não requer arquivos gerados por wscompile.

Para rodar o cliente, digite este comando:

```
asant run
```

O cliente deverá mostrar esta linha:

```
Hello Murph!
```

Cliente de aplicativo

Ao contrário de clientes independentes das seções precedentes, o cliente desta seção é um cliente de aplicativo. Como ele é um componente J2EE, um cliente de aplicativo pode localizar um serviço Web local chamando o método lookup JNDI.

Listagem HelloClient do aplicativo J2EE

Aqui está a listagem para o arquivo HelloClient.java, localizado no diretório *INSTALL>*/j2eetutorial14/examples/jaxrpc/appclient/src/:

```
package appclient;

import javax.xml.rpc.Stub;
import javax.naming.*;

public class HelloClient {

  private String endpointAddress;

  public static void main(String[] args) {

    System.out.println("Endpoint address = " + args[0]);

    try {
      Context ic = new InitialContext();
      MyHelloService myHelloService = (MyHelloService)
        ic.lookup("java:comp/env/service/MyJAXRPCHello");
      appclient.HelloIF helloPort =
         myHelloService.getHelloIFPort();
      ((Stub)helloPort)._setProperty
         (Stub.ENDPOINT_ADDRESS_PROPERTY,args[0]);

      System.out.println(helloPort.sayHello("Jake!"));
      System.exit(0);

    } catch (Exception ex) {
      ex.printStackTrace();
      System.exit(1);
    }
  }
}
```

Como criar o cliente de aplicativo

Antes de realizar as etapas desta seção, você deve primeiro criar e implantar MyHelloService como descrito em Como criar um cliente e um serviço Web simples com JAX-RPC.

Para construir o cliente, vá para o diretório *<INSTALL>*/j2eetutorial14/examples/jaxrpc/dii/ e digite o seguinte:

```
asant build
```

Do mesmo modo que com o cliente stub estático, o comando precedente compila HelloClient.java e roda wscompile chamando o target generate-stubs.

Como empacotar o cliente de aplicativo

Empacotar este cliente é um processo em duas etapas:

1. Crie um arquivo EAR para um aplicativo J2EE.
2. Crie um arquivo JAR para o cliente de aplicativo e o adicione ao arquivo EAR.

Para criar o arquivo EAR, siga estas etapas:

1. Em deploytool, selecione File → New → Application.
2. Clique Browse.
3. No selecionador de arquivos, navegue para *<INSTALL>*/j2eetutorial14/examples/jaxrpc/appclient.
4. No campo File Name, entre HelloServiceApp.
5. Clique New Application.
6. Clique OK.

Para iniciar o assistente New Application Client, selecione File → New → Application Client. O assistente exibe as seguintes caixas de diálogo:

1. Caixa de diálogo Introduction
   a. Leia o texto explicativo para um resumo dos recursos do assistente.
   b. Clique Next.
2. Caixa de diálogo JAR File Contents
   a. Selecione o botão rotulado Create New AppClient Module em Application.
   b. Na caixa combo abaixo deste botão, selecione HelloServiceApp.
   c. No campo AppClient Display Name, entre HelloClient.
   d. Clique Edit Contents.
   e. Na árvore debaixo de Available Files, localize o diretório *<INSTALL>*/j2eetutorial14/examples/jaxrpc/appclient.
   f. Selecione o diretório build.
   g. Clique Add.
   h. Clique OK.
   i. Clique Next.
3. Caixa de diálogo General
   a. Na caixa combo Main Class, selecione appclient.HelloClient.
   b. Clique Next.
   c. Clique Finish.

Como especificar a referência Web

Quando ele chama o método lookup, o HelloClient se refere ao serviço Web assim:

```
MyHelloService myHelloService = (MyHelloService)
ic.lookup("java:comp/env/service/MyJAXRPCHello");
```

Você especifica esta referência como segue:

1. Na árvore, selecione HelloClient.
2. Selecione a guia Web Service Refs.
3. Clique Add.
4. No campo Coded Name, entre service/MyJAXRPCHello.
5. Na caixa combo Service Interface, selecione appclient.MyHelloService.
6. Na caixa combo WSDL File, selecione META-INF/wsdl/MyHelloService.wsdl.
7. No campo Namespace, entre urn:Foo.
8. No campo Local Part field, entre MyHelloService.
9. Na caixa combo Mapping File, selecione mapping.xml.
10. Clique OK.

Como implantar e rodar o cliente de aplicativo

Para implantar o cliente de aplicativo, siga estas etapas:

1. Selecione o aplicativo HelloServiceApp.
2. Selecione Tools → Deploy.
3. Na caixa de diálogo Deploy Module selecione a caixa de verificação rotulada Return Client JAR.
4. No campo abaixo da caixa de verificação, introduza este diretório: <*INSTALL*>/j2eetutorial14/examples/jaxrpc/appclient
5. Clique OK.

Para rodar o cliente siga estas etapas:

1. Em uma janela de terminal, vá para o diretório <*INSTALL*>/j2eetutorial14/examples/jaxrpc/appclient.
2. Digite o seguinte em uma única linha:

   ```
   appclient -client HelloServiceAppClient.jar
   http://localhost:8080/hello-jaxrpc/hello
   ```

O cliente deve exibir esta linha:

```
Hello Jake!
```

Mais clientes JAX-RPC

Outros capítulos deste livro também têm exemplos de clientes JAX-RPC:

- O capítulo 16 mostra como uma página JSP pode ser um cliente stub estático que acessa um serviço Web remoto. Veja Exemplo de páginas JSP.
- O capítulo 32 inclui um cliente stub estático que demonstra autenticação básica. Veja Exemplo: autenticação básica com JAX-RPC.

- O capítulo 32 inclui um cliente stub estático que demonstra autenticação mútua. Veja Exemplo: autenticação com certificado de cliente sobre HTTP/SSL com JAX-RPC.

Interoperabilidade de serviços Web e JAX-RPC

JAX-RPC 1.1 suporta o Web Services Interoperability (WS-I) Basic Profile Version 1.0, Working Group Approval Draft. O WS-I Basic Profile é um documento que esclarece as especificações SOAP 1.1 e WSDL 1.1 de modo a promover a interoperabilidade SOAP. Para links relacionados com WS-I, veja Informações adicionais.

Para suportar WS-I, JAX-RPC tem os seguintes recursos:

- Ao rodar com a opção -f:wsi, wscompile verifica se um WSDL é compatível com WS-I ou se gera classes requeridas pelos serviços JAX-RPC e clientes que são compatíveis com WS-I.
- A runtime JAX-RPC suporta codificações doc/literal e rpc/literal para serviços, stubs estáticos, proxies dinâmicas e DII.

Informações adicionais

Para mais informações sobre JAX-RPC e tecnologias relacionadas, consulte o seguinte:

- Java API for XML-based RPC 1.1 specification

  http://java.sun.com/xml/downloads/jaxrpc.html
- JAX-RPC home

  http://java.sun.com/xml/jaxrpc/
- Simple Object Access Protocol (SOAP) 1.1 W3C Note

  http://www.w3.org/TR/SOAP/
- Web Services Description Language (WSDL) 1.1 W3C Note

  http://www.w3.org/TR/wsdl
- WS-I Basic Profile 1.0

  http://www.ws-i.org

9

SOAP com Anexos de API para Java

SOAP com Anexos de API para Java (SAAJ) é usado principalmente para a transmissão de mensagens SOAP que continua nos bastidores das implementações JAX-RPC e JAXR. Em segundo lugar, é uma API que desenvolvedores podem usar quando optarem por escrever aplicativos para transmissão de mensagens SOAP diretamente em vez de usar JAX-RPC. A API de SAAJ permite que você faça transmissão de mensagens XML a partir da plataforma Java. Simplesmente fazendo chamadas de métodos usando a API de SAAJ, você pode ler e escrever essas mensagens pela Internet (algumas implementações podem não suportar envio e recebimento). Este capítulo vai ajudá-lo a aprender como usar a API de SAAJ.

A API de SAAJ obedece à especificação do Protocolo de Acesso para Objetos Simples (SOAP) 1.1 e à especificação SOAP com Anexos. A especificação SAAJ 1.2 define o pacote javax.xml.SOAP, que contém a API para criar e preencher uma mensagem SOAP. Este pacote tem todas as APIs necessárias para enviar mensagens de requisição-resposta. (Mensagens de requisição-resposta são explicadas em Objetos SOAPConnection).

Nota: O pacote javax.xml.messaging, definido na especificação da API Java para Transmissão de Mensagens XML (JAXM) 1.1, não faz parte da plataforma J2EE 1.4 e não é discutida neste capítulo. A API JAXM está disponível como download em separado no endereço http://java.sun.com/xml/jaxm/.

Este capítulo começa com um resumo geral sobre mensagens e conexões, fornecendo algum suporte conceitual atrás da API de SAAJ para ajudá-lo a entender por que certas coisas são feitas da maneira que são. Em seguida, o tutorial mostra a você como usar a API de SAAJ básica, dando exemplos e explicações dos recursos comumente utilizados. Os exemplos de código na última parte do tutorial mostram a você como construir um aplicativo. O estudo de caso no Capítulo 35 inclui código SAAJ tanto para enviar como para consumir uma mensagem SOAP.

Resumo geral de SAAJ

Esta seção apresenta uma visualização de alto nível de como uma transmissão de mensagens funciona e explica os conceitos em termos gerais. Seu objetivo é fornecer a você alguma terminologia e uma estrutura para as explicações de exemplos de código que são apresentados na seção do tutorial.

O resumo geral olha para a SAAJ a partir de duas perspectivas: mensagens e conexões.

Mensagens

As mensagens SAAJ seguem os padrões SOAP, os quais prescrevem o formato para mensagens e também especificam algumas coisas que são necessárias, opcionais, ou não permitidas. Com a API de SAAJ, você pode criar mensagens XML que obedecem às especificações do SOAP 1.1 e do WS-I Basic Profile simplesmente fazendo chamadas API Java.

Estrutura de um documento XML

Nota: Para maiores informações sobre documentos XML, veja Capítulos 2 e 4.

Um documento XML possui uma estrutura hierárquica composta de elementos, subelementos, subsubelementos, e assim por diante. Você observará que várias das interfaces e classes SAAJ representam elementos XML em uma mensagem SOAP e têm a palavra *element* ou *SOAP* (ou ambas) em seus nomes.

Um elemento é também referido como a um nó. Conseqüentemente, a API de SAAJ tem a interface Node, que é a classe básica para todas as classes e interfaces que representam elementos XML em uma mensagem SOAP. Há também métodos como SOAPElement.addTextNode, Node.detachNode, e Node.getValue, que você saberá como usar na seção do tutorial.

O que existe em uma mensagem?

Os dois tipos principais de mensagens SOAP são aqueles que têm anexos e aqueles que não têm.

Mensagens sem anexos

O esboço seguinte mostra a estrutura de muito alto nível de uma mensagem SOAP sem anexos. Com exceção do cabeçalho SOAP, todas as partes listadas são requeridas para estar em toda mensagem SOAP.

I. Mensagem SOAP

- **A.** Parte SOAP
  - **1.** Envelope SOAP
    - **a.** Cabeçalho SOAP (opcional)
    - **b.** Corpo SOAP

A API SOAP fornece a classe SOAPMessage que representa uma mensagem SOAP, a classe SOAPPart que representa a parte SOAP, a interface SOAPEnvelope que representa o envelope SOAP, e assim por diante. A Figura 9-1 ilustra a estrutura de uma mensagem SOAP sem anexos.

Nota: Muitas interfaces APIs de SAAJ estendem interfaces do DOM. Em uma mensagem SAAJ, a classe SOAPPart é também um documento do DOM. Veja SAAJ e DOM para detalhes.

Quando você cria um novo objeto SOAPMessage, ele automaticamente terá as partes necessárias para estar em uma mensagem SOAP. Em outras palavras, um novo objeto SOAPMessage tem um objeto SOAPPart que contém um objeto SOAPEnvelope. O objeto SOAPEnvelope, por sua vez, automaticamente, contém um objeto SOAPHeader vazio, que é opcional, você pode deletá-lo. A base lógica para tê-lo automaticamente incluído é que muito freqüentemente você vai precisar dele, por isso seu fornecimento é bastante conveniente.

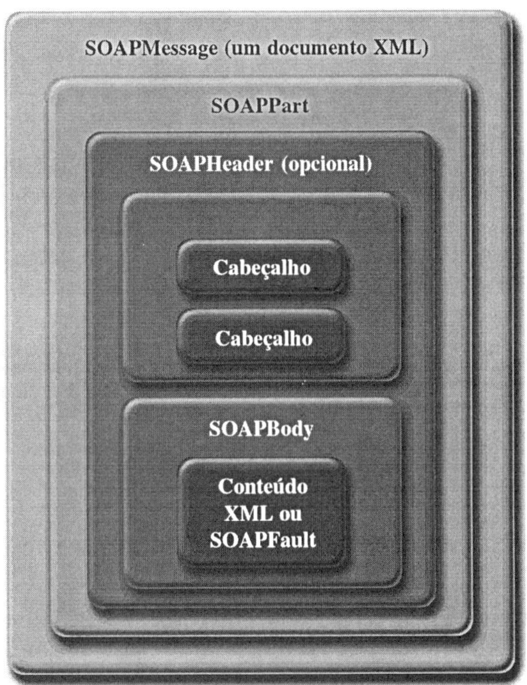

Figura 9-1 *Objetos SOAPMessage sem anexos.*

O objeto SOAPHeader pode incluir um ou mais cabeçalhos que contenham metadados sobre a mensagem (por exemplo, informações sobre envio e recebimento das partes). O objeto SOAPBody, que sempre segue o objeto SOAPHeader se houver um, contém o conteúdo da mensagem. Se houver um objeto SOAPFault (veja Como usar as falhas do SOAP), ele deve estar no objeto SOAPBody.

Mensagens com anexos

Uma mensagem SOAP pode incluir uma ou mais partes de anexo além da parte SOAP. A parte SOAP deve conter apenas elementos; como resultado, se algum conteúdo de uma mensagem não for em formato XML, ele deverá ocorrer em uma parte anexa. Portanto, se, por exemplo, você quer que a sua mensagem contenha um arquivo binário, a sua mensagem deve ter um anexo para ela. Note que uma parte do anexo pode conter qualquer tipo de conteúdo, portanto, ela pode conter dados em formato XML também. A Figura 9-2 mostra a estrutura de alto nível de uma mensagem SOAP com dois anexos.

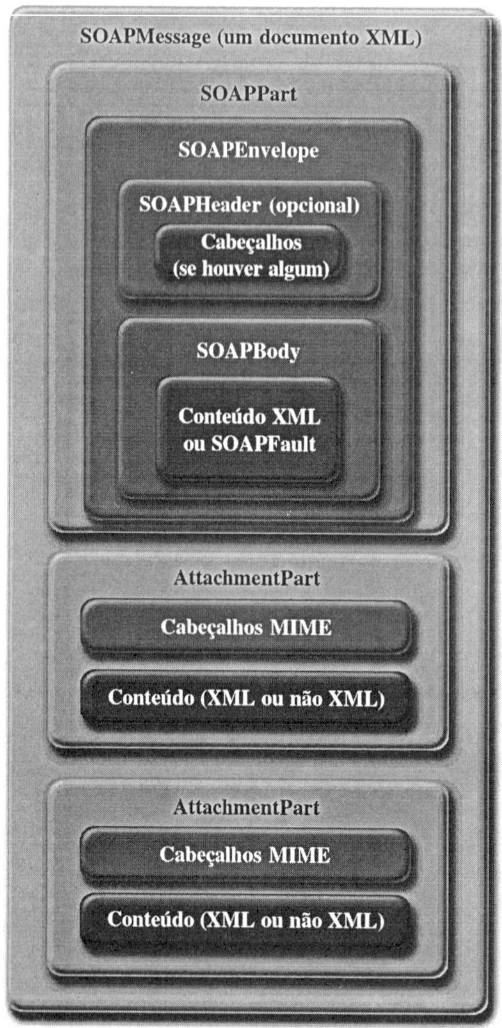

Figura 9-2 *Objeto SOAPMessage com dois objetos AttachmentPart*

A API de SAAJ fornece a classe AttachmentPart para representar uma parte do anexo de uma mensagem SOAP. Um objeto SOAPMessage tem automaticamente um objeto SOAPPart e seus subelementos requeridos, mas como os objetos AttachmentPart são opcionais, você deve criar e adicioná-los você mesmo. A seção do tutorial vai levá-lo através da criação e do preenchimento de mensagens com ou sem partes de anexo.

Se um objeto SOAPMessage tem um ou mais anexos, cada objeto AttachmentPart deve ter um cabeçalho MIME para indicar o tipo de dados que ele contém. Ele deve também ter cabeçalhos MIME adicionais para identificá-lo ou fornecer a sua localização. Estes cabeçalhos são opcionais, mas podem ser úteis no caso de existirem anexos múltiplos. Quando um objeto SOAPMessage tem um ou mais objetos AttachmentPart, o seu objeto SOAPPart pode, ou não, conter o conteúdo de mensagem.

SAAJ e DOM

Em SAAJ 1.2, as APIs de SAAJ estendem suas duplicatas no pacote org.w3c.dom:

- A interface Node estende a interface org.w3c.dom.Node
- A interface SOAPElement estende tanto a interface Node como a interface org.w3c.dom.Element

- A classe SOAPPart implementa a interface org.w3c.dom.Document
- A interface Text estende a interface org.w3c.dom.Text

Além disso, a SOAPPart de uma SOAPMessage é também um Documento de Nível 2 do DOM e pode ser manipulado como tal pelos aplicativos, ferramentas e bibliotecas que usem DOM. Veja o Capítulo 6 para detalhes sobre DOM. Para detalhes a respeito de como usar documentos do DOM com API de SAAJ, veja Como adicionar conteúdo para o objeto SOAPPart e Como adicionar um documento para o corpo do SOAP.

Conexões

Todas as mensagens SOAP são enviadas e recebidas por meio de uma conexão. Com a API de SAAJ, a conexão é representada por um objeto SOAPConnection, que vai do remetente diretamente para o seu destino. Este tipo de conexão é chamado conexão ponto a ponto porque vai de um endpoint a outro endpoint. Mensagens enviadas usando a API de SAAJ são chamadas mensagens de requisição-resposta. Elas são enviadas por meio de um objeto SOAPConnection com o método de chamada, que envia uma mensagem (uma requisição) e depois a bloqueia até que receba a réplica (uma resposta).

Objetos SOAPConnection

O seguinte fragmento de código cria a conexão de objeto SOAPConnection e, então, depois de criar e preencher a mensagem, usa a conexão para enviá-la. Como definido anteriormente, todas as mensagens enviadas por meio de um objeto SOAPConnection

são enviados com o método de chamada, que envia tanto a mensagem como os blocos até receber a resposta. Assim, o valor de retorno para o método de chamada é o objeto SOAPMessage que é a resposta para a mensagem enviada.

```
SOAPConnectionFactory factory =
  SOAPConnectionFactory.newInstance();
SOAPConnection connection = factory.createConnection();

. . .// create a request message and give it content

java.net.URL endpoint =
  new URL("http://fabulous.com/gizmo/order");
SOAPMessage response = connection.call(request, endpoint);
```

Note que o seguinte argumento para o método de chamada, que identifica onde a mensagem está sendo enviada, pode ser um objeto String ou um objeto URL. Dessa forma, as últimas duas linhas de código do exemplo anterior poderiam também ter sido o seguinte:

```
String endpoint = "http://fabulous.com/gizmo/order";
SOAPMessage response = connection.call(request, endpoint);
```

Um serviço Web implementado pela transmissão de mensagens de requisição-resposta deve retornar uma resposta a qualquer mensagem que receba. A resposta é um objeto SOAPMessage, assim como a requisição é um objeto SOAPMessage. Quando a mensagem de requisição é uma atualização, a resposta é uma confirmação de que a atualização foi recebida. Essa confirmação implica que a atualização foi bem sucedida. Algumas mensagens podem não requerer qualquer resposta em absoluto. O serviço que recebe essa mensagem é ainda solicitado a devolver uma resposta porque alguém está precisando desbloquear o método de chamada. Neste caso, a resposta não está relacionada com o conteúdo da mensagem; ela é simplesmente uma mensagem para desbloquear o método de chamada.

Agora que você tem um pouco de base sobre mensagens SOAP e conexões SOAP, na próxima seção você verá como usar a API de SAAJ.

Tutorial

Este tutorial leva você através do uso da API de SAAJ. Primeiro, ele aborda o básico para a criação e envio de uma mensagem SOAP simples. Depois, você aprenderá mais detalhes sobre como adicionar conteúdo para mensagens, inclusive como criar falhas e atributos SOAP. Finalmente, você aprenderá como enviar um mensagem e obter o conteúdo da resposta. Depois de passar por este tutorial, você saberá como efetuar as seguintes tarefas:

- Criar e enviar uma mensagem simples
- Adicionar conteúdo ao cabeçalho
- Adicionar conteúdo ao objeto SOAPPart
- Adicionar um documento ao corpo do SOAP
- Manipular conteúdo de mensagens usando APIs de SAAJ ou do DOM
- Adicionar anexos
- Adicionar atributos
- Usar falhas do SOAP

Na seção Exemplos de Código, você verá os fragmentos de código de partes anteriores do tutorial em aplicativos executáveis, os quais você pode testar você mesmo. Para ver como a API de SAAJ pode ser usada no código de servidor, veja a parte de SAAJ do estudo de caso Coffe Break (Serviço de Abastecimento de Café SAAJ), que mostra um exemplo de código tanto de cliente como de servidor para um aplicativo de servidor Web.

Um cliente SAAJ pode enviar mensagens de requisição-resposta para serviços Web que são implementados para fazer transmissão de mensagens de requisição-resposta. Esta seção demonstra como você pode fazer isso.

Como criar e enviar uma mensagem simples

Esta seção aborda o básico a respeito de criar e enviar uma mensagem simples e obter o conteúdo da resposta. Ela inclui os seguintes tópicos:

- Como criar uma mensagem
- Partes de uma mensagem
- Como acessar elementos de uma mensagem
- Como adicionar conteúdo do corpo
- Como obter um objeto SOAPConnection
- Como enviar uma mensagem
- Como obter o conteúdo de uma mensagem

Como criar uma mensagem

A primeira etapa é criar uma mensagem usando um objeto MessageFactory. A API de SAAJ fornece uma implementação default da classe MessageFactory, tornando-a, assim, fácil de obter uma instância. O fragmento de código seguinte ilustra a obtenção de uma instância da fábrica de mensagens default e, depois, sua utilização na criação de uma mensagem.

```
MessageFactory factory = MessageFactory.newInstance();
SOAPMessage message = factory.createMessage();
```

Como é verdadeiro do método newInstance para SOAPConnectionFactory, o método newInstance para MessageFactory é estático, portanto você o invoca chamando MessageFactory.newInstance.

Partes de uma mensagem

Um objeto SOAPMessage é requerido para ter certos elementos, e, como definido anteriormente, a API de SAAJ simplifica as coisas para você retornando um novo objeto SOAPMessage que já contenha esses elementos. Portanto, a mensagem, criada na linha de código precedente, automaticamente tem o seguinte:

I. Um objeto SOAPPart que contém

- **A.** Um objeto SOAPEnvelope que contém
    - **1.** Um objeto SOAPHeader vazio
    - **2.** Um objeto SOAPBody vazio

O objeto SOAPHeader é opcional e pode ser deletado se não for necessário. Todavia, se houver algum, ele deve preceder o objeto SOAPBody. O objeto SOAPBody pode conter tanto o conteúdo da mensagem como uma mensagem falha que contenha informações de status ou detalhes sobre um problema com a mensagem. A seção Como usar falhas do SOAP leva você através de como usar objetos SOAPFault.

Como acessar elementos de uma mensagem

O próximo passo para criar uma mensagem é acessar as suas partes de modo que o conteúdo possa ser adicionado. Há duas maneiras de fazer isso. O objeto SOAPMessage, criado no fragmento de código precedente, é o lugar para começar.

A primeira maneira de acessar as partes da mensagem é trilhar através da estrutura da mensagem. A mensagem contém um objeto SOAPPart, portanto você usa o método getSOAPPart da mensagem para obtê-lo.

```
SOAPPart soapPart = message.getSOAPPart();
```

Em seguida você pode usar o método getEnvelope de SOAPPart para obter o objeto SOAPEnvelope que ele contém.

```
SOAPEnvelope envelope = soapPart.getEnvelope();
```

Você pode usar agora os métodos getHeader e getBody do envelope para obter os objetos vazios SOAPHeader e SOAPBody.

```
SOAPHeader header = envelope.getHeader();
SOAPBody body = envelope.getBody();
```

O segundo modo de acessar as partes da mensagem é obter os cabeçalhos da mensagem e do corpo diretamente, sem obter o SOAPPart ou o SOAPEnvelope. Para fazer isso, use os métodos getSOAPHeader e getSOAPBody de SOAPMessage:

```
SOAPHeader header = message.getSOAPHeader();
SOAPBody body = message.getSOAPBody();
```

Este exemplo de um cliente SAAJ não utiliza um cabeçalho do SOAP, você não pode, portanto, deletá-lo. (Você verá mais sobre cabeçalhos adiante.) Como todos os objetos SOAPElement, inclusive os objetos SOAPHeader, são derivados da interface Node, você usa o método Node.detachNode para deletar o cabeçalho.

```
header.detachNode();
```

Como adicionar conteúdo ao corpo

O objeto SOAPBody contém tanto o conteúdo como uma falha. Para adicionar conteúdo ao corpo, você normalmente criará um ou mais objetos SOAPBodyElement para conter o conteúdo. Você pode também adicionar subelementos aos objetos SOAPBodyElement usando o método addChildElement. Para cada elemento ou elemento-filho, você adiciona o conteúdo usando o método addTextNode.

Quando você criar qualquer elemento novo, você também precisa criar um objeto Name associado de modo que seja unicamente identificado. Um modo de criar objetos Name é usando os métodos SOAPEnvelope, portanto você pode usar a variável *envelope* do fragmento de código anterior a fim de criar o objeto Name para um novo elemento. Outro modo de criar objetos Name é usar os métodos de SOAPFactory, que são úteis se você não tem acesso ao SOAPEnvelope.

Nota: A classe SOAPFactory também permite que você crie elementos XML quando não estiver criando uma mensagem inteira ou não tiver acesso a um objeto completo de SOAPMessage. Por exemplo, as implementações JAX-RPC freqüentente trabalham com fragmentos XML em vez de objetos completos de SOAPMessage. Conseqüentemente, elas não têm acesso a um objeto SOAPEnvelope, e isso faz usar um objeto SOAPFactory para criar objetos Name muito úteis. Além de um método para criar objetos Name, a classe SOAPFactory fornece métodos para criar objetos Detail e fragmentos do SOAP. Você encontrará uma explicação de objetos Detail em Revisão geral de falhas do SOAP e Como criar e preencher um objeto SOAPFault.

Objetos Name associados a objetos SOAPBodyElement ou SOAPHeaderElement devem ser totalmente qualificados; isto é, eles devem ser criados com um nome local, um prefixo para o namespace que está sendo usado, e um URI para o namespace. Especificar um namespace para um elemento torna claro qual é o preferido se mais de um elemento tiver o mesmo nome local.

O seguinte fragmento de código obtém o objeto SOAPBody da mensagem, usa um SOAPFactory a fim de criar um objeto Name para o elemento a ser adicionado, e adiciona um novo objeto SOAPBodyElement ao corpo.

```
SOAPBody body = message.getSOAPBody();
SOAPFactory soapFactory = SOAPFactory.newInstance();
Name bodyName = soapFactory.createName("GetLastTradePrice",
  "m", "http://wombat.ztrade.com");
SOAPBodyElement bodyElement = body.addBodyElement(bodyName);
```

Neste momento, o corpo contém um objeto SOAPBodyElement identificado pelo objeto Name como bodyName, mas não há ainda nenhum conteúdo no bodyElement. Supondo que você queira obter uma cota para as ações da Sun Microsystems, Inc., você precisa criar um elemento para o símbolo usando o método addChildElement. Depois você precisa dar a ele o símbolo da ação usando o método addTextNode. O objeto Name para o novo objeto SOAPElement é inicializado com um nome local porque os elementos-filho herdam o prefixo e o URI do elemento-pai.

```
Name name = soapFactory.createName("symbol");
SOAPElement symbol = bodyElement.addChildElement(name);
symbol.addTextNode("SUNW");
```

Você deve se lembrar que os cabeçalhos e o conteúdo em um objeto SOAPPart devem estar em formato XML. A API de SAAJ toma conta disso para você, criando o XML apropriado constrói automaticamente quando você chama os métodos tais como addBodyElement, addChildElement, e addTextNode. Note que você pode chamar o método addTextNode somente sobre um elemento tal como bodyElement ou quaisquer elementos-filho que são adicionados a ele. Você não pode chamar addTextNode sobre um objeto SOAPHeader ou SOAPBody porque eles contêm elementos e não texto.

O conteúdo que você acaba de adicionar ao seu objeto SOAPBody parecerá com o seguinte quando ele for enviado por meio da conexão:

```
<SOAP-ENV:Envelope
  xmlns:SOAP-ENV="http://schemas.xmlsoap.org/soap/envelope/">
  <SOAP-ENV:Body>
    <m:GetLastTradePrice xmlns:m="http://wombat.ztrade.com">
      <symbol>SUNW</symbol>
    </m:GetLastTradePrice>
  </SOAP-ENV:Body>
</SOAP-ENV:Envelope>
```

Vamos examinar este trecho de XML linha por linha para ver como ele se relaciona com o seu código SAAJ. Note que um analisador XML não se preocupa com indentações, mas elas são geralmente usadas para indicar níveis de elementos e, portanto, torná-los mais fáceis de entender para um leitor humano.

Aqui está o código SAAJ:

```
SOAPMessage message = messageFactory.createMessage();
SOAPHeader header = message.getSOAPHeader();
SOAPBody body = message.getSOAPBody();
```

Aqui está o XML que ele produz:

```
<SOAP-ENV:Envelope
  xmlns:SOAP-ENV="http://schemas.xmlsoap.org/soap/envelope/">
  <SOAP-ENV:Header/>
  <SOAP-ENV:Body>
    . . .
  </SOAP-ENV:Body>
</SOAP-ENV:Envelope>
```

O elemento mais externo neste exemplo XML é o elemento de envelope SOAP, indicado por SOAP-ENV:Envelope. Note que Envelope é o nome do elemento, e SOAP-ENV é o prefixo do namespace. A interface SOAPEnvelope representa um envelope SOAP.

A primeira linha assinala o começo do elemento de envelope SOAP, e a última linha assinala o fim dele; tudo que está dentro faz parte do envelope SOAP. A segunda linha é um exemplo de um atributo para o elemento de envelope SOAP. Como o elemento de envelope SOAP sempre contém o atributo com este valor, um objeto SOAPMessage vem com ele automaticamente incluído. Xmlns significa "namespace XML", e seu valor é o URI do namespace associado com Envelope.

A próxima linha é um cabeçalho SOAP vazio. Poderíamos removê-lo chamando header.detachNode, depois da chamada de getSOAPHeader.

As duas linhas próximas marcam o início e o fim do corpo do SOAP, representado em SAAJ pelo objeto SOAPBody. O próximo passo é adicionar conteúdo ao corpo.

Aqui está o código SAAJ:

```
Name bodyName = soapFactory.createName("GetLastTradePrice",
  "m", "http://wombat.ztrade.com");
SOAPBodyElement bodyElement = body.addBodyElement(bodyName);
```

Aqui está o XML que ele produz:

```
<m:GetLastTradePrice
  xmlns:m="http://wombat.ztrade.com">
  . . . .
</m:GetLastTradePrice>
```

Estas linhas são o que bodyElement de SOAPBodyElement em seu código representa. GetLastTradePrice é seu nome local, m é seu prefixo de namespace, e http://wombat.ztrade.com é seu URI de namespace.

Aqui está o código SAAJ:

```
Name name = soapFactory.createName("symbol");
SOAPElement symbol = bodyElement.addChildElement(name);
symbol.addTextNode("SUNW");
```

Aqui está o XML que ele produz:

```
<symbol>SUNW</symbol>
```

A String "SUNW" é o nó de texto para o elemento <symbol>. Este objeto String é o conteúdo da mensagem que seu recipiente, o serviço da cota de ação, recebe.

O exemplo a seguir mostra como adicionar múltiplos objetos SOAPElement e adicionar texto a cada um deles. O código primeiro cria purchaseLineItems do objeto SOAPBodyElement, que tem um nome totalmente qualificado associado a ele. Isto é, o objeto Name para ele tem um nome local, um prefixo de namespace, e um URI de namespace. Como você viu anteriormente, o objeto SOAPBodyElement é requerido para ter um nome totalmente qualificado, mas elementos-filho adicionados a ele, tais como objetos SOAPElement, podem ter objetos Name com apenas o nome local.

```
SOAPBody body = message.getSOAPBody();
Name bodyName = soapFactory.createName("PurchaseLineItems",
  "PO", "http://sonata.fruitsgalore.com");
SOAPBodyElement purchaseLineItems =
  body.addBodyElement(bodyName);

Name childName = soapFactory.createName("Order");
SOAPElement order =
  purchaseLineItems.addChildElement(childName);

childName = soapFactory.createName("Product");
SOAPElement product = order.addChildElement(childName);
product.addTextNode("Apple");

childName = soapFactory.createName("Price");
SOAPElement price = order.addChildElement(childName);
price.addTextNode("1.56");

childName = soapFactory.createName("Order");
SOAPElement order2 =
  purchaseLineItems.addChildElement(childName);

childName = soapFactory.createName("Product");
SOAPElement product2 = order2.addChildElement(childName);
product2.addTextNode("Peach");

childName = soapFactory.createName("Price");
SOAPElement price2 = order2.addChildElement(childName);
price2.addTextNode("1.48");
```

O código SAAJ do exemplo anterior produz o seguinte XML no corpo do SOAP:

```
<PO:PurchaseLineItems
  xmlns:PO="http://www.sonata.fruitsgalore/order">
  <Order>
    <Product>Apple</Product>
    <Price>1.56</Price>
  </Order>
  <Order>
    <Product>Peach</Product>
    <Price>1.48</Price>
  </Order>
</PO:PurchaseLineItems>
```

Como obter um objeto SOAPConnection

A API de SAAJ está focada primeiramente na leitura e escrita de mensagens. Depois de ter escrito uma mensagem, você pode enviá-la usando vários mecanismos (tais como JMS ou JAXM). A API de SAAJ, todavia, fornece um mecanismo simples para a transmissão de mensagens de requisição-resposta.

Para enviar uma mensagem, um cliente SAAJ pode usar um objeto SOAPConnection. Um objeto SOAPConnection é uma conexão ponto a ponto, significando que foi diretamente do remetente para o destino (geralmente um URL) que o remetente especifica.

O primeiro passo é obter um objeto SOAPConnectionFactory que você pode usar para criar uma conexão. A API de SAAJ torna isso fácil fornecendo a classe SOAPConnectionFactory com uma implementação default. Você pode obter uma instância desta implementação usando a seguinte linha de código.

```
SOAPConnectionFactory soapConnectionFactory =
  SOAPConnectionFactory.newInstance();
```

Agora você pode usar soapConnectionFactory para criar um objeto SOAPConnection.

```
SOAPConnection connection =
  soapConnectionFactory.createConnection();
```

Você usará a conexão para enviar uma mensagem que você criou.

Como enviar uma mensagem

Um cliente SAAJ invoca o método de chamada de SOAPConnection em um objeto de SOAPConnection para enviar uma mensagem. O método *call* aceita dois argumentos: a mensagem sendo enviada e o destino ao qual a mensagem deverá ir. Esta mensagem está indo para o serviço de conta de ações indicado pelo endpoint do objeto URL.

```
java.net.URL endpoint = new URL(
  "http://wombat.ztrade.com/quotes");

SOAPMessage response = connection.call(message, endpoint);
```

O conteúdo da mensagem enviada por você é o símbolo das ações SUNW; a resposta do objeto SOAPMessage deveria conter o preço das últimas ações para Sun MicroSystems, que você obterá na próxima seção.

.Uma conexão usa uma quantidade razoável de recursos, por isso é uma boa idéia fechar uma conexão assim que você termine de usá-la.

```
connection.close();
```

Como obter o conteúdo de uma mensagem

As etapas iniciais para obter um conteúdo de mensagem são as mesmas que as que fornecem um conteúdo a uma mensagem: Tanto você utiliza o objeto Message para obter o objeto SOAPBody, como você acessa o objeto SOAPBody através dos objetos SOAPPart e SOAPEnvelope.

Depois você acessa o objeto SOAPBodyElement do objeto SOAPBody, porque esse é o elemento para cujo conteúdo foi adicionado no exemplo. (Em uma seção posterior você verá como adicionar conteúdo diretamente ao objeto SOAPPart. Neste caso você não precisaria acessar o objeto SOAPBodyElement para adicionar o conteúdo ou obtê-lo.

Para obter o conteúdo, que foi adicionado com o método SOAPElement.addTextNode, você chama o método Node.getValue. Note que getValue retorna o valor do filho imediato do elemento que chama o método. Portanto, no fragmento de código seguinte, o método getValue é chamado em bodyElement, o elemento sobre o qual o método addTextNode foi chamado.

Para acessar bodyElement, você chama o método getChildElements sobre soapBody. Passando bodyName para getChildElements retornar um objeto java.util.Iterator que contém todos os elementos-filho identificados pelo bodyName do objeto Name. Você já sabe que existe somente um, portanto chamar o próximo método sobre ele retornará o SOAPBodyElement que você quer. Note que o método Iterator.next retorna um objeto Java, assim você precisa converter o Objeto que ele retorna para um objeto SOAPBodyElement antes de atribuí-lo para a variável bodyElement.

```
SOAPBody soapBody = response.getSOAPBody();
java.util.Iterator iterator =
  soapBody.getChildElements(bodyName);
SOAPBodyElement bodyElement =
  (SOAPBodyElement)iterator.next();
String lastPrice = bodyElement.getValue();
System.out.print("The last price for SUNW is ");
System.out.println(lastPrice);
```

Se mais de um elemento tivesse o nome bodyName, você teria de utilizar um loop while usando o método Iterator.hasNext para se assegurar de que obteve todos eles.

```
while (iterator.hasNext()) {
  SOAPBodyElement bodyElement =
    (SOAPBodyElement)iterator.next();
  String lastPrice = bodyElement.getValue();
  System.out.print("The last price for SUNW is ");
  System.out.println(lastPrice);
}
```

Nesse momento, você viu como enviar uma mensagem bastante básica de requisição-resposta e obter o conteúdo da resposta. As próximas seções fornecem mais detalhe sobre adicionar conteúdo a mensagens.

Como adicionar conteúdo ao cabeçalho

Para adicionar conteúdo ao cabeçalho, você cria um objeto SOAPHeaderElement. Assim como com todos os novos elementos, ele deve ter um objeto Name associado, que você pode criar usando o objeto SOAPEnvelope da mensagem ou um objeto SOAPFactory.

Por exemplo, suponha que você queira adicionar um cabeçalho de reclamação de conformidade para a mensagem de modo a estabelecer que a sua mensagem esteja de acordo com o WS-I Basic Profile. O fragmento de código seguinte obtém o objeto SOAPHeader da mensagem e adiciona um novo objeto SOAPHeaderElement a ele. Este objeto SOAPHeaderElement contém o nome correto qualificado e o atributo para um cabeçalho de reclamações de conformidade com o WS-I.

```
SOAPHeader header = message.getSOAPHeader();
Name headerName = soapFactory.createName("Claim",
  "wsi", "http://ws-i.org/schemas/conformanceClaim/");
SOAPHeaderElement headerElement =
  header.addHeaderElement(headerName);
headerElement.addAttribute(soapFactory.createName(
  "conformsTo"), "http://ws-i.org/profiles/basic1.0/");
```

Neste momento, o cabeçalho contém headerElement do objeto SOAPHeaderElement identificado pelo headerName do objeto Name. Note que o método addHeaderElement tanto cria headerElement como o adiciona ao cabeçalho.

Um cabeçalho de reclamação de conformidade não tem conteúdo. Este código produz o seguinte cabeçalho XML:

```
<SOAP-ENV:Header>
  <wsi:Claim conformsTo="http://ws-i.org/profiles/basic1.0/"
  xmlns:wsi="http://ws-i.org/schemas/conformanceClaim/"/>
</SOAP-ENV:Header>
```

Para mais informações sobre criar mensagens soap que estão de acordo com o WS-I, veja a seção de Transmissão de mensagens do WS-I Basic Profile.

Para um tipo diferente de cabeçalho, você pode adicionar conteúdo ao headerElement. A linha de código seguinte utiliza o método addTextNode para fazer isso.

```
headerElement.addTextNode("order");
```

Agora você tem o objeto SOAPHeader que contém um objeto SOAPHeaderElement cujo conteúdo é "order".

Como adicionar conteúdo ao objeto SOAPPart

Se o conteúdo que você quer enviar estiver em um arquivo, SAAJ fornecerá um jeito fácil de adicioná-lo ao objeto SOAPPart. Isto significa que você não acessa o objeto SOAPBody, e construa o conteúdo XML você mesmo, como fez na seção precedente.

Para adicionar um arquivo diretamente ao objeto SOAPPart, você usa um objeto javax.xml.transform.Source de JAXP (a API Java para Processamento de XML). Há três tipos de objetos Source: SAXSource, DOMSource e StreamSource. Um objeto StreamSource contém um documento XML no formato de texto. Os objetos SAXSource e DOMSource contêm conteúdo junto com instruções para transformar o conteúdo em um documento XML.

O seguinte fragmento de código utiliza a API JAXP para construir um objeto DOMSource que é passado para o método SOAPPart.setContent. As primeiras três linhas de código obtêm um objeto DocumentBuilderFactory e o usa para criar o objeto builder de DocumentBuilder. Como as mensagens SOAP usam namespaces, você deve definir a propriedade NamespaceAware da fábrica para true. Depois o builder analisa o arquivo de conteúdo para produzir um objeto Document.

```
DocumentBuilderFactory dbFactory =
  DocumentBuilderFactory.newInstance();
dbFactory.setNamespaceAware(true);
DocumentBuilder builder = dbFactory.newDocumentBuilder();
Document document =
  builder.parse("file:///music/order/soap.xml");
DOMSource domSource = new DOMSource(document);
```

As duas linhas de código seguintes acessam o objeto SOAPPart (usando *message* do objeto SOAPMessage) e definem o novo objeto Document como seu conteúdo. O método SOAPPart.setContent define não apenas o conteúdo para o objeto SOAPBody mas também define o cabeçalho apropriado para o objeto SOAPHeader.

```
SOAPPart soapPart = message.getSOAPPart();
soapPart.setContent(domSource);
```

O arquivo XML que você utiliza para definir o conteúdo do objeto SOAPPart deve incluir os elementos Envelope e Body:

```
<SOAP-ENV:Envelope
xmlns="http://schemas.xmlsoap.org/soap/envelope/">
  <SOAP-ENV:Body>
  ...
  </SOAP-ENV:Body>
</SOAP-ENV:Envelope>
```

Você verá outras maneiras de adicionar conteúdo a uma mensagem nas seções Como adicionar um documento para o corpo do SOAP e Como adicionar anexos.

Como adicionar um documento para o corpo do SOAP

Além de definir o conteúdo da mensagem inteira SOAP para o de um objeto DOMSource, você pode adicionar um documento DOM diretamente ao corpo da mensagem. Esta capacidade significa que você não tem de criar um objeto javax.xml.transform.Source. Depois de analisar o documento, você pode adicioná-lo diretamente ao corpo da mensagem:

```
SOAPBody body = message.getSOAPBody();
SOAPBodyElement docElement = body.addDocument(document);
```

Como manipular conteúdo de mensagens com APIs de SAAJ ou DOM

Como os nós e os elementos de SAAJ implementam as interfaces de Node e de Element do DOM, você tem muitas opções para adicionar ou modificar o conteúdo da mensagem:

- ❑ Use somente APIs do DOM
- ❑ Use somente APIs de SAAJ
- ❑ Use APIs de SAAJ e depois mude para APIs do DOM
- ❑ Use APIs do DOM e depois mude para APIs de SAAJ

As três primeiras delas não causam problemas. Depois que você criou uma mensagem, quer você tenha importado ou não seu conteúdo de um outro documento, você pode começar adicionando ou modificando os nós usando tanto API de SAAJ como doDOM.

Mas se você usar APIs do DOM e depois mudar para APIs de SAAJ a fim de manipular o documento, quaisquer referências a objetos dentro da árvore que foram obtidos usando API do DOM não são mais válidos. Se você deve usar APIs de SAAJ depois de usar APIs do DOM, você deveria definir todas as suas referências de tipo do DOM para nulo, porque elas podem se tornar inválidas. Para maiores informações sobre os casos exatos nas quais as referências se tornam inválidas, consulte a documentação API de SAAJ.

A regra básica é que você pode continuar manipulando o conteúdo da mensagem usando APIs de SAAJ enquanto você quiser, mas depois de você começar a manipulá-lo usando DOM, você não deveria mais usar APIs de SAAJ.

Como adicionar anexos

Um objeto AttachmentPart pode conter qualquer tipo de conteúdo, inclusive XML. E como a parte SOAP pode conter somente conteúdo XML, você deve usar um objeto AttachmentPart para qualquer conteúdo que não seja em formato XML.

Como criar um objeto AttachmentPart e adicionar conteúdo

O objeto SOAPMessage cria um objeto AttachmentPart, e a mensagem também deve adicionar o anexo para si mesma depois que o conteúdo for adicionado. A classe SOAPMessage tem três métodos para criar um objeto AttachmentPart.

O primeiro método cria um anexo sem conteúdo. Neste caso, um método AttachmentPart é usado posteriormente para adicionar conteúdo ao anexo.

```
AttachmentPart attachment = message.createAttachmentPart();
```

Você adiciona conteúdo ao anexo usando o método setContent de AttachmentPart. Este método aceita dois parâmetros: um objeto Java para o conteúdo e um objeto String para o tipo de conteúdo MIME usado para codificar o objeto. O conteúdo na parte de SOAPBody de uma mensagem automaticamente tem um cabeçalho Content-Type com o valor "text/xml" porque o conteúdo deve ser em XML. Em contraste, o tipo de conteúdo em um objeto AttachmentPart deve ser especificado porque ele pode ser de qualquer tipo.

Cada objeto AttachmentPart tem um ou mais cabeçalhos MIME associados a ele. Quando você especifica um tipo para o método setContent, esse tipo é usado para o cabeçalho de Content-Type. Note que o Content-Type é o único cabeçalho exigido. Você pode estabelecer outros cabeçalhos opcionais, tais como Content-Id e Content-Location. Por conveniência, a SAAJ fornece os métodos get e set para os cabeçalhos Content-Type, Content-Id e Content-Location. Esses cabeçalhos podem ser úteis ao acessar os anexos que possuem cabeçalhos particulares, você pode chamar o método getAttachments de SOAPMessage e passá-lo para um objeto MIMEHeaders contendo os cabeçalhos MIME nos quais você está interessado.

O seguinte fragmento de código mostra uma das maneiras de usar o método setContent. O objeto Java do primeiro parâmetro pode ser uma String, um fluxo, um objeto javax.xml.transform.Source, ou um objeto javax.activation.DataHandler. O objeto Java sendo adicionado ao seguinte fragmento de código é uma String, que é um texto plano, portanto o segundo argumento deve ser "text/plain". O código também define um identificador de conteúdo, que pode ser usado para identificar este objeto AttachmentPart. Depois que adicionou o conteúdo ao anexo, você deve adicioná-lo ao objeto SOAPMessage, o que deve ser feito na última linha.

```
String stringContent = "Update address for Sunny Skies " +
  "Inc., to 10 Upbeat Street, Pleasant Grove, CA 95439";

attachment.setContent(stringContent, "text/plain");
attachment.setContentId("update_address");

message.addAttachmentPart(attachment);
```

A variável de anexação agora representa um objeto AttachmentPart que contém a string stringContent e tem um cabeçalho que contém a string "text/plain". Ela também tem um cabeçalho Content-Id com "update_address" como seu valor. Um anexo faz agora parte da mensagem.

Os outros dois métodos SOAPMessage.createAttachment criam um objeto AttachmentPart completos com conteúdo. Um é muito parecido ao método AttachmentPart.setContent em que ele aceita os mesmos parâmetros e faz essencialmente a mesma coisa. Ele aceita um objeto Java com o conteúdo e uma String fornecendo o tipo de conteúdo. Do mesmo modo que com AttachmentPart.setContent, o objeto pode ser uma String, um fluxo, um objeto javax.xml.transform.Source, ou um objeto javax.activation.DataHandler.

O outro método para criar um objeto AttachmentPart com conteúdo aceita um objeto DataHandler, o qual faz parte da Estrutura de Ativação de JavaBeans (JavaBeans Activation Framework, JAF). Usar um objeto DataHandler é bem rápido. Primeiro, você cria um objeto java.net.URL para o arquivo que você quer adicionar como conteúdo. Depois você cria um objeto DataHandler inicializado com o objeto URL:

```
URL url = new URL("http://greatproducts.com/gizmos/img.jpg");
DataHandler dataHandler = new DataHandler(url);
AttachmentPart attachment =
  message.createAttachmentPart(dataHandler);
attachment.setContentId("attached_image");

message.addAttachmentPart(attachment);
```

Você poderia notar duas coisas sobre este fragmento de código. Primeiro, ele estabelece um cabeçalho para Content-Id usando o método setContentId. Este método aceita uma String que pode ser qualquer uma que você preferir para identificar o anexo. Segundo, ao contrário de outros métodos para definir conteúdo, este não aceita uma String para Content-Type. Este método se preocupa com a definição do cabeçalho de Content-Type para você, algo que é possível porque uma das coisas que um objeto DataHandler faz é determinar o tipo de dado do arquivo que ele contém.

Como acessar um objeto AttachmentPart

Se você recebe uma mensagem com anexos ou quer modificar um anexo para uma mensagem que está construindo, precisa acessar o anexo. A classe SOAPMessage fornece duas versões do método getAttachments para obter seus objetos de AttachmentPart. Quando nenhum argumento for fornecido, o método SOAPMessage.getAttachments retornará um objeto java.util.Iterator por meio dos objetos AttachmentPart de uma mensagem. Quando getAttachments for fornecido a um objeto Mime-Headers, que é uma lista de cabeçalhos MIME, getAttachments retornará um iterador por meio dos objetos de AttachmentPart que possuem um cabeçalho que corresponda a um dos cabeçalhos da lista. O código seguinte utiliza um método getAttachments que não aceita nenhum argumento e desse modo obtém todos os objetos de AttachmentPart na mensagem do objeto SOAPMessage. Depois ele imprime o conteúdo Id, o tipo de conteúdo, e o conteúdo de cada objeto de AttachmentPart.

```
java.util.Iterator iterator = message.getAttachments();
while (iterator.hasNext()) {
  AttachmentPart attachment =
    (AttachmentPart)iterator.next();
  String id = attachment.getContentId();
```

```
  String type = attachment.getContentType();
  System.out.print("Attachment " + id +
    " has content type " + type);
  if (type == "text/plain") {
    Object content = attachment.getContent();
    System.out.println("Attachment " +
      "contains:\n" + content);
  }
}
```

Como adicionar atributos

Um elemento XML pode ter um ou mais atributos que forneçam informação sobre esse elemento. Um atributo consiste em um nome para o atributo seguido imediatamente por um sinal de igual (=) e seu valor.

A interface SOAPElement fornece métodos para adicionar um atributo, para obter o valor de um atributo, e para remover um atributo. Por exemplo, no seguinte fragmento de código, o atributo chamado id é adicionado ao *person* do objeto SOAPElement. Como *person* é um objeto de SOAPElement ao invés de um objeto de SOAPBodyElement ou do objeto SOAPHeaderElement, é legal para seu objeto Name conter um nome local.

```
Name attributeName = envelope.createName("id");
person.addAttribute(attributeName, "Person7");
```

Estas linhas de código gerarão a primeira linha no seguinte fragmento XML.

```
<person id="Person7">
  ...
</person>
```

A seguinte linha de código obtém o valor do atributo cujo nome é id.

```
String attributeValue =
person.getAttributeValue(attributeName);
```

Se você tivesse adicionado dois ou mais atributos para person, a linha de código precedente retornaria apenas o valor para o atributo chamado id. Se você quisesse obter os valores para todos os atributos para person, você usaria o método getAllAttributes, que retorna um iterador por meio de todos os valores. As linhas seguintes de código obtêm e imprimem cada valor em uma linha separada até que não haja mais valores de atributo. Note que o método Iterator.next retorna um Objeto Java, que é convertido para o objeto Name a fim de que ele possa ser atribuído ao attributeName do objeto Name. (Os exemplos em DOMExample.java e DOMSrcExample.java usam códigos parecidos com este.)

```
Iterator iterator = person.getAllAttributes();
while (iterator.hasNext()){
  Name attributeName = (Name) iterator.next();
  System.out.println("Attribute name is " +
    attributeName.getQualifiedName());
  System.out.println("Attribute value is " +
    element.getAttributeValue(attributeName));
}
```

A seguinte linha de código remove o atributo chamado id de person. A variável bem sucedida será verdadeira se o atributo for removido com sucesso.

```
boolean successful = person.removeAttribute(attributeName);
```

Nesta seção você viu como adicionar, obter e remover atributos. Esta informação é geral, aplica-se a qualquer elemento. A próxima seção discute atributos que podem ser adicionados somente a elementos de cabeçalho.

Atributos de cabeçalho

Os atributos que aparecem em um objeto SOAPHeaderElement determinam como um recipiente processa uma mensagem. Você pode achar os atributos de cabeçalho como proporcionar um modo de estender uma mensagem, fornecendo informações sobre essas coisas como autenticação, transação, gerenciamento, pagamento, e assim por diante. Um atributo de cabeçalho refina o significado do cabeçalho, ao passo que o cabeçalho refina o significado da mensagem obtida no corpo do SOAP.

A especificação SOAP 1.1 define dois atributos que podem aparecer somente em objetos SOAPHeaderElement: actor e mustUnderstand. As duas próximas seções discutem estes atributos.

Veja HeaderExample.Java para um exemplo que utiliza os códigos mostrados nesta seção.

Atributo actor

O atributo actor é opcional, mas se for usado, ele deve aparecer em um objeto SOAPHeaderElement. Seu propósito é indicar o recipiente de um elemento de cabeçalho. O actor default é o recipiente fundamental da mensagem; isto é, se nenhum atributo actor for fornecido, a mensagem irá diretamente para o recipiente fundamental.

Um *actor* é um aplicativo que pode tanto receber mensagens SOAP como expedi-las para o próximo ator. A habilidade de especificar um ou mais atores como recipientes intermediários torna possível expedir a mensagem para vários recipientes e fornecer informações de cabeçalho que se aplicam especificamente a cada um dos recipientes.

Por exemplo, suponha que uma mensagem seja um pedido de compra de entrada. Seu objeto SOAPHeader dever ter objetos SOAPHeaderElement com atributo actor que dirija a mensagem para aplicativos que funcionem como carteira de pedidos, carteira de compras, carteira de confirmação, e departamento de contas. Cada um desses aplicativos tomará a ação apropriada, removerá os objetos SOAPHeaderElement relevantes para ele, e enviará a mensagem para o próximo ator.

Nota: Embora a API de SAAJ forneça a API para adicionar estes atributos, ela não fornece a API para processá-los. Por exemplo, o atributo actor requer que haja uma implementação tal como um serviço de fornecedor para a transmissão de mensagens expedir a mensagem de um ator para o próximo.

Um ator é identificado pelo seu URI. Por exemplo, a próxima linha de código, no qual orderHeader é um objeto de SOAPHeaderElement, define o ator para o URI determinado.

```
orderHeader.setActor("http://gizmos.com/orders");
```

Atores adicionais podem ser definidos em seus próprios objetos de SOAPHeaderElement. O fragmento de código a seguir utiliza o objeto SOAPMessage para obter seu cabeçalho do objeto SOAPHeader. Depois o cabeçalho cria quatro objetos SOAPHeaderElement, cada um dos quais define seu atributo actor.

```
SOAPHeader header = message.getSOAPHeader();
SOAPFactory soapFactory = SOAPFactory.newInstance();

String nameSpace = "ns";
String nameSpaceURI = "http://gizmos.com/NSURI";
```

```
Name order = soapFactory.createName("orderDesk",
  nameSpace, nameSpaceURI);
SOAPHeaderElement orderHeader =
  header.addHeaderElement(order);
orderHeader.setActor("http://gizmos.com/orders");

Name shipping =
  soapFactory.createName("shippingDesk",
    nameSpace, nameSpaceURI);
SOAPHeaderElement shippingHeader =
  header.addHeaderElement(shipping);
shippingHeader.setActor("http://gizmos.com/shipping");

Name confirmation =
  soapFactory.createName("confirmationDesk",
    nameSpace, nameSpaceURI);
SOAPHeaderElement confirmationHeader =
  header.addHeaderElement(confirmation);
confirmationHeader.setActor(
  "http://gizmos.com/confirmations");

Name billing = soapFactory.createName("billingDesk",
  nameSpace, nameSpaceURI);
SOAPHeaderElement billingHeader =
  header.addHeaderElement(billing);
billingHeader.setActor("http://gizmos.com/billing");
```

A interface SOAPHeader fornece dois métodos que retornam um objeto java.util.Iterator por meio dos objetos SOAPHeaderElement que têm um ator que corresponde ao ator especificado. O primeiro método, examineHeaderElements, retorna um iterador por meio de todos os elementos que tem o ator especificado.

```
java.util.Iterator headerElements =
  header.examineHeaderElements("http://gizmos.com/orders");
```

O segundo método, extractHeaderElements, não apenas retorna um iterador por meio de todos os objetos SOAPHeaderElement que têm o atributo actor especificado, mas também os separa do objeto SOAPHeader. Portanto, por exemplo, depois que o aplicativo da carteira de pedidos fizer o seu trabalho, ele chamará extractHeaderElements para remover todos os objetos SOAPHeaderElement que foram aplicados a ele.

```
java.util.Iterator headerElements =
  header.extractHeaderElements("http://gizmos.com/orders");
```

Cada objeto SOAPHeaderElement pode ter somente um atributo actor, mas o mesmo ator pode ter um atributo para múltiplos objetos SOAPHeaderElement.

Dois métodos adicionais de SOAPHeader – examineAllHeaderElements e ExtractAllHeaderElements – permitem que você examine ou extraia todos os elementos de cabeçalho, quer, ou não, tenham um atributo actor. Por exemplo, você poderia usar este código para exibir os valores de todos os elementos de cabeçalho:

```
Iterator allHeaders =
  header.examineAllHeaderElements();
while (allHeaders.hasNext()) {
  SOAPHeaderElement headerElement =
    (SOAPHeaderElement)allHeaders.next();
  Name headerName =
    headerElement.getElementName();
```

```
  System.out.println("\nHeader name is " +
    headerName.getQualifiedName());
  System.out.println("Actor is " +
    headerElement.getActor());
}
```

Atributo mustUnderstand

O atributo que deve ser adicionados somente a um objeto SOAPHeaderElement é mustUnderstand. Este atributo diz se o recipiente (indicado pelo atributo actor) é requerido ou não para processar a entrada de cabeçalho. Quando o valor do atributo mustUnderstand for verdadeiro, o ator deverá entender a semântica da entrada do cabeçalho e processá-lo corretamente para essa semântica. Se o valor for falso, o processamento da entrada do cabeçalho será opcional. Um objeto SOAPHeaderElement sem o atributo mustUnderstand é equivalente àquele com um atributo mustUnderstand cujo valor é falso.

O atributo mustUnderstand é usado para chamar a atenção para o fato de que a semântica em um elemento é diferente da semântica em seus elementos pai ou *peer*. Isto é permitido para uma evolução robusta, garantindo que uma modificação na semântica não será silenciosamente ignorada por aqueles que podem não entendê-la completamente.

Se o ator para um cabeçalho, que tenha um atributo mustUnderstand definido para verdadeiro, não conseguir processar o cabeçalho, ele deverá enviar um falha do SOAP de volta para o remetente. (Veja Como usar falhas do SOAP). O ator não deve modificar o estado ou causar qualquer efeito colateral, de modo que para um observador externo pareça que a falha foi enviada antes que qualquer processamento de cabeçalho tivesse sido feito.

O próximo fragmento de código cria um objeto SOAPHeader com um objeto SOAPHeaderElement que tem um atributo mustUnderstand:

```
SOAPHeader header = message.getSOAPHeader();

Name name = soapFactory.createName("Transaction", "t",
  "http://gizmos.com/orders");

SOAPHeaderElement transaction = header.addHeaderElement(name);
transaction.setMustUnderstand(true);
transaction.addTextNode("5");
```

Este código produz o seguinte XML:

```
<SOAP-ENV:Header>
  <t:Transaction
      xmlns:t="http://gizmos.com/orders"
      SOAP-ENV:mustUnderstand="1">
    5
  </t:Transaction>
</SOAP-ENV:Header>
```

Você pode usar o método getMustUnderstand para obter o valor do atributo mustUnderstand. Por exemplo, você pode adicionar o seguinte para o fragmento de código no final da seção precedente:

```
System.out.println("mustUnderstand is " +
  headerElement.getMustUnderstand());
```

Como usar falhas do SOAP

Nesta seção, você verá como usar a API para criar e acessar um elemento de falha do SOAP em uma mensagem XML.

Resumo geral de falhas do SOAP

Se você envia uma mensagem que não foi bem sucedida por alguma razão, você pode obter de volta uma resposta contendo um elemento de falha do SOAP, que fornece a você a informação de status, a informação de erro, ou ambas. Pode haver somente um elemento de falha do SOAP em uma mensagem e deve ser uma entrada do corpo do SOAP. Além disso, se houver um elemento de falha do SOAP no corpo do SOAP, não pode haver nenhum outro elemento no corpo do SOAP. Isso significa que, quando você adiciona um elemento de falha do SOAP, você efetivamente completa a construção do corpo do SOAP.

Um objeto SOAPFault, a representação de um elemento de falha do SOAP na API de SAAJ, é parecido com um objeto Exception no qual ele transporta informação a respeito de um problema. Todavia, um objeto SOAPFault é bem diferente em que ele é um elemento em um objeto SOAPBody de mensagem em vez de parte do mecanismo try/catch usado para objetos Exception. Também, como parte do objeto SOAPBody, que fornece um meio simples de enviar informações obrigatórias pretendidas para o recipiente fundamental, um objeto SOAPFault apenas relata status ou informações de erros. Ele não pára a execução de um aplicativo, como um objeto Exception pode fazer.

Se você for um cliente usando API de SAAJ e estiver enviando mensagens ponto a ponto, o recipiente de sua mensagem poderá adicionar um objeto SOAPFault para a resposta alertá-lo de um problema. Por exemplo, se você enviou um pedido com um endereço incompleto, o serviço ao receber o pedido poder colocar um objeto SOAPFault na mensagem de retorno dizendo a você que parte do endereço está faltando.

Um outro exemplo de quem poderia enviar uma falha do SOAP é um recipiente intermediário, ou actor. Como definido na seção Como adicionar atributos, um actor, que não possa processar um cabeçalho, que tenha um atributo mustUnderstand com um valor de verdadeiro, deve retornar uma falha do SOAP para o remetente.

Um objeto SOAPFault contém os seguintes elementos:

- *Um código de falha*: Sempre requerido. O código de falha deve ser um nome totalmente qualificado: ele deve conter um prefixo seguido por um nome local. A especificação SOAP 1.1 define um conjunto valores de nomes locais de códigos de falhas na seção 4.4.1, que um desenvolvedor pode estender para abordar outros problemas. Os nomes locais de códigos de falhas definidos na especificação relacionam a API de SAAJ como segue:
- VersionMismatch: O namespace para o objeto SOAPEnvelope era inválido
- MustUnderstand: Um elemento-filho imediato de um objeto SOAPHeader teve seu atributo mustUnderstand definido para true, e a parte de processamento não entendeu o elemento ou não obedeceu a ele.
- Cliente: O objeto SOAPMessage não foi formado corretamente ou não continha a informação necessária para ter sucesso.
- Servidor: O objeto SOAPMessage não conseguiu ser processado por causa de um erro de processamento, não por causa de um problema com a mensagem em si mesma.
- Uma string de falha: Sempre requerida. Uma explanação clara para um humano a respeito da falha.
- Um ator de falha: Exigido se o objeto SOAPHeader contiver um ou mais atributos actor. Opcional se nenhum ator for especificado, significando que o único ator é o destino fundamental. O ator com defeito, o qual é especificado como um URI, identifica quem causou a falha. Para uma explicação sobre o que é um ator, veja Atributo Actor.

- Um objeto de detalhe: Exigido se a falha for um erro relacionado com o objeto SOAPBody. Se, por exemplo, o código de falhar para cliente, indicando que a mensagem não conseguiu ser processada por causa de um problema no objeto SOAPBody, o objeto SOAPFault deve conter um objeto Detail que forneça detalhes sobre o problema. Se um objeto SOAPFault não contiver um objeto Detail, ele pode supor que o objeto SOAPBody não foi processado com sucesso.

Como criar e preencher um objeto SOAPFault

Você viu como adicionar conteúdo a um objeto SOAPBody; esta seção vai levá-lo através de como adicionar um objeto SOAPFault para um objeto SOAPBody e, depois, acrescentar suas partes constituintes.

Assim como com adicionar conteúdo, o primeiro passo é acessar o objeto SOAPBody.

```
SOAPBody body = message.getSOAPBody();
```

Com o objeto SOAPBody à mão, você pode usá-lo para criar um objeto SOAPFault. A linha de código a seguir cria um objeto SOAPFault e o adiciona ao corpo.

```
SOAPFault fault = body.addFault();
```

A interface SOAPFault fornece métodos convenientes que criam um elemento, adicionam o novo elemento para o objeto SOAPFault, e adicionam um nó de texto, tudo em uma operação. Por exemplo, nas próximas linhas de código, o método setFaultCode cria um elemento *faultcode*, adiciona-o à *fault*, e adiciona um nó de texto com o valor "SOAP-ENV:Server" especificando um prefixo default e o URI de namespace para um envelope SOAP.

```
Name faultName =
  soapFactory.createName("Server",
    "", SOAPConstants.URI_NS_SOAP_ENVELOPE);
fault.setFaultCode(faultName);
fault.setFaultActor("http://gizmos.com/orders");
fault.setFaultString("Server not responding");
```

A falha do objeto SOAPFault, criado nas linhas de código precedentes, indica que a causa do problema é um servidor não disponível e que o ator no endereço http://gizmos.com/orders está tendo problema. Se a mensagem fosse remetida somente para seu destino fundamental, não teria havido necessidade de definir um ator de falha. Note também que uma falha não tem um objeto Detail porque ela não se relaciona com o objeto SOAPBody.

O fragmento de código em destaque cria um objeto SOAPFault que inclui um objeto Detail. Note que um objeto SOAPFault pode ter apenas um objeto Detail, o qual é simplesmente um contêiner para objetos DetailEntry, mas o objeto Detail pode ter múltiplos objetos DetailEntry. O objeto Detail, nas próximas linhas de código, tem dois objetos DetailEntry adicionados a ele.

```
SOAPFault fault = body.addFault();

Name faultName = soapFactory.createName("Client",
  "", SOAPConstants.URI_NS_SOAP_ENVELOPE);
fault.setFaultCode(faultName);
fault.setFaultString("Message does not have necessary info");

Detail detail = fault.addDetail();

Name entryName = soapFactory.createName("order",
  "PO", "http://gizmos.com/orders/");
DetailEntry entry = detail.addDetailEntry(entryName);
entry.addTextNode("Quantity element does not have a value");
```

```
Name entryName2 = soapFactory.createName("confirmation",
  "PO", "http://gizmos.com/confirm");
DetailEntry entry2 = detail.addDetailEntry(entryName2);
entry2.addTextNode("Incomplete address: no zip code");
```

Veja SOAPFaultTest.java para um exemplo que utiliza código como esse, mostrado nesta seção.

Como obter informação de falha

Assim como a interface SOAPFault fornece métodos convenientes para adicionar informações, ela também fornece métodos convenientes para obter essas informações. O fragmento de código seguinte mostra o que você poderia escrever para obter uma informação de falha de uma mensagem que você recebeu. No fragmento de código, newMessage é o objeto de SOAPMessage que foi enviado para você. Como um objeto SOAPFault deve fazer parte do objeto SOAPBody, o primeiro passo é acessar o objeto SOAPBody. Então o código testa para verificar se o objeto SOAPBody contém um objeto SOAPFault.

Se ele tiver, o código vai obter o objeto SOAPFault e utilizá-lo para obter seu conteúdo. Os métodos convenientes getFaultCode, getFaultString e getFaultActor fazem, muito facilmente, a aquisição dos valores.

```
SOAPBody body = newMessage.getSOAPBody();
if ( body.hasFault() ) {
  SOAPFault newFault = body.getFault();
  Name code = newFault.getFaultCodeAsName();
  String string = newFault.getFaultString();
  String actor = newFault.getFaultActor();
```

Em seguida, o código imprime os valores que ele acabou de receber. Não existe a exigência de que todas as mensagens possuam um ator de falha, portanto, o código testa para checar se existe um. Testar se a variável *actor* é nula funciona porque o método getFaultActor retorna null se um ator de falha não foi definido.

```
System.out.println("SOAP fault contains: ");
System.out.println(" Fault code = " +
  code.getQualifiedName());
System.out.println(" Fault string = " + string);

if ( actor != null ) {
  System.out.println(" Fault actor = " + actor);
}
```

A tarefa final é recuperar o objeto Detail e obter seus objetos DetailEntry. O código utiliza newFault do objeto SOAPFault a fim de recuperar newDetail do objeto Detail e, depois, usar newDetail para chamar o método getDetailEntries. Este método retorna as entradas do objeto java.util.Iterator, o qual contém todos os objetos de DetailEntry em newDetail. Nem todos os objetos SOAPFault são obrigados a ter um objeto Detail, por isso o código testa para ver se newDetail é nulo. Se não for, o código imprimirá os valores dos objetos DetailEntry enquanto houver algum.

```
Detail newDetail = newFault.getDetail();
if ( newDetail != null) {
  Iterator entries = newDetail.getDetailEntries();
  while ( entries.hasNext() ) {
    DetailEntry newEntry =
      (DetailEntry)entries.next();
    String value = newEntry.getValue();
    System.out.println("  Detail entry = " + value);
  }
}
```

Resumindo, você viu como adicionar um objeto SOAPFault e seu conteúdo a uma mensagem, bem como recuperar o conteúdo. Um objeto SOAPFault, que é opcional, é adicionado ao objeto SOAPBody para transportar o status ou informações de erros. Ele deve sempre possuir um código de falha e uma String explicativa da falha. Um objeto SOAPFault deve indicar o ator que é a origem da falha somente quando houver múltiplos atores; caso contrário, isso é opcional. De modo semelhante, o objeto SOAPFault deve conter um objeto Detail com um ou mais objetos DetailEntry somente quando o conteúdo do objeto SOAPbody não puder ser processado com sucesso.

Veja SOAPFaultTest.java para um exemplo que utiliza o código como este mostrado nesta seção.

Exemplos de código

A primeira parte deste tutorial utiliza fragmentos de código que vão levá-lo através dos fundamentos da utilização da API de SAAJ. Nesta seção, você usará alguns daqueles fragmentos de código para criar aplicativos. Primeiro, você verá o programa Request.java. Depois você verá como rodar os programas MyUddiPing.java, HeaderExample.java, DOMExample.java, DOMSrcExample.java, Attachments.java e SOAPFaultTest.java.

Você não tem de iniciar o Sun Java System Application Server Platform Edition 8 para rodar esses exemplos.

Request.java

A classe Request.java coloca junto o fragmento de código usado na seção Tutorial e adiciona o que é necessário para torná-lo um exemplo completo de um cliente enviando uma mensagem de requisição-resposta. Além de colocar todos os códigos juntos, ela adiciona declarações de importação, um método principal e um bloco try/catch com tratamentos de exceção.

```
import javax.xml.soap.*;
import java.util.*;
import java.net.URL;

public class Request {
  public static void main(String[] args)  {
    try {
      SOAPConnectionFactory soapConnectionFactory =
        SOAPConnectionFactory.newInstance();
      SOAPConnection connection =
        soapConnectionFactory.createConnection();
      SOAPFactory soapFactory =
        SOAPFactory.newInstance();

      MessageFactory factory =
        MessageFactory.newInstance();
      SOAPMessage message = factory.createMessage();

      SOAPHeader header = message.getSOAPHeader();
      SOAPBody body = message.getSOAPBody();
      header.detachNode();

      Name bodyName = soapFactory.createName(
        "GetLastTradePrice", "m",
        "http://wombats.ztrade.com");
      SOAPBodyElement bodyElement =
        body.addBodyElement(bodyName);

      Name name = soapFactory.createName("symbol");
      SOAPElement symbol =
        bodyElement.addChildElement(name);
      symbol.addTextNode("SUNW");
```

```
      URL endpoint = new URL
        ("http://wombat.ztrade.com/quotes");
      SOAPMessage response =
        connection.call(message, endpoint);

      connection.close();

      SOAPBody soapBody = response.getSOAPBody();

      Iterator iterator =
        soapBody.getChildElements(bodyName);
      BodyElement bodyElement = (SOAPBodyElement)iterator.next();
      String lastPrice = bodyElement.getValue();

      System.out.print("The last price for SUNW is ");
      System.out.println(lastPrice);

    } catch (Exception ex) {
      ex.printStackTrace();
    }
  }
}
```

Para que Request.java seja executável, o segundo argumento fornecido para o método de chamada teria de ser um URI existente válido, o que não é verdadeiro neste caso. Todavia, o aplicativo da próxima seção é um que você pode rodar.

MyUddiPing.java

O programa MyUddiPing.java é um outro exemplo de aplicativo de cliente SAAJ. Ele envia uma requisição para um serviço de Universal Description, Discovery and Integration (UDDI) e obtém a resposta. Um serviço de UDDI é um registro e repositório de negócios onde você pode obter informações sobre negócios que se registraram com o serviço de registro. Para este exemplo, o aplicativo MyUddiPing não está acessando de verdade um registro de serviço de UDDI, mas é uma versão (demo) para teste. Por causa disso, o número de informações de negócios que você pode obter é limitado. Apesar disso, MyUddiPing demonstra uma requisição sendo enviada e uma resposta sendo recebida.

Como configurar

O exemplo MyUddiPing está no seguinte diretório:

```
<INSTALL>/j2eetutorial14/examples/saaj/myuddiping/
```

Nota: *<INSTALL>* é o diretório onde você instalou o pacote do tutorial.

No diretório myuddiping, você encontrará dois arquivos e o diretório src. O diretório src contém um arquivo-fonte, MyUddiPing.java. O arquivo uddi.properties contém o URL do destino (um registro de teste UDDI) e o host do proxy e a porta do proxy do remetente. Por default, o destino é o registro de teste IBM; o registro de teste Microsoft é comentado.

Se você acessar a Internet por trás de um firewall, edite o arquivo uddi.properties para fornecer o proxy do host correto e o proxy da porta. Se você não tem certeza quais são os valores deles, consulte seu administrador de sistemas ou uma outra pessoa. O valor típico da porta do proxy é 8080. Você também pode editar o arquivo a fim de especificar um outro registro.

O arquivo build.xml é o arquivo build asant para este exemplo. Ele inclui o arquivo *<INSTALL>*/j2eetutorial14/ examples/saaj/common/targets.xml, que contém um conjunto de destinos comuns a todos os exemplos SAAJ.

A target prepare cria um diretório chamado build. Para chamar a target prepare, digite o seguinte na linha de comando:

```
asant prepare
```

O target chamado build compila o arquivo-fonte MyUddiPing.java e coloca o arquivo resulting .class no diretório build. Portanto, para fazer essas tarefas, digite o seguinte na linha de comando:

```
asant build
```

Como examinar MyUddiPing

Percorreremos o arquivo MyUddiPing.java algumas linha por vez, concentrando-nos na última seção. Esta é a parte do aplicativo que acessa somente o conteúdo que você quer a partir da mensagem XML retornada pelo registro de UDDI.

As primeiras poucas linhas de código importam os pacotes usados no aplicativo.

```
import javax.xml.soap.*;
import java.net.*;
import java.util.*;
import java.io.*;
```

As próximas poucas linhas começam a definição da classe MyUddiPing, que se inicia com a definição de seu método principal. A primeira coisa que ela faz é checar para ver se dois argumentos foram fornecidos. Se eles não foram, ela imprime uma mensagem habitual e sai. A mensagem habitual menciona somente um argumento; o outro é fornecido pelo target build.xml.

```
public class MyUddiPing {
  public static void main(String[] args) {
    try {
      if (args.length != 2) {
        System.err.println("Argument required: " +
          "-Dbusiness-name=<name>");
        System.exit(1);
      }
```

As linhas seguintes criam um objeto java.util.Properties que contém as propriedades de sistema e as propriedades do arquivo uddi.properties, que está no diretório myuddiping.

```
Properties myprops = new Properties();
myprops.load(new FileInputStream(args[0]));
Properties props = System.getProperties();

Enumeration enum = myprops.propertyNames();
while (enum.hasMoreElements()) {
  String s = (String)enum.nextElement();
  props.setProperty(s, myprops.getProperty(s));
}
```

As próximas quatro linhas criam um objeto SOAPMessage. Primeiro, o código obtém uma instância de SOAPConnectionFactory e a usa para criar uma conexão. Depois ele obtém uma instância de MessageFactory e a utiliza para criar uma mensagem.

```
SOAPConnectionFactory soapConnectionFactory =
  SOAPConnectionFactory.newInstance();
SOAPConnection connection =
  soapConnectionFactory.createConnection();
MessageFactory messageFactory =
  MessageFactory.newInstance();

SOAPMessage message =
  messageFactory.createMessage();
```

As linhas de código seguintes recuperam os objetos SOAPHeader e SOAPBody da mensagem e remove o cabeçalho.

```
SOAPHeader hesder = message.getSOAPHeader();
SOAPBody body = message.getSOAPBody();
header.detachNode();
```

As próximas linhas de código criam a mensagem find_business UDDI. A primeira linha obtém uma instância de SOAPFactory que utilizaremos para criar nomes. A próxima linha adiciona o SOAPBodyElement com um nome totalmente qualificado, incluindo o namespace requerido para uma mensagem de UDDI versão 2. As próximas linhas adicionam dois atributos para o novo elemento: o atributo generic exigido, com a versão UDDI número 2.0, e o atributo maxRows opcional, com o valor de 100. Depois o código adiciona um elemento-filho que tem o nome do objeto Name e adiciona texto ao elemento usando o método addTextNode. O texto adicionado é o nome de negócios que você fornecerá na linha de comando quando rodar o aplicativo.

```
SOAPFactory soapFactory =
  SOAPFactory.newInstance();
SOAPBodyElement findBusiness =
  body.addBodyElement(soapFactory.createName(
    "find_business", "",
    "urn:uddi-org:api_v2"));
  findBusiness.addAttribute(soapFactory.createName(
    "generic"), "2.0");
  findBusiness.addAttribute(soapFactory.createName(
    "maxRows"), "100");
  SOAPElement businessName =
    findBusiness.addChildElement(
      soapFactory.createName("name"));
  businessName.addTextNode(args[1]);
```

A próxima linha de código salva as alterações feitas para a mensagem. Este método será chamado automaticamente quando a mensagem for enviada, mas não faz mal chamá-lo explicitamente.

```
message.saveChanges();
```

As linhas seguintes exibem a mensagem que será enviada:

```
System.out.println("\n— Request Message —\n");
message.writeTo(System.out);
```

A próxima linha de código cria o objeto java.net.URL que representa o destino para esta mensagem. Ela obtém o valor da propriedade chamada URL do arquivo de propriedade do sistema.

```
URL endpoint = new URL(
  System.getProperties().getProperty("URL"));
```

Em seguida, a mensagem *message* será enviada para o destino que o endpoint representa, que é o registro de teste de UDDI. O método de chamada o bloqueará até que ele obtenha um objeto SOAPMessage de volta, em cujo ponto ele retorna a réplica.

```
SOAPMessage reply =
  connection.call(message, endpoint);
```

Nas próximas linhas de código, a primeira linha imprime uma linha fornecendo o URL do remetente (o registro de teste), e as outras exibem a mensagem retornada.

```
System.out.println("\n\nReceived reply from: " +
  endpoint);
System.out.println("\n— Reply Message —\n");
reply.writeTo(System.out);
```

A mensagem retornada é a mensagem completa SOAP, um documento XML, como ele parece quando vem através da conexão. Ele é um businessList que segue o formato especificado em http://uddi.org/pubs/DataStructure-V2.03-Published-20020719.htm#_Toc25130802.

Tão interessante quanto é ver o XML que é realmente transmitido, o formato de documento XML não facilita a visualização do texto que é o conteúdo da mensagem. Para resolver isso, a última parte de MyUddiPing.java contém o código que imprime somente o conteúdo do texto da resposta, tornando muito mais fácil visualizar a informação que você quer.

Como o conteúdo está dentro do objeto SOAPBody, a primeira etapa é acessá-lo, como mostrado na próxima linha de código.

```
SOAPBody replyBody = reply.getSOAPBody();
```

Em seguida, o código exibe uma mensagem descrevendo o conteúdo:

```
System.out.println("\n\nContent extracted from " +
  "the reply message:\n");
```

Para exibir o conteúdo da mensagem, o código utiliza o formato conhecido da mensagem de resposta. Primeiro, ele obtém todos os elementos-filho do corpo de resposta chamados businessList:

```
Iterator businessListIterator =
  replyBody.getChildElements(
    soapFactory.createName("businessList",
      "", "urn:uddi-org:api_v2"));
```

O método getChildElements retorna os elementos na forma de um objeto java.util.Iterator. Você acessa os elementos-filho chamando o método próximo do objeto Iterador. Um filho imediato de um objeto SoapBody é um objeto SOAPBodyElement.

Nós sabemos que a resposta pode conter somente um elemento de businessList, o código, portanto, obtém este elemento chamando o próximo método do iterador. Note que o método Iterator.next retorna um objeto, que deve ser convertido para o tipo de objeto específico que você está obtendo. Assim, o resultado de chamar businessListIterator.next é convertido para um objeto SOAPBodyElement:

```
SOAPBodyElement businessList =
  (SOAPBodyElement)businessListIterator.next();
```

O próximo elemento na hierarquia é um único elemento businessInfos, portanto o código obtém este elemento do mesmo modo que obteve o businessList. Filhos de objetos de SOAPBodyElement e todos os elementos-filho deste ponto para a frente são objetos SOAPElement.

```
Iterator businessInfosIterator =
  businessList.getChildElements(
    soapFactory.createName("businessInfos",
      "", "urn:uddi-org:api_v2"));

SOAPElement businessInfos =
  (SOAPElement)businessInfosIterator.next();
```

O elemento businessInfos contêm zero ou mais elementos businessInfo. Se a consulta não retornou nenhum negócio, o código imprime uma mensagem dizendo que nada foi encontrado. Se a consulta retornou negócios, todavia, o código extrai o nome e a descrição opcional obtendo os elementos-filho que possuem esses nomes. O método Iterator.hasNext pode ser usado em um loop while porque ele retorna verdadeiro enquanto a próxima chamada para o método next retornar um elemento-filho. Conseqüentemente, o loop terminará quando não houver mais elementos-filho para obter.

```
Iterator businessInfoIterator =
  businessInfos.getChildElements(
    soapFactory.createName("businessInfo",
      "", "urn:uddi-org:api_v2"));

if (! businessInfoIterator.hasNext()) {
  System.out.println("No businesses found " +
    "matching the name '" + args[1] +
    "'.");
} else {
  while (businessInfoIterator.hasNext()) {
    SOAPElement businessInfo = (SOAPElement)
      businessInfoIterator.next();
    // Extract name and description from the
    // businessInfo
    Iterator nameIterator =
      businessInfo.getChildElements(
        soapFactory.createName("name",
          "", "urn:uddi-org:api_v2"));
    while (nameIterator.hasNext()) {
      businessName =
        (SOAPElement)nameIterator.next();
      System.out.println("Company name: " +
        businessName.getValue());
    }
    Iterator descriptionIterator =
      businessInfo.getChildElements(
        soapFactory.createName(
          "description", "",
          "urn:uddi-org:api_v2"));
    while (descriptionIterator.hasNext()) {
```

```
      SOAPElement businessDescription =
        (SOAPElement)
        descriptionIterator.next();
      System.out.println("Description: " +
        businessDescription.getValue());
    }
    System.out.println("");
  }
```

Como rodar MyUddiPing

Assegure-se de ter editado o arquivo uddi.properties e compilado MyUddiPing.java como descrito em Como configurar.

Com o código compilado, você está pronto para rodar MyUddiPing. O target de execução aceita dois argumentos, mas você precisa fornecer somente um deles. O primeiro argumento é o arquivo uddi.properties, que é fornecido por uma propriedade definida em build.xml. O outro argumento é o nome do negócio para o qual você quer obter uma descrição, e você precisa fornecer este argumento na linha de comando. Note que qualquer propriedade definida na linha de comando cancela qualquer valor definido para essa propriedade no arquivo build.xml.

Utilize o seguinte comando para rodar o exemplo:

```
asant run -Dbusiness-name=food
```

A saída aparecerá depois da mensagem completa XML:

```
Content extracted from the reply message:

Company name: Food
Description: Test Food

Company name: Food Manufacturing

Company name: foodCompanyA
Description: It is a food company sells biscuit
```

Se você quiser rodar MyUddiPing novamente, pode começar deletando o diretório build e o arquivo .class que ele contém. Você pode fazer isso digitando a seguinte linha de comando:

```
asant clean
```

HeaderExample.Java

O exemplo HeaderExample.java, baseado nos fragmentos de código da seção Como adicionar atributos, cria uma mensagem que tem vários cabeçalhos. Ele então obtém o conteúdo dos cabeçalhos e os imprime. Você encontrará o código para HeaderExample no seguinte diretório:

```
INSTALL>/j2eetutorial14/examples/saaj/headers/src/
```

Como rodar o HeaderExample

Para rodar o HeaderExample, você usa o arquivo build.xml que está no diretório *<INSTALL>*/j2eetutorial14/examples/saaj/headers/.

Para rodar HeaderExample, use o seguinte comando:

```
asant run
```

Este comando executa a preparação, a construção e a execução dos destinos nos arquivos build.xml e targets.xml.

Ao rodar HeaderExample, você verá a seguinte saída:

```
------ Request Message ------

<SOAP-ENV:Envelope
xmlns:SOAP-ENV="http://schemas.xmlsoap.org/soap/envelope/">
<SOAP-ENV:Header>
<ns:orderDesk SOAP-ENV:actor="http://gizmos.com/orders"
xmlns:ns="http://gizmos.com/NSURI"/>
<ns:shippingDesk SOAP-ENV:actor="http://gizmos.com/shipping"
xmlns:ns="http://gizmos.com/NSURI"/>
<ns:confirmationDesk
SOAP-ENV:actor="http://gizmos.com/confirmations"
xmlns:ns="http://gizmos.com/NSURI"/>
<ns:billingDesk SOAP-ENV:actor="http://gizmos.com/billing"
xmlns:ns="http://gizmos.com/NSURI"/>
<t:Transaction SOAP-ENV:mustUnderstand="1" xmlns:t="http://
gizmos.com/orders">5</t:Transaction>
</SOAP-ENV:Header><SOAP-ENV:Body/></SOAP-ENV:Envelope>
Header name is ns:orderDesk
Actor is http://gizmos.com/orders
mustUnderstand is false
Header name is ns:shippingDesk
Actor is http://gizmos.com/shipping
mustUnderstand is false

Header name is ns:confirmationDesk
Actor is http://gizmos.com/confirmations
mustUnderstand is false

Header name is ns:billingDesk
Actor is http://gizmos.com/billing
mustUnderstand is false

Header name is t:Transaction
Actor is null
mustUnderstand is true
```

DOMExample.java e DOMSrcExample.java

Os exemplos DOMExample.java e DOMSrcExample.java mostram como adicionar um documento do DOM a uma mensagem e depois percorrer o seu conteúdo. Eles mostram dois modos de fazer isso:

- DOMExample.java cria um documento do DOM e o adiciona ao corpo de uma mensagem
- DOMSrcExample.java cria o documento, usa-o para criar um objeto do DOMSource, e depois define o objeto do DOMSource como o conteúdo da parte SOAP da mensagem

Você encontrará o código para DOMExample e DOMSrcExample no seguinte diretório:

```
<INSTALL>/j2eetutorial14/examples/saaj/dom/src/
```

Como examinar DOMExample

DOMExample primeiro cria um documento do DOM analisando um documento XML quase exatamente como o exemplo JAXP DomEcho01.java no diretório *<INSTALL>*/j2eetutorial14/examples/jaxp/dom/samples/. O arquivo analisado por ele é aquele que você especifica na linha de comando.

```
static Document document;
...
  DocumentBuilderFactory factory =
    DocumentBuilderFactory.newInstance();
  factory.setNamespaceAware(true);
  try {
    DocumentBuilder builder =
      factory.newDocumentBuilder();
    document = builder.parse( new File(args[0]) );
    ...
```

Em seguida, o exemplo cria uma mensagem SOAP no modo usual. Depois ele adiciona o documento ao corpo da mensagem:

```
SOAPBodyElement docElement = body.addDocument(document);
```

Este exemplo não modifica o conteúdo da mensagem. Em vez disso, ele mostra o conteúdo da mensagem e depois usa um método recursivo, getContents, para percorrer a árvore do elemento usando APIs de SAAJ e mostra o conteúdo da mensagem de uma forma clara.

```
public void getContents(Iterator iterator, String indent) {

  while (iterator.hasNext()) {
    Node node = (Node) iterator.next();
    SOAPElement element = null
    Text text = null;
    if (node instanceof SOAPElement) {
      element = (SOAPElement)node;
      Name name = element.getElementName();
      System.out.println(indent + "Name is " +
        name.getQualifiedName());
      Iterator attrs = element.getAllAttributes();
      while (attrs.hasNext()){
        Name attrName = (Name)attrs.next();
        System.out.println(indent +
          " Attribute name is " +
        attrName.getQualifiedName());
        System.out.println(indent +
          " Attribute value is " +
        element.getAttributeValue(attrName));
    }
    Iterator iter2 = element.getChildElements();
    getContents(iter2, indent + " ");
  } else {
    text = (Text) node;
    String content = text.getValue();
    System.out.printIn(indent +
      "Content is: " + content);
    }
  }
}
```

Como examinar DOMSrcExample

DOMSrcExample difere do DOMExample em apenas alguns modos. Primeiro, depois que ele analisa o documento, DOMSrcExample usa o documento para criar um objeto DOMSource. Este código é o mesmo como aquele do DOMExample exceto para a última linha:

```
static DOMSource domSource;
...
try {
  DocumentBuilder builder =
    factory.newDocumentBuilder();
  document = builder.parse( new File(args[0]) );
  domSource = new DOMSource(document);
  ...
```

Então, depois que DOMSrcExample cria a mensagem, ele não obtém o cabeçalho e o corpo e adiciona o documento ao corpo, como faz DOMExample. Em vez disso, DOMSrcExample obtém a parte SOAP e define o objeto DOMSource como seu conteúdo:

```
// Create a message
SOAPMessage message =
  messageFactory.createMessage();

// Get the SOAP part and set its content to domSource
SOAPPart soapPart = message.getSOAPPart();
soapPart.setContent(domSource);
```

O exemplo então usa o método getContents para obter o conteúdo tanto do cabeçalho (se ele existir). como do corpo da mensagem.

A diferença mais importante entre estes dois exemplos é o tipo de documento que você pode usar para criar a mensagem. Como DOMExample adiciona o documento ao corpo da mensagem SOAP, você pode usar qualquer arquivo válido XML para criar o documento. Mas como DOMSrcExample torna o documento o conteúdo inteiro da mensagem, o documento já deve estar na forma de uma mensagem SOAP válida, e não apenas qualquer documento XML.

Como rodar DOMExample e DOMSrcExample

Para rodar DOMExample e DOMSrcExample, você usa o arquivo build.xml que está no diretório *<INSTALL>*/j2eetutorial14/examples/saaj/dom/. Este diretório também contém diversos arquivos XML de amostra que você pode usar:

- domsrc1.xml, um exemplo que possui um cabeçalho do SOAP (o conteúdo da saída de HeaderExample) e o corpo de uma consulta UDDI
- domsrc2.xml, um exemplo de uma resposta a uma consulta UDDI (especificamente, alguma saída de amostra do exemplo MyUddiPing), mas com espaços adicionados para clareza
- uddimsg.xml, parecido com domsrc2.xml exceto que ele é somente o corpo da mensagem e não contém espaços
- slide.xml, parecido com o arquivo slideSample01.xml em *INSTALL>*/j2eetutorial14/examples/jaxp/dom/samples/

Para rodar DOMExample, use um comando como o seguinte:

```
asant run-dom -Dxml-file=uddimsg.xml
```

Depois de rodar DOMExample, você verá a seguinte saída:

```
Running DOMExample.
Name is businessList
Attribute name is generic
Attribute value is 2.0
Attribute name is operator
Attribute value is www.ibm.com/services/uddi
Attribute name is truncated
Attribute value is false
Attribute name is xmlns
Attribute value is urn:uddi-org:api_v2
...
```

Para rodar DOMSrcExample, use o próximo comando:

```
asant run-domsrc -Dxml-file=domsrc2.xml
```

Quando rodar DOMSrcExample, você verá uma saída que começa assim:

```
run-domsrc:
  Running DOMSrcExample.
  Body contents:
  Content is:

  Name is businessList
    Attribute name is generic
    Attribute value is 2.0
    Attribute name is operator
    Attribute value is www.ibm.com/services/uddi
    Attribute name is truncated
    Attribute value is false
    Attribute name is xmlns
    Attribute value is urn:uddi-org:api_v2
    ...
```

Se você rodar DOMSrcExample com o arquivo uddimsg.xml ou slide.xml, você verá erros de runtime.

Attachments.Java

O exemplo Attachments.java, baseado nos fragmentos de código das seções Como criar um objeto AttachmentPart e Como adicionar conteúdo e Como acessar um objeto AttachmentPart, cria uma mensagem que tem um anexo de texto e um anexo de imagem. Ele então obtém o conteúdo dos anexos e imprime o conteúdo do anexo de texto. Você encontrará o código para Attachments neste diretório:

```
<INSTALL>/j2eetutorial14/examples/saaj/attachments/src/
```

Attachments primeiro cria uma mensagem do modo usual. Depois ele cria um AttachmentPart para o anexo de texto:

```
AttachmentPart attachment1 = message.createAttachmentPart();
```

Depois ele lê a entrada de um arquivo em uma string chamada stringContent, define o conteúdo do anexo para o valor da string e o tipo para texto/plano e também define um conteúdo ID.

```
attachment1.setContent(stringContent, "text/plain");
attachment1.setContentId("attached_text");
```

Depois ele adiciona o anexo à mensagem:

```
message.addAttachmentPart(attachment1);
```

O exemplo utiliza um objeto javax.activation.DataHandler para conter uma referência ao gráfico que constitui o segundo anexo. Ele cria este anexo usando a forma do método createAttachmentPart que aceita um argumento DataHandler.

```
// Create attachment part for image
URL url = new URL("file:///../xml-pic.jpg");
DataHandler dataHandler = new DataHandler(url);
AttachmentPart attachment2 =
  message.createAttachmentPart(dataHandler);
attachment2.setContentId("attached_image");

message.addAttachmentPart(attachment2);
```

O exemplo então obtém os anexos da mensagem. Exibe os atributos contentId e contentType de cada anexo e o conteúdo do anexo de texto.

Como rodar Attachments

Para rodar Attachments, você utiliza o arquivo build.xml que está no diretório <*INSTALL*>/j2eetutorial14/examples/saaj/attachments/.

Para rodar Attachments, use o seguinte comando:

```
asant run -Dfile=path_name
```

Especifique qualquer arquivo-texto como argumento *path_name*. O diretório de anexos contém um arquivo chamado addr.txt que você pode usar:

```
asant run -Dfile=addr.txt
```

Ao rodar Attachments usando esta linha de comando, você verá uma saída como esta:

```
Running Attachments.
Attachment attached_text has content type text/plain
Attachment contains:
Update address for Sunny Skies, Inc., to
10 Upbeat Street
Pleasant Grove, CA 95439

Attachment attached_image has content type image/jpeg
```

SOAPFaultTest.java

O exemplo SOAPFaultTest.java, baseado em fragmentos de código das seções Como criar e preencher um objeto SOAPFault e Como obter informação de falha, cria uma mensagem que tem um objeto SOAPFault. Ele então obtém o conteúdo do objeto SOAPFault e o imprime. Você encontrará o código para SOAPFaultTest no seguinte diretório:

```
<INSTALL>/j2eetutorial14/examples/saaj/fault/src/
```

Como rodar SOAPFaultTest

Para rodar SOAPFaultTest, você usa o arquivo build.xml que está no diretório *<INSTALL>*/j2eetutorial14/examples/saaj/fault/.

Para rodar SOAPFaultTest, use o seguinte comando:

```
asant run
```

Quando você rodar SOAPFaultTest, verá uma saída como esta: (quebras de linha foram inseridas na mensagem para clareza):

```
Aqui está como a mensagem XML se parece:

<SOAP-ENV:Envelope
xmlns:SOAP-ENV="http://schemas.xmlsoap.org/soap/envelope/">
<SOAP-ENV:Header/><SOAP-ENV:Body>
<SOAP-ENV:Fault><faultcode>SOAP-ENV:Client</faultcode>
<faultstring>Message does not have necessary info</faultstring>
<faultactor>http://gizmos.com/order</faultactor>
<detail>
<PO:order xmlns:PO="http://gizmos.com/orders/">
Quantity element does not have a value</PO:order>
<PO:confirmation xmlns:PO="http://gizmos.com/confirm">
Incomplete address: no zip code</PO:confirmation>
</detail></SOAP-ENV:Fault>
</SOAP-ENV:Body></SOAP-ENV:Envelope>

SOAP fault contains:
  Fault code = SOAP-ENV:Client
  Local name = Client
  Namespace prefix = SOAP-ENV, bound to
http://schemas.xmlsoap.org/soap/envelope/
  Fault string = Message does not have necessary info
  Fault actor = http://gizmos.com/order
  Detail entry = Quantity element does not have a value
  Detail entry = Incomplete address: no zip code
```

Informações adicionais

Para maiores informações sobre SAAJ, SOAP e WS-I, consulte o seguinte:

- Especificação SAAJ 1.2, disponível no endereço
  http://java.sun.com/xml/downloads/saaj.html
- SAAJ Web site:
  http://java.sun.com/xml/saaj/

- WS-I Basic Profile:

  http://www.ws-i.org/Profiles/Basic/2003-08/BasicProfile-1.0a.html
- JAXM Web site:

  http://java.sun.com/xml/jaxm/

10

API Java para Registros XML

A API Java para Registros XML (JAXR) fornece uma API Java uniforme e padrão para acessar vários tipos de registros XML.

Depois de fornecer uma breve sinopse de JAXR, este capítulo descreve como implementar um cliente JAXR para publicar uma organização e seus serviços Web para um registro e consultar um registro para encontrar organizações e serviços. Finalmente, ele explica como rodar os exemplos fornecidos com este tutorial e oferece links para maiores informações sobre JAXR.

Resumo geral de JAXR

Esta seção fornece uma breve sinopse de JAXR. Ela aborda os seguintes tópicos:

- O que é um registro?
- O que é JAXR?
- Arquitetura JAXR

O que é um registro?

Um registro XML é uma infra-estrutura que habilita a construção, implantação e descoberta de serviços Web. Ela é uma terceira parte neutra que facilita interações dinâmicas e

livremente acopladas entre empresas (business-to-business, B2B). Um registro está disponível para organizações como recurso compartilhado, freqüentemente na forma de um serviço baseado em Web.

Correntemente existe uma variedade de especificações para registros XML. Estes incluem

- O Registro ebXML e o Repositório-padrão, que é patrocinado pela Organização para o Avanço dos Padrões de Informações Estruturadas (Organization for the Advancement of Structured Information Standards, OASIS), pelo Centro das Nações Unidas para a Facilitação de Procedimentos e Práticas em Administração, Comércio e Transportes (U.N./CEFACT)
- E pelo projeto de Descrição, Descoberta e Integração Universais (Universal Description, Discovery, and Integration UDDI), que está sendo desenvolvido por um consórcio de fornecedores.

Um provedor de registro é uma implementação de um registro de negócios que está de acordo com a especificação para registros XML.

O que é JAXR?

JAXR habilita programadores de software Java a usar uma única API e de abstração fácil de usar para acessar uma variedade de registros XML. Um modelo de informações unificado JAXR descreve o conteúdo e metadados dentro de registros XML.

JAXR oferece aos desenvolvedores a habilidade de escrever registros de programas de clientes que são portáveis através de vários registros de destino. JAXR também habilita capacidades adicionadas de valor além daquelas dos registros subjacentes.

A versão corrente da especificação JAXR inclui ligações detalhadas entre o modelo de informações JAXR e tanto o Registro ebXML, como as especificações UDDI versão 2. Você pode encontrar a última versão da especificação no endereço

```
http://java.sun.com/xml/downloads/jaxr.html
```

Com esta versão da plataforma J2EE, a JAXR implementa o perfil de capacidade nível 0 definida pela especificação JAXR. Este nível permite o acesso tanto a registros UDDI, como a ebXML em nível básico. Com esta versão, a JAXR suporta acesso somente para registros UDDI versão 2.

Atualmente existem vários registros públicos UDDI da versão 2.

O Servidor de Registro do Pacote do Desenvolvedor de Serviços Web Java (Java Web Services Developer Pack, Java WSDP) fornece um registro UDDI versão 2 que você pode usar para testar os seus aplicativos JAXR em um ambiente privado. Você pode baixar o Java WSDP no endereço http://java.sun.com/webservices/downloads/. O Servidor de Registro inclui um banco de dados baseado no banco de dados Xindice XML nativo, o qual faz parte do projeto Apache XML. Este banco de dados fornece o repositório para dados de registro. O Servidor de Registro não suporta mensagens definidas na UDDI Versão 2.0 Replication Specification.

Para usar o Servidor de Registro da Java WSDP, siga estas etapas:

1. Pare o Servidor de Aplicativo.
2. Inicie o programa de instalação de Java WSDP.
3. Selecione a opção de instalação Custom.
4. Quando o programa de instalação solicitar que você selecione quais recursos instalar, desselecione tudo, exceto o Java WSDP Registry Server.
5. Selecione o Sun Java System Application Server Platform Edition 8 para o contêiner Web. O Servidor de Registro e seu repositório de suporte Xindice são instalados no Servidor de Aplicativo como aplicativos Web.
6. Inicie o Servidor de Aplicativo.
7. Confirme que os aplicativos Web Servidor de Registro e Xindice estão rodando usando o Admin Console ou deploytool.

Vários registros ebXML estão em desenvolvimento, e um deles está disponível no Center for E-Commerce Infrastructure [illegible]opment (CECID), Departamento de Sistemas de Informação de Ciência da Computação, A Universi[illegible] Hong Kong (HKU). Para informações, consulte http://www.cecid.hku.hk/Release/PR09APR[illegible]

Um prov[illegible] registros ebXML está disponível em fonte aberta em http://ebxmlrr.sourceforge.net/jaxr/.

Arquitetura JAXR

A arquitetura de alto nível de JAXR é constituída das seguintes partes:

- Um cliente JAXR: Este é um programa de cliente que utiliza a API JAXR para acessar um registro de negócios através de um provedor JAXR
- Um provedor JAXR: Esta é uma implementação da API JAXR que fornece acesso para um provedor de registro especificação ou para uma classe de provedores de registro que estão baseados em uma especificação comum

Um provedor JAXR implementa dois pacotes principais:

- javax.xml.registry, que consiste nas interfaces de API e classes que definem a interface de acesso ao registro
- javax.xml.registry.infomodel, que consiste nas interfaces que definem o modelo de informação para JAXR. Estas interfaces definem os tipos de objetos que residem em um registro e como eles se relacionam uns com os outros. A interface básica deste pacote está na interface RegistryObject. As suas subinterfaces incluem Organization, Service, e ServiceBinding.

As interfaces básicas no pacote javax.xml.registry são:

- Conenection. A interface Connection representa uma sessão de cliente com um provedor de registro. O cliente deve criar uma conexão com o provedor JAXR de forma a usar o registro
- RegistryService. O cliente obtém um objeto RegistryService de sua conexão. O objeto RegistryService por sua vez habilita o cliente a obter as interfaces que ele utiliza para acessar o registro

As interfaces primárias também fazem parte do pacote javax.xml.registry e são:

- BusinessQueryManager, permite que o cliente busque um registro para informação de acordo com as interfaces javax.xml.registry.infomodel. Uma interface opcional, DeclarativeQueryManager, permite que o cliente utilize sintaxe SQL para consultas. (A implementação de JAXR no Servidor de Aplicativo não implementa DeclarativeQueryManager.)
- BusinessLifeCycleManager, permite que o cliente modifique a informação em um registro tanto salvando-a (atualizando-a), como deletando-a.

Quando ocorre um erro, os métodos da API JAXR lançam uma exceção JAXRException ou uma de suas subclasses.

Muitos métodos na API JAXR utilizam um objeto Collection como argumento ou um valor retornado. Usar um objeto Collection permite as operações em vários objetos de registro por vez.

A Figura 10-1 ilustra a arquitetura de JAXR. No Servidor de Aplicativo, um cliente JAXR usa a capacidade de interfaces nível 0 da API JAXR para acessar o provedor JAXR. O provedor JAXR por sua vez acessa um registro. O Servidor de Aplicativo fornece um provedor JAXR para registros UDDI.

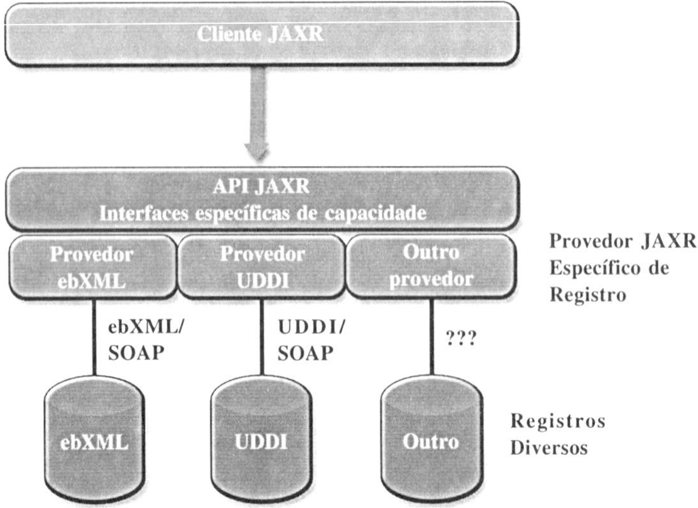

Figura 10-1 *Arquitetura JAXR.*

Como implementar um cliente JAXR

Esta seção descreve as etapas básicas para seguir de forma a implementar um cliente JAXR que possa efetuar consultas e atualizações para um registro UDDI. Um cliente JAXR é um programa de cliente que pode acessar registros utilizando a API JAXR. Esta seção aborda os seguintes tópicos:

- Como estabelecer uma conexão
- Como consultar um registro
- Como gerenciar dados do registro
- Como usar taxonomias em clientes JAXR

Este tutorial não descreve como implementar um provedor JAXR. Um provedor JAXR fornece uma implementação da especificação JAXR que permite acesso a um provedor de registro existente, tais como um registro UDDI ou ebXML. A implementação de JAXR no Servidor de Aplicativo propriamente dito é um exemplo de um provedor JAXR.

O Servidor de Aplicativo fornece JAXR na forma de um adaptador de recursos usando a arquitetura Conector J2EE. O adaptador de recursos está no diretório *<J2EE_HOME>*/lib/install/applications/jaxr-ra. (*<J2EE_HOME>* é o diretório onde o Servidor de Aplicativo está instalado.)

Este tutorial inclui vários exemplos de clientes, descritos em Como rodar os exemplos de cliente, e um exemplo de aplicativo J2EE, descrito em Como usar clientes JAXR em aplicativos J2EE. Os exemplos estão no diretório *INSTALL>*/j2eetutorial14/examples/jaxr/. (*<INSTALL>* é o diretório onde você instalou o pacote do tutorial.) Cada diretório de exemplo tem um arquivo build.xml (que se refere a um arquivo targets.xml) e um arquivo build.properties no diretório *INSTALL>*/j2eetutorial14/examples/jaxr/common/.

Como estabelecer uma conexão

A primeira tarefa que um cliente JAXR deve completar é estabelecer uma conexão para um registro. Estabelecer uma conexão envolve as seguintes tarefas:

- Preliminares: Como obter acesso a um registro
- Como criar ou procurar uma fábrica de conexões
- Como criar uma conexão

- Como definir propriedades de conexão
- Como obter e usar um objeto RegistryService

Preliminares: Como obter acesso a um registro

Qualquer usuário de um cliente JAXR pode realizar consultas em um registro. Para adicionar dados ao registro ou atualizar dados de registro, todavia, um usuário deve obter permissão do registro para acessá-lo. Para registrar com um dos registros públicos UDDI versão 2, dirija-se a um dos seguintes Web sites e siga as instruções:

- http://test.uddi.microsoft.com/ (Microsoft)
- http://uddi.ibm.com/testregistry/registry.html (IBM)
- http://udditest.sap.com/ (SAP)

Estes registros UDDI versão 2 foram projetados para propósitos de teste. Ao registrar-se, você obterá um nome e senha de usuário. Você especificará este nome e senha de usuário para alguns dos programas de exemplo de cliente JAXR.

Você não tem que se registrar com o Servidor de Registro Java WSDP de modo a adicionar ou atualizar dados. Você pode usar o nome e senha de usuário default: testuser e testuser.

Nota: A API JAXR foi testada com os registros Microsoft e IBM e com o Servidor de Registro Java WSDP, mas não com o registro SAP.

Como criar ou procurar uma fábrica de conexões

Um cliente cria uma conexão a partir de uma fábrica de conexões. Um provedor JAXR pode abastecer uma ou mais fábricas de conexões pré-configuradas. Os clientes podem obter estas fábricas usando a API da Java Naming and Directory Interface (JNDI).

Nesta versão do Servidor de Aplicativo, a JAXR fornece uma fábrica de conexões por meio da JAXR RA, mas você precisa criar um recurso de conectores cujo nome JNDI seja eis/JAXR para acessar esta fábrica de conexões a partir de um aplicativo J2EE. Para procurar esta fábrica de conexões em um componente J2EE, utilize o seguinte código:

```
import javax.xml.registry.*;
import javax.naming.*;
...
  Context context = new InitialContext();
  ConnectionFactory connFactory = (ConnectionFactory)
    context.lookup("java:comp/env/eis/JAXR");
```

Mais tarde, neste capítulo, você aprenderá como criar este recurso do conector.

Para usar JAXR em um programa de cliente independente, você deve criar uma instância da classe abstrata ConnectionFactory:

```
import javax.xml.registry.*;
...
ConnectionFactory connFactory =
  ConnectionFactory.newInstance();
```

Como criar uma conexão

Para criar uma conexão, um cliente primeiro elabora um conjunto de propriedades que especificam o URL ou URLs do registro ou registros sendo acessados. Por exemplo, o código seguinte fornece os URLs do serviço de consulta e serviço de publicação para o registro de teste da IBM. (Não deve haver quebra de linha nas strings.)

```
Properties props = new Properties();
props.setProperty("javax.xml.registry.queryManagerURL",
  "http://uddi.ibm.com/testregistry/inquiryapi");
props.setProperty("javax.xml.registry.lifeCycleManagerURL",
  "https://uddi.ibm.com/testregistry/publishapi");
```

Com a implementação do Servidor de Aplicativo de JAXR, se o cliente estiver acessando um registro que esteja fora de um firewall, ele deverá também especificar o host do proxy e a informação da porta para a rede na qual ele está rodando. Para consultas, ele pode precisar especificar somente o host do proxy HTTP e a porta; para atualizações, ele deve especificar o proxy do host HTTPS e uma porta.

```
props.setProperty("com.sun.xml.registry.http.proxyHost",
  "myhost.mydomain");
props.setProperty("com.sun.xml.registry.http.proxyPort",
  "8080");
props.setProperty("com.sun.xml.registry.https.proxyHost",
  "myhost.mydomain");
props.setProperty("com.sun.xml.registry.https.proxyPort",
  "8080");
```

O cliente então define as propriedades para a fábrica de conexões e cria a conexão:

```
connFactory.setProperties(props);
Connection connection = connFactory.createConnection();
```

O método makeConnection nos programas de amostra apresenta as etapas usadas para criar uma conexão JAXR.

Como definir as propriedades de conexão

A implementação de JAXR no Servidor de Aplicativo permite que você defina uma série de propriedades em uma conexão JAXR. Algumas delas são propriedades padronizadas definidas na especificação JAXR. Outras propriedades são específicas para a implementação de JAXR no Servidor de Aplicativo. As Tabelas 10-1 e 10-2 listam e descrevem essas propriedades.

Tabela 10-1 Propriedades de Conexão JAXR Padrão

Nome da propriedade e descrição	Tipo de dado	Valor default
javax.xml.registry.queryManagerURL Especifica o URL do serviço de gerenciamento de consultas dentro do provedor de registro destino	String	Nenhum
javax.xml.registry.lifeCycleManagerURL Especifica o URL do serviço de gerenciamento de ciclo de vida dentro do provedor de registro destino (para atualizações de registro)	String	Mesmo valor especificado para queryManagerURL

Tabela 10-1 Propriedades de Conexão JAXR Padrão (continuação)

Nome da propriedade e descrição	Tipo de dado	Valor default
javax.xml.registry.semanticEquivalences Especifica a semântica equivalente de conceitos como uma ou mais tuplas dos valores de ID de dois conceitos equivalentes separados por uma vírgula. As tuplas são separadas por barras verticais: id1,id2|id3,id4	String	Nenhum
javax.xml.registry.security.authenticationMethod Fornece um palpite para o provedor JAXR sobre o método de autenticação a ser utilizado para autenticar com o provedor de registros	String	Nenhum; UDDI_GET_AUTHTOKEN é o único valor suportado
javax.xml.registry.uddi.maxRows O número máximo de linhas a ser retornado ao encontrar operações. Específico para provedores UDDI.	Integer	Nenhum
javax.xml.registry.postalAddressScheme O ID de um ClassificationScheme para ser usado como esquema de endereçamento postal default. Consulte Como esoecificar endereços postais para exemplo.	String	Nenhum

Tabela 10-2 Propriedades de Conexão JAXR Específico para Implementação

Nome da propriedade e descrição	Tipo de dado	Valor default
com.sun.xml.registry.http.proxyHost Especifica o host de proxy HTTP para ser usado para acessar registros externos	String	Nenhum
com.sun.xml.registry.http.proxyPort Especifica a porta de proxy HTTP para ser usada para acessar registros externos; normalmente 8080	String	Nenhum
com.sun.xml.registry.https.proxyHost Especifica o host de proxy HTTPS para ser usado para acessar registros externos	String	O mesmo do valor de host do proxy HTTP
com.sun.xml.registry.https.proxyPort Especifica a porta de proxy HTTPS para ser usada para acessar registros externos; normalmente 8080	String	A mesma do valor de host do proxy HTTP
com.sun.xml.registry.http.proxyUserName Especifica o nome do usuário para o host de proxy para autenticação de proxy HTTP, se um for exigido	String	Nenhum
com.sun.xml.registry.http.proxyPassword Especifica a senha para o host de proxy para autenticação de proxy HTTP, se uma for exigida.	String	Nenhum

Tabela 10-2 Propriedades de Conexão JAXR Específico para Implementação (continuação)

Nome da propriedade e descrição	Tipo de dado	Valor default
com.sun.xml.registry.useCache Diz à implementação JAXR para procurar por objetos de registros primeiro no cache e depois procurar no registro se não for encontrado.	Boolean, passado como String	Verdadeiro
com.sun.xml.registry.userTaxonomyFilenames Para detalhes sobre definições desta propriedade, consulte Como definir uma taxonomia	String	Nenhum

Você definiu essas propriedades em um programa de cliente JAXR. Aqui está um exemplo:

```
Properties props = new Properties();
props.setProperty("javax.xml.registry.queryManagerURL",
  "http://uddi.ibm.com/testregistry/inquiryapi");
props.setProperty("javax.xml.registry.lifeCycleManagerURL",
  "https://uddi.ibm.com/testregistry/publishapi");
...
ConnectionFactory factory = ConnectionFactory.newInstance();
factory.setProperties(props);
connection = factory.createConnection();
```

Como obter e usar um objeto RegistryService

Depois de criar a conexão, o cliente usa a conexão para obter um objeto RegistryService e depois a interface ou interfaces que ele utilizará:

```
RegistryService rs = connection.getRegistryService();
BusinessQueryManager bqm = rs.getBusinessQueryManager();
BusinessLifeCycleManager blcm =
  rs.getBusinessLifeCycleManager();
```

Normalmente, um cliente obtém tanto um objeto BusinessQueryManager como um objeto BusinessLifeCycleManager do objeto RegistryService. Se ele estiver usando o registro para simples consultas somente, ele poderá obter somente um objeto BusinessQueryManager.

Como consultar um registro

O jeito mais simples para um cliente usar um registro é consultá-lo para informação sobre as organizações que submeteram dados a ele. A interface BusinessQueryManager suporta uma série de métodos de localização (find) que permitem aos clientes procurar dados usando o modelo de informação JAXR. Muitos desses métodos retornam um BulkResponse (uma coleção de objetos) que atende a um conjunto de critérios especificados nos argumentos do método. Os mais úteis desses métodos são os seguintes:

- findOrganizations, retorna uma lista de organizações que atendem aos critérios especificados – freqüentemente um padrão de nome ou uma classificação dentro de um esquema de classificação
- findServices, retorna um conjunto de serviços oferecidos por uma organização especificada
- findServiceBindings, retorna as ligações de serviço (informação sobre como acessar o serviço) que são suportadas por um serviço especificado

O programa JAXRQuery ilustra como consultar um registro pelo nome da organização e exibir o dado retornado. Os programas JAXRQueryByNAICSClassification e JAXRQueryByWSDLClassification ilustram como consultar um registro usando classificações. Todos os provedores JAXR suportam pelo menos as seguintes taxonomias para classificações:

- O Sistema de Classificação para a Indústria Norte Americana (The North American Industry Classification System, NAICS). Consulte http://www.census.gov/epcd/www/naics.html para detalhes
- A Classificação de Serviços e Produtos Padrões Universais (The Universal Standard Products and Services Classification, UNSPSC). Consulte http://www.eccma.org/unspsc/ para detalhes
- O sistema de classificação dos códigos dos países ISO 3166 mantido pela International Organization for Standardization (ISO). Consulte http://www.iso.org/iso/en/prods-services/iso3166ma/index.html para detalhes

As seguintes seções descrevem como realizar algumas consultas comuns:

- Como encontrar organizações pelo nome
- Como encontrar organizações por classificação
- Como encontrar serviços e ligações de serviços

Como encontrar organizações pelo nome

Para procurar organizações pelo nome, você normalmente utiliza uma combinação de qualificadores find (que afetam a classificação e a correspondência de padrões) e padrões de nome (que especificam as strings a ser procuradas). O método findOrganizations aceita uma coleção de objetos findQualifier como seu primeiro argumento e aceita uma coleção de objetos namePattern como seu segundo argumento. O fragmento seguinte mostra como encontrar todas as organizações no registro cujos nomes comecem com uma string especificada, qString, e os classifica em ordem alfabética.

```
// Define find qualifiers and name patterns
Collection findQualifiers = new ArrayList();
findQualifiers.add(FindQualifier.SORT_BY_NAME_DESC);
Collection namePatterns = new ArrayList();
namePatterns.add(qString);

// Find using the name
BulkResponse response =
  bqm.findOrganizations(findQualifiers,
    namePatterns, null, null, null, null);
Collection orgs = response.getCollection();
```

Um cliente pode usar sinais de percentil (%) para especificar que a string de consulta pode ocorrer em qualquer parte dentro do nome da organização. Por exemplo, o seguinte fragmento de código realiza uma procura caso-sensitiva para organizações cujos nomes contêm qString:

```
Collection findQualifiers = new ArrayList();
findQualifiers.add(FindQualifier.CASE_SENSITIVE_MATCH);
Collection namePatterns = new ArrayList();
namePatterns.add("%" + qString + "%");

// Find orgs with name containing qString
BulkResponse response =
  bqm.findOrganizations(findQualifiers, namePatterns, null,
    null, null, null);
Collection orgs = response.getCollection();
```

Como encontrar organizações por classificação

Para encontrar organizações por classificação, você estabelece a classificação dentro de um esquema particular de classificação e então especifica a classificação como argumento para o método findOrganizations.

O fragmento de código seguinte encontra todas as organizações que correspondem a uma classificação particular dentro da taxonomia NAICS. (Você pode encontrar os códigos NAICS no endereço http://www.census.gov/epcd/naics/naicscod.txt.)

```
ClassificationScheme cScheme =
  bqm.findClassificationSchemeByName(null,
    "ntis-gov:naics:1997");
Classification classification =
  blcm.createClassification(cScheme,
    "Snack and Nonalcoholic Beverage Bars", "722213");
Collection classifications = new ArrayList();
classifications.add(classification);
// make JAXR request
BulkResponse response = bqm.findOrganizations(null,
  null, classifications, null, null, null);
Collection orgs = response.getCollection();
```

Você também pode usar as classificações para encontrar organizações que oferecem serviços baseados em especificações técnicas que tomam a forma de documentos WSDL (Web Services Description Language, Linguagem de Descrição de Serviços Web). Em JAXR, um conceito é utilizado como um proxy para conter a informação sobre a especificação. As etapas são um pouco mais complicadas do que no exemplo precedente, porque o cliente deve primeiro encontrar os conceitos de especificação e depois as organizações que utilizam esses conceitos.

O seguinte fragmento de código encontra todas as instâncias de especificação WSDL usadas em um determinado registro. Você pode ver que o código é parecido com o código de consulta NAICS exceto que ele termina com uma chamada para findConcepts em vez de findOrganizations.

```
String schemeName = "uddi-org:types";
ClassificationScheme uddiOrgTypes =
  bqm.findClassificationSchemeByName(null, schemeName);

/ *
  * Create a classification, specifying the scheme
  * and the taxonomy name and value defined for WSDL
  * documents by the UDDI specification.
  */
Classification wsdlSpecClassification =
blcm.createClassification(uddiOrgTypes,
  "wsdlSpec", "wsdlSpec");

Collection classifications = new ArrayList();
classifications.add(wsdlSpecClassification);

// Find concepts
BulkResponse br = bqm.findConcepts(null, null,
  classifications, null, null);
```

Para estreitar a procura, você pode utilizar outros argumentos do método findConcepts (qualificadores de procura, nomes, identificadores externos, ou links externos).

A próxima etapa é percorrer os conceitos, encontrar os documentos WSDL, aos quais eles correspondam, e exibir as organizações que utilizam cada documento:

```
// Display information about the concepts found
Collection specConcepts = br.getCollection();
Iterator iter = specConcepts.iterator();
if (!iter.hasNext()) {
  System.out.println("No WSDL specification concepts found");
} else {
  while (iter.hasNext()) {
    Concept concept = (Concept) iter.next();

    String name = getName(concept);

    Collection links = concept.getExternalLinks();
    System.out.println("\nSpecification Concept:\n\tName: " +
      name + "\n\tKey: " +
      concept.getKey().getId() +
      "\n\tDescription: " +
      getDescription(concept));

  if (links.size() > 0) {
    ExternalLink link =
      (ExternalLink) links.iterator().next();
    System.out.println("\tURL of WSDL document: '" +
      link.getExternalURI() + "'");
  }

  // Find organizations that use this concept
  Collection specConcepts1 = new ArrayList();
  specConcepts1.add(concept);
  br = bqm.findOrganizations(null, null, null,
    specConcepts1, null, null);

  // Display information about organizations
  ...
}
```

Se você encontrar uma organização que ofereça um serviço que deseje utilizar, você pode chamar o serviço usando a API JAX-RPC.

Como encontrar serviços e ligações de serviço

Depois que um cliente localiza um organização, ele pode encontrar os serviços da organização e as ligações de serviço associadas a esses serviços.

```
Iterator orgIter = orgs.iterator();
while (orgIter.hasNext()) {
  Organization org = (Organization) orgIter.next();
  Collection services = org.getServices();
  Iterator svcIter = services.iterator();
  while (svcIter.hasNext()) {
    Service svc = (Service) svcIter.next();
    Collection serviceBindings =
      svc.getServiceBindings();
    Iterator sbIter = serviceBindings.iterator();
    while (sbIter.hasNext()) {
      ServiceBinding sb =
        (ServiceBinding) sbIter.next();
    }
  }
}
```

Como gerenciar dados do registro

Se um cliente tem autorização para fazer isso, ele pode submeter dados a um registro, modificá-lo e removê-lo. Ele usa a interface BusinessLifeCycleManager para efetuar essas tarefas.

Os registros geralmente permitem a um cliente modificar ou remover dados somente se o dado estiver sendo modificado ou removido pelo mesmo usuário que primeiro submeteu os dados.

Gerenciar dados de registro envolve as seguintes tarefas:

- Conseguir autorização para o registro
- Criar uma organização
- Adicionar classificações
- Adicionar serviços e ligações de serviços para uma organização
- Publicar uma organização
- Publicar um conceito de especificação
- Remover dados de um registro

Como conseguir autorização para o registro

Antes de poder submeter um dado, o cliente deve enviar seu nome e senha de usuário para o registro em um conjunto de credenciais. O seguinte fragmento de código mostra como fazer isso.

```
String username = "myUserName";
String password = "myPassword";

// Get authorization from the registry
PasswordAuthentication passwdAuth =
  new PasswordAuthentication(username,
    password.toCharArray());

Set creds = new HashSet();
creds.add(passwdAuth);
connection.setCredentials(creds);
```

Como criar uma organização

O cliente cria a organização e a preenche com dados antes de publicá-la.

Um objeto Organização é um dos mais complexos itens de dados na API JAXR. Normalmente inclui:

- Um objeto Name.
- Um objeto Description.
- Um objeto Key, que representa a ID pela qual a organização é conhecida para o registro. A chave é criada pelo registro, não pelo usuário, e é retornada depois que a organização é submetida ao registro
- Um objeto PrimaryContact, que é um objeto User que se refere a um usuário autorizado do registro. Um objeto User normalmente inclui um objeto PersonName e coleções de objetos TelephoneNumber, Email Address e PostalAddress.
- Uma coleção de objetos Classification.
- Objetos Service e seus objetos associados ServiceBindings.

Por exemplo, o seguinte fragmento de código cria uma organização e especifica seu nome, descrição e contato primário. Quando um cliente cria uma organização para ser publicada para um registro UDDI, ele não inclui uma chave; o registro retorna a nova chave quando ele aceita a organização recém-criada. O objeto blcm do de código seguinte é o objeto BusinessLifeCycleManager retornado em Como obter e usar um objeto RegistryService. Um objeto InternationalString é utilizado para valores de string que possam precisar ser localizados.

```
// Create organization name and description
Organization org =
  blcm.createOrganization("The Coffee Break");
InternationalString s =
  blcm.createInternationalString("Purveyor of " +
    "the finest coffees.  Established 1914");
org.setDescription(s);

// Create primary contact, set name
User primaryContact = blcm.createUser();
PersonName pName = blcm.createPersonName("Jane Doe");
primaryContact.setPersonName(pName);

// Set primary contact phone number
TelephoneNumber tNum = blcm.createTelephoneNumber();
tNum.setNumber("(800) 555-1212");
Collection phoneNums = new ArrayList();
phoneNums.add(tNum);
primaryContact.setTelephoneNumbers(phoneNums);
// Set primary contact email address
EmailAddress emailAddress =
  blcm.createEmailAddress("jane.doe@TheCoffeeBreak.com");
Collection emailAddresses = new ArrayList();
emailAddresses.add(emailAddress);
primaryContact.setEmailAddresses(emailAddresses);
// Set primary contact for organization
org.setPrimaryContact(primaryContact);
```

Como adicionar classificações

As organizações normalmente pertencem a uma ou mais classificações baseadas em um ou mais esquemas de classificação (taxonomias). Para estabelecer uma classificação para uma organização usando uma taxonomia, o cliente primeiro localiza a taxonomia que ele quer usar. Ele usa o BusinessQueryManager para achar a taxonomia. O método findClassificationSchemeByName aceita um conjunto de objetos FindQualifier como seu primeiro argumento, mas este argumento pode ser nulo.

```
// Set classification scheme to NAICS
ClassificationScheme cScheme =
  bqm.findClassificationSchemeByName(null, "ntis-gov:naics");
```

O cliente então cria uma classificação usando o esquema de classificação e um conceito (um elemento da taxonomia) dentro do esquema de classificação. Por exemplo, o código seguinte configura uma classificação para a organização dentro da taxonomia NAICS. Os segundo e terceiro argumentos do método createClassification são o nome e o valor do conceito.

```
// Create and add classification
Classification classification =
  blcm.createClassification(cScheme,
    "Snack and Nonalcoholic Beverage Bars", "722213");
Collection classifications = new ArrayList();
classifications.add(classification);
org.addClassifications(classifications);
```

Serviços também utilizam classificações, portanto você pode usar código semelhante para adicionar uma classificação a um objeto Service.

Como adicionar serviços e ligações de serviço a uma organização

A maioria das organizações se adicionam elas mesmas a um registro de modo a oferecer serviços, portanto a API JAXR facilita adicionar serviços e ligações de serviço para uma organização.

Do mesmo modo que um objeto Organization, um objeto Service tem um nome, uma descrição e uma chave única que é gerada pelo registro quando o serviço é registrado. Ele também pode ter classificações associadas a ele.

Um serviço também possui *service bindings* normalmente, que fornece informações sobre o acesso ao serviço. Um objeto ServiceBinding normalmente tem uma descrição, um URI de acesso, e um link de especificação que fornece a conexão entre uma ligação de serviço e uma especificação técnica que descreve como utilizar o serviço usando a ligação de serviço.

O próximo fragmento de código mostra como criar uma coleção de serviços, adicionar ligações de serviço a um serviço e, depois, adicionar serviços para a organização. Ele especifica um URI de acesso, mas não um link de especificação. Como o URI de acesso não é real e como a JAXR por default verifica a validade de qualquer URI publicado, a ligação define a propriedade validateURI para falso.

```
// Create services and service
Collection services = new ArrayList();
Service service = blcm.createService("My Service Name");
InternationalString is =
  blcm.createInternationalString("My Service Description");
service.setDescription(is);

// Create service bindings
Collection serviceBindings = new ArrayList();
ServiceBinding binding = blcm.createServiceBinding();
is = blcm.createInternationalString("My Service Binding " +
  "Description");
binding.setDescription(is);
// allow us to publish a fictitious URI without an error
binding.setValidateURI(false);
binding.setAccessURI("http://TheCoffeeBreak.com:8080/sb/");
serviceBindings.add(binding);

// Add service bindings to service
service.addServiceBindings(serviceBindings);

// Add service to services, then add services to organization
services.add(service);
org.addServices(services);
```

Como publicar uma organização

O método primário que um cliente utiliza para adicionar e modificar dados da organização é o método saveOrganizations, que criará uma ou mais organizações em um registro se elas não existirem previamente. Se uma das organizações existir mas alguns dados foram alterados, o método saveOrganizations atualiza e substitui os dados.

Depois que um cliente preenche uma organização com a informação que ele deseja tornar pública, ele salva a organização. O registro retorna a chave em sua resposta, e o cliente a obtém.

```
// Add organization and submit to registry
// Retrieve key if successful
Collection orgs = new ArrayList();
orgs.add(org);
```

```
BulkResponse response = blcm.saveOrganizations(orgs);
Collection exceptions = response.getException();
if (exceptions == null) {
  System.out.println("Organization saved");

  Collection keys = response.getCollection();
  Iterator keyIter = keys.iterator();
  if (keyIter.hasNext()) {
    javax.xml.registry.infomodel.Key orgKey =
      (javax.xml.registry.infomodel.Key) keyIter.next();
    String id = orgKey.getId();
    System.out.println("Organization key is " + id);
  }
}
```

Como publicar um conceito de especificação

Uma ligação de serviço pode ter uma especificação técnica que descreva como acessar o serviço. Um exemplo dessa especificação é um documento WSDL. Para publicar a localização de uma especificação do serviço (se a especificação for um documento WSDL), você cria um objeto Concept e depois adiciona o URL do documento WSDL ao objeto Concept e, a seguir, adiciona o URL do documento WSDL ao objeto Concept como um objeto ExternalLink. O próximo fragmento de código mostra como criar um conceito para o documento WSDL associado ao exemplo simples de serviço Web em Como criar um cliente e serviço Web simples com JAX-RPC. Primeiro, você chama o método createConcept para criar um conceito chamado HelloConcept. Depois de definir a descrição do conceito, você cria um link externo para o URL do documento WSDL do serviço Hello e depois adicione o link externo para o conceito.

```
Concept specConcept =
  blcm.createConcept(null, "HelloConcept", "");
InternationalString s =
  blcm.createInternationalString(
    "Concept for Hello Service");
specConcept.setDescription(s);
ExternalLink wsdlLink =
  blcm.createExternalLink(
    "http://localhost:8080/hello-jaxrpc/hello?WSDL",
    "Hello WSDL document");
specConcept.addExternalLink(wsdlLink);
```

Em seguida, você classifica o objeto Concept como um documento WSDL. Para fazer isso para um registro UDDI, você procura o registro para o esquema de classificação bastante conhecido: uddi-org:types. (O termo UDDI para um esquema de classificação é *tModel.*) Depois você cria uma classificação usando o nome e valor wsdlSpec. Finalmente, você adiciona a classificação ao conceito.

```
String schemeName = "uddi-org:types";
ClassificationScheme uddiOrgTypes =
  bqm.findClassificationSchemeByName(null, schemeName);

Classification wsdlSpecClassification =
  blcm.createClassification(uddiOrgTypes,
  "wsdlSpec", "wsdlSpec");
specConcept.addClassification(wsdlSpecClassification);
```

Finalmente, você salva o conceito usando o método saveConcepts, do mesmo modo que salva uma organização:

```
Collection concepts = new ArrayList();
concepts.add(specConcept);
BulkResponse concResponse = blcm.saveConcepts(concepts);
```

Depois que publicou o conceito, você normalmente adiciona o conceito ao documento WSDL para um serviço de ligação. Para fazer isso, você pode obter a chave para o conceito da resposta retornada pelo método saveConcepts; você utiliza uma seqüência de códigos muito parecida com a usada para achar a chave para uma organização salva.

```
String conceptKeyId = null;
Collection concExceptions = concResponse.getExceptions();
javax.xml.registry.infomodel.Key concKey = null;
if (concExceptions == null) {
  System.out.println("WSDL Specification Concept saved");
  Collection keys = concResponse.getCollection();
  Iterator keyIter = keys.iterator();
  if (keyIter.hasNext()) {
    concKey =
      (javax.xml.registry.infomodel.Key) keyIter.next();
    conceptKeyId = concKey.getId();
    System.out.println("Concept key is " + conceptKeyId);
  }
}
```

Depois você chama o método getRegistryObject para obter o conceito do registro:

```
Concept specConcept =
  (Concept) bqm.getRegistryObject(conceptKeyId,
    LifeCycleManager.CONCEPT);
```

Em seguida, você cria um objeto SpecificationLink para a ligação de serviço e define o conceito como o valor de seu SpecificationObject:

```
SpecificationLink specLink =
  blcm.createSpecificationLink();
specLink.setSpecificationObject(specConcept);
binding.addSpecificationLink(specLink);
```

Agora, quando publicar a organização com seu serviço e ligações de serviço, você também terá publicado um link para o documento WSDL. A partir daí a organização pode ser encontrada através de consultas como as descritas em Como encontrar organizações por classificação.

Se o conceito foi publicado por alguém mais e você não tem acesso à chave, você pode encontrá-lo usando seu nome e classificação. O código parece muito similar ao código usado para procurar um documento WSDL em Como encontrar organizações por classificação, exceto que você também pode criar uma coleção de padrões de nome e incluir isso em sua procura. Aqui está um exemplo:

```
// Define name pattern
Collection namePatterns = new ArrayList();
namePatterns.add("HelloConcept");

BulkResponse br = bqm.findConcepts(null, namePatterns,
  classifications, null, null);
```

Como remover dados do registro

Um registro permite que você remova qualquer dado que tenha submetido a ele. Você utiliza a chave retornada pelo registro como argumento para um dos métodos de deleção de BusinessLifeCycleManager: deleteOrganizations, deleteServices, deleteServiceBindings, deleteConcepts, e outros.

O programa de amostra JAXRDelete deleta a organização criada pelo programa JAXRPublish. Ele deleta a organização que corresponde a uma string de chave especificada e depois exibe a chave novamente de modo que o usuário possa confirmar que ele deletou a correta.

```
String id = key.getId();
System.out.println("Deleting organization with id " + id);
Collection keys = new ArrayList();
keys.add(key);
BulkResponse response = blcm.deleteOrganizations(keys);
Collection exceptions = response.getException();
if (exceptions == null) {
  System.out.println("Organization deleted");
  Collection retKeys = response.getCollection();
  Iterator keyIter = retKeys.iterator();
  javax.xml.registry.infomodel.Key orgKey = null;
  if (keyIter.hasNext()) {
    orgKey =
      (javax.xml.registry.infomodel.Key) keyIter.next();
    id = orgKey.getId();
    System.out.println("Organization key was " + id);
  }
}
```

Um cliente pode usar um mecanismo semelhante para deletar conceitos, serviços e ligações de serviço.

Como usar taxonomias em clientes JAXR

Na API JAXR, uma taxonomia é representada por um objeto ClassificationScheme. Esta seção descreve como usar a implementação de JAXR no Servidor de Aplicativo.

- ❑ Para definir suas próprias taxonomias
- ❑ Para especificar endereços postais para uma organização

Como definir uma taxonomia

A especificação JAXR exige que um provedor JAXR seja capaz de adicionar taxonomias definidas pelo usuário para ser usadas por clientes JAXR. Os mecanismos, que os clientes costumam adicionar e administrar essas taxonomias, são específicos de implementação.

A implementação de JAXR no Servidor de Aplicativo utiliza uma abordagem simples baseada em arquivo para fornecer taxonomias para o cliente JAXR. Estes arquivos são lidos em tempo de execução, quando o provedor JAXR inicializa.

A estrutura de taxonomia para o Servidor de Aplicativo é definida pela DTD de Conceitos Predefinidos da JAXR (JAXR Predefined Concepts DTD), que é declarada tanto no arquivo jaxrconcepts.dtd, como no formulário de esquema XML, no arquivo jaxrconcepts.xsd. O arquivo jaxrconcepts.xml contém as taxonomias para a implementação da JAXR no Servidor de Aplicativo. Todos esses arquivos estão contidos no arquivo <*J2EE_HOME*>/lib/jaxrimpl.jar. Este arquivo JAR também inclui arquivos que definem as taxonomias bem conhecidas usadas pela implementação de JAXR no Servidor de Aplicativo: naics.xml, iso3166.xml, e unspsc.xml.

As entradas no arquivo jaxrconcepts.XML se parecem como isto:

```
<PredefinedConcepts>
<JAXRClassificationScheme id="schId" name="schName">
<JAXRConcept id="schId/conCode" name="conName"
```

```
parent="parentId" code="conCode"></JAXRConcept>
...
</JAXRClassificationScheme>
</PredefinedConcepts>
```

A estrutura de taxonomia é uma estrutura com base de contenção. O elemento PredefinedConcepts é a raiz da estrutura e deve estar presente. O elemento JAXRClassificationScheme é o pai da estrutura, e os elementos de JAXRConcept são filhos e netos. Um elemento de JAXRConcept pode ter filhos, mas isso não é exigido dele.

Em toda as definições de elemento, ordem e caso de atributo são significativos.

Para adicionar uma taxonomia definida pelo usuário, siga estas etapas:

1. Publique o elemento JAXRClassificationScheme para a taxonomia como um objeto ClassificationScheme do registro que você está acessando. Por exemplo, você pode publicar o objeto ClassificationScheme para o Servidor de Registro WSDP Java. Para publicar um objeto ClassificationScheme, você deve definir seu nome. Você também fornece ao esquema uma classificação dentro de um esquema de classificação conhecido como uddi-org:types. No seguinte fragmento de código, o nome é o primeiro argumento da chamada do método LifeCycleManager.createClassificationScheme.

```
ClassificationScheme cScheme =
  blcm.createClassificationScheme("MyScheme",
    "A Classification Scheme");
ClassificationScheme uddiOrgTypes =
  bqm.findClassificationSchemeByName(null,
    "uddi-org:types");
if (uddiOrgTypes != null) {
  Classification classification =
    blcm.createClassification(uddiOrgTypes,
      "postalAddress", "postalAddress" );
  postalScheme.addClassification(classification);
  ExternalLink externalLink =
    blcm.createExternalLink(
      "http://www.mycom.com/myscheme.html",
      "My Scheme");
  postalScheme.addExternalLink(externalLink);
  Collection schemes = new ArrayList();
  schemes.add(cScheme);
  BulkResponse br =
    blcm.saveClassificationSchemes(schemes);
}
```

O objeto BulkResponse retornado pelo método saveClassificationSchemes contém a chave para o esquema de classificação, que você precisa para obter:

```
if (br.getStatus() == JAXRResponse.STATUS_SUCCESS) {
  System.out.println("Saved ClassificationScheme");
  Collection schemeKeys = br.getCollection();
  Iterator keysIter = schemeKeys.iterator();
  while (keysIter.hasNext()) {
    javax.xml.registry.infomodel.Key key =
      (javax.xml.registry.infomodel.Key)
        keysIter.next();
    System.out.println("The postalScheme key is " +
      key.getId());
    System.out.println("Use this key as the scheme" +
      " uuid in the taxonomy file");
  }
}
```

2. Em um arquivo XML, defina a estrutura da taxonomia que seja compatível com a DTD de Conceitos Predefinidos da JAXR. Introduza o elemento ClassificationScheme em seu arquivo XML de taxonomia especificando o valor ID da chave retornada como atributo id e o name como atributo de nome. Para o fragmento de código precedente, por exemplo, a tag de abertura para o elemento JAXRClassificationScheme se parece com (tudo em uma linha):

```
<JAXRClassificationScheme
id="uuid:nnnnnnnn-nnnn-nnnn-nnnn-nnnnnnnnnnnn"
name="MyScheme">
```

   O ClassificationScheme id deve ser um identificador único universalmente (UUID).

3. Introduza cada elemento de JAXRConcept em seu arquivo XML de taxonomia especificando os quatro atributos seguintes, nesta ordem:
   a. id é o valor id de JAXRClassificationScheme, seguido por um separador /, seguido pelo código do elemento de JAXRConcept.
   b. name é o nome do elemento de JAXRConcept.
   c. parent é o id do pai imediato (tanto o id de ClassificationScheme como aquele do pai JAXRConcept).
   d. code é o valor do código do elemento JAXRConcept.

   O primeiro elemento JAXRConcept no arquivo naics.xml se parece com isto (tudo em uma linha):

```
<JAXRConcept
id="uuid:C0B9FE13-179F-413D-8A5B-5004DB8E5BB2/11"
name="Agriculture, Forestry, Fishing and Hunting"
parent="uuid:C0B9FE13-179F-413D-8A5B-5004DB8E5BB2"
code="11"></JAXRConcept>
```

4. Para adicionar a estrutura de taxonomia definida pelo usuário para o provedor JAXR, especifique a propriedade de conexão com.sun.xml.registry.userTaxonomyFilenames em seu programa de cliente. Você define a propriedade como segue:

```
props.setProperty
("com.sun.xml.registry.userTaxonomyFilenames",
  "c:\mydir\xxx.xml|c:\mydir\xxx2.xml");
```

   Use a barra vertical (|) como separador se você especificar mais de um nome de arquivo.

Como especificar endereços postais

A especificação JAXR define um endereço postal como uma interface estruturada como atributos para rua, cidade, país, e assim por diante. A especificação UDDI, por outro lado, define um endereço postal como uma coleção de formato livre de linhas de endereços, a cada uma das quais pode ser atribuído um significado. Para mapear o formato JAXR PostalAddress para um formato de endereço UDDI conhecido, você especifica o formato UDDI como um objeto ClassificationScheme e, depois, especifica as equivalências semânticas entre os conceitos no esquema de classificação de formato UDDI e os comentários no esquema de classificação JAXR PostalAddress. O esquema de classificação JAXR PostalAddress é fornecido pela implementação de JAXR no Servidor de Aplicativo.

Na API JAXR, um objeto PostalAddress tem os campos streetNumber, street, city, state, postalCode, e country. Na implementação de JAXR do Servidor de Aplicativo, estes são conceitos predefinidos no arquivo jaxrconcepts.xml, dentro do ClassificationScheme chamado PostalAddressAttributes.

Para especificar o mapeamento entre o formato do endereçamento postal JAXR e um outro formato, você define duas propriedades de conexão:

- A propriedade javax.xml.registry.postalAddressScheme, que especifica um esquema de classificação de endereçamento postal para a conexão.
- A propriedade javax.xml.registry.semanticEquivalences, que especifica as equivalências semânticas entre o formato JAXR e o outro formato.

Por exemplo, suponha que você queira usar um esquema chamado MyPostalAddressScheme, que você publicou para um registro com o UUID uuid:f7922839-f1f79228-c97d-ce0b4594736c.

```
<JAXRClassificationScheme id="uuid:f7922839-f1f7-9228-c97dce0b4594736c"
name="MyPostalAddressScheme">
```

Primeiro, você especifica o esquema de endereçamento postal usando o valor id do elemento JAXRClassificationScheme (o UUID). O caso não importa:

```
props.setProperty("javax.xml.registry.postalAddressScheme",
"uuid:f7922839-f1f7-9228-c97d-ce0b4594736c");
```

Em seguida, você especifica o mapeamento a partir do id de cada elemento JAXRConcept no esquema de endereçamento postal JAXR default para o id de sua duplicata no esquema que você publicou:

```
props.setProperty("javax.xml.registry.semanticEquivalences",
  "urn:uuid:PostalAddressAttributes/StreetNumber," +
  "uuid:f7922839-f1f7-9228-c97d-ce0b4594736c/
StreetAddressNumber|" +
  "urn:uuid:PostalAddressAttributes/Street," +
  "urn:uuid:f7922839-f1f7-9228-c97d-ce0b4594736c/
StreetAddress|" +
  "urn:uuid:PostalAddressAttributes/City," +
  "urn:uuid:f7922839-f1f7-9228-c97d-ce0b4594736c/City|" +
  "urn:uuid:PostalAddressAttributes/State," +
  "urn:uuid:f7922839-f1f7-9228-c97d-ce0b4594736c/State|" +
  "urn:uuid:PostalAddressAttributes/PostalCode," +
  "urn:uuid:f7922839-f1f7-9228-c97d-ce0b4594736c/ZipCode|" +
  "urn:uuid:PostalAddressAttributes/Country," +
  "urn:uuid:f7922839-f1f7-9228-c97d-ce0b4594736c/Country");
```

Depois que você criou a conexão usando estas propriedades, você pode criar um endereçamento postal e atribuí-la ao contato primário da organização antes de você publicar a organização:

```
String streetNumber = "99";
String street = "Imaginary Ave.  Suite 33";
String city = "Imaginary City";
String state = "NY";
String country = "USA";
String postalCode = "00000";
String type = "";
PostalAddress postAddr =
  blcm.createPostalAddress(streetNumber, street, city, state,
    country, postalCode, type);
Collection postalAddresses = new ArrayList();
postalAddresses.add(postAddr);
primaryContact.setPostalAddresses(postalAddresses);
```

Se o esquema de endereçamento postal e equivalências de semântica para a consulta forem as mesmas como aquelas especificadas para a publicação, uma consulta JAXR pode então obter o endereçamento postal usando os métodos de PostalAddress. Para obter os endereçamentos postais quando você não sabe que esquema de endereçamento postal foi usado para publicá-los, você pode obtê-los como uma coleção de objetos Slot. O programa de amostra JAXRQueryPostal.java sabe como fazer isso.

Em geral, você pode criar uma taxonomia de endereçamento postal definida pelo usuário para quaisquer PostalAddress tModels que utilizem a categorização bem conhecida da taxonomia uddiorg:types, que tem o tModel UUID uuid:c1acf26d-9672-4404-9d70-39b756e62ab4 com um valor de postalAddress. Você pode obter o tModel overviewDoc, o qual aponta para o detalhe técnico para a especificação do esquema, onde a definição de estrutura da taxonomia pode ser encontrada. (O equivalente de um overviewDoc é um ExternalLink.)

Como rodar os exemplos de clientes

Os programas de clientes simples fornecidos com este tutorial podem ser rodados a partir da linha de comando. Você pode modificá-los para se adequarem às suas necessidades. Eles permitem que você especifique o registro IBM, o registro Microsoft, ou o Servidor de Registro WSDP Java para consultas e atualizações; você pode especificar qualquer outro registro UDDI versão 2.

Os exemplos de clientes, no diretório <*INSTALL*>/j2eetutorial14/examples/jaxr/simple/src/, são os seguintes:

- JAXRQuery.java mostra como procurar um registro para organizações
- JAXRQueryByNAICSClassification.java mostra como procurar um registro usando um esquema de classificação comum
- JAXRQueryByWSDLClassification.java mostra como procurar um registro para serviços Web que descrevem a si próprios por meio de um documento WSDL
- JAXRPublish.java mostra como publicar uma organização para um registro
- JAXRDelete.java mostra como remover uma organização de um registro
- JAXRSaveClassificationScheme.java mostra como publicar um esquema de classificação (especificamente, um esquema de endereçamento postal) para um registro
- JAXRPublishPostal.java mostra como publicar uma organização com um endereço postal para seu contato primário
- JAXRQueryPostal.java mostra como obter dados de endereçamento postal de uma organização
- JAXRDeleteScheme.java mostra como deletar um esquema de classificação de um registro
- JAXRPublishConcept.java mostra como publicar um conceito para um documento WSDL
- JAXRPublishHelloOrg.java mostra como publicar uma organização com uma ligação de serviço que referencia um documento WSDL
- JAXRDeleteConcept.java mostra como deletar um conceito
- JAXRGetMyObjects.java lista todos os objetos que você possui em um registro

O diretório <*INSTALL*>/j2eetutorial14/examples/jaxr/simple/ também contém o seguinte:

- Um arquivo build.xml para os exemplos
- Um arquivo JAXRExamples.properties, no subdiretório src, que fornece valores de string usadas pelos programas de amostra
- Um arquivo chamado postalconcepts.xml que serve como arquivo de taxonomia para os exemplos de endereçamento postal

Você não tem de ter o Servidor de Aplicativo rodando de modo a executar estes exemplos de clientes com os registros IBM ou Microsoft. Você não precisa tê-lo rodando para executar JAXRPublishConcept.Java e JAXRPublishHelloOrg.Java.

Antes de você compilar os exemplos

Antes de você compilar os exemplos, edite o arquivo *<INSTALL>*/j2eetutorial14/examples/jaxr/simple/src/JAXRExamples.properties como segue:

1. Edite as seguintes linhas para especificar o registro que você deseja acessar. Tanto para atribuições queryURL, como para publishURL, comente tudo exceto o registro que você deseja acessar. O default é o Servidor de Registro WSDP Java.

   ```
   ## Uncomment one pair of query and publish URLs.
   ## IBM:
   #query.url=http://uddi.ibm.com/testregistry/inquiryapi
   #publish.url=https://uddi.ibm.com/testregistry/publishapi
   ## Microsoft:
   #query.url=http://test.uddi.microsoft.com/inquire
   #publish.url=https://test.uddi.microsoft.com/publish
   ## Registry Server:
   query.url=http://localhost:8080/RegistryServer/
   publish.url=http://localhost:8080/RegistryServer/
   ```

   Se você estiver usando o Servidor de Registro WSDP Java e se ele estiver rodando em um sistema diferente do seu próprio, especifique o nome do host totalmente qualificado em vez de localhost. Não utilize https: para o publishURL. Se você especificou uma porta HTTP não default quando você instalou a Servidor de Aplicativo, altere 8080 como o valor correto para o seu sistema.

   Os registros IBM e Microsoft, ambos contêm uma quantidade considerável de dados sobre os quais você pode realizar consultas. Além do mais, você não tem de se registrar se for apenas efetuar consultas.

   Nós não incluímos os URLs do registro SAP; sinta-se livre para adicioná-los.

   Se você quiser publicar para qualquer um dos registros públicos, o processo de registro para obtenção de acesso a eles não é difícil (veja Preliminares: Como obter acesso a um registro). Cada um deles, todavia, permite que você tenha somente uma organização registrada por vez. Se você publicar uma organização para um deles, você deve deletá-lo antes de publicar um outro. Como a organização que o exemplo JAXRPublish publica é fictícia, você vai deletá-la imediatamente de qualquer modo.

   Esteja ciente também que como os registros públicos são registros de teste, eles nem sempre se comportam confiavelmente.

   O Servidor de Registro WSDP Java oferece a você mais liberdade para fazer experiências com JAXR. Você pode publicar tantas organizações, conceitos e esquemas de classificação que desejar. Todavia, o registro vem com um banco de dados vazio, portanto você deve publicar dados para ele você mesmo antes de realizar consultas sobre os dados.

2. Para usar um registro público, edite as seguintes linhas para especificar o nome e senha do usuário que você obteve quando se registrou com o registro. Não modifique as linhas se for usar o Servidor de Registro.

   ```
   ## To use a public registry, edit user name and password.
   ## To use the Registry Server, use testuser/testuser.
   registry.username=testuser
   registry.password=testuser
   ```

3. Se você estiver usando um registro público, edite as linhas seguintes, que contêm strings vazias para os hosts do proxy, a fim de especificar as suas próprias definições de proxy. O host do proxy é o sistema em sua rede através do qual você acessa a Internet; você normalmente o especifica em suas definições de browser da Internet. Você pode deixar esse valor vazio para usar o Servidor de Registro WSDP Java.

   ```
   ## HTTP and HTTPS proxy host and port;
   ## ignored by Registry Server
   http.proxyHost=
   ```

```
http.proxyPort=8080
https.proxyHost=
https.proxyPort=8080
```

As portas do proxy têm o valor 8080, que é usual; modifique esta string se o seu proxy utiliza uma porta diferente.

Para um registro público, as suas entradas usualmente seguem este padrão:

```
http.proxyHost=proxyhost.mydomain
http.proxyPort=8080
https.proxyHost=proxyhost.mydomain
https.proxyPort=8080
```

4. Se você estiver rodando o Servidor de Aplicativo em um sistema diferente do seu próprio ou se estiver usando uma porta HTTP não default, altere as linhas seguintes:

```
link.uri=http://localhost:8080/hello-jaxrpc/hello?WSDL
...
wsdlorg.svcbnd.uri=http://localhost:8080/hello-jaxrpc/hello
```

   Especifique o nome do host totalmente qualificado no lugar de localhost, ou altere 8080 para o valor correto para o seu sistema.

5. Sinta-se à vontade para modificar quaisquer dos dados da organização no restante do arquivo. Estes dados são usados pelos exemplos de publicação e endereçamento postal. Se você estiver usando um registro público, tente criar nomes de organizações não comuns de modo que as consultas retornem relativamente alguns resultados.

Você pode editar o arquivo src/JAXRExamples.properties a qualquer momento. Os targets de asant que rodam os exemplos de cliente utilizarão a última versão do arquivo.

Como compilar os exemplos

Para compilar os programas, vá para o diretório <*INSTALL*>/j2eetutorial14/examples/jaxr/simple/. Um arquivo build.xml permite que você use o seguinte comando para compilar todos os exemplos:

```
asant compile
```

A ferramenta asant cria um subdiretório chamado build.

A definição do caminho de classe runtime no arquivo build.xml lista vários arquivos JAR no diretório lib do Servidor de Aplicativo. Se você rodar os exemplos com o Servidor de Registro WSDP Java, edite este caminho de classe (chamado jaxr.classpath) para conter somente uma linha de inclusão:

```
<include name="*.jar"/>
```

Como rodar os exemplos

Se você estiver rodando os exemplos com o Servidor de Registro WSDP Java, inicie o Servidor de Aplicativo como descrito em Como iniciar e parar o Servidor de Aplicativo.

O Servidor de Registro é um aplicativo Web que é carregado quando o Servidor de Aplicativo inicia.

Você não precisa iniciar o Servidor de Aplicativo para rodar os exemplos contra registros públicos.

Como rodar o exemplo JAXRPublish

Para rodar o program JAXRPublish, use o target run-publish sem argumentos na linha de comando:

```
asant run-publish
```

A saída do programa exibe o valor de string da chave da nova organização, o qual é chamado The Coffe Break.

Depois de rodar o programa JAXRPublish, mas antes de rodar JAXRDelete, você pode rodar JAXRQuery para procurar a organização que você publicou.

Como rodar o exemplo JAXRQuery

Para rodar o exemplo JAXRQuery, use o asant target run-query. Especifique um argumento de string de consulta na linha de comando para procurar o registro para organizações cujos nomes contêm essa string. Por exemplo, a seguinte linha de comando procura por organizações cujos nomes contêm a string "coff" (a busca não é caso-sensitiva):

```
asant -Dquery-string=coff run-query
```

Como rodar o exemplo JAXRQueryByNAICSClassification

Depois de rodar o programa JAXRPublish, você pode também rodar o exemplo JAXRQueryByNAICSClassification, que procura por organizações que usam a classificação Barra de Bebidas Não Alcoólicas e Lanches, a mesma usada para a organização criada por JAXRPublish. Para fazer isso, utilize o asant target run-querynaics:

```
asant run-query-naics
```

Como rodar o exemplo JAXRDelete

Para rodar o programa JAXRDelete, especifique a string-chave exibida pelo programa JAXRPublish como entrada para o target run-delete:

```
asant -Dkey-string=keyString run-delete
```

Como publicar um esquema de classificação

A fim de publicar organizações com endereçamentos postais para publicar registros, você deve primeiro publicar um esquema de classificação para o endereçamento postal.

Para rodar o programa JAXRSaveClassificationScheme, use o target run-savescheme:

```
asant run-save-scheme
```

O programa retorna uma string UUID, que você usará na próxima seção.

Você não tem de rodar este programa se estiver usando o Java WSDP Registry Server, porque ele não valida estes objetos.

Os registros públicos permitem que você possua mais de um esquema de classificação por vez (o limite normalmente é um total de aproximadamente 10 esquemas e conceitos de classificação agrupados).

Como rodar os exemplos de endereçamento postal

Antes de você rodar os exemplos de endereçamento postal, abra o arquivo src/postalconcepts.xml em um editor. Onde quer que você veja a string uuid-from-save, substitua-a pela string UUID retornada pelo target run-save-scheme (incluindo o prefixo uuid:). Para o Java WSDP Registry Server, você pode usar qualquer string que seja formatada como um UUID.

Para um determinado registro, você precisa apenas publicar o esquema de classificação e editar postalconcepts.XML uma vez. Depois de efetuar essas duas etapas, você pode rodar os programas JAXRPublishPostal e JAXRQueryPostal inúmeras vezes.

1. Rode o programa JAXRPublishPostal. Especifique a string que você introduziu no arquivo postalconcepts.XML, incluindo o prefixo uuid:, como entrada para o target run-publish-postal:

   ```
   asant -Duuid-string=uuidstring run-publish-postal
   ```

   A *uuidstring* se pareceria com isto (o caso não é significativo):

   ```
   uuid:938d9ccd-a74a-4c7e-864a-e6e2c6822519
   ```

   A saída de programa exibe o valor de string da chave da nova organização.
2. Rode o programa JAXRQueryPostal. O destino run-query-postal especifica o arquivo postalconcepts.XML em uma tag <sysproperty>.

   Como entrada para o target run-query-postal, especifique tanto um argumento de string de consulta como um argumento de string uuid na linha de comando a fim de procurar o registro para a organização publicada pelo target run-query-postal:

   ```
   asant -Dquery-string=coffee
   -Duuid-string=uuidstring run-query-postal
   ```

   O endereçamento postal para o contato primário aparecerá corretamente com os métodos JAXR PostalAddress. Quaisquer endereçamentos postais encontrados que utilizem outros esquemas de endereçamento postal aparecerão como linhas Slot.
3. Se você estiver usando um registro público, tenha certeza de seguir as instruções em Como rodar o exemplo JAXRDelete para deletar a organização que você publicou.

Como deletar um esquema de classificação

Para deletar um esquema de classificação que você publicou depois de ter terminado de usá-lo, rode o programa JAXRDeleteScheme usando o target run-delete-scheme:

```
asant -Duuid-string=uuidstring run-delete-scheme
```

Para os registros públicos UDDI, deletar um esquema de classificação o remove do registro logicamente, mas não fisicamente. O esquema de classificação será visível se, por exemplo, você chamar o método QueryManager.getRegisteredObjects. Todavia, você não pode mais usar o esquema de classificação. Portanto, você pode preferir não deletar o esquema de classificação do registro, no caso de você querer usá-lo novamente. Os registros públicos normalmente permitem a você possuir até 10 desses objetos.

Como publicar um conceito para um documento WSDL

Para publicar a localização do documento WSDL para o serviço Hello JAX-RPC, primeiro implante o serviço como descrito em Como criar um cliente e um serviço Web simples com JAX-RPC.

Então rode o programa JAXRPublishConcept usando o target run-publish-concept:

```
asant run-publish-concept
```

A saída do programa exibe a string UUID do novo conceito de especificação, chamado HelloConcept. Você usará esta string na próxima seção.

Depois de rodar o programa JAXRPublishConcept, você pode rodar JAXRPublishHelloOrg para publicar uma organização que utilize este conceito.

Como publicar uma organização com um documento WSDL em sua ligação de serviço

Para rodar o exemplo JAXRPublishHelloOrg, use o asant target run-publishhello-org. Especifique a string retornada de JAXRPublishConcept (incluindo o prefixo uuid:) como entrada para este target:

```
asant -Duuid-string=uuidstring run-publish-hello-org
```

A *uuidstring* se pareceria com isto (o caso não é significativo):

```
UUID:A499E230-5296-11D8-B936-000629DC0A53
```

A saída do programa exibe o valor da string da chave da nova organização, chamada Hello Organization.

Depois de você publicar a organização, rode o exemplo JAXRQueryByWSDLClassification para procurá-la. Para deletá-la, rode JAXRDelete.

Como rodar o exemplo JAXRQueryByWSDLClassification

Para rodar o exemplo JAXRQueryByWSDLClassification, use o asant target run-query-wsdl. Especifique um argumento de string de consulta sobre a linha de comando para procurar o registro para conceitos de especificação cujos nomes contenham essa string. Por exemplo, a seguinte linha de comando procura por conceitos cujos nomes contêm a string "helloconcept" (a busca não é caso-sensitiva):

```
asant -Dquery-string=helloconcept run-query-wsdl
```

Este exemplo encontra o conceito e a organização que você publicou. Uma string comum tal como "hello" retorna muitos resultados dos registros públicos e provavelmente vai rodar durante vários minutos.

Como deletar um conceito

Para rodar o programa JAXRDeleteConcept, especifique a string UUID exibida no programa JAXRPublishConcept como entrada para o target run-delete-concept:

```
asant -Duuid-string=uuidString run-delete-concept
```

Deletar um conceito de um registro público UDDI é parecido com deletar um esquema de classificação: o conceito é removido logicamente, mas não fisicamente. Não delete o conceito até depois que você tenha deletado quaisquer organizações que o referenciem.

Como obter uma lista de seus objetos de registro

Para obter uma lista dos objetos que você possui no registro – organizações, esquema de classificação e conceitos – rode o programa JAXRGetMyObjects usando o target run-get-objects:

```
asant run-get-objects
```

Se você rodar este programa com o Java WSDP Registry Server, ele retorna todas as taxonomias UDDI padronizadas fornecidas com o Servidor de Registro e não simplesmente os objetos que você criou.

Outros targets

Para remover o diretório build e os arquivos de classe, use o comando

```
asant clean
```

Para obter um lembrete de sintaxe para os targets, use o comando

```
asant -projecthelp
```

Como usar clientes JAXR em aplicativos J2EE

Você pode criar aplicativos J2EE que utilizam clientes JAXR para acessar registros. Esta seção explica como escrever, compilar, empacotar, implantar e rodar um aplicativo J2EE que use JAXR a fim de publicar uma organização para um registro e depois consulta o registro para essa organização. O aplicativo nesta seção utiliza dois componentes: um cliente de aplicativo e um bean de sessão sem estados.

A seção aborda os seguintes tópicos:

- ❑ Como codificar o cliente de aplicativo: MyAppClient.Java
- ❑ Como codificar o bean de sessão PubQuery
- ❑ Como compilar os arquivos-fonte
- ❑ Como importar certificados
- ❑ Como iniciar o Servidor de Aplicativo
- ❑ Como criar recursos JAXR
- ❑ Como criar e empacotar o aplicativo
- ❑ Como implantar o aplicativo
- ❑ Como rodar o aplicativo de cliente

Você encontrará os arquivos-fonte para esta seção no diretório *<INSTALL>*/j2eetutorial14/examples/jaxr/clientsession. Os nomes de caminhos nesta seção são relativos a este diretório.

O diretório a seguir contém uma versão construída deste aplicativo:

```
<INSTALL>/j2eetutorial14/examples/jaxr/provided-ears
```

Se você rodar com dificuldade em qualquer momento, você pode abrir o arquivo EAR em deploytool e comparar esse arquivo com a sua versão.

Como codificar o cliente de aplicativo: MyAppClient.java

A classe do cliente de aplicativo, src/MyAppClient.java, obtém um tratamento para a interface remota do enterprise bean PubQuery, usando contexto de nomeação da API JNDI java:comp/env. O programa cria então uma instância do bean e chama os dois métodos de negócios do bean: executePublish e executeQuery.

Antes de você compilar o aplicativo, edite o arquivo PubQueryBeanExamples.properties do mesmo modo que você editou o arquivo JAXRExamples.properties para rodar os exemplos simples.

1. Se você estiver usando um Java WSDP Registry Server, especifique os valores de host e porta corretos para as entradas de queryManagerURL e lifeCycleManagerURL. Para usar um outro registro, comente a propriedade que especifica o Servidor de Registro, e remova o comentário do outro registro.

   Se você estiver usando um registro público, modifique os valores para as propriedades registry.username e registry.password properties para especificar o nome e senha de usuário que você obteve quando você registrou com o registro. Altere os valores para as entradas de http.proxyHost e https.proxyHost de modo que eles especifiquem o sistema sobre a rede através da qual você acessa a Internet.

Como codificar o bean de sessão PubQuery

O bean PubQuery é um bean de sessão sem estados que tem um método create e dois métodos de negócios. O bean usa interfaces remotas ao invés de interfaces locais porque ele é acessado a partir do cliente de aplicativo.

O arquivo-fonte da interface home remota é src/PubQueryHome.java.

A interface remota, src/PubQueryRemote.java, declara dois métodos de negócios: executePublish e executeQuery. A classe bean, src/PubQueryBean.java, implementa os métodos executePublish e executeQuery e seus métodos auxiliares getName, getDescription e getKey. Esses métodos são muito similares aos métodos do mesmo nome nos exemplos simples JAXRQuery.java e JAXRPublish.java. O método executePublish usa informações do arquivo PubQueryBeanExample.properties para criar uma organização chamada The Coffee Enterprise Bean Break. O método executeQuery usa o nome da organização, especificada no código do cliente de aplicativo, para localizar a organização.

A classe do bean também implementa os métodos exigidos ejbCreate, setSessionContext, ejbRemove, ejbActivate e ejbPassivate.

O método ejbCreate da classe do bean aloca recursos – neste caso, procurando a ConnectionFactory e criando a conexão.

O método ejbRemove deve desfazer os recursos que foram alocados pelo método ejbCreate. Neste caso, o método ejbRemove fecha a conexão.

Como compilar os arquivos-fonte

Para compilar os arquivos-fonte do aplicativo, vá para o diretório *<INSTALL>*/j2eetutorial14/examples/jaxr/clientsession. Use o seguinte comando:

```
asant compile
```

O target de compilação posiciona o arquivo de propriedades e os arquivos de classe no diretório build.

Como importar certificados

Se você estiver usando o Servidor de Registro WSDP Java, pule esta seção.

De modo a rodar o aplicativo ClientSessionApp contra o registro Microsoft ou IBM, você precisa importar certificados de sua versão do Java 2, Kit de Desenvolvimento de Software, Edição Padrão (SDK J2EE) para o Servidor de Aplicativo. Os programas de clientes simples utilizam certificados do SDK J2EE, mas o Servidor de Aplicativo não possui estes certificados, portanto rodar um aplicativo J2EE que usa JAXR contra um registro externo requer etapas especiais:

1. Verifique os nomes de alias do Certificate Authorities (CA) que você quer migrar, rodando o seguinte comando:

   ```
   keytool -list -v -keystore J2SE_SDK_truststore_file
   ```

   A localização default para *J2SE_SDK_truststore_file* é *<JAVA_HOME>*/jre/lib/security/cacerts.

   Para acessar o registro Microsoft, você precisa do CA com o nome de alias verisignclass3ca. Para acessar o registro IBM, você precisa do CA com o nome de alias verisignserverca.

2. Exporte o CA com o nome de alias desejado do truststore SDK J2EE para um arquivo no diretório corrente:

   ```
   keytool -export -alias alias_name -keystore
   J2SE_SDK_truststore_file -file export_CA_file
   ```

   Por exemplo, você poderia digitar o seguinte (tudo em uma linha) para exportar o CA da Microsoft:

   ```
   keytool -export -alias verisignclass3ca -keystore
   C:\j2sdk1.4.2_04\jre\lib\security\cacerts -file ca_for_ms
   ```

3. Importe o *export_CA_file* para o truststore do Servidor de Aplicativo:

   ```
   keytool -import -alias alias_name -storepass changeit
   -keystore <INSTALL>/domains/domain1/config/cacerts.jks
   -file export_CA_file
   ```

   Quando perguntar a você, “Trust this certificate?” (“Confia neste certificado?”), digite sim.

   Por exemplo, você poderia digitar o seguinte (tudo em uma linha) para importar o CA que você acabou de exportar:

   ```
   keytool -import -alias verisignclass3ca -storepass changeit
   -keystore
   C:\Sun\AppServer\domains\domain1\config\cacerts.jks
   -file ca_for_ms
   ```

4. Se o Servidor de Aplicativo estiver rodando, pare e o reinicie.

Como iniciar o Servidor de Aplicativo

Para rodar este exemplo, você precisa iniciar o Servidor de Aplicativo. Siga as instruções em Como iniciar e parando o Servidor de Aplicativo.

Como criar recursos JAXR

Para utilizar JAXR em um aplicativo J2EE que utilize o Servidor de Aplicativo, você precisa acessar o adaptador de recursos de JAXR (veja Como implementar um cliente JAXR) através de um pool de conexão do conector e um recurso do conector. Você pode criar estes recursos no Admin Console.

Se você não fez isso, comece o Admin Console como descrito em Como iniciar o Admin Console.

Para criar o pool de conexão do conector, realize as seguintes etapas:

1. Expanda o nó de Connectors e depois clique Connector Connection Pools.
2. Clique New.
3. Na página Create Connector Connection Pool:
   a. Digite jaxr-pool no campo Name.
   b. Selecione jaxr-ra a partir da caixa combo Resource Adapter.
   c. Clique Next.
4. Na próxima página, selecione javax.xml.registry.ConnectionFactory (a única opção) na caixa combo Connection Definition, e clique Next.
5. Na próxima página, clique Finish.

Para criar o conector de recursos, efetue as seguintes etapas:

1. Sob o nó de Connectors, clique Connector Resources.
2. Clique New. A página Create Connector Resource aparece.
3. No campo JNDI Name, digite eis/JAXR.
4. Selecione jaxr-pool na caixa combo Pool Name.
5. Clique OK.

Se você estiver com pressa, você pode criar estes objetos usando o seguinte asant target no arquivo build.xml para este exemplo:

```
asant create-resource
```

Como criar e empacotar o aplicativo

Para criar e empacotar este aplicativo são necessárias quatro etapas:

1. Iniciar deploytool e criar o aplicativo.
2. Empacotar o bean de sessão.
3. Empacotar o cliente de aplicativo.
4. Verificar os nomes JNDI.

Como iniciar deploytool e criar o aplicativo

1. Inicie deploytool. Nos sistemas Windows, selecione Start → Programs → Sun Microsystems → J2EE 1.4 SDK → Deploytool. Nos sistemas UNIX, use o comando deploytool.
2. Selecione File → New → Application.
3. Clique Browse (próximo do campo Application File Name), e use o selecionador de arquivos para localizar o diretório clientsession.
4. No campo File Name, digite ClientSessionApp.

5. Clique New Application.
6. Clique OK.

Como empacotar o bean de sessão

1. Selecione File → New → Enterprise Bean para iniciar o assistente Enterprise Bean. Depois clique Next.
2. Na tela EJB JAR General Settings:
   a. Selecione Create New JAR Module in Application e confirme que o aplicativo seja ClientSessionApp.
   b. No campo JAR Name, digite PubQueryJAR.
   c. Clique Edit Contents.
   d. Na caixa de diálogo, localize o diretório clientsession/build. Selecione PubQueryBean.class, PubQueryHome.class, PubQueryRemote.class e PubQueryBeanExample.properties da área de árvore Available Files. Clique Addd e depois OK.
3. Na tela Bean General Settings:
   a. No menu Enterprise Bean Class, selecione PubQueryBean.
   b. Verifique sque o Enterprise Bean Name seja PubQueryBean e que Enterprise Bean Type seja Stateless Session.
   c. Na área Remote Interfaces, selecione PubQueryHome a partir do menu Remote Home Interface e selecione PubQueryRemote a partir do menu Remote Interface.

Depois de terminar o assistente, efetue as seguintes etapas:

1. Clique o nó PubQueryBean e depois clique a guia Transactions. No painel do inspetor, selecione o botão de rádio Container-Managed.
2. Clique o nó PubQueryBean e depois clique a guia Resource Ref's. No painel do inspetor:
   a. Clique Add.
   b. No campo Coded Name, digite eis/JAXR.
   c. A partir do menu Type, selecione javax.xml.registry.ConnectionFactory.
   d. Na área Deployment Settings, digite eis/JAXR no campo de nome JNDI, e digite j2ee nos dois campos User Name e Password.

Como empacotar o cliente de aplicativo

1. Selecione File → New → Application Client para iniciar o Application Client Wizard. Depois clique Next.
2. Na tela JAR File Contents:
   a. Verifique que Create New AppClient Module em Application esteja selecionado e que o aplicativo seja ClientSessionApp.
   b. No campo AppClient Name, digite MyAppClient.
   c. Clique Edit Contents.
   d. Na caixa de diálogo, localize o diretório clientsession/build. Selecione MyAppClient.class a partir da área de árvore Available Files. Clique Add, e depois OK.
3. Na tela General, selecione MyAppClient na caixa combo Main Class.

Depois de você terminar o assistente, clique a guia EJB Ref's e depois clique Add no painel do inspetor. Na caixa de diálogo, siga estas etapas:

1. Digite ejb/remote/PubQuery no campo Coded Name.
2. Selecione Session a partir do menu EJB Type.

3. Selecione Remote a partir do menu Interfaces.
4. Digite PubQueryHome no campo Home Interface.
5. Digite PubQueryRemote no campo Local/Remote Interface.
6. Na área Target EJB, selecione JNDI Name e digite PubQueryBean no campo. O bean de sessão utiliza interfaces remotas, portanto o cliente acessa o bean através do nome JNDI em vez do nome do bean.

Como verificar os nomes JNDI

Selecione o aplicativo, clique Sun-specific Settings na página General, e verifique se os nomes JNDI para os aplicativos estão corretos. Eles deveriam aparecer como apresentados nas Tabelas 10-3 e 10-4.

Tabela 10-3 Painel do aplicativo para ClientSessionApp

Tipo de Componente	Componente	Nome JNDI
EJB	PubQueryBean	PubQueryBean

Tabela 10-4 Painel de referências para ClientSessionApp

Ref. Type	Referenced By	Nome de Referência	Nome JNDI
EJB Ref	MyAppClient	Ejb/remote/PubQuery	PubQueryBean
Resource	PubQueryBean	Eis/JAXR	eis/JAXR

Como implantar o aplicativo

1. Salve o aplicativo.
2. Selecione Tools → Deploy.
3. Na caixa de diálogo, digite seu nome e senha administrativos (se eles ainda não foram preenchidos), e clique OK.
4. Na área Application Client Stub Directory, selecione a caixa de verificação Return Client JAR, e certifique-se de que o diretório seja clientsession.
5. Clique OK.
6. Na caixa de diálogo Distribute Module, clique Close quando o processo se completar. Você encontrará um arquivo chamado ClientSessionAppClient.jar no diretório especificado.

Como rodar o aplicativo de cliente

Para rodar o aplicativo, use o seguinte comando:

```
appclient -client ClientSessionAppClient.jar
```

A saída do programa na janela do terminal se parece com isto:

```
Looking up EJB reference
Looked up home
Narrowed home
Got the EJB
See server log for bean output
```

No relatório do servidor, você encontrará a saída dos métodos executePublish e executeQuery, empacotados na informação de registro de entrada.

Depois de rodar o exemplo usando um registro público, use o target run-delete no diretório simple para deletar a organização que foi publicada.

Informações adicionais

Para maiores informações sobre JAXR, registros e serviços Web, consulte:

- Java Specification Request (JSR) 93: JAXR 1.0:
  http://jcp.org/jsr/detail/093.jsp
- JAXR home page:
  http://java.sun.com/xml/jaxr/
- Universal Description, Discovery and Integration (UDDI) project:
  http://www.uddi.org/
- ebXML:
  http://www.ebxml.org/
- Open Source JAXR Provider for ebXML Registries:
  http://ebxmlrr.sourceforge.net/jaxr/
- Java 2 Platform, Enterprise Edition:
  http://java.sun.com/j2ee/
- Java Technology and XML:
  http://java.sun.com/xml/
- Java Technology and Web Services:
  http://java.sun.com/webservices/

11

TECNOLOGIA SERVLET JAVA

Logo que a Web começou a ser utilizada para fornecimento de serviços, os provedores de serviço reconheceram a necessidade de um conteúdo dinâmico. Os applets, uma das primeiras tentativas com relação a esse objetivo, se focaram no uso da plataforma de cliente para fornecer experiências dinâmicas de usuário. Ao mesmo tempo, os desenvolvedores também pesquisaram a utilização da plataforma de servidor para este fim. Inicialmente, os scripts da Common Gateway Interface (CGI) eram a principal tecnologia usada para gerar conteúdo dinâmico. Embora amplamente utilizada, a tecnologia CGI para scripts tem uma série de imperfeições, inclusive dependência de plataforma e falta de escalabilidade. Para endereçar essas limitações, a tecnologia servlet Java foi criada como um meio portátil para fornecer conteúdo dinâmico, orientado para o usuário.

O que é um servlet?

Um servlet é uma classe de linguagem de programação Java utilizada para estender as capacidades de servidores que hospedam acessos de aplicativos por meio de um modelo de programação requisição-resposta. Embora servlets possam responder a qualquer tipo de requisição, eles são comumente usados para estender os aplicativos hospedados por servidores Web. Para esses aplicativos, a tecnologia Java Servlet define classes de servlet específicas para HTTP.

Os pacotes javax.servlet e javax.servlet.HTTP fornecem interfaces e classes para escrever servlets. Todos os servlets devem implementar a interface Servlet, que define os métodos de ciclo de vida. Ao implementar um serviço genérico, você pode usar ou estender a classe GenericServlet fornecida com a API Java Servlet. A classe HttpServlet fornece métodos, tais como doGet e doPost, para tratamento de serviços específicos para HTTP.

Este capítulo se foca em escrever servlets que geram respostas para requisições HTTP. Algum conhecimento do protocolo HTTP é assumido; se você não está familiarizado com este protocolo, você pode obter uma breve introdução a HTTP no Apêndice C.

Servlets de exemplo

Este capítulo usa o aplicativo da Duke´s Bookstore para ilustrar as tarefas envolvidas em programação de servlets. A Tabela 11-1 lista os servlets que tratam cada função da livraria. Cada tarefa de programação está ilustrada por um ou mais servlets. Por exemplo, BookDetailsServlet ilustra como tratar requisições GET HTTP,

BookDetailsServlet e CatalogServlet mostram como construir respostas, e CatalogServlet ilustra como rastrear informações de sessão.

Tabela 11-1 Servlets de exemplo do Duke´s Bookstore

Função	Servlet
Entra com a livraria	BookStoreServlet
Cria o banner da livraria	BannerServlet
Navega o catálogo da livraria	CatalogServlet
Coloca um livro no carrinho de compras	CatalogServlet, BookDetailsServlet
Obtém informações detalhadas sobre um livro específico	BookDetailsServlet
Exibe o carrinho de compras	ShowCartServlet
Remove um ou mais livros do carrinho de compras	ShowCartServlet
Compra os livros do carrinho de compras	CashierServlet
Envia uma confirmação da compra	ReceiptServlet

Os dados para o aplicativo da livraria são mantidos em um banco de dados, acessado através da classe de acesso a banco de dados database.BookDBAO. O pacote do banco de dados também contém a classe BookDetails, que representa um livro. O carrinho de compras e os itens do carrinho de compras são representados pelas classes cart.ShoppingCart e cart.ShoppingCartItem, respectivamente.

O código-fonte para o aplicativo da livraria está localizado no diretório *<INSTALL>*/j2eetutorial14/examples/web/bookstore1/, que é criado quando você descompacta o pacote do tutorial (veja Como construir os exemplos). Uma amostra bookstore1.war é fornecida em *<INSTALL>*/j2eetutorial14/examples/web/provided-wars/. Para construir, empacotar, implantar e executar o aplicativo, siga estas etapas:

1. Construa e empacote os arquivos comuns da livraria como descritos em Exemplos da Duke´s Bookstore.
2. Em uma janela de terminal, vá para *<INSTALL>*/j2eetutorial14/examples/web/bookstore1/.
3. Rode asant build. Este target vai criar quaisquer arquivos de compilações e de cópia de arquivos para o diretório *<INSTALL>*/j2eetutorial14/examples/web/bookstore1/build/.
4. Inicie o Servidor de Aplicativo.
5. Efetue todas as operações descritas em Como acessar banco de dados a partir de aplicativos Web.
6. Inicie deploytool.
7. Crie um aplicativo Web chamado bookstore1 rodando o assistente New Web Component. Selecione File → New → Web Component.
8. No assistente New Web Component:
   a. Selecione o botão de rádio Create New Stand-Alone WAR Module.
   b. No campo WAR Location, entre *<INSTALL>*/j2eetutorial14/examples/web/bookstore1/bookstore1.war.
   c. No campo WAR Name, entre bookstore1.
   d. No campo Context Root, entre /bookstore1.
   e. Clique Edit Contents.

f. Na caixa de diálogo Edit Archive Contents, navegue para <*INSTALL*>/j2eetutorial14/examples/web/bookstore1/build/. Selecione errorpage.html, duke.books.gif, e os servlets, banco de dados, filtros, receptores e pacotes de utilitários. Clique Add.

g. Adicione a livraria bookstore compartilhada. Navegate para <*INSTALL*>/j2eetutorial14/examples/web/bookstore/dist/. Selecione bookstore.jar e clique Add.

h. Clique OK.

i. Clique Next.

j. Selecione o botão de rádio Servlet.

k. Clique Next.

l. Selecione BannerServlet na caixa combo Servlet Class.

m. Clique Finish.

9. Adicione o resto dos componentes Web listados na Tabela 11-2. Para cada servlet:

   a. Selecione File → New → Web Component.

   b. Clique o botão de rádio Add to Existing WAR Module. Como o WAR contém todas as classes de servlet, você não precisa ter de adicionar nenhum conteúdo a mais.

   c. Clique Next.

   d. Selecione o botão de rádio Servlet.

   e. Clique Next.

   f. Selecione o servlet da caixa combo Servlet Class.

   g. Clique Finish.

Tabela 11-2 Componentes Web da Duke´s Bookstore

Componente Web	Classe de Servlet	Alias
BannerServlet	BannerServlet	/banner
BookStoreServlet	BookStoreServlet	/bookstore
CatalogServlet	CatalogServlet	/bookcatalog
BookDetailsServlet	BookDetailsServlet	/bookdetails
ShowCartServlet	ShowCartServlet	/bookshowcart
CashierServlet	CashierServlet	/bookcashier
ReceiptServlet	ReceiptServlet	/bookreceipt

10. Defina o alias para cada componente Web.

    a. Selecione o componente.

    b. Selecione a guia Aliases.

    c. Clique o botão Add.

    d. Entre o alias.

11. Adicione a classe de receptores listeners.ContextListener (descrita em Como tratar eventos de ciclo de vida do servlet).

    a. Selecione a guia Event Listeners.

b. Clique Add.

c. Selecione a classe listeners.ContextListener do campo suspenso no painel Event Listener Classes.

12. Adicione uma página de erro (descrita em Como tratar erros).

a. Selecione a guia File Ref's.

b. No painel Error Mapping, clique Add Error.

c. Entre exception.BookNotFoundException no campo Error/Exception.

d. Entre /errorpage.html no campo Resource to be Called.

e. Repita para exception.BooksNotFoundException e javax.servlet.UnavailableException.

13. Adicione os filtros filters.HitCounterFilter e filters.OrderFilter (descritos em Como filtrar requisições e respostas).

a. Selecione a guia Filter Mapping.

b. Clique Edit Filter List.

c. Clique Add Filter.

d. Selecione filters.HitCounterFilter da coluna Filter Class. deploytool entrará automaticamente HitCounterFilter na coluna Display Name.

e. Clique Add.

f. Selecione filters.OrderFilter da coluna Filter Class. deploytool entrará automaticamente OrderFilter na coluna Display Name.

g. Clique OK.

h. Clique Add.

i. Selecione HitCounterFilter do menu suspenso (drop-down) Filter Name.

j. Selecione o botão de rádio Filter this Servlet na moldura target Filter.

k. Selecione BookStoreServlet do menu suspenso Servlet Name.

l. Clique OK.

m. Repita para OrderFilter. Selecione ReceiptServlet a partir do servlet.

14. Adicione uma referência de recursos para o banco de dados.

a. Selecione a guia Resource Ref's.

b. Clique Add.

c. Entre jdbc/BookDB no campo Coded Name.

d. Aceite o tipo default javax.sql.DataSource.

e. Aceite a autorização default Container.

f. Aceite o selecionado default Shareable.

g. Entre jdbc/BookDB no campo do nome JNDI da moldura Sun-specific Settings.

15. Selecione File → Save.

16. Implante o aplicativo.

a. Selecione Tools → Deploy.

b. Na moldura Connection Settings, entre o nome e senha do usuário que você especificou quando você instalou o Servidor de Aplicativo.

c. Clique OK.

17. Para rodar o aplicativo, abra o URL de bookstore http://localhost:8080/bookstore1/bookstore.

Como eliminar problemas

O objeto de acesso a banco de dados da Duke´s Bookstore retorna as seguintes exceções:

- BookNotFoundException: Retornada se um livro não puder ser localizado no banco de dados da livraria. Isso ocorrerá se você não carregou o banco de dados da livraria com dados rodando asant create-db_common ou se o servidor de banco de dados não foi iniciado ou derrubado.
- BooksNotFoundException: Retornada se os dados da livraria não foram obtidos. Isso ocorrerá se você não carregou o banco de dados da livraria com dados ou se o servidor de banco de dados não foi iniciado ou foi derrubado.
- UnavailableException: Retornada se um servlet não conseguir obter o atributo de contexto Web que representa a livraria. Isso ocorrerá se o servidor de banco de dados não tiver sido iniciado.

Como nós especificamos uma página de erro, você verá a mensagem:

```
The application is unavailable.  Please try later.  (O aplicativo não está disponível.
Por favor, tente mais tarde.)
```

Se você não especifica uma página de erro, o contêiner Web gera uma página default contendo a mensagem

```
A Servlet Exception Has Occurred (Ocorreu uma exceção de Servlet.)
```

e um rastreamento de pilha que pode lhe ajudar a diagnosticar a causa da exceção. Se você utilizar errorpage.html, terá de olhar nos relatórios do servidor para determinar a causa da exceção.

Ciclo de vida do servlet

O ciclo de vida do servlet é controlado pelo contêiner em que o servlet foi implantado. Quando uma requisição é mapeada para um servlet, o contêiner efetua as seguintes etapas.

1. Se uma instância do servlet não existir, o contêiner Web
   a. Carrega a classe de servlet.
   b. Cria uma instância da classe de servlet.
   c. Inicializa a instância de servlet chamando o método init. A inicialização é abordada em Como inicializar um servlet.
2. Invoca o método de serviço, passando os objetos de requisição e resposta. Os métodos de serviço são discutidos em Como escrever métodos de serviço.

Se o contêiner precisa remover o servlet, ele finaliza o servlet chamando o método destroy do servlet. A finalização é discutida em Como finalizar um servlet.

Como tratar eventos de ciclo de vida do servlet

Você pode monitorar e reagir a eventos em um ciclo de vida de servlet definindo objetos receptores cujos métodos são chamados quando ocorrem eventos de ciclo de vida. Para utilizar estes objetos receptores você deve definir e especificar a classe listener.

Como definir a classe listener

Você define a classe listener como uma implementação da interface listener. A Tabela 11-3 lista os eventos que podem ser monitorados e a interface correspondente que deve ser implementada. Quando um método listener é chamado, a ele é passado um evento que contém a informação apropriada para o evento. Por exemplo, aos métodos da interface HttpSessionListener, HttpSessionEvent é passado porque contém um HttpSession.

A classe listeners.ContextListener cria e remove o acesso ao banco de dados e objetos counter usados no aplicativo da Duke´s Bookstore. Os métodos obtêm o objeto de contexto Web de ServletContextEvent e depois armazena (e remove) os objetos como atributos de contexto do servlet.

Tabela 11-3 Eventos de ciclo de vida de servlet

Objeto	Evento	Interface Listener e classe de eventos
Contexto Web (veja Acessando o Contexto Web)	Inicialização e destruição	Javax.servlet.ServletContextListener e ServletContextEvent
	Atributo adicionado, removido, ou substituído	Javax.servlet. ServletContextAttributeListener e ServletContextAttributeEvent
Sessão (Veja Como manter o estado do cliente)	Criação, invalidação, ativação, passivação, e tempo de expiração	javax.servlet.http. HttpSessionListener, javax.servlet.http. HttpSessionActivationListener, e HttpSessionEvent
	Atributo adicionado, removido, ou substituído	javax.servlet.http. HttpSessionAttributeListener e HttpSessionBindingEvent
Request	Uma requisição de servlet foi iniciada para ser processada por componentes Web.	javax.servlet.ServletRequestListener e ServletRequestEvent
	Atributos adicionados, removidos, ou substituídos	javax.servlet. ServletRequestAttributeListener e ServletRequestAttributeEvent

```
import database.BookDBAO;
import javax.servlet.*;
import util.Counter;

public final class ContextListener
  implements ServletContextListener {
  private ServletContext context = null;
  public void contextInitialized(ServletContextEvent event) {
    context = event.getServletContext();
    try {
      BookDBAO bookDB = new BookDBAO();
      context.setAttribute("bookDB", bookDB);
    } catch (Exception ex) {
      System.out.println(
        "Couldn't create database: " + ex.getMessage());
```

```
    }
    Counter counter = new Counter();
    context.setAttribute("hitCounter", counter);
    counter = new Counter();
    context.setAttribute("orderCounter", counter);
  }

  public void contextDestroyed(ServletContextEvent event) {
    context = event.getServletContext();
    BookDBAO bookDB = context.getAttribute("bookDB");
    bookDB.remove();
    context.removeAttribute("bookDB");
    context.removeAttribute("hitCounter");
    context.removeAttribute("orderCounter");
  }
}
```

Como especificar classes de receptores de eventos

Você pode especificar uma classe de receptor de eventos na guia Event Listener do inspetor WAR. Reveja a etapa 11. em Exemplo de Servlets para o procedimento do deploytool afim de especificar a classe de receptor ContextListener.

Como tratar erros

Qualquer número de exceções pode ocorrer quando um servlet é executado. Quando ocorre uma exceção, o contêiner Web gerará uma página default contendo a mensagem

```
A Servlet Exception Has Occurred (Ocorreu uma exceção de Servlet)
```

Mas você pode também especificar que o contêiner deveria retornar uma página de erro específica para uma determinada exceção. Reveja a etapa 12. em Exemplo de Servlets com relação aos procedimentos do deploytool para mapear as exceções, exception.BookNotFound,

exception.BooksNotFound e exception.OrderException retornadas pelo aplicativo da Duke´s Bookstore para errorpage.html.

Como compartilhar informações

Componentes Web, como a maioria dos objetos, normalmente trabalham com outros objetos para realizar suas tarefas. Há várias maneiras pelas quais podem fazer isto. Eles podem usar objetos auxiliares privados (por exemplo, componentes JavaBeans), eles podem compartilhar objetos que são atributos de um escopo público, eles podem usar um banco de dados, e podem chamar outros recursos Web. Os mecanismos da tecnologia de servlet Java que permitem a um componente Web chamar outros recursos Web são descritos em Como invocar outros recursos Web.

Como usar objetos de escopo

Componentes Web cooperativos compartilham informações por meio de objetos que são mantidos como atributos de quatro objetos de escopo. Você acessa esses atributos usando os métodos [get|set]Attribute da classe que representa o escopo. A Tabela 11-4 lista os objetos de escopo.

Tabela 11-4 Objetos de escopo

Objeto de Escopo	Classe	Acessível de
Contexto Web	javax.servlet. ServletRequest	Componentes Web dentro de um contexto Web. Veja Como acessar o vontexto Web
Sessão	javax.servlet. http.HttpSession	Componentes Web tratando uma requisição que pertence a sessão. Veja Como manter o estado do cliente
Requisição	subtipo de javax.servlet. ServletRequest	Componentes Web que tratam a requisição.
Página	javax.servlet. jsp.JspContext	A página JSP que cria o objeto. Veja Como usar objetos implícitos.

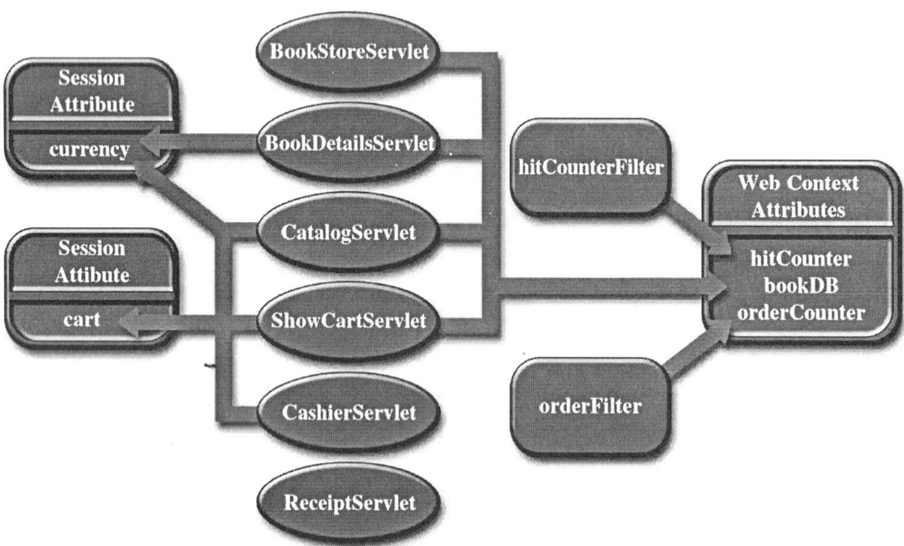

Figura 11-1 Atributos de escopo da Duke´s Bookstore

A Figura 11-1 mostra os atributos de escopo mantidos pela aplicação Duke's Bookstore.

Como controlar acesso concorrente para recursos compartilhados

Em um servidor multithread (com muitos fluxos de execução), é possível para recursos compartilhados acesso concorrente. Além dos atributos do objeto de escopo, os recursos compartilhados incluem dados in-memory (tais como instância ou variáveis de classe) e objetos externos tais como arquivos, conexões de banco de dados, e conexões de rede. O acesso concorrente pode ocorrer em várias situações:

- Múltiplos componentes Web acessando objetos armazenados no contexto Web.
- Múltiplos componentes Web acessando objetos armazenados em uma sessão.
- Threads múltiplas dentro de um componente Web acessando variáveis de instância. Um contêiner Web cria normalmente uma thread para tratar cada requisição. Se você quiser assegurar que uma instância de servlet trate somente uma requisição de cada vez, um servlet pode implementar a interface

SingleThreadModel. Se um servlet implementa esta interface, você tem a garantia de que duas threads não executarão concorrentemente no método de serviço do servlet. Um contêiner Web pode implementar esta garantia sincronizando o acesso a uma única instância do servlet, ou mantendo um pool de instâncias de componente Web e despachando cada resposta nova para um instância livre. Esta interface não impede problemas de sincronização que resultem de componentes Web acessando recursos compartilhados como variáveis de classe estáticas ou objetos externos. Além disso, a especificação Servlet 2.4 condena a interface SingleThreadModel.

Quando os recursos podem ser acessados concorrentemente, eles podem ser usados de um modo inconsistente. Para evitar isso, você deve controlar o acesso usando as técnicas de sincronização descritas na lição sobre Threads em *The Java Tutorial*, por Mary Campione *et al* (Addison-Wesley, 2000).

Na seção precedente mostramos cinco atributos de escopo compartilhados por mais de um servlet: bookDB, cart, currency, hitCounter e orderCounter. O atributo bookDB vai ser discutido na próxima seção. O cart, currency e counters podem ser definidos e lidos por múltiplos servlets com multithreads. Para impedir que esses objetos sejam usados inconsistentemente, o acesso é controlado por métodos de sincronização. Por exemplo, aqui está a classe util.Counter:

```
public class Counter {
  private int counter;
  public Counter() {
    counter = 0;
  }
  public synchronized int getCounter() {
    return counter;
  }
  public synchronized int setCounter(int c) {
    counter = c;
    return counter;
  }
  public synchronized int incCounter() {
    return(++counter);
  }
}
```

Como acessar banco de dados

Dados que são compartilhados entre componentes Web e são persistentes entre chamadas de um aplicativo Web geralmente são mantidos por um banco de dados. Componentes Web utilizam a API JDBC para acessar bancos de dados relacionais. Os dados do aplicativo da livraria são mantidos em um banco de dados e acessados por meio da classe de acesso a banco de dados database.BookDBAO. Por exemplo, ReceiptServlet chama o método BookDBAO.buyBooks para atualizar a relação de livros quando um usuário faz a compra. O método buyBooks chama buyBook para cada livro contido no carrinho de compras. Para assegurar que o pedido seja processado em sua plenitude, as chamadas para buyBook são empacotadas em uma única transação JDBC. O uso da conexão de banco de dados compartilhada é sincronizada por meio dos métodos [get|release]Connection.

```
public void buyBooks(ShoppingCart cart) throws OrderException {
  Collection items = cart.getItems();
  Iterator i = items.iterator();
  try {
    getConnection();
    con.setAutoCommit(false);
    while (i.hasNext()) {
      ShoppingCartItem sci = (ShoppingCartItem)i.next();
      BookDetails bd = (BookDetails)sci.getItem();
      String id = bd.getBookId();
      int quantity = sci.getQuantity();
      buyBook(id, quantity);
```

```
    }
    con.commit();
    con.setAutoCommit(true);
    releaseConnection();
  } catch (Exception ex) {
    try {
    con.rollback();
    releaseConnection();
    throw new OrderException("Transaction failed: " +
      ex.getMessage());
    } catch (SQLException sqx) {
      releaseConnection();
      throw new OrderException("Rollback failed: " +
        sqx.getMessage());
    }
  }
}
```

Como iniciar um servlet

Depois que carrega e instancia a classe de servlet e antes de entregar as requisições dos clientes, o contêiner Web inicializa o servlet. Para personalizar este processo de modo a permitir à servlet ler dados de configuração persistentes, inicializar recursos e realizar outras atividades de uma vez, você sobrescreve o método init da interface do servlet. Um servlet que não conseguisse completar o seu processo de inicialização deveria lançar uma exceção UnavailableException.

Todos os servlets que acessam o banco de dados da livraria (BookStoreServlet, CatalogServlet, BookDetailsServlet e ShowCartServlet) inicializam uma variável no método init deles que aponta para o objeto de acesso ao banco de dados criado pelo receptor de contexto Web:

```
public class CatalogServlet extends HttpServlet {
  private BookDBAO bookDB;
  public void init() throws ServletException {
    bookDB = (BookDBAO)getServletContext().
      getAttribute("bookDB");
    if (bookDB == null) throw new
      UnavailableException("Couldn't get database.");
  }
}
```

Como escrever métodos de serviço

O serviço fornecido por um servlet é implementado no método service de um GenericServlet, nos métodos do*Method* (onde *Method* pode aceitar o valor de Get, Delete, Options, Post, Put, ou Trace) de um objeto HttpServlet, ou em quaisquer outros métodos específicos para protocolo definidos por uma classe que implementa a interface Servlet. No resto deste capítulo, o termo *método de serviço* é utilizado para qualquer método em uma classe de servlet que forneça um serviço para um cliente.

O padrão geral para um método de serviço é extrair informações da requisição, acessar recursos externos e depois preencher as respostas baseado nessas informações.

Para servlets HTTP, o procedimento correto para preencher a resposta é primeiro obter um fluxo de saída da resposta, depois preencher os cabeçalhos de resposta e, finalmente, escrever qualquer conteúdo de corpo para o fluxo de saída. Os cabeçalhos de resposta devem sempre ser definidos antes de a resposta ter sido submetida. Qualquer tentativa de definir ou adicionar cabeçalhos depois da resposta ter sido submetida será ignorada pelo contêiner Web. As duas próximas seções descrevem como obter informações das requisições e gerar respostas.

Como obter informações das requisições

Uma requisição contém dados passados entre um cliente e o servlet. Todas as requisição implementam a interface ServletRequest. Esta interface define métodos para acessar as seguintes informações:

- Parâmetros: normalmente usados para transportar informações entre clientes e servlets.
- Atributos com valor de objeto: normalmente são usados para passar informações entre o contêiner do servlet e um servlet ou entre servlets cooperativos.
- Informações sobre o protocolo: usado para se comunicar com a requisição e a respeito do cliente e do servidor envolvidos na requisição.
- Informações relevantes para a localização.

Por exemplo, em CatalogServlet o identificador do livro que um cliente deseja adquirir está incluído como parâmetro para a requisição. O fragmento de código seguinte ilustra como usar o método getParameter para extrair o identificador:

```
String bookId = request.getParameter("Add");
if (bookId != null) {
  BookDetails book = bookDB.getBookDetails(bookId);
```

Você também pode obter um fluxo de entrada da requisição e analisar manualmente os dados. Para ler os dados de caracteres, utilize o objeto BufferedReader retornado pelo método getReader da requisição. Para ler um dado binário, utilize o ServletInputStream retornado por getInputStream.

Os Servlets HTTP são passados por um objeto de requisição HTTP, HttpServletRequest, que contém a requisição URL, cabeçalhos HTTP, string de consulta, e assim por diante.

Um URL da requisição HTTP contém as seguintes partes:

```
http://[host]:[port][request path]?[query string]
```

O caminho da requisição é composto mais tarde dos seguintes elementos:

- *Context path*: Uma concatenação de uma barra normal (/) com a raiz de contexto do aplicativo Web do servlet
- *Servlet path*: Uma seção de caminho que corresponde ao alias do componente que ativou esta requisição. Este caminho começa com uma barra normal (/)
- *Path info*: A parte do caminho da requisição que não faz parte do caminho do contexto ou do caminho do servlet

Se o caminho de contexto for /catalog e para os aliases listados na Tabela 11-5, a Tabela 11-6 oferece alguns exemplos de como o URL será analisado.

Strings de consulta são compostos por um conjunto de parâmetros e valores. Parâmetros individuais são obtidos de uma requisição usando o método getParameter. Há duas maneiras de gerar strings de consultas:

- Uma string de consulta pode aparecer explicitamente em uma página Web. Por exemplo, uma página HTML gerada pelo CatalogServlet não poderia conter o link <a ref="/bookstore1/catalog?Add=101">Add To Cart</a>. CatalogServlet extrai o parâmetro chamado Add assim:

  ```
  String bookId = request.getParameter("Add");
  ```

- Uma string de consulta será anexada a um URL quando um formulário com um método HTTP GET for submetido. No aplicativo da Duke´s Bookstore, CashierServlet gera um formulário, depois uma entrada de nome do usuário para o formulário é anexada ao URL que mapeia para ReceiptServlet e, finalmente, ReceiptServlet extrai o nome do usuário usando o método getParameter.

Tabela 11-5 Aliases

Pattern	Servlet
/lawn/*	LawnServlet
/*.jsp	JSPServlet

Tabela 11-6 Elementos do caminho da requisição

Caminho da requisição	Caminho do servlet	Informação do caminho
/catalog/lawn/index.html	/lawn	/index.html
/catalog/help/feedback.jsp	/help/feedback.jsp	null

Como construir respostas

Uma resposta contém dados passados entre um servidor e o cliente. Todas as respostas implementam a interface ServletResponse. Esta interface define métodos que permitem a você:

- Obter um fluxo de saída para usar para enviar os dados para o cliente. Para enviar dados de caracteres, utilize o PrintWriter retornado pelo método getWriter da resposta. Para enviar dados binários em uma resposta do corpo de MIME, use o servlet OutputStream retornado por getOutputStream. Para misturar dados binários e textos, por exemplo, para criar uma resposta com múltiplas partes, utilize um servletOutputStream e gerencie as seções de caractere manualmente.
- Indique o tipo de contexto (por exemplo, text/html) que está sendo retornado pela resposta com o método setContentType(String). Este método deve ser chamado antes que a resposta seja submetida. Um registro de nomes de tipos de conteúdo é mantido pela Internet Assigned Numbers Authority (IANA) no endereço http://www.iana.org/assignments/media-types/.
- Indique se a saída do buffer com o método setBufferSize(int). Por default, qualquer conteúdo escrito para o fluxo de saída é imediatamente enviado para o cliente. O processo de carregamento do buffer permite que o conteúdo seja escrito antes que qualquer coisa seja realmente enviada de volta para o cliente, fornecendo assim o servlet com mais tempo para definir códigos de status e cabeçalhos apropriados ou expedir um outro recurso Web. O método deve ser chamado antes que qualquer conteúdo seja escrito ou antes que a resposta seja submetida.
- Defina a informação de localização tal como a locale e o caractere de codificação. Consulte o Capítulo 22 para detalhes.

Os objetos de resposta HTTP, HttpServletResponse, possuem campos que representam cabeçalhos HTTP tais como os seguintes:

- Códigos de status: usados para indicar a razão por que uma requisição não foi atendida ou por que uma requisição foi redirecionada.
- Cookies: usados para armazenar informações específicas do aplicativo no cliente. Algumas vezes os cookies são usados para manter um identificador para rastrear uma sessão do usuário (veja Rastreamento de Sessão)

Na Duke´s Bookstore, BookDetailsServlet gera uma página html que exibe informações sobre um livro que o servlet obtém de um banco de dados. O Servlet, primeiro, define os cabeçalhos de resposta: o tipo de conteúdo da resposta e o tamanho do buffer. O servlet preenche o buffer do conteúdo de página porque o acesso ao banco de dados pode gerar uma exceção que causaria a expedição para uma página de erros. Colocando a resposta em um buffer, o servlet evita que o cliente veja a concatenação de parte de uma página da Duke´s Bookstore com a página de erro, caso ocorra um erro. O método doGet então obtém um PrintWriter da resposta.

Para preencher a resposta, o servlet primeiro despacha a requisição para BannerServlet, o qual gera um banner comum para todos os servlets do aplicativo. Este processo é discutido em Como incluir outros recursos na resposta. Depois o servlet obtém o identificador do livro de um parâmetro da requisição e usa o identificador para obter informações sobre o livro do banco de dados da livraria. Finalmente, o servlet gera a marcação HTML que descreve as informações do livro e depois submete a resposta ao cliente chamando o método close do PrintWriter.

```
public class BookDetailsServlet extends HttpServlet {
  public void doGet (HttpServletRequest request,
    HttpServletResponse response)
    throws ServletException, IOException {
  // set headers before accessing the Writer
  response.setContentType("text/html");
  response.setBufferSize(8192);
  PrintWriter out = response.getWriter();

  // then write the response
  out.println("<html>" +
    "<head><title>+
    messages.getString("TitleBookDescription")
    +</title></head>");

  // Get the dispatcher; it gets the banner to the user
  RequestDispatcher dispatcher =
    getServletContext().
    getRequestDispatcher("/banner");
  if (dispatcher != null)
    dispatcher.include(request, response);

  // Get the identifier of the book to display
  String bookId = request.getParameter("bookId");
  if (bookId != null) {
    // and the information about the book
    try {
      BookDetails bd =
        bookDB.getBookDetails(bookId);
      ...

        // Print the information obtained
        out.println("<h2>" + bd.getTitle() + "</h2>" +
        ...
      } catch (BookNotFoundException ex) {
        response.resetBuffer();
        throw new ServletException(ex);
      }
    }
    out.println("</body></html>");
    out.close();
  }
}
```

BookDetailsServlet gera uma página que se parece com a Figura 11-2.

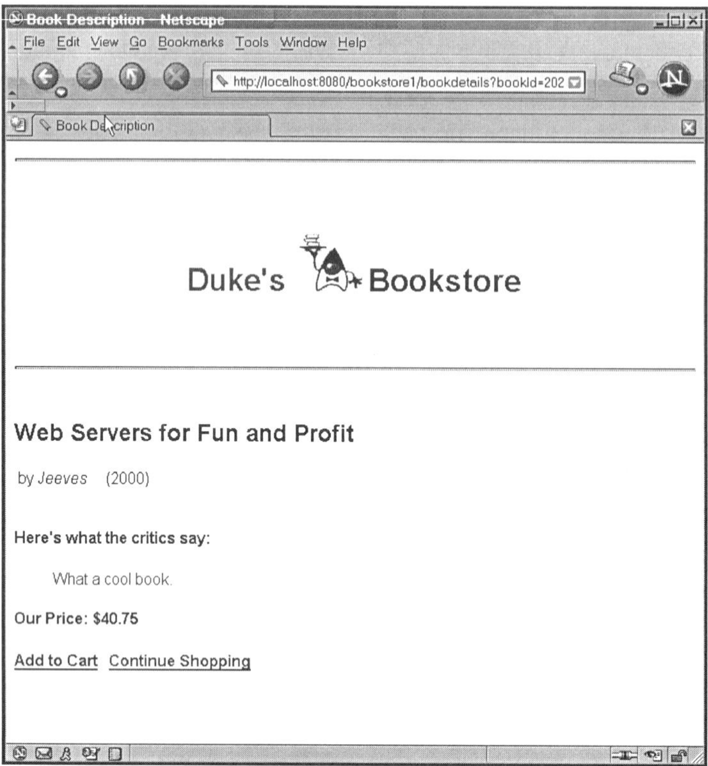

Figura 11-2 *Detalhes do livro.*

Como filtrar requisições e respostas

Um filtro é um objeto que pode transformar o cabeçalho e o conteúdo (ou ambos) de uma requisição ou de uma resposta. Os filtros diferem de componentes Web em que filtros geralmente não criam eles mesmos uma resposta. Em vez disso, um filtro fornece funcionalidade que pode ser "anexada" a qualquer tipo de recurso Web. Conseqüentemente, um filtro não deveria ter quaisquer dependências de um recurso Web para os quais ele está atuando como um filtro; deste modo ele pode ser composto por mais de um tipo de recurso Web. As tarefas principais que um filtro pode realizar são as seguintes:

- Consultar a requisição e agir adequadamente
- Bloquear o par requisição-resposta de passar adiante
- Modificar os cabeçalhos de resposta e os dados. Você faz isso fornecendo uma versão personalizada da resposta
- Interagir com os recursos externos

Os aplicativos de filtros incluem autenticação, registro de entrada, conversão de imagens, compressão de dados, criptografia, fluxos de utilização de tokens, transformações XML, e assim por diante.

Você pode configurar um recurso Web para ser filtrado por uma cadeia de zero, um, ou mais filtros em uma ordem específica. Esta cadeia é especificada quando o aplicativo Web que contém o componente é implantado e instanciada quando um um contêiner Web carrega o componente.

Em resumo, as tarefas envolvidas no uso os filtros são:

- Programar o filtro
- Programar requisições e respostas personalizadas
- Especificar a cadeia de filtros para cada recurso Web

Como programar filtros

A API para filtragens é definida pelas interfaces Filter, FilterChain, e FilterConfig do pacote javax.servlet package. Você define um filtro implementando a interface Filter. O método mais importante desta interface é doFilter, ao qual são passados requisição, resposta e objetos da cadeia de filtros. Este método pode realizar as seguintes ações:

- Examinar os cabeçalhos da requisição
- Personalizar o objeto requisição se o filtro desejar modificar os cabeçalhos da requisição ou os dados
- Personalizar o objeto resposta se o filtro desejar modificar os cabeçalhos da resposta ou os dados
- Chamar a próxima entidade na cadeia de filtros. Se o filtro corrente é o último filtro na cadeia que termina com o componente Web ou recurso estático de destino, a próxima entidade é o recurso no final da cadeia; caso contrário, é o próximo filtro que foi configurado no WAR. O filtro invoca a próxima entidade chamando o método doFilter do objeto da cadeia (passando para a requisição e para a resposta com as quais ele foi chamado, ou para as versões empacotadas que ele possa ter criado). Alternativamente, ele pode optar por bloquear a requisição não fazendo a chamada que invoca a próxima entidade. No último caso, o filtro é responsável por preencher a resposta
- Examinar os cabeçalhos de resposta depois de ter chamado o próximo filtro da cadeia
- Lançar uma exceção para indicar um erro no processamento

Além do doFilter, você deve implementar os métodos init e destroy. O método init é chamado pelo contêiner quando o filtro é instanciado. Se você quiser passar os parâmetros de inicialização para o filtro, poderá obtê-los do objeto FilterConfig passado para init.

O aplicativo da Duke´s Bookstore utiliza os filtros HitCounterFilter e OrderFilter para incrementar e registrar o valor dos contadores quando os servlets de entrada e de recebimento forem acessados.

No método doFilter, ambos os filtros obtêm o contexto de servlet do objeto de configuração do filtro de modo que eles possam acessar os contadores armazenados como atributos de contexto. Depois que os filtros completaram o processamento específico do aplicativo, eles chamam doFilter do objeto cadeia de filtros passado para o método doFilter original. O código suprimido é discutido na próxima seção:

```
public final class HitCounterFilter implements Filter {
  private FilterConfig filterConfig = null;

  public void init(FilterConfig filterConfig)
    throws ServletException {
    this.filterConfig = filterConfig;
  }

  public void destroy() {
    this.filterConfig = null;
  }
  public void doFilter(ServletRequest request,
    ServletResponse response, FilterChain chain)
    throws IOException, ServletException {
    if (filterConfig == null)
      return;
    StringWriter sw = new StringWriter();
    PrintWriter writer = new PrintWriter(sw);
    Counter counter = (Counter)filterConfig.
      getServletContext().
      getAttribute("hitCounter");
    writer.println();
    writer.println("===============");
    writer.println("The number of hits is: " +
      counter.incCounter());
    writer.println("===============");
```

```
    // Log the resulting string
    writer.flush();
    System.out.println(sw.getBuffer().toString());
    ...
    chain.doFilter(request, wrapper);
    ...
  }
}
```

Como programar requisições e respostas personalizadas

Há muitas maneiras de um filtro modificar uma requisição ou uma resposta. Por exemplo, um filtro pode adicionar um atributo à requisição ou pode inserir dados na resposta. No exemplo da Duke´s Bookstore, HitCounterFilter insere o valor do contador na resposta.

Um filtro que modifica uma resposta deve geralmente capturar a resposta antes que ela seja retornada para o cliente. Para fazer isso, você passa um fluxo stand-in para o servlet que gera a resposta. O fluxo stand-in impede que o servlet feche o fluxo de resposta original quando ele completar e permite ao filtro modificar a resposta do servlet.

Para passar este fluxo stand-in para o servlet, o filtro cria um wrapper de resposta que sobrescreve o método getWriter ou getOutputStream para retornar este fluxo stand-in. O wrapper é passado para o método doFilter da cadeia de filtros. Os métodos default do wrapper chamam através do objeto de requisição ou de resposta empacotado.

Esta abordagem segue o padrão bem conhecido Wrapper or Decorator descrito em *Design Patterns, Elements of Reusable Object-Oriented Software*, de Erich Gamma e outros. (Addison-Wesley, 1995). As seções seguintes descrevem como o filtro contador de impactos descrito anteriormente e outros tipos de filtros utilizam wrappers.

Para sobrescrever os métodos de requisição, você empacota a requisição em um objeto que estende ServletRequestWrapper ou HttpServletRequestWrapper. Para sobrescrever os métodos de resposta, você empacota a resposta em um objeto que estende ServletResponseWrapper ou HttpServletResponseWrapper.

HitCounterFilter empacota a resposta em um CharResponseWrapper. A resposta empacotada é passada para o próximo objeto da cadeia de filtros, que é BookStoreServlet. Depois o BookStoreServlet escreve sua resposta para o fluxo criado pelo CharResponseWrapper. Quando chain.doFilter retorna, HitCounterFilter obtém a resposta do servlet do PrintWriter e escreve para um buffer. O filtro insere o valor do contador no buffer, redefine o cabeçalho de comprimento do conteúdo da resposta e, depois, escreve o conteúdo do buffer no fluxo de resposta.

```
PrintWriter out = response.getWriter();
CharResponseWrapper wrapper = new CharResponseWrapper(
  (HttpServletResponse)response);
chain.doFilter(request, wrapper);
CharArrayWriter caw = new CharArrayWriter();
caw.write(wrapper.toString().substring(0,
  wrapper.toString().indexOf("</body>")-1));
caw.write("<p>\n<center>" +
  messages.getString("Visitor") + "<font color='red'>" +
  counter.getCounter() + "</font></center>");
caw.write("\n</body></html>");
response.setContentLength(caw.toString().getBytes().length);
out.write(caw.toString());
out.close();

public class CharResponseWrapper extends
  HttpServletResponseWrapper {
  private CharArrayWriter output;
```

```
  public String toString() {
    return output.toString();
  }
  public CharResponseWrapper(HttpServletResponse response){
    super(response);
    output = new CharArrayWriter();
  }
  public PrintWriter getWriter(){
    return new PrintWriter(output);
  }
}
```

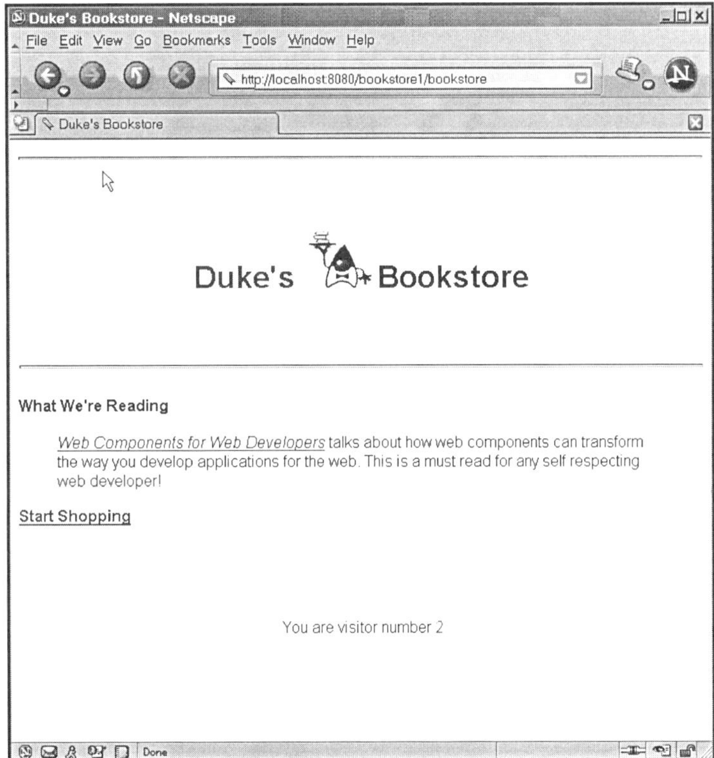

Figura 11-3 *Duke´s Bookstore com o contador de impactos.*

A Figura 11-3 mostra a página de entrada para a Duke´s Bookstore com o contador de impactos.

Como especificar mapeamentos de filtros

Um contêiner Web utiliza mapeamentos de filtros para decidir como aplicar filtros a recursos Web. Um mapeamento de filtros corresponde a um filtro para um componente Web pelo nome, ou para recursos Web por um padrão URL. Os filtros são chamados na ordem pela qual os mapeamentos de filtros aparecem na lista de mapeamento de filtros de um WAR. Você especifica uma lista de mapeamentos de filtros de um WAR usando deploytool ou codificando a lista diretamente no descritor de implantação do aplicativo Web assim:

1. Declare o filtro. Este elemento cria um nome para o filtro e declara a classe de implementação de filtros e os parâmetros de inicialização.
2. Mapeia o filtro para um recurso Web pelo nome ou por um padrão URL.

3. Restrinja como o filtro será aplicado a requisições selecionando uma das opções de despachantes enumeradas:

   - REQUEST: Somente quando a requisição vem diretamente do cliente
   - FORWARD: Somente quando a requisição foi expedida para um componente (veja Como transferir o controle para um outro componente Web)
   - INCLUDE: Somente quando a requisição estiver sendo processada por um componente que foi incluído (veja Como incluir outros recursos na resposta)
   - ERROR: Somente quando a requisição estiver sendo processada com um mecanismo de página de erros (veja Como tratar erros)

   Você pode direcionar o filtro para ser aplicado a qualquer combinação das situações precedentes incluindo múltiplos elementos despachantes. Se nenhum elemento for especificado, a opção de padrão é REQUEST.

Se você quiser registrar todas requisições para um aplicativo Web, você mapeia o filtro contador de impactos para o padrão URL /*. A Etapa 13, em Servlets de exemplo, mostra como criar e mapear os filtros para o aplicativo da Duke´s Bookstore. A Tabela 11-7 resume a definição de filtros e lista de mapeamentos para o aplicativo da Duke´s Bookstore. Os filtros se correspondem por um nome de servlet, e cada cadeia de filtro contém apenas um filtro.

Você pode mapear um filtro para um ou mais recursos Web e pode mapear mais de um filtro para um recurso Web. Isso é ilustrado na Figura 11-4, onde o filtro F1 está mapeado para os servlets S1, S2 e S3, o filtro F2 é mapeado para o servlet S2, e o filtro F3 é mapeado para os servlets S1 e S2.

Tabela 11-7 Lista de mapeamentos de definição de filtros da Duke´s Bookstore

Filtro	Classe	Servlet
HitCounterFilter	filters.HitCounterFilter	BookStoreServlet
OrderFilter	filters.OrderFilter	ReceiptServlet

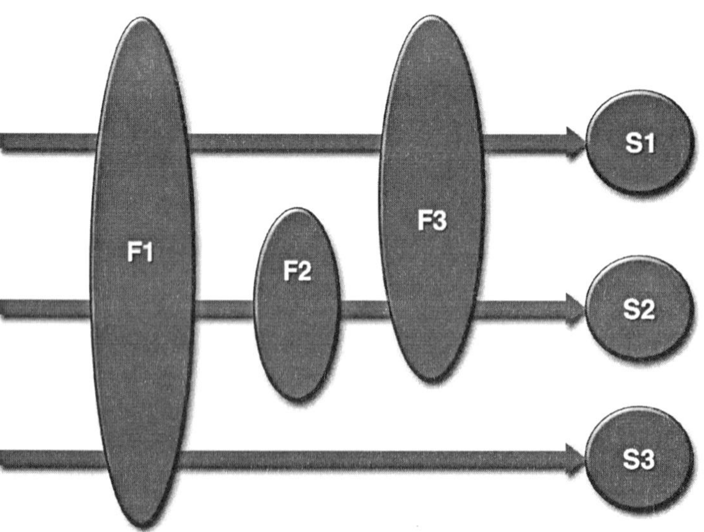

Figura 11-4 *Mapeamento do filtro para o servlet.*

Lembre-se de que uma cadeia de filtro é um dos objetos passados para o método doFilter de um filtro. Esta cadeia é formada indiretamente através de mapeamentos de filtros. A ordem dos filtros na cadeia é a mesma que a ordem nas quais os mapeamentos de filtros aparecem no descritor de implantação do aplicativo Web.

Quando um filtro é mapeado para o servlet S1, o contêiner Web chama o método doFilter de F1. O método doFilter de cada filtro na cadeia de filtros de S1 é chamado pelo filtro precedente da cadeia por meio do método chain.doFilter. Como a cadeia de filtros de S1 contém filtros F1 e F3, a chamada de F1 para chain.doFilter chama o método doFilter de F3. Quando o método doFilter de F3 se completa, o controle retorna o método doFilter de F1.

Como invocar outros recursos Web

Os componentes Web podem chamar outros recursos Web de duas maneiras: indiretamente e diretamente. Um componente Web indiretamente chama outro recurso Web quando ele memoriza um URL que aponta para um outro componente Web do conteúdo retornado para o cliente. No aplicativo da Duke´s Bookstore, a maioria dos componentes Web contém URLs memorizados que apontam para outros componentes Web. Por exemplo, ShowCartServlet indiretamente chama o CatalogServlet através do URL memorizado /bookstore1/catalog.

Um componente Web também pode chamar diretamente um outro recurso enquanto ele está executando. Há duas possibilidades: o componente Web pode incluir o conteúdo de um outro recurso, ou ele pode expedir uma requisição para um outro recurso.

Para chamar um recurso disponível no servidor que está rodando um componente Web, você deve primeiro obter um objeto RequestDispatcher usando o método getRequestDispatcher("URL").

Você pode obter um objeto RequestDispatcher tanto de uma requisição como de um contexto Web; todavia, os dois métodos têm um comportamento ligeiramente diferente. O método aceita o caminho para o recurso requisitado como argumento. Uma requisição pode aceitar um caminho relativo (isto é, um que não comece com uma /), mas o contexto Web exige um caminho absoluto. Se o recurso não estiver disponível ou se o servidor não implementou um objeto RequestDispatcher para esse tipo de recurso, getRequestDispatcher retornará nulo. Seu servlet deveria ser preparado para lidar com esta condição.

Como incluir outros recursos na resposta

É freqüentemente útil incluir um outro recurso Web – por exemplo, o conteúdo de um banner ou informações de direitos autorais – na resposta retornada de um componente Web. Para incluir um outro recurso Web, chame o método de inclusão de um objeto RequestDispatcher.

```
include(request, response);
```

Se o recurso for estático, o método include habilitará inclusões programáticas ao lado do servidor. Se o recurso for um componente Web, o efeito do método será enviar a requisição para o componente Web incluído. Execute o componente Web e, depois, inclua o resultado da execução na resposta do servlet de contenção. Um componente Web incluído tem acesso para o objeto requisição, mas é limitado o que ele pode fazer com o objeto resposta:

- Ele pode escrever para o corpo da resposta e submeter uma resposta.
- Ele não pode definir cabeçalhos ou chamar qualquer método (por exemplo, setCookie) que afete os cabeçalhos da resposta.

O banner para o aplicativo da Duke´s Bookstore é gerado pelo BannerServlet. Note que tanto o doGet como o doPost são implementados porque BannerServlet pode ser despachado de qualquer método em um servlet de chamada.

```
public class BannerServlet extends HttpServlet {
  public void doGet (HttpServletRequest request,
    HttpServletResponse response)
    throws ServletException, IOException {
      output(request, response);
  }
  public void doPost (HttpServletRequest request,
    HttpServletResponse response)
    throws ServletException, IOException {
      output(request, response);
}

private void output(HttpServletRequest request,
    HttpServletResponse response)
    throws ServletException, IOException {
    PrintWriter out = response.getWriter();
    out.println("<body bgcolor=\"#ffffff\">" +
    "<center>" + "<hr> <br>  " + "<h1>" +
    "<font size=\"+3\" color=\"#CC0066\">Duke's </font>" +
    <img src=\"" + request.getContextPath() +
    "/duke.books.gif\">" +
    "<font size=\"+3\" color=\"black\">Bookstore</font>" +
    "</h1>" + "</center>" + "<br>   <hr> <br> ");
  }
}
```

Cada servlet do aplicativo da Duke´s Bookstore inclui o resultado de BannerServlet utilizando o seguinte código:

```
RequestDispatcher dispatcher =
  getServletContext().getRequestDispatcher("/banner");
if (dispatcher != null)
  dispatcher.include(request, response);
}
```

Como transferir o controle para um outro componente Web

Em alguns aplicativos, você pode mandar um componente Web fazer o processamento preliminar de uma requisição e mandar um outro componente gerar a resposta. Por exemplo, você pode processar uma requisição parcialmente e depois transferir para um outro componente dependendo da natureza da resposta.

Para transferir o controle para um outro componente Web, você chama o método de expedição de um RequestDispatcher. Quando uma requisição é expedida, o URL da requisição é definido para o caminho da página expedida. O URL original e suas partes constituintes são salvas como atributos da requisição javax.servlet.forward.[request_uri|contextpath|servlet_path|path_info|query_string]. O servlet Dispatcher, usado por uma versão do aplicativo da Duke´s Bookstore descrito em O Exemplo de Páginas JSP, salva a informação do caminho do URL original, obtém um RequestDispatcher da requisição e, depois, expede para a página JSP template.jsp.

```
public class Dispatcher extends HttpServlet {
  public void doGet(HttpServletRequest request,
    HttpServletResponse response) {
    RequestDispatcher dispatcher = request.
      getRequestDispatcher("/template.jsp");
    if (dispatcher != null)
      dispatcher.forward(request, response);
  }
  public void doPost(HttpServletRequest request,
  ...
}
```

O método forward deveria ser usado para fornecer uma outra responsabilidade de recurso para responder ao usuário. Se você já acessou um objeto ServletOutputStream ou um PrintWriter dentro do servlet, você não pode usar este método; fazer isso lança uma exceção IllegalStateException.

Como acessar o contexto Web

O contexto no qual os componentes Web executam é um objeto que implementa a interface ServletContext. Você obtém o contexto Web usando o método getServletContext. O contexto Web fornece métodos para acessar:

- ❑ Parâmetros de inicialização
- ❑ Recursos associados ao contexto Web
- ❑ Atributos com valor do objeto
- ❑ Capacidades de registros de acesso

O contexto Web é usado pelos filtros da Duke´s Bookstore filters.HitCounterFilter e OrderFilter, discutidos em Como filtrar requisições e respostas. Cada filtro armazena um contador como um atributo de contexto. Lembre-se de Como controlar acesso concorrente a recursos compartilhados que os métodos de acesso de contagem são sincronizados para evitar operações incompatíveis por meio de servlets que estejam rodando concorrentemente. Um filtro obtém o objeto contador usando o método getAttribute do contexto. O valor incrementado do contador é registrado no arquivo de registro.

```
public final class HitCounterFilter implements Filter {
  private FilterConfig filterConfig = null;
  public void doFilter(ServletRequest request,
    ServletResponse response, FilterChain chain)
    throws IOException, ServletException {
    ...
    StringWriter sw = new StringWriter();
    PrintWriter writer = new PrintWriter(sw);
    ServletContext context = filterConfig.
      getServletContext();
    Counter counter = (Counter)context.
      getAttribute("hitCounter");
    ...
    writer.println("The number of hits is: " +
      counter.incCounter());
    ...
    System.out.println(sw.getBuffer().toString());
    ...
  }
}
```

Como manter o estado do cliente

Muitos aplicativos requerem que uma série de requisições de um cliente estejam associadas umas com as outras. Por exemplo, o aplicativo da Duke´s Bookstore salva o estado de um carrinho de compras do usuário através das requisições. Aplicativos de base Web são responsáveis por manter tal estado, chamado sessão, porque o HTTP é sem estado. Para suportar os aplicativos que precisam manter o estado, a tecnologia Java servlet fornece uma API para gerenciar sessões e permitir diversos mecanismos de implementações de sessões.

Como acessar uma sessão

As sessões são representadas por um objeto HttpSession. Você acessa uma sessão chamando o método getSession de um objeto requisição. Este método retorna a sessão corrente associada a esta resposta, ou, se a requisição não tiver uma sessão, ele cria uma.

Como associar objetos a uma sessão

Você pode associar atributos com valor de objetos a uma sessão pelo nome. Esses atributos são acessíveis por qualquer componente Web que pertença ao mesmo contexto Web e esteja tratando uma requisição que faça parte da mesma sessão.

O aplicativo da Duke´s Bookstore armazena um carrinho de compras do cliente como um atributo de sessão. Isso permite que o carrinho de compras seja salvo entre as requisições e também permite que servlets cooperativos acessem o carrinho. CatalogServlet adiciona itens ao carrinho; ShowCartServlet exibe, deleta itens dele, e limpa o carrinho; e CashierServlet obtém o custo total dos livros do carrinho.

```
public class CashierServlet extends HttpServlet {
  public void doGet (HttpServletRequest request,
    HttpServletResponse response)
    throws ServletException, IOException {

    // Get the user's session and shopping cart
    HttpSession session = request.getSession();
    ShoppingCart cart =
      (ShoppingCart)session.
        getAttribute("cart");
    ...
    // Determine the total price of the user's books
    double total = cart.getTotal();
```

Como notificar objetos associados a uma sessão

Lembre-se de que o seu aplicativo pode notificar o contexto Web e objetos receptores de sessão de eventos de ciclo de vida do servlet (Como tratar eventos de ciclo de vida do servlet). Você pode também notificar os objetos de determinados eventos relacionados com sua associação a uma sessão assim:

- Quando um objeto é adicionado ou removido de uma sessão. Para receber esta notificação, o seu objeto deve implementar a interface javax.http.HttpSessionBindingListener.
- Quando a sessão ao qual o objeto está anexado for passivada ou ativada. Uma sessão será passivada ou ativada quando ela for movida entre máquinas virtuais ou salvas para e restauradas do armazenamento persistente. Para receber esta notificação, o seu objeto deve implementar a interface javax.http.HttpSessionActivationListener.

Gerenciamento de sessão

Como não existe uma maneira de um cliente HTTP avisar que ele não precisa mais de uma sessão, cada sessão tem um tempo de expiração (timeout) associado de modo que seus recursos possam ser recuperados. O período de expiração pode ser acessado pelos métodos [get|set]MaxInactiveInterval de uma sessão. Você pode também definir o período de expiração com deploytool:

1. Selecione o WAR.
2. Selecione a guia General.
3. Clique o botão Advanced Setting.
4. Entre o período de expiração no campo Session Timeout.

Para assegurar-se de que uma sessão ativa não esteja com seu tempo expirado, você deve acessar periodicamente a sessão por meio dos métodos de serviço porque isso redefine o contador de tempo de vida da sessão.

Quando uma interação de cliente particular termina, você usa o método de invalidação da sessão para invalidar uma sessão no lado do servidor e remover qualquer dado da sessão. O ReceiptServlet do aplicativo da livraria é o último servlet a acessar uma sessão de cliente, portanto ele tem a responsabilidade de invalidar a sessão:

```
public class ReceiptServlet extends HttpServlet {
  public void doPost(HttpServletRequest request,
      HttpServletResponse response)
      throws ServletException, IOException {
    // Get the user's session and shopping cart
    HttpSession session = request.getSession();
    // Payment received – invalidate the session
    session.invalidate();
    ...
```

Rastreamento de sessão

Um contêiner Web pode usar vários métodos para associar um sessão a um usuário, todos envolvendo a passagem um identificador entre o cliente e o servidor. O identificador pode ser mantido no cliente como um cookie, ou o componente Web pode incluir o identificador em todo URL retornado para o cliente.

Se o seu aplicativo utiliza objetos de sessão, você deve assegurar que o rastreamento de sessão seja habilitado fazendo o aplicativo reescrever URLs sempre que o cliente desativar cookies. Você faz isso chamando o método encodeURL(URL) da resposta em todos os URLs retornados por um servlet. Este método inclui a sessão ID do URL somente se os cookies forem desabilitados; caso contrário, ele retornará o URL não tocado.

O método doGet do ShowCartServlet codifica os três URLs no fundo da página de exibição do carrinho de compras como a seguir:

```
out.println("<p>   <p><strong><a href=\"" +
  response.encodeURL(request.getContextPath() +
    "/bookcatalog") +
    "\">" + messages.getString("ContinueShopping") +
    "</a>      " +
    "<a href=\"" +
  response.encodeURL(request.getContextPath() +
    "/bookcashier") +
    "\">" + messages.getString("Checkout") +
    "</a>      " +
    "<a href=\"" +
  response.encodeURL(request.getContextPath() +
    "/bookshowcart?Clear=clear") +
    "\">" + messages.getString("ClearCart") +
    "</a></strong>");
```

Se os cookies estão desativados, a sessão é codificada no URL de Check Out assim:

```
http://localhost:8080/bookstore1/cashier;
  jsessionid=c0o7fszeb1
```

Se os cookies estiverem ativados, o URL é simplesmente

```
http://localhost:8080/bookstore1/cashier
```

Como finalizar um servlet

Quando um contêiner servlet determina que um servlet deve ser removido de serviço (por exemplo, quando um contêiner quer recuperar recursos de memória ou quando ele está sendo derrubado), o contêiner chama o método destroy da interface do servlet. Neste método, você libera quaisquer recursos que o servlet esteja usando e salva qualquer estado persistente. O método destroy seguinte libera o objeto de banco de dados criado no método init descrito em Como inicializar um servlet:

```
public void destroy() {
  bookDB = null;
}
```

Todos os métodos de serviço de um servlet devem estar completos quando um servlet for removido. O servidor tenta se assegurar disso chamando o método destroy somente depois que todas as requisições de serviço tenham retornado ou depois de um período gratuito específico do servidor, seja qual for o que chegue primeiro. Se o seu servlet tem operações que levam muito tempo para rodar (isto é, operações que possam rodar mais tempo do que o período de graça do servidor), as operações poderão ainda estar rodando quando destroy for chamado. Você deve garantir que quaisquer threads que ainda estejam tratando a resposta do cliente se completem; o restante desta seção descreve como fazer o seguinte:

- Faça o rastreamento de quantas threads estão rodando correntemente o método de serviço.
- Forneça um shutdown limpo fazendo o método destroy notificar as threads de longa duração do shutdown e esperar que elas se completem.
- Faça a apuração periódica dos métodos de longa duração para constatar shutdown e, se necessário, parar de trabalhar, limpar tudo, e retornar.

Como rastrear requisições de serviço

Para rastrear requisições de serviço, inclua em sua classe de servlet um campo que conte o número de métodos de serviços que estejam rodando. O campo deve ter sincronizado os métodos de acesso para incrementar, decrementar, e retornar seu valor.

```
public class ShutdownExample extends HttpServlet {
  private int serviceCounter = 0;
  ...
  // Access methods for serviceCounter
  protected synchronized void enteringServiceMethod() {
    serviceCounter++;
  }
  protected synchronized void leavingServiceMethod() {
    serviceCounter—;
  }
  protected synchronized int numServices() {
    return serviceCounter;
  }
}
```

O método service deve incrementar o contador de serviço cada vez que o método entrar e deve decrementar o contador cada vez que o método retornar. Esta é uma das poucas vezes que a sua subclasse HttpServlet deve sobrescrever o método service. O novo método deve chamar super.service para preservar a funcionalidade do método service original:

```
protected void service(HttpServletRequest req,
             HttpServletResponse resp)
             throws ServletException,IOException {
  enteringServiceMethod();
  try {
    super.service(req, resp);
  } finally {
    leavingServiceMethod();
  }
}
```

Como notificar métodos para fazer o shutdown

Para garantir um shutdown limpo, o seu método destroy não deve liberar recursos compartilhados até que todas as requisições de serviço tenham completado. Um modo de fazer isso é checar o contador de serviços. Um outro modo é notificar os métodos de longa duração que é hora de fazer o shutdown. Para esta notificação, um outro campo é requerido. O campo deverá ter os métodos de acesso usuais:

```
public class ShutdownExample extends HttpServlet {
  private boolean shuttingDown;
  ...
  //Access methods for shuttingDown
  protected synchronized void setShuttingDown(boolean flag) {
    shuttingDown = flag;
  }
  protected synchronized boolean isShuttingDown() {
    return shuttingDown;
  }
}
```

Aqui está um exemplo do método destroy usando estes campos para fornecer um shutdown limpo:

```
public void destroy() {
  /* Check to see whether there are still service methods /*
  /* running, and if there are, tell them to stop. */
  if (numServices() > 0) {
    setShuttingDown(true);
  }

  /* Wait for the service methods to stop. */
  while(numServices() > 0) {
    try {
      Thread.sleep(interval);
    } catch (InterruptedException e) {
    }
  }
}
```

Como criar métodos de longa execução polidos

A etapa final no fornecimento de um shutdown limpo é fazer quaisquer métodos de longa execução se comportarem educadamente. Os métodos que podem rodar por longo tempo devem verificar o valor do campo que os notifica dos shutdowns e devem interromper seus trabalhos, se necessário.

```
public void doPost(...) {
  ...
  for(i = 0; ((i < lotsOfStuffToDo) &&
    !isShuttingDown()); i++) {
    try {
      partOfLongRunningOperation(i);
    } catch (InterruptedException e) {
      ...
    }
  }
}
```

Informações adicionais

Para maiores informações sobre a tecnologia Java, consulte

- Java Servlet 2.4 specification:

  http://java.sun.com/products/servlet/download.html#specs
- The Java Servlet Web site:

  http://java.sun.com/products/servlet

12

Tecnologia JavaServer Pages

A tecnologia JAVASERVER Pages (JSP) permite que você crie facilmente conteúdo Web que possui componentes tanto estáticos como dinâmicos. A tecnologia JSP torna disponível todas as capacidades dinâmicas da tecnologia Java Servlet, mas fornece uma abordagem mais natural para criar conteúdo estático. Os principais recursos da tecnologia JSP são os seguintes:

- Uma linguagem para desenvolver páginas JSP, que são documentos baseados em texto que descrevem como processar uma requisição e construir uma resposta.
- Uma linguagem de expressão para acessar objetos do lado do servidor.
- Mecanismos para definir extensões para a linguagem JSP.

A tecnologia JSP também contém uma API que é utilizada por desenvolvedores de contêineres Web, mas esta API não é abordada neste tutorial.

O que é uma página JSP?

Uma página JSP é um documento de texto que contém dois tipos de textos: dados estáticos, que podem ser expressos em qualquer formato de base de texto (tais como HTML, SVG, WML e XML), e elementos de JSP, que constroem o conteúdo dinâmico.

A extensão de arquivo recomendada para o arquivo-fonte de uma página JSP é .jsp. A página pode ser composta de um arquivo de topo que inclui outros arquivos que contenham tanto uma página completa JSP, como um fragmento de uma página JSP. A extensão recomendada para o arquivo-fonte de um fragmento de uma página JSP é .jspf.

Os elementos em uma página JSP podem ser expressos em duas sintaxes – padrão e XML – embora qualquer arquivo determinado possa usar somente uma sintaxe. Uma página JSP em sintaxe XML é um documento XML e pode ser manipulado por ferramentas e APIs para documentos XML. Este Capítulo e os Capítulos 14 a 16 documentam somente a sintaxe-padrão. A sintaxe XML é abordada no Capítulo 13. Um cartão da sintaxe e referência que resume ambas as sintaxes está disponível no endereço

`http://java.sun.com/products/jsp/docs.html#syntax`

Exemplo

A página Web da Figura 12-1 é um formulário que permite a você selecionar uma locale e exibir a data de maneira apropriada à locale.

O código-fonte para este exemplo está no diretório *<INSTALL>*/j2eetutorial14/examples/web/date/. A página JSP, index.jsp, usada para criar o formulário aparece em determinado momento; é uma mistura típica da marcação HTML e de elementos JSP. Se você desenvolveu páginas para Web, provavelmente está familiarizado com as declarações de estrutura de um documento HTML (<head>, <body>, e assim por diante) e as declarações HTML que criam um formulário (<form>) e um menu (<select>).

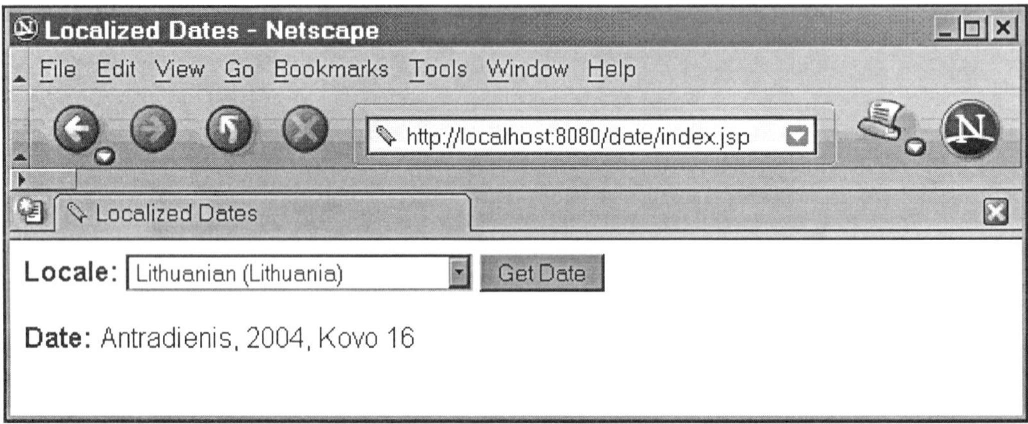

Figura 12-1 *Formulário de data localizada*

As linhas em negrito no código de exemplo contêm os seguintes tipos de construções JSP:

- Uma diretiva de página (<%@page ... %>) define o tipo de conteúdo retornado pela página
- Diretivas de bibliotecas de tags (<%@taglib ... %>) importam bibliotecas de tags personalizadas
- jsp:useBean cria um objeto contendo uma coleção de locales e inicializa um identificador que aponta para esse objeto
- Expressões da linguagem de expressão JSP (${ }) obtêm o valor das propriedades de objeto. Os valores são usados para definir valores de atributos de tags personalizadas e criam conteúdo dinâmico
- Tags personalizadas definem uma variável (c:set), iteram sobre uma coleção de nomes de locales (c:forEach) e, condicionalmente, inserem texto HTML dentro da resposta (c:if, c:choose, c:when, c:otherwise).
- jsp:setProperty define o valor de uma propriedade do objeto
- Uma função (f:equals) testa a igualdade de um atributo e do item de uma coleção corrente. (Nota: Um operador interno == é geralmente usado para testar a igualdade)

Aqui está a página JSP:

```
<%@ page contentType="text/html; charset=UTF-8" %>
<%@ taglib uri="http://java.sun.com/jsp/jstl/core"
  prefix="c" %>
<%@ taglib uri="/functions" prefix="f" %>
<html>
<head><title>Localized Dates</title></head>
<body bgcolor="white">
<jsp:useBean id="locales" scope="application"
  class="mypkg.MyLocales"/>
```

```
<form name="localeForm" action="index.jsp" method="post">
<c:set var="selectedLocaleString" value="${param.locale}" />
<c:set var="selectedFlag"
  value="${!empty selectedLocaleString}" />
<b>Locale:</b>
<select name=locale>
<c:forEach var="localeString" items="${locales.localeNames}" >
<c:choose>
  <c:when test="${selectedFlag}">
    <c:choose>
      <c:when
        test="${f:equals(selectedLocaleString,
          localeString)}" >
        <option selected>${localeString}</option>
      </c:when>
      <c:otherwise>
        <option>${localeString}</option>
      </c:otherwise>
    </c:choose>
  </c:when>
  <c:otherwise>
    <option>${localeString}</option>
  </c:otherwise>
</c:choose>
</c:forEach>
</select>
<input type="submit" name="Submit" value="Get Date">
</form>

<c:if test="${selectedFlag}" >
  <jsp:setProperty name="locales"
    property="selectedLocaleString"
    value="${selectedLocaleString}" />
  <jsp:useBean id="date" class="mypkg.MyDate"/>
  <jsp:setProperty name="date" property="locale"
    value="${locales.selectedLocale}"/>
  <b>Date: </b>${date.date}
</c:if>
</body>
</html>
```

Uma amostra date.war é fornecida em *<INSTALL>*/j2eetutorial14/examples/web/provided-wars/. Para construir este exemplo, efetue as seguintes etapas:

1. Em uma janela de terminal, vá para *<INSTALL>*/j2eetutorial14/examples/web/date/.
2. Rode asant build. Este target vai gerar todas as compilações necessárias e copiar os arquivos para o diretório *<INSTALL>*/j2eetutorial14/examples/web/date/build/
3. Inicie o Servidor de Aplicativo.
4. Inicie deploytool.
5. Crie um aplicativo Web chamado date rodando o assistente New Web Component. Selecione File → New → Web Component.
6. No assistente New Web Component.:
    a. Selecione o botão de rádio Create New Stand-Alone WAR Module
    b. No campo WAR Location, entre *<INSTALL>*/docs/tutorial/examples/web/date/date.war.
    c. No campo WAR Name, entre date.
    d. No campo Context Root, entre /date.
    e. Clique Edit Contents.

   f. Na caixa de diálogo Edit Contents, navegue para *<INSTALL>*/j2eetutorial14/examples/web/date/build/. Selecione index.jsp, functions.tld, e o diretório mypkg e clique Add, depois clique OK.
   g. Clique Next.
   h. Selecione o botão de rádio No Component.
   i. Clique Next.
   j. Clique Finish.
7. Selecione File → Save.
8. Implante o aplicativo.
   a. Selecione Tools → Deploy.
   b. Na moldura Connection Settings, entre o nome e a senha do usuário que você especificou quando instalou o Servidor de Aplicativo.
   c. Clique OK.
   d. Uma caixa de diálogo pop-up exibirá os resultados da implantação. Clique Close.
9. Defina a codificação de caracteres em seu browser para UTF-8.
10. Abra o URL http://localhost:8080/date em um browser.

Você verá uma caixa combo cujas entradas são locales. Selecione a locale e clique Get Date. Você verá a data expressa de uma maneira apropriada para aquela locale.

Páginas JSP de exemplo

Para ilustrar a tecnologia JSP, este capítulo reescreve cada servlet do aplicativo da Duke´s Bookstore apresentados em Servlets de exemplo como uma página JSP (veja Tabela 12-1).

Os dados para o aplicativo da livraria são ainda mantidos em um banco de dados e acessados por meio de database.BookDBAO. Todavia, as páginas JSP acessam BookDBAO através do componente JavaBeans database.BookDBAO. Esta classe permite que as páginas JSP utilizem elementos JSP projetados para trabalhar com componentes JavaBeans (veja Convenções de projeto de componentes JavaBeans).

A implementação do bean de banco de dados está em seguida. O bean tem duas variáveis de instâncias: o livro corrente e o objeto de acesso aos dados.

Tabela 12-1 As páginas de JSP de exemplo

Função	Páginas JSP
Entra a livraria.	bookstore.jsp
Cria o banner da livraria	banner.jsp
Busca os livros oferecidos para venda	bookcatalog.jsp
Adiciona um livro ao carrinho de compras	bookcatalog.jsp e bookdetails.jsp
Obtém informações detalhadas sobre um livro específico	bookdetails.jsp
Exibe o carrinho de compras	bookshowcart.jsp
Remove um ou mais livros do carrinho de compras	bookshowcart.jsp
Compra os livros do carrinho de compras.	bookcashier.jsp
Recebe um confirmação da compra	bookreceipt.jsp

```
package database;
public class BookDB {
  private String bookId = "0";
  private BookDBAO database = null;

  public BookDB () throws Exception {
  }
  public void setBookId(String bookId) {
    this.bookId = bookId;
  }
  public void setDatabase(BookDAO database) {
    this.database = database;
  }
  public BookDetails getBookDetails()
    throws Exception {
    return (BookDetails)database.getBookDetails(bookId);
  }
  ...
}
```

Esta versão do aplicativo da Duke´s Bookstore é organizada junto com a arquitetura Model-View-Controller (Modelo-Visualização-Controlador, MVC). A arquitetura MVC é uma abordagem cultural amplamente utilizada para aplicativos interativos que distribuem funcionalidade entre os objetos da aplicação de modo a minimizar o grau de acoplamento entre os objetos. Para conseguir isso, ela divide os aplicativos em três camadas: modelo, visualização e controlador. Cada camada trata de tarefas específicas e tem responsabilidades com outras camadas:

- O *modelo* representa os dados de negócios, junto com a lógica de negócios ou operações que governam o acesso e a modificação destes dados de negócios. O modelo notifica as visões quando ele altera e permite que a visualização consulte o modelo sobre seu estado. Ele também permite que o controlador acesse a funcionalidade do aplicativo encapsulada pelo modelo. No aplicativo da Duke´s Bookstore, o carrinho de compras e o objeto de acesso de banco de dados contêm a lógica de negócios para o aplicativo.
- A *visualização* renderiza o conteúdo de um modelo. Ela obtém os dados do modelo e especifica como os dado deveriam ser apresentados. Ela atualiza apresentação de dados quando o modelo é alterado. Uma visualização também expede uma entrada do usuário para um controlador. As páginas JSP da Duke´s Bookstore formatam o dado armazenado no carrinho de compras com escopo de sessão e o bean do banco de dados com escopo de página.
- O *controlador* define o comportamento do aplicativo. Ele despacha requisição do usuário e seleciona visões para a apresentação. Ele interpreta as entradas do usuário e as mapeia para ações a serem efetuadas pelo modelo. Em um aplicativo Web, as entradas do usuário são as requisições

HTTP GET e POST. Um controlador seleciona a próxima visualização para exibir baseada nas interações do usuário e nos resultados das operações de modelo. No aplicativo da Duke´s Bookstore, o servlet Dispatcher é o controlador. Ele examina o URL da requisição, cria e inicializa um componente JavaBeans com escopo de sessão – o carrinho de compras – e despacha requisições para visualizar páginas JSP.

Nota: Quando empregado em um aplicativo Web, a arquitetura MVC é freqüentemente referenciada como uma arquitetura Modelo-2. O exemplo da livraria discutido no Capítulo 11, que mistura apresentação e lógica de negócios, segue o que é conhecido como arquitetura Modelo-1. A arquitetura Modelo-2 é a técnica recomendada para projetar aplicativos Web.

Além disso, esta versão do aplicativo utiliza várias tags personalizadas da Biblioteca de Tags Personalizada Padrão de JavaServer Pages, como apresentado no Capítulo 14:

- c:if, c:choose, c:when, e c:otherwise para controle de fluxos
- c:set para definir variáveis com escopo
- c:url para codificação de URLs
- fmt:message, fmt:formatNumber, e fmt:formatDate para fornecer mensagens locale-sensitivas, números e datas.

As tags personalizadas são o mecanismo preferido para realizar uma ampla variedade de tarefas de processamento dinâmico, incluindo acessar banco de dados, usar serviços corporativos tais como e-mail e diretórios, e implementar controle de fluxo. Em versões anteriores da tecnologia JSP, essas tarefas eram realizadas por componentes JavaBeans em conjunção com elementos de script (discutidos no Capítulo 16). Embora ainda disponíveis na tecnologia JSP 2.0, os elementos de script tendem a tornar as páginas JSP mais difíceis de manter porque eles misturam apresentação e lógica, algo que é desalentador em projeto de páginas. As tags personalizadas são introduzidas em Como usar tags personalizadas e descritas com detalhes no Capítulo 15.

Finalmente, esta versão do exemplo contém um applet para gerar um relógio digital dinâmico no banner. Veja Como incluir um applet para uma descrição do elemento JSP que gera HTML para fazer o download do applet.

O código-fonte para o aplicativo está localizado no diretório <*INSTALL*>/j2eetutorial14/examples/web/bookstore2/ (veja Como construir os exemplos). Um bookstore2.war de amostra é fornecido em <*INSTALL*>/j2eetutorial14/examples/web/provided-wars/. Para construir, empacotar, implantar e rodar o exemplo, siga estas etapas:

1. Construa e empacote os arquivos comuns da livraria como descrito nos Exemplos da Duke´s Bookstore.
2. Em uma janela de terminal, vá para <*INSTALL*>/j2eetutorial14/examples/web/bookstore2/.
3. Rode asant build. Este target gerará todas as compilações necessárias e copiará os arquivos para o diretório <*INSTALL*>/j2eetutorial14/examples/web/bookstore2/build/.
4. Inicie o Servidor de Aplicativo.
5. Execute as operações descritas em Como acessar banco de dados a partir de aplicativos Web.
6. Inicie deploytool.
7. Crie um aplicativo Web chamado bookstore2 rodando o assistente New Web Component. Selecione File → New → Web Component.
8. No assistente New Web Component:
   a. Selecione o botão de rádio Create New Stand-Alone WAR Module.
   b. Clique Browse.
   c. No campo WAR Location, entre <*INSTALL*>/j2eetutorial14/examples/web/bookstore2/bookstore2.war.
   d. No campo WAR Name, entre bookstore2.
   e. No campo Context Root, entre /bookstore2.
   f. Clique Edit Contents.
   g. Na caixa de diálogo Edit Contents, navegue para <*INSTALL*>/j2eetutorial14/examples/web/bookstore2/build/. Selecione as páginas JSP bookstore.jsp, bookdetails.jsp, bookcatalog.jsp, bookshowcart.jsp, bookcashier.jsp, bookordererror.jsp, bookreceipt.jsp, duke.books.gif, e os diretórios clock, dispatcher, database, listeners, e template, e clique Add.
   h. Mova /WEB-INF/classes/clock/ para o diretório raiz do WAR. Por default, deploytool empacota todas as classes em /WEB-INF/classes/. Como clock/DigitalClock.class é uma classe do lado do cliente, ela deve ser empacotada no diretório raiz. Para fazer isso, simplesmente arraste o diretório do relógio de /WEB-INF/classes/ para o diretório raiz no painel rotulado Contents of bookstore2.

i. Adicione a biblioteca bookstore compartilhada. Navegue para <*INSTALL*>/j2eetutorial14/examples/web/bookstore/dist/. Selecione bookstore.jar e clique Add.

j. Clique OK.

k. Clique Next.

l. Selecione o botão de rádio Servlet.

m. Clique Next.

n. Selecione dispatcher.Dispatcher da caixa combo da classe do servlet.

o. Clique Finish.

9. Adicione a classe de receptores listeners.ContextListener (descrita em Como tratar eventos de ciclo de vida do servlet).

   a. Selecione a guia Event Listeners.

   b. Clique Add.

   c. Selecione a classe listeners.ContextListener do campo suspenso no painel Event Listener Classes.

10. Adicione os aliases.

   a. Selecione o componente Web Dispatcher.

   b. Selecione a guia aliases.

   c. Clique Add e depois digite /bookstore no campo Aliases. Repita para adicionar os aliases /bookcatalog, /bookdetails, /bookshowcart, /bookcashier, /bookordererror, e /bookreceipt.

11. Adicione o parâmetro de contexto que especifica o nome de base do pacote de recursos JSTL.

   a. Selecione o módulo Web.

   b. Selecione a guia Context.

   c. Clique Add.

   d. Entre javax.servlet.jsp.jstl.fmt.localizationContext no campo Coded Parameter.

   e. Entre messages.BookstoreMessages no campo Value.

12. Defina o prelúdio e a coda para todas as páginas JSP.

   a. Selecione a guia JSP Properties.

   b. Clique o botão Add próximo da lista Name

   c. d. Entre bookstore2.

   e. Clique o botão Add próximo da lista URL Pattern.

   f. Entre *.jsp.

   g. Clique o botão Edit próximo da lista Include Preludes.

   h. Clique Add.

   i. Entre /template/prelude.jspf.

   j. Clique OK.

   k. Clique o botão Edit próximo da lista Include Codas.

   l. Clique Add.

   m. Entre /template/coda.jspf.

   n. Clique OK.

13. Adicione uma referência de recurso para o banco de dados.

   a. Selecione a guia Resource Ref's.

   b. Clique Add.

   c. Entre jdbc/BookDB no campo Coded Name.
   d. Aceite o tipo default javax.sql.DataSource.
   e. Aceite a autorização default Container.
   f. Aceite o selecionado default Shareable.
   g. Entre jdbc/BookDB no campo do nome JNDI da moldura Sun-specific Settings.

14. Selecione File → Save.

15. Implante o aplicativo.
   a. Selecione Tools → Deploy.
   b. Clique OK.
   c. Abra o URL da livraria http://localhost:8080/bookstore2/bookstore. Clique no link Start Shopping e você verá a tela da Figura 12-2.

Veja Como eliminar problemas para ajuda com o diagnóstico de problemas comuns relacionados com o servidor de banco de dados. Se as mensagens em suas páginas aparecem como strings do formato ??? *Key* ???, a causa provável é que você não forneceu o nome básico do pacote de recursos correto como parâmetro de contexto.

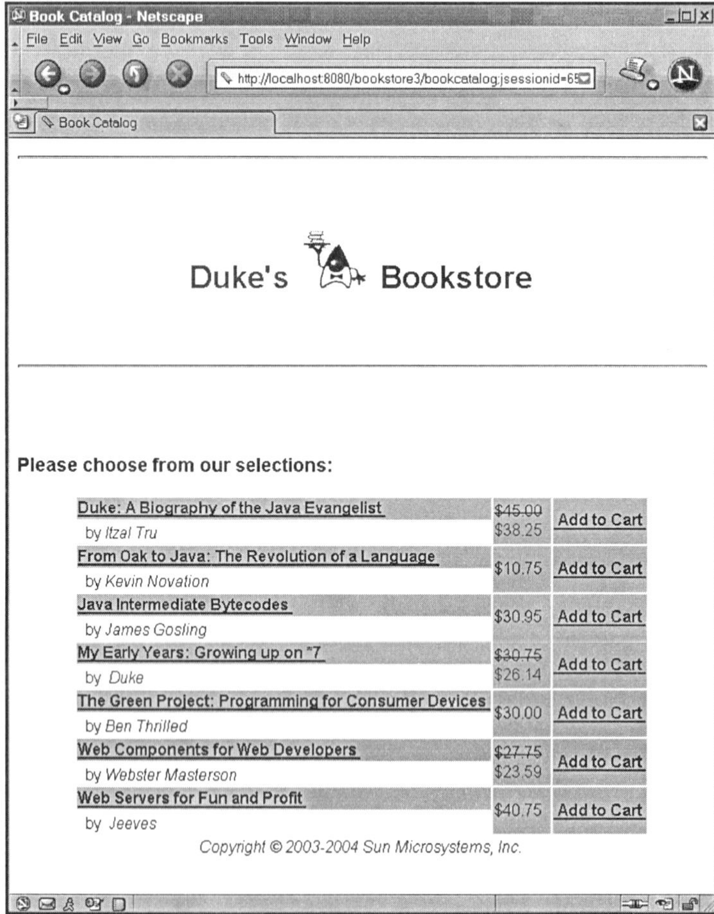

Figura 12-2 *Catálogo de livros*

Ciclo de vida de uma página JSP

Uma página JSP utiliza requisições como um servlet. Dessa forma, o ciclo de vida de muitas das capacidades das páginas JSP (em particular os aspectos dinâmicos) é determinado pela tecnologia Java Servlet. Você notará que muitas seções deste capítulo se referem a classes e métodos descritos no Capítulo 11.

Quando uma requisição é mapeada para uma página JSP, o contêiner Web primeiro checa se o servlet da página JSP é mais antigo que a página JSP. Se o servlet for mais velho, o contêiner Web traduzirá a página JSP em uma classe do servlet e compilará a classe. Durante o desenvolvimento, uma das vantagens das páginas JSP sobre servlets é que o processo de construção é realizado automaticamente.

Tradução e compilação

Durante a fase de tradução cada tipo de dado em uma página JSP é tratado de modo diferente. Os dados estatísticos são transformados em códigos que emitirão os dados para o fluxo de resposta. Os elementos JSP são tratados como a seguir:

- Diretivas são usadas para controlar como o contêiner Web traduz e executa a página JSP
- Os elementos de script são inseridos na classe do servlet da página JSP. Veja o Capítulo 16 para detalhes
- As expressões da linguagem de expressão são passadas como parâmetros para chamadas ao avaliador de expressões JSP
- Os elementos jsp:[set|get]Property são convertidos em métodos de chamada para componentes JavaBeans
- Os elementos jsp:[include|forward] são convertidos em métodos de chamada da API do servlet Java
- O elemento jsp:plugin é convertido em marcação específica de browser para ativar um applet
- As tags personalizadas são convertidas em chamadas para o tratador de tags que implementa a tag personalizada

Se você preferir que a Sun Java System Application Server Platform Edition 8 mantenha os servlets gerados para um módulo Web em deploytool, realize estas etapas:

1. Selecione o WAR.
2. Selecione a guia General.
3. Clique o botão Sun-specific Settings.
4. Selecione a opção Servlet/JSP Settings da caixa combo View.
5. Clique o botão Add da moldura JSP Configuration.
6. Selecione keepgenerated da coluna Name.
7. Selecione true na coluna Value.
8. Clique Close.

No Servidor de Aplicativo, a fonte para o servlet criada de uma página JSP chamada pageName está neste arquivo:

```
<J2EE_HOME>/domains/domain1/generated/jsp/WAR_NAME/pageName_jsp.java
```

Por exemplo, a fonte para a página de índice (chamada index.jsp) para o exemplo da localização da data discutido no começo do capítulo seria chamado

```
<J2EE_HOME>/domains/domain1/generated/jsp/date/index_jsp.java
```

Tanto a fase de tradução como a de compilação podem produzir erros que são observados somente quando a página é requisitada pela primeira vez. Se um erro for encontrado durante uma das fases, o servidor retornará JasperException e uma mensagem que inclui o nome da página JSP e a linha onde o erro ocorreu.

Depois que a página foi traduzida e compilada, o servlet da página JSP (para a maioria das vezes) segue o ciclo de vida do servlet descrita no Ciclo de vida do servlet:

1. Se uma instância do servlet da página JSP não existir, o contêiner:
   a. Carrega a classe do servlet da página JSP.
   b. Instancia uma instância da classe do servlet
   c. Inicializa a instância do servlet chamando o método jspInit
2. O contêiner chama o método _jspService, passando os objetos da requisição e da resposta.

Se o contêiner precisar remover o servlet da página JSP, ele chamará o método jspDestroy.

Execução

Você pode controlar vários parâmetros de execução de uma página JSP utilizando diretivas de páginas. As diretivas que pertencem à saída de buffer e a erros de tratamento são discutidas aqui. Outras diretivas são abordadas no contexto das tarefas específicas e autoração de páginas por todo o capítulo.

Movimentação de buffer

Quando uma página JSP é executada, a saída escrita para o objeto resposta é automaticamente armazenada em buffer. Você pode definir o tamanho do buffer utilizando a diretiva de página seguinte:

```
<%@ page buffer="none|xxxkb" %>
```

Um buffer grande permite que mais conteúdo seja escrito antes que qualquer coisa seja realmente enviada de volta para o cliente, dessa forma, dando à página JSP mais tempo para definir códigos de status e cabeçalhos apropriados ou para expedir um outro recurso Web. Um buffer menor diminui a carga de memória do servidor e permite ao cliente começar a receber dados mais rapidamente.

Como tratar erros

Qualquer número de exceções pode surgir quando uma página JSP é executada. Para especificar que o contêiner Web deveria expedir controle para uma página de erro se ocorrer uma exceção, vai a seguinte diretiva de página no início de sua página JSP:

```
<%@ page errorPage="file_name" %>
```

A página do aplicativo da Duke´s Bookstore prelude.jspf contém a diretiva

```
<%@ page errorPage="errorpage.jsp"%>
```

A diretiva de página seguinte no início da errorpage.jsp indica que ela está atuando como uma página de erro.

```
<%@ page isErrorPage="true" %>
```

Esta diretiva torna disponível um objeto de tipo javax.servlet.jsp.ErrorData para a página de erro de modo que você possa obter, interpretar e possivelmente exibir informações sobre a causa da exceção na página de erro. Você acessa o objeto de dados de erro em uma linguagem de expressão (veja Linguagem de expressão) através do contexto de página. Assim, ${pageContext.errorData.statusCode} é usado para obter o código de status, e ${pageContext.error-Data.throwable} obtém a exceção. Se a exceção for gerada durante a avaliação de uma expressão EL, você poderá obter a causa da raiz da exceção usando a expressão:

```
${pageContext.errorData.throwable.rootCause}
```

Por exemplo, a página de erro para a Duke´s Bookstore é:

```
<%@ page isErrorPage="true" %>
<%@ taglib uri="http://java.sun.com/jsp/jstl/core"
  prefix="c" %>
<%@ taglib uri="http://java.sun.com/jsp/jstl/fmt"
  prefix="fmt" %>
<html>
<head>
<title><fmt:message key="ServerError"/></title>
</head>
<body bgcolor="white">
<h3>
<fmt:message key="ServerError"/>
</h3>
<p>
${pageContext.errorData.throwable}
<c:choose>
  <c:when test="${!empty
    pageContext.errorData.throwable.cause}">
    : ${pageContext.errorData.throwable.cause}
  </c:when>
  <c:when test="${!empty
    pageContext.errorData.throwable.rootCause}">
    : ${pageContext.errorData.throwable.rootCause}
  </c:when>
</c:choose>
</body>
</html>
```

Nota: Você também pode definir páginas de erro para o WAR que contêm uma página JSP. Se as páginas de erro forem definidas tanto para a página WAR, como para uma página JSP, a página de erro da página JSP tem preferência.

Como criar um conteúdo estático

Você cria conteúdo estático em uma página JSP simplesmente escrevendo-o como se fosse escrever uma página constituída somente desse conteúdo. Conteúdo estático pode ser expresso em um formato baseado em texto, tal como HTML. Se você quiser usar um formato diferente de HTML, no início de sua página JSP, você incluirá uma diretiva de página com o atributo

contentType definido para o tipo de conteúdo. O objetivo da diretiva do contentType é permitir ao browser interpretar corretamente o conteúdo resultante. Portanto, se você quisesse uma página que contivesse dados expressos em WML, você incluiria a seguinte diretiva:

```
<%@ page contentType="text/vnd.wap.wml"%>
```

Um registro de nomes de tipos de conteúdo é mantido pela IANA no endereço

`http://www.iana.org/assignments/media-types/.`

Codificação da página e da resposta

Você também pode usar o atributo contentType para especificar a codificação da resposta. Por exemplo, o aplicativo da data especifica que as páginas deveriam ser codificadas usando UTF-8, uma codificação que suporta quase todas as locales, usando a seguinte diretiva de página:

```
<%@ page contentType="text/html; charset=UTF-8" %>
```

Se a codificação da resposta não for definida, os dados localizados não seriam renderizados corretamente.

Para definir a codificação da fonte da página propriamente dita, você usaria a seguinte diretiva de página:

```
<%@ page pageEncoding="UTF-8" %>
```

Você também pode definir a codificação de página de um conjunto de páginas JSP. O valor da codificação de página varia dependendo da configuração especificada na seção de configuração JSP do descritor de implantação do aplicativo Web (veja Como declarar codificações de páginas).

Como criar conteúdo dinâmico

Você cria conteúdo dinâmico acessando as propriedades de objeto da linguagem de programação Java.

Como usar objetos dentro de páginas JSP

Você pode acessar uma variedade de objetos, incluindo enterprise beans e componentes JavaBeans, dentro de uma página JSP. A tecnologia JSP automaticamente torna disponível alguns objetos, e você também pode criar e acessar objetos específicos do aplicativo.

Como usar objetos implícitos

Objetos implícitos são criados pelo contêiner Web e contêm informações relacionadas com uma requisição, página, sessão, ou aplicativo particular. Muitos dos objetos são definidos pela tecnologia servlet Java subjacente à tecnologia JSP e são discutidos extensivamente no Capítulo 11. A seção Objetos implícitos explica como acessar objetos implícitos usando a linguagem de expressão JSP.

Como usar objetos específicos do aplicativo

Quando possível, um comportamento do aplicativo poderia ser encapsulado em objetos de modo que os projetistas de páginas pudessem se focar sobre emissões de apresentação. Os objetos podem ser criados por desenvolvedores que são mestres na linguagem de programação Java e em acessar banco de dados e outros serviços. O principal modo para criar e usar objetos específicos do aplicativo dentro de uma página JSP é utilizar as tags padronizadas JSP (discutidas em Componentes JavaBeans) para criar componentes JavaBeans e definir suas propriedades e expressões EL para acessar suas propriedades. Você também pode acessar componentes JavaBeans e outros objetos em elementos de script, descritos no Capítulo 16.

Como usar objetos compartilhados

As condições que afetam o acesso concorrente a objetos compartilhados (descritos em Como controlar acesso concorrente para recursos compartilhados) se aplicam a objetos acessados de páginas JSP que rodam como servlets com multithreads. Você pode usar a seguinte diretiva de página para indicar como um contêiner Web funcionará se um cliente com despachos múltiplos solicitar

```
<%@ page isThreadSafe="true|false" %>
```

Quando o atributo isThreadSafe é definido para true, o contêiner Web pode escolher despachar requisições múltiplas concorrentes de cliente para a página JSP. Esta é a configuração default. Se usar true, você deve assegurar que você sincroniza adequadamente o acesso para quaisquer objetos compartilhados definidos em nível de página. Isto inclui objetos criados dentro das declarações, componentes JavaBeans com escopo de página, e atributos do objeto de página de contexto (veja Objetos implícitos).

Se isThreadSafe for definida para false, as requisições são despachadas de uma vez na ordem que forem recebidas, e o acesso a objetos de nível de página não tem de ser controlado. Todavia, você deve ainda se assegurar de que o acesso seja sincronizado adequadamente para atributos do aplicativo ou objetos de escopo de sessão e para componentes JavaBeans com aplicativo ou escopo de sessão. Além do mais, não é recomendado definir isThreadSafe para false: O servlet gerado pela página JSP implementará a interface javax.servlet.SingleThreadModel e, como a especificação de Servlet 2.4 condena SingleThreadModel, o servlet gerado conterá um código condenado.

Linguagem de expressão

Um recurso primário da tecnologia JSP versão 2.0 é seu suporte para uma linguagem de expressão (EL). Uma linguagem de expressão torna possível acessar facilmente dados de aplicativo armazenados em componentes JavaBeans. Por exemplo, a linguagem de expressão JSP permite a um autor de uma página acessar um bean utilizando sintaxe simples tal como ${name} para uma variável simples ou ${name.foo.bar} para uma propriedade aninhada. O atributo de teste da seguinte tag condicional é fornecido com uma expressão EL que compara o número de itens do bean com escopo de sessão chamado cart com 0:

```
<c:if test="${sessionScope.cart.numberOfItems > 0}">
  ...
</c:if>
```

O avaliador de expressão JSP é responsável por tratar as expressões EL, as quais estão anexadas pelos caracteres ${ } e podem incluir literais. Aqui está um exemplo:

```
<c:if test="${bean1.a < 3}" >
  ...
</c:if>
```

Qualquer valor que não comece com ${ é tratado como um literal e analisado para o tipo esperado usando o PropertyEditor para o tipo:

```
<c:if test="true" >
...
</c:if>
```

Os valores literais que contêm os caracteres ${ devem ser ter escape como:

```
<mytags:example attr1="an expression is ${'${'}true}" />
```

Como desativar a avaliação de expressão

Como o padrão que identifica as expressões EL —${ }— não foi reservado nas especificações JSP antes do JSP 2.0, pode haver aplicativos onde esse padrão foi criado para passar por um verbatim. Para impedir que o padrão seja avaliado, você pode desativar a avaliação EL.

Para desativar a avaliação de expressões EL, você especifica o atributo isELIgnored da diretiva de página:

```
<%@ page isELIgnored ="true|false" %>
```

Os valores válidos deste atributo são true e false. Se forem true, as expressões EL serão ignoradas quando aparecerem em texto estático ou em atributos de tag. Se forem false, as expressões EL serão avaliadas pelo contêiner.

O valor default varia dependendo da versão do descritor de implantação do aplicativo Web. O modo default para páginas JSP fornecidas usando um servlet 2.3 ou descritor anterior é ignorar as expressões EL; isso fornece compatibilidade retroativa. O modo default para páginas JSP fornecidas com um descritor de Servlet 2.4 é avaliar as expressões EL; isso automaticamente fornece o default que a maioria dos aplicativos quer. Você pode também desativar a avaliação de expressão EL para um grupo de páginas JSP (veja Como desativar a avaliação de expressão EL).

Como usar expressões

As expressões EL podem ser usadas:

- Em texto estático,
- Em qualquer atributo de tag personalizado ou padrão que possa aceitar uma expressão.

O valor de uma expressão em texto estático é computado e inserido na saída corrente. Se o texto estático aparecer em um corpo de tag, note que a expressão não será avaliada se o corpo for declarado ser tagdependent (veja Atributo body-content).

Existem três maneiras de definir um valor de atributo de tag:

- Com uma única construção de expressão:

  ```
  <some:tag value="${expr}"/>
  ```

  A expressão é avaliada e o resultado é coagido para o tipo esperado de atributo.

- Com uma ou mais expressões separadas ou envolvidas por texto:

  ```
  <some:tag value="some${expr}${expr}text${expr}"/>
  ```

  As expressões são avaliadas da esquerda para a direita. Cada expressão é coagida para uma String e depois concatenada com qualquer texto de intervenção. A String resultante é então coagida para o tipo esperado de atributo.

- Com texto somente:

  ```
  <some:tag value="sometext"/>
  ```

  Neste caso, o valor de String do atributo é coagido para o tipo esperado de atributo.

Expressões usadas para definir valores de atributos são avaliadas no contexto de um tipo esperado. Se o resultado da avaliação da expressão não corresponder exatamente ao tipo esperado, uma conversão de tipo será efetuada. Por exemplo, a expressão ${1.2E4 + 1.4} fornecida como valor de um atributo de tipo flutuante resultará na seguinte conversão:

```
Float.valueOf("1.2E4 + 1.4").floatValue()
```

Veja a seção JSP2.8 da especificação JSP 2.0 para as regras completas de conversão de tipo.

Variáveis

O contêiner Web avalia uma variável que aparece em uma expressão procurando seu valor de acordo com o comportamento de PageContext.findAttribute(String). Por exemplo, ao avaliar a expressão ${product}, o contêiner procurará o produto nos escopos da página, da requisição, da sessão e do aplicativo e retornará seu valor. Se o produto não for encontrado, retornará nulo. Uma variável que corresponda a um dos objetos implícitos, descritos em Objetos implícitos, retornará esse objeto implícito ao invés do valor da variável. As propriedades das variáveis são acessadas usando o operador . e podem ser aninhadas arbitrariamente.

A linguagem de expressão JSP unifica o tratamento dos operadores . e []. expr-a.expr-b é equivalente a a["expr-b"]; isto é, a expressão expr-b é usada para construir uma literal cujo valor é o identificador, e depois o operador [] é usado com esse valor.

Para avaliar expr-a[expr-b], avalie expr-a em value-a e avalie exprb em value-b. Se tanto value-a como value-b forem nulos, retorne nulo.

- Se value-a for um Map, retorna value-a.get(value-b). Se !value-a.containsKey(value-b), então retorna nulo.
- Se value-a para uma List ou array, coaja value-b para int e retorne valuea.get(value-b) ou Array.get(value-a, value-b), como apropriado. Se a coerção não puder ser realizada, um erro será retornado. Se a chamada get retornar uma exceção IndexOutOfBoundsException, nulo será retornado. Se a chamada get retornar uma outra exceção, um erro será retornado.
- Se value-a for um objeto JavaBeans, force value-b para String. Se value-b for uma propriedade de legível de value-a, então retorne o resultado de uma chamada get. Se o método get lançar uma exceção, um erro retornará.

Objetos implícitos

A linguagem de expressão JSP define um conjunto de objetos implícitos:

- pageContext: O contexto para a página JSP. Fornece acesso para vários objetos inclusive:
  - servletContext: O contexto para o servlet da página JSP e quaisquer componentes Web contidos no mesmo aplicativo. Veja Como acessar o contexto Web
  - session: O objeto session para o cliente. Veja Como manter o estado do cliente
  - request: A requisição que dispara a execução da página JSP. Veja Como obter informações das requisições
  - response: A resposta retornada pela página JSP. Veja Como construir respostas

Além disso, diversos objetos implícitos estão disponíveis e permitem fácil acesso aos seguintes objetos:

- param: Mapeia um nome de parâmetro de requisição para um valor único
- paramValues: Mapeia um nome de parâmetro de requisição para um array de valores
- header: Mapeia um nome de cabeçalho de requisição para um valor único
- headerValues: Mapeia um nome de cabeçalho de requisição para um array de valores
- cookie: Mapeia um nome de cookie para um cookie único
- initParam: Mapeia um nome de parâmetro de inicialização de contexto para um único valor

Finalmente, há objetos que permitem acesso a várias variáveis de escopo descritas em Como usar objetos de escopo:

- pageScope: Mapeia nomes de variáveis de escopo de página para seus valores
- requestScope: Mapeia nomes de variáveis de escopo de requisição para seus valores

- sessionScope: Nomes de variáveis de escopo de sessão para seus valores
- applicationScope: Nomes de variáveis de escopo do aplicativo para seus valores

Quando uma expressão referencia um desses objetos pelo nome, o objeto apropriado é retornado no lugar do atributo correspondente. Por exemplo, ${pageContext} retorna o objeto PageContext, mesmo que haja um atributo pageContext contendo algum outro valor.

Literais

A linguagem de expressão JSP define os seguintes literais:

- Boolean: verdadeiro e falso
- Integer: como em Java
- Floating point: como em Java
- String: com aspas simples e duplas ; " é escapado como \", ' é escapado como \', e \ é escapado como \\.
- Null: nulo

Operadores

Além dos operadores . e [] discutidos em Variáveis, a linguagem de expressão JSP fornece os seguintes operadores:

- Aritmético: +, - (binário), *, / and div, % e mod, - (unário)
- Lógico: and, &&, or, ||, not, !
- Relacional: ==, eq, !=, ne, <, lt, >, gt, <=, ge, >=, le. Comparações podem ser feitas contra outros valores, ou contra literais boolean, string, inteiro, ou ponto flutuante.
- Vazio: O operador empty é uma operação de prefixo que poder ser usada para determinar se um valor é nulo ou vazio.
- Condicional: A ? B : C. Avalie B ou C, dependendo do resultado da avaliação de A.

A prioridade dos operadores do nível mais alto para o nível mais baixo, da esquerda para a direita, é como segue:

- [] .
- () – Usado para alterar a prioridade dos operadores.
- - (unário) not ! empty
- * / div % mod
- + - (binário)
- < > <= >= lt gt le ge
- == != eq ne
- && and
- || or
- ? :

Palavras reservadas

As seguintes palavras são reservadas para a linguagem de expressão JSP e não deveriam ser usadas como identificadores.

```
and  eq  gt  true   instanceof
or   ne  le  false  empty
not  lt  ge  null   div  mod
```

Note que muitas dessas palavras não estão na linguagem agora, mas elas podem estar no futuro, portanto, você deveria evitar usá-las.

Exemplos

A Tabela 12-2 contém expressões EL de exemplo e o resultado de avaliá-las.

Tabela 12-2 Expressões de exemplo

Expressão EL	Resultado
${1 > (4/2)}	falso
${4.0 >= 3}	verdadeiro
${100.0 == 100}	verdadeiro
${(10*10) ne 100}	falso
${'a' < 'b'}	verdadeiro
${'hip' gt 'hit'}	falso
${4 > 3}	verdadeiro
${1.2E4 + 1.4}	12001.4
${3 div 4}	0.75
${10 mod 4}	2
${!empty param.Add}	Verdadeiro se o parâmetro de requisição chamado Add for nulo ou uma string vazia.
${pageContext.request.contextPath}	O caminho do contexto
${sessionScope.cart.numberOfItems}	O valor da propriedade numberOfItems do atributo com escopo de sessão chamado cart
${parâmetro['mycom.productId']}	O valor do parâmetro de requisição chamado mycom. productId
${header["host"]} The host	O host
${departments[deptName]}	O valor da entrada chamada deptName no mapa departments
${requestScope['javax.servlet. forward. servlet_path']}	O valor do atributo com escopo de requisição chamado javax.servlet.forward.servlet_path

Funções

A linguagem de expressão JSP permite que você defina uma função que possa ser chamada em uma expressão. As funções definidas usando os mesmos mecanismos como tags personalizadas (Veja Como usar tags personalizadas, Capítulo 15).

Como usar funções

Funções podem aparecer em textos estáticos e valores de atributos de tag.

Para usar uma função em uma página JSP, você usa uma diretiva de taglib para importar a biblioteca de tags contendo a função. Depois você prefacia a chamada de função com um prefixo declarado na diretiva.

Por exemplo, a página de exemplo de data index.JSP importa a biblioteca /functions e chama a função *equals* em uma expressão:

```
<%@ taglib prefix="f" uri="/functions"%>
...
  <c:when
    test="${f:equals(selectedLocaleString,
      localeString)}" >
```

Como definir funções

Para definir uma função você a programa como um método estático público em uma classe pública. A classe mypkg.MyLocales na exemplo de data define uma função que testa a igualdade de duas Strings como segue:

```
package mypkg;
public class MyLocales {

  ...
  public static boolean equals( String l1, String l2 ) {
    return l1.equals(l2);
  }
}
```

Depois você mapeia o nome da função como usado na expressão da EL para a classe de definição e assinatura de função em um TLD. O próximo arquivo functions.tld no exemplo da data mapeia a função *equals* para a classe que contém a implementação da função *equals* e a assinatura da função:

```
<function>
  <name>equals</name>
  <function-class>mypkg.MyLocales</function-class>
  <function-signature>boolean equals( java.lang.String,
    java.lang.String )</function-signature>
</function>
```

Uma biblioteca de tags pode ter somente um elemento de função que tenha qualquer elemento de nome dado.

Componentes JavaBeans

Componentes JavaBeans são classes Java que podem ser facilmente reutilizados e compostos juntos em aplicativos. Qualquer classe Java que segue determinadas convenções de projeto é um componente JavaBeans.

A tecnologia JavaServer Pages suporta diretamente o uso de componentes JavaBeans com elementos de linguagem JSP padrão. Você pode facilmente criar e inicializar beans e obter e definir os valores de suas propriedades.

Convenções de projeto de componentes JavaBeans

As convenções de projeto de componente JavaBeans governam as propriedades da classe e governam os métodos públicos que fornecem acesso para as propriedades.

Uma propriedade de um componente JavaBeans pode ser

- Leitura/escrita, somente leitura, ou somente escrita
- Simples, o que significa que ela contém um valor único, ou indexada, o que significa que ela representa um array de valores.

Uma propriedade não tem de ser implementada por uma variável de instância. Ela deve simplesmente ser acessível utilizando métodos públicos que estejam de acordo com as seguintes convenções:

- Para cada propriedade de leitura, o bean deve ter um método do formato

  ```
  PropertyClass getProperty() { ... }
  ```

- Para cada propriedade de escrita, o bean deve ter um método do formato

  ```
  setProperty(PropertyClass pc) { ... }
  ```

Além dos métodos da propriedade, um componente JavaBeans deve definir um construtor que não aceite parâmetros.

As páginas JSP do aplicativo da Duke´s Bookstore bookstore.jsp, bookdetails.jsp, catalog.jsp e showcart.JSP utilizam os componentes JavaBeans database.BookDB e database.BookDetails. BookDB fornece um componente JavaBeans de front end para acessar o objeto database.BookDB. As páginas JSP showcart.jsp e cashier.jsp acessam o bean cart.ShoppingCart, que representa um carrinho de compras do usuário.

O bean BookDB tem duas propriedades de escrita: bookId e database, e três propriedades de leitura: bookDetails, numberOfBooks e books. Estas últimas propriedades não correspondem a quaisquer variáveis de instância, mas, antes, são uma função das propriedades bookId e database.

```
package database
public class BookDB {
private String bookId = "0";
private BookDBAO database = null;
  public BookDB () {
  }
  public void setBookId(String bookId) {
  this.bookId = bookId;
  }
  public void setDatabase(BookDBAO database) {
  this.database = database;
  }
  public BookDetails getBookDetails() throws
    BookNotFoundException {
    return (BookDetails)database.getBookDetails(bookId);
  }
  public List getBooks() throws BooksNotFoundException {
    return database.getBooks();
  }
  public void buyBooks(ShoppingCart cart)
    throws OrderException {
    database.buyBooks(cart);
  }
```

```
  public int getNumberOfBooks() throws BooksNotFoundException {
    return database.getNumberOfBooks();
  }
}
```

Como criar e utilizar um componente JavaBeans

Para declarar que a sua página JSP usará um componente JavaBeans, você utiliza um elemento jsp:useBean. Existem duas formas:

```
<jsp:useBean id="beanName"
  class="fully_qualified_classname" scope="scope"/>
```

e

```
<jsp:useBean id="beanName"
  class="fully_qualified_classname" scope="scope">
  <jsp:setProperty .../>
</jsp:useBean>
```

A segunda forma é utilizada quando você quer incluir declarações jsp:setProperty, descritas na próxima seção, para inicializar propriedades do bean.

O elemento jsp:useBean declara que a página utilizará um bean que está armazenado dentro e está acessível a partir do escopo especificado, o qual pode ser aplicativo, sessão, requisição ou página. Se tal bean não existir, a declaração criará o bean e o armazenará como um atributo do objeto de escopo (veja Como utilizar objetos de escopo). O valor do atributo id determina o nome do bean no escopo e o *identificador* usado para referenciar o bean nas expressões EL, outros elementos JSP e expressões de script (veja Capítulo 16). O valor fornecido para o atributo de classe deve ser um nome de classe totalmente qualificado. Note que os beans não podem estar em um pacote sem nome. Dessa forma, o formato do valor deve ser *package_name.class_name*.

O elemento seguinte cria uma instância de mypkg.myLocales se não existir nenhuma, ele vai armazená-la como um atributo do escopo do aplicativo, isso tornará o bean disponível em todo o aplicativo pelo identificador locales:

```
<jsp:useBean id="locales" scope="application"
  class="mypkg.MyLocales"/>
```

Como definir as propriedades de um componente JavaBeans

O padrão para definir as propriedades de um componente JavaBeans em uma página JSP é a utilização o elemento jsp:setProperty. A sintaxe do elemento jsp:setProperty depende da origem do valor da propriedade. A Tabela 12-3 resume as várias maneiras de definir uma propriedade de um componente JavaBeans usando o elemento jsp:setProperty.

Uma propriedade definida de uma string constante ou de um parâmetro de requisição deve ter um dos tipos listados na Tabela 12-4. Como constantes e parâmetros de requisição são strings, o contêiner Web automaticamente converte o valor para o tipo de propriedade; a conversão aplicada é mostrada na tabela.

Tabela 12-3 Atribuições válidas de propriedade bean a partir de valores de String

Origem do valor	Sintaxe do elemento
Constante de String	<jsp:setProperty name=*"beanName"* property=*"propName"* value=*"string constant"*/>
Parâmetro de requisição	<jsp:setProperty name=*"beanName"* property=*"propName"* param=*"param Name"*/>
Nome do parâmetro de requisição que corresponde à propriedade do bean	<jsp:setProperty name=*"beanName"* property=*"propName"*/> <jsp:setProperty name=*"beanName"* property="*"/>
Expressão	<jsp:setProperty name=*"beanName"* property=*"propName"* value=*"expression"*/> <jsp:setProperty name=*"beanName"* property=*"propName"* > <jsp:attribute name="value"> *expression* </jsp:attribute> </jsp:setProperty>
	1. *beanName* deve ser o mesmo como especificado para o atributo id em um elemento useBean 2. Deve haver um método *setPropName* no componente JavaBeans 3. *paramName* deve ser um nome de parâmetro de requisição

Tabela 12-4 Atribuições válidas de valor de uma propriedade a partir de valores de String

Tipo de propriedade	Conversão em valores de String
Bean Property	Utiliza setAsText(string-literal)
boolean ou Boolean	Como indicada em java.lang.Boolean.valueOf(String)
byte ou Byte	Como indicada em java.lang.Byte.valueOf(String)
char ou Character	Como indicada em java.lang.String.charAt(0)
double ou Double	Como indicada em java.lang.Double.valueOf(String)
int ou Integer	Como indicada em java.lang.Integer.valueOf(String)
float ou Float	Como indicada em java.lang.Float.valueOf(String)
long ou Long	Como indicada em java.lang.Long.valueOf(String)
short ou Short	Como indicada em java.lang.Short.valueOf(String)
Object	new String(string-literal)

Valores de String podem ser usados para atribuir valores a uma propriedade que tenha uma classe PropertyEditor. Quando esse for o caso, o método setAsText(String) será utilizado. Uma falha de conversão surgirá se o método lançar uma exceção IllegalArgumentException.

O valor atribuído para uma propriedade indexada deve ser um array, e as regras recém- descritas se aplicam aos elementos.

Você usa uma expressão para definir o valor de uma propriedade cujo tipo é um de linguagem de programação Java de composição. O tipo retornado de uma expressão deve corresponder ou ser convertido para o tipo da propriedade.

O aplicativo da Duke´s Bookstore demonstra como utilizar o elemento setProperty para definir o livro corrente de um parâmetro de requisição no bean database em bookstore2/web/bookdetails.jsp:

```
<c:set var="bid" value="${param.bookId}"/>
<jsp:setProperty name="bookDB" property="bookId"
  value="${bid}" />
```

O fragmento seguinte da página bookstore2/web/bookshowcart.jsp ilustra como inicializar um BookDB com um objeto database. Como a inicialização está aninhada em um elemento useBean, ela é executada somente quando o bean é criado.

```
<jsp:useBean id="bookDB" class="database.BookDB" scope="page">
  <jsp:setProperty name="bookDB" property="database"
    value="${bookDBAO}" />
</jsp:useBean>
```

Como obter as propriedades do componente JavaBeans

O modo principal de obter as propriedades do componente JavaBeans é usando as expressões EL JSP. Assim, para obter um título de livro, o aplicativo da Duke´s Bookstore, use a seguinte expressão:

```
${bookDB.bookDetails.title}
```

Um outro modo de obter as propriedades do componente é utilizar o elemento jsp:getProperty. Este elemento converte o valor da propriedade em uma String e insere o valor em um fluxo de resposta:

```
<jsp:getProperty name="beanName" property="propName"/>
```

Note que beanName deve ser o mesmo que o especificado para o atributo id em um elemento useBean, e deve haver um método *getPropName* no componente JavaBeans. Embora o método preferido para obter as propriedades seja utilizar uma expressão EL, o elemento getProperty estará disponível se você precisar desabilitar a avaliação de expressão.

Como usar tags personalizadas

Tags personalizadas são elementos de linguagem JSP definidas pelo usuário que encapsula tarefas repetitivas. As tags personalizadas são distribuídas em uma biblioteca de tags, a qual define um conjunto de tags personalizadas e contém os objetos que implementam as tags.

As tags personalizadas têm a sintaxe:

```
<prefix:tag attr1="value" ... attrN="value" />
```

ou

```
<prefix:tag attr1="value" ...  attrN="value" >
  corpo
</prefix:tag
```

onde prefix distingue as tags pra uma biblioteca, tag é o identificador de tag, e attr1 ... attrN são atributos que modificam o comportamento da tag.

Para usar uma tag personalizada em uma página JSP, você deve

- ❑ Declarar a biblioteca de tags que contém a tag.
- ❑ Tornar disponível a implementação da biblioteca de tags para o aplicativo Web.

Veja o Capítulo 15 para informações detalhadas sobre os tipos diferentes de tags e como implementar tags.

Como declarar bibliotecas de tags

Para declarar que uma página JSP utilizará tags definidas em uma biblioteca de tags, você inclui uma diretiva de taglib na página antes que qualquer tag personalizada dessa biblioteca de tags seja usada. Se você esqueceu de incluir a diretiva de página para uma biblioteca de tags em uma página JSP, o compilador JSP tratará qualquer chamada da tag personalizada dessa biblioteca como dado estático e, simplesmente, inserirá o texto de chamada da tag personalizada dentro da resposta.

```
<%@ taglib prefix="tt" [tagdir=/WEB-INF/tags/dir | uri=URI ] %>
```

O atributo prefix define o prefixo que distingue tags definidas por uma determinada biblioteca de tags daquelas fornecidas por outras bibliotecas de tags.

Se a biblioteca de tags for definida com arquivos de tag (veja Como encapsular conteúdo reutilizável com arquivos de tag), você fornecerá o atributo tagdir para identificar a localização dos arquivos. O valor do atributo deve começar com /WEB-INF/tags/. Um erro de tradução ocorrerá se o valor apontar para um diretório que não exista ou se for usado em conjunção com o atributo uri.

O atributo uri se refere a um URI que identifica exclusivamente o descritor de biblioteca de tags (tag library descriptor, TLD), um documento que descreve a biblioteca de tags (veja Descritores de biblioteca de tags)

Os arquivos do descritor de biblioteca de tags devem ter a extensão .tld. Arquivos TLD são armazenados no diretório WEB-INF ou um subdiretório do arquivo WAR ou no diretório META-INF/ ou subdiretório de uma biblioteca de tags empacotado em um JAR. Você pode referenciar um TLD direta ou indiretamente.

A seguinte diretiva de taglib referencia diretamente um nome de arquivo:

```
<%@ taglib prefix="tlt" uri="/WEB-INF/iterator.tld"%>
```

Esta diretiva de taglib utiliza um nome curto e lógico para referenciar indiretamente o TLD:

```
<%@ taglib prefix="tlt" uri="/tlt"%>
```

O exemplo do iterador define e usa uma tag de iteração simples. As páginas JSP utilizam um nome lógico para referenciar o TLD. Uma amostra iterator.war é fornecida em *INSTALL*>/j2eetutorial14/examples/web/provided-wars/. Para construir e empacotar o exemplo, siga estas etapas:

1. Em uma janela de terminal, vá para <*INSTALL*>/j2eetutorial14/examples/web/iterator/.
2. Rode asant build. Este target gerará todas as compilações necessárias e copiará os arquivos para o diretório <*INSTALL*>/j2eetutorial14/examples/web/iterator/build/.

3. Inicie deploytool.
4. Crie um aplicativo Web chamado *iterator* rodando o assistente New Web Component. Selecione File → New → Web Component.
5. No assistente New Web Component:
   a. Selecione o botão de rádio Create New Stand-Alone WAR Module.
   b. Clique Browse.
   c. No campo WAR Location, entre <*INSTALL*>/docs/tutorial/examples/web/iterator/iterator.war.
   d. No campo WAR Name, entre iterator.
   e. No campo Context Root, entre /iterator.
   f. Clique Edit Contents.
   g. Na caixa de diálogo Edit Contents, navegue para <*INSTALL*>/docs/tutorial/examples/web/iterator/build/. Selecione as páginas JSP index.jsp e list.jsp, e iterator.tld e clique Add. Note que iterator.tld foi colocado em /WEB-INF/.
   h. Clique Next.
   i. Selecione o botão de rádio No Component.
   j. Clique Next.
   k. Clique Finish.

Você mapeia um nome lógico para um local absoluto no descritor de implantação do aplicativo Web. Para o exemplo do iterador, mapeie o nome lógico /tlt para a localização absoluta /WEB-INF/iterator.tld usando deploytool seguindo estas etapas:

1. Selecione a guia File Ref's.
2. Clique o botão Add Tag Library da guia JSP Tag Libraries.
3. Entre o URI/tlt relativo no campo Coded Reference.
4. Entre a localização absoluta /WEB-INF/iterator.tld no campo Tag Library.

Você também pode referenciar um TLD em uma diretiva de página usando um URI absoluto.

Por exemplo, os URIs absolutos para a biblioteca JSTL são:

- *Core*: http://java.sun.com/jsp/jstl/core
- *XML*: http://java.sun.com/jsp/jstl/xml
- *Internationalização*: http://java.sun.com/jsp/jstl/fmt
- *SQL*: http://java.sun.com/jsp/jstl/sql
- *Funções*: http://java.sun.com/jsp/jstl/functions

Quando você referencia uma biblioteca de tags com um URI absoluto que corresponda exatamente ao URI declarado no elemento taglib do TLD (veja Descritores de biblioteca de tags), você não tem de adicionar o elemento taglib para web.xml; o contêiner JSP localiza automaticamente o TLD dentro da implementação de bibliotecas JSTL.

Como incluir a implementação de biblioteca de tags

Além de declarar a biblioteca de tags, você também pode tornar a implementação de biblioteca de tags disponível para o aplicativo Web. Existem várias maneiras de fazer isso. As implementações de bibliotecas de tags podem ser incluídas em um WAR em um formato desempacotado: arquivos de tag são empacotados no diretório /WEB-INF/tag, e as classes tratadoras de tags são empacotadas no diretório /WEB-INF/classes/ do WAR. As bibliotecas de tags já empacotadas em um arquivo JAR estão incluídas no diretório /WEB-INF/lib/

do WAR. Finalmente, um servidor de aplicativo pode carregar uma biblioteca de tags para dentro de todos os aplicativos Web que estão rodando no servidor. Por exemplo, no Servidor de Aplicativo, as bibliotecas e TLDs JSTL são distribuídas no repositório appserv-jstl.jar em <*J2EE_HOME*>/lib/. Esta biblioteca é carregada automaticamente no classpath (caminho de classe) de todos os aplicativos Web rodando no Servidor de Aplicativo, portanto você não precisa adicioná-lo ao seu aplicativo Web.

Para empacotar a implementação de biblioteca de tags do iterador no diretório /WEB-INF/classes/ e implantar o exemplo do iterador com deploytool, siga estas etapas:

1. Selecione a guia General.
2. Clique Edit Contents.
3. Adicione as classes de biblioteca de tags do iterador.
   a. Na caixa de diálogo Edit Contents, navegue para <*INSTALL*>/docs/tutorial/examples/web/iterator/build/.
   b. Selecione o iterador e os pacotes myorg e clique Add. Note que as classes de implementação de biblioteca de tags estão empacotadas no diretório /WEB-INF/classes/.
4. Clique OK.
5. Selecione File → Save.
6. Inicie o Servidor de Aplicativo.
7. Implante o aplicativo.
   a. Select Tools → Deploy.
   b. Click OK.

Para rodar o aplicativo do iterador, abra o URL do iterador http://localhost:8080/ em um browser.

Como reutilizar o conteúdo em páginas JSP

Existem muitos mecanismos para reutilizar o conteúdo JSP em uma página JSP. Três mecanismos podem ser categorizados como reutilização direta – a diretiva de inclusão, prelúdios e codas, e o elemento jsp:include – são discutidos aqui. Um método indireto de reutilização de conteúdo ocorre quando um arquivo de tag é utilizado para definir uma tag personalizada que é usada por muitos aplicativos Web. Os arquivos de tag são discutidos na seção Como encapsular conteúdo reutilizável com arquivos de tags no Capítulo 15.

A diretiva include é processada quando a página JSP é traduzida para uma classe do servlet. O efeito da diretiva é inserir o texto contido em outro arquivo – quer de conteúdo estático como de uma outra página JSP – para inclusão na página JSP. Você provavelmente utilizaria a diretiva include para incluir conteúdo de banner, informações de direitos autorais, ou qualquer pedaço de conteúdo que pudesse querer reutilizar em uma outra página. A sintaxe da diretiva include é:

```
<%@ include file="filename" %>
```

Por exemplo, todas as páginas do aplicativo da Duke´s Bookstore poderiam incluir o arquivo banner.jspf, que guarda o conteúdo do banner, utilizando a seguinte diretiva:

```
<%@ include file="banner.jspf" %>
```

Uma outra maneira de fazer uma inclusão estática é usar os mecanismos: prelúdio e coda, descritos em Como definir inclusões implícitas. Esta é a técnica usada pelo aplicativo da Duke´s Bookstore.

Como você deve colocar um diretiva include (diretiva de inclusão) em cada arquivo que reutiliza o recurso referenciado pela diretiva, esta técnica tem suas limitações. Prelúdios e codas podem ser aplicados somente nos inícios e finais de páginas. Para uma abordagem mais flexível para construir páginas de blocos de conteúdo, consulte Biblioteca de tags de template.

O elemento jsp:include é processado quando uma página JSP é executada. A ação de inclusão permite que você inclua tanto um recurso estático como dinâmico em um arquivo JSP. Os resultados de inclusão de recursos estáticos e dinâmicos são bastante diferentes. Se o recurso for estático, seu conteúdo será inserido ao chamar o arquivo JSP. Se o recurso for dinâmico, a requisição será enviada para o recurso incluído, a página incluída será executada, e depois o resultado vai ser incluído na resposta de chamada da página JSP. A sintaxe para o elemento jsp:include é

```
<jsp:include page="includedPage" />
```

O aplicativo hello1 discutido em Como empacotar módulos Web utiliza a seguinte declaração para incluir a página que gera a resposta:

```
<jsp:include page="response.jsp"/>
```

Como transferir o controle para um outro componente Web

O mecanismo para transferir o controle para um outro componente Web a partir de uma página JSP utiliza a funcionalidade fornecida pela API do servlet Java como descrito em Como transferir o controle para um outro componente Web. Você acessa esta funcionalidade a partir de uma página JSP usando o elemento jsp:forward:

```
<jsp:forward page="/main.jsp" />
```

Note que se algum dado já foi retornado para um cliente, o elemento jsp:forward falhará com uma exceção IllegalStateException.

Elemento jsp:param

Quando um elemento include ou forward for invocado, o objeto da requisição original será fornecido para a página de destino. Se você deseja fornecer dados adicionais a essa página, pode anexar parâmetros ao objeto request utilizando o elemento jsp:param:

```
<jsp:include page="..." >
  <jsp:param name="param1" value="value1"/>
</jsp:include
```

Quando jsp:include ou jsp:forward é executado, a página incluída ou a página expedida verá o objeto de requisição original, com os parâmetros originais aumentados com os novos parâmetros e os novos valores tomando prioridade sobre os valores existentes quando aplicáveis. Por exemplo, se a requisição tem um parâmetro A=foo e um parâmetro A=bar for especificado para expedir, a requisição de expedição terá A=bar,foo. Note que o novo parâmetro tem prioridade.

O escopo dos novos parâmetros é a chamada de jsp:include ou de jsp:forward; isto é, no caso de um jsp:include, os novos parâmetros (e valores) não se aplicarão depois da inclusão.

Como incluir um applet

Você pode incluir um applet ou um componente JavaBeans em uma página JSP usando o elemento jsp:plugin. Este elemento gera HTML que contém o construtor apropriado dependente do browser do cliente (<object> ou <embed>) que resultará no download do software Java Plug-in (se necessário) e o componente do lado do cliente e na execução subseqüente de qualquer componente do lado do cliente. A sintaxe para o elemento jsp:plugin é:

```
<jsp:plugin
  type="bean|applet"
  code="objectCode"
  codebase="objectCodebase"
  { align="alignment" }
  { archive="archiveList" }
  { height="height" }
  { hspace="hspace" }
  { jreversion="jreversion" }
  { name="componentName" }
  { vspace="vspace" }
  { width="width" }
  { nspluginurl="url" }
  { iepluginurl="url" } >
  { <jsp:params>
    { <jsp:param name="paramName" value= paramValue" /> }+
  </jsp:params> }
  { <jsp:fallback> arbitrary_text </jsp:fallback> }
</jsp:plugin>
```

A tag jsp:plugin é substituída tanto por uma tag <object> como por uma tag <embed> como apropriado para o cliente requisitante. Os atributos da tag jsp:plugin fornecem dados de configuração para a apresentação do elemento bem como a versão do plug-in requerido. Os atributos nspluginurl e iepluginurl sobrescrevem o URL padronizado onde o plug-in pode fazer o download.

O elemento jsp:params especifica os parâmetros para o applet ou o componente JavaBeans. O elemento jsp:fallback indicará o conteúdo a ser utilizado pelo browser do cliente se o plug-in não puder ser iniciado (tanto porque <object> ou <embed> não pode ser suportado pelo cliente como por causa de algum outro problema).

Se o plug-in iniciar, mas o applet, ou o componente JavaBeans, não puder ser encontrado ou iniciado, uma mensagem específica de plug-in será apresentada ao usuário, mais provavelmente uma janela pop-up reportando uma exceção ClassNotFoundException.

O /template/prelude.jspf da página da Duke´s Bookstore cria o banner que exibe um relógio digital dinâmico gerado por DigitalClock (veja Figura 12-3).

Aqui está o elemento jsp:plugin utilizado para baixar o applet por download:

```
<jsp:plugin
  type="applet"
  code="DigitalClock.class"
  codebase="/bookstore2"
  jreversion="1.4"
  align="center" height="25" width="300"
  nspluginurl="http://java.sun.com/j2se/1.4.2/download.html"
  iepluginurl="http://java.sun.com/j2se/1.4.2/download.html" >
  <jsp:params>
    <jsp:param name="language"
      value="${pageContext.request.locale.language}" />
    <jsp:param name="country"
      value="${pageContext.request.locale.country}" />
```

```
    <jsp:param name="bgcolor" value="FFFFFF" />
    <jsp:param name="fgcolor" value="CC0066" />
  </jsp:params>
  <jsp:fallback>
    <p>Unable to start plugin.</p>
  </jsp:fallback>
</jsp:plugin>
```

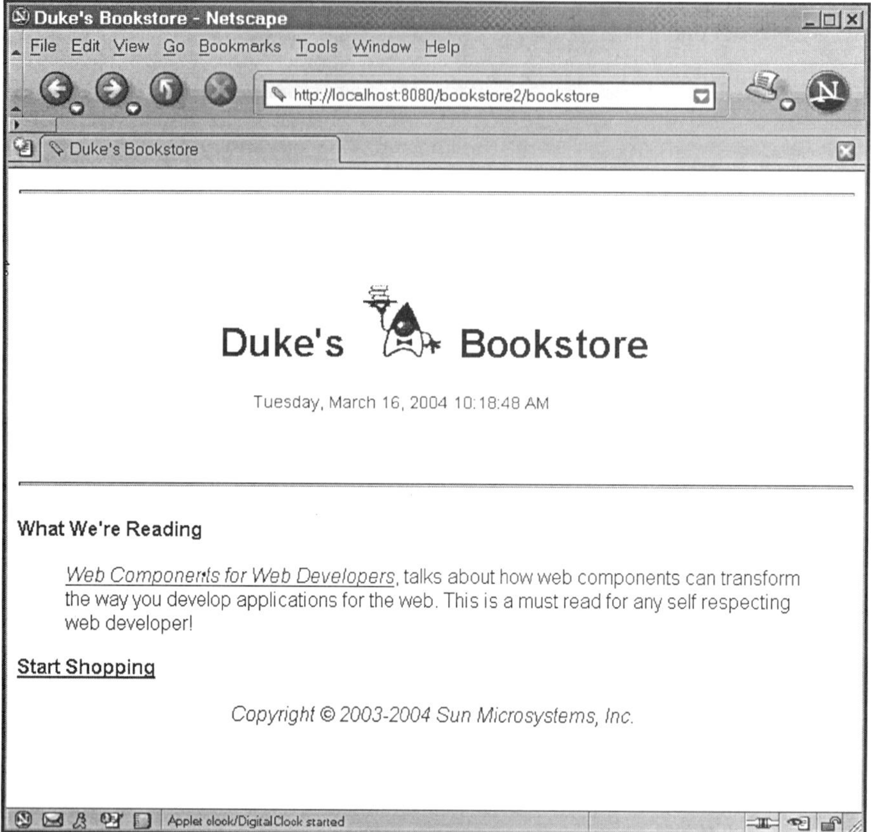

Figura 12-3 *Duke´s Bookstore com Applet*

Como definir propriedades para grupos de páginas JSP

É possível especificar certas propriedades para um grupo de páginas JSP:

- Avaliação de linguagem de expressão
- Tratamento de elementos de script (veja Como desabilitar script)
- Codificação de páginas
- Inclusão automática de prelúdio e de coda

Um grupo de propriedade JSP é definido denominando o grupo e especificando um ou mais padrões de URL; todas as propriedades do grupo se aplicam aos recursos que correspondem a quaisquer dos padrões de URL. Se um recurso corresponde aos padrões de URL em mais de um grupo, o padrão mais específico é aplicado. Para definir um grupo de propriedades usando deploytool, siga estas etapas:

1. Selecione o WAR.
2. Selecione a guia JSP Properties.
3. Clique o botão Add próximo à lista de Name.

4. Entre o nome do grupo de propriedade.
5. Clique o botão Add próximo à lista de URL Pattern.
6. Entre o URL Pattern (uma expressão regular, tal como *.jsp).

As seções seguintes discutem as propriedades e explicam como elas são interpretadas para várias combinações de propriedades de grupo, diretivas de página individual, e versões do descritor de implantação do aplicativo Web.

Como desativar a avaliação da expressão EL

Cada página JSP tem um modo default para a avaliação de expressões EL. O valor default varia dependendo da versão do descritor de implantação do aplicativo Web. O modo default para páginas JSP fornecidas usando um servlet 2.3 ou descritor anterior é ignorar as expressões EL; isso fornece compatibilidade retroativa. O modo default para páginas JSP fornecidas com um descritor de Servlet 2.4 é avaliar expressões EL; isso automaticamente fornece o default que a maioria dos aplicativos quer. Para arquivos de tag (veja Como encapsular conteúdo reutilizável com arquivos de tag), o default é sempre avaliar expressões.

Você pode sobrescrever o modo default através do atributo isELIgnored da diretiva de página em páginas JSP e através do atributo isELIgnored da diretiva de tag em arquivos de tag. Você pode também modificar explicitamente o modo default definindo o valor da caixa de verificação EL Evaluation Ignored na guia JSP Properties. A Tabela 12-5 resume as definições de avaliação EL definidas para páginas JSP e seus significados.

A Tabela 12-6 resume as definições de avaliação da EL para os arquivos de tag e seus significados.

Tabela 12-5 Definições de avaliação da EL para páginas JSP

Configuração JSP	**Diretiva de página isELIgnored**	**EL Encontrada**
Não especificada	Não especificada	Avaliada se 2.4 web.xml Ignorada se <= 2.3 web.XML
Falsa	Não especificada	Avaliada
Verdadeira	Não especificada	Ignorada
Sobrescrita por diretiva de página	Falsa	Avaliada
Sobrescrita por diretiva de página	Verdadeira	Ignorada

Tabela 12-6 Definições de avaliação da EL para arquivos de tag

Diretiva de Tag isELIgnored	**EL encontrada**
Não especificada	Avaliada
Falsa	Avaliada
Verdadeira	Ignorada

Como declarar codificações de páginas

Você define a codificação de página de um grupo de páginas JSP selecionando uma codificação de página de da lista suspensa Page Encoding. Valores válidos são os mesmos que aqueles do atributo pageEncoding da diretiva de página. Um erro em tempo de tradução resultará se você definir a codificação de página de uma página JSP com um valor no elemento de configuração JSP e depois fornecer um valor diferente na diretiva pageEncoding.

Como definir inclusões implícitas

Você pode incluir implicitamente prelúdios e codas para um grupo de páginas JSP adicionando itens para as listas Include Preludes e Codas. Seus valores são caminhos relativos de contexto que devem corresponder a elementos no aplicativo Web. Quando os elementos estão presentes, os caminhos fornecidos são incluídos automaticamente (como em uma diretiva de inclusão) no início e no final, respectivamente, de cada página JSP na propriedade do grupo. Quando houver mais de um elemento include ou coda em um grupo, eles serão incluídos na ordem que eles aparecerem. Quando mais de um grupo de propriedades JSP se aplicar a uma página JSP, os elementos correspondentes serão processados na mesma ordem que aparecerem na seção de configuração JSP.

Por exemplo, o aplicativo da Duke´s Bookstore utiliza os arquivos /template/prelude.jspf e /template/coda.jspf para incluir o banner e outros boilerplates em cada tela. Para adicionar estes arquivos ao grupo de propriedades da Duke´s Bookstore usando deploytool, siga estas etapas:

1. Defina um grupo de propriedade com o nome bookstore2 e URL pattern *.jsp.
2. Clique o botão Edit próximo à lista Include Preludes.
3. Clique Add.
4. Entre /template/prelude.jspf.
5. Clique OK.
6. Clique o botão Edit próximo à lista Include Codas.
7. Clique Add.
8. Entre /template/coda.jspf.
9. Clique OK.

Prelúdios e codas podem colocar o código incluso somente no início e no final de cada arquivo. Para uma abordagem mais flexível para construir páginas dos blocos de conteúdo, veja Biblioteca de tags de template.

Informações adicionais

Para informações adicionais sobre a tecnologia JavaServer Pages, consulte:

- JavaServer Pages 2.0 specification:

  http://java.sun.com/products/jsp/download.html#specs
- The JavaServer Pages Web site:

  http://java.sun.com/products/jsp

13

Documentos JavaServer Pages

Um documento JSP é uma página JSP escrita com sintaxe XML em oposição à sintaxe-padrão descrita no Capítulo 12. Como ele é escrito com sintaxe XML, um documento JSP é também um documento XML e portanto fornece a você todas as vantagens oferecidas pelo padrão XML:

- Você pode autorar um documento JSP utilizando uma das muitas ferramentas de consciência de XML do mercado, habilitando-o a assegurar que seu documento JSP seja XML bem formado
- Você pode validar o documento JSP contra uma definição de tipo de documento (DTD)
- Você pode aninhar e escopar namespaces dentro de um documento JSP
- Você pode usar um documento JSP para intercâmbio de dados entre aplicativos Web e como parte de um pipeline XML em tempo de compilação.

Além dessas vantagens, a sintaxe XML fornece ao autor de uma página JSP menos complexidade e mais flexibilidade. Por exemplo, um autor de página pode utilizar qualquer documento XML como documento JSP. Também, elementos com sintaxe XML podem ser usados em páginas JSP escritas com sintaxe-padrão, permitindo uma transição gradual de páginas JSP para documentos JSP.

Este capítulo fornece a você detalhes sobre as vantagens de documentos JSP e utiliza um exemplo simples para mostrar como é fácil criar um documento JSP.

Você também pode escrever arquivos de tag com sintaxe XML. Este capítulo aborda somente documentos JSP. Escrever arquivos de tag com sintaxe XML será endereçado a uma futura versão do tutorial.

Documento JSP de exemplo

Este capítulo utiliza os aplicativos da Duke´s Bookstore e de books para demonstrar como escrever páginas JSP com sintaxe XML. As páginas JSP do aplicativo bookstore5 utilizam as tags XML JSTL (veja Biblioteca de Tags XML) para manipular os dados do livro a partir de um fluxo XML. O aplicativo de books contém o documento JSP books.jspx, que acessa os dados do livro de um banco de dados e o converte para o fluxo XML. O aplicativo bookstore5 acessa este fluxo XML para obter o dados do livro.

Estes aplicativos mostram como é fácil gerar dados XML e fluí-los entre os aplicativos Web. O aplicativo books pode ser considerado o aplicativo hospedado pelo servidor do armazém de book. O aplicativo bookstore5 pode ser considerado o aplicativo hospedado pelo servidor varejista de livros. Deste modo, o cliente da livraria do site Web vê a lista de livros disponível correntemente, de acordo com o banco de dados do armazém.

A fonte para o aplicativo da Duke´s Bookstore está localizada no diretório <*INSTALL*>/j2eetutorial14/examples/web/bookstore5/, que é criado quando você descompacta o pacote do tutorial (veja Sobre os exemplos). Os arquivos de amostra bookstore5.war e books.war são fornecidos em <*INSTALL*>/j2eetutorial14/examples/web/provided-wars/.

Para construir, empacotar, implantar e rodar os aplicativos, siga estas etapas:

1. Construa e empacote os arquivos comuns da livraria como descrito nos Exemplos da Duke´s Bookstore.
2. Em uma janela de terminal, vá para <*INSTALL*>/j2eetutorial14/examples/web/bookstore5/.
3. Rode asant build. Este target criará todas as compilações necessárias e copiará os arquivos para o diretório <*INSTALL*>/j2eetutorial14/examples/web/bookstore5/build.
4. Inicie o Servidor de Aplicativo.
5. Efetue todas as operações descritas em Como acessar banco de dados a partir de aplicativos Web.
6. Inicie deploytool.
7. Crie um aplicativo Web chamado bookstore5 rodando o New Web Application Wizard. Selecione File → New → Web Component.
8. No assistente New Web Component:
   - **a.** Na tela WAR File, selecione o botão de rádio Create New Stand-Alone WAR Module.
   - **b.** Clique Browse e, no selecionador de files, navegue para <*INSTALL*>/j2eetutorial14/examples/web/bookstore5/.
   - **c.** No campo File Name, entre bookstore5.
   - **d.** Clique Choose Module File.
   - **e.** No campo WAR Name, entre bookstore5.
   - **f.** No campo Context Root, entre /bookstore5.
   - **g.** Clique Edit Contents.
   - **h.** Na caixa de diálogo Edit Contents, navegue para <*INSTALL*>/j2eetutorial14/examples/web/bookstore5/build/. Selecione as páginas JSP bookcashier.jsp. bookcatalog.jsp, bookdetails.jsp, bookreceipt.jsp, bookshowcart.jsp, bookstore.jsp e parsebooks.jsp junto com o diretório template, e clique Add. Mantenha a caixa de diálogo Edit Contents aberta.
   - **i.** Adicione a biblioteca bookstore compartilhada. Navegue para <*INSTALL*>/j2eetutorial14/examples/web/bookstore/dist/. Selecione bookstore.jar.
   - **j.** Clique Add.
   - **k.** Clique OK.
   - **l.** Clique Next.
   - **m.** Selecione o botão de rádio Page JSP.
   - **n.** Clique Next.
   - **o.** Selecione /bookstore.jsp da caixa combo JSP FileName.
   - **p.** Clique Finish.
9. Adicione cada um dos componentes Web listados na Tabela 13-1. Para cada componente faça o seguinte:
   - **a.** Selecione File → New → Web Component.
   - **b.** Na tela WAR File, clique o botão de rádio Add to Existing WAR Module. O arquivo WAR contém todas as páginas JSP, você, portanto, não tem de adicionar nenhum conteúdo mais.
   - **c.** Clique Next.

d. Selecione o botão de rádio JSP Page.

e. Clique Next.

f. Selecione a página da caixa combo JSP Filename.

g. Clique Finish.

h. A partir da árvore, selecione o componente Web que você adicionou.

i. Selecione a guia aliases.

j. Clique Add. Entre o alias como mostrado na Tabela 13-1.

10. Adicione o parâmetro de contexto que especifica o nome de base JSTL do pacote de recursos.

a. Selecione o arquivo WAR bookstore5 da árvore.

b. Selecione a guia Context.

c. Clique Add.

d. Entre javax.servlet.jsp.jstl.fmt.localizationContext no campo Coded Parameter.

e. Entre messages.BookstoreMessages para o campo Value.

11. Adicione o parâmetro de contexto que identifica o caminho de contexto para o fluxo XML.

a. Na guia Context, novamente clique Add.

b. Entre booksURL para o Coded Parameter.

c. Entre http://localhost:8080/books/books.jspx no campo Value.

Tabela 13-1 Componentes Web da Duke´s Bookstore

Nome do componente Web	Página JSP	Alias do componente
bookcashier	bookcashier.jsp	/bookcashier
bookcatalog	bookcatalog.jsp	/bookcatalog
bookdetails	bookdetails.jsp	/bookdetails
bookreceipt	bookreceipt.jsp	/bookreceipt
bookshowcart	bookshowcart.jsp	/bookshowcart
bookstore	bookstore.jsp	/bookstore

12. Defina o prelúdio e a coda para todas as páginas JSP.

a. Selecione a guia JSP Properties.

b. Clique o botão Add próximo à lista Name.

c. Entre bookstore5.

d. Clique o botão Add URL próximo à lista URL Pattern.

e. Enter *.jsp.

f. Clique o botão Edit Preludes próximo à lista Include Preludes.

g. Clique Add.

h. Entre /template/prelude.jspf.

i. Clique OK.

j. Clique o botão Edit Codas próximo à lista Include Codas.

   k. Clique Add.
   l. Entre /template/coda.jspf.
   m. Clique OK.
13. Selecione File → Save.
14. Implante o aplicativo.
   a. Selecione Tools → Deploy.
   b. Clique OK.
   c. Uma caixa de diálogo pop-up exibirá os resultados da implantação. Clique Close.
15. Crie um aplicativo Web chamado books rodando o assistente New Web Component. Selecione File → New → Web Component.
16. No assistente New Web Component:
   a. Na tela WAR File, selecione o botão de rádio Create New Stand-Alone WAR Module.
   b. Clique Browse e, no selecionador de files, navegue para <*INSTALL*>/j2eetutorial14/examples/web/bookstore5/.
   c. No campo File Name, entre books.
   d. Clique Choose Module File.
   e. No campo WAR Name, entre books.
   f. No campo Context Root, entre /books.
   g. Clique Edit Contents.
   h. Na caixa de diálogo Edit Contents, navegue para <*INSTALL*>/j2eetutorial14/examples/web/bookstore/build/. Selecione o documento JSP books.jspx e os diretórios database, listeners e template. Clique Add.
   i. Adicione a biblioteca bookstore compartilhada. Navegue para <*INSTALL*>/j2eetutorial14/examples/web/bookstore/dist/. Selecione bookstore.jar e clique Add. Clique OK.
   j. Clique Next.
   k. Selecione o botão de rádio Page JSP.
   l. Clique Next.
   m. Selecione /books.jspx da caixa combo JSP FileName.
   n. Clique Finish.
17. Identifique books.jspx como um elemento xml.
   a. Selecione a guia JSP Properties.
   b. Clique o botão Add próximo à lista Name.
   c. Entre books.
   d. Clique o botão Add URL próximo à lista URL Pattern.
   e. Entre *.jspx
   f. Selecione a caixa de verificação Is XML Document.
18. Adicione classe de receptores listeners.ContextListener (descrita em Como tratar eventos de ciclo de vida do servlet).
   a. Selecione a guia Event Listeners.
   b. Clique Add.
   c. Selecione a classe listeners.ContextListener do campo drop-down do painel Event Listener Class.

19. Adicione uma referência de recurso para o banco de dados.

   a. Selecione a guia Resource Ref´s.

   b. Clique Add.

   c. Digite jdbc/BookDB no campo Coded Name.

   d. Aceite o tipo default javax.sql.DataSource.

   e. Aceite o Container de autorização default.

   f. Aceite o default Shareable selecionado.

   g. Entre jdbc/BookDB no campo de nome JNDI da moldura jdbc/BookDB para Sun-specific Settings.

20. Selecione File → Save.

21. Implante o aplicativo.

   a. Selecione o arquivo WAR de books da árvore.

   b. Selecione Tools → Deploy.

   c. Clique OK.

   d. Uma caixa de diálogo pop-up exibirá os resultados da implantação. Clique Close.

22. Abra o URL de bookstore http://localhost:8080/bookstore5/bookstore.

Como criar um documento JSP

Um documento JSP é um documento XML e, portanto, deve estar de acordo com o padrão XML. Fundamentalmente, isto significa que um documento JSP deve ser bem formado, significando que cada tag inicial deve ter uma tag final correspondente e que o documento deve ter apenas um elemento raiz. Além disso, os elementos JSP incluídos no documento JSP devem estar de acordo com a sintaxe XML.

Muito da sintaxe-padrão JSP já é compatível com XML, incluindo todas as ações padronizadas. Esses elementos, que não são compatíveis, estão resumidos na Tabela 13-2 junto com os elementos equivalentes na sintaxe XML. Como você pode ver, os documentos JSP não são muito diferentes das páginas JSP. Se você conhece sintaxe-padrão JSP, achará fácil converter suas páginas JSP correntes para a sintaxe XML e criar novos documentos JSP.

Tabela 13-2 Sintaxe-padrão *versus* sintaxe XML

Elementos de sintaxe	Sintaxe-padrão	Sintaxe XML
Comentários	<%—.. —%>	<!— .. —>
Declarações	<%! ..%>	<jsp:declaration> .. </jsp:declaration>
Diretivas	<%@ include .. %> <%@ page .. %> <%@ taglib .. %>	<jsp:directive.include .. /> <jsp:directive.page .. /> xmlns:prefix="tag library URL"
Expressões	<%= ..%>	<jsp:expression> .. </jsp:expression>
Scriptlets	<% ..%>	<jsp:scriptlet> .. </jsp:scriptlet>

Para ilustrar como é simples transitar da sintaxe-padrão para a sintaxe XML, vamos converter uma página JSP simples para um documento JSP. A versão da sintaxe-padrão é como a seguir:

```
<%@ taglib uri="http://java.sun.com/jsp/jstl/core"
  prefix="c" %>
<%@ taglib uri="http://java.sun.com/jsp/jstl/functions"
  prefix="fn" %>
<html>
  <head><title>Hello</title></head>
  <body bgcolor="white">
    <img src="duke.waving.gif">
    <h2>My name is Duke. What is yours?</h2>
    <form method="get">
      <input type="text" name="username" size="25">
      <p></p>
      <input type="submit" value="Submit">
      <input type="reset" value="Reset">
    </form>
    <jsp:useBean id="userNameBean" class="hello.UserNameBean"
        scope="request"/>
    <jsp:setProperty name="userNameBean" property="name"
        value="${param.username}" />
    <c:if test="${fn:length(userNameBean.name) > 0}" >
      <%@include file="response.jsp" %>
    </c:if>
  </body>
</html>
```

Aqui está a mesma página com sintaxe XML:

```
<html
  xmlns:c="http://java.sun.com/jsp/jstl/core"
  xmlns:fn="http://java.sun.com/jsp/jstl/functions"
>
  <head><title>Hello</title></head>
  <body bgcolor="white" />
  <img src="duke.waving.gif" />
  <h2>My name is Duke. What is yours?</h2>
  <form method="get">
    <input type="text" name="username" size="25" />
    <p></p>
    <input type="submit" value="Submit" />
    <input type="reset" value="Reset" />
  </form>
  <jsp:useBean id="userNameBean" class="hello.UserNameBean"
    scope="request"/>
  <jsp:setProperty name="userNameBean" property="name"
    value="${param.username}" />
  <c:if test="${fn:length(userNameBean.name) gt 0}" >
    <jsp:directive.include="response.jsp" />
  </c:if>
  </body>
</html>
```

Como você pode ver, uma série de construções legais na sintaxe-padrão foram modificadas para se compatibilizarem com a sintaxe XML:

- As diretivas de taglib foram removidas. As bibliotecas de tags são agora declaradas usando namespaces XML, como mostradas no elemento html.
- As tags img e input não tinham tags finais correspondentes e foram tornadas compatíveis com XML adicionando uma / para a tag inicial.

- O símbolo > da expressão EL foi substituído por gt.
- A diretiva de inclusão foi modificada para a tag jsp:directive.include compatível com XML.

Com apenas estas pequenas alterações, ao salvar o arquivo com uma extensão .jspx, esta página se torna um documento JSP.

Usando o exemplo descrito em Documento JSP de exemplo, o resto deste capítulo oferece a você mais detalhes sobre como transitar da sintaxe-padrão para a sintaxe XML. Ele explica como utilizar namespaces XML para declarar bibliotecas de tags, incluir diretivas e criar conteúdo estático e dinâmico em seus documentos JSP. Ele também descreve jsp:root e jsp:output, dois elementos que são usados exclusivamente em documentos JSP.

Como declarar bibliotecas de tags

Esta seção explica como utilizar namespaces XML para declarar bibliotecas de tags. Na sintaxe-padrão, a diretiva de taglib declara bibliotecas de tags usadas em uma página JSP. Aqui está um exemplo de uma diretiva de taglib:

```
<%@ taglib uri="http://java.sun.com/jsp/jstl/core"
  prefix="c" %>
```

Esta sintaxe não é permitida em documentos JSP. Para declarar uma biblioteca de tags em um documento JSP, você usa o atributo xmlns, que é utilizado para declarar namespaces de acordo com o padrão XML:

```
...
xmlns:c="http://java.sun.com/jsp/jstl/core"
...
```

O valor que identifica a localização da biblioteca de tags pode assumir três formas:

- Um URI plano que é um identificador único para a biblioteca de tags. O contêiner tenta compará-lo com quaisquer elementos <taglib-uri> no arquivo web.xml do aplicativo ou no elemento <uri> dos descritores de biblioteca de tags (TLDs) em arquivos JAR em /WEB-INF/lib ou TLDs sob /WEB-INF.
- Um URN do formato urn:jsptld:path.
- Um URN do formato urn:jsptagdir:path.

O URN do formato urn:jsptld:path aponta para uma biblioteca de tags empacotada com o aplicativo:

```
xmlns:u="urn:jsptld:/WEB-INF/tlds/my.tld"
```

O URN do formato urn:jsptagdir:path deve começar com /WEB-INF/tags/ e identifica extensões de tags (implementadas como arquivos de tag) instaladas no diretório /WEB-INF/tags/ ou um subdiretório dele:

```
xmlns:u="urn:jsptagdir:/WEB-INF/tags/mytaglibs/"
```

Você pode incluir o atributo xmlns em qualquer elemento em seu documento JSP, da mesma forma que em um documento XML. Esta capacidade tem muitas vantagens:

- Ela segue o padrão XML, tornando mais fácil o uso de qualquer documento XML como documento JSP.
- Ela permite que você atribua prefixos de escopo para um elemento e os sobrescreva.
- Ela permite que você utilize xmlns para declarar outros namespaces e não simplesmente bibliotecas de tags.

A página books.jspx declara as bibliotecas de tags que ela utiliza com os atributos xmlns no elemento raiz, books:

```
<books
  xmlns:jsp="http://java.sun.com/JSP/Page"
  xmlns:c="http://java.sun.com/jsp/jstl/core"
>
```

Desta forma, todos os elementos dentro do elemento books têm acesso a essas bibliotecas de tags.

Como alternativa, você pode definir escopo para os namespaces:

```
<books>
...
  <jsp:useBean xmlns:jsp="http://java.sun.com/JSP/Page"
               id="bookDB"
               class="database.BookDB"
               scope="page">
    <jsp:setProperty name="bookDB"
               property="database" value="${bookDBAO}" />
  </jsp:useBean>
  <c:forEach xmlns:c="http://java.sun.com/jsp/jstl/core"
           var="book" begin="0" items="${bookDB.books}">
           ...
  </c:forEach>
</books>
```

Deste modo, a biblioteca de tags referenciada pelo prefixo jsp está disponível somente para o elemento jsp:useBean e seus subelementos. Da mesma maneira, a biblioteca de tags referenciada pelo prefixo c está somente disponível para o elemento c:forEach.

Definir o escopo para os namespaces também permite a você sobrescrever o prefixo. Por exemplo, em uma outra parte da página, você poderia ligar o prefixo c a um namespace diferente ou a uma biblioteca de tags. Em contraste, o prefixo jsp deve sempre ser ligado ao namespace JSP: http://java.sun.com/JSP/Page.

Como incluir diretivas em um documento JSP

Diretivas são elementos que substituem mensagens para o contêiner JSP e afetam sua maneira de compilar a página JSP. As diretivas propriamente ditas não aparecem em uma saída XML.

Existem três diretivas: de inclusão, de página e de taglib. A diretiva de taglib foi abordada na seção precedente.

O elemento jsp:directive.page define uma série de propriedades dependentes de página e comunica-as para o contêiner JSP. Este elemento deve ter um filho do elemento raiz. A sua sintaxe é:

```
<jsp:directive.page page_directive_attr_list />
```

A page_directive_attr_list é a mesma lista de atributos que a diretiva <@ page ...> tem. Elas estão descritas no Capítulo 12. Todos os atributos são opcionais. Exceto para os atributos import e pageEncoding, pode haver somente uma instância de cada atributo em um elemento, mas um elemento pode conter mais de um atributo.

Um exemplo de uma diretiva de página é aquele que diz ao contêiner JSP para carregar uma página de erro quando ele lançar uma exceção. Você pode adicionar esta diretiva de página de erro para a página books.jspx:

```
<books xmlns:jsp="http://java.sun.com/JSP/Page">
  <jsp:directive.page errorPage="errorpage.jsp" />
  ...
</books>
```

Se houver um erro ao tentar executar a página (talvez quando você quiser ver a saída XML de books.jspx), a página de erro será acessada.

O elemento jsp:directive.include é usado para inserir o texto contido em um outro arquivo – tanto de conteúdo estático como de uma outra página JSP – para o documento de inclusão JSP. Você pode colocar este elemento em qualquer lugar de um documento. A sua sintaxe é:

```
<jsp:directive.include file="relativeURLspec" />
```

A visualização de um documento JSP não contém elementos jsp:directive.include; ao contrário, o arquivo incluído é expandido no lugar. Isso é feito para simplificar a validação.

Suponha que você queira usar uma diretiva de inclusão para adicionar um documento JSP contendo dados de revista dentro do documento JSP contendo os dados do livro. Para fazer isso, você pode adicionar a seguinte diretiva de inclusão para books.jspx, supondo que magazines.jspx gere os dados de revista XML.

```
<jsp:root version="2.0" >
  <books ...>
  ...
  </books>
  <jsp:directive.include file="magazine.jspx" />
</jsp:root>
```

Note que jsp:root é requerido porque, caso contrário, books.jspx teria dois elementos raiz: <books> e <magazines>. A saída gerada por books.jspx será uma seqüência de documentos XML: uma com <books> e a outra com <magazines> com o seu elemento raiz.

A saída deste exemplo não será um XML bem formado por causa dos dois elementos raiz, portanto o cliente deverá se recusar a processá-lo. Todavia, ele ainda é um documento legal JSP.

Além de incluir documentos JSP em documentos JSP, você pode também incluir páginas JSP escritas com sintaxe-padrão em documentos JSP e ainda incluir documentos JSP em páginas JSP escritas com sintaxe-padrão. O contêiner detecta a página que você está incluindo e a analisa tanto como uma página JSP com sintaxe padrão como com um documento JSP e depois a coloca dentro da visualização XML para validação.

Como criar conteúdo estático e dinâmico

Esta seção explica como representar conteúdo estático e dinâmico em um documento JSP. Você pode representar textos estáticos em um documento JSP utilizando tags XML não interpretadas ou o elemento jsp:text. O elemento jsp:text passa através de seu conteúdo para a saída.

Se você usa jsp:text, todos os espaços em branco são preservados. Por exemplo, considere este exemplo usando tags XML:

```
<books>
  <book>
    Web Servers for Fun and Profit
  </book>
</books>
```

A saida gerada deste xml tem todos os espaços em branco removidos:

```
<books><book>
  Web Servers for Fun and Profit
</book></books>
```

Se você empacota o exemplo XML com uma tag <jsp:text>, todos os espaços em branco são preservados. Os caracteres de espaços em branco são #x20, #x9, #xD,and #xA.

Você também pode usar jsp:text para saída de dados estáticos que não estão bem formados. A expressão ${counter}, no exemplo seguinte, seria ilegal em um documento JSP se ele não estivesse empacotado em uma tag jsp:text.

```
<c:forEach var="counter" begin="1" end="${3}">
  <jsp:text>${counter}</jsp:text>
</c:forEach>
```

Este exemplo produzirá:

```
123
```

A tag jsp:text não deve conter nenhum outro elemento. Portanto, se você precisa aninhar uma tag dentro da jsp:text, deve empacotar a tag dentro de CDATA.

Você também precisará usar CDATA se necessitar produzir alguns elementos que não sejam bem formados. O próximo exemplo requer wrappers CDATA em torno do blockquote (notação de bloco) das tags iniciais e finais porque o elemento blockquote não é bem formado. Isto acontece porque o elemento blockquote sobrescreve outros elementos no exemplo.

```
<c:forEach var="i" begin="1" end="${x}">
  <![CDATA[<blockquote>]]>
</c:forEach>
...
<c:forEach var="i" begin="1" end="${x}">
  <![CDATA[</blockquote>]]>
</c:forEach>
```

Assim como as páginas jsp, os documentos JSP podem gerar conteúdo dinâmico usando expressões de linguagens de expressões (EL), elementos de script, ações padronizadas e tags personalizadas. O documento books.jspx utiliza as expressões EL e tags personalizadas para gerar os dados do livro XML.

Como mostrado neste snippet de books.jspx, a tag c:forEach itera através da lista de books e gera o fluxo de dados XML. As expressões da EL acessam o componente JavaBeans, que por sua vez retorna os dados do banco de dados.

```
<c:forEach var="book" begin="0" items="${bookDB.books}">
  <book id="${book.bookId}" >
    <surname>${book.surname}</surname>
    <firstname>${book.firstName}</firstname>
    <title>${book.title}</title>
    <price>${book.price}</price>
    <year>${book.year}</year>
    <description>${book.description}</description>
    <inventory>${book.inventory}</inventory>
  </book>
</c:forEach>
```

Tabela 13-3 Operadores EL e a notação alternativa compatível com documento JSP

Operador EL	Notação de documento JSP
<	lt
>	gt
<=	le
>=	ge
!=	ne

Ao utilizar a linguagem de expressão em seus documentos JSP, você deve substituir a notação alternativa para alguns dos operadores de modo que eles não sejam interpretados como marcação XML. A Tabela 13-3 enumera os operadores mais comuns e a sintaxe alternativa deles em documentos JSP.

Você também pode usar expressões EL com jsp:element para gerar tags dinamicamente em vez de codificá-las. Este exemplo poderia ser usado para gerar uma tag de cabeçalho HTML com um atributo lang:

```
<jsp:element name="${content.headerName}"
    xmlns:jsp="http://java.sun.com/JSP/Page">
  <jsp:attribute name="lang">${content.lang}</jsp:attribute>
  <jsp:body>${content.body}</jsp:body>
</jsp:element>
```

O atributo name identifica o nome da tag gerada. A tag jsp:attribute gera o atributo lang. O corpo da tag jsp:attribute identifica o valor do atributo lang. A tag jsp:body gera o corpo da tag. A saída deste exemplo jsp:element poderia ser

```
<h1 lang="fr">Heading in French</h1>
```

Como mostrado na Tabela 13-2, os elementos de script (descritos no Capítulo 16) são representados como elementos XML quando eles aparecem em um documento JSP. A única exceção é a expressão do scriptlet usada para especificar um valor de atributo em tempo de requisição. No lugar de usar <%=expr %>, um documento JSP utiliza %= expr % para representar um atributo em tempo de requisição.

Os três elementos de script são: declarações, scriptlets e expressões. Um elemento jsp:declaration declara um construtor de linguagem de script disponível para outros elementos de script. Um elemento jsp:declaration não tem atributos e seu corpo é a própria declaração. A sua sintaxe é:

```
<jsp:declaration> declaration goes here </jsp:declaration>
```

O elemento jsp:scriptlet contém um fragmento de programação Java chamado scriptlet. Este elemento não tem atributos, e seu corpo é o fragmento do programa que constitui o scriptlet. A sua sintaxe é

```
<jsp:scriptlet> code fragment goes here </jsp:scriptlet>
```

O elemento jsp:expression insere o valor de uma expressão de linguagem de script, convertida para uma string, para o fluxo de dados retornado para o cliente. Um elemento de jsp:expression não tem atributos e seu corpo é a expressão. A sua sintaxe é

```
<jsp:expression> expression goes here </jsp:expression>
```

Como usar o elemento jsp:root

O elemento jsp:root representa o elemento raiz de um documento JSP. Um elemento jsp:root não é exigido para documentos JSP. Você pode especificar o seu próprio elemento raiz, habilitando-o para usar qualquer documento XML como um documento JSP. O elemento raiz do documento JSP de exemplo books.jspx é books.

Embora o elemento jsp:root não seja exigido, ele ainda é útil nestes casos:

- Quando você quiser identificar o documento como um documento JSP para o contêiner JSP sem ter de adicionar qualquer atributo de configuração para o descritor de implantação ou o nome do documento com uma extensão .jspx.
- Quando você quiser gerar – a partir de um único documento JSP – mais de um documento XML ou conteúdo XML misturado com conteúdo não XML.

O atributo de versão é o único atributo exigido pelo elemento jsp:root. Ele define a versão da especificação JSP que o documento JSP está usando.

O elemento jsp:root também pode incluir atributos xmlns para especificar bibliotecas de tags usadas pelos outros elementos da página.

A página books.jspx não precisa de um elemento jsp:root e, portanto, não o inclui. Todavia, suponha que você queira gerar dois documentos XML a partir de books.jspx: um que liste os livros, e um outro que liste as revistas (supondo que as revistas estejam no banco de dados). Este exemplo é parecido com aquele da seção Como incluir diretivas em um documento JSP. Para fazer isso, você pode usar este elemento jsp:root:

```
<jsp:root
  xmlns:jsp="http://java.sun.com/JSP/Page" version="2.0" >
  <books>...</books>
  <magazines>...</magazines>
</jsp:root>
```

Note neste exemplo que jsp:root define o namespace JSP porque tanto os elementos livros como as revistas utilizam os elementos definidos neste namespace.

Como usar o elemento jsp:output

O elemento jsp:output especifica a declaração XML ou a declaração de tipo do documento da saída de requisição do documento JSP. Para maiores informações sobre a declaração XML, veja Prólogo XML. Para maiores informações sobre a declaração de tipo do documento, veja Como referenciar a DTD.

A declaração XML e a declaração de tipo do documento, que são declaradas pelo elemento jsp:output, não são interpretadas pelo contêiner JSP. Em vez disso, o contêiner simplesmente as direciona para a saída da requisição.

Para ilustrar, aqui está um exemplo de especificar uma declaração de tipo do documento com jsp:output.:

```
<jsp:output doctype-root-element="books"
            doctype-system="books.dtd" />
```

The resulting output is:

```
<!DOCTYPE books SYSTEM "books.dtd" >
```

Especificar a declaração de tipo do documento no elemento jsp:output não fará o contêiner validar o documento JSP contra o books.dtd.

Se você quiser que o documento JSP seja validado contra a DTD, você deverá incluir manualmente a declaração de tipo do documento dentro do documento JSP, exatamente como você faria com qualquer documento XML.

Tabela 13-4 Atributos de jsp:output

Atributo	O que ele especifica
omit-xml-declaration	Um valor de true ou yes omite a declaração XML. Um valor de false ou no (não) gera uma declaração XML.
doctype-root-element	Indica o elemento raiz do documento XML no DOCTYPE. Pode ser especificado somente se doctype-system for especificado.
doctype-system	Especifica que um DOCTYPE é gerado em output e fornece a literal de SYSTEM.
doctype-public	Especifica o valor para o Public ID do DOCTYPE gerado. Pode ser especificada somente se doctype-system for especificado.

A Tabela 13-4 mostra todos os atributos de jsp:output. Todos eles são opcionais, mas alguns atributos dependem de outros atributos que ocorrem no mesmo elemento jsp:output, como mostrado na tabela. O resto desta seção explica mais sobre usar jsp:output para gerar uma declaração XML e uma declaração de tipo do documento.

Como gerar declarações XML

Aqui está um exemplo de uma declaração XML:

```
<?xml version="1.0" encoding="UTF-8" ?>
```

Esta declaração é a declaração XML default. Ela significa que, se o contêiner JSP estiver gerando uma declaração XML, isso é o que o contêiner JSP incluirá na saída de seu documento JSP.

Nem um documento JSP, nem a sua saída de requisição é exigida para ter uma declaração XML. De fato, se o documento JSP não está produzindo saída XML ,então, ele não deverá ter uma declaração XML.

O contêiner JSP *não* incluirá a declaração XML na saída quando qualquer uma das seguintes situações for verdadeira:

- ❑ Se define o atributo omit-xml-declaration do elemento the jsp:output tanto para true como para yes.
- ❑ Você possui um elemento jsp:root em seu documento JSP e não especifica omit-xml-declaration="false" em jsp:output

O contêiner JSP *incluirá* a declaração XML na saída quando qualquer uma das seguintes situações for verdadeira:

- ❑ Você define o atributo omit-xml-declaration do elemento jsp:output tanto para false como para no.
- ❑ Você não possui uma ação jsp:root em seu documento JSP e não especifica o atributo omit-xml-declaration em jsp:output.

O documento JSP books.jspx não inclui uma ação jsp:root nem uma jsp:output. Portanto, a declaração XML default é gerada na saída.

Como gerar uma declaração de tipo do documento

Uma declaração de tipo do documento (DTD) define as regras estruturais para o documento XML no qual a declaração de tipo do documento ocorre. Não se exige aos documentos XML uma DTD associada a eles. De fato, o exemplo dos livros não inclui uma.

Esta seção mostra a você como utilizar o elemento jsp:output para adicionar uma declaração de tipo do documento para a saída XML de books.jspx. Ela também mostra como introduzir manualmente a declaração de tipo do documento em books.jspx de modo que o contêiner JSP a interprete e valide o documento contra a DTD.

Como mostrado na Tabela 13-4, o elemento jsp:output tem três atributos que você utiliza para gerar uma declaração de tipo do documento:

- doctype-root-element: Indica o elemento raiz do documento XML
- doctype-system: Indica a referência URI para a DTD
- doctype-public: Uma maneira mais flexível para referenciar a DTD. Este identificador fornece mais informações sobre a DTD sem dar uma localização específica. Um identificador público se transforma para o mesmo documento atual em qualquer sistema mesmo que a localização desse documento em cada sistema possa variar. Consulte a especificação XML 1.0 para maiores informações.

As regras para utilizar os atributos são as seguintes:

- Os atributos doctype podem aparecer em qualquer ordem.
- O atributo doctype-root deverá ser especificado se o atributo doctype-system for especificado.
- O atributo doctype-public não deverá ser especificado exceto se doctype-system for especificado.

Esta notação de sintaxe resume estas regras:

```
<jsp:output (omit-xmldeclaration="yes"|"no"|"true"|"false")
  {doctypeDecl} />

doctypeDecl:=(doctype-root-element="rootElement"
    doctype-public="PublicLiteral"
  doctype-system="SystemLiteral")
  | (doctype-root-element="rootElement"
  doctype-system="SystemLiteral")
```

Suponha que você queira referenciar uma DTD, chamada books.DTD, a partir da saída da página books.jspx. A DTD se pareceria com isto:

```
<!ELEMENT books (book+) >
<!ELEMENT book (surname, firstname, title, price, year,
                description, inventory) >
<!ATTLIST book id CDATA #REQUIRED >
<!ELEMENT surname (#PCDATA) >
<!ELEMENT firstname (#PCDATA) >
<!ELEMENT title (#PCDATA) >
<!ELEMENT price (#PCDATA) >
<!ELEMENT year (#PCDATA) >
<!ELEMENT description (#PCDATA) >
<!ELEMENT inventory (#PCDATA) >
```

Para adicionar um declaração de tipo do documento que referencie a DTD para a saída da requisição XML gerada a partir de books.jspx, inclua este elemento jsp:output em books.jspx.

```
<jsp:output doctype-root-element="books"
  doctype-system="books.DTD" />
```

Com a ação jsp:output, o contêiner JSP gera esta declaração de tipo do documento na requisição de saída:

```
<!DOCTYPE books SYSTEM "books.DTD" />
```

O jsp:output não precisa ser localizado antes do elemento raiz do documento. O contêiner JSP colocará automaticamente a declaração de tipo do documento resultante antes do início da saída do documento JSP.

Note que o contêiner JSP não interpretará nada fornecido pelo jsp:output. Isso significa que o contêiner JSP não validará o documento XML contra a DTD. Ele apenas gera a declaração de tipo do documento na saída da requisição XML. Para a saída XML, rode http://localhost:8080/books/books.jspx em seu browser depois de ter atualizado books.WAR com books.DTD e o elemento jsp:output. Quando usar alguns browsers, você pode precisar visualizar a origem da página para ver realmente a saída.

Direcionar a declaração de tipo do documento para uma saída sem interpretação é útil em situações em que um outro sistema, que recebe a saída, espere vê-la. Por exemplo, duas companhias, que fazem negócios por meio de um serviço Web, poderiam utilizar uma DTD padronizada, contra a qual qualquer conteúdo XML trocado entre elas seja validado pelo consumidor do conteúdo. A declaração de tipo do documento diz ao consumidor qual DTD usar para validar os dados XML que ele recebe.

Para o contêiner JSP validar books.jspx contra book.DTD, você deve incluir manualmente a declaração de tipo do documento no arquivo books.jspx em vez de usar jsp:output. Todavia, você deve adicionar definições para todas as tags em sua DTD, inclusive definições para elementos-padrão e tags personalizadas, tais como jsp:useBean e c:forEach. Você também deve se assegurar de que a DTD esteja localizada no diretório *<J2EE_HOME>*/domains/domain1/config/ de modo que o contêiner JSP valide o documento JSP contra a DTD.

Como identificar o documento JSP para o contêiner

Um documento JSP deve ser identificado para o contêiner Web de modo que o contêiner o interprete como um documento XML. Existem três maneiras de fazer isto:

- Em seu arquivo web.xml do aplicativo, defina o elemento is-xml do elemento jsp-property-group para true. A Etapa 17, em Documento JSP de exemplo explica como fazer isso se você estiver usando deploytool para construir o arquivo WAR do aplicativo.
- Use um arquivo web.xml da Java Servlet Specification versão 2.4 e dê ao seu documento JSP a extensão .jspx.
- Inclua um elemento jsp:root em seu documento JSP. Este método é retroativamente compatível com JSP 1.2.

14

Biblioteca de Tags Padrão de JavaServer Pages

A Biblioteca de Tags Padrão de JavaServer Pages (JSTL) encapsula a funcionalidade core comum a muitos aplicativos JSP. Ao invés de misturar tags de inúmeros fornecedores em seus aplicativos JSP, a JSTL permite que você empregue um único conjunto de tags-padrão. Esta padronização permite que você implante seus aplicativos sobre qualquer contêiner JSP que suporte JSTL e torne mais provável que a implementação de tags seja otimizada.

JSTL possui tags como iteradores e condicionais para tratamento de controle de fluxo, tags para manipulação de documentos XML, tags de internacionalização, tags para acessar banco de dados utilizando SQL, e funções usadas normalmente.

Este capítulo demonstra JSTL através de trechos da versão JSP do aplicativo da Duke´s Bookstore discutidos em capítulos anteriores. Ele assume que você esteja familiarizado com o material na seção Como usar tags personalizadas do Capítulo 12.

Este capítulo não aborda todas as tags JSTL, somente as mais usadas normalmente. Por favor, consulte as páginas de referência no endereço http://java.sun.com/products/jsp/jstl/1.1/docs/tlddocs/index.html para uma lista completa das tags JSTL e seus atributos.

Páginas JSP de exemplo

Este capítulo ilustra JSTL utilizando trechos da versão JSP do aplicativo da Duke´s Bookstore discutidos no Capítulo 12. Aqui, eles são reescritos para substituir o objeto de acesso de banco de dados do componente JavaBeans por chamadas diretas para o banco de dados por meio de tags SQL JSTL. Para a maioria dos aplicativos, é melhor encapsular chamadas para um banco de dados em um bean. JSTL inclui tags SQL para situações em que um novo aplicativo está sendo modelado e o overhead (sobrecarga) de criar um bean pode não ser garantido.

A fonte para o aplicativo da Duke´s Bookstore está localizada no diretório *<INSTALL>*/j2eetutorial14/examples/web/bookstore4/ criado quando você descompactou o pacote do tutorial (veja Sobre os exemplos). Uma amostra de bookstore4.war é fornecida em *INSTALL>*/j2eetutorial14/examples/web/provided-wars/. Para construir o exemplo, siga estas etapas:

1. Construa e empacote os arquivos comuns de bookstore como descrito nos Exemplos da Duke´s Bookstore.

2. Em uma janela de terminal, vá para *<INSTALL>*/j2eetutorial14/examples/web/bookstore4/.
3. Rode asant build. Este target copiará os arquivos para o diretório *<INSTALL>*/j2eetutorial14/examples/web/bookstore4/build.
4. Inicie o Servidor de Aplicativo.
5. Efetue todas as operações descritas em Como acessar banco de dados a partir de aplicativos Web.
6. Inicie deploytool.
7. Crie um aplicativo Web chamado bookstore4 rodando o New Web Application Wizard. Selecione File → New → Web Component.
8. No assistente New Web Component:
   a. Na tela WAR File, selecione o botão de rádio Create New Stand-Alone WAR Module.
   b. No campo War Location, entre *<INSTALL>*/j2eetutorial14/examples/web/bookstore4/bookstore4.war
   c. No campo WAR Name, entre bookstore4.
   d. No campo Context Root, entre /bookstore4.
   e. Clique Edit Contents.
   f. Na caixa de diálogo Edit Contents, navegue para *<INSTALL>*/j2eetutorial14/examples/web/bookstore4/build/. Selecione as páginas JSP bookstore.jsp, bookdetails.jsp, bookcatalog.jsp, bookshowcart.jsp, bookcashier.jsp, e bookreceipt.jsp e o diretório template e clique Add. Mantenha a caixa de diálogo Edit Contents aberta.
   g. Adicione a biblioteca bookstore compartilhada. Navegue para *<INSTALL>*/j2eetutorial14/examples/web/bookstore/dist/. Selecione bookstore.jar e clique Add.
   h. Clique OK.
   i. Clique Next.
   j. Selecione o botão de rádio Page JSP.
   k. Clique Next.
   l. Selecione /bookstore.jsp da caixa combo JSP FileName.
   m. Clique Next.
   n. Clique Add. Entre o alias /bookstore
   o. Clique Finish.
9. Adicione cada um dos componentes Web listados na Tabela 14-1. Para cada componente faça o seguinte:
   a. Selecione File → New → Web Component.
   b. Clique o botão de rádio Add to Existing WAR Module. Como o arquivo WAR contém todas as páginas JSP, você não tem que adicionar nenhum conteúdo mais.
   c. Clique Next.
   d. Selecione o botão de rádio JSP Page e a caixa de verificação Component Aliases.
   e. Clique Next.
   f. Selecione a página da caixa combo JSP Filename.
   g. Clique Finish.

Tabela 14-1 Componentes Web da Duke's Bookstore

Nome do componente Web	Página JSP	Alias do componente
bookcatalog	bookcatalog.jsp	/bookcatalog
bookdetails	bookdetails.jsp	/bookdetails
bookshowcart	bookshowcart.jsp	/bookshowcart
bookcashier	bookcashier.jsp	/bookcashier
bookreceipt	bookreceipt.jsp	/bookreceipt

10. Defina o alias para cada componente Web.

a. Selecione o componente.

b. Selecione a guia Aliases.

c. Clique o botão Add.

d. Entre o alias.

11. Adicione o parâmetro de contexto que especifica o nome básico do pacote de recursos JSTL.

a. Selecione o módulo Web.

b. Selecione a guia Context.

c. Clique Add.

d. Entre javax.servlet.jsp.jstl.fmt.localizationContext no campo Coded Parameter.

e. Entre messages.BookstoreMessages no campo Value.

12. Defina o prelúdio e a coda para todas as páginas JSP.

a. Selecione a guia JSP Properties.

b. Clique o botão Add próximo à lista Name.

c. Entre bookstore4.

d. Clique o botão Add URL próximo à lista URL Pattern.

e. Enter *.jsp.

f. Clique o botão Edit próximo à lista Include Preludes.

g. Clique Add.

h. Entre /template/prelude.jspf.

i. Clique OK.

j. Clique o botão Edit próximo à lista Include Codas.

k. Clique Add.

l. Entre /template/coda.jspf.

m. Clique OK.

13. Adicione uma referência de recurso para o banco de dados.

a. Selecione a guia Resource Ref´s.

b. Clique Add.

c. Digite jdbc/BookDB no campo Coded Name.

d. Aceite o tipo default javax.sql.DataSource.

   e. Aceite o Container de autorização default.
   f. Aceite o default Shareable selecionado.
   g. Entre jdbc/BookDB no campo de nome JNDI da moldura Sun-specific Settings.
14. Selecione File → Save.
15. Implante o aplicativo.
   a. Selecione Tools → Deploy.
   b. Clique OK.
16. Abra o URL de bookstore http://localhost:8080/bookstore4/bookstore.

Consulte Como eliminar problemas para ajuda com diagnósticos dos problemas comuns.

Como usar JSTL

JSTL inclui uma ampla variedade de tags que se encaixam em discretas áreas funcionais. Para refletir isso, bem como para dar a cada área seu próprio namespace, JSTL é mostrada com inúmeras bibliotecas de tags. Os URIs para as bibliotecas são:

- *Core*: http://java.sun.com/jsp/jstl/core
- *XML*: http://java.sun.com/jsp/jstl/xml
- *Internationalization*: http://java.sun.com/jsp/jstl/fmt
- *SQL*: http://java.sun.com/jsp/jstl/sql
- *Functions*: http://java.sun.com/jsp/jstl/functions

A Tabela 14-2 resume essas áreas funcionais bem como os prefixos usados no tutorial.

Assim, o tutorial referencia as tags core JSTL em páginas JSP utilizando a seguinte diretiva de taglib:

```
<%@ taglib uri="http://java.sun.com/jsp/jstl/core"
  prefix="c" %>
```

Além de declarar as bibliotecas de tags, os exemplos do tutorial acessam a API JSTL e a implementação. Na Sun Java System Application Server Platform Edition 8, as TLDs e as bibliotecas JSTL são distribuídas no repositório *<J2EE_HOME>*/lib/appserv-jstl.jar. Esta biblioteca é automaticamente carregada no caminho de classe de todos os aplicativos Web que rodam no Servidor de Aplicativo, portanto você não precisa adicioná-la ao seu aplicativo Web.

Tabela 14-2 Tags JSTL

Área	Subfunção	Prefixo
Core	Suporte variável Controle de fluxo Gerenciamento de URL Misto	c
XML	Core Controle de fluxo Transformação	x

Tabela 14-2 Tags JSTL (continuação)

Área	Subfunção	Prefixo
I18n	Locale Formatação de mensagem Formatação de número e data	fmt
DataBase	SQL	sql
Funções	Comprimento da coleção Manipulação de string	fn

Colaboração de tags

As tags geralmente colaboram com seu ambiente de maneiras implícitas e explícitas. A colaboração implícita é feita por meio de uma interface bem definida que permite que tags aninhadas trabalhem de forma transparente com a tag ancestral que expõe essa interface. As tags condicionais JSTL utilizam este modo de colaboração.

A colaboração explícita acontece quando uma tag expõe as informações para o seu ambiente. As tags JSTL expõe as informações como as variáveis EL JSP; a convenção seguida pelo JSTL é utilizar o nome var para qualquer atributo de tag que exporte informações sobre a tag. Por exemplo, a tag forEach expõe o item corrente do carrinho de compras sobre a qual ela está iterando, da seguinte forma:

```
<c:forEach var="item" items="${sessionScope.cart.items}">
  ...
</c:forEach>
```

Em situações onde uma tag expõe mais de uma peça de informação, o nome var é utilizado para a peça primária da informação que está sendo exportada, e um nome apropriado é selecionado para qualquer peça secundária de informação exposta. Por exemplo, a informação de status da iteração é exportada pela tag forEach por meio do atributo *status*.

Quando você quiser utilizar uma variável EL exposta por uma tag JSTL em uma expressão na linguagem de script da página (veja o Capítulo 16), você usa o elemento-padrão JSP jsp:useBean para declarar uma variável de script.

Por exemplo, bookshowcart.jsp remove um livro de um carrinho de compras usando um scriptlet. O ID do livro a ser removido é passado como um parâmetro de requisição. O valor do parâmetro de requisição é primeiro exposto como uma variável EL (a ser utilizada mais tarde pela tag JSTL sql:query) e depois é declarada como uma variável de script e passada para o método cart.remove:

```
<c:set var="bookId" value="${param.Remove}"/>
<jsp:useBean id="bookId" type="java.lang.String" />
<% cart.remove(bookId); %>
<sql:query var="books"
  dataSource="${applicationScope.bookDS}">
  select * from PUBLIC.books where id = ?
  <sql:param value="${bookId}" />
</sql:query>
```

Biblioteca de tags core

A Tabela 14-3 resume as tags core, que incluem aquelas relacionadas a variáveis e controle de fluxos, bem como um modo genérico de acessar recursos baseados em URL cujo conteúdo pode então ser incluído ou processado dentro da página JSP.

Tags de suporte de variável

A tag set define o valor de uma variável EL ou a propriedade de uma variável EL em qualquer um dos escopos JSP (página, requisição, sessão ou aplicativo). Se a variável ainda não existir, ela será criada.

Tabela 14-3 Tags de core

Área	Função	Tags	Prefixo
Core	Suporte de variável	remove set	c

	Controle de fluxo	choose
		  when
		  otherwise
		forEach
		forTokens
		if	

	Gerenciamento de URL	import
		  param
		redirect
		  param
		url
		  param	

	Mista	catch out	

A variável ou propriedade EL JSP pode ser definida também a partir de um atributo value:

```
<c:set var="foo" scope="session" value="..."/>
```

como a partir de um corpo da tag:

```
<c:set var="foo">
  ...
</c:set>
```

Por exemplo, definimos, a seguir, uma variável EL chamada bookID com o valor do parâmetro de requisição chamado Remove:

```
<c:set var="bookId" value="${param.Remove}"/>
```

Para remover uma variável EL, você usa a tag remove. Quando a página JSP de bookstore bookreceipt.jsp é chamada, a sessão de compras é finalizada, portanto, o atributo de sessão cart é removido como segue:

```
<c:remove var="cart" scope="session"/>
```

Tags para controle de fluxos

Para executar a lógica de controle de fluxos, um autor de página deve geralmente recorrer à utilização de scriptlets.

Por exemplo, o seguinte scriptlet é usado para iterar através de um carrinho de compras:

```
<%
  Iterator i = cart.getItems().iterator();
  while (i.hasNext()) {
    ShoppingCartItem item =
      (ShoppingCartItem)i.next();
    ...
%>
    <tr>
    <td align="right" bgcolor="#ffffff">
    ${item.quantity}
    </td>
    ...
<%
  }
%>
```

Tags para controle de fluxos eliminam a necessidade de scriptlets. As duas seções, a seguir, têm exemplos que demonstram as tags condicionais e do iterador.

Tags condicionais

A tag if permite a execução condicional de seu corpo de acordo com o valor do atributo test. O próximo exemplo de bookcatalog.jsp testa se o parâmetro de requisição Add está vazio. Se o test avaliar para true, a página consultará o banco de dados para o registro de livro identificado pelo parâmetro de requisição e adicionará o livro ao carrinho de compras:

```
<c:if test="${!empty param.Add}">
  <c:set var="bid" value="${param.Add}"/>
  <j sp:useBean id="bid" type="java.lang.String" />
   <sql:query var="books"
     dataSource="${applicationScope.bookDS}">
     select * from PUBLIC.books where id = ?
     <sql:param value="${bid}" />
  </sql:query>
  <c:forEach var="bookRow" begin="0" items="${books.rows}">
     <jsp:useBean id="bookRow" type="java.util.Map" />
     <jsp:useBean id="addedBook"
       class="database.BookDetails" scope="page" />
  ...
  <% cart.add(bid, addedBook); %>
...
</c:if>
```

A tag *choose* efetua a execução de bloco condicional pelas subtags *when* incorporadas. Ela renderiza o corpo da primeira tag *when* cuja condição *test* avalia para true. Se nenhuma das condições *test* das tags *when* aninhadas avaliar para true, então o corpo de uma tag *otherwise* será avaliado, se presente.

Por exemplo, o código de amostra em destaque mostra como renderizar o texto baseado em uma categoria de associação de fregueses.

```
<c:choose>
  <c:when test="${customer.category == 'trial'}" >
    ...
  </c:when>
  <c:when test="${customer.category == 'member'}" >
    ...
  </c:when>
    <c:when test="${customer.category == 'preferred'}" >
    ...
  </c:when>
  <c:otherwise>
    ...
  </c:otherwise>
</c:choose>
```

As tags *choose, when,* e *otherwise* podem ser usadas para construir uma declaração if-then-else assim:

```
<c:choose>
  <c:when test="${count == 0}" >
    No records matched your selection.
  </c:when>
  <c:otherwise>
    ${count} records matched your selection.
  </c:otherwise>
</c:choose>
```

Tags do iterador

A tag forEach permite que você itere sobre uma coleção de objetos. Você especifica a coleção por meio do atributo *items*, e o item corrente fica disponível através de uma variável chamada pelo atributo var.

Uma grande quantidade de tipos de coleção é suportada por forEach, incluindo todas as implementações de java.util.Collection e java.util.Map. Se o atributo *items* for de tipo java.util.Map, então o item corrente será de tipo java.util.Map.Entry, que tem as seguintes propriedades:

- key: A chave sob a qual o item é armazenado no mapa subjacente
- value: O valor que corresponde à chave.

Arrays de objetos bem como arrays de tipos primitivos (por exemplo, int) são também suportados. Para arrays de tipos primitivos, o item corrente para a iteração é automaticamente empacotado com a sua classe wrapper padronizada (por exemplo, Integer para int, Float para float, e assim por diante).

As implementações de java.util.Iterator e java.util.Enumeration são suportadas, mas elas devem ser usadas com cautela. Os objetos Iterator e Enumeration não são redefiníveis, portanto eles não deveriam ser usados dentro de mais que uma tag de iteração. Finalmente, os objetos java.lang.String podem ser iterados se a string contiver uma lista de valores separados por vírgula (por exemplo, Monday,Tuesday,Wednesday,Thursday,Friday).

Aqui está o carrinho de compras da seção precedente, agora com a tag forEach:

```
<c:forEach var="item" items="${sessionScope.cart.items}">
  ...
  <tr>
    <td align="right" bgcolor="#ffffff">
    ${item.quantity}
  </td>
  ...
</c:forEach>
```

A tag forTokens é usada para iterar sobre uma coleção de tokens separada por um delimitador.

Tags URL

O elemento jsp:include fornece para a inclusão de recursos estáticos e dinâmicos no mesmo contexto como a página corrente. Todavia, jsp:include não pode acessar recursos que residam fora do aplicativo Web, e isso causa uma sobrecarga de buffer (buffering) desnecessária quando o recurso incluído é utilizado por um outro elemento.

No exemplo seguinte, o elemento transform utiliza o conteúdo do recurso incluído como a entrada de sua transformação. O elemento jsp:include lê o conteúdo da resposta e o escreve para o corpo de conteúdo do elemento de transformação de anexação, o qual então torna a ler exatamente o mesmo conteúdo. Seria mais eficiente se o elemento transform pudesse acessar a origem de entrada diretamente e desse modo evitar a sobrecarga do buffer envolvida no conteúdo de corpo da tag de transformação.

```
<acme:transform>
  <jsp:include page="/exec/employeesList"/>
<acme:transform/>
```

A tag import é, portanto, um modo fácil e genérico de acessar recursos baseados em URL, cujo conteúdo pode então ser incluído e ou processado dentro da página JSP. Por exemplo, na Biblioteca de Tags XML, import é usada para ler no documento XML contendo informações de book e atribuir o conteúdo para a variável de escopo xml:

```
<c:import url="/books.xml" var="xml" />
<x:parse doc="${xml}" var="booklist"
  scope="application" />
```

A tag param, análoga à tag jsp:param (veja Elemento jsp:param), pode ser usada com import para especificar parâmetros de requisição.

Em Rastreamento de Sessão discutimos como um aplicativo deve reescrever URLs para habilitar o rastreamento de sessão sempre que o cliente desativa cookies. Você pode usar a tag url para reescrever URLs retornadas de uma página JSP. A tag incluirá a session ID no URL somente se os cookies estiverem desabilitados; caso contrário, ela retornará o URL intocado. Note que esta característica requer que o URL seja relativo. A tag url aceita subtags param para incluir parâmetros no URL retornado. Por exemplo, bookcatalog.jsp reescreve o URL para adicionar um livro ao carrinho de compras como a seguir:

```
<c:url var="url" value="/catalog" >
  <c:param name="Add" value="${bookId}" />
</c:url>
<p><strong><a href="${url}">
```

A tag redirect envia um redirecionamento de HTTP para o cliente. A tag redirect aceita subtags param para incluir parâmetros no URL retornado.

Tags mistas

A tag *catch* fornece um complemento para o mecanismo de página de erro JSP. Ela permite que autores de página se recuperem elegantemente de condições de erro que eles possam controlar. As ações de importância central para uma página não devem ser encapsuladas em uma catch; deste modo, suas exceções se propagarão para uma página de erro. As ações de importância secundária para a página deveriam ser empacotadas em uma catch de modo que elas nunca possam fazer com que o mecanismo de página de erro seja chamado. A exceção lançada é armazenada na variável identificada por var, que tem sempre um escopo de página. Se var estiver faltando, a exceção será simplesmente agarrada e não salva.

A tag *out* avalia uma expressão e mostra o resultado da avaliação para o objeto corrente JspWriter. A sintaxe e atributos são:

```
<c:out value="value" [escapeXml="{true|false}"]
  [default="defaultValue"] />
```

Se o resultado da avaliação for um objeto java.io.Reader, então o dado é primeiramente lido do objeto Reader e depois escrito para o objeto corrente JspWriter. O processamento especial associado aos objetos Reader melhora o desempenho quando uma grande quantidade de dados deve ser lida e depois escrita para a resposta.

Se escapeXml for true, as conversões de caractere listadas na Tabela 14-4 serão aplicadas.

Tabela 14-4 Conversões de caractere

Caractere	Código da entidade do caractere
<	<
>	>
&	&
‘	'
“	"

Biblioteca de tags XML

O conjunto de tags XML JSTL está listado na Tabela 14-5.

Um aspecto crucial ao lidar com documentos XML é ser capaz de acessar facilmente seu conteúdo. XPath (veja Como XPath Funciona), uma recomendação W3C desde 1999, fornece uma notação fácil para especificar e selecionar partes de um documento XML. Nas tags XML JSTL, as expressões XPath especificadas usando o atributo *select* são usadas para selecionar porções de fluxos de dados XML. Note que XPath é usada como linguagem de expressão local somente para o atributo select. Isso significa que valores especificados para os atributos *select* são avaliados usando a linguagem de expressão Xpath, mas os valores para todos os outros atributos são avaliados usando as regras associadas à linguagem de expressão JSP 2.0.

Além da sintaxe-padrão XPath, o mecanismo XPath suporta os seguintes escopos para acessar dados de aplicativo Web dentro de uma expressão XPath:

- $foo
- $param:
- $header:
- $cookie:
- $initParam:
- $pageScope:
- $requestScope:
- $sessionScope:
- $applicationScope:

Tabela 14-5 Tags xml

Área	Função	Tags	Prefixo
XML	Core	out parse set	x

	Controle de fluxo	choose
		  when
		  otherwise
		forEach
		if	

	Transformação	transform param	

Tabela 14-6 Expressões XPath de exemplo

Expressão XPath	Resultado
$sessionScope:profile	A variável EL com escopo de sessão chamada profile
$initParam:mycom.productId	O valor de String do parâmetro de contexto mycom.productId

Estes escopos são definidos exatamente do mesmo modo que suas duplicatas na linguagem de expressão JSP como discutido em Objetos implícitos. A Tabela 14-6 mostra alguns exemplos de utilização dos escopos.

As tags XML são ilustradas em uma outra versão (bookstore5) do aplicativo da Duke´s Bookstore. Esta versão substitui o banco de dados com uma representação XML do banco de dados da livraria, que é obtido de um outro aplicativo Web. As direções para construir e implantar esta versão do aplicativo estão em Documento JSP de exemplo. Uma amostra bookstore5.war é fornecida em *<INSTALL>*/j2eetutorial14/examples/web/provided-wars/.

Tags core

As tags core XML fornecem funcionalidade básica para analisar e acessar facilmente dados XML.

A tag *parse* analisa a sintaxe de um documento XML e salva o objeto resultante na variável EL especificada pelo atributo var. Em bookstore5, o documento XML é analisado e salvo para um atributo de contexto em parsebooks.jsp, que é incluído em todas as páginas JSP que precisam de acesso ao documento:

```
<c:if test="${applicationScope:booklist == null}" >
  <c:import url="${initParam.booksURL}" var="xml" />
  <x:parse doc="${xml}" var="booklist" scope="application" />
</c:if>
```

As tags set e out se assemelham ao comportamento descrito em Tags de suporte variável e Tags mistas para a linguagem de expressão local XPath. A tag set avalia uma expressão XPath e define o resultado para uma variável EL JSP especificada pelo atributo var. A tag out avalia uma expressão do nó de contexto corrente e mostra o resultado da avaliação para o objeto corrente JspWriter.

A página JSP bookdetails.JSP seleciona um elemento de book cujo atributo id corresponda ao parâmetro de requisição bookId e define o atributo abook. A tag out então seleciona o elemento de título do livro e mostra o resultado.

```
<x:set var="abook"
  select="$applicationScope.booklist/
    books/book[@id=$param:bookId]" />
  <h2><x:out select="$abook/title"/></h2>
```

Como você acabou de ver, x:set armazena uma representação XML interna de um nó obtido usando uma expressão XPath; ela não converte o nó selecionado em uma String e o armazena. Dessa forma, x:set é principalmente útil para armazenar partes de documentos para um recuperação posterior.

Se você quer armazenar uma String, você deve usar x:out dentro de c:set. A tag x:out converte o nó para uma String, e c:set então armazena a String como uma variável EL. Por exemplo, bookdetails.jsp armazena uma variável EL contendo um preço de livro, o qual é mais tarde fornecido como valor de uma tag fmt, assim:

```
<c:set var="price">
  <x:out select="$abook/price"/>
</c:set>
<h4><fmt:message key="ItemPrice"/>:
  <fmt:formatNumber value="${price}" type="currency"/>
```

A outra opção – mais direta, porém requer que o usuário tenha mais conhecimento de Xpath – é coagir o nó para uma String, manualmente, utilizando a função string de XPath.

```
<x:set var="price" select="string($abook/price)"/>
```

Tags de controle de fluxo

As tags XML de controle de fluxo se assemelham ao comportamento descrito em Tags para controle de fluxos para fluxos de dados XML.

A página JSP bookcatalog.jsp utiliza a tag forEach para exibir todos os livros contidos em booklist como a seguir:

```
<x:forEach var="book"
  select="$applicationScope:booklist/books/*">
  <tr>
    <c:set var="bookId">
      <x:out select="$book/@id"/>
    </c:set>=
    <td bgcolor="#ffffaa">
      <c:url var="url"
      value="/bookdetails" >
        <c:param name="bookId" value="${bookId}" />
        <c:param name="Clear" value="0" />
      </c:url>
      <a href="${url}">
      <strong><x:out select="$book/title"/> 
      </strong></a></td>
    <td bgcolor="#ffffaa" rowspan=2>
      <c:set var="price">
        <x:out select="$book/price"/>
      </c:set>
      <fmt:formatNumber value="${price}" type="currency"/>
       
```

```
    </td>
    <td bgcolor="#ffffaa" rowspan=2>
    <c:url var="url" value="/catalog" >
      <c:param name="Add" value="${bookId}" />
    </c:url>
    <p><strong><a href="${url}"> 
      <fmt:message key="CartAdd"/> </a>
    </td>
  </tr>
  <tr>
    <td bgcolor="#ffffff">
      <fmt:message key="By"/> <em>
      <x:out select="$book/firstname"/> 
      <x:out select="$book/surname"/></em></td></tr>
</x:forEach>
```

Tags de transformação

A tag *transform* aplica uma transformação, especificada por um conjunto de folha de estilos XSLT através do atributo XSLT, para um documento XML, especificado pelo atributo *doc*. Se o atributo *doc* não é especificado, o documento XML de entrada é lido a partir do conteúdo de corpo da tag.

A subtag *param* pode ser usada junto com *transform* para definir os parâmetros de transformação. Os atributos *name* e *value* são usados para especificar o parâmetro. O atributo value é opcional. Se ele não estiver especificado, o valor será obtido do corpo da tag.

Biblioteca de tags para internacionalização

O Capítulo 22 aborda como projetar aplicativos Web de modo que eles estejam de acordo com as convenções de formatação e de linguagem das locales de clientes. Esta seção descreve tags que suportam a internacionalização de páginas JSP.

JSTL determina tags para definir a locale para uma página, criar mensagens locale-sensitivas, e formatar e analisar elementos de dados tais como números, moedas, datas e horas, de uma maneira personalizada e locale-sensitiva. A Tabela 14-7 lista as tags.

Tags il18n JSTL utilizam contexto de localização para encontrar seus dados. Um contexto de localização contém uma locale e uma instância do pacote de recursos. Para especificar o contexto de localização em tempo de implantação, você define o parâmetro de contexto javax.servlet.jsp.jstl.fmt.localizationContext, cujo valor pode ser um javax.servlet.jsp.jstl.fmt.LocalizationContext ou uma String. Um parâmetro de contexto String é interpretado como um nome básico do pacote de recursos. Para o aplicativo da Duke´s,

Tabela 14-7 Tags de Internacionalização

Área	Função	Tags	Prefixo
I18n	Definindo a locale	setLocale requestEncoding	fmt
	Transmissão de mensagens	bundle message param setBundle	

Tabela 14-7 Tags de Internacionalização (continuação)

Área	Função	Tags	Prefixo
I18n	Formatação de número e data	formatNumber formatDate parseDate parseNumber setTimeZone timeZone	fmt

Bookstore, o parâmetro de contexto é a String messages.BookstoreMessages. Quando uma requisição é recebida, JSTL automaticamente define a locale baseada no valor obtido do cabeçalho da requisição e seleciona o pacote de recursos correto usando o nome básico especificado no parâmetro de contexto.

Como definir a locale

A tag setLocale é usada para sobrescrever a locale especificada pelo cliente para uma página. A tag requestEncoding é usada para definir a codificação de caractere da requisição, de modo a ser capaz de decodificar corretamente os valores do parâmetro de requisição cuja codificação seja diferente da ISO-8859-1.

Tags de serviços de mensagens

Por default, a capacidade para sensibilizar a definição da locale do browser é habilitada em JSTL. Isto significa que um cliente determina (por meio da configuração de seu browser) qual locale usar, e permite aos autores de página suprirem as preferências de linguagem de seus clientes.

Tags setBundle e bundle

Você pode definir o pacote de recursos em tempo de execução com as tags JSTL fmt:setBundle e fmt:bundle. fmt:setBundle é usada para definir o contexto de localização em uma variável ou variável de configuração para um escopo especificado. fmt:bundle é usada para definir o pacote de recursos para um determinado corpo de tag.

Tag message

A tag message é usada para produzir strings localizadas. A tag, a seguir, de bookcatalog.jsp é usada para criar uma string convidando fregueses a escolher um livro do catálogo.

```
<h3><fmt:message key="Choose"/></h3>
```

A subtag param fornece um argumento único (para substituição de parâmetros) a mensagem ou padrão de composição em sua tag-pai message. Uma tag param deve ser especificada para cada variável na mensagem ou padrão de composição. A substituição de parâmetros ocorre na ordem dos tags *param*.

Tags de formatação

JSTL fornece um conjunto de tags para análise e formatação de números e datas locale-sensitvas.

A tag formatNumber é usada para produzir números localizados. A tag de bookshowcart.jsp é usada para exibir o preço localizado de um livro, como a seguir:

```
<fmt:formatNumber value="${book.price}" type="currency"/>
```

Note que, como o preço é mantido no banco de dados em dólares, a localização é um pouco simplista, porque a tag formatNumber desconhece a tabela de câmbio. A tag formata moedas, mas não as converte.

Tags semelhantes para formatação de datas (formatDate) e para analisar números e datas (parseNumber, parseDate) também são disponíveis. A tag timeZone estabelece o fuso horário (especificado através do atributo de valor) para ser usada por quaisquer tags formatDate aninhadas.

Em bookreceipt.jsp, uma data de embarque "suposta" é criada e depois formatada com a tag formatDate:

```
<jsp:useBean id="now" class="java.util.Date" />
<jsp:setProperty name="now" property="time"
  value="${now.time + 432000000}" />
<fmt:message key="ShipDate"/>
<fmt:formatDate value="${now}" type="date"
  dateStyle="full"/>.
```

Biblioteca de tags SQL

As tags SQL JSTL para acessar banco de dados listadas na Tabela 14-8 são projetadas para modelagem rápida e aplicativos simples. Para aplicativos de produção, as operações de banco de dados são normalmente encapsuladas em componentes JavaBeans.

A tag setDataSource permite que você defina a informação da origem da data para o banco de dados. Você pode fornecer uma denominação JNDI ou parâmetros DriverManager para definir a informação da origem da data. Todas as páginas da Duke´s Bookstore que possuem mais de uma tag SQL utilizam a seguinte declaração para definir a origem da data:

```
<sql:setDataSource dataSource="jdbc/BookDB" />
```

Tabela 14-8 Tags SQL

Área	Função	Tags	Prefixo
Banco de dados		setDataSource	sql

	SQL	query
		  dateParam
		  param
		transaction
		update
		  dateParam
		  param	

A tag *query* realiza uma consulta SQL que retorna um conjunto de resultado. Para consultas SQL parametrizadas, você usa uma tag *param* aninhada dentro da tag *query*.

Em bookcatalog.jsp, o valor do parâmetro de requisição Add determina qual informação do livro deverá ser obtida do banco de dados. Este parâmetro é salvo como o nome de atributo bid e é passado para a tag *param*.

```
<c:set var="bid" value="${param.Add}"/>
<sql:query var="books" >
select * from PUBLIC.books where id = ?
<sql:param value="${bid}" />
</sql:query>
```

A tag update é usada para atualizar uma linha do banco de dados. A tag transaction é usada para efetuar uma série de declarações SQL atomicamente.

A página bookreceipt.jsp da página JSP utiliza tags para atualizar o inventário do banco de dados para cada compra. Como um carrinho de compras pode conter mais de um livro, a tag transaction é usada para empacotar consultas e atualizações múltiplas. Primeiro, a página estabelece que há inventário suficiente; depois, as atualizações são realizadas.

```
<c:set var="sufficientInventory" value="true" />
<sql:transaction>
  <c:forEach var="item" items="${sessionScope.cart.items}">
    <c:set var="book" value="${item.item}" />
    <c:set var="bookId" value="${book.bookId}" />
    <sql:query var="books"
      sql="select * from PUBLIC.books where id = ?" >
      <sql:param value="${bookId}" />
    </sql:query>
    <jsp:useBean id="inventory"
      class="database.BookInventory" />
    <c:forEach var="bookRow" begin="0"
      items="${books.rowsByIndex}">
      <jsp:useBean id="bookRow"  type="java.lang.Object[]" />
      <jsp:setProperty name="inventory" property="quantity"
        value="${bookRow[7]}" />

      <c:if test="${item.quantity > inventory.quantity}">
        <c:set var="sufficientInventory" value="false" />
        <h3><font color="red" size="+2">
        <fmt:message key="OrderError"/>
        There is insufficient inventory for
        <i>${bookRow[3]}</i>.</font></h3>
      </c:if>
    </c:forEach>
  </c:forEach>

  <c:if test="${sufficientInventory == 'true'}" />
    <c:forEach var="item" items="${sessionScope.cart.items}">
      <c:set var="book" value="${item.item}" />
      <c:set var="bookId" value="${book.bookId}" />

      <sql:query var="books"
        sql="select * from PUBLIC.books where id = ?" >
        <sql:param value="${bookId}" />
      </sql:query>

      <c:forEach var="bookRow" begin="0"
        items="${books.rows}">
        <sql:update var="books" sql="update PUBLIC.books set
          inventory = inventory - ? where id = ?" >
          <sql:param value="${item.quantity}" />
          <sql:param value="${bookId}" />
        </sql:update>
      </c:forEach>
```

```
    </c:forEach>
    <h3><fmt:message key="ThankYou"/>
      ${param.cardname}.</h3><br>
  </c:if>
</sql:transaction>
```

Interface Result da tag query

A interface Result é usada para obter informações de objetos retornados de um tag *query*.

```
public interface Result
  public String[] getColumnNames();
  public int getRowCount()
  public Map[] getRows();
  public Object[][] getRowsByIndex();
  public boolean isLimitedByMaxRows();
```

Para informações completas sobre esta interface, veja a documentação API para os pacotes JSTL.

O atributo var definido por uma tag *query* é de tipo Result. O método getRows retorna um array de mapas que podem ser fornecidos para o atributo items de uma tag forEach. A linguagem de expressão JSTL converte a sintaxe ${*result*.rows} para uma chamada para *result*.getRows. A expressão ${books.rows} do exemplo seguinte retorna um array de mapas.

Quando você fornece um array de mapas para a tag forEach, o atributo var definido pela tag é de tipo Map. Para obter informações de uma linha, use o método get("*colname*") para obter o valor de uma coluna. A linguagem de expressão JSP converte a sintaxe ${*map.colname*} para uma chamada para *map*.get("*colname*"). Por exemplo, a expressão ${book.title} retorna o valor da entrada do título de uma mapa de book.

A página bookdetails.jsp da Duke´s Bookstore obtém os valores de coluna do mapa de book assim:

```
<c:forEach var="book" begin="0" items="${books.rows}">
  <h2>${book.title}</h2>
   <fmt:message key="By"/> <em>${book.firstname}
  ${book.surname}</em>  
  (${book.year})<br>   <br>
  <h4><fmt:message key="Critics"/></h4>
  <blockquote>${book.description}</blockquote>
  <h4><fmt:message key="ItemPrice"/>:
  <fmt:formatNumber value="${book.price}" type="currency"/>
  </h4>
</c:forEach>
```

O trecho seguinte de bookcatalog.jsp utiliza a interface Row para obter os valores das colunas de uma linha de book usando expressões de linguagem de script. Primeiro, a linha de book que corresponde a um parâmetro de requisição (bid) é recuperada do banco de dados. Como os objetos bid e bookRow são depois utilizados por tags que usam expressões de linguagem para definir valores de atributos e por um scriptlet que adiciona um livro ao carrinho de compras, ambos os objetos são declarados como variáveis de script usando a tag jsp:useBean. A página cria um bean que descreve o livro, e as expressões de linguagem de script são usadas para definir as propriedades do livro dos valores de coluna da linha do livro. Então o livro é adicionado ao carrinho de compras.

Você pode comparar esta versão de bookcatalog.jsp às versões em Tecnologia JavaServer Pages e Tags personalizadas em páginas JSP que utilizam um componente JavaBeans para o banco de dados de book.

```
<sql:query var="books"
```

```
  dataSource="${applicationScope.bookDS}">
  select * from PUBLIC.books where id = ?
  <sql:param value="${bid}" />
</sql:query>
<c:forEach var="bookRow" begin="0"
      items="${books.rowsByIndex}">
  <jsp:useBean id="bid"  type="java.lang.String" />
  <jsp:useBean id="bookRow" type="java.lang.Object[]" />
  <jsp:useBean id="addedBook" class="database.BookDetails"
    scope="page" >
    <jsp:setProperty name="addedBook" property="bookId"
      value="${bookRow[0]}" />
    <jsp:setProperty name="addedBook" property="surname"
      value="${bookRow[1]}" />
    <jsp:setProperty name="addedBook" property="firstName"
      value="${bookRow[2]}" />
    <jsp:setProperty name="addedBook" property="title"
      value="${bookRow[3]}" />
    <jsp:setProperty name="addedBook" property="price"
      value="${bookRow[4])}" />
    <jsp:setProperty name="addedBook" property="year"
      value="${bookRow[6]}" />
    <jsp:setProperty name="addedBook"
      property="description"
      value="${bookRow[7]}" />
    <jsp:setProperty name="addedBook" property="inventory"
      value="${bookRow[8]}" />
  </jsp:useBean>
  <% cart.add(bid, addedBook); %>
  ...
</c:forEach>
```

Funções

A Tabela 14-9 lista as funções JSTL.

Embora a interface java.util.Collection defina um método size, ela não obedece ao padrão de projeto do componente JavaBeans para propriedades e, portanto, não pode ser acessada por meio da linguagem de expressão JSP. A função length pode ser aplicada a qualquer coleção suportada pela c:forEach e retorna o comprimento da coleção. Quando aplicada a uma String, retorna o número de caracteres dentro da string.

Por exemplo, a página index.jsp do aplicativo hello1, apresentada no Capítulo 3, usa a função fn:length e a tag c:if para determinar se inclui uma página de resposta:

```
<%@ taglib uri="http://java.sun.com/jsp/jstl/core"
  prefix="c" %>
<%@ taglib uri="http://java.sun.com/jsp/jstl/functions"
  prefix="fn" %>
<html>
<head><title>Hello</title></head>
...
<input type="text" name="username" size="25">
<p></p>
<input type="submit" value="Submit">
<input type="reset" value="Reset">
</form>

<c:if test="${fn:length(param.username) > 0}" >
  <%@include file="response.jsp" %>
</c:if>
```

```
</body>
</html>
```

O resto das funções JSTL dizem respeito à manipulação de string:

- toUpperCase, toLowerCase: Modifica a capitalização (escrita em letras maiúsculas) de uma string
- substring, substringBefore, substringAfter: Obtêm um subconjunto de uma string
- trim: Remove espaço em branco de uma string
- replace: Substitui caracteres em uma string
- indexOf, startsWith, endsWith, contains, containsIgnoreCase: Verificam se uma string contém uma outra string
- split: Divide uma string em um array
- join: Agrega uma coleção para uma string
- escapeXml: Escapa caracteres XML em uma string

Tabela 14-9 Funções

Área	Função	Tags	Prefixo
Funções	Comprimento da coleção	length	
	Manipulação de Strings	toUpperCase, toLowerCase substring, substringAfter, substringBeforetrimreplace indexOf, startsWith, endsWith, contains, containsIgnoreCase split, join escapeXml	fn

Informações adicionais

Para informações adicionais sobre JSTL, consulte o seguinte:

- A documentação para referências sobre tags:

  http://java.sun.com/products/jsp/jstl/1.1/docs/tlddocs/index.html
- A documentação para referências sobre API:

  http://java.sun.com/products/jsp/jstl/1.1/docs/api/index.html
- A especificação JSTL 1.1:

  http://java.sun.com/products/jsp/jstl/downloads/index.html#specs
- O site Web JSTL:

  http://java.sun.com/products/jsp/jstl

15

Tags personalizadas em páginas JSP

As tags JSP padronizadas simplificam o desenvolvimento e a manutenção de uma página JSP. A tecnologia JSP também fornece um mecanismo para encapsular outros tipos de funcionalidade dinâmica em tags personalizadas, que são extensões para a linguagem JSP. Alguns exemplos de tarefas, que podem ser realizadas por tags personalizadas, inclui operação sobre objetos implícitos, processamento de formulários, acessar banco de dados e outros serviços corporativos tais como e-mail e diretórios, e implementação do controle de fluxo. Tags personalizadas aumentam a produtividade porque elas podem ser reutilizadas em mais de um aplicativo.

Tags personalizadas são distribuídas em uma biblioteca de tags, que define um conjunto de tags personalizadas relacionadas e contém os objetos que implementam as tags. O objeto que implementa uma tag personalizada é chamado tag handler. A tecnologia JSP define dois tipos de tratadores de tag: simples e clássico. Tratadores de tag simples podem ser usados apenas para tags que não utilizem elementos de script em valores de atributo ou no corpo da tag. Tratadores de tags clássicas devem ser usados se os elementos de script forem exigidos. Tratadores de tags simples são abordados neste capítulo, e tratadores de tags clássicas serão discutidos no Capítulo 16.

Você pode escrever tratadores de tag simples usando a linguagem JSP ou usando a linguagem Java. Um arquivo de tag é um arquiv-fonte contendo um fragmento de código JSP reutilizável traduzido para um tratador de tag simples pelo contêiner Web. Arquivos de tag podem ser usados para desenvolver tags personalizadas que são cêntricas de apresentação ou que podem levar vantagem sobre as bibliotecas de tags existentes ou autores de página que não conheçam Java. Quando a flexibilidade da linguagem de programação Java é necessária para definir a tag, a tecnologia JSP fornece uma API simples para desenvolver um tratador de tag na linguagem de programação Java.

Este capítulo supõe que você esteja familiarizado com o material do Capítulo 12, especialmente a seção Como usar tags personalizadas. Para maiores informações sobre as bibliotecas de tags e indicadores de algumas bibliotecas livremente disponíveis, consulte o endereço http://java.sun.com/products/jsp/taglibraries/index.jsp.

O que é uma tag personalizada?

Uma tag personalizada é um elemento de linguagem JSP definido pelo usuário. Quando uma página JSP contendo uma tag personalizada é traduzida para um servlet, a tag é convertida para operações sobre um tratador de tags. O contêiner Web então chama essas operações quando o servlet da página JSP é executado.

As tags personalizadas possuem um rico conjunto de recursos. Elas podem:

- ❑ Ser customizadas por meio de atributos passados de uma página de chamada.
- ❑ Passar variáveis de volta à página de chamada.
- ❑ Acessar todos os objetos disponíveis para páginas JSP.
- ❑ Comunicar-se umas com as outras. Você pode criar e inicializar um componente JavaBeans, criar um variável public EL que referencie esse bean em uma tag e depois usar o bean em uma outra tag.
- ❑ Estar aninhadas dentro de uma outra e se comunicar por meio de variáveis privadas.

Páginas JSP de exemplo

Este capítulo descreve as tarefas envolvidas na definição de tags simples. Nós ilustramos as tarefas utilizando trechos da versão JSP do aplicativo da Duke´s Bookstore discutido em Páginas JSP de exemplo, reescrito aqui para tirar vantagem das várias tags personalizadas:

- ❑ Uma tag catalog para renderizar o catálogo de livros.
- ❑ Uma tag shipDate para renderizar a data de expedição de um pedido.
- ❑ Uma biblioteca de template para assegurar uma aparência e comportamento comum entre todas as telas e composição de telas dos blocos de conteúdo.

A última seção deste capítulo, Exemplos, descreve várias tags com detalhes: uma simples tag de iteração e o conjunto de tags na biblioteca de tags do template do tutorial.

A biblioteca de tags do template do tutorial define um conjunto de tags para criar um template do aplicativo. O template é uma página JSP que possui lugares reservados para as partes que precisam modificar com cada tela. Cada um desses lugares reservados é referenciado como um parâmetro do template. Por exemplo, um simples template poderia incluir um parâmetro de título para o topo da tela gerada e um parâmetro de corpo para referenciar uma página JSP para o conteúdo personalizado da tela. O template é criado utilizando um conjunto de tags aninhadas – definição, tela e parâmetro – que é usado para construir uma tabela de definições de tela para a Duke´s Bookstore. Uma tag insert é usada para inserir parâmetros da tabela para a tela.

A Figura 15-1 mostra o fluxo de uma requisição através dos componentes da Duke´s Bookstore:

- ❑ template.jsp, determina a estrutura de cada tela. Ele usa a tag insert para compor uma tela a partir dos subcomponentes
- ❑ screendefinitions.jsp, define os subcomponentes usados para cada tela. Todas as telas têm o mesmo banner, mas título e conteúdo de corpo diferentes (especificados pelas colunas da páginas JSP da Tabela 12-1)
- ❑ Dispatcher, um servlet que processa as requisições e expede para template.jsp.

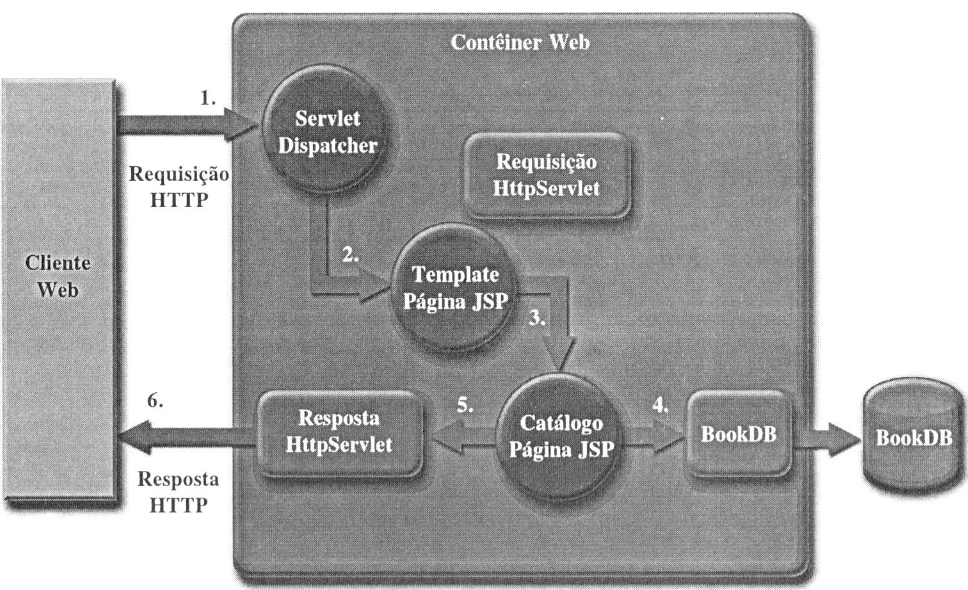

Figura 15-1 *Fluxo de requisição através dos componentes da Duke´s Bookstore.*

A fonte para o aplicativo da Duke´s Bookstore está localizada no diretório <INSTALL>/j2eetutorial14/ examples/web/bookstore3/ criado quando você descompactou o pacote do tutorial (veja Sobre os Exemplos). Uma amostra de bookstore3.war é fornecida em *INSTALL*>/j2eetutorial14/examples/web/provided-wars/. Para construir o exemplo, siga estas etapas:

1. Construa e empacote os arquivos comuns de bookstore como descrito nos Exemplos da Duke´s Bookstore.
2. Em uma janela de terminal, vá para *<INSTALL*>/j2eetutorial14/examples/web/bookstore3/.
3. Rode asant build. Este target gerará todas as compilações necessárias e copiará os arquivos para o diretório *INSTALL*>/j2eetutorial14/examples/web/bookstore3/build.
4. Inicie o Servidor de Aplicativo.
5. Efetue todas as operações descritas em Como acessar banco de dados a partir de aplicativos Web.
6. Inicie deploytool.
7. Crie um aplicativo Web chamado bookstore3. Selecione File → New → Web Component.
8. No assistente New Web Component:
   a. Selecione o botão de rádio Create New Stand-Alone WAR Module.
   b. No campo War Location, entre *<INSTALL*>/j2eetutorial14/examples/web/bookstore3/ bookstore3.war
   c. No campo WAR Name, entre bookstore3.
   d. No campo Context Root, entre /bookstore3.
   e. Clique Edit Contents.
   f. Na caixa de diálogo Edit Contents, navegue para *<INSTALL*>/j2eetutorial14/examples/web/ bookstore3/build/. Selecione as páginas JSP bookstore.jsp, bookdetails.jsp, bookcatalog.jsp, bookshowcart.jsp, bookcashier.jsp, bookreceipt.jsp e bookordererror.jsp, os arquivos de tag catalog.tag e shipDate.tag e os diretórios dispatcher, database, listeners, template e clique Add. Clique OK.

g. Adicione a biblioteca de bookstore compartilhada. Navegue para *<INSTALL>*/j2eetutorial14/examples/web/bookstore/dist/. Selecione bookstore.jar e clique Add.
h. Clique Next.
i. Selecione o botão de rádio Servlet.
j. Clique Next.
k. Selecione dispatcher.Dispatcher da caixa combo da classe do servlet.
l. Clique Finish.

9. Adicione a classe do receptor listeners.ContextListener (descrita em Como tratar eventos de ciclo e vida do servlet).
   a. Selecione a guia Event Listeners.
   b. Clique Add.
   c. Selecione a classe listeners.ContextListener no campo suspenso do painel Event Listener Classes.
10. Adicione os aliases.
   a. Selecione Dispatcher.
   b. Selecione a guia Aliases.
   c. Clique Add e depois digite /bookstore no campo Aliases. Repita para adicionar os aliases /bookcatalog, /bookdetails, /bookshowcart, /bookcashier, /bookordererror e /bookreceipt.
11. Adicione o parâmetro de contexto que especifica nome básico do pacote de recursos JSTL.
   a. Selecione o módulo Web.
   b. Selecione a guia Context.
   c. Clique Add.
   d. Entre javax.servlet.jsp.jstl.fmt.localizationContext no campo Coded Parameter.
   e. Entre messages.BookstoreMessages no campo Value.
12. Defina o prelúdio para todas as páginas JSP.
   a. Selecione a guia JSP Properties.
   b. Clique o botão Add próximo à lista Name.
   c. Entre bookstore3.
   d. Clique o botão Add URL próximo à lista URL Pattern.
   e. Enter *.jsp.
   f. Clique o botão Edit próximo à lista Include Preludes.
   g. Clique Add.
   h. Entre /template/prelude.jspf.
   i. Clique OK.
13. Adicione uma referência de recurso para o banco de dados.
   a. Selecione a guia Resource Ref´s.
   b. Clique Add.
   c. Digite jdbc/BookDB no campo Coded Name.
   d. Aceite o tipo default javax.sql.DataSource.
   e. Aceite o Contêiner de autorização default.
   f. Aceite o default Shareable selecionado.
   g. Entre jdbc/BookDB no campo de nome JNDI da moldura Sun-specific Settings

14. Implante o aplicativo.

   a. Selecione Tools → Deploy.

   b. Clique OK.

   c. Uma caixa de diálogo exibirá os resultados da implantação. Clique Close.

15. Abra o URL de bookstore http://localhost:8080/bookstore3/bookstore.

Consulte Como eliminar problemas para uma ajuda com diagnósticos dos problemas comuns.

Tipos de tags

Tags simples são chamadas usando sintaxe XML. Elas têm uma tag inicial e uma final e, possivelmente, um corpo:

```
<tt:tag>
  body
</tt:tag>
```

Uma tag personalizada sem corpo se expressa assim:

```
<tt:tag /> or <tt:tag></tt:tag>
```

Tags com atributos

Uma tag simples pode ter atributos. Os atributos personalizam o comportamento de uma tag personalizada como parâmetros customizam o comportamento de um método. Existem três tipos de atributos:

- ❑ Atributos simples
- ❑ Atributos de fragmento
- ❑ Atributos dinâmicos

Atributos simples

Atributos simples são avaliados pelo contêiner antes de serem passados para o tratador de tags. Os atributos simples estão listados na tag inicial e têm a sintaxe attr="value". Você pode definir um valor de atributo simples a partir de uma constante de String, ou de uma expressão de linguagem de expressão (EL), ou usando um elemento jsp:attribute (veja Elemento jsp:attribute). O processo de conversão entre as constantes e expressões e tipos de atributos seguem as regras descritas para as propriedades do componente JavaBeans em Como definir as propriedades do componente JavaBeans.

A página da Duke´s Bookstore bookcatalog.jsp chama a tag catalog, que tem dois atributos. O primeiro atributo, uma referência a um objeto de banco de dados de book, é definido por uma expressão EL. O seguinte atributo, que define a cor das linhas em uma tabela que representa o catálogo de bookstore, é definido com uma constante de String.

```
<sc:catalog bookDB ="${bookDB}" color="#cccccc">
```

Atributos de fragmento

Um fragmento JSP é uma porção de código JSP passado para um tratador de tags que pode ser chamado tantas vezes quanto necessário. Você pode pensar em um fragmento como um template que é usado por um tratador de tags para produzir conteúdo personalizado. Dessa forma, ao contrário de um atributo simples que é avaliado por um contêiner, um atributo de fragmento é avaliado por um tratador de tags durante a chamada da tag.

Para declarar um atributo de fragmento, você usa o atributo de fragmento da diretiva do atributo (veja Como declarar atributos de tags em arquivos de tags) ou utilize o subelemento fragment do elemento do TLD attribute (veja Como declarar atributos de tags para tratadores de tags). Você define o valor de um atributo de fragmento usando um elemento jsp:attribute. Quando usado para especificar um atributo de fragmento, o corpo do elemento jsp:attribute pode conter somente texto e padrão estáticos e tags personalizadas; ele não pode conter elementos de script (veja o Capítulo 16).

Fragmentos JSP podem ser parametrizados por meio de variáveis da linguagem de expressão (EL) no código JSP que compõe o fragmento. As variáveis EL são definidas pelo tratador de tags, dessa forma permitindo ao tratador personalizar o fragmento cada vez que ele é chamado (veja Como declarar variáveis de tags em arquivos de tags), e Como declarar variáveis de tags para tratadores de tags).

A tag catalog discutida anteriormente aceita dois fragmentos: normalPrice, exibido para um produto que é o preço bruto, e onSale, exibido para um produto que está à venda.

```
<sc:catalog bookDB ="${bookDB}" color="#cccccc">
  <jsp:attribute name="normalPrice">
    <fmt:formatNumber value="${price}" type="currency"/>
  </jsp:attribute>
  <jsp:attribute name="onSale">
    <strike><fmt:formatNumber value="${price}"
      type="currency"/></strike><br/>
    <font color="red"><fmt:formatNumber value="${salePrice}"
      type="currency"/></font>
  </jsp:attribute>
</sc:catalog>
```

A tag executará o fragmento normalPrice, usando os valores para a variável EL de preço, se o produto for preço total. Se o produto estiver à venda, a tag executará o fragmento onSale usando as variáveis price e salePrice.

Atributos dinâmicos

Um atributo dinâmico é um atributo que não é especificado na definição da tag. Atributos dinâmicos são usados principalmente por tags cujos atributos sejam tratados de uma maneira uniforme, mas cujos nomes não sejam necessariamente conhecidos em tempo de desenvolvimento.

Por exemplo, esta tag aceita um número arbitrário de atributos cujos valores são cores e exibem uma lista desordenada dos atributos coloridos de acordo com os valores:

```
<colored:colored color1="red" color2="yellow" color3="blue"/>
```

Você também pode definir o valor dos atributos dinâmicos usando uma expressão EL ou usando o elemento jsp:attribute.

Elemento jsp:attribute

O elemento jsp:attribute permite que você defina o valor de um atributo de tag no corpo de um elemento XML em vez de no valor de um atributo XML.

Por exemplo, a página de template da Duke´s Bookstore screendefinitions.jsp usa jsp:attribute para utilizar a saída de fmt:message a fim de definir o valor do atributo de valor de tt:parameter.

```
...
<tt:screen id="/bookcatalog">
  <tt:parameter name="title" direct="true">
    <jsp:attribute name="value" >
      <fmt:message key="TitleBookCatalog"/>
    </jsp:attribute>
  </tt:parameter>
  <tt:parameter name="banner" value="/template/banner.jsp"
    direct="false"/>
  <tt:parameter name="body" value="/bookcatalog.jsp"
    direct="false"/>
</tt:screen>
...
```

jsp:attribute aceita um atributo name e um atributo trim. O atributo name identifica qual atributo de tag está sendo especificado. O atributo trim opcional determina se os espaços em branco que aparecem no começo e no final do corpo do elemento devem, ou não, ser descartados. Por default, os espaços em branco iniciais e finais são descartados. O espaço em branco é removido quando a página JSP é removida. Se um corpo contém uma tag personalizada que produz espaços em branco iniciais ou finais, esse espaço em branco é preservado independentemente do valor do atributo trim.

Um corpo vazio é equivalente a especificar "" como valor do atributo.

O corpo de jsp:attribute é restrito de acordo com o tipo de atributo que esteja sendo especificado:

- Para atributos simples, que aceitem uma expressão EL, o corpo pode ser qualquer conteúdo JSP.
- Para atributos simples, que não aceitem uma expressão EL, o corpo pode conter somente texto estático.
- Para atributos de fragmento, o corpo deve não conter qualquer elemento de script (veja o Capítulo 16).

Tags com corpos

Uma tag simples pode conter tags core e personalizadas, texto HTML, e conteúdo de corpo dependente de tag entre a tag inicial e a tag final.

No próximo exemplo, a página do aplicativo da Duke´s Bookstore bookshowcart.jsp usará a tag JSTL c:if para imprimir o corpo se a requisição contiver um parâmetro chamado Clear:

```
<c:if test="${param.Clear}">
  <font color="#ff0000" size="+2"><strong>
  You just cleared your shopping cart!
  </strong><br> <br></font>
</c:if>
```

Elemento jsp:body

Você também pode especificar explicitamente o corpo de uma tag simples utilizando o elemento jsp:body. Se um ou mais atributos são especificados com o elemento jsp:attribute, então jsp:body é a única maneira de especificar o corpo da tag. Se um ou mais elementos jsp:attribute aparecerem no corpo de uma chamada de tag, mas você não incluir um elemento jsp:body, a tag terá um corpo vazio.

Tags que definem variáveis

Uma tag simples pode definir uma variável EL que pode ser usada dentro da página de chamada. No exemplo a seguir, a tag iterator define o valor da variável EL departmentName à medida que ela itera através de uma coleção de nomes de departamentos.

```
<tlt:iterator var="departmentName" type="java.lang.String"
    group="${myorg.departmentNames}">
  <tr>
    <td><a href="list.jsp?deptName=${departmentName}">
      ${departmentName}</a></td>
  </tr>
</tlt:iterator>
```

Comunicação entre tags

Tags personalizadas podem se comunicar umas com as outras através de objetos compartilhados. Há dois tipos de objetos compartilhados: público e privado.

No próximo exemplo, a tag c:set cria uma variável publica EL chamada aVariable, que é então reutilizada por uma outra tag.

```
<c:set var="aVariable" value="aValue" />
<tt:anotherTag attr1="${aVariable}" />
```

Tags aninhadas podem compartilhar objetos privados. No próximo exemplo, um objeto criado por outerTag está disponível para innerTag. A tag interna obtém sua tag-pai e, depois, obtém um objeto do pai. Como o objeto não tem nome, o potencial para conflitos de nomes é reduzido.

```
<tt:outerTag>
  <tt:innerTag />
</tt:outerTag>
```

A página da Duke´s Bookstore template.jsp usa um conjunto de tags cooperativas que compartilham objetos públicos e privados para definir as telas do aplicativo. Essas tags são descritas em Biblioteca de tags de template.

Como encapsular conteúdo reutilizável com arquivos de tags

Um arquivo de tag é um arquivo-fonte que contém um fragmento de código JSP reutilizável como uma tag personalizada. Os arquivos de tag permitem a você criar tags personalizadas utilizando a sintaxe JSP. Assim como uma página JSP é traduzida para uma classe do servlet e depois compilada, um arquivo de tag é traduzido para um tratador de tags e depois compilado.

A extensão de arquivo recomendado para um arquivo de tag é .tag. Como é o caso dos arquivos JSP, a tag pode ser composta de arquivo de topo o qual inclui outros arquivos que contêm tanto uma tag completa como um fragmento de um arquivo de tag. Assim como a extensão recomendada para um fragmento de um arquivo JSP é .jspf, a extensão recomendada para um fragmento de arquivo de tag é .tagf.

A versão seguinte do aplicativo Hello, World apresentado no Capítulo 3 utiliza uma tag para gerar a resposta. A tag response, que aceita dois atributos – uma string de saudação e um nome – está encapsulada em response.tag.

```
<%@ attribute name="greeting" required="true" %>
<%@ attribute name="name" required="true" %>
<h2><font color="black">${greeting}, ${name}!</font></h2>
```

A linha destacada da página greeting.jsp chamará a tag response se o comprimento do parâmetro de requisição username for maior que 0:

```
<%@ taglib tagdir="/WEB-INF/tags" prefix="h" %>
<%@ taglib uri="http://java.sun.com/jsp/jstl/core"
  prefix="c" %>
<%@ taglib uri="http://java.sun.com/jsp/jstl/functions"
  prefix="fn" %>
<html>
<head><title>Hello</title></head>
<body bgcolor="white">
<img src="duke.waving.gif">
<c:set var="greeting" value="Hello" />
<h2>${greeting}, my name is Duke.  What's yours?</h2>
<form method="get">
<input type="text" name="username" size="25">
<p></p>
<input type="submit" value="Submit">
<input type="reset" value="Reset">
</form>

<c:if test="${fn:length(param.username) > 0}" >
  <h:response greeting="${greeting}"
    name="${param.username}"/>
</c:if>
</body>
</html>
```

Uma amostra de hello3.war é fornecida em INSTALL>/j2eetutorial14/examples/web/provided-wars/. Para construir o aplicativo hello3, siga estas etapas:

1. Em uma janela de terminal, vá para <INSTALL>/j2eetutorial14/examples/web/hello3/.
2. Rode asant build. Este target criará todas as compilações necessárias e copiará os arquivos para o diretório <INSTALL>/j2eetutorial14/examples/web/hello3/build/.
3. Inicie o Servidor de Aplicativo.
4. Inicie deploytool.
5. Crie um aplicativo Web chamado hello3 executando o assistente New Web Component. Selecione File → New → Web Component.
6. No assistente New Web Component:
   a. Selecione o botão de rádio Create New Stand-Alone WAR Module.
   b. No campo WAR Location, entre <INSTALL>/j2eetutorial14/examples/web/hello3/hello3.war.
   c. No campo WAR Name, entre hello3.
   d. No campo Context Root, entre /hello3.
   e. Clique Edit Contents.
   f. Na caixa de diálogo Edit Contents, navegue para <INSTALL>/j2eetutorial14/examples/web/hello3/build/. Selecione duke.waving.gif, greeting.jsp, response.tag e clique Add. Clique OK.
   g. Clique Next.
   h. Selecione o botão de rádio No Component.
   i. Clique Next.
   j. Clique Finish.

7. Defina greeting.jsp para ser um arquivo de saudações (veja Como declarar arquivos de saudações).
   a. Selecione a guia File Ref's.
   b. Clique Add para adicionar um arquivo de saudações.
   c. Selecione greeting.jsp da lista suspensa.
8. Selecione File → Save.
9. Implante o aplicativo.
   a. Selecione Tools → Deploy.
   b. Na moldura Connection Settings, entre o nome e senha de usuário que você especificou quando instalou o Servidor de Aplicativo.
   c. Clique OK.
   d. Uma caixa de diálogo exibirá os resultados da implantação. Clique Close.
10. Abra o URL http://localhost:8080/hello3/.

Localização do arquivo de tags

Arquivos de tags podem ser colocados em um dos dois locais: no diretório /WEB-INF/tags/ ou no subdiretório de um aplicativo Web ou em um arquivo JAR (veja Arquivos de tags Empacotados) no diretório /WEB-INF/lib/ de um aplicativo Web. Arquivos de tags empacotados exigem um descritor de biblioteca de tags (veja Descritores de biblioteca de tags), um documento XML que contém informações sobre uma biblioteca como um todo e sobre cada tag contida na biblioteca. Arquivos de tags em qualquer outro local não são considerados extensões de tags e são ignorados pelo contêiner Web.

Diretivas de arquivo de tags

Diretivas são usadas para controlar os aspectos da tradução de um arquivo de tags para um tratador de tags, e para especificar aspectos da tag, atributos da tag e variáveis expostas pela tag. A Tabela 15-1 lista as diretivas que você pode usar em arquivos de tags.

Como declarar tags

A diretiva de tag é parecida com a diretiva de página de uma página JSP mas se aplica a arquivos de tags. Alguns do elementos da diretiva de página aparecem no elemento de tag de um TLD (veja Como declarar tratadores de tags). A Tabela 15-2 lista os atributos de diretiva de tag.

Tabela 15-1 Diretivas de arquivo de tags

Diretiva	Descrição
taglib para páginas JSP	Idêntica à diretiva de taglib (veja Como declarar bibliotecas de tags)
include	Idêntica à diretiva include (veja Como reutilizar conteúdo em páginas JSP) para páginas JSP. Note que se o arquivo incluído contiver sintaxe não apropriada para arquivos de tags, ocorrerá um erro de tradução

Tabela 15-1 Diretivas de arquivo de tags (continuação)

Diretiva	Descrição
tag	Semelhante à diretiva de página de uma página JSP, mas se aplica a arquivos de tags aos invés de páginas JSP. Assim como com a diretiva de página, uma unidade de tradução pode conter mais que uma instância da diretiva de tag. Todos os atributos se aplicam à completa unidade de tradução. Todavia, pode haver somente uma ocorrência de qualquer atributo ou valor definido por esta diretiva em uma determinada unidade de tradução. Com a exceção do atributo import, atributo múltiplo ou (re)definições de valores resultam em um erro de tradução Também usada para declarar propriedades de tags tal como exibir nome. Veja Como declarar tags
attribute	Declara um atributo da tag personalizada definida no arquivo de tags. Veja Como declarar atributos de tags em arquivos de tags
variable	Declara uma variável EL exposta pela tag para chamar página. Veja Como declarar variáveis em arquivos de tags

Tabela 15-2 Atributos de diretivas de tag

Atributo	Descrição
display-name	(opcional) Um nome abreviado cuja pretensão é ser exibido por ferramentas. Defaults para o nome do arquivo de tags sem a extensão .tag.
body-content	(opcional) Fornece informações sobre o conteúdo do corpo da tag. Pode ser tanto vazio, dependente de tag, ou sem script. Um erro de tradução ocorrerá se JSP ou qualquer outro valor for usado. Default para scriptless. Veja Atributo body-content
dynamic-attributes	(opcional) Indica se esta tag suporta atributos adicionais com nomes dinâmicos. O valor identifica um atributo de escopo no qual coloca um Map contendo os nomes e valores dos atributos dinâmicos passados durante a invocação da tag Um erro de tradução resultará se o valor de dynamic-attributes de uma diretiva de tag for igual ao valor de um name-given de uma diretiva ***variable*** ou o valor de um atributo name de uma diretiva de atributo
small-icon	(opcional) Caminho relativo, do arquivo-fonte da tag, de um arquivo de imagem contendo um pequeno ícone que possa ser usado por ferramentas. Default para nenhum ícone pequeno
large-icon	(opcional) Caminho relativo, do arquivo-fonte da tag, de um arquivo de imagem contendo um ícone grande que possa ser usado por ferramentas. Default para nenhum ícone grande
description	(opcional) Define uma string arbitrária que descreve esta tag. O default é para nenhuma descrição
example	(opcional) Define uma string arbitrária que apresenta uma descrição informal de um exemplo de um uso desta ação. O default é para nenhum exemplo
language	(opcional) Carrega a mesma sintaxe e semântica do atributo language da diretiva de página

Tabela 15-2 Atributos de diretivas de tag (continuação)

Atributo	Descrição
import	(opcional) Carrega a mesma sintaxe e semântica do atributo import da diretiva de página
pageEncoding	(opcional) Carrega a mesma sintaxe e semântica do atributo pageEncoding da diretiva de página
isELIgnored	(opcional) Carrega a mesma sintaxe e semântica do atributo isELIgnored da diretiva de página

Atributo body-content

Você especifica o tipo de um conteúdo de corpo de tag usando o atributo body-content:

```
bodycontent="empty | scriptless | tagdependent"
```

Você deve declarar o conteúdo de corpo de tags que não aceitam um corpo como vazio. Para tags que têm um corpo, existem duas opções. Conteúdo de corpo contendo tags personalizadas e padrões, e texto HTML é especificado como sem script. Todos os outros tipos de conteúdo de corpo – por exemplo, declarações SQL passadas para a tag query – são especificados como tagdependentes. Se nenhum atributo for especificado, o default será sem script.

Como declarar atributos de tag em arquivos de tags

Para declarar os atributos de um tag personalizada definida em um arquivo de tags, você usa a diretiva attribute. Um TLD tem um elemento attribute análogo (veja Como declarar atributos de tags para tratadores de tags). A Tabela 15-3 lista os atributos da diretiva attriibute.

Como declarar variáveis de tags em arquivos de tags

Atributos de tags são usados para customizar o comportamento de tags, assim como os parâmetros são usados para personalizar o comportamento dos métodos de objeto. De fato, com o uso de atributos de tags e variáveis EL, é possível simular vários tipos de parâmetros – IN, OUT e nested.

Para simular parâmetros IN, utilize atributos de tag. Um atributo de tag faz a comunicação entre a página de chamada e o arquivo de tags quando a tag é chamada. Nenhuma comunicação posterior ocorre entre a página de chamada e o arquivo de tag.

Para simular parâmetros OUT ou nested, use variáveis EL. A variável não é inicializada por uma página de chamada, mas é, isto sim, definida pelo arquivo de tags. Cada tipo de parâmetro é sincronizado com a página de chamada em vários pontos de acordo com o escopo da variável. Veja Sincronização de variável para detalhes.

Para declarar uma variável EL exposta por um arquivo de tags, você usa a diretiva ***variable***. Um TLD tem um elemento ***variable*** (veja Como declarar variáveis de tags para tratadores de tags). A Tabela 15-4 lista os atributos de diretiva ***variable***.

Tabela 15-3 Atributos de diretiva attribute

Atributo	**Descrição**
description	(opcional) Descrição do atributo. Default para nenhuma descrição
name	O nome único do atributo sendo declarado. Um erro de tradução resultará se mais de uma diretiva ***attribute*** aparecer na mesma unidade de tradução com o mesmo nome Um erro de tradução resultará se o valor de um atributo name de uma diretiva ***attribute*** for igual ao valor do atributo dynamic-attributes de uma diretiva tag ou o valor de um atributo name-given de uma diretiva ***variable***
required	(opcional) Se este atributo for exigido (verdadeiro) ou opcional (falso). O default será falso
rtexprvalue	(opcional) Se o valor de atributo puder ser dinamicamente calculado em tempo de execução por uma expressão. O default será verdadeiro
type	(opcional) O tipo runtime do valor do atributo. O default é para java.lang.String
fragment	(opcional) Se este valor for um fragmento para ser avaliado pelo tratador de tags (verdadeiro) ou um atributo normal a ser avaliado pelo contêiner antes de ser passado para o tratador de tags. Se este atributo for verdadeiro: Você não precisa especificar o atributo rtexvalue. O contêiner fixa o atributo rtexvalue em verdadeiro.Você não especifica o atributo de tipo. O contêiner fixa o atributo de tipo em javax.servlet.jsp.tagext.JspFragment.O default é definido para falso

Sincronização de variável

O contêiner Web trata a sincronização de variáveis entre um arquivo de tags e uma página de chamada. A Tabela 15-5 resume quando e como cada objeto está sincronizado de acordo com o escopo do objeto.

Tabela 15-4 Atributos da diretiva ***variable***

Atributo	**Descrição**
description	(opcional) Uma descrição opcional desta variável. Default para nenhuma descrição
name-given	Define uma variavel EL para ser usada na página que chama esta tag. Tanto name-given como name-from-attribute devem ser especificados. Se name-given for especificado, o valor é o nome da variável. Se name-from-attribute for especificado, o valor é o nome de um atributo cujo valor (em tempo de tradução), no início da invocação da tag, fornecerá o nome da variável.Erros de tradução surgem nas seguintes circunstâncias:Não especificando nem name-given nem name-from-attribute.Se duas diretivas ***variable*** possuírem o mesmo name-given.Se o valor de um atributo name-given de uma diretiva ***variable*** for igual ao valor de um atributo name de uma diretiva ***attribute*** ou o valor de um atributo dynamic-attributes de uma diretiva tag.
alias	Define uma variável, local para o arquivo de tags, para conter o valor da variável EL. O contêiner sincronizará este valor com a variável cujo nome é dado em name-from-attribute.Requerido quando name-from-attribute é especificado. Um erro de tradução resulta se usado sem name-from-attribute.Um erro de tradução resulta se o valor de alias for o mesmo como o valor de um atributo name de uma diretiva ***attribute*** ou o atributo name-given de uma diretiva ***variable***.

Tabela 15-4 Atributos da diretiva ***variable*** (continuação)

Atributo	Descrição
variable-class	(opcional) O nome da classe da variável. O default é java.lang.String
declare	(opcional) Se a variável é declarada ou não. True é o default
scope	(opcional) O escopo da variável. Pode ser tanto AT_BEGIN, AT_END, como NESTED. O default é NESTED

Tabela 15-5 Comportamento de sincronização de variável

Localização do arquivo de Tags	AT_BEGIN	NESTED	AT_END
Início	Não sincronizado	Salva	Não sincronizado
Antes da chamada de qualquer fragmento por meio da jsp:invoke ou jsp:body (veja Como avaliar fragmentos passados para arquivos de ags)	Tag → Página	Tag → Página	Não sincronizado
Final	Tag → Página	Restaura	Tag → Página

Se name-given for usado para especificar o nome da variável, então o nome da variável na página de chamada e o nome da variável no arquivo de tags serão os mesmos e serão iguais ao valor de name-given.

Os atributos name-from-attribute da diretiva ***variable*** podem ser usados para personalizar o nome da variável na página de chamada enquanto um outro nome é usado no arquivo de tags. Quando usar estes atributos, você define o nome da variável na página de chamada a partir do valor de name-from-attribute na hora em que a tag foi chamada. O nome da variável correspondente no arquivo de tags é o valor do alias.

Exemplos de sincronização

Os exemplos seguintes ilustram como a sincronização de variáveis funciona entre arquivos de tags e sua página de chamada. Todos as páginas JSP e arquivos de tags de exemplo referenciam a biblioteca de tags core JSTL com o prefixo c. As páginas JSP referenciam um arquivo de tags localizado em /WEB-INF/tags com o prefixo my.

Escopo AT_BEGIN

Neste exemplo, o escopo AT_BEGIN é usado para passar o valor da variável chamada x para o corpo da tag e no final da invocação da tag.

```
<%— callingpage.jsp —%>
<c:set var="x" value="1"/>
${x} <%— (x == 1) —%>
<my:example>
  ${x} <%— (x == 2) —%>
</my:example>
${x} <%— (x == 4) —%>
<%— example.tag —%>
<%@ variable name-given="x" scope="AT_BEGIN" %>
${x} <%— (x == null) —%>
<c:set var="x" value="2"/>
```

```
<jsp:doBody/>
${x} <%— (x == 2) —%>
<c:set var="x" value="4"/>
```

ESCOPO NESTED

Neste exemplo, o escopo NESTED é usado para tornar uma variável chamada x disponível somente para o corpo da tag. A tag define a variável para 2, e este valor é passado para a página de chamada antes que corpo seja invocado. Como o escopo é NESTED e, como a página de chamada também tem uma variável chamada x, seu valor original, 1, é restaurado quando a tag se completa.

```
<%— callingpage.jsp —%>
<c:set var="x" value="1"/>
${x} <%— (x == 1) —%>
<my:example>
  ${x} <%— (x == 2) —%>
</my:example>
${x} <%— (x == 1) —%>

<%— example.tag —%>
<%@ variable name-given="x" scope="NESTED" %>
${x} <%— (x == null) —%>
<c:set var="x" value="2"/>
<jsp:doBody/>
${x} <%— (x == 2) —%>
<c:set var="x" value="4"/>
```

ESCOPO AT_END

Neste exemplo, o escopo AT_END é usado para retornar um valor para a página. O corpo da tag não é afetado.

```
<%— callingpage.jsp —%>
<c:set var="x" value="1"/>
${x} <%— (x == 1) —%>
<my:example>
  ${x} <%— (x == 1) —%>
</my:example>
${x} <%— (x == 4) —%>
<%— example.tag —%>
<%@ variable name-given="x" scope="AT_END" %>
${x} <%— (x == null) —%>
<c:set var="x" value="2"/>
<jsp:doBody/>
${x} <%— (x == 2) —%>
<c:set var="x" value="4"/>
```

AT_BEGIN E NAME-FROM-ATTRIBUTE

Neste exemplo, o escopo AT_BEGIN é usado para passar uma variável EL para o corpo da tag e torná-lá disponível para a página de chamada no final da invocação da tag. O nome da variável é especificado por meio do valor do atributo var. A variável é referenciada por um nome local, no arquivo de tags.

```
<%— callingpage.jsp —%>
<c:set var="x" value="1"/>
${x} <%— (x == 1) —%>
<my:example var="x">
  ${x} <%— (x == 2) —%>
  ${result} <%— (result == null) —%>
  <c:set var="result" value="invisible"/>
```

```
</my:example>
${x} <%-- (x == 4) --%>
${result} <%-- (result == 'invisible') --%>

<%-- example.tag --%>
<%@ attribute name="var" required="true" rtexprvalue="false"%>
<%@ variable alias="result" name-from-attribute="var"
  scope="AT_BEGIN" %>
${x} <%-- (x == null) --%>
${result} <%-- (result == null) --%>
<c:set var="x" value="ignored"/>
<c:set var="result" value="2"/>
<jsp:doBody/>
${x} <%-- (x == 'ignored') --%>
${result} <%-- (result == 2) --%>
<c:set var="result" value="4"/>
```

Como avaliar fragmentos passados para arquivos de tags

Quando um arquivo de tags é executado, o contêiner Web passa para ele dois tipos de fragmentos: os atributos de fragmento e o corpo da tag. Lembre-se da discussão de atributos de fragmento: os fragmentos são avaliados pelo tratador de tags como contrários ao contêiner Web. Dentro de um arquivo de tags, você usa o elemento jsp:invoke para avaliar um atributo de fragmento que usa o elemento jsp:doBody para avaliar o corpo do arquivo de tags.

O resultado de avaliar qualquer tipo de fragmento é enviado para a resposta ou é armazenado na variável EL para manipulação posterior. A fim de armazenar o resultado da avaliação de um fragmento para uma variável EL, você especifica o atributo var ou varReader. Se var for especificado, o contêiner armazenará o resultado em uma variável EL de tipo String, com o nome especificado pela var. Se varReader for especificado, o contêiner armazenará o resultado em uma variável EL de tipo java.io.Reader, com o nome especificado pela varReader. O objeto Reader poderá, então, ser passado para uma tag personalizada para processamento posterior. Um erro de tradução ocorrerá se tanto var como varReader forem especificadas.

Um atributo de escopo opcional indica o escopo da variável resultante. Os valores possíveis são page (default), request, session, ou application. Um erro de tradução vai ocorrer se você usar este atributo sem especificar o atributo var ou varReader.

Exemplos

Exemplo de atributo simples

A tag shipDate da Duke´s Bookstore, definida em shipDate.tag, é uma tag personalizada que possui um atributo simples. A tag gera a data do pedido de um livro de acordo com o tipo de expedição requisitado.

```
<%@ taglib prefix="sc" tagdir="/WEB-INF/tags" %>
<h3><fmt:message key="ThankYou"/> ${param.cardname}.</h3><br>
<fmt:message key="With"/>
<em><fmt:message key="${param.shipping}"/></em>,
<fmt:message key="ShipDateLC"/>
<sc:shipDate shipping="${param.shipping}" />
```

A tag determina o número de dias até a expedição a partir do atributo shipping passado para ela pela página bookreceipt.jsp. A partir do número de dias, a tag computa a data da expedição. Depois ela formata a data da expedição.

```
<%@ attribute name="shipping" required="true" %>

<jsp:useBean id="now" class="java.util.Date" />
<jsp:useBean id="shipDate" class="java.util.Date" />
<c:choose>
  <c:when test="${shipping == 'QuickShip'}">
    <c:set var="days" value="2" />
  </c:when>
  <c:when test="${shipping == 'NormalShip'}">
    <c:set var="days" value="5" />
  </c:when>
  <c:when test="${shipping == 'SaverShip'}">
    <c:set var="days" value="7" />
  </c:when>
</c:choose>
<jsp:setProperty name="shipDate" property="time"
  value="${now.time + 86400000 * days}" />
<fmt:formatDate value="${shipDate}" type="date"
  dateStyle="full"/>.<br><br>
```

Exemplo de atributos simples e de fragmento e de variável

A tag catalog da Duke´s Bookstore, definida em catalog.tag, é uma tag personalizada com atributos simples e de fragmento e de variáveis. A tag renderiza o catálogo de um banco de dados de book como uma tabela HTML. O arquivo de tags declara que ele define variáveis chamadas price e salePrice através de diretivas ***variable***. O fragmento normalPrice usa a variável price, e o fragmento onSale usa as variáveis price e salePrice. Antes da tag chamar os atributos de fragmento usando o elemento jsp:invoke, o contêiner Web passa valores para as variáveis de volta para a página de chamada.

```
<%@ attribute name="bookDB" required="true"
  type="database.BookDB" %>
<%@ attribute name="color" required="true" %>
<%@ attribute name="normalPrice" fragment="true" %>
<%@ attribute name="onSale" fragment="true" %>

<%@ variable name-given="price" %>
<%@ variable name-given="salePrice" %>

<center>
<table>
<c:forEach var="book" begin="0" items="${bookDB.books}">
  <tr>
  <c:set var="bookId" value="${book.bookId}" />
  <td bgcolor="${color}">
    <c:url var="url" value="/bookdetails" >
      <c:param name="bookId" value="${bookId}" />
    </c:url>
    <a href="${url}"><
      strong>${book.title} </strong></a></td>
  <td bgcolor="${color}" rowspan=2>
  <c:set var="salePrice" value="${book.price * .85}" />
  <c:set var="price" value="${book.price}" />
  <c:choose>
    <c:when test="${book.onSale}" >
      <jsp:invoke fragment="onSale" />
    </c:when>
    <c:otherwise>
      <jsp:invoke fragment="normalPrice"/>
    </c:otherwise>
  </c:choose>

   </td>
```

```
...
</table>
</center>
```

A página bookcatalog.jsp chama a tag catalog que tem o atributos simple bookDB, o qual contém os dados de catalog, e color, o que personaliza a coloração das linhas da tabela. A formatação do preço do livro é determinada por dois atributos de fragmento – normalPrice e onSale – que são chamados condicionalmente pela tag de acordo com o dado obtido do banco de dados de book.

```
<sc:catalog bookDB ="${bookDB}" color="#cccccc">
  <jsp:attribute name="normalPrice">
    <fmt:formatNumber value="${price}" type="currency"/>
  </jsp:attribute>
  <jsp:attribute name="onSale">
    <strike>
    <fmt:formatNumber value="${price}" type="currency"/>
    </strike><br/>
    <font color="red">
    <fmt:formatNumber value="${salePrice}" type="currency"/>
    </font>
  </jsp:attribute>
</sc:catalog>
```

A tela produzida por bookcatalog.jsp é mostrada na Figura 15-2. Você pode compará-la com a versão da Figura 12-2.

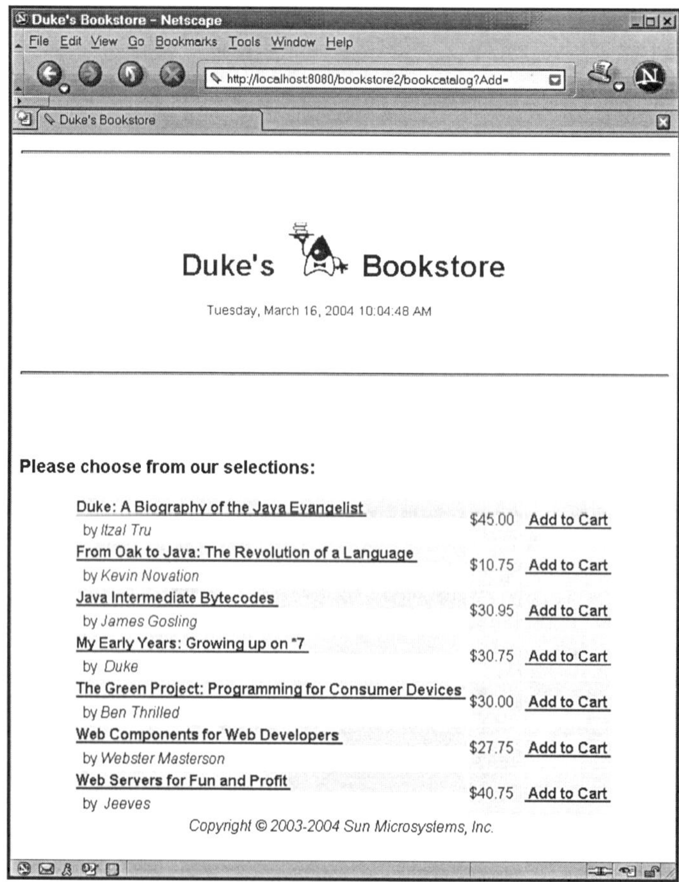

Figura 15-2 *Catálogo de book*

Exemplo de atributo dinâmico

O código em destaque implementa a tag discutida em Atributos dinâmicos. Um número arbitrário de atributos, cujos valores são cores, é armazenado em um Mapa chamado pelo atributo dynamic-attributes da diretiva tag. A tag forEach JSTL é usada para iterar através do Mapa e as chaves de atributo e os valores de atributo de cor são impressos em uma lista desordenada.

```
<%@ tag dynamic-attributes="colorMap"%>
<ul>
<c:forEach var="color" begin="0" items="${colorMap}">
  <li>${color.key} =
    <font color="${color.value}">${color.value}</font><li>
</c:forEach>
</ul>
```

Descritores de bibliotecas de tags

Se você quer redistribuir seus arquivos de tags ou implementar suas tags personalizadas com tratadores de tags escritos em Java, você deve declarar as tags em um descritor de biblioteca de tags (TLD). Um descritor de biblioteca de tags é um documento XML que contém informações sobre uma biblioteca como um todo e sobre cada tag contida na biblioteca. Os TLDs são usados por um contêiner Web para validar as tags e por ferramentas de desenvolvimento de página JSP.

Os nomes dos arquivos do descritor de biblioteca de tags devem possuir uma extensão .tld e devem ser empacotados no diretório /WEB-INF/, no subdiretório do arquivo WAR, no diretório /META-INF/ ou no subdiretório de uma biblioteca de tags empacotada em um arquivo JAR. Se uma tag for implementada como um arquivo de tags e for empacotado em /WEB-INF/tags/ ou em um subdiretório, um TLD será gerado automaticamente pelo contêiner Web, embora você possa fornecer um se desejar.

Um TLD deve começar com um elemento taglib radical que especifica o esquema e a versão JSP requeridos:

```
<taglib xmlns="http://java.sun.com/xml/ns/j2ee"
  xmlns:xsi="http://www.w3.org/2001/XMLSchema-instance"
  xsi:schemaLocation="http://java.sun.com/xml/ns/j2ee/web-
jsptaglibrary_2_0.xsd"
  version="2.0">
```

A Tabela 15-6 lista os subelementos do elemento taglib.

Tabela 15-6 Subelementos taglib

Elemento	Descrição
description	(opcional) Uma string que descreve o uso da biblioteca de tags
display-name	(opcional) Nome pretendido para ser exibido por ferramentas
icon	(opcional) Ícone que pode ser usado por ferramentas
tlib-version	A versão da bibliotecas de tags
short-name	(opcional) Nome que pode ser usado por uma ferramenta de autoração de página JSP para criar nomes com um valor mnemônico
uri	Um URI que identifica exclusivamente a biblioteca de tags

Tabela 15-6 Subelementos taglib (continuação)

Elemento	Descrição
validator	Veja Elemento validator
listener	Veja Elemento listener
tag-file | tag	Declara os arquivos de tags ou tags definidos na biblioteca de tags. Veja Como declarar arquivos de tags e Como declarar tratadores de tags. Uma biblioteca de tags será considerada inválida se um elemento tag-file tiver um subelemento name com o mesmo conteúdo que o subelemento name em um elemento tag
function	Zero ou mais funções EL (veja Funções) definidas na biblioteca de tags
tag-extension	(opcional) Extensões que fornecem informações adicionais sobre biblioteca de tags para ferramentas

Elementos do descritor de biblioteca de tags de nível máximo

Esta seção descreve alguns elementos do TLD de nível máximo. As seções subseqüentes descrevem como declarar tags definidas em arquivos de tags, como declarar tags definidas em tratadores de tags, e como declarar atributos de tags e variáveis.

Elemento validator

Este elemento define um validador de biblioteca de tags opcional que pode ser usado para validar a conformidade de qualquer página JSP que importe esta biblioteca de tags para suas exigências. A Tabela 15-7 lista os subelementos do elemento validator.

Tabela 15-7 Subelementos de validator

Elemento	Descrição
validator-class	A classe que implementa Javax.servlet.jsp.tagext.TagLibraryValidator
init-param	(opcional) Parâmetros de inicialização

Elemento listener

Uma biblioteca de tags pode especificar algumas classes receptoras de eventos (veja Como tratar eventos de ciclo de vida do servlet). Os receptores estão listados no TLD como elementos listener, e o contêiner Web instanciará as classes de receptores e as registrará de modo análogo ao dos receptores definidos em nível de WAR. Ao contrário de receptores de nível de WAR, a ordem na qual os receptores de biblioteca de tags são registrados é indefinida. O único subelemento do elemento listener é o elemento listener-class, o qual deve conter o nome totalmente qualificado da classe de receptores.

Como declarar arquivos de tags

Embora os arquivos de tags não sejam requeridos para isso, fornecer um TLD permite que você compartilhe a tag através de mais de uma biblioteca de tags e permite que você importe a biblioteca de tags usando um URI no lugar do atributo tagdir.

Elemento de TLD tag-file

Um arquivo de tags é declarado no TLD usando um elemento tag-file. Seus subelementos estão listados na Tabela 15-8.

Arquivos de tags não empacotadas

Arquivos de tags colocados em um subdiretório /WEB-INF/tags/ não exigem um arquivo TLD e não precisam ser empacotados. Dessa forma, para criar código JSP reutilizável, você simplesmente cria um novo arquivo de tags e coloca o código dentro dele.

Tabela 15-8 Subelementos tag-file

Elemento	Descrição
description	(opcional) Uma descrição da tag
display-name	(opcional) Nome pretendido para ser exibido por ferramentas
icon	(opcional) Ícone que pode ser usado por ferramentas
name	O nome exclusivo da tag
path	Onde encontrar a implementação do arquivo de tags, relativo à raiz doaplicativo Web ou à raiz do arquivo JAR para uma biblioteca de tags empacotado em um JAR. Este deverá começar com /WEB-INF/tags/ se o arquivo de tags residir no WAR, ou /META-INF/tags se o arquivo de tags residir em um JAR
example	(opcional) Descrição informal de um exemplo de uso da tag
tag-extension	(opcional) Extensões que fornecem informações extras sobre a tag paraferramentas

O contêiner Web gera uma biblioteca de tags implícita para cada diretório sob e incluindo /WEB-INF/tags/. Não existem relacionamentos especiais entre os subdiretórios; eles são permitidos simplesmente para propósitos organizacionais. Por exemplo, o seguinte aplicativo Web contém três biblioteca de tags.

```
/WEB-INF/tags/
/WEB-INF/tags/a.tag
/WEB-INF/tags/b.tag
/WEB-INF/tags/foo/
/WEB-INF/tags/foo/c.tag
/WEB-INF/tags/bar/baz/
/WEB-INF/tags/bar/baz/d.tag
```

O TLD implícito para cada biblioteca tem os seguintes valores:

- tlib-version para a biblioteca de tags. Default para 1.0
- short-name é derivado do nome do diretório. Se o diretório for /WEB-INF/tags/, o nome abreviado será simplesmente tags. Caso contrário, o caminho de diretório completo (relativo ao aplicativo Web) é assumido, menos o prefixo /WEB-INF/tags/. Depois todos os caracteres / são substituídos por – (hífen), o que cria o nome abreviado. Note que nomes abreviados não oferecem a garantia de que sejam únicos.
- Um elemento tag-file é considerado existente para cada arquivo de tags, com os seguintes subelementos:
  - O nome para cada um é o nome de arquivo do arquivo de tags, sem a extensão .tag
  - O caminho para cada um é o caminho do arquivo de tags, relativo à raiz do aplicativo Web

Portanto, para o exemplo, o TLD implícito para o diretório /WEB-INF/tags/bar/baz/ seria:

```
<taglib>
  <tlib-version>1.0</tlib-version>
  <short-name>bar-baz</short-name>
  <tag-file>
    <name>d</name>
    <path>/WEB-INF/tags/bar/baz/d.tag</path>
  </tag-file>
</taglib>
```

Apesar da existência de um biblioteca de tags implícita, um TLD no aplicativo Web pode criar ainda tags adicionais a partir dos mesmos arquivos de tags. Para efetuar isso, você adiciona um elemento tag-file com um caminho que aponte para o arquivo de tags.

Arquivos de tags empacotados

Arquivos de tags podem ser empacotados no diretório /META-INF/tags/ em um arquivo JAR instalado no diretório /WEB-INF/lib/ do aplicativo Web. As tags colocadas aqui normalmente fazem parte de uma biblioteca de tags reutilizável que pode ser usada facilmente em qualquer aplicativo Web.

Arquivos de tags empacotados em um JAR requerem um descritor de biblioteca de tags. Arquivos de tags que aparecem em um JAR não estão definidos em um TLD e são ignorados pelo contêiner Web.

Quando usado em um arquivo JAR, o subelemento path do elemento tag-file especifica o caminho completo do arquivo de tags a partir da raiz do JAR. Portanto, ele deve sempre começar com /META-INF/tags/.

Arquivos de tags também podem ser compilados dentro de classes Java e empacotados como uma biblioteca de tags. Isso é útil quando você deseja distribuir uma versão binária da biblioteca de tags sem o código-fonte original. Se você escolher esta forma de empacotamento, você deve usar uma ferramenta que produza o código JSP portável que utilize somente APIs padronizados.

Como declarar tratador de tags

Quando tags são implementadas com tratadores de tags escritos em Java, cada tag da biblioteca deve ser declarada no TLD com um elemento de tag. O elemento de tag contém o nome da tag, a classes de seu tratador de tags, as informações sobre os atributos de tags, e as informações sobre as variáveis criadas pela tag (veja Tags que definem variáveis).

Cada declaração de atributo contém uma indicação sobre: se o atributo é requerido, se o seu valor pode ser determinado por expressões com tempo de requisição, o tipo dele, e se é um fragmento. Informações de variáveis podem ser dadas diretamente no TLD ou através de uma classe de informação extra de tag. A Tabela 15-9 lista os subelementos do elemento tag.

Tabela 15-9 Subelementos tag

Elemento	Descrição
description	(opcional) Uma descrição da tag
display-name	(opcional) Nome pretendido para ser exibido por ferramentas
icon	(opcional) Ícone que pode ser usado por ferramentas
name	O nome exclusivo da tag

Tabela 15-9 Subelementos tag (continuação)

Elemento	Descrição
tag-class	O nome totalmente qualificado da classe do tratador de tags
tei-class	(opcional) Subclasse de javax.servlet.jsp.tagext.TagExtraInfo. Veja Como declarar variáveis de tags para tratadores de tags
body-content	O tipo de conteúdo de corpo. Veja Elemento body-content
variable	(opcional) Declara uma variável EL exposta pela tag para a página de chamada. Veja Como declarar variáveis de tags para tratadores de tags
attribute	Declara um atributo da tag personalizada. Veja Como declarar atributos de tags para tratadores de tags
dynamic-attribute	Se a tag suporta atributos adicionais com nomes dinâmicos. O default é falso. Se verdadeiro, a classe do tratador de tags deve implementar a interface javax.servlet.jsp.tagext.DynamicAttributes.
example	(opcional) Descrição informal de um exemplo de uso da tag
tag-extension	(opcional) Extensões que fornecem informações extras sobre a tag para ferramentas

Elemento body-content

Você especifica o tipo de corpo válido para uma tag usando o elemento body-content. Este elemento é usado pelo contêiner Web para validar que a chamada da tag tem a sintaxe de corpo correta e é usado para ferramentas de composição de páginas de forma a assistir o autor de página a fornecer um corpo de tag válido. Existem três valores possíveis:

- tagdependent: O corpo da tag é interpretado pela implementação da tag propriamente dita e, mais provavelmente, em uma linguagem diferente, por exemplo, declarações SQL incorporadas.
- empty: O corpo deve ser vazio.
- scriptless: O corpo aceita somente textos estáticos, expressões EL, e tags personalizadas. Nenhum elemento de script é permitido.

Como declarar atributos de tags para tratadores de tags

Para cada atributo de tag, você deve especificar se o atributo é exigido, se o valor pode ser determinado por uma expressão, o tipo do atributo em um elemento attribute (opcional), e se o atributo é um fragmento. Se o elemento rtexprvalue for true ou yes, o elemento de tipo define o tipo de retorno esperado de qualquer expressão especificada como valor do atributo. Para valores estáticos, o tipo é sempre java.lang.String. Um atributo é especificado em um TLD de um elemento attribute. A Tabela 15-10 lista os subelementos do elemento attribute.

Se a tag não for requerida, um tratador de tags deverá fornecer um valor default.

O elemento tag para uma tag que cria seu corpo se um teste avalia para true, declara que o atributo test é requerido e que seu valor pode ser definido por uma expressão runtime.

```
<tag>
  <name>present</name>
    <tag-class>condpkg.IfSimpleTag</tag-class>
  <body-content>scriptless</body-content>
  ...
  <attribute>
    <name>test</name>
```

```
    <required>true</required>
    <rtexprvalue>true</rtexprvalue>
  </attribute>
  ...
</tag>
```

Tabela 15-10 Subelementos attribute

Elemento	Descrição
description	(opcional) Uma descrição do atributo
name	Um nome exclusivo do atributo a ser declarado. Um erro de tradução resultará se mais de um elemento attribute aparecer na mesma tag com o mesmo nome
required	(opcional) Se o atributo é requerido. O default é falso
rtexprvalue	(opcional) Se o valor do atributo pode ser calculado dinamicamente em tempo de execução por uma expressão EL. O default é falso
type	(opcional) O tipo em tempo de execução do valor do atributo. Default para java.lang.String se não estiver especificado
fragment	(opcional) Se este atributo é um fragmento a ser avaliado pelo tratador de tags (verdadeiro) ou um atributo normal a ser avaliado pelo contêiner antes de ser passado para o tratador de tags. Se este atributo for verdadeiro: Você não especifica o atributo rtexprvalue. O contêiner fixa o atributo rtexprvalue para verdadeiro. Você não especifica o atributo type. O contêiner fixa o atributo type em javax.servlet.jsp.tagext.JspFragment. O default é falso

Como declarar variáveis de tags para tratadores de tags

O exemplo descrito em Tags que definem variáveis define uma variável EL departmentName:

```
<tlt:iterator var="departmentName" type="java.lang.String"
    group="${myorg.departmentNames}">
  <tr>
    <td><a href="list.jsp?deptName=${departmentName}">
      ${departmentName}</a></td>
  </tr>
</tlt:iterator>
```

Quando a página JSP que contém esta tag for traduzida, o contêiner Web gerará o código a fim de sincronizar a variável com o objeto referenciado por ela. Para gerar o código, o contêiner Web requer certas informações sobre a variável:

- ❑ Nome da variável
- ❑ Classe da variável
- ❑ Se a variável referencia um objeto novo ou um existente
- ❑ A disponibilidade da variável

Há dois modos de fornecer esta informação: especificando o subelemento TLD variable ou definindo uma classe de informação extra de tag e incluindo o elemento tei-class no TLD (veja Classe TagExtraInfo). Usar o elemento variable é simples, mas menos dinâmico. Com o elemento variable, o único aspecto da variável que você poderá especificar em tempo de execução será seu nome (por meio do elemento name-from-attribute). Se você fornecer esta informação em uma classe de informação extra de tag, você também poderá especificar o tipo da variável em tempo de execução.

A Tabela 15-11 lista os subelementos do elemento variable

Tabela 15-11 Subelementos de variable

Elemento	Descrição
description	(opcional) Uma descrição da variável.
name-given I name-from-attribute	Define uma variável EL para ser usada na página que chama esta tag. Tanto name-given como name-from-attribute devem ser especificados. Se name-given for especificado, o valor será o nome da variável. Se name-from-attribute for especificado, o valor será o nome de um atributo cujo valor (em tempo de tradução) no início da chamada da tag dará o nome da variável.Erros de tradução surgem nas seguintes circunstâncias:Não especificar name-given nem name-from-attribute.Se dois elementos de variable possuírem o mesmo name-given
variable-class	(opcional) O nome totalmente qualificado da classe do objeto.java.lang.String é o default
declare	(opcional) Se o objeto é declarado ou não. Verdadeiro é o default. Um erro de tradução resultará se tanto declare como fragment forem declarados
scope	(opcional) O escopo da variável definida. Pode ser tanto AT_BEGIN, AT_END, como NESTED (veja Tabela 15-12). Default é NESTED

Tabela 15-12 Disponibilidade da variável

Valor	Disponibilidade
NESTED	Entre a tag inicial e a tag final
AT_BEGIN	A partir da tag inicial até o escopo de qualquer tag de anexação. Se não houver tag de anexação, então para o final da página
AT_END	Após o final da tag até o escopo de qualquer tag de anexação. Se não houver tag de anexação, então para o final da página

A Tabela 15-12 resume uma disponibilidade da variável de acordo com seu escopo declarado.

Você pode definir o seguinte elemento variable para a tag tlt:iterator tag:

```
<tag>
  <variable>
    <name-given>var</name-given>
    <variable-class>java.lang.String</variable-class>
    <declare>true</declare>
    <scope>NESTED</scope>
  </variable>
</tag>
```

Como programar tratador de tags simples

As classes e interfaces usadas para implementar tratadores de tags simples estão contidas no pacote javax.servlet.jsp.tagext. Tratadores de tags simples implementam a interface SimpleTag. As interfaces podem ser usadas para aceitar um objeto Java existente e torná-lo um tratador de tags. Para a maioria dos tratadores recém-criados, você utilizaria as classes SimpleTagSupport como uma classe base.

O âmago de um tratador de tags simples é um método simples – doTag – o qual é invocado quando o elemento de fim da tag é encontrado. Note que a implementação default do método doTag de SimpleTagSupport não faz nada.

Um tratador de tags tem acesso a uma API que permite que ele se comunique com uma página JSP. O ponto de entrada para a API é o objeto de contexto JSP (javax.servlet.jsp.JspContext). O objeto JspContext fornece acesso aos objetos implícitos. PageContext estende JspContext com comportamento específico de servlet. Através destes objetos, um tratador de tags pode obter todos os outros objetos implícitos (request, session, e application) acessíveis a partir de uma página JSP. Se a tag está aninhada, um tratador de tags também tem acesso ao tratador (chamado pai) que está associado à tag de anexação.

Como incluir tratadores de tags em aplicativo Web

Tratadores de tags podem ser tornar disponíveis para um aplicativo Web de duas maneiras básicas. A classe de implementação dos tratadores de tags pode ser armazenada em um formulário desempacotado no subdiretório /WEB-INF/classes/ do aplicativo Web. Alternativamente, se a biblioteca for distribuída como um JAR, ela será armazenada no diretório /WEB-INF/lib/ do aplicativo Web.

Como é chamado um tratador de tags simples?

A interface SimpleTag define o protocolo básico entre um tratador de tags simples e um servlet da página JSP. O servlet da página JSP chama o setJspContext, setParent, e os métodos de definição de atributos antes de chamar doStartTag.

```
ATag t = new ATag();
t.setJSPContext(...);
t.setParent(...);
t.setAttribute1(value1);
t.setAttribute2(value2);
...
t.setJspBody(new JspFragment(...))
t.doTag();
```

As seções seguintes descrevem os métodos que você precisa para desenvolver para cada tipo de tag apresentada em Tipos de tags.

Tratadores de tags para tags básicas

O tratador para uma tag básica sem um corpo deve implementar o método doTag da interface SimpleTag. O método doTag é chamado quando o elemento final da tag é encontrado.

A tag básica discutida na primeira seção, <tt:basic />, é implementada pelo seguinte tratador de tags:

```
public HelloWorldSimpleTag extends SimpleTagSupport {
  public void doTag() throws JspException, IOException {
    getJspContext().getOut().write("Hello, world.");
  }
}
```

Tratadores de tags para tags com atributos

Como definir atributos em um tratador de tags

Para cada atributo de tag, você deve definir um método de definição no tratador de tags que esteja de acordo com as convenções de arquitetura JavaBeans. Por exemplo, considere o tratador de tags para a tag JSTL c:if:

```
<c:if test="${Clear}">
```

Este tratador de tags contém o seguinte método:

```
public void setTest(boolean test) {
  this.test = test;
}
```

Validação de atributos

A documentação para uma biblioteca de tags deveria descrever valores válidos para atributos de tags. Quando uma página JSP for traduzida, um contêiner Web forçará quaisquer restrições contidas no elemento TLD para cada atributo.

Os atributos passados para uma tag podem também ser validados em tempo de tradução usando o método validate de uma classe derivada de TagExtraInfo. Esta classe é também usada para fornecer informações sobre as variáveis definidas pela tag (veja Classe TagExtraInfo).

O método validate é passado à informação de atributo de um objeto TagData, que contém tuplas de valores de atributo para cada um dos atributos de tags. Como a validação ocorre em tempo de tradução, o valor de um atributo computado em tempo de requisição será definido para TagData.REQUEST_TIME_VALUE.

A tag <tt:twa attr1="value1"/> tem o seguinte elemento attribute do TLD:

```
<attribute>
  <name>attr1</name>
  <required>true</required>
  <rtexprvalue>true</rtexprvalue>
</attribute>
```

Esta declaração indica que o valor de attr1 pode ser determinado em tempo de execução.

O método validate a seguir verifica se o valor de attr1 é um valor boolean válido. Note que, como o valor de attr1 pode ser computado em tempo de execução, validate deve checar se o usuário da tag escolheu fornecer um valor em tempo de execução.

```
public class TwaTEI extends TagExtraInfo {
  public ValidationMessage[] validate(TagData data) {
    Object o = data.getAttribute("attr1");
    if (o != null && o != TagData.REQUEST_TIME_VALUE) {
      if (((String)o).toLowerCase().equals("true") ||
        ((String)o).toLowerCase().equals("false") )
        return null;
      else
        return new ValidationMessage(data.getId(),
          "Invalid boolean value.");
    }
```

```
    else
      return null;
  }
}
```

Como definir atributos dinâmicos

Tratadores de tags simples que suportam atributos dinâmicos devem declarar que eles fazem isso no elemento tag do TLD (veja Como declarar tratadores de tags). Além disso, o seu tratador de tags deve implementar o método setDynamicAttribute da interface DynamicAttributes. Para cada atributo especificado na invocação da tag que não tenha um elemento attribute correspondente no TLD, o contêiner Web chama setDynamicAttribute, passando o namespace do atributo (ou nulo se dentro do namespace default), o nome do atributo e o valor do atributo. Você deve implementar o método setDynamicAttribute para lembrar os nomes e os valores dos atributos dinâmicos de modo que eles possam ser usados mais tarde quando doTag for executado. Se o método setDynamicAttribute lançar uma exceção, o método doTag não será chamado para a tag, e a exceção deverá ser tratada da mesma maneira como se viesse de um método setter do atributo.

A implementação seguinte de setDynamicAttribute salva os nomes e os valores de atributos nas listas. Depois, no método doTag, os nomes e os valores são refletidos para a resposta em uma lista HTML.

```
private ArrayList keys = new ArrayList();
private ArrayList values = new ArrayList();

public void setDynamicAttribute(String uri,
  String localName, Object value ) throws JspException {
  keys.add( localName );
  values.add( value );
}

public void doTag() throws JspException, IOException {
  JspWriter out = getJspContext().getOut();
  for( int i = 0; i < keys.size(); i++ ) {
    String key = (String)keys.get( i );
    Object value = values.get( i );
    out.println( "<li>" + key + " = " + value + "</li>" );
  }
}
```

Tratadores de tags para tags com corpos

Um tratador de tags simples para uma tag com um corpo é implementado diferentemente dependendo se o tratador de tags precisa manipular o corpo ou não. Um tratador de tags manipula o corpo quando ele lê ou modifica o conteúdo de um corpo.

Tratador de tags não manipula corpo

Se um tratador de tags simplesmente avalia o corpo, ele obtém o corpo usando o método getJspBody de SimpleTag e depois avalia o corpo usando o método de chamada.

O tratador de tags a seguir aceita um parâmetro test e avalia o corpo da tag se o teste avaliar para verdadeiro. O corpo da tag é encapsulado em um fragmento JSP. Se o test for verdadeiro, o tratador vai obter o fragmento usando o método getJspBody. O método invoke direciona todas as saídas para um escritor fornecido ou, se o escritor for nulo, para o JspWriter retornado pelo método getOut do JspContext associado ao tratador de tags.

```
public class IfSimpleTag extends SimpleTagSupport {
  private boolean test;
  public void setTest(boolean test) {
    this.test = test;
  }
  public void doTag() throws JspException, IOException {
    if(test){
      getJspBody().invoke(null);
    }
  }
}
```

Tratador de tags manipula corpo

Se o tratador de tags precisa manipular o corpo, ele deve capturar o corpo em um StringWriter. O método invoke direciona todas as saídas para um escritor fornecido. Depois o corpo modificado é escrito para o JspWriter retornado pelo método getOut do JspContext. Dessa forma, a tag que converte seu corpo para letras maiúsculas pode ser escrita assim:

```
public class SimpleWriter extends SimpleTagSupport {
  public void doTag() throws JspException, IOException {
    StringWriter sw = new StringWriter();
    jspBody.invoke(sw);
    jspContext().
      getOut().println(sw.toString().toUpperCase());
  }
}
```

Tratadores de tags para tags que definem variáveis

Mecanismos de comunicação similares existem para a comunicação entre uma página JSP e tratadores de tags, como para as páginas JSP e os arquivos de tags.

Para simular parâmetros IN, utilize atributos de tag. Um atributo de tag é comunicado entre a página de chamada e o tratador de tags quando a tag é chamada. Nenhuma comunicação posterior ocorre entre a página de chamada e o tratador de tags.

Para simular parâmetros OUT ou aninhados, utilize variáveis com disponibilidade AT_BEGIN, AT_END, ou NESTED. A variável não é inicializada chamando a página mas, no lugar disso, é definida pelo tratador de tags.

Para disponibilidade de AT_BEGIN, a variável é disponível na página de chamada da tag inicial até o escopo de qualquer tag de anexação. Se não houver tag de anexação, então a variável ficará disponível no final da página. Para disponibilidade de AT_END, a variável fica disponível na página de chamada depois da tag final até o escopo de qualquer tag de anexação. Se não houver tag de anexação, então a variável ficará disponível no final da página. Para parâmetros aninhados, a variável fica disponível na página de chamada entre a tag inicial e a tag final.

Quando desenvolve um tratador de tags, você é responsável por criar e definir o objeto referenciado pela variável dentro de um contexto acessível a partir da página. Você faz isso usando o método JspContext().setAttribute(name, value) ou JspContext.setAttribute(name, value, scope). Você obtém o contexto de página usando o método getJspContext de SimpleTag.

Normalmente, um atributo passado para a tag personalizada especifica o nome da variável e o valor da variável é dependente de um outro atributo. Por exemplo, a tag iterator apresentada no Capítulo 12 obtém o nome da variável do atributo var e determina o valor da variável de uma computação realizada sobre o atributo group.

```
public void doTag() throws JspException, IOException {
  if (iterator == null)
    return;
  while (iterator.hasNext()) {
    getJspContext().setAttribute(var, iterator.next());
    getJspBody().invoke(null);
  }
}
public void setVar(String var) {
  this.var = var;
}
public void setGroup(Collection group) {
  this.group = group;
  if(group.size() > 0)
    iterator = group.iterator();
}
```

O escopo que uma variável pode ter está resumido na Tabela 15-13. O escopo restringe a acessibilidade e tempo de vida do objeto.

Classe TagExtraInfo

Em Como declarar variáveis de tag para tratadores de tags, discutimos como fornecer informação sobre variáveis de tag no descritor de biblioteca de tags. Aqui nós descrevemos um outro método: definindo um classe de informação extra de tag. Você define uma classe de informação extra de tags estendendo a classe javax.servlet.jsp.tagext.TagExtraInfo. Uma TagExtraInfo deve implementar o método getVariableInfo para retornar um array de objetos VariableInfo contendo as seguintes informações:

- Nome da variável
- Classe da variável
- Se a variável referencia um novo objeto
- A disponibilidade da variável

Tabela 15-13 Escopo de objetos

Nome	Acessível de	Tempo de Vida
página	Página corrente	Até que a resposta tenha sido devolvida para o usuário ou a requisição seja passada para uma nova página
requisição	Página corrente e quaisquer páginas incluídas ou expedidas	Até que a resposta tenha sido devolvida para o usuário
sessão	Página corrente e qualquer requisição subseqüente do mesmo browser (sujeito ao tempo de vida da sessão)	A vida da sessão do usuário
aplicativo	Requisição corrente e qualquer requisição futura no mesmo aplicativo Web	A vida do aplicativo

O contêiner Web passa um parâmetro de tipo javax.servlet.jsp.tagext.TagData para o método getVariableInfo, que contém tuplas de valor de atributo para cada um dos atributos da tag. Esses atributos podem ser usados para fornecer o objeto VariableInfo com um nome e classe da variável EL.

O exemplo seguinte demonstra como fornecer informações sobre a variável criada pela tag iterator em uma classe de informação extra de tag. Como o nome (var) e a classe (type) da variável são passados como atributos de tag, eles podem ser obtidos utilizando o método data.getAttributeString e podem ser usados para preencher o construtor de VariableInfo. Para permitir que a variável var seja usada somente dentro do corpo de tag, você define o escopo do objeto para NESTED.

```
package iterator;
public class IteratorTEI extends TagExtraInfo {
  public VariableInfo[] getVariableInfo(TagData data) {
    String type = data.getAttributeString("type");
    if (type == null)
      type = "java.lang.Object";
    return new VariableInfo[] {
      new VariableInfo(data.getAttributeString("var"),
      type,
      true,
      VariableInfo.NESTED)
    };
  }
}
```

O nome totalmente qualificado da classe de informação extra de tag definido para uma variável EL deve ser declarado no TLD do subelemento tei-class do elemento tag. Assim, o elemento tei-class para ItertatorTei é:

```
<tei-class>
  iterator.IteratorTEI
</tei-class>
```

Tags cooperativas

As tags cooperam compartilhando objetos. A tecnologia JSP suporta dois estilos de compartilhamento de objetos.

O primeiro estilo requer que um objeto compartilhado seja nomeado e armazenado no contexto de página (um dos objetos implícitos acessíveis a páginas JSP bem como a tratadores de tags). Para acessar objetos criados e nomeados por uma outra tag, um tratador de tags utiliza o método pageContext.getAttribute(name, scope).

No segundo estilo de compartilhamento de objetos, um objeto criado pelo tratador de tags de anexação de um grupo de tags aninhadas está disponível para todos os tratadores de tags internos. Esta forma de compartilhamento de objetos tem a vantagem de que utiliza um namespace privado para os objetos, reduzindo assim o potencial para conflitos de nomeação.

Para acessar um objeto criado por uma tag de anexação, um tratador de tags deve primeiro obter sua tag de anexação utilizando o método estático SimpleTagSupport.findAncestor-WithClass(from, class) ou o método SimpleTagSupport.getParent. O método anterior deverá ser usado quando um aninhamento específico de tratadores de tags não puder ser garantido. Depois que o ancestral for recuperado, um tratador de tags poderá acessar quaisquer objetos criados estaticamente ou dinamicamente. Objetos criados estaticamente são membros do pai. Objetos privados também podem ser criados dinamicamente. Esses objetos privadamente nomeados teriam de ser gerenciados pelo tratador de tags; uma técnica seria usar uma Mapa para armazenar pares name-object.

O próximo exemplo ilustra um tratador de tags que suporta tanto a técnica nomeada, como a abordagem de objeto privado para compartilhar objetos. No exemplo, o tratador para uma tag de consulta checa se um atributo chamado connectionId foi definido. Se o atributo connectionId tiver sido definido, o tratador vai obter o objeto de conexão do contexto da página. Caso contrário, o tratador de tags primeiro vai obter o tratador de tags para a tag de anexação e, depois, o objeto de conexão desse tratador.

```
public class QueryTag extends SimpleTagSupport {
  public int doTag() throws JspException {
    String cid = getConnectionId();
    Connection connection;
    if (cid != null) {
    // there is a connection id, use it
      connection =(Connection)pageContext.
        getAttribute(cid);
    } else {
      ConnectionTag ancestorTag =
        (ConnectionTag)findAncestorWithClass(this,
          ConnectionTag.class);
      if (ancestorTag == null) {
        throw new JspTagException("A query without
          a connection attribute must be nested
          within a connection tag.");
      }
      connection = ancestorTag.getConnection();
      ...
    }
  }
}
```

A tag de consulta implementada por este tratador de tags pode ser usada em qualquer uma das seguintes maneiras:

```
<tt:connection cid="con01" ... >
  ...
</tt:connection>
<tt:query id="balances" connectionId="con01">
  SELECT account, balance FROM acct_table
    where customer_number = ?
  <tt:param value="${requestScope.custNumber}" />
</tt:query>

<tt:connection ... >
  <tt:query cid="balances">
    SELECT account, balance FROM acct_table
    where customer_number = ?
    <tt:param value="${requestScope.custNumber}" />
  </tt:query>
</tt:connection>
```

O TLD para o tratador de tags utiliza a seguinte declaração para indicar que o atributo connectionId é opcional:

```
<tag>
  ...
  <attribute>
    <name>connectionId</name>
    <required>false</required>
  </attribute>
</tag>
```

Exemplos

As tags simples descritas nesta seção demonstram soluções para dois problemas recorrentes no desenvolvimento de aplicativos JSP: minimizar a quantidade de programação Java em páginas JSP e assegurar uma aparência e comportamento comuns através dos aplicativos. Ao fazer isso, eles ilustram muitos dos estilos de tags discutidos na primeira parte do capítulo.

Tag de iteração

Construir conteúdo de página que é dependente de dados gerados dinamicamente freqüentemente requer o uso de declarações de script para controle de fluxo. Movendo a lógica do controle de fluxo para os tratadores de tags, as tags de controle de fluxo reduzem a quantidade de script necessário em páginas JSP. A iteração é uma função muito comum de controle de fluxo e é facilmente tratada por uma tag personalizada.

A discussão sobre o uso de bibliotecas de tags no Capítulo 12 apresentou uma biblioteca de tags contendo uma tag iterator. A tag obtém objetos de uma coleção armazenada em um componente JavaBeans e os atribui a uma variável EL. O corpo da tag obtém as informações da variável. Enquanto os elementos permanecerem na coleção, a tag iterator fará o corpo ser reavaliado. A tag deste exemplo é simplificada para a demonstração de como programar uma tag personalizada. Os aplicativos Web que requerem essa funcionalidade deveriam usar a tag forEach JSTL, discutida em Tags do Iterador.

Página JSP

A página index.jsp chama a tag iterator para iterar através de uma coleção de nomes de departamentos. Cada item da coleção é atribuído à variável departmentName.

```
<%@ taglib uri="/tlt" prefix="tlt" %>
<html>
  <head>
  <title>Departments</title>
  </head>
  <body bgcolor="white">
  <jsp:useBean id="myorg" class="myorg.Organization"/>
  <table border=2 cellspacing=3 cellpadding=3>
    <tr>
      <td><b>Departments</b></td>
    </tr>
  <tlt:iterator var="departmentName" type="java.lang.String"
      group="${myorg.departmentNames}">
    <tr>
      <td><a href="list.jsp?deptName=${departmentName}">
        ${departmentName}</a></td>
    </tr>
  </tlt:iterator>
  </table>
  </body>
</html>
```

Tratador de tags

A coleção é definida no tratador de tags por meio do atributo group. O tratador de tags obtém um elemento do grupo e passa o elemento de volta para a página na variável EL cujo nome é determinado pelo atributo var. A variável é acessada na página de chamada usando a linguagem de expressão JSP. Depois que a variável é definida, o corpo da tag é avaliado com o método invoke.

```
public void doTag() throws JspException, IOException {
  if (iterator == null)
    return;
  while (iterator.hasNext()) {
    getJspContext().setAttribute(var, iterator.next());
    getJspBody().invoke(null);
  }
}
public void setVar(String var) {
  this.var = var;
```

```
}
public void setGroup(Collection group) {
  this.group = group;
  if(group.size() > 0)
    iterator = group.iterator();
}
```

Biblioteca de tag de template

Um template fornece uma maneira de separar os elementos comuns que fazem parte de cada tela dos elementos que se modificam com cada tela de um aplicativo. Colocar todos os elementos comuns juntos em um arquivo torna mais fácil manter e forçar uma aparência e comportamento consistentes em todas as telas. Isso também torna o desenvolvimento de telas individuais mais fácil porque o projetista pode se concentrar em porções de uma tela que são específicas para aquela tela enquanto o template cuida das partes comuns.

O template é uma página JSP que possui lugares reservados para as partes que precisam se alterar com cada tela. Cada um desses lugares reservados são referenciados como um parâmetro do template. Por exemplo, um simples template pode incluir um parâmetro de título para topo da tela gerada, e um parâmetro de corpo referenciar uma página JSP para o conteúdo personalizado da tela.

O template usa um conjunto de tags aninhadas – de definição, de tela e de parâmetro – para determinar uma tabela de definições de telas, e utiliza uma tag insert a fim de inserir parâmetros a partir de uma definição de tela para uma tela específica do aplicativo.

Páginas JSP

O template para o exemplo da Duke´s Bookstore, template.jsp é mostrado a seguir. Esta página inclui uma página JSP que cria a definição de tela e, depois, usa a tag insert para inserir parâmetros da definição para a tela específica do aplicativo.

```
<%@ taglib uri="/tutorial-template" prefix="tt" %>
<%@ page errorPage="/template/errorinclude.jsp" %>
<%@ include file="/template/screendefinitions.jsp" %>
<html>
<head>
<title>
<tt:insert definition="bookstore" parameter="title"/>
</title>
</head>
<body bgcolor="#FFFFFF">
  <tt:insert definition="bookstore" parameter="banner"/>
<tt:insert definition="bookstore" parameter="body"/>
<center><em>Copyright &copy; 2004 Sun Microsystems, Inc.  </
em></center>
</body>
</html>
```

A página screendefinitions.jsp cria uma definição para a tela especificada pelo atributo de requisição javax.servlet.forward.servlet_path:

```
<tt:definition name="bookstore"
screen="${requestScope
  ['javax.servlet.forward.servlet_path']}">
  <tt:screen id="/bookstore">
  <tt:parameter name="title" value="Duke's Bookstore"
    direct="true"/>
  <tt:parameter name="banner" value="/template/banner.jsp"
    direct="false"/>
```

```
  <tt:parameter name="body" value="/bookstore.jsp"
    direct="false"/>
  </tt:screen>
  <tt:screen id="/bookcatalog">
  <tt:parameter name="title" direct="true">
    <jsp:attribute name="value" >
      <fmt:message key="TitleBookCatalog"/>
    </jsp:attribute>
  </tt:parameter>
  <tt:parameter name="banner" value="/template/banner.jsp"
    direct="false"/>
  <tt:parameter name="body" value="/bookcatalog.jsp"
    direct="false"/>
  </tt:screen>
  ...
</tt:definition>
```

O template é instanciado pelo servlet Dispatcher. O Dispatcher primeiro obtém a tela requisitada. Ele realiza a lógica de negócios e atualiza os objetos de modelo baseado na tela requisitada. Por exemplo, se a tela requisitada for /bookcatalog, o Dispatcher determinará se um livro está sendo adicionado ao carrinho baseado no valor do parâmetro de requisição Add. Ele definirá o preço do livro se estiver à venda e, depois, adicionará o livro ao carrinho. Finalmente, o servlet despachará a requisição para o template.jsp:

```
public class Dispatcher extends HttpServlet {
  public void doGet(HttpServletRequest request,
    HttpServletResponse response) {
    String bookId = null;
    BookDetails book = null;
String clear = null;
BookDBAO bookDBAO =
  (BookDBAO)getServletContext().
    getAttribute("bookDBAO");
HttpSession session = request.getSession();
String selectedScreen = request.getServletPath();
ShoppingCart cart = (ShoppingCart)session.
  getAttribute("cart");
if (cart == null) {
  cart = new ShoppingCart();
  session.setAttribute("cart", cart);
}
if (selectedScreen.equals("/bookcatalog")) {
  bookId = request.getParameter("Add");
  if (!bookId.equals("")) {
    try {
      book = bookDBAO.getBookDetails(bookId);
      if ( book.getOnSale() ) {
        double sale = book.getPrice() * .85;
        Float salePrice = new Float(sale);
        book.setPrice(salePrice.floatValue());
      }
      cart.add(bookId, book);
    } catch (BookNotFoundException ex) {
      // not possible
    }
  }
} else if (selectedScreen.equals("/bookshowcart")) {
  bookId =request.getParameter("Remove");
  if (bookId != null) {
    cart.remove(bookId);
  }
  clear = request.getParameter("Clear");
  if (clear != null && clear.equals("clear")) {
```

```
    cart.clear();
  }
} else if (selectedScreen.equals("/bookreceipt")) {
// Update the inventory
  try {
    bookDBAO.buyBooks(cart);
  } catch (OrderException ex) {
    request.setAttribute("selectedScreen",
      "/bookOrderError");
  }
}
try {
      request.
        getRequestDispatcher(
        "/template/template.jsp").
        forward(request, response);
    } catch(Exception ex) {
      ex.printStackTrace();
    }
  }

  public void doPost(HttpServletRequest request,
    HttpServletResponse response) {
    request.setAttribute("selectedScreen",
      request.getServletPath());
    try {
      request.
        getRequestDispatcher(
        "/template/template.jsp").
        forward(request, response);
    } catch(Exception ex) {
      ex.printStackTrace();
    }
  }
}
```

Tratadores de tags

A biblioteca de tags de template contém quatro tratadores de tags - DefinitionTag,

ScreenTag, ParameterTag e InsertTag - que demonstram o uso de tags de cooperação. DefinitionTag, ScreenTag e ParameterTag constituem um conjunto de tratadores de tags aninhadas que compartilham objetos privados. DefinitionTag cria um objeto público chamado bookstore que é utilizado pela InsertTag.

Em doTag, DefinitionTag cria um objeto privado chamado *screens* que contém uma tabela hash de definições de telas. Uma definição de tela consiste em um identificador de tela e um conjunto de parâmetros associados com a tela. Esses parâmetros, carregados com o corpo da tag de definição e que contêm tags de parâmetro e de tela aninhadas, são chamados. DefinitionTag cria um objeto público da classe Definition, seleciona uma definição de tela a partir dos objetos *screens* baseados no URL passado na requisição, e usa esta definição de tela para inicializar um objeto público Definition.

```
public int doTag() {
  try {
    screens = new HashMap();
    getJspBody().invoke(null);
    Definition definition = new Definition();
  PageContext context = (PageContext)getJspContext();
  ArrayList params = (ArrayList) screens.get(screenId);
  Iterator ir = null;
  if (params != null) {
    ir = params.iterator();
```

```
    while (ir.hasNext())
      definition.setParam((Parameter)ir.next());
  // put the definition in the page context
  context.setAttribute(definitionName, definition,
    context.APPLICATION_SCOPE);
  }
}
```

A tabela de definições de telas é preenchida por ScreenTag e ParameterTag do texto fornecido como atributos para essas tags. A Tabela 15-14 mostra o conteúdo da tabela hash para definições de telas do aplicativo da Duke´s Bookstore.

Se o URL passado na requisição for /bookstore, o objeto Definition conterá os itens da primeira linha da Tabela 15-14 (veja Tabela 15-15).

Tabela 15-14 Definições de telas

Screen ID	Título	Banner	Corpo
/bookstore	Duke's Bookstore	/banner.jsp	/bookstore.jsp
/bookcatalog	Book Catalog	/banner.JSP	/bookcatalog.jsp
/bookdetails	Book Description	/banner.JSP	/bookdetails.jsp
/bookshowcart	Shopping Cart	/banner.JSP	/bookshowcart.jsp
/bookcashier	Cashier	/banner.JSP	/bookcashier.jsp
/bookreceipt	Receipt	/banner.JSP	/bookreceipt.jsp

Tabela 15-15 Conteúdo do objeto de definição para o URL /bookstore

Título	Banner	Corpo
Duke's Bookstore	/banner.jsp	/bookstore.jsp

Tabela 15-16 Parâmetros para o URL /bookstore

Nome do parâmetro	Valor do parâmetro	IsDirect
title	Duke's Bookstore	Verdadeiro
banner	/banner.jsp	Falso
body	/bookstore.jsp	Falso

Os parâmetros para o URL /bookstore são mostrados na Tabela 15-16. Os parâmetros especificam que o valor do parâmetro title, Duke´s Bookstore, deveria ser inserido diretamente no fluxo de saída, mas os valores de banner e corpo deveriam ser incluídos dinamicamente.

InsertTag insere os parâmetro da definição de tela para a resposta. O método doTag obtém o objeto de definição do contexto de página e depois insere o valor de parâmetro. Se o parâmetro for direto, ele será inserido diretamente na resposta; caso contrário, a requisição será enviada para o parâmetro, e a resposta incluída dinamicamente na resposta global.

```
public void doTag() throws JspTagException {
  Definition definition = null;
  Parameter parameter = null;
  boolean directInclude = false;
  PageContext context = (PageContext)getJspContext();

    // get the definition from the page context
  definition = (Definition)context.getAttribute(
    definitionName, context.APPLICATION_SCOPE);
    // get the parameter
  if (parameterName != null && definition != null)
    parameter = (Parameter)
      definition.getParam(parameterName);

  if (parameter != null)
    directInclude = parameter.isDirect();
  try {
    // if parameter is direct, print to out
    if (directInclude && parameter != null)
      context.getOut().print(parameter.getValue());
    // if parameter is indirect,
        include results of dispatching to page
    else {
      if ((parameter != null) &&
        (parameter.getValue() != null))
      context.include(parameter.getValue());
    }
  } catch (Exception ex) {
    throw new JspTagException(ex.getMessage());
  }
}
```

16

SCRIPTS EM PÁGINAS JSP

Os elementos de script JSP permitem a você utilizar declarações da linguagem de programação Java em suas páginas JSP. Os elementos de script normalmente são usados para criar e acessar objetos, definir métodos, e gerenciar o controle de fluxo. Muitas tarefas que requerem o uso de scripts podem ser eliminadas pelo uso das bibliotecas de tags personalizadas, em particular a Biblioteca de Tags Personalizadas Padrão JSP. Como uma das metas da tecnologia JSP é separar dados estáticos do código necessário para gerar conteúdo de forma dinâmica, verdadeiramente o uso restrito de scripts JSP é recomendado. Contudo, há algumas circunstâncias que requerem o seu uso.

Há três maneiras de criar e usar objetos em elementos de script:

- Variáveis de instância e de classe da classe do servlet da página JSP são criadas em *declarações* e acessadas em *scriptlets* e *expressões*
- Variáveis locais da classe do servlet da página JSP são criadas e usadas em scriptlets e expressões
- Atributos de objetos de escopo (veja Como utilizar objetos de escopo) são criados e usados em scriptlets e expressões.

Este capítulo descreve resumidamente a sintaxe e a utilização de elementos de script JSP.

Páginas JSP de exemplo

Este capítulo ilustra os elementos de script utilizando webclient, uma versão do exemplo hello1 apresentado no Capítulo 3 que acessa um serviço Web. Para criar, empacotar, implantar e rodar o exemplo de webclient, siga estas etapas:

1. Construa e implante o serviço Web JAX-RPC MyHelloService descrito em Como criar um cliente e um serviço Web simples com JAX-RPC.
2. Em uma janela de terminal, vá para <*INSTALL*>/j2eetutorial14/examples/jaxrpc/webclient/.
3. Rode asant build. Este target vai criar quaisquer arquivos de compilações e copiará os arquivos para o diretório <*INSTALL*>/j2eetutorial14/examples/jaxrpc/webclient/build/.
4. Inicie o Servidor de Aplicativo.
5. Inicie deploytool.

6. Crie um aplicativo Web chamado webclient rodando o assistente New Web Component. Selecione File → New → Web Component.
7. No assistente New Web Component:
   a. Selecione o botão de rádio Create New Stand-Alone WAR Module.
   b. Clique Browse e no selecionador de arquivos, navegue para *<INSTALL>*/j2eetutorial14/examples/jaxrpc/webclient/.
   c. No campo File Name, entre webclient.
   d. Clique Choose Module File.
   e. No campo WAR Display Name, entre webclient.
   f. No campo Context Root, entre /webclient.
   g. Clique Edit Contents.
   h. Na caixa de diálogo Edit Contents navegue para <INSTALL>/j2eetutorial14/examples/jaxrpc/webclient/build/. Selecione duke.waving.gif, greeting.jsp, response.jsp, e o diretório webclient, e clique Add.
   i. Clique OK.
   j. Clique Next.
   k. Selecione o botão de rádio JSP Page.
   l. Clique Next.
   m. Selecione greeting.jsp da caixa combo JSP FileName.
   n. Clique Finish.
8. Adicione um alias para o componente Web greeting.
   a. Selecione o componente Web greeting.
   b. Selecione a guia aliases.
   c. Clique Add para adicionar um novo mapeamento.
   d. Digite /greeting na lista de Aliases.
10. Selecione File → Save.
11. Implante o WAR.
12. Abra o seu browser para http://localhost:8080/webclient/greeting.

Nota: O exemplo supõe que o Servidor de Aplicativo rode na porta default 8080. Se você modificou a porta, você deve atualizar o número da porta no arquivo <INSTALL>/j2eetutorial14/examples/jaxrpc/webclient/response.jsp antes de construir e rodar o exemplo.

Como usar script

A tecnologia JSP permite que um contêiner suporte uma linguagem de script que possa chamar objetos Java. Se você usar uma linguagem de script diferente da default, java, deverá especificá-la no atributo de linguagem da diretiva de página no início de uma página JSP:

```
<%@ page language="scripting language" %>
```

Como os elementos de script são convertidos para declarações de linguagem de programação na classe do servlet da página JSP, você deve importar quaisquer classes e pacotes usados por uma página JSP. Se a linguagem da página for Java, você importará uma classe ou pacote com o atributo import da diretiva de página:

```
<%@ page import="fully_qualified_classname, packagename.*" %>
```

O response.jsp da página JSP de webclient usa a seguinte diretiva de página para importar as classes necessárias a fim de acessar a classe do stub JAX-RPC e as classes de cliente do serviço Web:

```
<%@ page import="javax.xml.rpc.Stub,webclient.*" %>
```

Como desabilitar scripts

Por default, scripts em páginas JSP são válidos. Como um script pode tornar difícil a manutenção de páginas, alguns autores de página JSP ou grupos de autoração de páginas podem querer seguir uma metodologia na qual os elementos de script não sejam permitidos.

Você pode desabilitar scripts para um grupo de páginas JSP utilizando deploytool e definindo o valor da caixa de verificação Scripting Invalid na guia JSP Properties de um WAR. Para informações sobre como definir um grupo de páginas JSP, veja Como definir propriedades para grupos de páginas JSP. Quando a utilização de script for inválida, isso significará que scriptlets, expressões de script e declarações produzirão um erro de tradução se presentes em qualquer uma das páginas do grupo. A Tabela 16-1 resume as definições de script e seus significados.

Tabela 16-1 Definições de script

Configuração JSP	Script encontrado
Não especificada	Válido
Falsa	Válido
Verdadeira	Erro de tradução

Declarações

Uma declaração JSP é usada para declarar variáveis e métodos em uma linguagem de script de página. A sintaxe para uma declaração é:

```
<%! scripting language declaration %>
```

Quando a linguagem de script é a linguagem de programação Java, variáveis e métodos em declarações JSP se tornam declarações na classe do servlet da página JSP.

Como inicializar e finalizar uma página JSP

Você pode personalizar o processo de inicialização para permitir que a página JSP leia dados de configuração persistentes, inicialize recursos, e realize quaisquer outras atividades em tempo único; para fazer isso, você sobrepõe o método jspInit da interface JspPage.

Você libera recursos usando o método jspDestroy. Os métodos são definidos utilizando declarações JSP.

Por exemplo, uma versão antiga do aplicativo da Duke´s Bookstore obteve o objeto que acessa o banco de dados de bookstore a partir do contexto e armazenou uma referência para o objeto na variável bookDBAO no método jspInit. A definição da variável e os métodos de inicialização e finalização jspInit e jspDestroy foram definidos na declaração:

```
<%!
private BookDBAO bookDBAO;
public void jspInit() {
bookDBAO =
  (BookDBAO)getServletContext().getAttribute("bookDB");
  if (bookDBAO == null)
    System.out.println("Couldn't get database.");
}
%>
```

Quando a página JSP foi removida de serviço, o método jspDestroy liberou a variável BookDBAO.

```
<%!
public void jspDestroy() {
  bookDBAO = null;
}
%>
```

Scriptlets

Um scriptlet JSP é usado para conter qualquer fragmento de código válido para a linguagem de script em uma página. A sintaxe para um scriptlet é:

```
<%
  scripting language statements
%>
```

Quando a linguagem de script é definida para Java, um scriptlet é transformado em um fragmento de declaração da linguagem de programação Java e é inserido no método service do servlet da página JSP. Uma variável da linguagem de programação criada dentro de um scriptlet é acessível de qualquer lugar dentro da página JSP.

Na versão de serviço Web do aplicativo hello1, greeting.jsp contém um scriptlet para obter o parâmetro de requisição chamado username e test se estiver vazio. Se a declaração if avaliar para verdadeiro, a página de resposta será incluída. Como a declaração if abre um bloco, a marcação HTML é seguida por um scriptlet que fecha o bloco:

```
<%
  String username = request.getParameter("username");
  if ( username != null && username.length() > 0 ) {
%>
  <%@include file="response.jsp" %>
<%
  }
%>
```

Expressões

Uma expressão JSP é usada para inserir o valor de uma expressão de linguagem de script, convertida em uma string, dentro do fluxo de dados retornado para o cliente. Quando a linguagem de script for a linguagem de programação Java, a expressão será transformada em uma declaração que converte o valor da expressão em um objeto String e o insere no objeto *out* implícito.

A sintaxe para uma expressão é:

```
<%= scripting language expression %>
```

Note que um ponto-e-vírgula não é permitido dentro de uma expressão JSP, mesmo que a própria expressão tenha um ponto-e-vírgula quando você a utilize dentro de um scriptlet.

Na versão do serviço Web do aplicativo hello1, response.jsp contém o seguinte scriptlet, o qual cria um stub JAX-RPC, define o endpoint do stub e, depois, chama o método sayHello do stub, passando o nome de usuário obtido de um parâmetro de requisição:

```
<%
  String resp = null;
  try {
    Stub stub = (Stub)(new
      MyHelloService_Impl().getHelloIFPort());
    stub._setProperty(
      javax.xml.rpc.Stub.ENDPOINT_ADDRESS_PROPERTY,
      "http://localhost:8080/hello-jaxrpc/hello");
    HelloIF hello = (HelloIF)stub;
    resp =
      hello.sayHello(request.getParameter("username"));
  } catch (Exception ex) {
      resp = ex.toString();
  }
%>
```

Uma expressão de script é então usada para inserir o valor de resp no fluxo de saída:

```
<h2><font color="black"><%= resp %>!</font></h2>
```

Como programar tags que aceitem elementos de script

Tags que aceitam elementos de script em valores de atributo ou no corpo não podem ser programadas como tags simples; elas devem ser implementadas como tags clássicas. As seções seguintes descrevem os elementos do TLD e da API de extensão de tags JSP específica para tratadores de tags clássicas. Todos os outros elementos do TLD são os mesmos das tags simples.

Elementos do TLD

Você especifica o caractere de um conteúdo de corpo de tag clássica usando o elemento body-content:

```
<body-content>empty | JSP | tagdependent</body-content>
```

Você deve declarar o conteúdo de corpo de tags que não possuem um *body* como *empty*. Para tags que têm um corpo, existem duas opções. O conteúdo de corpo contendo tags core e customizadas, elementos de script, e texto HTML, é categorizado como JSP. Todos os outros tipos de conteúdo de corpo – por exemplo, declarações SQL passadas para a tag query – são rotulados como tagdependentes.

Tratadores de tags

As classes e interfaces usadas para implementar tratadores de tags clássicas estão contidas no pacote javax.servlet.jsp.tagext. Tratadores de tags clássicas implementam tanto a Tag, a IterationTag, ou a interface BodyTag. As interfaces podem ser usadas para aceitar um objeto Java existente e torná-lo um tratador de tags. Para tratadores de tags clássicas criados recentemente, você pode usar as classes TagSupport e BodyTagSupport como classes básicas. Estas classes e interfaces estão contidas no pacote javax.servlet.jsp.tagext.

Métodos de tratador de tags definidos pelas interfaces Tag e BodyTag são chamados pelo servlet da página JSP em vários pontos durante a avaliação da tag. Quando o elemento inicial de uma tag personalizada é encontrado, o servlet da página JSP chama o método para inicializar o tratador apropriado e depois chama o método doStartTag do tratador. Quando o elemento final de uma tag personalizada é encontrado, o método doEndTag do tratador é chamado para todas exceto para as tags simples. Métodos adicionais são chamados no meio quando um tratador de tags precisa manipular o corpo da tag. Para informações adicionais, consulte Tags com corpos. Para fornecer a implementação de um tratador de tags, você deve implementar os métodos, resumidos na Tabela 16-2, que são chamados em várias estágios de processamento da tag.

Um tratador de tags tem acesso a uma API que permite a ele se comunicar com a página JSP. Os pontos de entrada da API são dois objetos: o contexto JSP (javax.servlet.jsp.JspContext) para simples tratadores de tags e o contexto de página (javax.servlet.jsp.PageContext) para tratadores de tags clássicas. JspContext fornece o acesso para os objetos implícitos. PageContext estende JspContext com comportamento específico de HTTP. Um tratador de tags pode obter todos os outros objetos implícitos (requisição, sessão e aplicativo) que são acessíveis a partir de uma página JSP através desses objetos. Além disso, objetos implícitos podem ter atributos nomeados associados a eles. Tais atributos são acessados usando os métodos [set|get]Attribute.

Se a tag estiver aninhada, um tratador de tags também pode acessar para o tratador (chamado pai) associado a uma tag de anexação.

Tabela 16-2 Métodos do tratador de tags

Tipo de tag	Interface	Métodos
Basic	Tag	DoStartTag, doEndTag
Attributes	Tag	DoStartTag, doEndTag,setAttribute1,...,N, release
Body	Tag	doStartTag, doEndTag, release
Body, avaliação iterativa	IterationTag	doStartTag, doAfterBody, doEndTag, release
Body, manipulação	BodyTag	doStartTag, doEndTag, release, doInitBody, doAfterBody

Como um tratador de tags clássicas é chamado?

A interface Tag define o protocolo básico entre um tratador de tags e um servlet da página JSP. Ela define o ciclo de vida e os métodos a serem chamados quando as tags inicial e final são encontradas.

O servlet da página JSP chama setPageContext, setParent e os métodos de definição de atributos, antes de chamar doStartTag. O servlet da página JSP também garante que o *release* será chamado no tratador de tags, antes do final da página.

Aqui está um método típico de seqüência de chamada de um tratador de tags:

```
ATag t = new ATag();
t.setPageContext(...);
t.setParent(...);
t.setAttribute1(value1);
t.setAttribute2(value2);
t.doStartTag();
t.doEndTag();
t.release();
```

A interface BodyTag estende Tag definindo os métodos adicionais que permitem a um tratador de tags acessar o seu corpo. A interface fornece três novos métodos:

- ❑ setBodyContent: Cria o conteúdo de corpo e adiciona ao tratador de tags
- ❑ doInitBody: Chamado antes da avaliação do corpo de tag
- ❑ doAfterBody: Chamado depois da avaliação do corpo de tag

Uma seqüência de chamada típica é:

```
t.doStartTag();
out = pageContext.pushBody();
t.setBodyContent(out);
// perform any initialization needed after body content is set
t.doInitBody();
t.doAfterBody();
// while doAfterBody returns EVAL_BODY_AGAIN we
// iterate body evaluation
...
t.doAfterBody();
t.doEndTag();
out = pageContext.popBody();
t.release();
```

Tags com corpos

Um tratador de tags para uma tag com corpo é implementado diferentemente dependendo se o tratador de tags precisa manipular o corpo ou não. Um tratador de tags manipula o corpo quando ele lê ou modifica o conteúdo do corpo.

Tratador de tags não manipula o corpo

Se o tratador de tags não precisa manipular o corpo, ele deve implementar a interface Tag. Se o tratador de tags implementa a interface Tag, e o corpo da tag precisa ser avaliado, o método doStartTag deve retornar EVAL_BODY_INCLUDE; caso contrário, deve retornar SKIP_BODY.

Se um tratador de tags precisa avaliar iterativamente o corpo, ele precisa implementar a interface IterationTag. O tratador de tags deve retornar EVAL_BODY_AGAIN do método doAfterBody se ele determinar que o corpo precisa ser avaliado novamente.

Tratador de Tags manipula o corpo

Se o tratador de tags manipula o corpo, ele deve implementar BodyTag (ou deve derivar de BodyTagSuport).

Quando um tratador de tags implementa a interface BodyTag, ele deve implementar os métodos doInitBody e o doAfterBody. Estes métodos manipulam o conteúdo de corpo passado para o tratador de tags pelo servlet da página JSP.

Um objeto BodyContent suporta vários métodos para ler e escrever seu conteúdo. Um tratador de tags pode usar o método getString ou getReader do conteúdo de corpo para extrair informações do corpo, e o método writeOut(out) para escrever o conteúdo de corpo para um fluxo externo. O escritor fornecido para o método writeOut é obtido usando o método getPreviousOut do tratador de tags. Este método é usado para assegurar que os resultados do tratador de tags estejam disponíveis para um tratador de tags de anexação.

Se o corpo da tag precisa ser avaliado, o método doStart deve retornar EVAL_BODY_BUFFERED; caso contrário, deve retornar SKIP_BODY.

Método doInitBody

O método doInitBody é chamado depois que o conteúdo de corpo é definido, mas antes que ele seja avaliado. Você geralmente utiliza este método para efetuar qualquer inicialização que dependa do conteúdo do corpo.

Método doAfterBody

O método doAfterBody é chamado *depois* que o conteúdo do corpo é avaliado. doAfterBody deve retornar uma indicação se deve continuar a avaliação do corpo. Dessa forma, se for necessário avaliar o corpo novamente, como seria o caso se você estivesse implementando uma tag de iteração, doAfterBody deve retornar EVAL_BODY_AGAIN; caso contrário, doAfterBody deve retornar SKIP_BODY.

O próximo exemplo lê o conteúdo do corpo (que contém uma consulta SQL) e o transmite para um objeto que executa a consulta. Como o corpo não precisa ser avaliado, doAfterBody retorna SKIP_BODY.

```
public class QueryTag extends BodyTagSupport {
  public int doAfterBody() throws JspTagException {
    BodyContent bc = getBodyContent();
    // get the bc as string
    String query = bc.getString();
    // clean up
    bc.clearBody();
    try {
      Statement stmt = connection.createStatement();
      result = stmt.executeQuery(query);
    } catch (SQLException e) {
      throw new JspTagException("QueryTag: " +
        e.getMessage());
    }
    return SKIP_BODY;
  }
}
```

Método release

Um tratador de tags deve redefinir seu estado e liberar quaisquer recursos privados do método release.

Tags cooperativas

Tags cooperam compartilhando objetos. A tecnologia JSP suporta dois estilos de compartilhamento de objetos.

O primeiro estilo requer que um objeto compartilhado seja nomeado e armazenado no contexto da página (um dos objetos implícitos acessíveis a páginas JSP bem como tratadores de tags). Para acessar objetos criados e nomeados por uma outra tag, um tratador de tags utiliza o método pageContext.getAttribute(name, scope).

No segundo estilo de compartilhamento de objetos, um objeto criado pelo tratador de tags de anexação de um grupo de tags aninhadas fica disponível para todos os tratadores de tags internos. Esta forma de compartilhamento de objetos tem a vantagem que ela utiliza um namespace privado para os objetos, reduzindo, desse modo, o potencial para conflitos de nomeações.

Para acessar um objeto criado por uma tag de anexação, um tratador de tags deve primeiro obter sua tag de anexação utilizando o método estático TagSupport.findAncestorWithClass(from, class) ou o método TagSupport.getParent. O método anterior deve ser usado quando um aninhamento específico de tratadores de tags não puder ser garantido. Depois que o ancestral foi obtido, um tratador de tags pode acessar quaisquer objetos criados estática ou dinamicamente. Objetos criados estaticamente são membros do pai. Objetos privados podem ser criados de forma dinâmica. Tais objetos podem ser armazenados em um tratador de tags utilizando o método setValue e podem ser recuperados com o método getValue.

O exemplo seguinte ilustra um tratador de tags que suporta tanto o método nomeado, como o método de objeto privado para compartilhamento de objetos. No exemplo, o tratador para uma tag query checa se um atributo chamado connectionId foi definido. Se o atributo connection foi definido, o tratador obtém o objeto de conexão do contexto de página. Caso contrário, o tratador de tags primeiro obtém o tratador de tags para a tag de anexação e, depois, obtém o objeto de conexão daquele tratador.

```
public class QueryTag extends BodyTagSupport {
  public int doStartTag() throws JspException {
    String cid = getConnectionId();
    Connection connection;
    if (cid != null) {
    // there is a connection id, use it
      connection =(Connection)pageContext.
        getAttribute(cid);
    } else {
      ConnectionTag ancestorTag =
        (ConnectionTag)findAncestorWithClass(this,
          ConnectionTag.class);
      if (ancestorTag == null) {
        throw new JspTagException("A query without
          a connection attribute must be nested
          within a connection tag.");
      }
      connection = ancestorTag.getConnection();
      ...
    }
  }
}
```

A tag query implementada por este tratador de tags pode ser usada por qualquer uma das seguintes maneiras:

```
<tt:connection cid="con01" ... >
  ...
</tt:connection>
<tt:query id="balances" connectionId="con01">
  SELECT account, balance FROM acct_table
    where customer_number = ?
  <tt:param value="${requestScope.custNumber}" />
</tt:query>

<tt:connection ... >
  <tt:query cid="balances">
    SELECT account, balance FROM acct_table
    where customer_number = ?
    <tt:param value="${requestScope.custNumber}" />
  </tt:query>
</tt:connection>
```

O TLD para o tratador de tags utiliza a seguinte declaração para indicar que o atributo connectionId é opcional:

```
<tag>
  ...
  <attribute>
    <name>connectionId</name>
    <required>false</required>
  </attribute>
</tag>
```

Tags que definem variáveis

Os mecanismos para definir variáveis em tags clássicas são semelhantes àqueles descritos no Capítulo 15. Você deve declarar a variável em um elemento *variable* do TLD ou em uma classe de informação extra de tag. Você usa os métodos PageContext().setAttribute(name, value) ou PageContext.setAttribute(name, value, scope) do tratador de tags para criar ou atualizar uma associação entre um nome que é acessível no contexto de página e o objeto que é o valor da variável. Para tratadores de tags clássicas, a Tabela 16-3 ilustra como a disponibilidade de uma variável afeta quando você definir ou atualizar o valor da variável.

Uma variável definida por uma tag personalizada pode também ser acessada em uma expressão de script. Por exemplo, um serviço Web descrito na seção precedente pode ser encapsulada em uma tag personalizada que retorna a resposta em uma variável chamada pelo atributo var, e depois var pode ser acessado em uma expressão de script como a seguir:

```
<ws:hello var="response"
  name="<%=request.getParameter("username")%>" />
<h2><font color="black"><%= response %>!</font></h2>
```

Tabela 16-3 Disponibilidade da variável

Valor	Disponibilidade	Nos métodos
NESTED	Entre a tag inicial e a tag final.	DoStartTag, doInitBody, e doAfterBody.
AT_BEGIN	A partir da tag inicial até o final da página.	DoStartTag, doInitBody, doAfterBody, e doEndTag
AT_END	Após o final da tag até o final da página.	DoEndTag

Lembre-se de que em situações onde o script não é permitido (em um corpo de tag onde o conteúdo de corpo é declarado como sem script [scriptless] e em uma página onde o script é especificado como inválido), você não pode acessar a variável dentro de um scriptlet ou de uma expressão. Em vez disso, você tem de usar a linguagem de expressão JSP para acessar a variável.

17

Tecnologia JavaServer Faces

A tecnologia JavaServer Faces é um framework de componentes para interface de usuário do lado do servidor para aplicativos Web baseados em tecnologia Java.

Os componentes principais da tecnologia JavaServer Faces são:

- Uma API para representar componentes UI e gerenciar o estado deles; tratar eventos, validação do lado do servidor, e conversões de dados; definir navegação de página; suportar internacionalização e acessibilidade; e fornecer extensibilidade para todos esses recursos
- Duas bibliotecas de tags personalizadas JavaServer Pages para expressar componentes UI dentro de uma página JSP e para ligar componentes a objetos do lado do servidor

O modelo de programação bem definido e as bibliotecas de tags facilitam significativamente a responsabilidade de construir e manter aplicativos Web com UIs do lado do servidor. Com esforço mínimo, você pode

- Conectar eventos gerados pelo cliente para o código de aplicativo do lado do servidor
- Ligar componentes UI de uma página para os dados do lado do servidor
- Construir uma UI com componentes reutilizáveis e extensíveis
- Salvar e restaurar estado da UI além da vida das requisições do servidor

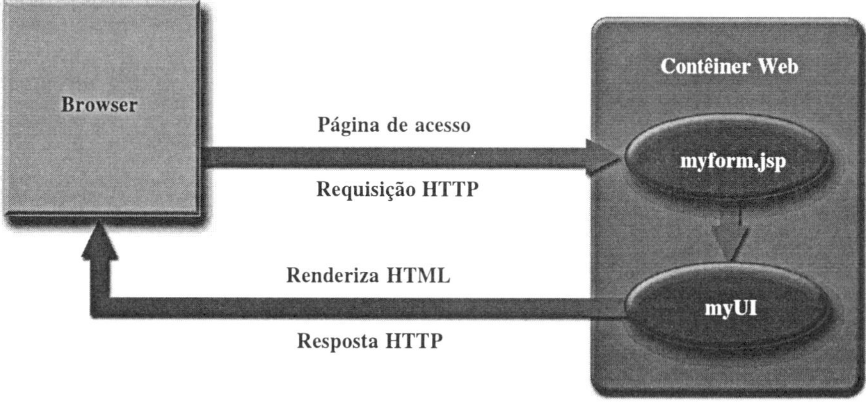

Figura 17-1 *UI roda no servidor.*

Como mostrado na Figura 17-1, a interface de usuário que você cria com a tecnologia JavaServer Faces (representada por myUI no gráfico) roda no servidor, renderiza e volta para o cliente.

A página JSP, myform.jsp, é uma página JavaServer Faces, que é uma página JSP que inclui tags JavaServer Faces. Ela expressa os componentes de interface do usuário utilizando tags personalizadas definidas pela tecnologia JavaServer Faces. A UI para o aplicativo Web (representada por myUI na figura) gerencia os objetos referenciados pela página JSP. Estes objetos incluem:

- Os objetos do componente UI que mapeiam para as tags da página JSP
- Os receptores de eventos, validadores e conversores que são registrados nos componentes
- Os objetos que encapsulam os dados e a funcionalidade específica de aplicativo dos componentes

Este capítulo fornece um resumo geral da tecnologia JavaServer Faces. Depois de passar por algumas das principais vantagens da utilização da tecnologia JavaServer Faces e explicar o que é um aplicativo JavaServer Faces, ele lista os vários papéis de desenvolvimento de aplicativos que pertencem aos usuários desta tecnologia. Depois ele descreve um aplicativo simples e especifica sobre quais partes do aplicativo os desenvolvedores de cada função trabalham. O capítulo então se move para sumariar cada um dos recursos principais da tecnologia JavaServer Faces e saber como as várias partes de um aplicativo que utiliza esses recursos se encaixam. Finalmente, este capítulo utiliza uma página de um aplicativo simples para resumir o ciclo de vida de uma página JavaServer Faces.

Vantagens da tecnologia JavaServer Faces

Uma das maiores vantagens da tecnologia JavaServer Faces é que ela oferece uma nítida separação entre comportamento e apresentação. Os aplicativos Web construídos utilizando a tecnologia JSP atingem essa separação em parte. Todavia, um aplicativo JSP não pode mapear requisições HTTP para tratamento de eventos específicos para componente, nem gerenciar elementos UI como objetos com estados no servidor, como pode um aplicativo JavaServer Faces. A tecnologia JavaServer Faces permite que você construa aplicativos Web que implementem a separação de granulação mais fina de comportamento e de apresentação que tradicionalmente é oferecida pelas arquitetura UI do lado do cliente.

A separação da lógica de apresentação também permite que cada membro de uma equipe para desenvolvimento de um aplicativo Web se concentre em sua parte do processo de desenvolvimento, e forneça um modelo de programação simples para juntar as partes. Por exemplo, autores de página sem experiência em programação podem utilizar tags de componente UI da tecnologia JavaServer Faces para se lincarem com objetos do lado do servidor de dentro de uma página Web sem escrever nenhum script.

Uma outra meta importante da tecnologia JavaServer Faces é alavancar o componente UI familiar e conceitos de camada Web sem limitar você a uma tecnologia particular de script ou a uma linguagem de marcação. Embora a tecnologia JavaServer Faces inclua uma biblioteca de tags personalizada JSP para representar componentes em uma página JSP, as APIs da tecnologia JavaServer Faces estão distribuídas em camadas diretamente no topo da API do servlet, como apresentado na Figura 3-2. Esta distribuição em camadas de APIs possibilita vários casos importantes de uso do aplicativo, tais como utilizar uma outra tecnologia de apresentação no lugar das páginas JSP, criar seus próprios componentes personalizados diretamente de classes de componentes, e gerar saídas para vários serviços de clientes.

O mais importante, a tecnologia JavaServer Faces fornece uma rica arquitetura para gerenciar estados de componente, processar dados de componente, validar entrada de usuário, e tratar eventos.

O que é um aplicativo JavaServer Faces?

Para a maioria, os aplicativos JavaServer Faces são como qualquer outro aplicativo Web em Java. Eles rodam em um contêiner servlet e, normalmente, contêm o seguinte:

- Componentes JavaBeans contendo dados e a funcionalidade específica de aplicativo
- Receptores de eventos
- Páginas, tais como páginas JSP
- Classes auxiliares do lado do servidor, tais como beans de acesso a banco de dados

Além destes itens, um aplicativo JavaServer Faces também tem:

- Uma biblioteca de tags personalizadas para renderização de componentes UI da página
- Uma biblioteca de tags personalizadas para representação de manipuladores de eventos, validadores e outras ações
- Componentes UI representados como objetos de estados no servidor
- Beans de suporte, que definem propriedades e funções para componentes UI
- Validadores, conversores, receptores de eventos e manipuladores de eventos
- Um arquivo de recursos para configuração do aplicativo a fim de configurar recursos do aplicativo

Um aplicativo JavaServer Faces que esteja utilizando páginas JSP para renderizar HTML deve incluir uma biblioteca de tags personalizadas que defina as tags representativas de componentes UI. Ele também deve ter uma biblioteca de tags personalizadas para representar outras ações de core (núcleo), como validadores e manipuladores de eventos. Essas duas bibliotecas são fornecidas pela implementação JavaServer Faces.

O componente biblioteca de tags elimina a necessidade de codificar componentes UI em HTML ou outra linguagem de marcação, resultando em componentes UI completamente reutilizáveis. A biblioteca de tags core torna fácil registrar eventos, validadores e outras ações dos componentes.

Este capítulo fornece mais detalhes sobre cada um desses recursos.

Papéis de Framework

Por causa da divisão de trabalho possibilitada pelo projeto da tecnologia JavaServer Faces, o desenvolvimento e a manutenção do aplicativo JavaServer Faces podem prosseguir rápida e facilmente. Em muitas equipes, desenvolvedores individuais desempenham mais de uma dessas funções, todavia, ainda é útil considerar a tecnologia JavaServer Faces a partir de uma variedade de perspectivas baseadas na responsabilidade primária. Os membros de uma equipe de desenvolvimento típica são como a seguir:

- Autores de página utilizam uma linguagem de marcação, tal como HTML, para autorar páginas para aplicativos Web e geralmente têm experiência com projetos gráficos. Ao utilizar o framework da tecnologia JavaServer Faces, os autores de página são os principais usuários das bibliotecas de tags personalizadas incluídas com a tecnologia JavaServer Faces.
- Desenvolvedores de aplicativo programam os objetos, os manipuladores de eventos e os validadores. Também podem fornecer as classes auxiliares adicionais
- Escritores de componentes possuem experiência de programação com interface de usuário e preferem criar componentes UI personalizados usando uma linguagem de programação. Essas pessoas podem criar seus próprios componentes diretamente das classes de componentes UI, ou eles podem estender os componentes padronizados fornecidos pela tecnologia JavaServer Faces
- Arquitetos de aplicativos projetam aplicativos Web e asseguram sua escalabilidade, definem navegação de página, configuram beans e registram objetos com o aplicativo

- Fornecedores de ferramentas adicionam ferramentas – como a ferramenta de desenvolvimento de aplicativos Sun Java Studio Creator que alicerça a tecnologia JavaServer Faces para tornar muito mais fácil a construção de interfaces de usuário do lado do servidor.

Os principais usuários da tecnologia JavaServer Faces são autores de página, desenvolvedores de aplicativos e arquitetos de aplicativos. A próxima seção leva você através de um aplicativo simples, explicando qual parte do aplicativo é desenvolvida pelo autor da página, pelo desenvolvedor do aplicativo e pelo arquiteto do aplicativo.

O Capítulo 20 aborda as responsabilidades de um escritor de componentes.

Aplicativo JavaServer Faces simples

Esta seção descreve o processo de desenvolvimento de um aplicativo JavaServer Faces simples. Você verá quais recursos um aplicativo JavaServer Faces típico contém e qual parte cada papel tem no desenvolvimento do aplicativo.

Etapas no processo de desenvolvimento

Desenvolver um aplicativo JavaServer Faces simples geralmente requer estas tarefas:

- Criar as páginas utilizando o componente UI e tags core
- Definir navegação de página no arquivo de configuração do aplicativo
- Desenvolver os beans de suporte
- Adicionar declarações de bean para o arquivo de recursos para configuração do aplicativo

Estas tarefas podem ser feitas simultaneamente ou em qualquer ordem. Todavia, as pessoas que realizam as tarefas precisarão se comunicar durante o processo de desenvolvimento. Por exemplo, o autor de página precisa saber os nomes dos objetos de modo a acessá-los a partir da página.

Figura 17-2 A página greeting.jsp do aplicativo guessNumber.

O exemplo usado nesta seção é o aplicativo guessNumber, localizado no diretório <INSTALL>/j2eetutorial14/examples/web/. Ele pede a você para adivinhar um número entre 0 e 10, inclusive. A segunda página diz se você adivinhou corretamente. O exemplo também checa a validade de sua entrada. O relatório do sistema imprime o número de Duke. A Figura 17-2 mostra como a primeira página se parece.

O código-fonte para o aplicativo da Duke´s Bookstore está localizado no diretório <INSTALL>/j2eetutorial14/examples/web/guessNumber/ criado quando você descompacta o pacote do tutorial (veja Sobre os Exemplos). Uma amostra de guessNumber.war é fornecida em *<INSTALL>*/j2eetutorial14/examples/web/provided-wars.

Para empacotar, implantar, e executar este exemplo, siga estas etapas:

1. Vá para <INSTALL>/j2eetutorial14/examples/web/guessNumber/.
2. Rode asant build.
3. Inicie o Sun Java System Application Server Platform Edition 8.
4. Inicie deploytool.
5. Crie um aplicativo Web chamado guessNumber rodando o assistente New Web Component. Selecione File → New → Web Component.
6. No assistente New Web Component:
   a. Selecione o botão de rádio Create New Stand-Alone WAR Module.
   b. No campo WAR Location, entre *<INSTALL>*/j2eetutorial14/examples/web/guessNumber/guessNumber.war.
   c. d. No campo WAR Name, entre guessNumber.
   e. No campo Context Root, entre /guessNumber.
   f. Clique Edit Contents.
   g. Na caixa de diálogo Edit Contents, navegue para <INSTALL>/j2eetutorial14/examples/web/guessNumber/build/. Selecione as páginas JSP greeting.jsp, index.jsp, e response.jsp, o arquivo wave.med.gif, o pacote guessNumber, e faces-config.xml, localizado no diretório WEB-INF. Clique Add.
   h. No campo Contents do painel guessNumber, arraste o arquivo faces-config.xml do nível da raiz para o diretório /WEB-INF/.
   i. Ainda na caixa de diálogo Edit Contents, navegue para <J2EE_HOME>/lib/ e selecione o arquivo jsf-api.jar. Clique Add e, depois, clique OK.
   j. Clique Next.
   k. Selecione o botão de rádio Servlet.
   l. Clique Next.
   m. Selecione javax.faces.webapp.FacesServlet a partir da caixa combo Servlet Class.
   n. Na caixa combo Startup Load Sequence Position, entre 1.
   o. Clique Finish.
7. Nos painéis com a guia Web Component:
   a. Selecione o componente FacesServlet Web Component que está contido no aplicativo Web guessNumber da árvore.
   b. Selecione a guia Aliases.
   c. Clique Add, e entre /guess/* no campo Aliases.
   d. Selecione o componente Web guessNumber da árvore.
8. Selecione File → Save.
9. Implante o aplicativo.
10. Selecione Tools → Deploy.
11. Na moldura Connection Settings, entre o nome e senha do usuário que você especificou quando instalou o Servidor de Aplicativo.

12. Clique OK.
13. Uma caixa de diálogo pop-up exibirá os resultados da implantação. Clique Close.
14. Abra o URL http://localhost:8080/guessNumber em um browser.

Como criar as páginas

Criar as páginas é responsabilidade do autor da página. Essa tarefa envolve distribuir os componentes UI nas páginas, mapear os componente para os beans e adicionar outras tags core.

Aqui está a página /guessNumber/web/greeting.jsp do aplicativo guessNumber:

```
<HTML>
  <HEAD> <title>Hello</title> </HEAD>
  <%@ taglib uri="http://java.sun.com/jsf/html" prefix="h" %>
  <%@ taglib uri="http://java.sun.com/jsf/core" prefix="f" %>
  <body bgcolor="white">
  <f:view>
    <h:form id="helloForm" >
      <h2>Hi.  My name is Duke.  I'm thinking of a number from
      <h:outputText value="#{UserNumberBean.minimum}"/> to
      <h:outputText value="#{UserNumberBean.maximum}"/>.
      Can you guess it?</h2>
      <h:graphicImage id="waveImg" url="/wave.med.gif" />
      <h:inputText id="userNo"
        value="#{UserNumberBean.userNumber}">
        <f:validateLongRange minimum="0" maximum="10" />
      </h:inputText>
      <h:commandButton id="submit" action="success"
        value="Submit" /> <p>
      <h:message style="color: red;
        font-family: 'New Century Schoolbook', serif;
        font-style: oblique;
        text-decoration: overline"
        id="errors1"
        for="userNo"/>
    </h:form>
  </f:view>
</HTML>
```

Esta página demonstra alguns recursos importantes que você utilizará na maioria dos seus aplicativos JavaServer Faces. Estes recursos são descritos nas subseções seguintes.

O Modelo de componentes da interface inclui uma tabela que lista todas as tags do componente incluídas com a tecnologia JavaServer Faces. Como utilizar as tags de componentes HTML discute as tags com mais detalhes.

Tag form

A tag form representa um formulário de entrada que permite ao usuário introduzir alguns dados e submetê-los ao servidor, geralmente clicando um botão. Todas as tags de componentes UI que representam componentes editáveis (tais como campos de texto e menus) devem ser aninhadas dentro da tag form. No caso da página greeting.jsp, algumas das tags contidas no formulário são inputText, commandButton e message.

Tag inputText

A tag inputText representa um componente de campo de texto. No exemplo guessNumber, esse campo de texto assume um inteiro. A instância desta tag incluída em greeting.jsp tem dois atributos: id e value.

O atributo id corresponde ao ID do objeto de componente representado por esta tag. Se você não incluir um atributo id, a implementação JavaServer Faces gerará um para você. Veja Como utilizar as tags de componentes HTML. Neste caso, a inputText requer um atributo id porque a tag message precisa referenciar o componente userNo.

O atributo de valor liga o valor do componente userNo à propriedade do bean UserNumberBean.userNumber, que contém o dado introduzido no campo de texto. Um autor de página também pode ligar uma instância do componente a uma propriedade usando o atributo de ligação de tags.

Veja Gerenciamento de bean de suporte para maiores informações sobre como criar beans, ligar as propriedades do bean, referenciar métodos do bean, e configurar beans.

Veja os Componentes UIInput e UIOutput para maiores informações sobre a tag inputText.

Tag commandButton

A tag commandButton representa o botão usado para submeter os dados introduzidos no campo de texto. O atributo action especifica uma saída que auxilia o mecanismo de navegação a decidir qual página abrir em seguida. Como definir navegação de página discute isso depois. Veja o Componente UICommand para maiores informações sobre a tag commandButton.

Tag message

A tag message exibirá uma mensagem de erro se o dado introduzido no campo não for compatível com as regras especificadas pela implementação de LongRangeValidator. A mensagem de erro é mostrada onde quer que você coloque a tag message na página. O atributo style permite que você especifique o estilo de formatação para o texto de mensagem. O atributo for refere-se ao componente cujo valor falhou uma validação, neste caso o componente userNo representado pela tag inputText da página greeting.jsp. Note que a tag que representa o componente cujo valor é validado, deve incluir um atributo id de modo que o atributo for da tag message possa referenciá-lo. Veja os Componentes UIMessage e UIMessages para maiores informações sobre a tag message.

Tag validateLongRange

Este validador verifica se o dado local do componente está dentro de uma certa faixa, definida pelos atributos minimum e maximum da tag validateLongRange, os quais são definidos para os valores literais 0 e 10. Estes atributos podem ao invés obter os valores das propriedades minimum e maximum de UserNumberBean usando as expressões para ligação de valores #{UserNumberBean.minimum} e #{UserNumberBean.maximum}. Veja em Gerenciamento de bean de suporte detalhes sobre expressões para ligação de valores . Para maiores informações sobre os validadores padronizados incluídos com a tecnologia JavaServer Faces, veja Como utilizar os validadores padronizados.

Como definir navegação de página

Definir navegação de página envolve determinar para qual página ir depois que o usuário clicar um botão ou um hyperlink. A navegação para o aplicativo é definida no arquivo de configuração do aplicativo utilizando um sistema poderoso baseado em regras. Aqui estão as regras de navegação definidas pelo exemplo guessNumber:

```
<navigation-rule>
  <from-view-id>/greeting.jsp</from-view-id>
  <navigation-case>
    <from-outcome>success</from-outcome>
    <to-view-id>/response.jsp</to-view-id>
  </navigation-case>
</navigation-rule>

<navigation-rule>
  <from-view-id>/response.jsp</from-view-id>
  <navigation-case>
    <from-outcome>success</from-outcome>
    <to-view-id>/greeting.jsp</to-view-id>
  </navigation-case>
</navigation-rule>
```

Cada elemento nagivation-rule define como ir de uma página (especificada no elemento from-view-id) para outras páginas do aplicativo. Os elementos nagivation-rule podem conter qualquer número de elementos nagivation-case, cada um dos quais define a página que vai abrir em seguida (definida por to-view-id) baseado em uma saída lógica (definida por from-outcome).

A saída pode ser definida pelo atributo action do componente UICommand que submete o formulário, como está no exemplo de guessNumber:

```
<h:commandButton id="submit" action="success"
  value="Submit" />
```

A saída também pode vir do valor de retorno de um método action de um bean de suporte. Este método realiza alguns processamentos para determinar a saída. Por exemplo, o método pode checar se a senha fornecida pelo usuário corresponde àquela do arquivo. Se corresponder, o método pode retornar com sucesso; caso contrário, retornará uma falha. Uma saída de falha pode resultar no recarregamento da página de logon. Uma saída bem sucedida pode fazer a página mostrar a atividade do cartão de crédito do usuário. Se você quer que a saída retorne por um método em um bean, você deve referenciar os métodos utilizando uma expressão de ligação de métodos, usando um atributo action, como mostrado neste exemplo:

```
<h:commandButton id="submit"
  action="#{userNumberBean.getOrderStatus}" value="Submit" />
```

Para aprender mais sobre como funciona a navegação e como definir regras de navegação, veja Modelo de navegação e Como configurar regras de navegação. Para informações sobre como referenciar um método de ação, veja Como referenciar um método que efetua navegação. Para informações sobre escrever um método de ação, veja Como escrever um método para tratar navegação.

Como desenvolver os beans

Desenvolver beans é uma responsabilidade para o desenvolvedor do aplicativo. O autor de página e o desenvolvedor de aplicativo – se houver duas pessoas diferentes – precisarão trabalhar em conjunto para garantir que as tags de componente se referiram às propriedades adequadas do componente UI, a fim de assegurar que as propriedades tenham tipos aceitáveis, e cuidem desses detalhes.

Um aplicativo JavaServer Faces típico acopla um bean de suporte para cada página no aplicativo. O bean de suporte define propriedades e métodos que estão associados aos componentes UI utilizados na página. Cada propriedade do bean de suporte está ligada tanto a uma instância do componente, como a seu valor.

Um bean de suporte também pode definir um conjunto de métodos que realizam funções para o componente, tais como validar os dados do componente, tratar eventos que esse componente aciona, e efetuar processamento associado com navegação quando o componente for ativado.

O autor de página liga um valor de componente a uma propriedade do bean usando o atributo value para referenciar a propriedade. De modo semelhante, o autor de página liga uma instância do componente a uma propriedade bean referenciando a propriedade com o atributo binding da tag do componente.

Aqui está a propriedade UserNumberBean do bean de suporte que mapeia para os dados de um componente userNo.

```
Integer userNumber = null;
...
public void setUserNumber(Integer user_number) {
  userNumber = user_number;
}
public Integer getUserNumber() {
  return userNumber;
}
public String getResponse() {
  if(userNumber != null &&
    userNumber.compareTo(randomInt) == 0) {
      return "Yay! You got it!";
  } else {
    return "Sorry, "+userNumber+" is incorrect.";
  }
}
```

Como você pode ver, esta propriedade do bean é exatamente como qualquer outra propriedade: ela tem um conjunto de métodos de acesso (accessor) e um campo de dados privado. Isso significa que você pode referenciar beans que você já escreveu de suas páginas JavaServer Faces.

Uma propriedade pode ser qualquer uma dos tipos primitivo e numérico ou qualquer tipo de objeto Java para o qual um conversor apropriado está disponível. A tecnologia JavaServer Faces converte os dados para o tipo especificado pela propriedade do bean. Veja Como escrever propriedades do componente para informações sobre quais tipos são aceitos por quais tags do componente.

Você também pode usar um conversor para converter o valor do componente para um tipo não suportado pelos dados do componente. Veja Como criar um conversor personalizado para maiores informações sobre a aplicação de um conversor para um componente.

Além de ligar componentes e seus valores a propriedades do bean de suporte usando atributos de tag do componente, o autor de página pode se referir ao método do bean de suporte a partir de uma tag do componente. Veja Gerenciamento de bean de suporte para maiores informações sobre métodos de referência a partir de uma tag do componente.

Como adicionar declarações de bean gerenciado

Depois de desenvolver os beans de suporte para serem usados no aplicativo, você precisa configurá-los no arquivo de recursos para configuração do aplicativo de modo que a implementação JavaServer Faces possa automaticamente criar novas instâncias do bean sempre que forem necessárias.

A tarefa de adicionar declarações de bean gerenciado ao arquivo de recursos para configuração do aplicativo é responsabilidade do arquiteto do aplicativo. Aqui está a declaração de bean gerenciado para UserNumberBean:

```
<managed-bean>
  <managed-bean-name>UserNumberBean</managed-bean-name>
  <managed-bean-class>
```

```
    guessNumber.UserNumberBean
  </managed-bean-class>
  <managed-bean-scope>session</managed-bean-scope>
  <managed-property>
    <property-name>minimum</property-name>
    <property-class>long</property-class>
    <value>0</value>
  </managed-property>
  <managed-property>
    <property-name>maximum</property-name>
    <property-class>long</property-class>
    <value>10</value>
  </managed-property>
</managed-bean>
```

Uma tag outputText da página greeting.jsp liga seu componente à propriedade minimum de UserNumberBean. A outra tag outputText liga seu componente à propriedade maximum de UserNumberBean:

```
<h:outputText value="#{UserNumberBean.minimum}"/>
<h:outputText value="#{UserNumberBean.maximum}"/>
```

Como mostrado nas tags, a parte da expressão antes do . corresponde ao nome definido pelo elemento managed-bean-name. A parte da expressão depois do . corresponde ao nome definido pelo elemento property-name que corresponde à mesma declaração de managed-bean.

Note que os elementos managed-property configuram as propriedades minimum e maximum com valores. Estes valores são definidos quando o bean é inicializado, o que acontece quando ele é referenciado a partir de uma página.

Note também que o arquivo de recursos para configuração do aplicativo não configura a propriedade userNumber. Qualquer propriedade que não tenha um elemento managed-property correspondente será inicializada para aquela que o construtor da classe tenha a variável da instância definida.

A implementação de JavaServer Faces processa este arquivo em tempo de inicialização do aplicativo. Quando o UserNameBean for referenciado pela primeira vez a partir da página, a implementação JavaServer Faces o inicializará e o armazenará no escopo da sessão se nenhuma instância existir. O bean ficará então disponível para todas as páginas do aplicativo. Para maiores informações, veja Gerenciamento de bean de suporte.

Modelo de componente para interface de usuário

Os componentes UI JavaServer Faces são elementos configuráveis e reutilizáveis que compõem as interfaces do usuário de aplicativos JavaServer Faces. Um componente pode ser simples, tal como um botão, ou de composição, tal como uma tabela, que pode ser composta de múltiplos componentes.

A tecnologia JavaServer Faces fornece uma arquitetura de componentes rica e flexível que inclui o seguinte:

- Um conjunto de classes de componentes UI para especificar o estado e o comportamento dos componentes UI
- Um modelo de renderização que define como renderizar os componentes de várias maneiras
- Um modelo de eventos e de receptores que define como tratar eventos do componente.
- Um modelo de conversão que define como registrar conversores de dados em um componente.
- Um modelo de validação que define como registrar validadores em um componente

Esta seção descreve resumidamente cada uma dessa partes da arquitetura de componentes.

Classes de componentes de interface de usuário

A tecnologia JavaServer Faces fornece um conjunto de classes de componentes UI e de interfaces comportamentais associadas que especificam toda a funcionalidade de componentes UI, tais como conter o estado do componente, manter uma referência a objetos, e orientar tratamento de eventos e renderização para um conjunto de componentes padronizados.

As classes de componentes são completamente extensíveis, permitindo que escritores de componentes criem seus próprios componentes personalizados. Veja o Capítulo 20 para um exemplo de componente personalizado de mapa de imagem.

Todas as classes de componentes UI JavaServer Faces estendem UIComponentBase, a qual define o estado default e o comportamento de um componente UI. O próximo conjunto de classes de componentes UI está incluído nesta versão da tecnologia JavaServer Faces:

- UIColumn: Representa uma coluna única de dados em um componente UIData
- UICommand: Representa um controle que dispara ações quando ativado
- UIData: Representa uma ligação de dados para uma coleção de dados representada pela instância DataModel
- UIForm: Encapsula um grupo de controles que submete os dados para o aplicativo
- UIGraphic: Exibe uma imagem
- UIInput: Aceita uma entrada de dados do usuário. Esta classe é uma subclasse de UIOutput
- UIMessage: Exibe uma mensagem localizada
- UIMessages: Exibe um conjunto de mensagens localizadas
- UIOutput: Exibe saída de dados de uma página
- UIPanel: Gerencia o layout de seus componentes-filho
- UIParameter: Representa parâmetros de substituição
- UISelectBoolean: Permite que um usuário defina um valor boolean de um controle selecionando-o e desselecionando-o. Esta classe é uma subclasse de UIInput
- UISelectItem: Representa um único item em um conjunto de itens
- UISelectItems: Representa um conjunto inteiro de itens
- UISelectMany: Permite que um usuário selecione múltiplos itens de um grupo de itens. Esta classe é uma subclasse de UIInput.
- UISelectOne: Permite que um usuário selecione um item a partir de um grupo de itens. Esta classe é uma subclasse de UIInput.
- UIViewRoot: Representa a raiz da árvore de componentes.

Além de estender UIComponentBase, as classes de componentes também implementam uma ou mais interfaces comportamentais, cada uma das quais define certo comportamento para um conjunto de componentes cujas classes implementam a interface.

Estas interfaces comportamentais são:

- ActionSource: Indica que o componente pode acionar um ActionEvent
- EditableValueHolder: Estende ValueHolder e especifica características adicionais para componentes editáveis, tais como validação e emissão de eventos com alteração de valor
- NamingContêiner: Obriga que cada componente radicado a este componente tenha um ID único
- StateHolder: Denota que um componente tem um estado que deve ser salvo entre as requisições
- ValueHolder: Indica que o componente mantém um valor local bem como a opção de acessar dados na camada de modelos

UICommand implementa ActionSource e StateHolder. UIOutput e as classes de componentes que estendem UIOutput implementam StateHolder e ValueHolder. UIInput e as classes de componentes que estendem UIInput implementam EditableValueHolder, StateHolder, e ValueHolder. Consulte a Especificação da API JavaServer Faces 1.0 (http://java.sun.com/j2ee/javaserverfaces/1.0/docs/api/index.html) para maiores informações sobres estas interfaces.

Somente escritores de componentes precisarão usar as classes de componentes e as interfaces comportamentais diretamente. Os autores de página e desenvolvedores de aplicativos utilizarão um componente UI padronizado incluindo a tag que o representa em uma página JSP. A maioria dos componentes pode ser renderizada de modos diferentes em uma página. Por exemplo, um UICommand pode ser renderizado como um botão ou um hyperlink.

A próxima seção explica como o modelo de renderização funciona e como os autores de página escolhem como renderizar os componentes selecionando as tags apropriadas.

Modelo de renderização do componente

A arquitetura de componentes de JavaServer Faces é projetada de modo que a funcionalidade dos componentes seja definida pelas classes dos componentes, ao passo que a renderização do componente possa ser definida por um renderizador em separado. Este projeto tem vários benefícios:

- Escritores de componentes podem definir o comportamento de um componente uma vez, exceto criar múltiplos renderizadores, cada um dos quais define uma maneira diferente de renderizar o componente para o mesmo cliente ou para clientes diferentes
- Autores de página e desenvolvedores de aplicativo podem modificar a aparência de um componente da página selecionando a tag que representa a combinação apropriada do componente ou do renderizador

Um kit de renderização define como as classes de componentes mapeiam para tags de componentes que são apropriados para um cliente particular. A implementação JavaServer Faces inclui uma classe-padrão RenderKit para renderização de um cliente HTML.

Para cada componente UI que um kit de renderização suporta, o kit de renderização define um conjunto de objetos Renderer. Cada Renderer define uma maneira diferente de renderizar o componente particular para a saída definida pelo kit de renderização. Por exemplo, um componente UISelectOne tem três renderizadores diferentes. Um deles renderiza o componente como um conjunto de botões de rádio. Um outro renderiza o componente como uma caixa combo. O terceiro renderiza o componente como uma caixa de listagem.

Cada tag personalizada JSP definida na classe RenderKit HTML padronizada é composta da funcionalidade do componente (definido na classe UIComponent) e dos atributos de renderização (definidos pelo Renderer). Por exemplo, as duas tags da Tabela 17-1 representam um componente UICommand renderizado de duas maneiras diferentes.

A parte de comando das tags corresponde à classe UICommand, especificando a funcionalidade, que é disparar uma ação. As partes de botão e hyperlink das tags, cada um corresponde a um Renderer separado, o que define como o componente aparece na página.

Tabela 17-1 Tags UICommand

Tag	Renderizada como
commandButton	Login
commandLink	hyperlink

A implementação JavaServer Faces fornece uma biblioteca de tags personalizada para renderizar componentes em HTML. Ela suporta todos as tags de componentes listadas na Tabela 17-2. Para aprender como usar as tags em um exemplo, veja Como usar as tags de componentes HTML.

Tabela 17-2 Tags dos componentes UI

Tag	Funções	Renderizada como	Aparência
Column	Representa uma coluna de dados em um componente UIData	Uma coluna de dados em uma tabela HTML	Uma coluna em uma tabela
CommandButton	Submete um formulário para o aplicativo	Um elemento HTML <input type=type>, onde o valor de type pode ser submit, reset ou image.	Um botão
commandLink	Links para uma outra página	Um elemento HTML <a ref>	Um hyperlink
dataTable	Representa um wrapper de dados	Um elemento HTML <table>	Uma tabela que pode ser atualizada dinamicamente
form	Representa um formulário de entrada. As tags internas do formulário recebem os dados que serão submetidos como formulário	Um elemento <form> HTML	Nenhuma aparência
graphicImage	Exibe uma imagem	Um elemento <img> HTML	Uma imagem
inputHidden	Permite que um autor de página inclua uma variável oculta em uma página	Um elemento <input type= hidden> HTML	Nenhuma aparência
inputSecret	Permite que um usuário entre uma string sem que a string atual apareça no campo	Um elemento <input type= password> HTML	Um campo de texto, que exibe uma linha de caracteres em vez da string atual introduzida
inputText	Permite que um usuário entre uma string	Um elemento <input type= text> HTML	Um campo de texto
inputTextarea	Permite que um usuário entre uma string com múltiplas linhas	Um elemento <textarea> HTML	Um campo de texto com múltiplas linhas
message	Exibe uma mensagem localizada	Uma tag <span> HTML se os estilos forem usados	Um texto de string
messages	Exibe mensagens localizadas	Um conjunto de tags <span> HTML se os estilos forem usados	Um texto de string

Tabela 17-2 Tags dos componentes UI (continuação)

Tag	Funções	Renderizada como	Aparência
outputLabel	Exibe um componente aninhado como um label para um campo de entrada especificado	Um elemento <label> HTML	Texto plano
outputLink	Links para uma outra página ou localização de uma página sem gerar um ActionEvent	Um elemento <a> HTML	Um hyperlink
outputFormat	Exibe uma mensagem localizada	Texto plano	Texto plano
outputText	Exibe uma linha de texto	Texto plano	Texto plano
panelGrid	Exibe uma tabela	Um elemento <table> HTML com elementos <tr> e <td>	Uma tabela
panelGroup	Agrupa um conjunto de componentes sob um pai		Uma linha em uma tabela
selectBoolean Checkbox	Permite que um usuário modifique o valor de uma	Um elemento <input type= checkbox> HTML	Uma caixa de verificação opção boolean
selectItem	Representa um item em uma lista de itens em um componente UISelectOne	Um elemento <option> HTML	Nenhuma aparência
selectItems	Representa uma lista de itens em um componente UISelectOne	Uma lista de elementos <option> HTML	Nenhuma aparência
selectMany Checkbox	Exibe um conjunto de caixas de verificação onde o usuário pode selecionar múltiplos valores	Um conjunto de elementos <input> de tipo de caixa de verificação	Um conjunto de caixas de verificação
selectManyListbox	Permite que um usuário selecione múltiplos itens de um conjunto de itens, todos exibidos de uma vez	Um elemento <select> HTML	Uma caixa de listagem
selectManyMenu	Permite que um usuário selecione múltiplos itens de um conjunto de itens	Um elemento <select> HTML	Uma caixa combo rolável
selectOneListbox	Permite que um usuário selecione múltiplos itens de um conjunto de itens, todos exibidos de uma vez	Um elemento <select> HTML	Uma caixa de listagem

Tabela 17-2 Tags dos componentes UI (continuação)

Tag	Funções	Renderizada como	Aparência
selectOneMenu	Permite que um usuário selecione múltiplos itens de um conjunto de itens	Um elemento <select> HTML	Uma caixa combo rolável
selectOneRadio	Permite que um usuário selecione um item de um conjunto de itens.	Um elemento <input type= radio> HTML	Um conjunto de botões de rádio

Modelo de conversão

Um aplicativo JavaServer Faces pode opcionalmente associar um componente aos dados do objeto do lado do servidor. Este objeto é um componente JavaBean, tal como um bean de suporte. Um aplicativo obtém e define os dados do objeto para um objeto chamando as propriedades do objeto apropriado para esse componente.

Quando um componente está ligado a um objeto, o aplicativo tem duas visualizações dos dados do componente:

- ❑ A visualização de modelo, no qual o dado é representado como tipos de Java nativos, como int ou long
- ❑ A visualização de apresentação, na qual o dado é representado de uma maneira que possa ser lido ou modificado pelo usuário. Por exemplo, um java.util.Date pode ser representado como uma string de texto no formato mm/dd/yy ou como um conjunto de três strings de texto

A implementação JavaServer Faces automaticamente converte os dados do componente entre estas duas visualizações quando a propriedade bean associada ao componente é um dos tipos suportados pelo dado do componente. Por exemplo, se um componente UISelectBoolean estiver associado a uma propriedade bean de tipo java.lang.Boolean, a implementação JavaServer Faces automaticamente converterá o dado do componente de String para Boolean. Além disso, alguns dados do componente devem ser ligados a uma propriedade de um tipo particular. Por exemplo, um componente UISelectBoolean deve ser ligado a uma propriedade de tipo boolean ou java.lang.Boolean.

Algumas vezes você pode querer converter um dado do componente para um tipo diferente do tipo padrão, ou poder querer converter o formato do dado. Para facilitar isso, a tecnologia JavaServer Faces permite que você registre uma implementação do conversor em componentes UIOutput e em componentes cujas classes sejam suclasses de UIOutput. Se você registrar a implementação do conversor em um componente, a implementação do Conversor converterá os dados do componente entre as duas visualizações.

Você pode usar tanto os conversores padronizados fornecidos com a implementação JavaServer Faces ou criar o seu próprio conversor personalizado.

Para criar e usar um conversor personalizado em seu aplicativo, três coisas devem ocorrer:

- ❑ O desenvolvedor do aplicativo deve implementar a classe Converter. Veja Como criar um conversor rersonalizado
- ❑ O arquiteto do aplicativo deve registrar o conversor com o aplicativo. Veja Como registrar um conversor personalizado
- ❑ O autor da página deve se referir ao conversor a partir da tag do componente cujo dado deve ser convertido. Veja Como usar um conversor personalizado

Modelo de evento e de receptor

O modelo de evento e de receptor de JavaServer Faces é semelhante ao modelo de evento de JavaBeans em que ele tem classes de eventos e interfaces de receptores fortemente tipados. Como o modelo de evento de JavaBeans, a tecnologia JavaServer Faces define classes Listener e Event que um aplicativo pode usar para tratar eventos gerados por componentes UI.

Um objeto de eventos identifica o componente que gerou o evento e armazena as informação sobre o evento. Para ser notificado de um evento, um aplicativo deve fornecer uma implementação da classe Listener e deve registrá-la no componente que gera o evento. Quando o usuário ativa um componente, tal como clicar um botão, um evento é acionado. Isso faz com que a implementação JavaServer Faces chame o método listener que processa o evento.

A tecnologia JavaServer Faces suporta três tipos de eventos: eventos com alteração de valores, eventos de ação e eventos de modelo de dados.

Um evento action ocorre quando o usuário ativa um componente que implementa ActionSource. Estes componentes incluem botões e hyperlinks.

Um evento value-change ocorre quando o usuário modifica o valor de um componente representado por UIInput ou uma de suas subclasses. Um exemplo é selecionar uma caixa de verificação, uma ação que resulta na alteração do valor do componente para verdadeiro. Os componentes que geram estes tipos de eventos são os componentes UIInput, UISelectOne, UISelectMany e UISelectBoolean. Eventos com alteração de valor serão acionados somente se erros de validação não forem detectados.

Dependendo do valor da propriedade immediate (veja Atributo immediate) do componente que emite o evento, os eventos de ação podem ser processados durante a fase de chamada do aplicativo ou da fase aplicar valores de requisição, e os eventos value-change podem ser processados durante a fase de processar validações ou da fase aplicar valores de requisição.

Um evento de modelo de dados ocorre quando uma nova linha de um componente UIData é selecionada. A discussão de eventos modelo de dados é um tópico avançado. Ele não é abordado neste tutorial, mas poderá ser discutido em futuras versões deste tutorial.

Há duas maneiras de fazer o seu aplicativo reagir a eventos de ação ou a eventos com alteração de valor emitidos por um componente-padrão:

- Implementar uma classe de receptores de eventos para tratar o evento e registrar o receptor do componente aninhando tanto uma tag valueChangeListener, como uma tag actionListener dentro da tag do componente
- Implementar um método de um bean de suporte para tratar o evento e referenciar o método com uma expressão de ligação do método a partir do atributo apropriado do componente

Veja Como implementar um receptor de eventos para informações sobre como implementar um receptor de eventos. Veja Como registrar receptores em componentes para informações sobre como registrar o receptor em um componente.

Veja Como escrever um método para tratar um ActionEvent e Como escrever um método para tratar um evento Value-Change para informações sobre como implementar métodos de bean de suporte que tratem esses eventos.

Veja Como referenciar um método de bean de Ssuporte para informações sobre como referenciar um método de bean de suporte a partir da tag de componentes.

Quando emitir eventos de componentes personalizados, você deve implementar a classe Event apropriada e, manualmente, enfileirar o evento no componente, além de implementar uma classe de receptor de eventos ou um método de bean de suporte que trata o evento. Como tratar eventos para componentes personalizados explica como fazer isso.

Modelo de validação

A tecnologia JavaServer Faces suporta um mecanismo para validação de dados locais de um componente durante a fase de processar validações, antes que o dado do objeto seja atualizado.

Da mesma forma que o modelo de conversão, o modelo de validação define um conjunto de classes padronizadas para efetuar as verificações de validação de dados comuns. A biblioteca de tags core JavaServer Faces define um conjunto de tags que corresponde às implementações do validador-padrão. Veja a Tabela 18-7 para uma lista de todas as classes de validação-padrão e das tags correspondentes.

A maioria das tags possuem um conjunto de atributos para configurar as propriedades do validador, tais como os valores máximo e mínimo permitidos para os dados do componente. O autor da página registra o validador em um componente aninhando a tag do validador dentro do componente da tag.

O modelo de validação também permite que você crie o seu próprio validador personalizado e tag correspondente para efetuar uma validação personalizada. O modelo de validação fornece duas maneiras de implementar uma validação personalizada:

- ❑ Implementar uma interface Validator que efetue a validação. Veja Como implementar a interface Validator para maiores informações
- ❑ Implementar um método do bean de suporte para efetuar a validação. Veja Como escrever um método para efetuar validações para mais informações

Se você estiver implementando um interface Validator, você deve também:

- ❑ Registrar a implementação de Validator com o aplicativo. Veja Como registrar um validador personalizado para maiores informações
- ❑ Criar uma tag personalizada ou usar uma tag validator para registrar o validador do componente. Veja Como criar uma tag personalizada para maiores informações

Se você estiver implementando um método de bean de suporte para efetuar validações, você também deve referenciar o validador a partir do atributo validator da tag do componente. Veja Como referenciar um método que efetua validação para maiores informações.

Modelo de navegação

Virtualmente todos os aplicativos Web são constituídos de um conjunto de páginas. Uma das principais preocupações de um desenvolvedor de aplicativo Web é gerenciar a navegação entre estas páginas. O modelo de navegação de JavaServer Faces torna fácil definir navegação de página e tratar qualquer processamento adicional necessário para escolher a seqüência na qual as páginas serão carregadas.

Como definido pela tecnologia JavaServer Faces, uma navegação é um conjunto de regras para escolher a próxima página a ser exibida depois que um botão ou um hyperlink é clicado. Estas regras são definidas pelo arquiteto do aplicativo no arquivo de recursos para configuração do aplicativo (veja Arquivo de recursos para configuração do aplicativo) usando um pequeno conjunto de elementos XML.

Para tratar da navegação no aplicativo mais simples, você simplesmente:

- ❑ Define as regras no arquivo de recursos para configuração do aplicativo
- ❑ Referencia uma String de saída a partir do botão ou de um atributo action do componente hyperlink. Esta String de saída é usada pela implementação JavaServer Faces para selecionar a regra de navegação

Em aplicativos mais complexos, você também deve fornecer um ou mais métodos de ação, os quais realizam algum processamento para determinar qual página deve ser exibida a seguir. O componente que dispara a navegação referencia este método. O resto desta seção descreve o que acontece quando o componente é ativado.

Quando um botão ou hyperlink é clicado, o componente associado a ele gera um evento de ação. Este evento é tratado pelo ActionListener default, que chama o método action referenciado pelo componente que disparou o evento.

Este método action está localizado em um bean de suporte e é fornecido pelo desenvolvedor do aplicativo. Ele realiza algum processamento e retorna uma String de saída lógica, que descreve o resultado do processamento. O receptor passa a saída lógica e uma referência para o método action que produziu a saída para o NavigationHandler default. O NavigationHandler seleciona a página para exibir em seguida comparando a saída ou o método action com as regras de navegação no arquivo de recursos para configuração do aplicativo.

Cada regra de navegação define como navegar de uma página particular para qualquer número de outras páginas do aplicativo. Cada caso de navegação dentro da regra de navegação define uma página-alvo e também uma saída lógica, uma referência a um método action, ou ambos. Aqui está um exemplo de regra de navegação do aplicativo guessNumber descrito em Como definir navegação de página.

```
<navigation-rule>
  <from-view-id>/greeting.jsp</from-view-id>
  <navigation-case>
    <from-outcome>success</from-outcome>
    <to-view-id>/response.jsp</to-view-id>
  </navigation-case>
</navigation-rule>
```

Esta regra estabelece que, quando o componente botão ou hyperlink de greeting.jsp for ativado, o aplicativo navegará da página greeting.jsp para a página guessNumber/web/response.jsp se a saída referenciada pela tag do componente botão ou hyperlink for bem sucedida.

O NavigationHandler seleciona a regra de navegação que corresponde à página exibida correntemente. Depois ele compara a saída ou a referência do método action que ele recebeu do ActionListener default com aquelas definidas pelos casos de navegação. Primeiro, ele tenta comparar tanto a referência do método, como a saída, com o mesmo caso de navegação. Se isso falhar, ele, primeiro, tentará comparar a saída. Finalmente, ele tentará comparar a referência do método action se as duas tentativas anteriores falharem.

Quando o NavigationHandler consegue uma correspondência, a fase de renderizar resposta começa. Durante essa fase, a página selecionada pelo NavigationHandler será renderizada.

Para mais informações sobre como definir regras de navegação, veja Como configurar regras de navegação.

Para mais informações sobre como implementar os métodos action para tratar a navegação, veja Como escrever um método para tratar um ActionEvent.

Para mais informações sobre como referenciar saídas ou métodos action a partir de tags de componente, veja Como referenciar um método que efetua navegação.

Gerenciamento de bean de suporte

Uma outra função crítica de aplicativos Web é o próprio gerenciamento de recursos. Isso inclui separar a definição de objetos de componentes UI que efetuam processamento específico de aplicativo e contêm dados. Também inclui armazenar e gerenciar estas instâncias de objetos no escopo apropriado.

Um aplicativo JavaServer Faces típico inclui um ou mais beans de suporte, que são componentes JavaBeans (veja Componentes JavaBeans) associados a componentes UI utilizados em uma página. Um bean de suporte define as propriedades de componentes UI, cada um dos quais está ligado tanto a um valor do componente, como a uma instância do componente. Um bean de suporte pode também definir métodos que efetuam funções associadas a um componente, incluindo validação, tratamento de eventos e processamento de navegação.

Para ligar valores de componentes UI e instâncias a propriedades de bean de suporte ou referenciar métodos de bean de suporte a partir de tags de componentes UI, os autores de página utilizam a sintaxe da linguagem de expressão JavaServer Faces (JavaServer Faces EL). Esta sintaxe utiliza os delimitadores "#{}". Uma expressão JavaServer Faces pode ser uma expressão com ligação de valores (para ligar componentes UI ou seus valores a fontes de dados externas) ou uma expressão com ligação de método (para referenciar métodos do bean de suporte). Ela também pode aceitar literais mistos e a sintaxe de avaliação e operadores da linguagem de expressão JSP 2.0 (veja Linguagem de expressão).

Para ilustrar uma expressão com ligação e valores e uma expressão com ligação de métodos, vamos supor que a tag userNo do aplicativo guessNumber tenha referenciado um método que efetuou a validação de entrada do usuário em vez de usar o LongRangeValidator.

```
<h:inputText id="userNo"
  value="#{UserNumberBean.userNumber}"
  validator="#{UserNumberBean.validate}" />
```

Esta tag liga o valor do componente userNo à propriedade UserNumberBean.userNumber do bean de suporte. Ela também referencia o método UserNumberBean.validate, o qual realiza a validação do valor local do componente, que é qualquer coisa que o usuário introduzir no campo correspondente a esta tag.

A propriedade ligada ao valor do componente deve ser de um tipo suportado pelo componente. Por exemplo, a propriedade userNumber retorna um Inteiro, o qual é um dos tipos que um componente UIInput suporta, como apresentado em Como desenvolver os beans.

Além do atributo do validador, as tags representativas de um UIInput podem também usar um atributo valueChangeListener para referenciar um método que responde a ValueChangeEvents, que um componente UIInput pode acionar.

Uma tag que representa um componente que implementa ActionSource pode referenciar métodos do bean de suporte usando os atributos actionListener e action. O atributo actionListener referencia um método que trata um evento de ação. O atributo action referencia um método que realiza algum processamento associado à navegação e retorna uma saída lógica, que o sistema de navegação utiliza para determinar qual página exibir em seguida.

Uma tag pode também ligar uma instância do componente para uma propriedade do bean de suporte. Ela faz isso referenciando a propriedade do atributo binding:

```
<inputText binding="#{UserNumberBean.userNoComponent}" />
```

A propriedade referenciada pelo atributo binding deve aceitar e retornar o mesmo tipo de componente como a instância do componente à qual ela está ligada. Aqui está uma propriedade de exemplo que pode ser ligada ao componente representado pela tag inputText do exemplo precedente:

```
UIInput userNoComponent = null;
...
public void setUserNoComponent(UIInput userNoComponent) {
  this.userNoComponent = userNoComponent;
}
public UIInput getUserNoComponent() {
  return userNoComponent;
}
```

Quando a instância de um componente está ligada à propriedade do bean de suporte, a propriedade contém o valor local do componente. Inversamente, quando um valor do componente está ligado a uma propriedade do bean de suporte, a propriedade contém seu valor de modelo, atualizado com o valor local durante a fase de atualizar valores de modelos do ciclo de vida.

Ligar uma instância do componente a uma propriedade do bean tem estas vantagens:

- O bean de suporte pode modificar os atributos do componente via programação
- O bean de suporte pode instanciar componentes em vez de permitir que o autor da página faça isso

Ligar um valor do componente a uma propriedade do bean tem estas vantagens:

- O autor da página tem mais controle sobre os atributos do componente
- O bean de suporte não tem dependências na API JavaServer Faces (tal como as classes de componentes UI), permitindo uma maior separação da camada de apresentação da camada de modelo
- A implementação JavaServer Faces pode realizar conversões dos dados baseadas no tipo de propriedade do bean sem que o desenvolvedor precise aplicar um conversor

Na maioria das situações, você ligará um valor do componente em vez de sua instância para uma propriedade do bean. Você precisará usar um componente ligando somente quando você precisar modificar um dos atributos do componente dinamicamente. Por exemplo, se um componente tiver erros de validação, a propriedade que estiver ligada a ele poderá adicionar um asterisco próximo do componente quando a página for renderizada novamente a fim de exibir os erros.

Os beans de suporte são criados e armazenados com o aplicativo usando o recurso de criação do bean gerenciado, configurado no arquivo de recursos para a configuração do aplicativo, como apresentado em Como adicionar declarações de bean gerenciado. Quando o aplicativo inicia, ele processa este arquivo, tornando os beans disponíveis ao aplicativo e instanciando-os quando as tags do componente os referencia.

Além de referenciar as propriedades do bean usando os atributos value e binding, você pode referenciar as propriedades do bean (bem como os métodos e pacotes de recursos) a partir de um atributo de componente personalizado criando um ValueBinding para ele. Veja Como criar o tratador de tags de componentes e Como habilitar Value-Binding de propriedades de componentes para maiores informações sobre habilitação de seus atributos de componentes para suportar ligação de valores.

Para maiores informações sobre configuração de beans usando o recurso de criação de bean gerenciado, veja Como configurar beans

Para maiores informações sobre escrever beans e suas propriedades, veja Como escrever propriedades do componente.

Para maiores informações sobre ligação de instâncias do componente ou dados para propriedades, veja Como ligar instâncias e valores de componentes a fontes de dados externos.

Para informações sobre os métodos de bean de suporte a partir de tags de componente, veja Como referenciar um método de um bean de suporte.

Como as peças se encaixam

As seções anteriores deste capítulo apresentam a você as várias partes do aplicativo: as páginas JSP, os beans de suporte, os receptores, os componentes UI, e assim por diante. Esta seção mostra como essas peças se encaixam em um aplicativo real.

Os Capítulos 17-21 deste tutorial utilizam o aplicativo da Duke´s Bookstore (veja Exemplo do aplicativo JavaServer Faces) para explicar os conceitos básicos de criação de aplicativos JavaServer Faces.

O exemplo simula um aplicativo simples de compras on-line. Ele fornece um catálogo de livros a partir do qual os usuários podem selecionar livros e adicioná-los a um carrinho de compras.

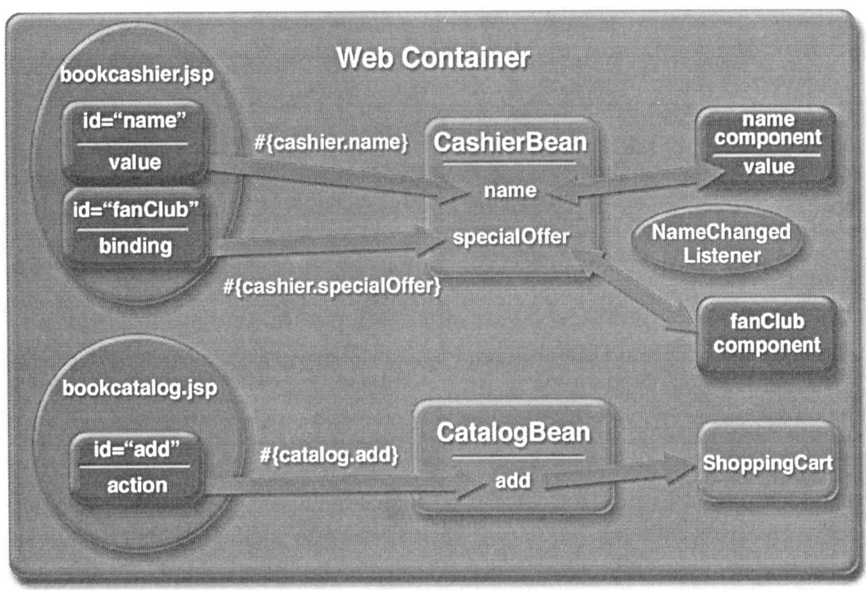

Figura 17-3 *Os objetos do aplicativo da Duke´s Bookstore.*

Os usuários podem visualizar e modificar o carrinho de compras. Quando os usuários tiverem terminado de comprar, ele podem adquirir os livros do carrinho.

A Figura 17-3 mostra como três componentes de duas páginas diferentes do aplicativo da Duke´s Bookstore estão ligados a objetos de back-end e como estes objetos estão conectados uns aos outros do lado do servidor. Estas páginas e objetos são mostrados na Tabela 17-3.

A página bookcashier.jsp representa um formulário no qual os clientes registram suas informações pessoais. A tag que representa o componente name na página bookcashier.jsp renderiza um campo de texto. Quando um usuário entra um valor no campo, o componente name aciona um evento com alteração de valor, o qual é processado depois que o usuário submete o formulário. O receptor com alteração de valor NameChanged trata este evento. A tag que representa o componente name da página liga o valor do componente à propriedade name do CashierBean usando a expressão com alteração de valor "#{cashier.name} do seu atributo value.

A página bookcashier.jsp page também inclui uma tag selectBooleanCheckbox que renderiza o componente fanClub. Esta tag liga a instância do componente fanClub à propriedade specialOffer de CashierBean usando a expressão com alteração de valor "#{cashier.specialOffer}" de seu atributo binding. Quando o cliente clica o botão Submit da página, o método submit de CashierBean

Tabela 17-3 Páginas JSP e objetos da Duke´s Bookstore

Página JSP e objeto do lado do servidor	**Descrição**
bookcashier.jsp	Um formulário que permite que clientes preencham suas informações, incluindo seus nomes, ao fazerem pedidos de livros pelo site Web
bookcatalog.jsp	Exibe uma tabela contendo todos os livros do banco de dados e permite que o usuário adicione um livro ao carrinho de compras
CashierBean	O bean de suporte para a página bookcashier.jsp
CatalogBean	O bean de suporte para a página bookcatalog.jsp

Tabela 17-3 Páginas JSP e objetos da Duke´s Bookstore (continuação)

Página JSP e objeto do lado do servidor	**Descrição**
name component	Um componente representado pela tag name na página bookcashier.jsp
fanClub component	Um componente representado pela tag fanClub na página bookcashier.jsp
NameChanged value-change listener	Trata o evento de usuários entrando seus nomes no campo de texto name renderizado pela tag name em bookcashier.jsp
ShoppingCart	Contém os dados para todos os livros que o usuário adicionou ao carrinho de compras.

verifica se o cliente pediu mais de $100 (ou 100 euros) em valor de livros. Se pediu, o componente fanClub e seu label são renderizados. Este componente permite que o cliente escolha se tornar membro do fã-clube da Duke como recompensa por pedir mais de $100 (ou 100 euros) em valor de livros.

A tag do componente fanClub liga o componente ao invés do seu valor a uma propriedade do bean de suporte porque CashierBean deve ter acesso à propriedade renderizada do componente fanClub de modo que ela possa definir dinamicamente a propriedade para true. Como o componente, no lugar do seu valor, está ligado à propriedade do bean de suporte, o bean de suporte pode manipular as propriedades do componente mais facilmente. Como ligar uma instância do componente a uma propriedade do bean fornece mais informações sobre a ligação de componentes.

A página bookcatalog.jsp representa um formulário no qual todos os livros do banco de dados são exibidos em uma tabela. O componente UIData gera esta tabela, que contém uma linha para cada livro. Veja Componente UIData para informações sobre como o componente UIData funciona. Cada linha também inclui um botão chamado Add to Cart, que o cliente clica para adicionar o livro ao carrinho. A tag commandButton que renderiza cada botão Add to Cart referencia o método Add de CatalogBean usando a expressão de ligação de método "#{catalog.add}" do seu atributo action.

Quando um dos botões Add to Cart da página bookcatalog.jsp é clicado, o método add de CatalogBean é chamado. Este método atualiza o carrinho de compras.

O objeto ShoppingCart é um objeto de modelo, cujo propósito é tratar os dados do aplicativo, inclusive da recuperação de dados do banco de dados.

Ciclo de vida de uma página JavaServer Faces

O ciclo de vida de uma página JavaServer Faces é semelhante ao de uma página JSP: o cliente faz uma requisição HTTP para a página, e o servidor responde com a página traduzida para HTML. Todavia, por causa dos recursos extras que a tecnologia JavaServer Faces oferece, o ciclo de vida fornece alguns serviços adicionais para processar uma página.

Esta seção detalha o ciclo de vida para a vantagem dos desenvolvedores que precisam conhecer informações tais como quando validações, conversões e eventos são geralmente tratados e o que eles podem fazer para modificar como e quando eles forem tratados. As páginas de autores precisam necessariamente conhecer os detalhes do ciclo de vida.

Uma página JavaServer Faces é representada por uma árvore de componentes UI, chamada de view (visualização). Quando um cliente emite uma requisição para a página, inicia o ciclo de vida. Durante o ciclo de vida, a implementação JavaServer Faces deve construir a visualização enquanto considera o estado salvo de uma submissão prévia da página. Quando o cliente submete uma página, a implementação JavaServer Faces deve realizar várias tarefas, como validar os dados de entrada dos componentes da visualização e converter os dados de entrada para os tipos especificados do lado do servidor. A implementação JavaServer Faces efetua todas essas tarefas como uma série de etapas dentro do ciclo de vida.

Quais etapas do ciclo de vida são executadas depende se a requisição é originária ou não de um aplicativo JavaServer Faces e se a resposta é ou não gerada com a fase de renderização do ciclo de vida de JavaServer Faces. Esta seção primeiro explica os vários cenários do ciclo de vida. Depois ela explica cada um desses ciclos de vida usando o exemplo guessNumber.

Cenários de ciclo de vida de processamento de requisição

Um aplicativo JavaServer Faces suporta dois tipos de requisições:

- Resposta Faces: Uma resposta do servlet que foi criada pela execução da Fase renderizar resposta do ciclo de vida de processamento da requisição
- Resposta Não Faces: Uma resposta do servlet que não foi criada pela execução da fase de renderizar resposta. Um exemplo é uma página JSP que não incorpore os componentes JavaServer Faces
- Requisição Faces: Uma requisição do servlet que foi enviada de uma resposta Faces previamente gerada. Um exemplo é uma submissão de formulário de um componente de interface de usuário JavaServer Faces, onde a requisição do URI identifica a árvore de componentes para uso do processamento da requisição
- Requisição Não Faces: Uma requisição do servlet enviada para um componente do aplicativo, tal como um servlet ou uma página JSP, ao invés de dirigida a uma árvore de componentes de JavaServer Faces

Estas requisições e respostas distintas resultam em três possíveis cenários de ciclo de vida para um aplicativo JavaServer Faces:

Cenário 1: Requisição Não Faces que gera resposta Faces

Um exemplo deste cenário ocorre ao clicar um hyperlink de uma página HTML que abre uma página JavaServer Faces. Para renderizar uma resposta Faces de uma requisição Não Faces, o aplicativo deverá fornecer um mapeamento para o FacesServlet do URL na página JavaServer Faces. O FacesServlet recebe as requisições de chegada e as passa para a implementação do ciclo de vida para processamento. Identificando o servlet para o Processamento do ciclo de vida descreve como fornecer um mapeamento para o FacesServlet. Ao gerar uma resposta Faces, o aplicativo deve criar uma nova visualização, armazená-la na FacesContext, adquirir referências do objeto necessárias pela visualização, e chamar FacesContext.renderResponse, que força a imediata renderização da visualização pulando para a Fase renderizar resposta.

Cenário 2: Requisição faces gera resposta Não Faces

Algumas vezes um aplicativo JavaServer Faces pode precisar se redirecionar para um recurso diferente do aplicativo Web ou pode precisar gerar uma resposta que não contenha quaisquer componentes JavaServer Faces. Nessas situações, o desenvolvedor deve pular a fase de renderização (Fase renderizar resposta) chamando FacesContext.responseComplete. A FacesContext contém todas as informações associadas a uma requisição particular Faces. Este método pode ser chamado durante a Fase aplicar valores de requisição, a Fase processar validações, ou a Fase atualizar valores de modelos (667).

Cenário 3: Requisição Faces gera resposta Faces

Este é o cenário mais comum para o ciclo de vida de um aplicativo JavaServer Faces. Ele é também o cenário representado pelo ciclo de vida de processamento da requisição descrito na próxima seção. Este cenário envolve componentes JavaServer Faces submetendo uma requisição para um aplicativo JavaServer Faces utilizando o FacesServlet. Como a requisição foi tratada pela implementação JavaServer Faces, nenhuma etapa adicional é requerida pelo aplicativo para gerar a resposta. Todos os receptores, validadores e conversores serão chamados automaticamente durante a fase apropriada do ciclo de vida padronizado, também descrito na próxima seção.

Ciclo de vida de processamento de requisição padronizada

O ciclo de vida de processamento de requisição padronizada representa o cenário 3, descrito na seção precedente. A maioria dos usuários da tecnologia JavaServer Faces não precisam se preocupar, eles próprios, com o ciclo de vida de processamento de requisição. Na verdade, a tecnologia JavaServer Faces é sofisticada o bastante para efetuar o processamento de uma página de modo que os desenvolvedores não precisem lidar com emissões complexas de renderização, tais como alterações de estado de componentes individuais. Por exemplo, se a seleção de um componente, como uma caixa de verificação, afeta a aparência de um outro componente da página, a tecnologia JavaServer Faces tratará este evento apropriadamente e não permitirá que a página seja renderizada sem refletir esta mudança.

A Figura 17-4 ilustra as etapas do ciclo de vida de requisição-resposta de JavaServer Faces.

O ciclo de vida trata dois tipos de requisições: requisições iniciais e postbacks. Quando um usuário faz uma requisição inicial para uma página, ele está requisitando a página pela primeira vez. Quando um usuário executa uma postback, ele submete o formulário contido na página que foi previamente carregada para o browser como resultado da execução da requisição inicial. Quando o ciclo de vida trata uma requisição inicial, ele apenas executa as fases restaurar visualização e renderizar resposta porque não existe entrada de usuário ou ações para processar. Inversamente, quando o ciclo de vida trata uma postback, ele executa todas as fases.

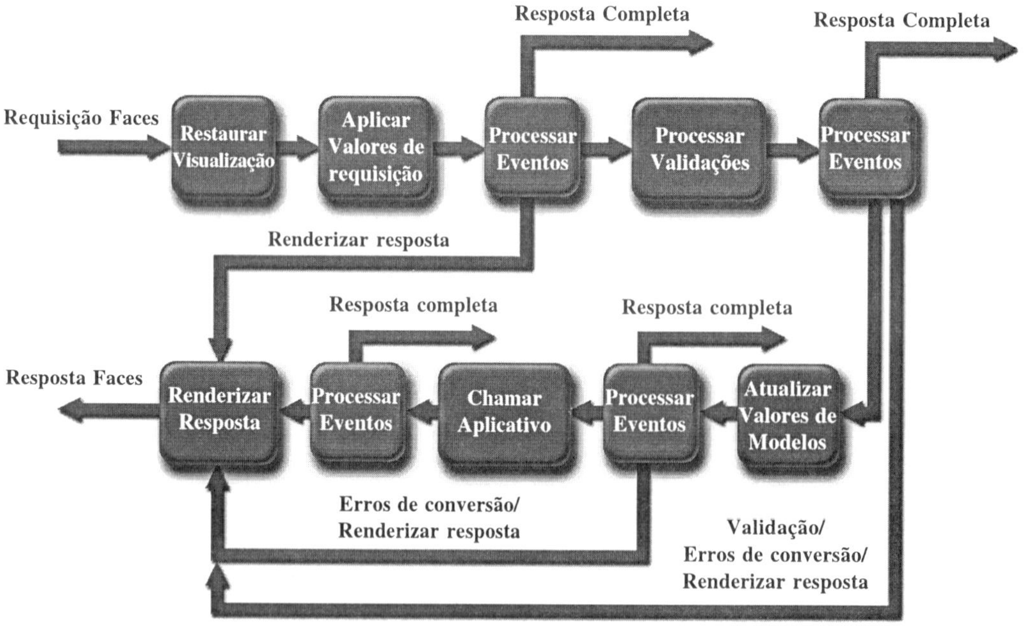

Figura 17-4 Ciclo de vida de requisição e resposta de JavaServer Faces

Fase restaurar visualização

Quando uma requisição para uma página JavaServer Faces é feita, tal como quando um link ou um botão é clicado, a implementação JavaServer Faces começa a fase restaurar visualização.

Durante esta fase, a implementação JavaServer Faces constrói a visualização da página JavaServer Faces, conecta tratadores de eventos e validadores, e salva a visualização na FacesContext. A instância FacesContext contém todas as informações necessárias para processar uma requisição única. Todas as tags de componentes do aplicativo, tratadores de eventos, conversores e validadores têm acesso à instância FacesContext.

Se a requisição para a página for uma requisição inicial, a implementação JavaServer Faces cria uma visualização vazia durante esta fase, e o ciclo de vida avança para a fase renderizar resposta. A visualização vazia será preenchida quando a página for processada durante uma postback.

Se a requisição para a página for uma postback, uma visualização correspondente a esta página já existirá. Durante esta fase, a implementação JavaServer Faces restaura a visualização usando a informação de estado salva no cliente ou no servidor.

A visualização para a página greeting.jsp do exemplo guessNumber teria o componente UIView na raiz da árvore, com helloForm como seu filho e o resto dos componentes UI JavaServer Faces como filhos de helloForm.

Fase aplicar valores de requisição

Depois que a árvore de componentes é restaurada, cada componente da árvore extrai seu novo valor dos parâmetros de requisição usando seu método decode. O valor é então armazenado localmente no componente. Se a conversão do valor falhar, uma mensagem de erro associada ao componente será gerada e enfileirada na FacesContext. Esta mensagem será exibida durante a fase renderizar resposta, junto com quaisquer erros de validação resultantes da fase de validações do processo.

No caso do componente userNumber da página greeting.jsp, o valor é qualquer coisa que o usuário introduziu no campo. Como a propriedade do objeto ligado ao componente tem um tipo Inteiro, a implementação JavaServer Faces converte o valor de String para Inteiro.

Se quaisquer métodos decode ou receptores de eventos chamarem renderResponse da FacesContext corrente, a implementação JavaServer Faces pulará para a fase renderizar resposta.

Se os eventos forem enfileirados durante esta fase, a implementação JavaServer Faces transmitirá os eventos para os receptores interessados.

Se alguns componentes da página definiram seus atributos immediate (veja Atributo immediate) para true, então a validação, conversão e eventos associados a esses componentes serão processados durante esta fase.

Neste momento, se o aplicativo precisar se redirecionar para um recurso de aplicativo Web diferente ou gerar uma resposta que não contenha quaisquer componentes JavaServer Faces, ele poderá chamar FacesContext.responseComplete.

No final desta fase, os componentes são definidos para seus novos valores, e mensagens e valores foram enfileirados.

Fase processar validações

Durante esta fase, a implementação JavaServer Faces processa todas as validações dos componentes da árvore. Ela examina os atributos do componente que especificam as regras para a validação e compara estas regras para o valor local armazenado para o componente.

Se o valor local for inválido, a implementação JavaServer Faces adicionará uma mensagem de erro para a FacesContext, e o ciclo de vida avançará diretamente para a fase renderizar resposta de modo que a página seja novamente renderizada com as mensagens de erro exibidas. Se houver erros de conversão da fase aplicar valores de requisição, as mensagens para estes erros serão também exibidas.

Se quaisquer métodos de validação ou receptores de eventos chamarem renderResponse da FacesContext corrente, a implementação JavaServer Faces pulará para a fase renderizar resposta.

Neste momento, se o aplicativo precisar se redirecionar para um recurso de aplicativo Web diferente ou gerar uma resposta que não contenha quaisquer componentes JavaServer Faces, ele poderá chamar FacesContext.responseComplete.

Se eventos forem enfileirados durante esta fase, a implementação JavaServer Faces vai transmiti-los para os receptores interessados.

Na página greeting.jsp, a implementação JavaServer Faces processa o validador-padrão registrado na tag inputText de userNumber. Ela verifica se o dado que o usuário introduziu no campo de texto é um inteiro na faixa de 0 a 10. Se o dado for inválido ou se erros de conversão ocorrerem durante a fase aplicar valores de requisição, o processamento pulará para a fase renderizar resposta, durante a qual a página greeting.jsp é novamente renderizada, com a validação e as mensagens de erros de conversão mostradas no componente associado à tag message.

Fase atualizar valores de modelos

Depois que a implementação JavaServer Faces determina que um dado é válido, ela pode ir até a árvore de componentes e definir as propriedades correspondentes de objeto do lado do servidor para os valores locais dos componentes. A implementação JavaServer Faces atualizará somente as propriedades do bean que forem apontadas por um atributo de valor do componente de entrada. Se o dado local não puder ser convertido para os tipos especificados pelas propriedades do bean, o ciclo de vida avançará diretamente para a fase renderizar resposta de modo que a página seja novamente renderizada com exibição dos erros. Isso é semelhante com o que acontece com os erros de validação.

Se quaisquer métodos updateModels ou quaisquer receptores chamarem renderResponse da FacesContext corrente, a implementação JavaServer Faces pulará para a fase renderizar resposta.

Neste momento, se o aplicativo precisar se redirecionar para um recurso de aplicativo Web diferente ou gerar uma resposta que não contenha quaisquer componentes JavaServer Faces, ele poderá chamar FacesContext.responseComplete.

Se eventos forem enfileirados durante esta fase, a implementação JavaServer Faces vai transmiti-los para os receptores interessados.

A esta altura, a propriedade userNumber do userNumberBean é definida para o valor local do componente userNumber.

Fase chamar aplicativo

Durante esta fase, a implementação JavaServer Faces trata quaisquer eventos de nível de aplicativo, tal como submeter um formulário ou lincar para uma outra página.

Neste momento, se o aplicativo precisar se redirecionar para um recurso de aplicativo Web diferente ou gerar uma resposta que não contenha quaisquer componentes JavaServer Faces, ele poderá chamar FacesContext.responseComplete.

Se a visualização sendo processada foi reconstruída a partir de uma requisição anterior e se um componente acionou um evento, esses eventos são transmitidos para os receptores interessados.

A página greeting.jsp do exemplo guessNumber tem um evento de nível de aplicativo associado a um componente UICommand. Ao processar este evento, uma implementação default ActionListener obtém a saída, com sucesso, de um atributo action do componente. O receptor passa a saída para o NavigationHandler default. O NavigationHandler compara a saída com a regra de navegação apropriada definida no arquivo de configuração de aplicativo do aplicativo para determinar qual página precisa ser exibida em seguida. Veja Como configurar regras de navegação para maiores informações sobre gerenciamento de navegação de página. A implementação JavaServer Faces então define a visualização da resposta para aquela da nova página. Finalmente, a implementação JavaServer Faces transfere o controle para a fase renderizar resposta.

Fase renderizar resposta

Durante esta fase, a implementação JavaServer Faces delegará autoridade para renderizar a página para o contêiner JSP se o aplicativo estiver usando páginas JSP. Se esta for uma requisição inicial, os componentes representados na página serão adicionados à árvore de componentes à medida que o contêiner JSP executa a página. Se esta não for uma requisição inicial, os componentes já estarão adicionados à árvore, portanto não será necessário adicioná-los novamente. Em qualquer caso, os componentes se renderizarão à medida que o contêiner JSP percorrer as tags da página.

Se a requisição for uma postback e erros forem encontrados durante as fases aplicar valores de requisição, processar validações ou atualizar valores de modelos, a página original será renderizada. Se as páginas contiverem tags message ou messages, quaisquer mensagens de erro enfileiradas serão exibidas na página.

Depois que o conteúdo da visualização é renderizado, o estado da resposta é salvo de modo que as requisições subseqüentes possam acessá-la e ela fique disponível para a fase restaurar visualização.

No caso do exemplo guessNumber, se a requisição para a página greeting.jsp for uma requisição inicial, a visualização que representa esta página será construída e salva na FacesContext durante a fase restaurar visualização e depois renderizada durante esta fase. Se uma requisição para a página for uma postback (tal como quando o usuário introduz algum dado inválido e clica Submit), a árvore será reconstruída durante a fase restaurar visualização e continuará através das fases de ciclo de vida de processamento da requisição.

Informações adicionais

Para informações adicionais sobre as tecnologias discutidas neste tutorial, consulte os seguintes sites Web:

- Documentação TLD JavaServer Faces 1.0:

  http://java.sun.com/j2ee/javaserverfaces/1.0/docs/tlddocs/index.html
- Documentação RenderKit padrão JavaServer Faces 1.0:

  http://java.sun.com/j2ee/javaserverfaces/1.0/docs/renderkitdocs/index.html
- Especificação API JavaServer Faces 1.0:

  http://java.sun.com/j2ee/javaserverfaces/1.0/docs/api/index.html
- Especificação JavaServer Faces 1.0:

  http://java.sun.com/j2ee/javaserverfaces/download.html
- JavaServer Faces Web site:

  http://java.sun.com/j2ee/javaserverfaces

18

Como usar a tecnologia JavaServer Faces em páginas JSP

A responsabilidade do autor de página é projetar as páginas do aplicativo JavaServer Faces. Isso inclui distribuir os componentes da página e ligá-los aos beans de suporte, validadores, conversores, e outros objetos de back-end associados com a página. Este capítulo utiliza o aplicativo da Duke´s Bookstore e o aplicativo Coffe Break (veja Capítulo 35) para descrever como os autores de página usam tags JavaServer Faces para

- Fazer o layout dos componentes UI padronizados numa página
- Referenciar mensagens localizadas
- Registrar conversores, validadores e receptores em componentes
- Ligar componentes e seus valores a objetos de back-end
- Referenciar métodos de bean de suporte que efetuam processamento de navegação, tratamento de eventos, e fazem validação

Este capítulo também descreve como incluir objetos personalizados criados pelos desenvolvedores de aplicativo e escritores de componentes em uma página JSP.

Aplicativo JavaServer Faces de exemplo

Os capítulos da tecnologia JavaServer Faces deste tutorial utilizam principalmente uma versão reescrita do exemplo da Duke´s Bookstore para ilustrar os conceitos básicos da tecnologia JavaServer Faces. Esta versão do exemplo da Duke´s Bookstore inclui vários recursos da tecnologia JavaServer Faces:

- A implementação JavaServer Faces fornece FacesServlet, cujas instâncias aceitam requisições de chegada e as passa para a implementação para processamento. Portanto, o aplicativo não precisa incluir um servlet (tal como o servlet Dispatcher) que processa parâmetros de requisição e despacha para a lógica do aplicativo, como fazem as outras versões da Duke´s Bookstore
- Um componente personalizado de mapa da imagem permite que você selecione a locale para o aplicativo
- Navegação configurada em um arquivo de recursos para configuração do aplicativo centralizado. Isso elimina a necessidade de calcular URLs, como as outras versões do aplicativo da Duke´s Bookstore devem implementar

- Beans de suporte associados com as páginas. Estes beans contêm os dados do componente e realizam outros processamentos associados aos componentes. Este processamento inclui tratamento de eventos e o clique de botões e hyperlinks
- Tabelas que exibem os livros do banco de dados e o carrinho de compras são renderizadas com a tag dataTable, que é usada dinamicamente para renderizar dados em uma tabela. A tag dataTable em bookshowcart.jsp também inclui componentes de entrada
- Um validador personalizado e um conversor personalizado são registrados no campo do cartão de crédito da página bookcashier.jsp
- Um receptor com alteração de valores é registrado no campo Name de bookcashier.jsp. Este receptor salva o nome em um parâmetro de modo que bookreceipt.jsp possa acessá-lo

Esta versão da Duke´s Bookstore inclui as mesma páginas listadas na Tabela 12-1. Ela também inclui a página chooselocale.jsp, que exibe um mapa de imagem personalizado permitindo a você selecionar a locale do aplicativo. Esta página é mostrada primeiro e avança diretamente para a página bookstore.jsp depois que a locale é selecionada.

Os pacotes do aplicativo da Duke´s Bookstore são:

- backing: Inclui as classes do bean de suporte
- components: Inclui as classes de componentes UI personalizadas
- converters: Inclui a classe de conversores personalizada
- listeners: Inclui as classes do tratador de eventos e do receptor de eventos
- model: Inclui uma classe de bean de modelos
- renderers: Inclui os renderizadores personalizados
- resources: Inclui mensagens de erros personalizadas para o conversor e validador personalizados
- taglib: Inclui classes de tratadores de tag personalizadas
- útil: Inclui uma classe de fábrica de mensagens
- validators: Inclui uma classe de validadores personalizados

O Capítulo 19 descreve como programar beans de suporte, conversores personalizados, validadores e tratadores de eventos. O Capítulo 20 descreve como programar tratadores de eventos, componentes personalizados, renderizadores e tratadores de tags.

O código-fonte para o aplicativo está localizado no diretório <INSTALL>/j2eetutorial14/examples/web/bookstore6/. Uma amostra bookstore6.war é fornecida em <INSTALL>/j2eetutorial14/examples/web/provided-wars/. Para construir, empacotar, implantar e rodar o exemplo, siga estas etapas:

1. Construa e empacote os arquivos comuns de bookstore como descrito em Exemplo da Duke´s Bookstore.
2. Vá para <INSTALL>/j2eetutorial14/examples/web/bookstore6/ e rode asant build.
3. Inicie Sun Java System Application Server Platform Edition 8.
4. Efetue todas as operações descritas em Como acessar bancos de dados de aplicativos Web.
5. Inicie deploytool.
6. Crie um aplicativo Web chamado bookstore6 rodando o assistente New Web Component. Selecione File → New → Web Component.
7. No assistente New Web Component:
   a. Selecione o botão de rádio Create New Stand-Alone WAR Module.
   b. No campo War Location, entre *<INSTALL>*/j2eetutorial14/examples/web/bookstore6.war.
   c. No campo WAR Name, entre bookstore6.

d. No campo Context Root, entre /bookstore6.

e. Clique Edit Contents.

f. Na caixa de diálogo Edit Contents, navegue para *<INSTALL>*/j2eetutorial14/examples/web/bookstore6/build/. Selecione tudo no diretório build e clique Add. Clique OK.

g. Na árvore Contents, arraste o pacote *resources* para o diretório /WEB-INF/classes.

h. Na árvore Contents, arraste faces-config.xml para o diretório WEB-INF.

i. Na caixa de diálogo Edit Contents, navegue para <INSTALL>/j2eetutorial14/examples/web/bookstore/dist/. Selecione bookstore.jar e clique Add.

j. Na caixa de diálogo Edit Contents, navegue para <J2EE_HOME>/lib/ e seleceione o jsf-api.jar. Clique Add, e depois clique OK.

k. Clique Next.

l. Selecione o botão de rádio Servlet.

m. Clique Next.

n. Selecione javax.faces.webapp.FacesServlet da caixa combo Servlet Class.

o. Na caixa combo Startup Load Sequence Position, entre 1.

p. Click Finish.

8. Forneça um mapeamento para o FacesServlet.

a. Selecione o componente FacesServlet Web que está contido no aplicativo Web bookstore6 da árvore.

b. Selecione a guia Aliases.

c. Clique Add e entre *.faces no campo Aliases.

9. Especifique onde o estado foi salvo.

a. Selecione o WAR bookstore6 da árvore.

b. Selecione o painel com a guia Context e clique Add.

c. Entre javax.faces.STATE_SAVING_METHOD no campo Coded Parameter.

d. Entre client no campo Value.

10. Defina prelúdios e codas para todas as páginas jsp.

a. Selecione a guia JSP Properties.

b. Clique o botão.

c. Entre bookstore6 no campo Name.

d. Clique Add URL.

e. Enter *.jsp no campo URL Patterns.

f. Clique Edit Preludes.

g. Clique Add.

h. Entre /template/prelude.jspf.

i. Clique OK.

j. Clique Edit Codas.

k. Clique Add.

l. Entre /template/coda.jspf.

m. Clique OK.

11. Adicione a classe de receptores listeners.ContextListener (descrita em Como tratar eventos do ciclo de vida do servlet).

   a. Selecione a guia Event Listeners.

   b. Click Add.

   c. Selecione a classe listeners.ContextListener do menu suspenso no painel Event Listener Classes.

12. Adicione uma referência de recursos para o banco de dados.

   a. Selecione a guia Resource Ref´s.

   b. Clique Add.

   c. Entre jdbc/BookDB no campo Coded Name.

   d. Aceite o tipo default javax.sql.DataSource.

   e. Aceite o Contêiner de autorização default.

   f. Aceite o default Shareable selecionado.

   g. Entre jdbc/BookDB no campo de nome JNDI da moldura Sun-specific Settings.

13. Selecione File → Save.

14. Implante o aplicativo.

15. Selecione Tools → Deploy.

16. Na moldura Connection Settings, entre o nome e senha do usuário que você especificou ao instalar o Servidor de Aplicativo.

17. Cloque OK.

18. Uma caixa de diálogo instantânea (pop-up) exibirá os resultados da implantação. Clique Close.

19. Abra o URL http://localhost:8080/bookstore6 em um browser.

Como configurar uma página

Para usar os componentes UI JavaServer Faces em sua página JSP, você precisa fornecer o acesso de página para as duas bibliotecas de tags padronizadas: a biblioteca de tags para kit de renderização HTML padrão JavaServer Faces e a biblioteca de tags core JavaServer Faces. A biblioteca de tags para kit de renderização HTML padrão JavaServer Faces define tags que representam componentes comuns da interface de usuário HTML . A biblioteca de tags core JavaServer Faces define tags que realizam ações core e são independentes de um kit de renderização particular.

Usar as bibliotecas de tags é semelhante a usar qualquer outra biblioteca de tags personalizada. Este capítulo supõe que você esteja familiarizado com o básico de usar tags personalizadas em páginas JSP (veja Como usar tags personalizadas).

Como é o caso de qualquer biblioteca de tags, cada biblioteca de tags JavaServer Faces deve ter um TLD que a descreva. O TLD html_basic descreve a biblioteca de tags RenderKit HTML padrão JavaServer Faces. O TLD jsf_core descreve a biblioteca de tags Core JavaServer Faces.

Por favor, consulte a documentação TLD no endereço http://java.sun.com/j2ee/javaserverfaces/1.0/docs/tlddocs/index.html para uma lista completa das tags JavaServer Faces e seus atributos.

O seu aplicativo precisa acessar estes TLDs em ordem para suas páginas usá-los. O Servidor de Aplicativo inclui estes TLDs no jsf-impl.jar, localizados em <J2EE_HOME>/lib.

Para usar qualquer uma das tags JavaServer Faces, você precisa incluir estas diretivas de taglib no topo de cada página contendo as tags definidas por estas bibliotecas:

```
<%@ taglib uri="http://java.sun.com/jsf/html" prefix="h" %>
<%@ taglib uri="http://java.sun.com/jsf/core" prefix="f" %>
```

O valor do atributo uri identifica exclusivamente o TLD. O valor do atributo prefix é usado para distinguir tags que pertencem à biblioteca de tags. Você pode usar outros prefixos no lugar dos prefixos h ou f. Todavia, você deve usar o prefixo que escolheu quando incluiu a tag na página. Por exemplo, a tag form deve ser referenciada na página por meio do prefixo h porque a diretiva de biblioteca de tags precedente usa o prefixo h para distinguir as tags definidas em html_basic.tld:

```
<h:form ...>
```

Uma página contendo as tags JavaServer Faces é representada por uma árvore de componentes. Na raiz da árvore está o componente UIViewRoot. A tag view representa este componente na página. Assim, todas as tags dos componentes da página devem ser anexadas na tag view, que é definida no TLD jsf_core:

```
<f:view>
  ... other faces tags, possibly mixed with other content ...
</f:view>
```

Você pode anexar outro conteúdo, incluindo tags HTML e outras JSP, dentro da tag view, mas todas as tags JavaServer Faces devem estar anexadas dentro da tag view.

A tag view tem um atributo locale opcional. Se este atributo estiver presente, seu valor vai se sobrepor a Locale armazenada na UIViewRoot. Este valor é especificado como uma String e deve ser deste formato:

```
:language:[{-,_}:country:[{-,_}:variant]
```

As partes da expressão :language:, :country:, e :variant: são como especificado em java.util.Locale.

Uma página JSP típica inclui um formulário, que é submetido quando um botão, ou um hyperlink da página, é clicado. Para os dados de outros componentes da página serem submetidos com o formulário, as tags, que representam os componentes, devem estar aninhadas dentro da tag form. Veja Componente UIForm para maiores detalhes sobre o uso da tag form.

Se quiser incluir uma página contendo tags JavaServer Faces dentro de outra página JSP (que também pode conter tags JavaServer Faces), você deve anexar a página inteira aninhada em uma tag subview. Você pode adicionar tag subview da página-pai e aninhar um jsp:include dentro dela para incluir a página:

```
<f:subview id="myNestedPage">
  <jsp:include page="theNestedPage.jsp" />
</f:subview>
```

Você também pode incluir subview dentro da página aninhada, mas ela deve incluir todas as tags JavaServer Faces da página aninhada.

Resumindo, uma página JSP que utiliza tags JavaServer Faces parecerá isto:

```
<%@ taglib uri="http://java.sun.com/jsf/html" prefix="h" %>
<%@ taglib uri="http://java.sun.com/jsf/core" prefix="f" %>
```

```
<f:view>
  <h:form>
    other JavaServer Faces tags and core tags,
    including one or more button or hyperlink components for
    submitting the form
  </h:form>
</f:view>
```

As seções Como usar as tags core e Como usar as tags de componentes HTML descrevem como usar as tags core da biblioteca de tags core de JavaServer Faces e as tags de componentes da biblioteca de tags RenderKit HTML padrão JavaServer Faces.

Como usar as tags core

As tags incluídas na biblioteca de tags core de JavaServer Faces são usadas para efetuar ações core que são independentes de um kit de renderização particular. Estas tags estão listadas na tabela 18-1.

Tabela 18-1 Tags jsf_core

Categorias de tags	Tags	Funções
Tag de tratamento de eventos	actionListener	Registra um receptor de ação em um componente-pai
	valueChangeListener	Registra um receptor com alteração de valores em um componente-pai
Tag de configuração de atributos	attribute	Adiciona atributos configuráveis a um componente-pai
Tag de conversão de dados	converter	Registra um conversor arbitrário no componente-pai
	convertDateTime	Registra uma instância do conversor DateTime no componente-pai
	convertNumber	Registra uma instância do conversor Number do componente-pai
Tag Facet	facet	Significa um componente aninhado que tem um relacionamento especial com a sua tag de anexação
Tag de localização	loadBundle	Especifica um ResourceBundle que é exposto como um Map
Tag de substituição de parâmetros	param	Substitui parâmetros em uma instância MessageFormat e adiciona os pares name-value da string de consulta para um URL
Tag para representar itens em uma lista	selectItem	Representa um item em uma lista de itens em um componente UISelectOne ou UISelectMany
	selectItems	Representa um conjunto de itens em um componente UISelectOne ou UISelectMany
Tag de contêiner	subview	Contém todas as tags JavaServer Faces em uma página que está incluída em uma outra página JSP contendo tags JavaServer Faces

Tabela 18-1 Tags jsf_core

Categorias de tags	Tags	Funções
Tag de validações	validateDoubleRange	Registra um DoubleRangeValidador em um componente
	validateLength	Registra um LengthValidator em um componente
	validateLongRange	Registra um LongRangeValidator de um componente
	validator	Registra um validador personalizado de um componente
Tag de saída	verbatim	Gera um componente UIOutput que obtém seu conteúdo do corpo desta tag
Contêiner para tags form	view	Anexa todas as tags JavaServer Faces da página

Estas tags são usadas em conjunção com as tags de componentes e são, portanto, explicadas em outras seções deste tutorial. A Tabela 18-2 lista as seções que explicam como usar tags específicas jsf_core.

Tabela 18-2 Onde as Tags jsf_core são explicadas

Tags	Onde são Explicadas
Tags de tratamento de eventos	Como registrar receptores em componentes
Tags de conversão de dados	Como usar os conversores-padrão
facet	Componente UIData e Componente UIPanel
loadBundle	Como usar mensagens localizadas
param	Como usar a tag outputFormat e
selectItem e selectItems	Componentes UISelectItem, UISelectItems, e UISelectItemGroup
subview	Como configurar uma página
verbatim	Como usar a tag outputLink
view	Como configurar uma página
Tags Validator personalizado	Como usar os validadores-padrão e Como criar um validador

Como usar as tags de componentes HTML

As tags definidas pela biblioteca de tags do kit de renderização HTML padrão JavaServer Faces representam controles de formulário HTML e outros elementos básicos HTML. Esses controles exibem dados ou recebem dados do usuário. Esses dados são coletados como parte de um formulário e submetidos ao servidor, geralmente quando o usuário clica um botão. Esta seção explica como usar cada uma das tags de componentes mostradas na Tabela 17-2, e está organizada de acordo com as classes de componentes UI das quais as tags são derivadas.

A próxima seção explica os atributos de tag mais importantes comuns à maioria das tags de componentes. Por favor, consulte a documentação TLD no endereço http://java.sun.com/j2ee/javaserverfaces/1.0/docs/tlddocs/index.html para uma lista completa de tags e de seus atributos.

Para cada um dos componentes discutidos na seções seguintes, Como escrever propriedades dos componentes explica como escrever uma propriedade de beans para um componente UI particular ou seu valor.

Atributos de tags de componentes UI

Em geral, a maioria das tags de componentes suportam estes atributos:

- id: Identifica exclusivamente o componente
- immediate: Se definido para true, indica que quaisquer eventos, validação e conversão, associados ao componente deve ocorrer na fase de aplicar valores de requisição em vez de na fase posterior
- rendered: Especifica uma condição na qual o componente deve ser renderizado. Se a condição não for satisfeita, o componente não será renderizado
- style: Especifica uma Folhas de Estilos em Cascata (CSS) para a tag
- styleClass: Especifica uma classe de folhas de estilos CSS que contenha as definições dos estilos
- value: Identifica uma fonte de dados externa e liga o valor do componente a ela
- binding: Identifica uma propriedade de beans e liga a instância do componente a ela

Todos os atributos de tags de componentes (exceto id e var) são habilitados com ligação de valores, o que significa que eles podem aceitar expressões EL JavaServer Faces. Estas expressões permitem que você utilize literais mistos e a sintaxe e operadores da linguagem de expressão JSP 2.0. Veja Linguagem de expressão para maiores informações sobre a linguagem de expressão JSP 2.0.

Atributo id

O atributo id não é exigido para uma tag de componentes, exceto nestas situações:

- Um outro componente ou uma classe do lado do servidor deve referenciar o componente
- A tag de componentes é impactada por uma condicional JSTL ou tag iterator (para maiores informações, veja Tags de controle de fluxo)

Se você não incluir um atributo id, a implementação JavaServer Faces automaticamente gerará um componente ID.

Atributo immediate

Componentes UIInput e componentes de comando (aqueles que implementam ActionSource, tais como botões e hyperlinks) podem definir o atributo immediate para true a fim de forçar eventos, validações e conversões para serem processados durante a fase de aplicar valores de requisição do ciclo de vida. Os autores de página precisam considerar cuidadosamente como a combinação de um valor de immediate do componente de entrada com um valor de immediate do componente de comando determina o que acontece quando o componente de comando é ativado.

Suponha que você tenha uma página com um botão e um campo para introduzir a quantidade de um livros em um carrinho de compras. Se tanto os atributos immediate do campo, como o do botão estiverem definidos para true, o novo valor do campo estará disponível para qualquer processamento associado com o evento gerado quando o botão é clicado. O evento associado com o botão e o evento, validação, e conversão associados com o campo são todos tratados durante a fase de aplicar valores de requisição.

Se o atributo immediate do botão está definido para true, mas o atributo immediate do campo está definido para false, o evento associado ao botão é processado sem atualizar o valor local do campo para o banco de dados.

Isto acontece porque quaisquer eventos, conversão, ou validação associada com o campo, ocorre durante suas fases usuais do ciclo de vida, que vêm depois da fase de aplicar valores de requisição.

A página bookshowcart.jsp do aplicativo da Duke's Bookstore possui exemplos de componentes usando o atributo immediate para controlar quais dados do componente são atualizados quando certos botões são clicados. O campo quantity para cada livro tem seu atributo immediate definido para false. (Os campos quantity são gerados pelo componente UIData. Veja Componente UIData, para maiores informações.) O atributo immediate do hyperlink Continue Shopping é definido para true. O atributo immediate do hyperlink Update Quantities é definido para false.

Se você clicar o hyperlink Continue Shopping, nenhuma das alterações digitadas nos campos de entrada de quantidade serão processadas. Se você clicar o hyperlink Updata Quantities, os valores nos campos de quantidade serão atualizados no carrinho de compras.

Atributo rendered

Uma tag de componentes utiliza uma expressão da linguagem de expressão JavaServer Faces (JavaServer Faces EL), junto com o atributo rendered, para determinar se o componente será, ou não, renderizado. Por exemplo, o componente check commandLink da página bookcatalog.jsp não será renderizado se o carrinho não contiver nenhum item:

```
<h:commandLink id="check"
  ...
  rendered="#{cart.numberOfItems > 0}">
  <h:outputText
    value="#{bundle.CartCheck}"/>
</h:commandLink>
```

Atributos style e styleClass

Os atributos style e styleClass permitem que você especifique os estilos CSS para a saída renderizada de suas tags de componentes. Os Componentes UIMessage e UIMessages descrevem um exemplo de usar o atributo style para especificar estilos diretamente no atributo. Uma tag de componentes pode, ao invés, se referir a uma classe de Folhas de Estilos em Cascata (CSS). A tag dataTable da página bookcatalog.jsp do aplicativo da Duke´s Bookstore referencia a classe de estilos list-background:

```
<h:dataTable id="books"
  ...
  styleClass="list-background"
  value="#{bookDBAO.books}"
  var="book">
```

A folha de estilos que define esta classe é stylesheet.css, incluída no aplicativo. Para maiores informações sobre definição de estilos, por favor consulte a Cascading Style Sheets no endereço http://www.w3.org/Style/CSS.

Atributos value e binding

Uma tag que representa um componente definido por UIOutput ou uma subclasse de UIOutput utiliza os atributos value e binding para ligar seu valor de componente ou instância para fonte de dados externas. Como ligar valores de componentes e instâncias a fontes de dados externas explica como usar estes atributos.

Componente UIForm

Um componente UIForm é um formulário de entrada que tem componentes-filho representando dados que são apresentados tanto para o usuário, como submetidos com o formulário. A tag form anexa todos os controles que exibem ou coletam dados do usuário. Aqui está um exemplo:

```
<h:form>
...  other faces tags and other content...
</h:form>
```

A tag form também pode incluir a marcação HTML para distribuir os controles na página. A tag form, propriamente dita, não efetua nenhum layout; o seu propósito é coletar dados e declarar atributos que possam ser usados por outros componentes no formulário. Uma página pode incluir múltiplas tags form, mas somente os valores do formulário que o usuário submete são incluidos na postback.

Componente UIColumn

O componente UIColumn representa uma coluna de dados de um componente UIData. Enquanto o componente UIData está iterando sobre as linhas de dados, ele processa o UIColumn para cada linha. UIColumn não tem renderizador associado a ele e é representado na página com a tag column. Aqui está um exemplo de tag column da página bookshowcart.jsp do exemplo da Duke´s Bookstore:

```
<h:dataTable id="items"
  ...
  value="#{cart.items}"
  var="book">
  ...
  <h:column>
    <f:facet name="header">
      <h:outputText value="#{bundle.ItemQuantity}"/>
    </f:facet>
    <h:inputText
      ...
      value="#{item.quantity}">
      <f:validateLongRange minimum="1"/>
    </h:inputText>
  </h:column>
  ...
</h:dataTable>
```

O componente UIData deste exemplo itera através da lista de livros (cart.items) do carrinho de compras e mostra seus títulos, autores e preços. A tag column, apresentada no exemplo, renderiza a coluna que mostra os campos de texto permitindo que os clientes modifiquem a quantidade de cada livro do carrinho de compras. Cada vez que UIData itera através da lista de livros, ele renderiza uma célula em cada coluna.

Componente UICommand

O componente UICommand efetua uma ação quando é ativado. O exemplo mais comum de um componente deste tipo é o botão. Esta versão suporta Button e Link como renderizadores de componentes UICommand.

Além dos atributos de tags listados em Como utilizar as tags de componentes HTML, as tags commandButton e commandLink podem usar estes atributos:

- action, é tanto uma String de saída lógica como uma expressão de ligação de método que aponta para um método de bean que retorna uma String de saída lógica. Em ambos os casos, a String de saída lógica é utilizada pelo NavigationHandler default para determinar que página acessar quando o componente UICommand for ativado

- actionListener, é uma expressão de ligação de método que aponta para um método de bean que processa um ActionEvent acionado pelo componente UICommand

Veja Como referenciar um método que efetua navegação para maiores informações sobre o uso do atributo action.

Veja Como referenciar um método que trata um actionEvent para detalhes sobre o uso do atributo actionListener.

Como usar a tag commandButton

A página bookcashier.jsp do aplicativo da Duke´s Bookstore inclui uma tag commandButton. Quando um usuário clica o botão, os dados da página corrente são processados, e a página seguinte é aberta. Aqui está a tag commandButton de bookcashier.jsp:

```
<h:commandButton value="#{bundle.Submit}"
  action="#{cashier.submit}"/>
```

Clicar o botão chamará o método submit de CashierBean, porque o atributo action referencia o método submit do bean de suporte de CashierBean. O método submit efetua algum processamento e retorna uma saída lógica. Isso é passado para o NavigationHandler default, que compara a saída com um conjunto de regras de navegação no arquivo de recursos para a configuração do aplicativo.

O atributo value da tag commandButton do exemplo precedente referencia a mensagem localizada para o label do botão. A parte bundle (pacote) da expressão se refere a ResourceBundle que contém um conjunto de mensagens localizadas. A parte Submit da expressão é a chave que corresponde à mensagem mostrada no botão. Para maiores informações sobre referenciamento a mensagens localizadas, veja Como utilizar mensagens localizadas. Veja Como referenciar um método que efetua navegação para informações sobre como usar o atributo action.

Como usar a tag commandLink

A tag commandLink representa um hyperlink HTML e é renderizada como um elemento <a> HTML. A tag commandLink é usada para submeter um actionEvent ao aplicativo. Veja Como implementar receptores de ação para maiores informações sobre eventos de ação.

Uma tag commandLink deve incluir uma tag outputText aninhada, a qual representa o texto que o usuário clica para gerar o evento. A tag seguinte é da página chooselocale.jsp do aplicativo da Duke´s Bookstore:

```
<h:commandLink id="NAmerica" action="bookstore"
  actionListener="#{localeBean.chooseLocaleFromLink}">
  <h:outputText value="#{bundle.english}" />
</h:commandLink>
```

A tag renderizará o seguinte HTML:

```
<a id="_id3:NAmerica" href="#"
  onclick="document.forms['_id3']['_id3:NAmerica'].
  value='_id3:NAmerica';
  document.forms['_id3'].submit();
  return false;">English</a>
```

Nota: Note que a tag commandLink renderizará JavaScript. Se você usar esta tag, certifique-se de que seu browser esteja habilitado para Javacript.

Componente UIData

O componente UIData suporta a ligação de dados para uma coleção de objetos de dados. Ele faz o trabalho de iteração sobre cada registro na fonte dos dados. O renderizador Table padronizado exibe os dados como uma tabela HTML. O componente UIColumn representa uma coluna de dados dentro da tabela. Aqui está a porção da tag dataTable usada pela página bookshowcart.jsp do exemplo da Duke´s Bookstore.

```
<h:dataTable id="books"
  columnClasses="list-column-center, list-column-left,
    list-column-right, list-column-center"
    footerClass="list-footer
  headerClass="list-header"
  rowClasses="list-row-even, list-row-odd"
  styleClass="list-background"
  value="#{cart.items}
  var="item">

  <h:column >
    <f:facet   name="header">
      <h:outputText value="#{bundle.ItemQuantity}" />
    </f:facet>
    <h:inputText id="quantity" size="4"
      value="#{item.quantity}" />
  </h:column>
  <h:column>
    <f:facet name="header">
      <h:outputText value="#{bundle.ItemTitle}"/>
    </f:facet>
    <h:commandLink action="#{showcart.details}">
      <h:outputText value="#{item.item.title}"/>
    </h:commandLink>
  </h:column>
  ...
  <f:facet name="footer"
    <h:panelGroup>
      <h:outputText value="#{bundle.Subtotal}"/>
      <h:outputText value="#{cart.total}" />
        <f:convertNumber type="currency" />
      </h:outputText>
    </h:panelGroup>
  </f:facet>
</h:dataTable>
```

A Figura 18-1 apresenta uma grade de dados que esta tag dataTable pode mostrar.

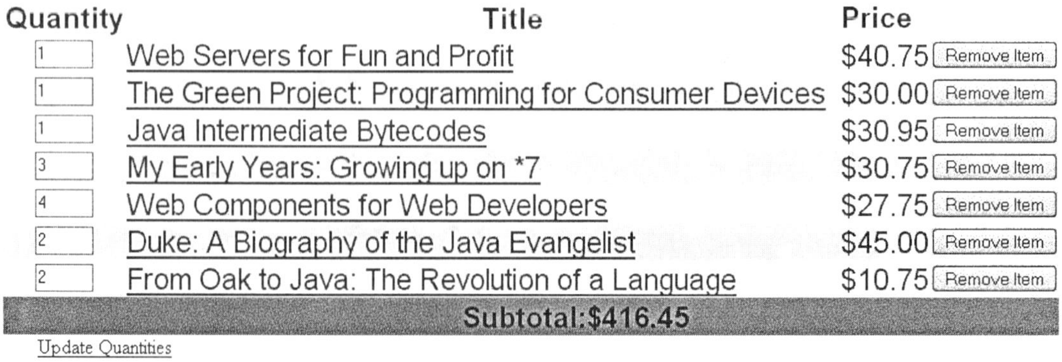

Quantity	Title	Price	
1	Web Servers for Fun and Profit	$40.75	Remove Item
1	The Green Project: Programming for Consumer Devices	$30.00	Remove Item
1	Java Intermediate Bytecodes	$30.95	Remove Item
3	My Early Years: Growing up on *7	$30.75	Remove Item
4	Web Components for Web Developers	$27.75	Remove Item
2	Duke: A Biography of the Java Evangelist	$45.00	Remove Item
2	From Oak to Java: The Revolution of a Language	$10.75	Remove Item
	Subtotal:$416.45		

Update Quantities

Figura 18-1 *Tabela da página bookshowcart.jsp*

A tag dataTable do exemplo exibe os livros do carrinho de compras, bem como o número de cada livro do carrinho de compras, os preços e um conjunto de botões, que o usuário pode clicar para remover os livros do carrinho de compras.

A tag facet dentro da primeira tag column renderiza um cabeçalho para essa coluna. As outras tags column também contêm tags facet. Facets pode ter somente um filho e, portanto, uma tag panelGroup é necessária se você quiser agrupar mais de um componente dentro de uma facet. Como a tag facet, que representa o rodapé, inclui mais de uma tag, a panelGroup é necessária para agrupar essas tags.

Uma tag facet geralmente é utilizada para representar cabeçalhos e rodapés. Em geral, uma facet é usada para representar um componente que é independente do relacionamento pai-filho da árvore de componentes da página. No caso de uma grade de dados, os dados de cabeçalho e do rodapé não são repetidos como as outras linhas da tabela e, portanto, os elementos que representam cabeçalhos e rodapés não são atualizados como são os outros componentes da árvore.

Este exemplo é um caso de uso clássico para um componente UIData porque o número de livros poderia não ser conhecido pelo desenvolvedor de aplicativo ou pelo autor de página no momento em que o aplicativo se desenvolve. O componente UIData pode ajustar dinamicamente o número de linhas da tabela para acomodar os dados subjacentes.

O atributo value da dataTable referencia os dados a serem incluídos na tabela. Estes dados podem assumir a forma de

- Uma lista de beans
- Um array de beans
- Um único bean
- Uma javax.faces.model.DataModel
- Uma java.sql.ResultSet
- Uma javax.servlet.jsp.jstl.sql.ResultSet
- Uma javax.sql.RowSet

Todas as fontes de dados para componentes UIData possuem um wrapper DataModel. A não ser que você tenha construído explicitamente um DataModel, a implementação JavaServer Faces criará um wrapper DataModel ao redor dos dados de qualquer um dos outros tipos aceitáveis. Veja Como escrever propriedades de componentes para mais informações sobre como escrever propriedades para usar um componente UIData.

O atributo var especifica um nome usado pelos componentes dentro da tag dataTable como um alias aos dados referenciados no atributo value de dataTable.

Na tag dataTable da página bookshowcart.jsp, o atributo value aponta para uma lista de livros. O atributo var aponta para um único livro dessa lista. À medida que o componente UIData itera através da lista, cada referência para *item* aponta para o livro corrente da lista.

O componente UIData também tem a habilidade de mostrar somente um subconjunto dos dados subjacentes. Isso não consta do exemplo precedente. Para mostrar um subconjunto dos dados, você deve utilizar os atributos opcionais first e rows.

O atributo first especifica a primeira linha a ser exibida. O atributo rows especifica o número de linhas – começando com a primeira linha – a ser exibido. Por default, tanto first como rows são definidos para zero, e isto faz com que as linhas dos dados subjacentes sejam mostradas. Por exemplo, se você quisesse exibir os registros de 2 a 10 dos dados subjacentes, você definiria first para 2 e rows para 9. Quando você mostra um subconjunto dos dados em suas páginas, você pode considerar a inclusão de um link ou botão que exibem as linhas subseqüentes quando clicados.

A tag dataTable também possui um conjunto de atributos opcionais para adicionar estilos à tabela:

- columnClasses: Define estilos para todas as colunas
- footerClass: Define estilos para o rodapé
- headerClass: Define estilos para o cabeçalho
- rowClasses: Define estilos para as linhas
- styleClass: Define estilos para a tabela inteira

Cada um desses atributos pode especificar mais de um estilo. Se columnClasses ou rowClasses especificarem mais de um estilo, os estilos serão aplicados às colunas ou às linhas na ordem em que os estilos são listados no atributo. Por exemplo, se columnClasses especifica estilos list-column-center e list-column-right e se houver duas colunas na tabela, a primeira coluna terá estilo list-column-center e a segunda coluna terá estilo list-column-right.

Se o atributo style especifica mais estilos do que o número de colunas e linhas, os estilos restantes serão atribuídos a colunas e linhas começando a primeira coluna ou linha. De modo semelhante, se o atributo style especificar menos estilos do que o número de colunas e linhas; às colunas ou às linhas restantes serão atribuídos estilos começando do primeiro estilo.

Componente UIGraphic

O componente UIGraphic exibe uma imagem. O aplicativo da Duke´s Bookstore utiliza uma tag graphicImage para mostrar uma imagem do mapa da página chooselocale.jsp:

```
<h:graphicImage id="mapImage" url="/template/world.jpg"
  alt="#{bundle.chooseLocale}" usemap="#worldMap" />
```

O atributo url especifica o caminho para a imagem. Ele também corresponde ao valor local do componente UIGraphic de modo que o URL possa ser obtido, possivelmente de um bean de suporte. O URL da tag de exemplo começa com uma /, a qual adiciona o caminho de contexto relativo do aplicativo Web para o início do caminho para a imagem.

O atributo alt especifica o texto alternativo exibido quando o usuário move o mouse sobre a imagem. Neste exemplo, o atributo alt referencia uma mensagem localizada. Veja Como efetuar localização para detalhes sobre como localizar seu aplicativo JavaServer Faces.

O atributo usemap referencia um mapa de imagem definido pelo componente personalizado MapComponent da mesma página. Veja o Capítulo 20 para maiores informações sobre o mapa de imagem.

Componente UIInput e UIOutput

O componente UIInput exibe um valor para o usuário e permite que ele modifique este dado. O exemplo mais comum é um campo de texto. O componente UIOutput exibe o dado que não pode ser modificado. O exemplo mais comum é um label.

Os componentes UIInput e UIOutput podem ser renderizados de quatro maneiras. A Tabela 18-3 lista os renderizadores de UIInput e UIOutput. Lembre-se do Modelo de renderização de componentes em que as tags são compostas do componente e do renderizador. Por exemplo, a tag inputText referencia um componente UIInput que é renderizado com o renderizador Text.

O componente UIInput suporta os seguintes atributos de tag, além daqueles descritos no início de Como utilizar as tags de componentes HTML. O componente UIOutput suporta o primeiro dos seguintes atributos de tag além dos listados em Como utilizar as tags de componentes HTML.

- converter: Identifica um conversor que será usado para converter o dado local do componente. Veja Como usar os conversores-padrão para maiores informações sobre como usar este atributo.

Tabela 18-3 Renderizadores UIInput e UIOutput

Componente	Renderizador	Tag	Função
UIInput	Hidden	inputHidden	Permite que um autor de página inclua uma variável oculta em uma página
	Secret	inputSecret	Aceita uma linha de texto sem espaços e a exibe como um conjunto de asteriscos à medida que ela seja digitada
	Text	inputText	Aceita uma string de texto de uma linha
	TextArea	inputTextarea	Aceita múltiplas linhas de texto
UIOutput	Label	outputLabel	Exibe um componente aninhado como um label para um campo de entrada especificado
	Link	outputLink	Exibe uma tag <a href> que se linca a uma outra página sem gerar um actionEvent
	OutputMessage	outputFormat	Exibe uma mensagem localizada
	Text	outputText	Exibe um texto string de uma linha

- validator: Uma expressão de ligação de método apontando para o método de bean de suporte que efetua validação dos dados do componente. Veja Como referenciar um método que efetua validação para um exemplo de utilização de validador
- valueChangeListener: Uma expressão de ligação de método que aponta para um método de bean de suporte que trata o evento de entrada de um valor neste componente. Veja Como referenciar um método que trata um valueChangeEvent para um exemplo do uso de valueChangeListener

O resto desta seção explica como usar as tags selecionadas, listadas na Tabela 18-3. As outras tags estão escritas de modo semelhante.

Como usar as tags outputText e inputText

O renderizador Text pode renderizar tanto componentes UIInput, como UIOutput. A tag inputText exibe e aceita uma string de linha única. A tag outputText mostra uma string de linha única. Esta seção mostra a você como usar a tag inputText. A tag outputText é escrita de modo semelhante.

Aqui está um exemplo de uma tag inputText da página bookcashier.jsp:

```
<h:inputText id="name" size="50"
  value="#{cashier.name}"
  required="true">
  <f:valueChangeListener type="listeners.NameChanged" />
</h:inputText>
```

O atributo value referencia a propriedade *name* de CashierBean. Esta propriedade contém o dado para o componente name. Depois que o usuário submete o formulário, o valor da propriedade name em CashierBean será definido para o texto introduzido no campo correspondente a esta tag.

O atributo required fará o recarregamento da página com erros exibidos se o usuário não introduzir um valor no campo de texto name. Veja Como requerer um valor para maiores informações sobre solicitação de entrada para um componente.

Como usar a tag outputLabel

A tag outputLabel é usada para anexar um label a um campo de entrada especificado para fins de acessibilidade. A página bookcashier.jsp usa uma tag outputLabel para renderizar o label de uma caixa de verificação:

```
<h:selectBooleanCheckbox
  id="fanClub"
  rendered="false"
  binding="#{cashier.specialOffer}" />
<h:outputLabel for="fanClubLabel"
  rendered="false"
  binding="#{cashier.specialOfferText}" >
  <h:outputText id="fanClubLabel"
    value="#{bundle.DukeFanClub}" />
</h:outputLabel>
```

O atributo for da tag outputLabel mapeia para o id do campo de entrada ao qual o label está anexado. A tag outputText aninhada dentro da tag outputLabel representa o componente label real. O atributo value da tag outputText indica o label que é exibido próximo do campo de entrada.

Como usar a tag outputLink

A tag outputLink é usada para renderizar um hyperlink que, quando clicado, carrega uma outra página, mas não gera um actionEvent. Você deve usar esta tag no lugar da tag commandLink se você sempre quiser que o URL – especificado pelo atributo value da tag outputLink – abra e não tenha de efetuar qualquer processamento quando o usuário clicar sobre o link. O aplicativo da Duke´s Bookstore não utiliza esta tag, mas aqui está um exemplo dela:

```
<h:outputLink value="javadocs">
  <f:verbatim>Documentation for this demo</f:verbatim>
</h:outputLink>
```

Como mostrado neste exemplo, a tag outputLink requer uma tag verbatim, a qual identifica o texto que o usuário clica para chegar à próxima página.

Você pode usar a tag verbatim de sua própria autoria quando você quiser simplesmente mostrar algum texto da página.

Como usar a tag outputFormat

A tag outputFormat permite que uma página exiba mensagens concatenadas como um padrão MessageFormat, como descrito na documentação da API para java.text.MessageFormat (consulte http://java.sun.com/j2se/1.4.2/docs/api/java/text/MessageFormat.html). Aqui está um exemplo de uma tag outputFormat da página bookshowcart.jsp do aplicativo da Duke's Bookstore:

```
<h:outputFormat value="#{bundle.CartItemCount}">
  <f:param value="#{cart.numberOfItems}"/>
</h:outputFormat>
```

O atributo value especifica o padrão MessageFormat. A tag param especifica os parâmetros de substituição para a mensagem.

Na tag outputFormat de exemplo, o valor para o parâmetro mapeia para o número de itens do carrinho de compras. Quando a mensagem é mostrada na página, o número de itens do carrinho substitui o {0} da mensagem correspondente à chave CartItemCount no bundle do pacote de recursos:

```
Your shopping cart contains " + "{0,choice,0#no items|1#one
item|1< {0} ítens
```

Esta mensagem representa três possibilidades:

- seu carrinho de compras não contém itens
- seu carrinho de compras contém um item
- seu carrinho de compras contém {0} itens

O valor do parâmetro substitui o {0} da mensagem no terceiro item. Este é um exemplo de um atributo de tag habilitado com ligação de valores que aceita uma expressão EL JSP 2.0 complexa.

Uma tag outputFormat pode incluir mais de uma tag param para essas mensagens que têm mais de um parâmetro que deve ser concatenado para a mensagem. Se você tem mais de um parâmetro para uma mensagem, certifique-se de que tenha colocado as tags param na ordem apropriada de modo que o dado seja inserido no lugar correto da mensagem.

Um autor de página pode também codificar o dado para ser substituído na mensagem usando o atributo value da tag param.

Como usar a tag inputSecret

A tag inputSecret renderiza uma tag HTML <input type="password">. Quando o usuário digita uma string neste campo, uma linha de asteriscos é mostrada ao invés do texto que o usuário digita. O aplicativo da Duke´s Bookstore não inclui esta tag, mas aqui está um exemplo de uma:

```
<h:inputSecret redisplay="false"
  value="#{LoginBean.password}" />
```

Neste exemplo, o atributo redisplay é definido para falso. Isso impedirá a senha de ser exibida em uma string de consulta ou no arquivo-fonte da página HTML resultante.

Componente UIPanel

Um componente UIPanel é usado como contêiner de layout para seus filhos. Quando você usa os renderizadores do kit de renderização HTML, um UIPanel é renderizado como uma tabela HTML. Este componente difere de UIData em que UIData pode adicionar ou deletar linhas dinamicamente para acomodar os dados de origem subjacentes, ao passo que UIPanel deve ter o número de linhas predeterminado. A Tabela 18-4 lista todos os renderizadores e tags correspondentes ao componente UIPanel.

A tag panelGrid é usada para representar uma tabela inteira. A tag panelGroup é usada para representar linhas em uma tabela. Outras tags de componentes UI são usadas para representar células individuais nas linhas.

Tabela 18-4 Renderizadores e ags de UIPanel

Renderizador	Tag	Atributos do renderizador	Função
Grid	panelGrid	ColumnClasses,Columns, footerClass, HeaderClass, panelClass, rowClasses	Exibe uma tabela
Group	panelGroup		Agrupa um conjunto de componentes debaixo de um pai

A tag panelGrid possui um conjunto de atributos que especificam classes de folhas de estilos CSS: columnClasses, footerClass, headerClass, panelClass e rowClasses. Esses atributos de folha de estilos não são exigidos. Ela também tem um atributo columns. O atributo columns será requerido se você quiser que a sua tabela tenha mais de uma coluna porque o atributo columns diz ao renderizador como agrupar os dados da tabela.

Se um headerClass for especificado, a panelGrid deverá ter um cabeçalho como seu primeiro filho. De modo semelhante, se um footerClass for especificado, a panelGrid deverá ter um cabeçalho como seu último filho.

O aplicativo da Duke´s Bookstore inclui três tags panelGrid na página bookcashier.jsp.

Aqui está uma parte delas:

```
<h:panelGrid columns="3" headerClass="list-header"
  rowClasses="list-row-even, list-row-odd"
  styleClass="list-background"
  title="#{bundle.Checkout}">
  <f:facet name="header">
    <h:outputText value="#{bundle.Checkout}"/>
  </f:facet>
  <h:outputText value="#{bundle.Name}" />
  <h:inputText id="name" size="50"
    value="#{cashier.name}"
    required="true">
    <f:valueChangeListener
      type="listeners.NameChanged" />
  </h:inputText>
  <h:message styleClass="validationMessage" for="name"/>
  <h:outputText value="#{bundle.CCNumber}"/>
  <h:inputText id="ccno" size="19"
    converter="creditCardConverter" required="true">
    <bookstore:formatValidator
      formatPatterns="9999999999999999|
        9999 9999 9999 9999|9999-9999-9999-9999"/>
  </h:inputText>
  <h:message styleClass="validationMessage" for="ccno"/>
  ...
</h:panelGrid>
```

Esta tag panelGrid é renderizada para uma tabela que contenha os controles para o cliente de bookstore entrar com as informações pessoais. Esta panelGrid utiliza classes de folhas de estilos para formatar a tabela. As classes CSS são definidas no arquivo stylesheet.css, no diretório <INSTALL>/j2eetutorial14/examples/web/bookstore6/web/. A definição do list-header é

```
.list-header {
  background-color: #ffffff;
  color: #000000;
  text-align: center;
}
```

Como a tag panelGrid especifica um headerClass, a panelGrid deve conter um cabeçalho. O panelGrid de exemplo usa uma tag facet para o cabeçalho. Facets podem ter somente um filho, e assim uma tag panelGroup será necessária se você quiser agrupar mais de um componente dentro de uma facet. Como a tag panelGrid do exemplo tem somente uma célula de dado, uma tag panelGroup não é necessária.

Uma tag panelGroup pode também ser usada para encapsular uma árvore aninhada de componentes de modo que a árvore de componentes apareça como um único componente para o componente-pai.

Os dados representados pelas tags de componentes aninhados estão agrupados em linhas de acordo com os valores do atributo columns da tag panelGrid. O atributo columns no exemplo é definido para "3", e, portanto, a tabela terá três colunas. Em qual coluna cada componente será exibido é determinado pela ordem que o componente é listado na página de módulo 3. Portanto, se um componente for o quinto em uma lista de componentes, esse componente será o módulo 5 coluna 3, ou coluna 2.

Componente UISelectBoolean

A classe UISelectBoolean define componentes que possuem um valor boolean. A tag selectBooleanCheckbox é a única tag que a tecnologia JavaServer Faces fornece para representar um estado boolean. O aplicativo da Duke´s Bookstore inclui uma tag selectBooleanCheckbox na página bookcashier.jsp:

```
<h:selectBooleanCheckbox
  id="fanClub"
  rendered="false"
  binding="#{cashier.specialOffer}" />
<h:outputLabel
  for="fanClubLabel"
  rendered="false"
  binding="#{cashier.specialOfferText}">
  <h:outputText
    id="fanClubLabel"
    value="#{bundle.DukeFanClub}" />
</h:outputLabel>
```

Esta tag de exemplo exibe uma caixa de verificação que permite aos usuários indicarem se eles querem se juntar ao fã-clube de Duke. O label para a caixa de verificação é renderizado pela tag outputLabel. O texto real é representado pela tag outputText aninhada. Como ligar uma instância do componente a uma propriedade do bean discute este exemplo com mais detalhes.

Componente UISelectMany

A classe UISelectMany define componentes que permitem ao usuário selecionar zero ou mais valores a partir de um conjunto de valores. Este componente pode ser renderizado como um conjunto de caixas de verificação, uma caixa de listagem, ou um menu. Esta seção explica a tag selectManyCheckBox. A tag selectManyListBox e a tag selectManyMenu são escritas de modo semelhante.

Uma caixa de listagem difere de um menu no que ela exibe um subconjunto de itens em uma caixa, ao passo que um menu exibe apenas um item por vez até que você selecione o menu. O atributo size da tag selectManyListBox determina o número de itens exibidos de uma vez. A caixa de listagem inclui uma barra de rolagem para rolar pelos itens que permanecem na lista.

Como usar a tag selectManyCheckBox

A tag selectManyCheckBox renderiza um conjunto de caixas de verificação, com cada caixa de verificação representando um valor que pode ser selecionado. A Duke´s Bookstore utiliza uma tag selectManyCheckBox, na página bookcashier.jsp, para permitir que o usuário assine um ou mais newsletters (boletins):

```
<h:selectManyCheckbox
  id="newsletters"
  layout="pageDirection"
  value="#{cashier.newsletters}">
  <f:selectItems
    value="#{newsletters}"/>
</h:selectManyCheckbox>
```

O atributo value da tag selectManyCheckbox identifica a propriedade do bean de suporte de CashierBean, newsletters, para o conjunto de newsletters corrente. Esta propriedade contém os valores dos itens selecionados correntemente do conjunto de caixas de verificação.

O atributo layout indica como o conjunto de caixas de verificação está disposto na página. Como o layout é definido para pageDirection, as caixas de verificação são dispostas verticalmente. O default é lineDirection, que alinha as caixas de verificação horizontalmente.

A tag selectManyCheckbox deve também conter uma tag ou um conjunto de tags que representem um conjunto de caixas de verificação. Para representar um conjunto de itens, você usa a tag selectItems. Para representar cada item individualmente, você usa uma tag selectItem para cada um. Os Componentes UISelectItem, UISelectItems e UISelectItemGroup explicam estas duas tags com mais detalhes.

Componentes UIMessage e UIMessages

Os componentes UIMessage e UIMessages são usados para exibir mensagens de erros. Aqui está um exemplo da tag message do aplicativo guessNumber, discutido em Etapas no processo de desenvolvimento:

```
<h:inputText id="userNo" value="#{UserNumberBean.userNumber}"
  validator="#{UserNumberBean.validate}"/>
...
<h:message
  style="color: red;
  font-family: 'New Century Schoolbook', serif;
  font-style: oblique;
  text-decoration: overline" id="errors1" for="userNo"/>
```

O atributo for se refere ao ID do componente que gerou a mensagem de erro. A tag message mostrará a mensagem de erro onde quer que ela apareça na página.

O atributo style permite que você especifique o estilo do texto da mensagem. No exemplo desta seção, o texto será vermelho, New Century Schoolbook, família de fonte serif, e estilo oblíquo, e uma linha aparecerá acima do texto.

Se você usar a tag messages no lugar da tag message, todas as mensagens de erros serão exibidas.

Componente UISelectOne

Um componente UISelectOne permite que o usuário selecione um valor de um conjunto de valores. Este componente pode ser renderizado como uma caixa de listagem, um botão de rádio, ou um menu. Esta seção explica a tag selectOneMenu. As tags selectOneRadio e selectOneMenu são escritas de modo semelhante. A tag selectOneListbox é semelhante à tag selectOneMenu, exceto que selectOneListbox define um atributo size que determina quantos itens serão exibidos de uma vez.

Como usar a tag selectOneMenu

A tag selectOneMenu representa um componente que contém uma lista de itens, a partir do qual um usuário pode escolher um. O menu é também normalmente conhecido como uma lista suspensa (drop-down) ou uma caixa combo. O código de exemplo a seguir mostra a tag selectOneMenu da página bookcashier.jsp do aplicativo da Duke´s Bookstore. Esta tag permite que o usuário selecione um método de expedição:

```
<h:selectOneMenu  id="shippingOption"
  required="true"
  value="#{cashier.shippingOption}">
  <f:selectItem
```

```
    itemValue="2"
    itemLabel="#{bundle.QuickShip}"/>
  <f:selectItem
    itemValue="5"
    itemLabel="#{bundle.NormalShip}"/>
  <f:selectItem
    itemValue="7"
    itemLabel="#{bundle.SaverShip}"/>
</h:selectOneMenu>
```

O atributo value da tag selectOneMenu mapeia para a propriedade que contém o valor do item selecionado correntemente.

Como a tag selectOneRadio, a tag selectOneMenu deve conter tanto uma tag selectItems, como um conjunto de tags selectItem para representar os itens da lista. A próxima seção explica estas duas tags.

Componentes UISelectItem, UISelectItems e UISelectItemGroup

UISelectItem e UISelectItems representam componentes que podem ser aninhados dentro de um componente UISelectOne ou um UISelectMany. UISelectItem está associado a uma instância SelectItem, que contém o valor, o label e a descrição de um único item do componente UISelectOne ou de UISelectMany.

A instância de UISelectItems representa qualquer um dos seguintes:

- Um conjunto de instâncias de SelectItem, contendo os valores, labels, e descrições da lista inteira de itens
- Um conjunto de instâncias de SelectItemGroup, cada um dos quais representa um conjunto de instâncias SelectItem

A Figura 18-2 mostra um exemplo de uma caixa de listagem construída com um componente SelectItems representando duas instâncias de SelectItemGroup, cada uma delas indicando duas categorias de beans. Cada categoria é um array de instâncias de SelectItem.

A tag selectItem representa um componente UISelectItem. A tag selectItems representa um componente UISelectItems. Você pode usar tanto um conjunto de tags selectItem, como uma única tag selectItems dentro de sua tag selectOne ou selectMany.

As vantagens de usar a tag selectItems são:

- Você pode representar os itens usando estruturas de dados diferentes, incluindo Array, Map, List e Collection. A estrutura de dados é composta de instâncias de SelectItem ou instâncias de SelectItemGroup

Figura 18-2 *Um exemplo de caixa de listagem criada usando-se instâncias de SelectItemGroup.*

- Você pode concatenar listas diferentes juntas em um único componente UISelectMany ou UISelectOne e grupo de listas dentro do componente, como mostrado na Figura 18-2
- Você pode gerar valores dinamicamente em tempo de execução

As vantagens de usar selectItem são:

- O autor de página pode definir os itens da lista a partir da página.
- Você pode ter menos código para escrever no bean para as propriedades selectItem.

Para mais informações sobre como escrever propriedades de componentes para os componentes UISelectItems, veja Como escrever propriedades de componentes. O resto desta seção mostra a você como usar as tags selectItems e selectItem.

Como usar a tag selectItems

Aqui está a tag selectManyCheckbox da seção Componente UISelectMany:

```
<h:selectManyCheckbox
  id="newsletters"
  layout="pageDirection"
  value="#{cashier.newsletters}">
  <f:selectItems
    value="#{newsletters}"/>
</h:selectManyCheckbox>
```

O atributo value da tag selectItems está ligado ao bean gerenciado newsletters, o qual é configurado no arquivo de recursos para configuração do aplicativo. O bean gerenciado newsletters é configurado como uma listagem:

```
<managed-bean>
 <managed-bean-name>newsletters</managed-bean-name>
  <managed-bean-class>
    java.util.ArrayList</managed-bean-class>
  <managed-bean-scope>application</managed-bean-scope>
  <list-entries>
    <value-class>javax.faces.model.SelectItem</value-class>
    <value>#{newsletter0}</value>
    <value>#{newsletter1}</value>
    <value>#{newsletter2}</value>
    <value>#{newsletter3}</value>
  </list-entries>
</managed-bean>
<managed-bean>
<managed-bean-name>newsletter0</managed-bean-name>
<managed-bean-class>
  javax.faces.model.SelectItem</managed-bean-class>
<managed-bean-scope>none</managed-bean-scope>
<managed-property>
  <property-name>label</property-name>
  <value>Duke's Quarterly</value>
</managed-property>
<managed-property>
  <property-name>value</property-name>
  <value>200</value>
</managed-property>
</managed-bean>
...
```

Como apresentado no elemento managed-bean, o componente UISelectItems é uma coleção de instâncias de SelectItem. Veja Como inicializar propriedades array e list para mais informações sobre a configuração de coleções como beans.

Você pode também criar a lista correspondente a um componente UISelectMany ou UISelectOne via programação no bean de suporte. Veja Como escrever propriedades de componentes para informações sobre como escrever uma propriedade de bean de suporte correspondente a um componente UISelectManye ou UISelectOne.

Os argumentos do construtor de SelectItem são:

- Um Object que representa o valor do item
- Uma String que representa o label que exibe o componente UISelectMany da página
- Uma String que representa a descrição do item

Propriedades UISelectItems descreve com mais detalhes como escrever uma propriedade do bean de suporte para um componente UISelectItems.

Como usar a tag selectItem

A tag selectItem representa um único item em uma lista de itens. Aqui está o exemplo de Como usar a tag selectOneMenu:

```
<h:selectOneMenu
  id="shippingOption" required="true"
  value="#{cashier.shippingOption">
  <f:selectItem
    itemValue="2"
    itemLabel="#{bundle.QuickShip}"/>
  <f:selectItem
    itemValue="5"
    itemLabel="#{bundle.NormalShip}"/>
  <f:selectItem
    itemValue="7"
    itemLabel="#{bundle.SaverShip}"/>
</h:selectOneMenu>
```

O atributo itemValue representa o valor default da instância do selectItem. O atributo itemLabel representa a String que aparece no componente do menu drop-down da página.

Os atributos itemValue e itemLabel são habilitados com ligação de valores, significando que eles podem usar expressões com ligação de valores para se referirem a valores em objetos externos. Eles também podem definir valores literais, como mostrados na tag selectOneMenu de exemplo.

Como usar mensagens localizadas

Todos os dados e mensagens do aplicativo da Duke´s Bookstore foram completamente localizados para espanhol, francês, alemão e inglês americano. Como efetuar localização explica como produzir as mensagens localizadas e também como localizar dados e mensagens dinâmicos.

O mapa de imagem da primeira página permite que você selecione a sua locale preferida. Veja o Capítulo 20 para informações sobre como o componente personalizado do mapa de imagem foi criado.

Esta seção explica como usar dados e mensagens estáticos localizados para aplicativos JavaServer Faces. Se você não está familiarizado com o básico de localização de aplicativos Web, veja o Capítulo 22. Dados estáticos localizados podem ser incluídos em uma página usando a tag loadBundle, definida em jsf_core.tld. Siga estas etapas:

1. Referencie um ResourceBundle da página.
2. Referencie a mensagem localizada embutida dentro do bundle.

Um ResourceBundle contém um conjunto de mensagens localizadas. Para maiores informações sobre pacotes de recursos, consulte

```
http://java.sun.com/docs/books/tutorial/i18n/index.html.
```

Depois que o desenvolvedor de aplicativos produziu um ResourceBundle, o arquiteto de aplicativos o coloca no mesmo diretório que as classes de aplicativo. Muitos dos dados para o aplicativo da Duke´s Bookstore estão armazenados em um ResourceBundle chamado BookstoreMessages.

Como referenciar um ResourceBundle a partir de uma página

Para uma página com tags JavaServer Faces utilizar as mensagens localizadas contidas em um ResourceBundle, a página deverá referenciar o ResourceBundle usando uma tag loadBundle.

A tag loadBundle de bookstore.jsp é

```
<f:loadBundle var="bundle"
  basename="messages.BookstoreMessages" />
```

O valor do atributo basename referencia o ResourceBundle, localizado no pacote messages do aplicativo bookstore. Certifique-se de que o atributo basename especifique o nome de classe totalmente qualificado do arquivo.

O atributo var é um alias para o ResourceBundle. Este alias pode ser usado por outras tags da página de modo a acessar as mensagens localizadas.

Como referenciar uma mensagem localizada

Para referenciar uma mensagem localizada de um ResourceBundle, você usa uma expressão com ligação de valores de um atributo da tag de componentes que exibirá o dado localizado. Você pode referenciar a mensagem de qualquer atributo de tags de componentes que seja habilitado com ligação de valores.

A expressão com ligação de valores tem a notação "var.mcssagc", na qual var corrcspondc ao atributo var da tag loadBundle, e message corresponde à chave da mensagem contida no ResourceBundle referenciado pelo atributo var. Aqui está um exemplo de bookstore.jsp:

```
<h:outputText   value="#{bundle.Talk}"/>
```

Note que bundle corresponde ao atributo var da tag loadBundle e que Talk corresponde à chave no ResourceBundle.

Um outro exemplo é a tag graphicImage de chooseLocale.jsp:

```
<h:graphicImage id="mapImage" url="/template/world.jpg"
  alt="#{bundle.chooseLocale}"
  usemap="#worldMap" />
```

O atributo alt é habilitado com ligação de valores, e isso significa que ele pode usar expressões com ligação de valores. Neste caso, o atributo alt se refere ao texto localizado, que será incluído no texto alt da imagem renderizada por esta tag.

Veja Como criar o tratador de tags de componentes e Como habilitar Value-Binding de propriedades de componentes para informações sobre como habilitar ligação de valores em seus atributos de componentes personalizados.

Como usar os conversores-padrão

A implementação JavaServer Faces fornece um conjunto de implementações de Converter que você pode usar para converter dados de componentes. Para mais informações sobre os detalhes conceituais do modelo de conversão, consulte Modelo de conversão.

As implementações de converter-padrão, localizadas no pacote javax.faces.convert, são:

- BigDecimalConverter
- BigIntegerConverter
- BooleanConverter
- ByteConverter
- CharacterConverter
- DateTimeConverter
- DoubleConverter
- FloatConverter
- IntegerConverter
- LongConverter
- NumberConverter
- ShortConverter

Dois desses conversores-padrão (DateTimeConverter e NumberConverter) possuem suas próprias tags, as quais permitem que você configure o formato do dado do componente configurando os atributos de tags. Como usar DateTimeConverter discute o uso de DateTimeConverter. Como usar NumberConverter discute o uso de NumberConverter.

Você pode usar os outros conversores-padrão de uma das três maneiras:

- Você pode assegurar que o componente que usa o conversor tenha seu valor ligado à uma propriedade do bean de suporte do mesmo tipo que o conversor
- Você pode se referir ao conversor pela classe ou pelo seu ID usando o atributo converter da tag de componentes. O ID é definido no arquivo de recursos para configuração do aplicativo (veja Arquivo de recursos para configuração do aplicativo)
- Você pode se referir ao conversor através do seu ID usando o atributo converterId da tag converter

Os dois últimos converterão o valor local do componente. O primeiro método converterá o valor de modelo do componente. Por exemplo, se você quer que um dado do componente seja convertido a um Inteiro, você pode ligar o componente a uma propriedade semelhante a esta:

```
Integer age = 0;
public Integer getAge(){ return age;}
public void setAge(Integer age) {this.age = age;}
```

Alternativamente, se o componente não estiver ligado a uma propriedade do bean, você poderá usar o atributo converter na tag do componente:

```
<h:inputText value="#{LoginBean.Age}"
  converter="javax.faces.convert.IntegerConverter" />
```

O dado corresponde a um tipo suportado do NumberConverter. Se você não precisar especificar quaisquer instruções de formatação usando os atributos da tag convertNumber, e se um dos outros conversores for suficiente, você poderá simplesmente referenciar esse conversor usando o atributo converter da tag de componentes.

Finalmente, você pode aninhar uma tag converter dentro da tag de componentes e referenciar o ID do conversor por meio do atributo converterId da tag converter. Se a tag estiver se referindo a um conversor personalizado, o valor de converterID deverá corresponder ao ID do arquivo de recursos para a configuração do aplicativo. Aqui está um exemplo:

```
<h:inputText value="#{LoginBean.Age}" />
  <f:converter converterId="Integer" />
</h:inputText>
```

Como usar DateTimeConverter

Você pode converter um dado do componente para um a java.util.Date aninhando a tag convertDateTime dentro da tag de componentes. A tag convertDateTime tem vários atributos que permitem a você especificar o formato e o tipo de dado. A Tabela 18-5 lista os atributos.

Aqui está um exemplo simples da tag convertDateTime da página bookreceipt.jsp:

```
<h:outputText value="#{cashier.shipDate}">
  <f:convertDateTime dateStyle="full" />
</h:outputText>
```

Aqui está um exemplo de uma data e hora que esta tag pode mostrar:

```
Saturday, Feb 22, 2003
```

Você pode mostrar a mesma data e hora utilizando esta tag:

```
<h:outputText value="#{cashier.shipDate}">
  <f:convertDateTime
    pattern="EEEEEEEE, MMM d, yyyy"
</h:outputText>
```

Tabela 18-5 Atributos da tag convertDateTime

Atributo	Tipo	Descrição
dateStyle	String	Define o formato, como especificado por java.text.DateFormat, de uma data ou a parte de data de uma string date. Aplicado somente se o tipo para date (ou ambos) e pattern não for definido. Valores válidos: default, short, medium, long, e full. Se nenhum valor for definido, o default será usado

Tabela 18-5 Atributos da tag convertDateTime (continuação)

Atributo	Tipo	Descrição
locale	String ou Locale	A Locale cujos estilos pre-definidos para data e hora são usados durante a formatação ou análise de sintaxe. Se não for especificado, a Locale retornada por FacesContext.getLocale será usada
pattern	String	Pattern de formatação personalizado que determina como a string date/time deve ser formatada e analisada sintaticamente. Se este atributo for especificado, os atributos dateStyle, timeStyle, e type serão ignorados
timeStyle	String	Define o formato, como especificado por java.text.DateFormat, de uma hora ou parte da hora de uma string date. Aplicado somente se type for hora e pattern não for definido. Valores válidos: default, short, medium, long, e full. Se nenhum valor for definido, o default será usado
timeZone	String ou TimeZone	Fuso horário no qual é interpretada qualquer informação de hora na string date
type	String	Especifica se o valor da string conterá uma data, uma hora, ou ambos. Os valores válidos são date, time, ou ambos. Se nenhum valor for especificado, date será usado

Se você quiser mostrar a data de exemplo em espanhol, você poderá usar o atributo parseLocale:

```
<h:inputText value="#{cashier.shipDate}">
  <f:convertDateTime dateStyle="full"
    parseLocale="Locale.SPAIN"
    timeStyle="long" type="both" />
</h:inputText>
```

Esta tag mostraria

```
Sabado, Feb 22, 2003
```

Por favor, consulte a lição Personalizando Formatos de Java Tutorial no endereço http://java.sun.com/docs/books/tutorial/i18n/format/simpleDateFormat.html para maiores informações sobre como formatar a saída utilizando o atributo pattern da tag convertDateTime.

Como usar NumberConverter

Você pode converter um dado do componente para um java.lang.Number aninhando a tag convertNumber dentro da tag de componentes. A tag convertNumber tem vários atributos que permitem a você especificar o formato e o tipo do dado. A Tabela 18-6 lista os atributos.

Tabela 18-6 Atributos convertNumber

Atributo	Tipo	Descrição
CurrencyCode	String	Código monetário ISO4217, usado somente ao formatar moedas
currencySymbol	String	Símbolo monetário, aplicado somente ao formatar moedas

Tabela 18-6 Atributos convertNumber (continuação)

Atributo	Tipo	Descrição
groupingUsed	boolean	Especifica se a saída formatada contém separadores de agrupamento
integerOnly	boolean	Especifica se somente a parte inteira do valor será analisada sintaticamente
maxFractionDigits	int	Número máximo de dígitos formatados da parte fracionária da saída
maxIntegerDigits	int	Número máximo de dígitos formatados da parte inteira da saída
minFractionDigits	int	Número mínimo de dígitos formatados da parte fracionária da saída.
minIntegerDigits	int	Número mínimo de dígitos formatados da parte inteira da saída
locale	String ou Locale	Locale cujo estilos de número são usados para formatar ou analisar os dados
pattern	String	Padrão de formatação personalizado que determina como a string de número é formatada e analisada
type	String	Especifica se o valor de string é analisado e formatado como um número, moeda, ou percentil. Se não for especificado, número será usado.

A página bookcashier.jsp da Duke´s Bookstore utiliza uma tag convertNumber para mostrar o total dos preços dos livros do carrinho de compras:

```
<h:outputText value="#{cart.total}" >
  <f:convertNumber type="currency"
</h:outputText>
```

Aqui está um exemplo de um número que esta tag pode mostrar

```
$934
```

Este número também pode ser mostrado usando esta tag:

```
<h:outputText id="cartTotal"
  value="#{cart.Total}" >
  <f:convertNumber pattern="$####" />
</h:outputText>
```

Por favor consulte a lição Personalizando Formatos de Java Tutorial no endereço http://java.sun.com/docs/books/tutorial/i18n/format/decimalFormat.html para maiores informações sobre como formatar a saída utilizando o atributo pattern da tag convertNumber.

Como registrar receptores em componentes

Um autor de página pode registrar uma classe de implementação de receptores em um componente aninhando tanto uma tag valueChangeListener, como uma tag actionListener dentro da tag de componentes da página.

Um desenvolvedor de aplicativos pode ao invés implementar estes receptores como métodos de bean de suporte. Para referenciar estes métodos, um autor de página utiliza os atributos valueChangeListener e actionListener, como descritos em Como referenciar um método que trata um actionEvent e Como referenciar um método que trata um ValueChangeEvent.

O aplicativo da Duke´s Bookstore inclui uma classe de implementação de ValueChangeListener mas não utiliza uma classe de implementação ActionListener. Esta seção explica como registrar NameChanged ValueChangeListener e uma implementação hipotética de LocaleChange ActionListener em componentes. Como implementar receptores com alteração de valores explica como implementar NameChange. Como implementar receptores de ação explica como implementar a LocaleChange hipotética.

Como registrar uma ValueChangeListener em um componente

Uma autor de página pode registrar uma implementação de ValueChangeListener em um componente UIInput ou em um componente representado por uma das subclasses de UIInput aninhando uma tag valueChangeListener dentro da tag de componentes da página. Aqui está a tag correspondente ao componente name da página bookcashier.jsp:

```
<h:inputText id="name" size="50" value="#{cashier.name}"
  required="true">
  <f:valueChangeListener type="listeners.NameChanged" />
</h:inputText>
```

O atributo type da tag valueChangeListener especifica o nome de classe totalmente qualificado da implementação de ValueChangeListener.

Depois que esta tag de componentes é processada e que os valores locais foram validados, a sua instância do componente correspondente enfileirará o ValueChangeEvent associado ao ValueChangeListener especificado para o componente.

Como registrar uma ActionListener em um componente

Um autor de página pode registrar uma implementação de ActionListener em um componente UICommand aninhando uma tag actionListener dentro da tag de componentes da página. A Duke´s Bookstore não usa quaisquer implementações de ActionListener. Aqui está uma das tags commandLink da página chooselocale.jsp, modificada para referenciar uma implementação de ActionListener em vez de um método do bean de suporte:

```
<h:commandLink id="NAmerica" action="bookstore">
  <f:actionListener type="listeners.LocaleChange" />
</h:commandLink>
```

O atributo type da tag actionListener especifica o nome de classe totalmente qualificado da implementação ActionListener.

Quando o componente associado a esta tag é ativado, o método decode do componente (ou seu renderizador associado) automaticamente enfileira a ActionEvent associada com a ActionListener especificada para o componente.

Como usar validadores-padrão

A tecnologia JavaServer Faces fornece um conjunto de classes-padrão e tags associadas que autores de páginas e desenvolvedores de aplicativos podem usar para validar um dado do componente. A Tabela 18-7 lista todas as classes de validadores-padrão e as tags que permitem que você use validadores a partir da página.

Tabela 18-7 Classes do Validator

Classe Validator	Tag	Função
DoubleRangeValidator	validateDoubleRange	Verifica se o valor local de um componente está dentro de uma certa faixa. O valor deve ser um ponto flutuante ou conversível para um ponto flutuante
LengthValidator	validateLength	Verifica se o comprimento de um valor local de um componente está dentro de uma certa faixa. O valor deve ser um java.lang.String
LongRangeValidator	validateLongRange	Verifica se o valor local de um componente está dentro de uma certa faixa. O valor deve ser qualquer tipo numérico ou String que possa ser convertido em um long

Todas essas classes de validadores implementam a interface Validator. Escritores de componentes e desenvolvedores de aplicativos podem também implementar esta interface para definir seus próprios conjuntos de restrições para um valor do componente.

Ao utilizar as implementações-padrão de Validator, você não precisa escrever qualquer código para efetuar a validação. Você simplesmente aninha a tag do validador-padrão de sua preferência dentro de uma tag que representa um componente do tipo UIInput (ou uma subclasse de UIInput) e fornece as restrições necessárias, se a tag exigir isso. A validação pode ser efetuada somente em componentes UIInput ou componentes cujas classes estendem UIInput porque estes componentes aceitam valores que podem ser validados.

Esta seção explica como usar as implementações-padrão de Validator.

Veja Componentes UIMessage e UIMessages para maiores informações sobre como mostrar mensagens de erros de validação da página.

Como requerer um valor

A tag inputText da página bookcashier.jsp tem um atributo required, que é definido para true. Por causa disso, a implementação JavaServer Faces verifica se o valor do componente é nulo ou uma String vazia.

Se o seu componente deve ter um valor não nulo ou um valor de String com pelo menos um caractere de comprimento, você deve adicionar um atributo required à sua tag de componentes e defini-la para true. Se a sua tag não tiver um atributo required que é definido para true e o valor é nulo ou uma string de comprimento zero, nenhum outro validador registrado na tag será chamado. Se a sua tag não tiver um atributo required definido para true, outros validadores registrados na tag serão chamados, mas esses validadores deverão tratar a possibilidade de uma string nula ou de comprimento zero.

Aqui está a tag inputText name:

```
<h:inputText id="name" size="50"
  value="#{cashier.name}" required="true">
  ...
</h:inputText>
```

Como usar o LongRangeValidator

O aplicativo da Duke´s Bookstore utiliza uma tag validateLongRange no campo de entrada quantity da página bookshowcart.jsp:

```
<h:inputText id="quantity" size="4"
  value="#{item.quantity}" >
  <f:validateLongRange minimum="1"/>
</h:inputText>
<h:message for="quantity"/>
```

Esta tag requer que o usuário introduza um número que seja pelo menos 1. O atributo size especifica que o número pode ter não mais que quatro dígitos. A tag validateLongRange também tem um atributo maximum, com o qual você pode definir um valor máximo da entrada.

Como ligar valores de componentes e instâncias a fontes de dados externos

Como foi explicado em Gerenciamento de bean de suporte, uma tag de componentes pode conectar seus dados de componentes a um objeto de dados de back-end fazendo o seguinte:

- Ligando seu valor do componente a uma propriedade do bean ou a outra fonte de dados externa
- Ligando sua instância do componente a uma propriedade do bean

Um atributo value da tag de componentes usa o valor do componente para uma fonte de dados externa, como uma propriedade do bean. Um atributo binding da tag de componentes usa uma expressão com ligação de valores para ligar uma instância do componente a uma propriedade do bean.

Quando referenciar a propriedade usando o atributo value da tag de componentes, você precisará usar sintaxe própria. Por exemplo, suponha que um bean de suporte chamado MyBean tenha esta propriedade String:

```
int currentOption = null;
int getCurrentOption(){...}
void setCurrentOption(int option){...}
```

O atributo value que referencia esta propriedade deve ter esta expressão com ligação de valores:

```
"#{MyBean.currentOption}"
```

Tabela 18-8 Exemplo de expressões com ligação de valores

Valor	Expressão
Um Boolean	cart.numberOfItems > 0
Uma propriedade inicializada a partir de um parâmetro init do contexto	initParam.quantity
Uma propriedade bean	CashierBean.name
Valor de um array	books[3]

Tabela 18-8 Exemplo de expressões com ligação de valores (continuação)

Valor	Expressão
Valor de uma coleção	books["fiction"]
Propriedade de um objeto em um array de objetos	books[3].price

Além de ligar um valor do componente a uma propriedade do bean, o atributo value pode especificar um valor literal ou pode mapear o dado do componente para qualquer primitivo (tal como int), estrutura (tal como um array), ou coleção (tal como uma lista), independente de um componente JavaBeans. A Tabela 18-8 lista algumas expressões com ligação de valores de exemplo que você pode usar com o atributo value.

As duas seções seguintes explicam com maiores detalhes como usar o atributo value para ligar um valor do componente para uma propriedade do bean ou outras fontes de dados externas e como usar o atributo binding para ligar uma instância do componente a uma propriedade do bean.

Como ligar um valor do componente a uma propriedade

Para ligar um valor do componente a uma propriedade do bean, você especifica o nome do bean e a propriedade, usando o atributo value. Como explicado em Gerenciamento de bean de suporte, a expressão com ligação de valores do atributo value da tag de componentes deve corresponder à respectiva declaração do bean gerenciado no arquivo de recursos para configuração do aplicativo.

Isso significa que o nome do bean na expressão com ligação de valores deve corresponder ao elemento managed-bean-name da declaração do bean gerenciado até o primeiro . da expressão. De modo semelhante, a parte da expressão com ligação de valores depois do . deve corresponder ao nome especificado do respectivo elemento property-name no arquivo de recursos para configuração do aplicativo.

Por exemplo, considere esta configuração de bean gerenciado, que configura o bean ImageArea correspondente à parte da América do Norte do mapa da imagem da página chooselocale.jsp do aplicativo da Duke´s Bookstore.

```
<managed-bean>
  <managed-bean-name> NA </managed-bean-name>
  <managed-bean-class> model.ImageArea </managed-bean-class>
  <managed-bean-scope> application </managed-bean-scope>
  <managed-property>
    <property-name>shape</property-name>
    <value>poly</value>
  </managed-property>
  <managed-property>
    <property-name>alt</property-name>
    <value>NAmerica</value>
  </managed-property>
  ...
</managed-bean>
```

Este exemplo configura um bean chamado NA, que tem diversas propriedades, uma das quais é chamada shape.

Embora as tags area da página chooselocale.jsp não estejam ligadas a uma propriedade ImageArea (elas estão ligadas ao bean propriamente dito), para fazer isso, você referencia a propriedade usando a expressão com ligação de valores do atributo value da tag de componentes.

```
<h:outputText value="#{NA.shape}" />
```

Na maioria das vezes você não incluirá definições para as propriedades de um bean gerenciado ao configurá-lo Você precisa definir uma propriedade e seu valor somente quando você quiser que a propriedade seja inicializada com um valor quando o bean for inicializado.

Se o atributo value da tag de componentes se referir a uma propriedade que não esteja inicializada na configuração do bean gerenciado, a parte da expressão com ligação de valores depois do . deve corresponder ao nome da propriedade definida no bean de suporte.

Veja Arquivo de recursos para configuração do aplicativo para informações sobre como configurar beans no arquivo de recursos para a configuração do aplicativo.

Como escrever propriedades do componente explica com mais detalhes como escrever as propriedades do bean de suporte para cada um dos tipos de componentes.

Como ligar um valor do componente a um objeto implícito

Uma fonte de dados externa que um atributo value pode referenciar é um objeto implícito.

A página bookreceipt.jsp do aplicativo da Duke´s Bookstore inclui uma referência para um objeto implícito de uma tag com substituição de parâmetro:

```
<h:outputFormat title="thanks" value="#{bundle.ThankYou}">
  <f:param value="#{sessionScope.name}"/>
</h:outputFormat>
```

Esta tag obtém o nome do cliente a partir do escopo da sessão e o insere dentro da mensagem parametrizada na chave ThankYouParm do pacote de recursos. Por exemplo, se o nome do cliente for Gwen Canigeti, esta tag renderizará:

```
Thank you, Gwen Canigetit, for purchasing your books from us.
```

A tag name da página bookcashier.jsp tem a implementação de receptores NameChanged registrada nela. O receptor salva o nome do cliente no escopo da sessão quando a página bookcashier.jsp é submetida. Veja Como implementar receptores com alteração de valores para maiores informações sobre como o receptor funciona. Veja Como registrar um ValueChangeListener em um componente para aprender como o receptor é registrado na tag.

Obter valores de outros objetos implícitos é feito de maneira semelhante ao exemplo mostrado nesta seção. A Tabela 18-9 lista os objetos implícitos que um atributo value pode referenciar. Todos os objetos implícitos com exceção dos objetos de escopo são somente para leitura e, portanto, não deveriam ser usados como valor para um componente UIInput.

Tabela 18-9 Objetos implícitos

Objeto implícito	**O que ele é**
applicationScope	Uma Mapa dos valores de atributo do escopo do aplicativo, chaveado pelo nome do atributo
cookie	Uma Mapa dos valores de cookie para a requisição corrente, chaveado pelo nome do cookie
facesContext	A instância FacesContext para a requisição corrente

Tabela 18-9 Objetos implícitos (continuação)

Objeto implícito	O que ele é
header do cabeçalho	Um Mapa de valores de cabeçalho para a requisição atual, chaveado pelo nome
headerValues	Um Mapa de arrays de String contendo todos os valores de cabeçalho para cabeçalhos HTTP da requisição atual, chaveado pelo nome do cabeçalho
initParam	Um Mapa dos parâmetros de inicialização de contexto para este aplicativo Web
param	Um Mapa dos parâmetros de requisição para esta requisição, chaveado pelo nome do parâmetro
paramValues	Um Mapa de arrays de String contendo todos os valores de parâmetro para os parâmetros de requisição da requisição atual, chaveado pelo nome do parâmetro
requestScope	Um Mapa dos atributos de requisição para esta requisição, chaveado pelo nome do atributo
sessionScope	Um Mapa dos atributos de sessão para esta requisição, chaveado pelo nome do atributo
view	O componente UI raiz da árvore de componentes corrente armazenado na FacesRequest para esta requisição

Como ligar uma instância do componente a uma propriedade do bean

Uma instância do componente pode ser ligada a uma propriedade do bean usando uma expressão com ligação de valores que contenha o atributo binding da tag de componentes. Você normalmente liga uma instância do componente no lugar de seu valor a uma propriedade do bean se o bean precisar alterar dinamicamente os atributos do componente.

Aqui estão duas tags da página bookcashier.jsp que ligam componentes a propriedades do bean:

```
<h:selectBooleanCheckbox
  id="fanClub"
  rendered="false"
  binding="#{cashier.specialOffer}" />
<h:outputLabel for="fanClubLabel"
  rendered="false"
  binding="#{cashier.specialOfferText}" >
  <h:outputText id="fanClubLabel"
    value="#{bundle.DukeFanClub}"
  />
</h:outputLabel>
```

A tag selectBooleanCheckbox renderiza uma caixa de verificação e liga o componente UISelectBoolean fanClub à propriedade specialOffer de CashierBean. A tag outputLabel liga o componente que representa o label da caixa de verificação à propriedade specialOfferText de CashierBean. Se a locale do aplicativo for inglês, a tag outputLabel renderizará:

```
I'd like to join the Duke Fan Club, free with my purchase of over $100
```

Os atributos rendered das duas tags são definidos para false, o que impede que a caixa de verificação e seu label sejam renderizados. Se o cliente compra mais de $100 (ou 100 euros) em valores de livros e clica o botão

Submit, o método submit de CashierBean define as propriedades de ambos os componentes para true, fazendo com que a caixa de verificação e seu label sejam renderizados.

Estas tags utilizam ligações de componentes em vez de ligações de valores porque o bean de suporte deve definir dinamicamente os valores das propriedades rendered dos componentes.

Se as tags fossem usar ligações de valores no lugar de ligações de componentes, o bean de suporte não teria acesso direto aos componentes e, portanto, iria precisar de código adicional para acessar os componentes da FacesContext a fim de modificar as propriedades rendered dos componentes.

Como escrever propriedades ligadas a instâncias de componentes explica como escrever as propriedades do bean ligadas aos componentes de exemplo e, também, discute como o método submit define as propriedades rendered dos componentes.

Como referenciar um método do bean de suporte

Uma tag de componentes possui um conjunto de atributos para referenciar métodos do bean de suporte que possam realizar certas funções para os componentes associados à tag. Estes atributos estão resumidos na Tabela 18-10.

Somente componentes que implementam ActionSource podem usar os atributos action e actionListener. Somente componentes UIInput ou componentes que estendem UIInput podem usar os atributos validator ou valueChangeListener.

Tabela 18-10 Atributos de tag de componentes que referenciam métodos do bean de suporte

Atributo	Função
Action	Referencia um método do bean de suporte que realiza processamento de navegação para o componente e retorna uma String de saída lógica
ActionListener	Referencia um método do bean de suporte que trata ActionEvents
validator	Referencia um método do bean de suporte que realiza validações no valor do componente
valueChangeListener	Referencia um método do bean de suporte que trata ValueChangeEvents

A tag de componentes referencia um método do bean de suporte usando a expressão com ligação de métodos como valor de um dos atributos. As quatro seções seguintes fornecem exemplos de como usar os quatros atributos diferentes.

Como referenciar um método que efetua navegação

Se a sua página inclui um componente (tal como um botão ou um hyperlink) que faz com que o aplicativo navegue para uma outra página quando o componente é ativado, a tag correspondente a este componente deve incluir um atributo action. Este atributo faz:

- ❑ Especifica uma String de saída lógica que diz ao aplicativo qual página acessar em seguida.
- ❑ Referencia um método do bean de suporte que realiza algum processamento e retorna uma String de saída lógica.

A página bookcashier.jsp do aplicativo da Duke´s Bookstore tem uma tag commandButton que referencia um método do bean de suporte que calcula a data de expedição. Se o cliente comprou mais de $100 (ou 100 euros) em valores de livros, este método também define as propriedades rendered de alguns dos componentes para true, e retorna nulo; caso contrário, ele retorna receipt, que exibe a página bookreceipt.jsp. Aqui está a tag commandButton da página bookcashier.jsp:

```
<h:commandButton
  value="#{bundle.Submit}"
  action="#{cashier.submit}" />
```

O atributo action utiliza uma expressão com ligação de método para referenciar o método submit de CashierBean. Este método processará o evento acionado pelo componente correspondente a esta tag.

Como escrever um método para tratar navegação descreve como implementar o método submit de CashierBean.

O arquiteto do aplicativo deve configurar uma regra de navegação que determine qual página acessar dada uma página corrente e a saída lógica, que tanto é retornada do método do bean de suporte, como especificada na tag. Veja Como configurar regras de navegação para informações sobre como definir regras de navegação no arquivo de recursos para configuração do aplicativo.

Como referenciar um método que trata um ActionEvent

Se um componente de sua página gerar um ActionEvent, e se esse evento for tratado por um método do bean de suporte, você deverá referenciar o método usando o atributo actionListener do componente.

A página chooselocale.jsp do aplicativo da Duke´s Bookstore inclui alguns componentes que são tratados pelos eventos de ação. Um deles é o componente NAmerica:

```
<h:commandLink id="NAmerica" action="bookstore"
  actionListener="#{localeBean.chooseLocaleFromLink}">
```

O atributo actionListener desta tag de componente faz referência ao método chooseLocaleFromLink usando uma expressão com ligação de método. O método chooseLocaleFromLink manipula o evento de um usuário que clica no hyperlink renderizado por esse componente.

O atributo actionListener pode ser usado somente com as tags de componentes que implementam ActionSource. Eles incluem componentes UICommand.

Como escrever um método para tratar um ActionEvent descreve como implementar um método que trata um evento de ação.

Como referenciar um método que realiza validação

Se a entrada de um dos componentes de sua página é validada por um método do bean de suporte, você precisa referenciar o método a partir da tag do componente usando o atributo validator.

O aplicativo Coffe Break inclui um método que realiza validação do componente de entrada de e-mail da página checkoutForm.jsp. Aqui está a tag correspondente a este componente:

```
<h:inputText id="email" value="#{checkoutFormBean.email}"
  size="25" maxlength="125"
  validator="#{checkoutFormBean.validateEmail}"/>
```

Esta tag referencia o método validate descrito em Como escrever um método para efetuar validações usando a expressão com ligação de método.

O atributo validator pode ser usado somente com componente UIInput ou aqueles componentes cujas classes estendem UIInput.

Como escrever um método para efetuar validações descreve como implementar um método que efetua validações.

Como referenciar um método que trata um ValueChangeEvent

Se você quiser um componente em sua página para gerar um ValueChangeEvent e quiser que esse evento seja tratado por um método do bean de suporte, referencie o método usando o atributo valueChangeListener do componente.

O componente name da página bookcashier.jsp do aplicativo da Duke´s Bookstore referencia um ValueChangeListener que trata o evento de um usuário entrando um nome no campo de entrada name:

```
<h:inputText
  id="name"
  size="50"
  value="#{cashier.name}"
  required="true">
  <f:valueChangeListener type="listeners.NameChanged" />
</h:inputText>
```

Para ilustração, Como escrever um método para tratar um evento ValueChange descreve como implementar este receptor com um método do bean de suporte no lugar de uma classe de implementação de receptor. Para referenciar este método do bean de suporte, a tag utiliza o atributo valueChangeListener:

```
<h:inputText
  id="name"
  size="50"
  value="#{cashier.name}"
  required="true"
  valueChangeListener="cashier.processValueChangeEvent" />
</h:inputText>
```

O atributo valueChangeListener desta tag de componentes referencia o método processValueChange de CashierBean usando uma expressão de ligação de método. O método processValueChange trata o evento de um usuário introduzindo seu nome no campo de entrada renderizado por este componente.

O atributo ValueChangeListener pode ser usado somente com as tags de componentes UIInput e componentes cujas classes estendam UIInput.

Como escrever um método para tratar um evento ValueChange descreve como implementar um método que trata um ValueChangeEvent.

Como usar objetos personalizados

Como autor de página, você pode precisar usar conversores personalizados, validadores, ou componentes empacotados com o aplicativo em suas páginas JSP.

Um conversor personalizado é aplicado a um componente aninhando, tanto uma tag validator, como uma tag personalizada do validador dentro da tag do componente.

Para usar um componente personalizado, você usa a tag personalizada associada ao componente.

Como explicado em Como configurar uma página, você deve se assegurar de que o TLD defina que as tags personalizadas sejam empacotadas no aplicativo. Arquivos TLD são armazenados no diretório WEB-INF ou subdiretório do arquivo WAR, ou no diretório META-INF/, ou no subdiretório de uma biblioteca de tags empacotada em um JAR.

Em seguida, você inclui uma declaração de taglib de modo que a página tenha acesso às tags. Todos os objetos personalizados para o aplicativo da Duke´s Bookstore estão definidos no bookstore.tld. Aqui está a declaração de taglib que você deve incluir em sua página de modo que possa usar as tags deste TLD:

```
<%@ taglib uri="/WEB-INF/bookstore.tld" prefix="bookstore" %>
```

Ao incluir a tag personalizada na página, você pode consultar o TLD para determinar quais atributos a tag suporta e como eles são usados.

As três próximas seções descrevem como utilizar o conversor, o validador, e o componente UI, personalizados e incluídos no aplicativo da Duke´s Bookstore.

Como usar um conversor personalizado

Para aplicar a conversão de dados efetuada por um conversor personalizado para um valor de componente particular, você deve tanto definir o atributo converter da tag de componentes para o identificador da implementação do Converter, como definir o atributo converterId da tag do conversor aninhado para o identificador da implementação do Converter. O arquiteto de aplicativos forneceu este identificador ao registrar o Converter como o aplicativo, como explicado em Como registrar um conversor personalizado. Como criar um conversor personalizado explica como o conversor personalizado foi implementado.

O identificador para o CreditCardConverter é creditCardConverter. O CreditCardConverter está anexado ao componente ccno, como mostrado nesta tag da página bookcashier.jsp:

```
<h:inputText id="ccno"
  size="19"
  converter="creditCardConverter"
  required="true">
  ...
</h:inputText>
```

Definindo o atributo converter de uma tag do componente para o identificador de um Converter, você faz com que o valor local do componente seja automaticamente convertido de acordo com as regras especificadas na implementação do Coverter.

Um autor de página pode usar o mesmo conversor personalizado com qualquer componente semelhante simplesmente fornecendo o identificador da implementação do Converter para o atributo converter da tag do componente ou para o atributo convertId da tag converter aninhada.

Como usar um validador personalizado

Para usar um validador personalizado em uma página JSP, você deve aninhar a tag personalizada do validador dentro da tag do componente cujo valor você quer que seja validado pelo validador personalizado.

Aqui está a tag formatValidator do campo ccno da página bookcashier.jsp do aplicativo da Duke´s Bookstore:

```
<h:inputText id="ccno" size="19"
  ...
  required="true">
  <bookstore:formatValidator
```

```
  formatPatterns="9999999999999999|9999 9999 9999 9999|
  9999-9999-9999-9999" />
</h:inputText>
<h:message styleClass="validationMessage" for="ccno"/>
```

Esta tag valida a entrada do campo ccno contra os padrões definidos pelo autor da página no atributo formatPatterns.

Você pode usar o mesmo validador personalizado para qualquer componente semelhante simplesmente aninhando a tag do validador personalizado dentro da tag de componentes.

Como criar um validador personalizado descreve como criar o validador personalizado e sua tag personalizada.

Se o desenvolvedor de aplicativos, que criou o validador personalizado, preferir configurar os atributos na implementação do Validador ao invés de permitir que o autor de página configure os atributos a partir da página, o desenvolvedor não criará uma tag personalizada para uso com o validador.

Ao invés, o autor de página deve seguir estas etapas:

- ❑ Aninhar a tag validator dentro da tag do componente cujo dado precise ser validado.
- ❑ Definir o atributo validatorId da tag do validador para o ID do validador definido no arquivo de recursos para configuração do aplicativo. Como registrar um validador personalizado explica como definir o validador no arquivo de recursos para a configuração do aplicativo.

A tag seguinte registra o FormatValidator de um componente usando uma tag validator e referenciando o ID do validador:

```
<h:inputText id="zip" value="#{CustomerBean.zip}"
    size="10" ... >
  <f:validator validatorId="FormatValidator" />
  ...
</h:inputText>
```

Como usar um componente personalizado

Usar um componente personalizado em uma página é semelhante a usar um validador personalizado, exceto que o validador personalizado deve estar aninhado dentro das tags do componente. De modo a usar o componente personalizado na página, você precisa declarar a biblioteca de tags que define as tags personalizadas que renderizam o componente personalizado. Isso é explicado em Como usar objetos personalizados.

O aplicativo da Duke´s Bookstore inclui um componente de mapa de imagem personalizado da página chooselocale.jsp. Este componente permite que você selecione a locale para o aplicativo clicando na região do mapa da imagem:

```
...
<h:graphicImage id="mapImage" url="/template/world.jpg"
  alt="#{bundle.chooseLocale}"
  usemap="#worldMap" />
  <bookstore:map id="worldMap" current="NAmericas"
    immediate="true"
    action="bookstore"
    actionListener="#{localeBean.chooseLocaleFromMap}">
    <bookstore:area id="NAmerica" value="#{NA}"
      onmouseover="/template/world_namer.jpg"
      onmouseout="/template/world.jpg"
      targetImage="mapImage" />
    ...
    <bookstore:area id="France" value="#{fraA}"
```

```
    onmouseover="/template/world_france.jpg"
    onmouseout="/template/world.jpg"
    targetImage="mapImage" />
</bookstore:map>
```

A tag graphicImage associa uma imagem (world.jpg) com um mapa da imagem que é referenciado no valor de atributo usemap.

A tag map personalizada, que representa o componente personalizado, MapComponent, especifica o mapa da imagem, e contém um conjunto de tags area personalizadas. Cada tag area representa uma AreaComponent personalizada e especifica uma região do mapa da imagem.

Na página, os atributos onmouseover e onmouseout definem a imagem que é mostrada quando o usuário efetua as ações descritas pelos atributos. O autor de página define o que são as imagens. O renderizador personalizado também renderiza um atributo onclick.

Na página renderizada HTML, os atributos onmouseover, onmouseout e onclick definem qual código JavaScript é executado quando estes eventos ocorrem. Quando o usuário move o mouse sobre uma região, a função onmouseover associada à região exibe o mapa com aquela região destacada. Quando o usuário move o mouse fora da região, a função onmouseout torna a exibir a imagem original. Quando o usuário clica uma região, a função onclick define o valor de uma tag de entrada oculta para o ID da área selecionada e submete a página.

Quando o renderizador personalizado renderiza estes atributos em HTML, ele também renderiza o código JavaScript. O renderizador personalizado também renderiza todo o atributo onclick em vez de permitir que o autor de página defina isso.

O renderizador personalizado, que renderiza a tag map, também renderiza um componente de entrada oculto que contém a área corrente. Os objetos do lado do servidor obtêm o valor do campo de entrada oculto e definem a locale na FacesContext de acordo com qual região foi selecionada.

O Capítulo 20 descreve as tags personalizadas com maiores detalhes e também explica como criar os componentes do mapa da imagem, renderizadores e tags.

19

Desenvolvimento com tecnologia JavaServer Faces

O Capítulo 18 mostra como o autor de página pode ligar componentes a objetos de back-end usando as tags de componentes e tags de core da página JSP. A responsabilidade do desenvolvedor do aplicativo é programar os objetos de back-end de um aplicativo JavaServer Faces. Estes objetos incluem beans de suporte, conversores, tratadores de eventos e validadores. Este capítulo usa o aplicativo da Duke´s Bookstore (veja Exemplo do aplicativo JavaServer Faces) para explicar todas as responsabilidades do desenvolvedor de aplicativos, incluindo:

- Programar propriedades e métodos de um bean de suporte
- Localizar um aplicativo
- Criar conversores e validadores personalizados
- Implementar receptores de eventos
- Escrever métodos de bean de suporte para efetuar processamento de navegação e validação e tratamento de eventos.

Como escrever propriedades de componente

Como explicado em Gerenciamento de bean de suporte, há dois tipos de propriedades de bean de suporte: aquelas que estão ligadas a um valor do componente e as que estão ligadas a uma instância do componente. Estas propriedades seguem as convenções do componente JavaBeans (veja Componentes JavaBeans).

A tag de componentes liga o valor do componente a uma propriedade usando seu atributo value. A tag de componentes liga a instância do componente a uma propriedade usando seu atributo binding. Usar os atributos para ligar componentes e seus valores a propriedades é discutido em Como ligar instâncias e valores de componentes a fontes de dados externos.

Para ligar um valor do componente a uma propriedade do bean de suporte, o tipo da propriedade deve corresponder ao tipo do valor do componente ao qual ela esteja ligada. Por exemplo, se uma propriedade do bean de suporte estiver ligada ao valor do componente UISelectBoolean, a propriedade deverá aceitar e retornar um valor boolean ou uma instância de Object do wrapper Boolean.

Para ligar uma instância do componente, a propriedade deve corresponder ao tipo do componente. Por exemplo, se uma propriedade do bean de suporte estiver ligada a uma instância de UISelectBoolean, a propriedade deverá aceitar e retornar um UISelectBoolean.

O resto desta seção explica como escrever propriedades que podem estar ligadas a valores de componentes e instâncias de componentes para os objetos de componentes descritos em Como utilizar as tags de componentes HTML.

Como escrever propriedades ligadas a valores de componentes

Para escrever uma propriedade do bean de suporte para um valor do componente, você deve conhecer os tipos que o valor do componente pode ser de modo que você possa fazer a propriedade corresponder ao tipo de valor do componente.

A Tabela 19-1 lista todas as classes de componentes descritas em Como utilizar as tags de componentes HTML e os tipos aceitáveis de seus valores.

Quando os autores de página ligam componentes a propriedades usando os atributos value das tags de componentes, eles precisam se certificar de que as propriedades correspondentes se equiparam aos tipos dos valores dos componentes.

Tabela 19-1 Tipos aceitáveis de valores de componentes

Componente	Tipos aceitáveis de valores de componentes
UIInput, UIOutput, UISelectItem, UISelectOne	Qualquer dos tipos primitivos e numéricos ou qualquer tipo de objeto da linguagem de programação Java para o qual a implementação de um Converter apropriado está disponível.
UIData	array de beans, lista de beans, bean único, java.sql.ResultSet, javax.servlet.jsp.jstl.sql.Result, javax.sql.RowSet.
UISelectBoolean	boolean ou Boolean
UISelectItems	java.lang.String, Collection, Array, Map
UISelectMany	array ou List. Elementos do array ou List podem ser de qualquer dos tipos padronizados

Propriedades UIInput e UIOutput

A tag seguinte liga o componente name à propriedade name de CashierBean:

```
<h:inputText id="name" size="50"
  value="#{cashier.name}"
  required="true">
  <f:valueChangeListener type="listeners.NameChanged" />
</h:inputText>
```

Aqui está a propriedade do bean ligada ao componente name:

```
protected String name = null;
public void setName(String name) {
  this.name = name;
}
```

```
public String getName() {
  return this.name;
}
```

Como usar conversores-padrão descreve que, para converter o valor de um componente UIInput ou UIOutput, você pode tanto aplicar um conversor, como criar a propriedade do bean ligada ao componente com o tipo desejado. Aqui está a tag de exemplo explicada em Como usar DateTimeConverter que mostra a data em que os livros serão expedidos:

```
<h:outputText value="#{cashier.shipDate}">
  <f:convertDateTime dateStyle="full" />
</h:outputText>
```

O desenvolvedor de aplicativos deve se certificar de que a propriedade ligada ao componente representado por esta tag tem um tipo de java.util.Date. Aqui está a propriedade shipDate de CashierBean:

```
protected Date shipDate;
public Date getShipDate() {
  return this.shipDate;
}
public void setShipDate(Date shipDate) {
  this.shipDate = shipDate;
}
```

Veja Como ligar instâncias e valores de componentes a fontes de dados externos para maiores informações sobre aplicar uma implementação do Converter.

Propriedades UIData

Componentes UIData devem ser ligados a um dos tipos listados na Tabela 19-1. O componente UIData da página bookshowcart.jsp do exemplo da Duke´s Bookstore é discutido na seção Componente UIData. Aqui está a parte da tag inicial de dataTable daquela seção:

```
<h:dataTable id="items"
  ...
  value="#{cart.items}"
  var="item" >
```

A expressão com ligação de valores aponta para a propriedade items do bean ShoppingCart. O bean ShoppingCart mantém uma mapa dos beans ShoppingCartItem.

O método getItems de ShoppingCart preenche uma List com instâncias de ShoppingCartItem que são salvas no mapa de items a partir de quando o cliente adicione livros ao carrinho:

```
public synchronized List getItems() {
  List results = new ArrayList();
  Iterator items = this.items.values().iterator();
  while (items.hasNext()) {
    results.add(items.next());
  }
  return (results);
}
```

Todos os componentes contidos no componente UIData estão ligados às propriedades do bean ShoppingCart que está ligado ao componente UIData inteiro. Por exemplo, aqui está a tag outputText que exibe o título do livro da tabela:

```
<h:commandLink action="#{showcart.details}">
  <h:outputText value="#{item.item.title}"/>
</h:commandLink>
```

O título do livro é na verdade um hyperlink para a página bookdetails.jsp. A tag outputText usa uma expressão com ligação de valores #{item.item.title} para ligar seu componente UIOutput à propriedade title do bean BookDetails. O primeiro item da expressão é a instância de ShoppingCartItem que a tag dataTable está referenciando enquanto renderiza a linha corrente. O segundo item da expressão se refere à propriedade item de ShoppingCartItem, que retorna um bean de BookDetails. A parte do título da expressão se refere à propriedade title de BookDetails. O valor do componente UIOutput correspondente a esta tag está ligado à propriedade title do bean BookDetails:

```
private String title = null;

public String getTitle() {
  return this.title;
}
public void setTitle(String title) {
  this.title=title;
}
```

Propriedades UISelectBoolean

As propriedades que contêm os dados do componente UISelectBoolean devem ser do tipo boolean ou Boolean. A tag selectBooleanCheckbox de exemplo da seção Componente UISelectBoolean liga um componente à propriedade. Aqui está um exemplo que vincula um valor do componente à propriedade:

```
<h:selectBooleanCheckbox title="#{bundle.receiveEmails}"
  value="#{custFormBean.receiveEmails}" >
</h:selectBooleanCheckbox>
<h:outputText value="#{bundle.receiveEmails}">
```

Aqui está uma propriedade que pode ser ligada ao componente representado pela tag do exemplo:

```
protected boolean receiveEmails = false;
  ...
public void setReceiveEmails(boolean receiveEmails) {
  this.receiveEmails = receiveEmails;
}
public boolean getReceiveEmails() {
  return receiveEmails;
}
```

Propriedades UISelectMany

Como um componente UISelectMany permite que um usuário selecione um ou mais itens de uma lista de itens, este componente deve mapear para uma propriedade do bean de tipo List ou array. Esta propriedade do bean representa um conjunto de itens selecionados correntemente da lista de itens disponíveis.

Aqui está o exemplo da tag selectManyCheckbox de Como usar a tag selectManyCheckBox:

```
<h:selectManyCheckbox
  id="newsletters"
  layout="pageDirection"
  value="#{cashier.newsletters}">
  <f:selectItems value="#{newsletters}"/>
</h:selectManyCheckbox>
```

Aqui está a propriedade do bean que mapeia para o valor deste exemplo de selectManyCheckbox:

```
protected String newsletters[] = new String[0];

public void setNewsletters(String newsletters[]) {
  this.newsletters = newsletters;
}
public String[] getNewsletters() {
  return this.newsletters;
}
```

Como explicado na seção Componentes UISelectMany, os componentes UISelectItem e UISelectItems são usados para representar todos os valores em um componente UISelectMany. Veja Propriedades UISelectItem e Propriedades UISelectItems para informações sobre como escrever as propriedades do bean para os componentes UISelectItem e UISelectItems.

Propriedades UISelectOne

As propriedades UISelectOne aceitam os mesmos tipos que as propriedades UIInput e UIOutput. Isto é por que um componente UISelectOne representa um único item selecionado a partir de um conjunto de itens. Este item pode ser qualquer um dos tipos primitivos e qualquer coisa para a qual você possa aplicar um conversor.

Aqui está a tag selectOneMenu do exemplo de Como usar a tag selectOneMenu:

```
<h:selectOneMenu id="shippingOption"
  required="true"
  value="#{cashier.shippingOption}">
  <f:selectItem
    itemValue="2"
    itemLabel="#{bundle.QuickShip}"/>
  <f:selectItem
    itemValue="5"
    itemLabel="#{bundle.NormalShip}"/>
  <f:selectItem
    itemValue="7"
    itemLabel="#{bundle.SaverShip}"/>
</h:selectOneMenu>
```

Aqui está a propriedade correspondente a esta tag:

```
protected String shippingOption = "2";

public void setShippingOption(String shippingOption) {
  this.shippingOption = shippingOption;
}
public String getShippingOption() {
  return this.shippingOption;
}
```

Note que shippingOption representa o item selecionado correntemente da lista de itens no componente UISelectOne.

Como explicado na seção Componente UISelectOne, os componentes UISelectItem e UISelectItems são usados para representar todos os valores em um componente UISelectOne. Veja Propriedades UISelectItem e Propriedades UISelectItems para informações sobre como escrever as propriedades do bean de suporte para os componentes UISelectItem e UISelectItems.

Propriedades UISelectItem

Um componente UISelectItem representa um valor em um conjunto de valores em um componente UISelectMany ou UISelectOne. A propriedade do bean de suporte à qual um componente UISelectItem está ligado deve ser do tipo SelectItem. Um objeto SelectItem é composto de um Object que representa o valor, junto com duas Strings que representam o label e a descrição do SelectItem. O aplicativo da Duke´s Bookstore não usa quaisquer componentes UISelectItem cujos valores estejam ligados a beans de suporte. A tag selectOneMenu de exemplo de Como usar a tag selectOneMenu contém tags selectItem que definem os valores da lista de itens da página. Aqui está uma propriedade do bean de exemplo que pode definir os valores para esta lista no bean:

```
SelectItem itemOne = null;

SelectItem getItemOne(){
  return itemOne;
}

void setItemOne(SelectItem item) {
  itemOne = item;
}
```

Propriedades UISelectItems

Componentes UISelectItems são filhos dos componentes UISelectMany e UISelectOne. Cada componente UISelectItems é composto tanto de um conjunto de instâncias de SelectItem, como de um conjunto de instâncias SelectItemGroup. Como descrito em Como usar a tag selectItems, uma SelectItemGroup é composta de um conjunto de instâncias de SelectItem. Esta seção descreve como escrever as propriedades para as tags selectItems contendo as instâncias de SelectItem e para tags selectItems contendo as instâncias de SelectItemGroup.

Propriedades para SelectItems compostas de instâncias de SelectItem

Como usar a Tag selectItems descreve como a lista de newsletters do aplicativo da Duke´s Bookstore é preenchida usando o arquivo de recursos para configuração do aplicativo. Você também pode preencher as SelectItems com instâncias de SelectItem via programação no bean de suporte. Esta seção explica como fazer isso.

Em seu bean de suporte, você cria uma lista que está ligada ao componente SelectItem. Depois você define um conjunto de objetos SelectItem, determina seus valores, e preenche a lista com os objetos SelectItem. Aqui está um snippet de código de exemplo que mostra como criar uma propriedade SelectItems:

```
import javax.faces.component.SelectItem;
...
protected ArrayList options = null;
protected SelectItem newsletter0 =
  new SelectItem("200", "Duke's Quarterly", "");
...
//in constructor, populate the list
options.add(newsletter0);
options.add(newsletter1);
options.add(newsletter2);
...
public SelectItem getNewsletter0(){
  return newsletter0;
}
```

```
void setNewsletter0(SelectItem firstNL) {
  newsletter0 = firstNL;
}
// Other SelectItem properties
public Collection[] getOptions(){
  return options;
}
public void setOptions(Collection[] options){
  this.options = new ArrayList(options);
}
```

O código primeiro inicializa options como uma lista. Cada propriedade de newsletter é definida com valores. Depois, a SelectItem de newsletter é adicionada à lista. Finalmente, o código inclui os métodos de acesso obrigatórios setOptions e getOptions.

Propriedades para SelectItems composto de instâncias SelectItemGroup

A seção precedente explica como escrever a propriedade do bean para um componente SelectItems composto de instâncias SelectItem. Esta seção explica como modificar a propriedade de exemplo da seção precedente de modo que SelectItem seja composto por instâncias de SelectItemGroup.

Vamos separar as newsletter em dois grupos: um grupo inclui as newsletters de Duke, e o outro grupo inclui as newsletters Innovator's Almanac e Random Ramblings.

Em seu bean de suporte, você precisa de uma lista que contenha duas instâncias de SelectItemGroup. Cada instância de SelectItemGroup contém duas instâncias de SelectItem, cada uma representando um newsletter:

```
import javax.faces.model.SelectItemGroup;
...
private ArrayList optionsGroup = null;

optionsGroup = new ArrayList(2);

private static final SelectItem options1[] = {
  new SelectItem("200", "Duke's Quarterly", "");
  new SelectItem("202",
    "Duke's Diet and Exercise Journal", "");
};
private static final SelectItem options2[] = {
  new SelectItem("201", "Innovator's Almanac", "");
  new SelectItem("203", "Random Ramblings", "");
};

SelectItemGroup group1 =
  new SelectItemGroup("Duke's", null, true, options1);

SelectItemGroup group2 =
  new SelectItemGroup("General Interest", null, true,
    options2);

optionsGroup.add(group1);
optionsGroup.add(group2);

public Collection getOptionsGroup() {
  return optionsGroup;
}
public void setOptionsGroup(Collection newGroupOptions) {
  optionsGroup = new ArrayList(newGroupOptions);
}
```

O código primeiro inicializa optionsGroup como uma lista. A lista optionsGroup contém dois objetos de SelectItemGroup. Cada objeto é inicializado com o label do grupo que aparece na lista ou no menu; um valor; um Boolean indicando se o label está ou não desabilitado; e um array contendo duas instâncias de SelectItem. Depois cada SelectItemGroup é adicionado à lista. Finalmente, o código inclui os métodos de accessor setOptionsGroup e getOptionsGroup de modo que a tag possa acessar os valores. A tag selectItems referencia a propriedade optionsGroup para obter os objetos SelectItemGroup para preencher a lista ou o menu da página.

Como escrever propriedades ligadas a instâncias do componente

Uma propriedade ligada a uma instância do componente retorna e aceita uma instância do componente em vez de um valor do componente. Aqui estão as tags descritas em Como ligar uma instância do componente a um propriedade do bean que liga componentes às propriedades do bean de suporte:

```
<h:selectBooleanCheckbox
  id="fanClub"
  rendered="false"
  binding="#{cashier.specialOffer}" />
<h:outputLabel for="fanClub"
  rendered="false"
  binding="#{cashier.specialOfferText}" >
  <h:outputText id="fanClubLabel"
    value="#{bundle.DukeFanClub}" />
</h:outputLabel>
```

Como explica Como ligar uma instância do componente a uma propriedade do bean, a tag selectBooleanCheckbox renderiza uma caixa de verificação e liga o componente UISelectBoolean fanClub à propriedade specialOffer de CashierBean. A tag outputLabel liga o componente fanClubLabel (que representa o label da caixa de verificação) à propriedade specialOfferText de CashierBean. Se o usuário comprar mais de $100 (ou 100 euros) em valores de livros e clicar o botão Submit, o método submit de CashierBean definirá ambas as propriedades renderizadas dos componentes para true, fazendo com que a caixa de verificação e o label sejam mostrados quando a página for renderizada.

Como os componentes correspondentes às tags de exemplo estão ligados às propriedades do bean de suporte, estas propriedades devem corresponder aos tipos dos componentes. Isso significa que a propriedade specialOfferText deve ser do tipo UIOutput, e a propriedade specialOffer do tipo UISelectBoolean:

```
UIOutput specialOfferText = null;

public UIOutput getSpecialOfferText() {
  return this.specialOfferText;
}
public void setSpecialOfferText(UIOutput specialOfferText) {
  this.specialOfferText = specialOfferText;
}

UISelectBoolean specialOffer = null;

public UISelectBoolean getSpecialOffer() {
  return this.specialOffer;
}
public void setSpecialOffer(UISelectBoolean specialOffer) {
  this.specialOffer = specialOffer;
}
```

Veja Gerenciamento de Bean de suporte para mais informações gerais sobre ligação de componentes.

Veja Como referenciar um método que efetua navegação para informações sobre como referenciar um método do bean de suporte que efetue a navegação quando um botão for clicado.

Veja Como escrever um método para tratar navegação para maiores informações sobre escrever métodos do bean de suporte para tratar navegação.

Como realizar localização

Como mencionado em Como usar mensagens localizadas, dados e mensagens do aplicativo da Duke´s Bookstore foram localizados para francês, alemão, espanhol e inglês americano.

Esta seção explica como produzir as mensagens localizadas e também como localizar dados e mensagens dinâmicas.

Como usar mensagens localizadas descreve como os autores de páginas acessam dados localizados a partir da página, usando a tag loadBundle.

Se você não está familiarizado como o básico de localizando aplicativos Web, veja o Capítulo 22.

Como criar um pacote de recursos

Um ResourceBundle contém um conjunto de mensagens localizadas. Para aprender como criar um ResourceBundle, consulte:

```
http://java.sun.com/docs/books/tutorial/i18n/index.html
```

Depois que você cria ResourceBundle, coloque-o no mesmo diretório das suas classes. Muitos dos dados para o aplicativo da Duke´s Bookstore estão armazenados em um ResourceBundle chamado BookstoreMessages, localizado em <INSTALL>/j2eetutorial14/examples/web/bookstore/src/messages/.

Como localizar dados dinâmicos

O aplicativo da Duke´s Bookstore possui alguns dados que são definidos dinamicamente em beans de suporte. Por causa disso, os beans devem carregar os dados localizados por si próprios; os dados não podem ser carregados a partir da página.

O método message em AbstractionBean é um método para fins gerais que procura mensagens localizadas usadas em beans de suporte:

```
protected void message(String clientId, String key) {
  // Look up the requested message text
  String text = null;

  try {
    ResourceBundle bundle =
      ResourceBundle.getBundle("messages.BookstoreMessages",
        context().getViewRoot().getLocale());
    text = bundle.getString(key);
  } catch (Exception e) {
    text = "???" + key + "???";
  }
  // Construct and add a FacesMessage containing it
  context().addMessage(clientId, new FacesMessage(text));
}
```

Este método obtém a locale corrente do UIViewRoot da requisição corrente e carrega os dados localizados para as mensagens usando o método getBundle, passando o caminho para o ResourceBundle e para a locale corrente.

Os outros beans de suporte chamam este método usando a chave para a mensagem que eles estão tentando obter do pacote de recursos. Aqui está a chamada para o método message de ShowCartBean:

```
message(null, "Quantities Updated");
```

Como localizar mensagens

A API JavaServer Faces fornece duas maneiras de criar mensagens a partir de um ResourceBundle:

- Você pode registar o ResourceBundle com o arquivo de recursos para configuração do aplicativo e usar um padrão de fábrica de mensagens para examinar o ResourceBundle e gerar instâncias localizadas de FacesMessage, as quais representam mensagens localizadas únicas. O padrão de fábrica de mensagens é requerido para acessar mensagens que são registradas com a instância de Application. Ao invés de escrever seu próprio padrão de fábrica de mensagens, você pode usar aquela incluída com o aplicativo da Duke´s Bookstore. Ele se chama MessageFactory e está localizado em <INSTALL>/j2eetutorial14/examples/web/bookstore6/src/util/
- Você pode usar a classe FacesMessage para obter a string localizada diretamente do ResourceBundle

Como registrar mensagem inclui um exemplo de registrando um ResourceBundle no arquivo de recursos para configuração do aplicativo.

Como criar uma mensagem com uma fábrica de mensagens

Para usar uma fábrica de mensagens para criar uma mensagem, siga estas etapas:

1. Registre o ResourceBundle com o aplicativo. Isso é explicado em Como registrar mensagens.
2. Crie uma implementação de fábrica de mensagens. Você pode simplesmente copiar a classe MessageFactory incluída com o aplicativo da Duke´s Bookstore para o seu aplicativo.
3. Acesse uma mensagem a partir do seu aplicativo chamando o método getMessage(FacesContext, String, Object) do método da classe MessageFactory. A classe MessageFactory utiliza a FacesContext para acessar a instância de Application na qual as mensagens são registradas. O argumento String é a chave que corresponde à mensagem no ResourceBundle. O Objeto normalmente contém os parâmetros de substituição que são incorporados na mensagem. Por exemplo, o validador personalizado descrito em Como implementar a interface Validator substituirá o padrão de formato para o {0} nesta mensagem de erro:

   ```
   Input must match one of the following patterns {0}
   ```

   Como implementar a interface Validator fornece um exemplo de acessar mensagens.

Como usar FacesMessage para criar uma mensagem

Em vez de registrar mensagens no arquivo de recursos para configuração do aplicativo, você pode acessar o ResourceBundle diretamente a partir do código. O método validateEmail do exemplo do Coffee Break faz isto:

```
...
String message = "";
...
message = CoffeeBreakBean.loadErrorMessage(context,
  CoffeeBreakBean.CB_RESOURCE_BUNDLE_NAME,
    "EMailError");
context.addMessage(toValidate.getClientId(context),
  new FacesMessage(message));
...
```

Estas linhas também chamam o loadErrorMessage para obter a mensagem do ResourceBundle. Aqui está o método loadErrorMessage do CofeeBreakBean:

```
public static String loadErrorMessage(FacesContext context,
  String basename, String key) {
  if ( bundle == null ) {
    try {
      bundle = ResourceBundle.getBundle(basename,
        context.getViewRoot().getLocale());
    } catch (Exception e) {
      return null;
    }
  }
  return bundle.getString(key);
}
```

Como criar um conversor personalizado

Como explicado em Modelo de conversão, se os conversores-padrão incluídos com a tecnologia JavaServer Faces não realizam a conversão de dados que você precisa, você pode criar facilmente um conversor personalizado para efetuar esta conversão especializada.

Todos os conversores personalizados devem implementar a interface Converter. Esta implementação, no mínimo, deve definir como converter dados das duas maneiras entre as duas visões dos dados descritas em Modelo de conversão.

Esta seção explica como implementar a interface Converter para efetuar uma conversão de dados personalizada. Para tornar esta implementação disponível para o aplicativo, o arquiteto de aplicativos a registra com o aplicativo, como explicado em Como registrar um conversor personalizado. Para usar a implementação, o autor de página deve registrá-la em um componente, como explicado em Como usar um conversor personalizado.

O aplicativo da Duke´s Bookstore utiliza uma implementação de um Converter personalizado, chamado CreditCardConverter, para converter os dados introduzidos no campo Credit Card Number da página bookcashier.jsp. Ela remove brancos e hífens da string de texto e a formata de modo que um espaço vazio separe grupos de quatro caracteres.

Para definir como os dados são convertidos da visualização de apresentação para a visualização do modelo, a implementação de Converter deve implementar o método getAsObject(Faces-Context, UIComponent, String) da interface Converter. Aqui está a implementação deste método do CreditCardConverter:

```
public Object getAsObject(FacesContext context,
  UIComponent component, String newValue)
    throws ConverterException {

  String convertedValue = null;
  if ( newValue == null ) {
    return newValue;
  }
  // Since this is only a String to String conversion,
  // this conversion does not throw ConverterException.

  convertedValue = newValue.trim();
  if ( ((convertedValue.indexOf("-")) != -1) ||
    ((convertedValue.indexOf(" ")) != -1)) {
    char[] input = convertedValue.toCharArray();
    StringBuffer buffer = new StringBuffer(50);
    for ( int i = 0; i < input.length; ++i ) {
      if ( input[i] == '-' || input[i] == ' ' ) {
        continue;
      } else {
```

```
        buffer.append(input[i]);
      }
    }
    convertedValue = buffer.toString();
  }
    return convertedValue;
}
```

Durante a fase de aplicar valores de requisição, quando os métodos decode dos componentes são processados, a implementação JavaServer Faces procura o valor local do componente da requisição e chama o método getAsObject. Ao chamar este método, a implementação JavaServer Faces passa para a FacesContext corrente, o componente cujos dados precisam de conversão e o valor local como uma String. O método então escreve o valor local para um array de caracteres, remove os hífens e espaços vazios, adiciona o resto dos caracteres para uma String e retorna a String.

Para definir como os dados são convertidos da visualização de modelo para a visualização de apresentação, a implementação de Converter deve implementar o método getAsString(Faces-Context, UIComponent, Object) da interface Converter. Aqui está a implementação deste método de CreditCardConverter:

```
public String getAsString(FacesContext context,
  UIComponent component, Object value)
    throws ConverterException {

  String inputVal = null;
  if ( value == null ) {
    return null;
  }
  // value must be of the type that can be cast to a String.
  try {
    inputVal = (String)value;
  } catch (ClassCastException ce) {
    FacesMessage errMsg = MessageFactory.getMessage(
    CONVERSION_ERROR_MESSAGE_ID,
    (new Object[] { value, inputVal }));
    throw new ConverterException(errMsg.getSummary());
  }
  // insert spaces after every four characters for better
  // readability if it doesn't already exist.
  char[] input = inputVal.toCharArray();
  StringBuffer buffer = new StringBuffer(50);
  for ( int i = 0; i < input.length; ++i ) {
    if ( (i % 4) == 0 && i != 0) {
      if (input[i] != ' ' || input[i] != '-'){
        buffer.append(" ");
        // if there are any "-"'s convert them to blanks.
      } else if (input[i] == '-') {
        buffer.append(" ");
      }
    }
    buffer.append(input[i]);
  }
  String convertedValue = buffer.toString();
  return convertedValue;
}
```

Durante a fase de renderizar resposta, na qual o método encode dos componentes são chamados, a implementação JavaServer Faces chama o método getAsString de modo a gerar a saída apropriada. Quando a implementação JavaServer Faces chama este método, ele passa para a FacesContext corrente, o componente UI cujo valor precisa ser convertido, e o valor do bean para ser convertido. Como este conversor faz uma conversão de String para String, este método pode converter o valor do bean para uma String.

Se o valor não puder ser convertido para uma String, o método lançará uma exceção, passando a mensagem de erro do ResourceBundle, que é registrado com o aplicativo. Como registrar mensagens explica como registrar as mensagens de erros com o aplicativo. Como realizar a localização explica mais sobre trabalhar com mensagens localizadas.

Se o valor puder ser convertido para uma String, o método lerá a String para um array de caractere e fará o loop através do array, adicionando um espaço após cada grupo de quatro caracteres.

Como implementar um receptor de eventos

Como explicado em Modelo de evento e de receptor, a tecnologia JavaServer Faces suporta eventos de ação e eventos com alteração de valores.

Eventos de ação ocorrem quando o usuário ativa um componente que implementa ActionSource. Estes eventos são representados pela classe javax.faces.event.ActionEvent.

Os eventos com alteração de valores ocorrem quando o usuário modifica o valor de um componente UIInput ou de um componente cuja classe estende UIInput. Estes eventos são representados pela classe javax.faces.event.ValueChangeEvent.

Um modo de tratar esses eventos é implementar as classes de receptores apropriadas. Elas devem implementar javax.faces.event.ActionListener. De modo semelhante, os receptores que tratam os eventos com alteração de valores devem implementar javax.faces.event.ValueChangeListener.

Esta seção explica como implementar as duas classes de receptores.

Se precisar tratar eventos gerados por componentes personalizados, você deverá implementar um tratador de eventos e, manualmente, enfileirar o evento no componente bem como implementar um receptor de eventos. Veja Como tratar eventos para componentes personalizados para maiores informações.

Nota: Você não precisar criar uma implementação de ActionListener para tratar um evento que resulte, unicamente, em navegação para uma página, e não realize qualquer outro processamento específico de aplicativo. Veja Como escrever um método para tratar navegação para mais informações sobre como gerenciar a navegação de página.

Como implementar receptores com alteração de valores

Uma implementação de ValueChangeListener deve incluir o método processValueChange(ValueChangeEvent). Este método processa o evento com alteração de valores especificado e é chamado pela implementação JavaServer Faces quando o evento com alteração de valores ocorre. A instância de ValueChangeEvent armazena os valores antigos e novos do componente que acionou o evento.

A implementação do receptor NameChanged é registrada no componente UIInput name da página bookcashier.jsp. Este receptor armazena no escopo da sessão o nome que o usuário introduziu no campo de texto correspondente ao componente name. Quando a página bookreceipt.jsp é carregada, ela mostra o primeiro name dentro da mensagem:

```
"Thank you, {0} for purchasing your books from us."
```

Aqui está a parte da implementação do receptor NameChanged:

```
...
public class NameChanged extends Object implements
  ValueChangeListener {
```

```
  public void processValueChange(ValueChangeEvent event)
    throws AbortProcessingException {

    if (null != event.getNewValue()) {
      FacesContext.getCurrentInstance().
        getExternalContext().getSessionMap().
          put("name", event.getNewValue());
    }
  }
}
```

Quando o usuário entra o nome no campo de texto, um ValueChangeEvent é gerado, e o método processValueChange(ValueChangeEvent) da implementação do receptor NameChanged é chamado. Este método primeiro obtém o ID do componente que acionou o evento a partir do objeto ValueChangeEvent. Em seguida, ele coloca o valor, junto com um nome do atributo, no mapa de sessão da instância de FacesContext.

Como registrar uma ValueChangeListener em um componente explica como registrar este receptor em um componente.

Como implementar receptores de ação

Uma implementação de ActionListener deve incluir um método processAction(ActionEvent). O método processAction(ActionEvent) processa o ActionEvent especificado. A implementação JavaServer Faces chama o método processAction(ActionEvent) quando ocorre o ActionEvent.

O aplicativo da Duke´s Bookstore não utiliza nenhuma implementação ActionListener. Ao invés, ele usa expressões com ligação de métodos dos atributos actionListener para referenciar os métodos do bean de suporte que tratam eventos. Esta seção explica como transformar esses métodos em uma implementação de ActionListener.

A página chooselocale.jsp permite que o usuário selecione uma locale para o aplicativo clicando em um conjunto de hyperlinks. Quando o usuário clica um dos hyperlinks, um ActionEvent é gerado, e o método chooseLocaleFromLink(ActionEvent) de LocaleBean é chamado. Em vez de implementar um método bean para tratar este evento, você pode criar uma implementação do receptor para tratá-lo. Para fazer isso, você faz o seguinte:

- ❑ Mova o método chooseLocaleFromLink(ActionEvent) para uma classe que implementa ActionListener
- ❑ Renomeie o método para processAction(ActionEvent)

A implementação do receptor se pareceria com isto:

```
...
public class LocaleChangeListener extends Object implements
  ActionListener {

  private Map locales = null;

  public LocaleChangeListener() {
    locales = new HashMap();
    locales.put("NAmerica", new Locale("en", "US"));
    locales.put("SAmerica", new Locale("es", "MX"));
    locales.put("Germany", new Locale("de", "DE"));
    locales.put("France", new Locale("fr", "FR"));
  }

  public void processAction(ActionEvent event)
    throws AbortProcessingException {
    String current = event.getComponent().getId();
```

```
    FacesContext context = FacesContext.getCurrentInstance();
    context.getViewRoot().setLocale((Locale)
    locales.get(current));
  }
}
```

Como registrar um ActionListener em um componente explica como registrar este listener em um componente.

Como criar um validador personalizado

Se os validadores personalizados não realizam validações checando o que você precisa, você pode facilmente criar um validador personalizado para validar a entrada do usuário. Como explicado em Modelo de validação, há duas maneiras de implementar um código de validação:

- Implemente um método do bean de suporte que realize a validação
- Forneça uma implementação da interface Validator para realizar a validação

Como escrever um método para efetuar validações explica como implementar um método do bean de suporte para realizar validações. O resto desta seção explica como implementar a interface Validator.

Se escolher implementar a interface Validator e permitir que o autor de página configure os atributos do validador a partir da página, você também deverá criar uma tag personalizada para registrar o validador em um componente.

Se preferir configurar os atributos na implementação, você poderá deixar de criar uma tag personalizada e, em vez disso, permitir que o autor de página registre o validador em um componente utilizando uma tag validator. Esta tag simplesmente referencia a implementação do validador, que trata a configuração dos atributos do validador. Veja Como usar um validador personalizado para informações sobre como a página usa um validador personalizado.

Normalmente, você vai querer exibir uma mensagem de erro quando falhar a validação do dado. Você precisa armazenar estas mensagens de erro em um ResourceBundle, veja Como criar um pacote de recursos.

Quando a validação falhar, você pode enfileirar mensagens de erros para a FacesContext via programação. Alternativamente, você pode deixar que o arquiteto do aplicativo registre as mensagens de erros usando o arquivo de recursos para a configuração do aplicativo. Como registrar mensagens explica como registrar mensagens de erros com o aplicativo.

O aplicativo da Duke´s Bookstore utiliza uma validador personalizado para propósitos gerais (chamado FormatValidator) que valida entrada de dados contra um padrão de formatação que está especificado na tag validator personalizada. Este validador é usado com o campo Credit Card Number da página bookcashier.jsp. Aqui está a tag validator personalizada:

```
<bookstore:formatValidator
  formatPatterns="9999999999999999|9999 9999 9999 9999|
    9999-9999-9999-9999"/>
```

De acordo com este validador, o dado entrado no campo deve ser:

- Um número com 16 dígitos sem espaços
- Um número com 16 dígitos com um espaço entre cada quatro dígitos
- Um número com 16 dígitos com hífens entre cada quatro dígitos

O resto desta seção descreve como este validador é implementado e como criar uma tag personalizada de modo que o autor de página possa registrar o validador em um componente.

Como implementar a interface Validator

Uma implementação de Validator deve conter um construtor, um conjunto de métodos de acesso para quaisquer atributos da tag e um método validate, que sobrepõe o método validate da interface Validator.

A classe FormatValidator também define os métodos de acesso para definir o atributo formatPatterns, que especifica os padrões de formatos aceitáveis para entrada nos campos. Além disso, a classe sobrepõe o método validate da interface Validator. Este método valida a entrada e também acessos às mensagens de erro a serem exibidas quando a String for inválida.

O método validate efetua a validação corrente do dado. Ele aceita a FacesContext, o componente cujos dados precisam ser validados, e o valor que precisa ser validado. Um validador pode validar somente dados de um componente UIInput ou um componente que estenda UIInput.

Aqui está o método validate de FormatValidator:

```
public void validate(FacesContext context, UIComponent
component, Object toValidate) {

  boolean valid = false;

  String value = null;
  if ((context == null) || (component == null)) {
    throw new NullPointerException();
  }
  if (!(component instanceof UIInput)) {
    return;
  }
  if ( null == formatPatternsList || null == toValidate) {
    return;
  }
  value = toValidate.toString();
  //validate the value against the list of valid patterns.
  Iterator patternIt = formatPatternsList.iterator();
  while (patternIt.hasNext()) {
    valid = isFormatValid(
      ((String)patternIt.next()), value);
    if (valid) {
      break;
    }
  }
  if ( !valid ) {
    FacesMessage errMsg =
      MessageFactory.getMessage(context,
        FORMAT_INVALID_MESSAGE_ID,
          (new Object[] {formatPatterns}));
      throw new ValidatorException(errMsg);
  }
}
```

Este método obtém o valor local do componente e o converte para uma String. Depois ele itera sobre a lista formatPatternsList, que é a lista dos padrões aceitáveis como especificados no atributo formatPatterns da tag validator personalizada.

Ao iterar sobre a lista, este método checa o padrão do valor local do componente contra os padrões da lista. Se o padrão do valor local não corresponder a qualquer padrão da lista, este método vai gerar uma mensagem de erro. Depois ele passará a mensagem para o construtor de ValidatorException. Eventualmente a mensagem é enfileirada para a FacesContext de modo que seja mostrada na página durante a fase de renderizar resposta.

As mensagens de erro são obtidas da instância de Application por MessageFactory. Um aplicativo que cria suas próprias mensagens personalizadas deve fornecer uma classe, tal como MessageFactory, que obtenha as mensagens da instância de Application. Ao criar seu próprio aplicativo, você pode simplesmente copiar a classe MessageFactory do aplicativo da Duke´s Bookstore para o seu aplicativo.

O método getMessage(FacesContext, String, Object) de MessageFactory aceita uma FacesContext, uma String estática que representa a chave dentro do arquivo Properties, e o padrão de formatos como um Object. A chave corresponde à mensagem estática ID da classe FormatValidator:

```
public static final String FORMAT_INVALID_MESSAGE_ID =
  "FormatInvalid";
}
```

Quando a mensagem de erro for mostrada, o padrão de formatação será substituído pelo {0} da mensagem de erro, que, em inglês, é

```
Input must match one of the following patterns {0}
```

Como criar uma tag personalizada

Se você implementou uma interface Validator em vez de implementar um bean de suporte que efetue a validação, você precisa fazer algo como:

- Permitir que o autor de página especifique a implementação de Validator para usar com a tag validator. Neste caso, a implementação de Validator deve definir suas próprias propriedades. Como usar um validador personalizado explica como usar a tag validator
- Criar uma tag personalizada que forneça os atributos para configurar as propriedades do validador a partir da página. Como a implementação do Validator da seção precedente não define seus atributos, o desenvolvedor de aplicativos deve criar uma tag personalizada de modo que o autor de página possa definir os padrões de formatação dentro da tag

Para criar um tag personalizada, você precisa fazer duas coisas:

- Escrever um tratador de tags para criar e registrar a implementação de Validator no componente
- Escrever um TLD para definir a tag e seus atributos

Como usar um validador personalizado explica como usar o validador personalizado da página.

Como escrever o tratador de tags

O tratador de tags associado a uma tag validator personalizada deve estender a classe ValidatorTag. Esta classe é a básica para todos os tratadores de tags personalizados que criam instâncias de Validator e as registra em componentes UI. A FormatValidatorTag é a classe que registra a instância FormatValidator.

A classe do tratador de tags FormatValidatorTag faz o seguinte:

- Define o ID de Validator chamando super.setValidatorId("FormatValidator")
- Fornece um conjunto de métodos de acesso para cada atributo definido na tag
- Implementa o método createValidator da classe ValidatorTag

Este método cria uma instância do validador e define a faixa de valores aceitos pelo validador.

Aqui está o método createValidator da classe ValidatorTag:

```
protected Validator createValidator() throws JspException {
  FormatValidator result = null;
  result = (FormatValidator) super.createValidator();
  result.setFormatPatterns(formatPatterns);
  return result;
}
```

Este método primeiro chama super.createValidator para obter uma nova instância de Validator e a converte para FormatValidator.

Em seguida, o tratador de tags define os valores de atributo da instância de Validator para aqueles fornecidos como os valores do atributo da tag formatPatterns. O tratador obtém os valores do atributo da página por meio dos métodos de acesso que correspondem aos atributos.

Como escrever um descritor de biblioteca de tags

Para definir uma tag, você a declara em um descritor de biblioteca de tags (TLD), que é um documento XML que descreve um biblioteca de tags. Um TLD contém informações sobre uma biblioteca e sobre cada tag contida nele. Veja Descritores de biblioteca de tags para maiores informações sobre TLDs.

A tag validator personalizada é definida no bookstore.tld, localizado no diretório <INSTALL>/j2eetutorial14/examples/web/bookstore6/web/. Ela contém uma definição de tag para formatValidator:

```
<tag>
  <name>formatValidator</name>
  ...
  <tag-class>taglib.FormatValidatorTag</tag-class>
 <attribute>
   <name>formatPatterns</name>
   <required>true</required>
   <rtexprvalue>false</rtexprvalue>
   <type>String</type>
  </attribute>
</tag>
```

O elemento name define como o nome da tag deve ser usado na página. O elemento tag-class define a classe do tratador de tags. Os elementos attribute definem cada um dos atributos da tag.

Como escrever métodos do bean de suporte

Os métodos de um bean de suporte realizam funções específicas de aplicativo para componentes da página. Estas funções incluem efetuar validações sobre um valor do componente, tratar eventos de ação, tratar eventos com alteração de valores e efetuar processamento associado à navegação.

Utilizando um bean de suporte para efetuar essas funções, você elimina a necessidade de implementar a interface de Validator para tratar a validação ou a interface Listener para tratar eventos. Também, usando um bean de suporte em vez de uma implementação de Validator para efetuar validação, você elimina a necessidade de criar um tag personalizada para a implementação de Validator. Como criar um validador personalizado descreve a implementação de um validador personalizado. Como implementar um receptor de eventos descreve a implementação da classe de receptores.

Em geral, é uma boa prática incluir estes métodos no mesmo bean de suporte que define as propriedades para os componentes que referenciam estes métodos. A razão é que os métodos poderiam precisar acessar os dados do componente para determinar como tratar o evento ou efetuar a validação associada ao componente.

Esta seção descreve as exigências para escrever os métodos do bean de suporte.

Como escrever um método para tratar navegação

Um método do bean de suporte que trata o processamento de navegação – chamado de um método de ação – deve ser um método público que não aceite parâmetros e retorne uma String, uma string de saída lógica que o sistema de navegação utilize para determinar qual página mostrar em seguida. Este método é referenciado usando o atributo action da tag de componentes.

O método action seguinte em CashierBean é chamado quando um usuário clica o botão Submit da página bookcashier.jsp. Se o usuário pediu mais de $100 (ou 100 euros) em valores de livros, este método define as propriedades rendered dos componentes de fanClub e specialOffer para true. Isso faz com que elas sejam mostradas na página e a próxima página seja renderizada.

Depois de definir as propriedades rendered dos componentes para true, este método retorna a saída lógica null. Isso faz com que a implementação JavaServer Faces torne a renderizar a página bookcashier.jsp sem criar uma visualização de nova da página. Se este método fosse retornar purchase (que é a saída lógica para avançar para bookcashier.jsp, como definido pelo arquivo de recursos para configuração do aplicativo), a página bookcashier.jsp tornaria a renderizar sem reter a entrada do cliente. Neste caso, queremos tornar a renderizar a página sem limpar os dados.

Se o usuário não comprar mais de $100 (ou 100 euros) de valores de livros ou o componente thankYou já tiver sido renderizado, o método retorna receipt.

O NavigationHandler default fornecido pela implementação JavaServer Faces compara a saída lógica, bem como a página inicial (bookcashier.jsp), com as regras de navegação do arquivo de recursos para configuração do aplicativo a fim de determinar qual página acessar em seguida. Neste caso, a implementação JavaServer Faces carrega a página bookcashier.jsp depois que este método retornar:

```
public String submit() {
  ...
  if(cart().getTotal() > 100.00 &&
    specialOffer.isRendered() != true)
  {
    specialOfferText.setRendered(true);
    specialOffer.setRendered(true);
    return null;
  } else if (specialOffer.isRendered() == true &&
    thankYou.isRendered() != true){
    thankYou.setRendered(true);
    return null;
  } else {
    clear();
    return ("receipt");
  }
}
```

Como as peças se encaixam fornece mais detalhes sobre este exemplo. Como referenciar um método que efetua navegação explica como uma tag de componentes referencia este método. Como ligar uma instância do componente a uma propriedade do bean discute como o autor de página pode ligar estes componentes às propriedades do bean. Como escrever propriedades ligadas a instâncias de componentes discute como escrever as propriedades do bean aos quais os componentes estão ligados. A seção Como configurar regras de navegação fornece mais informações sobre a configuração de regras de navegação.

Como escrever um método para tratar um ActionEvent

Um método do bean de suporte, que trate um ActionEvent, deve ser um método público que aceite um ActionEvent e retorne void. Este método é referenciado usando o atributo actionListener da tag de componentes. Somente componentes que implementam ActionSource podem referenciar este método.

O seguinte método do bean de suporte da LocaleBean do aplicativo da Duke´s Bookstore processa o evento de um usuário clicando um dos hyperlinks da página chooselocale.jsp:

```
public void chooseLocaleFromLink(ActionEvent event) {
  String current = event.getComponent().getId();
  FacesContext context = FacesContext.getCurrentInstance();
  context.getViewRoot().setLocale((Locale)
    locales.get(current));
}
```

Este método obtém o componente que gerou o evento do objeto de eventos. Depois ele obtém o ID do componente. O ID indica uma região do mundo. O método compara o ID com um objeto HashMap que contém as locales disponíveis para o aplicativo. Finalmente, ele define a locale usando o valor selecionado do objeto HashMap.

Como referenciar um método que trata um ActionEvent explica como uma tag de componentes referencia este método.

Como escrever um método que efetue validações

No lugar de implementar a interface Validator para efetuar validações para um componente, você pode incluir um método em um bean de suporte para cuidar da validação de entrada para o componente.

Um método do bean de suporte, que efetue validações, deve aceitar uma FacesContext, o componente cujo dado deve ser validado, e o dado ser validado, assim como faz o método validate da interface Validator. Um componente referencia o método do bean de suporte por meio do seu atributo validator. Somente valores de componentes UIInput ou valores de componentes que estendam UIInput podem ser validados.

Aqui está o método do bean de suporte de CheckoutFormBean do exemplo do Coffee Break:

```
public void validateEmail(FacesContext context,
  UIComponent toValidate, Object value) {

  String message = "";
  String email = (String) value;
  if (email.indexOf('@') == -1) {
    ((UIInput)toValidate).setValid(false);
    message = CoffeeBreakBean.loadErrorMessage(context,
      CoffeeBreakBean.CB_RESOURCE_BUNDLE_NAME,
      "EMailError");
    context.addMessage(toValidate.getClientId(context),
      new FacesMessage(message));
  }
}
```

O método validateEmail primeiro obtém o valor local do componente. Depois ele checa se o caractere @ está contido no valor. Se não estiver, o método define a propriedade valid do componente para false. O método então carrega a mensagem de erro e a enfileira para a FacesContext, associando a mensagem ao componente ID.

Veja Como referenciar um método que efetue validação para informações sobre como uma tag de componentes referencia este método.

Como escrever um método que trate um evento com alteração de valores

Um bean de suporte que trata um evento com alteração de valores deve ser um método público que aceite um evento com alteração de valores e retorne void. Este método é referenciado usando o atributo valueChangeListener do componente.

O aplicativo da Duke´s Bookstore não possui nenhum método do bean de suporte que trate eventos com alteração de valores. Ele possui uma implementação ValueChangeEvent, como explicado na seção Como implementar receptores com alteração de valores.

Para ilustração, esta seção explica como escrever um método do bean de suporte que possa substituir a implementação de ValueChangeEvent.

Como explicado em Como registrar um ValueChangeListener em um componente, o componente name da página bookcashier.jsp tem um ValueChangeListener registrado nele. Este ValueChangeListener possibilita o evento de entrar um valor no campo correspondente ao componente. Quando o usuário entra um valor, um ValueChangeEvent é gerado, e o método processValueChange(ValueChangeEvent) da classe ValueChangeListener é chamado.

Em vez de implementar um ValueChangeListener, você pode escrever um método do bean de suporte para tratar este evento. Para fazer isso, você move o método processValueChange(ValueChangeEvent) da classe ValueChangeListener, chamado NameChanged, para o seu bean de suporte.

Aqui está o método do bean de suporte que processa o evento de introduzir um valor no campo name da página bookcashier.jsp:

```
public void processValueChange(ValueChangeEvent event)
  throws AbortProcessingException {
  if (null != event.getNewValue()) {
    FacesContext.getCurrentInstance().
      getExternalContext().getSessionMap().
        put("name", event.getNewValue());
  }
}
```

O autor de página pode fazer este método tratar o ValueChangeEvent emitido por um componente UIInput referenciando este método a partir do atributo valueChangeListener da tag de componentes. Veja Como referenciar um método que trata um ValueChangeEvent para mais informações.

20

COMO CRIAR COMPONENTES UI PERSONALIZADOS

A tecnologia JavaServer Faces oferece um riquíssimo conjunto de componentes UI padronizados e reutilizáveis que habilitam os autores de páginas e desenvolvedores de aplicativos a construírem rápida e facilmente UIs para aplicativos Web. Mas muitas vezes um aplicativo requer um componente que tenha uma funcionalidade adicional ou requer um componente inteiramente novo. A tecnologia JavaServer Faces permite que um escritor de componentes estenda os componentes-parão para melhorar sua funcionalidade ou criar componentes exclusivos.

Além de estender a funcionalidade de componentes-padrão, um escritor de componentes pode oferecer a um autor de página a habilidade de modificar a aparência do componente da página. Ou o escritor de componentes pode renderizar um componente para um cliente diferente. Habilitado pela flexível tecnologia JavaServer Faces, um escritor de componentes pode separar a definição do comportamento do componente de sua aparência delegando a renderização do componente para um renderizador separado. Desta maneira, um escritor de componentes pode definir o comportamento de um componente personalizado uma vez, mas criar múltiplos renderizadores, cada um dos quais define uma maneira diferente de renderizar o componente.

Assim como fornecer maneiras de criar facilmente componentes e renderizadores personalizados, o projeto JavaServer Faces também torna fácil referenciá-los a partir da página através da tecnologia JSP de bibliotecas de tags personalizadas.

Este capítulo utiliza um componente personalizado de mapa de imagem do aplicativo da Duke´s Bookstore (veja Exemplo do aplicativo JavaServer Faces) para explicar como um escritor de componentes pode criar componentes personalizados simples, renderizadores personalizados e tags personalizadas associadas, além cuidar de todos os outros detalhes associados com o uso dos componentes e renderizadores em um aplicativo.

Como determinar se você precisa de um componente ou renderizador personalizado

A implementação JavaServer Faces suporta um rico conjunto de componentes e renderizadores associados, que são suficientes para a maioria dos aplicativos. Esta seção o ajuda a decidir se você precisa de um componente personalizado ou de um renderizador personalizado, ou pode utilizar um componente ou renderizador padronizados.

Quando usar um componente personalizado

Uma classe de componentes define o estado e o comportamento de um componente UI. Este comportamento inclui converter o valor de um componente para a marcação apropriada, enfileirando eventos nos componentes, efetuando validações, e outras funcionalidades.

Você precisa criar um componente personalizado nestas situações:

- Você precisa adicionar novo comportamento a um componente-padrão, tal como gerar um tipo adicional de evento
- Você precisa agregar componentes para criar um novo componente que tenha comportamento exclusivo. O novo componente deve ser um componente personalizado. Um exemplo é um componente selecionador de data constituído de listas drop-down
- Você precisa de um componente que seja suportado por um cliente HTML, mas não seja correntemente implementado pela tecnologia JavaServer Faces. A versão corrente não contém componentes-padrão para componentes complexos HTML, tal como as molduras; todavia, por causa da extensibilidade da arquitetura de componentes, você pode usar a tecnologia JavaServer Faces para criar componentes como esses
- Você precisa renderizar para um cliente não HTML que requeira componentes extras não suportados por HTML. Eventualmente, o kit de renderização HTML fornecerá suporte para todos os componentes HTML padronizados. Todavia, se você está renderizando para um cliente diferente, tal como um telefone, você pode precisar criar componentes personalizados para representar os controles exclusivamente suportados pelo cliente. Por exemplo, algumas arquiteturas de componentes para clientes remotos incluem suporte para telégrafos e barras de progressão, que não estão disponíveis em um cliente HTML. Neste caso, você pode também precisar somente de um renderizador personalizado

Você não precisa criar um componente personalizado nestes casos:

- Você simplesmente precisa manipular dados do componente ou adicionar funcionalidade específica de aplicativo a ele. Nesta situação, você deve criar um bean de suporte para este propósito e ligá-lo ao componente-padrão em vez de criar um componente personalizado. Veja Gerenciamento de Bean de Suporte para maiores informações sobre beans de suporte
- Você precisa converter dados de um componente para um tipo não suportado pelo seu renderizador. Veja Como usar conversores-padrão para maiores informações sobre converter dados de um componente
- Você precisa efetuar validações sobre os dados do componente. Validadores-padrão e validadores personalizados podem ser adicionados para um componente usando as tags validator da página. Veja Como utilizar os validadores-padrão e Como criar um validador personalizado para maiores informações sobre validar dados de um componente
- Você precisa registrar receptores de eventos em componentes. Você pode registrar tanto receptores de eventos em componentes usando tags valueChangeListener e actionListener, como pode apontar para um método de processamento de eventos em um bean de suporte usando o atributo actionListener ou valueChangeListener do componente. Veja Como implementar um receptor de eventos e Como escrever métodos do bean de suporte para maiores informações.

Quando usar um renderizador personalizado

Se você está criando um componente personalizado, você deve se certificar, entre outras coisas, de que sua classe de componentes efetue estas operações:

- Decodificação: Convertendo os parâmetros de requisição de chegada para o valor local do componente
- Codificação: Convertendo o valor local do componente na marcação correspondente que o representa na resposta

A especificação JavaServer Faces suporta dois modelos de programação para tratar codificação e decodificação:

- Implementação direta: A classe de componentes por si mesma implementa a decodificação e a codificação
- Implementação delegada: A classe de componentes delega a implementação de codificação e decodificação para um renderizador separado

Delegando as operações para o renderizador, você tem a opção de associar o seu componente personalizado com diferentes renderizadores de modo que possa representar o componente de diferentes maneiras na página. Se você não planeja renderizar um componente particular de diferentes maneiras, é mais simples deixar a classe de componentes tratar a renderização.

Se você não tem certeza se vai precisar da flexibilidade oferecida por renderizadores separados mas quer usar a técnica mais simples de implementação direta, você pode, na verdade, usar os dois modelos. A sua classe de componentes pode incluir um código de renderização default, mas ela pode delegar a renderização para um renderizador, se houver um.

Combinações de componente, renderizador e tag

Quando você cria um componente personalizado, você geralmente cria um renderizador personalizado que combine com ele. Você também precisará de uma tag personalizada para associar o componente ao renderizador e referenciar o componente a partir da página.

Em situações raras, todavia, você precisa usar um renderizador personalizado com um componente-padrão ao invés de um componente personalizado. Ou você pode usar uma tag personalizada sem um renderizador ou um componente. Esta seção fornece exemplos dessas situações e resume o que é necessário para um componente, renderizador e tag personalizados.

Você usaria um renderizador personalizado sem um componente personalizado se você quisesse adicionar algumas validações do lado do cliente em um componente-padrão. Você implementaria o código de validação com uma linguagem de script do lado do cliente, tal como JavaScript, e então renderizaria o JavaScript com o renderizador personalizado. Nesta situação, você precisa de uma tag personalizada para combinar com o renderizador, de modo que seu tratador de tags possa registrar o renderizador no componente-padrão.

Componentes personalizados bem como renderizadores personalizados precisam de tags personalizadas associadas a eles. Todavia, você pode ter uma tag personalizada sem um renderizador personalizado ou um componente personalizado. Por exemplo, suponha que você precise criar um validador personalizado que requeira atributos extras da tag validator. Neste caso, a tag personalizada corresponde a um validador personalizado e não a um componente personalizado ou renderizador personalizado. Em qualquer caso, você ainda precisa associar a tag personalizada com o objeto do lado do servidor.

A Tabela 20-1 resume o que você deve ou pode associar com um componente personalizado, renderizador personalizado, ou tag personalizada.

Tabela 20-1 Requisitos para componentes personalizados, renderizadores personalizados e tags personalizadas

Item personalizado	Deve ter	Pode ter
Componente personalizado	Tag personalizada	Renderizador personalizado ou renderizador- padrão
Renderizador personalizado	Tag personalizada	Componente personalizado ou componente-padrão

Tabela 20-1 Requisitos para componentes personalizados, renderizadores personalizados e tags personalizadas (continuação)

Item personalizado	Deve ter	Pode ter
Tag JavaServer Faces	Alguns objetos do lado personalizada do servidor, como um componente, um renderizador personalizado, ou um validador personalizado	Componente personalizado ou componente-padrão associado com um renderizador personalizado

Como entender o exemplo do mapa de imagem

A Duke´s Bookstore inclui um componente personalizado de mapa da imagem da página chooselocale.jsp. Este mapa da imagem mostra um mapa do mundo. Quando o usuário clica em uma região de um conjunto particular de regiões do mapa, o aplicativo define a locale da UIViewRoot da FacesContext corrente para a linguagem falada na região selecionada. O destaque do mapa são os Estados Unidos, América do Sul e Central de fala espanhola, França e Alemanha.

Por que usar a tecnologia JavaServer Faces para implementar um mapa da imagem?

A tecnologia JavaServer Faces é um framework ideal para usar para implementar este tipo de mapa da imagem porque ele pode efetuar o trabalho que deve ser feito no servidor sem precisar que você crie um mapa da imagem do lado do servidor.

Em geral, os mapas da imagem do lado do cliente são preferidos aos mapas da imagem do lado do servidor por várias razões. Uma é que a imagem do lado do cliente permite ao browser fornecer retorno imediato quando um usuário posiciona o mouse sobre uma área do mapa. Uma outra razão é que mapas de imagem do lado do cliente têm melhor desempenho porque não precisam dar voltas no servidor. Entretanto, em algumas situações, o seu mapa de imagem pode precisar acessar o servidor para obter dados ou alterar a aparência de controles amorfos, tarefas que um mapa de imagem do lado do cliente não pode fazer.

Como o componente do mapa da imagem usa a tecnologia JavaServer Faces, ele tem o melhor dos dois estilos de imagens de mapas: ele pode tratar as partes do aplicativo que precisa ser realizado no servidor, enquanto permite que as outras partes do aplicativo sejam realizadas do lado do cliente.

Como entender o HTML renderizado

Aqui está uma versão abreviada da parte do formulário da página HTML que o aplicativo precisa renderizar:

```
<form id="_id0" method="post"
  action="/bookstore6/chooselocale.faces" ...  >
  ...
  <img id="_id0:mapImage" src="/bookstore6/template/world.jpg"
    alt="Choose Your Preferred Locale from the Map"
    usemap="#worldMap" />
    <map name="worldMap">
      <area alt="NAmerica"
        coords="53,109,1,110,2,167,,..."
        shape="poly"
        onmouseout=
          "document.forms[0]['_id0:mapImage'].src=
            '/bookstore6/template/world.jpg'"
```

```
        onmouseover=
          "document.forms[0]['_id0:mapImage'].src=
            '/bookstore6/template/world_namer.jpg'"
        onclick=
          "document.forms[0]['worldMap_current'].
            value=
              'NAmerica';document.forms[0].submit()"
      />
      <input type="hidden" name="worldMap_current">
    </map>
    ...
</form>
```

A tag img associa uma imagem (world.jpg) ao mapa da imagem referenciado no valor do atributo usemap.

A tag map especifica uma região do mapa da imagem e contém um conjunto de tags area.

Cada tag area especifica uma região do mapa da imagem. Os atributos onmouseover, onmouseout e onclick definem qual código JavaScript será executado quando estes eventos ocorrerem. Quando o usuário move o mouse sobre uma região, a função onmouseover associada com a região mostra o mapa com essa região em destaque. Quando o usuário move o mouse fora da região, a função onmouseout torna a mostrar a imagem original. Se o usuário clica sobre uma região, a função onclick define o valor da tag input para o ID da área selecionada e submete a página.

A tag input representa um controle oculto que armazena o valor da área selecionada correntemente entre intercâmbios do lado do servidor de modo que as classes do componente do lado do cliente possam obter o valor.

Os objetos do lado do servidor obtêm o valor de worldMap_current e definem a locale da FacesContext de acordo com a região que foi selecionada.

Como entender a página JSP

Aqui está um formulário abreviado da página JSP que o componente do mapa da imagem usará para gerar a página HTML mostrada na seção precedente:

```
<f:view>
<f:loadBundle basename="messages.BookstoreMessages"
  var="bundle"/>
  <h:form>
    ...
    <h:graphicImage id="mapImage" url="/template/world.jpg"
      alt="#{bundle.chooseLocale}"
      usemap="#worldMap" />
    <bookstore:map id="worldMap" current="NAmericas"
      immediate="true" action="bookstore"
      actionListener="#{localeBean.chooseLocaleFromMap}">
      <bookstore:area id="NAmerica" value="#{NA}"
        onmouseover="/template/world_namer.jpg"
        onmouseout="/template/world.jpg"
        targetImage="mapImage" />
      <bookstore:area id="SAmerica" value="#{SA}"
        onmouseover="/template/world_samer.jpg"
        onmouseout="/template/world.jpg"
        targetImage="mapImage" />
      <bookstore:area id="Germany" value="#{gerA}"
        onmouseover="/template/world_germany.jpg"
        onmouseout="/template/world.jpg"
        targetImage="mapImage" />
      <bookstore:area id="France" value="#{fraA}"
        onmouseover="/template/world_france.jpg"
```

```
        onmouseout="/template/world.jpg"
        targetImage="mapImage" />
      </bookstore:map>
    ...
  </h:form>
</f:view>
```

O atributo alt de graphicImage mapeia para a string localizada “Choose Your Locale from the Map”.

O atributo actionListener da tag map aponta para um método da LocaleBean que aceita um ActionEvent. Este método modifica a locale de acordo com a área selecionada do mapa da imagem. A maneira como este evento é tratado é explicada melhor em Como tratar eventos para componentes personalizados.

O atributo action especifica uma String de saída lógica, que é comparada com as regras de navegação do arquivo de recursos para configuração do aplicativo. Para maiores informações sobre navegação, veja a seção Como configurar regras de navegação.

O atributo immediate da tag map é definido para true, o qual indica que o ActionListener default deveria executar durante a fase aplicar valores de requisição do ciclo de vida de processamento da requisição, em vez de esperar pela fase de chamar aplicativo. Como a requisição resultante de clicar o mapa não requer nenhuma validação, conversão de dados, ou atualizações de objetos do lado do servidor, faz sentido pular diretamente para a fase de chamar aplicativo.

O atributo current da tag map é definido para a área default, que é NAmerica.

Note que as tags area não contêm qualquer JavaScript coordenada, ou dado de formato que é mostrado na página HTML. O JavaScript é gerado por qualquer classe de AreaRenderer. Os valores de atributo onmouseover e onmouseout indicam a imagem a ser carregada quando ocorrem estes eventos. Como o JavaScript é gerado é explicado melhor em Como efetuar codificação.

A coordenada, forma, e dados de texto alternados são obtidos por meio do atributo value, cujo valor referencia um atributo no escopo do aplicativo. O valor deste atributo é um bean, o qual armazena a coordenada, forma e dados de alt. Como estes beans são armazenados no escopo do aplicativo será explicado melhor na próxima seção.

Como configurar dados de modelo

Em um aplicativo JavaServer Faces, os dados assim como as coordenadas de uma região (hotspot) de um mapa da imagem são obtidos do atributo value por meio de um bean. Entretanto, a forma e as coordenadas de uma região deveriam ser definidas juntas, porque as coordenadas são interpretadas diferentemente dependendo de em qual figura a região esteja. Como um valor de componente pode ser ligado somente a uma propriedade, o atributo value não pode referenciar tanto a figura, como as coordenadas.

Para resolver este problema, o aplicativo encapsula todas estas informações em um conjunto de objetos ImageArea. Estes objetos são inicializados no escopo do aplicativo pelo recurso de criação de bean gerenciado (veja Gerenciamento de bean de suporte). Aqui está a parte da declaração do bean gerenciado para o bean ImageArea correspondente à região da América do Sul:

```
<managed-bean>
  ...
  <managed-bean-name>SA</managed-bean-name>
  <managed-bean-class>
    components.model.ImageArea
  </managed-bean-class>
  <managed-bean-scope>application</managed-bean-scope>
  <managed-property>
    <property-name>shape</property-name>
    <value>poly</value>
  </managed-property>
  <managed-property>
```

```
    <property-name>alt</property-name>
    <value>SAmerica</value>
  </managed-property>
  <managed-property>
    <property-name>coords</property-name>
    <value>89,217,95,100...</value>
  </managed-property>
</managed-bean>
```

Para mais informações sobre inicializar beans gerenciados com o recurso de criação de bean gerenciado, veja a seção Arquivo de recursos para configuração do aplicativo.

Os atributos value das tags area referenciam os beans no escopo do aplicativo, como mostrado nesta tag area de chooselocale.jsp:

```
<bookstore:area id="NAmerica"
  value="#{NA}"
  onmouseover="/template/world_namer.jpg"
  onmouseout="/template/world.jpg" />
```

Para referenciar os valores do bean do objeto de modelo ImageArea da classe de componentes, você implementa um método getValue da classe de componentes. Este método chama super.getValue. A superclasse AreaComponent, UIOutput, tem um método getValue que faz o trabalho de encontrar o objeto ImageArea associado com AreaComponent. A classe AreaRenderer, que precisa renderizar os valores alt, o formato (shape)e as coordenadas do objeto ImageArea, chama o método getValue de AreaComponent para obter o objeto ImageArea.

```
ImageArea iarea = (ImageArea) area.getValue();
```

ImageArea é somente um bean simples, portanto você pode acessar o formato, ad coordenadas, e valores alternativos chamando o método de acesso apropriado de ImageArea. Como efetuar codificação explica como fazer isso na classe AreaRenderer.

Resumo das classes de aplicativo

A Tabela 20-2 resume todas as classes necessárias para implementar o componente de mapa da imagem.

Tabela 20-2 Classes de mapa da imagem

Classe	Função
AreaSelectedEvent	O ActionEvent indicando que uma AreaComponent do MapComponent foi selecionada
AreaTag	O tratador de tags que implementa a tag personalizada area
MapTag	O tratador de tags que implementa a tag personalizada map
AreaComponent	A classe que define AreaComponent, que corresponde à tag personalizada area
MapComponent	A classe que define MapComponent, que corresponde à tag personalizada map
AreaRenderer	Este renderizador efetua a renderização delegada para AreaComponent
ImageArea	O bean que armazena o formato e as coordenadas das regiões (hotspots)
LocaleBean	O bean de suporte da página chooselocale.jsp

AreaSelectedEvent e AreaSelectedListener estão localizados em <INSTALL>/j2eetutorial14/examples/web/bookstore6/src/listeners. AreaTag e MapTag estão localizados em <INSTALL>/j2eetutorial14/examples/web/bookstore6/src/taglib/. AreaComponent e MapComponent estão localizados em <INSTALL>/j2eetutorial14/examples/web/bookstore6/src/components/. AreaRenderer está localizado em <INSTALL>/j2eetutorial14/examples/web/bookstore6/src/renderers/. ImageArea está localizado em <INSTALL>/j2eetutorial14/examples/web/bookstore6/src/model/. LocaleBean está localizado em <INSTALL>/j2eetutorial14/examples/web/bookstore6/src/backing/.

Etapas para criar um componente personalizado

Antes de descrevermos como funciona um mapa de imagem, é útil resumir as etapas básicas para criar um aplicativo que use componentes personalizados. Você pode aplicar as seguintes etapas ao desenvolver seu próprio componente personalizado:

1. Escreva uma classe de tratadores de tags que estenda javax.faces.webapp.UIComponentTag. Nesta classe, você precisa de um método getRendererType, que retornará o tipo do seu renderizador personalizado se você estiver usando um (explicado na etapa 4); um método getComponentType, que retornará o tipo do componente personalizado, e um método setProperties, que definirá todos os novos atributos do seu componente.
2. Crie um descritor de biblioteca de tags (TLD) que defina a tag personalizada.
3. Crie uma classe de componentes personalizados.
4. Inclua o código de renderização na classe de componentes ou delegue para um renderizador (explicado na etapa 7).
5. Se o seu componente gera eventos, enfileire o evento no componente.
6. Salve e restaure o estado do componente.
7. Delegue a renderização para um renderizador se o seu componente não tratar a renderização.
    a. Crie uma classe de renderizadores personalizados estendendo javax.faces.render.Renderer.
    b. Registre o renderizador para um kit de renderização.
    c. Identifique o tipo de renderizador do tratador de tags do componente.
8. Registre o componente.
9. Crie um tratador de eventos se o seu componente gerar eventos.
10. Declare o seu novo TLD.

A arquiteto do aplicativo faz o trabalho de registrar o componente personalizado e o renderizador. Veja Como registrar um conversor personalizado e Como registrar um renderizador personalizado com um kit de renderização para mais informações.

Como criar o tratador de tags de componentes

Se você criou as suas próprias tags personalizadas JSP antes, criar uma tag de componentes e um tratador de tags deve ser fácil para você.

Em aplicativos JavaServer Faces, a classe de tratadores de tags associada a um componente comanda a fase renderizar resposta do ciclo de vida de JavaServer Faces. Para mais informações sobre o ciclo de vida de JavaServer Faces, veja Ciclo de vida de uma página JavaServer Faces.

A primeira coisa que o tratador de tags faz é obter o tipo do componente associado com a tag. Em seguida, ele define os atributos de componentes para os valores fornecidos na página. Finalmente, ele retorna o tipo do renderizador (se houver um) para a implementação JavaServer Faces de modo que a codificação do componente possa ser efetuada quando a tag for processada.

O componente personalizado de mapa da imagem inclui dois tratadores de tags: AreaTag e MapTag. Para ver como as operações em um tratador de tags JavaServer Faces são implementadas, vamos dar uma olhada em MapTag:

```
public class MapTag extends UIComponentTag {
  private String current = null;
  public void setCurrent(String current) {
    this.current = current;
  }
  private String actionListener = null;
  public void setActionListener(String actionListener) {
    this.actionListener = actionListener;
  }
  private String action = null;
  public void setAction(String action) {
    this.action = action;
  }
  private String immediate = null;
  public void setImmediate(String immediate) {
    this.immediate = immediate;
  }
  private String styleClass = null;
  public void setStyleClass(String styleClass) {
    this.styleClass = styleClass;
  }
  public String getComponentType() {
    return ("DemoMap");
  }
  public String getRendererType() {
    return ("DemoMap");
  }
  public void release() {
    super.release();
    current = null;
    styleClass = null;
    actionListener = null;
    action = null;
    immediate = null;
  }
  protected void setProperties(UIComponent component) {
    super.setProperties(component);
    MapComponent map = (MapComponent) component;
    if (styleClass != null) {
      if (isValueReference(styleClass)) {
        ValueBinding vb =
          FacesContext.getCurrentInstance().
            getApplication().
              createValueBinding(styleClass);
        map.setValueBinding("styleClass", vb);
      } else {
        map.getAttributes().put("styleClass", styleClass);
      }
    }
    if(actionListener != null) {
      if(isValueReference(actionListener)) {
        Class args[] = {ActionEvent.class};
        MethodBinding mb =
          FacesContext.getCurrentInstance().
            getApplication().
              createMethodBinding(actionListener, args);
        map.setActionListener(mb);
      } else {
        Object params[] = {actionListener};
        throw new javax.faces.FacesException();
```

```
      }
    }
    if (action != null) {
      if (isValueReference(action)) {
        MethodBinding vb = FacesContext.
          getCurrentInstance().getApplication().
            createMethodBinding(action, null);
        map.setAction(vb);
      } else {
        map.setAction(
      Util.createConstantMethodBinding(action));
      }
    }
    if (immediate != null) {
      if (isValueReference(immediate)) {
        ValueBinding vb = FacesContext.
          getCurrentInstance().getApplication().
            createValueBinding(immediate);
        map.setValueBinding("immediate", vb);
      } else {
        boolean _immediate =
          new Boolean(immediate).booleanValue();
        map.setImmediate(_immediate);
      }
    }
}
```

A primeira coisa a observar é que MapTag estende UIComponentTag, que suporta a funcionalidade jsp.tagext.Tag e a funcionalidade específica de JavaServer Faces. UIComponentTag é a classe básica para todas as tags JavaServer Faces que correspondem a um componente. As tags, que precisam processar seus corpos de tag, deveriam ser sub-classes de UIComponentBodyTag.

Como explicado anteriormente, a primeira coisa que MapTag faz é obter o tipo do componente. Ela usa a operação getComponentType:

```
public String getComponentType() {
  return ("DemoMap");
}
```

Em seguida, o tratador de tags define os valores de atributo do componente para aqueles fornecidos como atributos de tag na página. O tratador de MapTag obtém os valores de atributo da página através das propriedades JavaBeans que correspondem aos atributos. MapComponent tem vários atributos. Aqui está a propriedade que é usada para acessar o valor de immediate:

```
private String immediate = null;
public void setImmediate(String immediate) {
  this.immediate = immediate;
}
```

Para passar o valor dos atributos de tag para MapComponent, o tratador de tags implementa o método setProperties.

Alguns atributos de tag podem referenciar valores literais ou usar expressões com ligação de valores, as quais apontam para valores normalmente armazenados em um bean. É recomendado que você habilite seus atributos do componente para aceitar expressões com ligação de valores porque isso é o que um autor de página espera.

Se você faz seus atributos de tag aceitarem expressões com ligação de valores, e se você estiver atualizando uma propriedade do componente subjacente, então a propriedade do componente deverá também ser habilitada para expressões com ligação de valores. Veja Como habilitar Value-Binding de propriedades de componentes para mais informações. Além disso, um atributo que aceite uma expressão com ligação de valores deve ser do tipo String. Eis por que immediate é do tipo String, como mostrado no snippet do código.

Para cada atributo MapComponent que aceite uma expressão EL JavaServer Faces, o método setProperties deve obter tanto um MethodBinding, como um ValueBinding para ele da instância de Application. Um objeto ValueBinding é usado para avaliar expressões que referenciam as propriedades do bean de suporte. Um objeto MethodBinding é usado para avaliar expressões de referência que referenciam métodos do bean de suporte.

Por exemplo, o valor do atributo actionListener deve ser uma expressão com ligação de método que aponte para um método de um bean de suporte que aceite um ActionEvent como seu argumento. O método setProperties de MapTag cria um MethodBinding para o atributo actionListener, passando a assinatura que este método deve ter, e define o MethodBinding como o valor do atributo actionListener do MapComponent.

O atributo action pode aceitar uma String literal ou uma expressão com ligação de método que aponte para um método do bean de suporte que não aceite nenhum parâmetro e retorne uma String literal. Para tratar o caso da String literal, o método setProperties cria um método constante especial que liga a String literal de modo a satisfazer o requisito que o argumento para o atributo action do MapComponent seja uma instância de MethodBinding. Para tratar a expressão com ligação de método, setProperties cria o MethodBinding como ele faz para o atributo actionListener.

O valor do atributo immediate de MapComponent é uma expressão com ligação de valores. Esta expressão aponta para um bean de suporte. Portanto, setProperties deve obter um ValueBinding para ele. Depois de obter o ValueBinding, o método setProperties define o valor da propriedade no MapComponent chamando o método setValueBinding de MapComponent, passando para dentro o ValueBinding obtido do Application e o nome do atributo.

O seguinte pedaço de setProperties define a propriedade immediate de MapComponent:

```
...
if (immediate != null) {
  if (isValueReference(immediate)) {
    ValueBinding vb = FacesContext.
      getCurrentInstance().getApplication().
        createValueBinding(immediate);
    map.setValueBinding("immediate", vb);
  } else {
    boolean _immediate =
      new Boolean(immediate).booleanValue();
    map.setImmediate(_immediate);
  }
}
```

Finalmente, o tratador de tags fornece o tipo de renderizador – se houver um renderizador associado ao componente – para a implementação JavaServer Faces. Ele faz isso usando o método getRendererType:

```
public String getRendererType() {return "DemoMap";}
```

O tipo de renderizador que retorna é o nome sob o qual o renderizador é registrado com o aplicativo. Veja Como delegar renderização para um renderizador para mais informações. Se o seu componente não possuir um renderizador associado a ele, getRendererType deverá retornar nulo.

```
public void release() {
  super.release();
  current = null;
  styleClass = null;
  actionListener = null;
```

```
  immediate = null;
  action = null;
}
```

Este método primeiro chama o método UIComponentTag.release para liberar recursos associados a UIComponentTag. Em seguida, o método define todos os valores do atributo para null.

Como definir a tag de componente personalizado em um descritor de biblioteca de tags

Para definir uma tag, você a declara em um descritor de biblioteca de tags, que é um documento XML que descreve uma biblioteca de tags. Um TLD contém informações sobre uma biblioteca e cada tag contida nela. Os TLDs são usados por um contêiner Web para validar as tags. O conjunto de tags que fazem parte do kit de renderização HTML é definido no TLD html_basic.

As tags area e map personalizadas são definidas em bookstore.tld. O arquivo bookstore.tld define tags para todos os componentes personalizados e a tag validator personalizada descrita em Como criar uma tag personalizada.

Todas as definições de tags devem ser aninhadas dentro do elemento taglib no TLD. Cada tag é definida por um elemento tag. Aqui está a parte da definição de tag da tag map:

```
<tag>
  <name>map</name>
  <tag-class>taglib.MapTag</tag-class>
  <attribute>
    <name>binding</name>
    <required>false</required>
    <rtexprvalue>false</rtexprvalue>
  </attribute>
  <attribute>
    <name>current</name>
    <required>false</required>
    <rtexprvalue>false</rtexprvalue>
  </attribute>
  <attribute>
    <name>id</name>
    <required>false</required>
    <rtexprvalue>false</rtexprvalue>
  </attribute>
  ...
</tag>
```

No mínimo, cada tag deve ter um nome (o nome da tag) e um atributo tag-class (o tratador de tags). Para mais informações sobre definições de tags em um TLD, por favor consulte a seção dos Descritores de bibliotecas de tags deste tutorial.

Como criar classes de componentes personalizados

Como explicado em Quando usar um componente personalizado, uma classe de componentes define o estado e o comportamento de um componente UI. A informação de estado inclui o tipo do componente, identificador e o valor local. O comportamento definido pelo componente inclui o seguinte:

- Decodificação (convertendo o parâmetro de requisição para o valor local do componente)
- Codificação (convertendo o valor local para a marcação correspondente)

- ❑ Salvar o estado do componente
- ❑ Atualizar o valor do bean como o valor local
- ❑ Processar validações no valor local
- ❑ Enfileirar eventos

A classe UIComponentBase define o comportamento default de uma classe de componentes. Todas as classes que representam os componentes-padrão estendem de UIComponentBase. Estas classes adicionam definições próprias de comportamento, como seu componente personalizado o fará.

A sua classe de componentes personalizados deve estender tanto UIComponentBase diretamente, como estender uma classe que represente um dos componentes-padrão. Essas classes estão localizadas no pacote javax.faces.component e seus nomes começam com UI.

Se o seu componente personalizado serve ao mesmo propósito como componente-padrão, você deve estender o componente-padrão no lugar de estender diretamente UIComponentBase. Por exemplo, suponha que você queira criar um componente menu editável. Faz sentido fazer este componente estender UISelectOne em vez de UIComponentBase porque você pode reutilizar o comportamento definido em UISelectOne. A única funcionalidade nova que você deve definir é tornar o menu editável.

Caso você decida fazer seu componente estender UIComponentBase ou um componente- padrão, você deverá também fazer que o seu componente implemente um ou mais dessas interfaces comportamentais:

- ❑ ActionSource: Indica que o componente pode acionar um ActionEvent
- ❑ EditableValueHolder: Estende ValueHolder e especifica características adicionais para componentes editáveis, tais como validações e emissão de eventos com alteração de valores
- ❑ NamingContainer: Obriga que cada componente radicado a este componente tenha um ID único
- ❑ StateHolder: Denota que um componente tem estado e que deve ser salvo entre as requisições
- ❑ ValueHolder: Indica que o componente mantém um valor local bem como a opção de acessar dados na camada de modelos

Se o seu componente estende UICommand, ele automaticamente implementa ActionSource e StateHolder. Se o seu componente estende UIOutput ou uma das classes de componentes que estendem UIOutput, ele automaticamente implementa StateHolder e ValueHolder. Se o seu componente estende UIInput, ele automaticamente implementa EditableValueHolder, StateHolder,e ValueHolder. Se o seu componente estende UIComponentBase, ele automaticamente implementa somente StateHolder. Consulte JavaServer Faces API Javadoc para descobrir o que outras classes de componentes implementam.

Se você quiser que seu componente, que estende UIInput, acione eventos de ação, o seu componente deverá implementar ActionSource.

AreaComponent e MapComponent são as duas classes de componentes personalizadas. A classe MapComponent estende UICommand e, portanto, implementa ActionSource, o que significa que ela pode acionar eventos de ação quando um usuário clicar no mapa.

A classe MapComponent representa o componente que corresponde à tag map:

```
<bookstore:map id="worldMap" current="NAmericas"
  immediate="true"
  action="storeFront"
  actionListener="#{localeBean.chooseLocaleFromMap}">
```

A classe AreaComponent representa o componente que corresponde à tag area:

```
<bookstore:area id="NAmerica" value="#{NA}"
  onmouseover="/template/world_namer.jpg"
```

```
onmouseout="/template/world.jpg"
targetImage="mapImage" />
```

MapComponent tem uma ou mais instâncias de AreaComponent como filhos. O seu comportamento consiste no seguinte:

- Obter o valor da área selecionada correntemente
- Definir as propriedades correspondentes para os valores do componente
- Gerar um evento quando o usuário clicar no mapa da imagem
- Enfileirar o evento
- Salvar seu estado
- Renderizar a tag map e a tag input

A renderização das tags map e input é, na verdade, realizada por MapRenderer, mas MapComponent delega esta renderização para MapRenderer.

AreaComponent está ligada a um bean que armazena o formato e as coordenadas da região do mapa da imagem. Você verá como todos esses dados são acessados por meio da expressão de valor em Como criar a classe do renderizador. O comportamento do componente AreaComponent consiste no seguinte:

- Obter o formato e a coordenada dos dados do bean
- Definir o valor da tag oculta para o id deste componente
- Renderizar a tag area, incluindo o JavaScript para as funções onmouseover, onmouseout e onclick

Embora estas tarefas sejam em verdade realizadas por AreaRenderer, a classe AreaComponent deve delegar as tarefas para AreaRenderer. Veja Como delegar renderização para um renderizador a fim de obter mais informações.

O resto desta seção detalha como a classe MapRenderer realiza codificação e decodificação, como ela define propriedades para os valores locais do componente, e como ela salva o estado de MapComponent. Como tratar eventos para componentes personalizados detalha como MapComponent trata eventos.

Desde que ambos os componentes deleguem sua renderização, eles sobrepõem o método getFamily para retornar o identificador de uma família de componentes, o qual é usado com o tipo do renderizador a fim de selecionar o renderizador para o componente. A família de componentes que getFamily retorna deve corresponder à família de componentes definida para o componente no arquivo de recursos para configuração do aplicativo. Como registrar um conversor personalizado explica como definir a família de componentes no arquivo de recursos para configuração do aplicativo.

Como realizar codificação

Durante a fase de renderizar resposta, a implementação JavaServer Faces processa os métodos de codificação de todos os componentes e seus renderizadores associados na visualização. Os métodos de codificação convertem o valor local corrente do componente para a marcação correspondente que o representa na resposta.

A classe UIComponentBase define um conjunto de métodos para renderizar a marcação: encodeBegin, encodeChildren e encodeEnd. Se o componente tiver componentes-filho, você pode precisar usar mais de um desses métodos para renderizar o componente; caso contrário, toda renderização deve ser feita em encodeEnd.

Como o MapComponent é um componente-pai de AreaComponent, as tags area devem ser renderizadas depois do início da tag map e antes do final da tag map. Para fazer isso, a classe MapRenderer renderiza a tag map inicial em encodeBegin e o resto da tag map em encodeEnd.

A implementação JavaServer Faces chama automaticamente o método encodeEnd do renderizador de AreaComponent depois de chamar o método encodeBegin de MapRenderer e antes de chamar o método encodeEnd de MapRenderer. Se um componente precisa efetuar renderização para seus filhos, ele faz isso no método encodeChildren.

Aqui estão os métodos encodeBegin e encodeEnd de MapRenderer:

```
public void encodeBegin(FacesContext context,
  UIComponent component) throws IOException {
  if ((context == null)|| (component == null)){
    throw new NullPointerException();
  }
  MapComponent map=(MapComponent) component;
  ResponseWriter writer = context.getResponseWriter();
  writer.startElement("map", map);
  writer.writeAttribute("name", map.getId(),"id");
}

public void encodeEnd(FacesContext context) throws IOException
{
  if ((context == null) || (component == null)){
    throw new NullPointerException();
  }
  MapComponent map = (MapComponent) component;
  ResponseWriter writer = context.getResponseWriter();
  writer.startElement("input", map);
  writer.writeAttribute("type", "hidden", null);
  writer.writeAttribute("name",
    getName(context,map), "clientId");(
  writer.endElement("input");
  writer.endElement("map");
}
```

Note que encodeBegin renderiza somente a tag map inicial. O método encodeEnd renderiza a tag input e a tag map final.

Os métodos de codificação aceitam um argumento de UIComponent e um argumento de FacesContext. A FacesContext contém todas as informações associadas com a requisição atual. O argumento UIComponent é o componente que precisa ser renderizado. O renderizador tem de saber qual componente ele está renderizando. Portanto, você deve passar o componente para os métodos de codificação do renderizador.

O resto do método renderiza a marcação para o ResponseWriter, que escreve a marcação para a resposta corrente. Isso basicamente envolve passar os nomes das tags e os nomes dos atributos HTML para o ResponseWriter como strings, obtendo os valores dos atributos do componente e passando estes valores para o ResponseWriter.

O método startElement aceita uma String (o nome da tag) e o componente ao qual a tag corresponde (neste caso, map). (Passar esta informação para o ResponseWriter auxilia as ferramentas em tempo de projeto saberem quais porções da marcação gerada estão relacionadas com quais componentes.)

Depois de chamar startElement, você pode chamar writeAttribute para renderizar os atributos da tag. Os métodos writeAttribute aceitam o nome do atributo, seu valor e o nome de uma propriedade ou atributo do componente de contenção correspondente ao atributo. O último parâmetro pode ser nulo, e não será renderizado.

O valor do atributo name da tag map é obtido usando o método getId do componente UI, que retorna o identificador único do componente. O valor do atributo name da tag input é obtido usando o método getName(FacesContext, UIComponent) de MapRenderer.

Se você quiser que o seu componente efetue a sua própria renderização, exceto delegar para um renderizador se houver um, inclua as linhas seguintes no método de codificação para verificar se há um um renderizador associado a este componente.

```
if (getRendererType() != null) {
  super.encodeEnd(context);
  return;
}
```

Se houver um renderizador disponível, este método chamará o método encodeEnd da superclasse, que faz o trabalho de encontrar o renderizador. A classe MapComponent delega todas as renderizações para MapRenderer, portanto ela não precisa procurar por renderizadores disponíveis.

Em algumas classes de componentes personalizadas que estendem componentes-padrão, você pode precisar implementar outros métodos além do encodeEnd. Por exemplo, se você precisa obter o valor do componente dos parâmetros de requisição – para, por exemplo, atualizar os valores do bean – você deve também implementar o método decode.

Como efetuar decodificação

Durante a fase de aplicar valores de requisição, a implementação JavaServer Faces processa os métodos decode de todos os componentes da árvore. O método decode extrai um valor local do componente dos parâmetros de requisição de chegada e converte o valor para um tipo que é aceitável para a classe de componentes.

Uma classe de componentes personalizada, ou seu renderizador, deve implementar o método decode somente se for para ele obter o valor local, ou se ele precisar enfileirar eventos. O MapRenderer obtém o valor local do campo de entrada oculto e define o atributo corrente para este valor usando seu método decode. O método setCurrent de MapComponent enfileira o evento chamando queueEvent, passando o AreaSelectedEvent gerado por MapComponent.

Aqui está o método decode de MapRenderer:

```
public void decode(FacesContext context, UIComponent component)
{
  if ((context == null) || (component == null)) {
    throw new NullPointerException();
  }
  MapComponent map = (MapComponent) component;
  String key = getName(context, map);
  String value = (String)context.getExternalContext().
    getRequestParameterMap().get(key);
  if (value != null)
    map.setCurrent(value);
  }
}
```

O método decode primeiro obtém o nome do campo de entrada oculto chamando getName(FacesContext, UIComponent). Depois ele usa esse nome como a chave para que o mapa do parâmetro da requisição obtenha o valor corrente do campo de entrada. Este valor representa a área selecionada correntemente. Finalmente, ele define o valor do atributo corrente da classe MapComponent para o valor do campo de entrada.

Como habilitar Value-Binding de propriedades de componentes

Como criar o tratador de tags de componentes descreve como MapTag define os valores de componentes ao processar a tag. Para esses atributos de componentes que aceitam expressões com ligação de valores que apontam para uma propriedade do bean de suporte, MapTag usa uma ValueBinding para avaliar a expressão.

Para obter o valor de um atributo de componente que aceite uma expressão com ligação de valores apontando para uma propriedade do bean de suporte, a classe de componentes deve obter o ValueBinding associado ao atributo. Como MapComponent estende UICommand, o UICommand já faz o trabalho de obter a ValueBinding associada a cada um dos atributos que ela suporta. Entretanto, se você tiver um componente personalizado que estenda UIComponentBase, você precisará obter a ValueBinding associada a esses atributos que são habilitados com ligação de valores. Por exemplo, se MapComponent estendesse UIComponentBase em vez de UICommand, ele precisaria incluir um método que obtivesse a ValueBinding do atributo immediate:

```
public boolean isImmediate() {
  if (this.immediateSet) {
     return (this.immediate);
  }
  ValueBinding vb = getValueBinding("immediate");
  if (vb != null) {
    Boolean value = (Boolean) vb.getValue(getFacesContext());
    return (value.booleanValue());
  } else {
     return (this.immediate);
  }
}
```

As propriedades correspondentes ao atributo do componente que aceita uma expressão com ligação de método apontando para um método do bean de suporte deve aceitar e retornar um MethodBinding. Por exemplo, se MapComponent estendesse UIComponentBase no lugar de UICommand, ele teria de fornecer uma propriedade action que retornasse e aceitasse um MethodBinding:

```
public MethodBinding getAction() {
  return (this.action);
}
public void setAction(MethodBinding action) {
  this.action = action;
}
```

Como salvar e restaurar o estado

Como as classes de componentes implementam StateHolder, elas devem implementar os métodos saveState(FacesContext) e restoreState(FacesContext, Object) para auxiliar a implementação JavaServer Faces a salvar e restaurar o estado de seus componentes através de requisições múltiplas.

Para salvar um conjunto de valores, você deve implementar o método saveState(FacesContext). Este método é chamado durante a fase de renderizar resposta, durante a qual o estado da resposta é salvo para processar as requisições subseqüentes. Aqui está o método de MapComponent:

```
public Object saveState(FacesContext context) {
  Object values[] = new Object[2];
  values[0] = super.saveState(context);
  values[1] = current;
  return (values);
}
```

Este método inicializa um array, que contém o estado salvo. Em seguida, ele salva todos os estados associados ao MapComponent.

Um componente que implemente StateHolder deve também fornecer uma implementação para restoreState(FacesContext, Object), que retorna o estado do componente para aquele que foi salvo com o método saveState(FacesContext). O restoreState(FacesContext, Object) é chamado durante a fase de restaurar visualização, durante a qual a implementação JavaServer Faces checa se existe algum estado que foi salvo durante a última fase de renderizar resposta e precisa ser restaurado na preparação para o próxima postback. Aqui está o método restoreState(FacesContext, Object) de MapComponent:

```
public void restoreState(FacesContext context, Object state) {
  Object values[] = (Object[]) state;
  super.restoreState(context, values[0]);
  current = (String) values[1];
}
```

Este método aceita a FacesContext e o Object, que representam o array que contém o estado para o componente. Este método define as propriedades do componente para os valores salvos no array Object.

Quando você implementa estes métodos em sua classe de comps, certifique-se de especificar em seu arquivo web.xml onde você quer que o estado seja salvo: tanto no cliente, como no servidor. Se o estado for salvo no cliente, o estado da visualização inteira será renderizado para um campo oculto da página.

Para especificar onde o estado foi salvo para um componente Web particular, você precisa iniciar deploytool, selecionar o componente Web da árvore, e definir seu contexto de parâmetro javax.faces. STATE_SAVING_METHOD tanto para o cliente, como para o servidor. Veja Como especificar onde o estado foi salvo para mais informações sobre a especificação onde o estado é salvo usando deploytool.

Como delegar renderização para um renderizador

Tanto o MapComponent como o AreaComponent delegam todas as suas renderizações para um renderizador em separado. A seção Como efetuar codificação explica como MapRenderer efetua a codificação para o MapComponent. Esta seção explica em detalhe os processo de delegar renderização para um renderizador usando o AreaRenderer, que efetua a renderização para AreaComponent.

Para delegar a renderização, você efetua estas tarefas:

- ❑ Cria a classe Renderer
- ❑ Registra o renderizador com um kit de renderização (explicado em Como registrar um renderizador personalizado com um kit de renderização)
- ❑ Identifica o tipo do renderizador no tratador de tags do componente

Como criar a classe renderer

Ao delegar uma renderização para um renderizador, você pode delegar toda codificação e decodificação para o renderizador, ou você pode escolher fazer parte dele na classe de componentes. A classe AreaComponent delega a codificação para a classe AreaRenderer.

Para efetuar a renderização para AreaComponent, AreaRenderer deve implementar um método encodeEnd. O método encodeEnd de AreaRenderer obtém os valores do formato, coordenados, e texto alternativo armazenado no bean ImageArea que está ligado à AreaComponent. Suponha que uma tag area, atualmente sendo renderizada, tenha um atributo value de "fraA". A linha seguinte de encodeEnd obtém o valor do atributo "fraA" da FacesContext.

```
ImageArea ia = (ImageArea)area.getValue();
```

O atributo value é a instância do bean ImageArea, que contém o formato, as coordenadas, e valores de alt associados ao fraA da instância AreaComponent. Como configurar dados de modelo descreve como o aplicativo armazena estes valores.

Depois de obter o objeto ImageArea, ele renderiza os valores para o formato, as coordenadas, e alt simplesmente chamando os métodos de acesso associados e passando os valores retornados ao ResponseWriter, como mostrado por estas linhas de código, que escrevem o formato e as coordenadas:

```
writer.startElement("area", area);
writer.writeAttribute("alt", iarea.getAlt(), "alt");
writer.writeAttribute("coords", iarea.getCoords(), "coords");
writer.writeAttribute("shape", iarea.getShape(), "shape");
```

O método encodeEnd também renderiza o JavaScript para os atributos onmouseout, onmouseover e onclick. O autor de página precisa somente fornecer o caminho para as imagens que vão ser carregadas durante uma ação onmouseover ou onmouseout:

```
<d:area id="France" value="#{fraA}"
  onmouseover="/template/world_france.jpg"
  onmouseout="/template/world.jpg" targetImage="mapImage" />
```

A classe AreaRenderer cuida de gerar o JavaScript para estas ações, como mostrado no código seguinte de encodeEnd. O JavaScript que AreaRenderer que gera para a ação onclick define o valor do campo oculto para o valor do ID do componente da área corrente e submete a página:

```
sb = new StringBuffer("document.forms[0]['").
  append(targetImageId).append("'].src='");
sb.append(getURI(context,
  (String) area.getAttributes().get("onmouseout")));
sb.append("'");
writer.writeAttribute("onmouseout", sb.toString(),
  "onmouseout");
sb = new StringBuffer("document.forms[0]['").
  append(targetImageId).append("'].src='");
sb.append(getURI(context,
  (String) area.getAttributes().get("onmouseover")));
sb.append("'");
writer.writeAttribute("onmouseover", sb.toString(),
  "onmouseover");
sb = new StringBuffer("document.forms[0]['");
sb.append(getName(context, area));

sb.append("'].value='");
sb.append(iarea.getAlt());
sb.append("'; document.forms[0].submit()");
writer.writeAttribute("onclick", sb.toString(), "value");
writer.endElement("area");
```

Submetendo a página, este código faz com que o ciclo de vida de JavaServer Faces retorne para a fase de restaurar visualização. Esta fase salva qualquer informação de estado – inclusive o valor do campo oculto – de modo que uma nova árvore de componentes de requisição seja construída. Este valor é obtido pelo método decode da classe MapComponent. Este método decode é chamado pela implementação JavaServer Faces durante a fase de aplicar valores de requisição, que é seguida pela fase restaurar visualização.

Além do método encodeEnd, AreaRenderer contém um construtor vazio. Ele é usado para criar uma instância de AreaRender de modo que possa ser adicionado ao kit de renderização.

Note que AreaRenderer estende BaseRenderer, que por sua vez estende Renderer. Ele contém definições dos métodos da classe Renderer de modo que você não tenha de incluí-las em sua classe do renderizador.

Como identificar o tipo do renderizador

Durante a fase de renderizar resposta, a implementação JavaServer Faces chama o método getRendererType da tag do componente para determinar qual renderizador chamar, se houver um.

O método getRendererType da classe AreaTag deve retornar o tipo associado com AreaRenderer. Lembre-se de que você identificou este tipo quando registrou AreaRenderer como o kit de renderização. Aqui está o método getRendererType da classe AreaTag do aplicativo da Duke´s Bookstore:

```
public String getRendererType() { return ("DemoArea");}
```

Como tratar eventos para componentes personalizados

Como explicado em Como implementar um receptor de eventos, os eventos são automaticamente enfileirados em componentes-padrão que acionam eventos. Um componente personalizado, por outro lado, deve enfileirar eventos manualmente a partir de seu método decode se ele disparar eventos.

Como efetuar decodificação explica como enfileirar um evento em MapComponent com seu método decode. Esta seção explica como escrever a classe que representa o evento de clicar no mapa e como escrever o método que processa este evento.

Como explicado em Como entender a página JSP, o atributo actionListener da tag map aponta para o método chooseLocaleFromMap do bean LocaleBean. Este método processa o evento de clicar o mapa da imagem. Aqui está o método chooseLocaleFromMap do LocaleBean:

```
public void chooseLocaleFromMap(ActionEvent actionEvent) {
  AreaSelectedEvent event = (AreaSelectedEvent) actionEvent;
  String current = event.getMapComponent().getCurrent();
  FacesContext context = FacesContext.getCurrentInstance();
  context.getViewRoot().setLocale((Locale)
    locales.get(current));
}
```

Quando a implementação JavaServer Faces chama este método, ela passa um ActionEvent que representa o evento gerado pelo clique do mapa da imagem. Em seguida, ela o converte para um AreaSelectedEvent. Depois este método obtém o MapComponent associado ao evento. Ela então obtém o valor do atributo corrente de MapComponent, que indica a área selecionada correntemente. O método então usa o valor da propriedade corrente para obter o objeto Locale de um HashMap, construído em outra parte da classe LocaleBean. Finalmente o método define a locale do FacesContext para a Locale obtida do HashMap.

Além do método que processa o evento, você precisa da classe de eventos propriamente dita. Esta classe é muito simples de escrever: você a faz estender ActionEvent e fornecer um construtor que aceite um componente no qual o evento seja enfileirado e um método que retorne o componente. Aqui está a classe AreaSelectedEvent usada como o mapa da imagem:

```
public class AreaSelectedEvent extends ActionEvent {
  ...
  public AreaSelectedEvent(MapComponent map) {
    super(map);
  }
  public MapComponent getMapComponent() {
    return ((MapComponent) getComponent());
  }
}
```

Como explicado na seção Como criar classes de componentes personalizados, de modo ao MapComponent acionar eventos em primeiro lugar, ele deve implementar ActionSource. Como MapComponent estende UICommand, ele também implementa ActionSource.

21

Como configurar aplicativos JavaServer Faces

As responsabilidades do arquiteto do aplicativo incluem o seguinte:

- Registrar os objetos de back-end com o aplicativo de modo que todas as partes do aplicativo tenham acesso a eles
- Configurar beans de suporte e beans de modelo de modo que eles sejam instanciados com os valores adequados quando uma página fizer referências a eles
- Definir regras de navegação para cada uma das páginas do aplicativo de modo que o aplicativo tenha um fluxo suave de página
- Empacotar o aplicativo para incluir todas as páginas, objetos e outros arquivos de modo que o aplicativo possa ser implantado em qualquer contêiner compatível.

Este capítulo explica como efetuar todas as responsabilidades do arquiteto do aplicativo.

Arquivo de recursos para configuração do aplicativo

A tecnologia JavaServer Faces fornece um formato de configuração portável (como um documento XML) para configurar recursos. Um arquiteto do aplicativo cria um ou mais arquivos, chamados arquivos de recursos para configuração do aplicativo, que utilizam este formato para registrar e configurar objetos e definir regras de navegação. Um arquivo de recursos para configuração do aplicativo geralmente é chamado faces-config.xml.

O arquivo de recursos para configuração do aplicativo deve ser válido contra a DTD localizada em http://java.sun.com/dtd/web-facesconfig_1_0.dtd. Além disso, cada arquivo deve incluir o seguinte, nesta ordem:

- Número da versão XML:
  ```
  <?xml version="1.0"?>
  ```
- Esta declaração DOCTYPE:
  ```
  <!DOCTYPE faces-config PUBLIC
  "-//Sun Microsystems, Inc.//DTD JavaServer Faces Config 1.0//EN"
  "http://java.sun.com/dtd/web-facesconfig_1_0.dtd">
  ```
- Uma tag faces-config anexando todas as outras declarações:
  ```
  <faces-config>
  ...
  </faces-config>
  ```

Você pode ter mais de um arquivo de recursos para configuração do aplicativo, e existem três maneiras pelas quais você pode tornar estes arquivos disponíveis ao aplicativo. A implementação JavaServer Faces encontra o arquivo ou os arquivos procurando o seguinte:

- Um recurso chamado /META-INF/faces-config.XML em qualquer um dos arquivos JAR no diretório /WEB-INF/lib do aplicativo Web e nos carregadores de classes-pai. Se um recurso com este nome existir, ele será carregado como um recurso de configuração. Este método é prático para uma biblioteca empacotada contendo alguns componentes e renderizadores
- Um parâmetro de inicialização de contexto, javax.faces.application.CONFIG_FILES, que especifica um ou mais caminhos (delimitados por vírgulas) para múltiplos arquivos de configuração para o seu aplicativo Web. Este método muito provavelmente será usado para aplicativos de escala empresarial que delegam, para grupos separados, a responsabilidade de manter o arquivo para cada porção de um aplicativo grande
- Um recurso chamado faces-config.xml no diretório /WEB-INF/ do seu aplicativo se você não especifica um parâmetro de inicialização de contexto. Este é o modo mais simples para os aplicativos tornarem seus arquivos de configuração disponíveis

Para acessar os recursos registrados com o aplicativo, um desenvolvedor de aplicativos utiliza uma instância da classe Application, criada automaticamente para cada aplicativo. A classe Application atua como uma fábrica centralizada para recursos definidos no arquivo XML. Quando um aplicativo inicia, a implementação JavaServer Faces cria uma instância única da classe Application e a configura com as informações que você configura no arquivo de recursos para configuração do aplicativo.

Como configurar beans

Para instanciar beans de suporte usados em um aplicativo JavaServer Faces e armazená-los no escopo, você utiliza recurso de criação de bean gerenciado. Este recurso é configurado no arquivo de recursos para a configuração do aplicativo utilizando elementos XML de beans gerenciados para definir cada bean. Este arquivo é processado em tempo de inicialização do aplicativo, e isso significa que os objetos declarados nele estão disponíveis para todo o aplicativo antes que qualquer uma das páginas seja acessada.

Com o recurso de criação de bean gerenciado, você pode:

- Criar beans em um arquivo centralizado disponível para todo o aplicativo, em vez de instanciar beans condicionalmente por todo o aplicativo
- Personalizar as propriedades do bean sem qualquer código adicional
- Quando um bean gerenciado é criado, personalizar os valores da propriedade do bean diretamente de dentro do arquivo de configuração
- Usar elementos value, definir a propriedade de um bean gerenciado para ser o resultado de avaliar uma outra expressão com ligação de valores

Esta seção mostra a você como inicializar beans de suporte usando o recurso de criação de bean gerenciado. Como escrever propriedades do componente explica como escrever propriedades de componentes. Como escrever métodos do bean de suporte explica como escrever métodos para beans de suporte. Como ligar instâncias e valores de componentes a fontes de dados externos explica como referenciar um bean gerenciado das tags de componentes.

Como usar o elemento managed-bean

Você cria um bean de suporte usando um elemento managed-bean, o qual representa uma instância de uma classe que deve existir no aplicativo. Em tempo de execução, a implementação JavaServer Faces processa o elemento managed-bean e instancia o bean como especificado pela configuração do elemento se não existir nenhuma instância.

Aqui está um exemplo de configuração de bean gerenciado do aplicativo da Duke´s Bookstore:

```
<managed-bean>
  <managed-bean-name> NA </managed-bean-name>
    <managed-bean-class>
      model.ImageArea
    </managed-bean-class>
    <managed-bean-scope> application </managed-bean-scope>
    <managed-property>
      <property-name>shape</property-name>
      <value>poly</value>
    </managed-property>
    ...
  </managed-bean-name>
</managed-bean>
```

O elemento managed-bean-name define a chave sob a qual o bean será armazenado em um escopo. Para um componente mapear para este bean, o valor da tag de componentes deve corresponder ao managed-bean-name até o primeiro período. Por exemplo, considere esta expressão de valor que mapeia para a propriedade shape de ImageArea:

```
value="#{NA.shape}"
```

A parte antes do . corresponde ao managed-bean-name de ImageArea. Como utilizar as tags de componentes HTML tem mais exemplos da utilização de value para ligar componentes a propriedades do bean.

O elemento managed-bean-class define o nome totalmente qualificado da classe de componentes JavaBeans usada para instanciar o bean. É responsabilidade do desenvolvedor de aplicativos assegurar que a classe seja compatível com a configuração do bean no arquivo de recursos para configuração do aplicativo. Por exemplo, as definições de propriedade devem corresponder àquelas configuradas para o bean.

O elemento managed-bean-scope define o escopo no qual o bean será armazenado. Os quatro escopos aceitáveis são nenhum, requisição, sessão, ou aplicativo. Se você definir o bean com um escopo nenhum, ele será instanciado novamente cada vez que for referenciado, e, portanto, ele não ficará salvo em nenhum escopo. Uma razão para usar um escopo de nenhum é que um bean gerenciado referencia um outro bean gerenciado. O segundo bean deveria estar em nenhum escopo se se supõe que ele vá ser criado somente quando for referenciado. Veja Como inicializar propriedades Array e List para um exemplo de inicialização de uma propriedade do bean gerenciado.

O elemento managed-bean pode conter zero ou mais elementos managed-property, cada um correspondendo a uma propriedade definida na classe do bean. Esses elementos são usados para inicializar os valores das propriedades do bean. Se você não quiser que uma propriedade particular seja inicializada com um valor quando o bean for instanciado, não inclua uma definição managed-property para ele em seu arquivo de recursos para configuração do aplicativo.

Um elemento managed-bean também pode conter um elemento map-entries ou um elemento list-entries. O elemento map-entries configura um bean ou um conjunto de beans que são instâncias de Map. O elemento list-entries configura um bean ou um conjunto de beans que são instâncias de List.

Para mapear para uma propriedade definida por um elemento managed-property, você deve se certificar de que a parte da expressão de valor de uma tag de componentes depois do . corresponda ao elemento property-name do elemento managed-property. No exemplo anterior, a propriedade shape é inicializada com o valor poly. A próxima seção explica com mais detalhe como usar o elemento managed-property.

Como inicializar propriedades com o elemento managed-property

Um elemento managed-property deve conter um elemento property-name, que deve corresponder ao nome da respectiva propriedade no bean. Um elemento managed-property deve também conter um conjunto de elementos (listados na Tabela 21-1) que define o valor da propriedade. Este valor deve ser do mesmo tipo que definiu para a propriedade no bean correspondente. Qual elemento você utiliza para definir o valor depende do tipo da propriedade definida no bean. A Tabela 21-1 lista todos os elementos usados para inicializar um valor.

Tabela 21-1 Subelementos dos elementos managed-property que definem valores de propriedade

Elemento	Valor que ele define
list-entries	Define os valores em uma lista
map-entries	Define os valores de um mapa
null-value	Define explicitamente a propriedade para null
value	Define um valor único, tal como String ou int, ou uma expressão EL JavaServer Faces

Como usar o elemento managed-bean inclui um exemplo de inicializar propriedades String usando o subelemento value. Você também usa o subelemento value para inicializar o tipo primitivo ou de outra referência. O resto desta seção descreve como usar o subelemento value e outros subelementos para inicializar propriedades de tipo java.util.Map, array, e Collection, bem como parâmetros de inicialização.

Como referenciar um parâmetro de inicialização

Um outro recurso poderoso do recurso de criação de bean gerenciado é a habilidade de referenciar objetos implícitos a partir da propriedade do bean gerenciado.

Suponha que você tenha uma página que aceite dados de um cliente, inclusive o endereço do cliente. Suponha também que a maioria dos seus clientes viva em um código de área particular. Você pode fazer o componente de código de área renderizar este código de área salvando-o em um objeto implícito e o referenciando quando a página for renderizada.

Você pode salvar o código de área como um valor default inicial no objeto implícito initParam do contexto definindo um parâmetro de contexto ao seu componente Web e definindo seu valor utilizando deploytool. Por exemplo, para definir um parâmetro de contexto chamado defaultAreaCode para 650, inicie deploytool, abra o Web Component, selecione o componente Web da árvore, selecione a guia Context, adicione um novo parâmetro de contexto, e entre defaultAreaCode no campo Coded Parameter, e 650 no campo Value.

Em seguida, você escreve uma declaração do managed-bean que configure uma propriedade que referencie o parâmetro:

```
<managed-bean>
  <managed-bean-name>customer</managed-bean-name>
    <managed-bean-class>CustomerBean</managed-bean-class>
    <managed-bean-scope>request</managed-bean-scope>
    <managed-property>
      <property-name>areaCode</property-name>
        <value-ref>initParam.defaultAreaCode</value-ref>
      </managed-property>
      ...
</managed-bean>
```

Para acessar o código de área no momento que a página é renderizada, referencie a propriedade do atributo value da tag do componente area:

```
<h:inputText id=area value="#{customer.areaCode}"
```

Obter valores de outros objetos implícitos é feito de maneira semelhante. Veja a Tabela 18-9 para uma lista de objetos implícitos.

Como inicializar propriedades de map

O elemento map-entries será usado para inicializar os valores de uma propriedade do bean com um tipo de java.util.Map se o elemento map-entries for usado dentro de um elemento managed-property. Aqui está a definição de map-entries do web-facesconfig_1_0.dtd, localizado no endereço http://java.sun.com/dtd/web-facesconfig_1_0.dtd que define o arquivo de recursos para configuração do aplicativo:

```
<!ELEMENT map-entries (key-class?, value-class?, map-entry*) >
```

Como mostra esta definição, cada um dos elementos map-entry deve conter um elemento- chave e também um elemento null-value como um value. Aqui está um exemplo que usa o elemento map-entries:

```
<managed-bean>
  ...
  <managed-property>
    <property-name>prices</property-name>
    <map-entries>
      <map-entry>
        <key>My Early Years: Growing Up on *7</key>
        <value>30.75</value>
      </map-entry>
      <map-entry>
        <key>Web Servers for Fun and Profit</key>
        <value>40.75</value>
      </map-entry>
    </map-entries>
  </managed-property>
</managed-bean>
```

O mapa criado a partir desta tag map-entries contém duas entradas. Por default, todas as chaves e valores são convertidos para java.lang.String. Se você quer especificar um tipo diferente para as chaves do mapa, incorpore o elemento key-class simplesmente dentro do elemento map-entries:

```
<map-entries>
  <key-class>java.math.BigDecimal</key-class>
  ...
</map-entries>
```

Esta declaração converterá todas as chaves para java.math.BigDecimal. Naturalmente, você deve se certificar de que as chaves possam ser convertidas para o tipo que você especifica. A chave do exemplo desta seção não pode ser convertida para um java.math.BigDecimal porque ela é uma String.

Se você também quiser especificar um tipo diferente para todos os valores do mapa, inclua o elemento value-class depois do elemento key-class:

```
<map-entries>
  <key-class>int</key-class>
```

```
  <value-class>java.math.BigDecimal</value-class>
  ...
</map-entries>
```

Note que esta tag define somente o tipo de todos os subelementos value.

O primeiro map-entry do exemplo precedente inclui um subelemento value. O sub-elemento value define um único valor, que será convertido para o tipo especificado no bean.

O segundo map-entry define um elemento value, que referencia uma propriedade de um outro bean. Referenciar um outro bean de dentro de uma propriedade bean é útil para construir um sistema a partir de objetos de granularidade fina. Por exemplo, um objeto para tratamento de formulário com escopo de requisição deve ter um ponteiro para um objeto mapeador de banco de dados com escopo de aplicativo. Juntos, os dois podem efetuar uma tarefa para tratamento de formulário. Note que incluir uma referência a um outro bean inicializará o bean se já não existir.

No lugar de usar um elemento map-entries, é também possível designar o mapa todo para o uso do elemento value que especifica uma expressão tipificada para o mapa.

Como inicializar array e propriedades de List

O elemento values é usado para inicializar os valores de um array ou propriedade de List. Cada valor individual do array ou de List é inicializado usando um elemento value ou null-value. Aqui está um exemplo:

```
<managed-bean>
  ...
  <managed-property>
    <property-name>books</property-name>
    <values>
      <value-type>java.lang.String</value-type>
      <value>Web Servers for Fun and Profit</value>
      <value>#{myBooks.bookId[3]}</value>
      <null-value/>
    </values>
  </managed-property>
</managed-bean>
```

Este exemplo inicializa um array ou um List. O tipo da propriedade correspondente no bean determina qual estrutura de dado é criada. O elemento values define a lista de valores do array ou de List. O elemento value especifica um único valor do array ou de List. O elemento value referencia uma propriedade em um outro bean. O elemento null-value fará com que o método setBooks seja chamado com um argumento de null. Uma propriedade null não pode ser especificada para uma propriedade cujo tipo de dado seja um primitivo Java, tal como int ou boolean.

Como inicializar propriedades do bean gerenciado

Algumas vezes você pode querer criar um bean que também referencie outros beans gerenciados de modo que você possa construir um gráfico ou uma árvore de beans. Por exemplo, suponha que você queira criar um bean representando uma informação do cliente, incluindo o endereço de postagem e o endereço da rua, cada um dos quais é também um bean. As declarações seguintes do managed-bean criam uma instância de CustomerBean que possui duas propriedades AddressBean: uma representando o endereço de postagem, e a outra representando o endereço da rua. Esta declaração resulta em uma árvore de beans com CustomerBean como sua raiz e os dois objetos AddressBean como filhos.

```
<managed-bean>
  <managed-bean-name>customer</managed-bean-name>
  <managed-bean-class>
    com.mycompany.mybeans.CustomerBean
  </managed-bean-class>
    <managed-bean-scope> request </managed-bean-scope>
  <managed-property>
    <property-name>mailingAddress</property-name>
    <value>addressBean</value>
  </managed-property>
  <managed-property>
    <property-name>streetAddress</property-name>
    <value>addressBean</value>
  </managed-property>
  <managed-property>
    <property-name>customerType</property-name>
    <value>New</value>
  </managed-property>
</managed-bean>
<managed-bean>
  <managed-bean-name>addressBean</managed-bean-name>
  <managed-bean-class>
    com.mycompany.mybeans.AddressBean
  </managed-bean-class>
  <managed-bean-scope> none </managed-bean-scope>
  <managed-property>
    <property-name>street</property-name>
    <null-value/>
  <managed-property>
    ...
</managed-bean>
```

A primeira declaração CustomerBean (com o managed-bean-name do cliente) cria um CustomerBean no escopo da requisição. Este bean tem duas propriedades: mailingAddress e streetAddress. Estas propriedades usam o elemento value para referenciar um bean chamado addressBean.

A segunda declaração do bean gerenciado define um AddressBean mas não o cria porque o seu elemento managed-bean-scope define um escopo de nenhum. Lembre-se de que um escopo de nenhum significa que o bean será criado somente quando alguma coisa mais o referencie. Como as duas propriedades mailingAddress e a streetAddress referenciam um addressBean usando o elemento value, as duas instâncias de AddressBean serão criadas quando CustomerBean for criado.

Quando você cria um objeto que aponta para outros objetos, não tente apontar para um objeto com uma extensão de vida mais curta porque seria impossível recuperar esses recursos de escopo quando ele já se foi. Um objeto com escopo de sessão, por exemplo, não pode apontar para um objeto com escopo de requisição. E objetos com nenhum escopo não têm extensão de vida efetivo gerenciado pelo framework, de modo que eles possam apontar somente para outros objetos com nenhum escopo. A Tabela 21-2 destaca todas as conexões permitidas:

Tabela 21-2 Conexões permitidas entre objetos com escopo

Objeto do escopo	Pode apontar para um objeto deste sscopo
nenhum	nenhum
aplicativo	nenhum, aplicativo
sessão	nenhum, aplicativo, sessão
requisição	nenhum, aplicativo, sessão, requisição

Como inicializar Mapas e Listas

Além de configurar propriedades de Map e de List, você também pode configurar um Mapa e uma Lista diretamente de modo que você referenciá-los a partir de uma tag que referencie uma propriedade que empacote um Mapa ou uma Lista.

O aplicativo da Duke´s Bookstore configura uma List para inicializar a lista de newsletters livres, a partir dos quais os usuários poderão escolher um conjunto de newsletter para assinar na página bookcashier.jsp:

```
<managed-bean>
  ...
<managed-bean-name>newsletters</managed-bean-name>
  <managed-bean-class>
    java.util.ArrayList
  </managed-bean-class>
  <managed-bean-scope>application</managed-bean-scope>
  <list-entries>
    <value-class>javax.faces.model.SelectItem</value-class>
    <value>#{newsletter0}</value>
    <value>#{newsletter1}</value>
    <value>#{newsletter2}</value>
    <value>#{newsletter3}</value>
  </list-entries>
</managed-bean>
<managed-bean>
  <managed-bean-name>newsletter0</managed-bean-name>
  <managed-bean-class>
    javax.faces.model.SelectItem
  </managed-bean-class>
  <managed-bean-scope>none</managed-bean-scope>
  <managed-property>
    <property-name>label</property-name>
    <value>Duke's Quarterly</value>
  </managed-property>
  <managed-property>
    <property-name>value</property-name>
    <value>200</value>
  </managed-property>
</managed-bean>
...
```

Esta configuração inicializa uma List chamada newsletters. Esta lista é composta de instâncias SelectItem, que são também beans gerenciados. Veja Componentes UISelectItem, UISelectItems e UISelectItemGroup para mais informações sobre SelectItem. Note que, ao contrário do exemplo em Como inicializar propriedades de Map , a lista de newsletters não é uma propriedade de um bean gerenciado. (Ela não está empacotada com um elemento managed-property.) Em vez disso, a lista é o bean gerenciado.

Como registrar mensagens

Se você cria mensagens personalizadas, deverá torná-las disponíveis em tempo de iniciação do aplicativo. Você faz isso de duas maneiras: enfileirando a mensagem para a FacesContext por programação (como descrito em Como efetuar localização) ou registrando as mensagens com o seu aplicativo usando o arquivo de recursos para configuração do aplicativo.

Aqui está a parte do arquivo que registra as mensagens para o aplicativo da Duke´s Bookstore:

```
<application>
  <message-bundle>
    resource.ApplicationMessages
  </message-bundle>
  <locale-config>
    <default-locale>en</default-locale>
    <supported-locale>de</supported-locale>
    <supported-locale>fr</supported-locale>
    <supported-locale>es</supported-locale>
  </locale-config>
</application>
```

Este conjunto de elementos fará com que a sua instância Application seja preenchida com as mensagens contidas no ResourceBundle especificado, a qual é resources.ApplicationMessages.

O elemento message-bundle representa um conjunto de mensagens localizadas. Ele deve conter o caminho totalmente qualificado para o ResourceBundle que contém as mensagens localizadas – neste caso, resources.ApplicationMessages.

O elemento locale-config lista a locale default e as outras locales suportadas. O elemento locale-config habilita o sistema a encontrar a locale correta baseada nas definições de linguagem do browser. Duke´s Bookstore define manualmente a locale e, portanto, sobrepõe essas definições. Portanto, não é necessário usar locale-config para especificar as locales default ou suportadas na Duke´s Bookstore.

As tags supported-locale e default-locale aceitam os códigos de dois caracteres com letras minúsculas definidos pela ISO-639 (veja http://www.ics.uci.edu/pub/ietf/http/related/iso639.txt). Certifique-se de que o seu ResourceBundle contenha realmente as mensagens para as locales especificadas com estas tags.

Para acessar a mensagem localizada, o desenvolvedor de aplicativos simplesmente referencia a chave da mensagem a partir do pacote de recursos. Veja Como efetuar localização para mais informações.

Como registrar um validador personalizado

Se o desenvolvedor de aplicativos fornece uma implementação da interface Validator para efetuar a validação, você deve registrar este validador personalizado no arquivo de recursos para configuração do aplicativo usando o elemento XML validator:

```
<validator>
  ...
  <validator-id>FormatValidator</validator-id>
  <validator-class>
    validators.FormatValidator
  </validator-class>
  <attribute>
    ...
    <attribute-name>formatPatterns</attribute-name>
    <attribute-class>java.lang.String</attribute-class>
  </attribute>
</validator>
```

Os elementos validator-id e validator-class são subelementos requeridos. O validator-id representa o identificador sob o qual a classe Validator deveria ser registrada. Este ID é usado pela classe da tag correspondente à tag validator personalizada.

O elemento validator-class representa o nome de classe totalmente qualificado da classe Validator.

O elemento attribute identifica um atributo associado à implementação do Validator. Ele requisitou os subelementos attribute-name e attribute-class. O elemento attribute-name referencia o nome do atributo como ele aparece na tag validator. O elemento attribute-class identifica o tipo Java do valor associado ao atributo.

Como criar um validador personalizado explica como implementar a interface Validator.

Como usar um validador personalizado explica como referenciar o validador a partir da página.

Como registrar um conversor personalizado

Como acontece com um validador personalizado, se o desenvolvedor de aplicativos criar um conversor personalizado, você deve registrá-lo com o aplicativo. Aqui está a configuração do conversor para o CreditCardConverter do aplicativo da Duke´s Bookstore:

```
<converter>
  <description>
    Registers the concrete Converter implementation,
    converters.CreditCardConverter using the ID,
    creditcard.
  </description>
  <converter-id>creditcard</converter-id>
  <converter-class>
    converters.CreditCardConverter
  </converter-class>
</converter>
```

O elemento converter representa uma implementação de Converter e contém os elementos requeridos converter-id e converter-class.

O elemento converter-id identifica um ID usado pelo atributo converter de uma tag de um componente UI para aplicar o conversor aos dados do componente. Como usar um conversor personalizado inclui um exemplo de referência ao conversor personalizado a partir de uma tag de componentes.

O elemento converter-class identifica a implementação Converter.

Como criar um conversor personalizado explica como criar um conversor personalizado.

Como configurar regras de navegação

Como explicado em Modelo de navegação, a navegação é um conjunto de regras para escolher a próxima página para ser exibida depois que um componente de botão ou um hyperlink seja clicado. As regras de navegação são definidas no arquivo de recursos para configuração do aplicativo.

Cada regra de navegação especifica como navegar de uma página para um conjunto de outras páginas. A implementação JavaServer Faces escolhe a regra de navegação apropriada de acordo com a página que é correntemente exibida.

Depois que a regra de navegação apropriada é selecionada, a escolha de qual página acessar em seguida a partir da página corrente depende do método action que foi chamado quando o componente foi clicado e da saída lógica que é referenciada pela tag de componentes ou retornou pelo método action.

A saída pode ser qualquer coisa que o desenvolvedor escolher, mas a Tabela 23-1 lista algumas saídas normalmente usadas em aplicativos Web.

Normalmente, o método action realiza algum processamento nos dados do formulário da página corrente. Por exemplo, o método pode checar se o nome e a senha do usuário entrada no formulário correspondem ao nome e à senha do arquivo. Se eles corresponderem, o método retorna a saída com sucesso. Caso contrário, ele vai retornar uma falha de saída. Como este exemplo demonstra, tanto o método usado para processar a ação, como a saída retornada são necessários para determinar a página apropriada para acessar.

Tabela 21-3 Strings de saída comuns

Saída	O que significa
success	Tudo funcionou. Continue na próxima página
failure	Alguma coisa está errada. Vá para uma página de erro
logon	O usuário precisa se logar primeiro. Vá para a página de logon
no results	A busca não encontrou nada. Vá para a página de busca novamente

Aqui está a regra de navegação que poderia ser usada com o exemplo recém-descrito:

```
<navigation-rule>
  <from-view-id>/logon.jsp</from-view-id>
  <navigation-case>
    <from-action>#{LogonForm.logon}</from-action>
    <from-outcome>success</from-outcome>
    <to-view-id>/storefront.jsp</to-view-id>
  </navigation-case>
  <navigation-case>
    <from-action>#{LogonForm.logon}</from-action>
    <from-outcome>failure</from-outcome>
    <to-view-id>/logon.jsp</to-view-id>
    </navigation-case>
</navigation-rule>
```

Esta regra de navegação define as maneiras possíveis para navegar a partir de logon.jsp. Cada elemento navigation-case define um caminho de navegação possível a partir de logon.jsp. O primeiro navigation-case diz que se LogonForm.logon retornar um saída de sucesso, então storefront.jsp será acessada. O segundo navigation-case diz que logon.jsp será novamente renderizada se retornar uma falha de LogonForm.logon.

Uma configuração de navegação do aplicativo consiste em um conjunto de regras de navegação. Cada regra é definida pelo elemento navigation-rule do arquivo faces-config.xml.

As regras de navegação do aplicativo da Duke´s Bookstore são muito simples. Aqui estão duas regras de navegação complexas que podem ser usadas com o aplicativo da Duke´s Bookstore:

```
<navigation-rule>
  <from-view-id>/catalog.jsp</from-view-id>
  <navigation-case>
    <from-outcome>success</from-outcome>
    <to-view-id>/bookcashier.jsp</to-view-id>
  </navigation-case>
  <navigation-case>
    <from-outcome>out of stock</from-outcome>
    <from-action>
      #{catalog.buy}
    </from-action>
    <to-view-id>/outofstock.jsp</to-view-id>
  </navigation-case>
    <navigation-case>
    <from-outcome>error</from-outcome>
```

```
    <to-view-id>/error.jsp</to-view-id>
  </navigation-case>
</navigation-rule>
```

A primeira regra de navegação deste exemplo diz que o aplicativo navegará de catalog.jsp para

- bookcashier.jsp se o item solicitado estiver em estoque
- outofstock.jsp se o item estiver fora de estoque

A segunda regra de navegação diz que o aplicativo navegará de qualquer página para error.jsp se o aplicativo encontrar um erro.

Cada elemento navigation-rule corresponde a um identificador da árvore de componentes definida pelo elemento opcional from-view-id. Isto significa que cada regra define todas as maneiras possíveis de navegar de uma página em particular no aplicativo. Se não houver o elemento from-view-id, as regras de navegação definidas no elemento navigation-rule se aplicarão a todas as páginas do aplicativo. Por exemplo, este elemento from-view-id diz que a regra de navegação se aplica a todas as páginas no diretório de books:

```
<from-view-id>/books/*</from-view-id>
```

Como mostrado na regra de navegação de exemplo, um elemento navigation-rule pode conter zero ou mais elementos navigation-case. O elemento navigation-case define um conjunto de critérios de correspondência. Quando estes critérios são satisfeitos, o aplicativo navega para a página definida pelo elemento to-view-id contido no mesmo elemento navigation-case.

Os critérios de navegação são definidos pelos elementos opcionais from-outcome e from-action. O elemento from-outcome define uma saída lógica, tal como success. O elemento from-action se refere a um método action que retorna uma String, que é a saída lógica. O método realiza alguma lógica para determinar a saída e retorná-la.

Os elementos navigation-case são checados contra a saída e a expressões com ligação de método nesta ordem:

- Casos que especificam tanto um valor from-outcome, como um valor from-action. Ambos poderão ser usados se o método action retornar diferente dependendo do resultado do processamento que ele realize
- Casos que especificam somente um valor from-outcome. O elemento from-outcome deve corresponder tanto à saída definida pelo atributo action do componente UICommand, como à saída retornada pelo método referenciado pelo componente UICommand
- Casos que especificam o valor from-action. Este valor deve corresponder à expressão action especificada pela tag de componentes

Quando qualquer destes casos for correspondido, a árvore de componentes definida pelo elemento to-view-id será selecionado para renderização.

Como referenciar um método que efetua navegação explica como usar um atributo action da tag de componentes para apontar para um método action. Como escrever um método para tratar navegação explica como escrever um método action.

Como registrar um renderizador personalizado com um kit de renderização

Para todo componente UI que um kit de renderização suporta, o kit de renderização define um conjunto de objetos Renderer que podem renderizar o componente de maneiras diferentes para o cliente suportado pelo kit de renderização. Por exemplo, a classe de componentes UISelectOne padronizada define um componente que permite a um usuário selecionar um item de um grupo de itens. Este componente pode ser renderizado usando o renderizador Listbox , o renderizador Menu ou o renderizador Radio. Cada renderizador produz uma aparência diferente para o componente. O renderizador Listbox renderiza um menu que exibe todos os valores possíveis. O renderizador Menu renderiza um sub-conjunto de todos os possíveis valores. O renderizador Radio renderiza um conjunto de botões de rádio.

Quando o desenvolvedor de aplicativos cria um renderizador personalizado, como descrito em Como delegar renderização para um renderizador, você deve registrá-lo usando o kit de renderização apropriado. Como o aplicativo do mapa da imagem implementa um mapa de imagem HTML, AreaRenderer (bem como MapRenderer) deveria ser registrado usando o kit de renderização HTML.

Você registra o renderizador usando o elemento render-kit do arquivo de recursos para configuração do aplicativo. Aqui está a configuração do AreaRenderer do aplicativo da Duke´s Bookstore:

```
<render-kit>
  <renderer>
    <renderer-type>DemoArea</renderer-type>
    <renderer-class>
      renderkit.AreaRenderer
    </renderer-class>
    <attribute>
      <attribute-name>onmouseout</attribute-name>
      <attribute-class>java.lang.String</attribute-class>
    </attribute>
    <attribute>
      <attribute-name>onmouseover</attribute-name>
      <attribute-class>java.lang.String</attribute-class>
    </attribute>
    <attribute>
      <attribute-name>styleClass</attribute-name>
      <attribute-class>java.lang.String</attribute-class>
    </attribute>
    <supported-component-class>
      <component-class>
        components.AreaComponent
      </component-class>
    </supported-component-class>
  </renderer>
  ...
```

O elemento render-kit representa uma implementação de RenderKit. Se nenhum render-kit-id for especificado, o kit de renderização HTML default será assumido. O elemento renderer representa uma implementação de Renderer. Aninhando o elemento renderer dentro do elemento render-kit, você está registrando o renderizador com o RenderKit associado ao elemento render-kit.

O renderer-type será usado pelo tratador de tags, como será explicado na próxima seção. O renderer-class é o nome de classe totalmente qualificado do Renderer.

Os elementos component-family e render-type são usados por um componente para encontrar renderizadores que possam renderizá-lo. O identificador component-family deve corresponder àquele retornado pelo método getFamily da classe de componentes. O identificador renderertype deve corresponder àquele retornado pelo método getRendererType da classe de tratadores de tags. O elemento attribute não afeta a execução runtime de seu aplicativo. Em vez disso, fornece informações para ferramentas sobre os atributos que Renderer suporta.

Como registrar um componente personalizado

Além de registrar os renderizadores personalizados (como explicado na seção precedente), você também deve registrar os componentes personalizados que estão geralmente associados como os renderizadores personalizados.

Aqui está o elemento component do arquivo de recursos para configuração do aplicativo que registra a AreaComponent:

```
<component>
  <component-type>DemoArea</component-type>
  <component-class>
    components.AreaComponent
  </component-class>
  <property>
    <property-name>alt</property-name>
    <property-class>java.lang.String</property-class>
  </property>
  <property>
    <property-name>coords</property-name>
    <property-class>java.lang.String</property-class>
  </property>
  <property>
    <property-name>shape</property-name>
    <property-class>java.lang.String</property-class>
  </property>

  <component-extension>
    <component-family>Area</component-family>
    <renderer-type>DemoArea</renderer-type>
  </component-extension>

</component>
```

O elemento component-type indica o nome sob o qual o componente deve ser registrado. Outros objetos que referenciam este componente utilizam este nome. O elemento component-class indica o nome da classe totalmente qualificado do componente. Os elementos property especificam as propriedades do componente e seus tipos.

O elemento component-extension identifica um conjunto de renderizadores que podem renderizar este componente. Isto permite que um componente seja renderizado por múltiplos renderizadores e permite que um renderizador renderize múltiplos componentes.

Requerimentos básicos de um aplicativo JavaServer Faces

Além de configurar o seu aplicativo, você deve satisfazer outros requerimentos de aplicativos JavaServer Faces, incluindo empacotar adequadamente todos os arquivos necessários e fornecendo um arquivo web.xml. Esta seção descreve como efetuar estas tarefas administrativas.

Os aplicativos JavaServer Faces devem ser compatíveis com a especificação Servlet, versão 2.3 (ou superior) e a especificação JavaServer Pages, versão 1.2 (ou superior). Todos os aplicativos compatíveis com estas especificações são empacotados em um arquivo WAR, o qual deve estar de acordo com os requerimentos específicos de modo a executar através de diferentes contêineres. No mínimo, um arquivo WAR para um aplicativo JavaServer Faces deve conter o seguinte:

- Um descritor de implantação de aplicativo Web, chamado web.xml, para configurar os recursos requeridos por um aplicativo Web
- Um conjunto específico de arquivos JAR contendo as classes essenciais
- Um conjunto de classes de aplicativo, páginas JavaServer Faces, e outros recursos requeridos, tal como arquivos de imagem
- Um arquivo de recursos para configuração do aplicativo, o qual configura os recursos do aplicativo

O arquivo WAR normalmente tem esta estrutura de diretório:

```
index.html
páginas JSP
WEB-INF/
  web.xml
  faces-config.xml
  descritores de bibliotecas de tags (opcional)
  classes/
    arquivos de classes
    arquivos de Propriedades
  lib/
    arquivos JAR
```

O web.xml (ou descritor de implantação), o conjunto de arquivos JAR, e o conjunto de arquivos do aplicativo devem estar contidos no diretório /WEB-INF/ do arquivo WAR. Normalmente, você vai querer usar a ferramenta asant build para compilar as classes. Você utilizará o deploytool para empacotar os arquivos necessários para o WAR e implantar o arquivo WAR.

As ferramentas asant e deploytool estão incluídas na Sun Java System Application Server Platform Edition 8. Você configura a maneira como a ferramenta asant build constrói seu arquivo WAR através do arquivo build.xml. Cada exemplo do download tem seu próprio arquivo build, para o qual você pode referenciar ao criar seu próprio arquivo build.

Como configurar um aplicativo usando deploytool

Os aplicativos Web são configurados por meio de elementos contidos no descritor de implantação de aplicativos Web. O utilitário deploytool gera o descritor quando você cria um WAR e adiciona elementos quando você cria componentes Web e classes associadas. Você pode modificar os elementos por meio dos inspetores associados ao WAR.

O descritor de implantação para um aplicativo JavaServer Faces deve especificar certas configurações, as quais incluem o seguinte:

- O servlet usado para processar requisições JavaServer Faces
- O servlet que mapeia para o servlet de processamento
- O caminho para o arquivo de recursos para configuração do aplicativo se ele não estiver localizado no local default

O descritor de implantação também pode especificar outras configurações opcionais, incluindo:

- Especificar onde o estado do componente foi salvo
- Restringir Acessos a páginas que contêm tags JavaServer Faces
- Ativar validação XML
- Verificar objetos personalizados

Esta seção fornece mais detalhes sobre estas configurações e explica como configurá-las em deploytool.

Como identificar o servlet para processamento de ciclo de vida

Uma exigência de um aplicativo JavaServer Faces é que todas as requisições para o aplicativo que referenciam componentes JavaServer Faces previamente salvos devem passar por FacesServlet. O FacesServlet gerencia o ciclo de vida de processamento da requisição para aplicativos Web e inicializa os recursos requeridos pela tecnologia JavaServer Faces. Para ser compatível com este requerimento, siga estas etapas:

1. Ao usar a caixa de diálogo Edit Contents do assistente Web Component, copie o arquivo jsf-api.jar de <J2EE_HOME>/lib/ para o seu arquivo WAR. Este arquivo JAR é necessário de modo que você tenha acesso para o FacesServlet ao configurar seu aplicativo com deploytool.
2. Na caixa de diálogo Choose Component Type do assistente Web Component, selecione o botão de rádio Servlet e clique Next.
3. Selecione FacesServlet da caixa combo Servlet Class.
4. Na caixa combo Startup Load Sequence Position, entre 1, indicando que o FacesServlet deve ser carregada quando o aplicativo inicia. Clique Finish.
5. Selecione o componente FacesServlet Web da árvore.
6. Selecione a guia Aliases e clique Add.
7. Entre um caminho no campo Aliases. Este caminho será o caminho para o FacesServlet. Usuários do aplicativo incluirão este caminho no URL quando eles acessarem o aplicativo. Para o aplicativo guessNumber, o caminho é /guess/*.

Antes que um aplicativo JavaServer Faces possa lançar a primeira página JSP. O contêiner Web deve chamar o FacesServlet de modo a iniciar o processo do ciclo de vida do aplicativo. O ciclo de vida do aplicativo é descrito na seção O Ciclo de Vida de uma Página JavaServer Faces.

Para se certificar que a instância de FacesServlet seja chamada, você fornece um mapeamento para ela usando a guia Aliases, como descrito nas etapas 5 a 7 acima.

O mapeamento para FacesServlet descrito nas etapas anteriores usa um mapeamento de prefixo para identificar uma página JSP como tendo conteúdo JavaServer Faces. Por causa disto, o URL para a primeira página JSP do aplicativo deve incluir o mapeamento. Existem duas maneiras de fazer isto:

- O autor de página pode incluir uma página HTML no aplicativo que tem o URL para a primeira página JSP. Este URL deve incluir o caminho para o FacesServlet, como mostrado por esta tag, a qual usa o mapeamento definido no aplicativo guessNumber:

  ```
  <a href="guess/greeting.jsp">
  ```

- Os usuários do aplicativo podem incluir o caminho para FacesServlet no URL para a primeira página quando eles entram nela em seus browser, como mostrado por este URL que acessa o aplicativo guessNumber:

  ```
  http://localhost:8080/guessNumber/guess/greeting.jsp
  ```

O segundo método permite que os usuários iniciem o aplicativo a partir da primeira página JSP, em vez de iniciá-lo a partir de uma página HTML. Todavia, o segundo método requer que os usuários identifiquem a primeira página JSP. Quando você usa o primeiro método, os usuários somente entram

```
http://localhost:8080/guessNumber
```

Você poderia definir um mapeamento de extensão, tal como *.faces, no lugar do mapeamento de prefixo /guess. Se uma requisição chegar ao servidor para uma página JSP com uma extensão .faces, o contêiner enviará uma requisição para o FacesServlet, que esperará a existência de uma página correspondente JSP do mesmo nome com o conteúdo. Por exemplo, se a requisição URL for http://localhost/bookstore6/bookstore.faces, o FacesServlet mapeará para a página bookstore.jsp.

Como especificar um caminho para um arquivo de recursos para configuração do aplicativo

Como explicado em Arquivo de recursos para configuração do aplicativo, um aplicativo pode ter múltiplos arquivos de recursos para configuração do aplicativo. Se estes arquivos não estão localizados nos diretórios que a implementação procura por default ou os arquivos não são chamados faces-config.xml, você precisa especificar caminhos para esses arquivos. Para especificar caminhos para os arquivos, usando deploytool, siga estas etapas:

1. Selecione o WAR a partir da árvore.
2. Selecione o painel com a guia Context e clique Add.
3. Entre javax.faces.application.CONFIG_FILES no campo Coded Parameter.
4. Entre o caminho para o seu arquivo de recursos para configuração do aplicativo no campo Value. Por exemplo, o caminho para o arquivo de recursos para configuração do aplicativo do aplicativo guessNumber é /WEB-INF/faces-config.XML
5. Repita as etapas 2 a 4 para cada arquivo de recursos para configuração do aplicativo que o seu aplicativo contém.

Como especificar onde o estado é salvo

Ao implementar os métodos state-holder (descritos em Como salvar e restaurar o estado), você especifica em seu descritor de implantação onde você quer que o estado seja salvo, tanto no cliente, como no servidor. Você faz isso definindo o parâmetro de contexto com deploytool.

1. Ao rodar deploytool, selecione o componente Web a partir da árvore.
2. Selecione o painel com a guia Context e clique Add.
3. Entre javax.faces.STATE_SAVING_METHOD no campo Coded Parameter.
4. Entre tanto client como server no campo Value, dependendo se você quer que o estado seja salvo no cliente, como no servidor.

Se o estado for salvo no cliente, o estado de toda a visualização será renderizado para um campo oculto da página. A implementação JavaServer Faces salva o estado no servidor por default. Duke´s Bookstore salva seu estado no cliente.

Como restringir acesso a componentes JavaServer Faces

Além de identificar o FacesServlet e fornecer um mapeamento para ele, você deveria também se certificar de que todos os aplicativos usem o FacesServlet para processar componentes JavaServer Faces. Você faz isso definindo um restritor de segurança:

1. Selecione o arquivo WAR a partir da árvore.
2. Selecione o painel com a guia Security.
3. Clique Add Constraints e entre Restricts Access to JSP Pages no campo Security Constraints.
4. Clique Add Collections e entre Restricts Access para JSP Pages no campo Web Resource Collections.
5. Clique Edit Collections.
6. Na caixa de diálogo Edit Collections de Web Resource Collections, clique Add URL Pattern e entre o caminho para a primeira página JSP em seu aplicativo, tal como /greeting.jsp.
7. Continue a clicar Add URL Pattern novamente, e entre os caminhos para todas as páginas JSP em seu aplicativo e clique OK.

Como ativar a validação de arquivos XML

O seu aplicativo contém um ou mais arquivos de recursos para configuração do aplicativo escritos em XML. Você pode forçar a implementação JavaServer Faces para validar o XML destes arquivos definindo a flag validateXML para true:

1. Selecione o arquivo WAR a partir da árvore.

2. Selecione o painel com a guia Context e clique Add.
3. Entre com.sun.faces.validateXml no campo Coded Parameter.
4. Entre true no campo Value. O default de value é false.

Como verificar objetos personalizados

Em seu aplicativo inclua objetos personalizados, como componentes, conversores, validadores e renderizadores, que você possa verificar quando o aplicativo inicie, quando eles podem ser criados. Para fazer isso, você define a flag verifyObjects para true:

1. Selecione o arquivo WAR a partir da árvore.
2. Selecione o painel com a guia Context e clique Add.
3. Entre com.sun.faces.verifyObjects no campo Coded Parameter.
4. Entre true no campo Value. O default de value é false.

Normalmente, esta flag deveria ser definida para false durante o desenvolvimento porque ela leva um tempo adicional para checar os objetos.

Como incluir os arquivos JAR requeridos

Os aplicativos JavaServer Faces requerem vários arquivos JAR para rodarem adequadamente. Estes arquivos JAR são:

- jsf-api.jar (contém as classes da API javax.faces.*)
- jsf-impl.jar (contém as classes de implementação da implementação JavaServer Faces)
- jstl.jar (requerido para usar tags JSTL e referenciado pelas classes de implementação JavaServer Faces)
- standard.jar (requerido para usar tags JSTL tags e referenciado pelas classes de implementação de referência de JavaServer Faces)
- commons-beanutils.jar (utilitários para definir e acessar propriedades de componentes JavaBeans)
- commons-digester.jar (para processar documentos XML)
- commons-collections.jar (extensões da Java 2 SDK Collections Framework)
- commons-logging.jar (um recurso para login flexível e para propósitos gerais a fim de permitir que os desenvolvedores instrumentem seus códigos com declarações de login)

Os arquivos jsf-api.jar e o jsf-impl.jar estão localizados em <J2EE_HOME>/lib/. O jstl.jar está empacotado no appserv-jstl.jar. Os outros arquivos JAR estão empacotados no appserv-rt.jar, também localizado em <J2EE_HOME>/lib/.

Ao empacotar e implantar seu aplicativo JavaServer Faces com deploytool, você não precisa empacotar quaisquer arquivos JAR, exceto o arquivo jsf-api.jar, com seu aplicativo. O arquivo jsf-api.jar deve ser empacotado com seu aplicativo de modo que você tenha acesso ao FacesServlet e possa configurar o mapeamento para ele.

Como incluir as classes, as páginas e outros recursos

Ao empacotar os componentes Web usando deploytool, você notará que deploytool automaticamente empacota muitos de seus arquivos de componentes Web nos diretórios apropriados do arquivo WAR. Todas as páginas JSP são colocadas no nível de topo do arquivo WAR. Os arquivos TLD e o web.xml criados por deploytool são empacotados no diretório WEB-INF. Todos os pacotes são armazenados no diretório WEB-INF/classes. Todos os arquivos JAR são empacotados no diretório WEB-INF/lib. Todavia, deploytool não copia faces-config.xml para o diretório WEB-INF como deveria. Portanto, ao empacotar seus componentes Web, você precisa arrastar faces-config.xml para o diretório WEB-INF.

22

Como internacionalizar e localizar aplicativos Web

Internacionalização é o processo de preparar um aplicativo para suportar mais de uma linguagem e formato de dados. Localização é o processo de adaptar um aplicativo internacionalizado para suportar uma região ou locale específica. Exemplos de informação locale dependente inclui mensagens e labels de interface de usuário, conjuntos de caracteres e codificação, e formatos de data e moeda. Embora todas as interfaces de usuário do cliente devessem ser internacionalizadas e localizadas, é particularmente importante para aplicativos Web por causa da natureza global da Web.

Classes de localização da plataforma Java

Na plataforma Java 2, java.util.Locale representa uma região específica geográfica, política, ou cultural. A representação de string de uma locale consiste na abreviação de dois caracteres padronizados internacionalmente para idioma e país e uma variável opcional, todas separadas por caracteres sublinhados (_). Exemplos de strings de locale incluem francês (french), de_CH (suíço alemão), e en _US_POSIX (inglês em uma plataforma compatível com POSIX).

Dados locale-sensitivos são armazenados em um java.util.ResourceBundle. Um pacote de recursos contém os pares key-value, onde as chaves identificam um objeto locale-específico do pacote. Um pacote de recursos pode ser suportado por um arquivo-texto (pacote de recursos de propriedades) ou por uma classe (pacote de recursos de listagem) contendo os pares. Você constrói uma instância do pacote de recursos anexando uma representação de string da locale para um nome base.

Para maiores detalhes sobre internacionalização e localização da plataforma Java 2, consulte http://java.sun.com/docs/books/tutorial/i18n/index.html.

Nos capítulos sobre a tecnologia Web, os aplicativos da Duke´s Bookstore contêm pacotes de recursos com o nome base messages.BookstoreMessages para as locales en_US, fr_FR, de_DE, e es_MX.

Como fornecer mensagens localizadas e labels

Mensagens e Labels deveriam ser confeccionadas de acordo com as convenções de um idioma e região do usuário. Existem duas técnicas para fornecer mensagens localizadas e labels em um aplicativo Web.

- Forneça uma versão da página JSP em cada um das locales de destino e faça um servlet de controle despachar a requisição para a página apropriada dependendo da locale requisitada. Esta técnica será útil se grandes quantidades de dados em uma página ou em um aplicativo Web inteiro precisarem ser internacionalizadas
- Isole qualquer dado locale-sensitivo de uma página em pacotes de recursos e acesse o dado de modo que a mensagem traduzida correspondente seja buscada automaticamente e inserida na página. Dessa forma, em vez de criar strings diretamente em seu código, você cria um pacote de recursos que contenha traduções e leia as traduções desse pacote usando a chave correspondente

Os aplicativos da Duke´s Bookstore seguem a segunda técnica. Aqui estão algumas linhas do pacotes de recursos default messages.BookstoreMessages.java:

```
{"TitleCashier", "Cashier"},
{"TitleBookDescription", "Book Description"},
{"Visitor", "You are visitor number "},
{"What", "What We're Reading"},
{"Talk", " talks about how Web components can transform the way
you develop applications for the Web.  This is a must read for
any self respecting Web developer!"},
{"Start", "Start Shopping"},
```

Como estabelecer a locale

Para obter as strings corretas para um determinado usuário, um aplicativo Web tanto obtém a locale (definida por uma preferência de linguagem do browser) da requisição usando o método getLocale, como permite ao usuário selecionar explicitamente a locale.

As versões JSTL da Duke´s Bookstore obtém automaticamente a locale da requisição e a armazena em um contexto de localização. Veja Biblioteca de tags para internacionalização. É também possível a um componente definir explicitamente a locale por meio da tag fmt:setLocale.

A versão JavaServer Faces da Duke´s Bookstore permite que o usuário selecione explicitamente a locale no objeto FacesContext. A locale é então usada na seleção de pacote de recursos e está disponível para localizar dados e mensagens dinâmicos. (Veja Como localizar dados dinâmicos):

```
<h:commandLink id="NAmerica" action="storeFront"
  actionListener="#{localeBean.chooseLocaleFromLink}">
  <h:outputText value="#{bundle.english}" />
</h:commandLink>

public void chooseLocaleFromLink(ActionEvent event) {
  String current = event.getComponent().getId();
  FacesContext context = FacesContext.getCurrentInstance();
  context.getViewRoot().setLocale((Locale)
    locales.get(current));
}
```

Como definir o pacote de recursos

Depois que a locale é definida, o controlador de um aplicativo Web normalmente obtém o pacote de recursos para aquela locale e a salva como um atributo de sessão (veja Como associar objetos a uma sessão) para ser usada por outros componentes:

```
messages = ResourceBundle.
  getBundle("messages.BookstoreMessages", locale);
session.setAttribute("messages", messages);
```

O nome básico do pacote de recursos para as versões JSTL da Duke´s Bookstore é definido em tempo de implantação através de um parâmetro de contexto. Quando uma sessão é iniciada, o pacote de recursos para a locale do usuário é armazenada no contexto de localização. É também possível sobrepor o pacote de recursos em tempo de execução para um determinado escopo usando a tag fmt:setBundle, e para um corpo de tag usando a tag fmt:bundle.

Na versão JavaServer Faces da Duke´s Bookstore, as páginas JSP definem o pacote de recursos usando a tag f:loadBundle. Esta tag carrega o pacote de recursos correto de acordo com a locale armazenada na FacesContext.

```
<f:loadBundle basename="messages.BookstoreMessages"
  var="bundle"/>
```

Para mais informações sobre esta tag, veja Como referenciar um ResourceBundle a partir de uma página.

Como obter mensagens localizadas

Um componente Web escrito em linguagem de programação Java obtém o pacote de recursos da sessão:

```
ResourceBundle messages =
  (ResourceBundle)session.getAttribute("messages");
```

Depois ele procura a string associada com a chave Talk como a seguir:

```
messages.getString("Talk");
```

As versões do aplicativo da Duke´s Bookstore usam a tag fmt:message para fornecer strings localizadas para mensagens, texto de links HTML, labels de botões e mensagens de erro:

```
<fmt:message key="Talk"/>
```

Para informações sobre as tags de mensagens JSTL, veja Tags de transmissão de mensagens.

A versão JavaServer Faces da Duke´s Bookstore obtém mensagens da variável bundle (criada na seção precedente) usando a seguinte tag:

```
<h:outputText value="#{bundle.Talk}"/>
```

Para informações sobre a criação de mensagens localizadas em JavaServer Faces, veja Como referenciar uma mensagem localizada.

Formatação de data e número

Programas Java utilizam o DateFormat.getDateInstance(int, locale) para analisar e formatar datas de uma maneira locale-sensitiva. Programas Java usam o método NumberFormat.get*XXX*Instance(locale), onde *XXX* pode ser Moeda, Número ou Percentil, para analisar e formatar valores numéricos de uma maneira locale-sensitiva. A versão de servlet da Duke´s Bookstore usa a versão moeda deste método para formatar preços de livro.

Os aplicativos JSTL usam as tags fmt:formatDate e fmt:parseDate para tratar datas localizadas e usam as tags fmt:formatNumber e fmt:parseNumber para tratar números localizados, incluindo valores monetários. Para informações sobre as tags de formatação JSTL, veja Tags de formatação. A versão JSTL da Duke´s Bookstore usa a tag fmt:formatNumber para formatar preços de livro e a tag fmt:formatDate para formatar a data de expedição do pedido:

```
<fmt:formatDate value="${shipDate}" type="date"
  dateStyle="full"/>
```

A versão JavaServer Faces da Duke´s Bookstore usa conversores date/time e number para formatar datas e números de uma maneira locale-sensitiva. Por exemplo, a mesma data de expedição é convertida na versão JavaServer Faces assim:

```
<h:outputText value="#{cashier.shipDate}">
  <f:convertDateTime dateStyle="full"/>
</h:outputText>
```

Para informações sobre conversores JavaServer Faces, veja Como usar conversores-padrão.

Conjuntos de caracteres e codificações

Conjuntos de caracteres

Um conjunto de caracteres é um conjunto de símbolos textuais e gráficos, cada um dos quais é mapeado para um conjunto de inteiros não negativos.

O primeiro conjunto de caracteres usado em computação foi US-ASCII. Ele é limitado porque pode representar somente o inglês americano. US-ASCII contém o alfabeto latino em letras maiúsculas e minúsculas, numerais, pontuação, um conjunto de código de controles e alguns símbolos mistos.

Unicode define um conjunto de caracteres universal padronizado que pode ser estendido para acomodar complementações. Quando a codificação do arquivo-fonte de um programa Java não suportar Unicode, você pode representar os caracteres Unicode como seqüências de escape usando a notação \u*XXXX*, onde *XXXX* é a representação de 16 bits do caractere em hexadecimal. Por exemplo, a versão espanhola do arquivo de mensagens da Duke´s Bookstore utiliza Unicode para caracteres não ASCII:

```
{"TitleCashier", "Cajero"},
{"TitleBookDescription", "Descripci" + "\u00f3" + "n del
Libro"},
{"Visitor", "Es visitanten" + "\u00fa" + "mero "},
{"What", "Qu" + "\u00e9" + " libros leemos"},
{"Talk", " describe como componentes de software de web pueden
transformar la manera en que desrrollamos aplicaciones para el
web.  Este libro es obligatorio para cualquier programador de
respeto!"},
{"Start", "Empezar a Comprar"},
```

Codificação de caracteres

Uma codificação de caracteres mapeia um conjunto de caracteres para unidades com uma largura específica e define a serialização de bytes e a solicitação de regras. Muitos conjuntos de caracteres têm mais de uma codificação. Por exemplo, os programas Java podem representar caracteres japoneses usando as codificações EUC-JP ou Shift-JIS, entre outras. Cada codificação tem regras para representar e serializar um conjunto de caracteres.

A série ISO 8859 define codificações com 13 caracteres que podem representar textos em dezenas de idiomas. Cada codificação de caracteres ISO 8859 pode incluir até 256 caracteres. A ISO 8859-1 (Latim-1) compreende o conjunto de caracteres ASCII, caracteres com diacríticos (acentos, diéreses, cedilhas, circunflexos, e assim por diante), e símbolos adicionais.

O UTF-8 (Formato de Transformação Unicode, com formato de 8 bits) é uma codificação de caracteres de largura variável que codifica caracteres Unicode de 16 bits como um para quatro bytes. Um byte em UTF-8 será equivalente a um ASCII de 7 bits se seu bit de ordem superior for zero; caso contrário, o caractere compreenderá um número variável de bytes.

O UTF-8 é compatível com a maioria do conteúdo Web existente e fornece acesso para o conjunto de caracteres Unicode. Versões correntes de clientes browsers e de e-mails suportam UTF-8. Além disso, muitos padrões Web recentes especificam UTF-8 como sua codificação de caracteres. Por exemplo, o UTF-8 é uma da duas codificações requeridas para documentos XML (a outra é UTF-16).

Veja o Apêndice A para maiores informações sobre codificações de caracteres da plataforma Java 2.

Componentes Web geralmente usam PrintWriter para produzir respostas; PrintWriter automaticamente codifica usando ISO 8859-1. Servlets também podem produzir dados binários usando classes OutputStream, que não realizam nenhuma codificação. Um aplicativo que utiliza um conjunto de caracteres, que não pode usar a codificação default, deve definir explicitamente uma codificação diferente.

Para componentes Web, três codificações devem ser consideradas:

- Requisição
- Página (páginas JSP)
- Resposta

Codificação de requisição

A codificação de requisição é a codificação de caracteres na qual os parâmetros dentro de uma requisição de chegada são interpretados. Correntemente, muitos browsers não enviam um qualificador de codificação de requisição com o cabeçalho Content-Type. Em casos assim, um contêiner Web utiliza a codificação default – ISO-8859-1 – para analisar a sintaxe dos dados da requisição.

Se o cliente não definiu uma codificação de caracteres e os dados da requisição são codificados com uma codificação diferente do default, os dados não serão interpretados corretamente. Para contornar esta situação, você pode usar o método ServletRequest.setCharacterEncoding(String enc) a fim de sobrepor a codificação de caracteres fornecida pelo contêiner. Para controlar a codificação de requisição de páginas JSP, você pode usar a tag fmt:requestEncoding JSTL. Você deve chamar o método ou a tag antes de analisar a sintaxe de qualquer parâmetro de requisição ou ler qualquer entrada da requisição. Chamar o método ou a tag uma vez que os dados tenham sido lidos não afetará a codificação.

Codificação de páginas

Para as páginas JSP, a codificação de página é a codificação de caracteres na qual o arquivo seja codificado.

Para as páginas JSP com sintaxe-padrão, a codificação de páginas é determinada a partir das seguintes fontes:

- O valor da codificação de página de um grupo de propriedade JSP (veja Como definir propriedades para grupos de páginas JSP cujo padrão de URL corresponda à página
- O atributo pageEncoding da diretiva de página da página. É um erro em tempo de tradução para designar codificações diferentes no atributo pageEncoding da diretiva de página de uma página JSP e em um grupo de propriedade JSP
- O valor CHARSET do atributo content-type da diretiva de página

Se nenhuma delas for fornecida, ISO-8859-1 pode ser usado como codificação de página default.

Para páginas JSP com sintaxe XML (documentos JSP), a codificação de páginas é determinada como descrita na Seção 4.3.3 e Apêndice F.1 da especificação XML.

Os atributos pageEncoding e contentType determinam a codificação de caracteres de página de apenas o arquivo que contenham fisicamente a diretiva de página. Um contêiner Web criará um erro em tempo de tradução se uma codificação de página não suportada for especificada.

Codificação de resposta

Uma codificação de resposta é a codificação de caracteres da resposta textual gerada por um componente Web. A codificação de reposta deve ser definida apropriadamente de modo que os caracteres sejam renderizados corretamente para uma determinada locale. Um contêiner Web define uma codificação de resposta inicial para uma página JSP a partir das seguintes origens:

- O valor CHARSET do atributo contentType da diretiva de página
- A codificação especificada pelo atributo pageEncoding da diretiva de página
- O valor de codificação da página de um grupo de propriedade JSP cujo padrão de URL corresponda à página

Se nenhuma delas for fornecida, ISO-8859-1será usado como a codificação de resposta default.

Os métodos setCharacterEncoding, setContentType e setLocale podem ser chamados repetidamente para modificar a codificação de caracteres. Chamadas feitas depois que o método getWriter de resposta do servlet for chamado ou depois que a resposta for efetivada não têm efeito na codificação de caracteres. O dado é enviado para o fluxo de resposta em descargas de buffer (para páginas com buffer) ou ao encontrar o primeiro conteúdo de páginas sem movimentação de buffer.

Chamadas para setContentType definem a codificação de caracteres somente se uma determinada string de tipo de conteúdo fornecer um valor para o atributo charset. Chamadas para setLocale definem a codificação de caracteres somente se nem ao menos setCharacterEncoding, nem setContentType tiverem definido a codificação de caracteres antes. Para controlar a codificação de resposta de páginas JSP, você pode usar a tag JSTL fmt:setLocale.

Para obter a codificação de caracteres para uma locale, o método setLocale checa o mapeamento de codificação da locale para o aplicativo Web. Por exemplo, para mapear o japonês para a codificação específico-japonesa Shift_JIS, siga estas etapas:

1. Selecione o WAR
2. Clique o botão Advanced Settings
3. Na tabela Locale Character Encoding, clique o botão Add
4. Entre ja na coluna Extension
5. Entre Shift_JIS na coluna Character Encoding

Se um mapeamento não for definido para o aplicativo Web, setLocale usa um mapeamento da Sun Java System Application Server Platform Edition 8.

O primeiro aplicativo no Capítulo 12 permite a um usuário escolher uma representação de string em inglês de uma locale a partir de locales disponíveis para a plataforma Java 2 e depois produz uma data localizada para essa locale. Para se certificar de que os caracteres da data possam ser renderizados corretamente para uma ampla variedade de conjuntos de caracteres, a página JSP que gera a data e define a codificação de resposta para UTF-8 usando a seguinte diretiva:

```
<%@ page contentType="text/html; charset=UTF-8" %>
```

Informações adicionais

Para uma discussão detalhada sobre a internacionalização de aplicativos Web, consulte a Java BluePrints para a empresa:

`http://java.sun.com/blueprints/enterprise`

23

ENTERPRISE BEANS

Enterprise beans são os componentes J2EE que implementam a tecnologia JavaBeans Enterprise (EJB). Enterprise beans rodam no contêiner de EJB, um ambiente runtime dentro da Sun Java System Application Server Platform Edition 8 (veja Figura 1-5). Embora seja transparente para o desenvolvedor de aplicativos, o contêiner de EJB fornece serviços em nível de sistema tais como transações e segurança para seus enterprise beans. Estes serviços habilitam você a construir e a implantar rapidamente enterprise beans, que formam o núcleo de aplicativos J2EE transacionais.

O que é um enterprise bean?

Escrito na linguagem de programação Java, um enterprise bean é um componente do lado do servidor que encapsula a lógica de negócios de um aplicativo. A lógica de negócios é o código que cumpre o propósito do aplicativo. Em um aplicativo de controle de estoque, por exemplo, os enterprise beans podem implementar a lógica de negócios nos métodos chamados checkInventoryLevel e orderProduct. Chamando estes métodos, clientes remotos podem acessar os serviços de estoque fornecidos pelo aplicativo.

Vantagens de enterprise beans

Por diversas razões, os enterprise beans simplificam o desenvolvimento de aplicativos grandes e distribuídos. Primeiro, porque o contêiner de EJB fornece serviços em nível de sistema para os enterprise beans, o desenvolvedor de bean pode se concentrar na solução de problemas de negócios. O contêiner de EJB – e não o desenvolvedor de bean – é responsável por serviços em nível de sistema como, por exemplo, gerenciamento de transações e autorização de segurança.

Segundo, porque os beans – e não os clientes – contêm a lógica de negócios do aplicativo, o desenvolvedor de cliente pode se concentrar na apresentação do cliente. O desenvolvedor de cliente não tem de codificar as rotinas que implementam as regras de negócio ou o acesso a banco de dados. Como resultado, os clientes são mais magros, uma vantagem que é particularmente importante para clientes que rodam sobre pequenos dispositivos.

Terceiro, como os enterprise beans são componentes portáveis, o montador do aplicativo pode construir novos aplicativos a partir dos beans existentes. Estes aplicativos podem rodar sobre qualquer servidor J2EE desde que utilizem as APIs padronizados.

Quando usar enterprise beans

Você deve considerar o uso de enterprise beans se o seu aplicativo possui um dos seguintes requerimentos:

- O aplicativo deve ser escalável. Para acomodar um número crescente de usuários, você pode precisar distribuir um componente de aplicativo através de múltiplas máquinas. Não apenas pode o enterprise beans de um aplicativo rodar sobre diferentes máquinas, mas também sua localização permanecerá transparente para os clientes
- As transações devem assegurar a integridade dos dados. Enterprise beans suportam transações, os mecanismos que gerenciam o acesso concorrente de objetos compartilhados
- O aplicativo terá uma variedade de clientes. Dentro de apenas algumas linhas de código, clientes remotos podem localizar facilmente enterprise beans. Estes clientes podem ser magros, diversos e numerosos

Tipos de enterprise beans

A Tabela 23-1 resume os três tipos de enterprise beans. As seções seguintes discutem cada tipo com mais detalhes.

Tabela 23-1 Tipos de enterprise beans

Tipo de enterprise bean	Propósito
Bean de sessão	Realiza uma tarefa para um cliente; implementa um serviço Web
Bean de entidade	Representa um objeto de entidade de negócios que existe em armazenamento temporário
Bean orientado por mensagem	Atua como um receptor para a API de Serviços de Mensagem Java, processando mensagens de modo assíncrono

O que é um bean de sessão?

Um bean de sessão representa um único cliente dentro do Servidor de Aplicativo. Para acessar um aplicativo implantado no servidor, o cliente chama os métodos do bean de sessão. O bean de sessão realiza um trabalho para seu cliente, isolando o cliente da complexidade executando tarefas de negócios dentro do servidor.

Como seu nome sugere, um bean de sessão é semelhante a uma sessão interativa. Um bean de sessão não é compartilhado; ele pode ter somente um cliente, da mesma maneira que um sessão interativa pode ter somente um usuário. Como um sessão interativa, um bean de sessão não é persistente. (Isto é, seu dado não é salvo em um banco de dados.) Quando o cliente termina, o seu bean de sessão aparece para concluir e não está mais associado ao cliente.

Para exemplos de código, veja o Capítulo 25.

Modos de gerenciamento de estados

Há dois tipos de beans de sessão: sem estados e com estados.

Beans de sessão sem estados

Um bean de sessão sem estados não mantém um estado de conversação para o cliente. Quando um cliente chama o método de um bean sem estados, as variáveis de instância do bean podem conter um estado, mas somente para o período de chamada. Quando o método termina, o estado não é mais retido. Exceto durante a chamada do método, todas as instâncias de um bean sem estados são equivalentes, permitindo ao contêiner de EJB atribuir uma instância a qualquer cliente.

Como beans de sessão sem estados podem suportar múltiplos clientes, eles podem oferecer melhor escalabilidade para aplicativos que requerem grandes números de clientes. Normalmente, um aplicativo requer menos beans de sessão sem estados do que beans de sessão com estados para suportar o mesmo número de clientes.

Às vezes, o contêiner de EJB pode escrever um bean de sessão com estados para armazenamento secundário. Todavia, beans de sessão sem estados nunca são escritos para armazenamentos secundários. Portanto, beans sem estados podem proporcionar melhor desempenho do que beans com estados. Um bean de sessão sem estados pode implementar um serviço Web, mas outros tipos de enterprise beans não podem.

Beans de sessão com estados

O estado de um objeto consiste em valores de suas variáveis de instância. Em um bean de sessão com estados, as variáveis de instância representam o estado de uma sessão de bean do cliente. Como o cliente interage ("conversa") com seu bean, este estado freqüentemente é chamado de estado conversacional.

O estado é retido enquanto durar a sessão cliente do bean. Se o cliente remover o bean ou terminar, a sessão finaliza e o estado desaparece. Esta natureza transiente do estado não é um problema, todavia, como a conversação entre o cliente e o bean termina, não há mais necessidade de manter o estado.

Quando usar beans de sessão

Em geral, você deverá usar um bean de sessão quando ocorrer uma das circunstâncias a seguir:

- Em um determinado momento, somente um cliente pode acessar a instância do bean
- O estado do bean não é persistente, existindo somente por um período (talvez algumas horas)
- O bean implementa um serviço Web

Beans de sessão com estados serão apropriados se qualquer uma das condições for verdadeira:

- O estado do bean representa a interação entre o bean e um cliente específico
- O bean precisa manter as informações sobre o cliente através das chamadas de método
- O bean é o mediador entre o cliente e os outros componentes do aplicativo, apresentando uma visualização simplificada para o cliente
- Nos bastidores, o bean gerencia o fluxo de trabalho de diversos enterprise beans. Por exemplo, veja o bean de sessão AccountControllerBean no Capítulo 36

Para melhorar o desempenho, você poderá escolher um bean de sessão sem estados se ele possuir umas destas cracterísticas:

- O estado do bean não possui dados para um cliente específico
- Em uma única chamada de método, o bean efetua uma tarefa genérica para todos os clientes. Por exemplo, você poderia usar um bean de sessão sem estados para enviar um e-mail que confirme um pedido on-line
- O bean busca, em um banco de dados, um conjunto de dados apenas para leitura usado freqüentemente pelos clientes. Um bean desse porte, por exemplo, pode obter as linhas de tabela que representam os produtos que estão à venda em tempo de execução mês.

O que é um bean de entidade?

Um bean de entidade representa um objeto de negócios em um mecanismo de armazenamento persistente. Alguns exemplos de objetos de negócios são clientes, pedidos e produtos. No Servidor de Aplicativo, o mecanismo de armazenamento persistente é um banco de dados relacional. Normalmente, cada entidade tem um tabela subjacente em um banco de dados relacional, e cada instância do bean corresponde a uma linha naquela tabela. Para exemplos de código de beans de entidade, por favor, consulte os Capítulos 26 e 27.

O que torna beans de entidades diferentes de beans de sessão?

Beans de entidade diferem de beans de sessão de diversas maneiras. Beans de entidade são persistentes, permitem acesso compartilhado, possuem chaves primárias, e podem participar de relacionamentos com outros beans de entidade.

Persistência

Como o estado de um bean de entidade é salvo em um mecanismo de armazenamento, ele é persistente. Persistência significa que o estado do bean de entidade existe além do tempo de vida do aplicativo ou do processamento do Servidor de Aplicativo. Se você trabalhou com banco de dados, está familiarizado com dados persistentes. Os dados em um banco de dados são persistentes porque eles ainda existem mesmo depois que você derrubou o servidor de banco de dados ou os aplicativos que eles atendem.

Existem dois tipos de persistências para beans de entidade: gerenciada por bean e gerenciada por contêiner. Com a persistência gerenciada por bean, o código do bean de entidade que você escreve contém as chamadas que acessam o banco de dados. Se o seu bean tem persistência gerenciada por contêiner, o contêiner de EJB gera automaticamente as chamadas de acesso a banco de dados. O código que você escreve para o bean de entidade não inclui estas chamadas. Para informações adicionais, veja a seção Persistência gerenciada por contêiner.

Acesso compartilhado

Beans de entidade podem ser compartilhados por múltiplos clientes. Como os clientes podem querer modificar os mesmo dados, é importante que os beans de entidade trabalhem dentro de transações. Normalmente, o contêiner de EJB fornece gerenciamento de transação. Neste caso, você especifica os atributos de transação no descritor de implantação do bean. Você não tem de codificar os limites de transação no bean; o contêiner faz as marcações dos limites para você. Veja o Capítulo 30 para mais informações.

Chave primária

Cada bean de entidade tem um identificador de objeto exclusivo. Um bean de entidade de cliente, por exemplo, pode ser identificado por um número de cliente. O identificador exclusivo, ou chave primária, habilita o cliente a localizar um bean de entidade particular. Para mais informações, veja a seção Chave primária para persistência gerenciada por bean.

Relacionamentos

Como uma tabela em um banco de dados relacional, um bean de entidade pode ser relacionado com outros beans de entidade. Por exemplo, em um aplicativo de matrícula de um colégio, StudentBean e CourseBean estariam relacionados porque os alunos se matriculam em classes.

Você implementa relacionamentos de formas diferentes para beans de entidade com persistência gerenciada por bean do que aquelas com persistência gerenciada por contêiner. Com persistência gerenciada por bean, o código que você escreve implementa os relacionamentos. Mas com persistência gerenciada por contêiner, o contêiner de EJB cuida dos relações para você. Por esta razão, os relacionamentos em beans de entidade com persistência gerenciada por contêiner são freqüentemente referenciados como relacionamentos gerenciados por contêiner.

Persistência gerenciada por contêiner

O termo persistência gerenciada por contêiner significa que o contêiner de EJB trata todos os acessos a banco de dados requeridos pelo bean de entidade. O código do bean pode não conter nenhuma chamada de acesso (SQL) a banco de dados. Como resultado, o código do bean não está vinculado a um mecanismo de armazenamento persistente específico (banco de dados). Por causa desta flexibilidade, mesmo se você tornar a implantar o mesmo bean de entidade em diferentes servidores J2EE que usem diferentes bancos de dados, você não precisará modificar ou recompilar o código do bean. Em resumo, os seus beans de entidade serão mais portáveis se você utilizar a persistência gerenciada por contêiner do que se eles usarem a persistência gerenciada por bean.

Para gerar as chamadas de acesso aos dados, o contêiner precisa de informações que você fornece no esquema abstrato do bean de entidade.

Esquema abstrato

Parte de um descritor de implantação de um bean de entidade, o *esquema abstrato* define os campos e relacionamentos persistentes do bean. O termo *abstrato* distingue este esquema do esquema físico de armazenamento de dados subjacente. Em um banco de dados relacional, por exemplo, o esquema físico é constituído de estruturas tais como tabelas e colunas.

Você especifica o nome de um esquema abstrato no descritor de implantação. Este nome é referenciado por consultas escritas na Enterprise JavaBeans Query Language (EJB QL). Para um bean de entidade com persistência gerenciada por contêiner, você deve definir uma consulta EJB QL para cada método de localização (finder) [exceto para findByPrimaryKey]. A consulta EJB QL determina a consulta que é executada pelo contêiner de EJB quando o método de localização é chamado. Para aprender mais sobre EJB QL, veja o Capítulo 29.

Você provavelmente achará útil fazer um esboço do esquema abstrato antes de escrever qualquer código. A Figura 23-1 representa um esquema abstrato simples que descreve os relacionamentos entre três beans de entidade. Estes relacionamentos são discutidos posteriormente na seções seguintes.

Campos persistentes

Os campos persistentes de um bean de entidade são armazenados no armazenamento de dados subjacente. Coletivamente, esses campos constituem o estado do bean. Em tempo de execução, o contêiner de EJB sincroniza automaticamente este estado com o banco de dados. Durante a implantação, o contêiner normalmente mapeia o bean de entidade para uma tabela do banco de dados e mapeia os campos persistentes para as colunas da tabela.

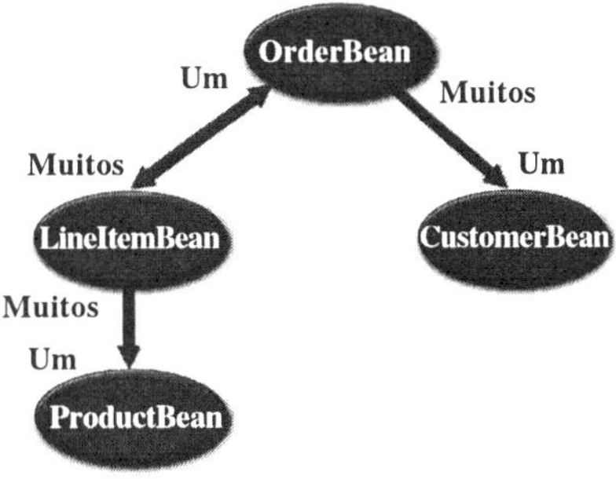

Figura 23-1 *Uma visualização em nível superior de um esquema abstrato.*

Um bean de entidade CustomerBean, por exemplo, pode ter campos persistentes como firstName, lastName, phone e emailAddress. Na persistência gerenciada por contêiner, estes campos são virtuais. Você os declara no esquema abstrato, mas você não os codifica como variáveis de instância na classe do bean de entidade. Em vez disso, os campos persistentes são identificados no código através dos métodos de acesso (getters e setters).

Campos de relacionamentos

Um campo de relacionamento pode ser como uma chave estrangeira em uma tabela de banco de dados: ela identifica um bean com relacionamento. Como um campo persistente, um campo de relacionamento é virtual e é definido na classe do enterprise bean por meio dos métodos de acesso. Mas ao contrário de um campo persistente, um campo de relacionamento não representa o estado do bean. Campos de relacionamentos são discutidos posteriormente em Direção nos relacionamentos gerenciados por contêiner.

Multiplicidade em relacionamentos gerenciados por contêiner

Existem quatro tipos de multiplicidades; um para um, um para muitos, muitos para um e muitos para muitos.

Um para um: Cada instância do bean de entidade é relacionada com uma única instância de um outro bean de entidade. Por exemplo, para modelar um warehouse (armazém) físico, cada caixa de armazenamento contém um único widget; StorageBinBean e WidgetBean teriam um único relacionamento um para um.

Um para muitos: Uma instância de bean de entidade pode estar relacionada com múltiplas instâncias do outro bean de entidade. Um pedido de vendas, por exemplo, pode ter múltiplos itens de linha. No aplicativo do pedido, OrderBean teria um relacionamento um para muitos com LineItemBean.

Muitos para um: Múltiplas instâncias de um bean de entidade podem ser relacionadas com uma única instância do outro bean de entidade. Esta multiplicidade é o oposto de um relacionamento um para muitos. No exemplo recém-mencionado, da perspectiva de LineItemBean, o relacionamento para OrderBean é muitos para um.

Muitos para muitos: As instâncias do bean de entidade podem ser relacionadas com múltiplas instâncias recíprocas. Por exemplo, em um colégio, cada curso tem muitos alunos, e cada aluno pode fazer vários cursos. Portanto, em um aplicativo de matrícula, CourseBean e StudentBean teriam um relacionamento muitos para muitos.

Direção em relacionamentos gerenciados por contêiner

A direção de um relacionamento pode ser tanto bidirecional como unidirecional. Em um relacionamento bidirecional, cada bean de entidade tem um campo de relacionamento que referencia o outro bean. Através do campo de relacionamento, um código de bean de entidade pode acessar seu objeto relacionado. Se um bean de entidade tem um campo relativo, então nós freqüentemente dizemos que ele "conhece" seu objeto relacionado. Por exemplo, se OrderBean sabe o que as instâncias LineItemBean têm e se LineItemBean sabe a quem OrderBean pertence, então eles têm um relacionamento bidirecional.

Em um relacionamento unidirecional, somente um bean de entidade tem um campo de relacionamento que se refere ao outro. Por exemplo, LineItemBean teria um campo de relacionamento que identificasse ProductBean, mas ProductBean não teria um campo de relacionamento para LineItemBean. Em outras palavras, LineItemBean conhece ProductBean, mas ProductBean não sabe quais instâncias de LineItemBean se referem a ele.

As consultas EJB QL freqüentemente navegam através de relacionamentos. A direção de um relacionamento determina se uma consulta pode navegar de um bean para outro. Por exemplo, uma consulta pode navegar de LineItemBean para ProductBean, mas não pode navegar na direção oposta. Para OrderBean e LineItemBean, uma consulta pode navegar em ambas as direções, porque estes dois beans têm um relacionamento bidirecional.

Quando usar beans de entidade

Você provavelmente deveria usar um bean de entidade sob as seguintes condições:

- O bean representa uma entidade de negócios e não um procedimento. Por exemplo, CreditCardBean poderia ser um bean de entidade, mas CreditCardVerifierBean poderia ser um bean de sessão
- O estado do bean deve ser persistente. Se a instância do bean termina, ou se o Servidor de Aplicativo é derrubado, o estado do bean existe no armazenamento persistente (um banco de dados)

O que é um bean orientado por mensagens?

Um bean orientado por mensagens é um enterprise bean que permite a aplicativos J2EE processar mensagens de modo assíncrono. Ele normalmente atua como um receptor de mensagens JMS, semelhante a um receptor de eventos, exceto que ele recebe mensagens JMS em vez de eventos. As mensagens podem ser enviadas por qualquer componente J2EE – um cliente de aplicativo, um outro enterprise bean, ou um componente Web – ou por um aplicativo JMS, ou um sistema que não use a tecnologia J2EE. Beans orientados por mensagens podem processar tanto mensagens JMS, como outros tipos de mensagens.

Para uma simples amostra de código, veja o Capítulo 28. Para mais informações sobre como usar beans orientados por mensagens, veja Como usar a API JMS em um aplicativo J2EE, e o Capítulo 34.

O que torna beans orientados por mensagens diferentes de beans de sessão e de beans de entidade?

A diferença mais visível entre beans orientados por mensagens e os beans de sessão e de entidade é que os clientes não acessam os beans orientados por mensagens através de interfaces. As interfaces estão descritas na seção Como definir o acesso do cliente com interfaces. Ao contrário de um bean de sessão ou de um bean de entidade, um bean orientado por mensagens possui apenas uma classe.

Em diversos aspectos, um bean orientado por mensagens se assemelha a um bean de sessão sem estados.

- As instâncias de um bean orientado por mensagens não retêm dados ou um estado conversacional para um cliente específico.
- Todas as instâncias de um bean orientado por mensagens são equivalentes, permitindo ao contêiner de EJB atribuir uma mensagem a qualquer instância do bean orientado por mensagens. O contêiner pode agrupar essas instâncias para permitir que fluxos de mensagens sejam processados concorrentemente.
- Um único bean orientado por mensagens pode processar mensagens de múltiplos clientes.

As variáveis de instância da instância do bean orientado por mensagens podem conter alguns estados através do tratamento de mensagens dos clientes – por exemplo, uma conexão da API JMS, uma conexão aberta de banco de dados, ou uma referência de objeto para um objeto enterprise bean.

Componentes de clientes não localizam beans orientados por mensagens e chamam métodos diretamente deles. Em vez disso, um cliente acessa um bean orientado por mensagens através de JMS enviando mensagens para o destino da mensagem para a qual a classe do bean orientado por mensagens é o MessageListener. Você atribui um destino do bean orientado por mensagens durante a implantação usando os recursos do Servidor de Aplicativo.

Os beans orientados por mensagens tem as seguintes características:

- Eles são executados ao receber uma única mensagem do cliente
- Eles são chamados de maneira assíncrona
- Eles têm relativamente uma vida curta

- Eles não representam diretamente dados compartilhados no banco de dados, mas podem acessar e atualizar estes dados
- Eles podem ter conhecimento de transação
- Eles são sem estados

Quando chega uma mensagem, o contêiner chama o método onMessage do bean orientado por mensagens para processar a mensagem. O método onMessage normalmente converte a mensagem para um dos cinco tipos de mensagens JMS e a trata de acordo com a lógica de negócios do aplicativo. O método onMessage pode chamar os métodos auxiliares, ou ele pode chamar um bean sessão ou um bean de entidade para processar a informação na mensagem ou armazená-la em um banco de dados.

Uma mensagem pode ser fornecida para um bean orientado por mensagens dentro de um contexto de transação, portanto todas as operações dentro do método onMessage fazem parte de uma única transação. Se o processamento da mensagem for desfeito, a mensagem será devolvida. Para maiores informações, veja o Capítulo 28.

Quando usar beans orientados por mensagens

Beans de sessão e beans de entidade permitem que você envie mensagens JMS e as receba sincronicamente, mas não de modo assíncrono. Para evitar amarrações de recursos do servidor, você pode preferir não usar recebimentos sincronizados de bloqueio em um componente do lado do servidor. Para receber mensagens de modo assíncrono, utilize um bean orientado por mensagens.

Como definir o acesso do cliente com interfaces

O material desta seção se aplica somente a beans de sessão e beans de entidade e não para beans orientados por mensagens. Como eles possuem um modelo de programação diferente, beans orientados por mensagens não possuem interfaces que definem o acesso do cliente.

Um cliente pode acessar um bean de sessão ou um bean de entidade somente através dos métodos definidos nas interfaces dos beans. Estas interfaces definem a visualização de cliente do bean. Todos os outros aspectos do bean – implementações de método, definições do descritor de implantação, esquemas abstratos e chamadas de acesso a banco de dados –são ocultos do cliente.

Interfaces bem projetadas simplificam o desenvolvimento e a manutenção de aplicativos J2EE. Não somente as interfaces protegem os clientes de qualquer complexidade da camada de EJB, mas elas também permitem que os beans se modifiquem internamente sem afetar os clientes. Por exemplo, mesmo que você modifique os seus beans de entidade de bean de persistência gerenciada por bean para persistência gerenciada por contêiner, você não terá de alterar o código do cliente. Mas se você tivesse que modificar as definições do método nas interfaces, então você poderia ter de modificar o código do cliente também. Portanto, para isolar seus clientes de possíveis alterações nos beans, é importante que você projete as interfaces cuidadosamente.

Quando você projeta um aplicativo J2EE, uma de suas primeiras decisões é o tipo de acesso ao cliente permitido por enterprise beans: remoto, local, ou de serviço Web.

Clientes remotos

Um cliente remoto de um enterprise bean tem as seguintes características:

- Ele pode rodar em uma máquina diferente e em uma máquina virtual Java (JVM) diferente do enterprise bean que ele acessa. (Ele não é obrigado a rodar em uma JVM diferente.)
- Ele pode ser um componente Web, um cliente de aplicativo, ou um outro enterprise bean.
- Para um cliente remoto, a localização do enterprise bean é transparente.

Para criar um enterprise bean que tenha acesso remoto, você deve codificar uma interface remota e uma interface home. A interface remota define os métodos de negócios específicos para o bean. Por exemplo, a interface remota de um bean chamado BankAccountBean pode ter métodos de negócios chamados deposit e credit. A interface home define os métodos de ciclo de vida do bean: create e remove. Para beans de entidade, a interface home também define os métodos finder e home. Os métodos finder são usados para localizar beans de entidade. Os métodos home são métodos de negócios que são chamados em todas as instâncias de uma classe do bean de entidade. A Figura 23-2 mostra como as interfaces controlam a visualização de cliente de um enterprise bean.

Clientes locais

Um cliente local possui estas características:

- Ele pode rodar na mesma JVM que o enterprise bean acessado por ele
- Ele pode ser um componente Web ou um outro enterprise bean
- Para o cliente local, a localização do enterprise bean acessado por ele não é transparente
- Freqüentemente é um bean de entidade que possui um relacionamento gerenciado por contêiner com um outro bean de entidade

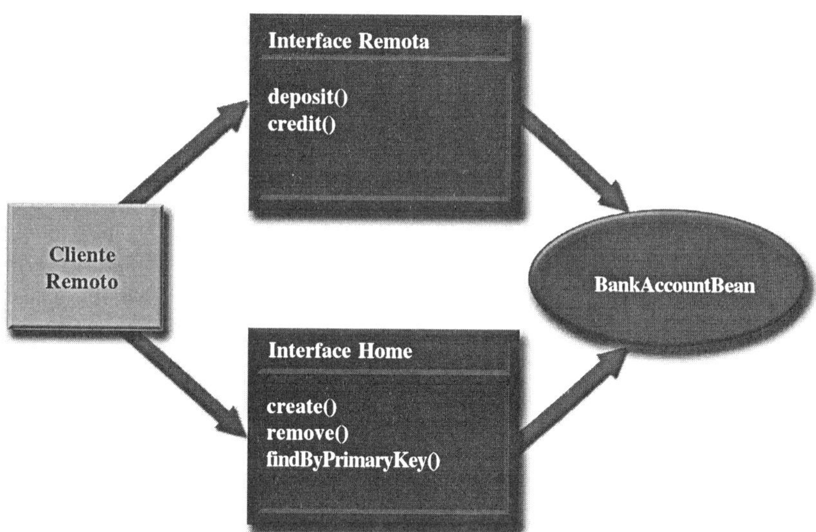

Figura 23-2 *Interfaces de um enterprise bean com acesso remoto.*

Para construir um enterprise bean que permite acesso local, você deve codificar a interface local e a interface home local. A interface local define os métodos de negócios do bean, e a interface home local define seu ciclo de vida e seus métodos de localização.

Interfaces locais e relacionamentos gerenciados por contêiner

Se um bean de entidade é o objetivo de um relacionamento gerenciado por contêiner, então ele deve possuir interfaces locais. A direção do relacionamento determina se um bean é o objetivo ou não. Na Figura 23-1, por exemplo, ProductBean é o objetivo de um relacionamento unidirecional com LineItemBean. Como LineItemBean acessa localmente ProductBean, ProductBean deve ter as interfaces locais. LineItemBean também precisa de interfaces locais, não por causa de seu relacionamento com ProductBean, mas porque ele é o objetivo de um relacionamento com OrderBean. E como o relacionamento entre LineItemBean e OrderBean é bidirecional, ambos os beans devem ter interfaces locais.

Como eles requerem acesso local, os beans de entidade que participam de um relacionamento gerenciado por contêiner devem residir no mesmo arquivo JAR do EJB. O benefício principal desta localidade é aumentar o desempenho: as chamadas locais geralmente são mais rápidas do que as remotas.

Como decidir sobre acesso remoto ou local

A decisão de permitir acesso local ou remoto depende dos seguintes fatores:

- Relacionamentos gerenciados por contêiner: Se um bean de entidade é o objeto de um relacionamento gerenciado por contêiner, ele deve utilizar o acesso local
- Acoplamento firme ou livre dos beans relacionados: Beans acoplados firmemente dependem um do outro. Por exemplo, um pedido de vendas completo deve ter um ou mais itens de linha, que não podem existir sem o pedido ao qual eles pertencem. Os beans de entidade OrderBean e LineItemBean, que modelam este relacionamento, estão firmemente acoplados. Beans firmemente acoplados são bons candidatos para acesso local. Como se encaixam como uma unidade lógica, eles provavelmente chamam uns aos outros com freqüência e se beneficiam com um aumento de desempenho que é possível com o acesso local
- Tipo de cliente: Se um bean de entidade é acessado por clientes de aplicativo, então ele deve permitir acesso remoto. Em um ambiente de produção, estes clientes quase sempre rodam em máquinas diferentes daquela do Servidor de Aplicativo. Se os clientes do enterprise bean são componentes Web ou outros enterprise beans, então o tipo de acesso depende de como você quer distribuir seus componentes
- Distribuição de componentes: Os aplicativos J2EE são escaláveis porque seus componentes do lado do servidor podem ser distribuídos por inúmeras máquinas. Em um aplicativo distribuído, por exemplo, os componentes Web podem rodar em um servidor diferente daquele que os enterprise beans acessam. Neste cenário distribuído, os enterprise beans devem permitir acesso remoto
- Desempenho: Por causa de alguns fatores como latência da rede, as chamadas remotas podem ser mais lentas do que as locais. Por outro lado, se você distribuir componentes entre diferentes servidores, você poderá melhorar o desempenho geral do aplicativo. Mas estas duas afirmações são generalizações. O desempenho geral pode variar em diferentes ambientes operacionais. Portanto, você deve ter em mente como o seu projeto de aplicativo poderá afetar o desempenho.

Se você não tem certeza de qual tipo de acesso um enterprise bean deve ter, escolha, então, o acesso remoto. Esta decisão lhe dará mais flexibilidade. No futuro você pode distribuir seus componentes para acomodar as crescentes demandas em seu aplicativo.

Embora seja incomum, é possível para um enterprise bean permitir tanto acesso remoto, como local. Esse bean deve exigir tanto interfaces remotas, como locais.

Clientes de serviço Web

Um cliente de serviço Web pode acessar um aplicativo J2EE de duas maneiras. Primeiro, o cliente pode acessar um serviço Web criado com JAX-RPC. (Para maiores informações sobre JAX-RPC, veja o Capítulo 8, Como construir serviços Web com JAX-RPC. Segundo, um cliente de serviço Web pode chamar os métodos de negócios de um bean de sessão sem estados. Outros tipos de enterprise beans não podem ser acessados por clientes de serviço Web.

Desde que eles utilizem os protocolos corretos (SOAP, HTTP, WSDL), qualquer cliente de serviço Web pode acessar um bean de sessão sem estados, seja escrito em linguagem de programação Java, ou não. O cliente nem sequer "sabe" qual tecnologia implementa o serviço – um bean de sessão sem estados, JAX-RPC, ou alguma outra tecnologia. Além disso, enterprise beans e componentes Web podem ser clientes de serviços Web. Esta flexibilidade possibilita que você integre os aplicativos J2EE com serviços Web.

Um cliente de serviço Web acessa um bean de sessão sem estados através de uma interface endpoint de serviço Web do bean. Como uma interface remota, uma *interface endpoint de serviço Web* define o método de negócios do bean. Em contraste com uma interface remota, uma interface endpoint de serviço Web não é acompanhada por uma interface home, que define os métodos de ciclo de vida do bean. Os únicos métodos do bean que podem ser chamados por um cliente de serviço Web são os métodos de negócios que são definidos na interface endpoint de serviço Web.

Para uma amostra do código, veja Exemplo de serviço Web: HelloServiceBean.

Acesso e parâmetros do método

O tipo de acesso afeta os parâmetros dos métodos do bean chamados pelos clientes. Os tópicos seguintes se aplicam não apenas aos parâmetros do método, mas também aos valores de retorno do método.

Isolamento

Os parâmetros de chamadas remotas são mais isolados do que os de chamadas locais. Com chamadas remotas, o cliente e o bean operam em cópias diferentes de um objeto de parâmetro. Se o cliente modifica o valor do objeto, o valor da cópia do bean não se modifica. Esta camada de isolamento ajudará a proteger o bean se o cliente acidentalmente modificar o dado.

Em uma chamada local, tanto o cliente, como o bean podem modificar o mesmo objeto de parâmetro. Em geral, você não deveria confiar neste efeito colateral das chamadas locais. Talvez algum dia você vá querer distribuir seus componentes, substituindo as chamadas locais pelas remotas.

Do mesmo modo que os clientes remotos, os clientes de serviço Web operam com cópias diferentes de parâmetros do bean que implementa o serviço Web.

Granularidade dos dados acessados

Como as chamadas remotas provavelmente são mais lentas do que as locais, os parâmetros dos métodos remotos devem ter uma granulação relativamente grossa. Um objeto com granulação grossa contém mais dados do que um de granulação fina, portanto menos chamadas de acessos são necessárias.

Pela mesma razão, os parâmetros dos métodos chamados pelos clientes de serviço Web devem também ter uma granulação grossa.

Por exemplo, suponha que um bean de entidade CustomerBean seja acessado remotamente. Este bean teria um único método getter para retornar um objeto CustomerDetails, o qual encapsula todos as informações do cliente. Mas se o CustomerBean tiver de ser acessado localmente, ele não poderá ter um método getter para cada variável de instância: getFirstName, getLastName, getPhoneNumber, e assim por diante. Como as chamadas locais são rápidas, as múltiplas chamadas para esses métodos getter de granulação grossa não degradariam significativamente o desempenho.

Conteúdo de um enterprise bean

Para desenvolver um enterprise bean, você deve fornecer os seguintes arquivos:

- Descritor de implantação: Um arquivo XML que especifique informações sobre o bean como, por exemplo, tipo de persistência e atributos de transação. O utilitário deploytool cria o descritor de implantação quando você passa pelo assistente New Enterprise Bean
- Classe de enterprise bean: Implementa os métodos definidos nas próximas interfaces

- Interfaces: As interfaces remota e home são exigidas para acesso remoto. Para acesso local, as interfaces locais e home locais são exigidas. Para acesso por clientes de serviço Web, a interface endpoint de serviço Web é necessária. Veja a seção Como definir o acesso do cliente com interfaces (Por favor, note que essas interfaces não são usadas por beans orientados por mensagens.)
- Classes auxiliares: Outras classes necessárias pela classe do enterprise bean, como as classes de exceção e de utilitários

Você empacota os arquivos da lista precedente em um arquivo JAR EJB, o módulo que armazena o enterprise bean. Um arquivo JAR EJB é portável e pode ser usado por diferentes aplicativos. Para montar um aplicativo J2EE, você empacota um ou mais módulos – tais como arquivos JAR EJB – em um arquivo EAR, o arquivo do repositório que contém o aplicativo. Quando você implanta o arquivo EAR que contém o arquivo JAR EJB do bean, você também implanta o enterprise bean para o Servidor de Aplicativo. Você pode também implantar um JAR EJB que não esteja contido no arquivo EAR.

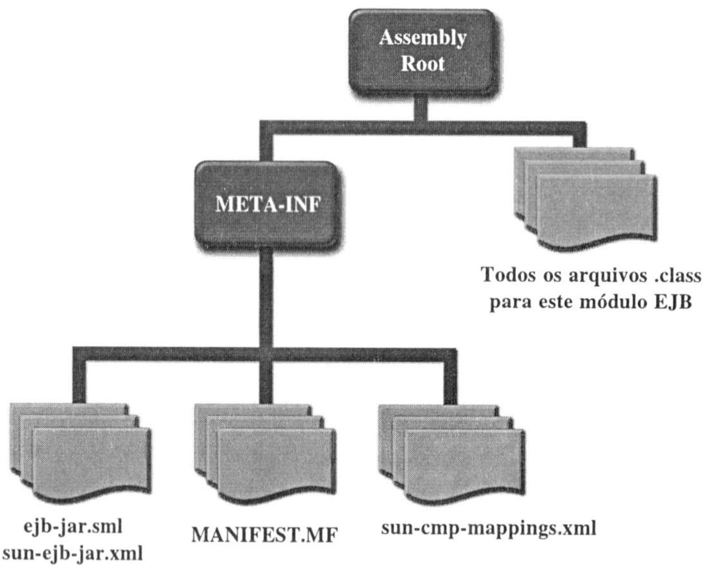

***Figura 23-3** Estrutura de um JAR enterprise bean.*

Convenções de atribuição de nomes para enterprise bean

Como os enterprise beans são compostos de múltiplas partes, é útil seguir uma convenção de atribuição de nomes para os seus aplicativos. A Tabela 23-2 resume as convenções para os beans de exemplo deste tutorial.

Tabela 23-2 Convenções para atribuição de nomes para enterprise beans

Item	Sintaxe	Exemplo
Nome do enterprise bean (DD[a])	<nome> Bean	AccountBean
Nome de exibição do JAR EJB (DD)	<nome> JAR	AccountJAR
Classe do enterprise bean	<nome> Bean	AccountBean
Interface home	<nome> Home	AccountHome

Tabela 23-2 Convenções para atribuição de nomes para enterprise beans (continuação)

Item	Sintaxe	Exemplo
Interface remota	<nome>	Account
Interface home local	<nome> Local Home	AccountLocalHome
Interface local	<nome> Local	AccountLocal
Esquema abstrato (DD)	<nome>	Account

a. DD significa que o item é um elemento no descritor de implantação do bean.

Ciclos de vida do enterprise beans

Um enterprise bean passa por vários estágios durante o seu tempo de vida, ou ciclo de vida. Cada tipo de enterprise bean – de sessão, de entidade, ou orientado por mensagem – tem um ciclo de vida diferente.

As descrições a seguir se referem aos métodos que são explicados juntos com os exemplos de código nos dois capítulos seguintes. Se, para você, enterprise beans for uma coisa nova, você deverá pular esta seção e tentar os exemplos de código primeiro.

Ciclo de vida de um bean de sessão com estados

A Figura 23-4 ilustra os estágios pelos quais um bean de sessão passa durante o seu tempo de vida. O cliente inicia o ciclo de vida chamando o método create. O contêiner de EJB instancia o bean e depois chama os métodos setSessionContext e ejbCreate no bean de sessão. O bean agora está pronto para chamar seus métodos de negócios.

Enquanto no estágio pronto, o contêiner de EJB pode decidir desativar, ou passivar, o bean, movendo-o da memória para o armazenamento secundário. (Normalmente, o contêiner de EJB utiliza um algoritmo menos usado recentemente a fim de selecionar um bean para passivação.) O contêiner de EJB chama o método ejbPassivate do bean imediatamente antes de passivá-lo. Se um cliente chamar um método de negócios no bean enquanto ele estiver no estágio passivo, o contêiner de EJB ativará o bean, chamará o método ejbActivate e, depois, vai movê-lo de volta para o estágio pronto.

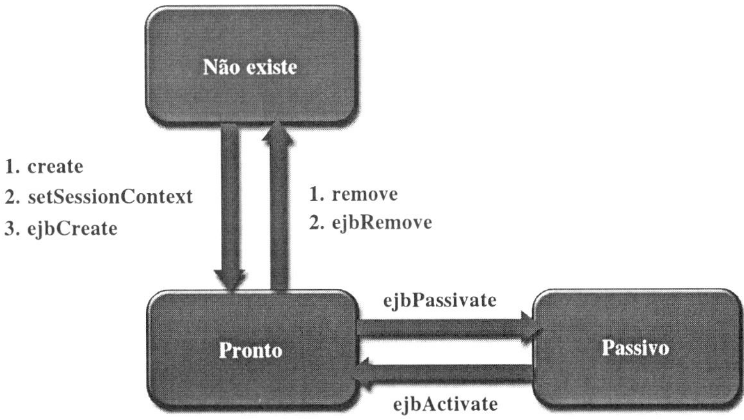

Figura 23-4 *Ciclo de vida de um bean de sessão com estados.*

No final do ciclo de vida, o cliente chama o método remove, e o contêiner de EJB chama o método ejbRemove do bean. A instância do bean está pronta para a coleta de lixo.

O seu código controla a chamada de apenas dois métodos de ciclo de vida: os métodos create e remove do cliente. Todos os outros métodos na Figura 23-4 são chamados pelo contêiner de EJB. O método ejbCreate, por exemplo, está dentro da classe do bean, permitindo que você efetue determinadas operações logo depois que o bean seja instanciado. Por exemplo, você pode querer se conectar a um banco de dados no método ejbCreate. Veja o Capítulo 31 para mais informações.

Ciclo de vida de um bean de sessão sem estados

Como um bean de sessão sem estados nunca é passivado, o seu ciclo de vida tem somente dois estágios: não existente e pronto para a chamada de métodos de negócios. A Figura 23-5 ilustra os estágios de um bean de sessão sem estados.

Ciclo de vida de um bean de entidade

A Figura 23-6 mostra os estágios que um bean de entidade atravessa durante o seu tempo de vida. Depois que o contêiner de EJB cria a instância, ele chama o método setEntityContext da classe do bean de entidade. O método setEntityContext passa o contexto da entidade para o bean.

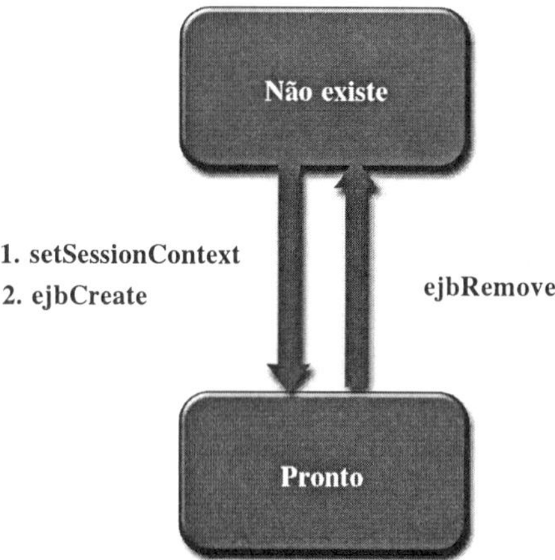

Figura 23-5 *Ciclo de vida de um bean de sessão sem estados.*

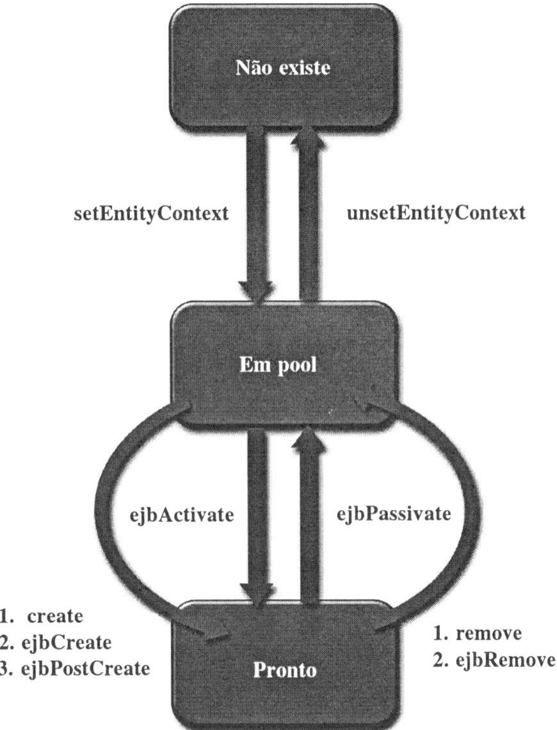

Figura 23-6 *Ciclo de vida de um bean de entidade.*

Após a instanciação, o bean de entidade se desloca para um pool de instâncias disponíveis. Enquanto estiver no estágio em pool, a instância não é associada a qualquer identidade de objeto EJB em particular. Todas as instâncias no pool são idênticas. O contêiner de EJB atribui uma identidade para uma instância ao movê-la para o estágio pronto.

Existem dois caminhos a partir do estágio em pool para o estágio pronto. No primeiro caminho, o cliente chama o método create, fazendo o contêiner de EJB chamar os métodos ejbCreate e ejbPostCreate. No segundo caminho, o contêiner de EJB chama o método ejbActivate. Enquanto um bean de entidade estiver no estágio pronto, os seus métodos de negócios poderão ser chamados.

Existem também dois caminhos do estágio pronto para o estágio em pool. Primeiro, um cliente pode chamar o método remove, que faz o contêiner de EJB chamar o método ejbRemove. Segundo, o contêiner de EJB pode chamar o método ejbPassivate.

No final do ciclo de vida, o contêiner de EJB remove a instância do pool e chama o método unsetEntityContext.

No estado em pool, uma instância não é associada a qualquer identidade de objeto EJB em particular. Com a persistência gerenciada por bean, quando o contêiner de EJB move uma instância do estado em pool para o estado pronto, ele não define automaticamente a chave primária. Portanto, os métodos ejbCreate e ejbActivate devem atribuir um valor para a chave primária. Se a chave primária for incorreta, os métodos ejbLoad e ejbStore não poderão sincronizar as variáveis de instância com o banco de dados. Na seção Exemplo de SavingsAccountBean, o método ejbCreate atribui a chave primária a partir de um dos parâmetros de entrada. O método ejbActivate define a chave primária (id) como a seguir:

```
id = (String)context.getPrimaryKey();
```

No estado em pool, os valores das variáveis de instância não são necessários. Você pode tornar estas variáveis de instância qualificável para a coleta de lixo definindo-as para nulo no método ejbPassivate.

Ciclo de vida de um bean orientado por mensagens

A Figura 23-7 ilustra os estágios no ciclo de vida de um bean orientado por mensagens.

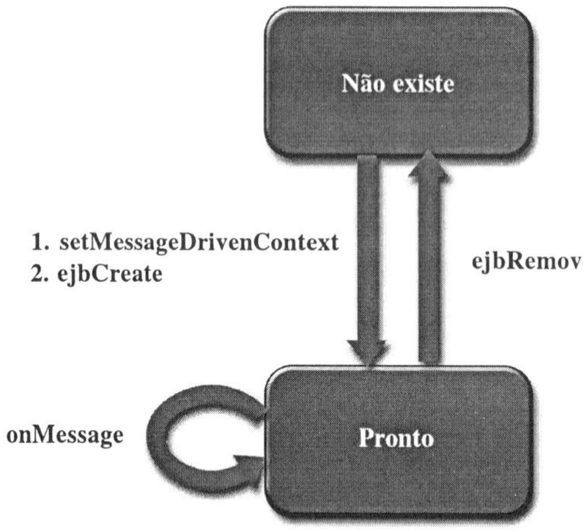

Figura 23-7 *Ciclo de vida de um bean orientado por mensagens.*

O contêiner de EJB geralmente cria um pool de instâncias de bean orientado por mensagens. Para cada instância, o contêiner de EJB instancia o bean e executa estas tarefas:

1. Chama o método setMessageDrivenContext para passar o objeto do contexto para a instância.
2. Chama o método ejbCreate da instância.

Como um bean de sessão sem estados, um bean orientado por mensagens nunca é passivado, e ele tem apenas dois estados: não existente e pronto para receber mensagens.

No final do ciclo de vida, o contêiner chama o método ejbRemove. A instância do bean está então pronta para a coleta de lixo.

Informações adicionais

Para informações adicionais sobre a tecnologia Enterprise JavaBeans, consulte o seguinte:

- Especificação Enterprise JavaBeans 2.1:

  http://java.sun.com/products/ejb/docs.html
- O site Web Enterprise JavaBeans:

  http://java.sun.com/products/ejb

24

Como dar a partida com enterprise beans

Este capítulo mostra como desenvolver, implantar e executar um aplicativo J2EE simples chamado ConverterApp. O objetivo de ConverterApp é calcular conversões monetárias entre o yen e os eurodólares. ConverterApp consiste em um enterprise bean, que executa os cálculos, e dois tipos de clientes: um cliente de aplicativo e um cliente Web.

Aqui está um resumo geral das etapas que você seguirá neste capítulo:

1. Crie o aplicativo J2EE: ConverterApp.
2. Crie o enterprise bean: ConverterBean.
3. Crie o cliente de aplicativo: ConverterClient.
4. Crie o cliente Web no ConverterWAR.
5. Implante ConverterApp para o servidor.
6. A partir de uma janela de terminal, execute ConverterClient.
7. Usando um browser, rode o cliente Web.

Antes de prosseguir, certifique-se de ter feito o seguinte;

- ❑ Ter lido o Capítulo 1
- ❑ Ter se familiarizado com enterprise beans (veja Capítulo 23)
- ❑ Iniciado o servidor (veja Como iniciar e parar o aplicativo)
- ❑ Iniciado deploytool (veja Como iniciar o utilitário deploytool)

Como criar o aplicativo J2EE

Nesta seção, você criará um aplicativo J2EE chamado ConverterApp, armazenando-o no arquivo ConverterApp.ear.

1. Em deploytool, selecione File → New → Application.
2. Clique Browse.
3. No selecionador de arquivos, navegue para este diretório: <*INSTALL*>/j2eetutorial14/examples/ejb/converter/

4. No campo File Name, entre ConverterApp.ear.
5. Clique New Application.
6. Clique OK.
7. Verifique se o arquivo ConverterApp.ear reside no diretório especificado na etapa 3.

Neste momento, o aplicativo não contém nenhum componente e não pode ser implantado. Na seção seguinte, você executa os assistentes do deploytool para criar os componentes, deploytool adicionará os componentes para o fiel ConverterApp.ear.

Como criar o enterprise bean

O enterprise bean em nosso exemplo é um bean de sessão sem estados chamado ConverterBean. O código-fonte para ConverterBean está no diretório *<INSTALL>*/j2eetutorial14/examples/ejb/converter/src/.

Criar ConverterBean requer estas etapas:

1. Codificar a classe e as interfaces do bean (o código-fonte é fornecido).
2. Compilar o código-fonte com asant.
3. Com deploytool, empacotar o bean em um arquivo JAR EJB e inserir o arquivo JAR EJB no arquivo ConverterApp do aplicativo.

Como codificar o enterprise bean

O enterprise bean neste exemplo precisa do seguinte código:

- ❑ Interface remota
- ❑ Interface Home
- ❑ Classe enterprise bean

Como codificar a interface remota

A interface remota define os métodos de negócios que um cliente pode chamar. Os métodos de negócios são implementados no código do enterprise bean. O código-fonte para a interface remota Converter é o seguinte;

```
import javax.ejb.EJBObject;
import java.rmi.RemoteException;
import java.math.*;

public interface Converter extends EJBObject {
  public BigDecimal dollarToYen(BigDecimal dollars)
    throws RemoteException;
  public BigDecimal yenToEuro(BigDecimal yen)
    throws RemoteException;
}
```

Como codificar a interface home

Uma interface home define os métodos que permitem a um cliente criar, encontrar, ou remover, um enterprise bean. A interface ConverterHome contém um único método create, o qual retorna um objeto do tipo da interface remota. Aqui está o código-fonte para a interface ConverterHome:

```
import java.rmi.RemoteException;
import javax.ejb.CreateException;
import javax.ejb.EJBHome;

public interface ConverterHome extends EJBHome {
  Converter create() throws RemoteException, CreateException;
}
```

Como codificar a classe enterprise bean

A classe do enterprise bean para este exemplo se chama ConverterBean. Esta classe implementa os dois métodos de negócios (dollarToYen e yenToEuro) que a interface remota Converter define. O código-fonte para a classe ConverterBean é o seguinte:

```
import java.rmi.RemoteException;
import javax.ejb.SessionBean;
import javax.ejb.SessionContext;
import java.math.*;
public class ConverterBean implements SessionBean {

  BigDecimal yenRate = new BigDecimal("121.6000");
  BigDecimal euroRate = new BigDecimal("0.0077");

  public BigDecimal dollarToYen(BigDecimal dollars) {
    BigDecimal result = dollars.multiply(yenRate);
    return result.setScale(2,BigDecimal.ROUND_UP);
  }

  public BigDecimal yenToEuro(BigDecimal yen) {
    BigDecimal result = yen.multiply(euroRate);
    return result.setScale(2,BigDecimal.ROUND_UP);
  }

  public ConverterBean() {}
  public void ejbCreate() {}
  public void ejbRemove() {}
  public void ejbActivate() {}
  public void ejbPassivate() {}
  public void setSessionContext(SessionContext sc) {}
}
```

Como compilar os arquivos-fonte

Agora você já está pronto para compilar a interface remota (Converter.java), a interface home (ConverterHome.java) e a classe do enterprise bean (ConverterBean.java).

1. Em uma janela de terminal, vá para este diretório:

   `<INSTALL>/j2eetutorial14/examples/ejb/converter.`

2. Digite o seguinte comando:

   `asant build`

Este comando compila os arquivos-fonte para o enterprise bean e o cliente de aplicativo, colocando os arquivos de classe no subdiretório converter/build (não o diretório src.) O cliente Web deste exemplo não requer compilação. Para maiores informações sobre asant, veja Como construir os exemplos.

Nota: Ao compilar o código, a tarefa asant precedente inclui o arquivo j2ee.jar no caminho de classe. Este arquivo reside no diretório lib da instalação de Sun Java System Application Server Platform Edition 8. Se você planeja usar outras ferramentas para compilar o código-fonte para os componentes J2EE, certifique-se de que o caminho de classe inclua o arquivo j2ee.jar.

Como empacotar o enterprise bean

Para empacotar um enterprise bean, você roda o assistente Edit Enterprise Bean do utilitário deploytool. Durante este processo, o assistente executa as seguintes tarefas:

- Cria o descritor de implantação do bean
- Empacota o descritor de implantação e as classes do bean em arquivo JAR EJB
- Insere o arquivo JAR EJB no arquivo ConverterApp.ear

Para iniciar o assistente Edit Enterprise Bean, selecione File → New → Enterprise Bean. O assistente exibe as seguintes caixas de diálogo:

1. Caixa de diálogo Introduction:
   a. Leia o texto explicativo para um resumo geral dos recursos do wizard.
   b. Clique Next.
2. Caixa de diálogo JAR EJB:
   a. Selecione o botão rotulado Create New JAR Module em Application.
   b. Na caixa combo abaixo deste botão, selecione ConverterApp.
   c. No campo JAR Display Name, entre ConverterJAR.
   d. Clique Edit Contents.
   e. Na árvore debaixo de Available Files, localize o subdiretório build/converter. (Se o diretório destino estiver muitos níveis abaixo da árvore, você poderá simplificar a visualização da árvore entrando tudo ou parte do nome do caminho do diretório no campo Starting Directory.).
   f. Na árvore Available Files, selecione estas classes: Converter.class, ConverterBean.class e ConverterHome.class. (Você também pode arrastar e soltar estes arquivos de classe para a área de texto Contents.)
   g. Clique Add.
   h. Clique OK.
   i. Clique Next.
3. Caixa de diálogo General
   a. Sob Bean Type, selecione a Stateless Session.
   b. Na caixa combo Enterprise Bean Class, selecione converter.ConverterBean.
   c. No campo Enterprise Bean Name, entre ConverterBean.
   d. Na caixa combo Remote Home Interface, selecione converter.ConverterHome.
   e. Na caixa combo Remote Interface, selecione converter.Converter.
   f. Clique Next.
4. Na caixa de diálogo Expose as Web Service Endpoint, selecione No e clique Next.
5. Clique Finish.

Como criar o cliente de aplicativo

Um cliente de aplicativo é um programa escrito na linguagem de programação Java. Em tempo de execução, o programa de cliente executa em uma máquina virtual diferente do Servidor de Aplicativo. Para informações detalhadas sobre a ferramenta de linha de comando appclient, consulte a página do manual no endereço http://java.sun.com/j2ee/1.4/docs/relnotes/cliref/index.html.

O cliente de aplicativo deste exemplo requer dois arquivos JAR. O primeiro arquivo JAR é para o componente J2EE do cliente. Este arquivo JAR contém o descritor de implantação e os arquivos de classe do cliente; ele é criado quando você executa o assistente New Application Wizard. Definido pela Especificação J2EE, este arquivo JAR é portável através de todos os servidores de aplicativos compatíveis.

O segundo arquivo JAR contém as classes stubs requeridas pelo programa do cliente em tempo de execução. Estas classes stubs permitem que o cliente acesse os enterprise beans que estão rodando no Servidor de Aplicativo. O arquivo JAR para os stubs é criado por deploytool quando você implanta o aplicativo. Como este arquivo JAR não é abordado pela especificação J2EE, ele é específico para implementação, projetado apenas para o Servidor de Aplicativo.

O código-fonte do cliente de aplicativo está no arquivo ConverterClient.Java, o qual está neste diretório:

```
<INSTALL>/j2eetutorial14/examples/ejb/converter/src/
```

Você compilou este código junto com o código do enterprise bean na seção Como compilar os arquivos-fonte.

Como codificar o cliente de aplicativo

O código-fonte ConverterClient.java ilustra as tarefas básicas efetuadas pelo cliente de um enterprise bean:

- Como localizar a interface home
- Como criar uma instância do enterprise bean
- Como chamar um método de negócios

Como localizar a interface Home

A interface ConverterHome define os métodos de ciclo de vida tais como create e remove. Antes que o ConverterClient possa chamar o método create, ele deve localizar e instanciar um objeto cujo tipo seja ConverterHome. Este é um processo de quatro etapas:

1. Crie um contexto de atribuição de nome inicial

   ```
   Context initial = new InitialContext();
   ```

   A interface Context faz parte da Java Naming and Directory Interface (Interface de Atribuição de Nomes e de Diretórios Java, JNDI). Um *contexto de atribuição de nome* é um conjunto de ligações nome para objeto. Um nome ligado dentro de um contexto é o nome JNDI do objeto.

   Um objeto InitialContext, que implemente a interface Context, fornece o ponto de partida para a resolução de nomes. Todas as operações de atribuição de nomes são relativas a um contexto.

2. Obtenha o contexto de nomeclatura do ambiente do cliente de aplicativo.

   ```
   Context myEnv = (Context)initial.lookup("java:comp/env");
   ```

   O nome java:comp/env está ligado ao contexto de nomenclatura de ambiente do componente ConverterClient.

3. Obtenha o objeto ligado ao nome ejb/SimpleConverter.

```
Object objref = myEnv.lookup("ejb/SimpleConverter");
```

O nome ejb/SimpleConverter está ligado a uma referência do enterprise bean, um nome lógico para o home de um enterprise bean. Neste caso, o nome ejb/SimpleConverter se refere ao objeto ConverterHome. Os nomes dos enterprise beans devem residir no sub-contexto java:comp/env/EJB.

4. Estreite a referência para um objeto ConverterHome.

```
ConverterHome home =
      (ConverterHome) PortableRemoteObject.narrow(objref,
      ConverterHome.class);
```

Como criar uma instância de enterprise bean

Para criar a instância do bean, o cliente chama o método create no objeto ConverterHome. O método create retorna um objeto cujo tipo é Converter. A interface Converter remota define os métodos de negócios do bean que um cliente possa chamar. Quando o cliente chama o método create, o contêiner de EJB instancia o bean e, depois, chama o método ConverterBean.ejbCreate. O cliente chama o método create assim:

```
Converter currencyConverter = home.create();
```

Como chamar um método de negócios

Chamar um método de negócios é simples: você simplesmente chama o método no objeto Converter. O contêiner de EJB chamará o método correspondente da instância ConverterBean que está rodando no servidor. O cliente chama o método de negócios dollarToYen nas seguintes linhas de código:

```
BigDecimal param = new BigDecimal ("100.00");
BigDecimal amount = currencyConverter.dollarToYen(param);
```

Código-fonte ConverterClient

O código-fonte completo para o programa ConverterClient é o seguinte:

```
import javax.naming.Context;
import javax.naming.InitialContext;
import javax.rmi.PortableRemoteObject;
import java.math.BigDecimal;

public class ConverterClient {

  public static void main(String[] args) {
    try {
      Context myEnv =
        (Context)initial.lookup("java:comp/env");
      Object objref = myEnv.lookup("ejb/SimpleConverter");

      ConverterHome home =
        (ConverterHome)PortableRemoteObject.narrow(objref,
                                  ConverterHome.class);

      Converter currencyConverter = home.create();

      BigDecimal param = new BigDecimal ("100.00");
      BigDecimal amount =
        currencyConverter.dollarToYen(param);
      System.out.println(amount);
```

```
      amount = currencyConverter.yenToEuro(param);
      System.out.println(amount);

      System.exit(0);

    } catch (Exception ex) {
      System.err.println("Caught an unexpected exception!");
      ex.printStackTrace();
    }
  }
}
```

Como compilar o cliente de aplicativo

Os arquivos do cliente de aplicativo são compilados ao mesmo tempo que os arquivos do enterprise bean, como descritos em Como compilar os arquivos-fonte.

Como empacotar o cliente de aplicativo

Para empacotar um componente do cliente de aplicativo, você executa o assistente New Application Client do deploytool. Durante este processo o assistente efetua as seguintes tarefas:

- ❑ Cria o descritor de implantação do cliente de aplicativo
- ❑ Coloca o descritor de implantação e os arquivos do cliente dentro do arquivo JAR
- ❑ Adiciona o arquivos JAR ao arquivo ConverterApp.ear do aplicativo

Para iniciar o assistente New Application Client, Selecione File → New → Application Client. O assistente mostra as seguintes caixas de diálogo.

1. Caixa de diálogo Introduction:
   a. Leia o texto explicativo para um resumo geral dos recursos do assistente.
   b. Clique Next.
2. Caixa de diálogo JAR File Contents:
   a. Selecione o botão rotulado Create New AppClient Module em Application.
   b. Na caixa combo abaixo deste botão, selecione ConverterApp.
   c. No campo AppClient Display Name, entre ConverterClient.
   d. Clique Edit Contents.
   e. Na árvore debaixo de Available Files, localize este diretório: *<INSTALL>*/j2eetutorial14/examples/ejb/converter/build/
   f. Selecione o arquivo ConverterClient.class.
   g. Clique Add.
   h. Clique OK.
   i. Clique Next.
3. Caixa de diálogo General
   a. Na caixa combo Main Class, selecione ConverterClient.
   b. Clique Next.
   c. Clique Finish.

Como especificar a referência do enterprise bean do cliente de aplicativo

Quando ele chama o método lookup, o ConverterClient se refere ao home de um enterprise bean:

```
Object objref = myEnv.lookup("ejb/SimpleConverter");
```

Você especifica esta referência em deploytool assim:

1. Na árvore, selecione ConverterClient.
2. Selecione a guia EJB Ref´s.
3. Clique Add.
4. No Campo Coded Name, entre ejb/SimpleConverter.
5. No campo EJB Type, selecione Session.
6. No campo Interfaces, selecione Remote.
7. No campo Home Interface, entre converter.ConverterHome.
8. No campo Local/Remote Interface, entre converter.Converter.
9. No campo JNDI Name, selecione ConverterBean.
10. Clique OK.

Como criar o cliente Web

O cliente Web está contido na página JSP *<INSTALL>*/j2eetutorial14/examples/ejb/converter/web/index.jsp. Uma página JSP é um documento com base de texto que contém elementos JSP, que constroem conteúdo dinâmico e dados de template estáticos, os quais podem ser expressos em qualquer formato com base de texto como HTML, WML e XML.

Como codificar o cliente Web

As declarações (em negrito, no código seguinte) para localizar a interface home, criando uma instância do enterprise bean, e chamando um método de negócios, são quase idênticas àquelas do cliente de aplicativo. O parâmetro do método lookup é a única diferença; o motivo de usar um nome diferente é discutido em Como mapear as referências do enterprise bean.

As classes necessárias pelo cliente são declaradas usando uma diretiva de página JSP (anexada dentro dos caracteres <%@ %>). Como localizar a interface home e criar o enterprise bean são efetuados apenas uma vez, este código aparece em uma declaração JSP (anexada dentro dos caracteres <%! %>) que contém o método de inicialização, jspInit, da página JSP. A declaração é seguida de uma marcação HTML para criar um formulário que contém um campo de entrada. Um scriptlet (anexado dentro dos caracteres <% %>) obtém um parâmetro da requisição e o converte para um objeto BigDecimal. Finalmente, as expressões JSP (anexadas dentro dos caracteres <%= %>) chamam os métodos de negócios do enterprise bean e inserem o resultado no fluxo de dados retornados para o cliente.

```
<%@ page import="Converter,ConverterHome,javax.ejb.*,
javax.naming.*, javax.rmi.PortableRemoteObject,
java.rmi.RemoteException" %>
<%!
  private Converter converter = null;
  public void jspInit() {
    try {
```

```
      InitialContext ic = new InitialContext();
      Object objRef = ic.lookup("
        java:comp/env/ejb/TheConverter");
      ConverterHome home =
      (ConverterHome)PortableRemoteObject.narrow(
      objRef, ConverterHome.class);
      converter = home.create();
    } catch (RemoteException ex) {
      ...
    }
  }
  ...
%>
<html>
<head>
  <title>Converter</title>
</head>

<body bgcolor="white">
<h1><center>Converter</center></h1>
<hr>
<p>Enter an amount to convert:</p>
<form method="get">
<input type="text" name="amount" size="25">
<br>
<p>
<input type="submit" value="Submit">
<input type="reset" value="Reset">
</form>
<%
  String amount = request.getParameter("amount");
  if ( amount != null && amount.length() > 0 ) {
    BigDecimal d = new BigDecimal (amount);
%>
  <p><%= amount %> dollars are
    <%= converter.dollarToYen(d) %> Yen.
  <p><%= amount %> Yen are
    <%= converter.yenToEuro(d) %> Euro.
<%
  }
%>
</body>
</html>
```

Como compilar o cliente Web

O Servidor de Aplicativo compila automaticamente clientes Web que são páginas JSP. Se o cliente Web for um servlet, você terá de compilá-lo.

Como empacotar o cliente Web

Para empacotar um cliente Web, você executa o assistente New Web Component do utilitário deploytool. Durante este processo o assistente efetua as seguintes tarefas.

- Cria o descritor de implantação de aplicativo Web
- Adiciona os arquivos de componentes para um arquivo WAR
- Adiciona o arquivo WAR ao arquivo ConverterApp.ear do aplicativo

Para iniciar o assistente New Web Component, selecione Selecione File → New → Web Component. O assistente mostra as seguintes caixas de diálogo.

1. Caixa de diálogo Introduction
   a. Leia o texto explicativo para um resumo geral dos recursos do wizard.
   b. Clique Next.
2. Caixa de diálogo WAR File
   a. Selecione o botão rotulado Create New WAR Module em Application.
   b. Na caixa combo abaixo deste botão, selecione ConverterApp.
   c. No campo WAR Display Name, entre ConverterWAR.
   d. Clique Edit Contents.
   e. Na árvore debaixo de Available Files, localize o <*INSTALL*>/j2eetutorial14/examples/ejb/converter/web/
   f. Selecione index.jsp.
   g. Clique Add.
   h. Clique OK.
   i. Clique Next.
3. Selecione a caixa de diálogo Component Type
   a. Selecione o botão JSP Page.
   b. Clique Next.
4. Caixa de diálogo Component General Properties
   a. Na caixa combo JSP Filename, selecione index.jsp.
   b. Clique Finish.

Como especificar a referência do enterprise bean do cliente Web

Quando chama o método lookup, o cliente Web se refere ao home de um enterprise bean:

```
Object objRef = ic.lookup("java:comp/env/ejb/TheConverter");
```

Você especifica esta referência em deploytool como a seguir:

1. Na árvore, selecione ConverterWAR.
2. Selecione a guia EJB Ref´s.
3. Clique Add.
4. No Campo Coded Name, entre ejb/TheConverter.
5. No campo EJB Type, selecione Session.
6. No campo Interfaces, selecione Remote.
7. No campo Home Interface, entre converter.ConverterHome.
8. No campo Local/Remote Interface, entre converter.Converter.
9. No campo JNDI Name, selecione ConverterBean.
10. Clique OK.

Como mapear as referências do enterprise bean

Embora o cliente de aplicativo e o cliente Web acessem o mesmo enterprise bean, seus códigos referenciam o home do bean através de nomes diferentes. O cliente de aplicativo referencia o home do bean como ejb/SimpleConverter, mas o cliente Web o referencia como ejb/TheConverter. Essas referências estão nos parâmetros das chamadas de lookup. Para o método lookup obter o objeto home, você deve mapear as referências no código para o nome JNDI do enterprise bean. Embora esse mapeamento adicione um nível de falta de direção, ele desacopla os clientes dos beans, tornando mais fácil montar aplicativos a partir de componentes J2EE.

Para mapear as referências do enterprise bean nos clientes para o nome JNDI do bean, siga estas etapas:

1. Na árvore, selecione ConverterApp.
2. Clique o botão Sun-specific Settings.
3. Selecione JNDI Names no campo View.
4. Na tabela Application, note que o nome JNDI para o enterprise bean é ConverterBean.
5. Na tabela References, entre ConverterBean na coluna JNDI Name para cada linha.

A Figura 24-1 mostra com o que a guia dos nomes JNDI deveria se parecer depois de efetuadas as etapas precedentes.

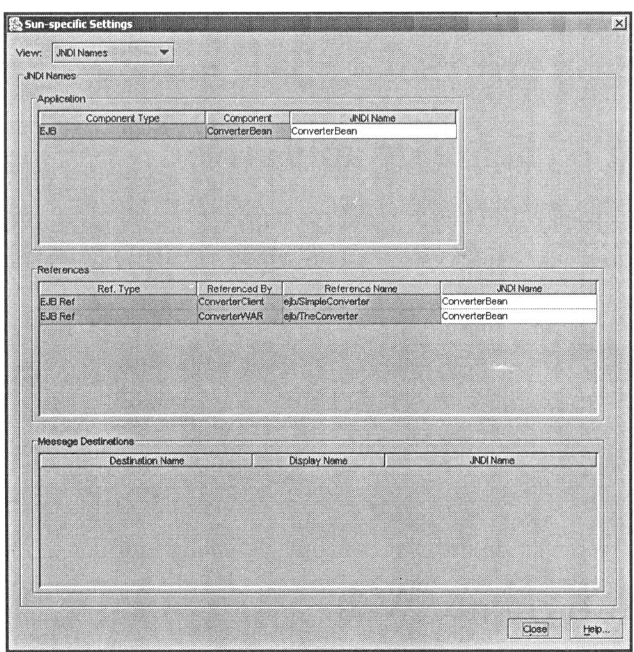

Figura 24-1 *Nomes JNDI de ConverterApp.*

Como especificar a raiz de contexto do cliente Web

A raiz de contexto identifica o aplicativo Web. Para definir a raiz de contexto, siga estas etapas:

1. Na árvore, selecione ConverterApp.
2. Selecione a guia Web Context.
3. No campo Context Root, entre /converter.

Para mais informações, veja Como definir a raiz de contexto

Como implantar o aplicativo J2EE

Agora que o aplicativo J2EE contém os componentes, ele está pronto para a implantação.

1. Selecione o aplicativo ConverterApp.
2. Selecione Tools → Deploy.
3. Debaixo de Connection Settings, entre o nome e a senha do usuário para o Servidor de Aplicativo.
4. Diga ao deploytool para criar um arquivo JAR que contenha os stubs do cliente. (Para mais informações sobre arquivos JAR, veja a descrição em Como criar o aplicativo de cliente).
   a. Selecione a caixa de verificação Return Client JAR.
   b. No campo abaixo da caixa de verificação, entre *<INSTALL>*/j2eetutorial14/examples/ejb/converter.
5. Clique OK.
6. Na caixa de diálogo Distribute Module, clique Close assim que completar a implantação.
7. Verifique a implantação.
   a. Na árvore, expanda o nó Servers e selecione o host que esteja rodando o Servidor de Aplicativo.
   b. Na tabela Deployed Objects, certifique-se de que ConverterApp esteja listado e seu status seja Running.
8. Verifique se um JAR do cliente stub chamado ConverterAppClient.jar reside em *<INSTALL>*/j2eetutorial14/examples/ejb/converter

Como executar o cliente de aplicativo

Para executar o cliente de aplicativo, efetue as seguintes etapas:

1. Em uma janela de terminal, vá para este diretório: *<INSTALL>*/j2eetutorial14/examples/ejb/converter.
2. Digite o seguinte comando:

```
appclient -client ConverterAppClient.jar
```

3. Na janela de terminal, o cliente mostra estas linhas:

```
. . .
12160.00
0.77
. . .
```

Como executar o cliente Web

Para rodar o cliente Web, aponte o seu browser para o URL seguinte. Substitua <host> pelo nome do host que esteja rodando o Servidor de Aplicativo. Se o seu browser estiver rodando no mesmo host que o Servidor de Aplicativo, você poderá substituir <host> por localhost.

```
http://<host>:8080/converter
```

Depois de introduzir 100 no campo de entrada e clicar Submit, você deverá ver a tela apresentada na Figura 24-2.

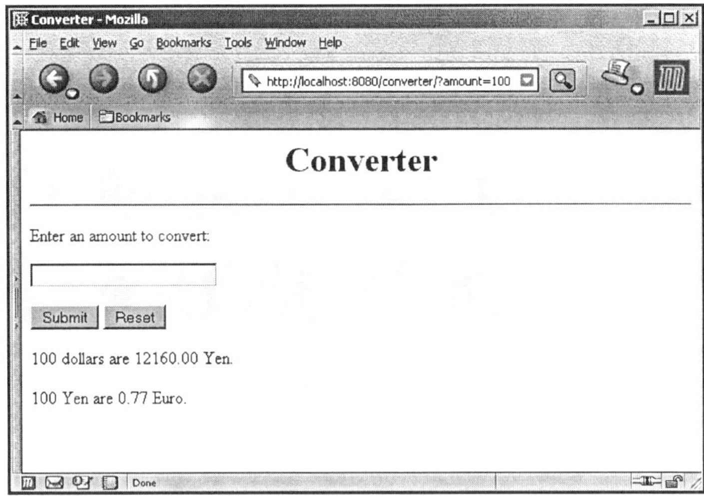

***Figura 24-2** Cliente Web ConverterApp.*

Como modificar o aplicativo J2EE

O Servidor de Aplicativo e o deploytool suportam desenvolvimento iterativo. Sempre que você fizer uma modificação em um aplicativo J2EE, você deverá tornar a distribuir o aplicativo.

Como modificar um arquivo de classe

Para modificar um arquivo de classe em um enterprise bean, você modifica o código-fonte, recompila-o, e o reimplanta no aplicativo. Por exemplo, se você quiser alterar a taxa de câmbio no método de negócios dollarToYen da classe ConverterBean, você deverá seguir estas etapas:

1. Edite ConverterBean.java.
2. Recompile ConverterBean.java.
    a. Em uma janela de terminal, vá para o subdiretório *<INSTALL>*/j2eetutorial14/examples/ejb/converter/.
    b. Digite asant build.
3. Em deploytool, selecione Tools → Update Module Files.
4. A caixa de diálogo Update Files aparece. Se os arquivos modificados estiverem listados no topo do diálogo, clique OK e vá para a etapa 6. Se os arquivos estiverem listados no fundo, eles não foram encontrados. Selecione um desses arquivos e clique Edit Search Paths.
5. Na caixa de diálogo Edit Search Paths, especifique os diretórios onde a caixa de diálogo Update Files irá procurar os arquivos modificados.
    a. No campo Search Root, entre o nome totalmente qualificado do diretório a partir do qual iniciará a busca.
    b. Na lista Path Directory, adicione uma linha a cada diretório que você quer procurar. Exceto os totalmente qualificados, esses nomes de diretórios são relativos ao campo Search Root.
    c. Clique OK.
6. Selecione Tools → Deploy. Certifique-se de que a caixa de verificação rotulada Save Object Before Deploying esteja checada. Se você não quiser implantar desta vez, selecione Tools → Save para os caminhos de busca especificados na etapa 5.

Para modificar o conteúdo de um arquivo WAR, você segue as etapas precedentes. A operação Update Files checa para ver se algum arquivo foi alterado, inclusive os arquivos HTML e as páginas JSP. Se você modificar o arquivo index.jsp de ConverterApp, esteja certo de digitar asant. Esta tarefa copia o arquivo index.jsp do diretório Web para o diretório build.

Como adicionar um arquivo

Para adicionar um arquivo ao JAR EJB ou WAR do aplicativo, execute estas etapas:

1. Em deploytool, selecione o JAR ou o WAR na árvore.
2. Selecione a guia General.
3. Clique Edit Contents.
4. Na árvore do campo Available Files, localize o arquivo e clique Add.
5. Clique Add.
6. A partir da barra de ferramentas principal, selecione Tools → Update Module Files.
7. Selecione Tools → Deploy.

Como modificar uma definição de implantação

Para modificar uma definição de implantação de ConverterApp, você edita o campo apropriado no painel com guia e reimplanta o aplicativo. Por exemplo, para modificar o nome JNDI de ATypo para ConverterBean, você deve observar as seguintes etapas:

1. Em deploytool, selecione ConverterApp na árvore.
2. Selecione a guia JNDI Names.
3. No campo JNDI Name, entre MyConverter.
4. A partir do barra de ferramentas principal, selecione File → Save.
5. Selecione Tools → Update Module Files.
6. Selecione Toos → Deploy.

25

Exemplos de bean de sessão

Os beans de sessão são poderosos porque eles estendem o alcance de seus clientes em servidores remotos e, ainda, são fáceis de construir. No Capítulo 24, você construiu um bean de sessão sem estados chamado ConverterBean. Este capítulo examina o código-fonte de mais três beans de sessão:

- CartBean: um bean de sessão com estados que é acessado por um cliente remoto
- HelloServiceBean: um bean de sessão sem estados que implementa um serviço Web
- TimerSessionBean: um bean de sessão sem estados que define um temporizador

Exemplo de CartBean

O bean de sessão CartBean representa um carrinho de compras em uma livraria on-line. O cliente do bean pode adicionar um livro ao carrinho, remover um livro, ou obter o conteúdo do carrinho. Para construir CartBean, você precisa do seguinte código:

- Classe do bean de sessão (CartBean)
- Interface home (CartHome)
- Interface Remota (Cart)

Todos os beans de sessão exigem uma classe do bean de sessão. Todos os enterprise beans que permitem acesso remoto devem possuir uma interface home e uma remota. Para atender às necessidades de um aplicativo específico, um enterprise bean pode também precisar de algumas classes auxiliares. O bean de sessão CartBean utiliza duas classes auxiliares (BookException e IdVerifier) que são discutidas na seção Classes auxiliares.

O código-fonte para este exemplo está no diretório *<INSTALL>*/j2eetutorial14/examples/ejb/cart/.

Classe do bean de sessão

A classe do bean de sessão para este exemplo se chama CartBean. Como qualquer bean de sessão, a classe CartBean deve atender às seguintes exigências:

- Ela implementa a interface SessionBean
- A classe é definida como public

- A classe não pode ser definida como abstract ou final
- Ela implementa um ou mais métodos ejbCreate
- Ela implementa os métodos de negócios
- Ela contém um construtor public sem parâmetros
- Ele não deve definir o método finalize

O código-fonte para a classe CartBean é:

```
import java.util.*;
import javax.ejb.*;

public class CartBean implements SessionBean {

  String customerName;
  String customerId;
  Vector contents;

  public void ejbCreate(String person)
    throws CreateException {

    if (person == null) {
        throw new CreateException("Null person not allowed.");
    }
    else {
      customerName = person;
    }

    customerId = "0";
    contents = new Vector();
  }
  public void ejbCreate(String person, String id)
    throws CreateException {

    if (person == null) {
      throw new CreateException("Null person not allowed.");
    }
    else {
      customerName = person;
    }

    IdVerifier idChecker = new IdVerifier();
    if (idChecker.validate(id)) {
      customerId = id;
    }
    else {
      throw new CreateException("Invalid id: "+ id);
    }

    contents = new Vector();
  }

  public void addBook(String title) {
    contents.addElement(title);
  }

  public void removeBook(String title) throws BookException {

    boolean result = contents.removeElement(title);
    if (result == false) {
      throw new BookException(title + "not in cart.");
    }
  }
```

```
  public Vector getContents() {
    return contents;
  }

  public CartBean() {}
  public void ejbRemove() {}
  public void ejbActivate() {}
  public void ejbPassivate() {}
  public void setSessionContext(SessionContext sc) {}

}
```

Interface SessionBean

A interface SessionBean estende a interface EnterpriseBean, que por sua vez estende a interface Serializable. A interface SessionBean declara os métodos ejbRemove, ejbActivate, ejbPassivate e setSessionContext. A classe CartBean não usa esses métodos, mas ela deve implementá-los porque eles são declarados na interface SessionBean. Conseqüentemente, estes métodos são vazios na classe CartBean. As seções posteriores explicam quando você deve usar estes métodos.

Métodos ejbCreate

Como um enterprise bean roda dentro de um contêiner de EJB, um cliente não pode instanciar diretamente o bean. Somente o contêiner de EJB pode instanciar um enterprise bean. Durante a instanciação, o programa de exemplo efetua as seguintes etapas:

1. O cliente chama o método create no objeto home:

   ```
   Cart shoppingCart = home.create("Duke DeEarl","123");
   ```

2. O contêiner de EJB instancia o enterprise bean.
3. O contêiner de EJB chama o método ejbCreate apropriado em CartBean:

   ```
   public void ejbCreate(String person, String id)
     throws CreateException {

     if (person == null) {
       throw new CreateException("Null person not allowed.");
     }
     else {
       customerName = person;
     }

     IdVerifier idChecker = new IdVerifier();
     if (idChecker.validate(id)) {
       customerId = id;
     }
     else {
       throw new CreateException("Invalid id: "+ id);
     }

     contents = new Vector();
   }
   ```

Normalmente, um método ejbCreate inicializa o estado do enterprise bean. O método ejbCreate precedente, por exemplo, inicializa as variáveis customerName e customerId usando os argumentos passados pelo método create.

Um enterprise bean deve ter um ou mais métodos ejbCreate. As assinaturas dos métodos devem corresponder às seguintes exigências:

- O modificador de controle de acesso deve ser public
- O tipo de retorno deve ser void
- Se o bean permitir acesso remoto, os argumentos devem ser tipos legais para a API de Chamada de Método Remoto Java (Java Remote Method Invocation, Java RMI)
- O modificador não pode ser static ou final

A cláusula throws pode incluir a javax.ejb.CreateException e outras exceções que são específicas para o seu aplicativo. O método ejbCreate geralmente lançará uma exceção CreateException se um parâmetro de entrada for inválido.

Métodos de negócios

O objetivo primário de um bean de sessão é rodar tarefas de negócios para o cliente. O cliente chama os métodos de negócios na referência de objeto remoto que é retornado pelo método create. Da perspectiva do cliente, os métodos de negócios parecem rodar localmente, mas eles realmente rodam remotamente no bean de sessão. O snippet de código seguinte mostra como o programa CartClient chama os métodos de negócios:

```
Cart shoppingCart = home.create("Duke DeEarl", "123");
...
shoppingCart.addBook("The Martian Chronicles");
shoppingCart.removeBook("Alice In Wonderland");
bookList = shoppingCart.getContents();
```

A classe CartBean implementa os métodos de negócios com o código:

```
public void addBook(String title) {
  contents.addElement(title);
}

public void removeBook(String title) throws BookException {
  boolean result = contents.removeElement(title);
  if (result == false) {
    throw new BookException(title + "not in cart.");
  }
}

public Vector getContents() {
  return contents;
}
```

A assinatura de um método de negócios deve estar de acordo com estas regras:

- O nome do método não deve conflitar com aquele definido pela arquitetura EJB. Por exemplo, você não pode chamar um método de negócios ejbCreate ou ejbActivate
- O modificador de controle de acesso deve ser public
- Se o bean permitir acesso remoto, os argumentos e tipos de retorno devem ser tipos legais para a API RMI Java
- O modificador não deve ser static ou final

A cláusula throws pode incluir exceções que você define para o seu aplicativo. O método removeBook, por exemplo, lança a BookException se o livro não estiver no carrinho.

Para indicar um problema de nível de sistema, tal como a impossibilidade de conexão com o banco de dados, um método de negócios deve lançar uma exceção javax.ejb.EJBException. Quando um método de negócios lança uma EJBException, o contêiner a empacota na RemoteException, a qual é agarrada pelo cliente. O contêiner não empacotará as exceções do aplicativo tal como BookException. Como a EJBException é uma subclasse de RuntimeException, você não precisa incluí-la na cláusula throws do método de negócios.

Interface home

Uma interface home estende a interface javax.ejb.EJBHome. Para um bean de sessão, o objeto da interface home é definir os métodos create que um cliente remoto pode chamar. O programa CartClient, por exemplo, chama este método:

```
Cart shoppingCart = home.create("Duke DeEarl", "123");
```

Todo método create na interface home corresponde a um método ejbCreate na classe do bean. As assinaturas dos métodos ejbCreate na classe do CartBean são:

```
public void ejbCreate(String person) throws CreateException
...
public void ejbCreate(String person, String id)
  throws CreateException
```

Compare as assinaturas com aquelas dos métodos create na interface CartHome:

```
import java.io.Serializable;
import java.rmi.RemoteException;
import javax.ejb.CreateException;
import javax.ejb.EJBHome;

public interface CartHome extends EJBHome {
  Cart create(String person) throws
             RemoteException, CreateException;
  Cart create(String person, String id) throws
             RemoteException, CreateException;
}
```

As assinaturas dos métodos ejbCreate e create são semelhantes, mas elas diferem de maneiras importantes. As regras para definir as assinaturas dos métodos create de uma interface home são as seguintes:

- O número e o tipo de argumentos em um método create devem corresponder àqueles de seu método ejbCreate equivalente
- Os argumentos e o tipo de retorno do método create devem ser tipos RMI válidos
- Um método create retorna o tipo de interface remota do enterprise bean (Mas um método ejbCreate retorna void.)
- A cláusula throws do método create deve incluir a java.rmi.RemoteException e a javax.ejb.CreateException

Interface remota

A interface remota, que estende javax.ejb.EJBObject, define os métodos de negócios que um cliente remoto pode chamar. Aqui está o código-fonte para a interface remota Cart:

```
import java.util.*;
import javax.ejb.EJBObject;
```

```
import java.rmi.RemoteException;

public interface Cart extends EJBObject {

  public void addBook(String title) throws RemoteException;
  public void removeBook(String title) throws
            BookException, RemoteException;
  public Vector getContents() throws RemoteException;
}
```

As definições de método em uma interface remota devem seguir estas regras:

- Cada método na interface remota deve corresponder a um método implementado na classe do enterprise bean
- As assinaturas dos métodos na interface remota devem ser idênticas às assinaturas dos métodos correspondentes na classe do enterprise bean
- Os argumentos e os valores de retorno devem ser tipos RMI válidos
- A cláusula throws deve incluir a java.rmi.RemoteException

Classes auxiliares

O bean de sessão CartBean possui duas classes auxiliares: BookException e IdVerifier. A classe BookException é lançada pelo método removeBook, e a classe IdVerifier valida o customerId em um dos métodos ejbCreate. As classes auxiliares devem residir no arquivo JAR EJB que contém a classe do enterprise bean.

Como construir o exemplo de CartBean

Agora você já está pronto para compilar a interface remota (Cart.java), a interface home (CartHome.java), a classe do enterprise bean (CartBean.java), a classe do cliente (CartClient.java), e as classes auxiliares (BookException.java e IdVerifier.java).

1. Em uma janela de terminal, vá para o diretório

   `<INSTALL>/j2eetutorial14/examples/ejb/cart/`

2. Digite o seguinte comando:

   `asant build`

Como criar o aplicativo

Nesta seção, você criará um aplicativo J2EE chamado CartApp, armazenando-o no arquivo CartApp.ear.

1. Em deploytool, selecione File → New → Application.
2. Clique Browse.
3. No selecionador de arquivo, navegue para <*INSTALL*>/j2eetutorial14/examples/ejb/cart/.
4. No campo File Name, entre CartApp.
5. Clique New Application.
6. Clique OK.
7. Verifique se o arquivo CartApp.ear reside em <*INSTALL*>/j2eetutorial14/examples/ejb/cart/.

Como empacotar o enterprise bean

1. Em deploytool, selecione File → New → Enterprise Bean
2. Na tela JAR EJB:
   a. Selecione Create New JAR Module em Application.
   b. No campo Create New JAR Module em Application, selecione CartApp.
   c. No campo JAR Name, entre CartJAR.
   d. Clique Choose Module File.
   e. Clique Edit Contents.
   f. Localize o diretório <*INSTALL*>/j2eetutorial14/examples/ejb/cart/build/.
   g. Selecione BookException.class, Cart.class, CartBean.class, CartHome.class, e IdVerifier.class.
   h. Clique Add.
   i. Clique OK.
   j. Clique Next.
3. Na tela General:
   a. No campo Enterprise Bean Class, selecione CartBean.
   b. Na campo Enterprise Bean Name, entre CartBean.
   c. No campo Enterprise Bean Type, selecione Stateful Session.
   d. No campo Remote Home Interface, selecione CartHome.
   e. No campo Remote Interface, selecione Cart.
   f. Clique Next.
4. Clique Finish.

Como empacotar o cliente de aplicativo

Para empacotar um componente do cliente de aplicativo, você executa o assistente New Application Client de deploytool. Durante este processo o assistente efetua as seguintes tarefas.

- ❑ Cria o descritor de implantação do cliente de aplicativo
- ❑ Coloca o descritor de implantação e os arquivos do cliente em um arquivo JAR
- ❑ Adiciona o arquivo JAR ao arquivo CartApp.ear do aplicativo

Para iniciar o assistente New Application Client, Selecione File → New → Application Client. O assistente mostra as seguintes caixas de diálogo:

1. Caixa de diálogo Introduction
   a. Leia o texto explicativo para um resumo geral dos recursos do assistente.
   b. Clique Next.
2. Caixa de diálogo JAR File Contents
   a. Selecione o botão rotulado Create New AppClient Module em Application.
   b. Na caixa combo abaixo deste botão, selecione CartApp.
   c. No campo AppClient Display Name, entre CartClient.
   d. Clique Edit Contents.
   e. Na árvore debaixo de Available Files, localize o diretório: <*INSTALL*>/j2eetutorial14/examples/ejb/cart/build/

   f. Selecione o arquivo CartClient.class.
   g. Clique Add.
   h. Clique OK.
   i. Clique Next.
3. Caixa de diálogo General
   a. Na caixa combo Main Class, selecione CartClient.
   b. Clique Next.
   c. Clique Finish.

Como especificar a referência do enterprise bean do cliente de aplicativo

Quando ele chama o método lookup, o CartClient se refere ao home de um enterprise bean:

```
Object objref =
  initial.lookup("java:comp/env/ejb/SimpleCart");
```

Você especifica esta referência como a seguir:

1. Na árvore, selecione CartClient.
2. Selecione a guia EJB Ref´s.
3. Clique Add.
4. No Campo Coded Name, entre ejb/SimpleCart.
5. No campo EJB Type, selecione Session.
6. No campo Interfaces, selecione Remote.
7. No campo Home Interface, entre CartHome.
8. No campo Local/Remote Interface, entre Cart.
9. No campo JNDI Name, selecione CartBean.
10. Clique OK.

Como implantar o aplicativo corporativo

Agora que o aplicativo J2EE contém os componentes, ele está pronto para a implantação.

1. Selecione o aplicativo CartApp.
2. Selecione Tools → Deploy.
3. Debaixo de Connection Settings, entre o nome e a senha do usuário para o Application Server Platform Edition 8.
4. Debaixo de Application Client Stub Directory, cheque Return Client Jar.
5. No campo abaixo da caixa de verificação, entre *<INSTALL>*/j2eetutorial14/examples/ejb/cart.
6. Clique OK.
7. Na caixa de diálogo Distribute Module, clique Close assim que completar a implantação.
8. Verifique a implantação.
   a. Na árvore, expanda o nó Servers e selecione o host que esteja rodando o Servidor de Aplicativo.
   b. Na tabela Deployed Objects, certifique-se de que CartApp esteja listado e seu status seja Running.
   c. Verifique se CartAppClient.jar está em *<INSTALL>*/j2eetutorial14/examples/ejb/cart.

Como executar o aplicativo

Para executar o cliente de aplicativo, efetue as seguintes etapas:

1. Em uma janela de terminal, vá para o diretório <*INSTALL*>/j2eetutorial14/examples/ejb/cart/.
2. Digite o seguinte comando:

   ```
   appclient -client CartAppClient.jar
   ```

3. Na janela de terminal, o cliente mostra estas linhas:

   ```
   The Martian Chronicles
   2001 A Space Odyssey
   The Left Hand of Darkness
   Caught a BookException: Alice in Wonderland not in cart.
   ```

Exemplo de serviço Web: HelloServiceBean

Este exemplo demonstra um serviço Web simples que gera uma resposta baseada em informação recebida do cliente. HelloServiceBean é um bean de sessão sem estados que implementa um método único, sayHello. Este método corresponde ao método sayHello chamado pelos clientes descritos em Client Stub estático. Mais tarde, nesta seção, você testará o HelloServiceBean rodando um destes clientes JAX-RPC.

Interface endpoint de serviço Web

HelloService é a interface endpoint de serviço Web do bean. Ela fornece a visualização do cliente do serviço Web, ocultando o bean de sessão sem estados do cliente.

Uma interface endpoint de serviço Web deve estar de acordo com as regras da interface de definição de serviço JAX-RPC. Para um resumo destas regras, veja Como codificar a interface endpoint de serviço e a classe de implementação. Aqui está o código-fonte para a interface HelloService:

```
package helloservice;
import java.rmi.RemoteException;
import java.rmi.Remote;

public interface HelloService extends Remote {

  public String sayHello(String name) throws RemoteException;
}
```

Classe de implementação do bean de sessão sem estados

A classe HelloServiceBean implementa o método sayHello definido pela interface HelloService. A interface desacopla a classe de implementação do tipo de acesso do cliente. Por exemplo, se você adicionou as interfaces remota e home para HelloServiceBean, os métodos da classe HelloServiceBean também podem ser acessados pelos clientes remotos. Nenhuma alteração para a classe HelloServiceBean seria necessária. O código-fonte para a classe HelloServiceBean é:

```
package helloservice;
import java.rmi.RemoteException;
import javax.ejb.SessionBean;
import javax.ejb.SessionContext;

public class HelloServiceBean implements SessionBean {

  public String sayHello(String name) {
```

```
    return "Hello "+ name + " from HelloServiceBean";
  }

  public HelloServiceBean() {}
  public void ejbCreate() {}
  public void ejbRemove() {}
  public void ejbActivate() {}
  public void ejbPassivate() {}
  public void setSessionContext(SessionContext sc) {}
}
```

Como construir HelloServiceBean

Em uma janela de terminal, vá para o subdiretório <*INSTALL*>/j2eetutorial14/examples/ejb/helloservice/. Para construir HelloServiceBean, digite o seguinte comando:

```
asant build-service
```

Este comando executa as seguintes tarefas:

- Compila os arquivos de código-fonte do bean
- Cria o arquivo MyHelloService.wsdl executando o seguinte comando wscompile:

  ```
  wscompile -define -d build/output -nd build -classpath build
  -mapping build/mapping.xml config-interface.xml
  ```

A ferramenta wscompile escreve o arquivo MyHelloService.wsdl para o subdiretório <*INSTALL*>/j2eetutorial14/examples/ejb/helloservice/build/. Para mais informações sobre a ferramenta wscompile, veja o Capítulo 8.

Use deploytool para empacotar e implantar este exemplo.

Como criar o aplicativo

Nesta seção, você criará um aplicativo J2EE chamado HelloService, armazenando-o no arquivo HelloService.ear.

1. Em deploytool selecione File → New → Application.
2. Clique Browse.
3. No selecionador de arquivo, navegue para este diretório: <*INSTALL*>/j2eetutorial14/examples/ejb/helloservice/
4. No campo File Name, entre HelloServiceApp.ear.
5. Clique New Application.
6. Clique OK.
7. Verifique se o arquivo HelloServiceApp.ear reside em <*INSTALL*>/j2eetutorial14/examples/ejb/helloservice/.

Como empacotar o enterprise bean

Inicie o assistente Edit Enterprise Bean selecionando File → New → Enterprise Bean. O assistente exibe as seguintes caixas de diálogo:

1. Caixa de diálogo Introduction
   a. Leia o texto explicativo para um resumo geral dos recursos do wizard.
   b. Clique Next.

2. Caixa de diálogo JAR EJB
   a. Selecione o botão rotulado Create New JAR Module em Application.
   b. Na caixa combo abaixo deste botão, selecione HelloService.
   c. No campo JAR Display Name, entre HelloServiceJAR.
   d. Clique Edit Contents.
   e. Na árvore debaixo de Available Files, localize o diretório <*INSTALL*>/j2eetutorial14/examples/ejb/helloservice/build/
   f. Na árvore sob Available Files selecione o diretório helloservice e mapping.xml e MyHelloService.wsdl.
   g. Clique Add.
   h. Clique OK.
   i. Clique Next.
3. Caixa de diálogo General
   a. Na caixa combo Enterprise Bean Class, selecione helloservice.HelloServiceBean.
   b. Debaixo deEnterprise Bean Type, selecione Stateless Session.
   c. No campo Enterprise Bean Name, entre HelloServiceBean.
   d. Clique Next.
4. Na caixa de diálogo Configuration Options, clique Next. O assistente automaticamente selecionará o botão Yes para Expose Bean as Web Service Endpoint.
5. Na caixa de diálogo Choose Service:
   a. Selecione META-INF/wsdl/MyHelloService.wsdl na caixa combo WSDL File.
   b. Selecione mapping.xml da caixa combo Mapping File.
   c. Certifique-se de que MyHelloService esteja nas caixas de edição Service Name e Service Display Name.
6. Na caixa de diálogo Web Service Endpoint:
   a. Selecione helloservice.HelloIF na caixa combo Service Endpoint Interface.
   b. Na seção WSDL Port, defina o Namespace para urn:Foo, e o Local Part para HelloIFPort.
   c. Na seção Sun-specific Settings, defina o Endpoint Address para helloejb/hello.
   d. Click Next.
7. Click Finish.
8. Selecione File → Save.

Como implantar o aplicativo corporativo

Agora que o aplicativo J2EE contém o enterprise bean, ele está pronto para implantação.

1. Selecione o aplicativo HelloService.
2. Selecione Tools → Deploy.
3. Sob Connection Settings, entre o nome e senha de usuário para o Servidor de Aplicativo.
4. Clique OK.
5. Na caixa de diálogo Distribute Module, clique Close quando a implantação se completar.

6. Verifique a implantação.
   a. Na árvore, expanda o nó Servers e selecione o host que esteja rodando no Servidor de Aplicativo.
   b. Na tabela Deployed Objects, certifique-se de que HelloService esteja listado e que o status seja Running.

Como construir o cliente de serviço Web

Na próxima seção, para testar o serviço Web implementado por HelloServiceBean, você executará o cliente JAX-RPC descrito no Capítulo 8.

Para verificar que HelloServiceBean foi implantado, clique no Servidor de Aplicativo destino na árvore Servers em deploytool. Na árvore Deployed Objects você deve ver HelloServiceApp.

Para construir o cliente stub estático, execute estas etapas:

1. Em um terminal vá para o diretório <*INSTALL*>/j2eetutorial14/examples/jaxrpc/helloservice/ e digite

   ```
   asant build.
   ```

2. Em um terminal vá para o diretório <*INSTALL*>/j2eetutorial14/examples/jaxrpc/staticstub/.
3. Abra config-wsdl.xml em um editor de texto e modifique a linha que lê

   ```
   <wsdl location=http://localhost:8080/hellojaxrpc/hello?WSDL
   ```

   para

   ```
   <wsdl location="http://localhost:8080/hello-ejb/hello?WSDL"
   ```

4. Digite

   ```
   asant build
   ```

5. Edite o arquivo build.properties e altere a propriedade endpoint.address para

   ```
   http://localhost:8080/hello-ejb/hello
   ```

Para detalhes sobre criar o serviço e cliente JAX-RPC, veja estas seções: Como criar um cliente e um serviço Web simples com JAX-RPC e Cliente Stub estático.

Como rodar o cliente de serviço Web

Para rodar o cliente, vá para o diretório <*INSTALL*>/j2eetutorial14/examples/jaxrpc/staticstub/ e entre

```
asant run
```

O cliente deve exibir a seguinte linha:

```
Hello Duke! (from HelloServiceBean)
```

Outros recursos do enterprise bean

Os próximos tópicos se aplicam a beans de sessão e a beans de entidade.

Como acessar entradas de ambiente

Armazenada em um descritor de implantação do enterprise bean, uma entrada de ambiente é um par nome-valor que permite a você personalizar a lógica de negócios do bean sem modificar seu código-fonte. Um enterprise bean que calcula descontos, por exemplo, deve ter uma entrada de ambiente chamada Discount Percent. Antes de implantar o aplicativo do bean, você pode executar uma ferramente de desenvolvimento para atribuir a Discount Percent um valor de 0.05 no descritor de implantação do bean. Quando você executa o aplicativo, o bean busca o valor 0.05 de seu ambiente.

No exemplo de código a seguir, o método applyDiscount usa as entradas de ambiente para calcular um desconto baseado na quantidade de compra. Primeiro, o método localiza o contexto de nomeação do ambiente chamando lookup usando o parâmetro java:comp/env. Depois ele chama lookup no ambiente para obter os valores para os nomes Discount Level e Discount Percent. Por exemplo, se você atribui um valor de 0.05 para a entrada de Discount Percent, o código atribuirá 0.05 à variável discountPercent. O método applyDiscount, a seguir, está na classe CheckerBean. O código-fonte para este exemplo está em *<INSTALL>*/j2eetutorial14/examples/ejb/checker.

```
public double applyDiscount(double amount) {

  try {

    double discount;

    Context initial = new InitialContext();
      Context environment =
        (Context)initial.lookup("java:comp/env");

    Double discountLevel =
      (Double)environment.lookup("Discount Level");
        Double discountPercent =
          (Double)environment.lookup("Discount Percent");

    if (amount >= discountLevel.doubleValue()) {
      discount = discountPercent.doubleValue();
    }
    else {
      discount = 0.00;
    }

    return amount * (1.00 - discount);

  } catch (NamingException ex) {
    throw new EJBException("NamingException: "+
      ex.getMessage());
  }
}
```

Como comparar enterprise beans

Um cliente pode determinar se dois beans de sessão com estados são idênticos chamando o método isIdentical:

```
bookCart = home.create("Bill Shakespeare");
videoCart = home.create("Lefty Lee");
...
if (bookCart.isIdentical(bookCart)) {
  // true ...  }
if (bookCart.isIdentical(videoCart)) {
  // false ...  }
```

Como os beans de sessão sem estados possuem a mesma identidade de objeto, o método isIdentical sempre retorna true quando usado para compará-los.

Para determinar se dois beans são idênticos, o cliente pode chamar o método isIdentical, ou ele pode buscar e comparar as chaves primárias dos beans:

```
String key1 = (String)accta.getPrimaryKey();
String key2 = (String)acctb.getPrimaryKey();

if (key1.compareTo(key2) == 0)
  System.out.println("equal");
```

Como passar uma referência de objeto do enterprise bean

Suponha que o seu enterprise bean precise passar uma referência a si mesmo para um outro bean. Você deve passar a referência, por exemplo, de modo que o segundo bean possa chamar os métodos do primeiro bean. Você não pode passar esta referência porque ela aponta para a instância do bean, que está rodando no contêiner de EJB. Somente o contêiner pode chamar diretamente os métodos na instância do bean. Os clientes acessam a instância indiretamente chamando os métodos no objeto cujo tipo é a interface remota do bean. É a referência para este objeto (a referência remota do bean) que o primeiro bean passa para o segundo bean.

Um bean de sessão obtém sua referência remota chamando o método getEJBObject da interface SessionContext. Um bean de entidade poderia chamar o método getEJBObject da interface EntityContext. Estas interfaces fornecem beans com acesso aos contextos da instância mantidos pelo contêiner de EJB. Normalmente, o bean salva o contexto no método setSessionContext. O fragmento de código a seguir mostra como um bean de sessão pode usar estes métodos.

```
public class WagonBean implements SessionBean {

  SessionContext context;
  ...
  public void setSessionContext(SessionContext sc) {
    this.context = sc;
  }
  ...
  public void passItOn(Basket basket) {
  ...
    basket.copyItems(context.getEJBObject());
  }
```

Como usar o serviço de temporizador

Os aplicativos que modelam fluxos de trabalho de negócios freqüentemente se baseiam em notificações temporizadas. O serviço de temporizador do contêiner enterprise bean possibilita que você agende notificações temporizadas para todos os tipos de enterprise beans, exceto para beans de sessão com estados. Você pode agendar que uma notificação temporizada ocorra em uma hora específica, depois de um período de tempo, ou em intervalos cronometrados. Por exemplo, você pode definir temporizadores para se desligarem às 10:30 da manhã de 23 de maio, em 30 dias, ou a cada 12 horas.

Quando um temporizador expira (se desliga), o contêiner chama o método ejbTimeout da classe de implementação do bean. O método ejbTimeout contém a lógica de negócios que trata o evento cronometrado. Como ejbTimeout é definido pela interface javax.ejb.TimedObject, a classe do bean deve implementar TimedObject.

Existem quatro interfaces no pacote javax.ejb relacionadas com temporizadores:

- TimedObject
- Timer
- TimerHandle
- TimerService

Como criar temporizadores

Para criar um temporizador, o bean chama um dos métodos createTimer da interface TimerService. (Para detalhes sobre as assinaturas do método, consulte a documentação API TimerService.) Quando o bean chama createTimer, o serviço de temporizador começa a contar para baixo a duração do timer.

O bean descrito em Exemplo de TimerSessionBean cria um temporizador assim:

```
TimerService timerService = context.getTimerService();
Timer timer = timerService.createTimer(intervalDuration,
  "created timer");
```

No exemplo de TimerSessionBean, createTimer é chamado em um método de negócios, o qual é chamado por um cliente. Um bean de entidade pode também criar um temporizador em um método de negócios. Se você quiser criar um temporizador para cada instância de um bean de entidade, poderá codificar a chamada de createTimer no método ejbCreate do bean.

Temporizadores são persistentes. Se o servidor é derrubado (ou mesmo se ele cair), os temporizadores são salvos e se tornarão ativos novamente quando o servidor for reiniciado. Se um temporizador expira quando o servidor é desligado, o contêiner chamará ejbTimeout quando o servidor for reiniciado.

Um temporizador para um bean de entidade está associado à identidade do bean – isto é, com uma instância particular do bean. Se um bean de entidade define um temporizador em ejbCreate, por exemplo, cada instância do bean terá seu próprio temporizador. Em contraste, beans de sessão e beans orientados por mensagens não possuem temporizadores exclusivos para cada instância.

Os parâmetros Date e long dos métodos createTimer representam a hora com a resolução de milissegundos. Todavia, como o serviço de temporizador não foi projetado para aplicativos em tempo real, um callback para ejbTimeout poderia não ocorrer com a precisão em milissegundos. O serviço de temporizador é para aplicativos de negócios, que normalmente medem o tempo em horas, dias, ou períodos maiores.

Como cancelar e salvar temporizadores

Temporizadores podem ser cancelados pelos seguintes eventos:

- Quando expira um temporizador de evento único, o contêiner de EJB chama ejbTimeout e depois cancela o temporizador
- Quando uma instância do bean de entidade é removida, o contêiner cancela os temporizadores associados com a instância
- Quando o bean chama o método cancel da interface Timer, o contêiner cancela o temporizador

Se um método é chamado em um temporizador cancelado, o contêiner lança a javax.ejb.NoSuchObjectLocalException.

Para salvar um objeto Timer para referência futura, chame seu método getHandle e armazene o objeto TimerHandle em um banco de dados. (Um objeto TimerHandle é serializável.) Para reinstanciar o objeto Timer, obtenha o tratamento a partir do banco de dados e chame getTimer do tratamento. Um objeto TimerHandle não pode ser passado como argumento de um método definido em uma interface de serviço Web ou remota. Em outras palavras, clientes remotos e clientes de serviço Web não podem acessar um objeto TimerHandle do bean. Clientes locais, todavia, não possuem esta restrição.

Como obter informações do temporizador

Além de definir os métodos cancel e getHandle, a interface Timer define métodos para obter informações sobre os temporizadores:

```
public long getTimeRemaining();
public java.util.Date getNextTimeout();
public java.io.Serializable getInfo();
```

O método getInfo retorna o objeto que foi o último parâmetro da chamada de createTimer. Por exemplo, na snippet do código de createTimer da seção precedente, este parâmetro de informação é um objeto String com o valor *created timer*.

Para obter todos os temporizadores ativos do bean, chame o método getTimers da interface TimerService. O método getTimers retorna uma coleção de objetos de Timer.

Transações e temporizadores

Um enterprise bean geralmente cria um temporizador dentro de uma transação. Se esta transação é desfeita, a criação do temporizador também é desfeita. De modo semelhante, se um bean cancela um temporizador dentro de uma transação que é desfeita, o cancelamento do temporizador é desfeito. Neste caso, a duração do temporizador é redefinida como se o cancelamento nunca tivesse ocorrido.

Em beans que utilizam transações gerenciadas por contêiner, o método ejbTimeout geralmente possui o atributo de transação RequiresNew para preservar a integridade da transação. Com este atributo, o contêiner de EJB começa a nova transação antes de chamar ejbTimeout. Se a transação for desfeita, o contêiner tentará chamar o ejbTimeout pelo menos uma vez mais.

Exemplo de TimerSessionBean

O código-fonte para este exemplo está no diretório *<INSTALL>*/j2eetutorial14/examples/ejb/timersession/src.

TimerSessionBean é um bean de sessão sem estados que mostra como definir um temporizador. A classe de implementação para TimerSessionBean se chama TimerSessionBean. Na listagem do código-fonte de TimerSessionBean a seguir, observe os métodos myCreateTimer e ejbTimeout. Como ele é um método de negócios, myCreateTimer é definido na interface remota do bean (TimerSession) e pode ser chamado pelo cliente. Neste exemplo, o cliente chama myCreateTimer com uma duração de intervalo de 30.000 milissegundos. O método myCreateTimer busca um objeto TimerService do SessionContext do bean. Depois ele cria um novo temporizador chamando o método createTimer de TimerService. Agora que o temporizador está definido, o contêiner de EJB chamará o método ejbTimer de TimerSessionBean quando expirar o temporizador – em cerca de 30 segundos. Aqui está o código-fonte para a classe TimerSessionBean:

```
import javax.ejb.*;

public class TimerSessionBean implements SessionBean,
  TimedObject {

  private SessionContext context;

  public TimerHandle myCreateTimer(long intervalDuration) {

    System.out.println
      ("TimerSessionBean: start createTimer ");
    TimerService timerService =
      context.getTimerService();
    Timer timer =
      timerService.createTimer(intervalDuration,
      "created timer");
}

  public void ejbTimeout(Timer timer) {
```

```
    System.out.println("TimerSessionBean: ejbTimeout ");
  }

  public void setSessionContext(SessionContext sc) {
    System.out.println("TimerSessionBean:
      setSessionContext");
    context = sc;
  }

  public void ejbCreate() {
    System.out.println("TimerSessionBean: ejbCreate");
  }

  public TimerSessionBean() {}
  public void ejbRemove() {}
  public void ejbActivate() {}
  public void ejbPassivate() {}

}
```

Como construir TimerSessionBean

Em uma janela de terminal, vá para o diretório *<INSTALL>*/j2eetutorial14/examples/ejb/timersession/. Para construir TimerSessionBean, digite o comando:

```
asant build
```

Use deploytool para empacotar e implantar este exemplo.

Como criar o aplicativo

Nesta seção, você criará um aplicativo J2EE chamado TimerSessionApp, armazenando-o no arquivo TimerSessionApp.ear.

1. Em deploytool, selecione File → New → Application.
2. Clique Browse.
3. No selecionador de arquivos, navegue para o diretório: *<INSTALL>*/j2eetutorial14/examples/ejb/timersession/
4. No campo File Name, entre TimerSessionApp.ear.
5. Clique New Application.
6. Clique OK.
7. Verifique se o arquivo TimerSessionApp.ear reside no diretório *<INSTALL>*/j2eetutorial14/examples/ejb/timersession/.

Como empacotar o enterprise bean

Inicie o assistente do Edit Enterprise Bean selecionando File → New → Enterprise Java Bean. O assistente mostra as seguintes caixas de diálogo:

1. Caixa de diálogo Introduction
   a. Leia o texto explicativo para um resumo geral dos recursos do wizard.
   b. Clique Next.

2. Caixa de diálogo JAR EJB
   a. Selecione o botão rotulado Create New JAR Module em Application.
   b. Na caixa combo abaixo deste botão, selecione TimerSessionApp.
   c. No campo JAR Display Name, entre TimerSessionJAR.
   d. Clique Edit Contents.
   e. Na árvore debaixo de Available Files, localize o diretório <*INSTALL*>/j2eetutorial14/examples/ejb/timersession/build/.
   f. Selecione as classes: TimerSession.class, TimerSessionBean.class, e TimerSessionHome.class.
   g. Clique Add.
   h. Clique OK.
   i. Clique Next.
3. Caixa de diálogo General
   a. Na caixa combo Enterprise Bean Class, selecione TimerSessionBean.
   b. No campo Enterprise Bean Name, entre TimerSessionBean.
   c. Sob Bean Type, selecione Stateless Session.
   d. Na seção Remote Interfaces, selecione TimerSessionHome para a Remote Home Interface, e TimerSession para Remote Interface.
   e. Clique Next.
4. Na caixa de diálogo Expose as Web Service Endpoint
   a. Selecione No para Expose Bean as Web Service Endpoint.
   b. Clique Next.
5. Clique Finish.

Como compilar o cliente de aplicativo

Os arquivos do cliente de aplicativo são compilados ao mesmo tempo como os arquivos do enterprise bean.

Como empacotar o cliente de aplicativo

Para empacotar um componente do cliente de aplicativo, você executa o assistente New Application Client do deploytool. Durante este processo, o assistente efetua as seguintes tarefas:

- Cria o descritor de implantação do cliente de aplicativo
- Coloca o descritor de implantação e os arquivos do cliente dentro do arquivo JAR
- Adiciona o arquivo JAR ao arquivo TimerSessionBeanApp.ear do aplicativo.

Para iniciar o assistente New Application Client, selecione File → New → Application Client. O assistente mostra as seguintes caixas de diálogo:

1. Caixa de diálogo Introduction
   a. Leia o texto explicativo para um resumo geral dos recursos do assistente.
   b. Clique Next.
2. Caixa de diálogo JAR File Contents
   a. Selecione o botão rotulado Create New AppClient Module em Application.
   b. Na caixa combo abaixo deste botão, selecione TimerSessionApp.

   c. No campo AppClient Display Name, entre TimerSessionClient.
   d. Clique Edit Contents.
   e. Na árvore debaixo de Available Files, localize o diretório: *<INSTALL>*/j2eetutorial14/examples/ejb/timersession/build/
   f. Selecione o arquivo TimerSessionClient.class.
   g. Clique Add.
   h. Clique OK.
   i. Clique Next.
3. Caixa de diálogo General
   a. Na caixa combo Main Class, selecione TimerSessionClient.
   b. Clique Next.
   c. Clique Finish.

Como especificar a referência do enterprise bean do cliente de aplicativo

Quando ele chama o método lookup, o TimerSessionClient se refere ao home de um enterprise bean:

```
Object objref =
initial.lookup("java:comp/env/ejb/SimpleTimerSession");
```

Você especifica esta referência como segue:

1. Na árvore, selecione TimerSessionClient.
2. Selecione a guia EJB Ref´s.
3. Clique Add.
4. No Campo Coded Name, entre ejb/SimpleTimerSession.
5. No campo EJB Type, selecione Session.
6. No campo Interfaces, selecione Remote.
7. No campo Home Interface entre TimerSessionHome.
8. No campo Local/Remote Interface, entre TimerSession.
9. No campo JNDI Name, selecione TimerSessionBean.
10. Clique OK.

Como implantar o aplicativo corporativo

Agora que o aplicativo J2EE contém os componentes, ele está pronto para a implantação.

1. Selecione o aplicativo TimerSessionApp.
2. Selecione Tools → Deploy.
3. Debaixo de Connection Settings, entre o nome e a senha do usuário para o Application Server.
4. Debaixo de Application Client Stub Directory, cheque Return Client Jar.
5. No campo abaixo da caixa de verificação, entre *<INSTALL>*/j2eetutorial14/examples/ejb/timersession.
6. Clique OK.
7. Na caixa de diálogo Distribute Module, clique Close assim que completar a implantação.

8. Verifique a implantação.
   a. Na árvore, expanda o nó Servers e selecione o host que esteja rodando o Servidor de Aplicativo.
   b. Na tabela Deployed Objects, certifique-se de que TimerSessionApp esteja listado e seu status seja Running.
   c. Verifique se TimerSessionAppClient.jar está em *<INSTALL>*/j2eetutorial14/examples/ejb/timersession.

Como executar o cliente de aplicativo

Para rodar o cliente de aplicativo, efetue as seguintes etapas:

1. Em uma janela de terminal, vá para *<INSTALL>*/j2eetutorial14/examples/ejb/timersession/.
2. Digite o seguinte comando:

```
appclient -client TimerSessionAppClient.jar
```

3. Em uma janela de terminal, o cliente exibe estas linhas:

```
Creating a timer with an interval duration of 30000 ms.
```

A saída do temporizador é enviada para o arquivo server.log localizado no diretório *<J2EE_HOME>*/domains/domain1/server/logs/.

Visualize a saída no Admin Console:

1. Inicie o Admin Console abrindo um janela de browser Web para

```
http://localhost:4848/asadmin/admingui
```

2. Clique a guia Logging.
3. Clique Open Log Viewer.
4. No topo da página, você verá estas quatro linhas na coluna Message:

```
ejbTimeout
start createTimer
ejbCreate
setSessionContext
```

Alternativamente, você pode olhar o arquivo log diretamente. Depois de 30 segundos, abra server.log em um editor de texto e você verá as seguintes linhas:

```
TimerSessionBean: setSessionContext
TimerSessionBean: ejbCreate
TimerSessionBean: start createTimer
TimerSessionBean: ejbTimeout
```

Como tratar exceções

As exceções lançadas pelos enterprise beans pertencem a duas categorias: de sistema e de aplicativo.

Uma *exceção de sistema* indica um problema com os serviços que suportam um aplicativo. Exemplos destes problemas incluem: uma conexão de banco de dados não pode ser obtida, uma inserção SQL falha porque o banco de dados está cheio, ou um método lookup não consegue encontrar o objeto desejado. Se o seu enterprise bean encontra um problema em nível de sistema, ele deve lançar uma exceção javax.ejb.EJBException. O contêiner empacotará a EJBException em uma RemoteException, que ele passa de volta para o cliente. Como a EJBException é uma subclasse da RuntimeException, você não tem de especificá-la na cláusula throws da declaração do método. Se uma exceção de sistema é lançada, o contêiner de EJB deve destruir a instância do bean. Portanto, uma exceção de sistema não pode ser tratada pelo programa de cliente do bean; ela requer intervenção por parte de um administrador de sistemas.

Uma *exceção de aplicativo* assinala um erro na lógica de negócios de um enterprise bean. Existem dois tipos de exceções de aplicativo: personalizados e predefinidos. Uma exceção personalizada é aquela que você mesmo codifica, tal como a InsufficentBalanceException lançada pelo método de negócios do exemplo de SavingsAccountBean. O pacote javax.ejb inclui diversas exceções predefinidas que são projetadas para tratar problemas comuns. Por exemplo, um método ejbCreate deveria lançar uma exceção CreateException para indicar um parâmetro de entrada inválido. Quando um enterprise bean lança um exceção de aplicativo, o contêiner não a empacota em uma outra exceção. O cliente deve ser capaz de tratar qualquer exceção de aplicativo que ele receba.

Se uma exceção de aplicativo ocorre dentro de uma transação, o contêiner de EJB desfaz a transação. Todavia, se uma exceção de aplicativo é lançada dentro de uma transação, o contêiner não desfaz a transação.

A Tabela 25-1 resume as exceções do pacote javax.ejb. Todas estas exceções são exceções de aplicativo, exceto para a NoSuchEntityException e a EJBException, que são exceções de sistema.

Tabela 25-1 Exceções

Nome do método	Exceção que lança	Motivo para o lançamento
ejbCreate	CreateException	Um parâmetro de entrada é inválido
ejbFindByPrimaryKey (e outros métodos (finder) de localização que retornam um objeto único	ObjectNotFoundException (subclasse de FinderException)	A linha do banco de dados para o bean de entidade requisitado não pode ser encontrada
ejbRemove	RemoveException	A linha do bean de entidade não pode ser deletada do banco de dados
ejbLoad	NoSuchEntityException	A linha do banco de dados a ser carregada no bean de entidade não pode ser encontrada
ejbStore	NoSuchEntityException	A linha do banco de dados a ser atualizada não pode ser encontrada
(todos os métodos)	EJBException	Um problema do sistema foi encontrado

26

EXEMPLOS DE PERSISTÊNCIA GERENCIADA POR BEANS

O dado está no coração da maioria dos aplicativos. Em aplicativos J2EE, beans de entidade representam os objetos de negócios armazenados em um banco de dados. Para beans de entidade com persistência gerenciada por beans, você deve escrever o código para as chamadas de acesso ao banco de dados. Embora escrever este código seja uma responsabilidade adicional, você terá maior controle sobre como o bean de entidade acessa um banco de dados.

Este capítulo discute as técnicas de codificação de beans de entidade com persistência gerenciada por bean. Para informações conceituais sobre beans de entidade, por favor, veja O que é um bean de entidade.

Exemplo de SavingsAccountBean

O bean de entidade ilustrado nesta seção representa uma simples conta bancária. O estado de SavingsAccountBean é armazenado na tabela savingsaccount de um banco de dados relacional. A tabela savingsaccount é criada pela seguinte declaração SQL:

```
CREATE TABLE savingsaccount
  (id VARCHAR(3)
  CONSTRAINT pk_savingsaccount PRIMARY KEY,
  firstname VARCHAR(24),
  lastname VARCHAR(24),
  balance NUMERIC(10,2));
```

O exemplo de SavingsAccountBean exige o seguinte código:

- ❑ Classe de bean de entidade (SavingsAccountBean)
- ❑ Interface home (SavingsAccountHome)
- ❑ Interface remota (SavingsAccount)

Este exemplo também usa as seguintes classes:

- ❑ Uma classe utilitária chamada InsufficientBalanceException
- ❑ Uma classe de clientes chamada SavingsAccountClient

O código-fonte para este exemplo está neste diretório:

```
<INSTALL>/j2eetutorial14/ejb/savingsaccount/src/
```

Classe de bean de entidade

A classe de bean de entidade de amostra se chama SavingsAccountBean. À medida que você olha para seu código, observe que ele atende as exigências de um bean de entidade que utiliza uma persistência gerenciada por bean. Primeiro, ele implementa:

- ❑ Interface EntityBean
- ❑ Zero ou mais métodos ejbCreate e ejbPostCreate
- ❑ Métodos de localização (finder)
- ❑ Métodos de negócios
- ❑ Métodos home

Além disso, uma classe de bean de entidade com persistência gerenciada por bean possui estas exigências:

- ❑ A classe é definida como public.
- ❑ A classe não pode ser definida como abstract ou final.
- ❑ Ela contém um construtor vazio.
- ❑ Ela não implementa o método finalize.

Interface EntityBean

A interface EntityBean estende a interface EnterpriseBean, que estende a interface Serializable. A interface EntityBean declara uma série de métodos, tais como ejbActivate e ejbLoad, os quais devem implementar a sua classe de bean de entidade. Estes métodos são discutidos nas seções posteriores.

Método ejbCreate

Quando o cliente chama um método create, o contêiner de EJB chama o método ejbCreate correspondente. Normalmente, um método ejbCreate é um bean de entidade que executa as seguintes tarefas:

- ❑ Insere o estado da entidade no banco de dados.
- ❑ Inicializa as variáveis de instância.
- ❑ Retorna a chave primária.

O método ejbCreate de SavingsAccountBean insere o estado da entidade no banco de dados chamando o método privado insertRow, o qual emite a declaração INSERT SQL. Aqui está o código-fonte para o método ejbCreate:

```
public String ejbCreate(String id, String firstName,
  String lastName, BigDecimal balance)
  throws CreateException {

  if (balance.signum() == -1) {
    throw new CreateException
      ("A negative initial balance is not allowed.");
  }

  try {
    insertRow(id, firstName, lastName, balance);
  } catch (Exception ex) {
```

```
    throw new EJBException("ejbCreate: " +
      ex.getMessage());
  }

  this.id = id;
  this.firstName = firstName;
  this.lastName = lastName;
  this.balance = balance;

  return id;
}
```

Embora a classe SavingsAccountBean possua apenas um método ejbCreate, um enterprise bean pode conter múltiplos métodos ejbCreate. Por exemplo, veja o código-fonte de CartBean.java deste diretório:

`<INSTALL>/j2eetutorial14/examples/ejb/cart/src/`

Quando você escreve um método ejbCreate para um bean de entidade, certifique-se de seguir estas regras:

- O identificador de controle de acesso deve ser public.
- O tipo de retorno deve ser a chave primária.
- Os argumentos devem ser de tipos legais para a API RMI Java.
- O modificador do método não pode ser final ou static.

A cláusula throws pode incluir a javax.ejb.CreateException e exceções que não são específicas para o seu aplicativo. Um método ejbCreate geralmente lançará uma CreateException se um parâmetro de entrada for inválido. Se um método ejbCreate não puder criar uma entidade porque uma outra entidade com a mesma chave primária já exista, ele deverá lançar uma exceção javax.ejb.DuplicateKeyException (uma subclasse de CreateException). Se um cliente recebe uma exceção CreateException ou uma DuplicateKeyException, ele deve supor que a entidade não foi criada.

O estado de um bean de entidade pode ser inserido diretamente no banco de dados por um aplicativo desconhecido da Sun Java System Application Server Platform Edition 8. Por exemplo, um script SQL deveria inserir uma linha na tabela savingsaccount. Embora o bean de entidade para esta linha não tenha sido criado por um método ejbCreate, o bean pode ser localizado por um programa de cliente.

Método ejbPostCreate

Para cada método ejbCreate, você deve escrever um método ejbPostCreate na classe de bean de entidade. O contêiner de EJB chama ejbPostCreate imediatamente depois de chamar ejbCreate. Ao contrário do método ejbCreate, o método ejbPostCreate pode chamar os métodos getPrimaryKey e getEJBObject da interface EntityContext. Para mais informações sobre o método getEJBObject, veja a seção Como passar uma referência de objeto do enterprise bean. Freqüentemente, os seus métodos ejbPostCreate estarão vazios.

A assinatura de um método ejbPostCreate deve atender às seguintes exigências:

- O número e os tipos de argumentos devem atender a um método ejbCreate correspondente.
- O modificador de controle de acesso deve ser public.
- O modificador de método não pode ser final ou static.
- O tipo de retorno deve ser void.

A cláusula throws pode incluir a exceção javax.ejb.CreateException e exceções específicas do seu aplicativo.

Método ejbRemove

Um cliente deleta um bean de entidade chamando o método remove. Esta chamada faz com que o contêiner de EJB chame o método ejbRemove, o qual deleta o estado da entidade do banco de dados. Na classe SavingsAccountBean, o método ejbRemove chama um método privado denominado deleteRow, que emite uma declaração DELETE SQL. O método ejbRemove é curto:

```
public void ejbRemove() {
  try {
    deleteRow(id);
  catch (Exception ex) {
    throw new EJBException("ejbRemove: " +
    ex.getMessage());
    }
  }
}
```

Se o método ejbRemove encontra um problema de sistema, ele deve lançar a exceção javax.ejb.EJBException. Se encontrar um erro de aplicativo, deverá lançar uma exceção javax.ejb.RemoveException. Para uma comparação de exceções de sistema e de aplicativo, consulte a seção Dicas de deploytool para beans de entidade com persistência gerenciada por bean.

Um bean de entidade também pode ser removido diretamente por uma deleção do banco de dados. Por exemplo, se um script SQL deleta uma linha que contenha um estado do bean de entidade, então esse bean de entidade será removido.

Métodos ejbLoad e ejbStore

Se o contêiner de EJB precisar sincronizar as variáveis de instância de um bean de entidade com os valores correspondentes armazenados em um banco de dados, ele chamará os métodos ejbLoad e ejbStore. O método ejbLoad atualiza as variáveis de instância do banco de dados, e o método ejbStore escreve as variáveis para o banco de dados. O cliente não pode chamar ejbLoad e ejbStore.

Se um método de negócios está associado a uma transação, o contêiner chama ejbLoad antes de executar o método de negócios. Imediatamente após a execução do método de negócios, o contêiner chama ejbStore. Como o contêiner chama ejbLoad e ejbStore, você não tem que atualizar e armazenar as variáveis de instância em seus métodos de negócios. A classe SavingsAccountBean se baseia no contêiner para sincronizar as variáveis de instância com o banco de dados. Portanto, os métodos de negócios de SavingsAccountBean devem estar associados às transações.

Os métodos ejbLoad e ejbStore não podem localizar uma entidade no banco de dados subjacente. Eles devem lançar uma exceção javax.ejb.NoSuchEntityException. Esta exceção é uma subclasse de EJBException. Como EJBException é uma subclasse de RuntimeException, você não tem de incluí-la na cláusula throws. Quando uma exceção NoSuchEntityException é lançada, o contêiner de EJB a empacota em uma exceção RemoteException antes de retorná-la ao cliente.

Na classe SavingsAccountBean, ejbLoad chama o método loadRow, que emite uma declaração SELECT SQL e atribui o dado obtido às variáveis de instância. O método ejbStore chama o método storeRow, que armazena as variáveis de instância em um banco de dados utilizando a declaração UPDATE SQL. Aqui está o código dos métodos ejbLoad e ejbStore:

```
public void ejbLoad() {

  try {
    loadRow();
  } catch (Exception ex) {
```

```
    throw new EJBException("ejbLoad: " +
      ex.getMessage());
  }
}

public void ejbStore() {

  try {
    storeRow();
  } catch (Exception ex) {
    throw new EJBException("ejbStore: " +
      ex.getMessage());
  }
}
```

Métodos Finder

Os métodos de localização permitem que os clientes localizem beans de entidade. O programa SavingsAccountClient localiza beans de entidade usando os três métodos finder:

```
SavingsAccount jones = home.findByPrimaryKey("836");
...
Collection c = home.findByLastName("Smith");
...
Collection c = home.findInRange(20.00, 99.00);
```

Para cada método de localização disponível para um cliente, a classe do bean de entidade deve implementar o método correspondente que começa com o prefixo ejbFind. A classe SavingsAccountBean, por exemplo, implementa o método ejbFindByLastName como a seguir:

```
public Collection ejbFindByLastName(String lastName)
  throws FinderException {

  Collection result;

  try {
    result = selectByLastName(lastName);
  } catch (Exception ex) {
    throw new EJBException("ejbFindByLastName " +
      ex.getMessage());
  }
  return result;
}
```

Os métodos de localização específicos para o seu aplicativo, como ejbFindByLastName e ejbFindInRange, são opcionais, mas o método ejbFindByPrimaryKey é exigido. Como se deduz pelo seu nome, o método ejbFindByPrimaryKey aceita como argumento a chave primária, que ele utiliza para localizar um bean de entidade. Na classe SavingsAccountBean, a chave primária é a variável id. Aqui está o código para o método ejbFindByPrimaryKey:

```
public String ejbFindByPrimaryKey(String primaryKey)
  throws FinderException {

  boolean result;

  try {
    result = selectByPrimaryKey(primaryKey);
  } catch (Exception ex) {
```

```
    throw new EJBException("ejbFindByPrimaryKey: " +
      ex.getMessage());
  }

  if (result) {
    return primaryKey;
  }
  else {
    throw new ObjectNotFoundException
    ("Row for id " + primaryKey + " not found.");
  }
}
```

O método ejbFindByPrimaryKey pode parecer estranho para você, porque ele usa uma chave primária tanto para o argumento do método, como para o valor de retorno. Todavia, lembre-se de que o cliente não chama ejbFindByPrimaryKey diretamente. É o contêiner de EJB que chama o método ejbFindByPrimaryKey. O cliente chama o método FindByPrimaryKey, que é definido na interface home.

A lista seguinte resume as regras para o método de localização que você implementa em uma classe de bean de entidade com persistência gerenciada por bean:

- O método ejbFindByPrimaryKey deve ser implementado.
- Um nome do método de localização deve começar com o prefixo ejbFind.
- O modificador de controle de acesso não pode ser final ou static.
- Os argumentos e o tipo de retorno devem ser de tipos legais para a API RMI Java. (Esta exigência se aplica somente a métodos definidos em uma interface home remota – e não em uma home local.)

A cláusula throws pode incluir a exceção javax.ejb.FinderException e exceções que sejam específicas do seu aplicativo. Se um método de localização retornar uma chave primária única e a entidade requisitada não existir, o método deverá lançar a exceção javax.ejb.ObjectNotFoundException (uma subclasse da FinderException). Se um método de localização retorna uma coleção de chaves primárias e não encontra nenhum objeto, deverá retornar uma coleção vazia.

Métodos de negócios

Os métodos de negócios contêm a lógica de negócios que você quer para encapsular dentro do bean de entidade. Geralmente, os métodos de negócios não acessam o banco de dados, e isto permite que você separe a lógica de negócios do código de acesso ao banco de dados.

A classe SavingsAccountBean contém os seguintes métodos de negócios:

```
public void debit(BigDecimal amount)
  throws InsufficientBalanceException {

  if (balance.compareTo(amount) == -1) {
     throw new InsufficientBalanceException();
  }
  balance = balance.subtract(amount);
}

public void credit(BigDecimal amount) {

balance = balance.add(amount);
}

public String getFirstName() {

  return firstName;
}
```

```
public String getLastName() {

  return lastName;
}

public BigDecimal getBalance() {

  return balance;
}
```

O programa SavingsAccountClient chama os métodos de negócios como a seguir:

```
BigDecimal zeroAmount = new BigDecimal("0.00");
SavingsAccount duke = home.create("123", "Duke", "Earl",
  zeroAmount);

...
duke.credit(new BigDecimal("88.50"));
duke.debit(new BigDecimal("20.25"));
BigDecimal balance = duke.getBalance();
```

As exigências para a assinatura de um método de negócios são as mesmas para os beans de sessão e beans de entidade:

- Um nome de método não deve conflitar com um nome de método definido pela arquitetura EJB. Por exemplo, você não pode chamar um método de negócios ejbCreate ou ejbActivate.
- O modificador de controle de acesso deve ser public.
- O modificador do método não pode ser final ou static.
- Os argumentos e tipos de retorno devem ser tipos legais para a API RMI Java.

Estas exigências se aplicam somente a métodos definidos em uma interface home remota – e não home local.

A cláusula throws pode incluir as exceções que você define para o seu aplicativo. O método debit, por exemplo, lança a exceção InsufficientBalanceException. Para indicar um problema em nível de sistema, um método de negócios deverá lançar a exceção javax.ejb.EJBException.

Métodos home

Um método home contém a lógica de negócios que se aplica a todos os beans de entidade de uma classe particular. Em contraste, a lógica em um método de negócios se aplica a um único bean de entidade, uma instância com identidade única. Durante a chamada de um método home, a instância não possui nem uma identidade única, nem um estado que represente um objeto de negócios. Conseqüentemente, um método home não deve ter acesso ao estado de persistência do bean (variáveis de instância). (Para persistência gerenciada por bean, um método home não deve acessar relacionamentos.)

Normalmente, um método home localiza uma coleção de instâncias do bean e chama métodos de negócios à medida que ele itere através da coleção. Esta técnica é aceita pelo método ejbHomeChargeForLowBalance da classe SavingsAccountBean. O método ejbHomeChargeForLowBalance se aplica a uma cobrança de serviços para todas as contas de poupança que tenham saldos menor do que um montante especificado. O método localiza estas contas chamando o método findInRange. À medida que ele itere pela coleção de instâncias de SavingsAccount, o método ejbHomeChargeForLowBalance verifica o saldo e chama o método de negócios debit. Aqui está o código-fonte do método ejbHomeChargeForLowBalance:

```
public void ejbHomeChargeForLowBalance(
  BigDecimal minimumBalance, BigDecimal charge)
  throws InsufficientBalanceException {
```

```
try {
  SavingsAccountHome home =
  (SavingsAccountHome)context.getEJBHome();
  Collection c = home.findInRange(new BigDecimal("0.00"),
    minimumBalance.subtract(new BigDecimal("0.01")));

  Iterator i = c.iterator();

  while (i.hasNext()) {
    SavingsAccount account = (SavingsAccount)i.next();
    if (account.getBalance().compareTo(charge) == 1) {
       account.debit(charge);
    }
  }

} catch (Exception ex) {
  throw new EJBException("ejbHomeChargeForLowBalance: "
    + ex.getMessage());
  }
}
```

A interface home define um método correspondente chamado chargeForLowBalance (veja Definições do método home). Como a interface fornece a visualização do cliente, o programa SavingsAccountClient chama o método home assim:

```
SavingsAccountHome home;
...
home.chargeForLowBalance(new BigDecimal("10.00"),
  new BigDecimal("1.00"));
```

Na classe do bean de entidade, a implementação de um método home deve aderir a estas regras:

- Um método home deve começar com o prefixo ejbHome.
- O modificador de controle de acesso deve ser public.
- O modificador do método não pode ser estatic.

A cláusula throws pode incluir exceções que não sejam específicas do seu aplicativo; ela não deve lançar a exceção java.rmi.RemoteException.

Chamadas de banco de dados

A Tabela 26-1 resume as chamadas de acesso ao banco de dados da classe SavingsAccountBean. Os métodos de negócios da classe SavingsAccountBean estão ausentes na tabela precedente porque eles não acessam os bancos de dados. Em vez disso, estes métodos de negócios atualizam as variáveis de instância, que são escritas no banco de dados, quando o contêiner de EJB chama ejbStore. Um outro desenvolvedor poderia ter escolhido acessar o banco de dados nos métodos de negócios da classe de SavingsAccountBean. Esta escolha é uma daquelas decisões de projeto que dependem das necessidades específicas do seu aplicativo.

Antes de acessar um banco de dados, você deve conectá-lo. Para maiores informações, veja o Capítulo 31.

Tabela 26-1 Declarações SQL em SavingsAccountBean

Método	Declaração SQL
ejbCreate	INSERT
ejbFindByPrimaryKey	SELECT
ejbFindByLastName	SELECT
ejbFindInRange	SELECT
ejbLoad	SELECT
ejbRemove	DELETE
ejbStore	UPDATE

Interface home

Uma interface home define os métodos create, finder e home. A interface SavingsAccountHome é a seguinte:

```
import java.util.Collection;
import java.math.BigDecimal;
import java.rmi.RemoteException;
import javax.ejb.*;

public interface SavingsAccountHome extends EJBHome {

  public SavingsAccount create(String id, String firstName,
    String lastName, BigDecimal balance)
    throws RemoteException, CreateException;

  public SavingsAccount findByPrimaryKey(String id)
    throws FinderException, RemoteException;

  public Collection findByLastName(String lastName)
    throws FinderException, RemoteException;

  public Collection findInRange(BigDecimal low,
    BigDecimal high)
    throws FinderException, RemoteException;

  public void chargeForLowBalance(BigDecimal minimumBalance,
    BigDecimal charge)
    throws InsufficientBalanceException, RemoteException;
}
```

Definições do método create

Cada método create da interface home deve obedecer às seguintes exigências:

- Ele deve possuir o mesmo número e tipos de argumentos que o seu método correspondente ejbCreate da classe do enterprise bean.
- Ele deve retornar o tipo de interface remota do enterprise bean.
- A cláusula throws deve incluir as exceções especificadas pela cláusula throws dos métodos correspondentes ejbCreate e ejbPostCreate.

- A cláusula throws deve incluir a exceção javax.ejb.CreateException.
- Se o método for definido em uma interface home – e não home local, então a cláusula throws deverá incluir a exceção java.rmi.RemoteException.

Definições do método finder

Cada método de localização da interface home corresponde a um método finder da classe do bean de entidade. O nome de um método de localização da interface home começa com find, ao passo que o nome correspondente na classe do bean de entidade começa com ejbFind. Por exemplo, a classe SavingsAccountBean implementa o método ejbFindByLastName. As regras para definir as assinaturas dos métodos finder de uma interface home são:

- O número e tipos de argumentos devem ser iguais àqueles do método correspondente da classe do bean de entidade.
- O tipo de retorno deve ser o tipo de interface remota do bean ou uma coleção daqueles tipos.
- As exceções da cláusula throws devem incluir aquelas do método correspondente na classe do bean de entidade.
- A cláusula throws deve conter a exceção javax.ejb.FinderException.
- Se o método for definido em uma interface home – e não home local, então a cláusula throws deverá incluir a exceção java.rmi.RemoteException.

Definições do método home

Cada definição do método home na interface home corresponde a um método da classe do bean de entidade. Na interface home, o nome do método é arbitrário, desde que ele não comece com create ou find. Na classe do bean, o nome do método correspondente começa com ejbHome. Por exemplo, na classe SavingsAccountBean, o nome é ejbHomeChargeForLowBalance, mas, na interface SavingsAccountHome, o nome é chargeForLowBalance.

A assinatura do método home deve seguir as mesmas regras especificadas pelos métodos de localização da seção precedente (exceto que um método home não lance uma exceção FinderException).

Interface remote

A interface remota estende javax.ejb.EJBObject e define os métodos de negócios que um cliente remoto pode chamar. Aqui está a interface remota de SavingsAccount.

```
import javax.ejb.EJBObject;
import java.rmi.RemoteException;
import java.math.BigDecimal;

public interface SavingsAccount extends EJBObject {

  public void debit(BigDecimal amount)
    throws InsufficientBalanceException, RemoteException;

  public void credit(BigDecimal amount)
    throws RemoteException;

  public String getFirstName()
    throws RemoteException;

  public String getLastName()
    throws RemoteException;
```

```
  public BigDecimal getBalance()
    throws RemoteException;
}
```

As exigências para as definições do método em uma interface remota são as mesmas para os beans de sessão e beans de entidade:

- Cada método de uma interface remota deve corresponder a um método da classe do bean de entidade.
- As assinaturas dos métodos da interface remota devem ser idênticas às assinaturas dos métodos correspondentes da classe do bean de entidade.
- Os argumentos e os valores de retorno devem ser tipos RMI válidos.
- A cláusula throws deve incluir uma exceção java.rmi.RemoteException.

Uma interface local tem as mesmas exigências, com as seguintes exceções:

- Os argumentos e os valores de retorno não são exigidos para serem tipos RMI válidos.
- A cláusula throws não inclui a exceção java.rmi.RemoteException.

Como executar o exemplo de SavingsAccountBean

Antes de executar este exemplo, você deve definir a fonte dos dados, criar o banco de dados, e implantar o arquivo SavingsAccountApp.ear.

Como definir a fonte de dados

Siga as instruções em Como criar uma fonte de dados. Esta fonte de dados é uma fábrica para conexões ao banco de dados. Para mais informações, veja Objetos DataSource e pools de conexão.

Como criar a tabela de banco de dados

As instruções a seguir explicam como usar o exemplo de SavingsAccountBean com PointBase, o software de banco de dados que está incluído na pacote do Servidor de Aplicativo.

1. Inicie o servidor PointBase. Para instruções, consulte Como iniciar e parar o servidor de banco de dados PointBase.
2. Crie a tabela do banco de dados savingsaccount executando o script create.sql.
   a. Em uma janela de terminal, vá para este diretório:

      ```
      <INSTALL>/j2eetutorial14/examples/ejb/savingsaccount/
      ```

   b. Digite o seguinte comando, que roda o script create.sql.

      ```
      asant create-db_common
      ```

Como implantar o aplicativo

1. Em deploytool, abra o arquivo SavingsAccountApp.ear, residente neste diretório:

   ```
   INSTALL>/j2eetutorial14/examples/ejb/provided-ears/.
   ```

2. Implante o aplicativo SavingsAccountApp.
3. Na caixa de diálogo Deploy Module, faça o seguinte:
   a. Selecione a caixa de verificação Return Client JAR.

b. No campo abaixo da caixa de verificação, entre o seguinte:

<*INSTALL*>/j2eetutorial14/examples/ejb/savingsaccount

Para instruções detalhadas, consulte Como implantar o aplicativo J2EE.

Como rodar o cliente

Para rodar o programa SavingsAccountClient, faça o seguinte:

1. Em uma janela de terminal, vá para este diretório:

   <*INSTALL*>/j2eetutorial14/examples/ejb/savingsaccount/.

2. Digie o seguinte comando em uma única linha:

   ```
   appclient -client SavingsAccountAppClient.jar
   ```

3. O cliente deve mostrar as seguintes linhas:

   ```
   balance = 68.25
   balance = 32.55
   456: 44.77
   730: 19.54
   268: 100.07
   836: 32.55
   456: 44.77
   4
   7
   ```

Para modificar este exemplo, veja as instruções em Como modificar o aplicativo J2EE.

Como mapear relacionamentos de tabela para persistência gerenciada por bean

Em um banco de dados relacional, as tabelas podem ser relacionadas por colunas comuns. Estes relacionamentos entre tabelas afetam o projeto de seus beans de entidade correspondentes. Os beans de entidade discutidos nesta seção são suportados por tabelas com os seguintes tipos de relacionamentos:

- ❑ Um para um.
- ❑ Um para muitos
- ❑ Muitos para muitos

Relacionamentos um para um

Em um relacionamento um para um, cada linha de uma tabela está relacionada com uma única linha de uma outra tabela. Por exemplo, em um aplicativo de um armazém (warehouse), uma tabela storagebin deve ter um relacionamento um para um com uma tabela widget. Este aplicativo modelaria um armazém físico no qual cada caixa de armazenamento contenha um tipo de widget e cada widget resida em um caixa de armazenamento.

A Figura 26-1 ilustra as tabelas storagebin e widget. Como o storagebinid identifica exclusivamente uma linha em uma tabela storagebin, ele é essa chave primária da tabela. O widgetid é a chave primária da tabela widget. As duas tabelas estão relacionadas porque o widgetid é também uma coluna da tabela storagebin. Referenciando a chave primária da tabela widget, o widgetid da tabela storagebin identifica qual widget da tabela storagebin se refere à chave primária de uma outra tabela, ela é chamada *chave estrangeira*. (As figuras deste capítulo indicam uma chave primária com PK (primary key) e uma chave estrangeira como FK (foreign key).

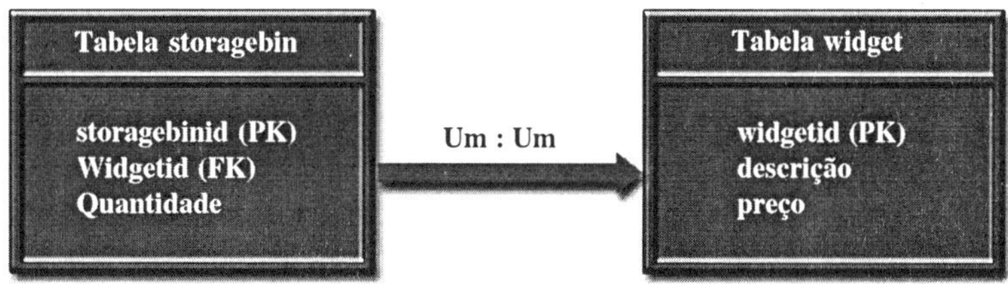

Figura 26-1 *Relacionamento da tabela um para um.*

Uma tabela dependente (filho) inclui uma chave primária que corresponde à chave primária da tabela referenciada (pai). Os valores das chaves estrangeiras da tabela storagebin (filho) dependem das chaves primárias da tabela widget (pai). Por exemplo, se a tabela storagebin tem uma linha com um widgetid de 344, então a tabela widget deverá também ter uma linha cujo widgetid seja 344.

Ao projetar um aplicativo de banco de dados, você pode escolher forçar a dependência entre as tabelas do pai e do filho. Existem duas maneiras de forçar essa dependência: definindo uma restrição de referencial no banco de dados ou executando verificações no código do aplicativo. A tabela storagebin tem um restrição de referencial chamada fk_widgetid:

```
CREATE TABLE storagebin
  (storagebinid VARCHAR(3)
  CONSTRAINT pk_storagebin PRIMARY KEY,
  widgetid VARCHAR(3),
  quantity INTEGER,
  CONSTRAINT fk_widgetid
  FOREIGN KEY (widgetid)
    REFERENCES widget(widgetid));
```

O código-fonte para o exemplo a seguir está neste diretório:

```
<INSTALL>/j2eetutorial14/examples/ejb/storagebin/src/
```

As classes StorageBinBean e WidgetBean ilustram o relacionamento um para um das tabelas storagebin e widget. A classe StorageBinBean contém variáveis para cada coluna da tabela storagebin, inclusive a chave estrangeira, widgetid:

```
private String storageBinId;
private String widgetId;
private int quantity;
```

O método ejbFindByWidgetId da classe StorageBinBean retorna o storageBinId que corresponde a um determinado widgetId:

```
public String ejbFindByWidgetId(String widgetId)
  throws FinderException {

  String storageBinId;
  try {
    storageBinId = selectByWidgetId(widgetId);
  } catch (Exception ex) {
      throw new EJBException("ejbFindByWidgetId: " +
        ex.getMessage());
  }
```

```
  if (storageBinId == null) {
      throw new ObjectNotFoundException
        ("Row for widgetId " + widgetId + " not found.");
  }
  else {
    return storageBinId;
  }
}
```

O método ejbFindByWidgetId localiza o widgetId consultando o banco de dados do método selectByWidgetId:

```
private String selectByWidgetId(String widgetId)
  throws SQLException {

  String storageBinId;

  makeConnection();
  String selectStatement =
    "select storagebinid " +
    "from storagebin where widgetid = ? ";
  PreparedStatement prepStmt =
    con.prepareStatement(selectStatement);
  prepStmt.setString(1, widgetId);

  ResultSet rs = prepStmt.executeQuery();

  if (rs.next()) {
    storageBinId = rs.getString(1);
  }
  else {
    storageBinId = null;
  }

  prepStmt.close();
  releaseConnection();
  return storageBinId;
}
```

Para descobrir em qual caixa de armazenamento um widget reside, o programa StorageBinClient chama o método findByWidgetId:

```
String widgetId = "777";
StorageBin storageBin =
  storageBinHome.findByWidgetId(widgetId);
String storageBinId = (String)storageBin.getPrimaryKey();
int quantity = storageBin.getQuantity();
```

Como executar o exemplo do StorageBinBean

1. Crie a tabela storagebin do banco de dados.

   a. Em uma janela de terminal, vá para este diretório:

   INSTALL>/j2eetutorial14/examples/ejb/storagebin/.

   b. Digite este comando:

   `asant create-db_common`

2. Em deploytool, implante o arquivo StorageBinApp.ear, que está neste diretório:

   `<INSTALL>/j2eetutorial14/examples/ejb/provided-ears/.`

3. Execute o cliente.

   a. Em uma janela de terminal, vá para este diretório:

      `<INSTALL>/j2eetutorial14/examples/ejb/storagebin/.`

   b. Digite o seguinte comando em uma única linha:

      `appclient -client StorageBinAppClient.jar`

   c. O cliente deve exibir o seguinte:

      ```
      . . .
      777 388 500 1.0 Duct Tape
      . . .
      ```

Relacionamentos um para muitos

Se a chave primária de uma tabela-pai corresponde às chaves estrangeiras em uma tabela- filho, então o relacionamento é um para muitos. Este relacionamento é comum em aplicativos de banco de dados. Por exemplo, um aplicativo para uma liga de esportes poderia acessar uma tabela de equipe e uma tabela de jogador. Cada equipe tem múltiplos jogadores, e cada jogador pertence a uma única equipe. Cada linha na tabela-filho (jogador) tem uma chave estrangeira identificando o jogador da equipe. Esta chave estrangeira corresponde à chave primária da tabela de equipe.

As seções seguintes descrevem como você poderia implementar relacionamentos um para muitos em beans de entidade. Ao projetar esses beans de entidade, você deve decidir se ambas as tabelas são representadas por beans de entidade, ou por apenas um.

Classe auxiliar para a tabela-filho

Nem toda tabela de banco de dados precisa ser mapeada para um bean de entidade. Se uma tabela de banco de dados não representa uma entidade de negócios, ou se ela armazena informações que estejam contidas em outra entidade, então você deve usar uma classe auxiliar para representar a tabela. Em um aplicativo de compras on-line, por exemplo, cada pedido submetido por um cliente pode ter múltiplos itens de linhas. O aplicativo armazena as informações nas tabelas do banco de dados mostradas pela Figura 26-2.

Não somente um item de linha pertence a um pedido, mas também ele não existe sem o pedido. Portanto, as tabelas lineitems devem ser representadas por uma classe auxiliar e não por um bean de entidade. Usar uma classe auxiliar neste caso não é necessário, mas fazer isso poderia melhorar o desempenho porque uma classe auxiliar usa menos recursos do sistema do que um bean de entidade.

O código-fonte para o exemplo seguinte está neste diretório:

`<INSTALL>/j2eetutorial14/examples/ejb/order/src/`

As classes LineItem e OrderBean mostram como implementar um relacionamento um para muitos usando uma classe auxiliar (LineItem). As variáveis de instância da classe LineItem correspondem às colunas da tabela lineitems. A variável itemNo corresponde à chave primária para a tabela lineitems, e a variável orderId representa a chave estrangeira da tabela. Aqui está o código-fonte para a classe LineItem:

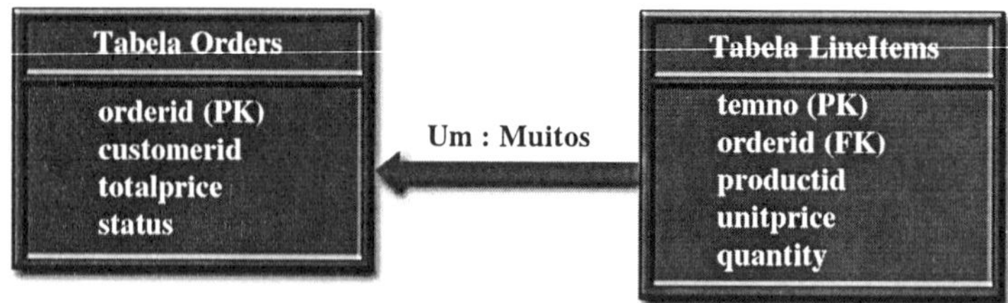

Figura 26-2 *Relacionamento um para muitos: pedido e itens de linha.*

```
public class LineItem implements java.io.Serializable {

  String productId;
  int quantity;
  double unitPrice;
  int itemNo;
  String orderId;

  public LineItem(String productId, int quantity,
    double unitPrice, int itemNo, String orderId) {

      this.productId = productId;
      this.quantity = quantity;
      this.unitPrice = unitPrice;
      this.itemNo = itemNo;
      this.orderId = orderId;
  }

  public String getProductId() {
    return productId;
  }

  public int getQuantity() {
    return quantity;
  }

  public double getUnitPrice() {
    return unitPrice;
  }

  public int getItemNo() {
    return itemNo;
  }

  public String getOrderId() {
    return orderId;
  }
}
```

A classe OrderBean contém uma variável ArrayList chamada lineItems. Cada elemento da variável lineItems contém um objeto LineItem. A variável lineItems é passada para a classe OrderBean do método ejbCreate. Para cada objeto LineItem da variável lineItems, o método ejbCreate insere uma linha na tabela lineitems. Ele também insere uma linha única na tabela orders (pedidos). O código para o método ejbCreate é:

```
public String ejbCreate(String orderId, String customerId,
  String status, double totalPrice, ArrayList lineItems)
  throws CreateException {

  try {
    insertOrder(orderId, customerId, status, totalPrice);
```

```
      for (int i = 0; i < lineItems.size(); i++) {
        LineItem item = (LineItem)lineItems.get(i);
        insertItem(item);
      }
    } catch (Exception ex) {
        throw new EJBException("ejbCreate: " +
          ex.getMessage());
    }

    this.orderId = orderId;
    this.customerId = customerId;
    this.status = status;
    this.totalPrice = totalPrice;
    this.lineItems = lineItems ;

    return orderId;
}
```

O programa OrderClient cria e carrega uma ArrayList de objetos LineItem. O programa passa esta ArrayList para o bean de entidade quando ele chama o método create:

```
ArrayList lineItems = new ArrayList();
lineItems.add(new LineItem("p23", 13, 12.00, 1, "123"));
lineItems.add(new LineItem("p67", 47, 89.00, 2, "123"));
lineItems.add(new LineItem("p11", 28, 41.00, 3, "123"));
...
Order duke = home.create("123", "c44", "open",
  totalItems(lineItems), lineItems);
```

Outros métodos da classe OrderBean também acessam ambas as tabelas do banco de dados. O método ejbRemove, por exemplo, não somente deleta uma linha da tabela orders, mas também deleta todas as linhas correspondentes da tabela lineitems. Os métodos ejbLoad e ejbStore sincronizam o estado de uma instância de um OrderBean, inclusive a ArrayList de lineItems, com as tabelas orders e lineitems.

O método ejbFindByProductId habilita clientes a localizar todos os pedidos que possuem um produto particular. Este método consulta a tabela lineitems para todas as linhas com um productId específico. O método retorna uma Collection de objetos Order. O programa OrderClient itera através da Coleção e imprime a chave primária de cada pedido:

```
Collection c = home.findByProductId("p67");
Iterator i=c.iterator();
while (i.hasNext()) {
  Order order = (Order)i.next();
  String id = (String)order.getPrimaryKey();
  System.out.println(id);
}
```

Como rodar o exemplo de OrderBean

1. Crie a tabela order (pedido) de banco de dados.
   a. Em uma janela de terminal, vá para este diretório:

      INSTALL`>/j2eetutorial14/examples/ejb/order/`

   b. Digite este comando:

      `asant create-db_common`

2. Em deploytool, implante o arquivo OrderBean.ear, que está neste diretório:

   `<INSTALL>/j2eetutorial14/examples/ejb/provided-ears/.`

3. Execute o cliente.

   a. Em uma janela de terminal, vá para este diretório:

      `INSTALL>/j2eetutorial14/examples/ejb/order/`

   b. Digite o seguinte comando em uma única linha:

      `appclient -client OrderBeanClient.jar`

   c. O cliente deve exibir as seguintes linhas:

```
. . .
123 1 p23 12.0
123 2 p67 89.0
123 3 p11 41.0

123
456
```

Bean de entidade para a tabela-filho

Você constrói um bean de entidade para uma tabela-filho sob as seguintes condições:

- A informação da tabela-filho não é dependente da tabela-pai.
- A entidade de negócios da tabela-filho não pode existir sem a da tabela-pai.
- A tabela-filho pode ser acessada por um outro aplicativo que não acesse a tabela-pai.

Estas condições existem no seguinte cenário. Suponha que cada representante de vendas de uma companhia tenha múltiplos clientes, e que cada cliente tenha somente um representante de vendas. A companhia rastreia seu poder de venda usando um aplicativo de banco de dados. No banco de dados, cada linha da tabela salesrep (pai) corresponde à múltiplas linhas na tabela customer (filho). A Figura 26-3 ilustra este relacionamento.

As classe do bean de entidade SalesRepBean e CustomerBean implementam o relacionamento um para muitos das tabelas sales (vendas) e customer (cliente).

O código-fonte para este exemplo está neste diretório:

`<INSTALL>/j2eetutorial14/examples/ejb/salesrep/src/`

A classe SalesRepBean contém uma variável chamada customerIds, que é uma ArrayList de elementos de String. Estes elementos de String identificam quais clientes pertencem ao representante de vendas. Como a variável customerIds reflete este relacionamento, a classe SalesRepBean deve manter a variável atualizada.

A classe SalesRepBean instancia a variável customerIds do método setEntityContext e não ejbCreate. O contêiner chama setEntityContext apenas uma vez – quando ele cria a instância do bean – desse modo assegurando que

Figura 26-3 Relacionamento um para muitos: representantes de venda e clientes.

customerIds é instanciada somente uma vez. Como a mesma instância do bean pode assumir diferentes identidades durante o seu ciclo de vida, instanciar customerIds em ejbCreate pode criar instanciações múltiplas e desnecessárias. Portanto, a classe SalesRepBean instancia a variável customerIds em setEntityContext:

```
public void setEntityContext(EntityContext context) {

  this.context = context;
  customerIds = new ArrayList();

  try {
    Context initial = new InitialContext();
    Object objref =
      initial.lookup("java:comp/env/ejb/Customer");

    customerHome =
      (CustomerHome)PortableRemoteObject.narrow(objref,
        CustomerHome.class);
  } catch (Exception ex) {
    throw new EJBException("setEntityContext: " +
      ex.getMessage());
  }
}
```

Chamado pelo método ejbLoad, loadCustomersIds é um método privado que atualiza a variável customerIds. Existem duas técnicas para codificar um método como loadCustomersIds: busque os identificadores da tabela customer do banco de dados, ou obtenha-os do bean de entidade CustomerBean. Buscar os identificadores do banco de dados pode ser mais rápido, mas ele expõe o código da classe SalesRepBean à tabela do banco de dados subjacente ao bean CustomerBean. No futuro, se você fosse alterar a tabela do bean CustomerBean (ou mover o bean para um Servidor de Aplicativo diferente), você precisaria alterar o código de SalesRepBean. Mas se a classe SalesRepBean obtém os identificadores do bean de entidade CustomerBean, nenhuma modificação de código é exigida. As duas técnicas apresentam um negócio externo (trade-off): desempenho verso flexibilidade. O exemplo de SalesRepBean opta pela flexibilidade, carregar a variável customerIds chamando os métodos findBySalesRep e getPrimaryKey de CustomerBean. Aqui está o código para o método loadCustomerIds:

```
private void loadCustomerIds() {

  customerIds.clear();

  try {
    Collection c = customerHome.findBySalesRep(salesRepId);
    Iterator i=c.iterator();

    while (i.hasNext()) {
      Customer customer = (Customer)i.next();
      String id = (String)customer.getPrimaryKey();
      customerIds.add(id);
    }

  } catch (Exception ex) {
      throw new EJBException("Exception in loadCustomerIds: " +
        ex.getMessage());
  }
}
```

Se um representante de vendas do cliente se altera, o programa do cliente atualiza o banco de dados chamando o método setSalesRepId da classe CustomerBean. A próxima vez que um método de negócios da classe SalesRepBean for chamado, o método ejbLoad chamará loadCustomerIds, que atualiza a variável customerIds. (Para assegurar que ejbLoad seja chamado antes de cada método de negócios, defina os atributos de transação dos métodos de negócios para Required.) Por exemplo, o programa SalesRepClient modifica a salesRepId para uma cliente chamada Mary Jackson como a seguir:

```
Customer mary = customerHome.findByPrimaryKey("987");
mary.setSalesRepId("543");
```

O valor 543 de salesRepId identifica uma representante de vendas chamada Janice Martin. Para listar todos os clientes de Janice, o programa SalesRepClient chama o método getCustomerIds, itera através da ArrayList de identificadores, e localiza cada bean de entidade CustomerBean chamando seu método findByPrimaryKey:

```
SalesRep janice = salesHome.findByPrimaryKey("543");
ArrayList a = janice.getCustomerIds();
i = a.iterator();

while (i.hasNext()) {
  String customerId = (String)i.next();
  Customer customer =
customerHome.findByPrimaryKey(customerId);
  String name = customer.getName();
  System.out.println(customerId + ": " + name);
}
```

Como executar o exemplo de SalesRepBean

1. Crie a tabela de banco de dados salesrep.
   a. Em uma janela de terminal, vá para este diretório:

      `<INSTALL>/j2eetutorial14/examples/ejb/salesrep/`

   b. Digite este comando:

      `asant create-db_common`

2. Em deploytool, implante o arquivo SalesRepApp.ear, que está neste diretório:

   `<INSTALL>/j2eetutorial14/examples/ejb/provided-ears/`

3. Execute o cliente.
   a. Em uma janela de terminal, vá para este diretório:

      `<INSTALL>/j2eetutorial14/examples/ejb/salesrep/`

   b. Digite o seguinte comando em uma linha única:

      `appclient -client SalesRepAppClient.jar`

   c. O cliente deve mostrar as seguintes linhas:

```
. . .
customerId = 221
customerId = 388
customerId = 456
customerId = 844

987: Mary Jackson
221: Alice Smith
388: Bill Williamson
456: Joe Smith
844: Buzz Murphy
. . .
```

Relacionamentos muitos para muitos

Em um relacionamento muitos para muitos, cada entidade pode estar relacionada com as múltiplas ocorrências de outra entidade. Por exemplo, um curso do colégio tem muitos alunos, e cada aluno pode fazer vários cursos. Em um banco de dados, este relacionamento é representado por uma tabela de referência cruzada contendo as chaves estrangeiras. Na Figura 26-4, a tabela de referência cruzada é a tabela enrollment (matrícula). Estas tabelas são acessadas pelas classes StudentBean, CourseBean e EnrollerBean.

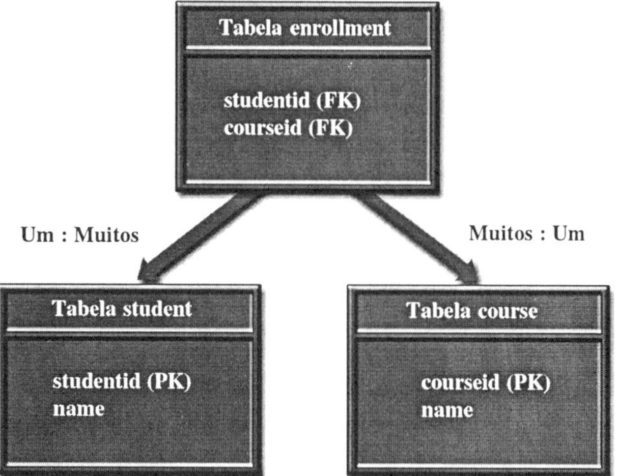

Figura 26-4 *Relacionamento muitos para muitos: alunos e cursos.*

O código-fonte para este exemplo está neste diretório:

`<INSTALL>/j2eetutorial14/examples/ejb/enroller/src/.`

As classes StudentBean e CourseBean são complementares. Cada classe contém uma ArrayList chamada courseIds, que identifica os cursos nos quais o aluno está matriculado. De modo semelhante, a classe CourseBean contém uma ArrayList chamada studentIds.

O método ejbLoad da classe StudentBean adiciona elementos para ArrayList de courseIds chamando loadCourseIds, um método privado. O método loadCourseIds obtém os identificadores do curso do bean de sessão EnrollerBean. O código-fonte para o método loadCourseIds é o seguinte:

```
private void loadCourseIds() {

  courseIds.clear();

  try {
    Enroller enroller = enrollerHome.create();
    ArrayList a = enroller.getCourseIds(studentId);
    courseIds.addAll(a);
  } catch (Exception ex) {
    throw new EJBException("Exception in loadCourseIds: " +
      ex.getMessage());
  }
}
```

Chamado pelo método loadCourseIds, o método getCourseIds da classe EnrollerBean consulta a tabela enrollment:

```
select courseid from enrollment
where studentid = ?
```

Somente a classe EnrollerBean acessa a tabela enrollment. Portanto, a classe EnrollerBean gerencia o relacionamento aluno-curso representado pela tabela enrollment. Se um aluno se matricula em um curso, por exemplo, o cliente chama o método de negócios enroll, o qual insere uma linha:

```
insert into enrollment
values (studentid, courseid)
```

Se um aluno remove um curso, o método unEnroll deleta uma linha:

```
delete from enrollment
where studentid = ? and courseid = ?
```

E se um aluno abandona a escola, o método deleteStudent deleta todas as linhas da tabela para esse aluno:

```
delete from enrollment
where student = ?
```

A classe EnrollerBean não deleta a linha correspondente da tabela student. Essa ação é executada pelo método ejbRemove da classe StudentBean. Para assegurar-se de que ambas as deleções são executadas em uma única operação, você deve se certificar de que pertençam à mesma transação. Veja o Capítulo 30 para mais informações.

Como executar o exemplo de EnrollerBean

1. Crie a tabela enroller do banco de dados.
   a. Em uma janela de terminal, vá para este diretório:

      `INSTALL>/j2eetutorial14/examples/ejb/enroller.`

   b. Digite este comando:

      `asant create-db_common`

2. Em deploytool, implante o arquivo EnrollerApp.ear, que está neste diretório:

   `<INSTALL>/j2eetutorial14/examples/ejb/provided-ears/.`

3. Execute o cliente.
   a. Em uma janela de terminal, vá para este diretório:

      `<INSTALL>/j2eetutorial14/examples/ejb/enroller/.`

   b. Digite o seguinte comando em uma única linha:

      `appclient -client EnrollerAppClient.jar`

   c. O cliente deve exibir o seguinte:

      ```
      . . .
      Denise Smith:
      220 Power J2EE Programming
      333 XML Made Easy
      777 An Introduction to Java Programming
      ```

```
An Introduction to Java Programming:
823 Denise Smith
456 Joe Smith
388 Elizabeth Willis
. . .
```

Chaves primárias para persistência gerenciada por bean

Você especifica a classe de chave primária no descritor de implantação do bean de entidade. Na maioria dos casos, a sua classe de chave primária será uma String, um Inteiro, ou alguma outra classe que pertença às bibliotecas-padrão J2EE ou J2SE. Para alguns beans de entidade, você precisará definir a sua própria classe de chave primária. Por exemplo, se o bean tem uma chave primária composta (isto é, aquela composta por múltiplos campos), então você deve criar uma classe de chave primária.

Classe de chave primária

A classe de chave primária seguinte é uma chave composta, os campos productId e vendorId juntos identificam com exclusividade um bean de entidade.

```
public class ItemKey implements java.io.Serializable {

  public String productId;
  public String vendorId;

  public ItemKey() { };

  public ItemKey(String productId, String vendorId) {

    this.productId = productId;
    this.vendorId = vendorId;
  }

  public String getProductId() {

    return productId;
  }

  public String getVendorId() {

    return vendorId;
  }

  public boolean equals(Object other) {

    if (other instanceof ItemKey) {
      return (productId.equals(((ItemKey)other).productId)
        && vendorId.equals(((ItemKey)other).vendorId));
    }
    return false;
  }

  public int hashCode() {

    return productId.concat(vendorId).hashCode();
  }
}
```

Para a persistência gerenciada por bean, uma classe de chave primária deve cumprir estas exigências:

- O modificador de controle de acesso da classe deve ser public.
- Todos os campos devem ser declarados como public.
- A classe deve ter um construtor default public.
- A classe deve implementar os métodos hashCode() e equals(Object other).
- A classe deve ser serializável.

Chaves primárias na classe do bean de entidade

Com a persistência gerenciada por bean, o método ejbCreate atribui os parâmetros de entrada às variáveis de instância e, depois, as retorna para a classe de chave primária:

```
public ItemKey ejbCreate(String productId, String vendorId,
  String description) throws CreateException {

  if (productId == null || vendorId == null) {
    throw new CreateException(
             "The productId and vendorId are required.");
  }

  this.productId = productId;
  this.vendorId = vendorId;
  this.description = description;

  return new ItemKey(productId, vendorId);
}
```

O ejbFindByPrimaryKey verifica a existência da linha do banco de dados para a chave primária dada:

```
public ItemKey ejbFindByPrimaryKey(ItemKey primaryKey)
  throws FinderException {

  try {
    if (selectByPrimaryKey(primaryKey))
      return primaryKey;
  ...
}
private boolean selectByPrimaryKey(ItemKey primaryKey)
  throws SQLException {

  String selectStatement =
      "select productid " +
      "from item where productid = ? and vendorid = ?";
  PreparedStatement prepStmt =
  con.prepareStatement(selectStatement);
  prepStmt.setString(1, primaryKey.getProductId());
  prepStmt.setString(2, primaryKey.getVendorId());
  ResultSet rs = prepStmt.executeQuery();
  boolean result = rs.next();
  prepStmt.close();
  return result;
}
```

Como obter a chave primária

Um cliente pode buscar a chave primária de um bean de entidade chamando o método getPrimaryKey da classe EJBObject:

```
SavingsAccount account;
...
String id = (String)account.getPrimaryKey();
```

O bean de entidade obtém sua própria chave primária chamando o método getPrimaryKey da classe EntityContext:

```
EntityContext context;
...
String id = (String) context.getPrimaryKey();
```

Dicas de deploytool para beans de entidade com persistência gerenciada por bean

O Capítulo 25 fornece instruções passo a passo para criar e empacotar um bean de sessão. Para construir um bean de entidade, siga os mesmos procedimentos, mas com as seguintes exceções:

1. No assistente New Enterprise Bean, especifique o tipo do bean e o gerenciamento persistente.
   a. Na caixa de diálogo General, selecione o botão de rádio Entity.
   b. Na caixa de diálogo Entity Settings, selecione Bean-Managed Persistence.
2. Na guia Resource Ref's, especifique as fábricas de recursos referenciadas pelo bean. Estas configurações permitem ao bean conectar-se ao banco de dados. Para mais informações sobre referência de recursos, veja Conexões de banco de dados.
3. Antes de você implantar o bean, verifique se os nomes JNDI estão corretos.
   a. Selecione o aplicativo a partir da árvore.
   b. Clique o botão Sun-specific Settings.
   c. Selecione os nomes JNDI da caixa combo View.

27

Exemplos de persistência gerenciada por contêiner

Um bean de entidade com persistência gerenciada por contêiner (CMP) oferece vantagens importantes para o desenvolvedor de beans. Primeiro, o contêiner de EJB trata todo armazenamento de banco de dados e chamadas de obtenção. Segundo, o contêiner gerencia os relacionamentos entre os beans de entidade. Por causa destes serviços, você não tem de codificar as chamadas de acesso a banco de dados no bean de entidade. Em vez disso, você especifica as configurações no descritor de implantação do bean. Não apenas esta técnica poupa o seu tempo, mas também torna o bean portável através dos diversos servidores de banco de dados.

Este capítulo privilegia o código-fonte e as configurações de implantação para um exemplo chamado RosterApp, um aplicativo que apresenta os beans de entidade com persistência gerenciada por bean. Se você não estiver familiarizado com os termos e conceitos mencionados neste capítulo, por favor, consulte a seção Persistência gerenciada por bean.

Resumo geral do aplicativo RosterApp

O aplicativo mantém as listas da equipe de jogadores das ligas de esporte. O aplicativo possui cinco componentes. O componente RosterAppClient é um cliente de aplicativo que acessa a sessão RosterBean através das interfaces remotas do bean. RosterBean acessa três beans de entidade – PlayerBean, TeamBean e LeagueBean – através de suas *interfaces locais.*

Os beans de entidade usam persistência gerenciada por contêiner e relacionamentos. Os beans de entidade TeamBean e PlayerBean possuem um relacionamento bidirecional muitos para muitos. Em um relacionamento bidirecional, cada bean tem um campo de relacionamento cujo valor identifica a instância do bean relacionada. A multiplicidade do relacionamento TeamBean-PlayerBean é muitos para muitos: jogadores que participam de mais de um esporte pertencem às múltiplas equipes, e cada equipe tem múltiplos jogadores. Os beans de entidade LeagueBean e TeamBean também possuem um relacionamento bidirecional, mas a multiplicidade é um para muitos: uma liga tem muitas equipes, mas uma equipe pode pertencer somente a uma liga.

A Figura 27-1 mostra os componentes e relacionamentos do aplicativo RosterApp. As linhas pontilhadas representam o acesso conseguido através de chamadas do método lookup JNDI. As linhas sólidas representam os relacionamentos gerenciados por contêiner.

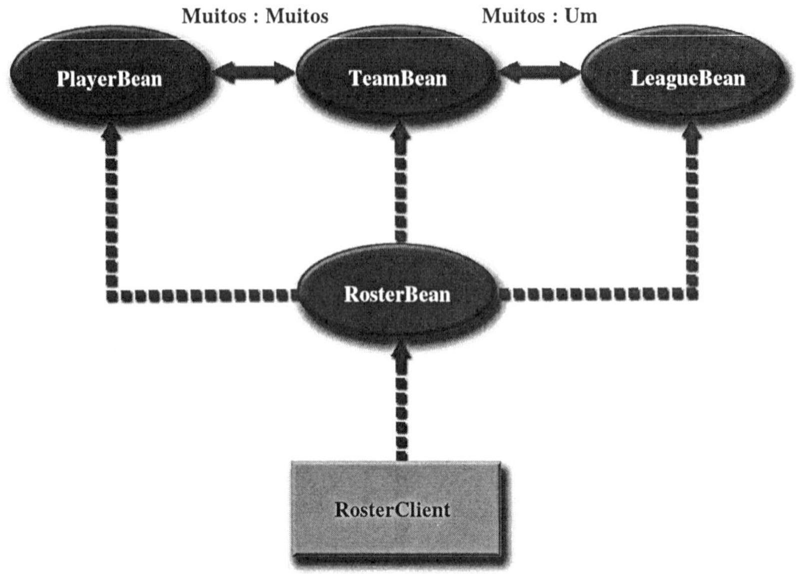

Figura 27-1 *O aplicativo J2EE RosterApp.*

Código de PlayerBean

O bean de entidade PlayerBean representa um jogador em uma liga de esportes. Como qualquer bean de entidade com persistência gerenciada por contêiner, PlayerBean precisa do seguinte código:

- ❑ Classe do bean de entidade (PlayerBean)
- ❑ Interface home local (LocalPlayerHome)
- ❑ Interface local (LocalPlayer)

O código-fonte para este exemplo está no diretório <*INSTALL*>/j2eetutorial14/examples/ejb/cmproster.

Classe do bean de entidade

O código para a classe do bean de entidade deve atender a exigências de sintaxe da persistência gerenciada por contêiner. Primeiro, a classe deve ser definida como public ou abstract. Segundo, a classe deve implementar o seguinte:

- ❑ A interface EntityBean
- ❑ Zero ou mais métodos ejbCreate e ejbPostCreate
- ❑ Os métodos de acesso get e set, definidos como abstract, para os campos de relacionamento e persistente
- ❑ Quaisquer métodos de seleção, definindo-os como abstratos
- ❑ Os métodos home
- ❑ Os métodos de negócios

A classe do bean de entidade não deve implementar estes métodos:

- ❑ Os métodos de localização (finder)
- ❑ O método finalize

Diferenças entre o código gerenciado por contêiner e gerenciado por bean

Como não contém nenhuma chamada para acessar o banco de dados, um bean de entidade com persistência gerenciada por contêiner exige um pouco menos de código do que aquele com persistência gerenciada por bean. Por exemplo, o arquivo-fonte PlayerBean.java discutido neste capítulo é muito menor do que o código SavingsAccountBean.java documentado no Capítulo 26. A Tabela 27-1 compara o código de dois tipos de beans de entidade.

Tabela 27-1 Diferenças de codificação entre tipos persistentes

Diferença	Gerenciado por contêiner	Gerenciado por bean
Definição de classe	Abstrato	Não abstrato
Chamadas de acesso a banco de dados	Tratado por contêiner	Codificado por desenvolvedores
Estado persistente	Representado por campos persistentes virtuais	Codificado como variáveis de instância
Métodos de acesso para campos persistente e de relacionamento	Exigido	Nenhum
Método findByPrimaryKey	Tratado por contêiner	Codificado por desenvolvedores
Métodos de localização	Tratado por contêiner, mas o Personalizados	Codificado por desenvolvedores desenvolvedor deve definir as consultas EJB QL
Métodos de seleção	Tratado por contêiner	Nenhum
Valor de retorno de	nulo ejbCreate	Deve ser a chave primária

Note que para ambos os tipos de persistência, as regras de implementação dos métodos de negócios e home são as mesmas. Veja as seções Métodos de negócios e os Métodos home do Capítulo 26.

Métodos de acesso

Um bean de entidade com persistência gerenciada por contêiner tem campos de relacionamento e persistente. Estes campos são virtuais, portanto, você não precisa codificá-los na classe como variáveis de instância. Em vez disso, você os especifica no descritor de implantação do bean. Para permitir acesso aos campos, você define os métodos abstratos get e set na classe do bean de entidade.

Métodos de acesso para campos persistentes

O contêiner de EJB executa automaticamente o armazenamento do banco de dados e a obtenção dos campos persistentes do bean. O descritor de implantação de PlayerBean especifica os seguintes campos persistentes:

- playerId (chave primária)
- name

- ❑ position
- ❑ salary

A classe PlayerBean define os métodos de acesso para os campos persistentes como a seguir:

```
public abstract String getPlayerId();
public abstract void setPlayerId(String id);

public abstract String getName();
public abstract void setName(String name);

public abstract String getPosition();
public abstract void setPosition(String position);

public abstract double getSalary();
public abstract void setSalary(double salary);
```

O nome de um método de acesso começa com get ou set, seguido pelo nome em letra maiúscula do campo persistente ou de relacionamento. Por exemplo, os métodos de acesso para o campo salary (salário) são getSalary e setSalary. Esta convenção de atribuição de nomes é semelhante àquela dos componentes JavaBeans.

Métodos de acesso para campos de relacionamento

No aplicativo RosterApp, um jogador pode pertencer a múltiplas equipes, portanto, uma instância de PlayerBean pode estar relacionada com muitas instâncias de TeamBean. Para especificar este relacionamento, o descritor de implantação de PlayerBean define um campo de relacionamento chamado teams (equipes). Na classe PlayerBean, os métodos de acesso para os campos de relacionamento das equipes são os seguintes:

```
public abstract Collection getTeams();
public abstract void setTeams(Collection teams);
```

Métodos finder e select

Os métodos localizador e de seleção utilizam consultas EJB QL para retornar objetos e informações de estado dos beans de entidade usando persistência gerenciada por contêiner.

Um método de seleção é semelhante a um método finder nas seguintes maneiras:

- ❑ Um método de seleção pode retornar uma interface local ou remota (ou uma coleção de interfaces)
- ❑ Um método de seleção consulta um banco de dados
- ❑ O descritor de implantação especifica a consulta EJB QL para o método de seleção
- ❑ A classe do bean de entidade não implementa o método de seleção

Todavia, um método de seleção difere significativamente de um método finder:

- ❑ Um método de seleção pode retornar um campo persistente (ou uma coleção deles) de um bean de entidade relacionado. O método de localização pode retornar somente uma interface local ou remota (ou uma coleção de interfaces)
- ❑ Como ele não está exposto em nenhuma das *interfaces locais* ou remota, um método de seleção não pode ser chamado por um cliente. Ele pode ser chamado somente pelos métodos implementados dentro da classe do bean de entidade. Um método de seleção geralmente é chamado tanto por um método de negócios como por um método home
- ❑ Um método de seleção é definido na classe do bean de entidade. Para a persistência gerenciada por bean, um método de localização é definido na classe do bean de entidade, mas para a persistência gerenciada por contêiner ele não é

A classe PlayerBean define estes métodos de seleção:

```
public abstract Collection ejbSelectLeagues(LocalPlayer player)
  throws FinderException;
public abstract Collection ejbSelectSports(LocalPlayer player)
  throws FinderException;
```

A assinatura para um método de seleção deve seguir estas regras:

- ❑ O prefixo do nome do método deve ser ejbSelect
- ❑ O modificador de controle de acesso deve ser public
- ❑ O método deve ser declarado como abstract
- ❑ A cláusula throws deve incluir a exceção javax.ejb.FinderException

Métodos de negócios

Como os clientes não podem chamar métodos de seleção, a classe PlayerBean os empacota nos métodos de negócios getLeagues e getSports:

```
public Collection getLeagues() throws FinderException {

  LocalPlayer player =
    (team.LocalPlayer)context.getEJBLocalObject();
  return ejbSelectLeagues(player);
}

public Collection getSports() throws FinderException {

  LocalPlayer player =
    (team.LocalPlayer)context.getEJBLocalObject();
  return ejbSelectSports(player);
}
```

Métodos de beans de entidade

Como o contêiner trata persistência, os métodos de ciclo de vida da classe PlayerBean são quase vazios.

O método ejbCreate inicializa a instância do bean atribuindo os argumentos de entrada aos campos persistentes. No final da transação que contém a chamada do create, o contêiner insere uma linha no banco de dados. Aqui está o código-fonte para o método ejbCreate:

```
public String ejbCreate (String id, String name,
  String position, double salary) throws CreateException {

  setPlayerId(id);
  setName(name);
  setPosition(position);
  setSalary(salary);
  return null;
}
```

O método ejbPostCreate retorna void e tem os mesmos parâmetros de entrada que o método ejbCreate. Se você quiser definir um campo de relacionamento para inicializar a instância do bean, deverá fazer isso no método ejbPostCreate. Você não pode definir um campo de relacionamento no método ejbCreate.

Exceto para um declaração de depuração, o método ejbRemove da classe PlayerBean é vazio. O contêiner chama ejbRemove antes de remover o objeto da entidade.

O contêiner sincroniza automaticamente o estado do bean de entidade com o banco de dados. Depois que o contêiner carrega o estado do bean de um banco de dados, ele chama o método ejbLoad. De maneira semelhante, antes de armazenar o estado no banco de dados, o contêiner chama o método ejbStore.

Interface home local

A interface home local define os métodos de criação, de procura e de home que podem ser chamados por clientes locais.

As regras de sintaxe para um método de criação são as seguintes:

- O nome deve começar com create
- Ele deve ter o mesmo número e tipo de argumentos que seu método correspondente ejbCreate na classe do bean de entidade
- Ele deve retornar o tipo de interface local do bean de entidade
- A cláusula throws deve incluir as exceções especificadas pela cláusula throws do método ejbCreate correspondente
- A cláusula throws deve conter a exceção javax.ejb.CreateException

Estas regras se aplicam a um método de localização:

- O nome deve começar com find
- O tipo de retorno deve ser do tipo de interface local do bean de entidade ou uma coleção desses tipos
- A cláusula throws deve conter a exceção javax.ejb.FinderException
- O método findByPrimaryKey deve ser definido

Um trecho da interface LocalPlayerHome é:

```
package team;

import java.util.*;
import javax.ejb.*;

public interface LocalPlayerHome extends EJBLocalHome {

  public LocalPlayer create (String id, String name,
    String position, double salary)
    throws CreateException;
  public LocalPlayer findByPrimaryKey (String id)
    throws FinderException;

  public Collection findByPosition(String position)
    throws FinderException;
  ...
  public Collection findByLeague(LocalLeague league)
    throws FinderException;
  ...
}
```

Interface local

Esta interface define os métodos de negócios e de acesso que um cliente local pode chamar. A classe PlayerBean implementa dois métodos de negócios: getLeagues e getSports. Também define diversos métodos de acesso get e set para os campos persistente e de relacionamento. Os métodos set são ocultos dos clientes do bean porque eles não são definidos na interface LocalPlayer. Todavia, os métodos get são expostos aos clientes pela interface:

```
package team;

import java.util.*;
import javax.ejb.*;

public interface LocalPlayer extends EJBLocalObject {

  public String getPlayerId();
  public String getName();
  public String getPosition();
  public double getSalary();
  public Collection getTeams();

  public Collection getLeagues() throws FinderException;
  public Collection getSports() throws FinderException;
}
```

Chamadas de método em RosterApp

Para mostrar como os vários componentes interagem, esta seção descreve a seqüência de chamadas de método que ocorrem para funções particulares. O código-fonte para o componente está no diretório *<INSTALL>*/ j2eetutorial14/examples/ejb/cmproster.

Como criar um jogador

1. RosterClient

O RosterClient chama o método de negócios createPlayer do bean de sessão de RosterApp para criar um novo jogador. Na próxima linha de código, o tipo do objeto myRoster é Roster, a interface remota de RosterBean. O argumento do método createPlayer é um objeto PlayerDetails, que encapsula informações sobre um jogador particular.

```
myRoster.createPlayer(new PlayerDetails("P1", "Phil Jones",
  "goalkeeper", 100.00));
```

2. RosterBean

O método createPlayer do bean de sessão RosterBean cria uma nova instância do bean de entidade de PlayerBean. Como o acesso de PlayerBean é local, o método create é definido na interface home local, LocalPlayerHome. O tipo do objeto playerHome é LocalPlayerHome. Aqui está o código-fonte do método createPlayer:

```
public void createPlayer(PlayerDetails details) {

try {
  LocalPlayer player = playerHome.create(details.getId(),
    details.getName(), details.getPosition(),
      details.getSalary());
} catch (Exception ex) {
    throw new EJBException(ex.getMessage());
  }
}
```

3. PlayerBean

O método ejbCreate atribui os argumentos de entrada para os campos persistentes do bean chamando os métodos de acesso set. No final da transação que contém a chamada de create, o contêiner salva os campos persistentes no banco de dados emitindo uma declaração INSERT SQL. O código para o método ejbCreate é:

```
public String ejbCreate (String id, String name,
  String position, double salary) throws CreateException {

  setPlayerId(id);
  setName(name);
  setPosition(position);
  setSalary(salary);
  return null;
}
```

Como adicionar um jogador à equipe

1. RosterClient

O RosterClient chama o método de negócios addPlayer do bean de sessão RosterBean para adicionar o jogador P1 à equipe T1. Os parâmetros P1 e T1 são as chaves primárias das instâncias de PlayerBean e TeamBean, respectivamente:

```
myRoster.addPlayer("P1", "T1");
```

2. RosterBean

O método addPlayer efetua duas etapas. Primeiro, ele chama findByPrimaryKey para localizar as instâncias de PlayerBean e TeamBean. Segundo, ele chama os métodos de negócios da bean de entidade TeamBean. Aqui está o código-fonte para o método addPlayer do bean de sessão RosterBean:

```
public void addPlayer(String playerId, String teamId) {

  try {
    LocalTeam team = teamHome.findByPrimaryKey(teamId);
    LocalPlayer player =
      playerHome.findByPrimaryKey(playerId);
    team.addPlayer(player);
  } catch (Exception ex) {
    throw new EJBException(ex.getMessage());
  }
}
```

3. TeamBean

O bean de entidade TeamBean tem um campo de relacionamento chamado players, uma Coleção que representa os jogadores que pertencem à equipe. Os métodos de acesso para o campo de relacionamento dos jogadores são os seguintes:

```
public abstract Collection getPlayers();
public abstract void setPlayers(Collection players);
```

O método addPlayer de TeamBean chama o método de acesso getPlayers para buscar a Coleção de objetos LocalPlayer relacionados. Em seguida, o método addPlayer chama o método add da interface Collection. Aqui está o código-fonte para o método addPlayer:

```
public void addPlayer(LocalPlayer player) {

  try {
    Collection players = getPlayers();
    players.add(player);
  } catch (Exception ex) {
    throw new EJBException(ex.getMessage());
  }
}
```

Como remover um jogador

1. RosterClient

Para remover o jogador P4, o cliente chamaria o método removePlayer do bean de sessão RosterBean:

```
myRoster.removePlayer("P4");
```

2. RosterBean

O método removePlayer localiza a instância de PlayerBean chamando findByPrimaryKey e, depois, chamando o método remove da instância. Esta chamada avisa ao contêiner que delete a linha no banco de dados correspondente à instância de PlayerBean. O contêiner também remove o item para esta instância do campo de relacionamento dos jogadores no bean de entidade de TeamBean. Com esta remoção, o contêiner atualiza automaticamente o relacionamento TeamBean-PlayerBean. Aqui está o método removePlayer do bean de sessão RosterBean:

```
public void removePlayer(String playerId) {
  try {
    LocalPlayer player =
      playerHome.findByPrimaryKey(playerId);
    player.remove();
  } catch (Exception ex) {
    throw new EJBException(ex.getMessage());
  }
}
```

Como retirar um jogador de uma equipe

1. RosterClient

Para retirar o jogador P2 da equipe T1, o cliente chama o método dropPlayer do bean de sessão RosterBean:

```
myRoster.dropPlayer("P2", "T1");
```

2. RosterBean

O método dropPlayer obtém as instâncias de PlayerBean e TeamBean chamando seus métodos findByPrimaryKey. Em seguida, ele chama o método de negócios dropPlayer do bean de entidade TeamBean. O método dropPlayer do bean de sessão é:

```
public void dropPlayer(String playerId, String teamId) {

  try {
    LocalPlayer player =
      playerHome.findByPrimaryKey(playerId);
    LocalTeam team = teamHome.findByPrimaryKey(teamId);
    team.dropPlayer(player);
  } catch (Exception ex) {
    throw new EJBException(ex.getMessage());
  }
}
```

3. TeamBean

O método dropPlayer atualiza o relacionamento TeamBean-PlayerBean. Primeiro, o método obtém os objetos Collection de LocalPlayer que correspondem ao campo de relacionamento dos jogadores. Em seguida, ele retira o jogador-alvo chamando o método remove da interface Collection. Aqui está o método dropPlayer do bean de entidade TeamBean:

```
public void dropPlayer(LocalPlayer player) {

  try {
    Collection players = getPlayers();
    players.remove(player);
  } catch (Exception ex) {
    throw new EJBException(ex.getMessage());
  }
}
```

Como obter os jogadores de uma equipe

1. RosterClient

O cliente pode buscar os jogadores de uma equipe chamando o método getPlayersOfTeam do bean de sessão RosterBean. Este método retorna uma ArrayList dos objetos de PlayerDetails. Um objeto PlayerDetail contém quatro variáveis – playerId, name, position, e salary – que são cópias dos campos persistentes de PlayerBean. O RosterClient chama o método getPlayersOfTeam como a seguir:

```
playerList = myRoster.getPlayersOfTeam("T2");
```

2. RosterBean

O método getPlayersOfTeam do bean de sessão RosterBean localiza o objeto LocalTeam da equipe de destino chamando o método findByPrimaryKey. Em seguida, o método getPlayersOfTeam chama o método getPlayers do bean de entidade TeamBean. Aqui está o código-fonte para o método getPlayersOfTeam:

```
public ArrayList getPlayersOfTeam(String teamId) {

  Collection players = null;

  try {
    LocalTeam team = teamHome.findByPrimaryKey(teamId);
    players = team.getPlayers();
  } catch (Exception ex) {
    throw new EJBException(ex.getMessage());
  }

  return copyPlayersToDetails(players);
}
```

O método getPlayersOfTeam retorna a ArrayList dos objetos de PlayerDetails que é gerada pelo método copyPlayersToDetails:

```
private ArrayList copyPlayersToDetails(Collection players) {

  ArrayList detailsList = new ArrayList();
  Iterator i = players.iterator();
  while (i.hasNext()) {
    LocalPlayer player = (LocalPlayer) i.next();
    PlayerDetails details =
      new PlayerDetails(player.getPlayerId(),
        player.getName(), player.getPosition(),
        player.getSalary());
      detailsList.add(details);
  }

  return detailsList;
}
```

3. TeamBean

O método getPlayers do bean de entidade TeamBean é um método de acesso ao campo de relacionamento dos jogadores:

```
public abstract Collection getPlayers();
```

Este método é exposto aos clientes locais porque ele é definido na interface local, LocalTeam:

```
public Collection getPlayers();
```

Quando chamado por um cliente local, o método de acesso get retorna uma referência para o campo de relacionamento. Se o cliente local altera o objeto retornado por um método de acesso get, ele também altera o valor do campo de relacionamento dentro do bean de entidade. Por exemplo, um cliente local do bean de entidade TeamBean poderia remover um jogador da equipe como a seguir:

```
LocalTeam team = teamHome.findByPrimaryKey(teamId);
Collection players = team.getPlayers();
players.remove(player);
```

Se quiser impedir que um cliente local modifique um campo de relacionamento desta maneira, você deverá aceitar a técnica apresentada na próxima seção.

Como obter uma cópia de jogadores de uma equipe

Em contraste com os métodos discutidos na seção anterior, os métodos desta seção demonstram as seguintes técnicas:

- Filtrar a informação passada de volta para o cliente remoto
- Impedir o cliente local de modificar diretamente um campo de relacionamento

1. RosterClient

Se você quisesse ocultar o salário de um jogador de um cliente remoto, você precisaria que o cliente chamasse o método getPlayersOfTeamCopy do bean de sessão RosterBean. Como o método getPlayersOfTeam, o método getPlayersOfTeamCopy retorna uma ArrayList dos objetos de PlayerDetails. Todavia, os objetos retornados por getPlayersOfTeamCopy são diferentes: suas variáveis salary foram definidas para zero. O RosterClient chama o método getPlayersOfTeamCopy como a seguir:

```
playerList = myRoster.getPlayersOfTeamCopy("T5");
```

2. RosterBean

Ao contrário do método getPlayersOfTeam, o método getPlayersOfTeamCopy não chama o método de acesso getPlayers que está exposto na interface LocalTeam. Em vez disso, o método getPlayersOfTeamCopy obtém uma cópia da informação do jogador chamando o método de negócios definido na interface LocalTeam. Como resultado, o método getPlayersOfTeamCopy não consegue modificar o campo de relacionamento dos jogadores de TeamBean. Aqui está o código-fonte do método getPlayersOfTeamCopy de RosterBean:

```
public ArrayList getPlayersOfTeamCopy(String teamId) {

  ArrayList playersList = null;

  try {
    LocalTeam team = teamHome.findByPrimaryKey(teamId);
    playersList = team.getCopyOfPlayers();
  } catch (Exception ex) {
    throw new EJBException(ex.getMessage());
  }

  return playersList;
}
```

3. TeamBean

O método getCopyOfPlayers de TeamBean retorna um ArrayList dos objetos de PlayerDetails. Para criar esta ArrayList, o método itera através da Collection de objetos LocalPlayer relacionados e copia a informação para as variáveis dos objetos de PlayerDetails. O método copia os valores dos campos persistentes de PlayerBean – exceto para o campo salary, que ele define para zero. Como resultado, um salário de jogador é oculto de um cliente que chama o método getPlayersOfTeamCopy. O código-fonte para o método getCopyOfPlayers de TeamBean é:

```
public ArrayList getCopyOfPlayers() {

  ArrayList playerList = new ArrayList();
  Collection players = getPlayers();

  Iterator i = players.iterator();
```

```
  while (i.hasNext()) {
    LocalPlayer player = (LocalPlayer) i.next();
    PlayerDetails details =
      new PlayerDetails(player.getPlayerId(),
        player.getName(), player.getPosition(), 0.00);
      playerList.add(details);
  }

  return playerList;
}
```

Como encontrar os jogadores por posição

1. RosterClient

O cliente começa o procedimento chamando o método getPlayersByPosition do bean de sessão RosterBean:

```
playerList = myRoster.getPlayersByPosition("defender");
```

2. RosterBean

O método getPlayersByPosition obtém a lista de jogadores chamando o método findByPosition do bean de entidade PlayerBean:

```
public ArrayList getPlayersByPosition(String position) {

  Collection players = null;
  try {
    players = playerHome.findByPosition(position);
  } catch (Exception ex) {
    throw new EJBException(ex.getMessage());
  }

  return copyPlayersToDetails(players);
}
```

3. PlayerBean

A interface LocalPlayerHome define o método findByPosition:

```
public Collection findByPosition(String position)
  throws FinderException;
```

Como o bean de entidade PlayerBean usa uma persistência gerenciada por contêiner, a classe do bean de entidade (PlayerBean) não implementa seus métodos de localização. Para especificar as consultas associadas aos métodos de localização, as consultas EJB QL devem ser definidas no descritor de implantação do bean. Por exemplo, o método findByPosition possui a seguinte consulta EJB QL:

```
SELECT DISTINCT OBJECT(p) FROM Player p
WHERE p.position = ?1
```

Em tempo de execução, quando o contêiner chamar o método findByPosition, ele executará a declaração SELECT SQL correspondente.

Para detalhes sobre EJB QL, por favor, consulte o Capítulo 29. Para aprender como visualizar e editar uma consulta EJB QL em deploytool, veja a seção Caixa de diálogo Finder/Select Methods (PlayerBean).

Como obter os esportes de um jogador

1. RosterClient

O cliente chama o método getSportsOfPlayer do bean de sessão RosterBean:

```
sportList = myRoster.getSportsOfPlayer("P28");
```

2. RosterBean

O método getSportsOfPlayer retorna um ArrayList de objetos de String que representam os esportes do jogador especificado. Ele constrói o ArrayList de uma Collection retornada pelo método de negócios getSports do bean de entidade PlayerBean. Aqui está o código- fonte para o método getSportsOfPlayer do bean de entidade RosterBean:

```
public ArrayList getSportsOfPlayer(String playerId) {

  ArrayList sportsList = new ArrayList();
  Collection sports = null;

  try {
    LocalPlayer player =
      playerHome.findByPrimaryKey(playerId);
    sports = player.getSports();
  } catch (Exception ex) {
    throw new EJBException(ex.getMessage());
  }

  Iterator i = sports.iterator();
  while (i.hasNext()) {
    String sport = (String) i.next();
    sportsList.add(sport);
  }
  return sportsList;
}
```

3. PlayerBean

O método getSports é um wrapper para o método ejbSelectSports. Como o parâmetro do método ejbSelectSports é de tipo LocalPlayer, o método getSports passa junto uma referência para a instância do bean de entidade. A classe PlayerBean implementa o método getSports assim:

```
public Collection getSports() throws FinderException {

  LocalPlayer player =
    (team.LocalPlayer)context.getEJBLocalObject();
  return ejbSelectSports(player);
}
```

A classe de PlayerBean define o método ejbSelectSports:

```
public abstract Collection ejbSelectSports(LocalPlayer player)
  throws FinderException;
```

O descritor de implantação do bean especifica a seguinte consulta EJB QL para o método ejbSelectSports:

```
SELECT DISTINCT t.league.sport
FROM Player p, IN (p.teams) AS t
WHERE p = ?1
```

Como PlayerBean usa persistência gerenciada por contêiner, quando o método ejbSelectSports for chamado, o contêiner de EJB executará a sua declaração SQL SELECT correspondente.

Como construir e executar o exemplo de RosterApp

Agora que você entende a estrutura do arquivo EAR de exemplo de RosterApp, você montará o aplicativo corporativo e o cliente de aplicativo e, depois, executará o exemplo. Esta seção fornece as instruções detalhadas sobre como construir e rodar o exemplo de RosterApp, que está localizado em *<INSTALL>*/j2eetutorial14/examples/ejb/cmproster/.

Como criar as tabelas do banco de dados

O aplicativo RosterApp usa as tabelas de banco de dados mostradas na Figura 27-2.

As próximas instruções explicam como usar o exemplo de RosterApp com PointBase, o software de banco de dados que está incluso no pacote da Sun Java System Application Server Platform Edition 8.

1. Inicie o servidor PointBase. Para instruções, veja Como iniciar e parar o servidor de banco de dados PointBase.
2. Crie as tabelas de banco de dados rodando o script create.sql.
   a. Em uma janela de terminal, vá para este diretório:
      `<INSTALL>/j2eetutorial14/examples/ejb/cmproster/.`
   b. Digite o seguinte comando, que roda o script create.sql:
      `asant create-db_common`

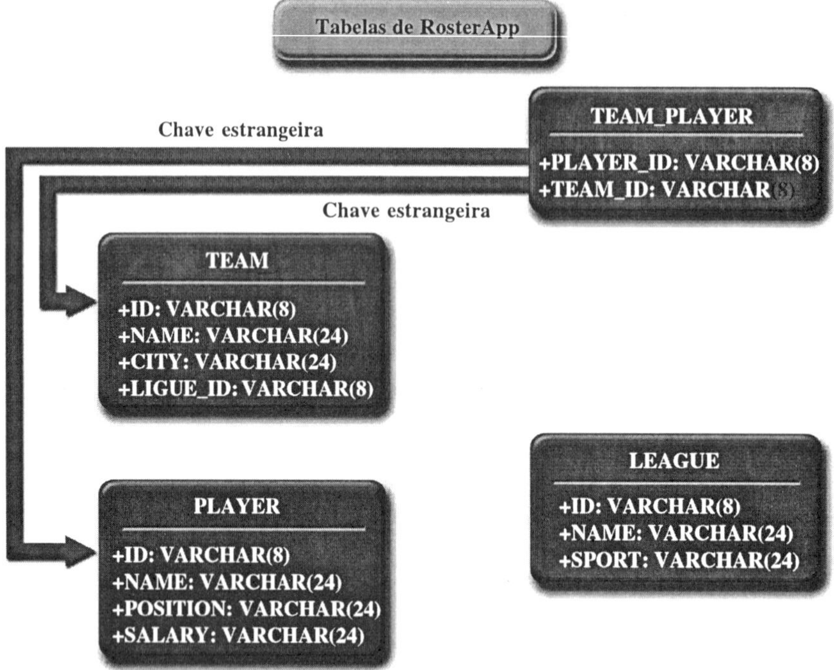

Figura 27-2 Tabelas do banco de dados de RosterApp.

Como criar a fonte de dados

Você deve criar a fonte de dados jdbc/ejbTutorialDB. Para instruções sobre a criação deste recurso no Admin Console, veja Como criar uma fonte de dados.

Como capturar o esquema da tabela

Você agora criará um arquivo de esquema do banco de dados, que permitirá a você mapear campos do enterprise beans para colunas das tabelas do banco de dados criadas anteriormente.

1. Certifique-se de que o servidor PointBase esteja rodando.
2. Em uma janela de terminal, vá para

   `<INSTALL>/j2eetutorial14/examples/ejb/cmproster/`

3. Digite o seguinte comando para criar o arquivo de esquema de banco de dados, chamado cmproster.dbschema, no diretório ./build/:

   ```
   asant capture-db-schema
   ```

A tarefa capture-db-schema chama o utilitário capture-schema para criar um arquivo XML, cmproster.dbschema, o qual representa a estrutura das tabelas do banco de dados que você criou em em Como criar as tabelas do banco de dados. O arquivo cmproster.dbschema será usado para mapear automaticamente os campos do enterprise beans para as colunas do banco de dados. O comando chamado quando você roda a tarefa capture-db-schema é:

```
capture-schema -dburl jdbc:pointbase:server://localhost:9092/sun-appserv-samples
-username pbpublic -password pbpublic -table LEAGUE
-table PLAYER -table TEAM -table TEAM_PLAYER
-schemaname PBPUBLIC
-driver com.pointbase.jdbc.jdbcUniversalDriver
-out build/cmproster.dbschema
```

Como construir os enterprise beans

Agora você criará os enterprise beans.

1. Em uma janela de terminal, vá para este diretório:

```
INSTALL>/j2eetutorial14/examples/ejb/cmproster/
```

2. Digite o seguinte comando:

```
asant build
```

Como criar o aplicativo corporativo

Crie um novo aplicativo em deploytool chamado RosterApp.

1. Em deploytool, selecione File → New → Application.
2. No campo Application File Name, clique Browse.
3. Navegue para <*INSTALL*>/j2eetutorial14/examples/ejb/cmproster/.
4. No campo File Name entre RosterApp.
5. Clique New Application.
6. Clique OK.

Como empacotar os enterprise beans

Agora você empacotará os quatro enterprise beans: RosterBean, LeagueBean, PlayerBean e TeamBean. Note que RosterBean, um bean de sessão com estados, será empacotado em RosterJAR. Os outros (LeagueBean, PlayerBean e TeamBean) são beans de entidade usando persistência gerenciada por contêiner, e serão empacotados em TeamJAR.

Como empacotar RosterBean

RosterBean é um bean de sessão com estados que acessa os dados dos beans de entidade. Os clientes acessarão e manipularão esses dados através de RosterBean.

1. Crie um novo enterprise bean em RosterApp selecionando File → New → Enterprise Bean.
2. Na tela EJB JAR:
   a. Selecione Create New JAR Module in Application.
   b. Entre RosterJAR sob JAR Name.
   c. Clique Edit Contents.
   d. Navegue para <*INSTALL*>/j2eetutorial14/examples/ejb/cmproster/build/.
   e. Selecione os diretórios roster e util.
   f. Clique Add.
   g. Clique OK.
   h. Clique Next.
3. Na tela General:
   a. Selecione roster.RosterBean debaixo de Enterprise Bean Class.
   b. Entre RosterBean sob Enterprise Bean Name.
   c. Selecione Stateful Session sob Enterprise Bean Type.

   d. Selecione roster.RosterHome sob Remote Home Interface.
   e. Selecione roster.Roster sob Remote Interface.
   f. Selecione Next.
4. Clique Finish.

Como empacotar LeagueBean, PlayerBean e TeamBean

Para empacotar LeagueBean, PlayerBean e TeamBean, siga as seguintes etapas:

1. Crie um novo enterprise bean em RosterApp selecionando File → New → Enterprise Bean.
2. Na tela EJB JAR:
   a. Selecione Create New JAR Module in Application.
   b. Entre TeamJAR sob JAR Name.
   c. Clique Edit Contents.
   d. Navegue para *<INSTALL>*/j2eetutorial14/examples/ejb/cmproster/build/.
   e. Selecione os diretórios team e util, e o arquivo cmproster.dbschema.
   f. Clique Add.
   g. Clique OK.
   h. Clique Next.
3. Na tela General:
   a. Selecione team.LeagueBean debaixo de Enterprise Bean Class.
   b. Entre LeagueBean sob Enterprise Bean Name.
   c. Selecione team.LocalLeagueHome sob Local Home Interface.
   d. Selecione team.LocalLeague sob Local Interface.
   e. Selecione Next.

Nota: Certifique-se de introduzir o nome correto no campo Enterprise Bean Name para LeagueBean, PlayerBean e TeamBean para permitir o mapeamento automático dos campos persistentes e relacionamentos.

---

4. Na tela Entity Settings:
   a. No campo Persistence Management Type field, selecione Container-Managed Persistence (2.0).
   b. Na moldura Fields To Be Persisted, confira name, leagueId e sport.
   c. No campo Abstract Schema Name, entre League.
   d. No campo Primary Key Class, escolha Select an Existing Field.
   e. Selecione leagueId [java.lang.String].
   f. Clique Next.
5. Clique Finish.

Agora vamos adicionar PlayerBean a TeamJAR.

1. Crie um novo enterprise bean em TeamJAR selecionando File → New → Enterprise Bean.

2. Na tela EJB JAR:
   a. Selecione Add To Existing JAR Module.
   b. Selecione TeamJAR (RosterApp) sob Add To Existing JAR Module.
   c. Clique Next
3. Na tela General:
   a. Selecione team.PlayerBean debaixo de Enterprise Bean Class.
   b. Entre PlayerBean sob Enterprise Bean Name.
   c. Selecione team.LocalPlayerHome sob Local Home Interface.
   d. Selecione team.LocalPlayer sob Local Interface.
   e. Selecione Next.
4. Na tela Entity Setting:
   a. No campo Persistence Management Type field, selecione Container-Managed Persistence (2.0).
   b. Na moldura Fields To Be Persisted, confira name, position, playerId e salary.
   c. No campo Abstract Schema Name, entre Player.
   d. No campo Primary Key Class, escolha Select an Existing Field.
   e. Selecione playerId [java.lang.String].
   f. Clique Next.
5. Clique Finish.

Agora vamos adicionar TeamBean a TeamJAR.

1. Crie um novo enterprise bean em TeamJAR selecionando File → New → Enterprise Bean.
2. Na tela EJB JAR:
   a. Selecione Add To Existing JAR Module.
   b. Selecione TeamJAR (RosterApp) sob Add To Existing JAR Module.
   c. Clique Next
3. Na tela General:
   a. Selecione team.TeamBean debaixo de Enterprise Bean Class.
   b. Entre TeamBean sob Enterprise Bean Name.
   c. Selecione team.LocalTeamHome sob Local Home Interface.
   d. Selecione team.LocalTeam sob Local Interface.
   e. Selecione Next.
4. Na tela Entity Setting:
   a. No campo Persistence Management Type field, selecione Container-Managed Persistence (2.0).
   b. Na moldura Fields To Be Persisted, confira name, teamId e city.
   c. No campo Abstract Schema Name, entre Team.
   d. No campo Primary Key Class, escolha Select an Existing Field.
   e. Selecione teamId [java.lang.String].
   f. Clique Next.
5. Clique Finish.

Como adicionar consultas EJB QL para PlayerBean

PlayerBean contém os métodos localizador e de seleção (métodos finder e selector) que utilizam as consultas EJB QL. Estas etapas adicionarão as consultas EJB QL apropriadas aos métodos. Veja o Capítulo 29 para maiores detalhes.

1. Selecione PlayerBean na árvore do deploytool.
2. Selecione o painel com aba Entity.
3. Cliqque Find/Select Queries.
4. Em Show Local Finders:
   a. Para o método findAll, entre
   ```
   select object(p) from Player p
   ```
   b. Para o método findByCity, entre
   ```
   select distinct object(p) from Player p,
   in (p.teams) as t
   where t.city = ?1
   ```
   c. Para o método findByHigherSalary, entre
   ```
   select distinct object(p1)
   from Player p1, Player p2
   where p1.salary > p2.salary and
   p2.name = ?1
   ```
   d. Para o método findByLeague, entre
   ```
   select distinct object(p) from Player p,
   in (p.teams) as t
   where t.league = ?1
   ```
   e. Para o método findByPosition, entre
   ```
   select distinct object(p) from Player p
   where p.position = ?1
   ```
   f. Para o método findByPositionAndName, entre
   ```
   select distinct object(p) from Player p
   where p.position = ?1 and p.name = ?2
   ```
   g. Para o método findBySalaryRange, entre
   ```
   select distinct object(p) from Player p
   where p.salary between ?1 and ?2
   ```
   h. Para o método findBySport method, entre
   ```
   select distinct object(p) from Player p,
   in (p.teams) as t
   where t.league.sport - ?1
   ```
   i. Para o método findByTest, entre
   ```
   select distinct object(p) from Player p
   where p.name = ?1
   ```
   j. Para o método findNotOnTeam, entre
   ```
   select object(p) from Player p
   where p.teams is empty
   ```
5. Em Show Select Methods:
   a. Para o método ejbSelectLeagues, entre
   ```
   select distinct t.league
   from Player p, in (p.teams) as t
   where p = ?1
   ```

b. Para o método ejbSelectSports method, entre

```
select distinct t.league.sport
from Player p, in (p.teams) as t
where p = ?1
```

c. Sob Return EJBs of Type, selecione None para ejbSelectSports.

6. Clique OK.
7. Select File → Save.

Estabelecer relacionamentos entre Enterprise Beans

TeamJAR possui os relacionamentos apresentados na Figura 27-3.

Para criar os relacionamentos gerenciados por contêiner entre os enterprise beans, faça o seguinte:

1. Selecione TeamJAR na árvore em deploytool.
2. Selecione o painel com a guia Relationships.
3. Clique Add.
4. Na caixa de diálogo Add Relationship:
   a. No campo Multiplicity, Selecione Many to Many (*:*).
   b. Na seção do Enterprise Bean A:
      1. No campo Enterprise Bean Name, selecione TeamBean.
      2. No campo Field Referencing Bean B, selecione players.
      3. No campo Field Type, selecione java.util.Collection.
   c. Na seção Enterprise Bean B:
      1. No campo Enterprise Bean Name, selecione PlayerBean.
      2. No campo Field Referencing Bean A, selecione teams.
      3. No campo Field Type, selecione java.util.Collection.
   d. Click OK.

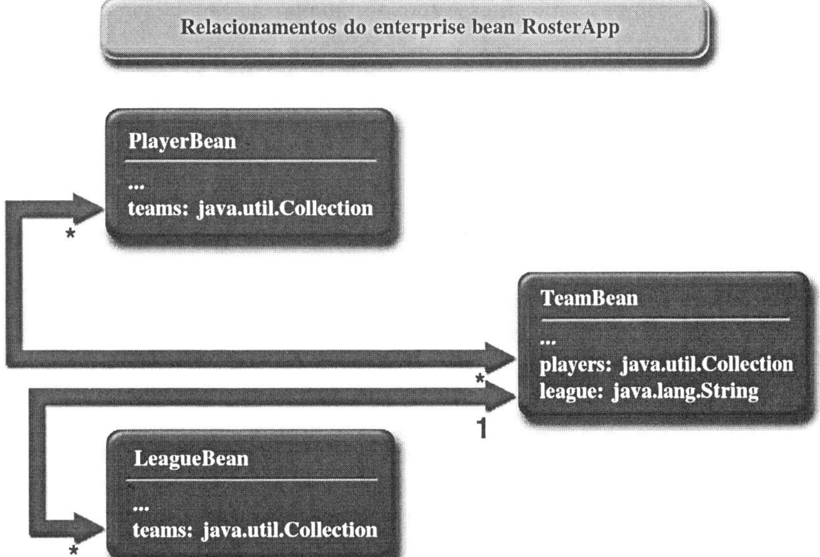

Figura 27-3 Relacionamentos entre enterprise beans em TeamJAR

5. Clique Add.
6. Na caixa de diálogo Add Relationship:
   a. No campo Multiplicity, selecione One to Many (1:*).
   b. Na seção Enterprise Bean A:
      1. No campo Enterprise Bean Name, selecione LeagueBean.
      2. No campo Field Referencing Bean B, selecione teams.
      3. No campo Field Type, selecione java.util.Collection.
   c. Na seção Enterprise Bean B:
      1. No campo Enterprise Bean Name, selecione TeamBean.
      2. No campo Field Referencing Bean A, selecione league.
      3. Confira Delete When Bean A Is Deleted.
   d. Clique OK.

Como criar os mapeamentos de campo e de relacionamento

Para definir os relacionamentos e campos gerenciados por contêiner, faça o seguinte:

1. Selecione TeamJAR na árvore em deploytool.
2. Selecione o painel com guia General.
3. Clique Sun-specific Settings.
4. Na caixa de diálogo Sun-specific Settings:
   a. No campo JNDI Name, entre jdbc/ejbTutorialDB.
   b. Clique Create Database Mappings.
5. Na caixa de diálogo Create Database Mappings:
   a. Selecione Map to Tables em Database Schema File.
   b. Selecione cmproster.dbschema sob Database Schema Files em Module.
   c. Clique OK.
6. Confirme se todos os campos e relacionamentos foram mapeados.
7. Clique Close.

Como definir atributos de transação do RosterBean

1. Selecione RosterBean na árvore de deploytool.
2. Clique o painel com a guia Transactions.
3. No campo Transaction Management clique Container-Managed.

Como definir as referências do enterprise bean

Primeiro, você definirá a referência do enterprise bean para ejb/SimpleLeague.

1. Selecione RosterBean na árvore do deploytool.
2. Clique o painel com guia EJB Ref's.
3. Clique Add.

4. Na caixa de diálogo Add Enterprise Bean Reference:
   a. No campo Coded Name, entre ejb/SimpleLeague.
   b. No campo EJB Type, selecione Entity.
   c. No campo Interfaces, selecione Local.
   d. No campo Home Interface, entre team.LocalLeagueHome.
   e. No campo Local/Remote Interface, entre team.LocalLeague.
   f. Sob Target EJB, selecione ejb-jar-ic1.jar#LeagueBean na lista drop-down Enterprise Bean Name.
   g. Clique OK.

Em seguida, você definirá a referência do Enterprise bean para ejb/SimplePlayer.

1. Clique Add.
2. Na caixa de diálogo Add Enterprise Bean Reference:
   a. No campo Coded Name, entre ejb/SimplePlayer.
   b. No campo EJB Type, selecione Entity.
   c. No campo Interfaces, selecione Local.
   d. No campo Home Interface, entre team.LocalPlayerHome.
   e. No campo Local/Remote Interface, entre team.LocalPlayer.
   f. Sob Target EJB, selecione ejb-jar-ic1.jar#PlayerBean na lista drop-down Enterprise Bean Name.
   g. Clique OK.

Finalmente, você definirá a referência do enterprise bean para ejb/SimpleTeam.

1. Clique Add.
2. Na caixa de diálogo Add Enterprise Bean Reference:
   a. No campo Coded Name, entre ejb/SimpleTeam.
   b. No campo EJB Type, selecione Entity.
   c. No campo Interfaces, selecione Local.
   d. No campo Home Interface, entre team.LocalTeamHome.
   e. No campo Local/Remote Interface, entre team.LocalTeam.
   f. Sob Target EJB, Selecione ejb-jar-ic1.jar#TeamBean na lista drop-down Enterprise Bean Name.
   g. Clique OK.
3. Selecione File → Save.

Como empacotar o cliente de aplicativo corporativo

Para empacotar o cliente de aplicativo, faça o seguinte:

1. Crie um novo cliente de aplicativo em RosterApp selecionando File → New → Application Client.
2. Na tela JAR File Contents:
   a. Selecione RosterApp sob Create New AppClient Module em Application.
   b. Entre RosterClient sob AppClient Name.
   c. Clique Edit Contents.
   d. Navegue para <*INSTALL*>/j2eetutorial14/examples/ejb/cmproster/build/.
   e. Selecione o diretório do cliente.

   f. Clique Add.
   g. Clique OK.
   h. Clique Next.
3. Na tela General:
   a. Selecione client.RosterClient sob Main Class.
   b. Selecione (Use container-managed authentication) sob Callback Handler Class.
   c. Clique Next.
4. Clique Finish.

Como definir a referência do enterprise bean

Você deve mapear o nome JNDI codificado name no cliente para o bean de sessão RosterBean com estados. Para fazer isto, siga estas etapas:

1. Selecione RosterClient na árvore do deploytool.
2. Selecione o painel com guia EJB Ref's.
3. Clique Add.
4. Na caixa de diálogo Add Enterprise Bean Reference:
   a. No campo Coded Name, entre ejb/SimpleRoster.
   b. No campo EJB Type, selecione Session.
   c. No campo Interfaces, selecione Remote.
   d. No campo Home Interface, entre roster.RosterHome.
   e. No campo Local/Remote Interface, entre roster.Roster.
   f. Sob Target EJB, selecione JNDI Name.
   g. Selecione RosterBean sob JNDI Name.
   h. Clique OK.
5. Selecione File → Save.

Como implantar o aplicativo corporativo

Você agora pode implantar o aplicativo corporativo observando as seguintes etapas:

1. Selecione Tools → Deploy.
2. Na caixa de diálogo Deploy Module RosterApp, entre o nome e a senha do usuário.
3. Sob Application Client Stub Directory, confira Return Client Jar.
4. Confirme se o caminho no campo abaixo da caixa de verificação é <*INSTALL*>/j2eetutorial14/examples/ejb/cmproster/. Se não for, clique Browse e navegue para <*INSTALL*>/j2eetutorial14/examples/ejb/cmproster/build/.
5. Clique OK.
6. Confirme se o aplicativo implantou e iniciou corretamente e que o JAR stub do cliente foi criado em <*INSTALL*>/j2eetutorial14/examples/ejb/cmproster/build/.
7. Clique Close.

Como rodar o cliente de aplicativo

Para rodar o cliente, siga estas etapas:

1. Em uma janela de terminal, vá para <*INSTALL*>/j2eetutorial14/examples/ejb/cmproster/.
2. Digite o seguinte comando:

```
appclient -client RosterAppClient.jar
```

3. Na janela do terminal, o cliente exibe a seguinte saída:

```
P7 Rebecca Struthers midfielder 777.0
P6 Ian Carlyle goalkeeper 555.0
P9 Jan Wesley defender 100.0
P10 Terry Smithson midfielder 100.0
P8 Anne Anderson forward 65.0

T2 Gophers Manteca
T5 Crows Orland
T1 Honey Bees Visalia

P2 Alice Smith defender 505.0
P5 Barney Bold defender 100.0
P25 Frank Fletcher defender 399.0
P9 Jan Wesley defender 100.0
P22 Janice Walker defender 857.0

L1 Mountain Soccer
L2 Valley Basketball
```

Nota: Torne a criar as tabelas do banco de dados usando a tarefa create-db_common antes de rodar o cliente novamente.

Passeio dirigido das definições do RosterApp

Esta seção apresenta a você as definições dos descritores de implantação para beans de entidade com persistência e relacionamentos gerenciados por contêiner. À medida que este passeio leva você através das telas do deploytool, ele discute os destaques das guias e das caixas de diálogo que aparecem.

Para começar nosso passeio, por favor, execute o deploytool e abra o arquivo RosterApp.ear, que está no diretório <*INSTALL*>/j2eetutorial14/examples/ejb/provided-ears/.

RosterApp

Para visualizar as definições de implantação do aplicativo, selecione o nó RosterApp da visualização da árvore.

Guia General (RosterApp)

O campo Contents mostra os arquivos contidos no arquivo RosterApp.ear, incluindo os dois arquivos JAR EJB (ejb-jar-ic.jar e ejb-jar-ic1.jar) e o arquivo JAR do cliente de aplicativo (app-client-ic.jar). Veja a Figura 27–4.

Guia JNDI Names (RosterApp)

A tabela Application lista os nomes JNDI dos enterprise beans no aplicativo RosterApp.

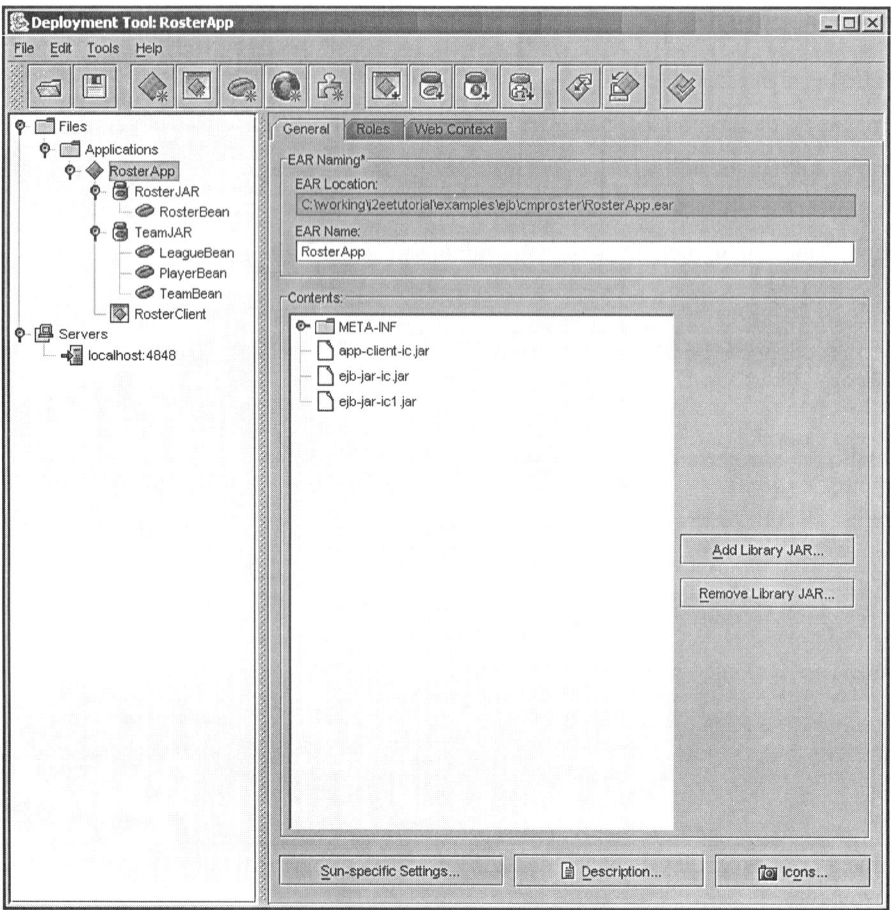

Figura 27-4 *Guia General de RosterApp*

A tabela References possui uma entrada. A entrada EJB Ref mapeia o nome codificado (ejb/SimpleRoster) do RosterClient para o nome JNDI do bean de sessão RosterBean.

RosterClient

Para visualizar este cliente, expanda o nó de RosterApp clicando seu ícone de chave adjacente na visualização da árvore. Em seguida, selecione RosterClient.

Guia do arquivo JAR (RosterClient)

O campo Contents mostra os arquivos contidos no arquivo app-client-ic.jar: dois arquivos XML (os descritores de implantação) e os arquivos de classe (RosterClient.class, Debug.class, LeagueDetails.class, PlayerDetails.class e TeamDetails.class).

Guia EJB Ref's (RosterClient)

O RosterClient acessa um único bean, o bean de sessão RosterBean. Como esse accesso é remoto, o valor da coluna Interfaces é Remote e o valor da coluna Interface Local/Remota é a interface remota do bean (roster.Roster).

RosterJAR

Na visualização da árvore, selecione RosterJAR. Este arquivo JAR contém o bean de sessão RosterBean.

Guia General (RosterJAR)

O campo Contents lista três pacotes de arquivos de classe. O pacote roster contém os arquivos de classe exigidos para RosterBean: a classe do bean de sessão, a interface remota e a interface home. O pacote team inclui as *interfaces locais* para os beans de entidade acessados pelo bean de sessão RosterBean. O pacote util contém as classes de utilitários para este aplicativo.

RosterBean

Na visualização da árvore, expanda o nó de RosterJAR e selecione RosterBean.

Guia General (RosterBean)

Esta guia mostra que RosterBean é um bean de sessão com estados e com acesso remoto. Como ele não permite nenhum acesso local, os campos Local Interfaces estão vazios.

Guia EJB Ref's (RosterBean)

O bean de sessão RosterBean acessa três beans de entidade: PlayerBean, TeamBean e LeagueBean. Como esse acesso é local, as entradas das colunas Interfaces são definidas como Local. A coluna da Interface home column lista as interfaces home locais dos beans de entidade. As colunas das *interfaces Local/Remota* exibem as interfaces locais dos beans de entidade.

Para visualizar as definições de implantação em tempo de execução, selecione uma linha da tabela. Por exemplo, quando você seleciona a linha com o Coded Name de ejb/SimpleLeague, o nome LeagueBean aparece no campo Enterprise Bean Name. Se um componente referencia um bean de entidade local, então você deve entrar o nome do bean referenciado no campo Enterprise Bean Name.

TeamJAR

Na visualização da árvore, selecione o nó TeamJAR. Este arquivo JAR contém os três beans de entidade relacionados: LeagueBean, TeamBean e PlayerBean.

Guia General (TeamJAR)

O campo Contents mostra dois pacotes de arquivos de classes: team e util. O pacote team contém as classes do bean de entidade, as *interfaces locais*, e as interfaces home locais para todos os três beans de entidade. O pacote util contém as classes de utilitários. Ele também mostra o arquivo de esquema do banco de dados que é usado para mapear os campos dos enterprise beans para o banco de dados.

Guia Relationships (TeamJAR)

Nesta guia (Figura 27–5), você define os relacionamentos entre os beans de entidade que utilizam persistência gerenciada por contêiner.

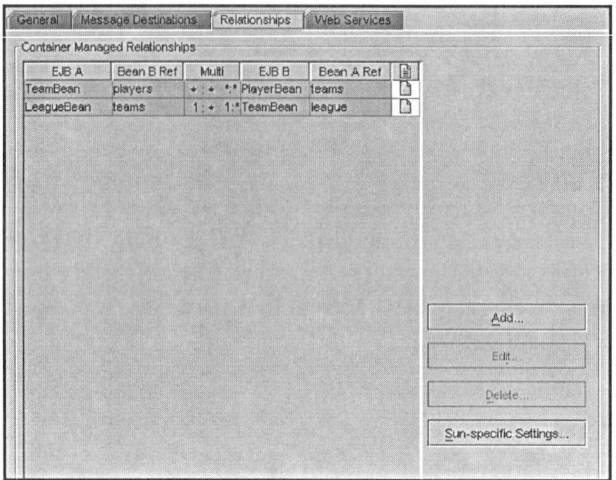

Figura 27-5 *A guia de relacionamentos de TeamJAR.*

A tabela de Relacionamentos gerenciados por contêiner resume dois relacionamentos: TeamBean-PlayerBean e LeagueBean-TeamBean. No relacionamento TeamBean-PlayerBean, TeamBean é projetado como EJB A, e PlayerBean como EJB B. (Esta designação é arbitrária. Poderíamos ter atribuído PlayerBean a EJB A, e atribuído TeamBean a EJB B.)

Caixa de diálogo Edit Relationship (TeamJAR)

Para visualizar a caixa de diálogo Edit Relationship (Figura 27-6), da guia Relationship selecione uma linha e clique Edit. Por exemplo, para visualizar o relacionamento TeamBean-PlayerBean, selecione a linha na qual o valor de EJB A seja Team e, depois, clique Edit.

Relacionamento TeamBean-PlayerBean

A caixa combo Multiplicity oferece quatro opções. Para este relacionamento, a opção Many To Many deve ser selecionada porque uma equipe tem muitos jogadores e um jogador pode pertencer a uma ou mais equipes.

A informação da caixa Enterprise Bean A define o lado do TeamBean do relacionamento. A caixa combo Field Referencing Bean B mostra o campo de relacionamento (players) de TeamBean. Este campo corresponde aos métodos de acesso do relacionamento no código- fonte de TeamBean.java.

```
public abstract Collection getPlayers();
public abstract void setPlayers(Collection players);
```

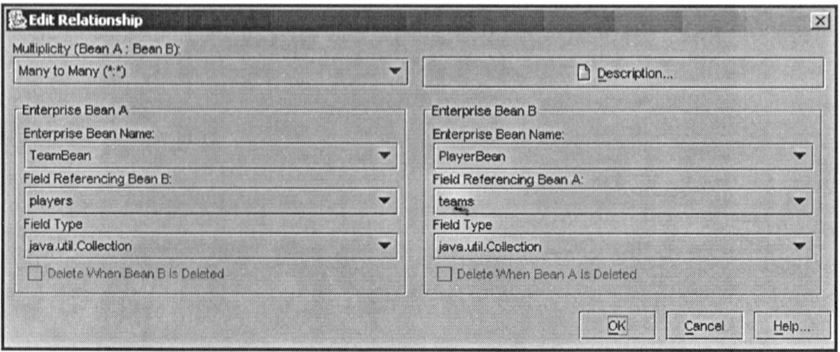

Figura 27-6 *A caixa de diálogo Edit Relationship de TeamJAR*

A seleção da caixa combo Field Type é java.util.Collection, que corresponde ao tipo de jogadores dos métodos de acesso. O tipo de jogadores é um objeto (Collection) com múltiplos valores porque, no lado de TeamBean do relacionamento, a mutiplicidade são muitos.

O relacionamento TeamBean-PlayerBean é bidirecional: cada bean tem um campo de relacionamento que identifica o bean relacionado. Se este relacionamento fosse unidirecional, então um dos beans não teria um campo de relacionamento identificando o outro bean. Para o bean sem o campo de relacionamento, o valor da caixa combo Field Referencing seria <none>.

Relacionamento LeagueBean-TeamBean

Na caixa de diálogo Edit Relationship, a escolha para Multiplicity deve ser One to Many. Esta opção indica que uma única liga tem múltiplas equipes.

Para LeagueBean, o campo de relacionamento é *teams*, e para TeamBean é *league*. Como TeamBean está do lado múltiplo do relacionamento, o campo teams é uma Collection. Em contraste, como LeagueBean está no lado único do relacionamento, o campo league é um objeto com valor único, um LocalLeague. O código TeamBean.java define o campo de relacionamento da liga com estes métodos de acesso:

```
public abstract LocalLeague getLeague();
public abstract void setLeague(LocalLeague league);
```

Para TeamBean (Enterprise Bean B), a caixa de verificação Delete When Bean A Is Deleted está selecionada. Por causa desta seleção, quando uma instância de LeagueBean é deletada, as instâncias relacionadas de TeamBean são automaticamente deletadas. Este tipo de deleção, na qual uma deleção dispara uma outra, é chamado de *deleção em cascata*. Para LeagueBean, a caixa de verificação correspondente está desabilitada: se você deletar uma equipe, você não quer deletar automaticamente a liga, porque pode haver outras equipes naquela liga. Em geral, se um bean estiver do lado múltiplo de um relacionamento, o outro bean não poderá ser automaticamente deletado.

Na visualização da árvore, expanda o nó de TeamJAR e selecione o bean de entidade PlayerBean.

Guia General (PlayerBean)

Esta guia mostra a classe e as interfaces do enterprise bean. Como o bean de entidade PlayerBean usa persistência gerenciada por contêiner, ele tem *interfaces locais*. Ele não possui interfaces remotas porque ele não permite acesso remoto.

Guia Entity (PlayerBean)

O campo no alto da página com guia define o tipo de persistência do bean (Figura 27-7). Para PlayerBean, este tipo é Container-Managed Persistence, versão 2.0. (Como a versão 1.1 não suporta relacionamentos, ela não é recomendada. Estes números de versões identificam uma versão particular da especificação de Enterprise JavaBeans, não a do software do Servidor de Aplicativo.)

A caixa Fields To Be Persisted lista os campos persistentes e de relacionamentos definidos pelos métodos de acesso no código de PlayerBean.java. As caixas de verificação para os campos persistentes devem ser selecionadas, mas aquelas para os campos de relacionamento não devem ser selecionadas. O bean de entidade PlayerBean possui um campo de relacionamento: teams.

O nome do esquema abstrato é Player, um nome que representa os campos de relacionamentos e persistentes do bean de entidade PlayerBean. Esse nome abstrato é referenciado nas consultas EJB QL de PlayerBean. Para mais informações sobre EJB QL, veja o Capítulo 29.

Caixa de diálogo Finder/Select Methods (PlayerBean)

Para abrir esta caixa de diálogo, clique Finder/Select Methods na guia Entity. Esta caixa de diálogo (Figura 27-8) permite que você visualize e edite as consultas EJB QL para os métodos localizador e de seleção do bean. Por exemplo, para listar os métodos finder definidos na interface LocalPlayerHome, selecione o botão de rádio Local Finders. Quando você seleciona o método finder, a sua consulta EJB QL aparece no campo de texto editável.

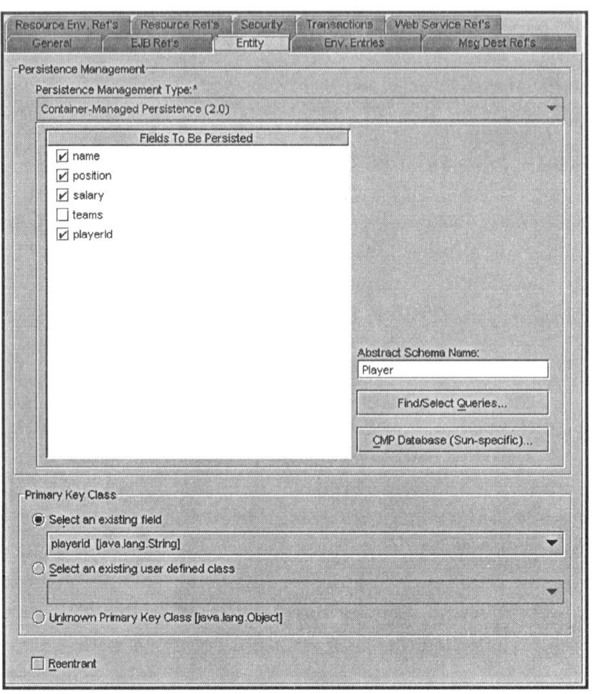

__Figura 27-7__ A guia Entity de PlayerBean.

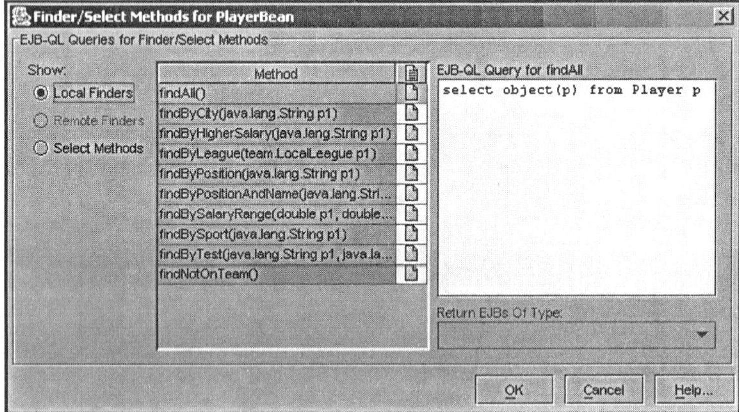

__Figura 27-8__ A caixa de diálogo Finder/Select Methods de PlayerBean

Caixa de Diálogo Sun-Specific CMP Settings (PlayerBean)

Para visualizar esta caixa de diálogo, clique Sun-Specific CMP Settings da guia Entity. Nesta caixa de diálogo, você define as configurações em tempo de execução de um bean de entidade que usa persistência gerenciada por contêiner. Estas configurações runtime são específicas para o Servidor de Aplicativo; outras implementações da plataforma J2EE podem assumir uma abordagem diferente.

No Servidor de Aplicativo, os campos persistentes do bean são armazenados em uma tabela de banco de dados relacional. Nas caixas de verificação da caixa Database Table, você especifica se o servidor cria, ou não, ou deleta, a tabela automaticamente. Se você quiser salvar os dados em sua tabela entre as implantações, então certifique-se de que a caixa de verificação Delete Table não esteja selecionada. Por outro lado, cada vez que você desimplantar o bean, a tabela será deletada.

O Servidor de Aplicativo acessa o banco de dados emitindo chamadas SQL. Em um bean de entidade com persistência gerenciada por contêiner, você não codifica estas chamadas. O contêiner cria automaticamente as chamadas SQL quando você acessa os campos persistentes e de relacionamentos.

Na seção Persistent Field Mapping (veja Figura 27-9), os mapeamentos e os relacionamentos para todos os beans de entidade em TeamJAR estão listados. Por exemplo, para ver os mapeamentos e os relacionamentos para PlayerBean, selecione-o no campo Enterprise Bean.

Chaves primárias para persistência gerenciada por contêiner

Algumas vezes você deve implementar a classe e empacotá-la junto com o bean de entidade. Por exemplo, se o seu bean de entidade exigir uma chave primária composta (que é constituída de múltiplos campos), ou se um campo de chave primária for um tipo primitivo de linguagem de programação Java, então você deverá fornecer uma classe de chave primária personalizada.

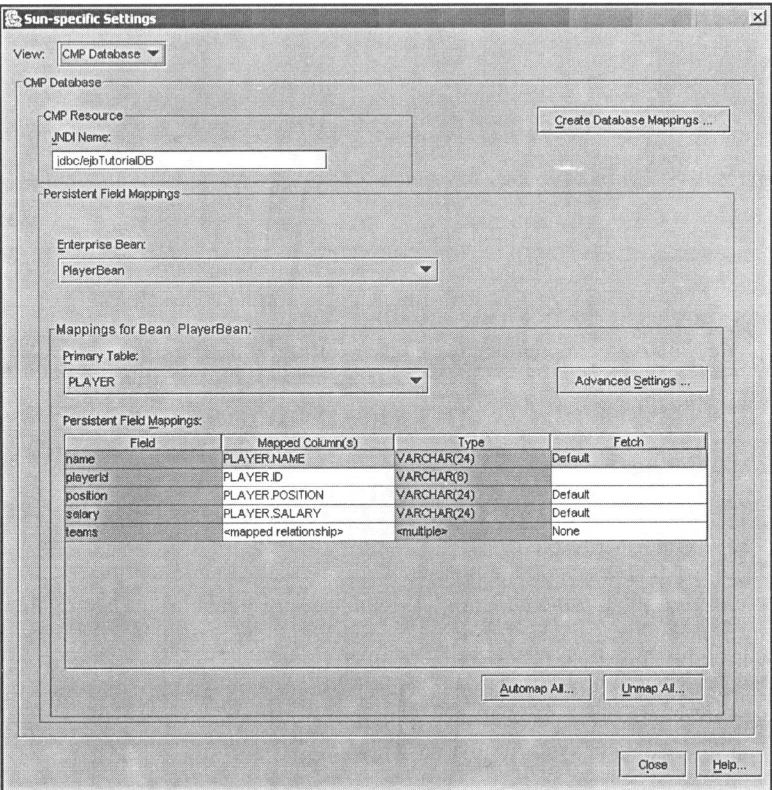

Figura 27-9 *Configurações CMP para PlayerBean.*

Classe de chave primária

Para persistência gerenciada por contêiner, uma classe de chave primária deve observar as seguintes exigências:

- O modificador de controle de acesso da classe deve ser public
- Todos os campos devem ser declarados como public
- Os campos devem ser um subconjunto dos campos persistentes do bean
- A classe deve ter um construtor default public
- A classe deve implementar os métodos hashCode() e equals(Object other)
- A classe deve ser serializável

No próximo exemplo, a classe PurchaseOrderKey implementa uma chave composta para o bean de entidade PurchaseOrderBean. A chave é composta por dois campos —productModel e vendorId— cujos nomes devem corresponder a dois dos campos persistentes da classe do bean de entidade.

```
public class PurchaseOrderKey implements java.io.Serializable {

  public String productModel;
  public String vendorId;

  public PurchaseOrderKey() { };

  public boolean equals(Object other) {

    if (other instanceof PurchaseOrderKey) {
      return (productModel.equals(
        ((PurchaseOrderKey)other).productModel) &&
        vendorId.equals(
        ((PurchaseOrderKey)other).vendorId));
    }
    return false;
  }

  public int hashCode() {

    return productModel.concat(vendorId).hashCode();
  }
}
```

Chaves primárias na classe do bean de entidade

Na classe PurchaseOrderBean, os seguintes métodos de acesso definem os campos persistentes (vendorId e productModel) que constituem a chave primária:

```
public abstract String getVendorId();
public abstract void setVendorId(String id);

public abstract String getProductModel();
public abstract void setProductModel(String name);
```

A próxima amostra de código mostra o método ejbCreate da classe PurchaseOrderBean. O tipo de retorno do método ejbCreate é a chave primária, mas o valor de retorno é nulo. Embora não seja exigido, o valor de retorno nulo é recomendado para persistência gerenciada por contêiner. Esta técnica salva o overhead porque o bean não precisa instanciar a classe da chave primária para o valor de retorno.

```
public PurchaseOrderKey ejbCreate (String vendorId,
  String productModel, String productName)
```

```
    throws CreateException {
    setVendorId(vendorId);
    setProductModel(productModel);
    setProductName(productName);

    return null;
}
```

Como gerar valores de chave primária

Para alguns beans de entidade, o valor de uma chave primária tem um significado para a entidade de negócios. Por exemplo, em um bean de entidade que representa um jogador em uma equipe de esporte, a chave primária pode ser o número de licença de habilitação do jogador. Mas, para outros beans, o valor da chave é arbitrário, desde que seja exclusivo. Com persistência gerenciada por contêiner, estes valores de chave podem ser gerados automaticamente pelo contêiner de EJB. Para tirar vantagem deste recurso, um bean de entidade deve considerar estas exigências:

- No descritor de implantação, a classe da chave primária deve ser definida como um java.lang.Object. O campo de chave primária não é especificado
- Na interface home, o argumento do método findByPrimaryKey deve ser um java.lang.Object
- Na classe do bean de entidade, o tipo de retorno do método ejbCreate deve ser um java.lang.Object

Nestes beans de entidade, os valores de chave primária estão em um campo interno que somente o contêiner de EJB pode acessar. Você não pode associar a chave primária a um campo persistente ou a qualquer outra variável de instância. Todavia, você pode buscar a chave primária do bean chamando o método getPrimaryKey da referência do bean, e você pode localizar o bean chamando seu método findByPrimaryKey.

Tópicos de CMP avançados: o exemplo de OrderApp

O aplicativo OrderApp é um exemplo de CMP avançado. Contém beans de entidade que possuem relacionamentos auto-referenciais, um para um, unidirecionais, chaves primárias desconhecidas, chaves primárias de tipo primitivo e chaves primárias de composição.

Estrutura de OrderApp

OrderApp é um aplicativo de estoque e de pedidos para manter um catálogo de peças e colocar um pedido detalhado dessas peças. Ele possui beans de entidade que representam peças, fornecedores, pedidos e itens de linha. Estes beans de entidade são acessados por um bean de sessão com estados que contém a lógica de negócios do aplicativo. Um cliente simples com linha de comando adiciona dados aos beans de entidade, manipula os dados, e mostra os dados do catálogo.

A informação contida em um pedido pode ser dividida em elementos diferentes. Qual é o número do pedido? Que peças estão incluídas no pedido? Que peças constituem essa peça? Quem faz a peça? Quais são as especificações para a peça? Existem alguns esquemas para a peça? OrderApp é uma versão simplificada de um sistema de pedidos que possui todos esses elementos.

Este exemplo supõe que você construiu com sucesso, montou, e implantou o aplicativo de exemplo RosterApp e que está familiarizado com beans de entidade em deploytool.

OrderApp consiste em três módulos: DataRegistryJAR, um arquivo JAR de enterprise bean contendo os beans de entidade, as classes de suporte e o arquivo de esquema do banco de dados; RequestJAR, um JAR enterprise bean contendo um bean de sessão com estados que acessa os dados dos beans de entidade; e OrderAppClient, o cliente de aplicativo que preenche os beans de entidade com dados e manipula os dados, exibindo os resultados em um terminal. A Figura 27-10 mostra as tabelas do banco de dados de OrderApp.

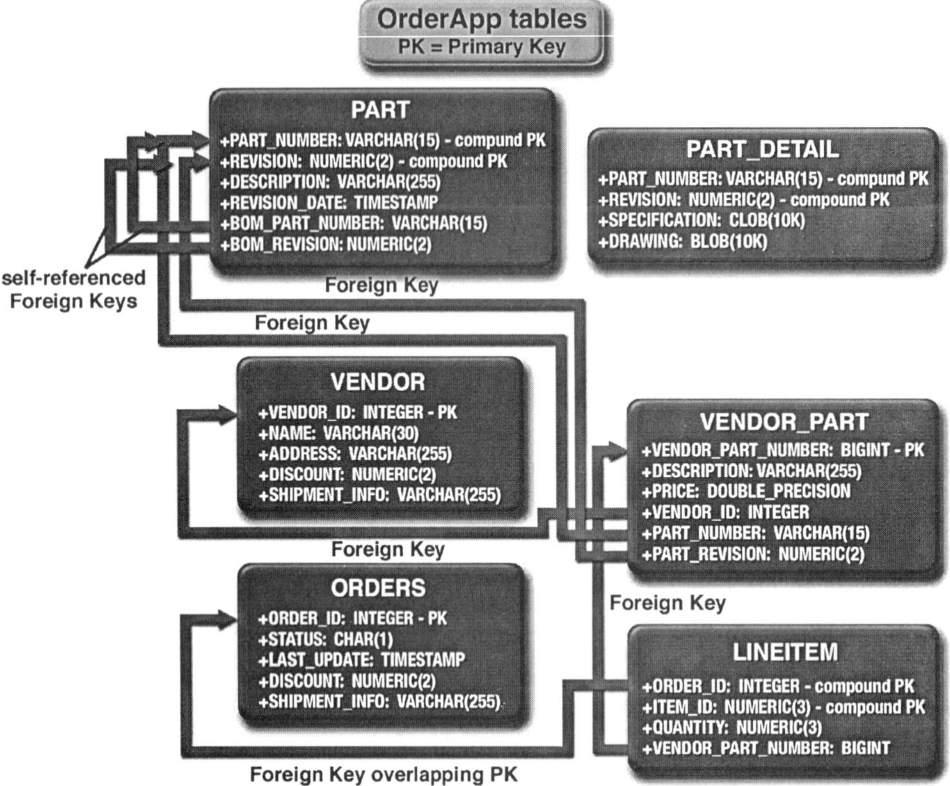

Figura 27-10 *Tabelas do banco de dados de OrdeApp.*

Relacionamentos do bean em OrderApp

A aplicativo de exemplo RosterApp mostra como configurar relacionamentos um para muitos e muitos para muitos entre beans de entidade. OrderApp demonstra dois tipos adicionais de relacionamentos de bean de entidade (veja a Figura 27-11): relacionamentos um para um e auto-referenciais.

Relacionamentos auto-referenciais

Um relacionamento auto-referencial é um relacionamento entre campos de relacionamentos gerenciados por contêiner (CMR) no mesmo bean de entidade. PartBean tem um campo bomPart CMR que possui um relacionamento um para muitos com as partes do campo CMR, que está também em

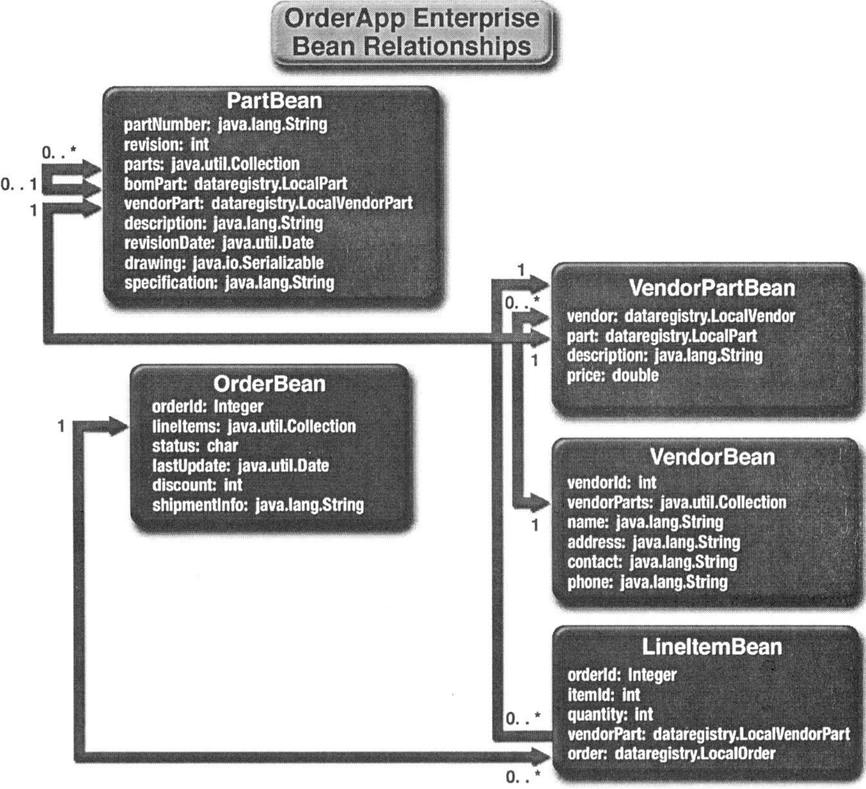

Figura 27-11 *Relacionamentos entre beans de entidade em OrderApp.*

PartBean. Isto é, uma parte pode ser constituída de muitas partes, e cada uma dessas partes tem exatamente uma parte da lista do material.

A chave primária para PartBean é uma chave primária, uma combinação dos campos partNumber e revision. Ela está mapeada para as colunas PART_NUMBER e REVISION da tabela PART.

Relacionamentos um para um

PartBean tem um campo CMR, vendorPart, que possui um relacionamento um para um com a parte do campo CMR de VendorPartBean. Isto é, cada parte tem exatamente uma parte do fornecedor, e vice-versa.

Relacionamentos um para muitos mapeados para sobrepor chaves Primárias e chaves estrangeiras

OrderBean tem um campo CMR, lineItems, que possui um relacionamento um para muitos com o campo order CMR de LineItemBean. Isto é, cada pedido tem um ou mais itens de linha.

LineItemBean usa uma chave primária composta que é constituída dos campos orderId e itemId. Esta chave primária composta mapeia para as colunas ORDER_ID e ITEM_ID da tabela do banco de dados LINEITEM. ORDER_ID é uma chave estrangeira para a coluna ORDER_ID da tabela ORDERS. Isto significa que a coluna ORDER_ID é mapeada duas vezes: uma vez como campo de chave primária, orderId; e novamente como campo de relacionamento, order.

Relacionamentos unidirecionais

LineItemBean tem um campo CMR, vendorPart, que possui um relacionamento unidirecional muitos para um com VendorPartBean. Isto é, não existe campo CMR no bean de entidade destino neste relacionamento.

Chaves primárias em beans de entidade de OrderApp

O exemplo de OrderApp usa chaves primárias mais complicadas do que RosterApp.

Chaves primárias desconhecidas

Em OrderApp, VendorPartBean usa uma chave primária desconhecida. Isto é, o enterprise bean não especifica os campos de chave primária e usa java.lang.Object como a classe de chave primária. Veja Classe de chave primária para mais informações sobre chaves primárias.

Chaves primárias de tipo primitivo

VendorBean usa uma chave primária que é um tipo primitivo da linguagem de programação Java – um int. Para usar um tipo primitivo como chave primária, você deve criar uma classe de wrapper. VendorKey é a classe de wrapper para VendorBean.

A chave primária de wrapper tem as mesmas exigências descritas em Classe de chave primária. Esta é a classe de wrapper de VendorKey:

```
package dataregistry;
public final class VendorKey implements java.io.Serializable {

  public int vendorId;

  public boolean equals(Object otherOb) {

    if (this == otherOb) {
      return true;
    }
    if (!(otherOb instanceof VendorKey)) {
      return false;
    }
    VendorKey other = (VendorKey) otherOb;
    return (vendorId == other.vendorId);
  }
  public int hashCode() {
    return vendorId;
  }
  public String toString() {
    return "" + vendorId;
  }
}
```

Chaves primárias de composição

Uma chave primária de composição é constituída de múltiplos campos e segue as exigências descritas em Classe de chave primária. Para usar uma chave primária de composição, você deve criar uma classe de wrapper.

Em OrderApp, dois beans de entidade usam chaves primárias de composição: PartBean e LineItemBean.

PartBean usa a classe de wrapper de PartKey. A chave primária de PartBean é uma combinação do número da peça e do número de revisão. PartKey encapsula esta chave primária.

LineItemBean usa a classe de LineItemKey. A chave primária de LineItemBean é uma combinação do número do pedido com o número do item. LineItemKey encapsula esta chave primária. Esta é a classe de wrapper da chave primária de composição de LineItemKey:

```
package dataregistry;

public final class LineItemKey implements
      java.io.Serializable {

  public Integer orderId;
  public int itemId;

  public boolean equals(Object otherOb) {
    if (this == otherOb) {
      return true;
    }
    if (!(otherOb instanceof LineItemKey)) {
      return false;
    }
    LineItemKey other = (LineItemKey) otherOb;
    return ((orderId==null?other.orderId==null:orderId.equals
      (other.orderId)) && (itemId == other.itemId));
  }

  public int hashCode() {
    return ((orderId==null?0:orderId.hashCode())
      ^ ((int) itemId));
  }

  public String toString() {
    return "" + orderId + "-" + itemId;
  }
}
```

Bean de entidade mapeado para mais de uma tabela de banco de dados

Os campos de PartBean mapeiam para mais de uma tabela do banco de dados: PART e PART_DETAIL. A tabela PART_DETAIL contém a especificação e a esquemática para a parte. Quando configurar os campos e relacionamentos gerenciados por contêiner em deploytool, você adicionará PART_DETAIL como tabela secundária para PartBean.

Métodos finder e selector

VendorBean possui dois métodos de localização: findByPartialName e findByOrder. O método findByPartialName procura através da lista de fornecedores para correspondências pelo nome parcial. FindByOrder encontra todos os fornecedores por uma ordem especial.

LineItemBean tem um método de localização, findAll, que encontra todos os itens de linha.

OrderBean tem um método de seleção, ejbSelectAll, que retorna todos os pedidos.

VendorPartBean tem dois métodos de seleção. ejbSelectAvgPrice retorna o preço médio de todas as peças de um vendedor. ejbSelectTotalPricePerVendor retorna o preço de todas as peças de um fornecedor particular.

Os métodos de seleção não podem ser acessados de fora de uma instância do bean porque os métodos de seleção não são definidos na interface do bean. Se você estiver usando um método de seleção para retornar dados para o chamador, o método de seleção deverá ser chamado de método home ou de negócios. Em OrderApp, o método LocalVendorPartHome.getAvgPrice retorna o resultado do método ejbSelectAvgPrice em VendorPartBean.

O tipo de retorno de uma consulta de seleção é normalmente definida pelo tipo de retorno dos métodos ejbSelect. Você deverá especificar o tipo de retorno com Remote se o método retornar uma interface remota ou uma java.util.Collection de interfaces remotas. Se o tipo de retorno for uma interface local ou uma java.util.Collection de *interfaces locais*, defina o tipo de retorno para Local. Se o tipo de retorno não for nem uma interface local, nem uma remota, nem uma coleção de *interfaces locais* e remota, não defina o tipo de retorno (em deploytool, defina o tipo de retorno para None). O método OrderBean.ejbSelectAll retorna uma coleção de *interfaces locais*. VendorPartBean.ejbSelectAvgPrice e VendorPartBean.ejbSelectTotalPricePerVendor retornam um Double, portanto, o tipo de retorno é definido para None.

Como usar métodos home

Os métodos home são definidos na interface home de um bean e correspondem a métodos chamados ejbHome<*METHOD*> na classe do bean. Por exemplo, um método getValue, definido na interface LocalExampleHome, corresponde ao método ejbHomeGetValue implementado no ExampleBean. Os métodos ejbHome<*METHOD*> são implementados por um desenvolvedor de beans.

OrderApp usa três métodos home: LocalOrderHome.adjustDiscount, LocalVendorPartHome.getAvgPrice e LocalVendorPartHome.getTotalPricePerVendor. Os métodos home operam em todas as instâncias de um bean ao invés de em uma instância particular do bean. Isto é, os métodos home não podem acessar os campos e os relacionamentos gerenciados por contêiner de uma instância do bean no qual o método é chamado.

Por exemplo, LocalOrderHome.adjustDiscount é usado para aumentar ou diminuir o desconto de todos os pedidos.

Deleções em cascata em OrderApp

Os beans de entidade, que usam relacionamentos gerenciados por contêiner, freqüentemente têm dependências na existência do outro bean no relacionamento. Por exemplo, um item de linha faz parte de um pedido e, se o pedido for deletado, o item de linha deverá também ser deletado. Isto é chamado de relacionamento de deleção em cascata.

Em OrderApp, existem duas dependências de deleção em cascata nos relacionamentos dos beans. Se o OrderBean, com o qual o LineItemBean estiver relacionado, for deletado, então o LineItemBean também deverá ser deletado. Se o VendorBean, com o qual um VendorPartBean estiver relacionado, for deletado, então o VendorPartBean também deverá ser deletado.

Tipos de banco de dados BLOB e CLOB em OrderApp

A tabela PART_DETAIL do banco de dados tem uma coluna, DRAWING, de tipo BLOB. BLOB significa objetos grandes binários, usados para armazenar dados binários como, por exemplo, uma imagem. A coluna DRAWING está mapeada para o campo gerenciado por contêiner PartBean.drawing do tipo java.io.Serializable.

PART_DETAIL também possui uma coluna, SPECIFICATION, do tipo CLOB. CLOB significa objetos grandes de caracteres, usados para armazenar dados de string grandes demais para serem armazenados em uma coluna VARCHAR. SPECIFICATION está mapeado para o campo gerenciado por contêiner PartBean.specification do tipo java.lang.String.

Nota: Você não pode usar uma coluna BLOB ou CLOB na cláusula WHERE de uma consulta finder ou selector EJB QL.

Como construir e executar o exemplo de OrderApp

Esta seção supõe que você esteja familiarizado com empacotamento de beans de entidade no deploytool, como descrito em Como construir e executar o exemplo de RosterApp Example, já iniciou o servidor PointBase, e já criou o recurso JDBC.

Crie as tabelas do banco de dados

Para criar as tabelas do banco de dados, faça o seguinte:

1. Em uma janela de terminal, vá para

   ```
   <INSTALL>/j2eetutorial14/examples/ejb/cmporder/
   ```

2. Entre o seguinte comando:

   ```
   asant create-db_common
   ```

Capture o esquema do banco de dados

Para capturar o esquema do banco de dados, faça o seguinte:

1. Em uma janela de terminal, vá para

   ```
   <INSTALL>/j2eetutorial14/examples/ejb/cmporder/.
   ```

2. Entre o seguinte comando:

   ```
   asant capture-db-schema
   ```

Construa o aplicativo

Para construir os componentes do aplicativo de OrderApp, faça o seguinte:

1. Navegue para

   ```
   <INSTALL>/j2eetutorial14/examples/ejb/cmporder/.
   ```

2. Entre o seguinte comando:

   ```
   asant build
   ```

Empacote o aplicativo

Agora você empacotará os enterprise beans, suportará classes, esquemas de banco de dados e classes de cliente em deploytool. Esta seção presume que você esteja familiarizado com o empacotamento desses módulos dc aplicativo em deploytool.

Crie os módulos do aplicativo

1. Crie um novo aplicativo em deploytool chamado OrderApp em

   ```
   <INSTALL>/j2eetutorial14/examples/ejb/cmporder/.
   ```

2. Crie um JAR enterprise bean chamado RequestJAR que contém os arquivos em

   ```
   <INSTALL>/j2eetutorial14/examples/ejb/cmporder/build/request/.
   ```

3. Configure um bean de sessão com estados, RequestBean, em RequestJAR, com uma interface home remota de request.RequestHome e uma interface remota de request.Request.
4. Crie um JAR enterprise bean chamado DataRegistryJAR que contém os arquivos em

   ```
   <INSTALL>/j2eetutorial14/examples/ejb/cmporder/build/dataregistry.
   ```

E o arquivo de esquema do banco de dados:

`<INSTALL>/j2eetutorial14/examples/ejb/cmporder/build/cmporder.dbschema`

5. Configure os beans de entidade (LineItemBean, OrderBean, PartBean, VendorBean, e VendorPartBean) de acordo com a Tabela 27–2 até a Tabela 27–6.

Tabela 27–2 Configurações para LineItemBean

Configurações	**Valor**
Interface Home Local	dataregistry.LocalLineItemHome
Interface Local	dataregistry.LocalLineItem
Campos persistentes	orderId, itemId, quantity
Nome de esquema abstrato	LineItem
Classe de chave primária	Classe definida pelo usuário dataregistry.LineItemKey

Tabela 27–3 Configurações para OrderBean

Configurações	**Valor**
Interface Home Local	dataregistry.LocalOrderHome
Interface Local	dataregistry.LocalOrder
Campos persistentes	status, orderId, discount, lastUpdate, shipmentInfo
Nome de esquema abstrato	Order
Classe de chave primária	Campo existente orderId

Tabela 27–4 Configurações para PartBean

Configurações	**Valor**
Interface Home Local	dataregistry.LocalPartHome
Interface Local	dataregistry.LocalPart
Campos persistentes	description, partNumber, revision, revisionDate, drawing, specification
Nome de esquema abstrato	Part
Classe de chave primária	Classe definida pelo usuário dataregistry.PartKey

Tabela 27–5 Configurações para VendorBean

Configurações	**Valor**
Interface Home Local	dataregistry.LocalVendorHome
Interface Local	dataregistry.LocalVendor
Campos persistentes	address, name, vendorId, contact, phone

Tabela 27–5 Configurações para VendorBean (continuação)

Configurações	Valor
Nome de esquema abstrato	Vendor
Classe de chave primária	Classe definida pelo usuário dataregistry.VendorKey

Tabela 27–6 Configurações para VendorPartBean

Configurações	Valor
Interface Home Local	dataregistry.LocalVendorPartHome
Interface Local	dataregistry.LocalVendorPart
Campos persistentes	description, price
Nome de esquema abstrato	VendorPart
Classe de chave primária	Classe de chave primária desconhecida

Configure os relacionamentos do bean de entidade

Agora configuraremos os relacionamentos dos beans de entidade e mapearemos os campos e os relacionamentos para as tabelas do banco de dados.

1. Configure os relacionamentos do bean de acordo com a Tabela 27–7:

Tabela 27–7 Relacionamentos do bean OrderApp

Multiplicidade	Bean A	Campo que referencia o bean B e tipo de campo	Deleta quando bean B for deletado?	Bean B	Campo que referencia o bean B e tipo de campo	Deleta quando Bean A for deletado?
*:1	PartBean	bomPart		PartBean	parts, java.util. Collection	
1:*	OrderBean	lineItems, java.util. Collection		Line ItemBean	order	Sim
*:1	Vendor PartBean	vendor	Sim	Vendor Bean	vendor-Parts, java.util. Collection	
1:1	Vendor PartBean	part		PartBean	vendorPart	
*:1	Line ItemBean	vendor Part		Vendor PartBean	<nenhum>	

2. Defina o nome JNDI do recurso CMP para jdbc/ejbTutorialDB.
3. Crie os mapeamentos do banco de dados usando o arquivo cmporder.dbschema na caixa de diálogo Sun-specific Settings, CMP Database view.
4. Mapeie manualmente OrderBean para a tabela do banco de dados ORDERS na caixa de diálogo Sun-specific Settings, CMP Database view:
   a. Selecione OrderBean no campo do Enterprise Bean sob Persistent Field Mappings.
   b. Selecione ORDERS na caixa suspensa Primary Table. ORDER é uma palavra reservada em SQL, portanto, o nome da tabela é ORDERS.
5. Mapeie PartBean para as tabelas do banco de dados PART e PART_DETAIL:
   a. Selecione PartBean no campo Enterprise Bean sob Persistent Field Mappings.
   b. Clique Advanced Settings sob Mappings for Bean PartBean.
   c. Clique Add.
   d. No campo Secondary Table selecione PART_DETAIL.
   e. Selecione PART_NUMBER na Primary Table Column.
   f. Selecione PART_NUMBER na Secondary Table Column.
   g. Clique Add Pair.
   h. Selecione REVISION na Primary Table Column.
   i. Selecione REVISION na Secondary Table Column.
   j. Clique OK.
   k. Clique OK.
6. Clique Automap All para mapear automaticamente os campos e relacionamentos para as tabelas do banco de dados. Repita esta etapa para todos os beans de entidade até que todos os relacionamentos e campos sejam mapeados.
7. Clique Close.

Adicione as consultas de procura e de seleção

Adicione as consultas de procura e de seleção para os beans de entidade como aparecem na Tabela 27–8 e na Tabela 27–9:

Nota: As consultas estão incluídas no arquivo cmporderQueries.txt, localizadas em *<INSTALL>*/j2eetutorial14/examples/ejb/cmporder/ para facilitar a entrada delas.

Tabela 27–8 Consultas Finder (de Procura) em OrderApp

Enterprise bean	Método	Consulta EJB QL
VendorBean	findByOrder	SELECT DISTINCT l.vendorPart.vendor FROM Order o, IN(o.lineItems) AS l WHERE o.orderId = ?1 ORDER BY l.vendorPart.vendor.name
VendorBean	findByPartialName	SELECT OBJECT(v) FROM Vendor v WHERE LOCATE (?1, v.name) > 0
LineItemBean	findAll	SELECT OBJECT(l) FROM LineItem l

Table 27–9 Consultas do seletor em OrderApp

Enterprise bean	Método	Consulta EJB QL	Tipo EJB de retorno
OrderBean	EjbSelectAll	SELECT OBJECT(o) FROM Order o	Local
VendorPartBean	ejbSelectAvgPrice	SELECT AVG(vp.price) FROM VendorPart vp	Nenhum
VendorPartBean	ejbSelectTotal PricePerVendor	SELECT SUM(vp.price) FROM VendorPart vp WHERE vp.vendor.vendorId =?1	Nenhum

Defina os atributos de transação

As transações para todos os nossos enterprise beans (RequestBean, LineItemBean, OrderBean, PartBean, VendorBean e VendorPartBean) devem ser gerenciadas por contêiner.

1. Selecione o enterprise bean em deploytool.
2. Selecione a guia Transactions.
3. Selecione Container-Managed sob Transaction Management. Todos os atributos de transação para os métodos do bean serão automaticamente definidos para Required.

Defina as referências do enterprise bean do RequestBean

RequestBean acessa os beans de entidade locais contidos em DataRegistryJAR. Você deve definir as referências para os beans de entidade em RequestBean.

1. Selecione RequestBean em RequestJAR.
2. Clique a guia EJB Ref's.
3. Entre as referências de acordo com a Tabela 27–10. Todas as referências são para beans de entidade locais.

Como empacotar o cliente de aplicativo

Agora vamos adicionar o cliente de aplicativo ao EAR.

1. Crie um novo cliente de aplicativo em OrderApp chamado OrderAppClient.
2. Adicione o conteúdo do diretório seguinte:

   `<INSTALL>/j2eetutorial14/examples/ejb/cmporder/build/client/.`
3. Defina a classe principal do cliente para client.Client.

Tabela 27–10 Referências do enterprise bean em RequestBean

Nome codificado	Interface Home	Interface Local	Nome enterprise bean de destino
ejb/SimpleLineItem	dataregistry.Local LineItemHome	dataregistry. LocalLineItem	LineItemBean
ejb/SimpleVendorPart	dataregistry.Local VendorPartHome	dataregistry. LocalVendorPart	VendorPartBean

Tabela 27–10 Referências do enterprise bean em RequestBean (continuação)

Nome codificado	Interface Home	Interface Local	Nome enterprise bean de destino
ejb/SimpleOrder	dataregistry.Local OrderHome	dataregistry. LocalOrder	OrderBean
ejb/SimplePart	dataregistry.Local PartHome	dataregistry. LocalPart	PartBean
ejb/SimpleVendor	dataregistry.Local	dataregistry. VendorHome	VendorBean LocalVendor

4. Defina a referência do enterprise bean para o client:
   a. Defina o Coded Name para ejb/Request.
   b. Defina o EJB Type para Session.
   c. Defina a Interfaces para Remote.
   d. Defina a Home Interface para request.RequestHome.
   e. Defina a Remote Interface para request.Request.
   f. Entre RequestBean no campo JNDI Name sob Target EJB.
   g. Clique OK.

Implante o aplicativo corporativo

OrderApp agora está pronto para ser implantado:

1. Selecione File → Save.
2. Selecione OrderApp em deploytool.
3. Selecione Tools → Deploy.
4. Confirme Return Client Jar na caixa de diálogo Deploy Module.

Execute o cliente de aplicativo

O cliente de aplicativo acessa o bean de sessão RequestBean, que, por sua vez, manipula dados nos beans de entidade de OrderApp.

> **Nota:** Este exemplo executará insatisfatoriamente se comparado com um aplicativo CMP bem projetado. OrderApp foi projetado principalmente para fins educativos e não segue as melhores recomendações de prática como delineado no livro *Designing Enterprise Applications with the J2EE™ Platform, Second Edition*, Inderjeet Singh *et al.*, (Addison-Wesley, 2002).

Para executar o cliente, siga estas etapas:

1. Em uma janela de terminal, vá para

   `<INSTALL>/j2eetutorial14/examples/ejb/cmporder/.`

2. Entre o seguinte comando:

```
appclient -client OrderAppClient.jar
```

3. Você verá a seguinte saída no terminal:

```
Cost of Bill of Material for PN SDFG-ERTY-BN Rev: 7:
$241.86
Cost of Order 1111: $664.68
Cost of Order 4312: $2,011.44

Adding 5% discount
Cost of Order 1111: $627.75
Cost of Order 4312: $1,910.87

Removing 7% discount
Cost of Order 1111: $679.45
Cost of Order 4312: $2,011.44

Average price of all parts: : $117.55

Total price of parts for Vendor 100: : $501.06

Ordered list of vendors for order 1111
200 Gadget, Inc. Mrs. Smith
100 WidgetCorp Mr. Jones

Found 6 line items

Removing Order
Found 3 line items

Found 1 out of 2 vendors with 'I' in the name:
Gadget, Inc.
```

Nota: Torne a criar as tabelas do banco de dados usando a tarefa create-db_common antes de rodar novamente o cliente.

Dicas de deploytool para beans de entidade com persistência gerenciada por contêiner

O Capítulo 24 aborda as etapas básicas para construir e empacotar enterprise beans. Esta seção destaca as tarefas em deploytool que são necessárias para beans de entidade com persistência gerenciada por contêiner. Os exemplos referenciados nesta seção estão em Passeio dirigido das definições de RosterApp.

Como selecionar os campos persistentes e o nome de esquema abstrato

Na guia Entity do enterprise bean, introduza a informação do campo e o nome do esquema abstrato.

1. Na listagem Fields To Be Persisted, selecione os campos que serão salvos no banco de dados. Os nomes dos campos persistentes são determinados por métodos de accesso definidos no código do bean de entidade. Certifique-se de não selecionar campos de relacionamentos gerenciados por contêiner.
2. Entre os valores nos campos Primary Key Class e Primary Key Field Name. A chave primária identifica com exclusividade o bean de entidade.

3. No campo Abstract Schema Name, entre um nome que represente o bean de entidade. Este nome será referenciado nas consultas EJB QL.

Um exemplo é apresentado na seção guia Entity (PlayerBean)

Como definir consultas EJB QL para os métodos finder e select

Você especifica estas definições na caixa de diálogo Finder/Select Methods.

1. Para abrir a caixa de diálogo Finder/Select Methods, vá para a guia Entity e clique Finder/Select Methods.
2. Para mostrar um conjunto de métodos finder ou select, clique um dos botões de rádio sob o label Show.
3. Para especificar uma consulta EJB QL query, escolha o nome do método finder ou select da lista Method e depois entre a consulta no campo rotulado EJB QL Query.

Um exemplo é mostrado na seção Caixa de diálogo dos métodos finder/select (PlayerBean).

Como definir relacionamentos

A guia Relationships habilita você a definir relacionamentos entre beans de entidade que residam no mesmo arquivo EJB JAR.

1. Antes de você criar um relacionamento entre dois beans de entidade, você deve primeiro criar ambos os beans usando o assistente New Enterprise Bean.
2. Para mostrar a guia Relationships, selecione o EJB JAR na visualização da árvore e depois selecione a guia Relationships.
3. Para adicionar ou editar um relacionamento, vá para a guia Relationships e clique o botão apropriado.
4. A caixa de diálogo Add (ou Edit) Relationship aparece. (As caixas de diálogo Add Relationship e Edit Relationship são idênticas.)

Um exemplo é mostrado na seção Caixa de diálogo dos métodos finder/select (PlayerBean).

Como criar as tabelas do banco de dados em tempo de implantação em deploytool

O exemplo de RosterApp usa um arquivo de esquema de banco de dados para mapear as tabelas de banco de dados para os campos do enterprise bean. Alternativamente, você pode fazer com que o contêiner crie as tabelas do banco de dados em tempo de implantação definindo algumas opções em deploytool.

1. Selecione TeamJAR na árvore em deploytool.
2. Selecione o painel com a guia Relationships.
3. Clique Sun-specific Settings.
4. Clique Create Database Mappings.
5. Selecione Automatically Generate Necessary Tables.
6. Clique OK.

Quando você implantar o RosterApp, as tabelas serão criadas e nomeadas de acordo com os valores da tabela no Persistent Field Mappings

28

EXEMPLO DE BEAN ORIENTADO POR MENSAGENS

Como os beans orientados por mensagens são baseados na tecnologia Java Message Service (JMS, Serviço de Mensagens Java), para entender o exemplo deste capítulo, você deve estar familiarizado com os conceitos básicos de JMS tais como filas e mensagens. Para aprender sobre estes conceitos, veja o Capítulo 33.

Este capítulo descreve o código-fonte para um exemplo de bean orientado por mensagens. Antes de prosseguir, você deve ler as informações conceituais básicas na seção O que é um bean orientado por mensagens? e na Como usar beans orientados por mensagens no Capítulo 33.

Resumo geral do aplicativo de exemplo

O aplicativo SimpleMessageApp possui os seguintes componentes:

- SimpleMessageClient: Um cliente de aplicativo que envia diversas mensagens para uma fila
- SimpleMessageEJB: Um bean orientado por mensagens que de modo assíncrono recebe e processa as mensagens que são enviadas para a fila

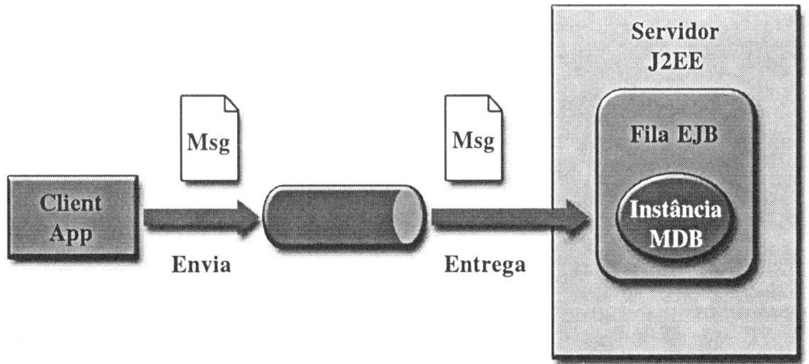

Figura 28-1 O aplicativo SimpleMessageApp.

A Figura 28-1 ilustra a estrutura deste aplicativo. O cliente de aplicativo envia mensagens para a fila, que foi criada administrativamente usando o Admin Console. O provedor JMS (neste caso, o Servidor de Aplicativo) entrega as mensagens para as instâncias do bean orientado por mensagens, o qual então processa as mensagens.

O código-fonte para este aplicativo está no diretório *<INSTALL>*/j2eetutorial14/examples/ejb/simplemessage.

Cliente de aplicativo

O SimpleMessageClient envia mensagens para a fila que SimpleMessageBean está escutando. O cliente inicia localizando a fábrica de conexões e a fila:

```
connectionFactory =
  (ConnectionFactory) jndiContext.lookup
  ("java:comp/env/jms/MyConnectionFactory");
destination =
  (Queue) jndiContext.lookup("java:comp/env/jms/QueueName");
```

Em seguida, o cliente cria a conexão da fila, a sessão e o remetente.

```
connection = connectionFactory.createConnection();
session = connection.createSession(false,
  Session.AUTO_ACKNOWLEDGE);
messageProducer = session.createProducer(destination);
```

Finalmente, o cliente envia várias mensagens para a fila:

```
message = session.createTextMessage();

for (int i = 0; i < NUM_MSGS; i++) {
  message.setText("This is message " + (i + 1));
  System.out.println("Sending message: " +
    message.getText());
  messageProducer.send(message);
}
```

Classe do bean orientado por mensagens

O código para a classe SimpleMessageBean ilustra as exigências de uma classe de bean orientado por mensagens:

- Ela deve implementar as interfaces MessageDrivenBean e MessageListener
- A classe deve ser definida como public
- A classe não pode ser definida como abstract ou final
- Ela deve implementar um método onMessage
- Ela deve implementar um método ejbCreate e um método ejbRemove
- Ela deve conter um construtor público sem argumentos
- Ela não deve definir o método finalize

Ao contrário da sessão e dos beans de entidade, os beans orientados por mensagens não possuem as *interfaces locais* ou remota que definem o acesso do cliente. Componentes de clientes não localizam beans orientados por mensagens e chamam métodos neles. Embora beans orientados por mensagens não possuam métodos de negócios, eles podem conter métodos auxiliares que são chamados internamente pelo método onMessage.

Método onMessage

Quando a fila recebe uma mensagem, o contêiner de EJB chama o método onMessage do bean orientado por mensagens.

O método onMessage é chamado pelo contêiner do bean quando uma mensagem chega para o bean utilizar. Este método contém a lógica de negócios que trata o processamento da mensagem. É responsabilidade do bean orientado por mensagens analisar a sintaxe da mensagem e efetuar a lógica de negócios necessária.

O método onMessage possui um único argumento: a mensagem de chegada.

A classe do bean orientado por mensagens define um método onMessage, cuja assinatura deve seguir estas regras:

- O método deve ser declarado como public e não deve ser declarado como final ou static
- O tipo de retorno deve ser void
- O método deve possuir um único argumento do tipo javax.jms.Message
- A cláusula throws não deve definir qualquer exceção do aplicativo
- O método onMessage deve ser chamado no escopo de uma transação que é determinado pelo atributo de transação especificado no descritor de implantação

Na classe SimpleMessageBean, o método onMessage converte a mensagem de chegada em uma TextMessage e exibe o texto:

```
public void onMessage(Message inMessage) {
  TextMessage msg = null;

  try {
    if (inMessage instanceof TextMessage) {
      msg = (TextMessage) inMessage;
      logger.info
        ("MESSAGE BEAN: Message received: " +
        msg.getText());
    } else {
      logger.warning
        ("Message of wrong type: " +
        inMessage.getClass().getName());
    }
  } catch (JMSException e) {
    e.printStackTrace();
    mdc.setRollbackOnly();
  } catch (Throwable te) {
    te.printStackTrace();
  }
}
```

Métodos ejbCreate e ejbRemove

As assinaturas destes métodos possuem as seguintes exigências:

- O modificador de controle de acesso deve ser public
- O tipo de retorno deve ser void
- O modificador não pode ser static ou final
- A cláusula throws não deve definir qualquer exceção do aplicativo
- O método não possui argumentos

Na classe SimpleMessageBean, os métodos ejbCreate e ejbRemove são vazios.

Como implantar e executar SimpleMessageApp

Para implantar e executar este exemplo, vá para o diretório *<INSTALL>*/j2eetutorial14/examples/ejb/simplemessage.

Como criar os objetos administrados

Este exemplo requer o seguinte;

- Um recurso da fábrica de conexão JMS
- Um recurso de destino JMS
- Um destino físico que o recurso de destino referencia

Se você executou os exemplos simples JMS do Capítulo 33 e não deletou os recursos, você já possui estes recursos e não precisa efetuar estas etapas.

Para iniciar o Admin Console, siga as instruções em Como iniciar o Admin Console.

Para criar a fábrica de conexões, execute as seguintes etapas:

1. No componente da árvore, expanda o nó Java Message Service.
2. Selecione o nó Connection Factories.
3. Na página JMS Connection Factories, clique New. A página Create JMS Connection Factory aparece.
4. No campo JNDI Name, digite jms/QueueConnectionFactory.
5. Escolha javax.jms.QueueConnectionFactory a partir da caixa combo Type.
6. Selecione a caixa de verificação Enabled.
7. Clique OK.

Para criar o destino físico, efetue as seguintes etapas:

1. No componente da árvore, selecione o nó Physical Destinations.
2. Na página Physical Destinations, clique New. A página Create Physical Destination aparece.
3. No campo Physical Destination Name, digite PhysicalQueue.
4. Escolha queue na caixa combo Type.
5. Clique OK.

Para criar o recurso de destino e lincá-lo ao destino físico, execute as seguintes etapas:

1. No componente da árvore, expanda Destination Resources.
2. Na página JMS Destination Resources, clique New. A página Create JMS Destination Resource aparece.
3. No campo JNDI Name, digite jms/Queue.
4. Escolha javax.jms.Queue na caixa combo Type.
5. Selecione a caixa de verificação Enabled.
6. Sob Additional Properties, clique Add.
7. Digite o nome no campo Name.
8. Digite PhysicalQueue no campo Value.
9. Clique OK.

Como implantar o aplicativo

1. Em deploytool, abra o arquivo SimpleMessageApp.ear, que reside neste diretório:

   `<INSTALL>/j2eetutorial14/examples/ejb/provided-ears/.`

2. Implante o aplicativo SimpleMessageApp.
3. Na caixa de diálogo Deploy Module:
   a. Selecione a caixa de verificação Return Client JAR.
   b. No campo debaixo da caixa de verificação, entre o seguinte:

      `<INSTALL>/j2eetutorial14/examples/ejb/simplemessage.`

Como executar o cliente

Depois de implantar o aplicativo, você executa o cliente assim:

1. No diretório *<INSTALL>*/j2eetutorial14/examples/ejb/simplemessage, digite o seguinte comando em uma única linha:

```
appclient -client SimpleMessageAppClient.jar
```

2. O cliente exibe estas linhas:

```
Sending message: This is message 1
Sending message: This is message 2
Sending message: This is message 3
```

   Para ver se o bean recebeu as mensagens, confirme <install_dir>/domains/domain1/logs/server.log.

3. No arquivo de log do servidor, as linhas seguintes devem ser exibidas, empacotadas nas informações de login:

```
MESSAGE BEAN: Message received: This is message 1
MESSAGE BEAN: Message received: This is message 2
MESSAGE BEAN: Message received: This is message 3
```

Desimplante o aplicativo depois que você terminar de rodar o cliente.

Como remover os objetos administrados

Depois de rodar o exemplo, você pode usar o Admin Console para deletar a fábrica de conexão e a fila. Esses recursos são necessários para os exemplos JMS dos Capítulos 33 e 34, entretanto, se você planeja executar esses exemplos, não delete os recursos.

Dicas do deploytool para beans orientados por mensagens

O Capítulo 24 aborda as etapas básicas para construir e empacotar enterprise beans. Esta seção descreve as tarefas do deploytool necessárias para os beans orientados por mensagens. Para visualizar este exemplo em deploytool, expanda o nó SimpleMessageApp na visualização da árvore e, depois, expanda o nó MDBJAR e selecione SimpleMessageBean.

Como especificar o tipo do bean

Você especifica o tipo quando você cria o bean usando o assistente New Enterprise Bean.

1. Para iniciar o assistente, selecione File → New → Enterprise Bean.

2. Na caixa de diálogo General do assistente, escolha a classe enterprise bean do bean e aceite o nome da classe do bean (o default) como o nome de exibição. O tipo do enterprise bean aparece como Message-Driven por default.

Como definir as características do bean orientado por mensagens

Você pode especificar estas definições em dois lugares:

- A caixa de diálogo Message-Driven Bean Settings do assistente New Enterprise Bean
- A guia do bean Message-Driven

Estas definições são:

1. Para o Messaging Service, aceite o default, JMS.
2. Para o Destination Type, escolha ou javax.jms.Queue ou javax.jms.Topic. Uma fila usa o domínio de transmissão de mensagens ponto a ponto e pode ter no máximo um consumidor. Um tópico usa o domínio de transmissão de mensagens publicação/assinatura; e pode ter zero, um, ou muitos consumidores. Para este exemplo, você deve selecionar javax.jms.Queue.
3. Para o Target Destination Name, digite o nome do destino físico que você criou administrativamente. Para exemplo, veja a seção Como criar os objetos administrados. O destino é tanto uma fila como um objeto tópico; ele representa a fonte de mensagens de chegada e o destino das mensagens de saída. Para este exemplo, você deve digitar PhysicalQueue.
4. Se o seu bean for um assinante durável para um tópico, selecione a caixa de verificação Durable Subscription e introduza um nome de assinatura. Se o bean usa um **selecionador** de mensagens, introduza na área de texto do Message Selector. Para um exemplo que utiliza esses recursos, veja Aplicativo J2EE que usa a API JMS com um bean de sessão. Você normalmente deixa o Acknowledgement Mode definido para Auto-Acknowledge.

   Para informações sobre assinaturas duráveis, veja Como criar assinaturas duráveis. Para informações sobre seletores de mensagens, veja Seletores de mensagens. Para informações sobre reconhecimento de mensagens, veja Como controlar o reconhecimento de mensagens.
5. No campo Connection Factory JNDI Name (Sun-specific), digite o nome JNDI da fábrica de conexão que o bean vai usar. Para este exemplo, você deve digitar jms/QueueConnectionFactory.

Use os painéis com a guia como a seguir:

1. Na guia Transactions do bean:
   a. Selecione o botão de rádio Container-Managed.
   b. Verifique se o método onMessage possui o atributo Required.
2. Na guia Message Destinations do arquivo JAR do bean:
   a. Clique Add.
   b. Digite o nome do destino físico (para este exemplo, PhysicalQueue) no campo Destination Name field, e pressione Enter.
   c. Digite o nome JNDI do recurso de destino (para este exemplo, jms/Queue) no campo JNDI Name.

Dicas do deploytool para componentes que enviam mensagens

Você define as referências de recursos e referências de destino para mensagens para qualquer componente que envie mensagens: um cliente, uma sessão, ou um bean de entidade, ou mesmo um outro bean orientado por mensagens. Para exemplos, veja o Capítulo 34. Neste aplicativo, o cliente é o emissor. Para visualizar este exemplo em deploytool, expanda o nó SimpleMessageApp e, depois, selecione SimpleMessageClient a partir da visualização da árvore.

Como definir as referências de recursos

Você usa o painel com a guia Resource Ref's para especificar as referências da fábrica de conexão para o componente.

1. Na visualização da árvore, selecione o nó do componente.
2. Selecione a guia Resource Ref's.
3. Clique Add.
4. No campo Coded Name, entre o nome que corresponda ao parâmetro do método lookup no código do componente. Por exemplo, como o parâmetro de lookup é java:comp/env/jms/MyConnectionFactory, o nome codificado deve ser jms/MyConnectionFactory.
5. No campo Type, selecione a classe da fábrica de conexão que corresponda ao tipo do destino. A classe do destino no código é javax.jms.ConnectionFactory, portanto, selecione essa classe.
6. No campo de Authentication, na maioria dos casos, você selecionará Container. Você selecionaria Application se o seu código se logasse explicitamente no serviço de mensagens.
7. No campo Shareable field, certifique-se de que a caixa de verificação esteja selecionada. Esta escolha permite ao contêiner otimizar as conexões.
8. Na área Sun-specific Settings, entre o nome da fábrica de conexão (neste caso, jms/QueueConnectionFactory) no campo JNDI Name. Entre j2ee tanto no User Name. como no campo Password.

Como definir as referências do destino da mensagem

Para qualquer aplicativo novo, você usa a guia Msg Dest para especificar o destino das mensagens. A guia Resource Env Ref's fornece informações semelhantes, mas está disponível principalmente para a compatibilidade retroativa.

1. Selecione a guia Msg Dest Ref's.
2. Clique Add.
3. No campo Coded Name da caixa de diálogo que aparece, digite um nome que corresponda ao parâmetro da chamada de lookup que localiza a fila ou o tópico. Neste exemplo, o parâmetro de lookup é java:comp/env/jms/QueueName, portanto, o nome codificado é jms/QueueName.
4. Na caixa combo Destination Type, escolha a classe que corresponda ao tipo de destino (neste caso, javax.jms.Queue).
5. Na caixa combo Usage, escolha ou Produces, ou ConsumesProduces, dependendo se este componente envia mensagens ou ambos enviam e recebem mensagens. Para este exemplo, escolha Produces.
6. No campo Destination Name, digite o nome do destino físico que você criou (neste caso, PhysicalQueue).

Como definir os destinos da mensagem

Quando você usa a guia Msg Dest Ref's, você também usa a guia Message Destinations do componente do arquivo JAR para lincar o destino ao seu nome JNDI.

1. Selecione a guia Message Destinations.
2. Clique Add.

3. No campo Destination Name, digite o nome do destino (neste caso , PhysicalQueue) e pressione Return. O nome também aparece no campo Display Name. Os nomes dos componentes que consomem e produzem mensagens para o destino aparecem nas áreas Producers e Consumers.
4. No campo JNDI Name, digite o nome do recurso JMS que você criou (neste caso, jms/Queue).

Como especificar os nomes JNDI

O nome JNDI para um bean orientado por mensagens é o nome do recurso de destino.

1. Na visualização da árvore, selecione o nó do aplicativo.
2. Clique Sun-specific Settings na tela General.
3. Na tela JNDI Names, entre os nomes apropriados. Por exemplo, o SimpleMessageApp discutido neste capítulo usa os nomes JNDI mostrados na Tabela 28-1.

Tabela 28-1 Nomes JNDI para o aplicativo SimpleMessageApp

Nome do componente ou da referência	Nome JNDI
SimpleMessageBean	jms/Queue
Jms/MyConnectionFactory	jms/QueueConnectionFactory

29

Linguagem de Consultas do Enterprise JavaBeans

A Enterprise JavaBeans Query Language (EJB QL) define as consultas para o método de localização e o método de seleção de um bean de entidade que usa persistência gerenciada por contêiner. Um subconjunto de SQL92, EJB QL possui extensões que permitem a navegação por meio dos relacionamentos definidos em um esquema abstrato do bean de entidade. O escopo de uma EJB QL estende os esquemas abstratos dos beans de entidade relacionados que estão empacotados no mesmo arquivo JAR.

Você define as consultas EJB QL no descritor de implantação do bean de entidade. Normalmente, uma ferramenta traduzirá estas consultas para a linguagem de destino do armazenamento de dados subjacente. Por causa desta tradução, os beans de entidade com persistência gerenciada por contêiner são portáveis; seu código não está vinculado a um tipo específico de armazenamento de dados.

Este capítulo se baseia no material apresentado nos capítulos anteriores. Para informações conceituais, veja a seção Persistência gerenciada por contêiner. Para exemplos de código, veja o Capítulo 27.

Terminologia

A lista, a seguir, define alguns dos termos referenciados neste capítulo.

- *Esquema abstrato*: A parte de um descritor de implantação de um bean de entidade que define os campos e os relacionamentos persistentes do bean
- *Nome de esquema abstrato*: Um nome lógico que é referenciado nas consultas EJB QL. Você especifica o nome de um esquema abstrato para cada bean de entidade que utiliza persistência gerenciada por contêiner
- *Tipo de esquema abstrato*: Todas as expressões EJB QL avaliam para um tipo. Se a expressão for um nome de esquema abstrato, por default o seu tipo será a interface local do bean de entidade para o qual o nome de esquema abstrato é definido
- *Formulário de Backus-Naur (BNF)*: Uma notação que descreve a sintaxe das linguagens de alto nível. Os diagramas de sintaxe deste capítulo estão em notação BNF
- *Navegação*: A travessia de relacionamentos em uma expressão EJB QL. O operador de navegação é um período
- *Expressão de caminho*: Uma expressão que navega para um bean de entidade relacionado

- *Campo persistente*: Um campo virtual de um bean de entidade com persistência gerenciada por bean; ele é armazenado em um banco de dados
- *Campo de relacionamento*: Um campo virtual de um bean com persistência gerenciada por contêiner; ele identifica um bean de entidade relacionado

Sintaxe simplificada

Esta seção descreve resumidamente a sintaxe de EJB QL de modo que você possa rapidamente se mover para a próxima seção, Consultas de exemplo. Quando você estiver pronto para aprender a sintaxe com mais detalhe, veja a seção Sintaxe completa.

Uma consulta EJB QL tem quatro cláusulas: SELECT, FROM, WHERE e ORDER BY. As cláusulas SELECT e FROM são exigidas, mas as cláusulas WHERE e ORDER BY são opcionais. Aqui está a sintaxe BNF de alto nível de uma consulta EJB QL:

```
EJB QL ::= select_clause from_clause
[where_clause][orderby_clause]
```

A cláusula SELECT define os tipos dos objetos ou valores retornados pela consulta. Um tipo de retorno é tanto uma interface local, uma interface remota, como um campo persistente.

A cláusula FROM define o escopo da consulta declarando uma ou mais variáveis de identificação, as quais podem ser referenciadas nas cláusulas SELECT e WHERE. Uma variável de identificação representa um dos seguintes elementos:

- Um nome de esquema abstrato de um bean de entidade
- Um membro de uma coleção que é o lado múltiplo de um relacionamento um para muitos

A cláusula WHERE é uma expressão condicional que restringe os objetos ou valores obtidos por uma consulta. Embora seja opcional, a maioria das consultas possuem uma cláusula WHERE.

A cláusula ORDER BY classifica os objetos ou valores retornados por uma consulta em uma ordem especificada.

Consultas de exemplo

As seguintes consultas são do bean de entidade PlayerBean do aplicativo J2EE RosterApp, documentado no Capítulo 27. Para ver os relacionamentos entre os beans do RosterApp, veja a Figura 27-3.

Consultas de localização simples

Se você não está familiarizado com EJB QL, estas consultas simples são um bom lugar para começar.

Exemplo 1

```
SELECT OBJECT(p)
FROM Player p
```

Dado obtido: todos os jogadores

Método de localização: Findall()

Descrição: a cláusula FROM declara uma variável de identificação chamada p, omitindo a palavra-chave AS. Se a palavra-chave AS fosse incluída, a cláusula seria escrita como assim:

```
FROM Player AS p
```

O elemento Player é o nome de esquema abstrato do bean PlayerBean. Como o bean define o método findall na interface LocalPlayerHome, os objetos retornados pela consulta possuem o tipo LocalPlayer.

Veja também: Variáveis de identificação

Exemplo 2

```
SELECT DISTINCT OBJECT(p)
FROM Player p
WHERE p.position = ?1
```

Dado obtido: os jogadores com a posição especificada pelo parâmetro do método de localização

Método de localização: findByPosition(StringPosition)

Descrição: em uma cláusula SELECT, a palavra-chave OBJECT deve preceder a variável de identificação independente, tal como p. (Uma variável de identificação independente não faz parte da expressão de caminho.) A palavra-chave DISTINCT elimina os valores duplicados.

A cláusula WHERE restringe os jogadores obtidos conferindo a posição deles, um campo persistente do bean de entidade PlayerBean. O elemento ?1 denota o parâmetro de entrada do método findByPosition.

Veja também: Parâmetros de entrada, Palavras-chave DISTINCT e OBJECT.

Exemplo 3

```
SELECT DISTINCT OBJECT(p)
FROM Player p
WHERE p.position = ?1 AND p.name = ?2
```

Dado obtido: os jogadores que possuem posições e nomes especificados

Método de localização: findByPositionAndName(String position, String name)

Descrição: os elementos position e name são campos persistentes do bean de entidade PlayerBean. A cláusula WHERE compara os valores destes campos com os parâmetros do método findByPositionAndName. EJB QL denota um parâmetro de entrada usando um ponto de interrogação seguido por um inteiro. O primeiro parâmetro de entrada é ?1, o segundo é ?2, e assim por diante.

Consultas localizadoras que navegam para beans relacionados

Em EJB QL, uma expressão pode percorrer (ou navegar) para beans relacionados. Estas expressões são a diferença principal entre EJB QL e SQL. EJB QL navega para beans relacionados, ao passo que SQL junta tabelas.

Exemplo 4

```
SELECT DISTINCT OBJECT(p)
FROM Player p, IN (p.teams) AS t
WHERE t.city = ?1
```

Dado obtido: os jogadores cujas equipes pertencem à cidade especificada

Método de localização: findByCity(String city)

Descrição: a cláusula FROM declara duas variáveis de identificação: p e t. A variável p representa o bean de entidade de PlayerBean, e a variável t representa os beans relacionados TeamBean. A declaração para t referencia a variável p previamente declarada. A expressão p.teams navega de um bean PlayerBean para os seus beans relacionados TeamBean. O período na expressão p.teams é o operador de navegação.

Na cláusula WHERE, o período precedente da variável persistente city é um delimitador, não um operador de navegação. Falando rigorosamente, as expressões podem navegar para campos de relacionamentos (beans relacionados), mas não para campos persistentes. Para acessar um campo persistente, uma expressão usa o período como um delimitador.

As expressões não podem além disso navegar (ou mais qualificar) os campos de relacionamentos que são coleções. Na sintaxe de uma expressão, um campo com valor da coleção é um símbolo terminal. Como o campo das equipes é uma coleção, a cláusula WHERE não pode especificar p.teams.city – uma expressão ilegal.

Veja também: Expressões de caminho.

Exemplo 5

```
SELECT DISTINCT OBJECT(p)
FROM Player p, IN (p.teams) AS t
WHERE t.league = ?1
```

Dado obtido: os jogadores que pertencem à liga especificada

Método de localização: findByLeague(LocalLeague league)

Descrição: as expressões desta consulta navegam por meio de dois relacionamentos. A expressão p.teams navega o relacionamento PlayerBean-TeamBean, e a expressão t.league navega o relacionamento TeamBean-LeagueBean

Nos outros exemplos, os parâmetros de entrada são objetos String, mas, neste exemplo, o parâmetro é um objeto cujo tipo é uma interface LocalLeague. Este tipo corresponde ao campo de relacionamento da liga na expressão de comparação da cláusula WHERE.

Exemplo 6

```
SELECT DISTINCT OBJECT(p)
FROM Player p, IN (p.teams) AS t
WHERE t.league.sport = ?1
```

Dado obtido: os jogadores que participam do esporte especificado

Método de localização: findBySport(String sport)

Descrição: o campo persistente sport pertence ao bean da LeagueBean. Para alcançar o campo sport, a consulta deve navegar primeiro do bean PlayerBean para o bean TeamBean (p.teams) e depois do bean TeamBean para o bean LeagueBean (t.league). Como o campo de relacionamento league não é uma coleção, ele pode ser seguido pelo campo persistente sport

Consultas localizadoras com outras expressões condicionais

Toda cláusula WHERE deve especificar uma expressão condicional, da qual existem vários tipos. Nos exemplos anteriores, as expressões condicionais são expressões de comparação para teste de igualdade. Os exemplos seguintes demonstram alguns dos outros tipos de expressões condicionais. Para as descrições de todas as expressões condicionais, veja a seção Cláusula WHERE.

Exemplo 7

```
SELECT OBJECT(p)
FROM Player p
WHERE p.teams IS EMPTY
```

Dado obtido: todos os jogadores que não pertencem a uma equipe

Método de localização: findNotOnTeam()

Descrição: o campo de relacionamento teams do bean PlayerBean é uma coleção. Se um jogador não pertence a uma equipe, então a coleção teams é vazia e a expressão condicional é TRUE

Veja também: Expressões de comparação da coleção vazia.

Exemplo 8

```
SELECT DISTINCT OBJECT(p)
FROM Player p
WHERE p.salary BETWEEN ?1 AND ?2
```

Dado obtido: os jogadores cujos salários estão dentro da faixa de salários especificados

Método de localização: findBySalaryRange(double low, double high)

Descrição: Esta expressão BETWEEN possui três expressões aritméticas: um campo persistente (p.salary) e os dois parâmetros de entrada (?1 e ?2). A expressão seguinte é equivalente à expressão BETWEEN:

```
p.salary >= ?1 AND p.salary <= ?2
```

Veja também: Expressões BETWEEN.

Exemplo 9

```
SELECT DISTINCT OBJECT(p1)
FROM Player p1, Player p2
WHERE p1.salary > p2.salary AND p2.name = ?1
```

Dado obtido: Todos os jogadores cujos salários são maiores que o salário do jogador com o nome especificado

Método de localização: findByHigherSalary(String name)

Descrição: A cláusula FROM declara duas variáveis de identificação (p1 e p2) do mesmo tipo (Player). Duas variáveis de identificação são necessárias porque a cláusula WHERE compara o salário de um jogador (p2) com aquele dos outros jogadores (p1)

Veja também: Variáveis de identificação.

Consultas de seleção

As consultas desta seção são para os métodos de seleção. Ao contrário dos métodos de localização, um método de seleção pode retornar campos persistentes ou outros beans de entidade.

Exemplo 10

```
SELECT DISTINCT t.league
FROM Player p, IN (p.teams) AS t
WHERE p = ?1
```

Dado obtdo: as ligas às quais pertence o jogador especificado

Método de seleção: ejbSelectLeagues(LocalPlayer player)

Descrição: o tipo de retorno desta consulta é o tipo de esquema abstrato do bean de entidade LeagueBean. Este tipo de esquema abstrato mapeia para a interface LocalLeagueHome. Como a expressão t.league não é uma variável de identificação independente, a palavra-chave OBJECT é omitida

Veja também: Cláusula SELECT.

Exemplo 11

```
SELECT DISTINCT t.league.sport
FROM Player p, IN (p.teams) AS t
WHERE p = ?1
```

Dado obtido: o esporte do qual participa o jogador especificado

Método de seleção: ejbSelectSports(LocalPlayer player)

Descrição: esta consulta retorna uma String chamada sport, que é um campo persistente do bean de entidade LeagueBean

Sintaxe completa

Esta seção discute a sintaxe EJB QL, como definida na especificação Enterprise JavaBeans. Muito do material a seguir parafraseia ou menciona diretamente a especificação.

Símbolos BNF

A Tabela 29-1 descreve os símbolos BNF usados neste capítulo.

Tabela 29-1 Resumo dos símbolos BNF

Símbolo	Descrição
::=	O elemento à esquerda do símbolo pelas construções à direita
*	A construção anterior pode ocorrer zero ou mais vezes
{...}	As construções dentro das chaves estão agrupadas
[...]	As construções dentro dos colchetes são opcionais
|	Um OR exclusivo
BOLDFACE	Uma palavra-chave (embora em letras maiúsculas no diagrama BNF, as palavras-chave não são caso-sensitivas)
Whitespace	Um caractere em branco pode ser um espaço, uma barra horizontal, ou uma alimentação de linha

Gramática BNF da EJB QL

Aqui está o diagrama BNF completo para a EJB QL:

```
EJB QL ::= select_clause from_clause [where_clause]
[orderby_clause]

from_clause ::=FROM identification_variable_declaration
  [, identification_variable_declaration]*

identification_variable_declaration ::=
collection_member_declaration |
  range_variable_declaration

collection_member_declaration ::= IN (
collection_valued_path_expression) [AS ] identifier

range_variable_declaration ::=
  abstract_schema_name [AS ] identifier

cmp_path_expression ::=
  {identification_variable |
  single_valued_cmr_path_expression}.cmp_field

single_valued_cmr_path_expression ::=
  identification_variable.[single_valued_cmr_field.]*
  single_valued_cmr_field

single_valued_path_expression ::=
  cmp_path_expression | single_valued_cmr_path_expression

collection_valued_path_expression ::=
  identification_variable.[single_valued_cmr_field.]
  *collection_valued_cmr_field

select_clause ::= SELECT [DISTINCT ] {select_expression
  |OBJECT( identification_variable) }

select_expression ::= single_valued_path_expression |
aggregate_select_expression
```

```
aggregate_select_expression ::=
  {AVG |MAX |MIN |SUM |COUNT }( [DISTINCT ]
    cmp_path_expression) |
  COUNT ( [DISTINCT ] identification_variable |
    single_valued_cmr_path_expression)

where_clause ::= WHERE conditional_expression

conditional_expression ::= conditional_term |
  conditional_expression OR conditional_term

conditional_term ::= conditional_factor |
  conditional_term AND conditional_factor

conditional_factor ::= [NOT ] conditional_primary

conditional_primary ::= simple_cond_expression |
  (conditional_expression)

simple_cond_expression ::=
  comparison_expression | between_expression |
  like_expression | in_expression |
  null_comparison_expression |
  empty_collection_comparison_expression |
  collection_member_expression
between_expression ::=
  arithmetic_expression [NOT ]BETWEEN
  arithmetic_expression AND arithmetic_expression

in_expression ::=
  cmp_path_expression [NOT ] IN
  ( {literal | input_parameter}
  [, { literal | input_parameter} ]*)

like_expression ::=
  cmp_path_expression [NOT ] LIKE
  pattern_value [ESCAPE escape_character]

null_comparison_expression ::=
  {single_valued_path_expression |
  input_parameter}IS [NOT ] NULL

empty_collection_comparison_expression ::=
  collection_valued_path_expression IS [NOT] EMPTY

collection_member_expression ::=
  {single_valued_cmr_path_expression |
  identification_variable | input_parameter}
  [NOT ] MEMBER [OF ] collection_valued_path_expression

comparison_expression ::=
  string_value comparison_operator string_expression |
  boolean_value {= |<> } boolean_expression} |
  datetime_value comparison_operator datetime_expression |
  entity_bean_value {= |<> } entity_bean_expression |
  arithmetic_value comparison_operator arithmetic_expression

arithmetic_value ::= cmp_path_expression |
  functions_returning_numerics

comparison_operator ::=
  = |> |>= |< |<= |<>

arithmetic_expression ::= arithmetic_term |
  arithmetic_expression {+ |- } arithmetic_term
```

```
arithmetic_term ::= arithmetic_factor |
  arithmetic_term {* |/ } arithmetic_factor

arithmetic_factor ::= [{+ |- }] arithmetic_primary

arithmetic_primary ::= cmp_path_expression | literal |
  (arithmetic_expression) | input_parameter |
  functions_returning_numerics

string_value ::= cmp_path_expression |
  functions_returning_strings

string_expression ::= string_primary | input_parameter

string_primary ::= cmp_path_expression | literal |
  (string_expression) | functions_returning_strings

datetime_value ::= cmp_path_expression

datetime_expression ::= datetime_value | input_parameter

boolean_value ::= cmp_path_expression

boolean_expression ::= cmp_path_expression | literal |
  input_parameter

entity_bean_value ::= single_valued_cmr_path_expression |
  identification_variable

entity_bean_expression ::= entity_bean_value | input_parameter

functions_returning_strings ::=
  CONCAT( string_expression, string_expression) |
  SUBSTRING( string_expression, arithmetic_expression,
  arithmetic_expression)

functions_returning_numerics ::=
  LENGTH( string_expression) |
  LOCATE( string_expression, string_expression
  [, arithmetic_expression]) |
  ABS( arithmetic_expression) |
  SQRT( arithmetic_expression) |
  MOD( arithmetic_expression, arithmetic_expression)

orderby_clause ::= ORDER BY orderby_item [, orderby_item]*

orderby_item ::= cmp_path_expression [ASC |DESC ]
```

Cláusula FROM

A cláusula FROM define o domínio da consulta declarando as variáveis de identificação. Aqui está a sintaxe da cláusula FROM:

```
from_clause ::= FROM identification_variable_declaration
  [, identification_variable_declaration]*

identification_variable_declaration ::=
  collection_member_declaration |
  range_variable_declaration

collection_member_declaration ::=
  IN (collection_valued_path_expression) [AS] identifier
```

```
range_variable_declaration ::=
  abstract_schema_name [AS] identifier
```

Identificadores

Um identificador é uma seqüência de um ou mais caracteres. O primeiro caractere deve ser um primeiro caractere válido ((letra, $, _) em um identificador da linguagem de programação Java (de agora em diante, neste capítulo, chamado simplesmente "Java"). Cada caractere subseqüente na seqüência deve ser um caractere não primeiro válido (letra, dígito, $, _) em um identificador Java. (Para detalhes, consulte a documentação API J2SE dos métodos isJavaIdentifierStart e isJavaIdentifierPart da classe Character.) O ponto de interrogação (?) é um caractere reservado na EJB QL e não pode ser usado em um identificador. Ao contrário de uma variável Java, um identificador EJB QL não é caso-sensitivo.

Um identificador não pode ser o mesmo que uma palavra-chave EJB QL:

```
AND         FALSE     NULL
AS          FROM      OBJECT
ASC         IN        OF
AVG         IS        OR
BETWEEN     LIKE      ORDER
BY          MAX       SELECT
COUNT       MEMBER    SUM
DESC        MIN       TRUE
DISTINCT    MOD       UNKNOWN
EMPTY       NOT       WHERE
```

As palavras-chave EJB QL são também reservadas em SQL. No futuro, a lista das palavras- chave EJB QL podem expandir a fim de incluir outras palavras reservadas SQL. A especificação Enterprise JavaBeans recomenda que você não utilize outras palavras reservadas SQL para identificadores EJB QL.

Variáveis de identificação

Uma variável de identificação é um identificador declarado na cláusula FROM. Embora as cláusulas SELECT e WHERE possam referenciar as variáveis de identificação, elas não podem declará-las. Todas as variáveis de identificação devem ser declaradas na cláusula FROM.

Como uma variável de identificação é um identificador, ele possui as mesmas convenções e restrições de atribuição de nomes como identificador. Por exemplo, um variável de identificação não é caso-sensitiva e não pode ser a mesma que uma palavra-chave EJB QL. (Veja a seção precedente para mais regras de atribuição de nomes). Também, dentro de um determinado arquivo EJB JAR, um nome de identificador não deve corresponder ao nome de qualquer bean de entidade ou esquema abstrato.

A cláusula FROM pode conter múltiplas declarações, separadas por vírgulas. Uma declaração pode referenciar uma outra variável de identificação que foi declarada anteriormente (à esquerda). Na cláusula FROM seguinte, a variável referencia a variável p declarada anteriormente:

```
FROM Player p, IN (p.teams) AS t
```

Mesmo que uma variável de identificação não seja usada na cláusula WHERE, a sua declaração pode afetar os resultados da consulta. Para um exemplo, compare as duas próximas consultas. A consulta seguinte retorna todos os jogadores, quer eles pertençam a uma equipe, quer não:

```
SELECT OBJECT(p)
FROM Player p
```

Em contraste, como a consulta, a seguir, declara a variável de identificação t, ela busca todos os jogadores que pertençam a uma equipe:

```
SELECT OBJECT(p)
FROM Player p, IN (p.teams) AS t
```

A próxima consulta retorna os mesmos resultados que a consulta precedente, mas a cláusula WHERE torna a leitura mais fácil:

```
SELECT OBJECT(p)
FROM Player p
WHERE p.teams IS NOT EMPTY
```

Uma variável de identificação sempre define uma referência a um único valor cujo tipo é aquele da expressão usada na declaração. Existem dois tipos de declarações: variável de faixa e membro da coleção.

Declarações de variável de faixa

Para declarar uma variável de faixa como um tipo de esquema abstrato, você especifica uma declaração de variável de faixa. Em outras palavras, uma variável de identificação pode variar por meio de um tipo de esquema abstrato de um bean de entidade. No exemplo seguinte, uma variável de identificação chamada p representa o esquema abstrato chamado Player:

```
FROM Player p
```

Uma declaração de variável de faixa pode incluir o operador opcional AS:

```
FROM Player AS p
```

Na maioria dos casos, para obter objetos, uma consulta utiliza expressões de caminho para navegar através dos relacionamentos. Mas, para aqueles objetos que não podem ser obtidos por navegação, você pode usar uma declaração de variável de faixa para definir o ponto de partida (ou *raiz*).

Se a consulta compara valores múltiplos do mesmo tipo de esquema abstrato, então a cláusula FROM deve declarar variáveis de identificação múltiplas para o esquema abstrato:

```
FROM Player p1, Player p2
```

Para uma amostra dessa consulta, veja o Exemplo 9.

Declarações de membro da coleção

Em um relacionamento um para muitos, os lados múltiplos constituem uma coleção de beans de entidade. Uma variável de identificação pode representar um membro desta coleção. Para acessar um membro da coleção, a expressão de caminho na declaração da variável navega através dos relacionamentos no esquema abstrato. (Para maior informação sobre expressões de caminho, veja a seção seguinte.) Como uma expressão de caminho pode ser baseada em uma outra expressão de caminho, a navegação pode percorrer diversos relacionamentos. Veja o Exemplo 6.

Um membro da coleção deve incluir o operador IN, mas ele pode omitir o operador opcional AS.

No exemplo seguinte, o bean de entidade representado pelo esquema abstrato chamado Player tem um campo de relacionamento chamado teams. A variável de identificação chamada t representa um único membro da coleção teams.

```
FROM Player p, IN (p.teams) AS t
```

Expressões de caminho

Expressões de caminho são construções importantes na sintaxe de EJB QL, por diversas razões. Primeiro, elas definem caminhos de navegação através de relacionamentos no esquema abstrato. Estas definições de caminho afetam tanto o escopo, como os resultados de um consulta. Segundo, eles podem aparecer em qualquer uma das três cláusulas principais de uma consulta EJB QL (SELECT, WHERE, FROM). Finalmente, embora muito da EJB QL seja um subconjunto de SQL, as expressões de caminho são extensões não encontradas em SQL.

Sintaxe

Aqui está a sintaxe para as expressões de caminho:

```
cmp_path_expression ::=
  {identification_variable |
  single_valued_cmr_path_expression}.cmp_field

single_valued_cmr_path_expression ::=
  identification_variable.[single_valued_cmr_field.]*
  single_valued_cmr_field

single_valued_path_expression ::=
  cmp_path_expression | single_valued_cmr_path_expression

collection_valued_path_expression ::=
  identification_variable.[single_valued_cmr_field.]
  *collection_valued_cmr_field
```

No diagrama precedente, o elemento cmp_field representa um campo persistente, e o elemento cmr_field define um campo de relacionamento. O termo single_valued qualifica o campo de relacionamento como o lado único de um relacionamento um para um ou um para muitos; o termo collection_valued o designa como o lado múltiplo (da coleção) de um relacionamento. A single_valued_cmr_path_expression é o tipo de esquema abstrato do bean relacionado.

O período (.) é uma expressão de caminho que utiliza duas funções. Se um período precede um campo persistente, ele é um delimitador entre o campo e a variável de identificação. Se um período precede um campo de relacionamento, ele é um operador dc navcgação.

Exemplos

Nas consultas seguintes, a cláusula WHERE contém uma cmp_path_expression. O p é uma variável de identificação, e salary é um campo persistente de Player.

```
SELECT DISTINCT OBJECT(p)
FROM Player p
WHERE p.salary BETWEEN ?1 AND ?2
```

A cláusula WHERE do próximo exemplo também contém uma cmp_path_expression. O t é uma variável de identificação, league é um campo de relacionamento com valor único, e sport é um campo persistente de league.

```
SELECT DISTINCT OBJECT(p)
FROM Player p, IN (p.teams) AS t
WHERE t.league.sport = ?1
```

Na próxima consulta, a cláusula WHERE contém uma collection_valued_path_expression. O p é uma variável de identificação, e teams define um campo de relacionamento com valor da coleção.

```
SELECT DISTINCT OBJECT(p)
FROM Player p
WHERE p.teams IS EMPTY
```

Tipos de expressões

O tipo de uma expressão é o tipo do objeto representado pelo elemento de finalização, que pode ser um dos seguintes:

- Campo persistente
- Campo de relacionamento com valor único
- Campo de relacionamento com valor de coleção

Por exemplo, o tipo da expressão t.salary é double, porque o campo persistente de terminação (salary) é um double.

Na expressão p.teams, o elemento de terminação é um campo de relacionamento (teams) com valor da coleção. Este tipo de expressão é uma coleção do esquema abstrato chamado Team. Como Team é o nome do esquema abstrato para o bean de entidade TeamBean, este tipo mapeia para a interface local do bean, LocalTeam. Para mais informações sobre o tipo de mapeador de esquemas abstratos, veja a seção Tipos de retorno.

Navegação

Um caminho de expressão permite que a consulta navegue para beans de entidade relacionados. Os elementos de terminação de uma expressão determinam se a navegação é permitida. Se uma expressão contém um campo de relacionamento com valor único, a navegação pode continuar para um objeto relacionado com o campo. Todavia, uma expressão não pode navegar além de um campo persistente ou um campo de relacionamento com valor da coleção. Por exemplo, a expressão p.teams.league.sport é ilegal, porque teams é um campo de relacionamento com valor da coleção. Para atingir o campo sport, a cláusula FROM pode definir uma variável de identificação chamada t para o campo teams:

```
FROM Player AS p, IN (p.teams) t
WHERE t.league.sport = 'soccer'
```

Cláusula WHERE

A cláusula WHERE especifica uma expressão condicional que limita os valores retornados pela consulta. A consulta retorna todos os valores correspondentes no armazenamento do dado para o qual a expressão condicional seja TRUE. Embora geralmente especificada, a cláusula WHERE é opcional. Se a cláusula WHERE for omitida, então a consulta retornará todos os valores. A sintaxe de alto nível para a cláusula WHERE é a seguinte:

```
where_clause ::= WHERE conditional_expression
```

Literais

Existem diversos tipos de literais: string, numérico e Boolean.

Literais de string

Um literal de string é anexado entre aspas simples:

```
'Duke'
```

Se um literal de string contém uma aspa simples, você identifica a aspa usando duas aspas simples:

```
'Duke' 's'
```

Como uma String Java, uma literal de string em EJB QL usa a codificação de caracteres Unicode.

Literais numéricos

Exsitem dois tipos de literais numéricos: exato e aproximado.

Um literal numérico exato é um valor numérico sem um ponto decimal, tal como 65, -233 e +12. Usando a sintaxe integer Java, literais numéricos exatos suportam números na faixa de um long Java.

Um literal numérico aproximado é um valor numérico em notação científica, tal como 57., -85.7 e +2.1. Usando a sintaxe do literal ponto flutuante Java, literais numéricos aproximados suportam números na faixa de um double Java.

Literais Boolean

Um literal Boolean é tanto TRUE, como FALSE. Estas palavras-chave não são caso-sensitivas.

Parâmetros de entrada

Uma parâmetro de entrada é definido por um ponto de interrogação (?) seguido por um inteiro. Por exemplo, o primeiro parâmetro de entrada é ?1, o segundo é ?2, e assim por diante.

As seguintes regras se aplicam a parâmetros de entrada:

- Eles podem ser usados somente em uma cláusula WHERE
- O uso deles é restrito a um caminho de expressão com valor único dentro de uma expressão condicional
- Eles devem ser numerados, começando com o inteiro 1
- O número de parâmetros de entrada na cláusula WHERE não deve exceder o número de parâmetros de entrada dos método de localização ou do método de seleção correspondente
- O tipo de parâmetro de entrada na cláusula WHERE deve corresponder ao tipo do respectivo argumento no método de localização ou no método de seleção

Expressões condicionais

Uma cláusula WHERE consiste em uma expressão condicional, que é avaliada da esquerda para a direita dentro de um nível de prioridade. Você pode modificar a ordem de avaliação usando parênteses.

Aqui está a sintaxe de uma expressão condicional:

```
conditional_expression ::= conditional_term |
  conditional_expression OR conditional_term

conditional_term ::= conditional_factor |
  conditional_term AND conditional_factor

conditional_factor ::= [NOT ] conditional_primary

conditional_primary ::= simple_cond_expression |
  (conditional_expression)

simple_cond_expression ::=
  comparison_expression | between_expression |
  like_expression | in_expression |
  null_comparison_expression |
  empty_collection_comparison_expression |
  collection_member_expression
```

Operadores e suas prioridades

A Tabela 29-2 lista os operadores EJB QL em ordem decrescente de prioridade.

Tabela 29-2 Prioridade do operador EJB QL

Tipo	Ordem de prioridade
Navegação	. (um período)
Aritmético	+ - (unário) * / multiplicação e divisão) =+ - (adição e subtração)
Comparação	= > >= < <= <> (diferente)
Lógico	NOT AND OR

Expressões BETWEEN

A expressão BETWEEN determina se uma expressão aritmética está contida dentro de uma faixa de valores. A sintaxe da expressão BETWEEN é:

```
between_expression ::=
  arithmetic_expression [NOT] BETWEEN
  arithmetic_expression AND arithmetic_expression
```

Estas duas expressões são equivalentes:

```
p.age BETWEEN 15 AND 19
p.age >= 15 AND p.age <= 19
```

As duas expressões seguintes também são equivalentes:

```
p.age NOT BETWEEN 15 AND 19
p.age < 15 OR p.age > 19
```

Se uma expressão aritmética tiver um valor nulo, então o valor da expressão BETWEEN será desconhecido.

Expressões IN

Uma expressão IN determina se uma string pertence, ou não, a um conjunto de literais de string. Aqui está a sintaxe de uma expressão IN:

```
in_expression ::=
  cmp_path_expression [NOT ] IN
  ( {literal | input_parameter}
  [, { literal | input_parameter} ]*)
```

A expressão de caminho deve ter um valor de string ou numérico. Se a expressão de caminho tiver um valor NULL, então o valor de uma expressão IN será desconhecido.

No próximo exemplo, se o país for UK, a expressão será TRUE. Se o país for Peru, ela será FALSE.

```
o.country IN ('UK', 'US', 'France')
```

Expressões LIKE

A expressão LIKE determina se uma padrão de curinga corresponde a uma string. Aqui está a sintaxe:

```
like_expression ::=
  cmp_path_expression [NOT ] LIKE
  pattern_value [ESCAPE escape_character]
```

A expressão de caminho deve ter uma string ou um valor numérico. Se este valor for NULL, então o valor da expressão LIKE será desconhecido. O valor do padrão é uma literal de string que pode conter caracteres curingas. O caractere curinga sublinhado (_) representa um único caractere. O caractere curinga percentil (%) representa zero ou mais caracteres. A cláusula ESCAPE especifica um caractere escape para os caracteres curingas no valor do padrão. A Tabela 29-3 mostra alguns exemplos das expressões LIKE.

Expressões de comparação NULL

Uma comparação NULL testa se uma expressão de caminho com valor único ou um parâmetro de entrada tem um valor NULL. Geralmente, a expressão de comparação NULL é usada para testar se um relacionamento com valor único foi definido. Aqui está a sintaxe de uma expressão de comparação NULL:

```
null_comparison_expression ::=
   {single_valued_path_expression |

  input_parameter}IS [NOT ] NULL
```

Tabela 29-3 Exemplos da expressão LIKE

Expressão	TRUE	FALSE
address.phone LIKE '12%3'	'123' '12993'	'1234'
asentence.word LIKE 'l_se'	'lose'	'loose'
aword.underscored LIKE '_%' ESCAPE '\'	'_foo'	'bar'
address.phone NOT LIKE '12%3'	'1234'	'123' '12993'

Expressões de comparação da coleção vazia

Uma expressão da coleção de comparação vazia testa se um expressão de caminho com valor único não possui elementos. Em outras palavras, ela testa se um relacionamento com valor da coleção foi definido. Aqui está a sintaxe:

```
empty_collection_comparison_expression ::=
  collection_valued_path_expression IS [NOT] EMPTY
```

Se a expressão de caminho com valor da coleção for NULL, então a expressão da coleção de comparação vazia terá um valor NULL.

Expressões de membro da coleção

A expressão de membro da coleção determina se um valor é um membro de uma coleção. O valor e os membros da coleção devem ter o mesmo tipo. Segue a sintaxe da expressão:

```
collection_member_expression ::=
  {single_valued_cmr_path_expression |
  identification_variable | input_parameter}
  [NOT ] MEMBER [OF ] collection_valued_path_expression
```

Se uma expressão de caminho com valor da coleção e uma com valor único são desconhecidas, então a expressão de membro da coleção é desconhecida. Se a expressão de caminho com valor da coleção definir uma coleção vazia, então a expressão de membro da coleção será FALSE.

Expressões funcionais

EJB QL inclui diversas strings e funções aritméticas, listadas nas tabelas seguintes. Na Tabela 29-4, os argumentos start e length são do tipo int. Eles definem posições no argumento String. A primeira posição em uma string é definida por 1. Na Tabela 29-5, o argumento number pode ser tanto um inteiro, como um flutuante ou um duplo.

Tabela 29-4 Expressões de String

Sintaxe da função	Tipo de retorno
CONCAT(String, String)	String
LENGTH(String)	int
LOCATE(String, String [, início])	int
SUBSTRING(String, início, comprimento)	String

Tabela 29-5 Expressões aritméticas

Sintaxe da função	Tipo de retorno
ABS(número)	int, float, ou double
MOD(int, int)	int
SQRT(duplo)	double

Valores nulos

Se o objetivo de uma referência não for um armazenamento persistente, então o objetivo será NULL. Para expressões condicionais contendo NULL, a EJB QL utiliza a semântica definida pelo SQL92. Resumidamente, esta semântica é:

- Se uma operação de comparação ou aritmética possui um valor desconhecido, ela fornece um valor NULL.
- Dois valores NULL não são iguais. A comparação de valores NULL gera um valor desconhecido.
- O teste IS NULL converte um campo persistente NULL ou um campo de relacionamento de valor único para TRUE. O teste IS NOT NULL os converte para FALSE.
- Operadores Boolean e testes condicionais utilizam uma lógica de três valores definida pela Tabela 29-6 e pela Tabela 29-7. (Nestas tabelas, T significa TRUE, e F significa FALSE, e U desconhecido).

Tabela 29-6 Lógica do operador E

AND	T	F	U
T	T	F	U
F	F	F	F
U	U	F	U

Tabela 29-6 Lógica do operador OR

OR	T	F	U
T	T	T	T
F	T	F	U
U	T	U	U

Semântica de igualdade

Em EJB QL, somente valores do mesmo tipo podem ser comparados. Todavia, essa regra tem uma exceção: valores numéricos aproximados e exatos podem ser comparados. Nessa comparação, a conversão do tipo exigido adere às regras da promoção numérica Java.

EJB QL trata valores comparados como se fossem tipos de Java, e não como se eles representassem tipos do armazenamento de dados subjacente. Por exemplo, se um campo persistente pudesse ser tanto um inteiro, como um NULL, então ele deveria ser definido como um objeto Integer, e não como um primitivo int. Esta definição é exigida porque um objeto Java pode ser NULL mas um primitivo não.

Duas strings serão iguais somente se contiverem a mesma seqüência de caracteres. Rastreamento de brancos é significativo; por exemplo, as strings 'abc' e 'abc ' não são iguais.

Dois beans de entidade do mesmo tipo de esquema abstrato são iguais somente se suas chaves primárias possuírem o mesmo valor. A Tabela 29-8 mostra a lógica do operador de uma negação, e a Tabela 29-9 mostra os valores verdadeiros de testes condicionais.

Tabela 29-8 Lógica do operador NOT

Valor NOT	Valor
T	F
F	T
U	U

Tabela 29-9 Teste condicional

Teste condicional	T	F	U
Expressão IS TRUE	T	F	F
Expressão IS FALSE	F	T	F
Expressão é desconhecida	F	F	T

Cláusula SELECT

A cláusula SELECT define os tipos dos objetos ou valores retornados pela consulta. A cláusula SELECT tem a seguinte sintaxe:

```
select_clause ::= SELECT [DISTINCT ] {select_expression
  |OBJECT( identification_variable) }

select_expression ::= single_valued_path_expression |
  aggregate_select_expression

aggregate_select_expression ::=
  {AVG |MAX |MIN |SUM |COUNT }( [DISTINCT ]
  cmp_path_expression) |
  COUNT ( [DISTINCT ] identification_variable |
  single_valued_cmr_path_expression)
```

Tipos de retorno

O tipo de retorno definido pela cláusula SELECT deve corresponder àquele do método de localização ou do método de seleção para o qual a consulta está definida.

Para consultas do método de localização, o tipo de retorno da cláusula SELECT é o tipo de esquema abstrato do bean de entidade que define o método de localização. Este tipo de esquema abstrato mapeia tanto para uma interface remota, como para uma interface local. Se a interface home remota do bean definir o método de localização, então o tipo de retorno será a interface remota (ou uma coleção de interfaces remotas). De modo semelhante, se a interface home local definir o método de localização, o tipo de retorno será a interface local (ou uma coleção). Por exemplo, a interface LocalPlayerHome do bean de entidade PlayerBean define o método findall.

```
public Collection findAll() throws FinderException;
```

A consulta EJB QL do método findall retorna uma coleção de tipos de interface de LocalPlayer:

```
SELECT OBJECT(p)
FROM Player p
```

Para consultas do método de seleção (exceto para consultas de função agregada), o tipo de retorno da cláusula SELECT pode ser um dos seguintes:

- O esquema abstrato do bean de entidade que contenha o método de seleção
- O esquema abstrato do bean de entidade relacionado. (Por default, cada um desses tipos de esquema abstrato mapeia para a interface local do bean de entidade.)
- Embora seja incomum, no descritor de implantação você pode sobrepor o mapeamento default especificando uma interface remota
- Um campo persistente

O bean de entidade PlayerBean, por exemplo, implementa o método ejbSelectSports, que retorna uma coleção de objetos de String para sport. O sport é um campo persistente do bean de entidade LeagueBean. Veja o Exemplo 11.

Uma cláusula SELECT não pode especificar uma expressão com valor da coleção. Por exemplo, a cláusula SELECT p.teams é inválida porque teams é uma coleção. Todavia, a cláusula na consulta, a seguir, é válida porque o t é um elemento único da coleção teams:

```
SELECT t
FROM Player p, IN (p.teams) AS t
```

Para consultas de método de seleção com uma função agregada (AVG, COUNT, MAX, MIN, ou SUM) na cláusula SELECT, a seguinte regra se aplica:

- O método de seleção deve retornar um objeto único, primitivo, ou do tipo wrapper que seja compatível com mapeamentos de conversão JDBC padrão para o tipo de campo persistente.
- Para as funções AVG, MAX, MIN, e SUM, se o tipo de retorno do método de seleção for um objeto, e a função não retornar valores, então o método de seleção retornará null. Neste caso, se o tipo de retorno do método de seleção for um primitivo, então o contêiner lançará uma exceção ObjectNotFoundException.
- Para a função COUNT, o resultado do método de seleção deve ser um tipo numérico exato. Se a função não retornar nenhum valor, o método de seleção retornará 0.

As palavras-chave DISTINCT e OBJECT

A palavra-chave DISTINCT elimina valores de retorno duplicados. Se o método da consulta retornar um java.util.Collection – o que permite duplicatas – então você deverá especificar a palavra-chave DISTINCT para eliminar duplicações. Todavia, se o método retornar um java.util.Set, a palavra-chave DISTINCT será redundante porque um java.util.Set não pode conter duplicatas.

A palavra-chave OBJECT deve preceder uma variável de identificação independente, mas ela não deve preceder uma expressão de caminho com valor único. Se uma variável de identificação faz parte de uma expressão de caminho com valor único, ela não é independente.

Funções agregadas

A cláusula SELECT pode conter uma função agregada com a seguinte sintaxe:

```
aggregate_select_expression ::=
  {AVG |MAX |MIN |SUM |COUNT }( [DISTINCT ]
  cmp_path_expression) |
  COUNT ( [DISTINCT ] identification_variable |
  single_valued_cmr_path_expression)
```

Exceto para a função COUNT, o argumento de expressão de caminho para uma função agregada deve terminar em um campo persistente. Para a função COUNT, o argumento de expressão de caminho pode terminar em um campo persistente, um campo de relacionamento, ou uma variável de identificação.

Os argumentos das funções SUM e AVG devem ser numéricos. Os argumentos das funções MAX e MIN devem ser classificáveis: numérico, string, caractere ou data.

Se o argumento for vazio, a função COUNT retornará 0 e as outras funções agregadas retornarão NULL.

Se a palavra-chave DISTINCT for especificada, os valores duplicados serão eliminados antes que a função agregada seja aplicada. Valores de NULL são sempre eliminados antes de a função ser aplicada, quer a palavra-chave DISTINCT seja usada ou não.

Cláusula ORDER BY

Como seu nome sugere, a cláusula ORDER BY classifica os valores ou objetos retornados pela consulta. A sintaxe da cláusula é:

```
orderby_clause ::= ORDER BY orderby_item [, orderby_item]*

orderby_item ::= cmp_path_expression [ASC |DESC ]
```

Se a cláusula ORDER BY contiver múltiplos elementos orderby_item, a seqüência da esquerda para a direita dos elementos determinará a prioridade alta para baixa.

A palavra-chave ASC especifica a ordem ascendente (o default), e a palavra-chave DESC indica a ordem descendente.

Se a cláusula ORDER BY for usada, então a cláusula SELECT deverá ser uma das seguintes:

- Uma variável de identificação x, com a denotação OBJECT(x)
- Uma single_valued_cmr_path_expression
- Uma cmp_path_expression

Se a cláusula SELECT for uma variável de identificação ou uma single_valued_cmr_path_expression, então o orderby_item deverá ser um campo persistente classificável do bean de entidade retornado pela cláusula SELECT. Se a cláusula SELECT for uma cmp_path_expression, então a cmp_path_expression e a orderby_item deverão avaliar o mesmo campo persistente do mesmo bean de entidade.

Restrições da linguagem de consulta de enterprise JavaBeans

A EJB QL possui algumas restrições:

- Comentários não são permitidos
- Para comparar valores de data e hora em uma consulta EJB QL, use primitivos longos para representar os valores como milissegundos. Não use objetos java.util.Date e java.sql.Time em comparações EJB QL

- Como o suporte aos tipos BigDecimal e BigInteger é opcional para contêineres EJB 2.1, as aplicações que usam esses tipos em consultas EJB QL podem não ser portáveis.
- Atualmente, persistência gerenciada por contêiner não suporta herança. Por esta razão, dois beans de entidade de tipos diferentes não podem ser comparados

30

Transações

Um aplicativo empresarial típico acessa e armazena informações em um ou mais bancos de dados. Como estas informações são críticas para operações de negócios, elas devem ser precisas, atuais e confiáveis. A integridade dos dados estaria perdida se múltiplos programas permitissem atualizar as mesmas informações simultaneamente. Estaria também perdida se um sistema, que falhasse durante o processamento de uma transação de negócios, permitisse que os dados afetados fossem atualizados apenas parcialmente. Para evitar estes dois cenários, as transações de software garantem a integridade dos dados. As transações controlam o acesso concorrente de dados através de múltiplos programas. No caso de uma falha do sistema, as transações garantem que a recuperação dos dados estará em estado consistente.

O que é uma transação?

Para simular uma transação de negócios, um programa pode precisar efetuar diversas etapas. Um programa financeiro, por exemplo, poderia transferir fundos de uma conta corrente para uma conta de poupança usando as etapas listadas no pseudocódigo a seguir:

```
begin transaction
  debit checking account
  credit savings account
  update history log
commit transaction
```

Tanto todas as três destas etapas podem estar completas, como nenhuma delas em absoluto. Caso contrário, a integridade dos dados estaria perdida. Como as etapas dentro de uma transação são um todo unificado, uma *transação* é freqüentemente definida como uma unidade indivisível de trabalho.

Uma transação pode terminar de duas maneiras: com um commit ou um rollback. Quando uma transação é efetivada, as modificações dos dados feitas por estas declarações são salvas. Se a declaração dentro de uma transação falhar, a transação é desfeita, sofrendo os efeitos de todas as declarações na transação. No pseudocódigo, por exemplo, se um dispositivo de disco falhar durante uma etapa de crédito, a transação será desfeita e retornará para as alterações de dados feitas pela declaração de débito. Embora a transação falhasse, a integridade de dados estaria intacta porque a conta tem saldo.

No pseudocódigo anterior, as declarações begin e commit marcam os limites da transação. Ao projetar um enterprise bean, você determina como os limites são definidos especificando tanto as transações gerenciadas por contêiner, como aquelas gerenciadas por bean.

Transações gerenciadas por contêiner

Em um enterprise bean com transações gerenciadas por contêiner, o contêiner EJB define os limites das transações. Você pode usar as transações gerenciadas por contêiner com qualquer tipo de enterprise bean: de sessão, de entidade, ou dirigido para mensagem. As transações gerenciadas por contêiner simplificam o desenvolvimento porque o código do enterprise bean não marca explicitamente os limites da transação. O código não inclui declarações que começam e terminam a transação.

Normalmente, o contêiner começa uma transação imediatamente antes que um método do enterprise bean comece. Ele efetua a transação exatamente antes da saída do método. Cada método pode ser associado a uma única transação. As transações aninhadas ou múltiplas não são permitidas dentro de um método.

As transações gerenciadas por contêiner não requerem que todos os métodos estejam associados a transações. Ao implantar um bean, você especifica quais dos métodos do bean estão associados a transações definindo os atributos de transação.

Atributos de transação

Um atributo de transação controla o escopo de uma transação. A Figura 30-1 ilustra por que controlar o escopo é importante. No diagrama, o método A começa uma transação e, depois, chama o método B do Bean-2. Quando o método B é executado, ele roda dentro do escopo da transação iniciada pelo método A, ou ele executa dentro de uma nova transação? A resposta depende do atributo de transação do método B.

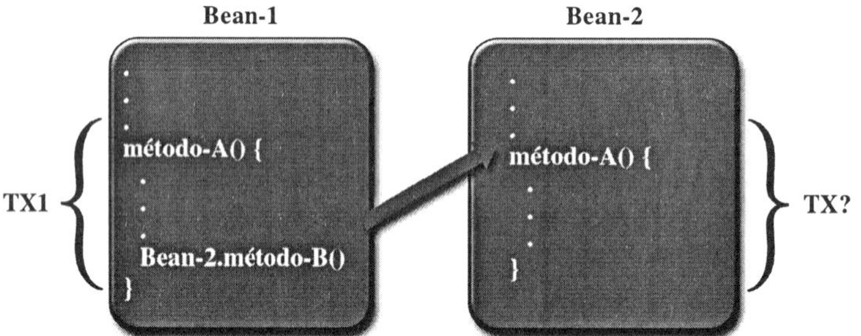

Figura 30-1 Escopo de transação.

Um atributo de transação pode ter um dos seguintes valores:

- Required
- RequiresNew
- Mandatory
- NotSupported
- Supports
- Never

Required

Se o cliente estiver rodando dentro de uma transação e chamar o método do enterprise bean, o método executará dentro da transação do cliente. Se o cliente não estiver associado a uma transação, o contêiner começará uma nova transação antes de rodar o método.

O atributo Required funcionará para a maioria das transações. Portanto, você poderá usá-lo como default, pelo menos nas fases iniciais do desenvolvimento. Como os atributos de transação são declarativos, você pode facilmente alterá-los mais tarde.

RequiresNew

Se o cliente estiver rodando dentro de uma transação e chamar o método do enterprise bean, o contêiner aceitará as seguintes etapas:

1. Suspende a transação do cliente.
2. Inicia uma nova transação.
3. Delega a chamada para o método.
4. Reassume a transação do cliente depois que o método terminar.

Se o cliente não estiver associado a uma nova transação, o contêiner iniciará uma nova transação antes de executar o método.

Você deve usar o atributo RequiresNew quando quiser se certificar de que o método sempre rodará dentro de uma nova transação.

Mandatory

Se o cliente estiver rodando dentro de uma transação e chamar o método do enterprise bean, o método será executado dentro da transação do cliente. Se o cliente não estiver associado a uma transação, o contêiner lançará a exceção TransactionRequiredException.

Use o atributo Mandatory se o método do enterprise bean precisar utilizar a transação do cliente.

NotSupported

Se o cliente estiver rodando dentro de uma transação e chamar o método do enterprise bean, o contêiner suspenderá a transação do cliente antes de chamar o método. Depois que o método for completado, o contêiner reassumirá a transação do cliente.

Se o cliente não estiver associado a uma transação, o contêiner não iniciará uma nova transação antes de rodar o método.

Supports

Se o cliente estiver rodando dentro de uma transação e chamar o método do enterprise bean, o método será executado dentro da transação do cliente. Se o cliente não estiver associado a uma transação, o contêiner não iniciará uma nova transação antes de rodar o método.

Como o comportamento transacional do método pode variar, você deve usar o atributo Supports com cuidado.

Never

Se o cliente estiver rodando dentro de uma transação e chamar o método do enterprise bean, o contêiner lançará uma exceção RemoteException. Se o cliente não estiver associado a uma transação, o contêiner não iniciará uma nova transação antes de rodar o método.

Resumo dos atributos de transação

A Tabela 30-1 resume os efeitos dos atributos de transação. As transações T1 e T2 são controladas pelo contêiner. A transação T1 está associada ao cliente que chama um método no enterprise bean. Na maioria dos casos, o cliente é um outro enterprise bean. Uma transação T2 é iniciada pelo contêiner bem antes da execução do método.

Na última coluna da Tabela 30-1, a palavra *None* significa que o método de negócios não é executado dentro de uma transação gerenciada por contêiner. Todavia, as chamadas do banco de dados em método de negócios desse tipo podem ser controladas pelo gerenciador de transações do DMBS.

Como definir atributos de transação

Como os atributos de transação são armazenados em um descritor de implantação, eles podem ser modificados durante as diversas fases do desenvolvimento do aplicativo J2EE: na criação do enterprise bean, na montagem do aplicativo e durante a implantação. Entretanto, é responsabilidade do desenvolvedor de enterprise bean especificar os atributos ao criar o bean. Os atributos devem ser modificados somente por um desenvolvedor do aplicativo que esteja montando os componentes em aplicativos maiores. Não espere que a pessoa que implanta o aplicativo J2EE especifique os atributos de transação.

Você pode especificar os atributos de transação para o enterprise bean inteiro ou para métodos individuais. Se você especificou um atributo para um método e um outro para o bean, o atributo para o método terá preferência. Quando você especifica atributos para métodos individuais, as exigências diferem com o tipo de bean. Os beans de sessão precisam dos atributos definidos para os métodos de negócios, mas não permitem que os métodos criem. Os beans de entidade exigem atributos de transação para os métodos de negócios, criação, remoção e localização. Beans orientados por mensagens exigem atributos de transação (tanto Required, como NotSupported) para o método onMessage.

Tabela 30-1 Atributos de transação e escopo

Atributo de transação	Transação do cliente	Transação do método de negócios
Required	Nenhuma	T2
	T1	T1
RequiresNew	Nenhuma	T2
	T1	T2
Mandatory	Nenhuma	Erro
	T1	T1
NotSupported	Nenhuma	Nenhuma
	T1	Nenhuma
Supports	Nenhuma	Nenhuma
	T1	T1
Never	Nenhuma	Nenhuma
	T1	Erro

Como desfazer uma transação gerenciada por contêiner

Há duas maneiras de desfazer uma transação gerenciada por contêiner. Primeira, se uma exceção do sistema for lançada, o contêiner automaticamente desfará a transação. Segunda, chamando o método setRollbackOnly da interface EJBContext, o método do bean instrui o contêiner a desfazer a transação. Se o bean lançar uma exceção de aplicativo, o rollback não é automático, mas poderá ser iniciado por uma chamado ao setRollBackOnly. Para uma descrição de exceções do sistema e do aplicativo, veja Dicas de deploytool para beans de entidade com persistência gerenciada por bean.

O código-fonte para o exemplo seguinte se encontra no diretório *<INSTALL>*/j2eetutorial14/examples/ejb/bank.

O método transferToSaving do exemplo do BankBean ilustra o método setRollbackOnly. Se ocorrer uma verificação de saldo negativo, transferToSaving chamará setRollBackOnly e lançará uma exceção do aplicativo (InsufficientBalanceException). Os métodos updateChecking e updateSaving atualizam as tabelas do banco de dados. Se a atualização falhar, estes métodos lançarão uma exceção SQLException, e o método transferToSaving method lançará uma exceção EJBException. Como EJBException é uma exceção do sistema, ela faz o sistema desfazer a transação automaticamente. Aqui está o código para o método transferToSaving:

```
public void transferToSaving(double amount) throws
  InsufficientBalanceException  {

  checkingBalance -= amount;
  savingBalance += amount;

  try {
    updateChecking(checkingBalance);
    if (checkingBalance < 0.00) {
      context.setRollbackOnly();
      throw new InsufficientBalanceException();
    }
    updateSaving(savingBalance);
  } catch (SQLException ex) {
      throw new EJBException
        ("Transaction failed due to SQLException: "
        + ex.getMessage());
  }
}
```

Quando o contêiner desfaz a transação, ele sempre desfaz as alterações dos dados feitas pelas chamadas SQL dentro da transação. Todavia, somente dentro de beans de entidade o contêiner desfaz as alterações feitas para variáveis de instância. (Ele faz isso automaticamente chamando o método ejbLoad do bean de entidade, o qual carrega as variáveis de instância a partir dos banco de dados.) Quando ocorre um rollback, um bean de sessão deve redefinir explicitamente quaisquer variáveis de instância alteradas dentro da transação. O jeito mais fácil de redefinir as variáveis de instância do bean de sessão é implementando a interface SessionSynchronization.

Como sincronizar as variáveis de instância do bean de sessão

A interface opcional SessionSynchronization permite que você sincronize as variáveis de instância com seus valores correspondentes no banco de dados. O contêiner chama os métodos de SessionSynchronization – afterBegin, beforeCompletion e afterCompletion – em cada um dos estágios principais da transação.

O método afterBegin informa a instância em que uma nova transação começou. O contêiner chama afterBegin imediatamente antes de chamar o método de negócios. O método afterBegin é um bom lugar para carregar as variáveis de instância do banco de dados. A classe BankBean, por exemplo, carrega as variáveis checkingBalance e savingBalance do afterBegin:

```
public void afterBegin() {

  System.out.println("afterBegin()");
  try {
    checkingBalance = selectChecking();
    savingBalance = selectSaving();
  } catch (SQLException ex) {
      throw new EJBException("afterBegin Exception: " +
        ex.getMessage());
  }
}
```

O contêiner chama o método beforeCompletion depois que o método de negócios tiver terminado, mas bem antes que a transação seja efetuada. O método beforeCompletion é a última oportunidade para o bean de sessão desfazer a transação (chamando setRollbackOnly). Se ele não atualizou ainda o banco de dados com os valores das variáveis de instância, o bean de sessão pode fazer isso no método beforeCompletion.

O método afterCompletion indica que a transação foi completada. Ele possui um único parâmetro boolean cujo valor é true, se a transação foi efetuada, e false, se ela foi desfeita. Se ocorreu um rollback, o bean de sessão pode atualizar as variáveis de instância do banco de dados no método afterCompletion:

```
public void afterCompletion(boolean committed) {

  System.out.println("afterCompletion: " + committed);
  if (committed == false) {
    try {
        checkingBalance = selectChecking();
        savingBalance = selectSaving();
    } catch (SQLException ex) {
        throw new EJBException("afterCompletion SQLException:
      " + ex.getMessage());
    }
  }
}
```

Como compilar o exemplo do BankBean

1. Em uma janela de terminal, vá para este diretório:

   <*INSTALL*>/j2eetutorial14/examples/ejb/bank/

2. Inicie o servidor PointBase. Para instruções, veja Como iniciar e parar o servidor de banco de dados PointBase.

3. Crie as tabelas do banco de dados e os dados digitando

   `asant create-db_common`

4. Digite o seguinte comando para criar as classes e as interfaces do enterprise bean:

   `asant build`

Como empacotar o exemplo do BankBean

O bean de sessão do BankBean utiliza transações gerenciadas por contêiner. Estas etapas presumem que você esteja familiarizado com as etapas necessárias para criar e implantar um aplicativo corporativo usando deploytool, como descrito no Capítulo 24.

Como criar o aplicativo J2EE

Crie um novo aplicativo chamado BankApp em:

`<INSTALL>/j2eetutorial14/examples/ejb/bank/`

Como empacotar o enterprise bean

1. Crie um novo enterprise bean em BankApp, selecionando File → New → Enterprise Bean.
2. Na tela JAR EJB
   a. Selecione Create New JAR Module em Application.
   b. Entre BankJAR sob JAR Name.
   c. Clique Edit.
   d. Navegue para *<INSTALL>*/j2eetutorial14/examples/ejb/bank/build/.
   e. Selecione as classe Bank.class, BankBean.class, BankHome.class e InsufficientBalanceException.
   f. Clique Add.
   g. Clique OK.
   h. Clique Next.
3. Caixa de diálogo General
   a. Selecione BankBean sob Enterprise Bean Class.
   b. Entre BankBean sob Enterprise Bean Name.
   c. Selecione Stateful Session sob Enterprise Bean Type.
   d. Selecione BankHome sob Remote Home Interface.
   e. Selecione Bank sob Remote Interface.
   f. Selecione Next.
4. Clique Finish.
5. Selecione BankBean na árvore do deploytool.
6. Na guia Resource Ref':
   a. Clique Add.
   b. Defina Coded Name para jdbc/BankDB.
   c. Defina JNDI Name para jdbc/ejbTutorialDB.
7. Na guia Transactions:
   a. Selecione Container-Managed sob Transaction Management.
   b. Verifique se getCheckingBalance(), getSavingBalance(), e transferToSaving() possuem o atributo de transação Required.

Como empacotar o cliente de aplicativo

1. Crie um novo cliente de aplicativo no BankApp selecionando File → New → Application Client.
2. Na tela JAR File Contents:
   a. Selecione BankApp sob Create New AppClient Module em Application.
   b. Entre BankClient sob AppClient Name.
   c. Clique Edit.
   d. Navegue para *<INSTALL>*/j2eetutorial14/examples/ejb/bank/build/.

  e. Selecione BankClient.class.
  f. Clique Add.
  g. Clique OK.
  h. Clique Next.
3. Na tela General:
  a. Selecione BankClient sob Main Class.
  b. Selecione (Use container-managed authentication) sob Callback Handler Class.
  c. Clique Next.
4. Clique Finish.

Como especificar a referência do enterprise bean do cliente de aplicativo

Quando ele chama o método lookup, BankClient, ele se refere ao home de um enterprise bean:

```
Object objref =
initial.lookup("java:comp/env/ejb/SimpleBank");
```

Você especifica esta referência da seguinte forma:

1. Na árvore, selecione BankClient.
2. Selecione a guia EJB Ref's.
3. Clique Add.
4. No campo Coded Name, entre ejb/SimpleBank.
5. No campo EJB Type, selecione Session.
6. No campo Interfaces, selecione Remote.
7. No campo Home Interface, entre BankHome.
8. No campo Local/Remote Interface, entre Bank.
9. Clique OK.
10. Selecione a linha que você acabou de adicionar.
11. Sob Sun-specific Settings para ejb/SimpleBank, selecione JNDI Name.
12. No campo JNDI Name, selecione BankBean.
13. Selecione File → Save.

Como implantar o aplicativo J2EE

1. Selecione BankApp em deploytool.
2. Selecione Tools → Deploy.
3. Sob Connection Settings, entre o nome de usuário e a senha para a Sun Java System Application Server Platform Edition 8.
4. Diga ao deploytool para criar um arquivo JAR que contenha os stubs do cliente:
  a. Confira a caixa Return Client JAR.
  b. No campo abaixo da caixa de verificação, entre <*INSTALL*>/j2eetutorial14/examples/ejb/bank/.
5. Clique OK.
6. Na caixa de diálogo Distribute Module, clique Close quando a implantação se completar com sucesso.

Como rodar o cliente de aplicativo

1. Em uma janela de terminal, vá para o diretório

   `<INSTALL>/j2eetutorial14/examples/ejb/bank/ directory.`

2. Digite o seguinte comando:

   `appclient -client BankAppClient.jar`

Na janela do terminal, o cliente exibe estas linhas:

```
checking: 60.0
saving: 540.0
```

Métodos não permitidos em transações gerenciadas por contêiner

Você não deveria chamar qualquer método que pudesse interferir com os limites de transação definidos pelo contêiner. A lista de métodos proibidos é a seguinte:

- Os métodos commit, setAutoCommit e rollback de java.sql.Connection
- O método getUserTransaction de javax.ejb.EJBContext
- Qualquer método de javax.transaction.UserTransaction

Você pode, todavia, usar estes métodos para definir limites em transações gerenciadas por contêiner.

Transações gerenciadas por bean

Em uma transação gerenciada por bean, o código do bean gerenciado por mensagem ou por sessão delimita explicitamente os limites da transação. Um bean de entidade não pode ter transações gerenciadas por bean; ele deve usar transações gerenciadas por contêiner no lugar. Embora beans com transações gerenciadas por contêiner exijam menos codificação, eles possuem uma limitação: quando um método estiver executando, ele poderá estar associado tanto a uma transação única, como a nenhuma transação, em absoluto. Se esta limitação tornar difícil a codificação do seu bean, você deverá considerar o uso das transações gerenciadas por bean.

O pseudocódigo, a seguir, ilustra o tipo de controle de granularidade fina que você pode obter com transações gerenciadas por bean. Verificando as várias condições, o pseudo-código decide se inicia ou pára as diferentes transações dentro de um método de negócios.

```
begin transaction
...
update table-a
...
if (condition-x)
  commit transaction
else if (condition-y)
  update table-b
  commit transaction
else
  rollback transaction
  begin transaction
  update table-c
commit transaction
```

Ao codificar uma transação gerenciada por bean para beans gerenciados por mensagem ou por sessão, você deverá decidir se vai usar as transações JDBC ou as JTA. As seções seguintes discutem os dois tipos de transações.

Transações JDBC

Uma transação JDBC é controlada pelo gerenciador de transações do DBMS. Você pode usar as transações JDBC ao empacotar código de herança dentro de um bean de sessão. Para codificar uma transação JDBC, você chama os métodos commit e rollback da interface java.sql.Connection. O início de uma transação é implícito. Uma transação começa com a primeira declaração SQL que segue a declaração commit, rollback, ou connect mais recente. (Esta regra geralmente é verdadeira, mas pode variar com o fornecedor do DBMS.)

O código-fonte do exemplo a seguir está no diretório *<INSTALL>*/j2eetutorial14/examples/ejb/warehouse/.

O código seguinte é do exemplo do WarehouseBean, um bean de sessão que usa os métodos da interface Connection para delimitar as transações gerenciadas por bean. O método *ship* começa chamando setAutoCommit do objeto Connection chamado *con.* Esta chamada diz ao DMBS para não efetuar automaticamente qualquer declaração SQL. Em seguida, o método *ship* chama rotinas para atualizar as tabelas do banco de dados order_item e inventory. Se a atualizações forem bem sucedidas, a transação será efetuada. Se uma exceção for lançada, a transação será desfeita.

```
public void ship (String productId, String orderId, int
quantity) {

  try {
    makeConnection();
    con.setAutoCommit(false);
    updateOrderItem(productId, orderId);
    updateInventory(productId, quantity);
    con.commit();
  } catch (Exception ex) {
      try {
        con.rollback();
        throw new EJBException("Transaction failed: " +
          ex.getMessage());
      } catch (SQLException sqx) {
          throw new EJBException("Rollback failed: " +
            sqx.getMessage());
      }
    } finally {
        releaseConnection();
    }
}
```

Como implantar e rodar o exemplo de WarehouseBean

WarehouseBean é um bean de sessão que utiliza gerenciamento por bean, transações JDBC. Estas etapas presumem que você esteja familiarizado com as etapas necessárias para criar e implantar um aplicativo corporativo usando deploytool, como descrito no Capítulo 25. Para implantar e rodar o exemplo, faça o seguinte:

Como compilar o exemplo do WarehouseBean

Para compilar as classes e as interfaces do exemplo do WarehouseBean, siga estas etapas:

1. Em uma janela de terminal, vá para este diretório:

   `<INSTALL>/j2eetutorial14/examples/ejb/warehouse/`

2. Inicie o servidor PointBase. Para instruções, veja Como iniciar e parar o servidor de banco de dados PointBase.

3. Crie as tabelas do banco de dados e os dados digitando

   ```
   asant create-db_common
   ```

4. Digite o seguinte comando para criar as classes e as interfaces do enterprise bean:

   ```
   asant build
   ```

Como empacotar o exemplo do WarehouseBean

O bean de sessão do WarehouseBean utiliza as transações gerenciadas por bean. Estas etapas presumem que você esteja familiarizado com as etapas necessárias para criar e implantar um aplicativo corporativo usando deploytool, como descrito no Capítulo 24.

Como criar o aplicativo J2EE

Crie um novo aplicativo chamado WarehouseApp em:

```
<INSTALL>/j2eetutorial14/examples/ejb/warehouse/
```

Como empacotar o enterprise bean

1. Crie um novo enterprise bean em WarehouseApp selecionando File → New → Enterprise Bean.
2. Na tela EJB JAR:
   a. Selecione Create New JAR Module em Application.
   b. Entre WarehouseJAR sob JAR Name.
   c. Clique Edit.
   d. Navegue para *<INSTALL>*/j2eetutorial14/examples/ejb/warehouse/.
   e. Selecione Warehouse.class, WarehouseBean.class e WarehouseHome.class.
   f. Clique Add.
   g. Clique OK.
   h. Clique Next.
3. Na tela General:
   a. Selecione WarehouseBean sob Enterprise Bean Class.
   b. Entre WarehouseBean sob Enterprise Bean Name.
   c. Selecione Stateful Session sob Enterprise Bean Type.
   d. Selecione WarehouseHome sob Remote Home Interface.
   e. Selecione Warehouse sob Remote Interface.
   f. Selecione Next.
4. Clique Finish.
5. Selecione WarehouseBean na árvore do deploytool.
6. Na guia Transactions, selecione Bean-Managed sob Transaction Management.
7. Na guia Resource Ref's:
   a. Clique Add.
   b. Dê um duplo clique na coluna Coded Name para a linha que você acabou de criar.

c. Entre jdbc/WarehouseDB.

d. Sob Sun-specific Settings para jdbc/WarehouseDB no campo JNDI Name, selecione jdbc/ejbTutorialDB.

Como empacotar o cliente de aplicativo

1. Crie um novo cliente de aplicativo em WarehouseApp selecionando File → New → Application Client.
2. Na tela JAR File Contents:
   a. Selecione WarehouseApp sob Create New AppClient Module em Application.
   b. Entre WarehouseClient sob AppClient Name.
   c. Clique Edit.
   d. Navegue para <*INSTALL*>/j2eetutorial14/examples/ejb/warehouse/.
   e. Selecione WarehouseClient.class.
   f. Clique Add.
   g. Clique OK.
   h. Clique Next.
3. Na tela General:
   a. Selecione WarehouseClient sob Main Class.
   b. Selecione (Use container-managed authentication) sob Callback Handler Class.
   c. Clique Next.
4. Clique Finish.

Como especificar a referência do enterprise bean do cliente de aplicativo

Quando ele chama o método lookup, WarehouseClient se refere ao home de um enterprise bean:

```
Object objref =
initial.lookup("java:comp/env/ejb/SimpleWarehouse");
```

Você especifica esta referência da seguinte forma:

1. Na árvore, selecione WarehouseClient.
2. Selecione a guia EJB Ref's.
3. Clique Add.
4. No campo Coded Name, entre ejb/SimpleWarehouse.
5. No campo EJB Type, selecione Session.
6. No campo Interfaces, selecione Remote.
7. No campo Home Interface, entre WarehouseHome.
8. No campo Local/Remote Interface, entre Warehouse.
9. Clique OK.
10. Selecione a linha que você acabou de adicionar.
11. Sob Sun-specific Settings para ejb/SimpleWarehouse, selecione JNDI Name.
12. No campo JNDI Name, selecione WarehouseBean.
13. Selecione File → Save.

Como implantar o aplicativo J2EE

1. Selecione WarehouseApp em deploytool.
2. Selecione Tools → Deploy.
3. Sob Connection Settings, entre o nome e a senha do usuário para o Servidor de Aplicativo.
4. Diga ao deploytool para criar um arquivo JAR que contenha os stubs do cliente:
   a. Cheque a caixa Return Client JAR.
   b. No campo abaixo da caixa de verificação, entre <*INSTALL*>/j2eetutorial14/examples/ejb/warehouse.
5. Clique OK.
6. Na caixa de diálogo Distribute Module, clique Close quando a implantação tiver sido completada com sucesso.

Como rodar o cliente de aplicativo

1. Em uma janela de terminal, vá para o diretório <*INSTALL*>/j2eetutorial14/examples/ejb/warehouse/.
2. Digite o seguinte comando:

```
appclient -client WarehouseAppClient.jar
```

Na janela do terminal, o cliente exibe estas linhas:

```
status = shipped
```

Transações JTA

JTA é a abreviação para Java Transaction API (API de Transação Java). Esta API permite que você demarque transações de uma maneira que seja independente da implementação do gerenciador de transação. O Servidor de Aplicativo implementa o gerenciador de transação como o Serviço de Transações Java (Java Transaction Service, JTS). Mas o seu código não chama os métodos JTS diretamente. No lugar, ele chama os métodos JTA, que, então, chamam as rotinas JTS de baixo nível.

Uma transação JTA é controlada pelo gerenciador de transações J2EE. Você pode usar uma transação JTA porque ela pode abranger atualizações para múltiplos bancos de dados de diferentes fornecedores. Um gerenciador de transação particular do DBMS pode não funcionar com banco de dados heterogêneos. Todavia, um gerenciador de transação J2EE não possui uma limitação: ele não suporta transações aninhadas. Em outras palavras, ele não pode iniciar uma transação para uma instância até que a transação anterior tenha terminado.

O código-fonte para o próximo exemplo está no diretório <*INSTALL*>/j2eetutorial14/examples/ejb/teller/.

Para demarcar uma transação JTA, você chama os métodos begin, commit e rollback da interface javax.transaction.UserTransaction. O código, a seguir, tirado da classe TellerBean, demonstra os métodos de UserTransaction. As chamadas begin e commit delimitam as atualizações para o banco de dados. Se as atualizações falharem, o código chamará o método rollback e lançará uma exceção EJBException.

```
public void withdrawCash(double amount) {

  UserTransaction ut = context.getUserTransaction();

  try {
    ut.begin();
    updateChecking(amount);
    machineBalance -= amount;
    insertMachine(machineBalance);
    ut.commit();
```

```
  } catch (Exception ex) {
    try {
      ut.rollback();
    } catch (SystemException syex) {
        throw new EJBException
          ("Rollback failed: " + syex.getMessage());
    }
    throw new EJBException
      ("Transaction failed: " + ex.getMessage());
  }
}
```

Como implantar e rodar o exemplo do TellerBean

O bean de sessão do TellerBean utiliza transações JTA gerenciadas por bean. Estas etapas presumem que você esteja familiarizado com as etapas necessárias para criar e implantar um aplicativo corporativo usando deploytool, como descrito no Capítulo 25. Para implantar e rodar o exemplo do TellerBean, execute estas etapas:

Como compilar o exemplo do TellerBean

Para compilar as classes e as interfaces do exemplo do TellerBean, siga estas etapas:

1. Em uma janela de terminal, vá para este diretório:

   `<INSTALL>/j2eetutorial14/examples/ejb/teller/`

2. Inicie o servidor PointBase. Para instruções, veja Como iniciar e parar o servidor de banco de dados PointBase.
3. Crie as tabelas do banco de dados e os dados digitando

   `asant create-db_common`

4. Digite o seguinte comando para criar as classes e as interfaces do enterprise bean:

   `asant build`

Como empacotar o exemplo do TellerBean

O bean de sessão do TellerBean utiliza transações JTA. Estas etapas presumem que você esteja familiarizado com as etapas necessárias para criar e implantar um aplicativo corporativo usando deploytool, como descrito no Capítulo 24.

Como criar o aplicativo J2EE

Crie um novo aplicativo chamado TellerApp em

`<INSTALL>/j2eetutorial14/examples/ejb/teller/`

Como empacotar o enterprise bean

1. Crie um novo enterprise bean em TellerApp selecionando File → New → Enterprise Bean.
2. Na tela EJB JAR:
   a. Selecione Create New JAR Module em Application.
   b. Entre TellerJAR sob JAR Name.

   c. Clique Edit.
   d. Navegue para *<INSTALL>*/j2eetutorial14/examples/ejb/teller/.
   e. Selecione Teller.class, TellerBean.class, e TellerHome.class.
   f. Clique Add.
   g. Clique OK.
   h. Clique Next.
3. Na tela General:
   a. Selecione TellerBean sob Enterprise Bean Class.
   b. Entre TellerBean sob Enterprise Bean Name.
   c. Selecione Stateful Session sob Enterprise Bean Type.
   d. Selecione TellerHome sob Remote Home Interface.
   e. Selecione Teller sob Remote Interface.
   f. Selecione Next.
4. Clique Finish.
5. Selecione TellerBean na árvore do deploytool.
6. Na guia Transactions selecione Bean-Managed sob Transaction Management.
7. Na guia Resource Ref's:
   a. Clique Add.
   b. Dê um clique duplo na coluna Coded Name para a linha que você acabou de criar.
   c. Entre jdbc/TellerDB.
   d. Sob Sun-specific Settings para jdbc/TellerDB no campo JNDI Name, selecione jdbc/ejbTutorialDB.

Empacotando o cliente de aplicativo

1. Crie um novo cliente de aplicativo em TellerApp selecionando File → New → Application Client.
2. Na tela JAR File Contents:
   a. Selecione TellerApp sob Create New AppClient Module em Application.
   b. Entre TellerClient sob AppClient Name.
   c. Clique Edit.
   d. Navegue para *<INSTALL>*/j2eetutorial14/examples/ejb/teller/.
   e. Selecione TellerClient.class.
   f. Clique Add.
   g. Clique OK.
   h. Clique Next.
3. Na tela General:
   a. Selecione TellerClient sob Main Class.
   b. Selecione (Use container-managed authentication) sob Callback Handler Class.
   c. Clique Next.
4. Clique Finish.

Como especificar a referência do enterprise bean do cliente de aplicativo

Quando ele chama o método lookup, TellerClient se refere ao home de um enterprise bean:

```
Object objref =
initial.lookup("java:comp/env/ejb/SimpleTeller");
```

Você especifica esta referência como segue:

1. Na árvore, selecione TellerClient.
2. Selecione a guia EJB Ref's.
3. Clique Add.
4. No campo Coded Name, entre ejb/SimpleTeller.
5. No campo EJB Digite, selecione Session.
6. No campo Interfaces, selecione Remote.
7. No campo Home Interface, entre TellerHome.
8. No campo Local/Remote Interface, entre Teller.
9. Clique OK.
10. Selecione a linha que você acabou de adicionar.
11. Sob Sun-specific Settings para ejb/SimpleTeller, selecione JNDI Name.
12. No campo JNDI Name, selecione TellerBean.
13. Selecione File → Save.

Como implantar o aplicativo J2EE

1. Selecione TellerApp em deploytool.
2. Selecione Tools → Deploy.
3. Sob Connection Settings, entre o nome de usuário e a senha para o Servidor de Aplicativo.
4. Diga ao deploytool para criar um arquivo JAR que contenha todos os stubs do cliente:
   a. Cheque a caixa Return Client JAR.
   b. No campo abaixo da caixa de verificação, entre
      `<INSTALL>/j2eetutorial14/examples/ejb/teller/`.
5. Clique OK.
6. Na caixa de diálogo Distribute Module, clique Close ao completar a implantação com sucesso.

Como rodar o cliente do aplicativo

1. Em uma janela de terminal, vá para o diretório *<INSTALL>*/j2eetutorial14/examples/ejb/teller/.
2. Digite o seguinte comando:

   ```
   appclient -client TellerAppClient.jar
   ```

Na janela de terminal, o cliente exibe estas linhas:

```
checking = 500.0
checking = 440.0
```

Como retornar sem efetuar uma transação

Em um bean de sessão sem estados com transações gerenciadas por bean, um método de negócios deve efetuar ou desfazer uma transação antes de retornar. Todavia, um bean de sessão com estados não possui esta restrição.

Em um bean de sessão com estados com uma transação JTA, a associação entre a instância do bean e a transação é retida através de múltiplas chamadas de clientes. Mesmo se cada método de negócios chamado pelo cliente abrir e fechar uma conexão de banco de dados, a associação será retida até que a instância complete a transação.

Em um bean de sessão com estados com uma transação JDBC, a conexão JDBC retém a associação entre a instância do bean e a transação através de múltiplas chamadas. Se a conexão for fechada, a associação não será retida.

Métodos não permitidos em transações gerenciadas por bean

Não chame os métodos getRollbackOnly e setRollbackOnly da interface EJBContext nas transações gerenciadas por bean. Estes métodos devem ser usados somente em transações gerenciadas por contêiner. Para transações gerenciadas por bean, chame os métodos getStatus e rollback da interface UserTransaction.

Resumo de operações de transação para enterprise bean

Se você estiver inseguro sobre a configuração de transações em um enterprise bean, aqui vai uma dica: no descritor de implantação do bean, especifique as transações gerenciadas por contêiner. Depois defina o atributo de transação Required para o bean inteiro. Esta técnica funcionará na maioria das vezes.

A Tabela 30-2 lista os tipos de transações permitidos para os diferentes tipos de enterprise beans. Um bean de entidade deve usar transações gerenciadas por contêiner. Com transações gerenciadas por contêiner, você especifica os atributos de transação no descritor de implantação e você desfaz uma transação chamando o método setRollbackOnly da interface EJBContext ou quando uma exceção em nível de sistema é lançada.

Um bean de sessão pode ter tanto transações gerenciadas por contêiner, como transações gerenciadas por bean. Existem dois tipos de transações gerenciadas por bean: transações JDBC e JTA. Você delimita as transações JDBC usando os métodos commit e rollback da interface Connection. Para demarcar as transações JTA, você chama os métodos begin, commit e rollback da interface UserTransaction.

Em um bean de sessão com transações gerenciadas por bean, é possível mesclar transações JDBC e JTA. Esta prática não é recomendada, todavia, porque pode tornar difícil seu método para depurar e fazer a manutenção.

Como um bean de sessão, um bean orientado por mensagens pode possuir tanto transações gerenciadas por contêiner, como transações gerenciadas por bean.

Tabela 30-2 Tipos de transações permitidas para enterprise beans

Tipo do bean	Gerenciado por contêiner	Bean gerenciando	
		JTA	JDBC
de entidade	S	N	N
de sessão	S	S	S
Orientado por mensagem	S	S	S

Tempo de expiração de transações

Para transações gerenciadas por contêiner, você controla o intervalo de expiração de transação definindo o valor da propriedade timeout-in-seconds no arquivo domain.xml, que está no diretório config da instalação do seu Servidor de Aplicativo. Por exemplo, você definiria o valor de timeout para cinco segundos como a seguir:

```
timeout-in-seconds=5
```

Com esta definição, se a transação não se completar dentro de cinco segundos, o contêiner EJB vai desfazer a transação.

Quando o Servidor de Aplicativo é primeiro instalado, o valor de timeout é definido para zero:

```
timeout-in-seconds=0
```

Se o valor for zero, a transação não expirará o tempo.

Somente enterprise beans com transações gerenciadas por contêiner são afetados pela propriedade timeout-in-seconds. Para enterprise beans com transações JTA gerenciadas por bean, você chama o método setTransactionTimeout da interface UserTransaction.

Níveis de isolamento

As transações não apenas garantem a completa finalização (ou rollback) das declarações que elas anexam, mas também isolam o dado modificado pelas declarações. O nível de isolamento descreve o grau no qual o dado atualizado é visível para as outras transações.

Suponha que uma transação em um programa atualize o número de telefone de um cliente, mas antes de efetuar a transação, um outro programa leia o mesmo número de telefone. Pergunto: o segundo programa lerá o número de telefone atualizado, mas não efetivado (uncommited), ou lerá o número antigo? A resposta depende do nível de isolamento da transação. Se a transação permite que outros programas leiam dados não efetivados, o desempenho pode melhorar porque os outros programas não precisam esperar até que a transação termine. Mas existe uma negociação externa (trade-off): se a transação for desfeita, um outro programa poderá ler o dado errado.

Para beans de entidade com persistência gerenciada por contêiner, você poderá alterar o nível de isolamento editando o elemento de consistência no arquivo sun-cmp-mapping.xml. Estes beans utilizam o nível de isolamento programaticamente usando a API fornecida pelo DBMS subjacente. Um DBMS subjacente, por exemplo, poderia permitir a você leituras não efetivadas chamando o método setTransactionIsolation.

```
Connection con;
...
con.setTransactionIsolation(TRANSACTION_READ_UNCOMMITTED);
```

Não modifique o nível de isolamento no meio de uma transação. Normalmente, tal modificação faz com que o software do DBMS emita uma efetivação implícita. Como os níveis de isolamento oferecidos pelos fornecedores podem variar, você deve checar a documentação do DBMS para maiores informações. Os níveis de isolamento não são padronizados para a plataforma J2EE.

Como atualizar múltiplos bancos de dados

O gerenciador de transações J2EE controla todas as transações do enterprise beans, exceto as transações JDBC gerenciadas por bean. O gerenciador de transações J2EE permite a um enterprise bean atualizar múltiplos bancos de dados dentro de uma transação. As situações, a seguir, mostram dois cenários para a atualização de múltiplos bancos de dados em uma única transação.

Na Figura 30-2, o cliente chama um método de negócios em um Bean A. Um método de negócios começa uma transação, atualiza o banco de dados X, atualiza o banco de dados Y, e chama um método de negócios no Bean B. O método seguinte de negócios atualiza o banco de dados Z e retorna o controle para o método de negócios do Bean A, que efetiva a transação. Todas as três atualizações de banco de dados ocorrem na mesma transação.

Na Figura 30-3, o cliente chama um método de negócios no Bean A, que inicia uma transação e atualiza o banco de dados X. Depois, o Bean A chama o método do Bean B, que reside em um servidor remoto J2EE. O método em Bean B atualiza o banco de dados Y. Os gerenciadores de transações dos servidores J2EE garantem que ambos os banco de dados são atualizados na mesma transação.

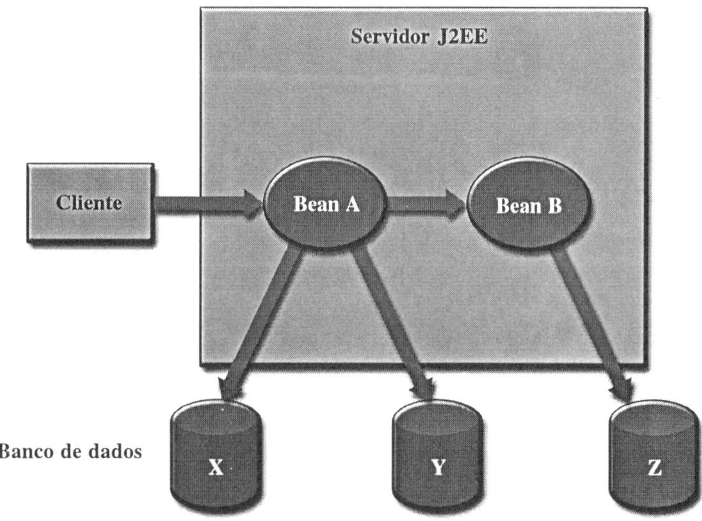

Figura 30- 2 *Como atualizar múltiplos bancos de dados.*

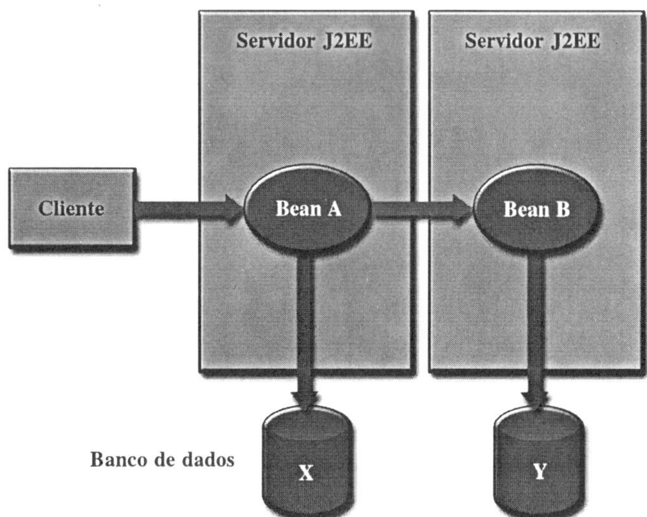

Figura 30-3 *Como atualizar múltiplos bancos de dados através dos servidores J2EE.*

Transações em componentes Web

Você pode demarcar uma transação em componentes Web utilizando tanto a interface java.sql.Connection, como a interface javax.transaction.UserTransaction. Estas são as mesmas interfaces que um bean de sessão com transações gerenciadas por bean podem usar. As transações demarcadas pela interface Connection são discutidas na seção Transações JDBC, e aquelas com a interface UserTransaction são discutidas na seção Transações JTA. Para um exemplo de componente Web usando transações, veja Como acessar banco de dados.

31

Conexões de recursos

Componentes J2EE podem acessar uma ampla variedade de recursos, incluindo banco de dados, sessões postais, objetos do Serviço de Mensagens Java (Java Message Service), fábricas de conexões JAXR e URLs. A plataforma J2EE fornece mecanismos que permitem que você acesse todos esses recursos de maneira semelhante. Este capítulo descreve como obter conexões para diversos tipos de recursos. Embora as amostras de código deste capítulo seja do enterprise beans, elas funcionarão também em componentes Web.

Denominações JNDI

Em um aplicativo distribuído, os componentes precisam acessar outros componentes e recursos tais como bancos de dados. Por exemplo, um servlet poderia chamar métodos remotos de um enterprise bean que obtenl.a informações de um banco de dados. Na plataforma J2EE, o serviço de atribuição de nomes da Interface de Atribuição de Nomes e de Diretórios Java (Java Naming and Directory Interface, JNDI) possibilita que componentes localizem outros componentes e recursos. Para localizar um recurso JDBC, por exemplo, um enterprise bean chama o método lookup da JNDI. O serviço de atribuição de nomes da JNDI mantém um conjunto de ligações que relacionam nomes a objetos. O método lookup passa um parâmetro de nome JNDI e retorna o objeto relacionado.

A JNDI fornece um contexto de atribuição de nomes, que é um conjunto de ligações nome para objeto. Todas as operações nominativas são relativas a um contexto. Um nome que está ligado dentro de um contexto é um nome JNDI do objeto. Em Como especificar uma referência de recursos, por exemplo, o nome JNDI para o recurso JDBC (ou fonte de dados) é jdbc/ejbTutorialDB. Um objeto Context fornece os métodos para ligar nomes a objetos, desligando nomes de objetos, renomeando objetos, e listando as ligações. A JNDI também fornece funcionalidade de subcontexto. Da mesma forma que um diretório em um sistema de arquivos, um subcontexto é um contexto dentro de outro contexto. Esta estrutura hierárquica permite melhor organização de informações. Para serviços de nomeações que suportam subcontextos, a classe Context também fornece métodos para criar e destruir subcontextos.

Para informações detalhadas sobre JNDI, consulte The JNDI Tutorial:

```
http://java.sun.com/products/jndi/tutorial
```

A Tabela 31-1 descreve subcontextos JNDI para fábricas de conexões na Sun Java System Application Server Platform Edition 8.

Nota: Para evitar conflitos com nomes de outros recursos corporativos dentro do namespace JNDI, e para evitar problemas de portabilidade, todos os nomes em um aplicativo J2EE devem começar com a string java:comp/env.

Tabela 31-1 Subcontextos JNDI para fábricas de conexões

Tipo de gerenciador de recursos	Tipo de fábrica de conexões	Subcontexto JNDI
JDBC	javax.sql.DataSource	java:comp/env/jdbc
JMS	javax.jms.TopicConnectionFactory javax.jms.QueueConnectionFactory	java:comp/env/jms
JavaMail	javax.mail.Session	java:comp/env/mail
URL	java.net.URL	java:comp/env/url
Connector	javax.resource.cci.ConnectionFactor	java:comp/env/eis
Adaptador de Recursos JAXR	javax.xml.registry.ConnectionFactory	java:comp/env/eis/JAXR

Objetos DataSource e Pools de conexão

Para armazenar, organizar e obter dados, a maioria dos aplicativos utiliza um banco de dados relacional. Os componentes J2EE acessam o banco de dados relacional através da API JDBC. Para informações sobre esta API, consulte:

`http://java.sun.com/docs/books/tutorial/jdbc`

Na API JDBC, os bancos de dados são acessados por meio de objetos DataSource. Um DataSource possui um conjunto de propriedades que identificam e descrevem a fonte de dados do mundo real que ele representa. Estas propriedades incluem informações tais como a localização do servidor de banco de dados, o nome do banco de dados, o protocolo que a rede usa para comunicação com o servidor, e assim por diante. No Servidor de Aplicativo, uma fonte de dados é chamada de recurso JDBC.

Os aplicativos acessam uma fonte de dados usando uma conexão, e um objeto DataSource que pode ser imaginado como uma fábrica de conexões para uma fonte de dados particular que a instância DataSource representa. Em uma implementação básica de DataSource, uma chamada para o método getConnection retorna um objeto de conexão que é uma conexão física à fonte de dados.

Se um objeto DataSource for registrado com um serviço de nomeação JNDI, um aplicativo poderá utilizar a API da JNDI para acessar esse objeto DataSource, que pode, então, ser usado para conexão com a fonte de dados que ele representa.

Os objetos que implementam pool de conexão também produzem uma conexão com a fonte de dados particular que a classe DataSource representa. O objeto de conexão, que o método getConnection, retorna é um handle a um objeto PooledConnection ao invés de ser uma conexão física. Um aplicativo usa o objeto de conexão do mesmo modo que utiliza uma conexão. Um pool de conexão não produz efeito no código do aplicativo, exceto quando uma conexão que está em pool, como todas as conexão, deve ser fechada explicitamente. Quando um aplicativo fecha uma conexão que está em pool, a conexão retorna para um pool de conexões reutilizáveis. A próxima vez que o método getConnection for chamado, um handle para uma dessas conexões em pool retornará se estiver disponível. Como um pool de conexão evita criar uma nova conexão física cada vez que uma é requisitada, isso pode ajudar os aplicativos a rodarem significativamente mais rápidos.

O Servidor de Aplicativo é distribuído com um pool de conexões chamado PointBasePool, que trata as conexões para o servidor de banco de dados PointBase. Neste livro, todos os exemplos do código, que acessam um banco de dados, utilizam objetos DataSource que são mapeados para o PointBasePool.

Conexões de banco de dados

O Servidor de Aplicativo é enviado com um produto de banco de dados relacional chamado PointBase. O material seguinte mostra como um exemplo de SavingsAccountBean do Capítulo 26 acessa um banco de dados PointBase. O componente SavingsAccountBean é um bean de entidade com persistência gerenciada por bean.

Beans de sessão e componentes Web usarão a mesma abordagem que SavingsAccountBean para acessar um banco de dados. (Beans de entidade com persistência gerenciada por contêiner são diferentes. Veja o Capítulo 27.)

Como codificar uma conexão de banco de dados

Para o exemplo de SavingsAccountBean, o código que conecta ao banco de dados é uma implementação da classe do bean de entidade SavingsAccountBean. O código-fonte para esta classe está neste diretório:

```
<INSTALL>/j2eetutorial14/ejb/savingsaccount/src/
```

O bean conecta a um banco de dados em três etapas:

1. Especifique o nome lógico do banco de dados:

   ```
   private String dbName
     = "java:comp/env/jdbc/SavingsAccountDB";
   ```

   A porção java:comp/env do nome lógico é o contexto de nomeação de ambiente do componente. A string jdbc/SavingsAccountDB é o *nome de referência de recursos* (algumas vezes referenciado como o *nome codificado*). Em deploytool, você especifica o nome de referência de recursos e, depois, o mapeia para o nome JNDI do objeto DataSource.

2. Obtenha o objeto DataSource associado ao nome lógico:

   ```
   InitialContext ic = new InitialContext();
   DataSource ds = (DataSource) ic.lookup(dbName);
   ```

   Dado o nome lógico para o recurso, o método lookup retorna o objeto DataSource que está ligado ao nome JNDI do diretório.

3. Obtenha o objeto Connection do objeto DataSource:

   ```
   Connection con = ds.getConnection();
   ```

Como especificar uma referência de recursos

O aplicativo para o exemplo de SavingsAccountBean está no arquivo SavingsAccountApp.ear, que se encontra no diretório:

```
<INSTALL>/j2eetutorial14/examples/ejb/provided-ears/
```

Para sua comodidade, a referência de recursos e os nomes JNDI em SavingsAccountApp.ear já foram configurados em deploytool. Todavia, você pode achar instrutivo abrir o SavingsAccountApp.ear em deploytool e seguir estas etapas para especificar a referência de recursos.

1. Em deploytool, selecione SavingsAccountBean a partir da árvore.
2. Selecione a guia Resource Ref's.
3. Clique Add.
4. No campo Coded Name, entre jdbc/SavingsAccountDB.
5. Na caixa combo Type, selecione javax.sql.DataSource.
6. Na caixa combo Authentication, selecione Container.
7. Se você quiser que outros enterprise beans compartilhem as conexões adquiridas do DataSource, selecione a caixa de verificação Shareable.
8. Para mapear a referência de recursos para a fonte de dados, entre jdbc/ejbTutorialDB no campo JNDI Name.

Se as etapas precedentes foram seguidas, a guia Resource Ref's aparecerá como na Figura 31-1.

Como criar uma fonte de dados

Na seção precedente, você mapeia a referência de recursos para o nome JNDI da fonte de dados. O utilitário deploytool armazena esta informação de mapeamento em um descritor de implantação do SavingsAccountBean. Além de definir o descritor de implantação do bean, você também deve definir a fonte de dados no Servidor de Aplicativo. Você define uma fonte de dados usando o Admin Console. Para criar a fonte de dados com o Admin Console, siga este procedimento:

1. Abra o URL http://localhost:4848/asadmin em um browser.
2. Expanda o nó JDBC.
3. Selecione o nó JDBC Resources.

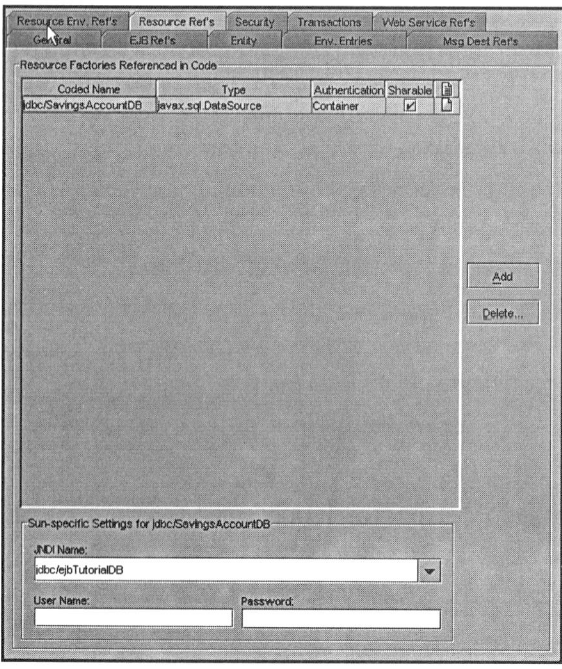

Figura 31-1 *O Painel com a guia Resource Ref's de SavingsAccountBean.*

4. Clique New.
5. Digite jdbc/ejbTutorialDB no campo JNDI Name.
6. Escolha PointBasePool a partir da caixa combo Pool Name.
7. Clique OK.
8. Note que jdbc/ejbTutorialDB está listado sob o nó JDBC Resources.

Conexões de sessão postal

Se você já solicitou um produto de um site Web, você provavelmente recebeu um e-mail confirmando o seu pedido. A classe ConfirmerBean demonstra como enviar e-mail de um enterprise bean.

Nota: O código-fonte para este exemplo se encontra neste diretório: *<INSTALL>*/j2eetutorial14/ejb/confirmer/src/.

No método sendNotice da classe ConfirmerBean, o método lookup retorna um objeto Session, que representa uma sessão postal. Como uma conexão de banco de dados, uma sessão postal que retorna é um recurso. No Servidor de Aplicativo, uma sessão postal é chamada de recurso JavaMail. Como com qualquer recurso, você deve lincar o nome codificado (mail/TheMailSession) com um nome JNDI. Usando o objeto Session como argumento, o método sendNotice cria um objeto Message vazio. Depois de chamar vários métodos set do objeto Message, sendNotice chama o método send da classe Transport para enviar a mensagem em seu caminho. O código-fonte para o método sendNotice é o seguinte:

```
public void sendNotice(String recipient) {

  try {
    Context initial = new InitialContext();
    Session session =
      (Session) initial.lookup(
      "java:comp/env/mail/TheMailSession");

    Message msg = new MimeMessage(session);
    msg.setFrom();

    msg.setRecipients(Message.RecipientType.TO,
      InternetAddress.parse(recipient, false));

    msg.setSubject("Test Message from ConfirmerBean");

    DateFormat dateFormatter =
      DateFormat.getDateTimeInstance(
      DateFormat.LONG, DateFormat.SHORT);

    Date timeStamp = new Date();

    String messageText = "Thank you for your order." + '\n' +
      "We received your order on " +
      dateFormatter.format(timeStamp) + ".";

  msg.setText(messageText);
  msg.setHeader("X-Mailer", mailer);
  msg.setSentDate(timeStamp);

    Transport.send(msg);
```

```
  } catch(Exception e) {
    throw new EJBException(e.getMessage());
  }
}
```

Como rodar o exemplo de ConfirmerBean

Como criar uma sessão postal

Para criar uma sessão postal no Servidor de Aplicativo usando o Admin Console, siga estas etapas:

1. Abra o URL http://localhost:4848/asadmin em um browser.
2. Selecione o nó JavaMail Sessions.
3. Clique New.
4. Digite mail/MySession no campo JNDI Name.
5. Digite o nome do host que roda seu servidor postal no campo Mail Host.
6. Digite o endereço do e-mail de destino no campo Default User.
7. Digite o seu endereço de e-mail no campo Default Return Address.
8. Clique OK.
9. Note que mail/MySession está listado sob o nó JavaMail Sessions.

Como implantar o aplicativo

1. Em deploytool, abra o arquivo ConfirmerApp.ear, o qual reside neste diretório:

   `<INSTALL>/j2eetutorial14/examples/ejb/provided-ears/`

2. Verifique a referência de recursos.
   a. Na árvore, expanda o nó ConfirmerApp.
   b. Selecione o nó ConfirmerBean.
   c. Selecione a guia Resource Ref's.
   d. Observe a referência de recursos JavaMail para mail/TheMailSession.
3. Verifique o mapeamento da referência para o nome JNDI.
   a. Na árvore, selecione o nó ConfirmerApp.
   b. Clique o botão Sun-specific Settings.
   c. Observe a referência de recursos JavaMail (codificada em ConfirmerBean.java) para mail/TheMailSession.
4. Implante o aplicativo ConfirmerApp.
5. Na caixa de diálogo Deploy Module, faça o seguinte:
   a. Selecione a caixa de verificação Return Client JAR.
   b. No campo abaixo da caixa de verificação, entre o seguinte:

      `<INSTALL>/j2eetutorial14/examples/ejb/confirmer`

Como rodar o cliente

Para rodar o programa SavingsAccountClient, faça o seguinte:

1. Em uma janela de terminal, vá para este diretório:

   ```
   <INSTALL>/j2eetutorial14/examples/ejb/confirmer/
   ```

2. Digite o seguinte comando em uma única linha:

   ```
   appclient -client ConfirmerAppClient.jar your_email_address
   ```

3. O cliente deverá mostrar as seguintes linhas:

   ```
   ...
   Sending email to . . .
   ...
   ```

Para modificar este exemplo, veja as instruções em Como modificar o aplicativo J2EE.

Conexões URL

Um localizador de recurso uniforme (URL) especifica a localização de um recurso na Web. A classe HTMLReaderBean mostra como se conectar a um URL de dentro de um enterprise bean.

Nota: O código-fonte para este exemplo se encontra neste diretório: *<INSTALL>*/j2eetutorial14/ejb/htmlreader/src/.

O método getContents da classe HTMLReaderBean retorna uma String que contêm o conteúdo de um arquivo HTML. Este método procura o objeto java.net.URL associado a um nome codificado (url/MyURL), abre uma conexão para ele, e depois lê seu conteúdo a partir de um InputStream. Aqui está o código-fonte para o método getContents.

```
public StringBuffer getContents() throws HTTPResponseException
{

  Context context;
  URL url;
  StringBuffer buffer;
  String line;
  int responseCode;
  HttpURLConnection connection;
  InputStream input;
  BufferedReader dataInput;

  try {
    context = new InitialContext();
    url = (URL)context.lookup("java:comp/env/url/MyURL");
    connection = (HttpURLConnection)url.openConnection();
    responseCode = connection.getResponseCode();
  } catch (Exception ex) {
      throw new EJBException(ex.getMessage());
  }

  if (responseCode != HttpURLConnection.HTTP_OK) {
    throw new HTTPResponseException("HTTP response code: " +
      String.valueOf(responseCode));
  }
```

```
  try {
    buffer = new StringBuffer();
    input = connection.getInputStream();
    dataInput =
      new BufferedReader(new InputStreamReader(input));
    while ((line = dataInput.readLine()) != null) {
      buffer.append(line);
      buffer.append('\n');
    }
  } catch (Exception ex) {
      throw new EJBException(ex.getMessage());
  }
  return buffer;
}
```

Como rodar o exemplo de HTMLReaderBean

O nome codificado (url/MyURL) deve ser mapeado para um nome JNDI (uma string URL). No aplicativo fornecido HTMLReaderApp, o mapeamento já foi especificado. A próxima seção mostra a você como verificar o mapeamento no deploytool.

Como implantar o aplicativo

1. Em deploytool, abra o arquivo HTMLReaderApp.ear, que reside neste diretório:

   `<INSTALL>/j2eetutorial14/examples/ejb/provided-ears/`

2. Verifique a referência de recursos.
   a. Na árvore, expanda o nó HTMLReaderApp.
   b. Selecione o nó HTMLReaderBean.
   c. Selecione a guia Resource Ref's.
   d. Observe a referência de recursos URL para url/MyURL.
3. Verifique o mapeamento da referência para o nome JNDI.
   a. Na árvore, selecione o nó HTMLReaderApp.
   b. Clique o botão Sun-specific Settings.
   c. Observe o mapeamento de url/MyURL (codificado em HTMLReaderBean.java) para este URL:

      `http://localhost:8080/index.html`

4. Implante o aplicativo HTMLReaderApp.
5. Na caixa de diálogo Deploy Module, faça o seguinte:
   a. Selecione a caixa de verificação Return Client JAR.
   b. No campo abaixo da caixa de verificação, entre o seguinte:

      `<INSTALL>/j2eetutorial14/examples/ejb/htmlreader`

Como rodar o aplicativo

Para rodar o programa HTMLReaderClient, faça o seguinte:

1. Em uma janela de terminal, vá para este diretório:

   `<INSTALL>/j2eetutorial14/examples/ejb/htmlreader/`

2. Digite o seguinte comando em uma única linha:

   `appclient -client HTMLReaderAppClient.jar`

3. O cliente deve exibir o código-fonte do arquivo HTML neste URL:

   `http://localhost:8080/index.html`

Informações adicionais

Para informações sobre a criação de recursos JMS, consulte Como criar objetos administrados JMS. Para informações sobre a criação de recursos JAXR, veja Como criar recursos JAXR.

32

SEGURANÇA

O modelo de programação do aplicativo J2EE isola os desenvolvedores dos detalhes de implementação específica do mecanismo de segurança do aplicativo. A plataforma J2EE fornece o isolamento de maneira a melhorar a portabilidade dos aplicativos, permitindo que eles sejam implantados em diversos ambientes de segurança.

Para a compreensão de algumas partes deste capítulo é necessário você entenda os conceitos básicos de segurança. Para aprender mais sobre esses conceitos, recomendamos que você explore http://java.sun.com/j2se/1.4.2/docs/guide/security/index.html antes de começar a leitura deste capítulo.

Resumo geral

Os aplicativos J2EE e de serviços Web são constituídos de componentes que podem ser implantados em contêineres diferentes. Estes componentes são usados para construir um aplicativo empresarial multicamada. A segurança para os componentes é fornecida pelos seus contêineres. Um contêiner fornece dois tipos de segurança: segurança declarativa e programática.

A *segurança declarativa* expressa uma estrutura de segurança do aplicativo, incluindo os papéis de segurança, controle de acesso e exigências de autenticação, em um formulário externo ao aplicativo (em um descritor de implantação). A *segurança programática* é incorporada a um aplicativo e usada para as decisões de segurança. A segurança programática é útil quando a segurança declarativa sozinha não é suficiente para expressar o modelo de segurança de um aplicativo.

Os aplicativos J2EE se constituem de componentes que podem conter tanto recursos protegidos, como desprotegidos. Muitas vezes, você precisa proteger os recursos para garantir que somente usuários autorizados possam ter acesso. A autorização fornece acesso controlado para os recursos protegidos. A autorização é baseada em identificação e autenticação. A identificação é um processo que habilita o reconhecimento de uma entidade através de um sistema, e a autenticação é um processo que verifica a identidade de um usuário, dispositivo, ou de outra entidade em um sistema de computador, geralmente como um pré-requisito para permitir o acesso a recursos em um sistema.

A autorização e a autenticação não são exigidas para uma entidade acessar recursos não protegidos. Acessar um recurso sem uma autenticação é referenciado como acesso *não autenticado ou anônimo.*

Reinos, usuários, grupos e papéis

Um usuário J2EE é semelhante a um usuário de um sistema operacional. Normalmente, os dois tipos de usuários representam pessoas. Todavia, esses dois tipos de usuários não são os mesmos. O serviço de autenticação de servidor J2EE não tem conhecimento de um nome e senha de usuário que você fornece quando registra o seu acesso ao sistema operacional. O serviço de autenticação de servidor J2EE não está conectado ao mecanismo de segurança do sistema operacional. Os dois serviços de segurança gerenciam usuários que pertencem a diferentes reinos (realms).

O serviço de autenticação de servidor J2EE inclui e interage com os seguintes componentes:

- Reino: Uma coleção de usuários e grupos controlados pela mesma política de autenticação
- Usuário: Uma identidade individual (ou um programa de aplicativo) definida na Sun Java System Application Server Platform Edition 8.0. Os usuários podem ser associados a um grupo
- Grupo: Um conjunto de usuários autenticados, classificados por características comuns definidas no Servidor de Aplicativo
- Papel: Um nome abstrato para a permissão acessar um conjunto particular de recursos em um aplicativo. Um papel pode ser comparado a uma chave que pode abrir uma trava. Muitas pessoas poderiam ter uma cópia da chave. A trava não se preocupa com quem você é, desde que você tenha a chave certa

O serviço de autenticação de servidor J2EE pode governar os usuários de múltiplos reinos. Nesta versão da Sun Java System Application Server Platform Edition 8.0, os reinos file e certificate vem pré-configurados para o Servidor de Aplicativo.

Ao utilizar o reino do arquivo, o serviço de autenticação de servidor verifica a identidade do usuário checando o reino file. Este reino é usado para a autenticação de todos os clientes, exceto para os clientes de browser Web que utilizem o protocolo e os certificados HTTPS.

Um usuário J2EE do reino do arquivo pode pertencer a um grupo J2EE. (Um usuário em um reino de certificado não pode.) Um grupo J2EE é uma categoria de usuários classificados por características comuns, tais como título do emprego ou perfil do cliente. Por exemplo, a maioria dos clientes de um aplicativo de comércio eletrônico poderiam pertencer ao grupo CUSTOMER, mas os que mais gastam pertenceriam ao grupo PREFERRED. Categorizar os usuários em grupos torna mais fácil controlar o acesso a um grande número de usuários. A seção Segurança da camada EJB explica como controlar o acesso de usuários para os enterprise beans.

Quando o serviço de autenticação estiver usando um reino de certificado, os certificados serão usados com o protocolo HTTPS para autenticar clientes do browser Web. Para verificar a identidade de um usuário em um reino de certificado, o serviço de autenticação verifica um certificado X.509. Para instruções passo a passo para a criação deste tipo de certificado, consulte Como entender certificados digitais. O campo de nome comum do certificado X.509 é usado como nome principal.

Como gerenciar usuários

Para adicionar usuários autorizados ao Servidor de Aplicativo, siga estas etapas:

1. Inicie o Servidor de Aplicativo se você ainda não o fez. A informação sobre iniciar o Servidor de Aplicativo está disponível em Como iniciar e parar o Servidor de Aplicativo.
2. Inicie o Admin Console se você não o fez ainda. Você pode iniciar o Admin Console iniciando um browser Web e navegando para http://localhost:4848/asadmin. Se você modificou a porta do Admin default durante a instalação, entre o número da porta correto no lugar de 4848.
3. Entre o nome a senha de usuário fornecida durante a instalação.
4. Expanda o nó Security na árvore do Admin Console.

5. Expanda o nó Realms.
6. Selecione o reino do arquivo.
7. Clique o botão Manage Users.
8. Clique New para adicionar um novo usuário ao reino file.
9. Entre a informação correta para os campos User ID, Password e Group(s). Clique OK para adicionar este usuário à lista de usuários do reino file.
10. Clique Logout quando você tiver completado esta tarefa.

Como configurar papéis de segurança

Quando você projeta um enterprise bean ou um componente Web, você deve sempre considerar os tipos de usuários que acessarão o componente. Por exemplo, um aplicativo Web para um departamento de recursos humanos pode ter um URL de requisição diferente para alguém a quem tenha sido atribuído o papel de administrador do que para alguém a quem tenha sido atribuído o papel de diretor. O papel de administrador pode permitir que você visualize alguns dados de funcionários, mas o papel de diretor possibilita que você veja as informações de salário. Cada um destes papéis de segurança é um agrupamento lógio e abstrato de usuários definido pela pessoa que monta o aplicativo. Quando um aplicativo é implantado, o implantador mapeará os papéis para identidades de segurança do ambiente operacional, como mostrado na Figura 32-1.

Um grupo J2EE também representa uma categoria de usuários, mas possui um escopo diferente de um papel. Um grupo J2EE é projetado para o Servidor de Aplicativo inteiro, ao passo que um papel está associado somente a um aplicativo específico no Servidor de Aplicativo.

Para criar um papel para um aplicativo Web, veja Como definir exigências de segurança usando deploytool.

Para criar um papel para um aplicativo J2EE, declare-o para o arquivo EAR do aplicativo. Por exemplo, você poderia usar o seguinte procedimento para criar um papel usando deploytool:

1. Selecione um aplicativo.
2. No painel com a guia Roles, clique Add para adicionar uma linha à tabela.
3. Na coluna Name, entre o nome do papel de segurança —por exemplo, bankCustomer.
4. Clique o ícone com papel dobrado para adicionar uma descrição do papel de segurança — por exemplo, Customer-of-Bank.
5. Clique OK.

Antes de mapear o papel para os usuários ou grupos (veja Como mapear papéis para usuários e grupos), você deve primeiro criar esses usuários ou grupos (veja Como gerenciar usuários).

Como mapear papéis para usuários e grupos

Quando você estiver desenvolvendo um aplicativo J2EE, você não precisa saber que categorias de usuários foram definidas para o reino no qual o aplicativo irá rodar.

Na plataforma J2EE, a arquitetura de segurança fornece o mecanismo para mapear automaticamente os papéis definidos no aplicativo para os usuários ou grupos definidos no reino em tempo de execução. Depois que o seu aplicativo for implantado, o administrador do Servidor de Aplicativo mapeará os papéis do aplicativo para os usuários ou grupos do reino do arquivo, como mostrado na Figura 32-1.

Use deploytool para mapear os papéis definidos para um aplicativo para usuários e grupos J2EE ou ambos:

1. Adicione usuários e grupos autorizados do reino do arquivo usando o Admin Console como discutido em Como gerenciar usuários. Você deve definir os usuários e grupos do Servidor de Aplicativo antes de mapeá-los para os papéis de segurança do aplicativo.

2. Crie ou abra o aplicativo Web em deploytool. Criar um aplicativo usando deploytool foi discutido em Como empacotar módulos Web.
3. Selecione o aplicativo Web na árvore do deploytool. Selecione o painel com a guia Security. Nós usamos o painel com a guia Security para adicionar uma restrição de segurança ao aplicativo Web. Se necessitar de mais informações sobre restrições de segurança, leia Como proteger os recursos Web. Clique Add Constraint para adicionar uma restrição de segurança a este aplicativo.
4. Clique Add Collections para adicionar uma coleção de recursos Web a este aplicativo.
5. Clique Edit Roles para selecionar quais papéis são autorizados para acessar partes restritas do aplicativo.

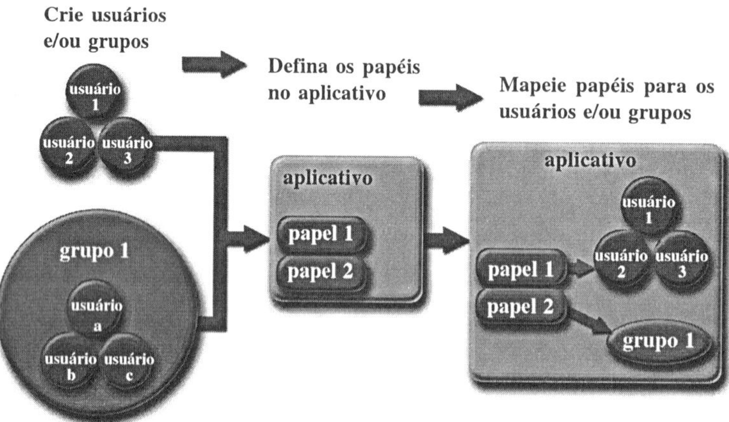

Figura 32-1 *Mapeamento do papel.*

6. Clique Edit Roles na caixa de diálogo Authorized Roles for Security Constraint.
7. Clique Add para adicionar um novo papel. Clique na célula criada sob Name. Para este exemplo, adicione os papéis de CUSTOMER e MANAGER. Clique OK para sair desta caixa de diálogo.
8. Adicione os dois papéis para a lista de papéis autorizados selecionando cada um por vez e clicando Add.
9. Clique OK para sair da caixa de diálogo Authorized Roles.
10. Selecione o painel com a guia General.
11. Selecione Sun-specific Settings.
12. Para mapear as definições de usuário para o Servidor de Aplicativo para os papéis definidos por este aplicativo, selecione User to Role Mapping from the View list.
13. Selecione um nome do papel —por exemplo, MANAGER—no painel Roles. Estes são os nomes do papel que você definiu na caixa de diálogo Authorized Roles for Security Constraint.
14. Clique o botão Edit sob Users ou sob Groups. (Se você não vir os usuários ou os grupos que você definiu para o Servidor de Aplicativo, você pode precisar se logar ao Servidor Admin antes de continuar.) Use esta caixa de diálogo para selecionar um usuário específico ou um grupo para mapear para o papel do MANAGER. Depois clique Add. Se você selecionou um usuário, o nome do usuário aparecerá no painel Users Name quando o papel do MANAGER for selecionado no painel Role Name. Se você selecionou um grupo, o nome do grupo aparecerá no painel Groups Name quando o papel do MANAGER for selecionado. Quando você definiu os usuários usando o Admin Console, você os forneceu com um nome, senha e grupo. Qualquer usuário atribuído ao grupo selecionado nesta etapa terá acesso ao aplicativo Web restrito.

Segurança da camada Web

A segurança em um aplicativo Web é configurada no descritor de implantação do aplicativo Web usando deploytool. Quando as definições forem introduzidas no deploytool, elas serão salvas no descritor de implantação contido no WAR. Para visualizar o descritor de implantação gerado, escolha o Descriptor Viewer (Visualizador do Descritor) no menu Tools (Ferramentas) do deploytool. Para mais informação sobre os descritores de implantação, veja o Capítulo 3.

Depois que o WAR foi criado, selecione o painel com a guia Security para configurar seus elementos de segurança. Veja Como definir exigências de segurança usando deploytool para mais informação sobre o uso do deploytool a fim de executar as seguintes tarefas:

- Método de autenticação do usuário: A caixa User Authentication Method da guia Security habilita que você especifique como o usuário está preparado para registar o acesso (log in). Se especificado, o usuário deve ser autenticado antes que ele possa acessar qualquer recurso que esteja limitado por restrição de segurança. As opções de Método de Autenticação do Usuário são discutidas na seção Como entender autenticação de login
- Restrições de segurança: A opção Security Constraint é usada para definir os privilégios de acesso para uma coleção de recursos usando seus mapeamento de URL. As restrições de segurança são discutidas em Como proteger recursos Web
- Coleções de recursos Web: A opção Web Resource Collections faz parte de uma restrição de segurança e descreve um par de padrões de URL e um método HTTP que referenciem recursos que precisam ser protegidos. As coleções de recursos Web são discutidas em Como proteger os recursos Web
- Exigência de segurança da rede: A opção Network Security Requirement é usada para configurar HTTP básico ou autenticação baseada em formulário por meio de SSL. Selecione uma exigência de segurança da rede para cada restrição de segurança. As exigências de segurança da rede são discutidas em O que é a tecnologia de camada de soquetes de seguros?
- Papéis autorizados: A seção Authorized Roles é usada para especificar quais papéis definidos para um aplicativo são autorizados a acessar esta coleção de recursos Web. Os papéis definidos para o aplicativo devem ser mapeados para usuários e grupos definidos no servidor. Os papéis autorizados são discutidos em Como configurar papéis de segurança,

Estes elementos do descritor de implantação podem ser introduzidos diretamente no arquivo web.xml ou podem ser criados usando uma ferramenta de implantação do aplicativo, tal como deploytool. Esta seção descreve como criar o descritor de implantação usando o deploytool.

Dependendo do servidor Web, alguns dos elementos de segurança do aplicativo Web devem ser endereçados para os arquivos de configuração do servidor Web em vez do descritor de implantação para o aplicativo Web. Esta informação é discutida em Como instalar e configurar suporte para SSL, Como usar segurança programática na camada Web, e Como configurar papéis de segurança.

Como proteger recursos Web

Você protege os recursos Web especificando uma restrição de segurança. Uma *restrição de segurança* determina quem está autorizado a acessar uma *coleção de recursos Web*, a qual é uma lista de padrões URL e métodos HTTP que descrevem um conjunto de recursos a ser protegido. As restrições de segurança são definidas usando uma ferramenta de implantação de aplicativo, tal como deploytool, como discutido em Como definir exigências de segurança usando deploytool ou em um descritor de implantação.

Se você tentar acessar um recurso Web protegido como um usuário não autenticado, o contêiner Web tentará autenticá-lo. O contêiner aceitará a requisição somente depois que você provar a sua identidade ao contêiner e ter sido concedida a permissão para acessar o recurso.

As restrições de segurança funcionam sobre o URI da requisição original e não sobre chamadas feitas por meio de um RequestDispatcher (o qual incluem <jsp:include> e <jsp:forward>). Dentro do aplicativo, supõe-se que o aplicativo propriamente dito tenha acesso total a todos os recursos e não expediria uma requisição do usuário, exceto se ele tiver decidido que o usuário requisitante também deve ter acesso.

Muitos aplicativos exibem conteúdo Web desprotegido, que qualquer chamador pode acessar sem autenticação. Na camada Web, você fornece acesso irrestrito simplesmente não configurando uma restrição de segurança para esse URI de requisição particular. É comum ter alguns recursos desprotegidos e alguns recursos protegidos. Neste caso, você definirá restrições de segurança e um método de login, mas eles não serão usados para controlar o acesso aos recursos desprotegidos. Os usuários não serão solicitados a se logarem até a primeira vez que eles entrarem um URI de requisição protegido.

Na especificação Servlet Java, o URI de requisição é a parte de um URI depois do nome do host e da porta. Por exemplo, vamos supor que você tenha um site de comércio eletrônico com um catálogo navegável que você gostaria que qualquer pessoa pudesse acessar, e uma área de carrinho de compras somente para clientes. Você poderia definir os caminhos para o seu aplicativo Web de modo que o padrão /cart/* seja protegido, mas nada mais seja protegido. Supondo que o aplicativo esteja instalado no caminho de contexto /myapp, os seguintes são verdadeiros:

- http://localhost:8080/myapp/index.jsp *não* é protegido.
- http://localhost:8080/myapp/cart/index.jsp *é* protegido.

Ao usuário não será solicitado se logar até a primeira vez que ele acessar um recurso no subdiretório cart/.

Para configurar uma restrição de segurança, consulte a seção Como definir exigências de segurança usando deploytool.

Como definir exigências de segurança usando deploytool

Para definir as exigências de segurança para um WAR, selecione o WAR na árvore do deploytool e, depois, selecione o painel com a guia Security. No painel com a guia Security, você pode definir como os usuários são autenticados para o servidor e quais usuários possuem acesso a recursos particulares. Siga estas etapas:

1. Escolha o método de autenticação. A autenticação se refere ao método através do qual um cliente verifica a identidade de um usuário para um servidor. Os métodos de autenticação suportados nesta versão são mostrados a seguir e discutidos com mais detalhes em Como entender autenticação de login. Selecione um dos métodos seguintes de autenticação a partir da lista de Métodos de Autenticação:

   - Nenhum
   - Básico
   - Certificado de cliente
   - Resumo
   - Baseado em formulário

   Se você selecionou Básico ou Resumo (Digest) da lista, clique Settings para ir para a caixa de diálogo User Authentication Settings e entre o nome do reino no campo Realm Name (escolhas válidas incluem arquivo e certificado). Se você selecionou Baseado em formulário, clique Settings para ir para a caixa de diálogo User Authentication Settings e entre ou selecione os valores para o Nome do Reino, Página de Login e Página de Erro.

2. Defina uma restrição de segurança. Na seção Security Constraints da tela, você pode definir as restrições de segurança para acessar o conteúdo de um arquivo WAR. Clique o botão Add Constraint adjacente ao campo Security Constraints para adicionar uma restrição de segurança. Dê um duplo clique na céiula contendo a restrição de segurança para alterar o seu nome. Cada restrição de segurança consiste nas seguintes peças:

a. Uma coleção de recursos Web, que descreve um par de padrão de URL e um método HTTP que se referem aos recursos que precisam ser protegidos.

b. Uma restrição de autorização, que é um conjunto de papéis que são definidos para ter acesso à coleção de recursos Web.

3. Uma restrição de dados do usuário, que define se um recurso é acessado com proteção de confidencialidade, proteção de integridade, ou nenhuma proteção.3. Defina uma coleção de recursos Web para esta restrição de segurança. Com a restrição de segurança selecionada, clique o botão Add Collections adjacente aplicativo campo Web Resource Collections para adicionar uma coleção de recursos Web à restrição de segurança. Uma coleção de recursos Web é parte de uma restrição de segurança e descreve um par de padrão de URL e um método HTTP que referenciam os recursos que precisam ser protegidos. Dê um duplo clique na célula contendo a coleção de recursos Web para editar o seu nome.

4. Edite o conteúdo da coleção de recursos Web selecionando-o na lista e depois clicando o botão Edit Contents. A caixa de diálogo Edit Contents é mostrada. Use-a para adicionar arquivos individuais ou diretórios inteiros à coleção de recursos Web, para adicionar um padrão de URL, ou para especificar quais métodos HTTP serão governados por esta coleção de recursos Web.

a. Selecione os arquivos e diretórios que você queira adicionar à coleção de recursos Web no campo de texto no topo, e depois clique o botão Add para adicioná-los à coleção de recursos Web.

b. Adicione os padrões de URL à coleção de recursos Web clicando Add URL e entrando o URL no campo de edição. Por exemplo, especifique /* para proteger todos os recursos.

c. Selecione as opções da lista de Métodos HTTP que precisem ser adicionados ao aplicativo Web. As opções são: Delete, Get, Head, Options, Post, Put e Trace.

d. Clique OK para retornar ao painel com a guia Security. O conteúdo da coleção de recursos Web é exibido ao lado do botão Edit Contents.

5. Selecione a opção apropriada a partir da lista Network Security Requirement para esta restrição de segurança. As opções são Nenhuma, Integral, Confidencial.

a. Especifique NONE quando o aplicativo não exigir uma restrição de segurança.

b. Especifique CONFIDENTIAL quando o aplicativo exigir que os dados sejam transmitidos de modo a impedir que outras entidades observem o conteúdo da transmissão.

c. Especifique INTEGRAL quando o aplicativo exigir que os dados sejam enviados entre o cliente e o servidor de tal modo que não possam ser alterados em trânsito.

Se você especificar CONFIDENTIAL, ou INTEGRAL, como restrição de segurança, o tipo de restrição de segurança escolhido vai se aplicar a todas as requisições que correspondam aos padrões de URL na coleção de recursos Web e não simplesmente à caixa de diálogo do login.

Para discussão posterior sobre exigências de segurança na rede, consulte O que é a tecnologia de camada de soquetes de seguros?

6. Selecione quais papéis são autorizados a acessar o aplicativo com segurança. No painel Authorized Roles, clique Edit para especificar quais papéis definidos estão autorizados a acessar este aplicativo com segurança.

Selecione o papel que você quer autorizar para acesso a partir da lista de Roles, e clique o botão Add para adicioná-lo à lista de Authorized Roles.

Se os papéis não foram definidos para este aplicativo, clique o botão Edit Roles e adicione os papéis para este aplicativo. Se você adiciona papéis deste modo, certifique-se de mapear os papéis para usuários ou grupos apropriados. Para mais informações sobre mapeamento de papéis, veja Como mapear papéis para usuários e grupos.

7. Adicione segurança especificamente para uma página JSP ou para um servlet no aplicativo, selecione a página JSP ou o servlet na árvore do deploytool e selecione a guia Security. Para mais informações sobre as opções exibidas nesta página, veja Como declarar e lincar referências do papel.

Você pode visualizar o descritor de implantação resultante, selecionando o arquivo WAR na árvore do deploytool em, depois, selecionando o Descriptor Viewer (Visualizador do Descritor) do menu Tools.

Como especificar uma conexão segura

Quando o método de autenticação de login é definido para BÁSICO ou FORMULÁRIO, as senhas não são protegidas, significando que as senhas enviadas entre um cliente e um servidor em uma sessão não protegida podem ser visualizadas e interceptadas por terceiros.

Para configurar autenticação básica HTTP ou baseada em formulário por meio de SSL, especifique CONFIDENTIAL ou INTEGRAL com exigência de segurança para a rede na página de Segurança do WAR em deploytool. Especifique CONFIDENTIAL quando o aplicativo exigir que os dados sejam transmitidos de modo a impedir que outras entidades observem o conteúdo da transmissão. Especifique INTEGRAL quando o aplicativo exigir que os dados sejam enviados entre cliente e servidor de tal modo que não possam ser alterados em trânsito.

Se você especificar CONFIDENTIAL, ou INTEGRAL, como restrição de segurança, o tipo de restrição de segurança escolhido vai se aplicar a todas as requisições que correspondam a padrões de URL na coleção de recursos Web e não simplesmente à caixa de diálogo do login.

Se a configuração default do seu servidor não suportar SSL, você deverá configurá-la usando um conector SSL para fazer este trabalho. Por default, a Sun Java System Application Server Platform Edition 8.0 está configurada com um conector SSL. Para configurar um conector SSL em outros servidores, veja Como instalar e configurar suporte para SSL.

Nota: Boa prática de segurança: Se você estiver usando sessões, depois que mudar para SSL jamais deverá aceitar requisições posteriores para essa sessão que não sejam SSL. Por exemplo, um site de compras poderia não usar SSL até a página de verificação e, depois, mudar para usar SSL de modo a aceitar o número do seu cartão. Depois de mudar para SSL, você deve parar de escutar requisições não SSL para esta sessão. A razão para esta prática é que a sessão ID, propriamente dita, não estava criptografada nas comunicações anteriores. Isso não é tão mau se você estiver apenas fazendo as suas compras, mas depois que a informação do cartão de crédito for armazenada na sessão, você não vai querer que um uma pessoa má intencionada tente burlar a transação de compra contra o seu cartão de crédito. Esta prática seria facilmente implementada usando um filtro.

Como usar segurança programática na camada Web

A segurança programática na camada Web consiste nos seguintes métodos da interface HttpServletRequest:

- getRemoteUser: Determina o nome de usuário no qual o cliente se autenticou
- isUserInRole: Determina se um usuário está em um papel de segurança específico
- getUserPrincipal: Retorna um objeto java.security.Principal

O seu aplicativo pode tomar decisões de segurança baseadas na saída destas APIs.

Como declarar e lincar referências do papel

Uma referência do papel de segurança permite a um componente Web referenciar um papel de segurança existente. Um papel de segurança é um agrupamento lógico de usuários específico para o aplicativo, classificado pelas características comuns tais como perfil do cliente ou título do emprego. Quando um aplicativo é implantado, os papéis são mapeados para identidades de segurança, tais como principals (principais, identidades atribuídas pelos usuários como resultado de uma autenticação) ou grupos, no ambiente operacional. Baseado nisso, um usuário com um certo papel de segurança tem associados direitos de acesso a um aplicativo Web. O link é o nome atual do papel de segurança referenciado.

Durante a montagem do aplicativo, o montador cria papéis de segurança para o aplicativo e associa estes papéis aos mecanismos de segurança disponíveis. O montador, então, resolve as referências do papel de segurança em servlets individuais e páginas JSP lincando-os a papéis definidos para o aplicativo.

A referência do papel de segurança define um mapeamento entre o nome de um papel que é chamado de um componente Web usando isUserInRole(String name) e o nome de um papel de segurança que foi definido para o aplicativo. Por exemplo, o mapeamento do cust de referência do papel de segurança para o papel de segurança com o nome do papel bankCustomer é mostrado no seguinte exemplo:

1. Selecione o componente Web na árvore do deploytool.
2. Selecione a guia Security.
3. Selecione Add Constraints e Add Collections para adicionar uma restrição de segurança e uma coleção de recursos Web. Adicionar uma restrição de segurança habilita o botão Edit Roles.
4. Selecione o botão Edit Roles para abrir a caixa de diálogo Authorized Roles. Clique o botão Edit Roles para abrir a caixa de diálogo de Edit Roles. Clique Add para adicionar um papel autorizado para este aplicativo.
5. Clique na caixa de edição e introduza um papel, por exemplo, admin ou loginuser. Se você não adicionou nenhum usuário, consulte Como gerenciar usuários para informações sobre como fazer isso. Selecione OK para fechar esta caixa de diálogo.
6. Selecione o papel que você acabou de adicionar no painel esquerdo, e clique Add para adicioná-lo à lista dos papéis autorizados para este aplicativo. Clique OK para fechar esta caixa de diálogo. O papel que você adicionou é mostrado na lista de Authorized Roles no painel com a guia Security.

Agora que você configurou um papel para este aplicativo, você o mapeia para a lista de usuários e grupos definidos para o Servidor de Aplicativo. Para fazer isso, siga estas etapas:

1. Registre o seu acesso para o localhost:4848 dando um duplo clique na árvore do deploytool. Se você pular esta etapa, os papéis definidos para o Servidor de Aplicativo não serão exibidos nas etapas subseqüentes.
2. Selecione o painel com a guia General.
3. Selecione Sun-specific Settings.
4. Selecione User to Role Mapping a partir da lista View para mapear os usuários definidos para o Servidor de Aplicativo para os papéis definidos para este aplicativo.
5. Selecione o nome do papel no painel Roles. Estes são os nomes do papel correntemente definidos na caixa de diálogo Authorized Roles for Security Constraint.
6. Clique o botão Edit sob Users ou Groups. Use esta caixa de diálogo para selecionar um usuário específico ou grupo para mapear para este papel. Depois clique Add. Se você selecionou um usuário, o nome do usuário será mostrado no painel Users Name quando o papel for selecionado no painel Role. Se você selecionou um grupo, o nome do grupo será exibido no painel Groups quando esse papel for selecionado. Quando você definiu os usuários usando o Admin Console, você os forneceu com um nome, senha, e grupo. Qualquer usuário atribuído ao grupo selecionado nesta etapa terá acesso ao aplicativo Web restrito.
7. Selecione OK e depois Close.
8. Selecione Save a partir do menu File para salvar essas alterações.

Quando você usa o método isUserInRole(String role), o papel String é mapeado para o nome do papel definido na seção Authorized Roles do painel com a guia Security do arquivo WAR.

Como entender autenticação de login

Quando você tenta acessar um recurso Web protegido, o contêiner Web ativa o mecanismo de autenticação configurado para esse recurso. Você pode especificar os seguintes mecanismos de autenticação:

- Auntenticação básica HTTP
- Autenticação de login baseada em formulário
- Autenticação com certificado de cliente
- Autenticação mútua
- Autenticação resumida

Se você não especificar um destes mecanismos, o usuário não será autenticado.

Como usar autenticação básica HTTP

A Figura 32-2 mostra o que acontece se você especifica a autenticação básica HTTP.

Com a autenticação básica, o seguinte acontece:

1. Um cliente solicita acesso a um recurso protegido.
2. O servidor Web retorna uma caixa de diálogo que solicita o nome e a senha do usuário.

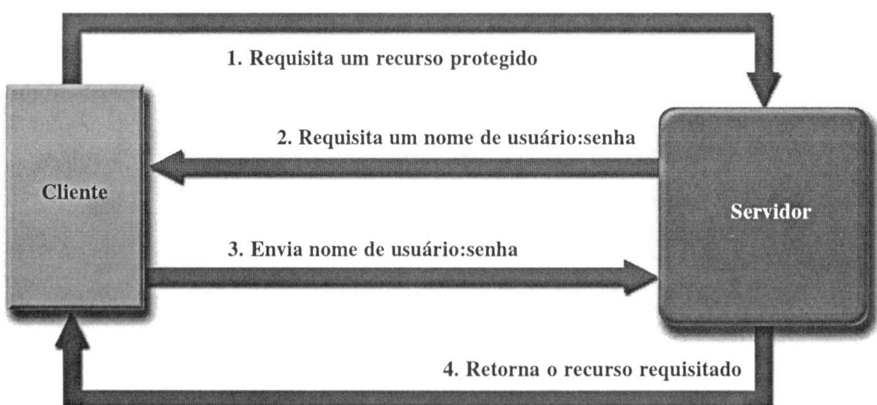

Figura 32-2 *Autenticação básica HTTP.*

3. O cliente submete o nome do usuário e a senha ao servidor.
4. O servidor valida as credenciais e, se o processo for bem sucedido, retorna o recurso requisitado.

A autenticação básica HTTP não é particularmente segura. A autenticação básica envia nomes e senhas do usuário por meio da Internet como texto que é uu-codificado (codificado de Unix para Unix) mas não criptografado. Esta forma de autenticação, que usa a codificação Base64, pode expor seus nomes e senhas de usuário, exceto se todas as conexões forem por meio de SSL. Se alguém puder interceptar a transmissão, o nome e a senha do usuário poderão ser facilmente decodificados.

Exemplo: A Autenticação Básica com JAX-RPC é um exemplo de aplicativo que utiliza a autenticação básica HTTP em um serviço JAX-RPC.

Autenticação baseada em formulário

A Figura 32-3 mostra o que acontece se você especificar a autenticação baseada em formulário, na qual você pode personalizar a tela de login e as páginas de erro que um browser HTTP apresente para o usuário final.

Com a autenticação baseada em formulário, o seguinte pode ocorrer:

1. Um cliente requisita acesso a um recurso protegido
2. Se o cliente não for autenticado, o servidor redirecionará o cliente para a página de login
3. O cliente submete o formulário de login para o servidor
4. Se o login tiver sucesso, o servidor redirecionará o cliente ao recurso. Se o login falhar, o cliente será redirecionado para uma página de erro

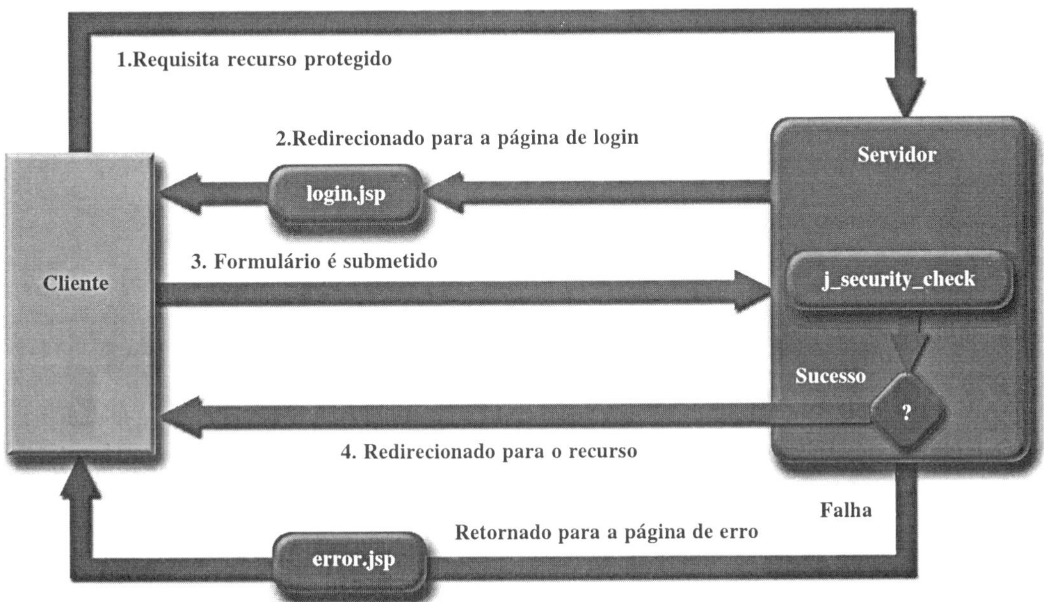

Figura 32-3 *Autenticação baseada em formulário.*

A autenticação baseada em formulário não é particularmente segura. Na autenticação baseada em formulário, o conteúdo da caixa de diálogo do usuário é enviado como texto plano, e o servidor de destino não é autenticado. Esta forma de autenticação pode expor seus nomes e senhas de usuário, exceto se todas as conexões forem feitas por meio de SSL. Se alguém puder interceptar a transmissão, a informação do nome e senha de usuário poderão ser facilmente decodificadas.

Exemplo: Como usar autenticação baseada em formulário é um aplicativo de exemplo que utiliza autenticação baseada em formulário.

Como usar autenticação com certificado de cliente

A autenticação com certificado de cliente é um método mais seguro de autenticação do que a autenticação básica ou a autenticação baseada em formulário. Ela utiliza HTTP por meio de SSL, na qual o servidor e, opcionalmente, o cliente podem autenticar um ao outro usando certificados de chave pública. O protocolo *Secure Socket Layer (SSL,* Camada de Soquetes de Seguros) fornece criptografia de dados, autenticação de servidor, integridade de mensagem e autenticação de cliente opcional para uma conexão TCP/IP. Você pode pensar em um *certificado de chave pública* como o equivalente digital de um passaporte. Ele é emitido por uma organização confiável, chamada de *certificate authority* (CA, autoridade do certificado), e fornece a identificação para o portador.

Se você especificar a autenticação cliente-certificado, o servidor Web autenticará o cliente usando o certificado X.509 do cliente, um certificado de chave pública que obedece ao padrão definido pela X.509 Public Key Infrastructure (PKI, Infra-estrutura de Chaves Públicas X.509). Antes de rodar um aplicativo que utiliza SSL, você deve configurar o suporte SSL no servidor (veja Como instalar e configurar suporte SSL) e configure o certificado de chave pública (veja Como entender certificados digitais).

Exemplo: Autenticação com certificado de cliente por meio de HTTP/SSL com JAX-RPC descreve um aplicativo de exemplo que utiliza autenticação com certificado de cliente.

Como usar autenticação mútua

Com a autenticação mútua, o servidor e o cliente autenticam um ao outro. Existem dois tipos de autenticação mútua:

- Autenticação mútua baseada em certificado (veja a Figura 32-4)
- Autenticação mútua baseada na senha e no nome do usuário (veja a Figura 32-5)

A Figura 32-4 mostra o que acontece durante a autenticação mútua baseada em certificado.

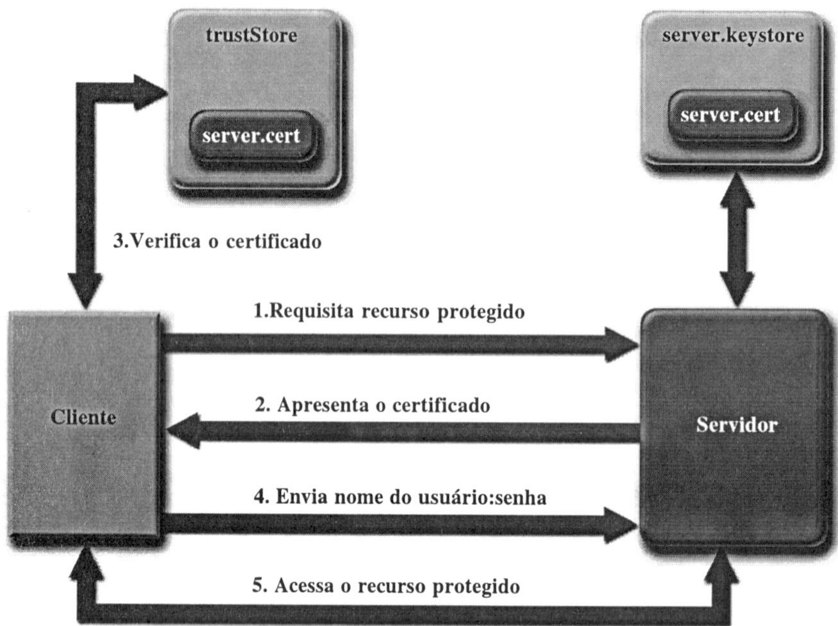

Figura 32-4 *Autenticação mútua baseada em certificado.*

Na autenticação mútua baseada em certificado, ocorre o seguinte:

1. Um cliente requisita acesso a um recurso protegido.
2. O servidor Web apresenta seu certificado ao cliente.
3. O cliente verifica o certificado do servidor.
4. Se for bem sucedido, o cliente envia seu certificado ao servidor.

5. O servidor verifica as credenciais do cliente.
6. Se forem bem sucedidas, o servidor concede acesso ao recurso protegido pelo cliente.

Exemplo: Autenticação com certificado de cliente por meio de HTTP/SSL com JAX-RPC descreve um aplicativo de exemplo que utiliza autenticação mútua baseada em certificado.

A Figura 32-5 mostra o que ocorre durante a autenticação mútua baseada na senha e no nome do usuário.

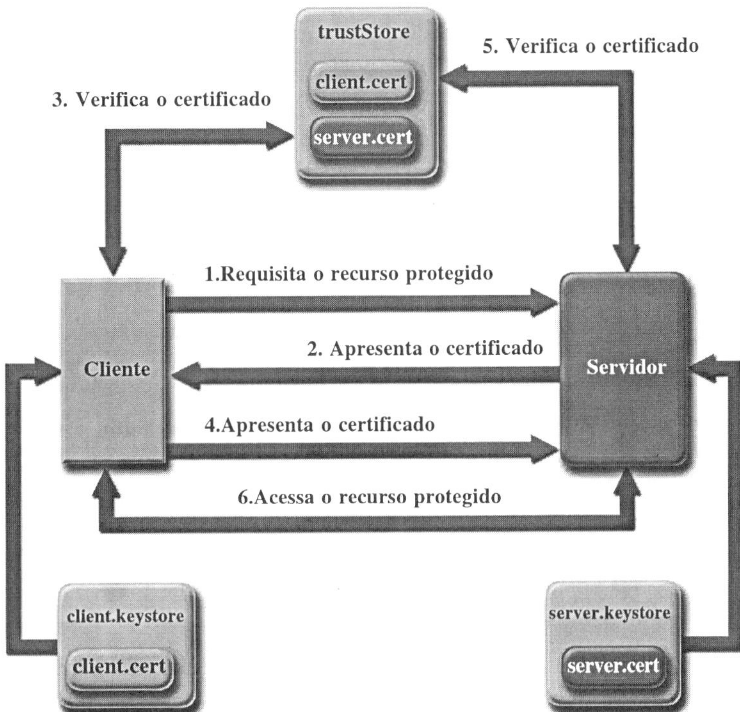

Figura 32-5 *Autenticação mútua baseada na senha e no nome do usuário.*

Na autenticação mútua baseada na senha e no nome do usuário, ocorre o seguinte:

1. Um cliente requisita acesso a um recurso protegido.
2. O servidor Web apresenta seu certificado ao cliente.
3. O cliente verifica o certificado do servidor.
4. Se for bem sucedido, o cliente envia seu nome e senha ao servidor, que verifica as credenciais do cliente.
5. Se a verificação for bem sucedida, o servidor garante acesso ao recurso protegido requisitado pelo cliente.

Como usar a autenticação resumida

Como a autenticação básica HTTP, a autenticação resumida HTTP autentica um usuário baseado em um nome e senha de usuário. Todavia, a autenticação é efetuada transmitindo a senha de uma forma criptografada que é muito mais segura do que a simples codificação base64 usada pela autenticação básica. Como a autenticação resumida não é atualmente de uso amplo, não existe discussão adicional deste documento.

Como configurar a autenticação

Para configurar o mecanismo de autenticação que os recursos Web em um WAR utilizarão, selecione o WAR na árvore do deploytool. Selecione o painel com a guia Security e, depois, proceda da seguinte forma:

1. Selecione um dos métodos de autenticação de usuário descritos anteriormente.
2. Especifique um reino de segurança. Se for omitido, o reino do arquivo será assumido. Selecione o botão Settings ao lado do campo User Authentication Mechanism para especificar o reino.
3. Se o método de autenticação for especificado como baseada em formulário, especifique um formulário de página de login e um formulário de página de erro. Selecione o botão Settings ao lado do campo User Authentication Mechanism para especificar a página de login e a página de erro a ser usada na autenticação baseada em formulário.

Exemplo: como usar autenticação baseada em formulário

Nesta seção, nós discutimos como adicionar a autenticação baseada em formulário a uma página básica JSP. Com a autenticação baseada em formulário, você pode personalizar a tela de login e as páginas de erro que são apresentadas ao cliente Web para autenticação de seu nome e sua senha de usuário. Se o tópico de autenticação for novidade para você, por favor, consulte a seção Como entender a autenticação de login.

O aplicativo de exemplo discutido neste tutorial pode ser encontrado em <*INSTALL*>/j2eetutorial14/examples/security/formbasedauth/. Em geral, as seguintes etapas são necessárias para adicionar autenticação baseada em formulário a um cliente Web. No aplicativo de exemplo incluso neste tutorial, a maioria dessas etapas foram completadas para você e estão listadas aqui para mostrar o que precisa ser feito se você desejar criar um aplicativo semelhante.

1. Mapeie o nome do papel para os usuários e grupos apropriados definidos para o Servidor de Aplicativo. Veja Como adicionar usuários autorizados para maiores informações sobre as modificações necessárias.
2. Edite o arquivo build.properties. O arquivo build.properties precisa ser modificado porque as propriedades deste arquivo são específicas para a sua instalação do Servidor de Aplicativo e do Tutorial J2EE 1.4. Veja Como construir os exemplos para informações sobre quais propriedades precisam ser definidas.
3. Crie o cliente Web. Para este exemplo, o cliente Web, uma página JSP muito simples, já foi criado. O cliente é discutido em Como criar um cliente Web para autenticação baseada em formulário.
4. Crie as páginas do formulário de login e o formulário da página de erro. Para este exemplo, estes arquivos já foram criados. Estas páginas são discutidas em Como criar o formulário de login e a página de erro.
5. Adicione os elementos de segurança apropriados usando deploytool. Veja Como especificar elementos de segurança para autenticação baseada em formulário para informações sobre quais definições precisam ser feitas.
6. Construa, empacote, implante e rode o aplicativo Web (veja Como construir, empacotar, implantar e rodar o exemplo da autenticação baseada em formulário. Você usará o deploytool para empacotar e implantar o servidor.

Como adicionar usuários autorizados

Este aplicativo de exemplo será configurado para autorizar o acesso de usuários atribuídos ao papel de loginUser. Para especificar quais usuários podem assumir esse papel e poder acessar as partes protegidas do aplicativo, você deve mapear este papel para os usuários e grupos definidos para o Servidor de Aplicativo.

Quando o Servidor de Aplicativo é iniciado, ele lê as definições nestes arquivos de configuração. Quando uma restrição de segurança for acessada, o Servidor de Aplicativo verificará se o nome de usuário e a senha estão autorizados para acessar esse recurso antes de conceder o acesso ao requisitante. Os papéis autorizados a acessar o recurso são especificados na restrição de segurança para esse aplicativo.

As informações para adicionar usuários ao Servidor de Aplicativo são fornecidas em Como gerenciar usuários. Para este exemplo, crie um novo usuário e atribua esse usuário ao grupo loginUser. Para informações sobre as etapas necessárias para mapear o usuário atribuído ao *grupo* de loginUser como definido no Servidor de Aplicativo para o papel de loginUser autorizado a acessar este aplicativo, veja Como adicionar segurança ao exemplo baseado em formulário.

Como criar um cliente Web para autenticação baseada em formulário

O cliente Web é uma página padronizada JSP. Nenhum dos códigos que adiciona autenticação baseada em formulário ao exemplo está incluído no cliente Web. A informação que adiciona a autenticação baseada em formulário para este exemplo é especificada no descritor de implantação, o qual é criado com deploytool. O código para a página JSP usada neste exemplo, formbasedauth/web/index.jsp, é listado em seguida. O aplicativo executado é mostrado mais tarde na Figura 32-7.

```
<html>
<head><title>Hello</title></head>
<body bgcolor="white">

<img src="duke.waving.gif">
<h2>My name is Duke.</h2>
<h2><font color="black">Hello,
  ${pageContext.request.userPrincipal.name}!</font></h2>
</body>
</html>
```

Como criar o formulário de login e a página de erro

Quando criar um mecanismo de login baseado em formulário, você deverá especificar qual página JSP contém o formulário para obter o nome e a senha a fim de verificar o acesso. Você também deve especificar qual página será exibida se a autenticação de login falhar. Esta seção discute como criar o formulário de login e a página de erro. Como adicionar segurança ao exemplo baseado em formulário discute como especificar estas páginas quando você estiver configurando autenticação baseada em formulário.

A página de login pode ser uma página HTML, uma página JSP, ou um servlet, e ela deve retornar uma página HTML contendo um formulário que obedeça às convenções de nomeações específicas (veja a especificação Servlet Java 2.4 para maiores informações sobre estas exigências). O conteúdo do formulário de login em uma página HTML, uma página JSP, ou um servlet para a página de login, deveria ser codificado como a seguir:

```
<form method=post action="j_security_check" >
  <input type="text" name= "j_username" >
  <input type="password" name= "j_password" >
</form>
```

O código completo para a página de login usada neste exemplo pode ser encontrado em *<INSTALL>*/j2eetutorial14/examples/security/formbasedauth/web/logon.jsp. Um exemplo do formulário de login rodando será apresentado mais tarde, na Figura 32-6.

A página de erro de login será mostrada se o usuário entrar uma combinação de nome e senha de usuário que não esteja autorizada a acessar o URI protegido. Para este exemplo, a página de erro de login pode ser encontrada em *<INSTALL>*/j2eetutorial14/examples/security/formbasedauth/web/logonError.jsp. Aqui está o código para esta página:

```
<%@ taglib uri="http://java.sun.com/jsp/jstl/core"
  prefix="c" %>
<html>
<head>
<title>
  Login Error
</title>
</head>
<body>
  <c:url var="url" value="/index.jsp"/>
  <p><a href="${url}">Try again.</a></p>
</body>
</html>
```

Como especificar elementos de segurança para autenticação baseada em formulário

Para habilitar a autenticação baseada em formulário, você adiciona os seguintes elementos a este aplicativo, usando deploytool:

- Uma restrição de segurança, que é usada para definir os privilégios de acesso a uma coleção de recursos usando o mapeamento de URL deles.
- Uma coleção de recursos Web, que é usada para identificar um subconjunto dos recursos dentro de um aplicativo Web ao qual a restrição de segurança se aplica. Neste exemplo, especificando o padrão de URL de /*, nós estamos especificando que todos os recursos deste aplicativo estão protegidos.
- Uma lista de papéis autorizados, que indica os papéis de usuário que deveriam ter acesso permitido a esta coleção de recursos. Neste exemplo, são os usuários atribuídos do papel de loginUser. Se nenhum nome de papel for fornecido, a nenhum usuário será permitido acessar a porção do aplicativo Web descrito na restrição de segurança.
- Um método de autenticação de usuário, que é usado para configurar o método de autenticação usado e os atributos necessários pelo mecanismo de login do formulário. O parâmetro da página de login fornece o URI de um recurso Web relativo ao documento-raiz usado para autenticar o usuário. O parâmetro da página de erro exige um URI de um recurso Web relativo ao documento-raiz que enviará uma resposta quando falhar a autenticação.

No Servidor de Aplicativo, estes elementos de segurança serão adicionados ao aplicativo usando deploytool, depois que o aplicativo for empacotado. As informações sobre adicionar os elementos de segurança a este aplicativo usando deploytool são discutidas em Como adicionar segurança ao exemplo baseado em formulário.

Como construir, empacotar, implantar e rodando o exemplo da autenticação baseada em formulário

Para construir, empacotar, implantar e rodar o exemplo de security/formbasedauth, que utiliza a autenticação baseada em formulário, siga estas etapas:

Como construir o exemplo de autenticação baseada em formulário

1. Siga as instruções em Como construir os exemplos.
2. Siga as instruções em Como adicionar usuários autorizados.
3. Vá para o diretório *<INSTALL>*/j2eetutorial14/examples/security/formbasedauth/.
4. Construa o aplicativo Web introduzindo o seguinte comando na janela de terminal ou no pronto de comando:

   ```
   Asant build
   ```

Como empacotar o aplicativo

1. Inicie o Servidor de Aplicativo se você não fez isso ainda. Para informações sobre iniciar o Servidor de Aplicativo, veja Como iniciar e parar o Servidor de Aplicativo.
2. Inicie deploytool. Informações sobre iniciar o deploytool podem ser encontradas em Como iniciar o utilitário deploytool.
3. Empacote o exemplo de formbasedauth usando deploytool, seguindo estas etapas: (Mais detalhe sobre empacotamento de aplicativos Web pode ser encontrado em Como empacotar módulos Web).
   a. Selecione File → New → Web Component a partir do menu do deploytool.
   b. Selecione Next a partir da página Introduction.
   c. Selecione o botão de rádio Create New Stand-Alone WAR Module.
   d. No campo WAR Location, navegue para o diretório *<INSTALL>*/j2eetutorial14/examples/security/formbasedauth/ e crie o arquivo formbasedauth.war. Dê ao WAR o nome FormBasedAuth.
   e. Entre /formbasedauth no campo Context Root.
   f. Clique Edit Contents para adicionar o conteúdo do aplicativo ao arquivo WAR. Selecione o diretório formbasedauth/ a partir da lista Starting Directory. Selecione cada um dos arquivos index.jsp, logon.jsp, logonError.jsp, e duke.waving.gif a partir do diretório build/ e depois clique Add. Clique OK para fechar esta caixa de diálogo.
   g. Clique Next.
   h. Selecione JSP.
   i. Clique Next.
   j. Selecione index.jsp no campo JSP File Name.
   k. Clique Next.
   l. Clique Finish. O exemplo de FormBasedAuth é mostrado na árvore do deploytool.
   m. Selecione Save a partir do menu File menu para salvar o componente Web.

Como adicionar segurança ao exemplo baseado em formulário

Para adicionar autenticação baseada em formulário ao seu aplicativo, selecione o aplicativo na árvore do deploytool e depois siga estas etapas:

1. Selecione o painel com a guia Security.
2. Selecione Form Based no campo User Authentication Method.
3. Selecione o botão Settings. Defina as seguintes propriedades na caixa de diálogo:
   a. Defina Realm Name para *file*.
   b. Selecione logon.jsp a partir da lista Login Page.
   c. Selecione logonError.jsp a partir da lista Login Error Page.
   d. Clique OK.
4. Selecione Add Constraints para adicionar uma restrição de segurança a este exemplo.
5. Selecione Add Collections para adicionar um coleção de recursos Web a este exemplo.
6. Com a restrição de segurança e uma coleção de recursos Web selecionados, clique o botão Edit Contents.
7. Na caixa de diálogo Edit Contents, selecione Add URL Pattern. Na caixa de edição, certifique-se de que o padrão de URL esteja lendo /*. Clique OK para fechar esta caixa de diálogo. Usando um padrão de URL de /* e não selecionando nenhum padrão de HTTP significa que todos os arquivos e métodos neste aplicativo estão protegidos e podem ser acessados somente por um usuário que forneça um login autorizado.

8. Clique OK.
9. Clique Edit Roles no painel com a guia Security e, depois, Edit Roles, novamente, na caixa de diálogo Authorized Roles. Clique Add e depois entre o papel de loginUser na coluna Name. Este é o papel autorizado para esta restrição de segurança. Clique OK para fechar esta caixa de diálogo.
10. Selecione loginUser no painel esquerdo e clique Add para adicioná-lo à lista de papéis autorizados para esta restrição de segurança. Selecione OK para fechar esta caixa de diálogo.

A próxima etapa é mapear o papel autorizado de loginUser, como definido no aplicativo, para o grupo de loginUser que está definido para o Servidor de Aplicativo. Para fazer isso, siga estas etapas:

1. Selecione o painel com a guia General.
2. Clique o botão Sun-specific Settings.
3. Na caixa de diálogo Sun-specific Settings, selecione User to Role Mappings a partir da lista View.
4. Selecione loginUser a partir da lista de papéis.
5. Clique o botão Edit sob a caixa Group.
6. Selecione loginUser a partir da lista Available Groups e, depois, clique o botão Adicione para mapear o papel de loginUser (definido para o aplicativo) para o grupo de loginUser (definido para o Servidor de Aplicativo). Clique OK.

Nota: Se você não enxergar a lista de usuários ou grupos que você definiu usando o Admin Console, conecte-se ao Admin Server dando um duplo clique no localhost:4848 na árvore do deploytool e, depois, entrando o seu nome e a senha do admin. Se este não for o servidor de destino corrente, mude para este servidor selecionando-o e depois selecionando File → Set Current Target Server.

---

7. Clique Close para retornar para o painel com a guia General.
8. Selecione File → Save para salvar estas alterações.

Depois que todos os elementos de segurança foram adicionados, visualize o descritor de implantação gerado selecionando Tools → Descriptor Viewer → Descriptor Viewer a partir do menu do deploytool.

Como implantar o aplicativo da Web

Implante o aplicativo da Web seguindo estas etapas:

1. Selecione o aplicativo FormBasedAuth na árvore do deploytool.
2. Selecione Tools → Deploy.
3. Certifique-se de que o servidor esteja correto.
4. Entre o seu nome e a senha de administrador.
5. Clique OK.
6. Clique o botão Close depois que as mensagens indicando finalização bem sucedida estiverem concluídas.

Como rodar o aplicativo Web

Rode o cliente Web entrando o seguinte URL em seu browser Web:

```
http://localhost:8080/formbasedauth
```

O formulário de login é exibido no browser, como mostrado na Figura 32-6. Entre uma combinação de nome e senha de usuário que corresponda ao papel do loginUser e, depois, clique o botão Submit.

Se você entrou Debbie como nome e se houver um usuário definido para o Servidor de Aplicativo com o nome de usuário Debbie que também corresponda à senha que você entrou e é atribuída ao grupo de loginUser que nós mapeamos para o papel de loginUser, o display aparecerá como na Figura 32-7.

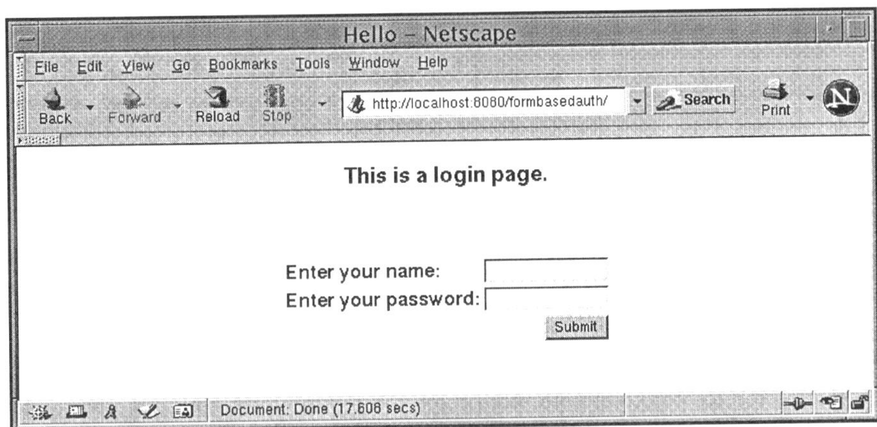

Figura 32-6 *Página de login baseada em formulário.*

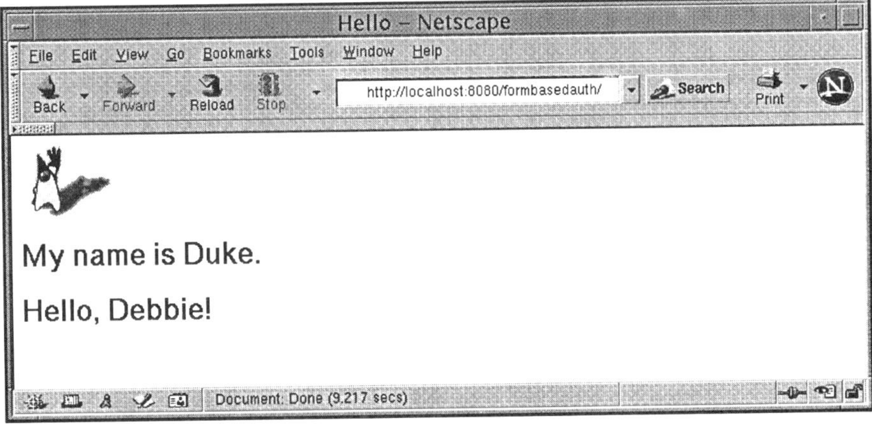

Figura 32-7 *O exemplo de autenticação baseada em formulário rodando.*

Nota: Para testar repetidamente este exemplo, você pode precisar fechar e reabrir seu browser.

Como usar autenticação com SSL

As senhas não são protegidas para confidencialidade com autenticação básica HTTP ou baseada em formulário, significando que as senhas enviadas entre um cliente e um servidor de uma sessão não protegida pode ser visualizada e interceptada por terceiros. Para superar esta limitação, você pode rodar estes protocolos de autenticação por meio de uma sessão protegida por SSL e garantir que todo conteúdo de mensagem esteja protegido para confidencialidade. Para configurar autenticação básica HTTP ou baseada em formulário por meio de SSL, especifique CONFIDENTIAL ou INTEGRAL como exigência de segurança de rede no painel Security no deploytool. Leia a seção Como especificar uma conexão segura para maior informação.

Como instalar e configurar suporte para SSL

O que é a tecnologia de Camada de Soquetes de Seguros?

A tecnologia de Camada de Soquetes de Seguros (*Secure Socket Layer, SSL*) permite que browsers Web e servidores Web se comuniquem por meio de uma conexão segura. Nesta conexão segura, o dado que está sendo enviado é criptografado antes de ser enviado e, depois, é decriptografado ao receber e antes de processar. Tanto o browser como o servidor criptografam todo o tráfego antes de enviar qualquer dado. A SSL endereça as seguintes considerações importantes de segurança:

- Autenticação: Durante a sua tentativa inicial de se comunicar com um servidor Web por meio de uma conexão segura, esse servidor se apresentará ao seu browser Web com um conjunto de credenciais na forma de um certificado de servidor. O propósito do certificado é verificar quem é o site, e o que ele diz ser. Em alguns casos, o servidor pode requisitar um certificado que o cliente é quem e o que ele diz ser (o que é conhecido como autenticação de cliente)
- Confidencialidade: Quando o dado estiver sendo passado entre o cliente e o servidor na rede, terceiros poderão visualizar e interceptar este dado. As respostas da SSL são criptografadas de modo que o dado não possa ser decifrado por terceiros e o dado que permanece seja confidencial
- Integridade: Quando o dado estiver sendo passado entre o cliente e o servidor na rede, terceiros poderão visualizar e interceptar este dado. A SSL ajuda a garantir que o dado não será modificado em trânsito por essa terceira parte.

Para instalar e configurar suporte para SSL em seu servidor Web independente, você precisa dos seguintes componentes. O suporte para SSL já terá sido fornecido se você estiver usando o Servidor de Aplicativo. Se você estiver usando um servidor Web diferente, consulte a documentação para o seu produto.

- Um keystore de certificado de servidor (veja Como entender certificados digitais)
- Um conector HTTPS (veja Como configurar o conector para SSL)

Para verificar se o suporte para SSL está habilitado, veja Como verificar suporte para SSL.

Como entender certificados digitais

Nota: Certificados digitais para o Servidor de Aplicativo já foram gerados e podem ser encontrados no diretório *<J2EE_HOME>*/domains/domain1/config/. Esses certificados digitais são como assinaturas próprias e foram projetados para uso em um ambiente de desenvolvimento, que não foi planejado para fins de produção. Para fins de produção, gere os seus próprios certificados e faça-os serem assinados por uma CA (*Certification Authority*, Autoridade de Certificação).

Para usar SSL, um servidor de aplicativo deve ter um certificado associado a cada interface externa, ou endereçamento de IP, que aceite conexões seguras. A teoria atrás deste projeto é que um servidor deve fornecer algum tipo de garantia razoável que seu proprietário é quem você pensa que ele é, particularmente antes de receber qualquer informação sensível. Pode ser útil pensar em um certificado como uma "licença de habilitação digital" para um endereço de Internet. Ele declara a qual companhia o site está associado, junto com algumas informações básicas de contato sobre o proprietário ou o administrador do site.

O certificado digital é assinado criptograficamente pelo seu proprietário e é difícil para qualquer um forjá-lo. Para sites envolvidos em comércio eletrônico ou em qualquer outra transação de negócios na qual a autenticação de identidade seja importante, um certificado pode ser adquirido de uma autoridade de certificado (CA) tal como VeriSign ou Thawte.

Algumas vezes a autenticação não é realmente uma preocupação – por exemplo, um administrador pode simplesmente querer assegurar-se de que o dado, que está sendo transmitido e recebido pelo servidor, seja privado e não possa ser espionado por qualquer curioso na conexão. Em tais casos, você pode poupar tempo e despesa envolvidos na obtenção de um certificado CA e, simplesmente, usar um certificado com assinatura própria.

A SSL utiliza criptografia de chave pública, baseada em pares de chaves. Os pares de chaves contêm uma chave pública. Se o dado estiver criptografado com uma chave, ele poderá ser decriptografado somente com a outra chave do par. Por exemplo, usando SSL, o servidor computa um valor e criptografa o valor usando sua chave privada. O valor criptografado é chamado de *assinatura digital*. O cliente decodifica o valor criptografado utilizando a chave pública do servidor e compara o valor com o seu próprio valor computado. Se os dois valores forem correspondentes, o cliente poderá confiar em que a assinatura é autêntica, porque somente a chave privada poderia ter sido usada para produzir tal assinatura.

Certificados digitais são usados como o protocolo HTTPS para autenticar clientes Web. O serviço HTTPS da maioria dos servidores não executará, exceto se um certificado digital tiver sido instalado. Use o procedimento esboçado posteriormente para configurar um certificado digital que possa ser usado por seu servidor Web para habilitar SSL.

Uma ferramenta que pode ser usada para configurar um certificado digital é keytool, um utilitário de gerenciamento de certificado e de chave que vem junto com o SDK do J2EE. Ele permite que os usuários administrem seus próprios pares de chaves público/privado e certificados associados para usar em auto-autenticação (onde o usuário autentica a si mesmo para outros usuários ou serviços) ou integridade dos dados e serviços de autenticação, usando assinaturas digitais. Ele também permite que os usuários armazenem em cache as chaves públicas (na forma de certificados) de seus parceiros de comunicação. Para melhor entendimento de keytool e da criptografia de chave pública, leia a documentação de keytool no seguinte URL:

`http://java.sun.com/j2se/1.4.2/docs/tooldocs/solaris/keytool.html`

Como criar um certificado de servidor

Um certificado de servidor já foi criado para o Servidor de Aplicativo. O certificado pode ser encontrado no diretório *<J2EE_HOME>*/domains/domain1/config/. O certificado de servidor está em keystore.jks. O arquivo cacerts.jks contém todos os certificados confiados, inclusive os certificados de clientes.

Se necessário, você pode usar keytool para gerar certificados. O keytool armazena as chaves e os certificados em um arquivo chamado *keystore*, um repositório de certificados usados para identificar um cliente e um servidor. Normalmente, um keystore contém um cliente ou uma identidade do cliente. A implementação keystore default implementa o keystore como um arquivo. Ela protege as chaves privadas usando uma senha.

As keystores são criadas no diretório a partir do qual você roda o keytool. Este pode ser o diretório onde reside o aplicativo, ou ele pode ser um diretório comum a muitos aplicativos. Se você não especificar o nome do arquivo keystore, os keystores serão criados no diretório home do usuário.

Para criar um certificado, siga estas etapas:

1. Crie a keystore
2. Exporte o certificado do keystore
3. Assine o certificado
4. Importe o certificado em um trust-store: um repositório de certificados usados para a verificação de certificados. Um trust-store normalmente contém mais de um certificado. Um exemplo usando um trust-store para autenticação mútua baseada em SSL é discutido no Exemplo: autenticação com certificado de cliente por meio de HTTP/SSL com JAX-RPC

Rode keytool para gerar o keystore do servidor, ao qual daremos o nome de server-keystore.jks. Esta etapa utiliza o alias *server-alias* para gerar um novo par de chaves público/privado e empacotar a chave pública em um certificado auto-assinado dentro de server-keystore.jks. O par de chave é gerado usando um algoritimo do tipo RSA, com uma senha default de *changeit*. Para maiores informações sobre as opções de keytool, consulte a sua ajuda on-line no endereço http://java.sun.com/j2se/1.4.2/docs/tooldocs/solaris/keytool.html.

Nota: RSA é uma tecnologia de criptografia de chave pública desenvolvida pela RSA Data Security, Inc. O acrônimo significa Rivest, Shamir, e Adelman, os inventores da tecnologia.

A partir do diretório onde você quer criar a keystore, rode keytool com os seguintes parâmetros. Quando você pressionar Entre, keytool prepara você para entrar o nome do servidor, a unidade organizacional, organização, localidade, estado, e código do país. Note que você deve entrar o nome do servidor em resposta ao primeiro prompt de keytool quando ele pergunta seu primeiro e último nomes. Para fins de testes, este pode ser localhost. O host especificado na keystore deve corresponder ao host especificado na variável de host especificada no arquivo *<INSTALL>*/j2eetutorial14/examples/common/build.properties.

1. Gere o certificado de servidor.

   ```
   <JAVA_HOME>\bin\keytool -genkey -alias server-alias
   -keyalg RSA -keypass changeit -storepass changeit
   -keystore keystore.jks
   ```

2. Exporte o certificado do servidor gerado em keystore.jks para o arquivo server.cer.

   ```
   <JAVA_HOME>\bin\keytool -export -alias server-alias
   -storepass changeit -file server.cer -keystore keystore.jks
   ```

3. Se você quiser ter um certificado assinado por um CA, leia Como assinar certificados digitais para maiores informações.

4. Para criar o arquivo trust-store cacerts.jks e adicionar o certificado do servidor para o trust-store, rode keytool a partir do diretório onde você criou o keystore e o certificado do servidor. Use os seguintes parâmetros:

   ```
   <JAVA_HOME>\bin\keytool -import -v -trustcacerts
   -alias server-alias -file server.cer
   -keystore cacerts.jks -keypass changeit
   -storepass changeit
   ```

   Informações sobre o certificado, tal como o mostrado a seguir, exibirão:

   ```
   <INSTALL>/j2eetutorial14/examples/gs 60% keytool -import
   -v -trustcacerts -alias server-alias -file server.cer
   -keystore cacerts.jks -keypass changeit -storepass changeit
   Owner: CN=localhost, OU=Sun Micro, O=Docs, L=Santa Clara,
   ST=CA, C=US
   Issuer: CN=localhost, OU=Sun Micro, O=Docs, L=Santa Clara,
   ST=CA, C=US
   ```

```
Serial number: 3e932169
Valid from: Tue Apr 08
Certificate fingerprints:
MD5: 52:9F:49:68:ED:78:6F:39:87:F3:98:B3:6A:6B:0F:90
SHA1: EE:2E:2A:A6:9E:03:9A:3A:1C:17:4A:28:5E:97:20:78:3F:
Trust this certificate? [no]:
```

5. Entre yes e, depois, pressione a tecla Enter ou Return. A seguinte informação é exibida:

```
Certificate was added to keystore
[Saving cacerts.jks]
```

Como assinar certificados digitais

Depois que você criou um certificado digital, vai querer vê-lo assinado pelo seu proprietário. Depois que o certificado foi assinado criptograficamente pelo seu proprietário, é difícil para qualquer um forjá-lo. Para sites envolvidos em comércio eletrônico ou outra transação de negócios na qual a autenticação de identidade seja importante, um certificado pode ser adquirido e uma autoridade de certificado bem conhecida como, por exemplo, VeriSign ou Thawte.

Como mencionado anteriormente, se a autenticação não for realmente uma preocupação, você pode salvar o tempo e o custo envolvido na obtenção de um certificado CA e simplesmente usar o certificado auto-assinado.

Como usar um certificado de servidor diferente com o Servidor de Aplicativo

Depois de criar o seu próprio certificado de servidor, faça-o ser assinado por uma CA, e para estar pronto para usá-lo com o Servidor de Aplicativo, siga estas etapas. Você utilizará keytool para importar o certificado para keystore.jks.

1. Exporte o certificado para o arquivo de certificado usando keytool –export:

```
keytool -export [-v] [-rfc] [-alias <alias>] [-file
<cert_file>]
[-keystore <keystore>] [-storepass <storepass>]
[-storetype <storetype>] [-provider <provider_class_name>]
```

   Aqui está um exemplo:

```
keytool -export -alias myalias -file
_my_exported_file -keystore whereever_your_cert_resides.jks
```

2. Depois use o comando keytool -import para importá-lo:

```
keytool -import [-v] [-noprompt] [-trustcacerts] [-alias
<alias>]
[-file <cert_file>] [-keypass <keypass>]
[-keystore <keystore>] [-storepass <storepass>]
[-storetype <storetype>] [-provider <provider_class_name>]
```

   Aqui está um exemplo:

```
keytool -import -alias myalias -file _my_exported_file
-keystore domains/domain1/config/keystore.jks -storepass changeit
```

Nota: A sua senha key/certificate em keystore.jks deve corresponder à sua senha de keystore.jks. Isso é um bug. Se houver uma incompatibilidade, o SDK Java não conseguirá ler o certificado e você obterá uma mensagem "tampered" ("adulterado").

Uma outra opção é substituir o keystore.jks existente. Para fazer isso da sua maneira, você pode tanto alterar a sua senha de keystore para a senha default ou alterar a senha default para a senha do seu keystore:

- Modifique a senha de keystore para a default de changeit.
- Use o seguinte como propriedades do seu sistema no arquivo domain.xml:

```
-Djavax.net.ssl.keystore=point_to_your_keystore
-Djavax.net.ssl.keyStorePassword=your_password
```

Como criar um certificado de cliente para autenticação mútua

Esta seção discute configurar uma autenticação do lado do cliente. Quando tanto a autenticação do lado do cliente, como do lado do servidor, são habilitadas, ela é chamada autenticação mútua, ou de dois modos. Na autenticação do cliente, os clientes são obrigados a submeter certificados por uma autoridade de certificado que você escolhe para aceitar. A partir do diretório, onde você quer criar o certificado de cliente, rode keytool como exposto aqui. Quando você pressionar Entre, keytool prepara você para entrar o nome do servidor, unidade organizacional, organização, localidade, estado, e código do país.

Nota: Você deve entrar o nome do servidor em resposta ao primeiro prompt de keytool, quando ele pergunta o primeiro e o último nomes. Para fins de teste, este pode ser localhost. O host especificado no keystore deve corresponder ao host identificado na variável de host especificada no arquivo *<INSTALL>*/j2eetutorial14/examples/common/build.properties. Se este exemplo estiver para verificar autenticação mútua e você receber um erro em tempo de execução definindo que o nome do host HTTPS está errado, torne a criar o certificado de cliente, certificando-se de usar o mesmo nome do host que usará ao rodar o exemplo. Por exemplo, se o nome da sua máquina for duke, então entre duke no Nome de Cliente do certificado ou quando estiver pronto para o primeiro e o último nomes. Ao acessar o aplicativo, entre um URL que aponte para a mesma localização, por exemplo: https://duke:1043/mutualauth/hello. Isso é necessário porque durante o cumprimento de SSL, o servidor verifica o certificado de cliente comparando o nome do certificado e o nome do host do qual ele se origina.

Para criar um keystore chamado client-keystore.jks que contenha um certificado de cliente chamado client.cer, siga estas etapas:

1. Gere o certificado do cliente.

```
<JAVA_HOME>\bin\keytool -genkey -alias client-alias -keyalg
RSA -keypass changeit -storepass changeit
-keystore keystore.jks
```

2. Exporte o certificado de cliente gerado para o arquivo client.cer.

```
<JAVA_HOME>\bin\keytool -export -alias client-alias
-storepass changeit -file client.cer -keystore keystore.jks
```

3. Adicione o certificado ao arquivo trust-store *<J2EE_HOME>*/domains/domain1/config/cacerts.jks. Rode keytool a partir do diretório onde você criou a keystore e o certificado de cliente. Utilize os seguintes parâmetros:

```
<JAVA_HOME>\bin\keytool -import -v -trustcacerts
-alias client-alias -file client.cer
-keystore <J2EE_HOME>/domains/domain1/config/cacerts.jks
-keypass changeit
-storepass changeit
```

O utilitário keytool retorna esta mensagem:

```
Owner: CN=J2EE Client, OU=Java Web Services, O=Sun, L=Santa
Clara, ST=CA, C=US
Issuer: CN=J2EE Client, OU=Java Web Services, O=Sun, L=Santa
Clara, ST=CA, C=US
Serial number: 3e39e66a
Valid from: Thu Jan 30 18:58:50 PST 2003 until: Wed Apr 30
19:58:50 PDT 2003
Certificate fingerprints:
MD5: 5A:B0:4C:88:4E:F8:EF:E9:E5:8B:53:BD:D0:AA:8E:5A
SHA1:90:00:36:5B:E0:A7:A2:BD:67:DB:EA:37:B9:61:3E:26:B3:89:
46:
32
Trust this certificate? [no]: yes
Certificate was added to keystore
```

Para um aplicativo de exemplo que utiliza autenticação mútua, veja Exemplo: autenticação com certificado de cliente por meio de HTTP/SSL com JAX-RPC. Para informações sobre verificar se a autenticação mútua está rodando, consulte como verificar se a autenticação mútua está rodando.

Comandos mistos para certificados

Para verificar o conteúdo de um keystore que contenha um certificado com um alias server-alias, utilize este comando:

```
keytool -list -keystore keystore.jks -alias server-alias -v
```

Para verificar o conteúdo do arquivo cacerts, use este comando:

```
keytool -list -keystore cacerts.jks
```

Como configurar o conector para SSL

Um conector SSL é pré-configurado para o Servidor de Aplicativo. Você não precisa configurar nada. Se você estiver trabalhando com um outro servidor de aplicativo, veja sua documentação para configurar o seu conector para SSL.

Como verificar o suporte para SSL

Para fins de teste, e para verificar se o suporte para SSL foi instalado corretamente, carregue a página de introdução default com um URL que conecta à porta definida no descritor de implantação do servidor:

```
https://localhost:1043/
```

O https neste URL indica que o browser deve estar usando o protocolo SSL. O localhost deste exemplo assume que você esteja rodando o exemplo em sua máquina local como parte do processo de desenvolvimento. O 1043 deste exemplo é a porta segura que foi especificada onde o conector para SSL foi criado em Como configurar o conector para SSL. Se você estiver usando um servidor ou porta diferente, modifique este valor corretamente.

A primeira vez que um usuário carrega este aplicativo, a caixa de diálogo New Site Certificate or Security Alert é exibida. Selecione Next para se mover através das inúmeras caixas de diálogo e selecione Finish quando chegar à última caixa de diálogo. Os certificados serão exibidos apenas a primeira vez. Quando você aceita os certificados, os acessos subseqüentes a este site assumem que você confia em seu conteúdo.

Dicas ao rodar SSL

O protocolo SSL foi projetado para ser tão eficientemente seguro quanto possível. Todavia, a criptografia e a decriptografia são processos dispendiosos computacionalmente do ponto de vista de desempenho. Não é estritamente necessário rodar um aplicativo Web completo por meio de SSL, e é comum para o desenvolvedor decidir quais páginas requerem uma conexão segura e quais não. As páginas que podem exigir uma conexão segura são páginas de login, páginas com informações pessoais, verificações de carrinho de compras, ou quaisquer páginas onde informações sobre o cartão de crédito possivelmente são transmitidas. Qualquer página dentro de um aplicativo pode ser exigida por meio de um soquete seguro simplesmente prefixando o endereço com https: em vez de http:. Quaisquer páginas que absolutamente exijam uma conexão segura deveriam verificar o tipo de protocolo associado à página de requisição e tomar a ação apropriada, se https: não for especificado.

Usar hosts virtuais, baseados em nome, em uma conexão segura, pode ser problemático. Esta é uma limitação de projeto do protocolo SSL propriamente dito. O cumprimento (handshake) da SSL, onde o browser do cliente aceita o certificado do servidor, deve ocorrer antes que a requisição HTTP seja acessada. Como resultado, a informação da requisição que contém o nome do host virtual não pode ser determinada antes da autenticação e, portanto, não é possível atribuir certificados múltiplos para um único endereço IP. Se todos os hosts virtuais de um único endereço IP precisarem se autenticar contra o mesmo certificado, a adição de múltiplos hosts virtuais não deverá interferir com as operações SSL normais no servidor. Esteja ciente, todavia, que a maioria dos browsers de cliente irão comparar o nome do domínio do servidor com o nome do domínio listado no certificado, se houver algum (isto é aplicável principalmente a certificados oficiais, assinados por uma CA). Se os nomes de domínio não corresponderem, esses browsers exibirão um alerta para o cliente. Em geral, somente hosts virtuais baseados em endereços são normalmente aceitos com SSL em um ambiente de produção.

Como habilitar autenticação mútua por meio da SSL

Esta seção discute a configuração da autenticação do lado do cliente. Como mencionado anteriormente, quando tanto a autenticação do lado do servidor como a autenticação do lado do cliente estão habilitadas, ela se chama autenticação mútua ou de dois modos. Em autenticação de cliente, os clientes são exigidos para submeter certificados que são emitidos por uma autoridade em certificação que você escolhe aceitar. Se você regula isso através do aplicativo (por meio da autenticação com Certificado de Cliente), a verificação é feita e o aplicativo exige a autenticação do cliente. Você deve entrar a localização de keystore e da senha no arquivo de configuração do servidor Web par habilitar a SSL, como discutido em Como configurar o conector para SSL.

Aqui estão dois modos de habilitar a autenticação mútua por meio da SSL:

- PREFERRED: Defina o método de autenticação para Certificado de Cliente usando deploytool. Isso força a autenticação mútua modificando o descritor de implantação do aplicativo fornecido. Habilitando a autenticação de cliente desta maneira, ela vai ficar habilitada somente para um recurso específico controlado pela restrição de segurança. Definir a autenticação de cliente desta maneira é discutido em Exemplo: a autenticação com Certificado de Cliente por meio de HTTP/SSL com JAX-RPC
- RARELY: Defina a propriedade clientAuth no domínio do certificado para true. Para fazer isso, siga estas etapas:
  - **a.** Inicie o Servidor de Aplicativo se ainda não o fez. As informações para iniciar o Servidor de Aplicativo podem ser encontradas em Como iniciar e parar o Servidor de Aplicativo
  - **b.** Inicie o Admin Console. Informações sobre iniciar o Admin Console podem ser encontradas em Como iniciar o Admin Console
  - **c.** Na árvore do Admin Console, expanda Security, depois expanda Realms, e depois selecione o certificado. O reino do certificado é usado para todas as transferências por meio de HTTP com SSL
  - **d.** Selecione Add para adicionar a propriedade de clientAuth para o servidor. Entre clientAuth no campo Name, e entre true para o campo Value

e. Clique Save para salvar estas novas propriedades

f. Feche a caixa de logout do Admin Console

Quando a autenticação de cliente estiver habilitada das duas maneiras, a autenticação de cliente será efetuada duas vezes.

Como verificar se a autenticação mútua está rodando

Você pode verificar se a autenticação mútua está funcionando obtendo mensagens de depuração. Isso deve ser feito no final do cliente, e este exemplo mostra como passar a propriedade do sistema em targets.xml de modo que targets.xml bifurque um cliente com javax.net.debug em seus sistemas de propriedades, que podem ser adicionados a um arquivo como *<INSTALL>*/j2eetutorial14/examples/security/common/targets.xml.

Para habilitar as mensagens de debug para autenticação mútua SSL, passe a propriedade do sistema javax.net.debug=ssl,handshake, que fornece informações sobre se a autenticação mútua está funcionando ou não. O exemplo seguinte modifica o target run-mútuaauth-client do arquivo *<INSTALL>*/j2eetutorial14/ examples/security/common/targets.xml adicionando sysproperty em negrito:

```
<target name="run-mútuaauth-client"
description="Runs a client with mútua authentication over
SSL">
  <java classname="${client.class}" fork="yes" >
    <arg line="${key.store} ${key.store.password}
        ${trust.store} ${trust.store.password}
        ${endpoint.address}" />
    <sysproperty key="javax.net.debug" value="ssl,
        handshake" />
    <sysproperty key="javax.net.ssl.keyStore"
        value="${key.store}" />
    <sysproperty key="java.net.ssl.keyStorePassword"
        value="${key.store.password}"/>
    <classpath refid="run.classpath" />
  </java>
</target>
```

Segurança de serviços Web e XML

Os serviços de segurança Web e XML podem incluir segurança em nível de transporte e segurança em nível de mensagens. Esta seção discute segurança no nível de transporte. A informação sobre usar segurança em nível de mensagem pode ser incluída nas versões futuras de O Tutorial do J2EE.

A segurança em nível de transporte é a segurança endereçada pela camada de transporte. Adicionar segurança desta maneira será discutido nas seguintes seções de exemplo:

- Exemplo: a autenticação básica com JAX-RPC
- Exemplo: a autenticação com Certificado de Cliente por meio de HTTP/SSL com JAX-RPC

A autenticação verifica a identidade do usuário, dispositivo, ou outra entidade no sistema do computador, geralmente como pré-requisito para permitir acesso a recursos em um sistema. Existem várias maneiras pelas quais isso possa acontecer. Os seguintes modos são discutidos nesta seção:

Uma técnica é que um método de autenticação de usuário possa ser definido para um aplicativo em seu descritor de implantação. Quando um método de autenticação de usuário é especificado para um aplicativo, o contêiner Web ativa o mecanismo de autenticação especificada quando você tenta acessar um recurso protegido. As opções para os métodos de autenticação de usuário são discutidas em Como entender autenticação de login. O aplicativo de exemplo discutido em Exemplo: a autenticação básica com JAX-RPC mostra como adicionar autenticação básica a um aplicativo JAX-RPC. O exemplo discutido em Exemplo: a autenticação com Certificado de Cliente por meio de HTTP/SSL com JAX-RPC mostra como adicionar autenticação com certificado de cliente ou mútua a um aplicativo JAX-RPC.

Uma segunda técnica é que uma garantia de transporte possa ser definida para um aplicativo em seu descritor de implantação. Use este método para percorrer uma sessão protegida por SSL e certifique-se de que todo o conteúdo de mensagem está protegido para confidencialidade. As opções para garantias de transporte são discutidas em Como especificar uma conexão segura. Para um aplicativo de exemplo que demonstra a execução por meio de uma sessão protegida por SSL, veja Exemplo: a autenticação com Certificado de Cliente por meio de HTTP/SSL com JAX-RPC.

Ao rodar por meio de uma sessão protegida por SSL, o servidor e o cliente podem autenticar um ao outro e negociar um algoritimo de criptografia e chaves criptográficas antes que o protocolo do aplicativo transmita ou receba seu primeiro byte de dado.

A tecnologia SSL permite que browsers Web e servidores Web se comuniquem por meio de uma conexão segura. Nesta conexão segura, o dado é criptografado antes de ser enviado, e depois é decriptografado ao receber e antes de processar. Tanto o browser como o servidor criptografam todo o tráfego antes de enviar qualquer dado. Para mais informações, veja O que é a tecnologia de camada de soquetes de seguros?

Certificados digitais são necessários ao rodar HTTP por meio de SSL (HTTPS). O serviço HTTPS da maioria dos servidores Web não rodará a não ser que um certificado digital tenha sido instalado. Certificados digitais já foram criados para o Servidor de Aplicativo.

Exemplo: a autenticação básica com JAX-RPC

Nesta seção, discutiremos como configurar aplicativos de serviço Web baseados em JAX-RPC para autenticação básica HTTP. Com a *autenticação básica HTTP*, o servidor Web autentica um usuário usando o nome do usuário e a senha obtidos do cliente Web. Se o tópico da autenticação é novo para você, por favor, consulte a seção intitulada Como entender autenticação de login. Para uma explicação de como a autenticação básica funciona, veja a Figura 32-2.

Para este tutorial, nós começamos com o aplicativo de exemplo em <INSTALL>/j2eetutorial14/examples/jaxrpc/staticstub/ e <INSTALL>/j2eetutorial14/examples/jaxrpc/helloservice/ e adicionamos a autenticação do nome e senha do usuário. O aplicativo resultante pode ser encontrado nos diretórios <INSTALL>/j2eetutorial14/examples/security/basicauth/ e <INSTALL>/j2eetutorial14/examples/security/basicauthclient.

Em geral, as seguintes etapas são necessárias para adicionar autenticação básica a um aplicativo JAX-RPC. No aplicativo de exemplo incluído com este tutorial, muitas destas etapas foram completadas para você e estão listadas aqui para mostrar o que precisará ser feito se você desejar criar um aplicativo semelhante.

1. Adicione os elementos de segurança apropriados usando deploytool. Para este exemplo os elementos de segurança são adicionados na fase de empacotamento e distribuição. Consulte Como adicionar autenticação básica usando deploytool para mais informações.
2. Se o valor da porta default for alterado de 8080, veja Como definir a porta para informações sobre atualizações dos arquivos de exemplo para refletir esta alteração. Os arquivos WAR mencionados neste tutorial não funcionarão se a porta for alterada.
3. Edite o arquivo the *<INSTALL>*/j2eetutorial14/examples/common/build.properties. O arquivo build.properties precisa ser modificado porque as propriedades deste arquivo são específicas para a sua instalação. Veja Como construir os exemplos para informação sobre quais propriedades precisam ser definidas.
4. Defina propriedades de segurança no código do cliente. Para o aplicativo de exemplo, esta etapa foi completada. O código para este exemplo é mostrado em Como definir as propriedades de segurança no código do cliente.

5. Construa, empacote, implante e rode o serviço Web. Você usará a ferramenta asant para compilar o cliente e o serviço, e deploytool para empacotar e implantar o serviço. Instruções para este exemplo podem ser encontrados em Como construir, empacotar, implantar e rodar o exemplo para autenticação básica.

Como definir propriedades de segurança no código do cliente

O código-fonte para o cliente está no arquivo HelloClient.Java do diretório *<INSTALL>*/j2eetutorial14/examples/security/basicauthclient/src/. Para autenticação básica, o código do cliente deve definir as propriedades username e password. As propriedades username e password correspondem ao grupo admin (que inclui a combinação nome de usuário com senha introduzida durante a instalação), e ao papel de admin, que é fornecido no descritor de implantação como papel autorizado para transações seguras. (Veja Como configurar papéis de segurança.)

O cliente define as propriedades de segurança mencionadas anteriormente como mostrado no código seguinte. O código em negrito é o código que foi adicionado da versão original do aplicativo de exemplo jaxrpc/staticstub.

```
package basicauthclient;

import javax.xml.rpc.Stub;

public class HelloClient {

  public static void main(String[] args) {

    if (args.length !=3) {
    System.out.println("HelloClient Error: Wrong
      number of runtime arguments!");
    System.exit(1);
    }

      String username=args[0];
      String password=args[1];
      String endpointAddress=args[2];

      // print to display for verification purposes
      System.out.println("username: " + username);
      System.out.println("password: " + password);
      System.out.println("Endpoint address = " +
        endpointAddress);

    try {
      Stub stub = createProxy();
        stub._setProperty(
          javax.xml.rpc.Stub.USERNAME_PROPERTY,
            username);
        stub._setProperty(
          javax.xml.rpc.Stub.PASSWORD_PROPERTY,
            password);
        stub._setProperty
          (javax.xml.rpc.Stub.ENDPOINT_ADDRESS_PROPERTY,
            endpointAddress);

    HelloIF hello = (HelloIF)stub;
    System.out.println(hello.sayHello("Duke (secure)"));
    } catch (Exception ex) {
      ex.printStackTrace();
    }
  }

  private static Stub createProxy() {
```

```
    // Note: MyHelloService_Impl is implementation-specific.
    return (Stub)(new
      MyHelloService_Impl().getHelloIFPort());
  }
}
```

Como construir, empacotar, implantar e rodar o exemplo para autenticação básica

Para construir, empacotar, implantar e rodar o exemplo security/basicauth usando a autenticação básica, siga estas etapas.

Como construir o serviço de autenticação básica

Configure o seu sistema para rodar os exemplos do tutorial se você não fez isso ainda, seguindo as instruções em Como construir os exemplos.

1. Configure seu sistema para executar os exemplos do tutorial, caso já não tenha feito isso seguindo as instruções em Como construir os exemplos.
2. A partir de uma janela de terminal ou pronto de comando, vá para o diretório <*INSTALL*>/j2eetutorial14/examples/security/basicauth/.
3. Construa o serviço JAX-RPC entrando o seguinte na janela de terminal ou no pronto de comando no diretório basicauth/ (esta e as seguintes etapas que utilizam asant presumem que você tenha o executável para asant em seu caminho; se não tiver, você deverá fornecer o caminho totalmente qualificado para o executável). Este comando roda o target chamado build no arquivo build.xml.

   ```
   asant build
   ```

Como empacotar o serviço de autenticação básica

Você pode empacotar o exemplo de autenticação básica usando asant ou deploytool, ou você pode simplesmente abrir o arquivo WAR localizado no arquivo <*INSTALL*>/j2eetutorial14/examples/security/provided-wars/basicauth.war. Esta seção mostra as etapas que você usa para empacotar o serviço JAX-RPC. Mais detalhes sobre empacotar serviços JAX-RPC podem ser encontrados em Como empacotar o serviço.

1. Inicie o Servidor de Aplicativo se você ainda não o fez. Instruções para iniciar o Servidor de Aplicativo podem ser encontradas em Como iniciar e parar o Servidor de Aplicativo.
2. Inicie deploytool se você ainda não fez isso. Informações sobre iniciar o deploytool podem ser encontradas em Como iniciar o utilitário deploytool.
3. Selecione File → New → Web Component a partir do menu do deploytool. O assistente mostra as seguintes caixas de diálogo.
   a. Caixa de diálogo Introduction
      1. Leia o texto explicativo para um resumo geral dos recursos do assistente.
      2. Clique Next.
   b. Caixa de diálogo WAR File
      1. Selecione o botão rotulado Create New Stand-Alone WAR Module.
      2. No campo WAR Location, entre <*INSTALL*>/j2eetutorial14/examples/security/basicauth/BasicAuth.war.
      3. No campo WAR Display, entre BasicAuth.
      4. No campo Context Root, entre /basicauth-jaxrpc.
      5. Clique Edit Contents.

6. A partir da lista Starting Directory, selecione o diretório <*INSTALL*>/j2eetutorial14/examples/ security/basicauth/ directory.

7. Selecione the build/ subdirectory.

8. Clique Add.

9. Clique OK.

10. Clique Next.

c. Escolha a caixa de diálogo Component Type

1. Selecione o botão Web Services Endpoint.

2. Clique Next.

d. Escolha a caixa de diálogo Service

1. Na caixa combo WSDL File, selecione WEB-INF/wsdl/MyBasicHelloService.wsdl.

2. Na caixa combo Mapping File, selecione build/mapping.xml.

3. Clique Next.

e. Caixa de diálogo Component General Properties

1. Na caixa combo Service Endpoint Implementation, selecione basicauth.HelloImpl.

2. Clique Next.

f. Caixa de diálogo Web Service Endpoint

1. Na caixa combo Service Endpoint Interface, selecione basicauth.HelloIF.

2. No campo Namespace, selecione urn:Foo.

3. No campo Local Part, selecione HelloIFPort. O utilitário deploytool entrará um URI de endereço de endpoint default nesta caixa de diálogo. Ele deverá ser atualizado posteriormente nesta seção.

4. Clique Next.

5. Clique Finish.

Para acessar MyHelloService, os clientes do tutorial especificarão este URI de endereço de endpoint de serviço:

```
http://localhost:8080/basicauth-jaxrpc/hello
```

A string /basicauth-jaxrpc é a raiz de contexto do servlet que implementa MySecureHelloService. A string /hello é o alias do servlet.

4. Especifique o endereço de endpoint como segue:

a. Em deploytool, selecione HelloImpl.

b. Selecione a guia Aliases.

c. Na tabela de Component Aliases, adicione /hello. (Não se esqueça da barra normal.)

d. Na guia Endpoint, selecione hello para o endereço do endpoint na moldura Sun-specific Settings frame.

e. Selecione File → Save.

Como adicionar autenticação básica usando deploytool

Para autenticação básica HTTP, o descritor de implantação do aplicativo, web.xml, inclui a informação sobre quem está autorizado a acessar o aplicativo, quais padrões de URL e métodos HTTP são protegidos, e que tipo de método de autenticação de usuário este aplicativo utiliza. Esta informação é adicionada ao descritor de implantação usando deploytool. Seu conteúdo é discutido com mais detalhe em Segurança da camada Web e na especificação Java Servlet, que pode ser navegada ou copiada por download on-line no endereço http://

java.sun.com/products/servlet/.

1. Selecione o exemplo de autenticação básica, BasicAuth, na árvore do deploytool.
2. Selecione o painel com a guia Security.
3. Selecione Basic no campo User Authentication Method.
4. Selecione Add Constraints para adicionar uma restrição de segurança.
5. Selecione Add Collection para adicionar uma coleção de recursos Web.
6. Selecione a coleção de recursos Web a partir da lista e, depois, selecione Edit Collections.
7. Selecione Add URL Pattern. Entre /hello no campo de texto. Clique OK.
8. Selecione os métodos HTTP GET e POST.
9. Clique OK para fechar a caixa de diálogo Edit Contents.
10. Selecione Edit Roles no painel com a guia Security para especificar um papel autorizado para este aplicativo.
11. Clique Edit Roles na caixa de diálogo Authorized Roles para adicionar um usuário autorizado a este aplicativo. Clique Add na caixa de diálogo Edit Roles e adicione o Name do admin. Clique OK para fechar esta caixa de diálogo.
12. Selecione admin sob o campo Roles In e clique Add para adicioná-lo à lista de papéis autorizados para este aplicativo. Clique OK para fechar a caixa de diálogo.

Note que a lista Authorized Roles especifica admin, um grupo que foi especificado durante a instalação. Para mapear este papel para um usuário, siga estas etapas.

1. Selecione o painel com a guia General.
2. Clique o botão Sun-specific Settings.
3. Na caixa de diálogo Sun-specific Settings, selecione User to Role Mappings a partir da lista View.
4. Selecione admin a partir da lista de papéis.
5. Clique o botão Edit sob a caixa Users.
6. Selecione admin a partir da lista Available Users, e clique o botão Add para mapear o papel de admin (definido para o aplicativo) para o usuário chamado admin (definido para o Servidor de Aplicativo). Clique OK.

Nota: Se você não vir a lista de usuários ou grupos que você definiu usando o Admin Console, conecte-se ao Admin Server dando um duplo clique no localhost:4848 da árvore do deploytool e entrando o seu nome e senha admin. Se este não for o servidor destino corrente, deverá mudar para este servidor selecionando-o e, depois, selecionando File → Set Current Target Server.

---

7. Clique Close para retornar ao painel com a guia General.
8. Selecione Save do menu File para salvar estes ajustes.

Como implantar o serviço de autenticação básica

1. Inicie o Servidor de Aplicativo se você não fez isso ainda.
2. Para implantar o WAR que contenha o serviço JAX-RPC, selecione o aplicativo BasicAuth na árvore do deploytool. Depois, selecione Tools → Deploy.
3. Certifique-se de que o servidor esteja correto, localhost:4848 por default.

4. Entre seu nome e senha admin.
5. Clique OK.
6. Clique o botão Close depois que as mensagens, que indicam finalização bem sucedida, tiverem terminado.

Como construir e rodar o cliente de autenticação básica

Para construir o cliente JAX-RPC, faça o seguinte:

1. Entre o seguinte comando na janela de terminal ou no prompt de comando no diretório basicauthclient:

   ```
   asant build
   ```

2. Rode o cliente JAX-RPC entrando o seguinte na janela de terminal ou no prompt de comando do diretório basicauthclient/:

   ```
   asant run
   ```

O cliente deve exibir a seguinte saída:

```
Buildfile: build.xml

run-secure-client:
  [java] username: your_name
  [java] password: your_pwd
  [java] Endpoint address = http://localhost:8080/basicauthjaxrpc/
hello
  [java] Hello Duke (secure)

BUILD SUCCESSFUL
```

Exemplo: a autenticação com certificado de cliente por meio de HTTP/SSL com JAX-RPC

Nesta seção, discutiremos como configurar um aplicativo de serviço Web simples baseado em JAX-RPC para autenticação com certificado de cliente por meio de HTTP/SSL. A autenticação com certificado de cliente usa HTTP por meio de SSL, na qual o servidor e, opcionalmente, o cliente autenticam um ao outro usando certificados de chave pública. Se o tópico autenticação for novo para você, por favor consulte a seção intitulada Como entender autenticação de login. Para mais informações sobre como a autenticação básica funciona, veja a Figura 32-4.

Este aplicativo de exemplo começa com <*INSTALL*>/j2eetutorial14/examples/jaxrpc/helloservice/ e adiciona tanto a autenticação do cliente como do servidor ao exemplo. Na autenticação básica baseada em certificado SSL, o servidor apresenta seu certificado ao cliente, e o cliente autentica a si próprio para o servidor enviando seu nome e senha de usuário. Este tipo de autenticação é algumas vezes chamada de autenticação de cliente. Para autenticação mútua, precisamos tanto da identificação do cliente, como contida em um certificado de cliente, como da identidade do servidor, como contida no certificado do servidor dentro de um arquivo keystore (keystore.jks). Também precisamos tanto dessas identidades para estarem contidas em um trust-store mútuo (cacerts.jks) onde possam ser verificadas.

Para adicionar autenticação mútua ao exemplo de <*INSTALL*>/j2eetutorial14/examples/jaxrpc/helloservice/, complete as seguintes etapas. No aplicativo de exemplo incluído neste tutorial, muitas destas etapas foram completadas para você e estão listadas aqui para mostrar o que precisa ser feito caso você queira criar um aplicativo semelhante.

1. Crie os certificados e keystores apropriados. Para este exemplo, os certificados e keystores foram criados para o servidor como um localhost genérico e estão inclusos com o Servidor de Aplicativo. Veja a seção

Keystores e Trust-Stores no Exemplo de autenticação mútua para uma discussão de como criar os certificados de cliente para este exemplo.

2. Se o valor da porta foi alterado do default de localhost:8080, veja Como definir a porta para informação sobre atualização dos arquivos de exemplo para refletir esta alteração. Os arquivos WAR mencionados neste tutorial não funcionarão se a porta tiver sido alterada.
3. Edite o arquivo build.properties para adicionar a localização e a senha do trust-store, e outras propriedades, como apropriado. Para uma discussão das modificações necessárias que precisam ser feitas para build.properties, veja Como modificar as propriedades do build.
4. Defina propriedades de segurança no código do cliente. Para o aplicativo de exemplo, esta etapa foi completada. Para uma discussão das propriedades de segurança que foram definidas em HelloClient, veja Como definir propriedades de segurança no código do cliente.
5. Adicione os elementos de segurança apropriados usando deploytool. Os elementos de segurança são discutidos na seção Como habilitar a autenticação com Certificado de Cliente para o exemplo de autenticação mútua.
6. Construa, empacote, implante o serviço, implante o servidor e construa e rode o cliente (veja Como construir, empacotar e rodar o exemplo de autenticação mútua). Você utilizará a ferramenta asant para compilar o cliente e o serviço e rodar o cliente. Você utilizará o deploytool para empacotar e implantar o serviço.

Keystores e trust-stores no exemplo de autenticação mútua

Neste exemplo, o arquivo keystore (keystore.jks) e o arquivo trust-store (cacerts.jks) foram criados para o servidor como um localhost genérico e estão incluídos com o Servidor de Aplicativo no diretório *<J2EE_HOME>*/domains/domain1/config/. Você deve configurar as instruções em Como criar um certificado de cliente para autenticação mútua para criar um certificado de cliente e adicioná-lo ao trust-store existente. Você deve criar os certificados de cliente no diretório *<J2EE_HOME>*/domains/domain1/config/, e deve reiniciar o Servidor de Aplicativo para o certificado de cliente ser acessado pelo aplicativo.

Como modificar as propriedades do build

Para construir e rodar o aplicativo com autenticação mútua, nós configuramos o exemplo de modo que alguns dos valores sejam passados ao aplicativo a partir de vários arquivos build.properties.

Para executar qualquer um dos exemplos, você deve modificar o arquivo build.properties localizado no diretório *<INSTALL>*/j2eetutorial14/examples/common/ para fornecer a sua senha admin e a localização onde o Servidor de Aplicativo está instalado. Se você precisar de mais informações, veja Como construir os exemplos.

Para este exemplo, o arquivo build.properties ,que está especificado para o aplicativo, *<INSTALL>*/j2eetutorial14/examples/security/common/build.properties, foi modificado para você. Este arquivo fornece informações específicas sobre os exemplos de JAX-RPC para os asant targets que vamos rodar mais tarde. Esta informação se refere à localização dos arquivos keystore e trust-store e suas senhas associadas.

Certifique-se de que as seguintes propriedades existam e estejam corretamente definidas.

```
trust.store=${j2ee.home}/domains/domain1/config/cacerts.jks
trust.store.password=changeit
key.store=${j2ee.home}/domains/domain1/config/keystore.jks
key.store.password=changeit
```

Como definir propriedades de segurança no código do cliente

O código-fonte para o cliente está no arquivo HelloClient.Java do diretório *<INSTALL>*/j2eetutorial14/examples/security/mutualauthclient/src/. Para autenticação mútua, o código do cliente deve definir diversas propriedades relacionadas com a segurança. Estes valores são passados no código de cliente quando o asant build e as tarefas de execução são executados.

- trustStore: O valor da propriedade trustStore é o nome totalmente qualificado do arquivo trust-store: *<J2EE_HOME>*/domains/domain1/config/cacerts.jks
- trustStorePassword: A propriedade trustStorePassword é a senha para o trust-store. O valor default para esta senha é changeit
- keystore: O valor da propriedade keystore é o nome totalmente qualificado do arquivo keystore: *<J2EE_HOME>*/domains/domain1/config/keystore.jks
- keyStorePassword: A propriedade keyStorePassword é a senha do keystore. O valor default desta senha é changeit
- ENDPOINT_ADDRESS_PROPERTY: A propriedade ENDPOINT_ADDRESS_PROPERTY define o endereço de endpoint que o stub utiliza para acessar o serviço.

O cliente define as propriedades de segurança mencionadas anteriormente como mostrado no código seguinte. O código em negrito é o código que foi adicionado da versão original do aplicativo de exemplo jaxrpc/staticstub.

```
package mutualauthclient;

import javax.xml.rpc.Stub;

public class HelloClient {

  public static void main(String[] args) {

    if (args.length !=5) {
    System.out.println("HelloClient Error: Need 5
      runtime arguments!");
    System.exit(1);
    }

    String keyStore=args[0];
    String keyStorePassword=args[1];
    String trustStore=args[2];
    String trustStorePassword=args[3];
    String endpointAddress=args[4];

    // print to display for verification purposes
    System.out.println("keystore: " + keyStore);
    System.out.println("keystorePassword: " +
      keyStorePassword);
    System.out.println("trustStore: " + trustStore);
    System.out.println("trustStorePassword: " +
      trustStorePassword);
    System.out.println("Endpoint address: " +
      endpointAddress);

   try {
     Stub stub = createProxy();
     System.setProperty("javax.net.ssl.keyStore",
       keyStore);
     System.setProperty("javax.net.ssl.keyStorePassword",
       keyStorePassword);
     System.setProperty("javax.net.ssl.trustStore",
       trustStore);
```

```
    System.setProperty("javax.net.ssl.trustStorePassword",
      trustStorePassword);
    stub._setProperty(
        javax.xml.rpc.Stub.ENDPOINT_ADDRESS_PROPERTY,
          endpointAddress);

    HelloIF hello = (HelloIF)stub;
    System.out.println(hello.sayHello("Duke! (        secure!"));
    } catch (Exception ex) {
        ex.printStackTrace();
    }
  }

  private static Stub createProxy() {
    // Note: MyHelloService_Impl is implementation-specific.
    return (Stub)(new
      MySecureHelloService_Impl().getHelloIFPort());
  }
}
```

Como habilitar a autenticação com Certificado de Cliente para o exemplo de autenticação mútua

Os dois modos de implementar a autenticação de cliente são discutidos em Como habilitar autenticação mútua por meio da SSL. Você pode definir a autenticação de cliente para todos os aplicativos (especificando isso no descritor de implantação para o servidor) ou para apenas um aplicativo único (especificando isso no descritor de implantação do aplicativo). Para este exemplo, nós estamos habilitando a autenticação de cliente para este aplicativo somente, portanto, nós especificamos o método de autenticação de login como sendo Certificado de Cliente. As etapas para adicionar a autenticação do certificado de cliente são mostradas em Como adicionar autenticação com certificado de cliente usando deploytool.

Para mais informações sobre as opções de configuração de login, leia Como entender autenticação de login.

O método de autenticação de usuário especifica um método de autenticação com certificado de cliente neste exemplo. Para esta autenticação rodar por meio da SSL, você deve também especificar qual tipo de garantia de transporte usar. Para este exemplo, nós escolhemos CONFIDENTIAL, que é especificado no campo Network Security Requirement do painel com a guia Security no deploytool.

Para mais informações sobre este tipo de restrição, leia Como especificar uma conexão segura.

Como construir, empacotar e rodar o exemplo de autenticação mútua

Para construir, implantar e rodar o exemplo de serviço JAX-RPC com autenticação mútua, siga estas etapas.

Como construir o exemplo de autenticação mútua

Para compilar os arquivos do aplicativo e copiá-los para os diretórios corretos, rode a tarefa asant build. Mais informações sobre o que acontece quando a tarefa build é chamada podem ser encontradas em Como construir o serviço.

1. Se você ainda não fez isso, siga estas etapas para configurar o exemplo.
   - ❑ Como configurar o conector para SSL.
   - ❑ Como construir os exemplos.
2. Vá para o diretório *<INSTALL>*/j2eetutorial14/examples/security/mutualauth/.

3. Construa o serviço JAX-RPC entrando o seguinte na janela de terminal ou no pronto de comando do diretório mutualauth/ (esta e as etapas seguintes, que utilizam asant, presumem que você possua o executável para o asant em seu caminho; se não possuir, você precisará fornecer o caminho totalmente qualificado para o asant executável):

   ```
   asant build
   ```

4. Mude para o diretório <*INSTALL*>/j2eetutorial14/examples/security/ mutualauthclient/.
5. Construa o cliente JAX-RPC entrando o seguinte na janela de terminal ou no prompt de comando

   ```
   asant build
   ```

Como empacotar o exemplo da autenticação mútua

Você pode empacotar o exemplo de autenticação mútua utilizando asant ou deploytool, ou pode abrir o arquivo WAR no diretório <*INSTALL*>/j2eetutorial14/examples/security/provided-wars/mutualauth.war. Esta seção mostra as etapas usadas para empacotar o serviço JAX-RPC.

1. Inicie deploytool se você não fez isso ainda.
2. Selecione File → New → Web Component a partir do menu de deploytool. O assistente exibe a seguinte caixa de diálogo.
   a. Caixa de diálogo Introduction
      1. Leia o texto explicativo para um resumo das características do assistente.
      2. Clique Next.
   b. Caixa de diálogo WAR File
      1. Selecione o botão rotulado Create New Stand-Alone WAR Module.
      2. No campo WAR Location, entre <*INSTALL*>/j2eetutorial14/examples/security/mutualauth/MutualAuth.war.
      3. No campo WAR Display, entre MutualAuth.
      4. No campo Context Root, entre /mutualauth-jaxrpc.
      5. Clique Edit.
      6. Na árvore sob Available Files, localize o diretório <*INSTALL*>/j2eetutorial14/examples/security/mutualauth/.
      7. Selecione o subdiretório build/.
      8. Clique Add.
      9. Clique OK.
      10. Clique Next.
   c. Escolha a caixa de diálogo Component Type
      1. Selecione o botão Web Services Endpoint.
      2. Clique Next.
   d. Escolha a caixa de diálogo Service
      1. Na caixa combo WSDL File, selecione WEB-INF/wsdl/MySecureHelloService.wsdl.
      2. Na caixa Mapping File, selecione build/mapping.xml.
      3. Clique Next.
   e. Caixa de diálogo Component General Properties
      1. Na caixa combo Service Endpoint Implementation, selecione mutualauth.HelloImpl.
      2. Clique Next.

f. Caixa de diálogo Web Service Endpoint

   1. Na caixa combo Service Endpoint Interface, selecione mutualauth.HelloIF.
   2. No campo Namespace, selecione urn:Foo.
   3. No campo Local Part field, selecione HelloIFPort.
   4. O utilitário deploytool entrará um URI de endereço de endpoint default nesta caixa de diálogo. Ele deve ser atualizado mais tarde nesta seção. Clique Next.
   5. Clique Finish.

   Para acessar MyHelloService, os clientes do tutorial especificarão este URI de endereço de endpoint de serviço:

```
http://localhost:8080/mutualauth-jaxrpc/hello
```

   A string /mutualauth-jaxrpc é a raiz de contexto do servlet que implementa MySecureHelloService. A string /hello é o alias do servlet.

3. Especifique o endereço de endpoint assim:
   a. Em deploytool, selecione HelloImpl.
   b. Selecione a guia Aliases.
   c. Na tabela Component Aliases, adicione /hello. (Não se esqueça da barra normal.)
   d. Na guia Endpoint, selecione hello para o endereço de endpoint na moldura Sun-specific Settings.
   e. Selecione File → Save.

Como adicionar autenticação com certificado de cliente usando deploytool

Para autenticação com certificado de cliente HTTP, o descritor de implantação do aplicativo, web.xml, inclui a informação sobre quem está autorizado a acessar o aplicativo, quais padrões de URL e métodos HTTP são protegidos, e qual tipo de método de autenticação de usuário este aplicativo utiliza. Esta informação é adicionada ao descritor de implantação usando deploytool, e seu conteúdo é discutido com mais detalhe em Segurança da camada Web e na especificação Java Servlet, que pode ser navegada ou copiada por download on-line no endereço http://java.sun.com/products/servlet/.

1. Selecione o MutualAuth na árvore do deploytool.
2. Selecione painel com a guia Security.
3. Selecione Client Certificate no campo User Authentication Method.
4. Selecione Add Constraints para adicionar uma restrição de segurança.
5. Selecione Add Collection para adicionar uma coleção de recursos Web.
6. Selecione a coleção de recursos Web da lista e, depois, selecione Edit Collections.
7. Selecione Add URL Pattern. Entre /hello no campo texto. Clique OK.
8. Selecione os métodos HTTP GET e POST.
9. Clique OK para fechar a caixa de diálogo Edit Contents.
10. Selecione CONFIDENTIAL sob Network Security Requirement de modo que o aplicativo exija HTTP/SSL.
11. Selecione Save do menu File para salvar estes ajustes.

Como implantar o exemplo de autenticação mútua

1. Implante o serviço JAX-RPC selecionando o exemplo *mutualauth* na árvore do deploytool. Depois, selecione Tools → Deploy.
2. Certifique-se de que o servidor esteja correto. Por default, este será localhost:4848.

3. Entre o seu nome e senha de admin.
4. Clique OK.
5. Clique o botão Close depois que as mensagens que indicam finalização bem sucedida estiverem terminadas.

Como rodar o exemplo de autenticação mútua

Entre o seguinte comando a partir do diretório mutualauthclient/ na janela de terminal ou no prompt de comando para rodar o cliente JAX-RPC:

```
asant run
```

O cliente deve exibir a seguinte saída:

```
Buildfile: build.xml

run-mutualauth-client:
  [java] keyStore: <J2EE_HOME>/domains/domain1/config/
cacerts.jks
  [java] keyStorePassword: changeit
  [java] trustStore: <J2EE_HOME>/domains/domain1/config/
keystore.jks
  [java] trustStorePassword: changeit
  [java] endpointAddress = https://localhost:1043/securemutualauth/
hello
  [java] Hello Duke (secure)

BUILD SUCCESSFUL
```

Para informações sobre verificar se a autenticação mútua está rodando, veja Como verificar se a autenticação mútua está rodando.

Segurança de camada EJB

As sessões seguintes descrevem os mecanismos de segurança programático e declarativo que podem ser usados para proteger os recursos na camada EJB. Os recursos protegidos incluem métodos de enterprise beans que são chamados de clientes de aplicativo, componentes Web, ou de outros enterprise beans.

Você pode proteger os recursos da camada EJB fazendo o seguinte:

- Declarando as permissões de método
- Mapeando papéis para usuários e grupos de J2EE

Para informações sobre os papéis de mapeamento para usuários e grupos de J2EE, veja Papéis de mapeamento para usuários e grupos.

Como declarar permissões de método

Depois que você definiu os papéis (veja Como mapear papéis para usuários e grupos), você pode definir as permissões de método de um enterprise bean. Permissões de método indicam quais papéis são permitidos chamar quais métodos. Você pode definir permissões de método de várias maneiras.

- Você pode aplicar as permissões de método para todos os métodos do home do enterprise bean especificado, do componente, e das interfaces de endpoint de serviço Web

- Você pode aplicar as permissões de método para o método especificado do enterprise bean. Se o enterprise bean contiver múltiplos métodos tendo o mesmo nome de método, a permissão de método se aplicará a todos os métodos
- Se o enterprise bean contiver múltiplos métodos tendo o mesmo nome de método, mas os métodos possuírem parâmetros de métodos diferentes (tais como create(a,b) e create(a,b,c)), você poderá aplicar permissões de método especificando os parâmetros de método

Em geral, use deploytool para especificar as permissões de método mapeando papéis para os métodos:

1. Selecione o enterprise bean.
2. Selecione a guia Security.
3. Selecione o tipo de interface (local, local home, remota, ou home remota). A tabela exibe métodos contidos na interface selecionada. Se nenhuma interface tiver sido definida, os botões da interface serão desabilitados.
4. Na tabela Method Permissions, selecione Sel Roles na coluna Availability.
5. Selecione uma caixa de verificação do papel se os papéis puderem chamar um método.

Como configurar a segurança IOR

Enterprise beans que são implantados em um produto de servidor do fornecedor freqüentemente são acessados por componentes de clientes J2EE que são implantados em produto de um outro fornecedor. A Common Secure Interoperability versão 2 (CSIv2), um protocolo de interoperabilidade padronizada baseado em CORBA/IIOP, resolve esta situação fornecendo autenticação, proteção de integridade e confidencialidade, e principal propagação para chamadas sobre enterprise beans, quando as invocações acontecem por meio de uma intranet do enterprise.

As definições de configuração da CSIv2 são especificadas na Referência de Objeto Interoperável (Interoperable Object Reference, IOR) do enterprise bean de destino. Na caixa de diálogo de configuração de segurança IOR, você pode especificar a informação de segurança para o IOR.

Para obter a caixa de diálogo de configuração de segurança IOR, selecione o enterprise bean ao qual você quer adicionar as definições na visualização da árvore do deploytool. A partir do painel com a guia General, selecione Sun-specific Settings. No subpainel General do painel EJB Settings, pressione o botão IOR.

No subpainel Transport Configuration estão os seguintes campos:

- O campo Integrity especifica se o target suporta mensagens para transporte protegidas por integridade
- O campo Confidentiality especifica se o target suporta mensagens SSL para transporte protegidas por privacidade
- O campo Establish Trust In Target especifica se o componente target é capaz de se autenticar para um cliente para transporte ou não. Ele é usado para autenticação mútua (para validar a identidade do servidor)
- O campo Establish Trust In Client especifica se o componente target é capaz de se autenticar para um cliente para transporte ou não (o target pede ao cliente para que se autentique a si próprio)

Em cada um desses campos, você pode selecionar se o item é suportado, obrigatório, ou não ativado (nenhum).

No subpainel As Context, faça o seguinte:

1. Use a lista suspensa Required para identificar se o método de autenticação é obrigatório para ser usado para autenticação do cliente. Definir este campo para True indica que o método de autenticação especificado é obrigatório. Definir este campo para False indica que o método de autenticação não é obrigatório.

2. Use a lista suspensa Authorization Method para autenticar o cliente. O único valor suportado é USERNAME_PASSWORD.
3. Use o campo Realm para identificar o reino no qual o usuário esteja autenticado.

No exemplo do Duke´s Bank, a definição As Context é usada para exigir autenticação de cliente (com o nome e senha de usuário) quando o acesso aos métodos protegidos dos componentes AccountControllerBean e CustomerControllerBean é tentado.

No subpainel Sas Context, use a lista suspensa Caller Propagation para identificar se o componente target aceitará ou não identidades do chamador propagadas.

No exemplo do Duke´s Bank, a definição Sas Context é ajustada para Supported para os componentes AccountBean, CustomerBean e TxBean, indicando que esses componentes target aceitarão as identidades do chamador propagadas.

Como usar segurança programática na camada EJB

A segurança programática na camada EJB consiste nos métodos getCallerPrincipal e isCallerInRole. Você pode usar o método getCallerPrincipal para determinar o chamador do enterprise bean e usar o método isCallerInRole para determinar se o chamador tem o papel especificado.

O método getCallerPrincipal da interface EJBContext retorna o objeto java.security.Principal que identifica o chamador do enterprise bean. (Neste caso, um principal é o mesmo que um usuário.) No exemplo seguinte, o método getUser de um enterprise bean retorna o nome do usuário J2EE que o chamou:

```
public String getUser() {
  return context.getCallerPrincipal().getName();
}
```

Você pode determinar se o chamador de um enterprise bean pertence ao papel Customer.

```
boolean result = context.isCallerInRole("Customer");
```

Nome de usuário não autenticado

Aplicativos Web aceitam clientes Web não autenticados e permitem que esses clientes façam chamadas ao contêiner EJB. A especificação EJB exige uma credencial de segurança para acessar métodos EJB. Normalmente, a credencial será aquela de um usuário genérico não autenticado.

Segurança da camada de cliente de aplicativo

As exigências para os clientes de aplicativo J2EE são as mesmas que para os componentes J2EE. Acesso a recursos protegidos tanto da camada EJB como da camada Web exige autenticação de usuário, ao passo que o acesso a recursos não protegidos não exige.

Um cliente de aplicativo pode usar o Serviço de Autorização e Autenticação Java (Java Authentication and Authorization Service, JAAS). O JAAS implementa uma versão Java do framework padronizado Módulo de Autenticação Plugável (Pluggable Authentication Module, PAM), o qual permite que aplicativos permaneçam independentes de tecnologias de autenticação subjacentes. Você pode plugar tecnologias de autenticação novas ou atualizadas sob um aplicativo sem fazer nenhuma modificação ao aplicativo propriamente dito. Os aplicativos habilitam o processo de autenticação instanciando um objeto LoginContext, o qual, por sua vez, referencia uma configuração para determinar as tecnologias de autenticação ou os módulos de login que serão usados para efetuar a autenticação.

Um módulo de login típico pode estar pronto e verificar um nome e senha de usuário. Outros módulos podem ler e verificar uma voz ou amostra de impressão digital.

Em alguns casos, um módulo de login pode se comunicar com o usuário para obter informação de autenticação. Os módulos de login utilizam um javax.security.auth.callback.

CallbackHandler para este fim. Os aplicativos implementam a interface CallbackHandler e a passam para o contexto de login, que a expede diretamente para os módulos de login subjacentes. Um módulo de login usa um tratador de callback tanto para coletar entradas (tais como uma senha ou um cartão inteligente PIN) de usuários como para fornecer informações (tais como informações de status) para usuários. Como o aplicativo especifica o tratador de callback, um módulo de login subjacente pode permanecer independente dos vários modos como os aplicativos interagem com usuários.

Por exemplo, a implementação de um tratador de callback para um aplicativo GUI poderia exibir uma janela para solicitar a entrada do usuário. Ou a implementação de um tratador de callback para uma ferramente de linha de comando poderia simplesmente preparar o usuário para entrar diretamente a partir de uma linha de comando.

O módulo de login passa um array de callbacks apropriados para o método handle do tratador de callback (por exemplo, um NameCallback para um nome de usuário, e um PasswordCallback para a senha); o tratador de callback executa a interação de usuário exigida e define valores apropriados nos callbacks. Por exemplo, para processar um NameCallback, o CallbackHandler pode estar pronto para um nome, obter o valor de um usuário, e chamar o método setName do NameCallback para armazenar o nome.

Camada de segurança EIS

Na camada de segurança EIS, um componente de aplicativo requisita uma conexão para um recurso EIS. Como parte desta conexão, o EIS pode exigir uma assinatura (sign-on) para o requisitante acessar o recurso. O fornecedor do componente de aplicativo tem duas escolhas para o projeto da assinatura EIS:

- Na técnica de assinatura gerenciada por contêiner, o componente de aplicativo permite ao contêiner assumir a responsabilidade de configurar e gerenciar a assinatura EIS. O contêiner determina o nome e a senha de usuário a fim de estabelecer uma conexão para uma instância do EIS
- Na técnica de assinatura gerenciada por componente, o código do componente de aplicativo gerencia a assinatura EIS incluindo o código que executa o processo de assinatura para um EIS

Assinatura gerenciada por contêiner

Na assinatura (sign-on) gerenciada por contêiner, um componente de aplicativo não tem que passar nenhuma informação de segurança para o método getConnection(). A informação de segurança é fornecida pelo contêiner, como mostrado no exemplo seguinte:

```
// Business method in an application component
Context initctx = new InitialContext();

// Perform JNDI lookup to obtain a connection factory
javax.resource.cci.ConnectionFactory cxf =
  (javax.resource.cci.ConnectionFactory)initctx.lookup(
  "java:comp/env/eis/MainframeCxFactory");

// Invoke factory to obtain a connection. The security
// information is not passed in the getConnection method
javax.resource.cci.Connection cx = cxf.getConnection();
...
```

Assinatura gerenciada por componente

Na assinatura gerenciada por componente, um componente de aplicativo é responsável por passar a informação de segurança de assinatura necessária para o recurso para o método getConnection(). Por exemplo, a informação de segurança pode ser um nome e senha de usuário, como mostrado aqui:

```
// Method in an application component
Context initctx = new InitialContext();

// Perform JNDI lookup to obtain a connection factory
javax.resource.cci.ConnectionFactory cxf =
  (javax.resource.cci.ConnectionFactory)initctx.lookup(
  "java:comp/env/eis/MainframeCxFactory");

// Get a new ConnectionSpec
com.myeis.ConnectionSpecImpl properties = //..

// Invoke factory to obtain a connection
properties.setUserName("...");
properties.setPassword("...");
javax.resource.cci.Connection cx =
  cxf.getConnection(properties);
...
```

Como configurar segurança do adaptador de recursos

Além de configurar a assinatura, você pode configurar os seguintes ajustes de segurança para o adaptador de recursos:

- ❑ Mecanismos de autenticação
- ❑ Suporte para reautenticação
- ❑ Permissões de segurança

Para configurar estas definições usando deploytool, faça o seguinte:

1. Selecione o arquivo do adaptador de recursos.
2. Selecione o painel com a guia Security.
3. No painel Authentication Mechanisms, especifique os mecanismos de autenticação que são suportados por este adaptador de recursos.
   a. Selecione Password para exigir um nome e senha de usuário para se conectar a um EIS.
   b. Selecione Kerberos Versão 5.0 para exigir ao adaptador de recursos o suporte do mecanismo de autenticação Kerberos.

   Você pode selecionar mais de um mecanismo ou nenhum mecanismo. Se você não selecionar um, nenhuma autenticação de segurança padronizada será suportada como parte do contrato de segurança.
4. Selecione Reauthentication Supported se a implementação do adaptador de recursos suporta execução de reautenticação sobre uma conexão física existente. A Reautenticação é efetuada quando um servidor de aplicativo chama o método getConnection com um contexto de segurança que é diferente daquele usado para estabelecer a conexão. Esta transformação é para a implementação do adaptador de recursos e não para a instância subjacente de EIS.
5. No painel Security Permissions, clique Add para entrar uma permissão de segurança que o adaptador de recursos precisa para acessar recursos do sistema no ambiente operacional. Você especifica somente aquelas permissões que não estão incluídas no conjunto default (veja a seção 11.2 da especificação do

Conector). Por exemplo, para permitir que o recurso procure o nome de algum host remoto, adicione a seguinte permissão de segurança:

```
permission java.net.SocketPermission *, "resolve";
```

Para cada permissão de segurança que você adiciona, clique a coluna da extrema direita (rotulada com um papel dobrado) para entrar uma descrição para a permissão. Para deletar uma permissão de segurança, selecione a permissão na tabela e clique Delete.

Como propagar identidade de segurança

Quando você implanta um enterprise bean ou um componente Web, você pode especificar a identidade de segurança que será propagada (ilustrada na Figura 32-8) para enterprise beans chamados de dentro desse componente.

Você pode escolher um dos seguintes estilos de propagação:

- A identidade do chamador do componente intermediário é propagada para o enterprise bean de destino. Esta técnica é usada quando o contêiner de destino confia no contêiner intermediário
- Uma identidade específica é propagada para o enterprise bean de destino. Esta técnica é usada quando o contêiner de destino espera acesso por meio de uma identidade específica

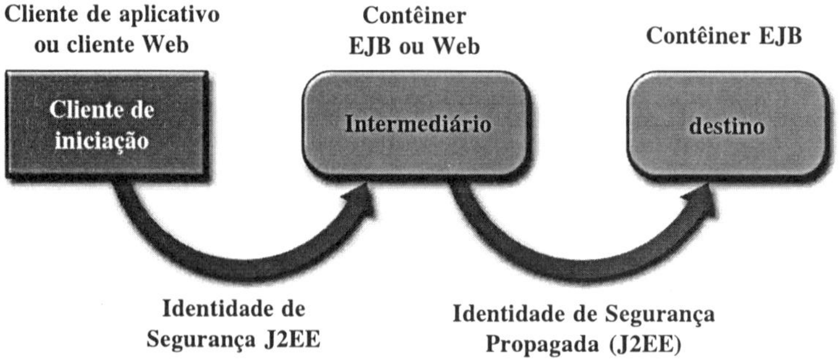

Figura 32-8 *Propagação da identidade de segurança*

Como configurar uma identidade de segurança propagada de um componente

Para configurar uma identidade de segurança propagada do enterprise bean, faça o seguinte:

1. Selecione o enterprise bean para configurar.
2. No painel Security Identity do painel Security, selecione a identidade de segurança que será propagada para os beans que este enterprise bean chame:
   a. Se você quiser que o principal deste chamador de enterprise bean seja propagado para outros beans que ele chame, escolha Use Caller ID.
   b. Se você quiser que uma identidade de segurança diferente da identidade do chamador seja propagada para outros beans, escolha Run As Role, selecione o papel do menu e, depois, selecione o User In Role a partir dos usuários disponíveis no papel selecionado.
3. Se o papel que você quiser usar como identidade de segurança não estiver na lista, clique Edit Roles para adicionar o papel.

Para configurar uma identidade de segurança propagada do componente Web, faça o seguinte:

1. Selecione o componente Web para configurar.

2. No painel Security Identity do painel Security, selecione Use Caller ID se o ID de chamador for propagado para os métodos de outros componentes a partir deste componente Web. Caso contrário, selecione Run As Role e selecione um papel da lista de papéis conhecidos no arquivo WAR.
3. Se o papel que você quer usar como identidade de segurança não estiver na lista, clique Edit Roles para adicioná-lo.

Como configurar a autenticação de cliente

Se um componente de aplicativo em um contêiner do cliente de aplicativo acessar um método protegido em um bean, use a autenticação de cliente.

Confiança entre contêineres

Quando um enterprise bean é projetado de modo que tanto a identidade do chamador original, como uma identidade atribuída, é usada para chamar um bean de destino, o bean de destino receberá somente a identidade propagada, ele não receberá nenhum dado de autenticação.

Não existe maneira para o contêiner destino autenticar a identidade de segurança propagada. Todavia, como a identidade de segurança é usada em verificações de autorização (por exemplo, com permissões de método ou com o método isCallerInRole()), é vitalmente importante que a identidade de segurança seja autêntica. Como não existe dado de autenticação disponível para autenticar a identidade propagada, o destino deve confiar que o contêiner chamador tenha propagado uma identidade de segurança autenticada.

Por default, o Servidor de Aplicativo é pré-configurado para confiar identidades que são propagadas para diferentes contêineres. Portanto, não existem etapas especiais que você precisa aceitar para configurar um relacionamento de confiança.

O que é Contrato de Autorização Java para Contêineres?

Contrato de Autorização Java para Contêineres (Java Authorization Contract for Containers, JACC) define contratos de segurança entre o Servidor de Aplicativo e os módulos de política de autorização. Estes contratos especificam como os fornecedores de autorização são instalados, configurados e usados para acessar decisões.

Informações adicionais

- Java 2 Standard Edition, v1.4.2 informações de segurança no endereço

  http://java.sun.com/j2se/1.4.2/docs/guide/security/index.html
- Java Servlet specification, que pode ser navegada e copiada por download on-line no endereço http://java.sun.com/products/servlet/
- Informações sobre as especificações da SSL estão disponíveis no endereço http://wp.netscape.com/eng/security/
- A especificação da API para Contrato de Autorização Java para Contêineres está disponível no endereço http://java.sun.com/j2ee/javaacc/

33

API de Serviço de Mensagens Java

Este capítulo fornece uma introdução para a API do Serviço de Mensagens Java (Java Message Service API, JMS API), a API Java que permite aos aplicativos criar, enviar, receber e ler mensagens usando comunicação livremente acoplada confiável e assíncrona. Ela abrange os seguintes tópicos:

- ❑ Resumo geral
- ❑ Conceitos básicos da API JMS
- ❑ Modelo de programação da API JMS
- ❑ Como escrever aplicativos simples de clientes JMS
- ❑ Como criar aplicativos robustos JMS
- ❑ Como usar a API JMS em um aplicativo J2EE
- ❑ Informações adicionais

Resumo geral

Este resumo geral da API JMS responde as seguintes perguntas.

- ❑ O que é serviço de mensagens?
- ❑ O que é API JMS?
- ❑ Quando você pode usar a API JMS?
- ❑ Como a API JMS funciona com a plataforma J2EE?

O que é serviço de mensagens?

Serviço de mensagens é um método de comunicação entre componentes de software ou aplicativos. Um sistema de serviço de mensagens é um recurso peer-to-peer: Um cliente de serviço de mensagens pode enviar mensagens para, e receber mensagens de, qualquer outro cliente. Cada cliente se conecta a um agente transmissor de mensagem que fornece recursos para criar, enviar, receber e ler mensagens.

O serviço de mensagens habilita a comunicação distribuída que está intimamente acoplada. Um componente envia uma mensagem para um destino, e o recipiente pode obter a mensagem do destino. Todavia, o remetente e o receptor não precisam estar disponíveis ao mesmo tempo de modo a se comunicarem. De fato, o remetente não precisa saber nada sobre o receptor, nem o receptor precisa saber nada sobre o remetente. O remetente e o receptor precisam saber somente qual formato de mensagem e qual destino usar. A este respeito o serviço de mensagens difere rigidamente das tecnologias acopladas, tais como Invocação de Método Remoto (Remote Method Invocation, RMI), que exige um aplicativo que conheça os métodos do aplicativo remoto. O serviço de mensagens também difere de correio eletrônico (e-mail), que é um método de comunicação entre pessoas ou entre aplicativos de software e pessoas. O serviço de mensagens é usado para comunicações entre aplicativos de software ou componentes de software.

O que é a API JMS?

O Serviço de Mensagens Java é uma API Java que permite aos aplicativos criar, enviar e ler mensagens. Projetado pela Sun e várias companhias de parceria, a API JMS define um conjunto comum de interfaces e semânticas associadas que permitem a programa escritos na linguagem de programação Java se comunicarem uns com os outros transmitindo mensagens de implementações.

A API JMS minimiza o conjunto de conceitos que um programador deve aprender para usar produtos de serviço de mensagens, mas fornece bastantes recursos para suportar sofisticados aplicativos de mensagens. Ela também se esforça para maximizar a portabilidade dos de aplicativos JMS através de provedores JMS no mesmo domínio de mensagem.

A API JMS habilita a comunicação que não apenas está livremente acoplada, mas é também:

- ❑ Assíncrona: Um provedor JMS pode entregar mensagens para um cliente à medida que chegam; um cliente não precisa requisitar mensagens para recebê-las
- ❑ Confiável: A API JMS pode assegurar que uma mensagem foi entregue uma vez e somente uma vez. Níveis inferiores de confiabilidade são disponíveis para aplicativos que podem dar-se ao luxo de perder mensagens ou de receber mensagens duplicadas

A especificação JMS foi publicada pela primeira vez em agosto de 1998. A última versão é a Versão 1.1, lançada em abril de 2002. Você pode baixar uma cópia da especificação no site Web JMS, no endereço http://java.sun.com/products/jms/.

Quando você pode usar a API JMS?

Um fornecedor de aplicativo corporativo provavelmente vai preferir uma API de serviço de mensagens por meio de uma API fortemente acoplada, como uma chamada de procedimento remoto (RPC), sob as seguintes circunstâncias:

- ❑ O provedor quer que os componentes não dependam da informação sobre as interfaces de outros componentes, de modo que os componentes possam ser facilmente substituídos
- ❑ O provedor deseja que o aplicativo rode mesmo que todos os componentes estejam ou não funcionando e executando simultaneamente
- ❑ O modelo de negócios de aplicativo permite a um componente enviar informação para um outro e continuar a operar sem receber uma resposta imediata

Por exemplo, os componentes de um aplicativo corporativo para um fabricante de automóveis podem usar a API JMS em situações como estas:

- ❑ O componente do inventário pode enviar mensagem para o componente da fábrica quando o nível de estoque para um produto desce abaixo de um certo nível de modo que a fábrica possa fazer mais carros
- ❑ O componente da fábrica pode enviar uma mensagem para os componentes de peças de modo que a fábrica possa montar as peças de que ele precisa

- Os componentes de peças, por sua vez, podem enviar mensagens para seus componentes de inventário e de pedido para atualizarem seus estoques e para pedir novas peças aos fornecedores
- Tanto a fábrica como os componentes de peças podem enviar mensagens para o componente de contabilidade a fim de atualizar seus números do orçamento
- O negócio pode publicar itens de catálogo atualizados para sua força de vendas

Usar o serviço de mensagens para estas tarefas permite que os vários componentes se interajam uns com os outros de modo eficiente, sem amarrar a rede ou outros recursos. A Figura 33-1 ilustra como este exemplo simples pode funcionar.

A fabricação é apenas um exemplo de como uma empresa pode usar a API JMS. Aplicativos de varejo, aplicativos de serviços financeiros, aplicativos de serviços de saúde, e muitos outros podem fazer uso do serviço de mensagens.

Como a API JMS funciona com a plataforma J2EE?

Quando a API JMS foi introduzida em 1998, seu propósito mais importante foi permitir que aplicativos Java acessem sistemas existentes de middleware orientados por mensagens (MOM, messaging-oriented middleware), tais como MQSeries da IBM. Desde aquela época, muitos fornecedores adotaram e implementaram a API JMS, de modo que um produto JMS pode agora fornecer uma capacidade completa de serviço de mensagens para uma empresa.

Desde a versão 1.3 da plataforma J2EE, a API JMS tem sido uma parte integral da plataforma, e os desenvolvedores de aplicativos podem usar o serviço de mensagens com componentes J2EE.

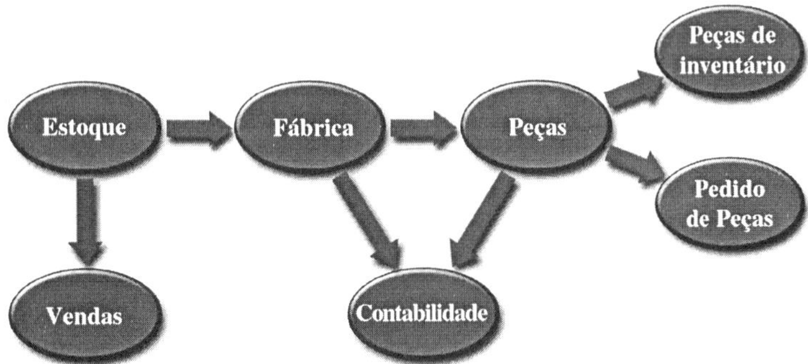

Figura 33-1 *Serviço de mensagens em um aplicativo corporativo.*

A API JMS na plataforma J2EE possui as seguintes características:

- Clientes de aplicativo, componentes Enterprise JavaBeans (EJB), e componentes Web podem enviar ou receber sincronicamente mensagem JMS. Os clientes de aplicativo podem, além disso, receber mensagens de forma assíncrona (Applets, todavia, não são exigidos para suportar a API JMS)
- Beans orientados por mensagens, que são uma espécie de enterprise bean, habilitam o consumo de mensagens assíncronas. Um provedor JMS pode opcionalmente implementar processamento concorrente de mensagens por meio de beans orientados por mensagens
- Operações de enviar e receber mensagens podem participar de transações distribuídas, as quais permitem que operações JMS e acessos a banco de dados sejam executados dentro de uma transação única

A API JMS melhora a plataforma J2EE simplificando o desenvolvimento empresarial, permitindo interações de forma assíncrona, confiáveis e livremente acopladas entre componentes J2EE e sistemas de legados capazes de transmitir mensagens. Um desenvolvedor adiciona novo comportamento a um aplicativo J2EE que possui eventos de negócios existentes adicionando um novo bean orientado por mensagens para operar sobre eventos de negócios específicos. A plataforma J2EE, além disso, melhora a API JMS fornecendo suporte para transações e permitindo o consumo concorrente de mensagens. Para mais informações, consulte a especificação da Enterprise Javabeans, v2.1.

Na versão 1.4 da plataforma J2EE, o provedor JMS pode ser integrado com o servidor de aplicativo usando a arquitetura Conector J2EE. Você acessa o provedor JMS através de um adaptador de recursos. Esta capacidade permite que os fornecedores criem provedores JMS que possam ser plugados em múltiplos servidores de aplicativos, e isso permite aos servidores de aplicativos suportar inúmeros provedores JMS. Para mais informações, consulte a especificação da arquitetura Conector J2EE, v1.5.

Conceitos básicos da API JMS

Esta seção apresenta os conceitos básicos principais da API JMS, aqueles que você precisa saber para dar início a escrever aplicativos de clientes JMS simples:

- Arquitetura da API JMS
- Domínios de serviço de mensagens
- Consumo de mensagens

A próxima seção introduz o modelo de programação da API JMS. As seções posteriores abordam conceitos mais avançados, incluindo aqueles que você precisa para escrever aplicativos J2EE que utilizam beans orientados por mensagens.

Arquitetura da API JMS

Um aplicativo JMS é composto das seguintes partes.

- Um provedor JMS é um sistema de serviço de mensagens que implementa as interfaces JMS e fornece recursos de controle e administrativos. Uma implementação da plataforma J2EE na versão 1.3 inclui um provedor JMS
- Clientes JMS são os programas ou clientes, escritos na linguagem de programação Java, que produzem e consomem mensagens. Qualquer componente de aplicativo J2EE pode atuar como um cliente JMS
- Mensagens são os objetos que comunicam informações entre clientes JMS
- Objetos administrados são objetos JMS pré-configurados criados por um administrador para uso de clientes. Os dois tipos de objetos administrados são destinos e fábricas de conexões, que são descritos em Objetos administrados.

A Figura 33-2 ilustra o modo como essas partes interagem. As ferramentas administrativas permitem que você ligue destinos e fábricas de conexões a namespace JNDI. Um cliente JMS pode então procurar objetos administrados no namespace e, depois, estabelecer uma conexão lógica aos mesmos objetos através do provedor JMS.

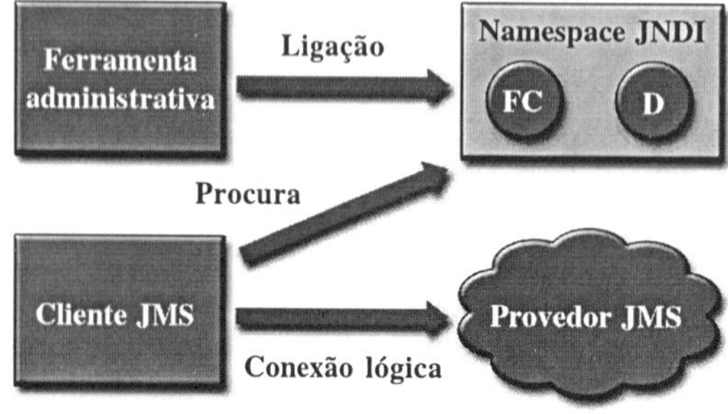

Figura 33-2 *Arquitetura da API JMS.*

Domínios de serviço de mensagens

Antes da API JMS existir, a maioria dos produtos de mensagens suportava tanto a técnica ponto a ponto, como a técnica de publicação/assinatura para o serviço de mensagens. A especificação JMS fornece um domínio separado para cada técnica e define a compatibilidade para cada domínio. Um provedor JMS independente pode implementar um ou ambos os domínios. Um provedor J2EE deve implementar ambos os domínios.

De fato, a maioria das implementações da API JMS suportam tanto os domínios ponto a ponto, como publicação/assinatura, e alguns clientes JMS combinam o uso de ambos os domínios em um único aplicativo. Desta maneira, a API JMS estendeu o poder e a flexibilidade de produtos de mensagens.

A especificação JMS 1.1 vai um passo adiante: ela fornece interfaces comuns para capacitar você a usar a API JMS de uma maneira que não seja específica de qualquer domínio. As subseções seguintes descrevem os dois domínios de mensagens e, depois, descrevem esta nova maneira de programar usando interfaces comuns.

Domínio de serviço de mensagens ponto a ponto

Um produto ou aplicativo ponto a ponto (PTP) é construído sobre o conceito de filas de mensagens, remetentes e receptores. Cada mensagem é endereçada a uma fila específica, e clientes receptores extraem mensagens das filas estabelecidas para conter suas mensagens. As filas retêm todas as mensagens enviadas para elas até que as mensagens sejam consumidas ou até que expirem.

O serviço de mensagens ponto a ponto tem as seguintes características que aparecem na Figura 33-3.

- ❑ Cada mensagem tem apenas um consumidor
- ❑ Um remetente e um receptor de uma mensagem não possuem dependências de tempo O receptor pode buscar a mensagem se ele estiver, ou não, rodando, quando o cliente enviou a mensagem
- ❑ O receptor reconhece o processamento bem sucedido de uma mensagem

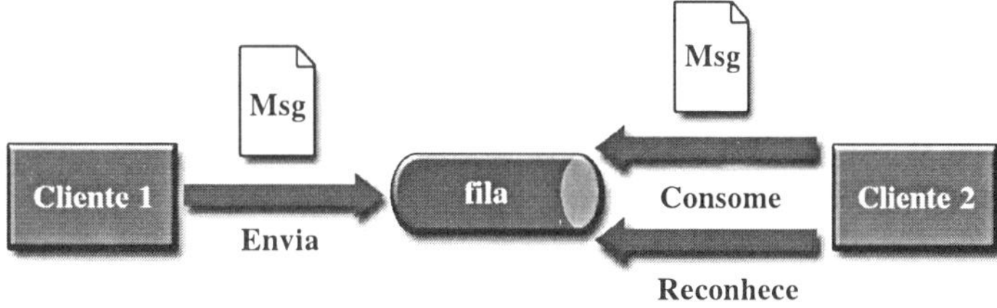

Figura 33-3 *Serviço de mensagens ponto a ponto.*

Use o serviço de mensagens ponto a ponto quando cada mensagem enviada por você deva ser processada com sucesso por um consumidor.

Domínio de serviço de mensagens publicação/assinatura

Em um aplicativo ou produto de publicação/assinatura (pub/sub), os clientes endereçam mensagens para um tópico, cujas funções se parecem um pouco com um quadro de avisos. Publicadores e assinantes geralmente são anônimos e podem dinamicamente publicar ou assinar para a hierarquia do conteúdo. O sistema cuida da distribuição das mensagens que chegam de publicadores com múltiplos tópicos para seus assinantes múltiplos. Os tópicos retêm mensagens somente e enquanto for necessário distribuí-las para os assinantes correntes.

O serviço de mensagens pub/sub possui as seguintes características:

- ❑ Cada mensagem pode ter múltiplos consumidores

- Publicadores e assinantes possuem uma dependência de temporização. Um cliente que assine um tópico pode consumir somente mensagens publicadas depois que o cliente criou uma assinatura, e o assinante deve continuar a ser ativo de modo a consumir mensagens

A API JMS relaxa esta dependência de temporização até certo ponto, permitindo que assinantes criem *assinaturas duráveis*, as quais recebem mensagens enviadas enquanto os assinantes não estiverem ativos. Assinaturas duráveis fornecem a flexibilidade e a confiabilidade de filas, mas ainda permitem que clientes enviem mensagens para muitos recipientes. Para maiores informações sobre assinaturas duráveis, veja Como criar assinaturas duráveis.

Use o serviço de mensagens pub/sub quando cada mensagem puder ser processada por zero, um, ou muitos consumidores. A Figura 33-4 ilustra o serviço de mensagens pub/sub.

Programando com as interfaces comuns

A versão 1.1 da API JMS permite que você utilize o mesmo código para enviar e receber mensagens tanto sob ponto a ponto, como sob o domínio pub/sub. Os objetos administrados que você usa permanecem específicos do domínio, e o comportamento do aplicativo

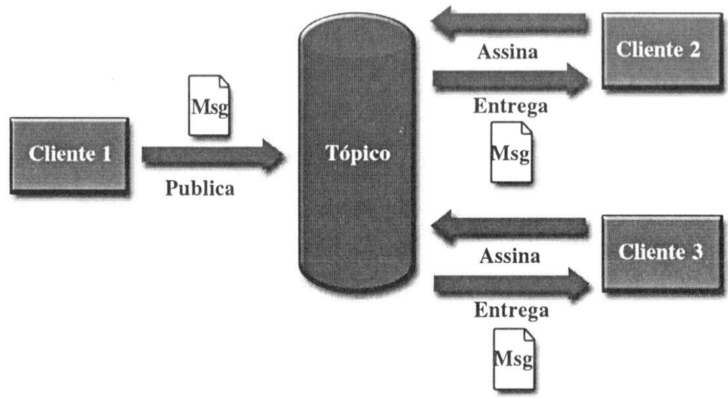

Figura 33-4 *Serviço de mensagens de publicação/assinatura.*

dependerá em parte se você estiver usando uma fila ou um tópico. Todavia, o código por si mesmo pode ser comum aos dois domínios, tornando os seus aplicativos flexíveis e reutilizáveis. Este tutorial descreve e ilustra estas interfaces comuns.

Consumo de mensagem

Produtos de mensagens são inerentemente assíncronos: não existe dependência de temporização fundamental entre a produção e o consumo de uma mensagem. Todavia, a especificação JMS usa este termo em um sentido mais preciso. As mensagens podem ser consumidas em qualquer dos dois modos:

- Sincronicamente: Um assinante ou um receptor busca explicitamente a mensagem do destino chamando o método *receive*. O método *receive* pode bloquear até que uma mensagem chegue, e pode expirar se uma mensagem não chegar dentro de um limite de tempo especificado
- Assincronamente: Um cliente pode registrar um *receptor de mensagens* com um consumidor. Um receptor de mensagens é parecido com um receptor de eventos. Sempre que chegue uma mensagem ao destino, o provedor JMS entregará a mensagem chamando o método onMessage do receptor, o qual age sobre o conteúdo da mensagem.

Modelo de programação da API JMS

A construção básica de blocos de um aplicativo JMS consiste em

- ❑ Objetos administrados: fábricas de conexões e destinos
- ❑ Conexões
- ❑ Sessões
- ❑ Produtores de mensagens
- ❑ Consumidores de mensagens
- ❑ Mensagens

A Figura 33-5 mostra como todos estes objetos se encaixam juntos em um aplicativo de cliente JMS.

Esta seção descreve todos esses objetos resumidamente e fornece comandos de amostra e snippets de código que mostram como criar e usar os objetos. A última subseção descreve resumidamente o tratamento de exceção da API JMS.

Exemplos que mostram como combinar todos estes objetos em aplicativos aparecem nas seções posteriores. Para mais detalhes, consulte a documentação da API JMS, que faz parte da documentação da API J2EE.

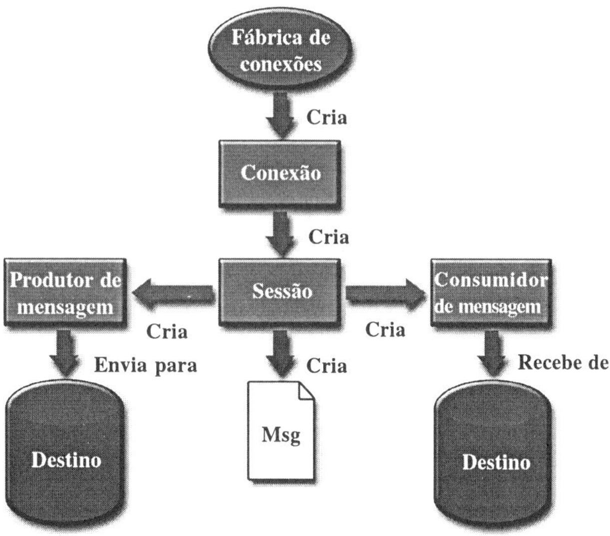

Figura 33-5 *Modelo de programação da API JMS*

Objetos administrados

Duas partes de um aplicativo JMS – destinos e fábrica de conexões – são melhor mantidos administrativamente ao invés de programaticamente. A tecnologia subjacente a estes objetos provavelmente vai ser muito diferente de uma implementação da API JMS para outra. Portanto, o gerenciamento destes objetos pertence a outras atividades administrativas que variam de um provedor para outro.

Os clientes JMS acessam esses objetos através de interfaces portáveis, portanto, um aplicativo de cliente pode rodar com pouca ou nenhuma alteração em mais de uma implementação da API JMS. Normalmente, um administrador configura objetos administrados em um namespace JNDI, e clientes JMS então os procuram usando a API JNDI. Os aplicativos J2EE sempre usam a API JNDI.

Com a Sun Java System Application Server Platform Edition 8, você usa o Admin Console para criar objetos administrados na forma de recursos. Você pode também usar o comando asadmin.

Fábricas de conexões

Uma fábrica de conexões é o objeto que um cliente usa para criar uma conexão para um provedor. Uma fábrica de conexões encapsula um conjunto de parâmetros de configuração de conexão que foram definidos por um administrador. Cada fábrica de conexões é uma instância da interface QueueConnectionFactory ou da interface TopicConnectionFactory.

Para aprender a usar o Admin Console para criar fábrica de conexões, veja Como criar objetos administrados JMS.

No início de uma programa de cliente JMS, você geralmente efetua uma pesquisa JNDI da fábrica de conexões. A fábrica de conexões propriamente dita é específica para um domínio ou outro. Todavia, você normalmente a converte e a atribui a um objeto ConnectionFactory.

Por exemplo, o fragmento de código seguinte obtém um objeto InitialContext e o utiliza para procurar o QueueConnectionFactory e o TopicConnectionFactory pelo nome. Depois ele atribui cada um a um objeto ConnectionFactory:

```
Context ctx = new InitialContext();

ConnectionFactory connectionFactory1 = (ConnectionFactory)
  ctx.lookup("jms/QueueConnectionFactory");

ConnectionFactory connectionFactory2 = (ConnectionFactory)
  ctx.lookup("jms/TopicConnectionFactory");
```

Em um aplicativo J2EE, os objetos administrados JMS normalmente são colocados no jms que nomeia o subcontexto.

Destinos

Um destino é o objeto que um cliente usa para especificar o alvo de mensagens que ele produz e a fonte de mensagens que ele consome. Em um domínio de mensagens ponto a ponto, os destinos são chamados de filas. No domínio de mensagens pub/sub, os destinos se chamam tópicos.

Criar destinos usando o Servidor de Aplicativo é um processo de duas etapas. Você cria um recurso de destino JMS que especifica o nome JNDI do destino. Você também cria um destino físico a que o nome JNDI se refere.

Para aprender como usar o Admin Console para criar destinos físicos e recursos de destino, veja Como criar objetos administrados JMS.

Um aplicativo JMS pode usar múltiplas filas ou tópicos (ou ambos).

Além de procurar uma fábrica de conexões em um programa de cliente, você normalmente procura um destino. Como as fábrica de conexões, os destinos são específicos para um ou outro domínio. Você normalmente atribui o destino a um objeto Destination. Para preservar a semântica de filas e tópicos, todavia, você converte o objeto para o destino do tipo apropriado.

Por exemplo, a linha de código seguinte efetua uma pesquisa JNDI do tópico jms/MyTopic criado anteriormente e o atribui a um objeto Destination, depois de convertê-lo a um objeto Topic:

```
Destination myDest = (Topic) ctx.lookup("jms/MyTopic");
```

A linha de código seguinte procura uma fila chamada jms/MyQueue e a atribui ao objeto Destination, depois de convertê-la a um objeto Queue:

```
Destination myDest = (Queue) ctx.lookup("jms/MyQueue");
```

Com as interfaces comuns, você pode mixar ou comparar as fábrica de conexões e destinos. Isto é, você pode procurar um QueueConnectionFactory e usá-lo com um Topic, e você pode procurar um TopicConnectionFactory e usá-lo com um Queue. O comportamento do aplicativo dependerá do tipo de destino que você usa e não do tipo da fábrica de conexões que você usa.

Conexões

Uma conexão encapsula uma conexão virtual com um provedor JMS. Uma conexão poderia representar um soquete aberto TCP/IP entre um cliente e um serviço de provedor daemon. Você usa uma conexão para criar uma ou mais sessões.

As conexões implementam a interface Connection. Quando você tem um objeto ConnectionFactory, você pode usá-lo para criar um Connection:

```
Connection connection = connectionFactory.createConnection();
```

Antes que um aplicativo termine, você deve fechar todas as conexões que você criou. A falha de fechar uma conexão pode fazer com que os recursos não sejam liberados pelo provedor JMS. Fechar uma conexão também fecha suas sessões e seus produtores de mensagens e consumidores de mensagens.

```
connection.close();
```

Antes que o seu aplicativo possa consumir mensagens, você deve chamar o método start da conexão; para detalhes veja Consumidores de mensagens. Se você quiser parar temporariamente a entrega de mensagens sem fechar a conexão, chame o método stop.

Sessões3

Uma sessão é um contexto com thread única para produzir e consumir mensagens. Você usa sessões para criar produtores de mensagens, consumidores de mensagens e mensagens. As sessões serializam a execução de receptores de mensagens; para detalhes, veja Receptores de mensagens.

Uma sessão fornece um contexto transacional no qual se agrupa um conjunto de emissões e recepções em uma unidade atômica de trabalho. Para detalhes, veja Como usar as transações locais da API JMS.

As sessões implementam a interface Session. Depois que você cria um objeto Connection, você o usa para criar uma Sessão:

```
Session session = connection.createSession(false,
  Session.AUTO_ACKNOWLEDGE);
```

O primeiro argumento significa que a sessão não é com transação; o segundo indica que a sessão reconhece automaticamente as mensagens quando recebidas com sucesso. (Para mais informações, veja Como controlar o reconhecimento de mensagem).

Para criar uma sessão com transação, use o seguinte código:

```
Session session = connection.createSession(true, 0);
```

Aqui, o primeiro argumento significa que a sessão é com transação; o segundo indica que o reconhecimento da mensagem não é especificado para sessões com transação. Para mais informações sobre transações, veja Como usar transações locais da API JMS. Para informações sobre o modo como as transações JMS funcionam em aplicativos J2EE, veja Como usar a API JMS em um aplicativo J2EE.

Produtores de mensagens

Um produtor de mensagem é um objeto criado por uma sessão e usado para enviar mensagens para um destino. Ele implementa a interface MessageProducer.

Você usa uma Session para criar um MessageProducer para um destino. Aqui, o primeiro exemplo cria um produtor para o destino myQueue, e o segundo para o destino myTopic:

```
MessageProducer producer = session.createProducer(myQueue);

MessageProducer producer = session.createProducer(myTopic);
```

Você pode criar um produtor não identificado especificando null como argumento para createProducer. Com um produtor não identificado, você pode esperar para especificar qual destino enviar a mensagem até que envie uma mensagem.

Depois de criar um produtor de mensagem, você pode usá-lo para enviar mensagens usando o método send:

```
producer.send(message);
```

Você deve primeiro criar as mensagens; veja Mensagens

Se você criou um produtor não identificado, use um método send sobrecarregado que especifica o destino como o primeiro parâmetro. Por exemplo:

```
MessageProducer anon_prod = session.createProducer(null);

anon_prod.send(myQueue, message);
```

Consumidores de mensagens

Um consumidor de mensagem é um objeto criado por uma sessão e usado para receber mensagens enviadas para um destino. Ele implementa a interface MessageConsumer.

Um consumidor de mensagens permite a um cliente JMS registrar interesse em um destino com um provedor JMS. O provedor JMS gerencia a entrega de mensagens de um destino para os consumidores registrados do destino.

Por exemplo, você usa uma Session para criar MessageConsumer tanto para uma fila, como para um tópico:

```
MessageConsumer consumer = session.createConsumer(myQueue);

MessageConsumer consumer = session.createConsumer(myTopic);
```

Você usa o método Session.createDurableSubscriber para criar um assinante de tópico durável. Este método é válido somente se você estiver usando um tópico. Para detalhes, veja Como criar assinaturas duráveis.

Depois de criar um consumidor de mensagens, você pode usá-lo para receber mensagens. Você pode usar o método close para um MessageConsumer tornar inativo o consumidor de mensagens. A entrega de mensagens não começa até que você inicie a conexão que criou chamando seu método start. (Lembre-se sempre de chamar o método start; esquecer de iniciar a conexão é um dos erros de programação JMS mais comuns.)

Você usa o método receive para consumir uma mensagem sincronicamente. Você pode usar este método em qualquer momento que você chamar o método start:

```
connection.start();
Message m = consumer.receive();

connection.start();
Message m = consumer.receive(1000); // time out after a second
```

Para consumir uma mensagem assincronamente, você usa um receptor de mensagens, descrito na próxima seção.

Receptores de mensagens

Um receptor de mensagens é um objeto que atua como um tratador de evento assíncrono para mensagens. Este objeto implementa a interface MessageListener, que contém um método, onMessage. No método onMessage, você define as ações a serem tomadas quando chegar uma mensagem.

Você registra o receptor de mensagens com um MessageConsumer específico usando o método setMessageListener. Por exemplo, se você define uma classe chamada Listener que implementa a interface MessageListener, você pode registrar o receptor de mensagens como:

```
Listener myListener = new Listener();
consumer.setMessageListener(myListener);
```

Depois de registrar o receptor de mensagens, você chama o método start da Conexão para começar a entrega da mensagem. (Se chamar start antes de registrar o receptor de mensagens, você provavelmente vai perder as mensagens.)

Quando começar a entrega de mensagens, o provedor JMS automaticamente chamará o método onMessage do receptor de mensagens sempre que uma mensagem for entregue. O método onMessage aceita um argumento de tipo Message, que a sua implementação do método pode converter para qualquer um dos outros tipos de mensagens (veja Corpos de mensagens).

Um receptor de mensagens não é específico para um tipo de destino particular. O mesmo receptor pode obter mensagens tanto de uma fila, como de um tópico, dependendo do tipo de destino para o qual o consumidor de mensagens foi criado. Um receptor de mensagens, todavia, normalmente espera um tipo e formato de mensagem específica. Além disso, se ele precisar responder a mensagens, deverá ou assumir um tipo de destino particular ou obter o tipo de destino da mensagem e criar um produtor para esse tipo de destino.

O seu método onMessage deve tratar todas as exceções. Ele não deve lançar exceções checadas, e lançar uma RuntimeException é considerado um erro de programação.

A sessão usada para criar o consumidor de mensagens serializa a execução de todos os receptores de mensagens registrados com a sessão. Em qualquer momento, somente um dos receptores de mensagens da sessão vai estar rodando.

Na plataforma J2EE, um bean orientado por mensagens é um tipo especial de receptor de mensagem. Para detalhes, veja Como usar beans orientados por mensagens.

Seletores de mensagens

Se o seu aplicativo de serviço de mensagens precisa filtrar as mensagens que ele recebe, você pode usar um seletor de mensagens da API JMS, o qual permite a um consumidor de mensagens especificar as mensagens nas quais ele esteja interessado. Os seletores de mensagens atribuem o trabalho de filtragem de mensagens para o provedor JMS em vez de para o aplicativo. Para um exemplo de um aplicativo que usa um seletor de mensagens, veja Um aplicativo J2EE que usa a API JMS com um bean de sessão.

Um seletor de mensagens é uma String que contém uma expressão. A sintaxe da expressão é baseada em um subconjunto da sintaxe de expressão condicional SQL92. O seletor de mensagens, no exemplo, seleciona qualquer mensagem que possua uma propriedade NewsType definida para o valor 'Sports' ou 'Opinion'.

```
NewsType = 'Sports' OR NewsType = 'Opinion'
```

Os métodos createConsumer e createDurableSubscriber permitem que você especifique um seletor de mensagens como argumento quando você cria um consumidor de mensagens.

O consumidor de mensagens então recebe somente mensagens cujos cabeçalhos e propriedades correspondem ao seletor. (Veja Cabeçalhos de mensagens, e Propriedades de mensagens). Um seletor de mensagens não pode selecionar mensagens com base no conteúdo do corpo da mensagem.

Mensagens

O último propósito de um aplicativo JMS é produzir e consumir mensagens que possam, então, ser usadas por outros aplicativos de software. As mensagens JMS possuem um formato básico que é simples, porém altamente flexível, permitindo que você crie mensagens que combinem formatos usados por aplicativos JMS em plataformas heterogêneas.

Uma mensagem JMS tem três partes: cabeçalho, propriedades e corpo. Somente o cabeçalho é obrigatório. As seções seguintes descrevem essas partes:

- Cabeçalhos de mensagens
- Propriedades de mensagens (opcional)
- Corpos de mensagens (opcional)

Para uma documentação completa de cabeçalhos de mensagens, propriedades e corpos, veja a documentação da interface Message na documentação da API.

Cabeçalhos de mensagens

Um cabeçalho de mensagem contém uma série de campos predefinidos que contêm valores que ambos os clientes e provedores usam para identificar e rotear mensagens. A Tabela 33-1 lista os campos de cabeçalho de uma mensagem JMS e indica como seus valores são definidos. Por exemplo, toda mensagem tem um identificador único, que é representado no campo de cabeçalho JMSMessageID. O valor de um campo de cabeçalho, JMSDestination, representa a fila ou o tópico ao qual a mensagem é enviada. Outros campos incluem uma marca de tempo (timestamp) e um nível de prioridade.

Cada campo de cabeçalho tem associado os métodos setter e getter, que são documentados na descrição da interface Message. Alguns campos de cabeçalho são projetados para serem definidos por um cliente, mas muitos são definidos automaticamente pelo método send ou pelo método publish, que sobrescrevem qualquer valor definido pelo cliente.

Tabela 33-1 Como são definidos os valores do campo de cabeçalho de mensagem JMS

Campo de cabeçalho	Definido por
JMSDestination	Método send ou publish
JMSDeliveryMode	Método send ou publish
JMSExpiration	Método send ou publish

Tabela 33-1 Como são definidos os valores do campo de cabeçalho de mensagem JMS (continuação)

Campo de cabeçalho	Definido por
JMSPriority	Método send ou publish
JMSMessageID	Método send ou publish
JMSTimestamp	Método send ou publish
JMSCorrelationID	Cliente
JMSReplyTo	Cliente
JMSType	Cliente
JMSRedelivered	Provedor JMS

Propriedades da mensagem

Você pode criar e definir as propriedades para mensagens se você precisa de valores além daqueles fornecidos pelos campos de cabeçalho. Você pode usar as propriedades para fornecer compatibilidade com outros sistemas de serviço de mensagens, ou você pode usá-las para criar seletores de mensagens (veja Seletores de mensagens). Para um exemplo de definir uma propriedade a ser usada como um seletor de mensagens, veja Um aplicativo J2EE que usa a API JMS com um bean de sessão.

A API JMS fornece alguns nomes de propriedade predefinidos que um provedor possa suportar. O uso dessas propriedades predefinidas ou das propriedades definidas pelo usuário é opcional.

Corpos de mensagens

A API JMS define cinco formatos de corpos de mensagens, também chamados tipos de mensagens, os quais permitem que você envie e receba dados em muitos formatos diferentes e forneça compatibilidade com formatos de serviço de mensagens existentes. A Tabela 33-2 descreve esses tipos de mensagens.

Tabela 33-2 Tipos de mensagens JMS

Tipo de mensagem	O corpo contém
TextMessage	Um objeto java.lang.String (por exemplo, o conteúdo de um arquivo de Linguagem de Marcação Extensível)
MapMessage	Um conjunto de pares name-value, com nomes como objetos de String e valores como tipos primitivos na linguagem de programação Java. As entradas podem ser acessadas seqüencialmente por enumerador ou randomicamente pelo nome. A ordem das entradas não é definida
BytesMessage	Um fluxo de bytes não interpretados. Este tipo de mensagem é para codificar literalmente um corpo para atender a um formato de mensagem existente
StreamMessage	Um fluxo de valores primitivos na linguagem de programação Java, preenchido e lido seqüencialmente
ObjectMessage	Um objeto serializável na linguagem de programação Java
Message	Nada. Composto somente por campos de cabeçalho e propriedades . Este tipo de mensagem é útil quando um corpo de mensagem não é obrigatório

A API JMS fornece métodos para criar mensagens de cada tipo e para preencher seus conteúdos. Por exemplo, para criar e enviar um TextMessage, você poderia usar as seguintes declarações:

```
TextMessage message = session.createTextMessage();
message.setText(msg_text); // msg_text is a String
producer.send(message);
```

No final do consumo, uma mensagem chega como um objeto Message genérico e deve ser convertida para o tipo de mensagem apropriado. Você pode usar um ou mais métodos getter para extrair o conteúdo da mensagem. O fragmento de código seguinte usa o método getText:

```
Message m = consumer.receive();
if (m instanceof TextMessage) {
  TextMessage message = (TextMessage) m;
  System.out.println("Reading message: " + message.getText());
} else {
  // Handle error
}
```

Tratamento de exceção

A classe raiz para exceções lançadas pelos métodos da API JMS é JMSException. Agarrar JMSException fornece um modo genérico de tratar todas as exceções relacionadas com a API JMS. A classe JMSException inclui as seguintes subclasses, descritas na documentação da API:

- IllegalStateException
- InvalidClientIDException
- InvalidDestinationException
- InvalidSelectorException
- JMSSecurityException
- MessageEOFException
- MessageFormatException
- MessageNotReadableException
- MessageNotWriteableException
- ResourceAllocationException
- TransactionInProgressException
- TransactionRolledBackException

Todos os exemplos no tutorial agarram e tratam JMSException quando é apropriado fazer isso.

Como escrever aplicativos de clientes JMS simples

Esta seção descreve como criar, empacotar e rodar programas de clientes JMS simples empacotados como clientes de aplicativo independentes. Estes clientes acessam um servidor J2EE. Os clientes demonstram as tarefas básicas que um aplicativo JMS deve executar:

- Criar uma conexão e uma sessão
- Criar produtores de mensagens e consumidores
- Enviar e receber mensagens

Em um aplicativo J2EE, algumas dessas tarefas são executadas, no todo ou em parte, pelo contêiner. Se você aprender estas tarefas, terá uma boa base para entender como um aplicativo JMS funciona em uma plataforma J2EE.

Esta seção aborda os seguintes assuntos:

- ❑ Um exemplo que usa recebimentos de mensagens sincrônicas
- ❑ Um exemplo que usa um receptor de mensagens
- ❑ Como rodar clientes JMS em múltiplos sistemas

Cada exemplo usa dois programas: um que envia mensagens e um que as recebe. Você pode rodar os programas em duas janelas de terminal.

Quando escreve um aplicativo JMS para rodar um em aplicativo J2EE, você usa muitos dos mesmos métodos na mesma seqüência como você faz para um cliente de aplicativo independente. Todavia, existem algumas diferenças significativas. Como usar a API JMS em um aplicativo J2EE descreve essas diferenças, e o Capítulo 34 fornece exemplos que as ilustram.

Os exemplos para esta seção estão no seguinte diretório:

```
<INSTALL>/j2eetutorial14/examples/jms/simple/
```

Exemplo simples de recebimentos de mensagens sincrônicas

Esta seção descreve os programas de envio e recebimento em um exemplo que usa o método receive para consumir mensagens sincronicamente. Esta seção explica depois como compilar, empacotar e rodar o programa usando o Servidor de Aplicativo.

As seções seguintes descrevem as etapas para criar e rodar o exemplo:

- ❑ Como escrever os programas de cliente
- ❑ Como compilar os clientes
- ❑ Como iniciar o provedor JMS
- ❑ Como criar os objetos administrados JMS
- ❑ Como empacotar os clientes
- ❑ Como rodar os clientes

Como escrever programas de cliente

O programa de envio, src/SimpleProducer.java, executa as seguintes etapas:

1. Obtém argumentos de linha de comandos que especificam o nome do destino e o nome e o tipo de argumentos:

```
final int NUM_MSGS;
String destName = new String(args[0]);
String destType = new String(args[1]);
System.out.println("Destination name is " + destName +
  ", type is " + destType);
if (args.length == 3){
  NUM_MSGS = (new Integer(args[2])).intValue();
} else {
  NUM_MSGS = 1;
}
```

2. Executa uma pesquisa JNDI de ConnectionFactory e Destination:

```
/*
* Create a JNDI API InitialContext object if none exists
* yet.
*/
Context jndiContext = null;
try {
  jndiContext = new InitialContext();
} catch (NamingException e) {
  System.out.println("Could not create JNDI API " +
    "context: " + e.toString());
  System.exit(1);
}

/*
* Look up connection factory and destination. If either
* does not exist, exit. If you look up a
* TopicConnectionFactory instead of a
* QueueConnectionFactory, program behavior is the same.
*/
ConnectionFactory connectionFactory = null;
Destination dest = null;
try {
  connectionFactory = (ConnectionFactory)
    jndiContext.lookup("jms/QueueConnectionFactory");
  if (destType.equals("queue")) {
    dest = (Queue) jndiContext.lookup(destName);
  } else if (destType.equals("topic")) {
    dest = (Topic) jndiContext.lookup(destName);
  } else {
    throw new Exception("Invalid destination type" +
      "; must be queue or topic");
  }
} catch (Exception e) {
  System.out.println("JNDI API lookup failed: " +
    e.toString());
  System.exit(1);
}
```

3. Cria uma Connection e uma Session:

```
Connection connection =
  connectionFactory.createConnection();
Session session = connection.createSession(false,
  Session.AUTO_ACKNOWLEDGE);
```

4. Cria um MessageProducer e um TextMessage:

```
MessageProducer producer =
  session.createProducer(dest);
TextMessage message = session.createTextMessage();
```

5. Envia uma ou mais mensagens para o destino:

```
for (int i = 0; i < NUM_MSGS; i++) {
  message.setText("This is message " + (i + 1));
  System.out.println("Sending message: " +
    message.getText());
  producer.send(message);
}
```

6. Envia uma mensagem de controle vazio para indicar o final do fluxo da mensagem:

```
producer.send(session.createMessage());
```

Enviar uma mensagem vazia de nenhum tipo especificado é um modo conveniente de indicar ao consumidor que chegou a mensagem final.

7. Finaliza a conexão no bloco finally, fechando automaticamente a sessão e o MessageProducer:

```
} finally {
  if (connection != null) {
    try {
      connection.close();
    } catch (JMSException e) {}
  }
}
```

O programa de recebimento, src/SimpleSynchConsumer.java, executa as seguintes etapas:

1. Executa uma pesquisa JNDI de ConnectionFactory e Destination.
2. Cria um Connection e um Session.
3. Cria um MessageConsumer:

```
consumer = session.createConsumer(dest);
```

4. Inicializa a conexão, fazendo com que comece a entrega da mensagem:

```
connection.start();
```

5. Recebe a mensagem enviada para o destino até que a mensagem de controle de fim do fluxo da mensagem seja recebida:

```
while (true) {
  Message m = consumer.receive(1);
  if (m != null) {
    if (m instanceof TextMessage) {
      message = (TextMessage) m;
      System.out.println("Reading message: " +
        message.getText());
    } else {
      break;
    }
  }
}
```

Como a mensagem de controle não é uma TextMessage, o programa de recebimento termina o loop while e pára de receber mensagens depois da chegada da mensagem de controle.

6. Finaliza a conexão em um bloco finally, fechando automaticamente a sessão e o MessageConsumer.

O método receive pode ser usado de várias maneiras para efetuar um recebimento sincrônico. Se você especificar nenhum argumento ou um argumento de 0, o método bloqueará indefinidamente até uma mensagem chegar:

```
Message m = consumer.receive();
```

```
Message m = consumer.receive(0);
```

Para um programa de cliente simples, isso pode não importar. Mas se você não quer que o seu programa consuma recursos de seu sistema desnecessariamente, use um recebimento sincrônico temporizado. Faça um dos seguintes procedimentos:

- ❑ Chame o método receive com um argumento de timeout maior que 0:

```
Message m = consumer.receive(1); // 1 millisecond
```

- ❑ Chame o método receiveNoWait, que receberá uma mensagem somente se uma estiver disponível:

```
Message m = consumer.receiveNoWait();
```

O programa SimpleSynchConsumer usa um loop while indefinido para receber mensagens, chamando receive com um argumento de timeout. Chamar receiveNoWait teria o mesmo efeito.

Como compilar os clientes

Você pode compilar os exemplos usando a ferramenta asant, como discutido em Como construir os exemplos.

Para compilar os exemplos, faça o seguinte:

1. Em uma janela de terminal, vá para o seguinte diretório:

   `<INSTALL>/j2eetutorial14/examples/jms/simple/`

2. Digite o seguinte comando:

   `asant build`

Este comando usa o arquivo build.xml no diretório simple para compilar todos os arquivos- fonte no diretório. Os arquivos de classe são colocados no diretório build.

Como iniciar o provedor JMS

Quando você usa o Servidor de Aplicativo, o seu provedor JMS é o Servidor de Aplicativo. Inicie o servidor como descrito em Como iniciar e parar o Servidor de Aplicativo.

Como criar objetos administrados JMS

Criar os objetos administrados JMS para esta seção envolve o seguinte:

- ❑ Iniciar o Admin Console
- ❑ Criar duas fábrica de conexões
- ❑ Criar dos destinos físicos
- ❑ Criar dois recursos de destino

Se você construiu e rodou o exemplo de SimpleMessage do Capítulo 28 e não deletou os recursos depois, você precisa criar somente metade desses recursos: aqueles que envolvem tópicos.

Para iniciar o Admin Console, siga as instruções em Com o iniciar o Admin Console.

Para criar as fábricas de conexões, execute as seguintes etapas:

1. No componente da árvore, expanda o nó Java Message Service.
2. Selecione o nó Connection Factories.
3. Na página JMS Connection Factories, clique New. A página Create JMS Connection Factory aparece.
4. No campo JNDI Name, digite jms/QueueConnectionFactory.
5. Escolha javax.jms.QueueConnectionFactory a partir da caixa combo Type.
6. Selecione a caixa de verificação Enabled. O Admin Console aparece como mostrado na Figura 33-6.
7. Clique OK para salvar a fábrica de conexões.
8. Clique New novamente.
9. No campo JNDI Name, digite jms/TopicConnectionFactory.
10. Escolha javax.jms.TopicConnectionFactory a partir da caixa combo Type.
11. Selecione the Enabled checkbox.
12. Clique OK.

Para criar os destinos físicos, execute as seguintes etapas:

1. Selecione o nó Physical Destinations.
2. Na página Physical Destinations, clique New. A página Create Physical Destination aparece.
3. No campo Physical Destination Name, digite PhysicalQueue.
4. Escolha queue a partir da caixa combo Type.

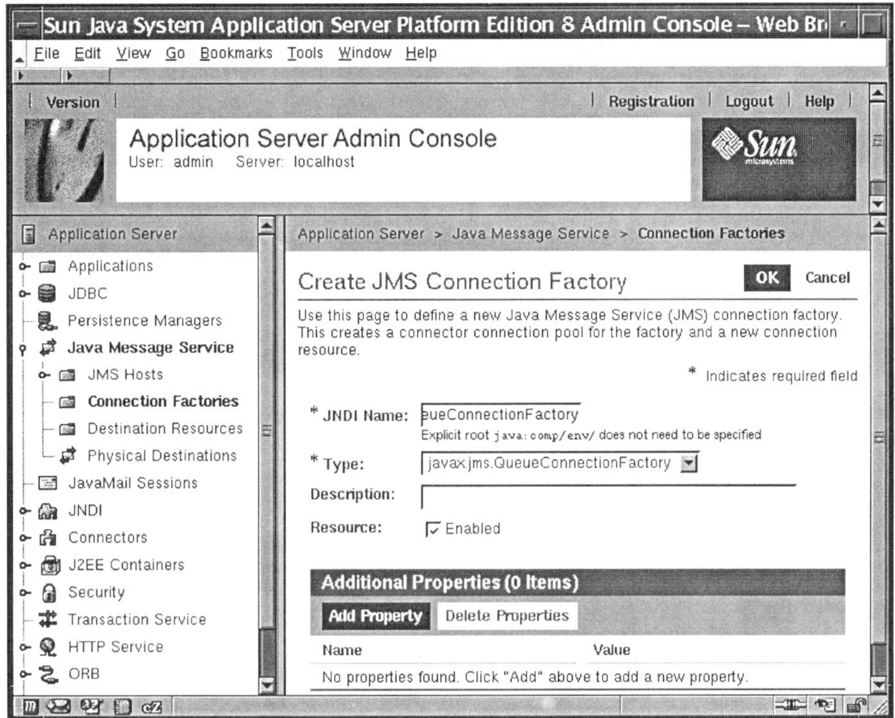

Figura 33–6 *Como criar uma fábrica de conexões JMS.*

5. Clique OK.
6. Clique New novamente.
7. No campo Physical Destination Name, digite PhysicalTopic.
8. Escolha topic a partir da caixa combo Type.
9. Clique OK.

Para criar os recursos de destino e lincá-los aos destinos físicos, execute as seguintes etapas:

1. No componente da árvore, expanda Destination Resources.
2. Na página JMS Destination Resources, clique New. A página Create JMS Destination Resource aparece.
3. No campo JNDI Name, digite jms/Queue.
4. Escolha javax.jms.Queue a partir da caixa combo Type.
5. Selecione a caixa de verificação Enabled.
6. Sob Additional Properties, clique Add.
7. Digite Name no campo Name.
8. Digite PhysicalQueue no campo Value.
9. Clique OK.

10. Clique New novamente.

11. No campo JNDI Name, digite jms/Topic.

12. Escolha javax.jms.Topic a partir da caixa combo Type.

13. Selecione a caixa de verificação Enabled.

14. Sob Additional Properties, clique Add.

15. Entre Name no campo Name.

16. Entre PhysicalTopic no campo Value. O Admin Console aparece como mostrado na Figura 33-7.

17. Clique OK para salvar o recurso.

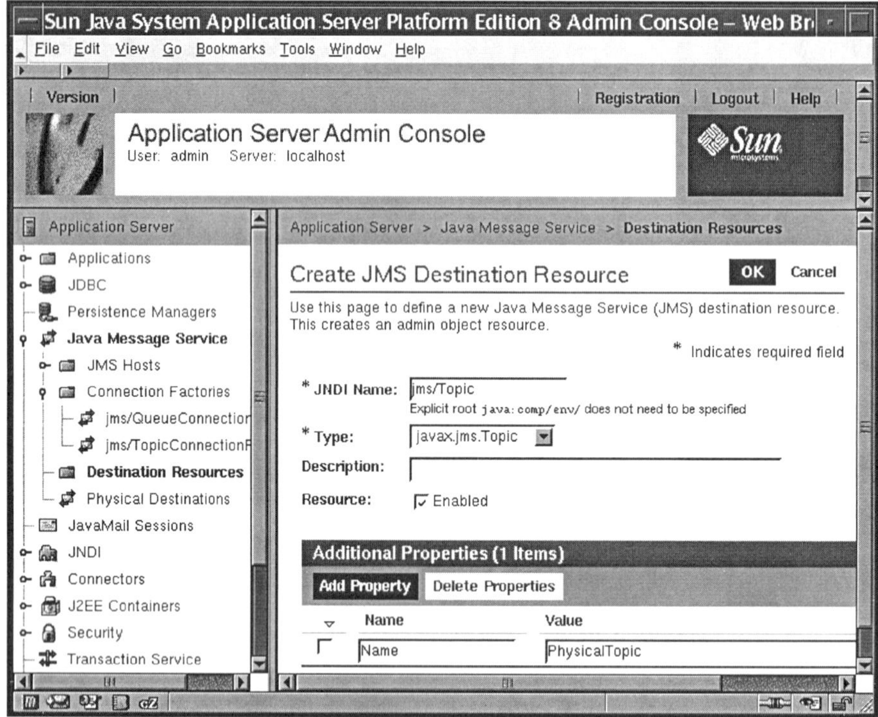

Figura 33-7 *Como criar um recurso de destino JMS.*

Como empacotar os clientes

O modo mais simples de rodar estes exemplos usando o Servidor de Aplicativo é empacotar um no arquivo JAR do cliente de aplicativo.

Primeiro, inicie deploytool:

- ❑ Nos sistemas Windows, escolha Start → Programs → Sun Microsystems → J2EE 1.4 SDK → Deploytool
- ❑ Nos sistemas UNIX, use o comando de deploytool

Empacote o exemplo de SimpleProducer como a seguir:

1. Escolha File → New → Application Client para iniciar o assistente do Cliente de Aplicativo.
2. Na tela JAR File Contents, selecione o botão de rádio rotulado Create New Stand-Alone AppClient Module.
3. Clique Browse próximo do campo AppClient Location e navegue para o diretório *<INSTALL>*/j2eetutorial14/examples/jms/simple/.

4. Digite SimpleProducer no campo File Name e clique Create Module File.
5. Verifique se SimpleProducer aparece no campo AppClient Name.
6. Clique o botão Edit próximo da área de texto Contents.
7. Na caixa de diálogo, localize o diretório build. Selecione SimpleProducer.class a partir da árvore Available Files. Clique Add e, depois, OK.
8. Na tela General, selecione SimpleProducer na caixa combo Main Class.
9. Clique Next.
10. Clique Finish.

Empacote o exemplo de SimpleSynchConsumer do mesmo modo, exceto para os valores listados na Tabela 33–3.

Tabela 33-3 Valores do aplicativo para SimpleSynchConsumer

Área ou campo do assistente	Valor
File Name	SimpleSynchConsumer.jar
AppClient Name	SimpleSynchConsumer
Available Files class	build/SimpleSynchConsumer.class
Main Class	SimpleSynchConsumer

Como rodar os clientes

Você roda os programas de amostra usando o comando appclient. Cada um dos programas aceita argumentos de linha de comando: um nome de destino, um tipo de destino, e, para SimpleProducer, um número de mensagens.

Rode os clientes assim:

1. Rode o programa SimpleProducer, enviando três mensagens para a fila jms/Queue:

   ```
   appclient -client SimpleProducer.jar jms/Queue queue 3
   ```

   A saída do programa se parece com isto:

   ```
   Destination name is jms/Queue, type is queue
   Sending message: This is message 1
   Sending message: This is message 2
   Sending message: This is message 3
   ```

   As mensagens estão agora na fila, esperando serem recebidas.

2. Na mesma janela, rode o programa SimpleSynchConsumer, especificando o nome e o tipo da fila:

   ```
   appclient -client SimpleSynchConsumer.jar jms/Queue queue
   ```

   A saída do programa se parece com isto:

   ```
   Destination name is jms/Queue, type is queue
   Reading message: This is message 1
   Reading message: This is message 2
   Reading message: This is message 3
   ```

3. Agora tente rodar os programas na ordem oposta. Rode o programa SimpleSynchConsumer. Ele mostra o nome da fila e depois parece estar pendurado, esperando as mensagens.
4. Em uma janela de terminal diferente, rode o programa SimpleProducer. Quando as mensagens tiverem sido enviadas, o programa SimpleSynchConsumer as recebe e sai.

5. Agora rode o programa SimpleProducer usando um tópico em vez de uma fila:

   ```
   appclient -client SimpleProducer.jar jms/Topic topic 3
   ```

   A saída do programa se parece com isto:

   ```
   Destination name is jms/Topic, type is topic
   Sending message: This is message 1
   Sending message: This is message 2
   Sending message: This is message 3
   ```

6. Agora rode o programa SimpleSynchConsumer usando o tópico:

   ```
   appclient -client SimpleSynchConsumer.jar jms/Topic topic
   ```

   O resultado, todavia, é diferente. Como você está usando um tópico, as mensagens que foram enviadas antes de você iniciar o consumidor não podem ser recebidas. (Veja Domínio de serviço de mensagens publicação/assinatura, para detalhes.) em vez de receber as mensagens, o programa parece estar dependurado.

7. Rode o programa SimpleProducer novamente em uma outra janela de terminal. Agora o programa SimpleSynchConsumer recebe as mensagens:

   ```
   Destination name is jms/Topic, type is topic
   Reading message: This is message 1
   Reading message: This is message 2
   Reading message: This is message 3
   ```

Como os exemplos usam as interfaces comuns, você pode rodá-los usando uma fila ou um tópico.

Exemplo simples de consumo de mensagem assíncrona

Esta seção descreve os programas de recebimento em um exemplo que usa um receptor de mensagens para consumir mensagens assincronicamente. Esta seção depois explica como compilar e rodar os programas usando o Servidor de Aplicativo.

As seções seguintes descrevem as etapas para criar e rodar o exemplo:

- ❑ Como escrever os programas de cliente
- ❑ Como compilar os clientes
- ❑ Como iniciar o provedor JMS
- ❑ Como empacotar o cliente SimpleAsynchConsumer
- ❑ Como rodar os clientes

Como escrever os programas de clientes

O programa de envio se chama src/SimpleProducer.java, o mesmo programa usado no exemplo em Exemplo simples de recebimentos de mensagens sincrônicas. Você pode, todavia, querer comentar a seguinte linha de código, onde o produtor envia uma mensagem de controle não texto para indicar o fim das mensagens:

```
producer.send(session.createMessage());
```

Um consumidor assíncrono normalmente roda indefinidamente. Este aqui roda até que o usuário digite a letra q ou Q para parar o programa, portanto, ele não usa a mensagem de controle não texto.

O programa de recebimento, src/SimpleAsynchConsumer.java, executa as seguintes etapas:

1. Executa uma pesquisa JNDI da ConnectionFactory e do Destination.
2. Cria um Connection e um Session.

3. Cria um MessageConsumer.
4. Cria uma instância da classe TextListener e a registra como o receptor de mensagens para o MessageConsumer:

```
listener = new TextListener();
consumer.setMessageListener(listener);
```

5. Inicia a conexão, fazendo com que a entrega da mensagem comece.
6. Recebe as mensagens publicadas para o destino, parando quando o usuário digita q ou Q:

```
System.out.println("To end program, type Q or q, " +
  "then <return>");
inputStreamReader = new InputStreamReader(System.in);
while (!((answer == 'q') || (answer == 'Q'))) {
  try {
    answer = (char) inputStreamReader.read();
  } catch (IOException e) {
    System.out.println("I/O exception: "
      + e.toString());
  }
}
```

7. Finaliza a conexão, que automaticamente fecha a sessão e o MessageConsumer.

O receptor de mensagens, src/TextListener.java, segue estas etapas:

1. Quando chega uma mensagem, o método onMessage é chamado automaticamente.
2. O método onMessage converte a mensagem de chegada para um TextMessage e exibe seu conteúdo. Se a mensagem não for uma mensagem de texto, ele relatará este fato:

```
public void onMessage(Message message) {
  TextMessage msg = null;
  try {
    if (message instanceof TextMessage) {
      msg = (TextMessage) message;
      System.out.println("Reading message: " +
        msg.getText());
    } else {
      System.out.println("Message is not a " +
        "TextMessage");
    }
  } catch (JMSException e) {
    System.out.println("JMSException in onMessage(): " +
      e.toString());
  } catch (Throwable t) {
    System.out.println("Exception in onMessage():" +
      t.getMessage());
  }
}
```

Como compilar os clientes

Compile os programas se você não fez isso antes ou se você editou SimpleProducer.java como descrito em Como escrever os programas de clientes:

```
asant build
```

Como iniciar o provedor JMS

Se você não fez isso antes, inicie o Servidor de Aplicativo em uma outra janela de terminal.

Você usará as fábricas de conexões e destinos que você criou em Como criar objetos administrados JMS.

Como empacotar o cliente SimpleAsynchConsumer

Se você não fez isso ainda, inicie deploytool.

Se você não empacotou o exemplo de SimpleProducer, siga as instruções em Como embalar os clientes para fazer isso. Empacote o exemplo de SimpleAsynchConsumer do mesmo modo como SimpleProducer, exceto para os valores listados na Tabela 33-4.

Tabela 33-4 Valores do aplicativo para SimpleAsynchConsumer

Área ou campo do assistente	Valor
File Name	SimpleAsynchConsumer.jar
AppClient Name	SimpleAsynchConsumer
Available Files classes	build/SimpleAsynchConsumer.class build/TextListener.class
Main Class	SimpleAsynchConsumer

Como rodar os clientes

Como antes, você roda os programas de amostra usando o comando appclient.

Rode os clientes assim:

1. Rode o programa SimpleAsynchConsumer, especificando o tópico jms/Topic e seu tipo.

   ```
   appclient -client SimpleAsynchConsumer.jar jms/Topic topic
   ```

   A programa exibe as seguintes linhas e parece estar dependurado:

   ```
   Destination name is jms/Topic, type is topic
   To end program, type Q or q, then <return>
   ```

2. Em outra janela de terminal, rode o programa SimpleProducer, enviando três mensagens. Os comandos se parecem com isto:

   ```
   appclient -client SimpleProducer.jar jms/Topic topic 3
   ```

   A saída do programa se parece com isto:

   ```
   Destination name is jms/Topic, type is topic
   Sending message: This is message 1
   Sending message: This is message 2
   Sending message: This is message 3
   ```

   Na outra janela, o programa SimpleAsynchConsumer exibe o seguinte:

   ```
   Destination name is jms/Topic, type is topic
   To end program, type Q or q, then <return>
   Reading message: This is message 1
   Reading message: This is message 2
   Reading message: This is message 3
   ```

Se você não editou SimpleProducer.java, a linha seguinte também aparece:

```
Message is not a TextMessage
```

3. Digite Q ou q para parar o programa.
4. Agora rode os programas usando uma fila. Neste caso, assim como com o exemplo sincrônico, você pode rodar o programa SimpleProducer primeiro, porque não existe dependência de temporização entre o emissor e o receptor:

```
appclient -client SimpleProducer.jar jms/Queue queue 3
```

A saída do programa se parece com isto:

```
Destination name is jms/Queue, type is queue
Sending message: This is message 1
Sending message: This is message 2
Sending message: This is message 3
```

5. Rode o programa SimpleAsynchConsumer:

```
appclient -client SimpleAsynchConsumer.jar jms/Queue queue
```

A saída do programa se parece com isto:

```
Destination name is jms/Queue, type is queue
To end program, type Q or q, then <return>
Reading message: This is message 1
Reading message: This is message 2
Reading message: This is message 3
```

6. Digite Q ou q para parar o programa.

Como rodar programas de clientes JMS em múltiplos sistemas

Programas de clientes JMS usando o Servidor de Aplicativo podem trocar mensagens uns com os outros quando estiverem rodando em sistemas diferentes em uma rede. Os sistemas devem ser visíveis uns com os outros pelo nome – o nome do host UNIX ou o nome do computador Microsoft Windows – e devem ambos estar rodando o Servidor de Aplicativo. Você não precisa instalar os exemplos do tutorial nos dois sistemas; você pode usar os exemplos instalados em um sistema se você puder acessar seu sistema de arquivos do outro sistema.

Nota: Qualquer mecanismo para intercâmbio de mensagens entre sistemas é específico para a implementação do servidor J2EE. Este tutorial descreve como usar o Servidor de Aplicativo para este fim.

Suponha que você queira rodar o programa SimpleProducer em um sistema, terra, e o programa SimpleSynchConsumer em um outro sistema, júpiter. Antes de fazer isso, você precisa efetuar as seguintes tarefas:

- ❑ Crie duas novas fábricas de conexões
- ❑ Edite o código-fonte
- ❑ Recompile o código-fonte e atualize os arquivos JAR do cliente

---

Nota: Uma limitação do provedor JMS no Servidor de Aplicativo pode causar uma falha em tempo de execução de criar uma conexão a sistemas que utilizem Protocolo de Configuração de Host Dinâmico (Dynamic Host Configuration Protocol, DHCP) a fim de obter um endereço IP. Você pode, todavia, criar uma conexão de um sistema que use DHCP para um sistema que não use DHCP. Nos exemplos deste tutorial, a terra pode ser um sistema que usa DHCP, e júpiter pode ser um sistema que não usa DHCP.

Antes de começar, inicie o servidor nos dois sistemas:

1. Inicie o Servidor de Aplicativo no sistema terra e faça o login para o Admin Console.
2. Inicie o Servidor de Aplicativo no sistema júpiter e faça o login para o Admin Console.

Como criar objetos administrados para sistemas múltiplos

Para rodar estes programas, você deve fazer o seguinte:

- ❑ Crie uma nova fábrica de conexões tanto no sistema terra, como no sistema júpiter
- ❑ Crie um recurso de destino e um destino físico tanto na terra, como em júpiter

Crie uma nova fábrica de conexões em júpiter como a seguir:

1. No Admin Console, expanda o nó Java Message Service.
2. Selecione o nó Connection Factories.
3. Na página JMS Connection Factories, clique New. A página Create JMS Connection Factory aparece.
4. No campo JNDI Name, digite jms/JupiterQueueConnectionFactory.
5. Escolha javax.jms.QueueConnectionFactory a partir da caixa combo Type.
6. Selecione the Enabled checkbox.
7. Clique OK.

Crie uma nova fábrica de conexões com o mesmo nome no sistema terra como a seguir:

1. No Admin Console, expanda o nó Java Message Service.
2. Selecione o nó Connection Factories.
3. Na página JMS Connection Factories, clique New. A página Create JMS Connection Factory aparece.
4. No campo JNDI Name, digite jms/JupiterQueueConnectionFactory.
5. Escolha javax.jms.QueueConnectionFactory a partir da caixa combo Type.
6. Selecione a caixa de verificação Enabled.
7. Clique Add na área Additional Properties. Uma linha Name/Value aparece.
8. No campo Name, digite MessageServiceAddressList.
9. No campo Value, digite o nome do sistema remoto (qualquer que seja o nome real, coloque júpiter). Se o serviço JMS do sistema utiliza um número de porta diferente do default (7676), especifique também o número de porta, usando a sintaxe *sys-name:port-number*.
10. Clique OK.

Se você já esteve trabalhando no sistema terra ou no sistema júpiter, você possui uma fila em um sistema. No sistema que não possui uma fila, execute as seguintes etapas:

1. Use o Admin Console para criar um destino físico chamado PhysicalQueue, do mesmo jeito que você fez em Como criar objetos administrados JMS.
2. Use o Admin Console para criar um recurso de destino chamado jms/Queue e defina sua propriedade Name para o valor PhysicalQueue.

Quando você rodar os programas, eles funcionarão como mostrado na Figura 33-8. O programa rodado no sistema terra precisa da fila na terra somente de modo que a pesquisa JNDI tenha sucesso. A conexão, a sessão, o produtor de mensagem são todos criados no sistema júpiter usando a fábrica de conexões que aponta para júpiter. As mensagens enviada do sistema terra serão recebidas no sistema júpiter.

Como rodar os programas

Estas etapas presumem que você instalou o tutorial em apenas um dos dois sistemas que está usando.

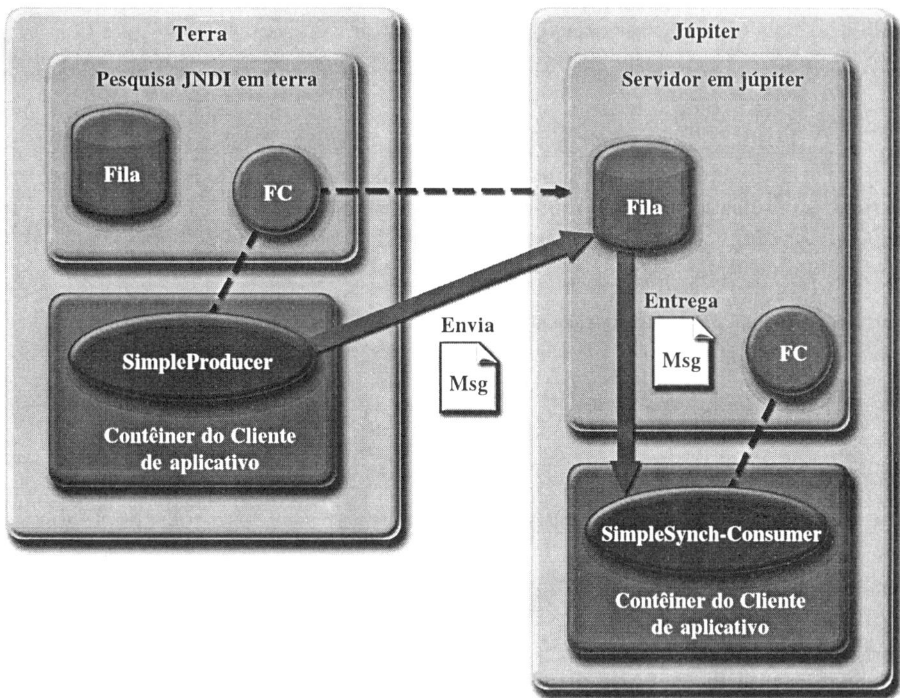

Figura 33-8 *Como enviar mensagens de um sistema para outro.*

Para editar, atualizar e rodar os programas, execute as seguintes etapas no sistema onde você os rodou primeiro:

1. Tanto em SimpleProducer.java como em SimpleSynchConsumer.java, altere a linha que procura a fábrica de conexões de modo que ela referencie a nova fábrica de conexões:

   connectionFactory = (ConnectionFactory)

   jndiContext.lookup("jms/JupiterQueueConnectionFactory");

2. Recompile os programas:

   asant build

3. Em deploytool, escolha Tools → Update Module Arquivos para adicionar os arquivos- fonte recompilados para os arquivos SimpleProducer.jar e SimpleSynchConsumer.jar.

4. Salve os arquivos JAR modificados.

5. Rode SimpleProducer no sistema terra:

   appclient -client SimpleProducer.jar jms/Queue queue 3

6. Run SimpleSynchConsumer no sistema júpiter:

   appclient -client SimpleSynchConsumer.jar jms/Queue queue

Como ambas as fábricas de conexões possuem o mesmo nome, você pode rodar o produtor ou o consumidor em qualquer um dos sistemas.

Para exemplos mostrando como implantar os aplicativos J2EE em dois sistemas diferentes, veja Exemplo de aplicativo que consome mensagens de um servidor J2EE remoto e um Exemplo de aplicativo que implanta um bean orientado por mensagens em dois Servidores J2EE.

Como deletar a fábrica de conexões e parar o servidor

Você precisará da fábrica de conexões jms/JupiterQueueConnectionFactory do Capítulo 34. Todavia, se você quiser deletá-lo, execute as seguintes etapas no Admin Console:

1. Expanda o nó Java Message Service e clique Connection Factories.
2. Selecione a caixa de verificação próxima de jms/JupiterQueueConnectionFactory e clique Delete.

Lembre-se de deletar a fábrica de conexões nos dois sistemas.

Você pode também usar o Admin Console para deletar os destinos e as fábricas de conexões que você criou em Como criar objetos administrados JMS. Todavia, recomendamos que você os mantenha, porque eles serão usados na maioria dos exemplos do Capítulo 34. Depois de criá-los, eles estarão disponíveis sempre que você reinicializar o Servidor de Aplicativo.

Delete os arquivos de classe para os programas assim:

```
asant clean
```

Se desejar, você pode deletar manualmente os arquivos JAR do cliente.

Você também pode parar o Servidor de Aplicativo, mas você precisará dele para rodar os programas de amostra da próxima seção.

Como criar aplicativos JMS robustos

Esta seção explica como usar os recursos da API JMS para conseguir o nível de confiabilidade e desempenho exigido pelo seu aplicativo. Muitas pessoas preferem implementar aplicativos JMS porque eles não toleram mensagens soltas ou duplicadas e exigem que toda mensagem seja recebida uma vez e somente uma vez. A API JMS fornece esta funcionalidade.

O modo mais confiável de produzir uma mensagem é enviar uma mensagem PERSISTENTE dentro de uma transação. As mensagens JMS são PERSISTENTES por default. Uma transação é uma unidade de trabalho na qual você pode agrupar uma série de operações, tais como envios e recebimentos de mensagem, de modo que todas as operações tenham sucesso ou todas falhem. Para detalhes, veja Como especificar persistência de mensagem e Como usar transações locais da API JMS.

O modo mais confiável de consumir uma mensagem é fazer isso dentro de uma transação, de uma fila ou de uma assinatura durável para um tópico. Para detalhes, veja Como criar destinos temporários, Como criar assinaturas duráveis, e Como usar transações locais da API JMS.

Para outros aplicativos, um nível mais baixo de confiabilidade pode reduzir o overhead e melhorar a performance. Você pode enviar mensagens com níveis de prioridade variáveis veja Como definir os níveis de prioridade da mensagem – e você pode defini-los para expirarem após um determinado comprimento de tempo (veja Como permitir que as mensagens expirem). A API JMS fornece várias maneiras de atingir vários tipos e graus de confiabilidade.

Esta seção os divide em duas categorias:

- Como usar mecanismos básicos de confiabilidade
- Como usar mecanismos avançados de confiabilidade

As seções seguintes descrevem estes recursos à medida que eles se aplicam a clientes JMS. Alguns dos recursos trabalham de modo diferente em aplicativos J2EE; nestes casos, as diferenças são notadas aqui e explicadas em detalhes em Como usar a API JMS em um aplicativo J2EE.

Esta seção inclui três programas de amostra, que você pode encontrar no diretório <*INSTALL*>/j2eetutorial14/examples/jms/advanced/src/, junto com uma classe de utilitários chamada SampleUtilities.java.

Para compilar os programas antecipadamente, vá para o diretório <*INSTALL*>/j2eetutorial14/examples/jms/advanced e use o seguinte asant target:

```
asant build
```

Como usar mecanismos básicos de confiabilidade

Os mecanismos básicos para conseguir ou afetar entrega de mensagem confiável são:

- Controlando o reconhecimento da mensagem: Você pode especificar vários níveis de controle por meio do reconhecimento da mensagem
- Especificando a persistência da mensagem: Você pode especificar que as mensagens sejam persistentes, significando que elas não devem estar perdidas no caso de uma falha do provedor
- Definindo níveis de prioridade da mensagem: Você pode definir vários níveis de prioridade para mensagens, que podem afetar a ordem na qual as mensagens são entregues
- Permitindo que as mensagens expirem: Você pode especificar um tempo de expiração para as mensagens de modo que elas não serão entregues caso se tornem obsoletas
- Criando destinos temporários: Você pode criar destinos temporários que durem somente o tempo de duração da conexão nos quais eles foram criados

Como controlar o reconhecimento da mensagem

Até que uma mensagem JMS seja reconhecida, não se considera que ela tenha sido consumida com sucesso. O consumo bem sucedido de uma mensagem normalmente se efetua em três estágios.

1. O cliente recebe a mensagem.
2. O cliente processa a mensagem.
3. A mensagem é reconhecida. O reconhecimento é iniciado tanto pelo provedor JMS como pelo cliente, dependendo do modo de reconhecimento da sessão.

Em sessões com transação (veja Como usar as transações locais da API JMS), o reconhecimento acontece automaticamente quando uma transação é ativada. Se uma transação for desfeita, todas as mensagens consumidas serão reentregues.

Em sessões sem transação, quando e como uma mensagem é reconhecida depende do valor especificado como segundo argumento do método createSession. Os três argumentos possíveis são:

- Session.AUTO_ACKNOWLEDGE: A sessão reconhece automaticamente um recebimento de uma mensagem do cliente: seja quando o cliente retornou com sucesso de uma chamada para recebimento, seja quando o MessageListener chamado por ele para processar a mensagem retorna com sucesso. Um recebimento sincrônico em uma sessão AUTO_ACKNOWLEDGE é a única exceção para a regra em que o consumo da mensagem é um processo de três estágios como descrito anteriormente. Neste caso, o recebimento e o reconhecimento se efetuam em uma etapa, seguido pelo processamento da mensagem
- Session.CLIENT_ACKNOWLEDGE: Um cliente reconhece uma mensagem chamando o método *acknowledge* da mensagem. Deste modo, o reconhecimento se realiza em nível de sessão: reconhecer uma mensagem consumida automaticamente reconhece o recebimento de todas as mensagens que foram consumidas por esta sessão. Por exemplo, se um consumidor de mensagens consome dez mensagens e depois reconhece a quinta mensagem entregue, todas as dez mensagens são reconhecidas
- Session.DUPS_OK_ACKNOWLEDGE: Esta opção instrui a sessão a reconhecer preguiçosamente a entrega de mensagens. Isso provavelmente vai resultar na entrega de algumas mensagens duplicadas se

o provedor JMS falhar, portanto ela deve ser usada somente por consumidores que possam tolerar mensagens duplicadas. (Se o provedor JMS tornar a entregar a mensagem, ele deve definir o valor do cabeçalho da mensagem JMSRedelivered para true.) Esta opção pode reduzir o overhead (sobrecarga) de sessão minimizando o trabalho que a sessão faz para evitar duplicatas.

Se as mensagens foram recebidas de uma fila mas não reconhecidas ao término da sessão, o provedor JMS as reterá e tornará a entregá-las quando um consumidor acessar a fila em seguida. O provedor também retém mensagens não reconhecidas para uma sessão concluída que possua um TopicSubscriber durável. (Veja Como criar assinaturas duráveis). Mensagens não reconhecidas para um TopicSubscriber não durável serão removidas quando a sessão for fechada.

Se você usa uma fila ou uma assinatura durável, você pode usar o método Session.recover para parar uma sessão sem transação e reinicializá-la com a sua primeira mensagem de não reconhecimento. Realmente, a série de mensagens entregues da sessão é redefinida até o ponto depois de sua última mensagem reconhecida. As mensagens que ela agora entrega podem ser diferentes daquelas que foram originalmente entregues, se as mensagens expiraram ou se chegaram as mensagens com prioridade mais alta. Para um TopicSubscriber não durável, o provedor poderá remover mensagens não reconhecidas quando sua sessão for recuperada.

O programa de amostra na próxima seção demonstra duas maneiras de garantir que uma mensagem não será reconhecida até que o processamento da mensagem tenha sido completado.

Exemplo de reconhecimento da mensagem

O programa AckEquivExample.java no diretório *<INSTALL>*/j2eetutorial14/examples/jms/advanced/src/ mostra como os dois cenários seguintes garantem que uma mensagem não será reconhecida até que o processamento dela esteja completo:

- Usando um consumidor de mensagens assíncronas – um receptor de mensagens – em uma sessão AUTO_ACKNOWLEDGE
- Usando um receptor sincrônico em uma sessão CLIENT_ACKNOWLEDGE

Com um receptor de mensagens, o reconhecimento automático ocorre quando o método onMessage retorna – isto é, depois que o processamento da mensagem terminou. Com um receptor sincrônico, o cliente reconhece a mensagem depois que o processamento foi completado. (Se você usa AUTO_ACKNOWLEDGE com um receptor sincrônico, o reconhecimento ocorre imediatamente após a chamada de recebimento; se alguma etapa de processamento subseqüente falhar, a mensagem não poderá ser reentregue.)

O programa contém uma classe SynchSender, uma classe SynchReceiver, uma classe AsynchSubscriber com uma classe TextListener, uma classe MultiplePublisher, um método principal, e um método que roda as threads de outras classes.

O programa usa os seguintes objetos:

- jms/QueueConnectionFactory, jms/Queue, e jms/Topic: recursos que você criou em Como criar objetos administrados JMS
- jms/ControlQueue: uma fila adicional
- jms/DurableTopicConnectionFactory: uma fábrica de conexões com uma ID de cliente (veja Como criar assinaturas duráveis, para mais informações)

Use o Admin Console para criar a nova fila e a fábrica de conexões como a seguir:

1. Crie um destino físico do tipo queue com o nome ControlQueueP.
2. Crie um recurso de destino com o nome jms/ControlQueue e digite javax.jms.Queue. Adicione a propriedade Name com o valor ControlQueueP.
3. Crie uma fábrica de conexões com o nome jms/DurableTopicConnectionFactory e digite javax.jms.TopicConnectionFactory. Adicione a propriedade ClientId com o valor MyID.

Se você não fez isso previamente, compile o arquivo-fonte:

```
asant build
```

Para empacotar o programa, siga as instruções em Como empacotar os clientes, exceto para os valores listados na Tabela 33-5.

Tabela 33-5 Valores do aplicativo para AckEquivExample

Área ou Campo do Assistente	Valor
AppClient Location	<INSTALL>/j2eetutorial14/examples/jms/advanced
File Name	AckEquivExample.jar
AppClient Name	AckEquivExample
Available Files classes	build/AckEquivExample*.class (7 arquivos) build/SampleUtilities*.class (2 arquivos)
Main Class	AckEquivExample

Para rodar o programa, use o seguinte comando:

```
appclient -client AckEquivExample.jar
```

A saida do programa se parece com isto:

```
Queue name is jms/ControlQueue
Queue name is jms/Queue
Topic name is jms/Topic
Connection factory name is jms/DurableTopicConnectionFactory
  SENDER: Created client-acknowledge session
  SENDER: Sending message: Here is a client-acknowledge message
  RECEIVER: Created client-acknowledge session
  RECEIVER: Processing message: Here is a client-acknowledge
message
  RECEIVER: Now I'll acknowledge the message
PUBLISHER: Created auto-acknowledge session
SUBSCRIBER: Created auto-acknowledge session
PUBLISHER: Receiving synchronize messages from jms/
ControlQueue; count = 1
SUBSCRIBER: Sending synchronize message to jms/ControlQueue
PUBLISHER: Received synchronize message; expect 0 more
PUBLISHER: Publishing message: Here is an auto-acknowledge
message 1
PUBLISHER: Publishing message: Here is an auto-acknowledge
message 2
SUBSCRIBER: Processing message: Here is an auto-acknowledge
message 1
PUBLISHER: Publishing message: Here is an auto-acknowledge
message 3
SUBSCRIBER: Processing message: Here is an auto-acknowledge
message 2
SUBSCRIBER: Processing message: Here is an auto-acknowledge
message 3
```

Depois de rodar o programa, você pode deletar o destino físico ControlQueueP e o recurso de destino jms/ControlQueue.

Como especificar a persistência da mensagem

A API JMS suporta dois modos de entrega para as mensagens especificarem caso as mensagens estejam perdidas se o provedor JMS falhar. Estes modos de entrega são campos da interface DeliveryMode.

- O modo de entrega PERSISTENT, que é o default, instrui o provedor JMS a tomar um cuidado extra para garantir que uma mensagem não seja perdida em trânsito durante uma falha do provedor JMS. Uma mensagem enviada com este modo de entrega é registrada para armazenamento estável quando é enviada
- O modo de entrega NON_PERSISTENT não exige que o provedor JMS armazene a mensagem ou caso contrário garante que ela não será perdida se o provedor falhar

Você pode especificar o modo de entrega em qualquer um dos dois modos:

- Você pode usar o método setDeliveryMode da interface MessageProducer para definir o modo de entrega para todas as mensagens enviadas pelo produtor. Por exemplo, a seguinte chamada define o modo de entrega para NON_PERSISTENT para um produtor:

  ```
  producer.setDeliveryMode(DeliveryMode.NON_PERSISTENT);
  ```

- Você pode usar o formulário longo do método *send* ou do método *publish* para definir o modo de entrega para uma mensagem específica. O segundo argumento define o modo de entrega. Por exemplo, a seguinte chamada *send* define o modo de entrega da mensagem para NON_PERSISTENT:

  ```
  producer.send(message, DeliveryMode.NON_PERSISTENT, 3,10000);
  ```

  Os terceiro e quarto argumentos definem o nível de prioridade e o tempo de expiração, os quais são descritos nas duas próximas seções

Se você não especificar um modo de entrega, o default é PERSISTENT. Usar o modo de entrega NON_PERSISTENT pode melhorar o desempenho e reduzir a overhead de armazenamento, mas você deve usar somente se o aplicativo puder se dar ao luxo de perder mensagens.

Como definir níveis de prioridade das mensagens

Você pode usar os níveis de prioridade da mensagem a fim de instruir o provedor JMS para entregar mensagens urgentes primeiro. Você pode definir o nível de prioridade de qualquer um dos dois modos:

- Você pode usar o método setPriority da interface MessageProducer para definir o nível de prioridade para todas as mensagens enviadas por esse produtor. Por exemplo, a chamada seguinte define um nível de prioridade 7 para um produtor:

  ```
  producer.setPriority(7);
  ```

- Você pode usar o formulário longo do método *send* ou do método *publish* para definir o nível de prioridade para uma mensagem específica. O terceiro argumento define o nível de prioridade. Por exemplo, a seguinte chamada *send* define o nível de prioridade da mensagem para 3:

  ```
  producer.send(message, DeliveryMode.NON_PERSISTENT, 3,10000);
  ```

Os dez níveis de prioridade vão de 0 (o mais baixo) a 9 (o mais alto). Se você não especificar um nível de prioridade, o nível default é 4. Um provedor JMS tenta entregar mensagens com prioridade alta antes daquelas com prioridade baixa, mas não precisa entregar as mensagens na ordem exata de prioridade.

Como permitir que as mensagens expirem

Por default, uma mensagem nunca expira. Mas uma mensagem pode se tornar obsoleta depois de um certo período, e você pode querer definir um tempo de expiração para as mensagens. Você pode fazer isso de qualquer um dos dois modos:

- Você pode usar o método setTimeToLive da interface MessageProducer para definir um tempo de expiração default para todas as mensagens enviadas por esse produtor. Por exemplo, a chamada seguinte define um tempo de vida de um minuto para um produtor:

  ```
  producer.setTimeToLive(60000);
  ```

- Você pode usar o formulário longo do método *send* ou do método *publish* para definir um tempo de expiração para uma mensagem específica. O quarto argumento define o tempo de expiração em milissegundos. Por exemplo, a seguinte chamada *send* define um tempo de vida de 10 segundos:

  ```
  producer.send(message, DeliveryMode.NON_PERSISTENT, 3,10000);
  ```

Se o valor timeToLive especificado for 0, a mensagem nunca expirará.

Quando a mensagem é enviada, o timeToLive especificado é adicionado ao tempo corrente para fornecer um tempo de expiração. Qualquer mensagem não entregue antes do tempo de expiração especificado é destruída. A destruição das mensagens obsoletas conserva os recursos de armazenamento e de computação.

Como criar destinos temporários

Normalmente, você cria destinos JMS – filas e tópicos – de modo administrativo ao invés do modo programático. O seu provedor JMS inclui uma ferramenta que você usa para criar e remover destinos, e é comum para os destinos que eles sejam duradouros.

A API JMS também habilita que você crie destinos – objetos TemporaryQueue e TemporaryTopic – que durem somente o tempo de conexão no qual eles foram criados. Você cria estes destinos dinamicamente usando os métodos Session.createTemporaryQueue e o Session.createTemporaryTopic.

Os únicos consumidores de mensagens que podem consumir a partir de um destino temporário são aqueles criados pela mesma conexão que criou o destino. Qualquer produtor de mensagem pode enviar para o destino temporário. Se você fechar a conexão a qual pertence um destino temporário, o destino será fechado, e seu conteúdo, perdido.

Você pode usar destinos temporários para implementar um mecanismo simples de requisição/resposta. Se você cria um destino temporário e o especifica como valor do campo de cabeçalho da mensagem JMSReplyTo quando você envia uma mensagem, então o consumidor da mensagem pode usar o valor do campo JMSReplyTo como destino para o qual ele envia uma resposta. O consumidor pode também referenciar a requisição original definindo o campo de cabeçalho JMSCorrelationID da mensagem de resposta para o valor do campo de cabeçalho JMSMessageID da requisição. Por exemplo, um método onMessage pode criar uma sessão de modo que ele possa enviar uma resposta para a mensagem que ele recebe. Ele pode usar um código tal como o seguinte:

```
producer = session.createProducer(msg.getJMSReplyTo());
replyMsg = session.createTextMessage("Consumer " +
  "processed message: " + msg.getText());
replyMsg.setJMSCorrelationID(msg.getJMSMessageID());
producer.send(replyMsg);
```

Para mais exemplos, veja o Capítulo 34.

Como usar mecanismos avançados de confiabilidade

Os mecanismos mais avançados para conseguir entrega de mensagens confiável são os seguintes:

- Criando assinaturas duráveis: Você pode criar assinaturas de tópico duráveis, que recebem mensagens publicadas enquanto o assinante não está ativo. Assinaturas duráveis oferecem a confiabilidade de filas do domínio de mensagem publicação/assinatura
- Usando transações locais: Você pode usar transações locais, as quais permitem que você agrupe uma série de emissões e recebimentos em uma unidade atômica de trabalho. As transações serão desfeitas se elas falharem em algum momento

Como criar assinaturas duráveis

Para assegurar-se de que um aplicativo pub/sub receba todas as mensagens publicadas, use o modo de entrega PERSISTENT para os publicadores. Além disso, use assinaturas duráveis para os assinantes.

O método Session.createConsumer criará um assinante não durável se um tópico for especificado como destino. Um assinante não durável pode receber somente mensagens que serão publicadas enquanto ele estiver ativo.

Um assinante durável registra uma assinatura durável especificando uma identidade única que é retida pelo provedor JMS. Objetos do assinante subseqüente que possuem a mesma identidade reassumem a assinatura no estado em que ela foi deixada pelo assinante precedente. Se uma assinatura durável não possuir assinante ativo, o provedor JMS reterá as mensagens da assinatura até que elas sejam recebidas pela assinatura ou até que elas expirem.

Você estabelece uma identidade única de um assinante durável definindo o seguinte:

- Uma ID de cliente para a conexão
- Um tópico e um nome de assinatura para o assinante

Você define uma ID de cliente administrativamente para uma fábrica de conexões específica do cliente usando o Admin Console.

Depois de usar esta fábrica de conexões para criar a conexão e a sessão, você chama o método createDurableSubscriber com dois argumentos: o tópico e uma string que especifique o nome do assinante:

```
String subName = "MySub";
MessageConsumer topicSubscriber =
  session.createDurableSubscriber(myTopic, subName);
```

O assinante se tornará ativo depois de você iniciar a Connection ou a TopicConnection. Mais tarde, você pode fechar o assinante:

```
topicSubscriber.close();
```

O provedor JMS armazena as mensagens enviadas ou publicadas para o tópico, como ele armazenaria as mensagens enviadas para uma fila. Se o programa ou um outro aplicativo chamam createDurableSubscriber usando a mesma fábrica de conexões e seu ID de cliente, o mesmo tópico, e o mesmo nome de assinatura, a assinatura é reativada, e o provedor JMS entrega as mensagens que foram publicadas enquanto o assinante estava inativo.

Para deletar uma assinatura durável, primeiro feche o assinante e, depois, use o método unsubscribe, com o nome da assinatura como argumento:

```
topicSubscriber.close();
session.unsubscribe("MySub");
```

O método unsubscribe deleta o estado que o fornecedor mantém para o assinante.

As Figuras 33-9 e 33-10 mostram a diferença entre um assinante não durável e um assinante durável. Com um assinante não durável é comum, o assinante e a assinatura começam e terminam no mesmo ponto e são, realmente, idênticos. Quando um assinante é fechado, a assinatura também termina. Aqui, create representa uma chamada para Session.createConsumer com um argumento Topic, e close representa uma chamada para MessageConsumer.close. Qualquer mensagem publicada em um tópico entre o tempo do primeiro close e o tempo do segundo create não é consumida pelo assinante. Na Figura 33-9, o assinante consome mensagens M1, M2, M5 e M6, mas as mensagens M3 e M4 são perdidas.

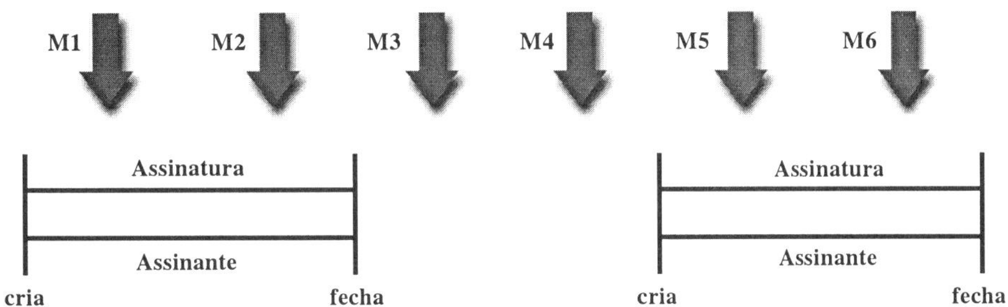

Figura 33-9 *Assinantes e assinaturas não duráveis.*

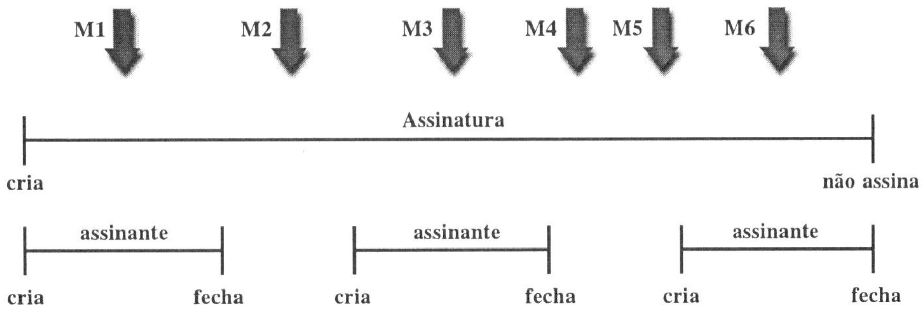

Figura 33-10 *Um assinante e uma assinatura duráveis.*

Com um assinante durável, o assinante pode ser fechado e recriado, mas a assinatura continua a existir e a conter mensagens até que o aplicativo chame o método unsubscribe. Na Figura 33-10, create representa uma chamada para um Session.createDurableSubscriber, close representa uma chamada para MessageConsumer.close, e unsubscribe representa uma chamada para Session.unsubscribe. As mensagens publicadas, enquanto o assinante é fechado, são recebidas quando o assinante é criado novamente. Portanto, mesmo que as mensagens M2, M4 e M5 cheguem enquanto o assinante é fechado, elas não são perdidas.

Veja Aplicativo J2EE que usa a API JMS com um bean de sessão para um exemplo de um aplicativo J2EE que usa assinaturas duráveis. Veja Exemplo de reconhecimento de mensagem e a próxima seção para os exemplos de aplicativos de clientes que utilizam assinaturas duráveis.

Exemplo de assinatura durável

O programa DurableSubscriberExample.java no diretório <*INSTALL*>/j2eetutorial14/examples/jms/advanced/src/ mostra como funcionam as assinaturas duráveis. Ele demonstra que uma assinatura durável vai estar ativa mesmo quando o assinante não estiver ativo. O programa contém uma classe DurableSubscriber, uma classe MultiplePublisher, um método principal, e um método que instancia as classes e chama seus métodos em seqüência.

O programa começa do mesmo modo que qualquer programa de publicação/assinatura: o assinante inicia, o publicador publica algumas mensagens, e o assinante as recebe. Neste momento, o assinante fecha a si próprio. O publicador então publica algumas mensagens enquanto o assinante não está ativo. O assinante então reinicia e recebe as mensagens.

Antes de você rodar este programa, compile o arquivo-fonte e crie uma fábrica de conexões que possua uma ID de cliente. Se você não fez isso ainda em Exemplo de reconhecimento de mensagem, execute as seguintes etapas:

1. Compile o código-fonte assim:

   ```
   asant build
   ```

2. Crie uma fábrica de conexões com o nome jms/DurableTopicConnectionFactory e digite javax.jms.TopicConnectionFactory. Adicione a propriedade ClientId com o valor MyID.

Para empacotar o programa, siga as instruções em Como empacotar os clientes, exceto para os valores listados na Tabela 33-6.

Use o seguinte comando para rodar o programa. O destino é jms/Topic:

```
appclient -client DurableSubscriberExample.jar
```

Tabela 33-6 Valores do aplicativo para DurableSubscriberExample

Área ou Campo do Assistente	Valor
AppClient Location	<INSTALL>/j2eetutorial14/examples/jms/advanced
File Name	DurableSubscriberExample.jar
AppClient Name	DurableSubscriberExample
Available Files classes	build/DurableSubscriberExample*.class (5 arquivos) build/SampleUtilities*.class (2 arquivos)
Main Class	DurableSubscriberExample

A saída se parece com isto:

```
Connection factory without client ID is jms/
TopicConnectionFactory
Connection factory with client ID is jms/
DurableTopicConnectionFactory
Topic name is jms/Topic
Starting subscriber
PUBLISHER: Publishing message: Here is a message 1
SUBSCRIBER: Reading message: Here is a message 1
PUBLISHER: Publishing message: Here is a message 2
SUBSCRIBER: Reading message: Here is a message 2
PUBLISHER: Publishing message: Here is a message 3
SUBSCRIBER: Reading message: Here is a message 3
Closing subscriber
PUBLISHER: Publishing message: Here is a message 4
PUBLISHER: Publishing message: Here is a message 5
PUBLISHER: Publishing message: Here is a message 6
Starting subscriber
```

```
SUBSCRIBER: Reading message: Here is a message 4
SUBSCRIBER: Reading message: Here is a message 5
SUBSCRIBER: Reading message: Here is a message 6
Closing subscriber
Unsubscribing from durable subscription
```

Como usar transações locais da API JMS

Você pode agrupar uma série de operações em uma unidade atômica de trabalho chamado transação. Se qualquer uma das operações falhar, a transação pode ser desfeita, e as operações podem ser tentadas novamente desde o início. Se todas as operações tiverem sucesso, a transação poderá ser efetivada.

Em um cliente JMS, você pode usar transações locais para agrupar emissões e recebimentos de mensagens. A interface Session da API JMS fornece os métodos *commit* e *rollback* que você pode usar em um cliente JMS. Uma transação commit significa que todas as mensagens produzidas são enviadas e todas as mensagens consumidas são reconhecidas. Uma transação *rollback* significa que todas as mensagens produzidas são destruídas e todas as mensagens consumidas são recuperadas e reentregues, exceto se tiverem expirado (veja Como permitir que as mensagens expirem).

Uma sessão com transação está sempre envolvida em uma transação. Assim que o método *commit* ou *rollback* é chamado, uma transação termina e uma outra começa. Fechar uma sessão com transação desfaz a sua transação em progresso, incluindo envios e recebimentos pendentes.

Em um componente Enterprise JavaBeans, você não pode usar os métodos Session.commit e Session.rollback. Em vez disso, você usa as transações distribuídas, descritas em Como usar a API JMS em um aplicativo J2EE.

Você pode combinar diversos envios e recebimentos em uma única transação local da API JMS. Se você fizer isso, precisa ter cuidado com a ordem das operações. Você não terá nenhum problema se a transação consistir em todos os envios e todos os recebimentos, ou se os recebimentos vierem antes dos envios. Mas se você tentar usar um mecanismo de requisição/resposta, por onde você envia uma mensagem e depois tenta receber uma resposta para a mensagem enviada na mesma transação, o programa ficará pendurado, o envio não poderá ser efetuado até que uma transação seja efetivada. O fragmento de código seguinte ilustra o problema:

```
// Não faça isto!
outMsg.setJMSReplyTo(replyQueue);
producer.send(outQueue, outMsg);
consumer = session.createConsumer(replyQueue);
inMsg = consumer.receive();
session.commit();
```

Como uma mensagem enviada durante uma transação geralmente não é enviada até que a transação seja efetivada, a transação não pode conter qualquer recebimento que dependa dessa mensagem que está sendo enviada.

Além disso, a produção e o consumo de uma mensagem não podem ambos fazer parte da mesma transação. A razão é que as transações são efetuadas entre os clientes e o provedor JMS, o qual intervém entre a produção e o consumo da mensagem. A Figura 33-11 ilustra esta interação.

O envio de uma ou mais mensagens para um ou mais destinos pelo cliente 1 pode formar uma transação única, porque ele forma um conjunto único de interações com o provedor JMS usando uma sessão única. De modo semelhante, o recebimento de uma ou mais mensagens de um ou mais destinos pelo cliente 2 forma uma transação única usando uma sessão única. Mas como os dois clientes não possuem interação direta e estão usando duas sessões diferentes, nenhuma transação pode ser efetuada entre eles.

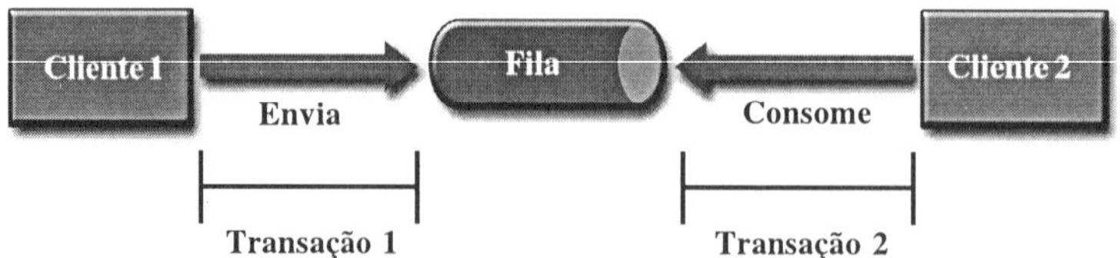

Figura 33-11 *Como usar transações locais da API JMS.*

Uma outra maneira de entender isso é que o ato de produzir e/ou consumir mensagens em uma sessão pode ser transacional, mas o ato de produzir e consumir uma mensagem específica através de diferentes sessões não pode ser transacional.

Está é a diferença fundamental entre o serviço de mensagens e o processamento sincrônico. No lugar de acoplar firmemente o envio e o recebimento do dado, produtores de mensagens e consumidores usam uma técnica alternativa para confiabilidade, aquele que é construído na capacidade do provedor JMS fornece uma garantia de entrega da mensagem uma vez e somente uma vez.

Quando você cria uma sessão, você especifica se ela é com transação. O primeiro argumento para o método createSession é um valor boolean. Um valor de true significa que a sessão é com transação; um valor de false significa que ela não contém transação. O segundo argumento para este método é o modo de reconhecimento, o qual é relevante somente para as sessões sem transação (veja Coomo controlar o reconhecimento da mensagem). Se a sessão for com transação, o segundo argumento será ignorado, é uma boa idéia, portanto, especificar 0 para tornar o significado de seu código claro. Por exemplo:

```
session = connection.createSession(true, 0);
```

Os métodos *commit* e *rollback* para as transações locais estão associados com a sessão. Você pode combinar as operações de fila e de tópico em uma transação única se você usar a mesma seção para efetuar as operações. Por exemplo, você pode usar a mesma sessão para receber uma mensagem de uma fila ou enviar uma mensagem para um tópico na mesma transação.

Você pode passar a sessão do programa de cliente para uma função do construtor do receptor de mensagens e usá-lo para criar um produtor de mensagens. Deste modo, você pode usar a mesma seção para recebimentos e envios em consumidores de mensagens assíncronas.

A próxima seção fornece um exemplo do uso de transações locais da API JMS.

Exemplo de transação local

O programa TransactedExample.java no diretório *<INSTALL>*/j2eetutorial14/examples/jms/advanced/src/ demonstra o uso de transações em um aplicativo de cliente JMS. Este exemplo mostra como usar uma fila e um tópico em uma transação única e também como passar uma sessão para uma função do construtor do receptor de mensagens. O programa representa um aplicativo de comércio eletrônico altamente simplificado onde as seguintes coisas acontecem:

1. Um varejista envia um MapMessage para uma fila de pedido do vendedor, pedindo uma quantidade de computadores, e espera a resposta do vendedor:

   ```
   producer =
     session.createProducer(vendorOrderQueue);
   outMessage = session.createMapMessage();
   outMessage.setString("Item", "Computer(s)");
   outMessage.setInt("Quantity", quantity);
   outMessage.setJMSReplyTo(retailerConfirmQueue);
   producer.send(outMessage);
   ```

```
System.out.println("Retailer: ordered " +
  quantity + " computer(s)");

orderConfirmReceiver =
  session.createConsumer(retailerConfirmQueue);
connection.start();
```

2. O vendedor recebe a mensagem de pedido do varejista e envia uma mensagem de pedido para o tópico de pedido fornecedor em uma transação. Esta transação JMS usa uma sessão única, portanto nós podemos combinar um recebimento de uma fila com um envio para o tópico. Aqui está o código que usa a mesma sessão a fim de criar um consumidor para uma fila e um produtor para um tópico:

```
vendorOrderReceiver =
  session.createConsumer(vendorOrderQueue);
supplierOrderProducer =
  session.createProducer(supplierOrderTopic);
```

O código seguinte recebe a mensagem de chegada, envia uma mensagem de saída, e efetiva a sessão. O processamento da mensagem foi removido para manter a seqüência simples:

```
inMessage = vendorOrderReceiver.receive();
// Process the incoming message and format the outgoing
// message
...
supplierOrderProducer.send(orderMessage);
...
session.commit();
```

3. Cada fornecedor recebe o pedido do tópico de pedido, confere seu estoque e, depois, envia os itens pedidos para a fila chamada no campo JMSReplyTo da mensagem do pedido. Se ele não tiver o suficiente em estoque, o fornecedor enviará o que ele tiver. O recebimento sincrônico do tópico e o envio para a fila são efetuados na mesma transação JMS.

```
receiver = session.createConsumer(orderTopic);
...
inMessage = receiver.receive();
if (inMessage instanceof MapMessage) {
  orderMessage = (MapMessage) inMessage;
  // Process message
MessageProducer producer =
  session.createProducer((Queue)
    orderMessage.getJMSReplyTo());
outMessage = session.createMapMessage();
// Add content to message
producer.send(outMessage);
// Display message contents
session.commit();
```

4. O vendedor recebe as respostas dos fornecedores de sua fila de confirmação e atualiza o estado do pedido. As mensagens são processadas por um receptor de mensagens assíncronas; esta etapa mostra o uso das transações JMS com um receptor de mensagens.

```
MapMessage component = (MapMessage) message;
...
orderNumber =
  component.getInt("VendorOrderNumber");
Order order =
  Order.getOrder(orderNumber).processSubOrder(component);
session.commit();
```

5. Quando todas as respostas importantes são processadas para um determinado pedido, o receptor de mensagens do vendedor envia uma mensagem notificando o varejista se ele pode cumprir o pedido.

```
Queue replyQueue =
  (Queue) order.order.getJMSReplyTo();
```

```
MessageProducer producer =
  session.createProducer(replyQueue);
MapMessage retailerConfirmMessage =
  session.createMapMessage();
// Format the message
producer.send(retailerConfirmMessage);
session.commit();
```

O varejista recebe a mensagem do vendedor:

```
inMessage =
  (MapMessage) orderConfirmReceiver.receive();
```

A Figura 33-12 ilustra estas etapas.

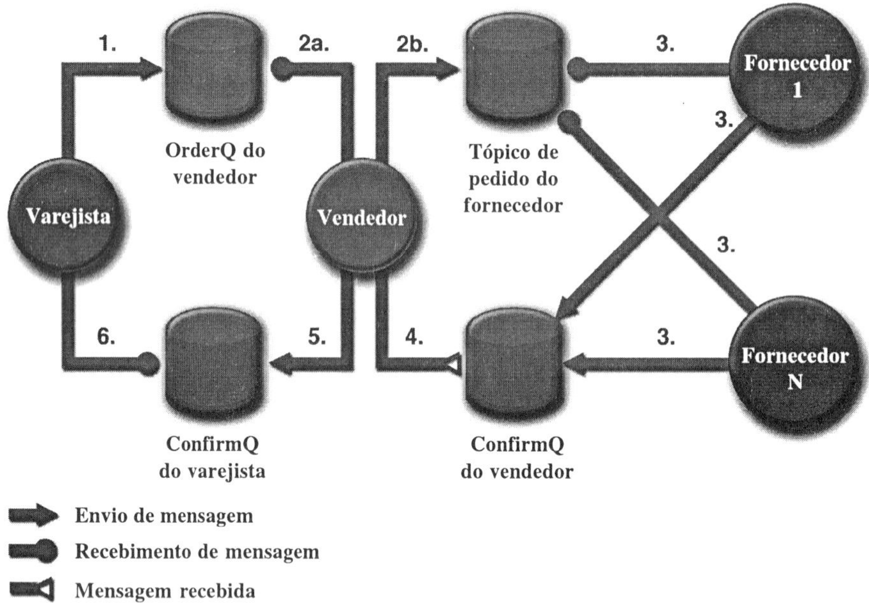

Figura 33-12 *Transações: exemplo de cliente JMS.*

O programa contém cinco classes: Retailer, Vendor, GenericSupplier, VendorMessageListener e Order, O programa também contém um método principal e um método que roda as threads do varejista, do vendedor, e duas classes de fornecedores.

Todas as mensagens usam o tipo de mensagem MapMessage. Recebimentos sincrônicos são usados para toda recepção de mensagem para o caso do vendedor que processa as respostas dos fornecedores. Estas respostas são processadas assincronamente e demonstram como usar transações dentro de um receptor de mensagens.

Em intervalos aleatórios, a classe Vendor lança uma exceção para simular um problema de banco de dados e provoca um rollback.

Todas as classes, exceto Retailer, utilizam sessões com transação.

O programa usa três filas chamadas named jms/AQueue, jms/BQueue, e jms/CQueue, e um tópico chamado jms/OTopic. Antes de rodar o programa, faça o seguinte:

1. Compile o programa se você não fez isso anteriormente:

   ```
   asant build
   ```

2. Crie os recursos necessários:

   a. No Admin Console, crie três destinos físicos do tipo queue chamados AQueueP, BQueueP, e CQueueP.

b. Crie um destino físico do tipo tópico chamado OTopicP.

c. Crie três recursos de destino com os nomes jms/AQueue, jms/BQueue e jms/CQueue, todos do tipo javax.jms.Queue. A cada um, adicione a propriedade Name com o valor AQueueP, BQueueP, ou CQueueP, respectivamente.

d. Crie um recurso de destino com o nome jms/OTopic do tipo javax.jms.Topic. Adicione a propriedade Name com o valor OTopicP.

Para empacotar o programa, siga as instruções em Como empacotar os clientes, exceto para os valores listados na Tabela 33-7.

Rode o programa, especificando o número de computadores a serem pedidos. Para pedir três computadores, use o seguinte comando:

```
appclient -client TransactedExample.jar 3
```

A saída se parece com isto:

```
Quantity to be ordered is 3
Retailer: ordered 3 computer(s)
Vendor: Retailer ordered 3 Computer(s)
Vendor: ordered 3 monitor(s) and hard drive(s)
Monitor Supplier: Vendor ordered 3 Monitor(s)
Monitor Supplier: sent 3 Monitor(s)
  Monitor Supplier: committed transaction
  Vendor: committed transaction 1
Hard Drive Supplier: Vendor ordered 3 Hard Drive(s)
Hard Drive Supplier: sent 1 Hard Drive(s)
Vendor: Completed processing for order 1
  Hard Drive Supplier: committed transaction
Vendor: unable to send 3 computer(s)
  Vendor: committed transaction 2
Retailer: Order not filled
Retailer: placing another order
Retailer: ordered 6 computer(s)
Vendor: JMSException occurred: javax.jms.JMSException:
Simulated database concurrent access exception
```

Tabela 33-7 Valores do aplicativo para TransactedExample

Área ou Campo do Assistente	Valor
AppClient Location	<INSTALL>/j2eetutorial14/examples/jms/advanced
File Name	TransactedExample.jar
AppClient Name	TransactedExample
Available Files classes	build/TransactedExample*.class (6 arquivos) build/SampleUtilities*.class (2 arquivos)
Main Class	TransactedExample

```
javax.jms.JMSException: Simulated database concurrent access
exception
      at TransactedExample$Vendor.run(Unknown Source)
  Vendor: rolled back transaction 1
Vendor: Retailer ordered 6 Computer(s)
```

```
Vendor: ordered 6 monitor(s) and hard drive(s)
Monitor Supplier: Vendor ordered 6 Monitor(s)
Hard Drive Supplier: Vendor ordered 6 Hard Drive(s)
Monitor Supplier: sent 6 Monitor(s)
  Monitor Supplier: committed transaction
Hard Drive Supplier: sent 6 Hard Drive(s)
  Hard Drive Supplier: committed transaction
  Vendor: committed transaction 1
Vendor: Completed processing for order 2
Vendor: sent 6 computer(s)
Retailer: Order filled
  Vendor: committed transaction 2
```

Quando você tiver terminado com este aplicativo de amostra, use o Admin Console para deletar os destinos físicos AQueueP, BQueueP, CqueueP e OTopicP, e os recursos de destinos jms/AQueue, jms/BQueue, jms/CQueue e jms/OTopic.

Use o seguinte comando para remover os arquivos de classe:

```
asant clean
```

Se preferir, você pode remover manualmente os arquivos JAR do cliente.

Como usar a API JMS em um aplicativo J2EE

Esta seção descreve as maneiras nas quais usar a API JMS em um aplicativo J2EE difere de usá-la em um cliente de aplicativo independente:

- ❑ Usar beans orientados por mensagens para produzir e receber mensagens sincronicamente
- ❑ Usar beans orientados por mensagens para receber mensagens assincronamente
- ❑ Gerenciar transações distribuídas
- ❑ Usar clientes de aplicativo e componentes Web

Uma nova regra geral na especificação da plataforma J2EE 1.4 se aplica a todos os componentes J2EE que utilizam a API JMS dentro de contêineres EJB ou Web.

Qualquer componente dentro de um componente EJB ou Web deve ter não mais que uma sessão JMS por conexão JMS.

Esta regra não se aplica a clientes de aplicativo.

Como usar beans de entidade e beans de sessão para produzir e para receber mensagens sincronicamente

Um aplicativo J2EE que produz mensagens ou as recebe sincronicamente pode usar um bean de sessão ou um bean de entidade para efetuar essas operações. O exemplo em Aplicativo J2EE que usa a API JMS com um bean de sessão usa um bean de sessão sem estados para publicar mensagens em um tópico.

Como um recebimento sincrônico de bloqueio amarra recursos do servidor, não é uma boa prática de programação usar essa chamada de recebimento em um enterprise bean. No lugar dela, use um recebimento sincrônico temporizado, ou use um bean orientado por mensagens para receber mensagens assincronamente. Para detalhes sobre recebimentos de bloqueio e recebimentos sincrônicos temporizados, veja Como escrever programas de cliente.

Usar a API JMS em um aplicativo J2EE é de muitas maneiras semelhante a usá-lo em um cliente independente. As principais diferenças estão em Objetos administrados, Gerenciamento de recursos e Transações.

Objetos Administrados

A especificação da plataforma J2EE recomenda que você use java:comp/env/jms como subcontexto de ambiente para pesquisas JNDI de fábricas de conexões e de destinos. Com o Servidor de Aplicativo, você usa deploytool para especificar nomes JNDI que correspondam àqueles em seu código-fonte.

Ao invés de procurar uma fábrica de conexões da API JMS ou um destino cada vez que é usado em um método, é recomendado que você procure estas instâncias uma vez no método ejbCreate do enterprise bean e armazene-as em cache para o tempo de vida do enterprise bean.

Gerenciamento de recursos

Os recursos da API JMS são uma conexão da API JMS e uma sessão da API JMS. Em geral, é importante liberar os recursos JMS quando eles não estão sendo utilizados mais. Aqui estão algumas práticas úteis a seguir:

- Se você deseja manter um recurso da API JMS somente para o limite de vida de um método de negócios, é uma boa idéia fechar o recurso no bloco finally dentro do método
- Se você deseja manter um recurso da API JMS somente para o limite de vida de uma instância do enterprise bean, é uma boa idéia usar o método ejbCreate do componente para criar o recurso e usar o método ejbRemove do componente para fechar o recurso. Se você usa um bean de sessão com estados ou um bean de entidade e você deseja manter o recurso da API JMS em um estado de cache, você deve fechar o recurso no método ejbPassivate e definir o seu valor para null, e você deve criá-lo novamente no método ejbActivate

Transações

Em vez de usar transações locais, você usa deploytool para especificar transações gerenciadas por contêiner para métodos do bean que efetua envios e recebimentos, permitindo que o contêiner EJB trate a demarcação da transação.

Você pode usar transações gerenciadas por bean e os métodos de demarcação da transação da interface javax.transaction.UserTransaction, mas você deve fazer isso somente se o seu aplicativo tiver exigências especiais e você for um expert em usar transações. Geralmente, as transações gerenciadas por contêiner produzem o comportamento mais eficiente e mais correto. Este tutorial não fornece nenhum exemplo de transações gerenciadas por contêiner.

Como usar beans orientados por mensagens

Como observamos em O que é um bean orientado por mensagens? e Como a API JMS funciona com a plataforma J2EE? , a plataforma J2EE suporta um tipo especial de enterprise bean, o bean orientado por mensagens, o qual permite que aplicativos J2EE processem mensagens JMS assincronamente. Os beans de sessão e os beans de entidade permitem que você envie mensagens e as receba sincronicamente, mas não assincronamente.

Um bean orientado por mensagens é um receptor de mensagens que pode confiavelmente consumir mensagens de uma fila ou de uma assinatura durável. As mensagens podem ser enviadas por qualquer componente J2EE – de um cliente de aplicativo, de um outro enterprise bean, ou de um componente Web – ou de um aplicativo ou um sistema que não usem a tecnologia J2EE.

Como um receptor de mensagens em um cliente JMS independente, um bean orientado por mensagens contém um método onMessage que é chamado automaticamente quando chega uma mensagem. Como um receptor de mensagens, uma classe do bean orientado por mensagens pode implementar métodos auxiliares chamados pelo método onMessage para ajudar no processamento da mensagem.

Um bean orientado por mensagens, todavia, difere de um receptor de mensagens de um cliente independente nas seguintes maneiras:

- Certas tarefas de configuração são efetuadas pelo contêiner EJB
- A classe do bean deve implementar certas interfaces e métodos

O contêiner EJB executa automaticamente várias tarefas de configuração que um cliente independente precisa fazer:

- Criar um consumidor de mensagens para receber as mensagens. Em vez de criar um consumidor de mensagens em seu código-fonte, você associa o bean orientado por mensagens a um destino e a uma fábrica de conexões em tempo de implantação. Se você quiser especificar uma assinatura durável ou usar um seletor de mensagem, você fará isso também em tempo de implantação
- Registrar o receptor de mensagens. Você deve não chamar setMessageListener
- Especificar um modo de reconhecimento de mensagem. (Para detalhes, veja Como gerenciar transações distribuídas)

Se JMS estiver integrado com o servidor de aplicativo usando um adaptador de recursos, o adaptador de recursos do JMS tratará essas tarefas para o contêiner EJB. Ele cria uma fábricas de conexões para o bean orientado por mensagens usar. Você usa uma especificação de configuração de ativação para especificar as propriedades para a fábrica de conexões, tal como uma assinatura durável, um seletor de mensagem, ou um modo de reconhecimento. Os exemplos do Capítulo 34 mostram como o adaptador de recursos JMS funciona no Servidor de Aplicativo.

A classe do seu bean orientado por mensagens deve implementar o seguinte além do método onMessage:

- As interfaces javax.ejb.MessageDrivenBean e a javax.jms.MessageListener
- O método ejbCreate, que possui a seguinte assinatura:

  ```
  public void ejbCreate() {}
  ```

  Se o seu bean orientado por mensagens produz mensagens ou faz recebimentos sincrônicos de um outro destino, você usa o método ejbCreate para pesquisar fábricas de conexões e destinos da API JMS e para criar a conexão da API JMS.
- O método ejbRemove, que possui a seguinte assinatura:

  ```
  public void ejbRemove() {}
  ```

  Se você usou o método ejbCreate do bean orientado por mensagens para criar uma conexão da API JMS, você normalmente usa o método ejbRemove para fechar a conexão

  O método setMessageDrivenContext. Um objeto MessageDrivenContext fornece alguns métodos adicionais que você pode usar para o gerenciamento de transação. O método tem a seguinte assinatura:

  ```
  public void setMessageDrivenContext(MessageDrivenContext mdc) {}
  ```

  A principal diferença entre um bean orientado por mensagens e outros enterprise beans é que um bean orientado por mensagens não possui as interfaces home ou remota. Ao invés, ele possui somente uma classe de bean.

Um bean orientado por mensagens é semelhante em alguns aspectos a um bean de sessão sem estado: as suas instâncias relativamente têm vida curta e não retêm nenhum estado para um cliente específico. As variáveis de instância da instância do bean orientado por mensagens podem conter algum estado através do tratamento de mensagens de clientes – por exemplo, uma conexão da API JMS, uma conexão de banco de dados aberta, ou uma referência de objeto para um objeto do enterprise bean.

Como um bean de sessão sem estado, um bean orientado por mensagens pode ter muitas instâncias intercambiáveis executando ao mesmo tempo. O contêiner pode colocar em pool estas instâncias para permitir que os fluxos de mensagens sejam processados concorrentemente. O contêiner tenta entregar mensagens em ordem cronológica quando ele não prejudica a concorrência de processamento da mensagem, mas nenhuma garantia é feita com relação à ordem exata na qual as mensagens são entregues para as instâncias da classe do bean orientado por mensagens. Como a concorrência pode afetar a ordem na qual as mensagens são entregues, você deve escrever aplicativos para tratar mensagens que cheguem fora da seqüência.

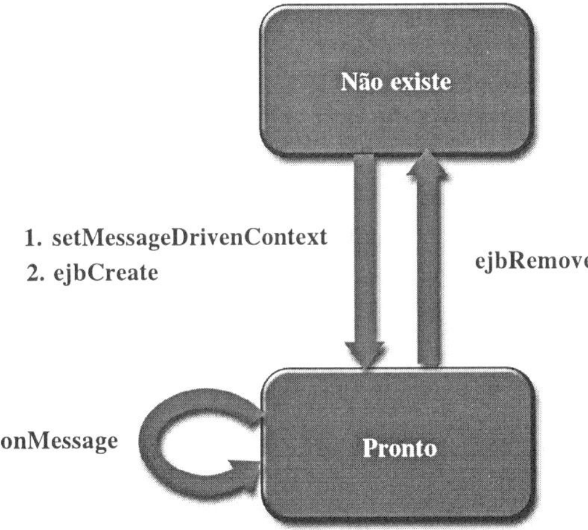

Figura 33-13 *Ciclo de vida de um bean orientado por mensagens.*

Por exemplo, o seu aplicativo poderia gerenciar conversações usando os números de seqüência em nível de aplicativo. Um mecanismo de controle de conversação em nível de aplicativo com um estado conversacional persistente poderia armazenar em cache mensagens posteriores até que as mensagens anteriores tenham sido processadas.

Um outro modo de garantir a ordem é fazer com que cada mensagem ou grupo de mensagens em uma conversação exijam uma mensagem de confirmação que o remetente bloqueia durante o recebimento. Isso força a responsabilidade de ordem para a volta ao remetente e acopla mais firmemente os remetentes ao progresso dos beans orientados por mensagens.

Para criar uma nova instância de um bean orientado por mensagens, o contêiner instancia o bean e faz o seguinte:

- ❑ Chama o método setMessageDrivenContext para passar o objeto de contexto para a instância
- ❑ Chama o método ejbCreate da instância

A Figura 33-13 mostra o ciclo de vida de um bean orientado por mensagens.

Gerenciamento de transações distribuídas

Os aplicativos de cliente JMS usam transações locais da API JMS (descritas em Como usar as transações locais da API JMS), a qual permite o agrupamento de envios e recebimentos dentro de uma sessão JMS específica. Os aplicativos J2EE normalmente usam transações distribuídas para assegurar a integridade de acessos a recursos externos. Por exemplo, transações distribuídas permitem que múltiplos aplicativos efetuem atualizações atômicas no mesmo banco de dados, e elas permitem que um único aplicativo efetue atualizações atômicas em múltiplos banco de dados.

Em um aplicativo J2EE que usa a API JMS, você pode usar transações para combinar envios e recebimentos com atualizações em banco de dados e outras operações do gerenciador de recursos. Você pode acessar recursos de vários componentes de aplicativos dentro de uma única transação. Por exemplo, um servlet pode começar uma transação, acessar vários bancos de dados, invocar um enterprise bean que envie uma mensagem JMS, chamar outro enterprise bean que modifique um sistema EIS usando a arquitetura Conector, e finalmente efetuar a transação. O seu aplicativo não pode, todavia, nem enviar uma mensagem JMS nem receber uma resposta para ela dentro da mesma transação; a restrição descrita em Como usar as transações locais da API JMS ainda se aplica.

Transações distribuídas dentro do contêiner EJB pode ser de um dos dois tipos:

- Transações gerenciadas por contêiner: O contêiner EJB controla a integridade de suas transações sem que você tenha de chamar commit ou rollback. Transações gerenciadas por contêiner são recomendadas para aplicativos J2EE que usam a API JMS. Você pode especificar os atributos de transação apropriados para os seus métodos de enterprise bean

  Use o atributo de transação Required para assegurar-se de que um método faça sempre parte de uma transação. Se uma transação está em progresso quando o método é chamado, o método será parte daquela transação; caso contrário, uma nova transação será iniciada antes que o método seja chamado e será efetivada quando o método retornar

- Transações gerenciadas por bean: Você pode usar estas em conjunção com a interface javax.transaction.UserTransaction, a qual fornece os seus próprios métodos commit e rollback que você pode usar para delimitar as fronteiras da transação. As transações gerenciadas por bean são recomendadas somente para aqueles que possuem experiência em transações de programação

Você pode usar transações gerenciadas por contêiner ou transações gerenciadas por bean com beans orientados por mensagens. Para assegurar-se de que todas as mensagens sejam recebidas e tratadas dentro do contexto de uma transação, use transações gerenciadas por contêiner e especifique o atributo de transação Required para o método onMessage. Isso significa que, se não houver transação em progresso, uma nova transação será iniciada antes que o método seja chamado e será efetivada quando o método retornar.

Quando você usa transações gerenciadas por contêiner, você chama os seguintes métodos de MessageDrivenContext:

- setRollbackOnly: Use este método para tratamento de erros. Se uma exceção ocorrer, setRollbackOnly marca a transação corrente de modo que a única saída possível da transação seja um rollback
- getRollbackOnly: Use este método para testar se a transação corrente foi marcada por um rollback

Se você usar transações gerenciadas por bean, a entrega de uma mensagem para o método onMessage ocorre fora do contexto de transação distribuída. A transação começa quando você chama o método UserTransaction.begin dentro do método onMessage, e termina quando você chama UserTransaction.commit ou UserTransaction.rollback. Qualquer chamada para o método Connection.createSession deve ocorrer dentro da transação. Se você chamar UserTransaction.rollback, a mensagem não será reentregue, ao passo que chamar setRollbackOnly para transações gerenciadas por contêiner não fará com que uma mensagem seja reentregue.

Nem a especificação da API JMS nem a especificação do Enterprise JavaBeans (disponível no endereço http://java.sun.com/products/ejb/) especificam como tratar chamadas para os métodos da API JMS fora dos limites da transação. A especificação do Enterprise JavaBeans estabelece que o contêiner EJB é responsável por reconhecer uma mensagem que foi processada sem sucesso pelo método onMessage de um bean orientado por mensagens que usa transações gerenciadas por bean. Usar transações gerenciadas por bean permite que você processe a mensagem usando mais de uma transação ou faça com que algumas partes do processamento da mensagem ocorram fora de um contexto de transação. Na maioria dos casos, todavia, transações gerenciadas por contêiner fornecem maior confiabilidade e são, portanto, preferíveis.

Quando você cria uma sessão em um enterprise bean, o contêiner ignora os argumentos que você especifica, porque ele gerencia todas as propriedades transacionais para enterprise beans. É ainda uma boa idéia especificar argumentos de true e 0 para o método createSession tornar esta situação clara:

```
session = connection.createSession(true, 0);
```

Quando usa transações gerenciadas por contêiner, você normalmente especifica o atributo de transação Required para os seus métodos de negócios do enterprise bean.

Você não precisa especificar um reconhecimento de mensagem quando você cria um bean orientado por mensagens que use transações gerenciadas por contêiner. O contêiner reconhece a mensagem automaticamente quando ele efetiva a transação.

Se um bean orientado por mensagens usa transações gerenciadas por bean, o recebimento da mensagem não pode fazer parte da transação gerenciada por bean, portanto, o contêiner reconhece a mensagem fora da transação.

Se o método onMessage lançar uma RuntimeException, o contêiner não reconhecerá o processamento da mensagem. Nesse caso, o provedor JMS tornará a entregar a mensagem não reconhecida no futuro.

Como usar a API JMS com clientes de aplicativos e componentes Web

Um cliente de aplicativo em um aplicativo J2EE pode usar a API JMS do mesmo modo que um cliente independente faz. Ele pode produzir mensagens e pode consumir mensagens usando recebimentos sincrônicos ou receptores de mensagens. Veja o Capítulo 28 para um exemplo de cliente de aplicativo que produz mensagens. Para exemplos de usar clientes de aplicativo para produzir e consumir mensagens, veja Exemplo de aplicativo que implanta um bean orientado por mensagens em dois servidores J2EE.

A especificação da plataforma J2EE não impõe restrições estritas a respeito de como os componentes Web deveriam usar a API JMS. No Servidor de Aplicativo, um componente Web – aquele que usa a API de Servlet Java ou a tecnologia JavaServer Pages (JSP) – pode enviar mensagens e consumi-las sincronicamente, mas não pode consumi-las assincronicamente.

Como um recebimento sincrônico de bloqueio amarra recursos do servidor, não é uma boa prática de programação usar essa chamada de recebimento em um componente Web. No lugar dela, utilize um recebimento sincrônico temporizado. Para detalhes sobre recebimento de bloqueio e recebimento sincrônico temporizado, veja Como escrever programas de cliente.

Informações adicionais

Para mais informações sobre JMS, consulte o seguinte:

- Site Web do Serviço de Mensagens Java:

  http://java.sun.com/products/jms/

- Especificação de Serviço de Mensagens Java, versão 1.1, disponível no endereço

  http://java.sun.com/products/jms/docs.html

34

EXEMPLOS DE J2EE USANDO A API JMS

Este capítulo fornece exemplos que mostram as seguintes maneiras de usar a API JMS dentro de um aplicativo J2EE :

- Usar um bean de sessão para enviar mensagens que são consumidas por um bean orientado por mensagens usando um seletor de mensagens e uma assinatura durável
- Usar um cliente de aplicativo para enviar mensagens que são consumidas por dois beans orientados por mensagens; a informação deles é armazenada em um bean de entidade
- Usar um cliente de aplicativo para enviar mensagens que são consumidas por um bean orientado por mensagens em um servidor remoto
- Usar um cliente de aplicativo para enviar mensagens que são consumidas por beans orientados por mensagens em dois servidores diferentes

Os exemplos estão no seguinte diretório:

```
<INSTALL>/j2eetutorial14/examples/jms/
```

Para construir e rodar os exemplos, você fará o seguinte:

1. Use a ferramenta asant para compilar o exemplo
2. Use o Admin Console para criar recursos
3. Use deploytool para empacotar e implantar o exemplo
4. Use o comando appclient para rodar o cliente

Cada exemplo tem um arquivo buid.xml que referencia um arquivo targets.xml e um arquivo build.properties no seguinte diretório:

```
<INSTALL>/j2eetutorial14/examples/jms/common/
```

O diretório seguinte contém previamente as versões construídas de cada aplicativo:

```
<INSTALL>/j2eetutorial14/examples/jms/provided-ears/
```

Se, em algum momento, você rodar com dificuldade, pode abrir o arquivo EAR em deploytool e comparar esse arquivo com a sua versão.

Veja o Capítulo 28 para um exemplo mais simples de um aplicativo J2EE que usa a API JMS.

Aplicativo J2EE que usa a API JMS com um bean de sessão

Esta seção explica como escrever, compilar, empacotar, implantar e rodar um aplicativo J2EE que usa a API JMS em conjunto com um bean de sessão. O aplicativo contém os seguintes componentes:

- Um cliente de aplicativo que chama um enterprise bean
- Um bean de sessão que publica diversas mensagens em um tópico
- Um bean orientado por mensagens que recebe e processa as mensagens usando um assinante de tópico durável e um seletor de mensagens

A seção aborda os seguintes assuntos:

- Como escrever os componentes de aplicativos
- Como criar e empacotar o aplicativo
- Como implantar o aplicativo
- Como rodar o cliente de aplicativo

Você encontrará os códigos-fonte para esta seção no diretório *<INSTALL>*/j2eetutorial14/examples/jms/clientsessionmdb/. Os nomes do caminho desta seção são relativos a este diretório.

Como escrever os componentes de aplicativos

Este aplicativo demonstra como enviar mensagens de um enterprise bean – neste caso, um bean de sessão – em vez de um cliente de aplicativo, como no exemplo do Capítulo 28. A Figura 34-1 ilustra a estrutura deste aplicativo.

O enterprise bean Publisher neste exemplo é o aplicativo corporativo equivalente a um alimentador de notícias de serviço com fio que categoriza novos eventos em seis novas categorias. O bean orientado por mensagens poderia representar uma sala de notícias, onde a carteira de esporte, por exemplo, configuraria uma assinatura para todos os novos eventos pertencentes ao esporte.

O cliente de aplicativo no exemplo obtém um handle para a interface home remota do enterprise bean Publisher, cria uma instância do bean e chama o método de negócios do bean. O enterprise bean cria 18 mensagens de texto. Para cada mensagem, ele define uma propriedade String randomicamente para um dos seis valores que representam as novas categorias e depois publica a mensagem para um tópico. O bean orientado por mensagens usa um seletor de mensagens para a propriedade limitar quais mensagens ele vai receber.

Escrever os componentes do aplicativo envolve o seguinte:

- Codificar o cliente de aplicativo: MyAppClient.java
- Codificar o bean de sessão Publisher
- Codificar o bean orientado por mensagens: MessageBean.java

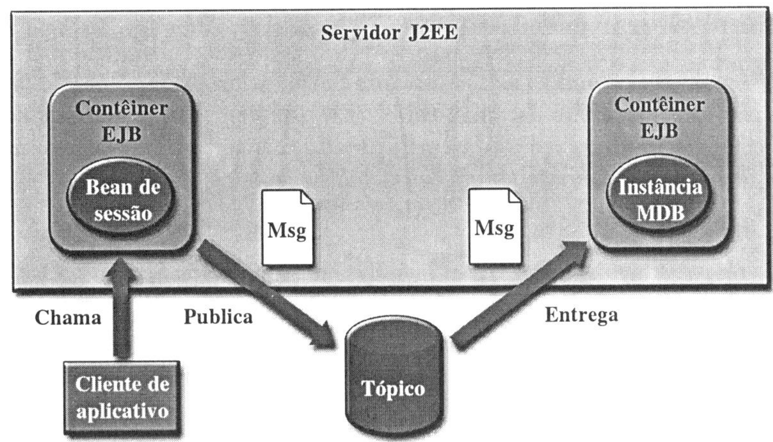

Figura 34-1 *Um aplicativo J2EE: cliente para bean de sessão para bean orientado por mensagens.*

Como codificar o cliente de aplicativo: MyAppClient.Java

O programa de cliente de aplicativo, src/MyAppClient.java, não executa nenhuma API JMS e, portanto, ele é mais simples do que o programa de cliente do Capítulo 28. O programa obtém um handle para a interface home remota do enterprise bean Publisher, usando a denominação de contexto JNDI java:comp/env. O programa depois cria uma instância do bean e chama o método de negócios do bean duas vezes.

Como codificar o bean de sessão Publisher

O bean Publisher é um bean de sessão sem estados que possui um método create e um método de negócios. O bean Publisher usa interfaces remotas ao invés de interfaces locais porque ele é acessado de um cliente de aplicativo.

O arquivo-fonte da interface home remota é src/PublisherHome.java. A interface remota, src/PublisherRemote.java, declara um único método de negócios, publishNews.

A classe do bean, src/PublisherBean.java, implementa o método publishNews e seu método auxiliar chooseType. A classe do bean implementa os métodos required ejbCreate, setSessionContext, ejbRemove, ejbActivate e ejbPassivate.

O método ejbCreate da classe do bean aloca recursos – neste caso, pesquisando o ConnectionFactory e o tópico e criando o objeto Connection. O método de negócios publishNews cria um objeto Session e um MessageProducer e publica as mensagens.

O método ejbRemove deve desalocar os recursos que foram alocados pelo método ejbCreate. Neste caso, o método ejbRemove fecha o objeto Connection.

Como codificar o bean orientado por mensagens: MessageBean.java

A classe do bean orientado por mensagens, src/MessageBean.java, é idêntica a do Capítulo 28. Todavia, o descritor de implantação será diferente, porque, em vez de uma fila, o bean estará usando um tópico com uma assinatura durável.

Como criar e empacotar o aplicativo

Este exemplo usa o tópico chamado jms/Topic e a fábrica de conexões jms/TopicConnectionFactory, criada por você em Como criar objetos administrados JMS. Ele também usa a fábrica de conexões jms/DurableTopicConnectionFactory, que você criou em Exemplo de reconhecimento de mensagem e Exemplo de assinatura durável. Se você deletou qualquer um destes objetos, crie-os novamente.

Criar e empacotar este aplicativo envolve seis etapas:

1. Compilar os arquivos-fonte e iniciar o Sun Java System Application Server Platform Edition 8.
2. Iniciar deploytool e criar o aplicativo.
3. Empacotar o bean de sessão.
4. Empacotar o bean orientado por mensagens.
5. Empacotar o cliente de aplicativo.
6. Atualizar os nomes JNDI.

Como compilar os arquivos-fonte e iniciar o Sun Java System Application Server Platform Edition 8

1. No diretório *<INSTALL>*/j2eetutorial14/examples/jms/clientsessionmdb, use o target build para compilar os arquivos-fonte:

   ```
   asant build
   ```

2. Inicie o Servidor de Aplicativo, se ele não estiver rodando ainda.

Como iniciar deploytool e criar o aplicativo

1. Inicie deploytool.
2. Escolha File → New → Application.
3. Clique Browse próximo do campo Application File Name e use o selecionador de arquivos para localizar o diretório clientsessionmdb.
4. No campo File Name, digite ClientSessionMDBApp.
5. Clique New Application.
6. Clique OK.

Como empacotar o bean de sessão

Para empacotar o bean de sessão, execute as seguintes etapas:

1. Escolha File → New → Enterprise Bean para iniciar o assistente Enterprise Bean.
2. Na tela EJB JAR General Settings:
   a. Selecione Create New JAR Module em Application e verifique se o aplicativo é ClientSessionMDBApp. No campo JAR Name, digite EBJAR.
   b. Clique o botão Edit próximo da área de texto Contents.
   c. Na caixa de diálogo, localize o diretório build/sb/. Selecione PublisherBean.class, PublisherHome.class e PublisherRemote.class a partir da árvore Available Files. Clique Add e, depois, OK.
3. Na tela Bean General Settings:
   a. No menu Enterprise Bean Class, escolha sb.PublisherBean.

   b. Verifique se o nome do enterprise bean é PublisherBean e que o tipo do enterprise bean é Stateless Session.

   c. Na área Remote Interfaces, escolha sb.PublisherHome a partir do menu Remote Home Interface, e escolha sb.PublisherRemote a partir do menu Remote Interface.

Depois de terminar o assistente, execute as seguintes etapas:

1. Clique o nó PublisherBean e, depois, clique a guia Msg Dest Ref's. No painel do inspetor:
   a. Clique Add. A caixa de diálogo se abre.
   b. Digite jms/TopicName no campo Coded Name.
   c. Escolha javax.jms.Topic a partir da caixa combo Destination Type.
   d. Escolha Produces a partir da caixa combo Usage.
   e. Digite PhysicalTopic no campo Destination Name.
2. Clique o nó PublisherBean e, depois, clique a guia Resource Ref's. No painel do inspetor:
   a. Clique Add.
   b. Digite jms/MyConnectionFactory no campo Coded Name.
   c. Escolha javax.jms.ConnectionFactory a partir do menu Type.
   d. Escolha jms/TopicConnectionFactory a partir da caixa combo JNDI, e digite j2ee tanto no campo User Name, como no Password.
3. Clique o nó PublisherBean e, depois, clique na guia Transactions. No painel do inspetor, selecione o botão de rádio Container-Managed.
4. Clique o nó EBJAR e, depois, clique a guia Message Destinations. No painel do inspetor:
   a. Clique Add.
   b. Digite PhysicalTopic no campo Destination Name. Quando você pressionar Enter, este nome aparece no campo Display Name, e PublisherBean aparece na área Producers.
   c. Digite jms/Topic no campo JNDI Name.

Como empacotar o bean orientado por mensagens

Para maior eficiência, você empacotará o bean orientado por mensagens no mesmo arquivo JAR como o bean de sessão.

Para empacotar o bean orientado por mensagens, execute as seguintes etapas:

1. Escolha File → New → Enterprise Bean para iniciar o assistente Enterprise Bean.
2. Na tela EJB JAR General Settings:
   a. Selecione o botão de rádio Add to Existing JAR Module, e verifique se o módulo é EBJAR (ClientSessionMDBApp).
   b. Clique o botão Edit próximo da área de texto Contents.
   c. Na caixa de diálogo, localize o diretório build/mdb/. Selecione MessageBean.class a partir da árvore Available Files. Clique Add e, depois, OK.
3. Na tela Bean General Settings:
   a. A partir do menu Enterprise Bean Class, escolha mdb.MessageBean.
   b. No campo Enterprise Bean Name, aceite o valor default, MessageBean.
   c. Verifique se o tipo do enterprise bean é Message-Driven.
4. Na tela Message-Driven Bean Settings:
   a. Para o Messaging Service, aceite o default, JMS.

b. Escolha javax.jms.Topic a partir da caixa combo Destination Type.

c. Escolha PhysicalTopic a partir da caixa combo Target Destination Name.

d. Selecione a caixa de verificação Durable Subscription. No campo Subscription Name, digite MySub.

e. No campo Message Selector, digite o seguinte:

```
NewsDigite = 'Sports' OR NewsDigite = 'Opinion'
```

f. No campo Connection Factory JNDI Name (Sun-specific), digite o seguinte:

```
jms/DurableTopicConnectionFactory
```

Depois de terminar o assistente, execute as seguintes etapas:

1. Clique o nó MessageBean e, depois, clique a guia Transactions. No painel do inspetor, selecione o botão de rádio Container-Managed.
2. Clique o nó EBJAR e, depois, clique a guia Message Destinations e selecione PhysicalTopic. Você verá que MessageBean agora aparece na área Consumers.

Como empacotar o cliente de aplicativo

Para empacotar o cliente de aplicativo, execute as seguintes etapas:

1. Escolha File → New → Application Client para iniciar o assistente Application Client.
2. Na tela JAR File Contents:
   a. Verifique se Create New AppClient Module em Application está selecionado e que o aplicativo é ClientSessionMDBApp.
   b. No campo AppClient Name, digite MyAppClient.
   c. Clique o botão Edit próximo da área de texto Contents.
   d. Na caixa de diálogo, localize o diretório build/client/. Selecione MyAppClient.class a partir da árvore Available Files. Clique Add e, depois, OK.
3. Na tela General, escolha client.MyAppClient na caixa combo Main Class.

Depois de terminar o assistente, clique a guia EJB Ref's e, depois, clique Add no painel do inspetor. Na caixa de diálogo, faça o seguinte:

1. Digite ejb/remote/Publisher no campo Coded Name.
2. Escolha Session a partir da caixa combo EJB Type.
3. Escolha Remote a partir da caixa combo Interfaces.
4. Digite sb.PublisherHome no campo Home Interface.
5. Digite sb.PublisherRemote no campo Local/Remote Interface.
6. Na área Target EJB area, selecione JNDI Name e escolha PublisherBean a partir da caixa combo.

Como atualizar os nomes JNDI

Você precisa atualizar os nomes JNDI para o bean orientado por mensagens de modo que ele especifique o destino do qual ele recebe as mensagens e não o nome do bean.

1. Selecione ClientSessionMDBApp e clique Sun-specific Settings na tela General.
2. Digite jms/Topic no campo JNDI Name para o componente MessageBean.

Verifique se os nomes JNDI para os componentes de aplicativos estão corretos. Eles devem aparecer como mostrados nas Tabelas 34-1 e 34-2.

Tabela 34-1 Painel do aplicativo para ClientSessionMDBApp

Tipo de componente	Componente	Nome JNDI
EJB	MessageBean	jms/Topic
EJB	PublisherBean	PublisherBean

Tabela 34-2 Painel de referências para ClientSessionMDBApp

Tipo de referência	Referenciado por	Nome de referência	Nome JNDI
EJB Ref	MyAppClient	ejb/remote/Publisher	PublisherBean
Resource	PublisherBean	jms/MyConnectionFactory	jms/TopicConnectionFactory

Como implantar o aplicativo

1. Escolha File → Save para salvar o aplicativo.
2. Escolha Tools → Deploy.
3. Na caixa de diálogo, digite o seu nome e senha de usuário administrativo (se eles ainda não estiverem preenchidos).
4. Na área Application Client Stub Directory, selecione a caixa de verificação Return Client Jar. Se você quiser rodar o cliente em um diretório diferente do default, clique Browse e use o selecionador de arquivos para especificá-lo.
5. Clique OK.
6. Na caixa de diálogo Distribute Module, clique Close para terminar o processo. Você encontrará um arquivo chamado ClientSessionMDBAppClient.jar no diretório especificado.

Como rodar o cliente de aplicativo

Para rodar o cliente, use o seguinte comando:

```
appclient -client ClientSessionMDBAppClient.jar
```

A saída do programa na janela de terminal se parece com isto:

```
Looking up EJB reference
Looked up home
Narrowed home
Got the EJB
To view the bean output,
  check <install_dir>/domains/domain1/logs/server.log.
```

A saída dos enterprise beans aparece no registro do servidor (*<J2EE_HOME>*/domains/domain1/logs/server.log), O bean de sessão Publisher envia dois conjuntos de 18 mensagens numeradas de 0 a 17. Por causa do seletor de mensagens, o bean orientado por mensagens recebe somente as mensagens cuja propriedade NewsType seja Sports ou Opinion.

Suponha que as últimas cinco mensagens de um bean de sessão se pareçam com isto:

```
PUBLISHER: Setting message text to: Item 12: Business
PUBLISHER: Setting message text to: Item 13: Opinion
PUBLISHER: Setting message text to: Item 14: Living/Arts
PUBLISHER: Setting message text to: Item 15: Sports
PUBLISHER: Setting message text to: Item 16: Living/Arts
PUBLISHER: Setting message text to: Item 17: Living/Arts
```

Por causa do seletor de mensagens, as últimas mensagens recebidas pelo bean orientado por mensagens serão:

```
MESSAGE BEAN: Message received: Item 13: Opinion
MESSAGE BEAN: Message received: Item 15: Sports
```

Se você preferir, pode reescrever o seletor de mensagens para receber mensagens diferentes.

Desimplante o aplicativo depois que você terminar de rodar o cliente.

Aplicativo J2EE que usa a API JMS com um bean de entidade

Esta seção explica com escrever, compilar, empacotar, implantar e rodar um aplicativo J2EE que usa a API JMS com um bean de entidade. O aplicativo usa os seguintes componentes:

- Um cliente de aplicativo que tanto envia como recebe mensagens
- Dois beans orientados por mensagens
- Um bean de entidade que usa persistência gerenciada por contêiner

Esta seção aborda os seguintes assuntos:

- Resumo geral do aplicativo dos recursos humanos
- Escrever os componentes de aplicativos
- Criar e empacotar o aplicativo
- Implantar o aplicativo
- Rodar o cliente de aplicativo

Você encontrará os arquivos-fonte para esta seção no diretório *<INSTALL>*/j2eetutorial14/examples/jms/clientmdbentity/. Os nomes de caminhos nesta seção são relativos a este diretório.

Resumo geral do aplicativo de Recursos Humanos

Este aplicativo simula, de uma maneira simplificada, o fluxo de trabalho do departamento de Recursos Humanos (RH) de uma companhia quando ele processa uma nova contratação. Este aplicativo também demonstra como usar a plataforma J2EE para efetuar uma tarefa que muitos aplicativos de cliente JMS executam.

Um cliente JMS deve com freqüência esperar diversas mensagens de várias origens. Ele então usa a informação em todas estas mensagens para montar uma mensagem que ele envia para um outro destino. O termo comum para este processo é juntar mensagens. Tal tarefa deve ser transacional, com todos os recebimentos e o envio como uma única transação. Se nem todas as mensagens forem recebidas com sucesso, a transação poderá ser desfeita. Para um exemplo de cliente que ilustra esta tarefa, veja Exemplo de transação local.

Um bean orientado por mensagens pode processar somente uma mensagem de cada vez em um transação. Para fornecer a habilidade de juntar mensagens, um aplicativo J2EE pode fazer com que um bean orientado por mensagens armazene a informação provisória em um bean de entidade. O bean de entidade pode então determinar se todas as informações foram recebidas; quando forem, o bean de entidade poderá criar e enviar a mensagem para outro destino. Depois de completar a sua tarefa, o bean de entidade pode remover a si mesmo.

As etapas básicas do aplicativo são:

1. O cliente de aplicativo do departamento de RH gera uma ID de funcionário para cada nova contratação e depois publica uma mensagem (M1) contendo o nome e a ID de funcionário da nova contratação. O cliente então cria uma fila temporária, ReplyQueue, com um receptor de mensagens que espera uma resposta para a mensagem. (Veja Como criar destinos temporários, para mais informações.)
2. Dois beans orientados por mensagens processam cada mensagem. Um bean, OfficeMDB, atribui o número do escritório da nova contratação, e o outro bean, EquipmentMDB, atribui o equipamento da nova contratação. O primeiro bean a processar a mensagem cria um bean de entidade chamado SetupOffice para armazenar a informação que ele gerou. O segundo bean localiza o bean de entidade existente e adiciona sua informação.
3. Quando o escritório e o equipamento tiverem sido atribuídos, o bean de entidade enviará uma mensagem para a fila de resposta (M2) descrevendo as atribuições. Depois, ele remove a si mesmo. O receptor de mensagens do cliente de aplicativo obtém a informação.

A Figura 34-2 ilustra a estrutura deste aplicativo. Naturalmente, um aplicativo de RH real teria mais componentes; outros beans poderiam configurar a folha de pagamento e os registros de benefícios, orientação de agendamentos, e assim por diante.

Como escrever os componentes de aplicativos

Escrever os componentes do aplicativo envolve o seguinte:

- ❑ Codificar o cliente de aplicativo: HumanResourceClient.java
- ❑ Codificar os beans orientados por mensagens
- ❑ Codificar o bean de entidade

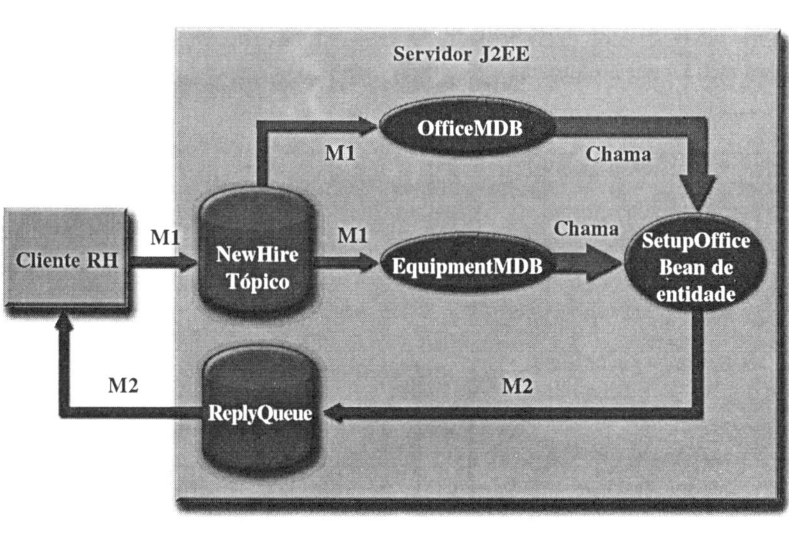

Figura 34-2 *Aplicativo J2EE: cliente para beans orientados por mensagens para bean de entidade.*

Como codificar o cliente de aplicativo: HumanResourceClient.java

O programa de cliente de aplicativo, src/HumanResourceClient.java, executa as seguintes etapas:

1. Usa um contexto de nomeação JNDI java:comp/env para pesquisar um objeto ConnectionFactory e um tópico.
2. Cria um objeto TemporaryQueue para receber notificação de processamento que ocorre, baseada nos eventos de new-hire que ele publicou.
3. Cria um MessageConsumer para um TemporaryQueue, define o receptor de mensagens do MessageConsumer e inicia a conexão.
4. Cria um MessageProducer e um MapMessage.
5. Cria cinco novos funcionários com números gerados aleatoriamente, posições e números ID (seqüenciais), e publica cinco mensagens contendo esta informação.

O receptor de mensagens, HRListener, espera as mensagens que contêm o escritório atribuído e o equipamento para cada funcionário. Quando chega uma mensagem, o receptor de mensagens exibe a informação recebida e determina se todas as cinco mensagens chegaram. Quando elas chegarem, o receptor de mensagens notifica o programa principal, que então sai.

Como codificar os beans orientados por mensagens

Este exemplo usa dois beans orientados por mensagens: src/ReserveEquipmentMsgBean.java e src/ReserveOfficeMsgBean.java. Os beans executam as seguintes etapas:

1. O método ejbCreate obtém um handle para a interface home local do bean de entidade.
2. O método onMessage obtém a informação na mensagem. O método onMessage do objeto ReserveEquipmentMsgBean escolhe o equipamento, baseado na posição da nova contratação; o método onMessage do objeto ReserveOfficeMsgBean gera randomicamente um número de escritório.
3. Depois de uma pequena demora para simular obstáculos de processamento do mundo real, o método onMessage chama um método auxiliar, compose.
4. O método compose ou cria ou encontra, através das chaves primárias, o bean de entidade SetupOffice e o utiliza para armazenar o equipamento ou a informação do escritório no banco de dados.

Como codificar o bean de entidade

O bean SetupOffice é um bean de entidade que usa uma interface local. A interface local significa que o bean de entidade e os beans orientados por mensagens rodam na mesma máquina virtual Java (JVM) para o máximo de eficiência. O bean de entidade possui estes componentes:

- A interface home local, SetupOfficeLocalHome.java
- A interface local, SetupOfficeLocal.java
- A classe do bean, SetupOfficeBean.java

O arquivo-fonte da interface home local se chama src/SetupOfficeLocalHome.java. Ele declara o método create, chamado createLocal (porque o bean usa uma interface local), e um método de localização, findByPrimaryKey.

A interface local, SetupOfficeLocal.java, declara vários métodos de negócios que obtêm e manipulam dados de new-hire.

A classe do bean, src/SetupOfficeBean.java, implementa os métodos de negócios e o método auxiliar deles, checkIfSetupComplete. A classe do bean também implementa os métodos obrigatórios ejbCreateLocal, ejbPostCreateLocal, setEntityContext, unsetEntityContext, ejbRemove, ejbActivate, ejbPassivate, ejbLoad e ejbStore.

Os únicos métodos chamados pelos beans orientados por mensagens são os métodos de negócios declarados na interface local, junto com os métodos findByPrimaryKey e createLocal declarados na interface home local. O bean de entidade usa persistência gerenciada por contêiner, portanto todas as chamadas de banco de dados são geradas automaticamente.

Como criar e empacotar o aplicativo

Este exemplo usa uma fábrica de conexões chamada jms/TopicConnectionFactory e um tópico chamado jms/Topic, ambos foram criados por você no Capítulo 33. (Veja Como criar objetos administrados JMS, para instruções.) Ele também usa um recurso JDBC chamado jdbc/PointBase, que é habilitado por default quando você inicia o Servidor de Aplicativo.

Criar e empacotar este aplicativo envolve sete etapas:

1. Iniciar o servidor PointBase.
2. Compilar os arquivos-fonte.
3. Criar o aplicativo.
4. Empacotar o bean de entidade.
5. Empacotar os beans orientados por mensagens.
6. Empacotar o cliente de aplicativo.
7. Atualizar os nomes JNDI.

Você pode empacotar o aplicativo você mesmo como exercício. Use o asant build target para compilar os arquivos-fonte.

Esta seção usa o arquivo EAR pré-empacotado para mostrar como criar e empacotar o aplicativo.

Como examinar o aplicativo

1. Em deploytool, abra o arquivo ClientMDBEntityApp.ear, que reside no diretório *<INSTALL>*/j2eetutorial14/examples/jms/providedears.
2. Expanda o nó EBJAR e selecione o bean de entidade SetupOffice.
   a. Na guia General, note que o bean usa interfaces locais.
   b. Clique a guia Entity. O bean usa persistência gerenciada por contêiner.
   c. Na tela Entity, clique a guia Sun-specific CMP Settings. O aplicativo usa o recurso pré-configurado jdbc/PointBase JDBC.
   d. Clique a guia Resource Ref's. A bean usa a fábrica de conexões jms/TopicConnectionFactory para enviar mensagens de resposta para o cliente de aplicativo. O bean não especifica nenhuma referência de destino de mensagem, todavia, porque ele usa um destino temporário para as mensagens de resposta. Note que ele usa um objeto TopicConnectionFactory, mesmo que ele esteja usando a conexão para enviar mensagens para uma fila temporária.
3. Selecione qualquer um dos beans orientados por mensagens: EquipmentMDB ou OfficeMDB. Eles foram configurados de modos idênticos.
   a. Clique a guia Message-Driven. Os beans usam o destino target PhysicalTopic e a fábrica de conexões jms/TopicConnectionFactory.
   b. Clique a guia EJB Ref's. Ambos os beans referenciam o bean de entidade usando referências locais.
4. Selecione o nó HumanResourceClient.
   a. Clique a guia Resource Ref's. O cliente usa a fábrica de conexões jms/TopicConnectionFactory tanto para enviar mensagens para um tópico como para receber mensagens de uma fila temporária.

O aplicativo pesquisa o nome codificado jms/MyConnectionFactory e converte o objeto para um objeto do tipo javax.jms.ConnectionFactory.

b. Clique a guia Msg Dest Ref's. O nome codificado jms/NewHireTopic referencia um destino target PhysicalTopic.

c. Clique a guia Message Destinations e, depois, clique PhysicalTopic. O cliente aparece na área Producers, e os beans orientados por mensagens aparecem na área Consumers. Todos eles referenciam o nome JNDI jms/Topic.

Tabela 34-3 Painel do aplicativo para ClientMDBEntityApp

Tipo de componente	Componente	Nome JNDI
EJB	EquipmentMDB	jms/Topic
EJB	OfficeMDB	jms/Topic

Tabela 34-4 Painel de referências para ClientMDBEntityApp

Tipo de referência	Referenciado por	Nome de referência	Nome JNDI
Resource	HumanResourceClient	Jms/MyConnectionFactory	jms/TopicConnectionFactory
Resource	SetupOffice	Jms/MyConnectionFactory	jms/TopicConnectionFactory

5. Note que para todos os componentes, a guia Transactions é definida para Container-Managed.
6. Selecione o nó ClientMDBEntityApp e clique o botão Sun-specific Settings. Na tela JNDI Names, o nome JNDI name para os beans orientados por mensagens é o recurso de destino do tópico, jms/Topic.

Verifique se os nomes JNDI para os componentes do aplicativo estão corretos. Eles devem aparecem como mostrados nas Tabelas 34–3 e 34–4.

Como implantar o aplicativo

1. Inicie o servidor PointBase. Para instruções, veja Como iniciar e parar o servidor de banco de dados PointBase.
2. Salve o aplicativo.
3. Implante o aplicativo. Selecione a caixa de verificação Return Client Jar.

Você encontrará um arquivo chamado ClientMDBEntityAppClient.jar no diretório provided-ears.

Como rodar o cliente de aplicativo

Para rodar o cliente, use o seguinte comando:

```
appclient -client ClientMDBEntityAppClient.jar
```

A saída do programa na janela de terminal se parece com isto:

```
PUBLISHER: Setting hire ID to 25, name Gertrude Bourbon,
position Senior Programmer
PUBLISHER: Setting hire ID to 26, name Jack Verdon, position
Manager
PUBLISHER: Setting hire ID to 27, name Fred Tudor, position
Manager
PUBLISHER: Setting hire ID to 28, name Fred Martin, position
Programmer
PUBLISHER: Setting hire ID to 29, name Mary Stuart, position
Manager
Waiting for 5 message(s)
New hire event processed:
  Employee ID: 25
  Name: Gertrude Bourbon
  Equipment: Laptop
  Office number: 183
Waiting for 4 message(s)
New hire event processed:
  Employee ID: 26
  Name: Jack Verdon
  Equipment: Pager
  Office number: 20
Waiting for 3 message(s)
New hire event processed:
  Employee ID: 27
  Name: Fred Tudor
  Equipment: Pager
  Office number: 51
Waiting for 2 message(s)
New hire event processed:
  Employee ID: 28
  Name: Fred Martin
  Equipment: Desktop System
  Office number: 141
Waiting for 1 message(s)
New hire event processed:
  Employee ID: 29
  Name: Mary Stuart
  Equipment: Pager
  Office number: 238
```

A saída dos enterprise beans aparece no registro do servidor, empacotado na informação de login. Para cada funcionário, o aplicativo primeiro cria o bean de entidade e, depois, o encontra. Você pode ver erros em tempo de execução no registro do servidor, e cancelamentos de transações podem ocorrer. Os erros ocorrem se ambos os beans orientados por mensagens descobrem ao mesmo tempo que o bean de entidade ainda não existe, portanto ambos tentam criá-lo. Depois do cancelamento, o segundo bean orientado por mensagens tenta novamente e consegue encontrar o bean de entidade. Transações gerenciadas por contêiner permitem que o aplicativo rode corretamente, apesar destes erros, sem programação especial.

Desimplante o aplicativo depois que você terminar de rodar o cliente.

Exemplo de aplicativo que consome mensagens de um servidor J2EE remoto

Esta seção e a seguinte explicam como escrever, compilar, empacotar, implantar e rodar dois aplicativos J2EE que rodam nos servidores J2EE e que usam a API JMS para trocar mensagens um com o outro. É uma prática comum implantar componentes diferentes de um aplicativo corporativo em sistemas diferentes dentro de uma companhia, e estes exemplos ilustram em pequena escala como fazer isso em um aplicativo que use a API JMS.

Todavia, os dois exemplos trabalham de formas ligeiramente diferentes. No primeiro exemplo, a informação de implantação de um bean orientado por mensagens especifica o servidor remoto a partir do qual ele consumirá mensagens. No próximo exemplo, o mesmo bean é implantado em dois servidores diferentes, portanto ele é o cliente de aplicativo que especifica os servidores (um local, e um remoto) aos quais está enviando mensagens.

O primeiro exemplo divide o exemplo do Capítulo 28 em dois aplicativos: um contendo o cliente de aplicativo, e o outro contendo o bean orientado por mensagens.

Esta seção aborda os seguintes tópicos:

- Resumo geral dos aplicativos
- Escrever os componentes de aplicativos
- Criar e empacotar os aplicativos
- Implantar os aplicativos
- Rodar o cliente de aplicativo

Você encontrará os arquivos fontes para esta seção no diretório *<INSTALL>*/j2eetutorial14/examples/jms/consumeremote/. Os nomes de caminho nesta seção são relativos a este diretório.

Resumo geral dos aplicativos

Exceto para o fato que de estar empacotado como dois aplicativos separados, este exemplo é muito semelhante àquele do Capítulo 28:

- Um aplicativo contém o cliente de aplicativo, que roda no servidor remoto e envia três mensagens para uma fila
- O outro aplicativo contém o bean orientado por mensagens, que consome as mensagens da fila no servidor remoto

As etapas básicas dos aplicativos são:

1. O administrador inicia dois servidores J2EE, um em cada sistema.
2. No servidor remoto, o administrador implanta o aplicativo de cliente.
3. No servidor local, o administrador implanta o aplicativo do bean orientado por mensagens, o qual usa uma fábrica de conexões que especifica o servidor remoto onde o cliente está implantado.
4. O aplicativo de cliente envia três mensagens para uma fila.
5. O bean orientado por mensagens consome as mensagens.

A Figura 34-3 ilustra a estrutura deste aplicativo. Você pode ver que ele é quase idêntico ao da Figura 28-1 exceto por existirem dois servidores J2EE. A fila usada é aquela do servidor remoto, a fila também deve existir no servidor local para que as pesquisas JNDI sejam bem sucedidas.

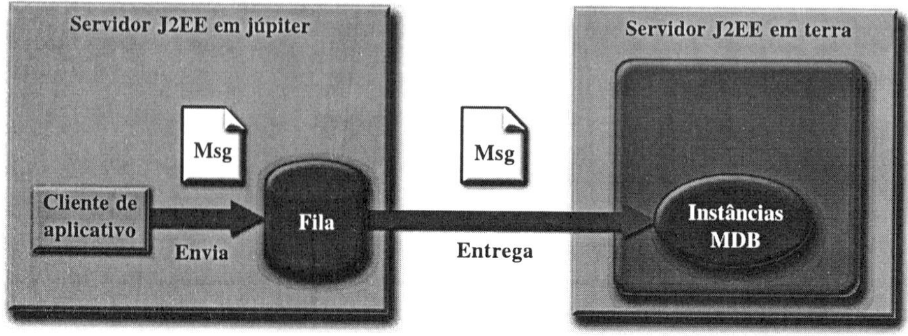

Figura 34-3 *Um Aplicativo J2EE que consome mensagens de um servidor remoto.*

Como escrever os componentes de aplicativos

Escrever os componentes dos aplicativos envolve:

- ❑ Codificar o cliente de aplicativo
- ❑ Codificar o bean orientado por mensagens

O cliente de aplicativo, jupiterclient/src/SimpleClient.java, é quase idêntico àquele em Cliente de aplicativo.

De modo semelhante, o bean orientado por mensagens, earthmdb/src/MessageBean.java, é quase idêntico àquele em Classe do bean orientado por mensagens.

A única diferença importante é que o cliente e o bean são empacotados em dois aplicativos separados.

Como criar e empacotar os aplicativos

Para este exemplo, o bean orientado por mensagens usa a fábrica de conexões chamada jms/JupiterQueueConnectionFactory, criada por você em Como criar objetos administrados para sistemas múltiplos. Use o Admin Console para verificar se a fábrica de conexões ainda existe e se a sua propriedade MessageServiceAddressList está definida para o nome do sistema remoto.

O cliente de aplicativo pode usar qualquer fábrica de conexões que exista no servidor remoto; você criou jms/JupiterQueueConnectionFactory nesse servidor, portanto, você pode usar esse. Ambos os componentes usam a fila chamada jms/Queue, criada por você em Como criar objetos administrados JMS.

Assumiremos, como fizemos em Como rodar programas de clientes JMS em múltiplos sistemas, que os dois servidores se chamam terra e júpiter.

Criar e empacotar este aplicativo envolve cinco etapas:

1. Compilar os arquivos-fonte
2. Criar o aplicativo
3. Empacotar o cliente de aplicativo
4. Empacotar o bean orientado por mensagens
5. Verificar os nomes JNDI

Você pode empacotar os aplicativos você mesmo como exercício. Use os targets de asant build nos diretórios jupiterClient e earthmdb para compilar os arquivos-fonte.

Esta seção usa os arquivos pré-empacotados EAR para mostrar como criar e empacotar os aplicativos.

Qual sistema utilizar para empacotar e implantar os aplicativos e qual sistema usar para rodar o aplicativo dependem de sua configuração de rede – cujo sistema de arquivos você pode acessar remotamente. Estas instruções presumem que você possa acessar o sistema de arquivos de júpiter a partir da terra, mas não possa acessar o sistema de arquivos da terra a partir de júpiter. (Você pode usar os mesmos sistemas para júpiter e terra que você usou em Como rodar programas de clientes JMS em múltiplos sistemas.)

O Servidor de Aplicativo deve estar rodando em ambos os sistemas.

Você pode empacotar ambos os aplicativos na terra e implantá-los a partir daí. A única ação que você executa em júpiter é rodar o cliente de aplicativo.

Como examinar os aplicativos

1. Em deploytool, no sistema terra, abra os dois arquivos EAR JupiterClientApp.ear e EarthMDBApp.ear, que residem no diretório <*INSTALL*>/j2eetutorial14/jms/provided-ears.

2. Em JupiterClientApp.ear, selecione o nó do cliente de aplicativo, SimpleClient.
   a. Clique a guia Resource Ref's. O cliente usa a fábrica de conexões jms/JupiterQueueConnectionFactory para enviar mensagens para uma fila. O aplicativo procura o nome codificado jms/MyConnectionFactory e converte o objeto para um objeto do tipo javax.jms.ConnectionFactory.
   b. Clique a guia Msg Dest Ref's. O nome codificado jms/QueueName referencia o destino target PhysicalQueue.
   c. Clique a guia Message Destinations e, depois, clique PhysicalQueue. O cliente aparece na área Producers. Ele referencia o nome JNDI jms/Queue.
3. Em EarthMDBApp.ear, expanda o nó MDBJAR e selecione MessageBean.
   a. Clique a guia Message-Driven. O bean usa o destino target PhysicalQueue e a fábrica de conexões jms/JupiterQueueConnectionFactory.
   b. Clique a guia Transactions. O bean usa transações gerenciadas por contêiner.
4. Selecione o nó MDBJAR, clique a guia Message Destinations e, depois, clique PhysicalQueue. O bean orientado por mensagens aparece na área Consumers. Ele se refere ao nome JNDI jms/Queue.
5. Selecione o nó EarthMDBApp e clique Sun-specific Settings na página General. O nome JNDI para o bean orientado por mensagens é o recurso de destino da fila jms/Queue.

O nome JNDI para o aplicativo EarthMDBApp deve aparecer como mostrado na Tabela 34-5. Somente o painel do Aplicativo possui algum conteúdo.

O nome JNDI para o aplicativo JupiterClientApp deve aparecer como mostrado na Tabela 34-6. Somente o painel de referências possui algum conteúdo.

Tabela 34-5 Painel do aplicativo para EarthMDBApp

Tipo de componente	Componente	Nome JNDI
EJB	MessageBean	jms/Queue

Tabela 34-6 Painel de referências para EarthMDBApp

Tipo de referência	Referenciado por	Nome de referência	Nome JNDI
Resource	SimpleClient	Jms/MyConnectionFactory	jms/JupiterQueueConnectionFactory

Como implantar os aplicativos

Para implantar o aplicativo EarthMDBApp, execute as seguintes etapas:

1. Salve o aplicativo.
2. Escolha Tools → Deploy.
3. Na caixa de diálogo, escolha o URI para o localhost a partir do menu Server.
4. Digite o seu nome de usuário e senha administrativos (se eles ainda não foram preenchidos) e clique OK.
5. Na caixa de diálogo Distribute Module, clique Close quando o processo terminar.

Antes de você poder implantar o aplicativo JupiterClientApp, você deve adicionar o servidor remoto. No sistema terra, execute as seguintes etapas:

1. Escolha File → Add Server.
2. Digite o nome do sistema remoto no campo Server Name.
3. Clique OK.
4. O servidor aparece na tree sob Servers. Selecione-o.
5. Na caixa de diálogo Connect to Server que aparece, digite nome de usuário e senha administrativos para o servidor na área Connection Settings, e clique OK.

Para implantar o aplicativo JupiterClientApp e salvar o arquivo JAR do cliente, execute as seguintes etapas:

1. Salve o aplicativo.
2. Escolha Tools → Deploy.
3. Na caixa de diálogo, escolha o URI para o sistema remoto (júpiter) a partir do menu Server:

   `system-name:4848`

4. Digite seu nome de usuário e senha administrativos (se eles não foram preenchidos ainda).
5. Na área Application Client Stub Directory, selecione a caixa de verificação Return Client Jar.
6. Escolha Browse para navegar para o diretório do sistema remoto (júpiter) a partir do qual você rodará o cliente. Quando você alcançar o diretório, clique Select e, depois, clique OK.
7. Clique OK.
8. Na caixa de diálogo Distribute Module, clique Close quando o processo terminar.

Você encontrará um arquivo chamado JupiterClientAppClient.jar no diretório especificado.

Como rodar o cliente de aplicativo

Para rodar o cliente, execute as seguintes etapas:

1. Vá para o diretório no sistema remoto (júpiter) onde você criou o arquivo JAR do cliente.
2. Use o seguinte comando:

   ```
   appclient -client JupiterClientAppClient.jar
   ```

No sistema júpiter, a saída do comando appclient se parece com isto:

```
Sending message: This is message 1
Sending message: This is message 2
Sending message: This is message 3
```

No sistema terra, a saída no log do servidor se parece com isto (empacotado na informação do login):

```
In MessageBean.MessageBean()
In MessageBean.setMessageDrivenContext()
In MessageBean.ejbCreate()
MESSAGE BEAN: Message received: This is message 1
MESSAGE BEAN: Message received: This is message 2
MESSAGE BEAN: Message received: This is message 3
```

Desimplante os aplicativos depois que você terminar de rodar o cliente.

Exemplo de aplicativo que implanta um bean orientado por mensagens em dois servidores J2EE

Esta seção, como a precedente, explica como escrever, compilar, empacotar, implantar e rodar dois aplicativos J2EE que usem a API JMS e rodem em dois servidores J2EE. Os aplicativos são ligeiramente mais complexos do que aqueles do primeiro exemplo.

Os aplicativos usam os seguintes componentes:

- Um cliente de aplicativo que é implantado no servidor local. Ele usa duas fábricas de conexões – uma normal e uma que é configurada para se comunicar com o servidor remoto – para criar dois publicadores e dois assinantes e para publicar e consumir mensagens
- Um bean orientado por mensagens que é implantado duas vezes: uma vez no servidor local, e uma vez no servidor remoto. Ele processa as mensagens e envias as respostas

Nesta seção, o termo *servidor local* significa o servidor no qual os dois clientes de aplicativo e o bean orientado por mensagens estão implantados (no sistema terra do exemplo precedente). O termo *servidor remoto* significa o servidor no qual somente o bean orientado por mensagens está implantado (no sistema júpiter do exemplo anterior).

A seção aborda os seguintes tópicos:

- Resumo geral dos aplicativos
- Escrever os componentes de aplicativos
- Criar e empacotar os aplicativos
- Implantar os aplicativos
- Rodar o cliente de aplicativo

Você encontrará os arquivos-fonte para esta seção no diretório <*INSTALL*>/j2eetutorial14/examples/jms/sendremote/. Os nomes do caminho desta seção são relativos a este diretório.

Resumo geral dos aplicativos

Este par de aplicativos é um pouco semelhante aos aplicativos em Exemplo de aplicativo que consome mensagens de um servidor J2EE remoto em que os únicos componentes são um cliente e um bean orientado por mensagens. Todavia os aplicativos aqui usam esses componentes de maneira mais complexa. Um aplicativo consiste no cliente de aplicativo. O outro aplicativo contém somente o bean orientado por mensagens e é implantado duas vezes, uma em cada servidor.

As etapas básicas dos aplicativos são:

1. Você inicia dois servidores J2EE, um em cada sistema.
2. No servidor local (terra), você cria duas fábricas de conexões: uma local e uma que se comunica com o servidor remoto (júpiter). No servidor remoto, você cria uma fábrica de conexões que possui o mesmo nome.
3. O cliente de aplicativo procura as fábricas de conexões – a local e aquela que se comunica com o servidor remoto – para criar duas conexão, sessões, publicadores e assinantes. Os assinantes usam um receptor de mensagens.
4. Cada publicador publica cinco mensagens.
5. Cada um dos beans orientados por mensagens local e remoto recebe cinco mensagens e envia respostas.
6. O receptor de mensagens do cliente consome as respostas.

A Figura 34-4 ilustra a estrutura deste aplicativo. M1 representa a primeira mensagem enviada usando a fábrica de conexões local, e RM1 representa a primeira mensagem de resposta enviada pelo local MDB. M2 representa a primeira mensagem enviada usando a fábrica de conexões remota, e RM2 representa a primeira mensagem de resposta enviada pelo remoto MDB.

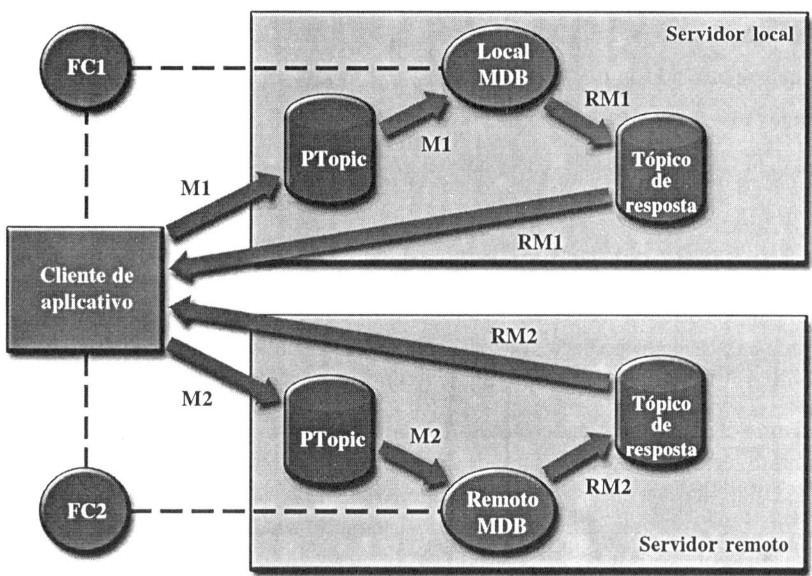

Figura 34-4 *Um aplicativo J2EE que envia mensagens para dois servidores.*

Como escrever os componentes de aplicativo

Escrever os componentes de aplicativos envolve duas tarefas:

- ❑ Codificar o cliente de aplicativo: MultiAppServerClient.java
- ❑ Codificar o bean orientado por mensagens: ReplyMsgBean.Java

Como codificar o cliente de aplicativo: MultiAppServerClient.Java

A classe do cliente de aplicativo, multiclient/src/MultiAppServerClient.java, faz o seguinte.

1. Ela usa um contexto de nomeação JNDI java:comp/env para pesquisar as duas fábricas de conexões e um tópico.
2. Para cada fábrica de conexões, ela cria uma conexão, um sessão do publicador, um publicador, uma sessão do assinante, um assinante e um tópico temporário para respostas.
3. Cada assinante define o seu receptor de mensagens, ReplyListener, e inicia a conexão.
4. Cada publicador publica cinco mensagens e cria uma lista de mensagens que o receptor deve esperar.
5. Quando chega cada resposta, o receptor de mensagens exibe seu conteúdo e o remove da lista de mensagens esperadas.
6. Quando todas as mensagens chegarem, o cliente sairá.

Como codificar o bean orientado por mensagens: ReplyMsgBean.java

O método onMessage da classe do bean orientado por mensagens, replybean/src/ReplyMsgBean.java, faz o seguinte:

1. Converte a mensagem de chegada para uma TextMessage e exibe o texto.
2. Cria uma conexão, uma sessão e um publicador para a mensagem de resposta.
3. Publica a mensagem no tópico de resposta.
4. Fecha a conexão

Nos dois servidores, o bean consumirá mensagens do tópico jms/Topic.

Como criar e empacotar os aplicativos

Este exemplo usa a fábrica de conexões chamada jms/TopicConnectionFactory e o tópico chamado jms/Topic. Estes objetos devem existir tanto no servidor local, como no servidor remoto. Se você precisar, poderá criar os objetos lá usando o Admin Console, como descrito em Como criar objetos administrados JMS.

Este exemplo usa uma fábrica de conexões adicional, jms/JupiterQueueConnectionFactory, que se comunica com o sistema remoto; você a criou em Como criar objetos administrados para sistemas múltiplos. Como as fábricas de conexões não são específicas para um domínio (exceto se você estiver usando um assinante durável), você poderá usar um objeto QueueConnectionFactory quando você estiver enviando mensagens para um tópico. Esta fábrica de conexões precisa existir somente no servidor local.

Criar e empacotar este aplicativo envolve seis etapas:

1. Criar as fábricas de conexões
2. Compilar os arquivos-fonte
3. Criar os aplicativos
4. Empacotar o cliente de aplicativo
5. Empacotar o bean orientado por mensagens
6. Atualizar os nomes JNDI

Você pode empacotar os aplicativos você mesmo como exercício. Use o asant build targets nos diretórios multiclient e replybean para compilar os arquivos-fonte.

Esta seção usa os arquivos EAR pré-empacotados para mostrar como criar e empacotar os aplicativos. Você pode usar os sistemas terra e júpiter para sistemas local e remoto.

O Servidor de Aplicativo deve estar rodando em ambos os sistemas. Você empacota, implanta, e roda o aplicativo a partir do sistema local.

Como examinar os aplicativos

1. No deploytool, no sistema local, abra os dois arquivos EAR MultiClientApp.ear e ReplyBeanApp.ear, que residem no diretório <*INSTALL*>/j2eetutorial14/jms/provided-ears.
2. Em MultiClientApp.ear, selecione o nó do cliente de aplicativo, MultiAppServerClient.
   a. Clique a guia Resource Ref's. O cliente pesquisa as duas fábricas de conexões e as converte para objetos do tipo javax.jms.ConnectionFactory. O nome codificado jms/ConnectionFactory1 se refere ao objeto jms/TopicConnectionFactory, e o nome codificado jms/ConnectionFactory2 se refere ao objeto jms/JupiterQueueConnectionFactory.
   b. Clique a guia Msg Dest Ref's. O nome codificado jms/TopicName se refere ao destino target PhysicalTopic.

   c. Clique a guia Message Destinations e, depois, clique PhysicalTopic. O cliente aparece na área Producers. Ele se refere ao nome JNDI jms/Topic. Este é o destino das mensagens enviadas. As respostas irão para um destino temporário.

3. Em ReplyBeanApp.ear, expanda o nó MDBJAR e selecione ReplyMsgBean.

   a. Clique a guia Message-Driven. O bean usa o destino target PhysicalTopic e a fábrica de conexões jms/TopicConnectionFactory.

   b. Clique a guia Resource Ref's. O bean usa a fábrica de conexões jms/TopicConnectionFactory para enviar mensagens de resposta. O bean pesquisa o nome codificado jms/MyConnectionFactory e converte o objeto para um objeto do tipo javax.jms.ConnectionFactory. O bean não pesquisa um tópico para as mensagens de resposta; em vez disso, ele usa o tópico temporário especificado no campo de cabeçalho JMSReplyTo da mensagem de chegada.

   c. Clique a guia Transactions. O bean usa transações gerenciadas por contêiner.

4. Selecione o nó MDBJAR, clique a guia Message Destinations e, depois, clique PhysicalTopic. O bean orientado por mensagens aparece na área Consumers. Ele se refere ao nome JNDI jms/Topic.

5. Selecione o nó ReplyBeanApp e clique Sun-specific Settings na página General. O nome JNDI para o bean orientado por mensagens é o recurso de destino do tópico, jms/Topic.

Verifique se os nomes JNDI para os aplicativos estão corretos.

O painel do aplicativo para ReplyBeanApp deve aparecer como na Tabela 34-7.

Tabela 34-7 Painel do aplicativo para ReplyBeanApp

Tipo de componente	Componente	Nome JNDI
EJB	ReplyMsgBean	jms/Topic

Tabela 34-8 Painel de referências para ReplyBeanApp

Tipo de referência	Referenciado por	Nome de referência	Nome JNDI
Recurso	ReplyMsgBean	Jms/MyConnectionFactory	jms/TopicConnectionFactory

Tabela 34-9 Painel de referências para MultiClientApp

Tipo de referência	Referenciado por	Nome de referência	Nome JNDI
Recurso	MultiAppServerClient	Jms/ConnectionFactory1	jms/TopicConnectionFactory
Recurso	MultiAppServerClient	Jms/ConnectionFactory2	jms/JupiterQueue-ConnectionFactory

O painel de referências para ReplyBeanApp deve aparecer como mostrado na Tabela 34-8.

Selecione o aplicativo MultiClientApp e clique a guia JNDI Names.

Os nomes JNDI para o aplicativo deve aparecer como mostrado na Tabela 34-9. Somente o painel de referências possui algum conteúdo.

Como implantar os aplicativos

Para implantar o aplicativo MultiClientApp e o aplicativo ReplyBeanApp no servidor local, execute as seguintes etapas para cada aplicativo:

1. Salve o aplicativo.
2. Selecione Tools → Deploy.
3. Na caixa de diálogo, escolha o URI para o localhost a partir do menu:

   localhost:4848
4. Digite o seu nome de usuário e senha administrativos (se eles ainda não foram preenchidos).
5. Para o aplicativo MultiClientApp, selecione a caixa de verificação Return Client Jar na área Application Client Stub Directory. Se você preferir rodar o cliente em um diretório diferente do default, clique Browse e use o selecionador de arquivos para especificá-lo.
6. Clique OK.
7. Na caixa de diálogo Distribute Module, clique Close quando o processo terminar. Para o aplicativo MultiClientApp, você encontrará um arquivo chamado MultiClientAppClient.jar no diretório especificado.

Antes que possa implantar o aplicativo ReplyBeanApp no servidor remoto, você deve adicionar o servidor remoto. Se não fez isso antes, execute as seguintes etapas:

1. Escolha File → Add Server.
2. Digite o nome do servidor no campo Server Name, e clique OK.
3. O servidor aparece na árvore sob Servers. Selecione-o.
4. Na caixa de diálogo que aparece, digite o nome de usuário e a senha administrativos para o servidor na área Connection Settings, e clique OK.

Para implantar o aplicativo ReplyBeanApp no servidor remoto, execute as seguintes tarefas:

1. Salve o aplicativo.
2. Escolha Tools → Deploy.
3. Na caixa de diálogo, escolha o URI com o nome do sistema remoto a partir do menu.
4. Digite o seu nome de usuário e senha administrativos (se eles ainda não foram preenchidos) e clique OK.
5. Na caixa de diálogo Distribute Module, clique Close quando o processo terminar.

Como rodar o cliente de aplicativo

Para rodar o cliente, use o seguinte comando:

```
appclient -client MultiClientAppClient.jar
```

No sistema local, a saída do comando appclient se parece com isto:

```
Sent message: text: id=1 to local app server
Sent message: text: id=2 to remote app server
ReplyListener: Received message: id=1, text=ReplyMsgBean
processed message: text: id=1 to local app server
Sent message: text: id=3 to local app server
ReplyListener: Received message: id=3, text=ReplyMsgBean
processed message: text: id=3 to local app server
ReplyListener: Received message: id=2, text=ReplyMsgBean
```

```
processed message: text: id=2 to remote app server
Sent message: text: id=4 to remote app server
ReplyListener: Received message: id=4, text=ReplyMsgBean
processed message: text: id=4 to remote app server
Sent message: text: id=5 to local app server
ReplyListener: Received message: id=5, text=ReplyMsgBean
processed message: text: id=5 to local app server
Sent message: text: id=6 to remote app server
ReplyListener: Received message: id=6, text=ReplyMsgBean
processed message: text: id=6 to remote app server
Sent message: text: id=7 to local app server
ReplyListener: Received message: id=7, text=ReplyMsgBean
processed message: text: id=7 to local app server
Sent message: text: id=8 to remote app server
ReplyListener: Received message: id=8, text=ReplyMsgBean
processed message: text: id=8 to remote app server
Sent message: text: id=9 to local app server
ReplyListener: Received message: id=9, text=ReplyMsgBean
processed message: text: id=9 to local app server
Sent message: text: id=10 to remote app server
ReplyListener: Received message: id=10, text=ReplyMsgBean
processed message: text: id=10 to remote app server
Waiting for 0 message(s) from local app server
Waiting for 0 message(s) from remote app server
Finished
Closing connection 1
Closing connection 2
```

No sistema local, onde o bean orientado por mensagens recebe as mensagens de números ímpares, a saída no log do servidor se parece com isto (empacotada na informação de login):

```
In ReplyMsgBean.ReplyMsgBean()
In ReplyMsgBean.setMessageDrivenContext()
In ReplyMsgBean.ejbCreate()
ReplyMsgBean: Received message: text: id=1 to local app server
ReplyMsgBean: Received message: text: id=3 to local app server
ReplyMsgBean: Received message: text: id=5 to local app server
ReplyMsgBean: Received message: text: id=7 to local app server
ReplyMsgBean: Received message: text: id=9 to local app server
```

No sistema remoto, onde o bean orientado por mensagens recebe as mensagens com números pares, a saída no log do servidor se parece com isto (empacotada na informação de login):

```
In ReplyMsgBean.ReplyMsgBean()
In ReplyMsgBean.setMessageDrivenContext()
In ReplyMsgBean.ejbCreate()
ReplyMsgBean: Received message: text: id=2 to remote app server
ReplyMsgBean: Received message: text: id=4 to remote app server
ReplyMsgBean: Received message: text: id=6 to remote app server
ReplyMsgBean: Received message: text: id=8 to remote app server
ReplyMsgBean: Received message: text: id=10 to remote app server
```

Desimplante os aplicativos depois de terminar de rodar o cliente.

35

APLICATIVO COFFEE BREAK

Este capítulo descreve o aplicativo Coffee Break, um conjunto de aplicativos Web que demonstra como usar várias das APIs de serviços Web Java juntas. O Coffee Break vende café na Internet. Os clientes se comunicam com o servidor do Coffee Break para pedir café on-line. Existem duas versões do servidor de Coffee Break que você pode rodar: uma delas consiste em servlets Java, páginas JSP e componente JavaBeans; a outra usa a tecnologia JavaServer Faces bem como servlets Java, páginas JSP e componentes JavaBeans. Usando qualquer uma das versões, o cliente entra a solicitação da quantidade de cada café e clica o botão Submit para enviar o pedido.

O Coffee Break não mantém nenhum estoque. Ele trata gerenciamento de cliente e de pedido e faturamento. Cada pedido é preenchido pela emissão de subpedidos para um ou mais fornecedores de café. Este processo é descrito na Figura 35-1.

As duas versões do servidor de Coffee Break obtêm as variedades de café e seus preços consultando fornecedores ao iniciar e sob demanda.

1. Os servidores de Coffee Break usam serviço de mensagens SAAJ para a comunicação com um dos fornecedores. O Coffee Break está negociando com este fornecedor há algum tempo e fez previamente alguns acordos necessários para efetuar o serviço de mensagens SAAJ para requisição e resposta. As duas partes concordaram em trocar quatro tipos de mensagens XML e configuraram as DTDs que aquelas mensagens seguirão.

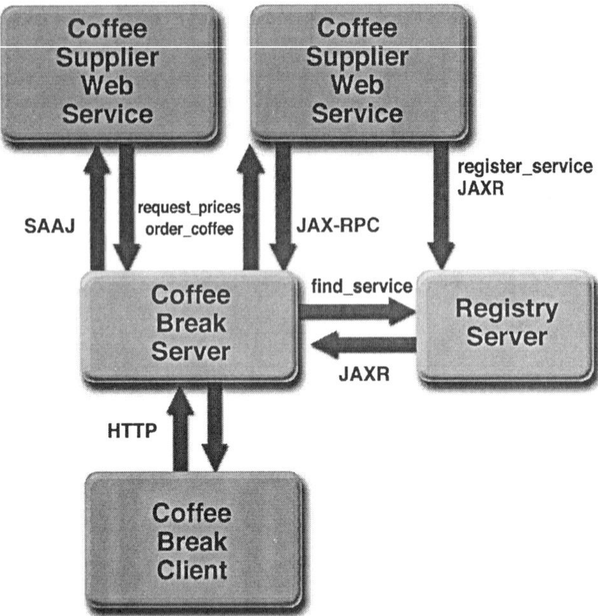

Figura 35-1 *Fluxo do aplicativo Coffee Break.*

2. Os servidores de Coffee Break usam JAXR para enviar uma consulta à procura de fornecedores de café que suportem JAX-RPC para um registro de servidor.
3. Os servidores de Coffee Break requisitam listas de preço de cada um dos fornecedores de café. Os servidores fazem as apropriadas chamadas remotas de procedimento e esperam a resposta, ou seja, um componente JavaBeans que representa uma lista de preços. O fornecedor SAAJ retorna as listas de preço como documentos XML.
4. Ao receber as respostas, os servidores de Coffee Break processam as listas de preço a partir de componentes JavaBeans retornados pelas chamadas aos fornecedores.
5. Os servidores de Coffee Break criam um banco de dados local de fornecedores.
6. Quando um pedido é colocar, subpedidos são enviados para um ou mais fornecedores usando o protocolo preferido do fornecedor.

Código comum

Os servidores de Coffee Break compartilham o arquivo CoffeeBreak.properties, que contém os URLs expostos pelos fornecedores JAX-RPC e SAAJ; a classe URLHelper é usada pelo servidor e as classes de clientes para obter os URLs; a classe utilitária DateHelper; e os seguintes componentes JavaBeans:

- AddressBean: informação de expedição para o cliente
- ConfirmationBean: id do pedido e data de expedição
- CustomerBean: informação de contato do cliente
- LineItemBean: item do pedido
- OrderBean: id do pedido, cliente, endereço, lista de itens de linha, price total
- PriceItemBean: entrada da lista de preços (nome do café e preço de venda total)
- PriceListBean: lista de preços

O código-fonte para os arquivos compartilhados está no diretório *<INSTALL>*/j2eetutorial14/examples/cb/common/src/com/sun/cb/.

Serviço de fornecedor de café JAX-RPC

Os servidores de Coffee Break são clientes do serviço de fornecedor de café JAX-RPC. O código de serviço é constituído da interface de serviço, a classe de implementação do serviço e diversos componentes JavaBeans usados para parâmetros do método e tipos de retorno.

Interface de serviço

A interface de serviço, SupplierIF define os métodos que podem ser chamados pelos clientes remotos. Os parâmetros e o tipo de retorno destes métodos são os componentes JavaBeans listados na seção precedente.

O código-fonte para a interface SupplierIF, a seguir, reside no diretório *<INSTALL>*/j2eetutorial14/examples/cb/jaxrpc/src/.

```
package com.sun.cb;

import java.rmi.Remote;
import java.rmi.RemoteException;

public interface SupplierIF extends Remote {

  public ConfirmationBean placeOrder(OrderBean order)
    throws RemoteException;
  public PriceListBean getPriceList() throws RemoteException;
}
```

Implementação de serviço

A classe SupplierImpl implementa os métodos placeOrder e getPriceList, definidos pela interface SupplierIF. De modo que você possa se concentrar no código relacionado com JAX-RPC, estes métodos são curtos e simples. Em um aplicativo do mundo real, estes métodos acessariam bancos de dados e interagiriam com outros serviços, tais como expedição, contabilidade e estoque.

O método placeOrder aceita como entrada um pedido de café e retorna uma confirmação para o pedido. Para manter as coisas simples, o método placeOrder confirma cada pedido e define a data de expedição na confirmação para o próximo dia. O código-fonte para o método placeOrder é o seguinte:

```
public ConfirmationBean placeOrder(OrderBean order) {

  Date tomorrow = DateHelper.addDays(new Date(), 1);
  ConfirmationBean confirmation =
    new ConfirmationBean(order.getId(),
      DateHelper.dateToCalendar(tomorrow));
  return confirmation;
}
```

O método getPriceList retorna um objeto PriceListBean, o qual lista o nome e o preço de cada tipo de café que pode ser pedido por este serviço. O método getPriceList cria o objeto PriceListBean chamando um método privado loadPrices. Em um aplicativo de produção, o método loadPrices busca os preços de um banco de dados. Todavia, o nosso loadPrices pega um atalho para obter os preços do arquivo SupplierPrices.properties. Aqui estão os métodos getPriceList e loadPrices.

```
public PriceListBean getPriceList() {

  PriceListBean priceList = loadPrices();
  return priceList;
```

```
}

private PriceListBean loadPrices() {

  String propsName = "com.sun.cb.SupplierPrices";
  Date today = new Date();
  Date endDate = DateHelper.addDays(today, 30);

  PriceItemBean[] priceItems =
    PriceLoader.loadItems(propsName);
  PriceListBean priceList =
    new PriceListBean(DateHelper.dateToCalendar(today),
      DateHelper.dateToCalendar(endDate), priceItems);

  return priceList;
}
```

Como publicar o serviço no registro

Como queremos que os clientes encontrem nosso serviço, nós o publicamos em um registro. Quando o aplicativo Web JAX-RPC é iniciado e parado, o objeto receptor de contexto ContextListener publica e remove o serviço nos métodos contextInitialized e contextDestroyed respectivamente.

O método contextInitialized começa obtendo o registro e URLs do endpoint e as propriedades de registro do café. Tanto o inicializador de contexto como o destruidor chamam o método makeConnection, que cria uma conexão para o servidor de registro. Veja Como estabelecer uma conexão para mais informações. Para fazer isso, ele primeiro especifica um conjunto de propriedades de conexão usando o URL do registro obtido de um parâmetro de contexto. Para o servidor de registro, a consulta e os URLs de publicação são na verdade os mesmos.

```
Properties props = new Properties();
props.setProperty("javax.xml.registry.queryManagerURL",
  queryUrl);
props.setProperty("javax.xml.registry.lifeCycleManagerURL",
  publishUrl);
```

Em seguida, o método makeConnection cria a conexão usando um fábrica de conexões que ele pesquisa usando JNDI:

```
context = new InitialContext();
factory = (ConnectionFactory)
  context.lookup("java:comp/env/eis/JAXR");
factory.setProperties(props);
connection = factory.createConnection();
```

Em seguida, o programa instancia uma classe utilitária chamada JAXRPublisher. Para publicar o serviço, o método contextInitialized chama o método executePublish, que aceita como conexão de entrada: username, password e endpoint. Os valores username e password são obrigatórios pelo servidor de registro. O valor endpoint é o URL que os clientes remotos usarão para contactar nosso serviço JAX-RPC. O método executePublish de JAXRPublisher retorna uma chave que identifica exclusivamente o serviço no registro. O método contextInitialized salva esta chave em um arquivo-texto chamado orgkey.txt. O método contextDestroyed lê a chave do arquivo orgkey.txt de modo que ele possa deletar o serviço. Veja Como deletar o serviço do registro. O código-fonte para o método contextInitialized é o seguinte:

```
public void contextInitialized(ServletContextEvent event) {
  String registryURL =
    context.getInitParameter("registryURL");
  String endpoint = URLHelper.getEndpointURL();
```

```
ResourceBundle registryBundle = ResourceBundle.getBundle("
  com.sun.cb.CoffeeRegistry");

String username =
  registryBundle.getString("registry.username");
String password =
  registryBundle.getString("registry.password");
String keyFile = registryBundle.getString("key.file");

Connection connection = makeConnection(registryURL,
  registryURL);
if (connection != null) {
String key = publisher.executePublish(connection, username,
    password, endpoint);
try {
  FileWriter out = new FileWriter(keyFile);
  out.write(key);
  out.flush();
  out.close();
} catch (IOException ex) {
  System.out.println(ex.getMessage());
}
try {
  connection.close();
} catch (Exception je) {}
}
}
```

A classe JAXRPublisher é quase idêntica ao programa de amostra JAXRPublish.java, descrito em Como gerenciar dados do registro.

O método executePublish aceita quatro argumentos: a conexão para o servidor de registro, um nome de usuário, uma senha e um endpoint. Ele começa obtendo um objeto RegistryService e, depois, um objeto BusinessQueryManager e um objeto BusinessLifeCycleManager, os quais o habilitam a executar as consultas e a gerenciar os dados:

```
rs = connection.getRegistryService();
blcm = rs.getBusinessLifeCycleManager();
bqm = rs.getBusinessQueryManager();
```

Como ele precisa da autenticação da senha para publicar os dados, o método executePublish usa, então, os argumentos username e password para estabelecer suas credenciais de segurança.

```
PasswordAuthentication passwdAuth =
  new PasswordAuthentication(username,
    password.toCharArray());
Set creds = new HashSet();
creds.add(passwdAuth);
connection.setCredentials(creds);
```

Depois ele cria um objeto Organization com o nome JAXRPCCoffeeSupplier e um objeto User que servirá como contato principal. Este código é quase idêntico ao código nos exemplos JAXR.

```
ResourceBundle bundle =
  ResourceBundle.getBundle("com.sun.cb.CoffeeRegistry");

// Create organization name and description
Organization org =
  blcm.createOrganization(bundle.getString("org.name"));
```

```
InternationalString s =
  blcm.createInternationalString
  (bundle.getString("org.description"));
org.setDescription(s);

// Create primary contact, set name
User primaryContact = blcm.createUser();
PersonName pName =
  blcm.createPersonName(bundle.getString("person.name"));
primaryContact.setPersonName(pName);
```

O método executePublish adiciona um número de telefone e um endereço de e-mail para o usuário, depois ele faz o usuário o contato principal:

```
org.setPrimaryContact(primaryContact);
```

Ele fornece ao objeto JAXRPCCoffeeSupplier uma classificação usando o Sistema de Classificação para a Indústria Norte Americana (The North American Industry Classification System, NAICS). Neste caso, ele usa a classificação "Outros Gêneros Alimentícios e Atacadistas de Produtos Relacionados".

```
Classification classification = (Classification)
  blcm.createClassification(cScheme,
    bundle.getString("classification.name"),
    bundle.getString("classification.value"));
Collection classifications = new ArrayList();
classifications.add(classification);
org.addClassifications(classifications);
```

Em seguida, ele adiciona o serviço JAX-RPC, chamado JAXRPCCoffee Service, e sua ligação de serviço. O URL de acesso para a ligação de serviço contém o URL do endpoint que clientes remotos usarão para contactar nosso serviço:

```
http://localhost:8080/jaxrpc-coffee-supplier/jaxrpc
Collection services = new ArrayList();
Service service =
  blcm.createService(bundle.getString("service.name"));
InternationalString is =
  blcm.createInternationalString
  (bundle.getString("service.description"));
service.setDescription(is);

// Create service bindings
Collection serviceBindings = new ArrayList();
ServiceBinding binding = blcm.createServiceBinding();
is = blcm.createInternationalString
  (bundle.getString("service.binding"));
binding.setDescription(is);
binding.setValidateURI(false);
binding.setAccessURI(endpoint);
serviceBindings.add(binding);

// Add service bindings to service
service.addServiceBindings(serviceBindings);

// Add service to services, then add services to organization
services.add(service);
org.addServices(services);
```

Depois ele salva a organização para o registro:

```
Collection orgs = new ArrayList();
orgs.add(org);
BulkResponse response = blcm.saveOrganizations(orgs);
```

O objeto BulkResponse retornado por saveOrganizations inclui o objeto Key contendo o valor de chave única para a organização. O método executePublish primeiro checa para se certificar de que as chamadas de saveOrganizations foram bem sucedidas.

Se a chamada foi bem sucedida, o método extrai o valor do objeto Key e o exibe:

```
Collection keys = response.getCollection();
Iterator keyIter = keys.iterator();
if (keyIter.hasNext()) {
  javax.xml.registry.infomodel.Key orgKey =
    (javax.xml.registry.infomodel.Key) keyIter.next();
  id = orgKey.getId();
  System.out.println("Organization key is " + id);
}
```

Finalmente, o método retorna a string id de modo que o programa OrgPublisher possa salvá-lo em um arquivo para uso do programa OrgRemover.

Como deletar o serviço do registro

O método contextDestroyed deleta o serviço do servidor de registro. Como o método contextInitialized, o método contextDestroyed inicia buscando o URL de registro e outros valores do arquivo CoffeeRegistry.properties. Um desses valores, keyFile, é o nome do arquivo que contém a chave que identifica unicamente o serviço. O método contextDestroyed lê a chave do arquivo, conecta-se ao servidor de registro chamando makeConnection e, depois, deleta o serviço do registro chamando executeRemove. Aqui está o código-fonte para o método contextDestroyed:

```
public void contextDestroyed(ServletContextEvent event) {
  String keyStr = null;

  String registryURL =
    context.getInitParameter("registryURL");

  ResourceBundle registryBundle =
    ResourceBundle.getBundle("com.sun.cb.CoffeeRegistry");

  String username =
  registryBundle.getString("registry.username");
    String password =
    registryBundle.getString("registry.password");
  String keyFile = registryBundle.getString("key.file");

  try {
    FileReader in = new FileReader(keyFile);
    char[] buf = new char[512];
    while (in.read(buf, 0, 512) >= 0) { }
    in.close();
    keyStr = new String(buf).trim();
  } catch (IOException ex) {
    System.out.println(ex.getMessage());
  }
```

```
  JAXRRemover remover = new JAXRRemover();
  Connection connection = makeConnection(registryURL,
    registryURL);
  if (connection != null) {
    javax.xml.registry.infomodel.Key modelKey = null;
    modelKey = remover.createOrgKey(connection, keyStr);
    remover.executeRemove(connection, modelKey, username,
password);
    try {
      connection.close();
    } catch (Exception je) {}
  }
}
```

Instanciada pelo método contextDestroyed, a classe JAXRRemover contém os métodos createOrgKey e executeRemove. Ela é quase idêntica ao programa JAXRDelete.java de amostra, descrito em Como remover dados do registro.

O método utilitário createOrgKey aceita dois argumentos: a conexão ao servidor de registro e o valor de string extraído do arquivo-chave. Ele obtém o objeto RegistryService e o objeto BusinessLifeCycleManager e, então, cria um objeto Key a partir do valor da string.

O método executeRemove aceita quatro argumentos: uma conexão, um nome de usuário, uma senha e o objeto Key retornado pelo método createOrgKey. Ele usa os argumentos username e password para estabelecer suas credenciais de segurança com o servidor de registro, exatamente como faz o método executePublish.

O método então empacota o objeto Key em uma Collection e usa o método deleteOrganizations do objeto LifeCycleManager para deletar a organização.

```
Collection keys = new ArrayList();
keys.add(key);
BulkResponse response = blcm.deleteOrganizations(keys);
```

O método deleteOrganizations retorna as chaves das organizações que ele deletou: o método executeRemove, então, verifica se a operação correta foi efetuada e exibe a chave para a organização deletada.

```
Collection retKeys = response.getCollection();
Iterator keyIter = retKeys.iterator();
javax.xml.registry.infomodel.Key orgKey = null;
if (keyIter.hasNext()) {
  orgKey = (javax.xml.registry.infomodel.Key) keyIter.next();
  id = orgKey.getId();
  System.out.println("Organization key was " + id);
}
```

Serviço do fornecedor de café SAAJ

Em contraste com o serviço JAX-RPC, o serviço do fornecedor SAAJ não faz registro acessível publicamente. Ele simplesmente implementa os acordos que o fornecedor e o Coffee Break fizeram com relação a seus intercâmbios de documentos XML. Esses acordos incluem os tipos de mensagens que eles enviarão, o formulário dessas mensagens, e o tipo de serviço de mensagens que eles farão. Eles concordaram em fazer serviço de mensagens requisição-resposta usando a API SAAJ (o pacote javax.xml.SOAP).

Os servidores de Coffee Break enviam dois tipos de mensagens:

- ❑ Requisições para preços de café de atacadista corrente
- ❑ Pedidos de clientes para café

Os fornecedores de café SAAJ respondem com dois tipos de mensagens:

- Lista de preços corrente
- Confirmações de pedido

Todas as mensagens que eles enviam obedecem a uma estrutura XML sob acordo, a qual é especificada em uma DTD para cada tipo de mensagem. Isso permite que eles troquem mensagens mesmo que usem formatos de documentos diferentes internamente.

Os quatro tipos de mensagens trocados pelos servidores de Coffee Break e o fornecedor SAAJ estão especificados pelas seguintes DTDs:

- request-prices.dtd
- price-list.dtd
- coffee-order.dtd
- confirm.dtd

Estas DTDs podem ser encontradas no diretório <*INSTALL*>/j2eetutorial14/examples/cb/saaj/dtds/. O diretório dtds também contém uma amostra de como os documentos XML especificados nas DTDs podem parecer. Os arquivos XML correspondentes para as DTDs são os seguintes:

- request-prices.xml
- price-list.xml
- coffee-order.xml
- confirm.xml

Por causa das DTDs, as duas partes sabem com antecipação o que esperar de um tipo de mensagem particular e podem, portanto, extrair seu conteúdo usando a API SAAJ.

O código para os aplicativos do cliente e do servidor está neste diretório:

```
<INSTALL>/j2eetutorial14/examples/cb/saaj/src/
```

Cliente SAAJ

Os servidores de Coffee Break, que são os clientes SAAJ neste cenário, enviam requisições para seu fornecedor SAAJ. O aplicativo do cliente SAAJ usa a chamada do método SOAPConnection para enviar as mensagens.

```
SOAPMessage response = con.call(request, endpoint);
```

Conseqüentemente, o código do cliente tem duas tarefas principais. A primeira é criar e enviar a requisição; a segunda é extrair o conteúdo da resposta. Essas tarefas são tratadas pelas classes PriceListRequest e OrderRequest.

Como enviar a requisição

Esta seção aborda o código para criar e enviar a requisição para uma lista de preços atualizada. Isso é feito no método getPriceList de PriceListRequest, que segue o DTD price-list.dtd.

O método getPriceList começa criando a conexão que será usada para enviar a requisição. Depois ele obtém o objeto default MessageFactory de modo que ele possa criar o msg do objeto SOAPMessage.

```
SOAPConnectionFactory scf =
  SOAPConnectionFactory.newInstance();
SOAPConnection con = scf.createConnection();
```

```
MessageFactory mf = MessageFactory.newInstance();
SOAPMessage msg = mf.createMessage();
```

A próxima etapa é acessar o objeto SOAPEnvelope da mensagem, que será usado para criar um objeto Name para cada novo elemento criado. O objeto SOAPEnvelope é também usado para acessar o objeto SOAPBody, ao qual o conteúdo da mensagem será adicionado.

```
SOAPPart part = msg.getSOAPPart();
SOAPEnvelope envelope = part.getEnvelope();
SOAPBody body = envelope.getBody();
```

O arquivo price-list.dtd especifica que o elemento mais ao alto dentro do corpo é request-prices e que ele contém o elemento request. O nó de texto adicionado à requisição é o texto da requisição que está sendo enviado. Cada elemento novo que é adicionado à mensagem deve possuir um objeto Name para identificá-lo, e este objeto é criado pelo método createName do objeto Envelope. As linhas de código seguintes criam o elemento em nível de topo no corpo do objeto SOAPBody. O primeiro elemento criado em um objeto SOAPBody é sempre um objeto SOAPBodyElement.

```
Name bodyName = envelope.createName("request-prices",
  "RequestPrices", "http://sonata.coffeebreak.com");
SOAPBodyElement requestPrices =
  body.addBodyElement(bodyName);
```

Nas próximas poucas linhas, o código adiciona o elemento request ao elemento request-prices (representado por de SOAPBodyElement requestPrices). Depois o código adiciona um nó de texto contendo o texto da requisição. Em seguida, como não há outros elementos na requisição, o código chama o método saveChanges da mensagem para salvar o que foi feito.

```
Name requestName = envelope.createName("request");
SOAPElement request =
  requestPrices.addChildElement(requestName);
request.addTextNode("Send updated price list.");

msg.saveChanges();
```

Com a criação da mensagem de requisição completada, o código envia a mensagem para o fornecedor de café SAAJ. A mensagem sendo enviada é msg do objeto SOAPMessage, ao qual os elementos criados nos snippets do código anterior foram adicionados. O endpoint é o URI para o fornecedor de café SAAJ, http://localhost:8080/saaj-coffee-supplier/getPriceList. O con do objeto SOAPConnection é usado para enviar a mensagem, e, como não é mais necessário, ele é fechado.

```
URL endpoint = new URL(url);
SOAPMessage response = con.call(msg, endpoint);
con.close();
```

Quando o método call é executado, o Servidor de Aplicativo executa o servlet PriceListServlet. Este servlet cria e retorna um objeto SOAPMessage cujo conteúdo é a lista de preços do fornecedor SAAJ. (PriceListServlet é discutido em Como retornar a lista de preços. O Servidor de Aplicativo sabe executar PriceListServlet porque nós mapeamos o endpoint dado para esse servlet.

Como extrair a lista de preços

Esta seção demonstra (1) a obtenção da lista de preços que está contida em *response*, o objeto SOAPMessage retornado pelo método call, e (2) retornando a lista de preços como PriceListBean.

O código cria um objeto Vector vazio que conterá os elementos *coffee-name* e *price* que são extraídos de *response*. Então o código usa *response* para acessar seu objeto SOAPBody, que contém o conteúdo da mensagem. Note que o objeto SOAPEnvelope não é acessado separadamente e não é necessário para criar os objetos Name, como foi na seção anterior.

```
Vector list = new Vector();

SOAPBody responseBody =
  response.getSOAPPart().getEnvelope().getBody();
```

A próxima etapa é obter o elemento SOAPBodyElement. O método getChildElements retorna um objeto Iterator que contém todos os elementos-filho do elemento ao qual ele é chamado, portanto, as linhas de código seguintes, it1 contém bodyEl do objeto SOAPBodyElement, representante do elemento price-list.

```
Iterator it1 = responseBody.getChildElements();
while (it1.hasNext()) {
  SOAPBodyElement bodyEl = (SOAPBodyElement)it1.next();
```

O objeto Iterator it2 contém os elementos-filho de bodyEl, que representa os elementos coffee. Chamar o método *next* em it2 obtém o primeiro elemento coffee em bodyEl. Enquanto it2 possuir um outro elemento, o método *next* retornará o próximo elemento coffee.

```
Iterator it2 = bodyEl.getChildElements();
while (it2.hasNext()) {
  SOAPElement child2 = (SOAPElement)it2.next();
```

As próximas linhas de código perfuram um outro nível para obter os elementos *coffee-name* e *price* contidos em it3. Então a mensagem getValue obtém o texto (um nome de café e um preço) que o fornecedor de café SAAJ adicionou aos elementos *coffee-name* e *price* quando ele forneceu o conteúdo a *response*. A linha final no fragmento de código seguinte adiciona o nome do café ou o preço ao list do objeto Vector. Note que por causa dos loops while aninhados, para cada elemento coffee que o código obtém, ambos os seus elementos (os elementos *coffee-name* e *price*) são obtidos.

```
    Iterator it3 = child2.getChildElements();
    while (it3.hasNext()) {
      SOAPElement child3 = (SOAPElement)it3.next();
      String value = child3.getValue();
      list.addElement(value);
    }
  }
}
```

O fragmento de código final adiciona os nomes de café e seus preços (com um PriceListItem) para o ArrayList priceItems, e imprime cada um para uma linha separada. Finalmente ele contrói e retorna um PriceListBean.

```
ArrayList priceItems = new ArrayList();
for (int i = 0; i < list.size(); i = i + 2) {
  priceItems.add(
    new PriceItemBean(list.elementAt(i).toString(),
    new BigDecimal(list.elementAt(i + 1).toString())));
```

```
  System.out.print(list.elementAt(i) + "         ");
  System.out.println(list.elementAt(i + 1));
}

Date today = new Date();
Date endDate = DateHelper.addDays(today, 30);
Calendar todayCal = new GregorianCalendar();
todayCal.setTime(today);
Calendar cal = new GregorianCalendar();
cal.setTime(endDate);
plb = new PriceListBean();
plb.setStartDate(todayCal);
plb.setPriceItems(priceItems);
plb.setEndDate(cal);
```

Como pedir café

O outro tipo de mensagem que os servidores de Coffee Break podem enviar ao fornecedor SAAJ é um pedido para café. Isso é feito no método placeOrder de OrderRequest, que segue o DTD coffee-order.dtd.

Como criar o pedido

Da mesma forma que com o código de cliente ao solicitar uma lista de preços, o método placeOrder começa criando um objeto SOAPConnection, criando o objeto SOAPMessage, e acessando os objetos SOAPEnvelope e SOAPBody da mensagem.

```
SOAPConnectionFactory scf =
  SOAPConnectionFactory.newInstance();
SOAPConnection con = scf.createConnection();

MessageFactory mf = MessageFactory.newInstance();
SOAPMessage msg = mf.createMessage();

SOAPPart part = msg.getSOAPPart();
SOAPEnvelope envelope = part.getEnvelope();
SOAPBody body = envelope.getBody();
```

Em seguida, o código cria e adiciona elementos XML ao formulário do pedido. Como é obrigatório, o primeiro elemento é um SOAPBodyElement, que neste caso é coffee-order.

```
Name bodyName = envelope.createName("coffee-order", "PO",
  "http://sonata.coffeebreak.com");
SOAPBodyElement order = body.addBodyElement(bodyName);
```

O aplicativo então adiciona o próximo nível de elementos, o primeiro deles sendo orderID. O valor dado para orderID é extraído do objeto OrderBean passado para o método OrderRequest.placeOrder.

```
Name orderIDName = envelope.createName("orderID");
SOAPElement orderID = order.addChildElement(orderIDName);
orderID.addTextNode(orderBean.getId());
```

O próximo elemento, customer, possui vários elementos-filho que fornecem informação sobre o cliente. Esta informação é também extraída do componente Customer de OrderBean.

```
Name childName = envelope.createName("customer");
SOAPElement customer = order.addChildElement(childName);
```

```
childName = envelope.createName("last-name");
SOAPElement lastName = customer.addChildElement(childName);
lastName.addTextNode(orderBean.getCustomer().getLastName());

childName = envelope.createName("first-name");
SOAPElement firstName = customer.addChildElement(childName);
firstName.addTextNode(orderBean.getCustomer().getFirstName());

childName = envelope.createName("phone-number");
SOAPElement phoneNumber = customer.addChildElement(childName);
phoneNumber.addTextNode(
  orderBean.getCustomer().getPhoneNumber());

childName = envelope.createName("email-address");
SOAPElement emailAddress =
  customer.addChildElement(childName);
emailAddress.addTextNode(
  orderBean.getCustomer().getEmailAddress());
```

O elemento address, adicionado em seguida, possui elementos-filho para a rua, cidade, estado, e código de endereçamento postal. Esta informação é extraída do componente Address de OrderBean.

```
childName = envelope.createName("address");
SOAPElement address = order.addChildElement(childName);

childName = envelope.createName("street");
SOAPElement street = address.addChildElement(childName);
street.addTextNode(orderBean.getAddress().getStreet());

childName = envelope.createName("city");
SOAPElement city = address.addChildElement(childName);
city.addTextNode(orderBean.getAddress().getCity());

childName = envelope.createName("state");
SOAPElement state = address.addChildElement(childName);
state.addTextNode(orderBean.getAddress().getState());

childName = envelope.createName("zip");
SOAPElement zip = address.addChildElement(childName);
zip.addTextNode(orderBean.getAddress().getZip());
```

O elemento line-item possui três elementos-filho: coffeeName, pounds e price. Esta informação é extraída da lista LineItems contida em OrderBean.

```
for (Iterator it = orderBean.getLineItems().iterator();
    it.hasNext(); ) {
  LineItemBean lib = (LineItemBean)it.next();

  childName = envelope.createName("line-item");
  SOAPElement lineItem = order.addChildElement(childName);

  childName = envelope.createName("coffeeName");
  SOAPElement coffeeName =
    lineItem.addChildElement(childName);
  coffeeName.addTextNode(lib.getCoffeeName());

  childName = envelope.createName("pounds");
  SOAPElement pounds = lineItem.addChildElement(childName);
  pounds.addTextNode(lib.getPounds().toString());
```

```
  childName = envelope.createName("price");
  SOAPElement price = lineItem.addChildElement(childName);
  price.addTextNode(lib.getPrice().toString());
}

// total
childName = envelope.createName("total");
SOAPElement total = order.addChildElement(childName);
total.addTextNode(orderBean.getTotal().toString());
```

Com o pedido completo, o aplicativo envia a mensagem para o endpoint http://localhost:8080/saaj-coffee-supplier/orderCoffee e fecha a conexão.

```
URL endpoint = new URL(url);
SOAPMessage reply = con.call(msg, endpoint);
con.close();
```

Como nós mapeamos o dado endpoint para ConfirmationServlet, o Servidor de Aplicativo executa esse servlet (discutido em Como retornar a confirmação do pedido) para criar e retornar o reply do objeto SOAPMessage.

Como retornar a confirmação do pedido

O resto do método placeOrder obtém a informação retornada em reply. O cliente sabe quais elementos estão dentro dele porque eles são especificados em confirm.dtd. Depois de acessar o objeto SOAPBody, o código obtém o elemento de confirmação e os textos dos elementos orderID e ship-date. Finalmente, ele constrói e retorna um ConfirmationBean com esta informação.

```
SOAPBody sBody = reply.getSOAPPart().getEnvelope().getBody();
Iterator bodyIt = sBody.getChildElements();
SOAPBodyElement sbEl = (SOAPBodyElement)bodyIt.next();
Iterator bodyIt2 = sbEl.getChildElements();

SOAPElement ID = (SOAPElement)bodyIt2.next();
String id = ID.getValue();

SOAPElement sDate = (SOAPElement)bodyIt2.next();
String shippingDate = sDate.getValue();

SimpleDateFormat df =
  new SimpleDateFormat("EEE MMM dd HH:mm:ss z yyyy");
Date date = df.parse(shippingDate);
Calendar cal = new GregorianCalendar();
cal.setTime(date);
cb = new ConfirmationBean(id, cal);
```

Serviço SAAJ

O fornecedor de café SAAJ – o servidor SAAJ neste cenário – fornece a parte de resposta do paradigma requisição-resposta. Quando o mapeamento de SAAJ estiver sendo usado, o código do servidor será um servlet. A parte do núcleo de cada servlet é constituída por três métodos javax.servlet.HttpServlet: init, doPost e onMessage. Os métodos init e doPost configuram a mensagem de resposta, e o método onMessage fornece à mensagem o seu conteúdo.

Como retornar a lista de preços

Esta seção leva você através do servlet PriceListServlet. Este servlet cria a mensagem contendo a lista de preços corrente que retorna à chamada do método, convocado em PriceListRequest.

Qualquer servlet estende a classe javax.servlet. Sendo parte de um aplicativo Web, este servlet estende HttpServlet. Ele cria primeiro um objeto estático MessageFactory que será usado mais tarde para criar o objeto SOAPMessage que é retornado.

```
public class PriceListServlet extends HttpServlet {
  static MessageFactory fac = null;

  static {
    try {
      fac = MessageFactory.newInstance();
    } catch (Exception ex) {
      ex.printStackTrace();
    }
  };
```

Todo servlet possui um método init. Este método init inicializa o servlet com a informação de configuração que o Servidor de Aplicativo passou para ele.

```
public void init(ServletConfig servletConfig)
    throws ServletException {
  super.init(servletConfig);
}
```

O próximo método definido em PriceListServlet é doPost, que faz o trabalho real do servlet chamando o método onMessage. (O método onMessage será discutido posteriormente nesta seção.) O Servidor de Aplicativo passa ao método doPost dois argumentos. O primeiro argumento, req do objeto HttpServletRequest, contém o conteúdo da mensagem enviada em PriceListRequest. O método doPost obtém o conteúdo de req e o coloca no msg do objeto SOAPMessage de modo que ele possa passá-lo para o método onMessage. O segundo argumento, resp do objeto HTTPServletResponse, conterá a mensagem gerada executando o método onMessage.

No fragmento de código seguinte, doPost chama os métodos getHeaders e putHeaders, definidos imediatamente após doPost, para ler e escrever os cabeçalhos em req. Depois ele obtém o conteúdo de req como um fluxo e passa os cabeçalhos e o fluxo de entrada para o método MessageFactory.createMessage. O resultado é que o msg do objeto SOAPMessage contém a requisição para uma lista de preços. Note que, neste caso, msg não possui nenhum cabeçalho porque a mensagem enviada em PriceListRequest não possui nenhum cabeçalho.

```
public void doPost(HttpServletRequest req,
    HttpServletResponse resp)
    throws ServletException, IOException {
  try {
    // Get all the headers from the HTTP request
    MimeHeaders headers = getHeaders(req);

    // Get the body of the HTTP request
    InputStream is = req.getInputStream();

    // Now internalize the contents of the HTTP request
    // and create a SOAPMessage
    SOAPMessage msg = fac.createMessage(headers, is);
```

Em seguida, o código declara o reply do objeto SOAPMessage e o preenche chamando o método onMessage.

```
SOAPMessage reply = null;
reply = onMessage(msg);
```

Se reply não possuir nada dentro dele, seu conteúdo será salvo, o status de resp será definido para OK, e os cabeçalhos e o conteúdo de reply serão escritos para resp. Se reply estiver vazio, o status de resp será definido para indicar que não existe conteúdo.

```
if (reply != null) {

  /*
  * Need to call saveChanges because we're
  * going to use the MimeHeaders to set HTTP
  * response information. These MimeHeaders
  * are generated as part of the save.
  */
      if (reply.saveRequired()) {
        reply.saveChanges();
      }

      resp.setStatus(HttpServletResponse.SC_OK);
      putHeaders(reply.getMimeHeaders(), resp);

      // Write out the message on the response stream
      OutputStream os = resp.getOutputStream();
      reply.writeTo(os);
      os.flush();
    } else {
      resp.setStatus(
        HttpServletResponse.SC_NO_CONTENT);
    }
  } catch (Exception ex) {
    throw new ServletException( "SAAJ POST failed: " +
      ex.getMessage());
  }
}
```

O métodos getHeaders e putHeaders não são métodos padronizados em um servlet, como init, doPost, e onMessage são. O método doPost chama getHeaders e o envia para o req do objeto HttpServletRequest que o Servidor de Aplicativo passou para ele. Ele retorna um objeto MimeHeaders preenchido com os cabeçalhos de req.

```
static MimeHeaders getHeaders(HttpServletRequest req) {

  Enumeration enum = req.getHeaderNames();
  MimeHeaders headers = new MimeHeaders();

  while (enum.hasMoreElements()) {
    String headerName = (String)enum.nextElement();
    String headerValue = req.getHeader(headerName);

    StringTokenizer values =
      new StringTokenizer(headerValue, ",");
    while (values.hasMoreTokens()) {
      headers.addHeader(headerName,
        values.nextToken().trim());
    }
  }
  return headers;
}
```

O método doPost chama putHeaders e o envia para o headers do objeto MimeHeaders, o qual retornou pelo método getHeaders. O método putHeaders escreve os cabeçalhos em headers to res, o segundo argumento passado para ele. O resultado é que res, a resposta que o Servidor de Aplicativo retornará para a chamada de método, agora contém os cabeçalhos que estavam na requisição original.

```
static void putHeaders(MimeHeaders headers,
    HttpServletResponse res) {

  Iterator it = headers.getAllHeaders();
  while (it.hasNext()) {
    MimeHeader header = (MimeHeader)it.next();

    String[] values = headers.getHeader(header.getName());
    if (values.length == 1)
      res.setHeader(header.getName(), header.getValue());
    else {
      StringBuffer concat = new StringBuffer();
      int i = 0;
      while (i < values.length) {
        if (i != 0) {
          concat.append(',');
        }
        concat.append(values[i++]);
      }
      res.setHeader(header.getName(), concat.toString());
    }
  }
}
```

O método onMessage é o código de aplicativo para responder a mensagem enviada por PriceListRequest e internalizada para msg. Ele usa o fac do objeto estático MessageFactory object para criar *message* do objeto SOAPMessage e, depois, o preenche com os preços de café corrente do fornecedor.

O método doPost chama onMessage e o envia para msg. Neste caso, onMessage não precisa usar msg porque ele simplesmente cria uma mensagem contendo a lista de preços do fornecedor. O método onMessage em ConfirmationServlet (veja Como retornar a confirmação do pedido), por outro lado, usa a mensagem passada para ele para obter a ID do pedido.

```
public SOAPMessage onMessage(SOAPMessage msg) {
  SOAPMessage message = null;

  try {
    message = fac.createMessage();
    SOAPPart part = message.getSOAPPart();
    SOAPEnvelope envelope = part.getEnvelope();
    SOAPBody body = envelope.getBody();

    Name bodyName = envelope.createName("price-list",
      "PriceList", "http://sonata.coffeebreak.com");
    SOAPBodyElement list = body.addBodyElement(bodyName);

    Name coffeeN = envelope.createName("coffee");
    SOAPElement coffee = list.addChildElement(coffeeN);

    Name coffeeNm1 = envelope.createName("coffee-name");
    SOAPElement coffeeName =
      coffee.addChildElement(coffeeNm1);
    coffeeName.addTextNode("Arabica");
```

```
    Name priceName1 = envelope.createName("price");
    SOAPElement price1 = coffee.addChildElement(priceName1);
    price1.addTextNode("4.50");

    Name coffeeNm2 = envelope.createName("coffee-name");
    SOAPElement coffeeName2 =
      coffee.addChildElement(coffeeNm2);
    coffeeName2.addTextNode("Espresso");

    Name priceName2 = envelope.createName("price");
    SOAPElement price2 = coffee.addChildElement(priceName2);
    price2.addTextNode("5.00");

    Name coffeeNm3 = envelope.createName("coffee-name");
    SOAPElement coffeeName3 =
      coffee.addChildElement(coffeeNm3);
    coffeeName3.addTextNode("Dorada");

    Name priceName3 = envelope.createName("price");
    SOAPElement price3 = coffee.addChildElement(priceName3);
    price3.addTextNode("6.00");

    Name coffeeNm4 = envelope.createName("coffee-name");
    SOAPElement coffeeName4 =
      coffee.addChildElement(coffeeNm4);
    coffeeName4.addTextNode("House Blend");

    Name priceName4 = envelope.createName("price");
    SOAPElement price4 = coffee.addChildElement(priceName4);
    price4.addTextNode("5.00");

    message.saveChanges();

  } catch(Exception e) {
    e.printStackTrace();
  }
  return message;
}
```

Como retornar a confirmação do pedido

ConfirmationServlet cria a mensagem de confirmação retornada para o método call que é chamado em OrderRequest. Ele é muito semelhante ao código em PriceListServlet exceto que, em vez de construir uma lista de preços, seu método onMessage constrói uma confirmação contendo o número do pedido e a data de expedição.

O método onMessage para este servlet usa o objeto SOAPMessage passado para ele pelo método doPost a fim de obter o número do pedido enviado em OrderRequest. Depois, ele constrói uma mensagem de confirmação contendo a ID do pedido e a data de expedição. A data de expedição é calculada como a data de hoje mais dois dias.

```
public SOAPMessage onMessage(SOAPMessage message) {

  SOAPMessage confirmation = null;

  try {

    // Retrieve orderID from message received
    SOAPBody sentSB =
      message.getSOAPPart().getEnvelope().getBody();
    Iterator sentIt = sentSB.getChildElements();
```

```
    SOAPBodyElement sentSBE = (SOAPBodyElement)sentIt.next();
    Iterator sentIt2 = sentSBE.getChildElements();
    SOAPElement sentSE = (SOAPElement)sentIt2.next();

    // Get the orderID test to put in confirmation
    String sentID = sentSE.getValue();

    // Create the confirmation message
    confirmation = fac.createMessage();
    SOAPPart sp = confirmation.getSOAPPart();
    SOAPEnvelope env = sp.getEnvelope();
    SOAPBody sb = env.getBody();

    Name newBodyName = env.createName("confirmation",
      "Confirm", "http://sonata.coffeebreak.com");
    SOAPBodyElement confirm = sb.addBodyElement(newBodyName);

    // Create the orderID element for confirmation
    Name newOrderIDName = env.createName("orderId");
    SOAPElement newOrderNo =
      confirm.addChildElement(newOrderIDName);
    newOrderNo.addTextNode(sentID);

    // Create ship-date element
    Name shipDateName = env.createName("ship-date");
    SOAPElement shipDate =
      confirm.addChildElement(shipDateName);

    // Create the shipping date
    Date today = new Date();
    long msPerDay = 1000 * 60 * 60 * 24;
    long msTarget = today.getTime();
    long msSum = msTarget + (msPerDay * 2);
    Date result = new Date();
    result.setTime(msSum);
    String sd = result.toString();
    shipDate.addTextNode(sd);

    confirmation.saveChanges();

  } catch (Exception ex) {
    ex.printStackTrace();
  }
  return confirmation;
}
```

Servidor de Coffee Break

Os servidores de Coffee Break utilizam servlets, páginas JSP e componentes JavaBeans para construir dinamicamente as páginas HTML para consumo por um cliente de browser Web. As páginas JSP usam a biblioteca de tags de template discutidas em Biblioteca de tag de template para conseguir uma aparência e um comportamento comum entre as páginas HTML, e muitas das tags personalizadas JSTL discutidas no Capítulo 14.

A implementação do servidor de Coffee Break está organizada junto com o padrão de projeto Modelo-Visualização-Controlador. O servlet Dispatcher é o controlador. Ele examina o URL da requisição, cria e inicializa componentes de modelos JavaBeans, e despacha requisições para visualizar páginas JSP. Os componentes JavaBeans contêm a lógica de negócios para o aplicativo; eles chamam os serviços Web e efetuam processamentos dos dados retornados dos serviços. As páginas JSP formatam o dado armazenado nos componentes JavaBeans. O mapeamento entre componentes JavaBeans e páginas está resumido na Tabela 35-1.

Tabela 35-1 Componentes de modelo e visualização

Função	Página JSP	Componente JavaBeans
Atualizar dados do pedido	orderForm	ShoppingCart
Atualizar dados de entrega e de fatura	checkoutForm	CheckoutFormBean
Exibir confirmação do pedido	checkoutAck	OrderConfirmations

Páginas JSP

orderForm

orderForm exibe o conteúdo corrente do carrinho de compras. A primeira vez que a página é requisitada, a quantidade de todos os cafés é 0 (zero). Cada vez que o cliente muda a quantidade de café e clica o botão Update (Atualizar), a requisição é enviada de volta para orderForm. O servlet Dispatcher atualiza os valores do carrinho de compras, os quais são novamente exibidos pelo orderForm. Quando o pedido estiver completo, o cliente prosseguirá para a página checkoutForm clicando o link Checkout.

checkoutForm

checkoutForm é usado para coletar a informação de entrega e faturamento do cliente. Quando o botão Submit é clicado, a requisição é enviada para a página checkoutAck. Todavia, a requisição é primeiro tratada pelo Dispatcher, que chama o método validate de checkoutFormBean. Se a validação não for bem sucedida, a página requisitada será redefinida para checkoutForm, com notificações de erro em cada campo inválido. Se a validação for bem sucedida, checkoutFormBean submeterá subpedidos a cada fornecedor e armazenará o resultado no componente JavaBeans OrderConfirmations com escopo de requisição, e o controle é passado para checkoutAck.

checkoutAck

checkoutAck simplesmente exibe o conteúdo do componente JavaBeans OrderConfirmations, que é uma lista de subpedidos que constituem as datas do pedido e de expedição de cada subpedido.

Componentes JavaBeans

RetailPriceList

RetailPriceList é uma lista de itens de preço de varejo. Um item de preço de varejo contém um nome de café, um preço de atacado por libra, um preço de varejo por libra e um fornecedor. Estes dados são usados para dois propósitos: eles contêm a lista de preços apresentada para o usuário final e são usados por CheckoutFormBean quando ele constrói os subpedidos despachados para os fornecedores de café.

RetailPriceList primeiro efetua uma pesquisa JAXR para determinar os endpoints de serviço JAX-RPC. Depois, ele consulta cada serviço JAX-RPC para uma lista de preços de café. Finalmente, ele consulta o serviço SAAJ para uma lista de preços. As duas listas de preços estão combinadas, e um preço de varejo por libra é determinado adicionando uma marcação de 35% para os preços de atacado.

Como descobrir o serviço JAX-RPC

Instanciada por RetailPriceList, JAXRQueryByName se conecta ao servidor de registro e procura fornecedores de café com o nome JAXRPCCoffeeSupplier no método executeQuery. O método retorna uma coleção de organizações que contêm serviços. Cada serviço é acessível por meio de uma ligação de serviço ou URL. RetailPriceList faz uma chamada JAX-RPC para cada URL.

ShoppingCart

ShoppingCart é uma lista de itens do carrinho de compras. Um ShoppingCartItem contém um item de preço de varejo, o número de libras desse item, e um preço total para esse item.

OrderConfirmations

OrderConfirmations é uma lista de objetos para confirmação do pedido. Uma OrderConfirmations contém objetos do pedido e da confirmação, como discutido em Interface de serviço.

CheckoutFormBean

CheckoutFormBean confere a finalização da informação introduzida no checkoutForm. Se a informação estiver incompleta, o bean preencherá mensagens de erro, e o Dispatcher tornará a exibir o checkoutForm com as mensagens de erro. Se a mensagem estiver completa, as requisições do pedido serão construídas a partir do carrinho de compras e a informação fornecida ao checkoutForm, e estes pedidos serão enviados para cada fornecedor. Como cada confirmação é recebida, uma confirmação de pedido é criada e adicionada a OrderConfirmations.

```
if (allOk) {
  String orderId = CCNumber;

  AddressBean address =
    new AddressBean(street, city, state, zip);
  CustomerBean customer =
    new CustomerBean(firstName, lastName,
      "(" + areaCode + ") " + phoneNumber, email);

  for (Iterator d = rpl.getSuppliers().iterator();
      d.hasNext(); ) {
    String supplier = (String)d.next();
    System.out.println(supplier);
    ArrayList lis = new ArrayList();
    BigDecimal price = new BigDecimal("0.00");
    BigDecimal total = new BigDecimal("0.00");
    for (Iterator c = cart.getItems().iterator();
        c.hasNext(); ) {
      ShoppingCartItem sci = (ShoppingCartItem) c.next();
      if ((sci.getItem().getSupplier()).
          equals(supplier) &&
          sci.getPounds().floatValue() > 0) {
        price = sci.getItem().getWholesalePricePerPound().
          multiply(sci.getPounds());
        total = total.add(price);
        LineItemBean li = new LineItemBean(
          sci.getItem().getCoffeeName(), sci.getPounds(),
          sci.getItem().getWholesalePricePerPound());
        lis.add(li);
      }
    }
```

```
    if (!lis.isEmpty()) {
      OrderBean order = new OrderBean(address, customer,
        orderId, lis, total);

      String SAAJOrderURL =
        URLHelper.getSaajURL() + "/orderCoffee";
      if (supplier.equals(SAAJOrderURL)) {
        OrderRequest or = new OrderRequest(SAAJOrderURL);
        confirmation = or.placeOrder(order);

      } else {
        OrderCaller ocaller = new OrderCaller(supplier);
        confirmation = ocaller.placeOrder(order);
      }
      OrderConfirmation oc =
        new OrderConfirmation(order, confirmation);
      ocs.add(oc);
    }
  }
}
```

RetailPriceListServlet

RetailPriceListServlet responde às requisições para recarregar a lista de preços por meio do URL /loadPriceList. Ele simplesmente cria uma nova RetailPriceList e um novo ShoppingCart.

Como este servlet seria usado por administradores do servidor de Coffee Break, ele é um recurso Web protegido. Para carregar a lista de preços, um usuário deve se autenticar (usando autenticação básica), e o usuário autenticado deve estar no papel de administrador.

Versão JavaServer Faces do Servidor de Coffee Break

JavaServer Faces foi projetada para fornecer uma nítida separação entre a camada de apresentação e a camada de modelo de modo que você possa facilmente adicionar a funcionalidade JavaServer Faces aos aplicativos existentes. De fato quase todo o código original de back-end do Servidor de Coffee Break permanece o mesmo na versão de servidor da tecnologia JavaServer Faces.

Esta seção fornece alguns detalhes sobre como a versão JavaServer Faces do servidor de Coffee Break é diferente da versão framework não-GUI. Como a versão framework não-GUI da implementação do servidor de Coffee Break, o servidor de Coffee Break de JavaServer Faces está organizado junto com o padrão de projeto Modelo-Visualização-Controlador. Em vez do servlet Dispatcher examinar o URL da requisição, criar e inicializar componentes de modelos JavaBeans, e despachar requisições para visualizar páginas JSP, agora o FacesServlet (incluído com a API de JavaServer Faces) executa estas tarefas. Como resultado, o servlet Dispatcher foi removido da versão de JavaServer Faces do servidor de Coffee Break. Alguns dos códigos do Dispatcher foram movidos para beans. Isso será explicado mais tarde nesta seção.

Assim como com a versão framework não-GUI do servidor de Coffee Break, o servidor de Coffee Break de JavaServer Faces inclui componentes JavaBeans que contêm a lógica de negócios para o aplicativo: eles chamam os serviços Web e executam processamentos nos dados retornados dos serviços. As páginas JSP formatam os dados armazenados nos componentes JavaBeans. O mapeamento entre os componentes JavaBeans e as páginas está resumido na Tabela 35-2.

Tabela 35-2 Componentes de modelo e de visualização

Função	Página JSP	Componente JavaBeans
Atualizar dados do pedido	orderForm	CoffeeBreakBean, ShoppingCart
Atualizar dados de entrega e de fatura	checkoutForm	CheckoutFormBean
Exibir confirmação do pedido	checkoutAck	OrderConfirmations

Páginas JSP

orderForm

Assim como com a versão framework não-GUI do servidor de Coffee Break, o orderForm exibe o conteúdo corrente do carrinho de compras. A primeira vez que a página é requisitada, a quantidade de todos os cafés é 0. Cada vez que o cliente modifica as quantidade de café e clica o botão Update, a requisição é devolvida para o orderForm.

O componente bean CoffeeBreakBean atualiza os valores no carrinho de compras, os quais são então reexibidos por orderForm. Quando o pedido estiver completo, o cliente prosseguirá para a página checkoutForm clicando o botão Checkout.

A tabela de cafés exibida no orderForm é renderizada usando uma das tags de componentes JavaServer Faces, a dataTable. Aqui está a parte da tag dataTable de orderForm:

```
<h:dataTable id="table"
  columnClasses="list-column-center,list-column-right,
    list-column-center, list-column-right"
  headerClass="list-header" rowClasses="list-row"
  footerClass="list-column-right"
  styleClass="list-background-grid"
  value="#{CoffeeBreakBean.cart.items}" var="sci">
  <f:facet name="header">
    <h:outputText  value="#{CBMessages.OrderForm}"/>
  </f:facet>
  <h:column>
    <f:facet name="header">
      <h:outputText  value="Coffee"/>
    </f:facet>
    <h:outputText id="coffeeName"
      value="#{sci.item.coffeeName}"/>
  </h:column>
  ...
</h:dataTable>
```

Quando esta tag é processada, um componente UIData e um renderizador da Tabela são criados no lado do servidor. O componente UIData suporta uma ligação de dados para uma coleção de objetos de dados. O renderizador da Tabela se preocupa em gerar a marcação HTML. O componente UIData itera através da lista de cafés, e o renderizador da Tabela renderiza cada linha da tabela.

Este exemplo é um caso de uso clássico para um componente UIData porque o número de cafés pode não ser conhecido do desenvolvedor do aplicativo ou do autor de página no momento em que o aplicativo é desenvolvido. Também, um componente UIData pode ajustar dinamicamente o número de linhas da tabela para acomodar os dados subjacentes.

Para maiores informações sobre UIData, por favor, consulte Componente UIData.

checkoutForm

checkoutForm é usado para coletar informações de entrega e de faturamento para o cliente. Quando o botão Submit é clicado, um ActionEvent é gerado. Este evento é primeiro tratado pelo método submit do checkoutFormBean. Este método atua como um receptor para o evento porque a tag correspondente ao botão de envio referencia o método submit com seu atributo action:

```
<h:commandButton value="#{CBMessages.Submit}"
  action="#{checkoutFormBean.submit}"/>
```

O método submit envia os subpedidos para cada fornecedor e armazena o resultado no bean OrderConfirmations com escopo de requisição.

A página checkoutForm possui validadores padronizados em vários componentes e um validador personalizado no componente email. Aqui está a tag correspondente ao componente firstName, o qual contém o primeiro nome do cliente:

```
<h:inputText id="firstName"
  value="#{checkoutFormBean.firstName}"
  size="15" maxlength="20" required="true"/>
```

Com o atributo required definido para true, a implementação de JavaServer Faces verificará se o usuário introduziu alguma coisa no campo Primeiro Nome.

O componente email possui um validador personalizado registrado nele. Aqui está a tag correspondente ao componente email:

```
<h:inputText id="email" value="#{checkoutFormBean.email}"
  size="25" maxlength="125"
  validator="#{checkoutFormBean.validateEmail}"/>
```

O atributo validator se refere ao método validateEmail da classe CheckoutFormBean. Este método garante que o valor de entrada do usuário no campo email contenha um caractere @.

Se a validação não for bem sucedida, o checkoutForm será novamente renderizado, com notificações de erro em cada campo inválido. Se a validação for bem sucedida, checkoutForm enviará subpedidos para cada fornecedor e armazenará o resultado no componente JavaBeans OrderConfirmations com escopo de requisição, e o controle será passado para a página checkoutAck.

checkoutAck

checkoutAck simplesmente exibe o conteúdo do componente JavaBeans OrderConfirmations, que é uma lista dos subpedidos que constituem um pedido e as datas de expedição de cada subpedido. Esta página também usa um componente UIData. Novamente, o número de cafés que o cliente pediu não é conhecido antes do tempo de execução. O componente UIData adiciona dinamicamente as linhas para acomodar o pedido.

Componentes JavaBeans

Os componentes JavaBeans na versão JavaServer Faces do servidor de Coffee Break são praticamente os mesmos que os da versão original. Esta seção destaca o que foi alterado e descreve os novos componentes.

CheckoutFormBean

O método validate da versão original do CheckoutFormBean confere a finalização da informação introduzida no checkoutForm. Como a tecnologia JavaServer Faces valida automaticamente alguns tipos de dados quando o validador apropriado é registrado em um componente, o método validate de checkoutFormBean não é necessário na versão JavaServer Faces desse bean.

Diversas das tags da página checkoutForm têm seus atributos required definidos para true. Isso fará com que a implementação verifique se o usuário entra valores nestes campos. A tag correspondente ao componente email registra um validador personalizado no componente email, como explicado em checkoutForm. O código que executa a validação é o método validateEmail:

```
public void validateEmail(FacesContext context,
  UIComponent toValidate) {
  String message = "";
  String email = (String) toValidate.getValue();
  if (email.indexOf('@') == -1) {
    toValidate.setValid(false);
    message = CoffeeBreakBean.loadErrorMessage(context,
      CoffeeBreakBean.CB_RESOURCE_BUNDLE_NAME,
        "EMailError");
    context.addMessage(toValidate.getClientId(context),
      new FacesMessage(message));
  }
}
```

Assim como com a versão framework não-GUI do servidor de Coffee Break, se a informação for incompleta ou inválida, a página será novamente renderizada para exibir as mensagens de erro. Se a informação for completa, as requisições do pedido serão construídas a partir do carrinho de compras e da informação fornecida para checkoutForm e serão enviadas para cada fornecedor.

CoffeeBreakBean

CoffeeBreakBean é exclusivo para a versão da tecnologia JavaServer Faces do servidor de Coffee Break. Ele atua como o beans de suporte para as páginas JSP. Veja Gerenciamento do bean de suporte para maiores informações sobre beans de suporte. CoffeeBreakBean cria o objeto ShoppingCart, que define o dados de modelo para os componentes da página orderForm os quais contêm os dados sobre cada café. CoffeeBreakBean também carrega o objeto RetailPriceList. Além disso, ele fornece os métodos que são chamados quando os botões do orderForm e checkoutAck são clicados. Por exemplo, o método checkout é chamado quando o botão CheckOut é clicado porque a tag correspondente ao botão CheckOut se refere ao método checkout por meio de seu atributo action:

```
<h:commandButton id="checkoutLink"
  value="#{CBMessages.Checkout}"
  action="#{CoffeeBreakBean.checkout}" />
```

O método checkout retorna uma String, que o sistema de navegação de páginas JavaServer Faces compara com um conjunto de regras de navegação para determinar qual página acessar em seguida. As regras de navegação são definidas em um arquivo XML separado, descrito na seção seguinte.

Configuração de recursos

Um aplicativo JavaServer Faces geralmente inclui um arquivo XML que configura os recursos para o aplicativo. Estes recursos incluem componentes JavaBeans, regras de navegação, e outros.

Dois dos recursos configurados para a versão JavaServer Faces do servidor de Coffee Break são o bean CheckoutForm e as regras de navegação para a página orderForm:

```
<managed-bean>
  <managed-bean-name>checkoutFormBean</managed-bean-name>
  <managed-bean-class>
    com.sun.cb.CheckoutFormBean
  </managed-bean-class>
  <managed-bean-scope>request</managed-bean-scope>
    <managed-property>
      <property-name>firstName</property-name>
      <value>Coffee</value>
    </managed-property>
    <managed-property>
      <property-name>lastName</property-name>
      <value>Lover</value>
    </managed-property>
    <managed-property>
      <property-name>email</property-name>
      <value>jane@home</value>
    </managed-property>
    ...
  </managed-bean>
<navigation-rule>
  <from-view-id>/orderForm.jsp</from-view-id>
  <navigation-case>
    <from-outcome>checkout</from-outcome>
    <to-view-id>/checkoutForm.jsp</to-view-id>
  </navigation-case>
</navigation-rule>
```

Como mostrado no elemento managed-bean, as propriedades do bean checkoutForm são inicializadas com os valores para o usuário, Coffee Lover. Desta maneira, a tag hyperlink de orderForm não é exigida para enviar esses valores nos parâmetros de requisição.

Como mostrado no elemento navigation-rule, quando a String, checkout, é retornada de um método referenciada por um atributo action do componente, a página checkoutForm é exibida.

Como construir, empacotar, implantar e rodar o aplicativo

O código-fonte para o aplicativo do Coffee Break está localizado no diretório *<INSTALL>*/j2eetutorial14/examples/cb/. Dentro do diretório cb estão os subdiretórios para cada aplicativo Web – saaj, jaxrpc, server, e server-jsf – e um diretório, common, para classes compartilhadas pelos aplicativos Web. Cada subdiretório contém um arquivo build.xml e um arquivo build.properties. Os subdiretórios do aplicativo Web, por sua vez, contêm um subdiretório src para as classes Java e um subdiretório para recursos Web.

Como definir a porta

Os serviços JAX-RPC e SAAJ no aplicativo do Coffee Break rodam na porta que você especificou quando instalou o Servidor de Aplicativo. Os exemplos do tutorial presumem que o Servidor de Aplicativo rode na porta default, 8080. Se modificou a porta, você deve atualizar o número da porta nos seguintes arquivos antes de construir e rodar os exemplos:

- *<INSTALL>*/j2eetutorial14/examples/cb/common/src/com/sun/cb/CoffeeBreak.properties. Atualize a porta nos seguintes URLs:
  - endpoint.url=http://localhost:8080/jaxrpc-coffee-supplier/jaxrpc

- saaj.url=http://localhost:8080/saaj-coffee-supplier
- <*INSTALL*>/j2eetutorial14/examples/cb/jaxrpc/config-wsdl.xml

Como configurar o servidor de registro

O servidores de Coffee Break usam um servidor de registro para obter informação sobre o endpoint de serviço JAX-RPC. Desde que o Servidor de Aplicativo não inclua um servidor de registro, você deve obter um antes de rodar o aplicativo.

Nós recomendamos que você use o servidor de registro fornecido com o Pacote do Desenvolvedor de Serviços Web Java (Java Web Services Developer Pack, Java WSDP) 1.4 que pode ser baixado por download no endereço http://java.sun.com/webservices/downloads/. Para usar a Servidor de Registro WSDP Java, siga estas etapas:

1. Pare o Servidor de Aplicativo.
2. Inicie o programa de instalação Java WSDP.
3. Escolha a opção de instalação Custom (personalizada).
4. Quando o programa de instalação solicitar que você escolha quais recursos instalar, desselecione tudo, exceto o Java WSDP Registry Server.
5. Selecione o Sun Java System Application Server Platform Edition 8 para o contêiner Web. O servidor de registro e seu repositório de apoio Xindice são instalados no Servidor de Aplicativo como aplicativos Web.
6. Inicie o Servidor de Aplicativo.
7. Confirme se os aplicativos Web de servidor de registro e Xindice estão rodando usando o Admin Console ou o deploytool.

Como usar os WARs fornecidos

As instruções a seguir para empacotar e implantar os aplicativos Web do Coffee Break presumem que você esteja familiarizado com os procedimentos do deploytool para empacotar os serviços Web e aplicativos Web orientados para apresentação descritos nos capítulos anteriores do tutorial. Se, após seguir esses procedimentos, você tiver problemas para implantar ou rodar o aplicativo, você pode usar os arquivos WAR fornecidos no diretório <*INSTALL*>/j2eetutorial14/examples/cb/provided-wars/ para rodar o exemplo. Os WARs fornecidos presumem que os serviços do fornecedor do Coffee Break e do servidor de registro estejam rodando na porta 8080. Se os serviços não estiverem rodando na porta 8080, você não conseguirá usar os WARs.

Como construir as classes comuns

Os aplicativos do Coffee Break compartilham uma série de classes de utilitários comuns. Para construir as classes comuns, faça o seguinte:

1. Em uma janela de terminal, para vá para <*INSTALL*>/j2eetutorial14/examples/cb/common/.
2. Rode asant build.

Como construir, empacotar e implantar o serviço JAX-RPC

Para construir o serviço e a biblioteca do cliente JAX-RPC e para empacotar e implantar o serviço JAX-RPC, siga as seguintes etapas:

1. Em uma janela de terminal, vá para <*INSTALL*>/j2eetutorial14/examples/cb/jaxrpc/.

2. Rode asant build-registry e asant build-service. Estas tarefas criam o arquivo JAR contendo as rotinas JAXR e rode wscompile e compile os arquivos-fonte do serviço JAX-RPC.

   Se você obtiver um erro, certifique-se de que editou o arquivo <*INSTALL*>/j2eetutorial14/examples/common/build.properties como descrito em Como construir os exemplos.
3. Certifique-se de que o Servidor de Aplicativo e o Servidor de Registro foram iniciados.
4. Inicie deploytool.
5. Crie um módulo Web independente chamado jaxrpc-coffee-supplier no diretório <*INSTALL*>/j2eetutorial14/examples/cb/jaxrpc/.
6. Defina a raiz de contexto para /jaxrpc-coffee-supplier.
7. Adicione o conteúdo para o serviço.
   a. Adicione o pacote *com*, Supplier.wsdl, e mapping.xml sob <*INSTALL*>/j2eetutorial14/examples/cb/jaxrpc/build/server/ ao módulo.
   b. Navegue para <*INSTALL*>/j2eetutorial14/examples/cb/jaxrpc/build/registry/dist/ e adicione registry-org.jar.
   c. No editor de conteúdo do módulo Web, arraste o diretório com (contendo sun/cb/SupplierPrices.properties) da raiz de contexto para WEB-INF/classes/.
8. Especifice Web Services Endpoint como o tipo de componente.
9. Na caixa de diálogo Choose Service (Defina New Service):
   a. Na caixa combo WSDL File, selecione WEB-INF/wsdl/Supplier.wsdl.
   b. Na caixa combo Mapping File, selecione mapping.xml.
10. Na caixa de diálogo Component General Properties:
    a. Na caixa combo Service Endpoint Implementation, selecione com.sun.cb.SupplierImpl.
    b. Clique Next.
11. Na caixa de diálogo Web Service Endpoint:
    a. Na caixa combo Service Endpoint Interface, selecione com.sun.cb.SupplierIF.
    b. Na caixa combo Namespace, selecione urn:Foo.
    c. Na caixa combo Local Part, selecione SupplierIFPort.
    d. Clique Next.
12. Adicione o alias /jaxrpc para o componente Web SupplierImpl.
13. Selecione a guia Endpoint e, depois, selecione jaxrpc a partir da caixa combo Endpoint Address na moldura Sun-specific Settings.
14. Adicione um receptor de eventos que referencie a classe de receptores com.sun.cb.ContextListener.
15. Adicione uma referência de recursos do tipo javax.xml.registry.ConnectionFactory chamada eis/JAXR mapeada para a fábrica de conexões JAXR eis/JAXR. Se você não tiver criado ainda a fábrica de conexões, siga as instruções em Como criar recursos JAXR.
16. Adicione o parâmetro de contexto que especifica o URL do servidor de registro. O parâmetro se chama registryURL e o valor é http://localhost:*port*/RegistryServer/, onde *port* é a porta na qual o servidor de registro está rodando.
17. Salve o módulo.
18. Implante o módulo.
19. Rode asant build-client. Esta tarefa cria o arquivo JAR que contém as classes necessárias pelos clientes JAX-RPC. A tarefa build-client roda wscompile para gerar os stubs e os componentes JavaBeans.

20. Teste se o serviço JAX-RPC foi implantado corretamente rodando os programas de teste asant run-test-order e asant run-test-price.

    Aqui está o que você deve ver quando você rodar asant run-test-price:

```
run-test-price:
run-test-client:
  [java] 07/21/03 08/20/03
  [java] Kona 6.50
  [java] French Roast 5.00
  [java] Wake Up Call 5.50
  [java] Mocca 4.00
```

Como construir, empacotar e implantar o serviço SAAJ

Para construir o serviço SAAJ e a biblioteca do cliente, siga estas etapas:

1. Em uma janela de terminal, vá para *<INSTALL>*/j2eetutorial14/examples/cb/saaj/.
2. Rode asant build. Esta tarefa cria a biblioteca do cliente e compila as classes de servidores.
3. Certifique-se de que o Servidor de Aplicativo foi iniciado.
4. Inicie deploytool.
5. Crie módulo Web independente chamado saaj-coffee-supplier no diretório *<INSTALL>*/j2eetutorial14/examples/cb/saaj/.
6. Defina a raiz de contexto para /saaj-coffee-supplier.
7. Adicione o diretório com sob *<INSTALL>*/j2eetutorial14/examples/cb/saaj/build/server/ ao módulo.
8. Adicione o componente Web ConfirmationServlet. Escolha o tipo de componente Servlet.
9. Adicione o alias /orderCoffee para o componente Web ConfirmationServlet.
10. Adicione o componente Web PriceListServlet ao WAR saaj-coffee-supplier existente.
11. Adicione o alias /getPriceList ao componente Web PriceListServlet Web.
12. Salve o módulo.
13. Implante o módulo.
14. Teste se o serviço SAAJ foi implantado corretamente rodando um ou ambos os programas de teste asant run-test-price e asant run-test-order.

Como construir, empacotar e implantar o servidor de Coffee Break

Para construir o servidor de Coffee Break:

1. Em uma janela de terminal, vá para *<INSTALL>*/j2eetutorial14/examples/cb/server/.
2. Rode asant build. Esta tarefa compila as classes do servidor e copia as classes, as página JSP e as bibliotecas de tags na localização correta para empacotar.
3. Certifique-se de que o Servidor de Aplicativo foi iniciado.
4. Inicie deploytool.
5. Crie um módulo Web independente chamado *cbserver* no diretório *<INSTALL>*/j2eetutorial14/examples/cb/server/.
6. Defina a raiz de contexto para /cbserver.
7. Adicione o conteúdo do módulo Web.
    a. Adicione todas as páginas JSP, tutorial-template.tld, e o template e os diretórios com sob *<INSTALL>*/j2eetutorial14/examples/cb/server/build/ ao módulo.

b. No editor de conteúdo do módulo Web, arraste o diretório com (contendo sun/cb/CoffeeBreak.properties) a partir da raiz de contexto para WEB-INF/classes/.

c. Adicione a biblioteca do cliente JAX-RPC em <*INSTALL*>/j2eetutorial14/examples/cb/jaxrpc/dist/jaxrpc-client.jar ao módulo.

d. Adicione a biblioteca do cliente SAAJ em <*INSTALL*>/j2eetutorial14/examples/cb/saaj/dist/saaj-client.jar ao módulo.

8. Crie um componente Web Dispatcher. Escolha o tipo de componente Servlet.
9. Adicione os aliases /orderForm, /checkoutForm e /checkoutAck ao componente Dispatcher.
10. Adicione o componente Web RetailPriceListServlet ao WAR cbserver existente.
11. Adicione o alias /loadPriceList ao componente RetailPriceListServlet.
12. Adicione uma referência de recursos do tipo javax.xml.registry.ConnectionFactory chamada eis/JAXR mapeada para a fábrica de conexões JAXR eis/JAXR.
13. Adicione um grupo de propriedades JSP chamado cbserver. O grupo de propriedades se aplica ao padrão URL *.jsp. Adicione o incluir prelúdio /template/prelude.jspf.
14. Adicione um parâmetro de contexto chamado javax.servlet.jsp.jstl.fmt.localizationContext e valor com.sun.cb.messages.CBMessages.
15. Adicione o parâmetro de contexto que especifica o URL do servidor de registro. O parâmetro se chama registryURL e o valor é http://localhost:*port*/RegistryServer/, onde *port* é a porta na qual o servidor de registro está rodando.
16. Especifique uma restrição de segurança para RetailPriceListServlet.
    a. Selecione Basic como o User Authentication Method.
    b. Clique Settings e entre file no campo Realm Name. Clique OK.
    c. Adicione uma restrição de segurança e uma coleção de recursos Web. Use os nomes default fornecidos por deploytool.
    d. Adicione o URL /loadPriceList à coleção de recursos Web.
    e. Selecione o método GET HTTP.
    f. Adicione o papel de segurança admin.
17. Mapeie o papel admin para o usuário admin.
18. Salve o módulo.
19. Implante o módulo.

Como construir, empacotar e implantar o servidor de Coffee Break da tecnologia JavaServer Faces

Para construir a versão da tecnologia JavaServer Faces technology do servidor de Coffee Break, siga estas etapas:

1. Em uma janela de terminal, vá para <*INSTALL*>/j2eetutorial14/examples/cb/server-jsf/.
2. Rode asant build. Esta tarefa compila as classes do servidor e copia as classes, as páginas JSP, as bibliotecas de tags e outros arquivos necessários na localização correta para empacotar.
3. Certifique-se de que a Servidor de Aplicativo foi iniciado.
4. Inicie deploytool.
5. Crie um módulo Web independente chamado cbserver-jsf no diretório <*INSTALL*>/j2eetutorial14/examples/cb/server-jsf/.

6. Defina a raiz de contexto para /cbserver-jsf.

7. Adicione o conteúdo do módulo Web.

   a. Adicione todas as páginas JSP, coffeebreak.css, faces-config.xml, index.html e o template e os diretórios *com* sob <*INSTALL*>/j2eetutorial14/examples/cb/server-jsf/build/ para o módulo.

   b. No editor de conteúdo do módulo Web, arraste o diretório *com* (contendo sun/cb/CoffeeBreak.properties) a partir da raiz de contexto para WEB-INF/classes/.

   c. Arraste faces-config.xml para a raiz do diretório WEB-INF.

   d. Adicione a biblioteca da API JSF do diretório <*J2EE_HOME*>/lib/jsf-api.jar ao módulo.

   e. Adicione a biblioteca do cliente JAX-RPC no diretório <*INSTALL*>/j2eetutorial14/examples/cb/jaxrpc/dist/jaxrpc-client.jar ao módulo.

   f. Adicione a biblioteca do cliente SAAJ no diretório <*INSTALL*>/j2eetutorial14/examples/cb/saaj/dist/saaj-client.jar ao módulo.

8. Crie um componente FacesServlet Web. Escolha o tipo de componente Servlet.

   a. No campo Load Sequence Position, na caixa de diálogo Component General Properties, entre 1.

9. Adicione os aliases /faces/* e *.jsf ao componente FacesServlet.

10. Adicione uma referência de recursos do tipo javax.xml.registry.ConnectionFactory chamada eis/JAXR mapeada para a fábrica de conexões JAXR eis/JAXR.

11. Adicione um grupo de propriedades JSP chamado cbserver-jsf. O grupo de propriedades se aplica ao padrão URL *.jsp. Adicione o incluir prelúdio template/prelude.jspf.

12. Adicione o parâmetro de contexto que especifica o URL do servidor de registro. O parâmetro se chama registryURL e o valor é http://localhost:*port*/RegistryServer/, onde *port* é a porta na qual o servidor de registro está rodando.

13. Salve o módulo.

14. Implante o módulo.

Como rodar o cliente de Coffee Break

Depois que você instalou todos os aplicativos Web, verifique se estão rodando em deploytool ou no Admin Console. Você deve enxergar cbserver (ou cbserver-jsf), jaxrpc-coffee-supplier, e saaj-coffee-supplier na lista de aplicativos.

Se instalou a versão framework não-GUI do servidor de Coffee Break, você pode rodar o cliente de Coffee Break abrindo o URL do servidor de Coffee Break no browser Web.

```
http://localhost:8080/cbserver/orderForm
```

Se instalou a versão da tecnologia JavaServer Faces do servidor de Coffee Break, você pode rodar a versão JavaServer Faces do cliente de Coffee Break abrindo este URL em um browser Web.

```
http://localhost:8080/cbserver-jsf/faces/orderForm.jsp
```

Você deve ver uma página como a mostrada na Figura 35-2.

Depois de ter passado por todas as telas do aplicativo, você obterá uma confirmação do pedido que se parece com a Figura 35-3.

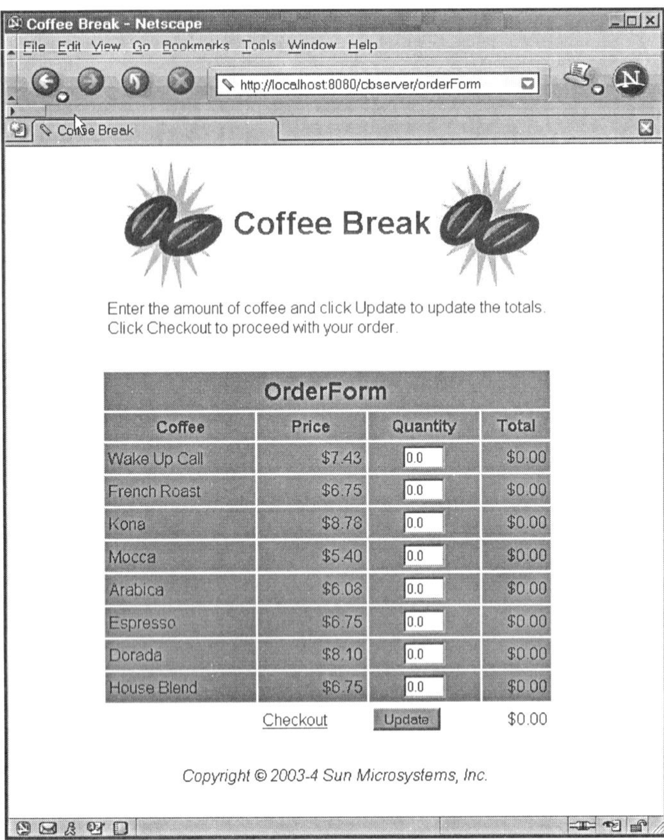

Figura 35-2 *Formulário do pedido.*

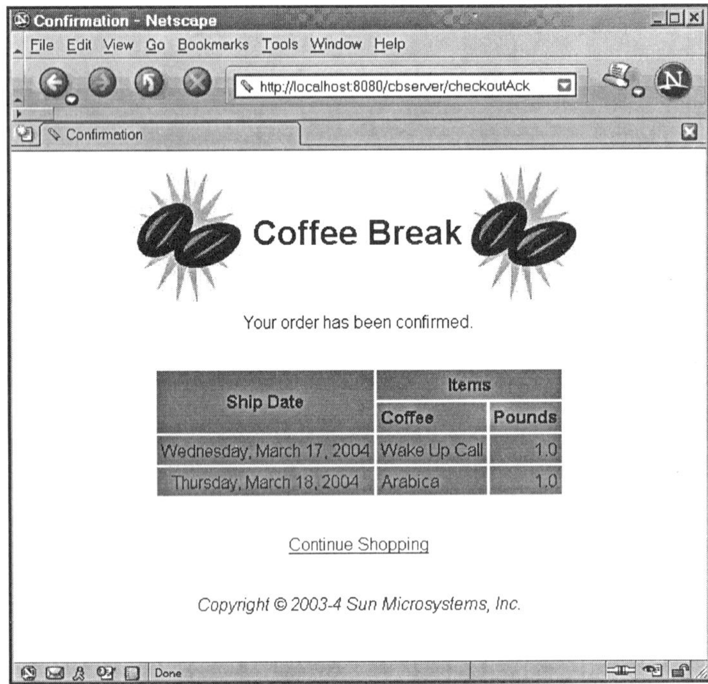

Figura 35-3 *O formulário de confirmação.*

Como remover o aplicativo do Coffee Break

Para remover o aplicativo Coffee Break, execute as seguintes etapas:

1. Desimplante os serviços JAX-RPC e SAAJ e o servidor de Coffee Break usando deploytool ou o Admin Console.
2. Pare o Servidor de Aplicativo.

Se você quiser remover os diretórios build e dist, rode ant clean em cada diretório, incluindo *<INSTALL>*/j2eetutorial14/examples/cb/common/.

36

Aplicativo do Duke´s Bank

Este capítulo descreve o aplicativo do Duke´s Bank, um aplicativo bancário on-line. O Duke´s Bank possui dois clientes: um cliente de aplicativo usado pelos administradores para gerenciar clientes e contas, e um cliente Web usado por clientes para acessar extratos de suas contas e efetuar transações. Os clientes acessam o cliente, a conta, e as informações de transação mantidas em um banco de dados através de enterprise beans. O aplicativo do Duke´s Bank demonstra a maneira como muitas das tecnologias apresentadas neste tutorial - enterprise beans, clientes de aplicativo e componentes Web - são aplicadas para fornecer um aplicativo simples, porém, funcional.

A Figura 36-1 oferece uma visualização de alto nível de como os componentes interagem. Este capítulo examina cada um dos tipo de componentes em detalhe e conclui com uma discussão de como construir, implantar e rodar o aplicativo.

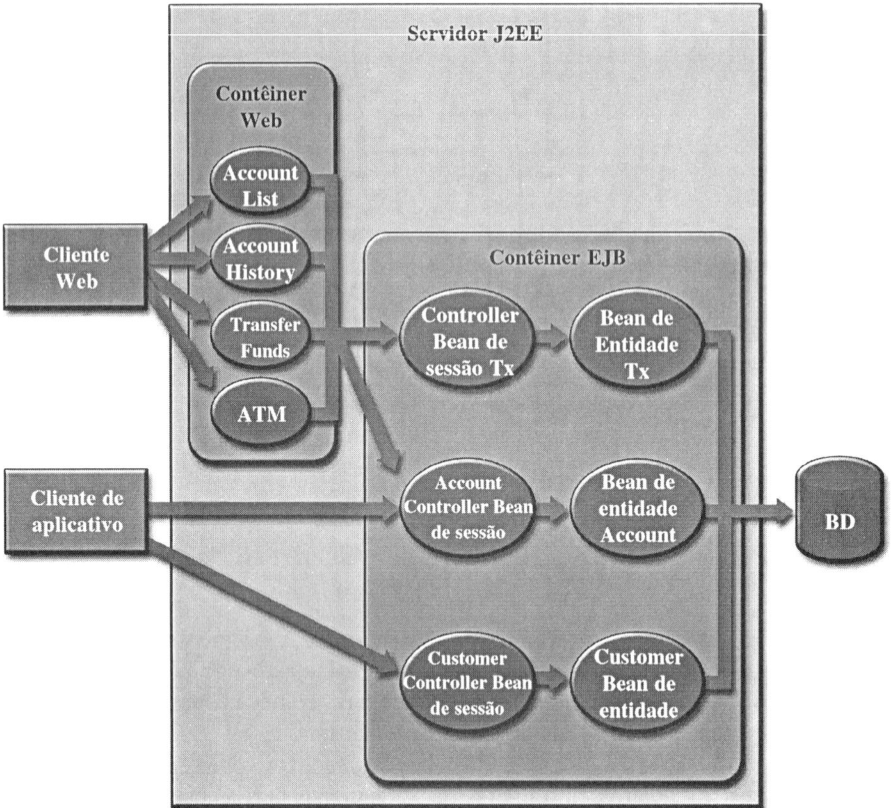

Figura 36-1 O aplicativo do Duke´s Bank.

Enterprise beans

A Figura 36-2 examina mais cuidadosamente os caminhos de acesso entre os clientes, enterprise beans e tabelas de banco de dados. Como você pode ver, os clientes, usuários finais (clientes Web e de aplicativos), acessam somente os beans de sessão. Dentro da camada do enterprise bean, os beans de sessão são clientes dos beans de entidade. No back end do aplicativo, os beans de entidade acessam as tabelas de banco de dados que armazenam os estados da entidade.

Nota: O código-fonte para estes enterprise beans está no diretório <INSTALL>/j2eetutorial14/examples/bank/src/com/sun/ebank/ejb/.

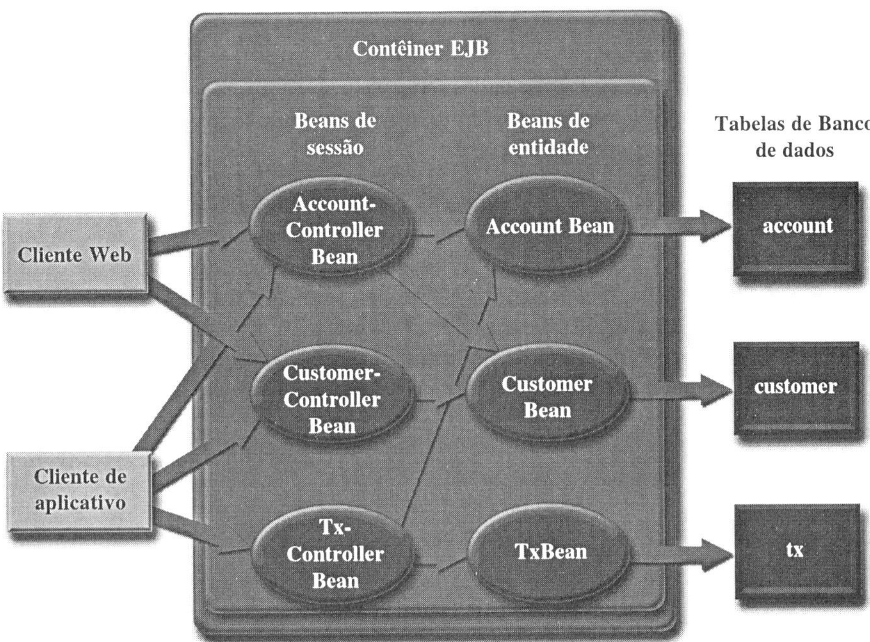

Figura 36-2 *Enterprise beans.*

Beans de sessão

O aplicativo da Duke´s Bank possui três beans de sessão: : AccountControllerBean, CustomerControllerBean e TxControllerBean. (Tx representa uma transação bancária, tal como fundos de transferência). Esses beans de sessão fornecem uma visualização de cliente da lógica de negócios do aplicativo. Escondidas dos clientes estão as rotinas do lado do servidor que implementam a lógica de negócios, acessam o banco de dados, gerenciam e executam verificação de erros.

AccountControllerBean

Os métodos de negócios do bean de sessão AccountControllerBean efetuam tarefas que se encaixam dentro das seguintes categorias: criação e remoção dos beans de entidade, gerenciamento do relacionamento conta-cliente e obtenção das informações sobre a conta.

Os seguintes métodos criam e removem beans de entidade:

- createAccount
- removeAccount

Estes métodos do bean de sessão AccountControllerBean chamam os métodos create e remove do bean de entidade AccountBean. Os métodos createAccount e removeAccount lançam exceções do aplicativo para indicar argumentos inválidos de método. O método createAccount lançará uma exceção IllegalAccountTypeException se o argumento de tipo não for Checking, Savings, Credit, nem Money Market. O método createAccount também verifica se o cliente especificado existe chamando o método findByPrimaryKey do bean de entidade CustomerBean. Se o resultado desta verificação for false, o método createAccount lançará uma exceção CustomerNotFoundException.

Os seguintes métodos gerenciam o relacionamento conta-cliente:

- addCustomerToAccount
- removeCustomerFromAccount

Os beans de entidade AccountBean e CustomerBean possuem um relacionamento muitos para muitos. A conta bancária pode ser mantida em conjunto por mais de um cliente, e um cliente pode ter múltiplas contas. Como os beans de entidade usam persistência gerenciada por bean, existem várias maneiras de gerenciar este relacionamento. Para mais informações, veja Como mapear relacionamentos de tabelas para persistência gerenciada por bean.

No aplicativo do Duke´s Bank, os métodos addCustomerToAccount e removeCustomerFromAccount do bean de sessão AccountControllerBean gerenciam o relacionamento conta-cliente. O método addCustomerToAccount, por exemplo, inicia verificando se o cliente existe. Para criar o relacionamento, o método addCustomerToAccount insere uma linha na tabela do banco de dados customer_account_xref. Nesta tabela de referência cruzada, cada linha contém o customerId e o accountId das entidades relacionadas. Para remover um relacionamento, o método removeCustomerFromAccount deleta uma linha da tabela customer_account_xref. Se um cliente chama o método removeAccount, então todas as linhas para a accountId especificada são removidas da tabela customer_account_xref.

Os métodos seguintes obtêm as informações da conta:

- getAccountsOfCustomer
- getDetails

O bean de sessão AccountControllerBean possui dois métodos get. O método getAccountsOfCustomer retorna todas as contas de um determinado cliente chamando o método findByCustomer do bean de entidade AccountBean. Em vez de implementar um método get para cada variável de instância, o AccountControllerBean possui um método getDetails que retorna um objeto (AccountDetails) que encapsula o estado inteiro de um bean AccountBean. Como ele pode chamar um único método para obter o estado inteiro, o cliente evita o overhead associado com múltiplas chamadas remotas.

CustomerControllerBean

Como é o enterprise bean AccountControllerBean que gerencia o relacionamento cliente-conta, CustomerControllerBean é o mais simples destes dois beans de sessão. Um cliente cria um bean de entidade CustomerBean chamando o método createCustomer do bean de sessão CustomerControllerBean. Para remover um cliente, o aplicativo de cliente chama o método removeCustomer, o qual não apenas chama o método remove de CustomerBean mas também deleta da tabela customer_account_xref todas as linhas que identificam o cliente.

O bean de sessão CustomerControllerBean possui dois métodos que retornam múltiplos clientes: getCustomersOfAccount e getCustomersOfLastName. Estes métodos chamam os métodos de localização correspondentes - findbyAccountId e findByLastName - de CustomerBean.

TxControllerBean

O bean de sessãoTxControllerBean trata transações bancárias. Além dos seus métodos get, getTxsOfAccount e getDetails, o bean TxControllerBean possui vários métodos que modificam os saldos das contas bancárias:

- withdraw
- deposit
- makeCharge
- makePayment
- transferFunds

Estes métodos acessam um bean de entidade AccountBean para verificar o tipo de conta e para definir um novo saldo. Os métodos withdraw e deposit são utilizados por contas padronizadas, ao passo que os métodos makeCharge e makePayment são utilizados por contas que incluem uma linha de crédito. Se o argumento do método type do método não for correspondente à conta, estes métodos lançarão uma exceção

IllegalAccountTypeException. Se uma retirada for resultar em um saldo negativo, o método withdraw lançará uma exceção InsufficientFundsException. Se um lançamento de crédito tentar exceder a linha de crédito da conta, o método makeCharge lançará uma exceção InsufficientCreditException.

O método transferFunds também verifica o tipo de conta e o novo saldo; se necessário, ele lança as mesmas exceções como os métodos withdraw and makeCharge. O método transferFunds subtrai do saldo de uma instância AccountBean e adiciona o mesmo valor a outra instância. Como estas duas etapas devem ser completadas, o método transferFunds possui um atributo de transação Required. Se uma das etapas falhar, toda a operação será desfeita e os saldos permanecerão inalterados.

Beans de entidade

Para cada entidade de negócio representado em nosso banco simples, o aplicativo do Duke´s Bank possui um bean de entidade correspondente:

- AccountBean
- CustomerBean
- TxBean

O propósito destes beans é fornecer uma visualização do objeto destas tabelas de banco de dados: account, customer e tx. Para cada coluna em uma tabela, o bean de entidade correspondente possui uma variável de instância. Como usam persistência gerenciada por bean, os beans de entidade contêm as declarações SQL que acessam as tabelas. Por exemplo, o método create do bean de entidade CustomerBean chama o comando SQL INSERT.

Ao contrário dos beans de sessão, os beans de entidade não validam parâmetros do método (exceto para as chaves primárias de ejbCreate). Durante a fase de projeto, decidimos que os beans de sessão verificariam os parâmetros e lançariam as exceções do aplicativo, tais como as exceções CustomerNotInAccountException e IllegalAccountTypeException. Conseqüentemente, se algum outro aplicativo incluir estes beans de entidade, os seus beans de sessão também teriam que validar os parâmetro do método.

Como os beans de entidade sempre rodam na mesma Máquina Virtual Java que seus clientes, os beans de sessão, para um desempenho melhorado, os beans de entidade são codificados como interfaces locais.

Classes auxiliares

Os arquivos EJB JAR incluem várias classes auxiliares usadas pelos enterprise beans. O código-fonte para estas classes está no diretório <INSTALL>/j2eetutorial14/examples/bank/src/com/sun/ebank/util/. A Tabela 36-1 descreve resumidamente as classes auxiliares.

Tabela 36-1 Classes auxiliares para os enterprise beans do aplicativo

Nome da classe	Descrição
AccountDetails	Encapsula o estado de uma instância AccountBean. Retornada pelos métodos getDetails de AccountControllerBean e AccountBean
CodedNames	Define as strings que são os nomes lógicos nas chamadas do método lookup (por exemplo, java:comp/env/ejb/account). A classe EJBGetter referencia estas strings
CustomerDetails	Encapsula o estado de uma instância CustomerBean. Retornada pelos métodos getDetails de CustomerControllerBean e CustomerBean
DBHelper	Fornece métodos que geram as próximas chaves primárias (por exemplo, getNextAccountId)

Tabela 36-1 Classes auxiliares para os enterprise beans do aplicativo (continuação)

Nome da classe	Descrição
Debug	Possui métodos simples para imprimir uma mensagem de depuração de um enterprise bean. Estas mensagens são exibidas na saída- padrão do Servidor de Aplicativo quando ele roda com a opção --verbose e no log do servidor
DomainUtil	Contém métodos de validação: getAccountTypes, checkAccountType e isCreditAccount
EJBGetter	Possui métodos que localizam (chamando lookup) e retornam interfaces home (por exemplo, getAccountControllerHome)
TxDetails	Encapsula o estado de uma instância TxBean. Retornada pelos métodos getDetails de TxControllerBean e TxBean

Tabelas de banco de dados

Uma tabela de banco de dados do aplicativo do Duke´s Bank pode ser categorizada pelo seu propósito: representar as entidades de negócios e conter a próxima chave primária.

Tabelas que representam entidades de negócios

A Figura 36-3 mostra os relacionamentos entre as tabelas de banco de dados. As tabelas customer e account possuem um relacionamento muitos para muitos. Um cliente pode ter várias contas bancárias, e cada conta pode ser de mais de um cliente. Este relacionamento muitos para muitos é implementado pela tabela de referência cruzada chamada customer_account_xref. As tabelas account e tx possuem um relacionamento um para muitos: uma conta bancária pode ter muitas transações, mas cada transação se refere a uma única conta.

A Figura 36-3 utiliza várias abreviações. PK significa chave primária (primary key), o valor que identifica unicamente uma linha em uma tabela. FK é uma abreviação para chave estrangeira (foreign key), que é a chave primária das tabelas relacionadas. Tx é a abreviatura para transação, tal como um depósito ou uma retirada.

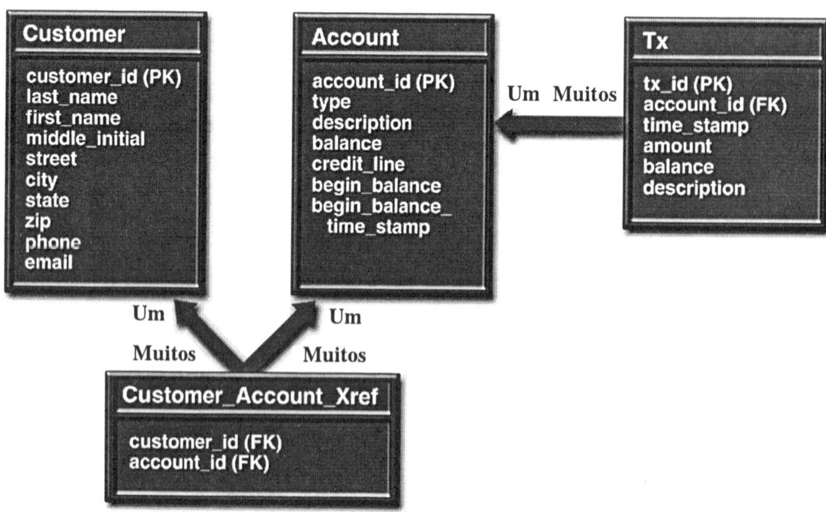

Figura 36-3 Tabelas de banco de dados.

Tabelas que contêm a próxima chave primária

Estas tabelas possuem os seguintes nomes:

- next_account_id
- next_customer_id
- next_tx_id

Cada uma destas tabelas possui uma única coluna chamada id. O valor de id é a próxima chave primária que é passada para o método create de um bean de entidade. Por exemplo, antes de criar um novo bean de entidade AccountBean, o bean de sessão AccountControllerBean deve obter uma chave única chamando o método getNextAccountId da classe DBHelper. O método getNextAccountId lê o id da tabela next_account_id, incrementa o valor de id na tabela e, depois, retorna o id.

Como proteger os enterprise beans

Na plataforma J2EE, você protege um enterprise bean especificando os papéis de segurança que podem acessar seus métodos. No aplicativo do Duke´s Bank, você define dois papéis - bankCustomer e bankAdmin - porque duas categorias de operações são definidas por enterprise beans.

Um usuário do papel bankAdmin poderá efetuar funções administrativas: criar ou remover uma conta, adicionar um cliente ou remover um cliente de uma conta, definir uma linha de crédito e estabelecer um saldo inicial. Um usuário no papel do bankCustomer poderá depositar, sacar e transferir fundos, lançar débitos e pagamentos, e listar as transações da conta. Note que não existe sobreposição nas funções que os usuários podem efetuar em qualquer um dos papéis.

O sistema restringe o acesso a estas funções para o papel apropriado definindo as permissões de método nos métodos selecionados dos enterprise beans CustomerControllerBean, AccountControllerBean, e TxControllerBean. Por exemplo, permitindo que somente usuários do papel bankAdmin acessem o método createAccount no enterprise bean AccountControllerBean, você nega permissão aos usuários do papel de bankCustomer para criar contas bancárias.

Cliente de aplicativo

Algumas vezes, os aplicativos corporativos utilizam um aplicativo de cliente independente para tratar tarefas como administração do sistema ou do aplicativo. Por exemplo, o aplicativo do Duke´s Bank utiliza um cliente de aplicativo para administrar clientes e contas. Esta capacidade é útil no caso de o site se tornar inacessível por alguma razão ou se um cliente preferir comunicar coisas como modificações nas informações da conta por telefone.

O cliente de aplicativo mostrado na Figura 36-4 trata da administração básica de clientes e da conta para o aplicativo bancário através de uma interface de usuário Swing. O administrador do banco pode efetuar qualquer uma das seguintes funções fazendo seleções de menu.

Administração do cliente:

- Visualizar informações do cliente
- Adicionar um novo cliente ao banco de dados
- Atualizar informações do cliente
- Encontrar o ID do cliente

Administração da conta:

- Criar uma nova conta
- Adicionar um novo cliente a uma conta existente

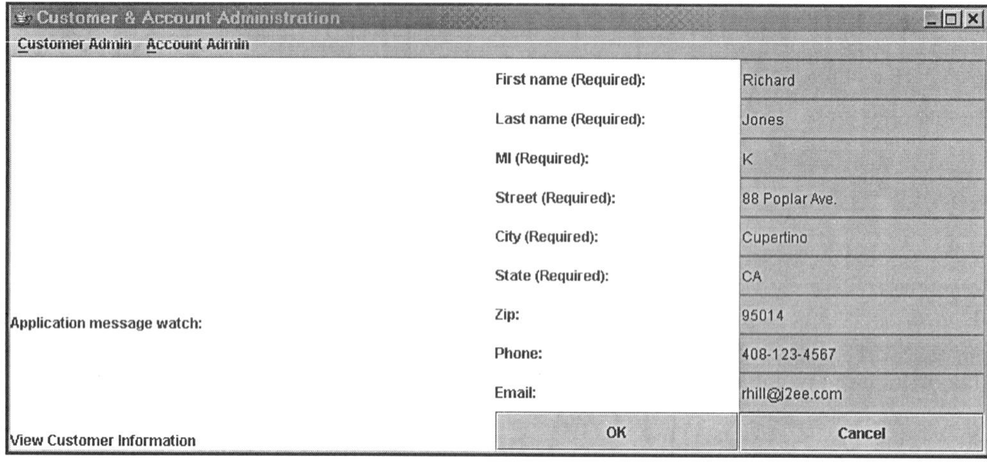

Figura 36-4 *Cliente de aplicativo.*

- ❑ Visualizar informações da conta
- ❑ Remover uma conta de um banco de dados

Mensagens de erro e de informação aparecem no painel esquerdo sob Application message watch:, e o dado é introduzido e exibido no painel direito.

Classes e seus relacionamentos

O código-fonte para o cliente de aplicativo está no diretório <INSTALL>/j2eetutorial14/examples/bank/src/com/sun/ebank/appclient/. O cliente de aplicativo está dividido em três classes: BankAdmin, EventHandle e DataModel. Os relacionamentos entre as classes são descritos na Figura 36-5.

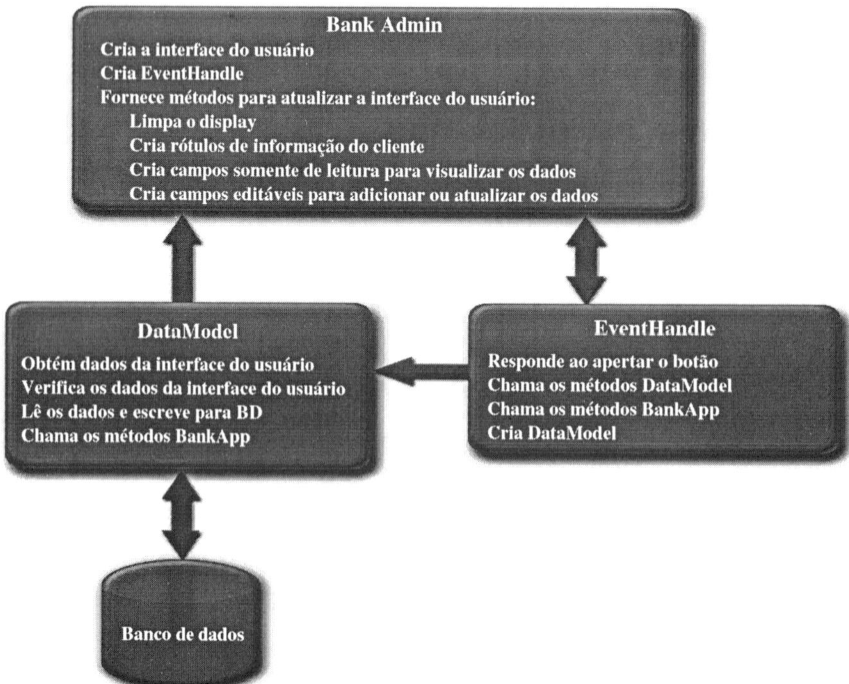

Figura 36-5 *Relacionamentos entre classes de cliente de aplicativo.*

BankAdmin constrói a interface de usuário inicial, cria o objeto EventHandle, e fornece métodos para os objetos EventHandle e DataModel chamarem quando atualizarem a interface do usuário.

EventHandle atende os cliques de botões do usuário, executa ação baseada em qual botão o usuário clica, cria o objeto DataModel, chama métodos no objeto DataModel para escrever dados para e ler dados dos enterprise beans, e métodos de chamada do objeto BankAdmin para atualizar a interface de usuário quando as ações se completam. O DataModel obtém dados de uma interface do usuário, executa verificações de dados, escreve dados válidos para e lê dados armazenados do banco de dados subjacente, e métodos de chamadas no objeto BankAdmin para atualizar a interface de usuário baseada no sucesso da operação de leitura ou escrita do banco de dados.

Classe BankAdmin

A classe BankAdmin, que cria a interface do usuário, é a classe que contém o método main e fornece métodos protected para que possam ser chamados pelas outras classes BankAdmin do aplicativo.

Método main

O método main cria instâncias das classes BankAdmin e EventHandle. Os argumentos passados para o método main são usados para inicializar uma locale, que é passada ao construtor BankAdmin.

```
public static void main(String args[]) {
  String language, country;
  if(args.length == 1) {
    language = new String(args[0]);
    currentLocale = new Locale(language, "");
  } else if(args.length == 2) {
    language = new String(args[0]);
    country = new String(args[1]);
    currentLocale = new Locale(language, country);
  } else
    currentLocale = Locale.getDefault();
    frame = new BankAdmin(currentLocale);
    frame.setTitle(messages.getString(
      "CustAndAccountAdmin"));
    WindowListener l = new WindowAdapter() {
      public void windowClosing(WindowEvent e) {
      System.exit(0);
    }
  };
  frame.addWindowListener(l);
  frame.pack();
  frame.setVisible(true);
  ehandle = new EventHandle(frame, messages);
  System.exit(0);
  }
}
```

Construtor

O construtor BankAdmin cria a interface inicial do usuário, que consiste em uma barra de menu e dois painéis. A barra de menu contém os menus do cliente e da conta, o painel esquerdo contém uma área de mensagem, e o painel direito é uma área de exibição ou atualização de dados.

Métodos da classe

A classe BankAdmin fornece métodos que outros objetos chamam quando precisam atualizar a interface do usuário. Estes métodos são:

- clearMessages: Limpa as mensagens do aplicativo que aparecem no painel esquerdo
- resetPanelTwo: Redefine o painel direito quando o usuário seleciona OK para sinalizar o fim de uma operação de visualização ou atualização
- createPanelTwoActLabels: Cria rótulos para os campos da conta quando as informações sobre a conta são visualizadas ou atualizadas
- createActFields: Cria campos da conta quando as informações sobre a conta são visualizadas ou atualizadas
- createPanelTwoCustLabels: Cria rótulos para os campos do cliente quando as informações sobre o cliente são visualizadas ou atualizadas
- createCustFields: Cria campos do cliente quando as informações sobre o cliente são visualizadas ou atualizadas
- addCustToActFields: Cria rótulos e campos quando for chamada uma operação de adicionar um cliente a uma conta
- makeRadioButtons: Cria botões de rádio para selecionar o tipo de conta quando uma nova conta é criada
- getDescription: Cria rótulos para os botões de rádio que descrevem cada tipo de conta disponível

Classe EventHandle

A classe EventHandle implementa a interface ActionListener, que fornece a interface do método para tratar os eventos de ação. Como todas as outras interfaces na linguagem de programação Java, a ActionListener define um conjunto de métodos, mas não implementa o seu comportamento. Em vez disso, você fornece as implementações porque elas aceitam ações específicas do aplicativo.

Construtor

O construtor recebe uma instância das classes ResourceBundle e BankAdmin e as atribui à sua variável de instância privada de modo que o objeto EventHandle tenha acesso ao texto localizado do cliente de aplicativo e possa atualizar a interface de usuário como necessário. O construtor também chama o método hookupEvents para criar as classes internas para receber e tratar os eventos de ação.

```
public EventHandle(BankAdmin frame, ResourceBundle messages) {
  this.frame = frame;
  this.messages = messages;
  this.dataModel = new DataModel(frame, messages);
  //Hook up action events
  hookupEvents();
}
```

Método actionPerformed

A interface ActionListener possui somente um método, o método actionPerformed. Este método trata eventos de ação pela interface do usuário BankAdmin quando os usuários criam uma nova conta. Especificamente, ele define a descrição da conta quando um administrador do banco seleciona um botão de rádio do tipo de conta, e define o saldo corrente para o saldo inicial para as novas contas quando um administrador do banco pressiona a tecla Return no campo Beginning Balance.

Método hookupEvents

O método hookupEvents usa classes internas para tratar eventos do menu e do pressionamento de botão. Uma classe interna é uma classe que está aninhada ou definida dentro de uma outra classe.

Usar classes internas desta maneira modulariza o código, tornando-o mais fácil de ler e manter. As classes internas de EventHandle gerenciam as seguintes operações do cliente de aplicativo.

- ❑ Visualizar as informações sobre o cliente
- ❑ Criar um novo cliente
- ❑ Atualizar informações sobre o cliente
- ❑ Localizar um ID pelo último nome
- ❑ Visualizar informações sobre a conta
- ❑ Criar uma nova conta
- ❑ Adicionar um cliente a uma conta
- ❑ Remover uma conta
- ❑ Excluir os dados ao pressionar o botão Cancel
- ❑ Processar os dados ao pressionar o botão OK.

Classe DataModel

A classe DataModel fornece métodos para ler os dados de um banco de dados, escrever dados para um banco de dados, obter dados de uma interface do usuário, e verificar se os dados antes de serem escritos no banco de dados.

Construtor

O construtor recebe uma instância da classe BankAdmin e a atribui à sua variável de instância privada de modo que o objeto DataModel possa exibir mensagens de erro na interface do usuário quando o seu método checkActData, ou checkCustData, ou writeData, detectar erros. O construtor também recebe uma instância da classe ResourceBundle e a atribui à sua variável de instância privada de modo que o objeto DataModel tenha acesso ao texto localizado do cliente de aplicativo.

Como a classe DataModel interage com o banco de dados, o construtor possui também o código para estabelecer conexões com as interfaces remotas dos enterprise beans CustomerController e AccountController, e o código a usar suas interfaces remotas para criar instâncias dos enterprise beans CustomerController e AccountController.

```
//Constructor
public DataModel(BankAdmin frame, ResourceBundle messages) {
  this.frame = frame;
  this.messages = messages;
//Look up and create CustomerController bean
  try {
    CustomerControllerHome customerControllerHome =
      EJBGetter.getCustomerControllerHome();
    customer = customerControllerHome.create();
  } catch (Exception namingException) {
    namingException.printStackTrace();
  }
//Look up and create AccountController bean
  try {
    AccountControllerHome accountControllerHome =
      EJBGetter.getAccountControllerHome();
    account = accountControllerHome.create();
  } catch (Exception namingException) {
```

```
    namingException.printStackTrace();
  }
}
```

Métodos

O método getData obtém dados dos campos de texto das interfaces do usuário e usa o método String.trim para remover caracteres de controle adicionais tais como espaços e retornos. Seu único parâmetro é um JTextfield de modo que qualquer instância da classe JTextfield possa ser passada para processamento.

```
private String getData(JTextField component) {
  String text, trimmed;
  if(component.getText().length() > 0) {
    text = component.getText();
    trimmed = text.trim();
    return trimmed;
  } else {
    text = null;
    return text;
  }
}
```

O método checkCustData armazena os dados do cliente obtidos pelo método getData, mas primeiro ele checa o dado para ter certeza de que todos os campos obrigatórios possuem dado, que a inicial do meio não tenha mais que um caractere, e que o estado não seja maior que dois caracteres. Se tudo estiver correto, o método writeData será chamado. Se houver erros, eles serão impressos na interface do usuário do objeto BankAdmin. O método checkActData usa um modelo semelhante para checar e armazenar o dado.

Os métodos createCustInf e createActInf são chamados pela classe EventHandle para atualizar a informação de exibição sobre o cliente e sobre a conta no caso de um evento de ação de uma visualização, atualização, ou adição.

Criar informações sobre o cliente

Para um evento de visualização ou atualização, o método createCustInf obtém a informação sobre o cliente para um cliente especificado do banco de dados e a passa para o método createCustFields da classe BankAdmin. Uma variável Boolean é usada para determinar se o método createCustFields deve criar campos somente para leitura para um evento de visualização ou campos de escrita para um evento de atualização

Para um evento de criação, o método createCustInf chama o método createCustFields na classe BankAdmin com um valor de dado nulo e uma variável Boolean para criar campos editáveis para os usuários introduzirem os dados do cliente.

Criar informações sobre a conta

Para um evento de visualização ou atualização, o método createActInf obtém a informação sobre a conta para uma conta especificada no banco de dados e a passa para o método createActFields da classe BankAdmin. Uma variável Boolean é usada para determinar se o método createActFields deve criar campos somente para leitura para um evento de visualização ou campos de escrita para um evento de atualização

Para um evento de criação, o método createActInf chama o método createActFields na classe BankAdmin com um valor de dado nulo e uma variável Boolean para criar campos editáveis para os usuários introduzirem os dados do cliente.

Adicionar um cliente para uma conta ou remover eventos de conta operam diretamente sobre o banco de dados sem criar qualquer componente de interface do usuário.

Cliente Web

No aplicativo da Duke´s Bank, o cliente Web é usado por clientes do banco para acessar informações sobre a conta e executar operações sobre as contas. A Tabela 36-2 lista as funções que o cliente suporta, os URLs usados para acessar as funções e os componentes que implementam as funções. A Figura 36-6 mostra uma tela de histórico da conta.

Nota: O código-fonte para o cliente Web está nos diretórios <INSTALL>/j2eetutorial14/examples/bank/src/com/sun/ebank/web/ e <INSTALL>/j2eetutorial14/examples/bank/web/.

Tabela 36-2 Cliente Web

Função	Aliases de URL	Páginas JSP	Componentes JavaBeans
Home page	/main	main.jsp	CustomerBean
Log on ou log off de um aplicativo	/logon /logonError /logoff	logon.jsp logonError.jsp logoff.jsp	
Listar contas	/accountList	accountList.jsp	CustomerBean
Listar o histórico da conta	/accountHist	accountHist.jsp	CustomerBean, AccountHistory-Bean
Transferir fundos entre contas	/transferFunds /transferAck	transferFunds.jsp transferAck.jsp	CustomerBean, TransferBean
Retirar e depositar fundos	/atm /atmAck	atm.jsp atmAck.jsp	CustomerBean, ATMBean
Tratamento de erros	/error	/error.jsp	

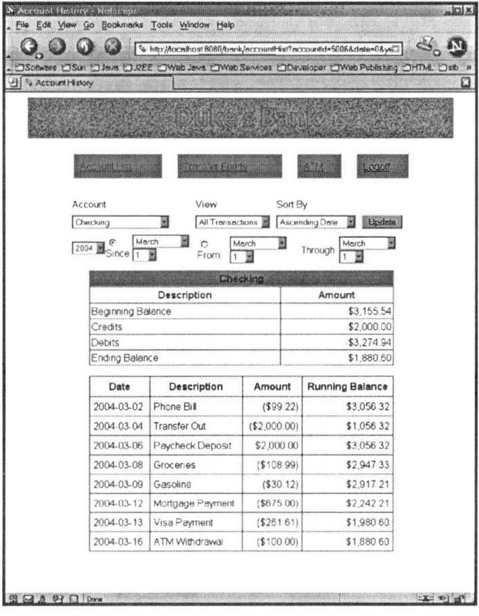

Figura 36-6 *Histórico da conta.*

Estratégias do projeto

A principal tarefa das páginas JSP no aplicativo do Duke´s Bank é a apresentação. Para conseguir isso, as tarefas mais dinâmicas de processamento são delegadas para enterprise beans, tags personalizadas e componentes JavaBeans.

No aplicativo do Duke´s Bank, as páginas JSP usam enterprise beans para tratar interações com o banco de dados e confiam nos componentes JavaBeans para interações com enterprise beans. No aplicativo do Duke´s Bookstore, discutido nos

Capítulos 11 a 22, o componente JavaBeans BookDB atua como um front end para um banco de dados. No aplicativo do Duke´s Bank, TransferBean atua como uma fachada (facade) para o enterprise bean TransactionControllerBean. Todavia, os outros componentes JavaBeans têm uma funcionalidade muito mais rica. ATMBean chama os métodos do enterprise bean e define strings de reconhecimento de acordo com a entrada do cliente do banco, e AccountHistoryBean trata os dados retornados dos enterprise beans para apresentar a visualização do dado exigido pelo cliente.

Um cliente Web usa um mecanismo de template implementado pelas tags personalizadas (discutido em Biblioteca de tags de template para manter uma aparência comum através de todas as páginas JSP. O mecanismo de template é constituído de três componentes:

- template.jsp determina a estrutura de cada tela. Ele usa a tag insert para compor uma tela a partir de subcomponentes
- screendefinitions.jspf define os subcomponentes usados para cada tela. Todas as telas possuem o mesmo banner, porém, título e conteúdo de corpos diferentes (especificados pela coluna JSP Pages da Tabela 36-2)
- Dispatcher, um servlet, processa requisições e as encaminha para template.jsp

Finalmente, o cliente Web usa tags de lógica a partir da biblioteca de tags core JSTL para executar o controle de fluxo e tags a partir da biblioteca de tags fmt JSTL para localizar mensagens e formatar moedas.

Componentes de cliente

Todos os componentes JavaBeans usados no cliente Web são instanciados pelo Dispatcher. Os componentes BeanManager e CustomerBean são instanciados para a sessão e a requisição, respectivamente. Os outros beans - AccountHistoryBean, TransferBean e ATMBean - são instanciados dependendo de qual URL de requisição esteja sendo tratado.

A responsabilidade por gerenciar os enterprise beans usados pelos clientes Web permanece com o BeanManager. Ele cria cliente, conta, enterprise beans controladores de transação, e fornece métodos para obter os beans.

Quando instanciado pelo Dispatcher, o componente BeanManager obtém a interface home para cada bean a partir da classe auxiliar EJBGetter e cria uma instância chamando o método create da interface home. Como estes enterprise beans se aplicam a um cliente ou a uma sessão em particular, o Dispatcher armazena um BeanManager como um atributo de sessão.

```
public class BeanManager {
  private CustomerController custctl;
  private AccountController acctctl;
  private TxController txctl;
  public BeanManager() {
    if (custctl == null) {
      try {
        CustomerControllerHome home =
          EJBGetter.getCustomerControllerHome();
        custctl = home.create();
```

```
      } catch (RemoteException ex) {
        Debug.print("Couldn't create customer bean." +
          ex.getMessage());
      } catch (CreateException ex) {
        Debug.print("Couldn't create customer bean." +
          ex.getMessage());
      } catch (NamingException ex) {
        Debug.print("Unable to look up home: " +
          CodedNames.CUSTOMER_CONTROLLER_EJBHOME +
          ex.getMessage());
    }
  }
  public CustomerController getCustomerController() {
    return custctl;
  }
  ...
}
```

CustomerBean mantém as informações sobre o cliente e a conta para a requisição corrente. Embora o cliente seja o mesmo para cada requisição, a conta pode se alterar, portanto Dispatcher armazena um CustomerBean como atributo de requisição.

```
public class CustomerBean {
  private BeanManager beanManager;
  private String customer;
  private String account;

  public AccountDetails getAccountDetails() {
  AccountDetails ad = null;
    try {
      ad = beanManager.getAccountController().
            getDetails(this.account);
    } catch (InvalidParameterException e) {
      ...
    return ad;
  }

  public ArrayList getAccounts() {
    ArrayList accounts = null;
    try {
      accounts = beanManager.getAccountController().
        getAccountsOfCustomer(this.customer);
    } catch (InvalidParameterException e) {
    ...
    }
    return accounts;
}
```

O fragmento de página template/links.jsp gera a lista de links de função de banco no topo de cada página. Note que o cliente do banco é obtido do objeto userPrincipal, que é definido quando o cliente se loga na entrada (veja Como proteger os recursos do cliente Web). Depois que o cliente é definido, a página pode obter de CustomerBean a coleção de contas para o cliente. A coleção é atribuída para a variável accounts, e o primeiro item na coleção é usado como o ID da conta default para a operação ATM.

```
<%@ taglib uri="http://java.sun.com/jsp/jstl/core" prefix="c"
%>
<%@ taglib uri="http://java.sun.com/jsp/jstl/fmt" prefix="fmt"
%>
<jsp:useBean id="customerBean"
```

```
  class="com.sun.ebank.web.CustomerBean" scope="request"/>
<jsp:setProperty name="customerBean" property="customer"
  value="${pageContext.request.userPrincipal.name}"/>
<c:set var="accounts" value="${customerBean.accounts}" />
<c:forEach items="${accounts}" begin="0" end="0" var="ad">
  <c:set var="accountId" value="${ad.accountId}" />
</c:forEach>
<center>
<table border=0 cellpadding=10 cellspacing=25
  width=600 summary="layout">
  <tr>
    <c:url var="url" value="/accountList" />
    <td bgcolor="#CE9A00"><a href="${url}">
      <fmt:message key="AccountList"/></a></td>
    <c:url var="url" value="/transferFunds" />
    <td bgcolor="#CE9A00"><a href="${url}">
      <fmt:message key="TransferFunds"/></a></td>
    <c:url var="url"
      value="/atm?accountId=${accountId}&operation=0" />
    <td bgcolor="#CE9A00"><a href="${url}">
      <fmt:message key="ATM"/></a></td>
    <c:url var="url" value="/logoff" />
    <td bgcolor="#CE9A00"><a href="${url}">
      <fmt:message key="Logoff"/></a></td>
  </tr>
</table>
</center>
```

Processamento da requisição

Todas as requisições para os URLs listados na Tabela 36-2 estão mapeadas para o componente Web dispatcher, implementado pelo servlet Dispatcher.

```
public class Dispatcher extends HttpServlet {
  public void doPost(HttpServletRequest request,
    HttpServletResponse response) {
    ...
    String selectedScreen = request.getServletPath();
    ...
    if (selectedScreen.equals("/accountHist")) {
      ...
    } else if (selectedScreen.equals("/transferAck")) {
      String fromAccountId =
        request.getParameter("fromAccountId");
      String toAccountId =
        request.getParameter("toAccountId");
      if ( (fromAccountId == null) || (toAccountId == null)) {
        request.setAttribute("errorMessage",
          messages.getString("AccountError"));
        try {
          request.getRequestDispatcher(
            "/error.jsp").forward(request, response);
        } catch(Exception ex) {
        }
    } else {
      TransferBean transferBean = new TransferBean();
      request.setAttribute("transferBean",
        transferBean);
      try {
        transferBean.setMessages(messages);
        transferBean.setFromAccountId(fromAccountId);
```

```
            transferBean.setToAccountId(toAccountId);
            transferBean.setBeanManager(beanManager);
            transferBean.setTransferAmount(new
              BigDecimal(request.
                getParameter("transferAmount")));
            String errorMessage = transferBean.doTx();
            if (errorMessage != null) {
              request.setAttribute("errorMessage",
                errorMessage);
              try {
                request.getRequestDispatcher(
                  "/error.jsp").forward(request, response);
              } catch(Exception ex) {
              }
            }
          } catch (NumberFormatException e) {
            request.setAttribute("errorMessage",
              messages.getString("AmountError"));
            try {
              request.getRequestDispatcher(
                "/error.jsp").forward(request, response);
            } catch(Exception ex) {
            }
          }
        }
        ...
        try {
          request.getRequestDispatcher(
          "/template/template.jsp").forward(request, response);
        } catch(Exception e) {
        }
      }
    }
```

Quando uma requisição é entregue, Dispatcher faz o seguinte:

1. Obtém o URL da requisição de chegada e extrai a tela requisitada. O Dispatcher efetua a lógica de negócios e atualiza objetos de modelo baseado na tela requisitada.
2. Cria um componente JavaBeans e armazena o bean como um atributo de requisição.
3. Analisa a sintaxe e valida os parâmetro de requisição. Se um parâmetro for inválido, Dispatcher redefinirá o alias para uma página de erro. Caso contrário, ele inicializa o componente JavaBeans.
4. Chama o método Tx do componente JavaBeans. Este método obtém dado dos enterprise beans e processa o dado de acordo com as opções especificadas pelo cliente.
5. Encaminha a requisição para template.jsp.

Como mencionado anteriormente, template.jsp gera a resposta incluindo as respostas a partir dos subcomponentes. O subcomponente body por sua vez geralmente obtém o dado dos componentes JavaBeans inicializados por Dispatcher.

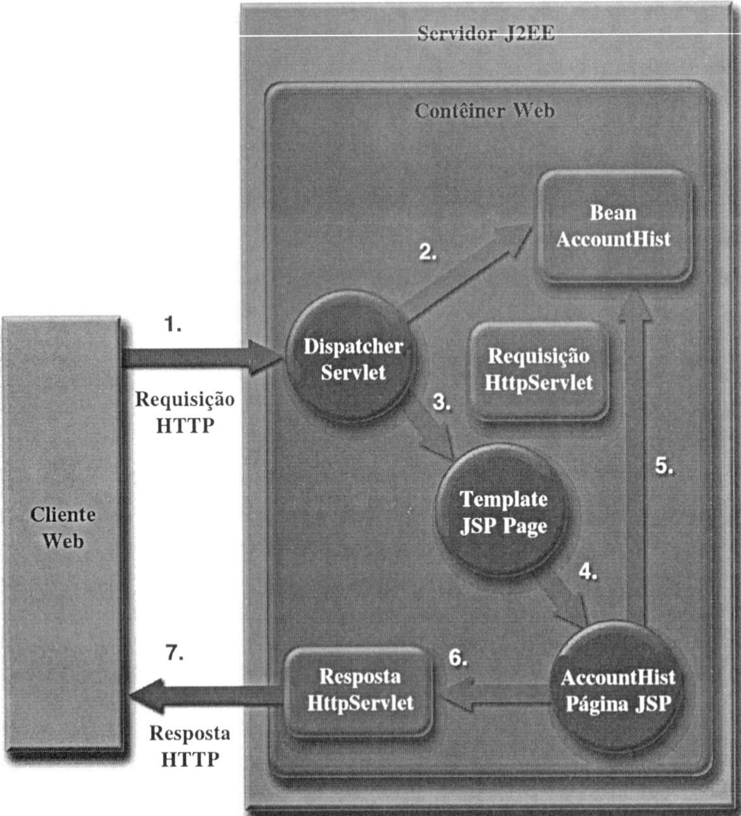

Figura 36-7 *Interação de componentes Web.*

A Figura 36-7 descreve a interação entre esses componentes.

Como proteger os recursos do cliente Web

Na plataforma J2EE, você protege um recurso Web do acesso anônimo especificando quais papéis de segurança podem acessar o recurso. O contêiner Web garante que somente certos usuários que atuam nesses papéis podem acessar o recurso. Para o contêiner Web forçar a restrição de segurança, o aplicativo deve especificar um meio para usuários identificarem a si próprios, e o contêiner Web deve suportar o mapeamento de um papel para um usuário.

No cliente Web do Duke´s Bank, você restringe todos os URLs listados na Tabela 36-2 para o papel de segurança bankCustomer. O aplicativo exige que os usuários se identifiquem por meio do mecanismo de login baseado em formulário. Quando um cliente do banco tenta acessar um URL de cliente Web e não foi autenticado, o contêiner Web exibe a página JSP logon.jsp. Esta página contém um formulário que exige que o cliente do banco entre um identificador e senha.

```
<form action="j_security_check" method=post>
<table>
<tr>
  <td align="center" >
  <table border="0">
  <tr>
  <td><b><fmt:message key="CustomerId"/></b></td>
  <td>
    <input type="text" size="15" name="j_username">
```

```
  </td>
  </tr>
  <tr>
  <td><b><fmt:message key="Password"/></b></td>
  <td>
    <input type="password" size="15" name="j_password">
  </td>
  ...
</form>
```

Note que a ação chamada pelo formulário, j_security_check, é especificada pela Servlet Java, como são os parâmetro de requisição j_username e j_password. O contêiner Web obtém esta informação, mapeia-a para um papel de segurança e verifica se o papel corresponde àquele especificado na restrição de segurança.

Note que na ordem para o contêiner Web checar a validade da informação de autenticação e efetuar o mapeamento, você deve executar estas duas etapas ao implantar o aplicativo:

1. Adicione o grupo do cliente, o ID, e a senha para o reino default do contêiner usando o Admin Console.
2. Mapeie o papel bankCustomer para o cliente do banco ou o grupo do cliente em deploytool.

Depois que o cliente do banco foi autenticado, o identificador fornecido pelo cliente é usado como chave para identificar as contas do cliente. O identificador é obtido da requisição usando a seguinte expressão:

```
${pageContext.request.userPrincipal.name}
```

Internacionalização

O cliente de aplicativo e o cliente Web distribuídos com o aplicativo do Duke´s Bank são internacionalizados. Todas as strings das interfaces do usuário são obtidas publicação/assinatura a partir de pacotes de recursos. O cliente de administração utiliza pacotes de recursos chamado AdminMessages_*.properties. O cliente Web utiliza pacotes de recursos chamados WebMessages_*.properties. Ambos os clientes são distribuídos com pacotes de recursos em inglês e em espanhol.

O cliente de aplicativo obtém informações da locale a partir da linha de comando. Por exemplo, para usar o pacote de recursos espanhol, chame o aplicativo deste modo:

```
appclient -client DukesBankAppClient.jar es
```

A classe do cliente de administração BankAdmin cria um Pacote de Recursos (Resource Bundle) que possui uma locale criada à parte dos argumentos de linha de comando:

```
//Constructor
public BankAdmin(Locale currentLocale) {
  //Internationalization setup
  messages = ResourceBundle.getBundle("AdminMessages",
    currentLocale);
```

O componente Dispatcher do cliente Web obtém a locale (definida por uma preferência de linguagem do browser) da requisição, abre o pacote de recursos e, depois, salva o pacote como um atributo de sessão.

```
ResourceBundle messages = (ResourceBundle)session.
  getAttribute("messages");
  if (messages == null) {
    Locale locale=request.getLocale();
```

```
    messages = ResourceBundle.getBundle("WebMessages",
      locale);
    session.setAttribute("messages", messages);
  }
```

Os componentes JavaBeans do cliente Web acessam mensagens localizadas usando messages.getString("key");.

As páginas JSP do cliente Web usam as tags fmt:message JSTL para obter as mensagens localizadas. Você define o contexto de localização da biblioteca de tags fmt JSTL como contexto de parâmetro quando você empacota o cliente Web com deploytool.

Por exemplo, aqui está como accountHist.jsp gera os cabeçalhos para a tabela de transações:

```
<td><center><b><fmt:message
  key="TxDate"/></b></center></td>
<td><center><b><fmt:message
  key="TxDescription"/></center></b></td>
<td><center><b><fmt:message
  key="TxAmount"/></b></center></td>
<td><center><b><fmt:message
  key="TxRunningBalance"/></b></center></td>
```

Como construir, empacotar, implantar e rodar o aplicativo

Para construir o aplicativo do Duke´s Bank, você deve ter instalado o pacote do tutorial como descrito em Sobre os exemplos. Quando você instala o pacote, os arquivos do aplicativo do Duke´s Bank estão localizados no diretório <INSTALL>/j2eetutorial14/examples/bank/.

```
/bank
  /provided-jars - packaged Web client and J2EE application
    containing the enterprise beans and application client
  /sql - database scripts
  /src
    /com - component classes
      /sun/ebank/appclient
      /sun/ebank/ejb
      /sun/ebank/util
      /sun/ebank/web
  /web - JSP pages, images
```

Depois de você compilar o código-fonte, os arquivos resultantes residirão no diretório <INSTALL>/j2eetutorial14/examples/bank/build/.

Como configurar os servidores

Antes que você possa empacotar, implantar e rodar o exemplo, deve primeiro configurar o servidor de banco de dados PointBase com os dados do cliente e da conta, e você deve adicionar alguns recursos para o Servidor de Aplicativo.

Como criar o banco de dados do banco

Você cria e introduz dados nas tabelas apropriadas de modo que os enterprise beans tenham alguma coisa para ler e escrever no banco de dados. Para criar e preencher as tabelas do banco de dados, siga estas etapas:

1. Inicie o servidor de banco de dados PointBase.

2. Em uma janela de terminal, vá para o diretório <INSTALL>/j2eetutorial14/examples/bank/ e execute o comando asant create-db_common. Esta tarefa chama a biblioteca de ferramentas do console de PointBase para executar o SQL contido em <INSTALL>/j2eetutorial14/examples/bank/sql/bank.sql. As declarações SQL deste arquivo deletam qualquer tabela existente, criam novas tabelas e inserem dados. A primeira vez que o script é rodado as tabelas não existem, portanto você verá erros de SQL. Você pode simplesmente ignorá-los.

Como criar a fonte de dados JDBC

Os enterprise beans do Duke´s Bank referenciam o banco de dados possuindo o nome JNDI jdbc/BankDB. O nome JNDI deve ser mapeado para uma fonte de dados JDBC no Servidor de Aplicativo. Você cria a fonte de dados usando o Admin Console seguindo os procedimentos descritos em Como criar uma fonte de dados. Quando você cria a fonte de dados JDBC, chame-a de jdbc/BankDB e a mapeie para PointBasePool.

Como adicionar usuários e grupos para o reino do arquivo

Para habilitar o Servidor de Aplicativo a determinar quais usuários podem acessar os métodos e recursos do enterprise bean no cliente Web, adicione usuários e grupos reino de segurança de arquivo do servidor usando o Admin Console seguindo os procedimentos descritos em Como gerenciar usuários. Adicione os usuários e grupos listados na Tabela 36-3.

Tabela 36-3 Usuários e grupos do Duke´s Bank

Usuário	Senha	Grupo
200	j2ee	bankCustomer
bankadmin	j2ee	bankAdmin

Como compilar o código de aplicativo do Duke´s Bank

Para compilar os enterprise beans, o cliente de aplicativo e o cliente Web, vá para o diretório <INSTALL>/j2eetutorial14/examples/bank/ de distribuição do tutorial e execute o comando asant build.

Como empacotar e implantar o aplicativo do Duke´s Bank

As instruções a seguir para empacotar e implantar o Duke´s Bank presumem que você esteja familiarizado com os procedimentos do deploytool para empacotar enterprise beans, clientes de aplicativo, e aplicativos Web descritos nos capítulos anteriores do tutorial. Se após seguir estes procedimentos você tiver problemas para implantar ou rodar o aplicativo, poderá usar os EAR fornecidos em <INSTALL>/j2eetutorial14/examples/bank/provided-jars/ para rodar o exemplo.

Como empacotar os enterprise beans

1. Chame o assistente de Enterprise Bean para cada bean de entidade da Tabela 36-4. Para cada bean, selecione Bean-Managed Persistence (Persistência Gerenciada por Bean) como o tipo de gerenciamento da persistência e java.lang.String como a classe de chave primária.

   A primeira vez que você chamar o assistente, crie um módulo EJB JAR chamado DukesBankEJBJAR no diretório <INSTALL>/j2eetutorial14/examples/bank/. Adicione os pacotes ejb e util sob INSTALL>/j2eetutorial14/examples/bank/build/com/sun/ebank/ ao JAR.

Tabela 36-4 Beans de entidade

Bean de entidade	Interface home	Interface remota	Classe de implementação
AccountBean	AccountHome	Account	AccountBean
CustomerBean	CustomerHome	Customer	CustomerBean
TxBean	TxHome	Tx	TxBean

2. Para cada bean de entidade, adicione uma referência de recursos para uma fonte de dados com o nome codificado jdbc/BankDB. Defina o nome JNDI específico da Sun para jdbc/BankDB. Como você já adicionou o recurso JDBC ao Servidor de Aplicativo, você deve selecionar o nome a partir do menu suspenso.
3. Para cada bean de entidade, defina os atributos de transação de todos os métodos para Required, exceto para os métodos listados na Tabela 36-5, que devem ser definidos para Not Supported.
4. Chame o assistente do Enterprise Bean para cada um dos beans de sessão com estados da Tabela 36-6.
5. Para cada bean de sessão, adicione uma referência de recursos para uma fonte de dados com nome codificado jdbc/BankDB. Defina o nome JNDI específico da Sun para jdbc/BankDB.
6. Como você já adicionou o recurso JDBC ao Servidor de Aplicativo, você deve selecionar o nome a partir do menu suspenso.

Tabela 36-5 Definições do atributo de transação

Bean de entidade	Métodos de transação não suportados
AccountBean	getCreditLine findByCustomerId findByPrimaryKey
CustomerBean	remove findByLastName findByPrimaryKey
TxBean	remove findByAccountId findByPrimaryKey

Tabela 36-6 Beans de sessão com estados

Bean de entidade	Interface home	Interface remota	Classe de Implementação
AccountControllerBean	AccountControllerHome	AccountController	AccountControllerBean
CustomerControllerBean	CustomerControllerHome	CustomerController	CustomerControllerBean
TxControllerBean	TxControllerHome	TxController	TxBean

Tabela 36-7 Referências EJB para beans de entidade

Bean de sessão	Nome codificado	Nome do bean de entidade
AccountControllerBean	ejb/account ejb/customer	AccountBean CustomerBean
CustomerControllerBean	ejb/customer	CustomerBean
TxControllerBean	ejb/account ejb/tx	AccountBean TxBean

6. Adicione as referências EJB dos beans de sessão para os beans de entidade locais listados na Tabela 36-7.
7. Salve o módulo.

Como empacotar o cliente de aplicativo

1. Chame o assistente do cliente de aplicativo.
   a. Crie um módulo do cliente de aplicativo chamado DukesBankACJAR no diretório <INSTALL>/j2eetutorial14/examples/bank/.
   b. Adicione os pacotes appclient, util, ejb/exception e as interfaces home e remota ejb/*/*Controller* (AccountController, (AccountControllerHome, CustomerController, CustomerControllerHome, TxController, TxControllerHome) sob <INSTALL>/j2eetutorial14/examples/bank/build/com/sun/ebank/ ao JAR.
2. Adicione as referências EJB para os beans de sessão listados na Tabela 36-8.
3. Salve o módulo.

Tabela 36-8 Referências EJB para beans de sessão

Nome codificado	Nome JNDI do bean de sessão
ejb/accountController	AccountControllerBean
ejb/customerController	CustomerControllerBean

Como empacotar o cliente Web

1. Crie um componente Web servlet Dispatcher usando o assistente Web Component. Crie um novo módulo Web contendo o componente DukesBankWAR no diretório <INSTALL>/j2eetutorial14/examples/bank/.
2. Adicione o conteúdo ao módulo Web.
   a. Adicione os pacotes web, util, ejb/exception e as interfaces home e remota ejb/*/*Controller* (AccountController, AccountControllerHome, CustomerController, CustomerControllerHome, TxController, TxControllerHome) sob <INSTALL>/j2eetutorial14/examples/bank/build/com/sun/ebank ao módulo.
   b. Adicione o diretório template, todas as páginas JSP, os arquivos WebMessages*.properties e tutorial-template.tld sob <INSTALL>/j2eetutorial14/examples/bank/build/ ao módulo.

   c. No editor de conteúdo do módulo Web, arraste os arquivos WebMessages*.properties da raiz de contexto para WEB-INF/classes.

3. Defina a raiz de contexto para /bank.
4. Adicione os aliases /accountHist, /accountList, /atm, /atmAck, /main, /transferAck, /transferFunds e / logoff para o componente Dispatcher.
5. Adicione as referências EJB aos beans de sessão listados na Tabela 36-9.
6. Adicione um grupo de propriedade JSP chamado bank. O grupo de propriedade se aplica ao padrão de URL *.jsp. Adicione o incluir prelúdio /template/prelude.jspf.
7. Adicione um parâmetro de contexto chamado javax.servlet.jsp.jstl.fmt.localizationContext e o valor WebMessages.

Tabela 36-9 Referências EJB para beans de sessão

Nome codificado	Nome JNDI do bean de sessão
ejb/accountController	AccountControllerBean
ejb/customerController	CustomerControllerBean

8. Adicione uma restrição de segurança.
   a. Selecione Form Based como método de autenticação do usuário. As definições de autenticação são file para o nome do reino, /logon.jsp para a página de login, e /logonError.jsp para a página de erro.
   b. Adicione uma restrição de segurança e uma coleção de recursos Web. Use os nomes default fornecidos por deploytool.
   c. Adicione os padrões de URL /main, /accountList, /accountHist, /atm, /atmAck, /transferFunds e / transferAck à coleção de recursos Web.
   d. Selecione os métodos HTTP GET e POST.
   e. Adicione o papel de segurança bankCustomer.
9. Salve o módulo.

Como empacotar e implantar o aplicativo

1. Crie um aplicativo J2EE chamado DukesBankApp em <INSTALL>/j2eetutorial14/examples/bank/.
2. Adicione o módulo do cliente de aplicativo DukesBankACJAR a DukesBankApp.
3. Adicione o módulo EJB DukesBankEJBJAR a DukesBankApp.
4. Adicione o módulo Web DukesBankWAR a DukesBankApp.
5. Adicione os papéis de segurança bankAdmin e bankCustomer.
6. Adicione as seguintes definições de segurança aos enterprise beans:
   a. AccountControllerBean: na guia Security, restinja o acesso a usuários no papel de segurança bankAdmin para os métodos setBalance, removeCustomerFromAccount, setCreditLine, setDescription, removeAccount, createAccount, addCustomerToAccount, setBeginBalance e setType. Na guia General, clique o botão Sun-specific Settings e, depois, clique o botão IOR na moldura General. Na moldura As Context, defina Required para true.

b. CustomerControllerBean: na guia Security, restrinja o acesso a usuários no papel de segurança bankAdmin para os métodos getCustomersOfAccount, createCustomer, getCustomersOfLastName, setName, removeCustomer e setAddress. Na guia General, clique o botão Sun-specific Settings e, depois, clique o botão IOR na moldura General. Na moldura As Context, defina Required para true.

c. TxControllerBean: Na guia Security, restrinja o acesso de usuários no papel de segurança bankCustomer para os métodos getTxsOfAccount, makeCharge, deposit, transferFunds, withdraw e makePayment.

7. Inicie o Servidor de Aplicativo.

8. Mapeie o papel bankCustomer para o grupo bankCustomer.

9. Mapeie o papel bankAdmin para o grupo bankAdmin.

10. Salve o aplicativo.

11. Implante o aplicativo. Na caixa de diálogo Deploy DukesBankApp, selecione a caixa de verificação Return Client Jar.

Depois de ter embalado todos os módulos, deploytool deve se parecer com a Figura 36-8.

Como revisar nomes JNDI

Com DukesBankApp selecionado, clique a guia JNDI Names. A coluna JNDI Name é mostrada na Figura 36-9. A ordem pode ser um pouco diferente em seu ambiente.

Um nome JNDI é o nome que o Servidor de Aplicativo usa para procurar enterprise beans e recursos. Quando você procurar um enterprise bean, você deverá fornecer declarações parecidas com aquelas mostradas no código a seguir.

```
try {
  customerControllerHome =
    EJBGetter.getCustomerControllerHome();
  customer = customerControllerHome.create();
} catch (Exception namingException) {
  namingException.printStackTrace();
}

public static CustomerControllerHome
  getCustomerControllerHome() throws   NamingException {
  InitialContext initial = new InitialContext();
  Object objref = initial.lookup(
    CodedNames.CUSTOMER_CONTROLLER_EJBHOME);
```

O lookup é executado na terceira linha do código, no qual o método getCustomerControllerHome de com.sun.ebank.utilEJBGetter é chamado. EJBGetter é uma classe utilitária que obtém um nome JNDI codificado de com.sun.ebank.util.CodedNames.

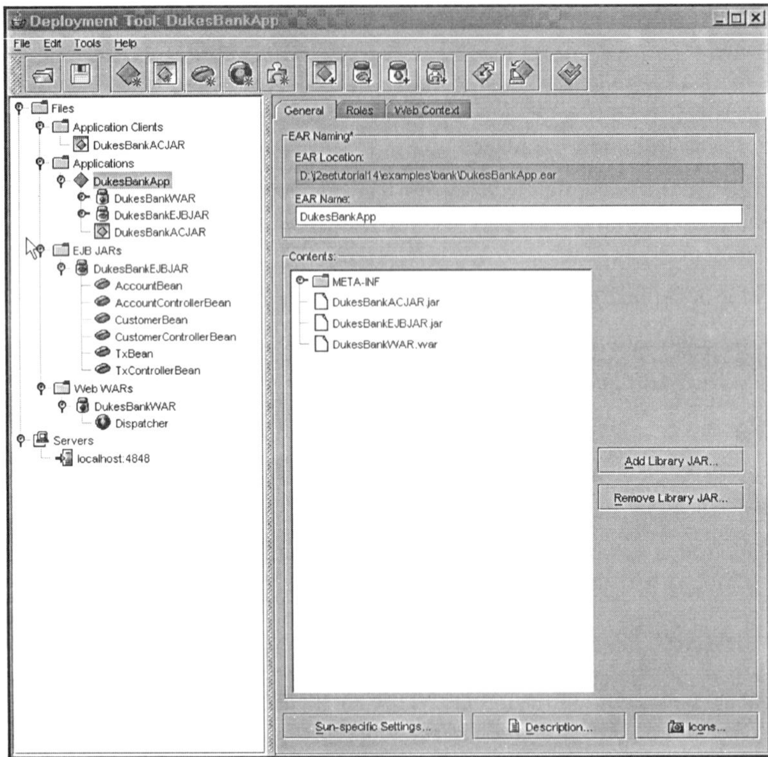

Figura 36-8 *Módulos e componentes do Duke's Bank.*

Neste exemplo, o cliente de aplicativo está procurando o nome codificado para a interface remota CustomerController. BankAdmin (o nome de exibição para a classe principal do cliente de aplicativo) referencia ejb/customerController, que é o nome codificado e definido para a interface remota CustomerController.

O nome JNDI é armazenado no descritor de implantação do aplicativo J2EE, e é usado pelo Servidor de Aplicativo para procurar o bean CustomerControllerBean. Na Figura 36-9, você vê que CustomerControllerBean é mapeado para o mesmo nome JNDI como é ejb/customerController. Não importa qual seja o nome JNDI, desde que ele seja o mesmo nome para a pesquisa da interface remota que você usa

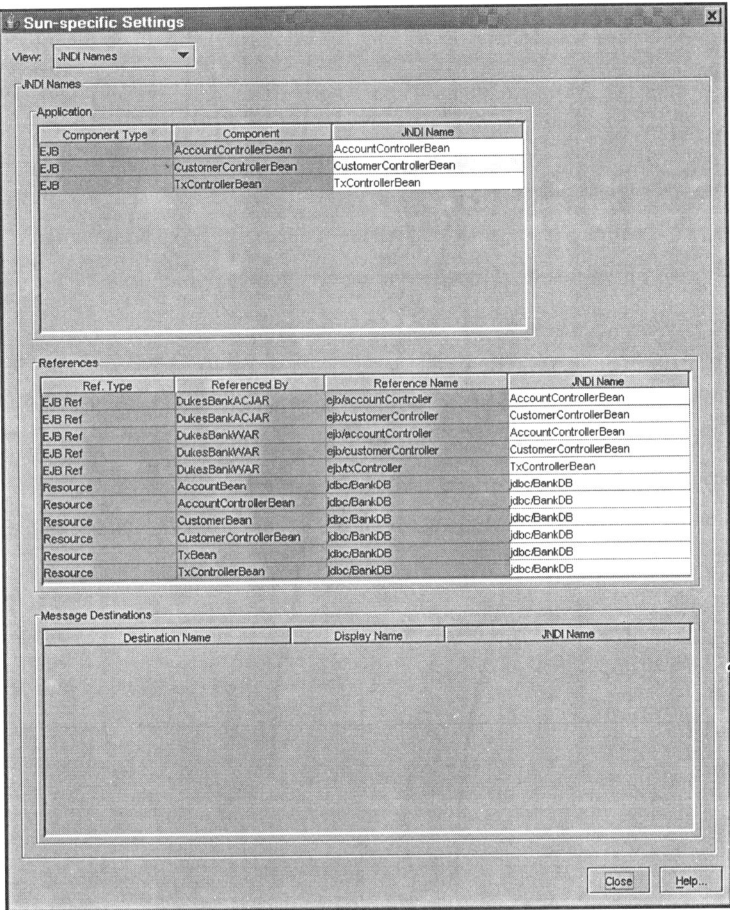

Figura 36-9 *Nomes JNDI do Duke´s Bank.*

para o bean correspondente. Portanto, olhando para a tabela, você pode dizer que o cliente de aplicativo (BankAdmin) procura a interface remota CustomerController, a qual usa o nome JNDI de CustomerControllerBean, e o Servidor de Aplicativo usa o nome JNDI de CustomerControllerBean para encontrar o objeto correspondente CustomerControllerBean.

As outras linhas da tabela possuem os mapeamentos para os outros enterprise beans. Todos estes beans estão armazenados em um arquivo JAR que você adicionou ao aplicativo J2EE durante a montagem. Suas implementações possuem nomes codificados para procurarem tanto outros enterprise beans, como o dispositivo de banco de dados.

Como rodar os clientes

Como rodar o cliente de aplicativo

Para rodar o cliente de aplicativo, siga estas etapas:

1. Em uma janela de terminal, vá para <INSTALL>/j2eetutorial14/examples/bank/.
2. Para rodar a versão em inglês do cliente, execute o seguinte comando:

   ```
   appclient -client DukesBankAppClient.jar
   ```

   O parâmetro de DukesBankAppClient.jar é o nome do arquivo JAR do cliente de aplicativo retornado quando você implantou DukesBankApp.
3. Para rodar a versão em espanhol, inclua o código de linguagem es:

   ```
   appclient -client DukesBankAppClient.jar es
   ```

4. Nos prompts de login, digite bankadmin para nome de usuários e j2ee para a senha. A próxima coisa que você deve ver é o aplicativo mostrado na Figura 36-10.

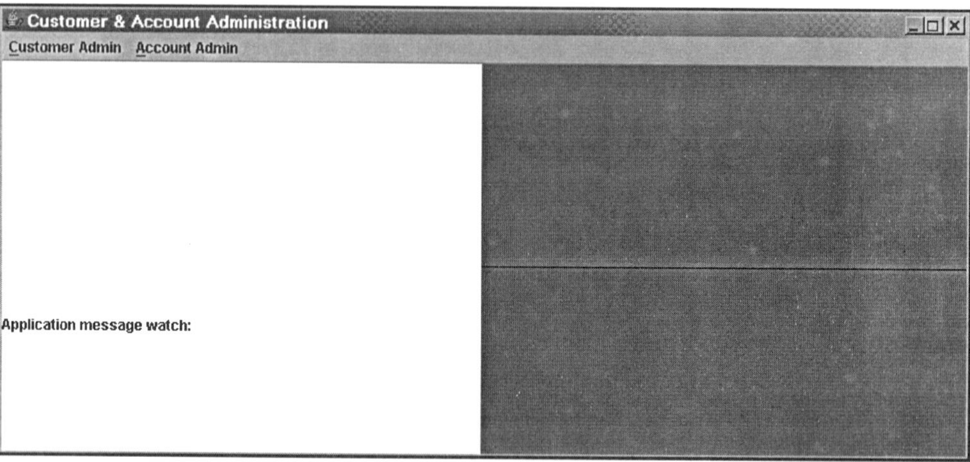

Figura 36-10 *O cliente de aplicativo BankAdmin.*

Como rodar o cliente Web

Para rodar o cliente Web, siga estas etapas:

1. Abra o URL do banco, http://localhost:8080/bank/main, em um browser Web. Para ver a versão em espanhol do aplicativo, defina a preferência de linguagem do seu browser para qualquer dialeto espanhol.
2. O aplicativo exibirá a página de login. Entre 200 para customer ID e j2ee para a senha. Clique Submit.
3. Selecione uma função do aplicativo: Account List, Transfer Funds, ATM, ou Logoff. Quando você tiver uma lista de contas, poderá obter um histórico da conta selecionando um link dela.

Nota: A primeira vez que você seleciona uma página nova, particularmente uma página complicada tal como um histórico da conta, leva algum tempo para entender por que o Servidor de Aplicativo deve traduzir a página para uma classe de servlet e compilar e carregar a classe.

Se você selecionar Account List (Lista de Contas), você verá a tela mostrada na Figura 36-11.

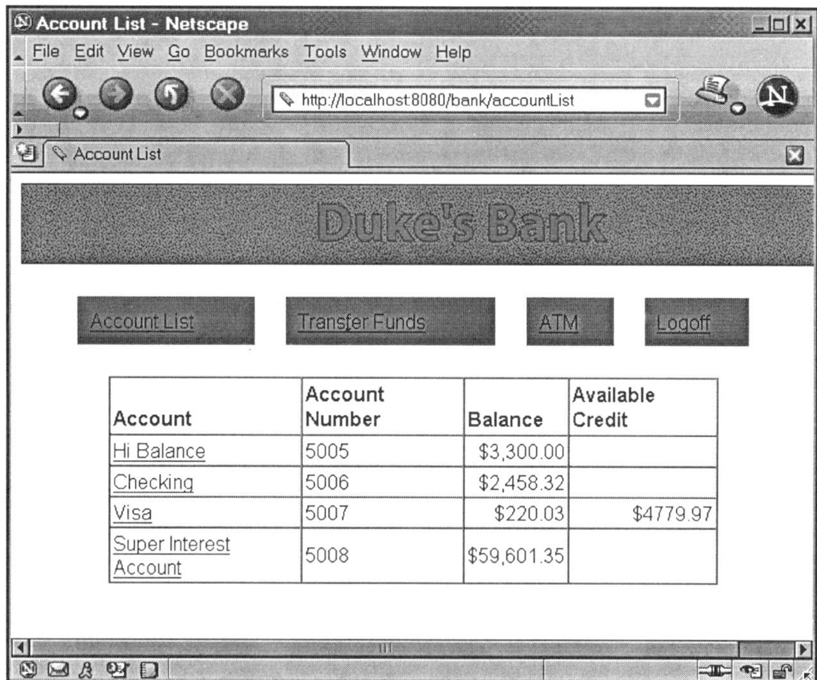

Figura 36-11 *Lista de contas.*

Esquemas de codificação Java

Este apêndice descreve os esquemas de codificação de caracteres que são suportados pela plataforma J2EE.

US-ASCII

O US-ASCII é um conjunto de caracteres de 7-bits e uma codificação que aborda o alfabeto de língua inglesa. Ele não é grande o bastante para abordar os caracteres usados em outras linguagens, portanto, ele não é muito útil para internacionalização.

ISO-8859-1

O ISO-8859-1 é o conjunto de caracteres para as línguas da Europa Ocidental. Ele é um esquema de codificação de 8-bits no qual cada caractere codificado aceita exatamente 8 bits. (Com os conjuntos de caracteres restantes, por outro lado, alguns códigos são reservados para assinalar o início de um caractere com múltiplos bytes.)

UTF-8

O UTF-8 é um esquema de codificação de 8 bits. Os caracteres do alfabeto de língua inglesa são todos codificados usando um byte de 8 bits. Os caracteres de outros idiomas são codificados usando 2, 3 ou até 4 bytes. Portanto o UTF-8 produz documentos compactos para a língua inglesa, mas para outras linguagens, os documentos tendem a ser metade novamente maiores do que seriam se eles usassem UTF-16. Se a maior parte de um texto de documento fosse em uma linguagem da Europa Ocidental, então o UTF-8 seria uma boa escolha porque ele permite a internacionalização pois minimiza o espaço requerido para codificação.

UTF-16

UTF-16 é um esquema de codificação de 16 bits. Ele é grande o bastante para codificar todos os caracteres de todos os alfabetos do mundo. Ele utiliza 16 bits para a maioria dos caracteres, mas inclui caracteres de 32 bits para linguagens baseadas em ideograma, como, por exemplo, o chinês. Um documento em linguagem da Europa Ocidental que utiliza UTF-16 será duas vezes maior que o mesmo documento codificado utilizando UTF-8. Mas os documentos escritos nas linguagens do Extremo Oriente serão bem menores usando UTF-16.

Nota: UTF-16 depende das convenções de solicitação de bytes do sistema. Embora na maioria dos sistemas, os bytes de ordem superior sigam os bytes de ordem inferior em uma "palavra" de 16 bits ou de 32 bits, alguns sistemas usam a ordem contrária. Documentos UTF-16 não podem ser trocados entre esses sistemas durante uma conversão.

Informações adicionais

O conjunto de caracteres e os nomes de codificação reconhecidos pelas autoridades da Internet estão listados no registro de conjunto de caracteres IANA, no endereço:

`http://www.iana.org/assignments/character-sets`

A linguagem de programação Java representa caracteres que utilizam internamente o conjunto de caracteres Unicode, que fornece suporte para a maioria das linguagens. Para armazenamento e transmissão por meio de redes, todavia, muitas outras codificações de caracteres são usadas. A plataforma Java 2, portanto, também suporta conversão de caracteres para e de outras codificações de caracteres. Qualquer Java runtime deve suportar as transformações Unicode UTF-8, UTF-16BE e UTF-16LE bem como a codificação de caracteres ISO-8859-1, mas a maioria das implementações suportam muito mais. Para uma lista completa de codificações que podem ser suportadas pela plataforma Java 2, consulte

`http://java.sun.com/j2se/1.4/docs/guide/intl/encoding.doc.html`

B

ESPECIFICAÇÕES XML E RELACIONADAS: DIGERINDO A SOPA DE ALFABETO

Este apêndice fornece uma visão geral de alto nível dos vários acrônimos relacionados com XML e o que eles significam. Existe muito trabalho rodando em XML, há muito, portanto, para aprender.

As APIs correntes para acessar documentos XML tanto serialmente como no modo de acesso aleatório são, respectivamente, SAX e DOM. As especificações para assegurar a validade de documentos XML são DTD (o mecanismo original, definido como parte da especificação XML) e várias propostas de Padrões de esquema (mecanismos mais recentes que utilizam a sintaxe XML para fazer o trabalho de descrever os critérios de validação).

Outros futuros padrões que estão se aproximando da etapa final incluem o padrão XSL, um mecanismo para configurar traduções de documentos XML (por exemplo, para HTML ou outro XML) e para determinar como o documento é renderizado. A parte de transformação desse padrão, XSLT (+XPath), está abordada completamente neste tutorial. Um outro esforço que se aproxima do final é a especificação de Linguagem de Link XML (Como lincar XML), que habilita links entre documentos XML.

Essas são as maiores inovações com as quais você vai querer estar familiarizado. Este apêndice faz um levantamento de uma série de outras propostas interessantes, incluindo o padrão que se parece com HTML, XHTML, e o metapadrão que descreve as informações que um documento XML contém, RDF. Existem também esforços de padrões que estendem as capacidades do XML, tais como XLink e Xpointer.

Finalmente, existe uma série de padrões interessantes e propostas de padrões que são construídas em XML, incluindo a Linguagem de Integração Multimedia Sincronizado (SMIL), a Linguagem de Marcação Matemática (MathML), Gráficos de Vetores Escaláveis (SVG), e DrawML, bem como uma série de padrões de comércio eletrônico.

O restante deste apêndice fornece uma descrição mais detalhada destas iniciativas. Para ajudar a manter as coisas em ordem, ele está dividido nestes assuntos:

- ❑ Padrões básicos
- ❑ Padrões de esquema
- ❑ Padrões de links e de apresentação
- ❑ Padrões de conhecimento
- ❑ Padrões construídos em XML

Dê uma olhada nos termos uma vez para você saber o que existe, e mantenha uma cópia deste documento em mãos para consultar sempre que você vir um destes termos em algo que você esteja lendo. Muito em breve, você os terá todos guardados na memória, e estará pelo menos "familiarizado" com XML.

Padrões básicos

Estes são os padrões básicos com os quais você precisa estar familiarizado. Eles aparecem em quase todas as discussões sobre XML.

SAX

A API Simples para XML foi um produto de colaboração para a lista de correspondência XML-DEV em vez de um produto do W3C. Ele está incluído aqui porque ele possui as mesmas características "finais" que a recomendação para W3C.

Você pode pensar em SAX como um protocolo de "acesso serial" para XML que é ideal para processamento sem estado, onde o tratamento de um elemento não depende de qualquer elemento que veio anteriormente. Com um pequeno registro de memória e velocidades de rápida execução, esta API é ótima para transformações diretas de dados em XML, ou fora disso. Ela é um protocolo orientado para eventos, porque você registra um tratador com o analisador que define um método callback para uns elementos, um outro para um texto, e um para comentários (mais os métodos de erros e outros componentes XML).

SAX

A API de Fluxo para XML (Streaming API for XML) é uma API Java com análise de arranque. Esta API também atua como um protocolo de "acesso serial", mas seu modelo de processamento é ideal para próprio dependente de estado. Com esta API, você pede ao analisador para enviar a próxima coisa que ele tiver, e depois decidir o que fazer com o que ele lhe deu. Por exemplo, quando você está em um elemento de cabeçalho e obtém um texto, você usará somente um tamanho de fonte. Mas se estiver em um parágrafo normal e obtiver o texto, você usará um tamanho de fonte diferente.

DOM

O protocolo do Modelo de Objetos de Documento converte um documento XML em uma coleção de objetos em seu programa. Você pode então manipular o modelo de objetos de qualquer maneira que faz sentido. Este mecanismo é também conhecido como protocolo de "acesso aleatório", porque você pode visitar qualquer parte do dado em qualquer momento. Você pode então modificar o dado, removê-lo, ou inserir um novo dado.

JDOM e dom4j

Embora o Modelo de Objetos de Documento forneça muito poder para um processamento orientado para documento, ele não fornece muito no modo de simplificação orientada para objeto. Os desenvolvedores Java que estão processando mais estruturas orientadas por dados - ao invés de livros, artigos, e outros documentos completamente emplumados - freqüentemente acham que as APIs orientadas para objeto, como JDOM e dom4j, são mais fáceis de usar e mais adequadas a suas necessidades.

Aqui estão as principais diferenças para entender quando optar entre os dois:

- JDom é uma API um pouco mais limpa e menor. Quando o estilo de codificação é uma consideração importante, JDom é uma boa opção
- JDom é uma iniciativa do Processo de Comunidade Java (JCP). Quando terminada, ela será um padrão endossado (endorsed)

- dom4j é uma implementação mais rápida e menor que está sendo amplamente usada já há alguns anos
- dom4j é uma implementação baseada em fábrica. Isso a torna mais fácil de modificar para aplicativos complexos e para fins especiais. Quando estava sendo desenvolvida, JDom ainda não usava uma fábrica para instanciar uma instância do analisador (embora o padrão pareça estar norteado para essa diretório). Portanto, com JDom, você sempre obtém o analisador original. (Isso é ótimo para a maioria dos aplicativos, mas pode não ser apropriado se o seu aplicativo possuir necessidades especiais.)

Para maior informação sobre JDom, consulte o site http://www.jdom.org/. Para mais informações sobre dom4j, visite o endereço http://dom4j.org/.

DTD

A especificação da Definição de Tipo de Documento faz realmente parte da especificação XML ao invés de fazer parte de uma entidade separada. Por outro lado, ela é opcional; você pode escrever um documento XML sem ela. E existe uma série de propostas de padrões de esquemas que oferecem alternativas mais flexíveis. Portanto, a DTD é discutida aqui como se fosse uma especificação separada.

Uma DTD especifica os tipos de tags que podem ser incluídos em seu documento XML, junto com as disposições válidas dessas tags. Você pode usar a DTD para se assegurar de que não esteja criando uma estrutura XML inválida. Você também pode usá-la para garantir que a estrutura XML que você está lendo (ou que foi enviada por meio da rede) é de fato válida.

Infelizmente, é difícil especificar uma deploytool para um documento complexo de tal maneira que isso impeça todas as combinações inválidas e permita todas as válidas. Portanto, construir uma DTD é também um pouco de arte. A DTD pode existir na frente do documento, como parte do prólogo. Ela também pode existir como uma entidade separada, ou ela pode ser dividida entre o prólogo do documento e uma ou mais entidades adicionais.

Todavia, embora o mecanismo da DTD tenha sido o primeiro método definido para especificar uma estrutura de documento válida, ele não será o último. Diversas especificações de esquema mais recentes foram descobertas. Você aprenderá sobre isso em algum momento.

Namespaces

O padrão de namespace permite que você escreva um documento XML que usa dois ou mais conjuntos de tags XML de forma modular. Suponha, por exemplo, que você criou uma lista de peças baseada em XML que usa descrições XML de peças fornecidas por outros fabricantes (on-line!). O dado do preço fornecido pelos subcomponentes seriam valores que você quer totalizar, ao passo que o dado do preço para a estrutura como um todo seria algo que você deseja exibir. A especificação do namespace define mecanismos para qualificar os nomes de forma a eliminar a ambigüidade. Isso lhe permite escrever programas que usam informações de outras fontes e faça coisas certas com isso.

As informações mais recentes sobre namespaces podem ser encontradas no endereço http://www.w3.org/TR/REC-xml-names.

XSL

A Linguagem de Folhas de Estilos Extensíveis adiciona capacidades de exibição e transformação para o XML. O padrão XML especifica como identificar o dado, em vez de como exibi-lo. HTML, por exemplo, diz como as coisas deveriam ser exibidas sem identificar o que elas são. Entre outros fins, XSL intermedia o vácuo entre os dois.

O padrão XSL possui duas partes: XSLT (o padrão de transformação, descrito a seguir) e XSL-FO (a parte que aborda objetos de formatação). XSL-FO permite que você especifique formatações complexas para uma variedade de publicações.

O trabalho do W3C mais recente sobre XSL está no endereço http://www.w3.org/TR/WD-xsl.

XSLT (+XPath)

O padrão das Transformações da Linguagem de Folhas de Estilos Extensíveis é essencialmente um mecanismo de tradução que lhe permite converter dados XML em outros formatos - por exemplo, em HTML. Diferentes transformações XML então permitem que você use o mesmo dado XML em uma variedade de formas. (O padrão XPath é um mecanismo de endereçamento que você usa ao construir transformação de construção. Você o utiliza para especificar as partes da estrutura XML que quer transformar.)

Padrões de esquema

Uma DTD torna possível validar a estrutura de documentos XML relativamente simples, mas isso a medida que ela consegue.

Uma DTD não consegue restringir o conteúdo de elementos, e ela não pode especificar relacionamentos complexos. Por exemplo, é impossível especificar que um <cabeçalho> para um <livro> deve ter ambos um <título> e um <autor>, ao passo que um <cabeçalho> para um <capítulo> precisa apenas de um <título>. Em uma DTD, você consegue especificar a estrutura do elemento <cabeçalho> apenas uma vez. Não existe nenhuma sensibilidade de contexto, porque uma especificação da DTD não é hierárquica.

Por exemplo, para um endereço postal que contenha vários elementos (PCDATA) de dados de caractere analisados, a DTD pode parecer com isto:

```
<!ELEMENT mailAddress (name, address, zipcode)>
<!ELEMENT name (#PCDATA)>
<!ELEMENT address (#PCDATA)>
<!ELEMENT zipcode (#PCDATA)>
```

Como você pode ver, as especificações são lineares. Portanto, se precisar de um outro elemento "name" na DTD, você necessitará de um identificador diferente para ele. Você não poderia simplesmente chamá-lo "name" sem conflitar com o elemento <name> definido para usar em um <mailAddress>.

Um outro problema com a natureza não hierárquica das especificações da DTD é que não fica claro o que os comentários querem explicar. Um comentário no alto poderia ser planejado para ser aplicado à estrutura toda, ou ele poderia ser planejado somente para o primeiro item. Finalmente, DTDs não permitem que você especifique formalmente critérios de validação de campo, tais como a limitação de 5 dígitos (ou 5 e 4) para o campo do código postal.

Finalmente, uma DTD usa sintaxe que é substancialmente diferente daquela do XML, portanto, ela não pode ser processada usando o analisador XML padrão. Isto significa que você não pode, por exemplo, ler uma DTD em um DOM, modificá-lo, e depois escrevê-lo de volta novamente.

Para remediar esses problemas, surgiu uma série de padrões que definem um esquema hierárquico, mais parecido com um banco de dados, que especifica os critérios de validação. As melhores propostas são discutidas nas seções seguintes.

Esquema XML

O esquema XML é um padrão grande e complexo que possui duas partes: uma parte especifica os relacionamentos da estrutura. (Esta é a parte maior e mais complexa.) A outra parte especifica mecanismos para validar o conteúdo de elementos XML para especificar um tipo de dado (potencialmente muito sofisticado) para cada elemento. A boa notícia é que o esquema XML para Estruturas permite que você especifique virtualmente qualquer relacionamento que possa imaginar. A má notícia é que é muito difícil implementar, e é difícil de aprender. A maioria das alternativas fornece definições de estrutura mais simples ao incorporar mecanismos de digitação de dados do Esquema XML.

Para maiores informações sobre Esquema XML, visite as especificações de Esquema (de Estruturas do) XML e Esquema (de Tipos de Dados do) XML, bem como outras informações acessíveis no endereço http://www.w3c.org/XML/Schema.

RELAX NG

Mais simples que o Esquema de Estruturas XML, a Descrição de Linguagem Regular para XML (Regular Language Description for XML, Next Generation) é um padrão emergente sob os auspícios da Organização para o Avanço de Padrões de Informações Estruturadas (OASIS, Organization for the Advancement of Structured Information Standards). Ele pode se tornar um padrão ISO em futuro próximo.

RELAX NG USA padrões de expressões regulares para expressar restrições em relacionamentos de estrutura, e usa mecanismos de digitação de dados do Esquema XML para expressar as restrições do conteúdo. Este padrão usa também a sintaxe XML, e ele inclui um conversor DTD para RELAX. (É "nova geração" porque ele é uma versão mais recente do mecanismo de esquema RELAX que integrou TREX - Expressões Regulares de Árvore para XML - um meio de expressar critérios de validação descrevendo um padrão para a estrutura e o conteúdo de um documento XML.)

Para mais informações sobre RELAX NG, consulte o site http://www.oasis-open.org/committees/relax-ng/

SOX

O Esquema para XML Orientado para Objetos é uma proposta de esquema que inclui os tipos de dados extensíveis, namespaces e documentação incorporada.

Para maiores informações sobre SOX, visite o site http://www.w3.org/TR/NOTE-SOX.

Schematron

O Esquema para XML Orientado para Objetos é um mecanismo de esquema baseado em asserção que é permitido para uma validação sofisticada.

Para maiores informações sobre o mecanismo de validação Schematron, consulte o endereço http://www.ascc.net/xml/resource/schematron/schematron.html.

Padrões de links e de apresentação

Indiscutivelmente as duas maiores vantagens fornecidas pela HTML são a habilidade de lincagem entre dois documentos e a habilidade de criar documentos simples formatados (e, eventualmente, documentos muito complexos formatados). Os padrões seguintes visam preservar as vantagens do HTML na arena XML e adicionar uma funcionalidade nova.

Links XML

Essas especificações fornecem uma variedade de poderosos mecanismos de lincagem e podem bem ter um grande impacto em como os documentos XML são usados.

XLink

O protocolo XLink é uma especificação para tratar links entre documentos XML. Esta especificação é permitida para alguns links muito sofisticados, incluindo links duplos, links para vários documentos, expandindo os links que inserem a informação lincada em seu documento ao invés de substituir o seu documento por uma nova página, links entre dois documentos que são criados em um terceiro, um documento independente, e links indiretos (de modo que você possa apontar para um "livro de endereços" em vez de diretamente para o documento-alvo; atualizando o livro de endereços, então, é alterado automaticamente qualquer link que o utilize).

XML Base

Este padrão define um atributo para documentos XML que define um endereço básico que é usado ao avaliar o endereço relativo especificado no documento. (Assim, por exemplo, um simples nome de arquivo seria encontrado no diretório do endereço básico.)

XPointer

Em geral, a especificação XLink tem por destino um documento ou um segmento de documento usando o seu ID. A especificação XPointer define mecanismos para "endereçamento das estruturas internas de documentos XML", sem exigir que o autor do documento tenha definido um ID para esse segmento. Para mencionar a especificação, ele fornece "referência para os elementos, para strings de caracteres, e para outras partes de documentos XML, quer eles possuam um atributo ID explícito ou não".

Para maiores informações sobre Padrões de lincagens XML, consulte http://www.w3.org/XML/Linking.

XHTML

A especificação XHTML é uma forma de fazer os documentos XML se parecerem e atuarem como se fossem documentos HTML. Dado que um documento XML pode conter qualquer tag que você se preocupe em definir, porque não definir um conjunto de tags que se pareçam com HTML? Essa é a preocupação atrás da especificação XHTML, de qualquer forma. O resultado desta especificação é um documento que pode ser exibido em browsers e também tratado como dado XML. O dado pode não ser totalmente identificável como XML "puro", mas ele será um pouquinho mais fácil de manipular do que o HTML padronizado, porque XML especifica consideravelmente mais regularidade e consistência.

Por exemplo, tanto toda tag em um documento XML bem formado deve possuir uma tag final associada a ele, como ela deve terminar com />. Então você poderia ver <p>...</p>, como você poderia ver <p/>, mas você jamais verá <p> sozinha consigo mesma. O resultado desta exigência é que você nunca tem o programa para os tipos mágicos de casos que vê em HTML- onde, por exemplo, uma tag <dt> deveria ser terminada por </DT>, por uma outra <DT>, por <dd>, ou por </dl>. Isso torna mais fácil escrever o código.

A especificação XHTML é uma reformulação de HTML 4.0 em XML. As últimas informações estão no endereço http://www.w3.org/TR/xhtml1.

Padrões de conhecimento

Quando começa a olhar o caminho de cinco ou seis anos atrás, você pode visualiza como as informações na Web começarão a se transformar em uma imensa base de conhecimento (a "semântica da Web"). Para as últimas novidades sobre a semântica da Web, visite http://www.w3.org/2001/sw/.

Enquanto isso, aqui estão os padrões fundamentais que você precisa conhecer.

RDF

A Estrutura de Descrição de Recursos (Resource Description Framework) é um padrão para definir metadados: a informação que descreve o que é um item de dado, em particular, e especifica como ele pode ser usado.

Usado em conjunção com a espanhol XHTML, por exemplo, ou com páginas HTML, RDF poderia ser usada para descrever o conteúdo das páginas. Por exemplo, se o seu browser armazenou a sua informação ID como FIRSTNAME, LASTNAME e EMAIL, uma descrição RDF pode tornar possível a transferência de dados para um aplicativo que quisesse NAME e EMAILADDRESS. Imagine só: um dia você pode não precisar digitar seu nome e endereço em todo site Web que visitar!

Para as informações mais recentes sobre RDF, consulte http://www.w3.org/TR/REC-rdf-syntax.

Esquema RDF

O Esquema RDF permite a especificação de regras de consistência e informações adicionais que descrevem como as declarações em uma estrutura de descrição de recursos (RDF) devem ser interpretadas.

Para mais informações sobre a recomendação de Esquema RDF, consulte http://www.w3.org/TR/rdf-schema.

XTM

Mapas de tópico XML são de muitas maneiras uma representação de conhecimento mais simples e mais facilmente usável do que RDF, e este padrão é um que vale a pena dar uma olhada. Até agora, RDF é o padrão do W3C para representação de conhecimento, mas os mapas de tópico podem possivelmente se tornar a opção do desenvolvedor entre os padrões de representação de conhecimento.

Para mais informações sobre o padrão de Mapas de Tópico XML, consulte http://www.topicmaps.org/xtm/index.html. Para informações sobre mapas de tópico na Web, consulte http://www.topicmaps.org/.

Padrões construídos em XML

Os seguintes padrões e propostas são construídos em XML. Como XML é basicamente uma ferramenta de definição de linguagem, estas especificações a utilizam para definir linguagens para fins especializados.

Padrões de documentos estendidos

Estes padrões definem mecanismos para produzir documentos extremamente complexos - livros, jornais, revistas e semelhantes - usando XML.

SMIL

A Linguagem de Integração Multimedia Sincronizada é uma recomendação do W3C que aborda áudio, vídeo e animações. Ela também endereça a difícil emissão de sincronizar a reprodução desses elementos.

Para maiores informações sobre SMIL, consulte o site http://www.w3.org/TR/REC-smil.

MathML

A Linguagem de Marcação Matemática é uma recomendação do W3C que lida com a representação de fórmulas matemáticas.

Para mais informações sobre MathML, visite o endereço http://www.w3.org/TR/REC-MathML

SVG

Os Gráficos de Vetores Escaláveis são uma recomendação que aborda a representação de imagens gráficas vetoriais. (Imagens gráficas vetoriais são construídas a partir de comandos que dizem coisas como "desenhe uma linha [quadrado, círculo] do ponto xi ao ponto mn," em vez de codificar a imagem com uma série de bits. Essas imagens são mais facilmente escaláveis, embora elas normalmente exijam mais tempo de processamento para serem produzidas.)

Para maiores informações sobre SVG, consulte o site http://www.w3.org/TR/SVG/.

DrawML

A Metalinguagem para Desenho é uma nota do W3C que aborda imagens de duas dimensões para ilustrações técnicas. Ela também trata o problema de atualização e refinamento dessas imagens.

Para mais informações sobre DrawML, visite o site http://www.w3.org/TR/NOTE-drawml.

Padrões de comércio eletrônico

Estes padrões são visados para usar XML no mundo do negócio para negócio (B2B) e do comércio de negócio para consumidor (B2C).

ICE

O Intercâmbio de Conteúdo e Informação é um protocolo para uso dos sindicalistas de conteúdo e seus assinantes. Ele se foca na "automação do intercâmbio e reutilização do conteúdo, tanto em contextos de publicação tradicional como em relacionamentos de negócio para negócio."

Para maiores informações sobre ICE, consulte http://www.w3.org/TR/NOTE-ice.

ebXML

O padrão de Negócios Eletrônicos com XML (Electronic Business with XML) visa criar uma estrutura de negócio eletrônico modular usando XML. Ele é o produto de uma iniciativa em conjunto pelas Nações Unidas (UN/CEFACT) e a Organização para o Avanço de Padrões de Informações Estruturadas (OASIS).

Para maiores informações sobre ebXML, consulte o site http://www.ebxml.org/.

cxml

XML Comercial é um padrão RosettaNet (www.rosettanet.org) para configurar catálogos on-line interativos para diferentes compradores, onde as ofertas de produto e de preço são específicas para companhia. cxml inclui mecanismos para tratar os pedidos de compra, pedidos de alteração, atualizações de status, e notificações de expedição.

Para mais informações sobre cxml, visite o site http://www.cxml.org/.

UBL

A Linguagem de Negócios Universal (Universal Business Language) é uma iniciativa da OASIS cujo propósito é compilar uma biblioteca-padrão de documentos de negócios XML (pedidos de compra, faturas, etc.) que são determinados com definições de Esquema XML.

Para mais informações sobre UBL, consulte o site http://www.oasis-open.org/committees/ubl.

Resumo

XML se tornou um padrão adotado amplamente. Ele está sendo usado em uma vertiginosa variedade de áreas de aplicação.

C

Resumo geral do HTTP

A maioria dos clientes Web utilizam o protocolo HTTP para a comunicação com um servidor J2EE. HTTP define as requisições que um cliente pode enviar para um servidor e réplicas que o servidor pode enviar como resposta. Cada requisição contém um URL, que é uma string que identifica um componente Web ou um objeto estático tal como uma página HTML ou um arquivo de imagem.

Um servidor J2EE converte uma requisição HTTP a um objeto de requisição HTTP e o entrega para o componente Web identificado pelo URL da requisição. O componente Web preenche um objeto de resposta HTTP, que o servidor converte para uma resposta HTTP e envia ao cliente.

Este apêndice fornece material introdutório sobre o protocolo HTTP. Para informações posteriores sobre este protocolo, consulte os Internet RFCs: HTTP/1.0 (RFC 1945), HTTP/1.1 (RFC 2616). Eles podem ser baixados no endereço

```
http://www.rfc-editor.org/rfc.html
```

Requisições HTTP

Uma requisição HTTP é constituída de um método request, um URL da requisição, campos de cabeçalho e um corpo. O HTTP 1.1 define os seguintes métodos da requisição:

- GET: Obtém um recurso identificado pelo URL da requisição
- HEAD: Retorna os cabeçalhos identificados pelo URL da requisição
- POST: Envia o dado de um comprimento ilimitado para o servidor Web
- PUT: Armazena um recurso sob o URL da requisição
- DELETE: Remove o recurso identificado pelo URL da requisição
- OPTIONS: Retorna os métodos HTTP que o servidor suporta
- TRACE: Retorna os campos de cabeçalho enviados com a requisição TRACE

O HTTP 1.0 inclui somente os métodos GET, HEAD e POST. Embora os servidores J2EE sejam obrigados a suportar somente HTTP 1.0, na prática muitos servidores, inclusive a Sun Java System Application Server Platform Edition 8, suportam o HTTP 1.1.

Respostas HTTP

Uma resposta HTTP contém um código de resultado, campos de cabeçalho e um corpo.

Um protocolo HTTP espera que o código de resultado e todos os campos de cabeçalho retornem antes de qualquer conteúdo do corpo.

Alguns códigos de status normalmente usados incluem:

- 404: Indica que o recurso requisitado não está disponível
- 401: Indica que a requisição exige autenticação HTTP
- 500: Indica que ocorreu um erro dentro do servidor HTTP que o impediu de preencher a requisição
- 503: Indica que o servidor HTTP está temporariamente sobrecarregado e impossibilitado de tratar a resposta

D

Arquitetura Conector J2EE

A Arquitetura Conector J2EE habilita componentes J2EE a interagirem com sistemas de informações corporativos (EISs) e EISs a interagirem com componentes J2EE. O software de EIS inclui vários tipos de sistemas: planejamento de recurso corporativo (ERP), processamento de transação de mainframe e banco de dados não relacionais, entre outros. A arquitetura Conector J2EE simplifica a integração de diversos EISs. Cada EIS exige somente uma implementação da arquitetura Conector J2EE. Como uma implementação adere à especificação do Conector J2EE, ela é portável através de todos os servidores compatíveis com J2EE.

Sobre os adaptadores de recursos

Um adaptador de recursos é um componente J2EE que implementa a arquitetura Conector J2EE para um EIS específico. Como ilustrado na Figura D-1, é através do adaptador de recursos que um aplicativo J2EE e um EIS comunicam-se entre si.

Armazenado em um Arquivo de Adaptadores de Recursos (RAR – Resource Adapter Archive), um adaptador de recursos pode ser implantado em qualquer servidor J2EE, muito parecido com o arquivo EAR de um aplicativo J2EE. Um arquivo RAR pode estar contido em um arquivo EAR, ou ele pode existir como arquivo separado. Veja a Figura D-2 para a estrutura de um módulo de adaptador de recursos.

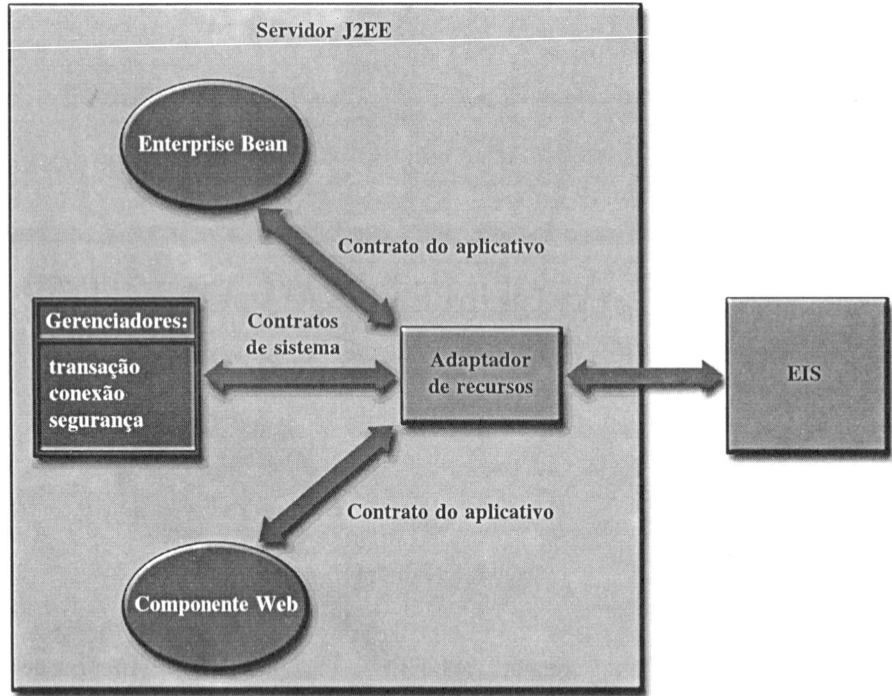

Figura D-1 *Contratos do adaptador de recursos.*

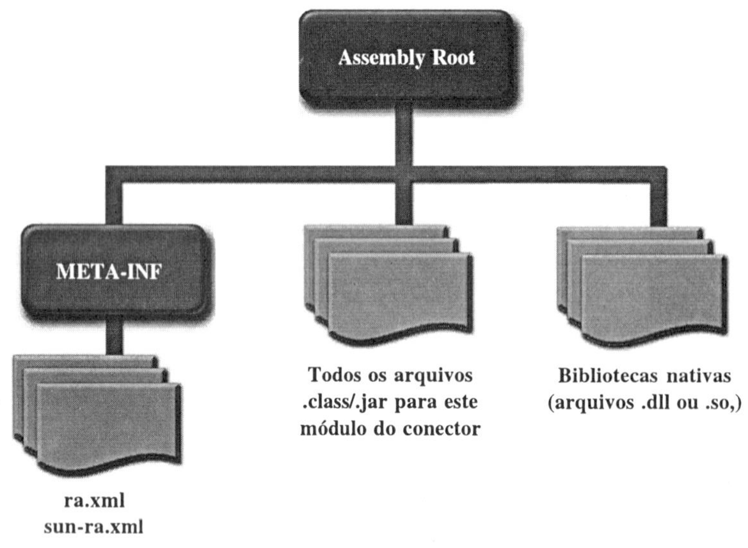

Figura D-2 *Estrutura do módulo do adaptador de recursos.*

Um adaptador de recursos é análogo a um driver JDBC. Os dois fornecem uma API padronizada através da qual um aplicativo pode acessar um recurso que está fora do servidor J2EE. Para um adaptador de recursos, o recurso externo é um EIS; para um driver JDBC, ele é um DMBS. Adaptadores de recursos e drivers JDBC são raramente criados por desenvolvedores de aplicativos. Na maioria dos casos, ambos os tipos de software são construídos por fornecedores que vendem produtos como ferramentas, servidores, ou software de integração.

Contratos do adaptador de recursos

O adaptador de recursos media a comunicação entre o servidor J2EE e o EIS por meio de contratos. O contrato do aplicativo define a API através da qual um componente J2EE tal como um enterprise bean acessa o EIS. Esta API é a única visualização que o componente possui do EIS. Os contratos do sistema lincam o adaptador de recursos aos serviços importantes gerenciados pelo servidor J2EE. O adaptador de recursos propriamente dito e seus contratos de sistema são transparentes ao componente J2EE.

Contratos de gerenciamento

A arquitetura Conector J2EE define contratos do sistema que habilitam o gerenciamento de thread e do ciclo de vida do adaptador de recursos.

Gerenciamento do ciclo de vida

O arquitetura Conector especifica um contrato de gerenciamento do ciclo de vida que permite a um servidor de aplicativo gerenciar o ciclo de vida de um adaptador de recursos. Este contrato fornece um mecanismo para o servidor de aplicativo dar um boot na instância do adaptador de recursos durante a implantação da instância ou inicialização do servidor de aplicativo. Ele também fornece um meio para o servidor de aplicativo notificar a instância do adaptador de recursos quando ele for desimplantado ou quando um shutdown correto do servidor de aplicativo for efetuado.

Contrato de gerenciamento de trabalho

O contrato de gerenciamento de trabalho da arquitetura Conector assegura que os adaptadores de recursos utilizem threads de maneira apropriada e recomendada. Ele também habilita um servidor de aplicativo a gerenciar threads para os adaptadores de recursos.

Os adaptadores de recursos que impropriamente usam threads podem criar problemas para todo o ambiente do servidor de aplicativo. Por exemplo, um adaptador de recursos poderia criar threads demais ou poderia não liberar adequadamente as threads que ele criou. Tratamento incorreto de threads inibe o shutdown do servidor de aplicativo. Isso também impacta o desempenho do servidor de aplicativo porque criar e destruir threads são operações dispendiosas.

O contrato de gerenciamento de trabalho estabelece um meio para que o servidor de aplicativo faça um pool e reutilize threads, da mesma forma que fazer pool e reutilizar conexões. Aceitando este contrato, o adaptador de recursos não precisa gerenciar threads por si próprio. No lugar disso, o adaptador de recursos faz o servidor de aplicativo criar e fornecer as threads necessárias. Quando o adaptador de recursos tiver terminado com uma determinada thread, ele retornará a thread para o servidor de aplicativo. O servidor de aplicativo gerencia a thread: ele pode retornar a thread para um pool e reutilizá-la mais tarde, ou ele pode destruir a thread. Tratar threads desta maneira resulta em aumento de desempenho do servidor de aplicativo e em uso mais eficiente de recursos.

Além de mover o gerenciamento de thread para o servidor de aplicativo, a arquitetura Conector fornece um modelo flexível para um adaptador de recursos que utiliza threads:

- A thread de requisição pode optar por bloquear - parar sua própria execução - até que a thread de trabalho esteja completa
- Ou a thread de requisição pode bloquear enquanto ela espera obter a thread. Quando o servidor de aplicativo fornece uma thread de trabalho, a thread de requisição e thread de trabalho executam em paralelo
- Adaptador de recursos pode optar por submeter o trabalho da thread para uma fila. A thread executa o trabalho da fila em algum ponto mais tarde. O adaptador de recursos continua a sua própria execução a partir do ponto em que ele submeteu o trabalho à fila, sem se importar em quando a thread vai executá-lo

Com as duas últimas abordagens, o adaptador de recursos e a thread podem executar simultaneamente ou independentemente um do outro. Para estas abordagens, o contrato especifica um mecanismo do receptor para notificar o adaptador de recursos que a thread completou a sua operação. O adaptador de recursos pode também especificar o contexto de execução para a thread, e o contrato de gerenciamento de trabalho controla o contexto no qual a thread é executada.

Contratos externos

A arquitetura Conector J2EE define contratos em nível de sistema entre um servidor de aplicativo e um EIS que habilitam a conectividade externa para um EIS: gerenciamento de conexão, gerenciamento de transação e segurança.

O contrato de gerenciamento de conexão suporta o pool de conexões, uma técnica que melhora o desempenho do aplicativo e a escalabilidade. O pool de conexões é transparente ao aplicativo, o qual simplesmente obtém uma conexão para o EIS.

O contrato de gerenciamento de transações entre o gerenciador de transações e um EIS suporta o acesso transacional para gerenciadores de recursos EIS. Este contrato permite que um servidor de aplicativo utilize um gerenciador de transações para administrar transações através de inúmeros gerenciadores de recursos. Este contrato também suporta transações que são gerenciadas dentro de um gerenciador de recursos EIS sem a necessidade de envolver uma gerenciador transacional externo. Por causa do contrato de gerenciamento de transações, uma chamada para o EIS pode ser anexada em uma transação XA (um tipo de transação definido pela especificação de processamento de transação distribuída criada por The Open Group). Transações XA são globais: elas podem conter chamadas para múltiplos EISs, bancos de dados e métodos de negócios do enterprise bean. Embora freqüentemente apropriadas, as transações XA não são obrigatórias. Ao invés, um aplicativo pode usar transações locais, as quais são gerenciadas pelo EIS individual, ou ele pode não usar transações de modo algum.

O contrato de gerenciamento de segurança fornece mecanismos para autenticação, autorização e comunicação segura entre um servidor J2EE e um EIS para proteger a informação no EIS.

Contratos internos

A arquitetura Conector J2EE define contratos de sistema entre um servidor de aplicativo e um EIS que habilitam a conectividade interna de um EIS: contratos de plugabilidade para fornecedores de mensagens e contratos para transações de importação.

Contratos de serviço de mensagens

Para habilitar os sistemas externos a se conectarem a um servidor de aplicativo J2EE, a arquitetura Conector estende as capacidades dos beans orientados por mensagens para tratar mensagens de qualquer provedor de mensagem. Isto é, os beans orientados por mensagens não são mais limitados para tratar mensagens JMS. Em vez disso, EISs e provedores de mensagens podem plugar qualquer provedor de mensagem, incluindo seus próprios provedores de mensagem proprietários ou personalizados, em um servidor J2EE.

Para fornecer este recurso, um provedor de mensagens ou um adaptador de recursos EIS implementa o contrato de serviço de mensagens, que detalha as APIs para tratamento de mensagens e entrega de mensagens. Um adaptador de recursos compatível é assegurado da habilidade de enviar mensagens de qualquer provedor para um bean orientado por mensagens, e ele pode ser plugado em um servidor J2EE de maneira padronizada.

Influxo de transação

A arquitetura Conector suporta transações de um EIS para um servidor J2EE. A arquitetura especifica como propagar o contexto de transação de um EIS. Por exemplo, uma transação pode ser iniciada pelo EIS, tal como o Sistema de Controle de Informação do Cliente (Customer Information Control System, CICS). Dentro da mesma transação CICS, uma conexão pode ser feita através de um adaptador de recursos para um enterprise bean no servidor de aplicativo. O enterprise bean não funciona sob o contexto de transação CICS e é efetivado dentro do contexto de transação.

A arquitetura Conector também especifica como o contêiner participa na finalização da transação e como ele trata recuperações de acidentes para garantir que a integridade do dado não seja perdida.

Interface de cliente comum

Esta seção descreve como componentes usam a API da Interface Common

Client Interface (CCI) da arquitetura Conector e um adaptador de recursos para acessar dado de um EIS. Definida pela especificação arquitetura Conector J2EE, a CCI define um conjunto de interfaces e classes cujos métodos permitem a um cliente executar operações de acesso a dados típicas. As interfaces e classes da CCI são como segue:

- ConnectionFactory: Fornece um componente de aplicativo com uma instância Connection para um EIS
- Connection: Representa a conexão para o EIS subjacente
- ConnectionSpec: Fornece um modo para um componente de aplicativo passar as propriedades específicas da requisição de conexão para a ConnectionFactory ao fazer uma requisição de conexão
- Interaction: Fornece um modo para um componente de aplicativo executar funções EIS, tal como procedimentos armazenados de banco de dados
- InteractionSpec: Contém propriedades que pertencem a uma interação do componente de aplicativo com um EIS
- Record: A superclasse para os vários tipos de instâncias de registro. Instâncias de registro podem ser instâncias MappedRecord, IndexedRecord, ou ResultSet, todas herdeiras da interface Record
- RecordFactory: Fornece um componente de aplicativo com uma instância Record
- IndexedRecord: Representa uma coleção ordenada de instâncias Record baseada na interface java.util.List

Um componente de cliente ou de aplicativo que usa a CCI para interagir com um EIS subjacente faz isso de maneira prescrita. O componente deve estabelecer uma conexão para o gerenciador de recursos do EIS, e ele faz isso usando o objeto ConnectionFactory. O objeto Connection representa a conexão real para o EIS e é usado para interações subseqüentes com o EIS.

O componente efetua suas interações com o EIS, tal como acessar dados de uma tabela específica, usando um objeto Interaction. O componente de aplicativo define o objeto Interaction usando um objeto InteractionSpec. Quando o componente de aplicativo lê os dados de um EIS (tal como as tabelas de banco de dados) ou escreve nessas tabelas, ele faz isso usando um tipo particular de instância Record: pode ser uma instância MappedRecord, uma IndexedRecord, com uma instância ResultSet. Assim como o ConnectionFactory cria a instância Connection, uma RecordFactory cria instâncias Record.

Note, também, que um cliente de aplicativo que confia em um adaptador de recursos CCI é muito parecido com qualquer outro cliente J2EE que usa métodos do enterprise bean.

Informações adicionais

Para informações posteriores sobre a arquitetura Conector J2EE, consulte

- Especificação J2EE Connector 1

  http://java.sun.com/j2ee/connector/download.html
- The J2EE Connector Web site

  http://java.sun.com/j2ee/connector

Glossário

acesso anônimo

Acessar um recurso sem autenticação.

ACID

O acrônimo para as quatro propriedades garantidas por transações: atomicidade, consistência, isolamento e durabilidade.

adaptador de recursos

Um gerenciador de software em nível de sistema usado por um contêiner EJB ou por um cliente de aplicativo para se conectar a um sistema de informação corporativo. Um adaptador de recursos normalmente é específico para um sistema de informação corporativo. Ele está disponível como uma biblioteca e é usado dentro do espaço de endereçamento do servidor ou do cliente que o utiliza. Um adaptador de recursos é conectado a um contêiner. Os componentes de aplicativo implantados no contêiner então usam a API do cliente (exposta pelo adaptador) ou abstrações de alto nível geradas por ferramentas para acessar o sistema de informação corporativo. O adaptador de recursos e o contêiner EJB colaboram para fornecer os mecanismos subjacentes – transações, segurança e pool de conexões – para conectividade com o sistema de informação corporativo.

administrador de sistema

A pessoa responsável por configurar e administrar os computadores, redes e sistemas de softwares da empresa.

alerta

Um alerta do analisador SAX será gerado quando a DTD do documento contiver definições duplicadas e em situações semelhantes que não sejam necessariamente um erro, mas cujo autor do documento poderia gostar de saber a respeito, porque poderia haver um erro. Veja também *erro fatal*, *erro*.

ambiente de nomeação

Um mecanismo que permite a um componente ser personalizado sem a necessidade de acessar ou modificar o código-fonte do componente. Um contêiner implementa o ambiente de nomeação do componente e o fornece ao componente como um contexto de nomeação JNDI. Cada componente nomeia e acessa suas entradas de ambiente usando o contexto JNDI java:comp/env. As entradas de ambiente são declarativamente especificadas no descritor de implantação do componente.

analisador de validação

Um analisador que assegura que um documento XML é válido além de ser bem formado. Veja também *analisador*.

analisador

Um módulo que lê um dado XML de uma fonte de entrada e a quebra em pedaços grandes de modo que o seu programa saiba quando ele estiver trabalhando com uma tag, um atributo, ou um dado de elemento. Um analisador de não validação assegura que o dado XML seja bem formado, mas não verifica se ele é válido. Veja também *analisador de validação*.

aplicativo distribuído

Um aplicativo constituído de componentes distintos rodando em ambientes separados em tempo de execução, normalmente em plataformas diferentes conectados por meio de uma rede. Aplicativos distribuídos normalmente são de duas camadas (cliente-servidor), três camadas (cliente-middleware-servidor), e multicamadas (cliente-múltiplos middleware-múltiplos servidores).

aplicativo J2EE

Qualquer unidade implantável de funcionalidade J2EE. Este pode ser um único módulo J2EE ou um grupo de módulo empacotados em um arquivo EAR junto com um descritor de implantação de aplicativo J2EE. Os aplicativos J2EE são normalmente projetados por engenheiros para serem distribuídos através de múltiplas camadas de computação.

aplicativo Web

Um aplicativo escrito para a Internet, incluindo aqueles construídos com tecnologias Java, como, por exemplo, JavaServer Pages e servlets, bem como aqueles construídos com tecnologias não Java, como CGI e Perl.

aplicativo Web, distribuível

Um aplicativo Web que usa a tecnologia J2EE, escrito de modo que possa ser implantado em um contêiner Web, distribuído através de múltiplas máquinas virtuais Java que rodam no mesmo host ou em hosts diferentes. O descritor de implantação para tal aplicativo utiliza elemento distribuível.

applet

Um componente J2EE que normalmente é executado em um browser Web mas pode ser executado em uma variedade de outros aplicativos ou dispositivos que suportam o modelo de programação de applet.

arquitetura Conector

Uma arquitetura para integração de produtos J2EE com os sistemas de informações corporativos. Existem duas partes para essa arquitetura: um adaptador de recursos fornecido por um representante do sistema de informações corporativas e o produto J2EE que permite que este adaptador de recursos possa ser plugado. Esta arquitetura define um conjunto de contratos que um adaptador de recursos deve suportar para se plugar a um produto J2EE, por exemplo, gerenciamento de transações, de segurança e de recursos.

arquivamento

O processo de salvar o estado de um objeto e restaurá-lo.

arquivo build

O arquivo XML que contém um ou mais targets de asant. Um target é um conjunto de tarefas que você quer que sejam executadas. Ao iniciar asant, você pode selecionar quais targets você quer que sejam executados. Quando nenhum target for dado, o target default do projeto será executado.

arquivo de recursos para configuração do aplicativo

Um arquivo XML usado para configurar recursos para um aplicativo JavaServer Faces, para definir as regras de navegação para o aplicativo, e para registrar conversores, validadores, receptores, renderizadores e componentes com o aplicativo.

arquivo EAR

Enterprise Archive arquivo (arquivo do repositório enterprise). Um repositório JAR que contém um aplicativo J2EE.

arquivo JAR EJB

Um repositório JAR que contém um módulo EJB.

arquivo WAR

Arquivo de repositório do aplicativo Web. Um repositório JAR que contém um módulo Web.

asant

Uma ferramenta de base Java que pode ser estendida usando classes Java. Os arquivos de configuração são baseados em XML, chamando uma árvore de destino onde várias tarefas são executadas.

assinatura durável

Em um sistema de serviço de mensagens publicação/assinatura JMS, uma assinatura que continua a existir existindo ou não um objeto assinante ativo corrente. Se não houver assinante ativo, o provedor JMS vai reter as mensagens da assinatura até que elas sejam recebidas pela assinatura ou até que elas expirem.

assinatura gerenciada por componente

Um mecanismo pelo qual a informação de segurança necessária para assinatura de um recurso é fornecida por um componente do aplicativo.

assinatura gerenciada por contêiner

O mecanismo pelo qual a informação de segurança necessária de assinatura para um recurso é fornecida pelo contêiner.

ativação

O processo de transferência de um enterprise bean de um armazenamento secundário para a memória. (Veja *passivação*.)

atributo de contexto

Um objeto ligado ao contexto associado com um servlet.

atributo de transação

Um valor especificado em um descritor de implantação do enterprise bean que é usado pelo contêiner EJB para controlar o escopo da transação quando os métodos do enterprise bean são chamados. Um atributo de transação pode ter os seguintes valores: Required, RequiresNew, Supports, NotSupported, Mandatory, ou Never.

atributo

Um qualificador em uma tag XML que fornece informações adicionais.

atributos de segurança

Um conjunto de propriedades associado a um principal. Os atributos de segurança podem ser associados a um principal por meio de um protocolo de autenticação ou por meio de um provedor de produto J2EE. ou ambos.

autenticação baseada em formulário

Um mecanismo de autenticação no qual um contêiner Web fornece um formulário específico do aplicativo para loging. Esta forma de autenticação usa a codificação Base64 e pode expor nomes de usuários e senhas, exceto se todas as conexões forem por meio de SSL.

autenticação básica

Um mecanismo de autenticação no qual um servidor Web autentica uma entidade por meio de um nome de usuário e senha obtidos usando o mecanismo de autenticação original do aplicativo Web.

autenticação cliente de certificado

Um mecanismo de autenticação que usa HTTP por meio de SSL, na qual o servidor e, opcionalmente, o cliente autenticam um ao outro com um certificado de chave pública que obedece ao padrão que é definido pela X.509 Public Key Infrastructure.

autenticação mútua

Um mecanismo de autenticação utilizado por duas partes com a finalidade de provar cada um a identidade do outro.

autenticação resumida

Um mecanismo de autenticação no qual um aplicativo Web autentica a si próprio para um servidor Web enviando ao servidor uma mensagem resumida junto com a sua mensagem de requisição HTTP. O resumo é computado utilizando um algoritimo hash de sentido único para uma concatenação da mensagem de requisição HTTP e a senha do cliente. O resumo normalmente é muito menor do que uma requisição HTTP e não contém a senha.

autenticação

O processo que verifica a identidade de um usuário, dispositivo, ou uma outra entidade em sistema de computação, normalmente como pré-requisito para permitir o acesso a recursos em um sistema. A especificação servlet Java exige três tipos de autenticação – básica, com base de formulário, e mútua – e oferece suporte para a autenticação resumida.

autoridade de certificado

Uma organização de confiança que emite certificados de chave pública e fornece identificação ao portador.

autorização

O processo pelo qual o acesso a um método ou recursos é determinado. A autorização depende da determinação se o principal associado com a requisição através de autenticação está em um determinado papel de segurança. Um papel de segurança é um agrupamento lógico de usuários definido pela pessoa que monta o aplicativo. Um implantador mapeia os papéis de segurança para identidades de segurança. As identidades de segurança podem ser principais ou grupos no ambiente operacional.

B2B

Negócios para negócios

bean de entidade

Um enterprise bean que representa dados persistentes mantidos em um banco de dados. Um bean de entidade pode gerenciar sua própria persistência ou pode delegar esta função para seu contêiner. Um bean de entidade é identificado por uma chave primária. Se o contêiner no qual um bean de entidade estiver hospedado falhar, o bean de entidade, sua chave primária, e qualquer referência remota sobreviverão à falha.

bean de entidade reentrante

Um bean de entidade que pode tratar múltiplas chamadas simultâneas, intercaladas, aninhadas, que não interferirão umas com as outras.

bean de entidade

Veja *entidade não analisada.*

bean de sessão com estado

Um bean de sessão com um estado conversacional.

bean de sessão sem estado

Um bean de sessão sem estado conversacional. Todas as instâncias de um bean de sessão sem estado são idênticas.

bean de sessão

Um enterprise bean que é criado por um cliente e que normalmente existe somente para a duração de uma única sessão cliente-servidor. Um bean de sessão executa operações, tais como cálculos ou acesso a banco de dados, para o cliente. Embora um bean de sessão possa ser transacional, ele não é recuperável caso ocorra uma falha do sistema. Os objetos bean de sessão tanto podem ser sem estados como podem manter estado conversacional através de métodos e transações. Se um bean de sessão mantém os estados, então o contêiner EJB gerencia estes estados se o objeto deve ser removido da memória. Todavia, o objeto bean de sessão propriamente dito deve gerenciar seus próprios dados persistentes.

bean de suporte

Um componente JavaBeans que corresponde a uma página JSP que inclui componentes JavaServer Faces. O bean de suporte define propriedades para os componentes da página e métodos que executam o processamento para o componente. Este processamento inclui tratamento de eventos, validação e processamento associado à navegação.

bean orientado por mensagens

Um enterprise bean que é um consumidor de mensagens assíncronas. Um bean orientado por mensagens não tem estados para um cliente específico, mas as suas variáveis de instância podem conter estados através do tratamento de mensagens do cliente, incluindo uma conexão de banco de dados aberta e uma referência de objeto para um objeto EJB. Um cliente acessa um bean orientado por mensagens enviando mensagens para o destino onde o bean é um receptor de mensagens.

bem formado

Um documento XML que é correto sintaticamente. Ele não tem nenhum colchete angular que não faz parte de tags, todas as tags possuem uma tag de finalização ou são elas mesmas autofinalizáveis, e todas as tags estão completamente aninhadas. A boa formação de um documento torna possível processá-lo. Todavia, um documento bem formado pode não ser válido. Para determinar sua validade, você precisa de um analisador de validação e uma DTD.

cadeia de filtros

Uma concatenação de transformações XSLT na qual a saída de uma transformação se torna a entrada da próxima.

caminho do URL

A parte de um URL passada por uma requisição HTTP para chamar um servlet. Um caminho de URL consiste no caminho do contexto + caminho do servlet + informação do caminho, onde

- Caminho de contexto é o prefixo do caminho associado a um contexto de servlet do qual o servlet é uma parte. Se este contexto for o contexto default context radicado na base do namespace do URL do servidor Web, o prefixo do caminho será uma string vazia. Caso contrário, o prefixo do caminho começa com um caractere / mas não termina com um caractere /

- O caminho do servlet é a seção do caminho que corresponde diretamente ao mapeamento que ativou a requisição. Este caminho começa com um caractere /
- A informação do caminho é a parte do caminho da requisição que não faz parte do caminho de contexto ou do caminho do servlet

campo de relacionamento

Um campo virtual de um bean de entidade que possui persistência gerenciada por contêiner; ele identifica um bean de entidade relacionado.

campo persistente

Um campo virtual de um bean de entidade que possui persistência gerenciada por contêiner; ele é armazenado em um banco de dados.

CDATA

Uma tag XML predefinida para o dado de caractere que significa "não interprete estes caracteres," como o oposto ao dado de caractere analisado (PCDATA), no qual as regras normais da sintaxe XML são aplicadas. As seções CDATA normalmente são usadas para mostrar exemplos da sintaxe XML.

certificado de chave pública

Usado na autenticação com certificado de cliente para habilitar o servidor e, opcionalmente, o cliente, a fim de se autenticarem um ao outro. O certificado de chave pública é o equivalente digital de um passaporte. Ele é usado por uma organização confiável, chamada de autoridade de certificado, que fornece identificação para o portador.

certificado de servidor

Usado com o protocolo HTTPS para autenticar aplicativos Web. O certificado pode ser auto-assinado ou aprovado por uma autoridade de certificado (CA). O serviço HTTPS da Sun Java System Application Server Platform Edition 8 não rodará, exceto se um certificado de servidor foi instalado.

chamador

O mesmo que *principal chamador*.

chave primária

Um objeto que identifica unicamente um bean de entidade dentro de um home.

ciclo de vida (componente J2EE)

Os eventos da estrutura da existência de um componente J2EE. Cada tipo de componente possui eventos de definição que marcam a sua transição para estados nos quais ele possui disponibilidade variável para uso. Por exemplo, um servlet é criado e tem seu método init chamado pelo seu contêiner antes da chamada do seu método de serviço por clientes ou outros servlets que requerem a sua funcionalidade. Depois da chamada de seu método init, ele tem os dados e disponibilidade para seu uso pretendido. O método destroy do servlet é chamado pelo seu contêiner antes do final de sua existênciade modo que o processamento associado com conclusões possa ser feito e os recursos possam ser liberados. Os métodos init e destroy deste exemplo são métodos de callback. Considerações semelhantes se aplicam ao ciclo de vida de todos os tipos de componentes J2EE: enterprise beans, componentes Web (servlets ou páginas JSP), applets e clientes de aplicativo.

ciclo de vida (JavaServer Faces)

Um conjunto de fases durante a qual uma requisição para um página é recebida, uma árvore de componentes representando a página é processada, e uma resposta é produzida. Durante as fases do ciclo de vida:

- O dado local dos componentes é atualizado com os valores contidos nos parâmetros de requisição
- Eventos gerados pelos componentes são processados

- ❑ Validadores e conversores registrados nos componentes são processados
- ❑ O dado local dos componentes é atualizado para objetos de back-end
- ❑ A resposta é renderizada para o cliente enquanto o estado do componente da resposta é salvo no servidor para futuras requisições

cliente de aplicativo

Uma primeira camada do componente de cliente J2EE que é executada em sua própria máquina virtual Java. Os clientes de aplicativo possuem acesso a algumas APIs da plataforma J2EE.

cliente JAXR

Um programa de cliente que usa a API JAXR para acessar um registro de negócios por meio de um provedor JAXR.

coleção de recursos Web

Uma lista de padrões de URL e métodos HTTP que descrevem um conjunto de recursos Web para serem protegidos.

comentário

Em um documento XML, texto que é ignorado exceto se o analisador for especificamente informado para reconhecê-lo.

componente (tecnologia JavaServer Faces)

Veja *JavaServer Face, componente UI.*

componente J2EE

Uma unidade de software funcional autocontido, suportado por um contêiner, e configurável em tempo de implantação. A especificação J2EE define os seguintes componentes J2EE:

- ❑ Clientes de aplicativo e applets são componentes que rodam no cliente
- ❑ Os componentes da tecnologia servlet Java e JavaServer Pages (JSP) são componentes Web que rodam no servidor
- ❑ Os componentes Enterprise JavaBeans (EJB) (enterprise beans) são componentes de negócios que rodam no servidor
- ❑ Componentes J2EE são escritos na linguagem de programação Java e são compilados do mesmo modo como qualquer programa da linguagem . A diferença entre componentes J2EE e classes Java "padrões" é que os componentes J2EE são montados em um aplicativo J2EE, verificados para serem bem formados e compatíveis com a especificação J2EE, e implantados para a produção, onde eles são rodados e gerenciados pelo servidor J2EE ou por um contêiner de cliente.

componente Web

Um componente que fornece serviços em resposta a requisições; tanto de um servlet como de uma página JSP.

componente

Veja *componente J2EE.*

conector

Um mecanismo de extensão padrão para os contêineres que fornecem conectividade aos sistemas de informações corporativos. Um conector é específico para um sistema de informações corporativas e é constituído de um adaptador de recursos e ferramentas de desenvolvimento de aplicativos para conectividade de sistema de informações corporativas. O adaptador de recursos é plugado em um contêiner através de seu suporte para contratos em nível de sistema definidos na arquitetura Conector.

conexão do gerenciador de recursos

Um objeto que representa uma sessão com um gerenciador de recursos.

conexão

Veja *conexão do gerenciador de recursos.*

confirmação (commit)

O ponto em uma transação quando todas as atualizações a qualquer recurso envolvido na transação se tornam permanentes.

conjunto de permissões de segurança

O conjunto mínimo de permissões de segurança que um provedor de produtos J2EE deve fornecer para a execução de cada tipo de componente.

consumidor de mensagens

Um objeto criado por uma sessão JMS que é usada para receber mensagens enviadas para um destino.

contêiner applet

Um contêiner que inclui suporte para o modelo de programação de applet.

contêiner de servlet

Um contêiner que fornece os serviços de rede por meio dos quais requisições e respostas são enviadas, decodifica requisições, e formata respostas. Todos os contêineres servlet devem suportar HTTP como protocolo para requisições e respostas, mas podem também suportar protocolos adicionais de requisição e resposta, como, pór exemplo, o HTTPS.

contêiner de servlet, distribuído

Um contêiner de servlet que pode rodar em um aplicativo Web que está etiquetado como distribuível e que é executado através de múltiplas máquinas virtuais Java rodando no mesmo host ou em hosts diferentes.

contêiner do cliente de aplicativo

Um contêiner quer oferece suporte a componentes de cliente de aplicativo.

contêiner EJB

Um contêiner que implementa o contrato do componente EJB da arquitetura J2EE. Este contrato especifica um ambiente em tempo de execução para enterprise beans que inclui segurança, concorrência, gerenciamento de ciclo de vida, transações, implantação, nomeação, e outros serviços. Um contêiner EJB é fornecido por um servidor EJB ou J2EE.

contêiner Web

Um contêiner que implementa o contrato do componente Web da arquitetura J2EE. Este contrato especifica um ambiente em tempo de execução para componentes Web que inclui segurança, concorrência, gerenciamento de ciclo de vida, transação, implantação, e outros serviços. Um contêiner Web fornece os mesmos serviços que um contêiner JSP, bem como uma visualização confederada das APIs da plataforma J2EE. Um contêiner Web é fornecido por um servidor Web ou J2EE.

contêiner Web, distribuído

Um contêiner Web que pode rodar um aplicativo Web, que é etiquetado como distribuível e executado por múltiplas máquinas virtuais Java virtual machines no mesmo host ou em hosts diferentes.

contêiner

Uma entidade que fornece gerenciamento de ciclo de vida, de segurança, de implantação e serviços em tempo de execução para componentes J2EE. Cada tipo de contêiner (EJB, Web, JSP, servlet, applet e cliente de aplicativo) também fornece serviços específicos de componente.

conteúdo

Em um documento XML, a parte que ocorre depois do prólogo, incluindo o elemento raiz e tudo que ele contém.

contexto de nomeação

Um conjunto de associações entre identificadores únicos, atômicos, amigáveis das pessoas e objetos.

contexto de segurança

Um objeto que encapsula a informação de estado compartilhado com relação à segurança entre duas entidades.

contexto de servlet

Um objeto que contém uma visualização do servlet do aplicativo Web dentro do qual o servlet está rodando. Usando o contexto, um servlet pode registrar eventos, obter referências de URL para recursos, e definir e armazenar atributos que outros servlets no contexto podem usar.

contexto EJB

Um objeto que permite a um enterprise bean chamar serviços fornecidos pelo contêiner e obter a informação do chamador de um método que invoca o cliente.

contrato de componente

O contrato entre um componente J2EE e seu contêiner. O contrato inclui gerenciamento de ciclo de vida do componente, uma interface de contexto que a instância utiliza para obter várias informações e serviços de seu container, e uma lista de serviços que todo contêiner deve fornecer para seus componentes.

controle de acesso

Os métodos pelos quais as interações com recursos são limitadas a coleções de usuários ou programas com o propósito de forçar as restrições de integração, confidencialidade, ou disponibilidade.

CORBA

Common Object Request Broker Architecture (Arquitetura de Agentes de Requisição de Objetos Comuns). Um modelo de objetos distribuídos independente de linguagem especificado pelo OMG.

credenciais

As informações descritas nos atributos de segurança do principal.

CSS

Cascading style sheet (folha de estilos em cascata). Uma folha de estilos usada com documentos HTML e XML para adicionar um estilo para todos os elementos marcados com uma tag particular, para a direção dos browsers ou de outros mecanismos de apresentação.

CTS (Compatibility test suite)

Um conjunto de testes de compatibilidade para verificar se um produto J2EE está de acordo com a especificação da plataforma J2EE.

dado

O conteúdo de um elemento em um fluxo XML, geralmente usado quando o elemento não contém quaisquer subelementos. Quando ele contém, o termo *conteúdo* é geralmente usado. Quando o único texto em uma estrutura XML está contido dentro de elementos simples e quando os elementos que possuem subelementos têm pouco ou nenhum dado misturado dentro, então essa estrutura é freqüentemente imaginada como de dados XML, como oposta a um documento XML.

DDP

Programação orientada para documento (document-driven programming). O uso de XML para definir os aplicativos.

declarações

Realmente a primeira coisa em um documento XML, declarado como XML. A declaração mínima é <?xml version="1.0"?>. A declaração faz parte do prólogo do documento.

deleção em cascata

Uma deleção que dispara uma outra deleção. Uma deleção em cascata pode ser especificada em um bean de entidade que possua persistência gerenciada por contêiner.

delegação

Um ato pelo qual um principal autoriza um outro principal a usar sua identidade ou privilégios com algumas restrições.

descritor de implantação

Um arquivo XML fornecido com cada módulo e aplicativo J2EE que descreve como eles devem ser implantados. O descritor de implantação direciona uma ferramenta de implantação para implantar um módulo ou aplicativos com opções específicas de contêiner e descreve os requisitos de configuração específicos que um implantador precisa resolver.

destino

Um objeto administrado JMS que encapsula a identidade de uma fila ou tópico JMS. Veja *sistema de serviço de mensagens ponto a ponto, sistema de serviço de mensagens publicação/assinatura.*

documento

Em geral, uma estrutura XML na qual um ou mais elementos contêm texto misturado com subelementos. Veja também *dado.*

DOM

Veja *DOM, Modelo de Objetos de Documento.*

DOM, Modelo de Objetos de Documento

Uma API para acessar e manipular documentos XML como estruturas de árvores. DOM fornece interfaces de plataformas neutras e de linguagens neutras que habilitam os programas e os scripts a acessarem dinamicamente e modificarem o conteúdo e a estrutura em documentos XML.

domínio de política de segurança

Um escopo através do qual as políticas de segurança são definidas e forçadas por um administrador de segurança. Um domínio de política de segurança possui uma coleção de usuários (ou principais), usa um protocolo de autenticação bem definido ou protocolos para autenticar usuários (ou principais), e podem ter grupos para simplificar a definição de políticas de segurança.

domínio de tecnologia de segurança

Um escopo por meio do qual o mesmo mecanismo de segurança é usado para forçar uma política de segurança. Inúmeros domínios de política de segurança podem existir dentro de um único domínio de tecnologia.

DTD (Document type definition)

Definição de tipo de documento. Uma parte opcional do prólogo do documento XML, como especificado pelo padrão XML. A DTD especifica restrições nas tags válidas e seqüências de tag que podem estar no documento. A DTD possui uma série de falhas, todavia, e isso tem levado a várias propostas de esquema. Por exemplo, a entrada da DTD <!ELEMENT username (#PCDATA)> diz que o elemento

XML chamado username contém um dado de caractere analisado, isto é , somente texto, sem outros elementos estruturais debaixo dele. A DTD inclui tanto o subconjunto local, definido no arquivo corrente, como o subconjunto externo, o qual consiste nas definições contidas nos arquivos DTD externos que são referenciados no subconjunto local usando uma entidade de parâmetro.

ebXML (Electronic Business XML)

Negócios eletrônicos com XML. Um grupo de especificações projetado para habilitar corporações a conduzirem negócios através do intercâmbio de mensagens baseadas em XML. É patrocinado pelo OASIS e o United Nations Centre for the Facilitation of Procedures and Practices in Administration, Commerce and Transport (U.N./CEFACT, Centro das Nações Unidas para a Facilitação de Procedimentos e Práticas em Administração, Comércio e Transporte).

EIS (Enterprise Information Systems)

Sistemas de informações corporativos. Os aplicativos que constituem um sistema corporativo existente para tratar informações no âmbito da companhia. Estes aplicativos fornecem uma infra-estrutura de informações para uma empresa. Um sistema de informações corporativas oferece um conjunto de serviços bem definidos aos seus clientes. Estes serviços são expostos aos clientes como interfaces locais, ou remotas, ou ambas. Exemplos de sistema de informações corporativas incluem sistemas de planejamento de recursos corporativos, sistemas de processamento de transação de mainframe e sistemas de banco de dados de legados.

EJB

Veja *Enterprise JavaBeans.*

elemento do serviço

Uma representação da combinação de um ou mais componentes do Conector que compartilham um único componente de mecanismo para processar requisições de chegada.

elemento

Uma unidade de dado XML, delimitado pelas tags. Um elemento XML pode anexar outros elementos.

enterprise bean

Um componente J2EE que implementa uma tarefa de negócios ou uma entidade de negócios e é hospedado por um contêiner EJB; tanto um bean de entidade, um bean de sessão, ou um bean orientado por mensagens.

Enterprise JavaBeans (EJB)

Uma arquitetura de componentes para o desenvolvimento e implantação de aplicativos em nível empresarial, distribuídos, e orientados para objetos. Os aplicativos escritos usando a arquitetura Enterprise JavaBeans são escaláveis, transacionais, e seguros.

Enterprise JavaBeans Query Language (EJB QL) (Linguagem de Consultas do EJB)

Define as consultas para os métodos de localização (método finder) e de seleção (método selecione) de um bean de entidade contendo uma persistência gerenciada por contêiner. Um subconjunto do SQL92, o EJB QL possui extensões que permitem a navegação por meio dos relacionamentos definidos em um esquema abstrato do bean de entidade.

entidade analisada

Uma entidade geral que contém XML e, portanto, é analisada quando inserida no documento XML, em oposição a uma entidade não analisada.

entidade de parâmetro

Uma entidade que consiste nas especificações DTD, como distintas de uma entidade geral. Uma entidade de parâmetro definida na DTD pode então ser referenciada em outros pontos, eliminando, portanto, a necessidade de recodificar a definição em cada localização que ela seja usada.

entidade externa

Uma entidade que existe como um arquivo XML externo, que é incluído no documento XML usando uma referência de entidade.

entidade geral

Uma entidade que é referenciada como parte do conteúdo de um documento XML, como distinto de uma entidade de parâmetro, o qual é referenciado na DTD. A entidade geral pode ser uma entidade analisada ou uma entidade não analisada.

entidade não analisada

Uma entidade geral que contém algo diferente de XML. Por sua natureza, uma entidade não analisada contém dados binários.

entidade

Um item individual e distinto que pode ser incluído em um documento XML referenciando-o. Semelhante entidade de referência pode chamar uma entidade tão pequena como um caractere (por exemplo, <, o qual referencia o símbolo menor que ou um colchete angular esquerdo, <). Uma referência de entidade pode também referenciar um documento inteiro, uma entidade externa, ou uma coleção de definições da DTD.

erro fatal

Um erro fatal ocorre no analisador SAX quando um documento não é bem formado ou não possa ser processado. Veja também *erro*, *alerta*.

erro

Um erro de análise SAX é geralmente um erro de validação; em outras palavras, ele ocorre quando um documento XML não é válido, embora ele possa também ocorrer se a declaração especificar uma versão XML que o analisador não consegue tratar. Veja também *erro fatal*, *alerta*.

esquema abstrato

A parte de um descritor de implantação de um bean de entidade que define os campos persistentes e os relacionamentos do bean.

esquema RDF

Um padrão para especificar as regras de consistência que se aplicam às especificações contidas em um RDF.

esquema XML

A especificação do W3C para definir a estrutura, conteúdo e a semântica de documentos XML.

esquema

Um método inspirado em banco de dados para especificar restrições em documentos XML usando uma linguagem baseada em XML. Os esquemas endereçam as deficiências em DTDs, tal como a inabilidade em colocar restrições nos tipos de dado que podem ocorrer em um campo particular. Como os esquemas são encontrados em XML, eles são hierárquicos. Assim é mais fácil criar uma especificação não ambígua, e é possível determinar o escopo por meio do qual um comentário foi feito para aplicar.

estado conversacional

Os valores do campo de um bean de sessão mais o fechamento transitivo dos objetos alcançáveis a partir dos campos do bean. O fechamento transitivo de um bean é definido em termos do protocolo de serialização para a linguagem de programação Java, isto é, os campos que seriam armazenados pela serialização da instância do bean.

expressão de ligação de método

Uma expressão EL JavaServer Faces que referencia um método de um bean de suporte. Este método efetua tanto tratamento de eventos, validação, ou processamento de navegação para o componente UI cuja tag use a expressão de ligação de método.

expressão de ligação de valor

Uma expressão EL JavaServer Faces que se refere a uma propriedade de um bean de suporte. Uma tag de componente usa esta expressão para ligar o valor do componente associado ou a instância do componente à propriedade do bean. Se a tag de componente se refere a uma propriedade por meio de seu atributo *value*, então o valor do componente está ligado à propriedade. Se a tag de componentes se refere à propriedade por meio de seu atributo *binding* então o componente propriamente dito está ligado à propriedade.

fábrica de conexões do gerenciador de recursos

Um objeto usado para criar uma conexão do gerenciador de recursos.

fábrica de conexões

Veja *fábrica de conexões do gerenciador de recursos.*

fila

Veja *sistema de serviço de mensagens ponto a ponto.*

filtro

Um objeto que pode transformar o cabeçalho ou o conteúdo (ou ambos) de uma requisição ou de uma resposta. Os filtros diferem de componentes Web pelo fato de que eles normalmente não criam respostas por si próprios mas, ao contrário, modificam ou adaptam as respostas de um recurso. Um filtro não deve ter qualquer dependência de um recurso Web para o qual ele esteja atuando como um filtro, de modo que ele possa ser composto por mais de um tipo de recurso Web.

fornecedor de contêiner EJB

Um representante que fornece contêiner EJB.

fornecedor de produto J2EE product

Um vendedor que fornece um produto J2EE.

gerenciador de recursos

Fornece acesso para um conjunto de recursos compartilhados. Um gerenciador de recursos participa em transações que são controladas externamente e coordenadas por um gerenciador de transações. Um gerenciador de recursos normalmente está em um espaço de endereço diferente ou em uma máquia diferente dos clientes que tem acesso a ela. Nota: Um sistema de informação corporativo é referenciado como um gerenciador de recursos quando ele é mencionado no contexto de gerenciamento de recursos ou de transações.

gerenciador de transação

Fornece os serviços e as funções de gerenciamento requeridos para suportar demarcações de transação, gerenciamento de recursos transacionais, sincronização, e propagação de contexto de transação.

grupo

Um conjunto de usuários autenticados, classificados por características comuns tal como um título de trabalho ou um perfil de cliente. Os grupos estão associados a um conjunto de papéis, e todo usuário que é membro de um grupo herda todos os papéis atribuídos a esse grupo.

handle

Um objeto que identifica um enterprise bean. Um cliente pode serializar o handle e, mais tarde, desserializá-lo a fim de obter uma referência para o enterprise bean.

home handle

Um objeto que pode ser usado para o obter uma referência para a interface home. Um home handle pode ser serializado e escrito para armazenamento estável e desserializado para obter a referência.

host virtual

Inúmeros hosts mais os nomes do domínio mapeados para um único endereço de IP.

HTML

Linguagem de Marcação de Hipertexto. Uma linguagem de marcação para documentos de hipertexto na Internet. A HTML habilita a incorporação de imagens, sons, fluxos de vídeo, campos de formulário, referências a outros objetos com URLs e formatação de texto básico.

HTTP

Protocolo de Transferência de Hipertexto. O protocolo da Internet usado para obter objetos de hipertextos de hosts remotos. As mensagens HTTP são constituídas de requisições do cliente para o servidor e respostas do servidor para o cliente.

HTTPS

HTTP estendido em camadas sobre o protocolo SSL.

IDL (Interface Definition Language)

Linguagem de Definição de Interface. Uma linguagem usada para definir interfaces para objetos CORBA remotos. As interfaces são independentes de sistemas operacionais e de linguagens de programação.

IDL Java

Uma tecnologia que fornece as capacidades de conectividade e CORBA interoperabilidade para a plataforma J2EE. Estas capacidades habilitam aplicativos J2EE a chamarem operações em serviços de rede remota usando o Object Management Group (Grupo de Gerenciamento de Objetos) IDL e IIOP.

IIOP

Internet Inter-ORB Protocol. Um protocolo usado para comunicação entre agentes de requisição de objetos CORBA.

impersonação

Um ato por meio do qual uma entidade assume a identidade e privilégios de uma outra entidade sem restrições e sem qualquer indicação visível para os recipientes das chamadas do impersonator que a delegação efetuou. A impersonação é um caso de uma delegação simples.

implantação

O processo pelo qual o software é instalado em um ambiente operacional.

implantador

Uma pessoa que implanta módulos e aplicativo J2EE em um ambiente operacional.

instrução de processamento

A informação contida em uma estrutura XML que foi criada para ser interpretada por um aplicativo específico.

interface endpoint de serviço (SEI)

Uma interface Java que declara os métodos que um cliente pode chamar em um serviço Web.

interface home

Uma de duas interfaces para um enterprise bean. A interface home define zero ou mais métodos para gerenciar um enterprise bean. A interface home de um bean de sessão define os métodos create e remove, ao passo que a interface home de um bean de entidade define os métodos create, finder, remove.

interface remota

Uma de duas interfaces de um enterprise bean. A interface remota define os métodos de negócios chamáveis por um cliente.

ISO 3166

O padrão internacional para código de países mantidos pela International Organization for Standardization (ISSO, Padronização para Organização Internacional).

ISV

Independent software vendor (fornecedor de software independente).

J2EE

Veja *J2EE, Plataforma Java 2, Enterprise Edition.*

J2EE, Plataforma Java 2, Enterprise Edition

Um ambiente para desenvolvimento e implantação de arquivos corporativos. A plataforma J2EE é constituída de um conjunto de serviços, interfaces de programação de aplicativos (APIs), e protocolos que fornecem a funcionalidade para aplicativos multicamadas, baseados na Web.

J2ME

Veja *J2ME, Plataforma Java 2, Micro Edition.*

J2ME, Plataforma Java 2, Micro Edition

Um ambiente runtime Java altamente otimizado visando a uma ampla gama de produtos de consumidores, incluindo pagers, telefones celulares, fones com tela, caixas digitais set-top, e sistemas de navegação de carros.

J2SE

Veja *J2SE, Plataforma Java 2, Standard Edition.*

J2SE, Plataforma Java 2, Standard Edition

A plataforma de tecnologia Java core.

JAR

Repositório Java. Um formato de arquivo independente de plataforma que permite que muitos arquivos sejam agregados em um arquivo.

JavaBeans, componente

Uma classe Java que pode ser manipulada por ferramentas e composta em aplicativos. Um componente JavaBeans precisa aderir a uma certa propriedade e convenções da interface de eventos.

JavaMail

Uma API para enviar e receber e-mail.

JavaServer Faces

Uma estrutura para construir interfaces do usuário do lado do servidor para aplicativos Web escritos na linguagem de programação Java.

JavaServer Faces, classe de componentes UI

Uma classe JavaServer Faces que define o comportamento e as propriedades de um componente UI JavaServer Faces.

JavaServer Faces, componente UI

Um controle de interface de usuário que produz dados para um cliente ou permite que um usuário entre dados para um aplicativo JavaServer Faces.

JavaServer Faces, linguagem de expressão

Uma simples linguagem de expressão usada por atributos de tag do componente UI JavaServer Faces para ligar o componente associado a uma propriedade do bean ou ligar o valor do componente associado a um método ou uma fonte de dado externa, tal como uma propriedade do bean. Ao contrário das expressões EL JSP, as expressões EL JavaServer Faces EL são avaliadas pela implementação JavaServer Faces em vez de pelo contêiner Web.

JavaServer Faces, modelo de conversão

Um mecanismo para conversão entre marcações baseadas em string geradas por componentes UI JavaServer Faces e objetos Java do lado do servidor.

JavaServer Faces, modelo de eventos e de receptores

Um mecanismo para determinar como os eventos emitidos por componentes UI JavaServer Faces são tratados. Este modelo é baseado no componente JavaBeans modelo de eventos e de receptores.

JavaServer Faces, modelo de navegação

Um mecanismo para definir a seqüência na qual páginas de um aplicativo JavaServer Faces são exibidas.

JavaServer Faces, modelo de validação

Um mecanismo para validar o dado que um usuário entra em um componente UI JavaServer Faces.

JavaServer Pages (JSP)

Uma tecnologia Web extensível que usa dados estáticos, elementos JSP, e objetos Java do lado cliente para gerar conteúdo dinâmico para um cliente. Normalmente, o dado estático é um elemento HTML ou XML, e em muitos casos o cliente é um browser Web.

JavaServer Pages Standard Tag Library (JSTL, Biblioteca de Tags Padrão JSP)

Uma biblioteca de tags que encapsula a funcionalidade core comum a muitos aplicativos JSP. A JSTL tem suporte para tarefas comuns e estruturais, como, por exemplo, iteração e condicionais, tags para manipulação de documentos XML, tags de formatação para internacionalização e específica de locales, tags SQL, e funções.

JAXP, API Java para Processamento de XML

Uma API para processamento de documentos XML. A JAXP alavanca os padrões de analisadores SAX e DOM de modo que você possa optar por analisar os seus dados com um fluxo de eventos ou construir uma representação estruturada em árvores. A JAXP suporta o padrão XSLT, dando a você o controle sobre a apresentação do dado e habilitando você a converter o dado para outros documentos XML ou para outros formatos, tais como HTML. A JAXP fornece suporte a namespace, permitindo que você trabalhe com esquema que poderia caso contrário ter conflitos de nomes.

JAXR, API Java para Registros XML

Uma API para acessar vários tipos de registros XML.

JAX-RPC, API Java para Chamada de Procedimento Remoto baseado em XML

Uma API para construir serviços e clientes Web que usam chamadas de procedimento remoto e XML.

JDBC

Uma API para conectividade independente de banco de dados entre a plataforma J2EE e uma ampla gama de fontes de dados.

JMS session

Um contexto com thread única para enviar e receber mensagens JMS. Uma sessão JMS pode ser sem transações, localmente com transações, ou participante de uma transação distribuída.

JMS

Veja *JMS, Serviço de Mensagens Java.*

JMS, aplicativo

Um ou mais clientes de aplicativo JMS que trocam mensagens.

JMS, cliente

A linguagem de programação Java que envia ou recebe mensagens.

JMS, objeto administrado

Um objeto JMS pré-configurado (uma fábrica de conexões do gerenciador de recursos ou um destino) criado por um administrador para uso de clientes JMS e colocado em um namespace JNDI.

JMS, provedor

Um sistema de serviço de mensagens que implementa O Serviço de Mensagens Java bem como outras funcionalidades de controle e administrativamente necessárias em um produto de serviço de mensagens repleto de recursos.

JMS, Serviço de Mensagens Java

Uma API para chamar operações em sistemas de mensagens corporativas.

JNDI, Java Naming and Directory Interface (Interface de Diretório e de Atribuição de Nomes Java)

Uma API que fornece a funcionalidade de atribuição de nomes e de diretórios.

JSP action

Um elemento JSP que pode atuar sobre objetos implícitos e outros objetos do lado do servidor ou pode definir novas variáveis de scripting. A ações seguem a sintaxe XML para elementos, com uma tag inicial, um corpo, e uma tag final; se o corpo estiver vazio, ele pode também usar a sintaxe de tag vazia. A tag deve usar um prefixo. Existem ações padronizadas e personalizadas.

JSP, ação padrão

Uma ação que é definida na especificação JSP e está sempre disponível para uma página JSP.

JSP, ação personalizada

Uma ação definida pelo usuário, descrita de uma maneira portável por um descritor de biblioteca de tags, e importada em uma página JSP por uma diretiva de taglib. Ações personalizadas são usadas para encapsular tarefas recorrentes ao escrever páginas JSP.

JSP, arquivo de tag

Um arquivo-fonte contendo um fragmento reutilizável de código JSP que é traduzido para um tratador de tag quando uma página JSP é traduzida para um servlet.

JSP, biblioteca de tags

Uma coleção de tags personalizadas descritas por meio de um descritor de biblioteca de tags e classes Java.

JSP, contêiner distribuído

Um contêiner JSP que pode rodar um aplicativo Web que é etiquetado como distribuível e está espalhado pelas inúmeras máquinas virtuais Java que poderiam estar rodando em hosts diferentes.

JSP, contêiner

Um contêiner que fornece os mesmos serviços que um contêiner de servlet e um mecanismo que interpreta e processa páginas JSP em um servlet.

JSP, declaração de

Um elemento de script JSP que declara métodos, variáveis, ou ambos, em uma página JSP.

JSP, diretiva de

Um elemento JSP que fornece uma instrução ao contêiner JSP e é interpretado em tempo de tradução.

JSP, documento

Uma página JSP escrita na sintaxe XML e sujeita às restrições dos documentos XML.

JSP, elemento de script

Uma declaração JSP, scriptlet, ou expressão cuja sintaxe é definida pela especificação JSP e cujo conteúdo é escrito de acordo com a linguagem de script usada na página JSP. A especificação JSP descreve a sintaxe e a semântica para o caso onde o atributo de página da linguagem seja "java".

JSP, elemento

Uma porção de uma página JSP que é reconhecida por um tradutor JSP. Um elemento pode ser uma diretiva, uma ação, ou um elemento de script.

JSP, expressão

Um elemento de script que contém uma expressão de linguagem de script válida que é avaliada, convertida em uma String, e colocada no objeto *out* implícito.

JSP, linguagem de expressão

Uma linguagem usada para escrever expressões que acessam as propriedades de componentes JavaBeans. As expressões EL podem ser usadas em texto estático e em qualquer atributo de tag padronizado ou personalizado que possa aceitar uma expressão.

JSP, páginas

Um documento baseado em texto contendo texto estático e elementos JSP que descreve como processar uma requisição para criar uma resposta. Uma página JSP é traduzida e trata requisições como um servlet.

JSP, scriptlet

Um elemento de script JSP contendo qualquer fragmento de código que é válido na linguagem dc script usado na página JSP. A especificação JSP descreve o que é um scriptlet válido para o caso onde o atributo de página da linguagem seja "java".

JSP, tag personalizada

Uma tag que referencia uma ação personalizada JSP.

JSP, tratador de tag

Um objeto da linguagem de programação Java que implementa o comportamento de uma tag personalizada.

JSSE, Java Secure Socket Extension (Extensão de Soquete Seguro Java)

Um conjunto de pacotes que habilitam comunicações seguras na Internet.

JSTL

Veja *JavaServer Pages Standard Tag Library.*

JTA

Veja *JTA, API de Transações Java.*

JTA, API de Transações Java

Uma API que permite que os aplicativos e os servidores J2EE acessem transações.

JTS

Veja *JTS, Serviço de Transações Java.*

JTS, Serviço de Transações Java

Especifica a implementação de um gerenciador de transação que suporta JTA e implementa o mapeamento Java da especificação do Object Transaction Service 1.1 do Grupo de Gerenciamento de Objetos no nível abaixo da API.

keystore

Um arquivo contendo as chaves e certificados usados para autenticação.

kit de renderização (render kit)

Um conjunto de renderizadores que renderiza a saída para um cliente particular. A implementação JavaServer Faces fornece um kit de renderização padrão HTML, o qual é composto de renderizadores que podem renderizar a marcação HMTL.

ligação (tecnologia JavaServer Faces)

Conectar componentes UI a fontes de dado do back-end tais como as propriedades do bean de suporte.

ligação (XML)

Geração de código necessário para processar uma porção bem definida de dado XML.

Linguagem de Marcação Extensível

Veja *XML.*

lógica de negócios

O código que implementa a funcionalidade de um aplicativo. Na arquitetura Enterprise JavaBeans, esta lógica é implementada pelos métodos de um enterprise bean.

mapeamento de papel

O processo de associação de grupos ou principais (ou ambos), reconhecidos pelo contêiner com papéis de segurança especificados no descritor de implantação. Os papéis de segurança devem ser mapeados pelo implantador antes que um componente seja instalado no servidor.

mapeamento de servlet

Define uma associação entre um padrão de URL e um servlet. O mapeamento é usado para mapear requisições para servlets.

mensagem

No Serviço de Mensagens Java, uma requisição assíncrona, um relatório, ou um evento que é criado, enviado, e consumido por um aplicativo corporativo e não por um humano. Ele contém informações vitais necessárias para coordenar aplicativos corporativos, na forma de dado formatado precisamente que descreve específicas ações de negócios.

método create

Um método definido na interface home e chamado por um cliente para criar um enterprise bean.

método de negócios

Um método de um enterprise bean que implementa a lógica de negócios ou as regras de um aplicativo.

método finder (método de localização)

Um método definido na interface home e chamado por um cliente para localizar um bean de entidade.

método remove

Método definido na interface home e chamado por um cliente para destruir um enterprise bean.

métodos callback

Métodos de componente chamados pelo contêiner para notificar o componente de eventos importantes em seu ciclo de vida.

modelo de conteúdo misto

Uma especificação da DTD que define um elemento como contendo uma mistura de texto e um ou mais elementos outros. A especificação deve começar com #PCDATA, seguida por diversos elementos, e deve terminar com o "zero ou mais" símbolo asterisco (*).

módulo do adaptador de recursos

Uma unidade implantável que contém todas as interfaces Java, classes, e bibliotecas nativas, implementando um adaptador de recursos junto com o descritor de implantação do adaptador de recursos.

módulo do cliente de aplicativo

Uma unidade de software que consiste em uma ou mais classes e um descritor de implantação do cliente de aplicativo.

módulo EJB

Uma unidade implantável que consiste em um ou mais enterprise beans e um descritor de implantação EJB.

módulo J2EE

Uma unidade de software que consiste em um ou mais componentes J2EE do mesmo tipo de contêiner e um descritor de implantação desse tipo. Existem quatro tipos de módulos: EJB, Web, cliente de aplicativo, adaptador de recursos. Os módulos podem ser implantados como unidades independentes ou podem ser montados em um aplicativo J2EE.

módulo Web

Uma unidade implantável que consiste em um ou mais componentes Web, outros recursos, e um descritor de implantação de aplicativo Web contido em uma hierarquia de diretórios e arquivos em um formato de aplicativo-padrão Web.

montador de aplicativo

Uma pessoa que combina componentes J2EE e módulos em unidades de aplicativo implantáveis.

NAICS, North American Industry Classification System (Sistema de Classificação para a Indústria Norte Americana)

Um sistema para classificar estabelecimentos de negócios baseado nos processos que eles utilizam para produzir bens ou serviços.

namespace

Um padrão que permite que você especifique um rótulo único para o conjunto de nomes de elementos definidos por uma DTD. Um documento usando essa DTD pode ser incluído em qualquer outro documento sem ter um conflito entre os nomes dos elementos. Os elementos definidos em sua DTD são então identificados unicamente de modo que, por exemplo, o analisador possa dizer quando um elemento <name> deva ser interpretado de acordo com a sua DTD em vez de usar a definição para um elemento <name> em uma DTD diferente.

nível de isolamento de transação

O grau em que o estado intermediário do dado está sendo modificado por uma transação é visível para outras transações concorrentes, e o dado, que está sendo modificado por outras transações, é visível a ela.

nome de esquema abstrato

Um nome lógico que é referenciado nas consultas em EJB QL.

normalização

O processo de remover redundâncias por modularização, da mesma forma que com as subrotinas, e de remover diferenças supérfluas reduzindo-as a um denominador comum. Por exemplo, finais de linhas de sistemas diferentes são normalizados reduzindo-se a uma única e nova linha, e caracteres com múltiplos espaços em branco são normalizados para um espaço.

notação

Um mecanismo para definir um formato de dado para um documento não XML referenciado como uma entidade não analisada. Este é um remanescente da SGML. Um padrão mais recente é para usar tipos de dados e namespaces MIME para evitar conflitos de nomes.

OASIS (Organization for the Advancement of Structured Information Standards)

Organização para o Avanço de Padrões de Informações Estruturadas. Um consórcio que comanda o desenvolvimento, a convergência e uma adoção de padrões de comércio eletrônico. O seu site Web fica no endereço http://www.oasis-open.org/. O repositório da DTD que ele patrocina fica no endereço http://www.XML.org.

objeto EJB

Um objeto cuja classe implementa a interface remota enterprise bean. Um cliente nunca referencia uma instância de enterprise bean diretamente; um cliente sempre referencia um objeto EJB. A classe de um objeto EJB é gerada por ferramentas de implantação de um contêiner.

objeto home EJB

Um objeto que fornece as operações de ciclo de vida (create, remove, find) para um enterprise bean. A classe para o objeto home EJB é gerada pelas ferramentas de implantação do contêiner. O objeto home EJB implementa a interface home do enterprise bean. O cliente referencia um objeto home EJB para efetuar operações de ciclo de vida em um objeto EJB. O cliente usa JNDI para localizar o objeto home EJB.

OMG (Object Management Group)

Grupo de Gerenciamento de Objetos. Um consório que produz e mantém especificações para a indústria de computadores para aplicativos corporativos interoperáveis. O seu site Web é http://www.omg.org/.

ORB (Object Request Broker)

Agente de Requisição de Objetos. Uma biblioteca que habilita objetos CORBA a se localizarem e se comunicarem uns com os outros.

OTS (Object Transaction Service)

Serviço de Transações de Objetos. Uma definição das interfaces que permite que objetos CORBA participem em transações.

papel (desenvolvimento)

A função desempenhada por uma parte nas fases de desenvolvimento e implantação de um aplicativo desenvolvido utilizando a tecnologia J2EE. Os papéis são: provedor de componente do aplicativo, montador do aplicativo, implantador, provedor de produto J2EE, EJB container provider, provedor de servidor EJB, provedor de contêiner Web, provedor de servidor Web, provedor de ferramentas, e administrador de sistema.

papel (segurança)

Um agrupamento de usuários lógico abstrato que é definido pelo montador de aplicativo. Quando um aplicativo é montado, os papéis são mapeados para identidades de segurança, tais como principais ou grupos, no ambiente operacional.

No serviço de autenticação do servidor J2EE, um papel é um nome abstrato para permissão de acesso a um conjunto particular de recursos. Um papel pode ser comparado a uma chave que pode abrir uma fechadura. Muitas pessoas devem ter uma cópia da fechadura; a fechadura não se preocupa com quem você seja, somente que você tenha a chave certa.

papel de segurança

Veja *papel (segurança).*

parâmetro de inicialização

Um parâmetro que inicializa o contexto associado a um servlet.

passivação

O processo de transferir um enterprise bean da memória para armazenamento secundário. Veja *ativação.*

permissão de método

Uma regra de autorização que determina quem pode executar um ou mais métodos do enterprise bean.

permissão de segurança

Um mecanismo definido por J2SE, e usado pela plataforma J2EE para expressar as restrições de programação impostas por desenvolvedores de componentes de aplicativo.

persistência gerenciada por bean

O mecanismo pelo qual a transferência de dados entre as variáveis de um bean de entidade e um gerenciador de recursos é gerenciada pelo bean de entidade.

persistência gerenciada por contêiner

O mecanismo pelo qual a transferência de dados entre as variáveis do bean de entidade e um adaptador de recursos é gerenciada pelo contêiner do bean de entidade.

persistência

O protocolo para transferir o estado de um bean de entidade entre as suas variáveis de instância e um banco de dados subjacente.

POA (Portable Object Adapter)

Adaptador de Objeto Portável. Um padrão CORBA representa a construção de aplicativos do lado do servidor que são portáveis através de ORBs heterogêneos.

principal chamador

O principal que identifica o invocador do método do enterprise bean.

principal do servidor

O principal do Sistema Operacional que o servidor está executando como.

principal do SO

Um principal nativo para o sistema operacional no qual a plataforma J2EE esteja rodando.

principal

A identidade atribuída a um usuário como resultado da autenticação.

privilégio

Um atributo de segurança que não possui a propriedade de exclusividade e que pode ser compartilhado por muitos principais.

produto J2EE

Uma implementação que obedece à especificação da plataforma J2EE.

produtor de mensagens

Um objeto criado por uma sessão JMS que é usada para enviar mensagens para um destino.

prólogo

A parte de um documento XML que precede o dado XML. O prólogo inclui a declaração e uma DTD opcional.

provedor de contêiner Web

Um vendedor que fornece contêiner Web.

provedor de enterprise bean

Um desenvolvedor de aplicativos que produz classes de enterprise bean, interfaces remotas e interfaces home, e arquivos de descritores de implantação, e os empacota em um arquivo JAR EJB.

provedor de ferramentas

Uma organização ou um vendedor de software que fornece ferramentas usadas para desenvolvimento, empacotamento, e implantação de aplicativos J2EE.

provedor de registro

Uma implementação de um registro de negócios que obedece à especificação para registros XML (por exemplo, ebXML ou UDDI).

provedor de servidor EJB

Um vendedor que fornece o servidor EJB.

provedor de servidor Web

Um vendedor que fornece um servidor Web.

provedor do componente de aplicativo

Um fornecedor que fornece as classes Java classes que implementam métodos de componentes, as definições de páginas JSP, e quaisquer descritores de implantação obrigatórios.

provedor JAXR

Uma implementação da API JAXR que fornece acesso a um provedor de registro específico ou para uma classe de provedores de registro que são baseados em uma especificação comum.

raiz de contexto

Um nome que é mapeado para a raiz do documento de um aplicativo Web.

raiz de documento

O diretório em nível de topo de um WAR. A raiz de documento é onde as páginas JSP, classes e repositórios do lado do cliente, e recursos Web estáticos são armazenados.

raiz

O elemento mais externo em um documento XML. O elemento que contém todos os outros elementos.

RAR (Resource Adapter Archive)

Repositório do Adaptador de Recursos. Um repositório JAR que contém um módulo de adaptador de recursos.

RDF (Resource Description Framework)

Estrutura de Descrição de Recursos. Um padrão para definir o tipo de dado que um arquivo XML contém. Essa informação pode ajudar a assegurar a integridade da semântica, por exemplo, ajudando a certificar que uma data seja tratada como uma data ao invés de simplesmente como texto.

recurso de criação de bean gerenciado

Um mecanismo para definir as características dos componentes JavaBeans usados em um aplicativo JavaServer Faces.

recurso de sistema de informações corporativas

Uma entidade que fornece funcionalidade específica do sistema de informações corporativas para seus clientes. Exemplos são um registro, ou um conjunto de registros em um sistema de banco de dados, um objeto de negócios em um sistema de planejamento de recursos corporativos, e um programa de transações em um sistema de processamento de transações.

recurso Web

Um objeto estático ou dinâmico contido no aplicativo Web que pode ser referenciado por um URL.

referência

Veja *referência de entidade.*

referência de entidade

Uma referência para uma entidade é substituída para a referência quando o documento XML é analisado. Ele pode referenciar uma entidade predefinida tal como < ou referenciar aquela que está definida na DTD. Nos dados XML, a referência pode ser para uma entidade definida no subconjunto local da DTD ou para um arquivo XML externo (uma entidade externa). A DTD pode também entalhar um segmento das especificações da DTD e dar a ele um nome de modo que ele possa ser reutilizado (inclusive) em inúmeros pontos na DTD definindo a entidade de parâmetro.

registro XML

Veja *registro.*

registro

Uma infra-estrutura que habilita a construção, implantação, e descoberta de serviços Web. A sua terceira parte neutra que facilita interações de negócio para negócio (B2B) dinâmicas e livremente acopladas.

reino (realm)

Veja *domínio de política de segurança.* Também, uma string, passada como parte de uma requisição HTTP durante a autenticação básica, que define um espaço de proteção. Os recursos protegidos em um servidor podem ser particionados em um conjunto de espaços de proteção, cada um com seu próprio esquema de autenticação ou banco de dados de autorização, ou ambos.

No serviço de autenticação do servidor J2EE, é um completo banco de dados de papéis, usuários, e grupos que identificam usuários válidos de um aplicativo Web ou um conjunto de aplicativos Web.

renderizador

Uma classe Java que pode renderizar a saída para um conjunto de componentes UI JavaServer Faces.

restrição de autorização

Uma regra de autorização que determina quem é permitido acessar um coleção de recursos Web.

restrição de dados do usuário

Indica como os dados entre um cliente e um contêiner Web devem ser protegidos. A proteção pode ser a prevenção da adulteração de dados ou a prevenção da espionagem de dados.

restrição de segurança

Um modo declarativo de anotar a proteção pretendida do conteúdo Web. Uma restrição de segurança é constituída de uma coleção de recursos Web, uma restrição de autorização, e uma restrição de dado do usuário.

RMI (Remote Method Invocation)

Chamada de Método Remoto. Uma tecnologia que permite a um objeto que roda em uma máquina virtual Java chamar métodos em um objeto que roda em uma máquina virtual Java diferente.

RMI-IIOP

Uma versão da RMI implementada para usar o protocolo CORBA IIOP. O RMI por meio do IIOP fornece interoperabilidade com objetos CORBA implementados em qualquer linguagem, se todas as interfaces remotas forem definidas originalmente como interfaces RMI.

rollback

O ponto em uma transação quando todas as atualizações para os recursos envolvidos na transação são revertidas.

SAAJ, SOAP with Attachments API for Java (SOAP com Anexos API para Java)

O pacote básico para serviço de mensagens SOAP, o SAAJ contém a API para criar e preencher uma mensagem SOAP.

SAX, API Simples para XML

Uma interface orientada para eventos na qual o analisador chama um dos diversos métodos fornecidos pelo chamador quando ocorre um evento de análise sintática. Os eventos incluem reconhecimento de uma tag XML, descoberta de um erro, encontrar uma referência a uma entidade externa, ou processar a especificação DTD.

segurança declarativa

Os mecanismos usados em um aplicativo que são expressos em uma sintaxe declarativa de um descritor de implantação.

segurança programática

Decisões de segurança que são feitas por aplicativos conscientes de segurança. A segurança programática é util quando a segurança declarativa sozinha não é suficiente para expressar o modelo de segurança de um aplicativo.

serviço de mensagens requisição-resposta

Um método de serviço de mensagens que inclui o bloqueamento até que uma resposta seja recebida.

Serviço de mensagens único (one-way messaging)

Um método de transmitir mensagens sem ter de bloquear até que uma resposta seja recebida.

serviço Web

Um aplicativo que existe em um ambiente distribuído, como a Internet, por exemplo. Um serviço Web aceita uma requisição, desempenha sua função baseada na requisição, e retorna uma resposta. A requisição e a resposta podem ser parte da mesma operação, ou elas podem ocorrer separadamente, em cujo caso o consumidor não precisa esperar uma resposta. Tanto a requisição como a resposta normalmente aceitam a forma de XML, um formato de intercâmbio de dados portável, e são entregues por meio de um protocolo de conexão, como HTTP.

servidor EJB

O software que fornece serviços para um contêiner EJB. Por exemplo, um contêiner EJB normalmente confia em um gerenciador de transação que faz parte do servidor EJB para executar a confirmação em duas fases através de todos os gerenciadores de recursos participantes. A arquitetura J2EE assume que um contêiner EJB é hospedado por um servidor EJB do mesmo fornecedor, portanto ele não especifica o contrato entre essas duas entidades. Um servidor EJB pode hospedar um ou mais contêineres EJB.

servidor J2EE

A porção runtime de um produto J2EE. Um servidor J2EE fornece contêineres EJB, ou Web, ou ambos.

servidor Web

Um software que fornece serviços para acessar a Internet, uma intranet, ou uma extranet. Um servidor Web hospeda sites Web, fornece suporte para HTTP e outros protocolos, e executa programas do lado do servidor (tais como scripts de CGI ou servlets) que desempenham certas funções. Na arquitetura J2EE, um servidor Web fornece serviços para um contêiner Web. Por exemplo, um contêiner Web normalmente confia em um servidor Web para fornecer tratamento de mensagens HTTP. A arquitetura J2EE assume que um contêiner Web esteja hospedado em um servidor Web do mesmo fornecedor, portanto, ele não especifica o contrato entre essas duas entidades. Um servidor Web pode hospedar um ou mais contêineres Web.

servlet

Um programa Java que estende a funcionalidade de um servidor Web, gerando conteúdo dinâmico e interagindo com aplicativos Web usando um paradigma requisição-resposta.

sessão

Um objeto usado por um servlet para rastrear a interação de um usuário com um aplicativo Web através das múltiplas requisições HTTP.

SGML (Standard Generalized Markup Language)

Linguagem de Marcação Generalizada Padrão. O pai de ambas HTML e XML. Embora HTML compartilhe a tendência da SGML para incorporar informações de apresentação na marcação, XML é um padrão que permite ao conteúdo da informação estar totalmente separado dos mecanismos para renderizar esse conteúdo.

sistema de serviço de mensagens ponto a ponto

Um sistema de serviço de mensagens construído no conceito de filas de mensagens. Cada mensagem é endereçada a uma fila específica; os clientes extraem mensagens de filas estabelecidas para conter suas mensagens.

sistema de serviço de mensagens publicação/assinatura

Um sistema de mensagens na qual os clientes endereçam mensagens para um nó específico em uma hierarquia de conteúdo, chamada tópico. Publicadores e assinantes geralmente são anônimos e podem publicar dinamicamente ou assinar para a hierarquia do conteúdo. O sistema cuida da distribuição de mensagens que chegam de múltiplos publicadores de um nó para seus inúmeros usuários.

SOAP (Simple Object Access Protocol)

Protocolo de Acesso a Objetos Simples. Um protocolo superleve criado para intercambiar informações estruturadas em um ambiente descentralizado e distribuído. Ele define, usando tecnologias XML, uma estrutura de serviço de mensagens extensível contendo uma construção de mensagem que pode ser intercambiada através de uma variedade de protocolos subjacentes.

SQL (Structured Query Language)

Linguagem de Consulta Estruturada. A linguagem de banco de dados relacional padronizado para definir objetos de banco de dados e manipular dados.

SQL/J

Um conjunto de padrões que inclui especificações para incorporar declarações SQL em métodos na linguagem de programação Java e especificações para chamar métodos estáticos Java como procedimentos armazenados SQL e funções definidas pelo usuário. Um verificador SQL pode detectar erros em declarações estáticas SQL em tempo de desenvolvimento do programa, ao invés de em tempo de execução da mesma forma que um driver JDBC.

SSL (Secure Socket Layer)

Camada de Soquetes Seguros. Um protocolo de segurança que fornece a privacidade por meio da Internet. O protocolo permite que aplicativos cliente-servidor se comuniquem de maneira que não possam ser espionados ou adulterados. Os servidores são sempre autenticados, e os clientes são opcionalmente autenticados.

SSL, Secure Socket Layer (Camada de Soquetes Seguros)

Uma tecnologia que permite que browsers Web e servidores Web servers se comuniquem por meio de uma conexão segura.

string de consulta

Um componente de um URL de requisição HTTP que contém um conjunto de parâmetros e valores que afetam o tratamento da requisição.

subconjunto externo

Aquela parte de uma DTD que é definida pelas referências a arquivos externos da DTD.

subconjunto local

Aquela parte da DTD que é definida dentro do arquivo XML corrente.

tag vazia

Uma tag que não anexa qualquer conteúdo.

tag

Em documentos XML, um pedaço de texto que descreve uma unidade de dado ou um elemento. A tag pode ser distinguida como marcação, como oposto a dado, porque ela é cercada por colchetes angulares (< e >). Para tratar tal sintaxe de marcação como dado, você usa uma referência de entidade ou uma sessão CDATA.

template

Un conjunto de instruções de formatação que se aplica aos nós selecionados por uma expressão Xpath.

tópico

Veja *sistema de serviço de mensagens publicação/assinatura.*

transação gerenciada por bean

Uma transação cujos limites são definidos por um enterprise bean.

transação gerenciada por contêiner

Uma transação cujos limites são definidos por um contêiner EJB. Um bean de entidade deve usar transações gerenciadas por contêiner.

transação

Uma unidade atômica de trabalho que modifica o dado. Uma transação anexa uma ou mais declarações de programa, mas elas se completam ou são desfeitas. As transações permitem que múltiplos usuários utilizem o mesmo dado concorrentemente.

UDDI (Universal Description, Discovery and Integration; Descrição, Descoberta e Integração Universais), projeto

Uma iniciativa industrial para criar uma estrutura aberta e independente de plataforma descrevendo serviços, descobrindo negócios, e integrando serviços de negócios usando a Internet, bem como um registro. Este projeto está sendo desenvolvido por um consórcio de vendedores.

Unicode

Um padrão definido pelo Unicode Consortium que usa uma página de código de 16 bits que mapeia dígitos para caracteres em linguagens ao redor do mundo. Como 16 bits aborda 32.768 códigos, o Unicode é grande o bastante para incluir todas as linguagens do mundo, com exceção das linguagens ideográficas que possuem um caractere diferente para cada conceito, tal como o chinês. Para maiores informações, consulte http://www.unicode.org/.

UNSPSC, Universal Standard Products and Services Classification (Produtos de Padrão Universal e Classificação de Serviços)

Um esquema que classifica e identifica mercadorias. Ele é usado em catálogos do lado de venda e do lado de compra como um código de conta padronizado na análise de consumo.

URI (Uniform Resource Identifier)

Identificador de Recurso Uniforme. Um identificador único em nível global para um recurso físico ou abstrato. Um URL é um tipo de URI que especifica o protocolo de obtenção (http ou https para aplicativos Web) e localização física de um recurso (nome do host e caminho relativo do host). Um URN é um outro tipo de URI.

URL (Uniform Resource Locator)

Localizador de Recurso Uniforme. Um padrão para escrever uma referência textual para uma parte arbitrária de dado na World Wide Web. Um URL se parece como isto: protocol:// host/localinfo onde protocol especifica um protocolo para buscar o objeto (tal como http ou ftp), host especifica o nome na Internet do host de destino, e localinfo é uma string (geralmente um nome de arquivo) passada para o tratador do protocolo no host remoto.

URN (Uniform Resource Name)

Nome de Recurso Uniforme. Um identificador único que identifica uma entidade, mas não diz onde ela está localizada. Um sistema pode usar um URN para encontrar uma entidade localmente antes de tentar encontrá-la na Web. Ele também permite que a localização Web seja modificada, enquanto permite ainda que a entidade seja encontrada.

usuário (segurança)

Uma identidade (ou programa de aplicativo) individual que foi autenticado. Um usuário pode ter um conjunto de papéis associados a essa identidade, que autoriza o usuário a acessar todos os recursos protegidos por esses papéis.

válido

Um documento XML válido, além de ser bem formado, obedece a todas as restrições impostas por uma DTD. Ele não contém nenhuma tag que não seja permitida pela DTD, e a ordem das tags obedece às especificações da DTD.

visualização de segurança

O conjunto de papéis de segurança definido pelo montador de aplicativos.

W3C (World Wide Web Consortium)

Consório da World Wide Web. O corpo internacional que governa os padrões da Internet. Seu site na Web é http://www.w3.org/.

Xalan

Uma versão de interpretação da XSLT.

XHTML

Um XML que se parece com HTML definida por uma de várias DTDs de XHTML. Se o XHTML fosse usado para tudo, o propósito do XML estaria derrubado, porque a idéia do XML é identificar o conteúdo da informação, e não simplesmente dizer como exibi-la. Você pode referenciá-la em uma DTD, a qual permite que você diga, por exemplo, que o texto em um elemento pode conter tags <em> e <b> em vez de ser limitado a texto plano.

XLink

A parte da especificação XLL preocupada em especificar links entre documentos.

XLL

A especificação da Linguagem de Links XML, que consiste em XLink e XPointer.

XML (Extensible Markup Language)

Linguagem de Marcação Extensível. Uma linguagem de marcação que permite que você defina as tags (marcação) necessárias para identificar o conteúdo, o dado e o texto em documentos XML. Ela difere de HTML, a linguagem de marcação mais freqüentemente usada para apresentar informações na Internet. HTML fixou tags que lidam principalmente com estilo ou apresentação. Um documento XML deve sofrer uma transformação para um linguagem com tags de estilo sob o controle de uma folha de estilos antes que possa ser apresentado por um browser ou outro mecanismo de apresentação. Dois tipos de folhas de estilos usados com XML são: CSS e XSL. Normalmente, XML é transformada em HTML para apresentação. Embora as tags possam ser definidas como necessárias na geração de um documento XML, uma definição de tipo de documento (DTD) pode ser usada para definir os elementos permitidos no tipo particular de documento. Um documento pode ser comparado usando as regras da DTD para determinar a sua validade e localizar elementos particulares no documento. Os descritores de implantação J2EE do aplicativo de serviços são expressos em XML com esquemas definindo os elementos permitidos. Programas para processar documentos XML utilizam as APIs SAX ou DOM.

XPath

Um mecanismo de endereçamento para identificar as partes de um documento XML.

XPointer

A parte da especificação XLL que está preocupada em identificar seções de documentos de modo que eles possam ser referenciados em links ou incluídos em outros documentos.

XSL (Extensible Stylesheet Language)

Linguagem de Marcação Extensível. Um padrão que permite fazer o seguinte:

- Especificar um mecanismo de endereçamento, de modo que você possa identificar as partes de um documento XML para o qual uma transformação seja aplicada (XPath)
- Especifica conversões de tag, de modo que você possa converter dados XML em formatos diferentes (XSLT)
- Especificar características de exibição, tal como dimensões de páginas, margens, e alturas e larguras de fontes, bem como objetos de fluxo em cada página. A informação é preenchida em uma área de

uma página e depois automaticamente flui para o próximo objeto quando essa área é preenchida. Isso permite que você empacote o texto ao redor das imagens, por exemplo, ou para continuar um artigo de um boletim (newsletter) em uma página diferente (XSL-FO).

XSL-FO

Um subcomponente de XSL usado para descrever tamanhos de fontes, layouts de página, e como a informação flui de uma página para outra.

XSLT (Extensible Stylesheet Language Transformations)

Transformações de Linguagem de Folha de Estilos Extensíveis. Um documento XML que controla a transformação de um documento XML em outro documento XML ou HTML. O documento-alvo muitas vezes possui tags relacionadas com a apresentação revelando como ela será renderizada por um browser ou outro mecanismo de apresentação. XSLT anteriormente fazia parte da XSL, que também incluía uma linguagem de tag de objetos de fluxo de estilo.

XSLTC

Uma versão compilada da XSLT.

Os autores

API Java para Processamento XML

Eric Armstrong já era programador e escritor profissional bem antes de existirem os computadores pessoais. Sua experiência de produção inclui programas de inteligência artificial (AI), bibliotecas de sistemas, programas de tempo real, e aplicativos de negócios em uma variedade de linguagens. Ele é colaborador da revista JavaWorld. Ele escreveu The JBuilder2 Bible, bem como o tutorial de programação XML Java da Sun. Durante uma época, Eric desenvolveu esforços para projetar sistemas cooperativos de discussão/decisão da próxima geração. O seu programa para ensinar música aprendendo de ouvido e vendo como se tecla está atualmente aguardando enquanto ele termina um pesado livro de treinamento. Seu site na Web é http://www.treelight.com.

Tecnologia JavaServer Faces e Documentos JavaServer Pages

Jennifer Ball é uma escritora da equipe na Sun Microsystems, onde ela documenta a tecnologia JavaServer Faces. Anteriormente, ela documentou a API Java2D, deploytool, e JAXB. Ela detém o grau de M.A. em Ciência de Computação Interdisciplinar do Mills College.

Aplicativos Web e Tecnologia

Stephanie Bodoff é uma escritora da equipe da Sun Microsystems. Nas posições anteriores, ela trabalhou como engenheira de software em sistemas de computação distribuída e de telecomunicações e métodos de desenvolvimento de software orientado para objetos. Desde sua conversão a escritora técnica, Stephanie documentou métodos de desenvolvimento de aplicativo corporativo, bancos de dados orientados para objetos, servidores de aplicativo, e tecnologias Web. Ela é co-autora de Designing EnterpriseApplications with the Java™ 2 Platform, Enterprise Edition, e Object-Oriented Software Development: The Fusion Method.

Segurança

Debbie Bode Carson é uma escritora da equipe da Sun Microsystems, onde ela documenta as plataformas J2EE, J2SE, e os Serviços Web Java. Nas posições anteriores, ela documentou a criação de aplicativos de bancos de dados usando C++ e tecnologias Java e a criação de aplicativos distribuídos usando a tecnologia Java.

Eric Jendrock é um escritor da equipe da Sun Microsystems, onde ele documenta a plataforma J2EE e os Serviços Web Java. Anteriormente, ele documentava produtos e padrões de middleware. Atualmente, ele está escrevendo um livro sobre o Pacote do Desenvolvedor de Serviços Web Java, a Arquitetura Java para Ligação XML, e a plataforma J2EE e segurança da Web.

API Java para RPC baseado em XML, Tecnologia Enterprise JavaBeans

Dale Green é um escritor de equipe da Sun Microsystems, onde ele documenta a plataforma J2EE. Nas posições anteriores, ele programou aplicativos de negócios, projetou bancos de dados, deu aulas técnicas, e documentou produtos RDBMS. Ele escreveu a última parte da Internacionalização e Reflexão para The Java™Tutorial Continued.

Ian Evans é um escritor da equipe e editor na Sun Microsystems, onde ele documenta as plataformas J2EE e as plataformas de Serviços Web Java e edita as especificações da plataforma J2EE. Em posições anteriores, ele documentou as ferramentas de programação, middleware CORBA, e servidores de aplicativos Java, e deu aulas sobre UNIX, programação Web, e desenvolvimento Java do lado do servidor.

API Java para Registros XML, SOAP com Anexos API para Java, API de Serviços de Mensagens Java

Kim Haase é uma escritora da equipe da Sun Microsystems, onde ela documenta a plataforma J2EE e de Serviços Web Java. Nas posições anteriores, ela documentou compiladores, depuradores, e programação de ponto de flutuação. Atualmente, ela está escrevendo sobre o Serviço de Mensagens Java, a API Java API para Registros XML, e SOAP com Anexos API para Java.

ÍNDICE

Símbolos

A

B

C

D

E

F

G

H

K

L

N

O

P

R

S

T

U

V

W

X